MEILENSTEINE DER MUSIK

Meilensteine der

MUSIK

Herausgegeben von Hans A. Neunzig

Harenberg Verlag

Bildnachweis Seite 6/7
»Das Gehör« Gemälde von Jan Brueghel d. Ä.
(1568–1625) aus den Jahren 1617/18.
Öl auf Holz, 65 x 107 cm,
Museo del Prado, Madrid.

Neuausgabe in einem Band 1995

Printed in Spain ISBN 3-611-00344-1

INHALT

HANS A. NEUNZIG

Einleitung

Über Musik zu schreiben, kommt dem Versuch nahe, die Quadratur des Kreises zu erklären. Denn eine bestimmende Eigenschaft von Musik besteht darin, auszudrücken, was sich in Worten nicht sagen läßt. Damit ist über das Phänomen Musik eine Aussage gemacht, die allerdings nicht ohne weiteres als unbestritten gelten kann. Wer Musik als eine Ausdrucksform definiert, geht von einem Inhalt aus, der durch sie transportiert wird.

In dieser Frage hilft die Kenntnis der akustischen Gesetze nicht sehr viel weiter, obwohl sich die Beschäftigung mit ihnen, mit Schwingungen und Schwingungsfrequenzen, wohltuend auf die Rezeptionsfähigkeit Musik gegenüber auswirken kann – wenn sie der Empfindung, die sie ja nicht verhindert oder ausschließt, zu Hilfe kommt. Ähnliches gilt für die Bemühungen der Physiologie, die über Reizwirkungen von musikalischen Ereignissen unterrichtet. Auch wenn ein großer Musiker wie Ernest Ansermet, auf dessen Buch *Die Grundlagen der Musik im menschlichen Bewußtsein* (München 1965) ich mich hierbei beziehe, die Versuche der Wissenschaft, dem Phänomen Musik auf die Spur zu kommen, als gescheitert beschreibt, bleiben diese Forschungen als ein Teil der Annäherung an Musik von höchstem Interesse. Es mag richtig sein, daß sich die Menschen früher die Frage nicht so deutlich gestellt haben, was Musik denn eigentlich sei, weil ein Konsens herrschte über die Ausdrucksfähigkeit von Musik – und dies spiegelt sich heute in den apologetischen Versicherungen der Schöpfer neuer Musik, daß ihre Musik durchaus Inhalte transportiert. Die Ganzheit des Musikerlebnisses jedoch wird sich selbstverständlich nur im ganzheitlichen Erfassen der Musik, nämlich kognitiv und emotional, herstellen. Musikstücke von genuiner Kraft, und nur von solchen ist hier die Rede, gewinnen, das heißt, geben dem Hörer mehr, wenn er sie mehrfach rezipiert. Das glückliche Wiedererkennen aber ist ein Vorgang der Erkenntnis, also des Verstandes.

Es bleibt ja bemerkenswert, daß es in der Musik wie bei aller Kunst eben nicht desillusioniert zu wissen, wie es gemacht wird. Wagners berühmter »weltenschaffender« Es-Dur-Akkord zu Beginn des *Rheingold* verliert nicht an Wirkung durch unser Wissen davon, daß es sich um einen Es-Dur-Akkord handelt.

Das Geheimnis der Musik, ihrer Ausdruckseigenschaften, ihrer Wirkung auf das menschliche Nervensystem, auf Verstand und Gefühl ist groß genug, daß es die tastenden Versuche von Wissenschaft und verstehender Auslegung verträgt, ohne sich ganz zu enthüllen. Die Herausforderung, diesem Geheimnis näherzukommen, wird jeden locken, den Musik als Kunstform beschäftigt. Und wer hätte sich nicht schon einmal gefragt, wieso eine todtraurige Schubert-Strophe ihn so glücklich ergreift, warum eine anscheinend heitere Mozart-Melodie soviel unheilbare Traurigkeit besitzt. Große Musik ist immer Lachen und Weinen. Große Musik kann bis an die Grenzen unserer psychischen Belastbarkeit gehen und ginge darüber hinaus, wenn der Schutzmechanismus unseres psychischen Systems nicht funktionierte. Ein Merkzeichen großer Musik könnte vielleicht sogar sein, daß man über sie außer sich gerät.

Und das könnte man durchaus über eine Bachsche Fuge, über eine Beethovensche Sonate, ein Mozartsches Opernfinale usw., aber wäre das überhaupt ein Kriterium? Wenn ja, ein mögliches unter anderen. Zumal sich sofort die Frage erhebt, ob die Kriterien für Kunst nicht im Kunstwerk und bei seinem Schöpfer zu suchen sind statt in der Rezeption. Stellt einer Leiden und Größe des Künstlers in einen kausalen Zusammenhang, wie Thomas Mann es unentwegt getan hat, so wird er auf dem Felde der Musik auf eine stattliche Anzahl von Beispielen stoßen, geeignet, die Beziehung von Leiden und Größe zu bestätigen. Beethoven, Schubert, Hugo Wolf – drei große Leidende stehen hier nur stellvertretend für die lange Reihe derer, die ihre große Kunst dem Leiden abgewonnen haben, auch Brahms gehört dazu, der sich so robust gab und dem doch nur alles Lieben und alles Leiden zu Musik wurde.

Es scheint unabweislich: Größe weist die glückliche Normalität ab. Natürlich ginge eine Gleichung »Leiden = Größe« nicht auf. Leiden und Größe beziehen sich nur sehr bedingt aufeinander, das eine folgt nicht auf das andere, höchstens eine Konstellation ist hier bezeichnet. Wo aber bleiben, ließe sich fragen, die geborenen Genies, die Tastseligen, die doch vielleicht Glücklichen, wo bleibt das Wunder Mozart, ein Genie, das auf den ersten Blick gesehen keiner Belehrung und keiner Bedrückung bedurfte? Ich bin der Überzeugung, daß Mozart zu den großen Leidenden gehörte, nicht nur seine letzte Lebenszeit spricht davon. Und über Felix Mendelssohn Bartholdy schreibt der Münchner Schriftsteller Albert von Schirnding zu Recht: »Das Glückskind Felix verzehrte sich rasch in einem Prozeß unbewußter Selbstzerstörung.«

Auch die Musikgeschichte ist eine Chronik von Leiden und Größe. Was soll man von Wagner sagen, dem »Listenreichen«, der 1854 an Franz Liszt schrieb: »Da ich nun aber doch im Leben nie das eigentliche Glück der Liebe genossen habe, so will ich diesem schönsten aller Träume noch ein Denkmal setzen, in dem von Anfang bis zum Ende diese Liebe sich noch einmal so recht sättigen soll . . .«.

Er spricht von *Tristan und Isolde* und spielt sogleich auch auf den Todesgedanken an. Wie denn? Ausgerechnet Wagner behauptet, das eigentliche Glück der Liebe nie genossen zu haben? – Seine Sehnsucht nach Liebe übertraf jede Erfüllung.

Unter diesem Aspekt hört sich Nietzsches böses Wort über Brahms von der »Melancholie des Unvermögens« eines, »der nach Fülle dürstet«, wie eine Definition des Künstlers an, obwohl es anders, nämlich wirklich abträglich, gemeint war. Die Diskrepanz des Verlangens zur Realität ist es unter anderem, die den künstlerischen Impuls auslöst. Und diese Spannung ist in aller großen Musik spürbar. Man hat es dabei nicht fortwährend mit Titanenkämpfen zu tun, mit einem Beethovenschen »per aspera ad astra«; es genügt das Ringen um die Form, in der sich ein Gedanke verwirklicht. Leichtigkeit entsteht im Gegensatz oder jedenfalls im Bewußtsein von Schwere. Einer der großen Meister, der in lichter Höhe die Erde spüren läßt, ist Joseph Haydn, dessen Musik in ständigem Experimentieren, »Verbessern, Zusetzen, Wegschneiden« erwuchs.

Große Musik oder jedenfalls gute Musik läßt sich für den, der hören will, leicht erkennen und von belangloser Musik unterscheiden; sie enthält einen Widerstand, ist widersetzlich noch im reinsten Ton (denn der steht wiederum in Beziehung zu anderen). Die nicht willkürlich, sondern historisch gesetzte Unterscheidung von E- und U-Musik, allzuhäufig gleisnerisch bedauert, würde tatsächlich obsolet, fänden wir Begriffe für eine Musik, die der inneren Spannung des Menschen entsprechend Widerstandskräfte gegen die Nivellierung bewahrt und aktiviert. Nur »glatte« Musik, eine eintonige Musik, die sozusagen nicht gegen den Strich gebürstet wird, ist belanglose Musik.

Es ist nicht auszuschließen, wenn auch eher unwahrscheinlich, daß ein Genie der Tonkunst unentdeckt blieb. Denn die Geschichte des Bachschen Werkes, das über einen Zeitraum von hundert Jahren für die Öffentlichkeit nahezu verschollen war und von der Vergangenheitsbegeisterung der musikalischen Romantik in Deutschland erst wiederentdeckt werden mußte, gibt zu denken. In anderen Fällen wird immer einmal wieder die Renaissance eines Œuvres gefeiert, bei der dann regelmäßig die Freude der Entdecker die über die Zeiten gerettete Substanz des Werkes übertrifft. Nichts gegen Entdeckerfreude, der manches musikalische Erlebnis und sei es nur der Information halber zu danken ist. Doch wird manches der Vergangenheit entrissen, das bei näherem Hinsehen ganz dieser Vergangenheit angehört, ganz zu schweigen vom Werk der Komponisten, die zu ihrer Zeit umjubelt waren, weil sie den Zeitgeist allzugut trafen. Ihr Genie reichte nur aus, ihrer Zeit Genüge zu tun. Und selbst bei unbestritten großen Komponisten, bei den ganz großen selten, gibt es Felder, die ganz ihrer Zeit angehörten. Rettungsversuche sind ehrenvoll, aber bei Licht besehen, vergeblich. Die Opern Georg Friedrich Händels gehören in diese Kategorie. Denn obwohl es ein Genuß sein kann, eine ambitionierte Wiederaufführung zu erleben, ist es eine Form von Oper, die sich überlebt hat; sie war dies, wie Gays und Pepuschs *Beggar's Opera* auf zerstörerische Weise bewies, bereits zu ihrer Zeit.

Aus dem Geist ihrer Zeit, den Zuständen ihrer Zeit gespeist sind allerdings auch jene Werke und müssen es sein, die überdauern, die uns heute unmittelbar erreichen, gleichgültig, ob sie zehn oder fünfzig oder mehrere hundert Jahre vor unserer Zeit komponiert worden sind. Die gängige Repertoireschelte beklagt, daß der Kanon der häufig aufgeführten Stücke zu eng sei; diese Klage ist berechtigt. Insbesondere allerdings, was den Anteil der Musik unseres nun schon zuendegehenden Jahrhunderts angeht. Komponisten unserer Tage, die eher von dem Kulturwillen von Institutionen getragen werden, als daß sie genügend Gelegenheit haben, ein großes Publikum zu finden, werden kaum Trost darin finden, daß auch Beethoven mit der Abwehr seiner neuen Musik zu kämpfen hatte. So lange dauerte es nicht, bis das Neue Eingang fand in den Kanon des Repertoires. Vergessen soll auch nicht sein, daß jener Konsens von Ausdruck (Inhalt) und Hören noch nicht unterbrochen war.

Einen Weg zurück wird es nicht geben. Alle Versuche »im alten Stil« wirken manchmal gefällig, immer jedoch leer. Die Zeit, das Lebensgefühl, die sozialen und kulturellen Implikationen, sie müssen eine Musik erfüllen, die überleben soll. Kunst entsteht in der Tat nicht im luftleeren Raum, sondern mitten in der Zeit; und nur ihrer Zeit verbundene Musik kann zeitungebunden leben, nicht über die Zeiten hinweg, sondern durch die Zeiten hindurch.

Der Begriff des Meilensteins für herausragende Werke der Musik steht in diesem Zusammenhang. Er ist in die Erde seines Standorts gesenkt, ragt daraus wie aus der Masse des Komponierten hervor und soll ein Zeichen setzen. Zumindest bezeichnet er eine zurückgelegte Strecke, und wenn alles zusammentrifft, was den Meilensteincharakter ausmacht, weist er auch noch über sich hinaus. Derselbe Georg Friedrich Händel, dessen Opernkunst sich noch zu seinen Lebzeiten als obsolet erwies, hat im Oratorium einen gültigen Ausdruck seiner musikalischen Vorstellungen über seine Epoche hinaus gegeben. Der alte Haydn nahm den Stab auf, er, der längst seinen hohen Beitrag für die Entwicklung der Musik gegeben hatte. Denn wenn in einem Werk alle »Meilensteinmaßstäbe« zu finden, erfüllt zu finden sind, dann im Werk Joseph Haydns. Streichquartett und Sinfonie haben von ihm ihre endgültige Form erhalten, in die Klassik und Romantik ihre Inhalte gossen und über der sie ihre Gebäude errichteten.

In diesem Buch wird der Versuch gemacht, die Strecke, die von der europäischen Musik nach dem Zusammenfinden von franko-niederländischer und italienischer Musikentwicklung zurückgelegt wurde, ihren Meilensteinen nach abzugehen. Meisterwerke, die mit der Entwicklung von Musik etwas zu tun haben, werden von Musikschriftstellern, Musikwissenschaftlern, Musikinterpreten und Musikkritikern dargestellt. Das Buch folgt dem Prinzip der Auswahl. Es kam nicht auf Vollständigkeit des historischen Ablaufs, nicht auf Ausgeglichenheit mit Blick auf Nationalität oder Epoche an, sondern auf Ereignisse, von denen man sagen kann, es ist von ihnen etwas ausgegangen. Der rein musikhistorische Aspekt mußte dabei hinter dem lebendigen und in Konzert und Opernhaus nachvollziehbarem Musikerlebnis zurücktreten, denn alle Beschreibung von Musik erreicht ihren vollen Sinn erst in ihrer Beziehung zum Hören von Musik.

Neben der Darstellung einzelner Werke wurden in einigen Fällen, bei denen es sinnvoller erschien, Werkgruppen beschrieben, beispielsweise im Falle von Beethovens Klaviersonaten oder Mozarts späten Sinfonien. Um die Musik des Jazz, dessen Wirkung auf die traditionelle »klassische« Musik des 20. Jahrhunderts vielfach erwiesen ist, einbeziehen zu können, sind die bestimmenden Strömungen in zwei abgeschlossenen Beiträgen geschildert.

Die Auswahl ist subjektiv, muß es sein. Gemildert wurde diese Subjektivität dadurch, daß die Auswahl in vielen Gesprächen mit Autoren zustandekam, unterstrichen wird sie mit der Freiheit, die den Autoren bei der Darstellung gelassen worden ist, mit Ausnahme einer gewissen Raumbeschränkung. Den Autoren, die sich alle mit Engagement und Sachverstand des Themas »Meilenstein« angenommen haben, gilt mein Dank.

Das unaussprechlich Innige aller Musik,
vermöge dessen sie als ein so ganz
vertrautes und doch ewig fernes Paradies
an uns vorüberzieht,
so ganz verständlich
und doch so unerklärlich ist,
beruht darauf, daß sie alle Regungen
unseres innersten Wesens wiedergibt,
aber ganz ohne die Wirklichkeit
und fern von ihrer Qual.

Arthur Schopenhauer

ORLANDO DI LASSO

Das Magnum Opus Musicum
Entstanden um 1557–1580 München
Zusammengestellt und gedruckt 1604

Ein absoluter erster Meilenstein der Musik ist nicht fest- und aufzustellen; denn er müßte die Erfindung der Musik bezeichnen. Gehen wir von unserem gewohnten Musikbegriff aus, dem, was wir als Repertoire im Konzert und im Rundfunk hören, erscheint es sinnvoll, mit dem 16. Jahrhundert zu beginnen, das in vieler Beziehung die Grundlage abgibt für unsere Zeit. So auch in der Musik. Noch ist die geistliche Musik allmächtig; aber sie beginnt, ihre Vormachtstellung sowohl hinsichtlich der Neuerung und Neuartigkeit der Komposition als auch der Hörgewohnheit zu verlieren an weltliche Musik, die im Vormarsch ist. Lasso (um 1532–94), als Roland de Lassus im belgischen Mons geboren, entstammt noch der flämisch-niederländischen Tradition, aus der im Laufe der vorangegangenen acht Jahrhunderte die abendländische Mehrstimmigkeit erwachsen war, die Kunst, mehrere Stimmen zu einem Ganzen zu vereinen. Aber seine Jugendjahre hatte er in Italien verbracht und dort Einflüsse aufgenommen von neuen Tendenzen, die unter dem Zeichen der Renaissance, des Humanismus, der Rückbesinnung auf die antike Größe Italiens auch in der Musik wirksam wurden. Als er 1557 in München eintraf, am Hofe des bayerischen Herzogs Albrecht V., beginnt dort mit ihm ein Höhepunkt europäischer Musikkultur. Orlando di Lasso – zu dieser Form hatte er seinen Namen italianisiert (und bezeichnenderweise nicht mehr, wie noch manche, sogar jüngere Zeitgenossen, zu einem lateinischen Kunstnamen stilisiert) – ist zur Hälfte Kirchenkomponist und schuf Messen, Motetten, Hymnen, Passionen, Magnificat-Vertonungen, Lectionen und vieles andere für den liturgischen Gebrauch. Denn die Kapelle oder Kantorei, die er bald leitete, diente offiziell geistlichen Bedürfnissen und wurde deswegen auch aus Klosterabgaben finanziert. Inoffiziell aber diente sie weltlichen Zwecken und stillte die Musikleidenschaft des Herzogs, die er mit sehr vielen wittelsbachischen Verwandten teilte. So verwundert es nicht, daß die zweite Hälfte von Lassos riesigem Œuvre aus weltlicher Musik besteht, aus italienischen Madrigalen, Villanellen, französischen Chansons und deutschen Liedern.

Orlando di Lasso (um 1532–94), den seine Zeit einen »Fürsten der Musik« nannte, mit der Bayerischen Hofkapelle, eine Miniatur von Hans Mielich aus dem *Bußpsalmen*-Codex. Der Wittelsbacher Herzog Albrecht V. (1528–77) hatte den Komponisten 1556 nach München geholt.

Es sind also an die 2000 Vokalwerke, die Lasso komponiert hat. Instrumentalmusik hat sich von ihm nicht erhalten.

Lassos Bedeutung, durch die Entwicklungen des 17. und 18. Jahrhunderts verdunkelt, tritt zutage, wenn man von der Verehrung liest, die ihm die Zeitgenossen entgegenbrachten, und wenn man seine Werke mit der sinnlichen Leidenschaftlichkeit und Intensität aufgeführt hören kann, die sie verlangen. Bis heute ist kein Komponist zu seinen Lebzeiten jemals in so großem Umfang gedruckt worden wie er. Über vierhundert zeitgenössische Notendrucke sind von ihm erhalten; wir wissen aber, daß es mehr gewesen sind. Ihm wurde auch zuteil, was Komponisten bis heute selten erreichen: die Zusammenfassung seiner Werke zu Gesamtausgaben – ein Zeichen für die bleibende Bedeutung, die die Zeit einem schöpferischen Künstler zuerkennt. Die Verleger und Herausgeber sammelten seine Chansons, seine Motetten, seine Lieder. Noch nach seinem Tode sind Ausgaben erschienen. So vor allem eine Sammlung seiner Magnificat-Vertonungen (1619) und, schon 1604, seiner lateinisch textierten Motetten, die unter dem Titel Magnum Opus Musicum (was mit Musikalische Gesamtausgabe zu übersetzen wäre) in München bei Nikolaus Heinrich gedruckt wurden. Mit 516 Motetten glaubten die Söhne Lassos, alles zusammengetragen zu haben, was der Vater in dieser Gattung komponiert hatte. Heute wissen wir, daß es fast das Doppelte gewesen ist.

Fürst der Musik hatte man Lasso genannt. Noch erlaubte es die Zeit einem Musiker nicht, wie ein Fürst zu leben und aufzutreten. Sein Ruhm aber war fürstlich und seine Lebensumstände mehr als behaglich, mit Haus- und Grundbesitz. Was die Zeitgenossen an ihm geschätzt und geliebt haben, läßt sich noch heute nachempfinden: Ein Sinn für den Ausdruck eines Textes, für seine Nuancen, ein Sinn für Lebendigkeit, der sich in nervöser Linienführung verrät, in überraschenden Wendungen und Einfällen. Er folgte kaum noch der alten Technik, eine bestehende Melodie als Grundlage einer Komposition zu nehmen, über der das musikalische Gebäude errichtet wurde. Es ist eine freie Komposition, die alle Stimmen zugleich erfindet und dadurch die größte Freiheit der Gestaltung erlaubt, aber auch Schwierigkeiten mit sich bringt. Denn bis ins 19. Jahrhundert hinein mußte der Komponist im Auftrag schaffen, wenn er nicht das Glück hatte, eine unabhängige Stellung oder Vermögen zu besitzen.

So lassen sich Lassos Werke nicht festlegen oder generalisieren. Ihre Freiheit zeichnet sie aus; an der Vielfalt der satztechnischen Möglichkeiten, die ihm zur Verfügung standen, läßt sich seine überragende Phantasie ermessen, wie überhaupt Phantasie ein wichtiger Maßstab ist, um Kunst messen oder bewerten zu können. Für die Theorie- und Regelbücher der Nachwelt dienten seine ausdrucksstarken Werke als Beispielsammlung für die Art und Weise, wie man einem Text in Ausdruck und Bedeutung gerecht werden konnte. Sein großer Zeitgenosse Palestrina schöpfte seinen Ruhm aus dem kirchenmusikalischen Schaffen; Lasso aus seinem Gesamtschaffen, das Kirche und Welt gleichermaßen umspannte. Nördlich der Alpen war er der bedeutendste Komponist und zugleich der größte katholische. Die Expressivität seiner Musik kam jedoch dem Verständnis der evangelischen Musik so sehr entgegen, daß er selbst von den Protestanten geschätzt, abgeschrieben und aufgeführt wurde. *Horst Leuchtmann*

GIOVANNI PIERLUIGI DA PALESTRINA

Missa Papae Marcelli
1563 Rom

Am Ende des ersten Aktes von Hans Pfitzners Hauptwerk, der Musikalischen Legende *Palestrina* (UA 1917), steht eine der großartigsten Szenen der neueren Opernliteratur: Der römische Meister, an seiner Schöpferkraft verzweifelnd, empfängt durch Engelsgesang die Eingebung zu seiner berühmten *Missa Papae Marcelli.* Die Gestalt, in der Pfitzner (1868–1949) den Renaissance-Komponisten sah, ist allerdings unhistorisch. Der Musiker des frühen 20. Jahrhunderts projizierte seine eigene Befindlichkeit und Zeitsituation auf die große Komponistengestalt des 16. Jahrhunderts. Daß er sich und sein Werk in Palestrina (um 1525–94) und seiner legendären Meßkomposition spiegelte, zeigt jedoch, wie stark die Legende um den Meister und seine Messe die Jahrhunderte überstrahlt.

Die Komposition des Meßordinariums mit den Sätzen Kyrie, Gloria, Credo, Sanctus/Benedictus und Agnus Dei hat bis hinauf zu Strawinsky, Hindemith, Janáček und – als Totenmesse – Ligeti die bedeutendsten Musikschöpfer der letzten Jahrhunderte immer wieder angeregt. Der sechsteilige Meßzyklus als geschlossenes Kunstwerk bildete sich erst im 15. Jahrhundert heraus. Die frühe Mehrstimmigkeit kannte nur die Komposition von Einzelsätzen, wenn man von dem Einzelfall der um 1350 entstandenen Messe von Guillaume de Machaut absieht. Erst hundert Jahre später machten die aus dem burgundischen und franko-flämischen Raum stammenden sogenannten Niederländer die zyklische Meßkomposition zum Zentrum ihres Schaffens. Meister wie Dufay, Obrecht, Clemens non Papa, vor allem aber Josquin des Prés, die alle zwischen 1450 und 1550 wirkten, machten die Messe zu dem, was die Sinfonie für die Komponisten des 19. Jahrhunderts war: zum Ziel ihres schöpferischen Ehrgeizes. Die kompositorischen Prinzipien der sogenannten isorhythmischen Motette wurden auf die Meßsätze angewandt: der mehrstimmige Satz wurde von kompliziertester Polyphonie, von kanonischen Künsten und imitationstechnischen Raffinessen bestimmt, wie sie erst zwei Jahrhunderte später Johann Sebastian Bach in seinem esoterischen Spätwerk wieder aufgriff. Als thematische Grundlage, die den gesamten Meßzyklus konstruktiv bestimmte, wählte man Themen aus der Gregorianik, aber noch bevorzugter aus weltlichen Chansons, die dann der jeweiligen Messe ihren Namen gaben. Das beliebteste Chanson der Zeit war das Lied vom *L'homme armée*, dem bewaffneten Mann; zahllose Messen tragen diesen Titel. Die Folge dieser Praxis war eine Komplizierung des Satzes, die die liturgischen Texte hinter einem dicht gefügten vielstimmigen polyphonen Gewebe verschwinden ließ. Die kirchenamtliche Reaktion konnte nicht ausbleiben, denn aus ihrer Sicht drohte die dienende Funkton der liturgischen Musik zum L'art pour l'art auszuarten. Das gegenreformatorische Konzil von Trient, das sich 1563 auch mit der Reform der Kirchenmusik befaßte, war nicht frei von Bestrebungen, das Kind mit dem Bade auszuschütten und die gesamte Mehrstimmigkeit in der Liturgie zu verbieten. Hier setzt die Legende um den großen römischen Meister Palestrina, den angeblichen Retter der Kirchenmusik, an.

Giovanni Pierluigi, nach seinem Geburtsort Palestrina bei Rom benannt, hat in verschiedensten Positionen im päpstlichen Rom mehr als hundert Messen und noch mehr Motetten geschrieben. Nach dem Tode Josquins galt er neben dem in München wirkenden Orlando di Lasso als die überragende Musikerfigur der Jahrhundertmitte. In einem Messen-Band, den er 1567 veröffentlichte, ist auch die dem Andenken des Papstes Marcellus II. gewidmete *Missa Papae Marcelli* enthalten, ein sechsstimmiges Werk (Sopran, Alt, je zwei Tenöre und Bässe), das sich im abschließenden Agnus Dei zur Achtstimmigkeit weitet. In dem Widmungstext des

Das Tridentinische Konzil (1545–63), auf dessen letzter Sitzungsperiode (1562–63) auch über die Art der liturgischen Musik debattiert wurde. Lenkte Mehrstimmigkeit nicht vom verkündenden Wort ab? Palestrina, so hieß es bald, habe die Konzilsväter eines Besseren belehrt, wurde zum »Retter der Musik«. Das Gemälde eines Schweizer Malers von 1769 bezeichnet genau den Platz des schweizerischen Ritters und Landmanns Melchior Lussy.

Bandes sagt der Komponist, er habe diese Messen »auf eine neue Weise« komponiert. Damit ist ausgedrückt, daß Palestrina die Kontrapunktik quasi »läuterte«, stärker textdeklamatorisch angelegte und theologisch wichtige Textstellen, wie das »Qui tollis« im Gloria oder das »Et incarnatus« im Credo, homophon setzte und damit aus dem Fluß des polyphonen Gewebes heraushob. Auf einen fremden Cantus firmus, also auf ein weltliches oder gregorianisches Grundthema, verzichtet die *Missa Papae Marcelli.* Damit ensprach das Werk weitestgehend der Forderung des Konzils nach Textverständlichkeit und Ausschluß weltlichen Materials. Ob die vermutlich 1562/63 entstandene Messe direkt mit dem Konzil zusammenhängt, ob sie tatsächlich die Entscheidung der Konzilsväter beeinflußt hat, ist unklar. Aber schon 1607, kaum ein Jahrzehnt nach Palestrinas Tod, taucht die Legende von der »Rettung der Musik« durch diese Messe in einem italienischen Generalbaß-Traktat auf. Ein Beweis dafür, wie sehr das Werk bereits damals über die vielen anderen Messen des Meisters, unter denen es zahlreiche herrliche Stücke gibt, herausgehoben erschien. Die große Schönheit der Messe, ihre klassisch zu nennende Ausgewogenheit von kunstvoller Kontrapunktik und akkordischer Klanglichkeit, ihre flexible Überwindung der alten Kirchenmodi vermittels »moderner« Dur- und Moll-Wendungen, das Zurückdrängen wortbezogener Affekte zugunsten eines strömenden vokalen Klangempfindens, ihre leuchtende Klangtransparenz, alles das rechtfertigt die herausragende Stellung der *Missa Papae Marcelli* in der Musikgeschichte, mag die »Aura«, die die Messe umgibt, auch den Blick für andere Meisterwerke Palestrinas und seiner bedeutendsten Zeitgenossen gelegentlich verdunkelt haben. Die Kunst Palestrinas wurde sakrosanktes Vorbild für die Restaurationsbestrebungen des 19. Jahrhunderts, die allerdings den Fehler begingen, den römischen Ausnahmefall des A-capella-Singens zur verpflichtenden Norm in der Kirche zu machen. Und der »Palestrina-Satz« gehörte bis ins späte 19. Jahrhundert hinein zum Grundpfeiler des Kontrapunktstudiums. *Alfred Beaujean*

HEINRICH SCHÜTZ

Psalmen Davids
1617 Dresden

Die *Psalmen Davids,* eine 1619 gedruckte Sammlung groß besetzter Psalmkompositionen, sind Heinrich Schützens deutsches Meisterstück nach italienischer Lehrzeit, ein eigenes Kapitel zum großen Thema deutsch-italienische, oder besser: italienisch-deutsche Musikbeziehungen.

Schütz (1585–1672) war von 1609–12 Schüler Giovanni Gabrielis (zwischen 1554 und 1557–1612/13), des berühmten Domorganisten von San Marco in Venedig. Wie damals üblich, war das Verhältnis Lehrer zu Schüler – bei allem Respekt – ganz fürsorglich-freundschaftlich. Noch 40 Jahre später, in dem autobiographischen Memorial von 1651, erinnerte sich Schütz genau, daß Gabrieli ihm 1612 »auff seinem thodbette aus sonderbahrer affection, einen aus seinen hinterbliebenen Ringen zu seinem gueten andencken« vermacht hat. Sonderbare Affection heißt: besondere Zuneigung. Seinem Praeceptor – wie er ihn nannte – erwies Schütz in den Psalmen Davids dadurch Reverenz, daß er den 111. Psalm, *Ich danke dem Herrn von ganzem Herzen,* mit einer »Imitatione« (Bearbeitung) von Gabrielis doppelchöriger Canzone *Lieto godea* aus dem Sammeldruck *Concerti* (Venedig 1587) beendet.

Venedig hatte damals bereits einen Großteil seiner Besitzungen an das Osmanische Reich abtreten müssen und seine Vormachtstellung im östlichen Mittelmeer eingebüßt. Doch die Zeit des politischen Niedergangs leitete eine unvergleichliche kulturelle Blüte ein. Venedig war weitum berühmt für seine prunkvollen Feste, und musikalischer Ausdruck des Festlichen war Mehrchörigkeit, das Singen und Spielen mehrerer Ensembles. Daß zwei Chöre abwechselnd (»antiphonal«) singen, ist an sich beim Psalmvortrag ein altes liturgisches Prinzip. Aus dieser kirchlichen Praxis haben nun die venezianischen Komponisten Adrian Willaert, Andrea Gabrieli und sein Neffe Giovanni ein modernes Kompositionsprinzip gemacht – mit unabsehbaren musikgeschichtlichen Folgen. Die Freude am räumlich gehörten Klang, durch die Sängeremporen im Zentralbau von San Marco besonders eindrucksvoll, verdrängte mehr und mehr das Ideal der kunstvollen Vokalpolyphonie. Und man begann, in dieser »Concerto« genannten Gattung den Instrumenten – Zinken, Posaunen, Violinen,

Weil ich auch gegenwertige meine Psalmen in stylo recitativo (welcher bis Dato in Teutschland fast unbekannt), gestellt, wie sich dann zu composition der Psalmen meines Erachtens fast keine bessere Art schicket, dann daß man wegen Menge der Wort ohne vielfältige repetitiones immer fort recitire, also gelanget an diejenigen, welche dieses modi keine Wissenschaft haben, mein freundlich Bitten, sie wollen in Anstellung berührter meiner Psalmen sich im Tact ja nicht übereylen, sondern der gestalt das Mittel halten, damit die Wort von den Sängern verständlich recitirt und vernommen werden mögen. Im widrigen Fall wird eine sehr unangenehme Harmoney und anders nicht als eine Battaglia di Mosche oder Fliegenkrieg darauß entstehen, der intention des Authoris zuwider.
Heinrich Schütz. Aus der Vorrede zu den Psalmen Davids. 1617.

Gamben – eine eigenständige Rolle zuzuweisen, im Gegensatz zur älteren Praxis, als die Instrumente stets ad libitum, je nach den örtlichen Gegebenheiten, eingesetzt wurden. Daher waren die groß besetzten Concerti in Venedig eine Attraktion bei repräsentativen Anlässen: an hohen Kirchenfesten, Staatsfeiertagen, bei diplomatischen Empfängen.

Es bedurfte einer besonderen Konstellation, daß Schütz die italienische Mehrchörigkeit nach Deutschland übertragen konnte. Hier war diese Praxis so gut wie unbekannt, denn deutsche Duodezfürsten und Reichsstädte konnten sich einen derartigen musikalischen Aufwand nicht leisten. Es war ein wesentlicher Grund für die Komposition der *Psalmen Davids,* daß Schütz – seit 1617 Leiter der Dresdner Hofkapelle – damit die Leistungsfähigkeit dieses berühmtesten Ensembles des protestantischen Deutschland demonstrieren konnte. Eine solche Gelegenheit bot etwa die Hundertjahrfeier der Reformation am 31. Oktober 1617 in der Dresdner Hofkirche, bei der Psalm 98 *(Singet dem Herrn ein neues Lied)* und Psalm 100 *(Jauchzet dem Herrn alle Welt)* aufgeführt wurden. Zwei Welten trafen in diesen »teutsche[n] Psalmen auff Italienische Manier« – so nennt sie Schütz in der Vorrede – aufeinander: Luthers Bibeldeutsch, protestantische Strenge – und venezianischer Luxus. Schütz hat mit diesem klangprächtigsten seiner Werke dem sächsischen Kurfürsten Johann Georg genau das geliefert, was dieser wünschte: Die politische Macht des deutschen Protestantismus, am Vorabend des Dreißigjährigen Krieges, ästhetisch zu demonstrieren. Wenn Schütz in Psalm 136 den Kehrvers »denn seine Güte währet ewiglich« dem Trompeter- und Paukerkorps des Kurfürsten anvertraute, so war dies unüberhörbar eine Huldigung (auch) an den weltlichen Herrscher.

Reichtum nach außen und Strenge nach innen – das waren die beiden Pole auch der Komposition. Mit unerschöpflicher Phantasie nutzte Schütz alle äußeren Kontrastmittel des mehrchörigen Stils aus: volle Besetzung und Teilensembles, hohe und tiefe Lage, Echowirkungen, polyphonen und akkordlichen Satz, solistisches gegen chorisches, vokales gegen instrumentales Musizieren – ein Kompendium des Konzert-Prinzips. Die Außenwirkung war Schütz wichtig. Er hat in einer Vorrede an die »verständigen Capellmeister« seine Intentionen genau erläutert: wie die Chöre besetzt, wie sie räumlich aufgestellt, welche Instrumente beteiligt werden sollen usw.

Die prachtvolle venezianische Musikfassade wurde aber im Innern mit einem neuen – deutschen – Geist erfüllt. Schütz fiel das Komponieren nicht leicht. Oft klagt er über die Mühe »Stetigen Studierens, Schreibens und Nachsinnens«. Komposition war für ihn Wissenschaft. Wissenschaft

David vor Saul die Harfe spielend. Gemälde des zur Schule des »empfindsamen Klassizismus« zählenden Malers Januarius Zick (1730–97), Öl auf Leinwand um 1750/55.

allerdings nicht im modernen, sondern im Sinn des 17. Jahrhunderts, das in Analogien, Symbolen, Allegorien dachte – eine uns heute fremde Art von Geistigkeit. So ergründete Schütz die Bildhaftigkeit der Psalmdichtung durch ausdeutende musikalische Erfindungen: »Ich freu mich des« (Psalm 122), »Aus der Tiefe« (Psalm 130), »Fürch-tet« (mit stockender Pause im Wort, Psalm 128), das chromatische »Wie lieblich sind deine Wohnungen« (Psalm 84) sind Beispiele dafür.

Das Eigentliche seiner Kunst liegt aber noch tiefer als diese gelehrte Schicht. Es ist das Sprechende, die Art, wie Schütz aus dem Tonfall der lebendigen Rede Musik gestaltete. »Die Noten machen«, wie Luther sagte,

»den Text lebendig.« Der natürliche Wortrhythmus wurde musikalischer Rhythmus, der gesprochene Satz Tonsatz. Schütz ist der seltene Fall eines geistigen Musikers. Seine Musik herrscht nicht über das Wort, sondern sie dient ihm – mit all ihren Kräften. *Bernd Edelmann*

HEINRICH SCHÜTZ

Musikalische Exequien
1636 Gera

Die menschliche Haltung angesichts des Todes wandelt sich. Im Lauf der Jahrhunderte hat das unveränderbar Scheinende, wie der französische Historiker Philippe Ariès nachwies, selbst eine Geschichte. Im frühen 17. Jahrhundert wurde der Tod mit barocker Würde zelebriert. Ein bedeutendes Zeugnis dafür sind die *Musikalischen Exequien* von Heinrich Schütz (1585–1672). Auftraggeber dieses Werkes war der musikliebende Fürst Heinrich der Jüngere Postumus von Reuß, der das Fürstentum Gera-Schleiz im Thüringischen 1593 bis 1635 regierte. Dieser Fürst galt seinen Untertanen als Vorbild eines besonnenen und fürsorglichen Landesherrn. Er entschuldete und ordnete das zerrüttete Staatswesen und konnte sein Land sogar aus den Wirren des Dreißigjährigen Krieges heraushalten.

Die kluge und vernünftige Ordnung, die sein politisches Wirken bestimmte, leitete ihn auch in der Art, wie er seine eigene Totenfeier als Staatsakt vorausplante. Er ließ sich zu Lebzeiten einen Prunksarg anfertigen. Dessen Deckel und Seitenwände waren mit Bibelsprüchen und Kirchenliedstrophen geschmückt, die der Fürst selbst ausgewählt hatte – ein im deutschen Protestantismus des 17. Jahrhunderts verbreiteter Brauch, der allerdings Adligen vorbehalten war. Man nannte dies ein »christliches Denkmal« für den Verstorbenen. Diese vom Fürsten gewählten Texte hat Heinrich Schütz in den *Musikalischen Exequien* vertont und ihm so auch ein musikalisches Denkmal gesetzt.

Der Auftraggeber ließ sich die Musik öfter vorspielen, wie Schütz auf dem Titelblatt des Druckes bezeugt: Sie sei »ihrer wolsehligen Gnaden bey dero lebzeiten wiederholten begehren nach . . . abgesungen worden«. Anders als bei diesen privaten »Voraufführungen« war die Musik im Ernstfall aber nicht künstlerischer Selbstzweck, sondern Teil der »Ex[s]equien«, d. h. der kirchlichen Trauerfeier beim Tod des Fürsten. Aufgrund der erhalten gebliebenen, gedruckten Leichenpredigt ist der Ablauf dieser Trauerfeierlichkeiten und damit der liturgische Rahmen von Schützens Musik bekannt. Der erste Teil des Werkes, genannt »Concert oder Teutsche Begräbnis-Missa«, eröffnete den Begräbnisgottesdienst. Dieses geistliche Konzert besteht aus zwei Teilen, die dem Kyrie und Gloria der Messe entsprechen. Es folgten Gemeindegesang und Leichenpredigt. Das Bibelwort der Predigt aus Psalm 73, »Herr, wenn ich nur dich habe, so frage ich nichts nach Himmel und Erden«, hat Schütz als Motette komponiert. Danach erklang das Canticum Simeonis aus Lukas 2, 29–32. Während die Gemeinde dann das Sterbelied *Mit Fried und Freud fahr ich dahin*, das ist die lutherische Fassung von Simeons Lobgesang, anstimmte, wurde der Sarg in die Reußische Familiengruft getragen. Diese Trauerfeier fand statt am 4. Februar 1636 in der Pfarrkirche St. Johannis zu Gera. Da die Musik einerseits einbezogen war in den Ritus der liturgischen Feier, andererseits der Tod des Landesherrn auch ein politisches Ereignis war, stehen die *Musikalischen Exequien* in dem Grenzbereich einer Kirchenmusik, die gleichzeitig Musik für einen Akt der Staatstrauer ist.

Die Zusammenstellung von Bibelsprüchen und Kirchenliedstrophen und ihre Komposition durch Schütz gibt uns Einblick darein, wie der Mensch der Barockzeit den Tod verstanden hat. Das Wissen um das Sterbenmüssen wurde nicht beschönigt, sondern mit der Kraft alttestamentlich-lutherischer Worte ausgesprochen: »Nacket bin ich von Mutterleibe kommen, nacket werde ich wiederum dahinfahren« (Hiob). Gleichsam »nackt«, mit unbegleiteter Intonation des Sängers, beginnt Schütz die Kyrie-Komposition seiner »Teutschen Begräbnis-Missa«. Strengste Klarheit und Einfachheit walten. Bibelsprüche, die für Solisten gesetzt sind, und Kirchenliedstrophen für den Chor wechseln einander ab. Dieselbe Ordnung gilt auch im Gloria, »Also hat Gott die Welt geliebt«. Die Musik ordnet sich geradezu selbstlos dem Wort unter und vertraut ganz auf die Schlichtheit der allgemein bekannten deutschen Kirchenlieder. Diese Kargheit der Mittel ist jedoch alles andere als kunstlos. Denn eben aus der Unterordnung schöpft die Musik ihre Eindringlichkeit und Ausdrucksstärke. So vermögen die Kirchenlieder die Gewißheit des Christenmenschen zu verkünden, daß er in die ewige Seligkeit eingehen wird.

Im zweiten und dritten Teil der *Musikalischen Exequien,* in der Motette

An H. Heinrich Schützen, auf seiner liebsten Frauen Abschied:
Stimme deine Laute wieder, / laß die Orgel besser gehn, / laß erschallen deine Lieder, / soll dein Lied noch bei dir stehn; / soll sie auf das Neue leben / und sich selbst dir wiedergeben.

Preise deiner Liebsten Tugend, / sage von der Freundlichkeit, / von der Anmut ihrer Jugend, / von der angenehmen Zeit, / welche du mit ihr genossen, / ehe sie die Zeit geschlossen.

Wir auch wollen mit dir stimmen, / wollen eifrig neben dir / an die blauen Wolken klimmen, / daß sie lebe für und für / durch die Kunst gelehrter Saiten, / o, du Orpheus unserer Zeiten.

Martin Opitz. 1625.

Heinrich Schütz (1585–1672). Ein Porträt des Malers Christoph Spetner (1617–99), Öl auf Leinwand, entstanden entweder vor dem Herbst 1654 oder erst 1657, also vor oder nach dem 70. Lebensjahr des Komponisten. Die sorgenvolle Stirn scheint auf den älteren, vom Dresdner Hof enttäuschten Schütz zu weisen. In Auftrag gegeben wurde das Porträt nach der Deutung Martin Gregor-Dellins vom Rat der Stadt Leipzig als Dank für die Widmung der Geistlichen Chormusik von 1648. Aus dem Jahr 1633 stammt das Bildnis eines Musikers von Rembrandt, das vermutlich den 48jährigen Schütz darstellt.

und im Canticum Simeonis, entfaltet sich die Musik reicher, da beide Stücke doppelchörig gesetzt sind. Die Worte »Selig sind die Toten« (Offenbarung 14,13) im Chor II hat übrigens nicht der Fürst vorgegeben, sondern Schütz hat sie hinzugefügt. Wie er selbst in der Vorrede sagte, wollte er so »die Freude der abgeleibten Sehligen Seelen im Himmel/in Gesellschaft der Himmlischen Geister und heiligen Engel in etwas einführen und andeuten«. In der Partitur wird dieser Chor personifiziert als »Zwei Seraphim« und eine »beata anima cum Seraphinis« (selige Seele mit Seraphinen). Ganz unversehens weitete sich die Totenfeier zum Barocktheater, und Schütz gab sogar eine Art Regieanweisung: Der Chor II sollte in der Ferne aufgestellt werden oder, noch besser, auf mehrere Stellen in der Kirche verteilt werden. Der Kirchenbau wurde so in einem Mysterienspiel zum Ort der Seligen. Die Lust des Barockmenschen an Theater und Schaugepränge forderte, wenn auch vergeistigt, ihr Recht. So wurde im Zusammenwirken von Kirchenraum und Prunksarg, Gemeindegesang und Komposition, Liturgie und Staatsakt, der Tod des Fürsten zum barokken Gesamtkunstwerk.

Bernd Edelmann

CLAUDIO MONTEVERDI

Die Krönung der Poppäa
1642 Venedig

Monteverdis letzte Oper *Die Krönung der Poppäa (L'incoronazione di Poppea)* ist grandioser Abschluß und zugleich künstlerischer Neubeginn von Stilepochen der frühen italienischen Oper. 35 Jahre nach seinem glanzvollen Erfolg mit der ersten vollgültigen Oper *Orfeo* (Mantua 1607) fühlte sich Monteverdi (1567–1643) – seit 25 Jahren Domkapellmeister an San Marco in Venedig – offensichtlich durch drei interessante Stoffe und komplexe dramatische Entwürfe noch einmal zu Bühnenkompositionen herausgefordert: *Die Heimkehr des Odysseus* (*Il ritorno d'Ulisse in patria,* Venedig 1641), die verlorengegangene Oper *Die Hochzeit des Äneas mit Lavinia* (*Le nozze d'Enea con Lavinia*, Venedig 1641) und eben *Die Krönung der Poppäa*, uraufgeführt im Herbst 1642 im Teatro SS Giovanni e Paolo in Venedig.

Freilich hatten sich im Laufe einer Generation seit der Uraufführung des *Orfeo* sowohl die Kompositionsweisen wie auch die äußeren Bedingungen für die künstlerische Produktion einer Oper erheblich verändert. Während *Orfeo* noch als höfische Festveranstaltung für eine sehr kleine Privatbühne am Hof von Mantua konzipiert wurde, waren Monteverdis letzte Opern für Aufführungen auf großen Bühnen in öffentlichen Opernhäusern Venedigs geplant. Nicht mehr die Gunst und die Schatulle eines Fürsten bestimmten den Erfolg einer Opernvorstellung, sondern der Publikumszuspruch im freien Kartenverkauf. Demgemäß hatten sich Thematik und musikdramatischer Stil den Erfolgszwängen freier künstlerischer Arbeit und den Erfordernissen des soeben entstandenen öffentlichen Musikmarktes anzupassen.

Claudio Monteverdi (1567–1643). Ein Porträt des aus Genua stammenden »venezianischen« Malers Bernardo Strozzi (1581 bis 1644). Dieses Porträt (um 1640) gehört zum zukunftsweisenden Spätwerk Strozzis in Venedig und ist mit den berühmten Bildnissen Doge Erizzo, Prokurator Grimani oder auch der Predigt Johannes des Täufers mit ihrem sprechenden Gestus zu vergleichen.

Die *Krönung der Poppäa* nimmt unter diesen Aspekten schon wegen ihrer politischen Thematik eine Sonderstellung ein. Es ist die erste Oper, deren Handlung auf eine historische Begebenheit (und nicht auf einen mythologischen Stoff) zurückgeht: auf die Ereignisse um den römischen Kaiser Nero (54–68), der seine Mutter und seine Gattin Octavia ermorden ließ und seine Geliebte Poppäa, die damalige Frau des späteren Kaisers Otho, heiratete. Monteverdis Librettist Giovanni Francesco Busenello (1598–1659) entwarf unter freier Ausdeutung dieser Fakten aus der römischen Geschichte, wie sie in den *Annalen* des Tacitus überliefert sind, eine kritisch zugespitzte Handlung mit auffallend realistisch gestalteten Charakteren. Sämtliche Hauptpersonen sind negativ gezeichnet und faszinieren den Zuschauer durch die Widersprüchlichkeit und Gegensätzlichkeit ihrer Charaktereigenschaften: Der brutale Tyrann Nero beseitigt seinen Mentor Seneca und schickt seine Frau Octavia in die Verbannung, damit er seine Liebesleidenschaft für Poppäa ausleben kann. Poppäa geht mit girrender Schmeichelei auch über Leichen (sie erwirkt durch berechnete Liebkosungen Neros Todesurteil gegen Seneca) unbeirrbar den Weg zum Gipfel der Macht, zur Krönung als Kaiserin von Rom. Ihr Gatte Otho sucht den Verlust seiner Ehefrau in den Armen seiner ehemaligen Geliebten Drusilla zu vergessen und läßt sich von Octavia zum Mordversuch an Poppäa anstiften. Die geprellte Kaiserin Octavia stellt zwar verbal Ehre und Pflicht über alles, zwingt aber Otho erpresserisch zum Mord an seiner eigenen Frau. Und Seneca schließlich sucht seine aufgewühlte Seele und auch die anderen mit wortreichen Beschönigungen bitterer Lebenswahrheiten zu beruhigen, während er vom gemeinen Volk unverhohlen als Schmeichler und Betrüger entlarvt wird.

Diese komplexen, schillernden Charaktere gestaltete Monteverdi in einer differenzierten musikalischen Zeichnung, in der sich die Übergänge von rezitativischen Techniken zu ariosen Passagen (meist in strophisch gegliederter Liedform) oftmals bruchlos auf engstem Raum vollziehen. Monteverdis musikalische Sprache umfaßt den Ton barbarischer Härte (bei Nero) ebenso wie die hohle Koloratur zur Kennzeichnung leerer Worthülsen (bei Seneca) und den rauschhaften Ausdruck von Liebesemphase (bei Nero und Poppäa). Vor allem aber wandelte seine Vertonung Busenellos Libretto stilmäßig in eine reife Dialogoper, indem er monologisch konzipierte Passagen musikalisch miteinander verschränkte, selbst szenisch bedingte Zäsuren durch Verschachtelung nicht aufeinander bezogener Dialoge überspielte und in bedachtsam gesetzten Wort- und Satzwiederholungen eine größtmögliche Steigerung des musikalischen Ausdrucks erzielte. Zu dem realistisch-drastischen Handlungsentwurf schuf Monteverdi eine auf realistische Effekte berechnete musikalische Sprache.

Verità und naturalezza sind also die grundlegenden Eigenschaften, die Monteverdi von einem guten Operntext verlangt. Damit erweist er sich als Vorgänger Chr. W. Glucks, der in der Vorrede zu Alceste diese Merkmale ebenfalls als Grundlagen des Schönen der Kunst verficht. Allerdings wünscht der klassizistische Künstler außerdem noch semplicità, an deren Stelle bei dem Barockmeister die gegenteilige Forderung der varietà erscheint. Beide Komponisten aber erstrebten im Rahmen der Anschauungen ihrer Zeit und mit deren Mitteln die Oper, in der Drama und Musik zur Einheit verschmelzen sollten. Anna Amalia Abert. Die Opernästhetik Claudio Monteverdis. In: Claudio Monteverdi et il suo tempo Venezia, Mantova, Cremona 3.–7. maggio 1968. Verona 1969.

Realitätsnähe im Sinne einer konsequent ablaufenden Folge von Ereignissen erzielte Monteverdi auch bei der dramaturgischen Gliederung durch Kürzung des Librettos um mehrere periphere Szenen und seine mutige Entscheidung für eine moderne Schlußwendung: Die Erhebung einer Mätresse zur Kaiserin durch eine blutige Intrige und die blinde Verliebtheit eines selbstgefälligen Tyrannen werden nicht, wie in der italienischen Oper dieser Zeit üblich und von Busenello auch vorgesehen, durch eine grandiose Apotheose beschönigt; die Oper schließt vielmehr mit einem hinreißenden Liebesduett Nero/Poppäa, das in der Finalszene noch einmal den treibenden Faktor der Handlung akzentuiert: die geschichtsverändernde Macht der Liebe. Eben um diesen Gedanken kreist auch die Diskussion zwischen der Tugend, dem wankelmütigen Glück (Fortuna) und der Liebe im Prolog der Oper. Monteverdis musikdramatisches Konzept aber kehrte die traditionelle Hierarchie der frühen italienischen Oper mit dominierendem Götterprolog und nachgeordneter Opernhandlung auf der Erde gleichsam um; in der *Krönung der Poppäa* fungieren Götter und Tugenden auf der Bühne nur als sichtbare Personifikationen von real nachprüfbaren menschlichen Eigenschaften, beispielhaft dargestellt an einer Episode aus der römischen Geschichte.

Monteverdi wandte in seinen späten Opern, vor allem in der *Krönung der Poppäa*, die künstlerische Summe all jener musikdramatischen Gestaltungsmittel an, die seine Zeitgenossen und Schüler seit 1607 erarbeitet hatten. Zugleich formulierte er in entscheidenden Punkten sein künstlerisches Vermächtnis an nachfolgende Generationen. Der ausgewogene Wechsel von rezitativischen und ariosen Partien und die Reduktion von Chor- und Instrumentalsätzen war für die spätere dominierende venezianische Opernform ebenso bestimmend wie die musikalisch-motivische Gliederung ganzer Szenen und die Da-capo-Form der geschlossenen Nummer, deren charakteristische Eigenheiten Monteverdi erstmals im Schlußduett Nero/Poppäa (»Pur ti miro«) anwendete.

Mit der *Krönung der Poppäa* setzte in Italien auch der Repertoire-Betrieb an den Opernbühnen ein. Mehrere Häuser spielten das Werk Jahre hindurch nach, oftmals aus unterschiedlichen Quellen. Da mehrere gedruckte und handschriftliche Libretti sowie zwei stark voneinander abweichende Partituren existieren, läßt sich eine endgültige, gar von Monteverdi beglaubigte Fassung dieser Oper nicht ermitteln. Es liegt nicht einmal eine im modernen Sinne zu verstehende Partitur vor, weil Monteverdi nur Singstimmen und bezifferten Baß notierte und auf Instrumentationsanweisungen sowie die Ausführung von Orchesterstimmen weitgehend verzichtete. Jede Aufführung dieser Oper kommt mithin einer Einrichtung und Interpretation des Quellenmaterials gleich. Für die Rezeptionsgeschichte haben die konzertante Aufführung in Paris am 24. Mai 1905 sowie die musikalisch-szenische Bearbeitung von Nikolaus Harnoncourt und Jean-Pierre Ponnelle in Zürich (1977) große Bedeutung. *Jürgen Schläder*

JOHANN SEBASTIAN BACH

Die Brandenburgischen Konzerte
1718–1721 Köthen

Die sechs kammermusikalisch besetzten Orchesterwerke, die seit Philipp Spittas grundlegender Bach-Biographie (1873–80) den prägnanten Sammeltitel *Brandenburgische Konzerte* tragen, nannte Bach (1685–1750) in seiner autographen Partitur *Six Concerts avec plusieurs instruments* (Sechs Konzerte mit verschiedenen Instrumenten). Über 250 Jahre nach ihrem Entstehen stellen sie nicht nur Zeugnisse eines individuellen künstlerischen

Gestaltungswillens, sondern auch »Objekte« einer ganz besonderen historischen Situation dar und geben als klingende »Dokumente« Aufschluß über Besetzung und Spielvermögen einer hochqualifizierten höfischen Kapelle im absolutistischen Zeitalter.

Von Gottes Gnaden Wir Leopold Fürst zu Anhalt etc. etc. fügen hiermit männiglich zu wissen, wasgestalt Wir den Ehrenvesten und Wohlgelahrten Johan Sebastian Bachen seit dem 5. Augusti 1717. alß Capelmeistern und Directoren unserer Cammer Music in Diensten gehabt, da Wir dan mit deßen Verrichtungen jeder Zeit wohl zufrieden gewesen: Wan aber derselbe anderweit seine Fortun vor itzo zu suchen willens, und Unß deshalb um gnädigste dimission unterthänigst angelanget: Alß haben Wir ihm diesselbe hier durch in gnaden ertheilen, und zu anderweiten Diensten bestens recommendiren wollen. Uhrkundlich haben Wir diesen Abschied unter Unserer eigenhändigen Unterschrift ausgestellet und mit Unserem Fürstlichen Insiegel bedrucken laßen. So geschehen Cöthen den 13. Aprilis 1723.
Aus der Entlassungsurkunde Johann Sebastian Bachs aus Köthen 1723.

Der musikalische, als Sänger, Cembalist und Gambist dilettierende Fürst Leopold von Anhalt-Köthen hatte während seiner Erziehung an der Berliner Ritterakademie (1707–10) Beziehungen zu dortigen Musikerkreisen geknüpft und nach seinem Regierungsantritt von 1715 einige der besten, aber arbeitslosen Musiker aus der 1713 aufgelösten Berliner Hofkapelle in seine verschlafene Residenz Köthen verpflichtet – sämtlich Virtuosen, die mehrere Instrumente beherrschten. Im Dezember 1717 stellte er seinem aus 14 Instrumentalisten und drei Vokalisten bestehenden Ensemble den gerade von Weimar in Unfrieden geschiedenen und nun glänzend honorierten Johann Sebastian Bach als Hofkapellmeister an die Spitze, der die sonntagabendlichen Hofkonzerte meistens vom Bratschenpult aus leitete. Am 6. Konzert, in dem zwei Bratschen und das Violoncello die solistisch hervortretenden Instrumente sind, läßt sich der enge Zusammenhang zwischen Aufführungsverhältnissen und Klangstruktur am deutlichsten exemplifizieren: Der Fürst übernahm den nicht zu schwierig konzipierten Part der ersten Gambe, der erste Gambist, Chr. F. Abel, rückte ans zweite Pult und durfte naturgemäß die Partie des Landesherrn nicht übertrumpfen; Bach saß am Bratschenpult, und der Primgeiger Spieß sowie der Cellist Linigke spielten die zweite Bratsche bzw. das Violoncello und rundeten den Zirkel eines solistischen Musizierens, in den der Fürst, wie es seiner Intention entsprach, voll integriert war.

Von den bis zum März 1721 entstandenen Konzerten für die Gegebenheiten der Köthener Hofkapelle, die teilweise auf Weimarer Entwürfe zurückgehen und die Bach in seinen Leipziger Amtsjahren als Thomaskantor (1723–50) auch als Einleitungssätze zu Kantaten oder in anderer Orchestrierung als Cembalokonzerte wiederverwertete, widmete er dem Markgrafen von Brandenburg insgesamt sechs. Er hatte diesen 1719 in Berlin, bei der Arbeitsüberwachung des in Auftrag gegebenen Cembalos, kennengelernt und schickte ihm, auf dessen recht vage formulierten Wunsch nach neuen Kompositionen, die sechs Konzerte gleichsam als Bewerbungsstücke für ein erhofftes neues Kapellmeisteramt in Berlin zu. In der markgräflichen Bibliothek verharrte die Reinschrift dann knapp 130 Jahre in einem Dornröschenschlaf, ehe die Werke 1850 erstmals im Druck erschienen und später mit dem heute gebräuchlichen Titel versehen wurden.

Christian Ludwig, Markgraf von Brandenburg-Schwedt (1677 bis 1734). Ihm widmete Bach seine *Sechs Concerti grossi* in der Hoffnung auf eine Anstellung in Berlin, zu der es nicht kam. Den Bruder König Friedrich I. von Preußen (1657 bis 1713) porträtierte Antoine Pesne (1683–1757), seit 1710 Hofmaler in Berlin. Er malte sie alle: die Mitglieder der königlichen Familie, den Hof, den Adel, Künstler und Bürger; und er beschäftigte Dutzende von Gehilfen in seiner Werkstatt. Den größten Umfang erreichte sein Wirken unter der Regierung Friedrich des Großen.

Daß Bachs klangliche und formale Experimente und seine Synthese von konservativer, rückwärtsgewandter Polyphonie und modernem konzertierendem Prinzip die *Brandenburgischen Konzerte* zu Gipfelwerken der vor-klassischen Orchestermusik gemacht haben, ist nie ernsthaft bestritten worden. Gegenüber der Concerto-grosso-Besetzung Händels und der Italiener mit dem Kontrast von zwei Violinen und Violoncello (dem sog. Concertino) und den Ripieno- oder Tuttistreichern bewahrte Bach die für die deutsche Musiktradition typische Vorliebe für Blasinstrumente und besetzte jedes Konzert mit anderen Soloinstrumenten. Überdies übertrug er die Form des sich damals durchsetzenden Solokonzertsatzes Vivaldischer Prägung auf das Ensemble-Konzept des Concerto grosso, minderte dabei jedoch den Kontrast zwischen massivem Tutti-Ritornell und dünnstimmigen Solo-Episoden. Die Konzerte Nr. 1, 3 und 6 stehen in ihren etwa gleich starken Instrumentalgruppen der »Konzertsymphonie« nahe, die drei anderen tendieren in der Herausstellung einzelner Solisten zum Concerto grosso. Höchst beeindruckend ist der Reichtum der Klangkombinationen, wenn hohe und tiefe, mild-sanfte und scharf durchdringende Instrumente gepaart und miteinander abgewechselt werden oder ihr Timbre bald auf Klangverschmelzung, bald auf Klangspaltung angelegt ist. Das 1. Konzert bildet in seiner Ergänzung durch mehrere Tänze eine Ausnahme von der üblichen italienischen Dreisätzigkeit und stellt mit seinen zwölf Instrumenten das Prinzip der Farbmischung in den Vordergrund. Gehören im Concertino des 2. Konzerts alle Soloinstrumente der Diskantlage an, so stehen im 3. Konzert nach der Klanghöhe geordnete Streichergruppen gegeneinander. Das 4. Konzert kommt dem Typus des Violinkonzerts mit zwei sekundierenden Blockflöten nahe, das 5. Konzert wird trotz seiner Trio-Solobesetzung durch die große Kadenz zum ersten originären Cembalokonzert, und das dunkler grundierte Konzert Nr. 6 führt in seinem Verzicht auf die hohen Register und die sekundäre Beachtung des Melodischen zu einer stärkeren Berücksichtigung des harmonischen Elements. Daß Bach in keinem Konzert eine Form wiederholte, unterstreicht seine Universalität und seine Fähigkeit, die Tradition aus seinem Geiste heraus umzuformen.

Uwe Kraemer

JOHANN SEBASTIAN BACH

Das wohltemperierte Klavier
1722 Köthen

Mit seiner Schrift *Musicalische Temperatur* hatte der Halberstädter Organist Andreas Werckmeister 1686/87 die Frage einer praxisgerechten Stimmung von Tasteninstrumenten neu zur Diskussion gestellt und für ein System plädiert, das es ermöglicht, in allen 24 Dur- und Molltonarten musizieren zu können. Im 17. Jahrhundert dominierte noch eine Stimmung, die bei den gebräuchlichsten Tonarten für weitgehend reine Intervalle sorgte, die anderen dagegen um so verstimmter wirken ließ. Werckmeisters »wohl temperierte« Stimmung, bei der die physikalisch unausweichlichen »Schwebungen« zwischen gleichnamigen bzw. eng benachbarten Tönen verschiedener Tonarten mehr oder weniger gleichmäßig auf alle zwölf Halbtöne verteilt sind, setzte sich in der ersten Hälfte des 18. Jahrhunderts endgültig durch, und die Komponisten begannen nun immer häufiger auch »entfernte« Tonarten (mit vielen »Vorzeichen«) zu verwenden. Demonstrativ nutzte der badische Kapellmeister Johann Caspar Ferdinand Fischer 1702 in seiner Sammlung *Ariadne Musica* das erweiterte Terrain mit Präludien und Fugen in 19 der 24 Tonarten. 1719 ließ Johann Mattheson in den Generalbaßübungen seiner Hamburger *Exemplarischen Organisten-Probe* keine einzige Tonart mehr aus.

1722 schließlich folgte ihm der Hochfürstliche Kapellmeister Johann Sebastian Bach (1685–1750) in Köthen mit einer Serie von »Praeludia und Fugen durch alle Tone und Semitonia«: Das *Wohltemperierte Klavier*, wie der 37jährige Komponist seine Sammlung beziehungsvoll nannte, ist damit offenbar der erste Kompositionszyklus der Musikgeschichte, der systematisch den Tonartenkreis ausschreitet.

22 Jahre später ließ Bach, längst Leipziger Thomaskantor, eine zweite Sammlung von Präludien und Fugen in allen Tonarten folgen, wobei er – wie schon zuvor – zum Teil auf bereits vorliegende Stücke zurückgriff. Bach selber gab ihr keinen Titel, doch war sie schon für seine Schüler *Des wohltemperierten Klaviers zweyter Theil.*

Beide Sammelbände waren von Bach nicht zum Druck vorbereitet worden. Wohl aber kursierte in Deutschland bald eine ganze Reihe von Ab-

Und diese erstaunte Fertigkeit, diese nie vor ihm gebrauchte Fingersetzung, hatte er seinen eigenen Werken zu danken; denn oft, sagte er, habe er sich genöthiget gesehen, die Nacht zu Hülfe zu nehmen, um dasjenige herausbringen zu können, was er den Tag über geschrieben hätte. Es ist dies um desto eher zu glauben, da er nie gewohnt war beym Komponiren sein Klavier um Rath zu fragen. So hat er nach einer gewissen Tradition, sein Temperirtes Klavier, dies sind zum Theil sehr künstliche Fugen und Präludia durch alle 24 Töne, an einem Orte geschrieben, wo ihm Unmuth, lange Weile und Mangel an jeder Art von musikalischen Instrumenten diesen Zeitvertreib abnöthigte.
Über Johann Sebastian Bach. in: Historisch-Biographisches Lexicon der Tonkünstler. Leipzig 1790.

Ansicht der Stadt Koethen im 17. Jahrhundert, Kupferstich aus M. Zellers Topographie (1642–1688), koloriert. Bach wirkte hier von 1717–21 als Hofkapellmeister des musikalisch ambitionierten Fürsten Leopold von Anhalt-Köthen (1694–1728), der im eigenen Orchester die erste Gambe spielte. Der Fürst war seinem Hofkapellmeister auch menschlich verbunden, er übernahm das Patenamt an Bachs Sohn Leopold Augustus; Bach schrieb ihm 1729 die *Trauer-Music.*

schriften; das *Wohltemperierte Klavier* hielt mehr als alle anderen Werke Bachs seinen Namen in Musikerkreisen lebendig und blieb auch in den Jahrzehnten nach seinem Tod im Juli 1750 als ein Werk bekannt, das »vom Anfang bis ans Ende aus lauter Meisterstücken besteht«, wie der erste Bach-Biograph Johann Nikolaus Forkel 1802 formulierte. In Haydns Notenarchiv fand sich eine Abschrift. Mozart bearbeitete einige der Fugen für Streichquartett oder -trio. Beethoven rühmte es. Und nachdem das *Wohltemperierte Klavier* um 1800 endlich auch gedruckt vorlag, erlangte es schnell den Rang eines klavieristischen Standardwerks. Chopin soll es auswendig beherrscht haben. Für Schumann war es das »Werk aller Werke«, das er jedem »als täglich Brot« empfahl, der »ein tüchtiger Musiker werden« wolle. Von diesem Ausspruch ist es dann nicht mehr weit zu Hans von Bülows, des Dirigenten, berühmtem Wort, Bachs *Wohltemperiertes Klavier* sei »das Alte Testament eines jeden Klavierspielers« (wie Beethovens 32 Klaviersonaten das Neue).

»Bach ist ein Ende. Es geht nichts von ihm aus; alles führt nur auf ihn hin«, hatte Albert Schweitzer 1905 lapidar erklärt. Seine Meinung, Bachs Schaffen primär als Höhepunkt und Abschluß einer jahrhundertealten Entwicklung der polyphonen Musik betrachten zu können, ist noch heute verbreitet. Parallel dazu gilt auch sein enzyklopädischer Zyklus der 2 × 24 Präludien und Fugen als ein Werk der Tradition, stilistisch konservativ und im wesentlichen rückwärtsgewandt. Nichts falscher als das. Zwar griff Bach in einer ganzen Reihe von Präludien auf Spielfiguren zurück, wie sie sich auch etwa bei Buxtehude und dessen Zeitgenossen finden (z. B. Teil I: C-Dur, c-Moll, D-Dur, d-Moll, B-Dur. Teil II: C-Dur, d-Moll, G-Dur). Ebenso könnten einige seiner Fugenthemen von Frescobaldi (z. B. Teil I:

cis-Moll. Teil II: Es-Dur), ja von Palestrina (Teil II: E-Dur) stammen. Und seine ungebrochene Vorliebe für das Fugierte galt den Zeitgenossen zunehmend als »zopfig«. Doch hat Bach alles andere als Musik »im alten Stil« geschrieben. Mit der klaren Trennung von Präludien und Fugen entsprach er im Gegenteil einer aktuellen Tendenz des Spätbarock zu Klarheit und abgerundeter Form, im großzügigen Aufriß der einzelnen Sätze und ihrem entschieden ausgeprägten Charakter war er fast allen Zeitgenossen voraus. Ohne Vorbild und nahezu konkurrenzlos waren vor allem die Vielseitigkeit und der Abwechslungsreichtum seiner Themen. Sie weisen, am auffälligsten in den Präludien des ersten Teils, in ihrem scharf geschnittenen Profil und ihrem ausgeprägten Ausdrucksgehalt so entschieden auf das »Charakterstück« der klassisch-romantischen Epoche hin wie höchstens noch einige der *Pièces de clavecin* des französischen Bach-Altersgenossen Jean-Philippe Rameau – das *Wohltemperierte Klavier* hätte auch wohl kaum eine so starke Nachwirkung entfalten können, wenn es neben den bewahrenden nicht mindestens ebenso starke zukunftweisende Züge besäße.

Ingo Harden

JOHANN SEBASTIAN BACH

Kantate »O Ewigkeit, du Donnerwort«, 1724 Leipzig

Nachdem sich Johann Sebastian Bach (1685–1750) im Februar 1723 mit den Kantaten *Jesus nahm zu sich die Zwölfe* und *Du wahrer Mensch und Gottes Sohn,* den Leipzigern vorgestellt hatte, trat er am 1. Juni des Jahres als Nachfolger Johann Kuhnaus sein Amt als neuer Thomaskantor an. Fortan gehörte es zu seinen wichtigsten Aufgaben, während der Hauptgottesdienste der Sonn- und Festtage eine Kantate aufzuführen, die nach der Lesung des Evangeliums und vor dem Glaubensbekenntnis der Gemeinde musiziert wurde und inhaltlich auf das Thema des Tages Bezug nahm. Der 38jährige Bach, in den zuvor sechs Jahre lang als Kapellmeister des Fürsten von Anhalt-Köthen hauptsächlich mit höfischer Kammermusik befaßt, stürzte sich mit Feueifer auf die neue Aufgabe. Um möglichst viele Sonntagsmusiken mit eigenen Kompositionen bestreiten zu können, schrieb er für die ersten Jahre seiner Amtsführung über 40 neue Kantaten – eine fast unglaubliche Arbeitsleistung. Die Kantate *O Ewigkeit, du Donnerwort* ist ein charakteristisches Werk aus Bachs früher Leipziger Meisterzeit. Sie wurde am 11. Juni 1724 unter seiner Leitung in der Thomaskirche zum ersten Mal aufgeführt und gehört zum traditionsreichen Typ der Choralkantate.

Seine Chöre sind durchgehends voll Pracht und Feyerlichkeit. Sehr häufig wählte er eine Choralmelodie dazu, und ließ nach Motetten-Art die übrigen Stimmen um sie herum fugieren. Derselbe Reichthum der Harmonie, den man in seinen übrigen Werken findet, herrscht auch hier, nur den Singstimmen und der gewählten Instrumental-Begleitung angemessen. Seine Recitative sind gut declamirt und mit reichen Bässen versehen. Bey seinen Arien, unter welchen sie viele von der feinsten und ausdrucksvollsten Melodie finden, scheint er sich oft eingeschänkt und nach den Kräften seiner Sänger und Spieler gerichtet zu haben, die aber dessen ungeachtet ewige Klagen über die Schwierigkeiten derselben zu führen hatten.
Aus der Bach-Biographie von J. N. Forkel. Leipzig 1802

Basis des Werkes ist, textlich und musikalisch, das evangelische Kirchenlied *O Ewigkeit, du Donnerwort,* das Johann Crüger, langjähriger Kantor an der Berliner Nikolaikirche, 1653 auf Worte des holsteinischen Dichter-Pastors Johann Rist geschrieben hatte. Entsprechend dem Zeitgeschmack übernahm Bach nur drei der zwölf Strophen in unveränderter Form in sein Werk, während ihm die übrigen von einem unbekannten Verfasser im »madrigalesk«-freien Stil umgedichtet, paraphrasiert wurden. Parallel dazu erklingt die Choralmelodie nur im Eingangschor und den einfachen vierstimmigen Choralsätzen am Schluß der beiden Teile dieser zweiteiligen Kantate, die anderen neun Strophen sind nach dem Vorbild der zeitgenössischen italienischen Oper als eine Kette solistischer Rezitative und Arien vertont.

Musikalisches Hauptstück der Kantate ist ihr Eröffnungssatz, in dem Bach die Choralmelodie in eine festliche Ouvertüre »im französischen Stil« eingebettet hat: Das kleine Orchester aus Streichern, drei Oboen und der Generalbaß-Gruppe beginnt mit einem feierlich getragenen Abschnitt, in dessen rhythmisch pointiertes Thema hinein die ersten Zeilen der Crüger-Melodie als Cantus firmus (»fester Gesang« in langgehaltenen Notenwerten) eingewoben sind. Die Melodie wird dabei vom Chorsopran vorgetragen, der durch eine Tromba da tirarsi (Zugtrompete, in der Praxis wohl eine hohe Posaune) verstärkt und von den übrigen Chorstimmen begleitet wird. Dieser Teil mündet in ein imitierendes Vivace im lebhaften Dreiachteltakt ein, das den klanglichen Rahmen für die nächsten drei Choralzeilen bietet; bei der Schlußzeile des Kirchenliedes knüpft ein gravitätisches Thema in pointierter, »französischer« Rhythmik dann wieder an den Anfang an. (Die Verbindung von Ouvertüre und Choral ist auch für Bach ungewöhnlich; doch die gewichtigen Eröffnungssätze werden in kompositorisch noch sehr viel aufwendigerer Form zum festen Bestandteil der großen Choralkantaten seiner späteren Leipziger Zeit.)

Abgesehen von den schon erwähnten schlichten Choralsätzen, mit de-

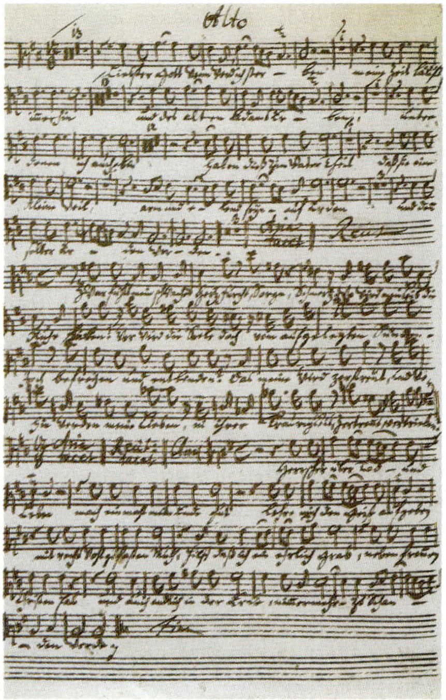

Zwei Bachkantaten in Ausschnitten der Autographen: Nimm von uns, Herr, Du treuer Gott (BWV 101) und *Liebster Gott, wann werd ich sterben* (BWV 8).

nen die zwei Teile der Kantate ausklingen, sind die übrigen Sätze »opernhaft« als eine Folge von Secco-Rezitativen (trockenen, nur von der Generalbaß-Gruppe begleiteten Rezitativen) und Arien angelegt. Dabei versuchte Bach, durch die Art seiner musikalischen Themen und die Auswahl der mit den Singstimmen konzertierenden Soloinstrumente die Worte möglichst eindringlich in Töne zu fassen: In der Arie »Wacht auf, verlorne Schafe« dominiert zum Beispiel ein trompetenhaftes Signalmotiv, in der Arie »Ewigkeit, das macht mir bange« wird das Tenorsolo von sog. Seufzermotiven der Streicher umspielt. Ebenso lassen sich kompositorische Reaktionen auf bestimmte Schlüsselworte wie »Ewigkeit« oder »Donnerwort« bis ins einzelne nachweisen.

Schon diese wenigen Hinweise verdeutlichen, aus wie vielen und verschiedenartigen Quellen die Kantate Bachs gespeist war: Die »textgezeugte« Themenerfindung geht bis auf die »Madrigalismen« vor allem italienischer Komponisten des 16. Jahrhunderts zurück, die durchgehende Vertonung aller Strophen eines Chorals besitzt eine ähnlich weit zurückreichende Tradition im deutschsprachigen Raum, während andererseits die Übernahme der »operistischen« Kompositionsweise der Italiener (und im Falle der Kantate *O Ewigkeit, du Donnerwort* auch der Ouvertüre im Stil von Jean-Baptiste Lully, dem Hofkapellmeister des »Sonnenkönigs«) auf die Zeitgenossen so modern wirkte, daß einige orthodoxe Christen damals warnend ihre Stimmen gegen die zunehmende Verweltlichung der Kirchenmusik erhoben . . .

Das überlieferte Kantatenschaffen Bachs besteht aus rund 200 geistlichen und 20 weltlichen Kantaten. Tatsächlich hat Bach jedoch offenbar eine weitaus größere Zahl von Kantaten geschrieben. Da in den Nachrufen auf seinen Tod im Juli 1750 von »fünf vollständigen Jahrgängen von Kirchenstücken auf alle Sonn- und Feiertage« gesprochen wurde, die er hinterlassen habe, muß davon ausgegangen werden, daß weit über 100 seiner Kirchenkantaten verschollen sind. Und auch die Zahl verlorengegangener Festmusiken auf Geburts- oder Namenstage und ähnliche »weltliche« Gelegenheiten ist erheblich. Die Kantate *O Ewigkeit, du Donnerwort* steht hier als ein Beispiel für Bachs Kantatenwerk und dafür, aus wieviel Quellen es sich speiste. Die Bachkantate steht bis heute auf einem unbestrittenen ersten Platz in der Konzert- und Kirchenmusik. *Ingo Harden*

ANTONIO VIVALDI

Die vier Jahreszeiten
um 1725 Venedig

Vivaldi (1678–1741) hat die überwältigende Mehrzahl seiner 319 Solokonzerte in der dreisätzigen, zyklischen Form geschrieben, wie sie für seine Zeit bestimmend war. Mit den 25 Konzerten, die Titel wie *Die Ruhe, Das Vergnügen* oder *Die Nacht* haben und ein erzählerisches Moment in die Musik hineintrugen, knüpfte Vivaldi an Vorstellungen von Renaissance-Komponisten wie Janequin, Gabrieli oder Lasso an – sie hatten in ihren weltlichen Chorwerken bestimmte tonmalerische Rhythmen und Melodien für die Darstellung von Schlachtengemälden, Vogelkonzerten oder Jagd- und Marktszenen entwickelt. Englische Virginalisten und französische Clavecinisten übertrugen die aus der Chormusik stammenden Einfälle auf die Tasteninstrumente, und französische und italienische Opernkomponisten bildeten dann in Schilderungen von Seestürmen, Schlummerszenen und bäuerlichen Idyllen ein festes, zugleich realistisches und stilisiertes Vokabular von Motiven aus. Daß gerade Vivaldis *Vier Jahreszeiten* ein so hoher Stellenwert in der barocken Instrumentalmusik zukommt, ist in ihrer Verschmelzung von drei, sonst eher getrennten Elementen begründet: Der Komponist hat die Stimmung malende und Gefühle zum Ausdruck bringende Orchestermusik aus der Oper in die Gattung des Solokonzerts verpflanzt, dessen Außensätzen durch die stets durchschimmernde Ritornellform dabei eine architektonische Überschaubarkeit und eine feste thematische und tonale Geschlossenheit verliehen und darüber hinaus dem Interpreten Gelegenheit zur virtuosen Selbstdarstellung gegeben.

Zu den Werken, die auf dem orchestralen Sektor die von ihm begründete Tradition fortführen, sind etwa Telemanns Kantate *Die Tageszeiten* (1739), Haydns Sinfonie-Trilogie *Le matin* – *Le midi* – *Le soir* (1761) und Beethovens *Pastorale* (1808) zu rechnen.

Die vier Konzerte für Solovioline, Streichorchester und Continuo – sie erschienen als Teil seines insgesamt zwölf Konzerte umfassenden Opus VIII unter dem Titel *Il cimento dell'armonia e dell'invenzione* (Die Bewährungsprobe von Harmonie und Erfindung) um 1725 in Amsterdam in Druck – sind uns nur in ihrer erweiterten Zweitfassung bekannt. Aus dem Vorwort an den Widmungsträger, Graf Morzin, wird ersichtlich, daß sie ursprünglich einen »absoluten«, rein konzertanten und unprogrammatischen Charakter besaßen. Erst der Druck-Veröffentlichung gab Vivaldi auch die vier einleitenden, von einem Anonymus stammenden Sonette bei. Aus den jeweils 14 Zeilen der Dichtungen hob er einige dadurch hervor, daß er sie am Gedichtrand mit Großbuchstaben versah. In den Konzertteilen, die diese Textzeilen kommentieren, wiederholte er die Buchstaben und ergänzte in Einzelfällen durch weitere, erläuternde Anmerkungen seine Interpretationsvorstellungen – so steht im langsamen Satz des »Frühlingskonzerts« in der Bratschenstimme der Zusatz »Der Hund bellt«. Im übrigen löste er das Problem, »absolute« und außermusikalische Wesensmerkmale zur Deckung zu bringen, auf ebenso einfache wie überzeugende Weise: Das am Anfang stehende Ritornell und Hauptthema vermittelt die Grundstimmung des jeweiligen Satzes, die Text-Episoden werden in den solistischen Partien illustriert, und die für Vivaldis Form so typische Wiederaufnahme der wie Pfeiler im Satzgeschehen stehenden Ritornelle bekräftigen jeweils die Grundstimmung des Gedichts und damit natürlich auch die der Musik.

Im »Frühling« sind diese Durchmischung des Rationalen und Phantastischen und Vivaldis Prinzip, die wechselnden Szenen eines Gesamt-Tableaus an verschiedenen Stellen des Satzes wie in einer filmischen Großaufnahme zu verdeutlichen, am ohrenfälligsten: Sein vom Tutti theatralisch präsentierter Einzug im tänzerischen Rhythmus einer Bourrée kehrt mehrfach wieder und läßt in den Zwischenspielen Raum für solistisches Vogelgezwitscher, Gemurmel der Bäche und ein »blitzendes« Gewitter. Das auf den Baß verzichtende Largo zeichnet mit dem Schlaf des Hirten (Solovioline), dem sanften Geräusch der Zweige und Äste (in den punktierten Rhythmen der paarweise geführten Violinen) und dem stoßweisen Bellen des Hirtenhundes gleich drei verschiedene Eindrücke eines südländisch warmen Mittags. Die Dudelsackquinten des Finales verweisen dann auf den bäuerlich-heiteren Hintergrund der von Schäfern und Nymphen bevölkerten Szene.

Antonio Vivaldi (1678–1741). Ein Gemälde von François Morellon La Cave, datiert 1723. Geige, Feder und Notenpapier symbolisieren Vivaldis Gaben als Virtuose und Komponist.

Die drückende Hitze des Sommers und die Ermüdung des Menschen bilden im zweiten Konzert die Hauptgedanken des Kopfsatzes, in dem aus lebhaften Streicherfiguren Kuckucksrufe heraustönen. Donner, Blitz und gereizte Insektenschwärme stören als rasche Einwürfe im Mittelsatz die Ruhe des Verängstigten, ehe im Schlußsatz ein Gewitter über die reifen Ähren tobt. – Erntefreuden, die durch unharmonische Bewegungen eines torkelnden Betrunkenen unterbrochen werden, schildert »Der Herbst«; kühne Akkordzusammensetzungen im langsamen Satz vermitteln die Gefühle eines entrückt Schlafenden, und mit der Nachahmung von Hundegebell, Büchsenknall und Stürzen des verwundeten Wildes wird der letzte Satz zum realistischen Jagdgemälde. – Dissonanzreiche, sich aufschichtende Stimmen rufen im »Winter« den Eindruck von Kälte, Zähneklappern und Fußstampfen hervor und bezeugen die harmonikale Phantasie des Komponisten; das Largo malt die Idylle eines zufriedenen Menschen, der vor dem behaglichen Kaminfeuer den prasselnden Regen genießt, und der letzte Satz zeichnet Freuden und Leiden der Schlittschuhläufer, das Bersten des Eises und den Kampf zwischen dem südlichen Schirokko und dem kalten Nordwind nach.

Uwe Kraemer

Johann Sebastian Bach (1685–1750). Ein umstrittenes Bach-Porträt, das dem zeitgenössischen Maler Johann Jakob Ihle zugeschrieben wird und um 1720 entstanden sein soll. Heute ist es im Bachhaus in Eisenach zu sehen.

JOHANN SEBASTIAN BACH

Matthäus-Passion
1727 (Frühfassung BWV 224 b)
Leipzig

Als Bach (1685–1750) sich als gut Vierzigjähriger mit dem Gedanken trägt, eine Passion nach dem Evangelisten Matthäus zu vertonen, kann er auf eine reiche Erfahrung in der Gestaltung vokaler und instrumentaler Werke in unterschiedlichen Formen und Kompositionstechniken zurückgreifen. Seit seinem Amtsantritt als Leipziger Thomaskantor im Juni 1723 hat er bereits einen Großteil seiner Kirchenkantaten geschrieben und im sonntäglichen Gottesdienst mit seinen Thomanern, den Kunstgeigern, Stadtpfeifern und Studenten aufgeführt. Weihnachten 1723 erklingt das Magnificat, Weihnachten 1724 das Sanctus D-Dur, das er später in die *h-Moll-Messe* einfügt. Den besonderen Problemen der Vertonung einer Leidensgeschichte hatte er sich 1724 bzw. 1725 in seiner *Johannes-Passion* zugewendet. Mit der *Matthäus-Passion* übertrifft er jedoch alles bis dahin Geschaffene deutlich, auch im Hinblick darauf, wie er dem Besucher des Gottesdienstes zentrales christliches Gedankengut in tönender Form eindringlich vermittelt.

Es beruht auf langer Tradition, in der Karwoche die Leidensgeschichte nach den vier Evangelisten vorzutragen. Die Karfreitagsvesper bildete den gottesdienstlichen Höhepunkt der Passionszeit, und sie war für Bach sicherlich auch das musikalische Hauptereignis innerhalb des Kirchenjahres. Unter Bachs Leipziger Amtsvorgänger Johann Kuhnau war es von 1721 an üblich, in dieser Vesper eine »musicirte Passion« aufzuführen, den ersten Teil vor der Predigt, den zweiten Teil nach der Predigt, abwechselnd im einen Jahr in der Nikolaikirche, im anderen Jahr in der Thomaskirche. Wir wissen heute, daß Bach zwischen 1724 und 1730 diesen besonderen Tag zum Anlaß für Aufführungen von Passions-Oratorien nach allen vier Evangelisten genommen hat, sei es in eigener oder fremder Komposition.

Die Matthäus-Passion umfaßt insgesamt 78 Sätze (nach alter Zählung), 68 nach der Zählung der Neuen Bach-Ausgabe von 1972 (in der Sätze zusammengefaßt sind). Die Textgrundlage der Passion stammt aus drei Quellen: Im Mittelpunkt steht das Bibelwort, der Bericht vom Leiden

Christi nach dem Evangelisten Matthäus, Kap. 26, Verse 1–75, Kap. 27, Verse 1–66, sowie Kap. 6, Vers 1 aus dem *Hohenlied* Salomonis. Eingeschoben sind Kirchenliedstrophen aus den zeitgenössischen Gesangbüchern, insgesamt 15 an der Zahl, davon zwölf als vierstimmige Choralsätze vertont. Als drittes kommt freie, sogenannte madrigalische Dichtung in Form von Rezitativen, Arien und Chören hinzu. Diese lyrischen Betrachtungen einzelner Szenen der Leidensgeschichte stellen ein kommentierendes Element dar und wurden verfaßt von dem Leipziger Dichter Christian Friedrich Henrici, genannt Picander. Das Libretto, gedruckt in Leipzig 1729, fußt auf älteren Quellen und Textparallelen, die Bach zum Teil gekannt haben dürfte.

Vorige Woche habe ich dreimal die Matthäuspassion gehört, jedesmal mit demselben Gefühl der unermeßlichen Bewunderung. Wer das Christentum völlig verlernt hat, der hört es hier wirklich wie ein Evangelium.
Friedrich Nietzsche in einem Brief an Erwin Rhode. 30. April 1870.

Den Bericht des Passionsgeschehens nach Matthäus, von Bach in der Partitur mit roter Tinte geschrieben, überträgt er dem Evangelisten (Tenor), die direkte Rede handelnder Einzelpersonen wird durch weitere Solisten ausgeführt, Jesus (Baß) und elf Soliloquenten (zwei Mägde, Pilati Weib, zwei Zeugen, Judas, Petrus, Pilatus und drei Hohepriester). Diese Partien sind als Rezitative komponiert. Die Christus-Worte sind, auch im Vergleich zur *Johannes-Passion,* durch Streicherbegleitung besonders hervorgehoben, »einem Heiligenscheine gleich um sie webend«.

Neben diesem mehr epischen Element des Passionsberichtes setzt Bach dramatische Akzente, indem er die Rede mehrerer Personen (Jünger, Juden, Hohepriester, Schriftgelehrte und Älteste, Pharisäer, Kriegsknechte und Volk) als Chöre – Turbae genannt – samt Instrumentalbegleitung komponiert, kurze Sätze mit einer differenzierten Vielfalt an Charakterisierungen.

Picander (und Bach) gliedern den biblischen Berichtsstoff in insgesamt 15 Szenen – von der Salbung in Bethanien bis hin zur Grablegung, innerhalb derer dann einerseits Choralstrophen, andererseits die dichterischen Texte planvoll eingefügt sind.

Die Choralsätze sind für vierstimmigen Chor gesetzt, die Melodie liegt immer im Sopran, die Instrumente verdoppeln die Singstimmen. Trotz schlichter Form vermag Bach durch Harmonik und Stimmführung die jeweilige Textbezogenheit spezifisch zu interpretieren. Die Strophen der Passionslieder sind so ausgewählt, daß es häufig zu Stichwortanschlüssen kommt und ein enges Beziehungsgeflecht entsteht. Wenn die Jünger z. B. elfmal fragen »Herr, bin ich's?«, folgt der Choral »Ich bin's, ich sollte büßen«; oder wenn es von den Kriegsknechten heißt: »und nahmen das Rohr und schlugen damit sein Haupt«, folgen die beiden Choralstrophen von Paul Gerhardt »O Haupt voll Blut und Wunden«. Drei weitere Kirchenliedstrophen verarbeitet Bach im groß angelegten Eingangschor »Kommt, ihr Töchter, helft mir klagen«, im Rezitativ »O Schmerz!« und im Choralchorsatz »O Mensch, bewein dein Sünde groß«, der den ersten Teil der Passion vor der Predigt beschließt.

Auch Picanders freie Dichtung vertont Bach auf unterschiedliche Weise, wobei die musikalische Form im Text schon vorgegeben ist: Rezitativ und Arie (jeweils paarweise und von Solisten gesungen) sowie große Chöre, die zugleich Rahmen- und Gliederungsfunktion in der dramatischen Gestaltung des Passionsberichtes haben. Diese vom Orchester begleiteten Rezitative und Ariosi sind häufig von einem Motiv geprägt, das den Text unmittelbar abschildert. Rezitativ und folgende Arie sind als Formpaar eng miteinander verknüpft, u. a. durch dieselbe Solo-Singstimme oder die Auswahl der Instrumente. Diese stark kontemplativen Sätze weisen ein breites Spektrum solistischen Musizierens in unterschiedlichsten Besetzungen auf.

Der außerordentliche kompositorische Rang der *Matthäus-Passion* wird dadurch unterstrichen, daß Bach für dieses Werk den größten Aufführungsapparat vorsieht, dessen er sich je bedient hat. Es ist zweichörig konzipiert, benötigt in Chorus I und II jeweils vier Vokalsolisten samt Soliloquenten, einen vierstimmigen Vokalchor, ein selbständiges Orchester samt Continuogruppe sowie eine gesonderte Chorsopranstimme für die Choralzitate im Eingangs- und Schlußchor des ersten Teils. In über der Hälfte aller Sätze werden die Ausführenden von Chorus I und II gleichzeitig eingesetzt, von der Vierstimmigkeit bis zur realen Achtstimmigkeit. Die übrigen Sätze sind nur je einem Chorus zugeordnet.

Diese mehrchörige Anlage entspricht der dialogischen Struktur der Picanderschen Dichtung, die möglicherweise in enger Abstimmung mit Bach entstanden ist. Sie ist in Form von Wechselreden zwischen allegorischen Personen angelegt, der »Tochter Zion« (als einer Allegorie der gläubigen Seele) und dem »Chor der Gläubigen«. Insgesamt sechs Sätze bzw. Satzpaare sind dialogisch angeordnet und haben Anteil an der formbildenden Struktur im dramatischen Ablauf des Geschehens. Eine deutlich voneinander getrennte Aufstellung beider Ensembles erhöht die Klangwirkung der Dialoge, z. B. im Eingangschor: »Sehet!« – »Wen?« – »den Bräutigam« – »Seht ihn« – »Wie?« – »als wie ein Lamm.«

Die *Matthäus-Passion* ist sowohl in autographer Partitur als auch in Stimmen (und Abschriften) überliefert, die auf mehrere Leipziger Aufführun-

»Felix ging die ganze Partitur durch, machte einige wenige zweckmäßige Abkürzungen und instrumentierte das einzige Rezitativ: ›Der Vorhang im Tempel zerriß in zwei Stücke‹. – Sonst ward alles unberührt gelassen. Die Leute staunten, gafften, bewunderten; und als nach einigen Wochen die Proben auf der Academie selbst begannen, da zogen sie erst die längsten Gesichter vor Staunen, daß solch ein Werk existierte, wovon sie, die Berliner Academisten nichts wußten! Als das begriffen war, fingen sie mit wahrem und warmen Interesse an zu studieren . . .
Fanny Mendelssohn in einem Brief an den Diplomaten und Freund des Hauses Mendelssohn Karl Klingemann am 22. März 1829.
In: Martin Geck. Die Wiederentdekkung der Matthäuspassion im 19. Jahrhundert. Regensburg 1967.

gen und Fassungen hinweisen: Eine Frühfassung 1727, Wiederaufführungen 1729, 1736 und um 1742. Nach dem Tode Bachs erlebte die *Matthäus-Passion* erst über 100 Jahre nach ihrer Entstehung wieder eine Aufführung, 1829 in der Berliner Singakademie unter Leitung des jungen Felix Mendelssohn-Bartholdy. Ein Jahr später wurde die Partitur erstmals gedruckt und das Werk in Breslau aufgeführt, 1831 in Stettin, 1832 in Königsberg und Kassel.

Bachs *Matthäus-Passion,* die zu denjenigen seiner Werke gehört, die heute am häufigsten zu hören sind, hatte bereits im 19. Jahrhundert ganz entscheidenden Anteil an der Wiedererweckung des Bachschen Œuvres überhaupt. Die Auseinandersetzung mit diesem außerordentlichen Zeugnis christlichen Glaubens, Bachs unerhörtem Formen- und Ausdrucksreichtum und der überwältigenden Fülle an Klangschönheit dauert bis heute an und hat an Aktualität nichts eingebüßt. *Ulrich Prinz*

DOMENICO SCARLATTI

Das Sonatenwerk
1730–1757 Madrid

Was wir über Scalatti (1685–1757) wissen, reicht nicht aus für ein Bild seiner Persönlichkeit. Die Biographen müssen sich mit einer »negativen« Darstellung begnügen, in der von allem die Rede ist, nur nicht von ihm, der weitgehend im dunkeln bleibt. Der Vater, ein berühmter Opernkomponist, aus Sizilien zugewandert, hatte den Sohn fest im Griff. 1717 wurde der bereits 32jährige rechtskräftig aus der kindlichen Gehorsamspflicht entlassen, und erst mit 42 Jahren heiratete er. Die Stationen seiner Jugend in Italien sind unwichtig für seinen künstlerischen Werdegang: Neapel, Florenz, Rom (wo er angeblich mit Händel auf den Tasten in Wettstreit trat). Hier allerdings lernte er den portugiesischen Botschafter beim Vatikan kennen, und daraus entstand sicherlich die Verbindung zur Iberischen Halbinsel, wo er ab 1719 bis zu seinem Tode lebte und komponierte. Die erste, vom Vater verordnete Karriere als Opernkomponist brachte keinen Erfolg. Aber was heißt bei ihm Erfolg? Er hat Glück gehabt. Seine Taufpaten waren die Vizekönigin von Neapel und der Herzog von Maddaloni gewesen. Die Eltern Scarlatti waren nicht irgendwer. In Rom diente er der exilierten Königin von Polen, Maria Casimira. Aber das waren nur Stufen. In Lissabon wurde er Musiklehrer am Hofe: Er unterrichtete den jüngeren Bruder König Johanns V. und die Infantin Maria Barbara. Das ist die entscheidende Weichenstellung. Fortan diente er ein Leben lang der Prinzessin, und als sie 1728 den spanischen Thronfolger Fernando heiratete, folgte er ihr nach Madrid und erduldete mit ihr das unruhige Reiseleben des Hofes. Sein Erfolg war die beständige Gunst seiner Herrin, einer Musiknärrin und excellenten Cembalistin.

Scarlattis Ruhm rührt von seinen etwa 500 Klaviersonaten her. Ein englischer Musikdruck von 1738 mit 30 dieser Kompositionen nannte sie zwar »Essercizi per gravicembalo«, aber die Forschung zweifelt an der Allgemeingültigkeit dieser Instrumentzuweisung. Es gab schon Hammerklaviere, auch am spanischen Hofe. Maria Barbara jedenfalls war ihr Leben lang mit den Sonaten ihres Lehrers zufrieden, und beide scheinen sich für äußerlichen Ruhm, den »Erfolg« nicht interessiert zu haben. Nichts wäre doch leichter gewesen, als diese herrliche Musik drucken und somit alle Welt daran teilhaben zu lassen. Lassen wir die gedruckten »Essercizi« und ein paar Raubdrucke beiseite, verdanken wir die Überlieferung allein drei handschriftlichen Quellen, die in unterschiedlicher Pracht und Schönheit angefertigt worden sind. Zunächst das Exemplar der Königin: 15 umfangreiche Bände, die das Conservatorio Arrigo Boito zu Parma hütet. Derselbe Schreiber hat davon eine Abschrift gefertigt, die vielleicht für Farinelli bestimmt war, den berühmten Kastraten, der neben Scarlatti am Madrider Hof als Sänger wirkte. Diese Kopie liegt heute in der Biblioteca Marciana in Venedig. Als dritte Quelle gibt es noch fünf handschriftliche Bände aus der sog. Santini-Sammlung, heute in Münster; und weitere sieben Sonatenbände, die einst Johannes Brahms besessen hat, gehören nun der Gesellschaft der Musikfreunde in Wien. Das ist die Quellenlage – viel können Scarlattis Zeitgenossen nicht von diesen weitgehend privat gehorteten Schätzen gehört haben.

Scarlatti hat viel Ausgezeichnetes, was ihn vor seinen Zeitgenossen kenntlich macht. Die sozusagen geharnischte Ordnung Bachschen Ideenganges ist in ihm nicht zu finden; er ist bei weitem gehaltloser, flüchtiger, rhapsodischer; man hat zu tun, ihm immer zu folgen, so schnell verwebt und löst er die Fäden; sein Stil ist im Verhältnis seiner Zeit kurz, gefällig und pikant.
Robert Schumann. Ältere Klaviermusik. 1839.
In: Robert Schumann. Schriften über Musik und Musiker. Stuttgart 1982.

Scarlattis Sonaten sind eigentümliche Gebilde und haben die Klavierspieler seit dem 18. Jahrhundert immer wieder fasziniert. Sie stehen außerhalb der Literatur ihrer Zeit. Es sind weder stilisierte Tanzsätze noch mehrsätzige Suiten. Es sind einsätzige, zweiteilige Stücke, die ungefähr dem üblichen Schema dieser Kompositionsform entsprechen: Von der Grundtonart ausgehend erreichen sie am Schluß des ersten Teils eine andere Tonart, meist die Dominante, in der der zweite Teil beginnt, um nach überraschenden Umwegen zur Grundtonart zurückzukehren. Aber dieser grobe Umriß deckt nicht im geringsten die Fülle phantastischer, phantasievoller Möglichkeiten, die Scarlatti in seinen 555 erhaltenen Sonaten ausbreitet. Die melodische Anlage bleibt nicht im Gesanglichen stecken – sie bietet eine Fülle von Extravaganzen virtuoser Spieltechnik. Man muß, sagen die Pianisten, die Eleganz, die Gewagtheit der Ausführung auch mit den Augen genießen, wenn die Hände sich kreuzen und überschlagen, wenn sie in Läufen und Arpeggien halsbrecherisch über die Klaviatur rasen.

Das Extravagante überhaupt: Die Harmonik liebt Dissonanzen und überraschende Fortschreitungen, die zwar auf dem Papier analytisch zu reduzieren, zu erklären sind, was jedoch an der verblüffenden Wirkung nichts ändert; Vorhalte, die zugleich mit ihrer Auflösung erklingen und damit Sekundreibungen erzeugen, gern noch in insistierender Repetition; Dissonanzschläge wie Kanonenschüsse, Fanfarenklänge – man meint Hoffeste mit Feuerwerk und Jagdgetön zu hören. Nicht im Sinne bieder malender Programm-Musik, sondern wie plötzlich aufleuchtende Tupfer, groteske Einfälle, Stichwörter, Anspielungen, Heiterkeiten, Skurrilitäten. Es sind geistreiche Unterhaltungen, Divertimenti, Freude am Spiel und am Spielen. Improvisierende Abschnitte mit harmonisch-melodischen Verwirrpartien machen den Zuhörer gespannt, worauf das Ganze wohl hinaus will. Dabei ein homophoner Satz, ohne Fugen und kontrapunktische Meisterlichkeiten, dafür Lebensfreude, Glitzern, Farbe, Eleganz und Spannung. Das verlangt nach drahtigen, schlanken, durchsichtig klingenden Instrumenten, nach funkelnden Verzierungen, wie das übrigens auch die frühen Hammerklaviere noch bieten. Apropos Verzierungen: Immer noch können wir Scarlattis Zeichen nicht genau lesen. Wir sind mehr aufs Raten angewiesen, und lassen uns vom Vorrat italienischer Ornamenttabellen leiten. Ob er selbst immer festgelegte Verzierungen gespielt hat?

Die Forschung war nicht untätig und die Praxis ebensowenig. Die großen Pianisten von Carl Czerny über Bülow, Tausig, Pauer, Sauer bis Kirkpatrick haben Scarlattis Sonaten nach allen Regeln persönlicher Auslegung ediert. Mindestens 15 Editoren ließen sich auf Anhieb nennen. Und drei verschiedene Versuche gibt es bis jetzt, um den offensichtlich ungeordneten Bestand zu einem philologisch brauchbaren Verzeichnis zu gliedern, so daß man bei der Aufreihung und Zitierung der Sonaten eigentlich immer drei Ordnungssysteme nennen müßte: eins von vor 1910 (Longo), das

gefühlshaft »musikalisch« vorging und deshalb den Vorwurf des Willkürlichen provoziert; ein zweites aus den fünfziger Jahren (Kirkpatrick), das von einer Datierung der Quellen ausgeht und die Frage aufwirft, nach welcher Logik Komposition und Kopie immer gleichzeitig erfolgt sein sollen; und ein drittes, Ende der sechziger Jahre (Pestelli), das stilistische Kriterien zugrunde gelegt hat, was nicht minder riskant erscheint.

Ein weiterer Streitpunkt ist die Vermutung, ob denn die strikte Einsätzigkeit vom Komponisten tatsächlich gewollt war oder ob nicht doch, im Sinne der Zeit, wenigstens immer zwei Sätze zusammengehörten? Auch für eine paarweise Anordnung der Sonaten gibt es verschiedene, kontroverse Lösungsversuche.

Wir wissen nichts über Scarlatti. Im Alter soll er dick geworden sein, so

Karl II. speist in Gegenwart seines Hofstaats. Gemälde des Velasquez-Schülers Luis Paret y Alcázar (1746–99). Festlichkeiten waren sein bevorzugtes Genre, zumal am spanischen Königshof. König Karl III läßt sich bei der Mahlzeit auch musikalisch unterhalten.

daß ihm das Händeüberschlagen auf der Klaviatur nicht mehr gelingen wollte. Aus seinen bizarren Kompositionen zu schließen – sie wirken nach den Opernversuchen unter der Fuchtel des Vaters wie eine Selbstbefreiung –, muß er eine exzentrische Persönlichkeit gewesen sein. Er hinterläßt uns mehr Rätsel als andere Komponisten der Neuzeit. Man könnte sich vorstellen, daß er sarkastisch gelächelt hätte über die Versuche einer bewundernden Nachwelt, mit Lineal und Winkelmaß Ordnung in sein geniales Chaos zu bringen. *Horst Leuchtmann*

GEORG PHILIPP TELEMANN

Musique de table (Tafelmusik)
1733 Hamburg

Anders als sein Zeitgenosse Johann Sebastian Bach war Telemann (1681–1767) schon zu Lebzeiten eine musikalische Berühmtheit von europäischem Rang. Bezeichnend ist die Bemerkung eines Leipziger Ratsherrn bei der Ernennung Bachs zum Thomaskantor im Jahr 1722: Da man die besten (Telemann und Graupner) nicht bekommen könne, müsse man mit dem geringeren (Bach) vorliebnehmen. Anders auch als Bach bereitete Telemann in einem gewissen Maße noch den Stilwandel von der Barockmusik zur Vorklassik in einzelnen Zügen vor.

Für die Anfänge des modernen Konzertlebens außerhalb von Kirche und Hof war Telemanns lebenslange Tätigkeit in der ersten Institution bürgerlichen Musizierens, dem »collegium musicum«, an allen seinen Wirkungsstätten von Bedeutung. Sein kleines Intermezzo *Pimpione* (1725) zeigt eine erste Ausprägung des neuen Buffostils, und in den Klavierfantasien von 1733 finden sich Ansätze zur Sonatenform. Schließlich bezeugen die gefälligen Themen seiner Klaviermusik ebenso wie die pointierte, musikalische Personen- und Situationscharakteristik der *Kanarienvogel*- oder *Schulmeisterkantate* eine Auflockerung des strengen, kontrapunktisch gearbeiteten Satzes zugunsten des »galanten Stils«. Sogar seine Kirchenmusik (wie etwa das Passionsoratorium *Das selige Erwägen des bittern Leidens und Sterbens Jesu*

Christi von 1717/22) spiegelt mit klangmalerischer Textdeutung, einer durch stockenden Duktus raffiniert psychologisierten Sprache und der menschlich-subjektiven Jesus-Charakterisierung den neuen Geist der Aufklärung mit dem Menschen im Mittelpunkt seines Weltbildes. Johann Adolf Scheibe, bekannt durch eine scharfe Attacke gegen die »Schwülstigkeit« der Musik von Johann Sebastian Bach, 1737, attestierte dem Komponisten Georg Philipp Telemann begeistert, einen »neuen periodus« der Musikgeschichte eingeleitet zu haben.

Neben ersten Keimen der Vorklassik in der Klavier- und Vokalmusik ist besonders die Orchestermusik von Bedeutung. In ihr demonstriert Telemann mit einer Vereinigung aller Stilarten seiner Zeit jenen »vermischten Geschmack«, von dem Johann Joachim Quantz 1752 (*Versuch einer Anweisung die Flöte traversiere zu spielen*) als Kennzeichen der neuen Musik spricht.

Tafelmusik im wörtlichen Sinn: Der Ausschnitt aus dem Gemälde *Diner bei der Hochzeit Josephs II mit Isabella von Parma* (1763) von Martin van Meytens (1695–1770) zeigt die Musikanten.

Ein gutes Beispiel hierfür ist die *Tafelmusik*, die Telemann 1733 in drei »Productions« veröffentlichte. Sie ist weniger musikalisches Beiwerk für Tafelfreuden (wie uns heute der Terminus suggeriert) als vielmehr Exempel für ein Genre von Festmusik in gesellschaftlicher Funktion, das von der Antike bis zu Mozarts Harmoniemusik im Finale des zweiten Aktes von *Don Giovanni* (UA 1787) reicht. Darüber hinaus ist das Werk eine Mustersammlung aller wesentlichen Satztypen der zeitgenössischen Orchestermusik, gewissermaßen eine »Hohe Schule« des Ensemblespiels der Zeit.

Alle drei Teile oder »Productions« enthalten je sechs Stücke in gleicher Anordnung, aber verschiedener Instrumentation. Das erste Stück ist stets eine mehrsätzige Suite in Tuttibesetzung mit einer französischen Ouvertüre als Einleitung. Es folgt ein Quatuor (nichts anderes als ein Instrumentalquartett) mit vier Sätzen in gemischter, aber wechselnder solistischer Besetzung. Danach kommt mit einem viersätzigen Concert wieder ein Tuttisatz, dann ein (solistisches) Trio mit vier Sätzen, eine viersätzige Solosonate und schließlich eine Conclusion in Tuttibesetzung. In Melodie und Themenbildung dominiert der »galante«, französische Stil. Daneben verbinden sich die Formen aus der italienischen Stilsphäre mit denen aus der französischen. Die erstere zeigt sich in den Trios mit konzertierenden Oberstimmen, dem Solo-Tutti-Wechsel der Konzertsätze und der Anordnung der Binnensätze nach dem Modell der italienischen Sonata da chiesa in der Folge: langsam–schnell–langsam–schnell; die letztere mit den dreiteiligen französischen Ouvertüren oder den Suitentanztypen (von Air bis zu Rondeau, Passepied oder Réjouissance). Elemente des deutschen und polnischen Stilidioms bereichern das Detail. Abwechslungsreiche Solobesetzungen und vielerlei ungewöhnliche, für die damalige Zeit gewagte Instrumentationseffekte bezeichnen den außergewöhnlichen Charakter des Werks.

Es spricht für seine frühe Geltung, daß sich unter den Subskribenten des Drucks Besteller aus Berlin, Paris, Lyon, Kopenhagen, Delft, sogar aus der Schweiz, England, Spanien und Norwegen befanden. Schon Händel entlehnte Motive aus 16 Sätzen daraus, und noch Max Reger fand das Thema für seine *Klaviervariationen op. 134* (1914) im Menuett des dritten Teils. Drei Gesamtaufnahmen für die Schallplatte und zahllose Einspielungen einzelner Sätze belegen seine ungebrochene Wirkung.

Klaus P. Richter

GEORG FRIEDRICH HÄNDEL

Zwölf Concerti grossi op. 6
1739 London

Händel (1685–1759) schrieb seine *Zwölf Concerti grossi op. 6* zwischen dem 29. September und dem 30. Oktober 1739, bot sie bereits am 29. Oktober in einer Zeitungsannonce zur Subskription an und führte seit dem 22. November, dem Cäcilientag, zehn von ihnen als Zwischenaktmusiken in seinen Opern und Oratorien sowie in Konzerten im königlichen Theater in Lincoln's Inn auf. Für diese Zwecke bearbeitete er auch ältere Stücke wie Ouvertüren und Sinfonien – so bestehen die Konzerte Nr. 9 und 11 im wesentlichen aus Arrangements seiner Orgelkonzerte. Da der Komponist in erster Linie von den Möglichkeiten der menschlichen Stimme fasziniert war und die Instrumentalmusik nur als Nebenfeld seiner schöpferischen Tätigkeit ansah, hat die Händel-Forschung ausgiebig darüber spekuliert, wie es zu der Produktion dieses Zyklus kam, von dessen kommerziellem Erfolg auch der rasche Verkauf von 128 Stimmsätzen zeugt. Aus rein biographischer Sicht könnten die Werke als Beweis für die neu erwachte Schaffenskraft nach seinem körperlichen Zusammenbruch (1737) und seiner Kur in Aachen betrachtet werden. Wenn man die politischen Umstände in Betracht zieht und das Jahr der Komposition im Zusammenhang mit Englands Krieg gegen Spanien sieht und den Zyklus als Versuch Händels erklärt, sich in der politisch verändernden Landschaft abwartend zu verhalten, dann läge das Opus 6 demnach als musikalische Zäsur zwischen der vom Hofe gewünschten Lieferung von Opern und seinem mit dem Regierungsantritt der Tories einsetzenden Schaffen von Oratorien. Gattungs- und stilgeschichtliche Analysen legen die Abhängigkeit in Form und Besetzung von Corellis *Concerti grossi op. 6* dar, rein ästhetische Untersuchungen analysieren dagegen Motiv- und Themenbildungen, Instrumentationseigenheiten und die enge Verwandtschaft mit der damaligen Affektenlehre. Eine Aufschlüsselung der 106 Subskribenten – Mitglieder der königlichen Familie, Freunde und Gönner Händels sowie verschiedene musikalische Sozietäten – liefert der Soziologie wichtige Fakten über die Zusammensetzung der Bildungsschicht, die den Druck unterstützte und für eine Verbreitung des Zyklus eintrat.

Georg Friedrich Händel (1685–1759). Ein Porträt des Malers Jan von der Banck, eines Nachfahren der großen Meister der niederländischen Malerei des 17. Jahrhunderts. Das Gemälde hängt in Hannover, von wo aus einst Georg Ludwig, Kurfürst von Hannover, als Georg I. König von Großbritannien und Irland nach London übersiedelt war. Zur Thronbesteigung im Jahre 1714 komponierte ihm sein Komponist die *Wassermusik*.

Während Händels mitteldeutscher Zeitgenosse Bach vor allem von der neuen italienischen Konzertform Vivaldis gefesselt war, verwertete Händel bewußt die kompositorischen Modelle Corellis, die er bei seinem Italienaufenthalt von 1706 bis 1710 kennengelernt hatte. Es ist dabei nicht auszuschließen, daß auch der Wunsch seines neuen Verlegers Walsh nach leicht verkäuflicher Musik die Konzeption des Opus 6 mit beeinflußt hat. Denn Corellis Concerti grossi hatten gerade in England einen ungeheuren Erfolg. Als sie 1715 – ein Jahr nach ihrer Amsterdamer Drucklegung – in London zum erstenmal gespielt wurden, geschah dies »in einem Zuge, ohne daß man sich von den Plätzen erhob«. Sie galten sofort als Standardtypen des instrumentalen Kompositionsstils und zogen eine Fülle von Bearbeitungen und Nachahmungen nach sich. So arrangierte der in London wirkende Deutsche Johann Christian Schickhard das Opus für konzertierende Flöten, und eine Anzahl von Kleinmeistern produzierte auf der Woge der Corelli-Popularität eine Unzahl von epigonenhaften Imitationen der Gattung.

Hatte Corelli bis zu seinem Opus 5 die Folge von vier, der Kirchensonate verpflichteten Satztypen (langsam – schnell – langsam – schnell) bevorzugt, so griff er im Opus 6 auf die Vielgliedrigkeit der älteren Kanzone zurück. Er vermehrte die Zahl der Stücke bis zur Siebensätzigkeit und ließ mit stilisierten Tanzsätzen Elemente der Suite in die Kirchensonate einfließen, wahrte aber stets das Prinzip des Wechsels von langsamen und raschen Abschnitten. Dem aus zwei Violinen und einem Violoncello bestehenden, kontinuierlich musizierenden »Concertino« wies er die musikalische »Substanz« in Gestalt der melodisch-harmonischen Vorgänge zu, das »Grosso« übernahm lediglich die Aufgabe der chorischen Verstärkung. Obwohl Vivaldi und andere venezianische Meister den Gegensatz von klar umrissenem, refrainhaftem Orchesterritornell und dazwischenliegenden Solo-Episoden zur modernen Konzertform institutionalisiert und zahlreiche Nachahmer gefunden hatten, orientierte sich Händel, wie gesagt, am konservativen Corellischen Konzerttypus mit seiner freieren Satzfolge. Was auch bei anderen deutschen Komponisten wie Bach, Telemann und Mozart auffällt, läßt sich ebenfalls bei ihm als charakteristisch nachweisen: das Vermögen, italienische, französische, englische und deutsche Stilelemente und Anregungen zu verschmelzen und das adaptierte Material mit eigenem Geist zu durchdringen. In seinem Opus 6 greift Händel auf die Triosonate, die französische Ouvertüre, die italienische Sinfonia, die deutsche Fuge sowie auf zahlreiche Tanztypen unterschiedlichster Her-

kunft zurück und komponierte Musiken, die in ihrer zündenden Rhythmik, der großflächigen Harmonik und der lapidaren, oft vom Glanz violinistischer Einstimmigkeit geprägten Melodik stets von italienischem Geist erfüllt sind. Die breite Skala der Schattierungen zwischen übermütiger Laune und schmerzlich-tragischen Stimmungen macht die Concerti grossi dieses Kosmopoliten in ihrer Verschmelzung von formalem Konservatismus und Modernität der Erfindung mit zu den bedeutendsten Beispielen des barocken Streicherkonzerts. *Uwe Kraemer*

GEORG FRIEDRICH HÄNDEL

Der Messias
1742 Dublin

Händels *Messias* – das Wort ist dem Hebräischen entlehnt und bedeutet »Der Gesalbte«, der Gottes Reich heraufführt – zählt zusammen mit Bachs *Johannes-* und *Matthäus-Passion* zu den eindrucksvollsten musikalischen Deutungen der Heilsgeschichte. Denn in ihm fließen der Sologesang der italienischen Oper und des Oratoriums, Elemente der nord- und mitteldeutschen Kirchenmusik und die Tradition des englischen Anthems zu einer einzigartigen Synthese zusammen. Während die Großwerke Bachs wie überdimensionierte Kantaten und wie von Büßertum und Zerknirschung geprägte Auslegungen und Meditationen über das Evangelium vor dem Hörer stehen, erscheint der *Messias* als liturgisch nicht gebundenes Oratorium wie die auf einer imaginären Bühne ablaufende, fast distanzierte, aber von Heilsgewißheit erfüllte Schilderung von Leben und Leiden Jesu, die in ihrer dreiteiligen Anlage Christus in ein »Kontinuum aus Vergangenheit, Gegenwart und Zukunft« (Karl Schumann) stellt. Die innerhalb von 23 Tagen (22. August bis 14. September 1741) wie im Rausch geschriebene Komposition entstand in direktem Zusammenhang mit Händels geplanter Konzertreise nach Dublin, wohin ihn der irische Vizekönig eingeladen hatte.

Matthias (Mathis Gothart) Grünewald (um 1480 bis 1528): *Auferstehung Christi* (um 1513/15); Isenheimer Altar, geöffneter Zustand, 1. Wandlung, rechter Außenflügel.

Ich verlange hiermit und bitte den Hochwürdigsten Subdekan, keinem der Vikarchoralisten, Choristen oder Organisten zu erlauben, an irgendeiner öffentlichen musikalischen Aufführung ohne meine oder seine Erlaubnis teilzunehmen oder mitzuwirken, auch wenn das Kapitel zunächst die Erlaubnis gegeben hat.

Und wenn auch berichtet worden ist, daß ich gewissen Vikaren die Genehmigung gab, bei einem Fiedlerverein in der Fishamble Street mitzuwirken, erkläre ich hiermit, mich nicht zu erinnern, daß jemals eine solche Genehmigung von mir unterschrieben oder besiegelt worden ist; und daß, falls jemals eine solche angebliche Genehmigung hiermit annulliere und zunichte mache . . .“
Jonathan Swift an den Subdekan und das Kapitel der St. Patricks-Kathedrale in Dublin, 28. Januar 1742.

Den Text kompilierte vermutlich der ihm befreundete Dichter Charles Jennens aus der »Authorized Version« (1611) der englischen Bibel sowie aus den Psalmen-Versionen der »Great Bible« (1539).

Nachdem Händel (1685–1759) in zwei Subskriptionsreihen von je sechs Konzerten in Dublin eigene Werke präsentiert hatte, übernahm ein Komitee aus städtischen und geistlichen Mitarbeitern die Vorbereitungen für die Premiere des *Messias* (13. April 1742) in der neuerbauten Music Hall in der Fishamble Street. Die Einnahmen aus der von 700 Zuhörern besuchten Wohltätigkeitsveranstaltung kamen Hilfsbedürftigen zugute: Zwei mildtätige Stiftungen wurden reichlich bedacht, und 142 Häftlinge, die wegen Bagatell-Schulden im Gefängnis dahinsiechten, konnten entlassen werden, weil der Erlös von 400 Pfund Sterling auch noch die Forderungen ihrer Gläubiger befriedigte. Den Chor stellten die Choristen der Christ Church und der St. Patrick's Cathedral. Er umfaßte nur 32 Mitglieder, das Orchester der kleinen Dubliner Stadtkapelle dürfte etwa im gleichen Umfang besetzt gewesen sein. Als Händel ab 1743 auch sein Londoner Publikum mit dem Werk bekannt machte (bis 1749 vermied er aus unbekannten Gründen den Titel *Messias* und kündigte es nur als »Ein neues geistliches Oratorium« an), nahm er als Pragmatiker ersten Ranges je nach Raumgröße, Akustik und technischem Können der Solisten eine Fülle von Veränderungen an der Partitur vor. Das Autograph für Dublin, seine Dirigierpartitur und verschiedene Abschriften des Werks weisen so viele Abweichungen voneinander auf, daß man – anders als bei der Bachschen *Matthäus-Passion* (UA 1727/1729) – nicht von einer »Fassung letzter Hand« und einem sakrosankten künstlerischen Endwillen Händels sprechen kann.

Die meisten der mehr als fünfzig Aufführungen zu Händels Lebzeiten fanden in Theatern und »weltlichen« Sälen statt – prompt erhoben fromme Kreise dagegen Protest, daß ein auf die Heilige Schrift zurückgehendes Werk mit Opernsängerinnen besetzt war. Die erste Kirchenaufführung unter Händels Leitung ist 1750 in der Kapelle des Foundling Hospitals bezeugt – dort betreute man ausgesetzte und verlassene Kleinkinder. Mozart und andere Komponisten verursachten mit ihren Bearbeitungen des Werks ein erstes Abweichen vom authentischen Klangbild. Anno 1784 begann die Monumentalisierung des Händel-Stils: Zur 25. Wiederkehr seines Todesjahres boten 295 Choristen und 248 Instrumentalisten eine Aufführung in der Londoner Westminster Abbey, und 1859 standen sogar ein Chor von 2765 Sängern und ein Orchester mit 460 Musikern zur Verfügung. Es dauerte etwa einhundert Jahre, ehe man sich von dieser romantischen Hypertrophie und Verzerrung zu lösen begann, und das Werk von den entstellenden Verfremdungen befreite. Denn zu Recht hatte Winton Dean im Musiklexikon *The New Grove* geschrieben: »Kein großer Komponist ist von der Nachwelt mehr entstellt worden als Händel – dieser Fürst öffentlicher Unterhaltungsmusikveranstaltungen, ein Pantheist und Hedonist, der gern die sinnlichen Genüsse schilderte, wurde durch einzigartige Ironie in ein Marmordenkmal der Respektabilität verwandelt, in einen moralischen Gesetzgeber, der eine gewaltige Perücke trägt und mit ausgestrecktem Finger zum Himmel weist.«

In einer ungemein extrovertierten, opernhaften Musik kündigt der erste Teil Geburt und Leben Jesu, des Messias, an. Bilder freudigen Hoffens verdeutlichen den Wunsch nach Reinigung und Läuterung, ehe sie von der Verheißung des Advents zur Szene der Heilandsgeburt überleiten und ein kleines, in sich geschlossenes Weihnachtsoratorium bilden. Im zweiten, der Leidensgeschichte gewidmeten Teil schlägt der Ton des Hoffens in den des Mitleidens um; Klage, Beweinung und Trauer über den Tod Jesu weichen schließlich dem Triumph der Auferstehung – das visionäre »Hallelujah« zerbricht den Haß der opponierenden Heiden. Der dritte Teil, ein Dankhymnus für die Überwindung des Todes, gipfelt in der grandiosen »Amen«-Fuge: Das Sinnbild glühender Glaubens-Ekstase bekräftigt den künstlerisch nie angezweifelten Rang des Oratoriums, über das eine zeitgenössische Kritik geschrieben hatte, es sei »the finest Composition of Musick that was ever heard . . .«.

Uwe Kraemer

». . . Seine dritte Grille ist ein Hallelujah, das er für das Ende seines Oratoriums geschaffen hat, seit ich aufs Land ging, weil er den Schluß des Oratoriums nicht großartig genug fand; obwohl das, wenn es der Fall wäre, sein eigener Fehler war, denn die Worte würden so großartige Musik tragen, wie er zu ihnen hätte setzen können: aber dieses Hallelujah, so großartig es ist, tritt sehr unsinnig ein, da es keinerlei Art von Beziehung zu dem hat, was vorausgeht." Charles Jennes an Lord Guernsey. 19. Sept. 1738. in: Georg Friedrich Händel in Briefen und Dokumenten. Zürich 1985.

JOHANN SEBASTIAN BACH

Goldberg-Variationen
1742 Dresden

Musik als Trostspenderin in schlaflosen Nächten: das klingt verdächtig nach romantischem 19. Jahrhundert, nach Chopins Nocturne-Empfindsamkeit. Weit gefehlt, eines der kunstvoll-kompliziertesten Werke der gesamten Musikliteratur für Tasteninstrumente, Bachs sogenannte *Goldberg-Variationen,* war angeblich für diesen Zweck gedacht. Die *Aria mit verschiedenen Veränderungen vors Clavicimbal mit 2 manualen, deren Liebhabern zur Gemüths-Ergetzung verfertiget* – so der Originaltitel des 1742 als vierter Teil der Klavierübung im Druck erschienenen Werkes – war eine Auftragarbeit für den russischen Gesandten am Dresdner Hof, Hermann Carl Reichsgraf von Keyserlingk (1696–1764). Dieser litt unter Schlaflosigkeit und ließ durch seinen Cembalisten, Bachs ehemaligen Schüler Johann Gottlieb Goldberg, Klavierstücke in Auftrag geben, die ihm die Nächte verkürzen sollten. Eine Version, die von der neueren Bach-Forschung allerdings bezweifelt wird. Goldberg muß ein glänzender Spieler und der Reichsgraf ein hochgebildeter Musikkenner gewesen sein, denn die Anforderungen Bachs an den Ausführenden wie an den Hörer sind hoch. Bach (1685–1750), der kein Freund der Variationenform war, handhabte diese denn auch sehr eigenwillig: Nicht die Melodie der Aria, von der wir nicht wissen, ob sie von Bach stammt, sondern die Baßlinie und die von ihr bestimmte Harmoniefolge sind Gegenstand der Variationen, ein Verfahren, das eher der Passacaglia entspricht. Bach spannte die dreißig Variationen in ein strenges Formschema. Je drei Variationen bilden eine Gruppe, in der die erste Variation jeweils einen bestimmten Typus ausprägt, etwa eine Gigue, ein Adagio, eine Fughette, eine Ouvertüre. Die zweite Variation der Gruppe hat stets virtuosen Zuschnitt. Die dritte ist jeweils ein Kanon und zwar in aufsteigender Intervallfolge, also beginnend mit dem Kanon im Unisono, in der Sekund, der Terz usw., und endend mit dem Kanon in der None. Die Kanons sind zweistimmig, jedoch ist eine dritte Stimme frei hinzugefügt. Außerdem wird im Falle des Quart- und Quint-Kanons die zweite Kanonstimme in der Umkehrung geführt. Das erscheint alles sehr kompliziert und konstruiert, und, daran soll kein Zweifel gelassen werden, ist es auch.

Nach der Seb. Bachischen Art, die Hand auf dem Clavier zu halten, werden die fünf Finger so gebogen, daß die Spitzen derselben in eine gerade Linie kommen, die sodann auf die in einer Fläche nebeneinanderliegenden Tasten so passen, daß kein einziger Finger bey vorkommenden Fällen erst näher herbey gezogen muß, sondern daß jeder über dem Tasten, den er etwa nieder drücken soll, schon schwebt.
Johann Nikolaus Forkel. Über Johann Sebastian Bachs Leben, Kunst und Kunstwerke. Leipzig 1802.

Das Werk rückt in die Nähe der Bachschen Spätwerke dieser Art, des *Musikalischen Opfers* und der *Kunst der Fuge.* Dennoch ist die Musik weit von gelehrter Trockenheit entfernt. Innerhalb dieses selbstgesetzten strengen Rahmens entfaltet Bach nämlich einen musikalischen Phantasiereichtum sondergleichen, eine vollkommene Synthese von satztechnischer Kunstfertigkeit und virtuoser Spielfreude, von Gedankentiefe und Mannigfaltigkeit gegensätzlicher Ausdrucksbereiche, wie sie bis hinauf zu Beethovens *Diabelli-Variationen* kein Gegenstück haben. Daß Bach dabei durchaus auch Spaß verstand, beweist die letzte Variation. Anstelle des hier eigentlich fäl-

Johann Sebastian Bach spielt Orgel in Potsdam vor Friedrich II. von Preußen. Eine nachempfundene Darstellung aus dem späten 19. Jahrhundert. Kolorierter Holzstich von Knesing nach dem Gemälde von Hermann Kaulbach, 1870. Bach war 1747 nach Berlin gereist, um seinen Sohn Philipp Emanuel am Hof des kunstsinnigen Königs (Regierungsantritt 1740) zu besuchen.

ligen letzten Kanons in der Dezime schrieb Bach ein Quodlibet, eine Kombination von zwei volkstümlichen Liedmelodien: *Ich bin so lang nicht bei dir g'west* und *Kraut und Rüben haben mich vertrieben.* Diese Art von heiterer Liedkombination war ein im 18. Jahrhundert vielgepflegter Scherz. Man hat in den beiden Liedzitaten eine hintersinnige Anspielung erkennen wollen: Die Aria ist lange nicht mehr dagewesen, sie wurde von »Kraut und Rüben« der Variationen vertrieben. Prompt erscheint sie dann auch wieder, ihre Wiederholung bildet den Schluß des Werkes.

Das Werk ist, wie der Titel besagt, für zweimanualiges Cembalo komponiert. Die Übertragung auf den modernen Flügel wirft nicht geringe technische Probleme auf, die dem Pianisten ein hohes Maß an Können abfordern. Denn es geht nicht nur um die klavieristische Bewältigung des Stoffes, sondern auch um das Deutlichmachen der satztechnischen Verläufe, um prägnante Ausformung der charakteristischen Formtypen in ihrer Gestaltenfülle. Es ist in diesem Rahmen nicht möglich, auf jedes der dreißig Stücke einzugehen. Nur einiges sei aus dem Füllhorn von Musik, das Bach hier ausschüttet, hervorgehoben. Aus der ersten Variationenreihe, die musikalische Satztypen ausprägt, also die Variationen 1, 4, 7, 10 usw., ist die Siziliana (Nr. 7) bemerkenswert, ferner die Fughetta (Nr. 10) mit acht Themeneinsätzen nach jeweils acht Takten. Nr. 13 ist eine Sarabande, Nr. 16 eine Französische Ouvertüre mit langsamem Einleitungs- und schnellem Hauptteil. Sie bildet so etwas wie die Achse des Gesamtwerkes. Die zweite Variationenreihe, also die Nummern 2, 5, 8, 11 usw., ist auf virtuose Spielfreude hin angelegt, wobei die technischen Schwierigkeiten sich progressiv steigern und das Überkreuzen der Hände – auf zwei Manualen leichter ausführbar – eine große Rolle spielt. So verlangt die Nr. 23 Terz- und Sextgänge in Gegenbewegung beider Hände in schnellstem Zeitmaß. Die grandiose Nr. 29 schließlich mit ihren wilden Akkordrepetitionen weist über die Klaviertechnik ihrer Zeit weit hinaus in die Zukunft. Erst das Virtuosentum des 19. Jahrhunderts hat so etwas wieder gewagt. Aber auch die dritte Variationenreihe, also die Nummern 3, 6, 9, 12 usw., verbleibt keineswegs im Bereich trocken-gelehrter Kanonarbeit, so streng und kunstvoll die Kanons auch gebaut sind. Vielmehr prägt auch hier jeder Kanon einen festumrissenen musikalischen Typus aus. So erinnert der Terzkanon (Nr. 9) an eine Allemande, der Quartkanon mit Umkehrung der zweiten Stimme (Nr. 12) an eine Sarabande. Der Quintkanon ist ein ausdrucksvolles Andante (Nr. 15), der Oktavkanon (Nr. 24) ein im 9/8-Takt dahinfließendes Pastorale. Gewiß: diese vorüberziehende Gestaltenfülle verlangt konzentriertes Hören. Dann aber offenbart sie ihre ganze Tiefe und Größe. Zum Einschlafen ist diese Musik jedenfalls nicht.

Alfred Beaujean

JOHANN SEBASTIAN BACH

Messe h-Moll
1748 Leipzig

Die Werke Johann Sebastian Bachs erschienen zu seinen Lebzeiten nur vereinzelt im Druck. Bis zu seinem 60. Lebensjahr hatte er im wesentlichen nur die vier Teile seiner *Clavier-Übung* der Öffentlichkeit allgemein zugänglich machen können – Sammelwerke mit den *Sechs Partiten*, dem *Italienischen Konzert* und der *Ouverture h-Moll*, der sog. *Orgelmesse* und den *Goldberg-Variationen.*

Bach (1685–1750) veröffentlichte jeden der vier Bände mit dem ausdrücklichen Hinweis auf dem Titelblatt, daß der Komponist die in ihnen enthaltene Musik den »Liebhabern zur Gemüts-Ergötzung verfertiget« habe. Ungesagt blieb, daß der Thomaskantor jede dieser »Klavierübungen« auch und vor allem als eine Quintessenz verstand, als den Versuch nämlich, aus seiner langjährigen Beschäftigung mit bestimmten musikalischen Themen eine Art künstlerischer »Summe« zu ziehen und sie vorzulegen: Die Partiten fächerten die Möglichkeiten damaliger Suitenkomposition beispielhaft auf, im *Zweyten Theil der Clavier-Übung* handelte er die Charakteristika der beiden wichtigsten Stilrichtungen seiner Zeit in einem Konzert »nach italienischem Gusto« und einer Ouvertüre »nach Französischer Art« exemplarisch ab. Dritter und vierter Teil, die *Orgelmesse* und die *Aria mit dreißig Veränderungen*, sind sein definitives Wort zu Orgelchoral und Ostinato-Variation.

Wann Bach der Gedanke kam, als Parallele zu diesen Sammlungen nun auch noch ein »Musterbuch« (Christoph Wolff) der Vokalkomposition anzulegen, läßt sich nicht sagen. Konkrete Gestalt nahm die Idee eines solchen Modellwerks erst in seinen letzten Lebensjahren an. Als textliche Basis wählte er, der protestantische Kantor, dafür die Worte des lateinischen »Ordinarium Missae«, also der fünf in der Messe wiederkehrenden Teile Kyrie, Gloria, Credo, Sanctus und Agnus Dei: Ihr überzeitlich gültiger, »repräsentativer« Charakter entsprach Bachs Absicht am besten, mit ihrer Vertonung reihte er sich außerdem in eine große Tradition ein – die Messe war seit dem 15. Jahrhundert die bedeutendste musikalische Großform.

Für die Musik des geplanten Modellwerkes griff Bach weitgehend auf früher Geschaffenes zurück. 1733 hatte er die fünfmonatige »stille« Landestrauer nach dem Tod Augusts des Starken dazu benutzt, ein aufwendiges Kyrie und Gloria zu komponieren (die er am 27. Juli 1733 am Dresdner Hof mit der Bitte um Zuerkennung des Titels eines sächsischen Hofkapellmeisters überreichte). Dieses gewichtige Satzpaar, von Bach nach damaligem Brauch »Missa« genannt, wurde zum Kernstück des neuen Werks. Von den weiteren Teilen steht das Credo besetzungsmäßig in engem Bezug zu den beiden »Missa«-Sätzen und wurde wohl im wesentlichen neu komponiert, wobei Bach allerdings (wie schon 1733 in mehreren Teilen von Kyrie und Gloria) für einige Sätze frühere Kompositionen verwendete. Für das Sanctus wählte er eine sechsstimmige Komposition, die er für eine Leipziger Aufführung schon zu Weihnachten 1724 geschrieben hatte (an den hohen Festtagen waren auch im protestantischen Got-

Canon triplex a 6 V.
J. S. Bach

tesdienst damals gelegentlich noch die alten lateinischen Sätze Kyrie, Gloria und Sanctus zu hören) und nun einer gründlichen Revision unterzog. Vollständig aus Überarbeitungen älterer Sätze bestehen offensichtlich die restlichen Messe-Abschnitte Osanna und Benedictus sowie das Agnus Dei.

Spätestens 1747/48 hatte Bach die Arbeit abgeschlossen. Die Partitur legte er vierteilig mit jeweils eigenem Titelblatt an. Daß er seine Messe dennoch als Ganzes konzipiert hat, läßt sich am deutlichsten am Wiederaufgreifen der Chorfuge zum Gratias agimus (aus dem Gloria) für die Bitte »Dona nobis pacem« am Schluß des Agnus Dei ablesen.

Bachs Siegel.

Johann Sebastian Bach (1685–1750). Ein Porträt von Elias Gottlieb Haussmann (1695–1774) aus dem Jahr 1746. Das Notenblatt in Bachs Hand trägt die Überschrift »Canon triplex à 6 V(ocum)«. Es ist der sogenannte *Räselkanon* BWV 1076, den Bach für die Societät der musikalischen Wissenschaften komponierte, für die auch das Porträt bestimmt war.

Der »exemplarische« Charakter der Messe, die Bach offenbar komponierte, ohne je eine praktische Verwendbarkeit in seiner Kantoreipraxis ins Auge gefaßt zu haben, äußert sich nicht nur in auffälliger Ausgewogenheit der Diktion und kompositorischer Sorgfalt, sondern beinahe mehr noch im offenkundigen Bemühen Bachs, den Kreis seiner kompositorischen Möglichkeiten voll auszuschreiten: Seine musikalische Einkleidung des Messetextes, die »kantatenartig« zwischen zwei Dutzend chorischen und solistischen Sätzen wechselt, bietet Beispiele aller nur denkbaren Satztechniken. Moderne Chorsätze in konzertierendem Stil stehen neben altertümlich motettischen Sätzen, gregorianische Intonationen oder Themen im Palestrina-Stil treten neben opernhafte Melodik, die alten Formen von Kanon und Ostinato haben einen Platz neben der Da-Capo-Arie à la mode. Aber auch Symbolisches spielt eine Rolle – zum Beispiel sind Texte, die von Christus handeln, der zweiten Person der Heiligen Trinität, mehrfach als Duos vertont; oder es wird die Einheit von Vater und Sohn durch kanonische Stimmführung versinnbildlicht.

Im Unterschied zur unvollendet gebliebenen *Kunst der Fuge*, seinem kontrapunktischen Modellwerk, scheint Bach seine letzte große Vokalschöpfung nicht für eine Veröffentlichung vorgesehen zu haben. Die Kenntnis der vier Partituren blieb daher bis Anfang des 19. Jahrhunderts auf einen kleinen Kreis von Bach-Verehrern beschränkt. Von einer Aufführung allein des Credo durch Carl Philipp Emanuel Bach in Hamburg wird 1786 berichtet. Joseph Haydn besorgte sich eine Abschrift des Werkes. Erst um 1800 erschienen Kyrie und Gloria im Druck, 1818 lag eine erste Gesamtveröffentlichung vor. Die erste vollständige Aufführung scheint erst 1834/35 stattgefunden zu haben – fünf Jahre nach der Wiederentdekkung der *Matthäus-Passion* durch den jungen Mendelssohn Bartholdy. Dann dauerte es nicht mehr lange, bis man in der einzigen vollständigen lateinischen Meßvertonung Bachs eines seiner Hauptwerke sah. *Ingo Harden*

GEORG FRIEDRICH HÄNDEL

Feuerwerksmusik
1749 London

Als Hofkapellmeister des englischen Königshauses war Händel (1685–1759) verpflichtet, bei jeder Gelegenheit den Ruhm des Monarchen durch seine Musik zu verbreiten. Nicht nur als Zielperson von Glückwunschadressen, Lobgedichten, Predigten, Kompositionen, Theaterstükken und Balletten zog der Regent alle Aufmerksamkeit auf sich – schon die sternförmige Anlage barocker Residenzen, in der sämtliche Straßen zum Schloß führten, machte ihn zum alleinigen Mittelpunkt des gesellschaftlichen Lebens. Als ein wesentliches Element der fürstlichen Tugenden galt die Verschwendungssucht der Herrschenden, wie eine 1729 geschriebene *Einleitung zur Ceremonial-Wissenschaft großer Herren* beweist. »Je schwerer die Regiments-Last, die großen Herren bey Beherrschung ihrer Länder auf dem Halse lieget, je mehr Erquickung und Ergötzlichkeit haben sie auch vonnöten. Da auch alle Handlungen der Regenten sowohl als der Privat-Person, miteinander harmonieren müssen, so müssen auch ihre Divertissements fürstlich seyn.« Das galt auch und insbesondere für die Musik.

Händels *Feuerwerksmusik* gehört – wie auch Beethovens Schlachtengemälde *Wellington's Sieg* (1813) und Tschaikowskis *Overtüre 1812* (1880) – in die Reihe jener überdimensionierten Fest- und Repräsentationswerke, die als »politisches Echo einer bestimmten politischen Konstellation« (Hans Ferdinand Redlich) zu deuten sind und denen sogar der musikalische Geschmack des Herrschers einen Stempel aufgedrückt hat. Die Konzeption zu dieser Freiluftmusik geht auf den am 7. Oktober 1748 unterzeichneten Aachener Frieden zurück, der den sieben Jahre währenden österreichischen Erbfolgekrieg zu einem für England günstigen Ende gebracht hatte und den Aufstieg des Inselreiches zur Weltmacht begründete. Für den am 26. April 1749 geplanten Fest- und Jubelakt im Green Park von London sollte Händel eine Begleitmusik zu einem Mammut-Feuerwerk komponieren, für das der italienische Architekt und Theaterdirektor Servandoni aufwendige Maschinen und Gerüste konstruierte.

Dem ausdrücklichen Wunsch König Georgs II., es sollten bei dieser feierlichen Zeremonie allein Instrumente militärischen Charakters – also

Ansicht des Feuerwerks und der Illumination, veranstaltet vom Herzog von Richmond in Whitehall und auf der Themse am Montag, den 15. Mai 1749. Zeitgenössischer Kupferstich.

Blasinstrumente und Pauken – eingesetzt werden, hat der Komponist anscheinend erst in letzter Minute und unter leisem Protest nachgegeben. Bei der öffentlichen Generalprobe am 21. April in den Vauxhall Gardens hörten die 12 000 Zuschauer (deren Kutschen-Anfahrt und Anmarsch das erste nachweisbare Verkehrchaos der Stadt verursachte) noch ein Klangbild aus Streichern und Bläsern, das von einem hundertköpfigen Orchester präsentiert wurde. Für den eigentlichen Festakt am 26. April mußte sich Händel jedoch auf die Militärbesetzung beschränken und ließ »nur« neun Trompeten, neun Hörner, 24 Oboisten, zwölf Fagotte, ein Kontrafagott und drei Paukenpaare schmettern und dröhnen. Kurze Zeit später arbeitete er das Werk kammermusikalisch um und ersetzte für eine Benefizvorstellung im Londoner Foundling Hospital eine Reihe von Bläsern durch Streicher und Continuo.

Nahe der Barke des Königs fuhr das Boot mit den Musikern, etwa 50 an der Zahl. Sie spielten alle Arten von Instrumenten, Trompeten, Hörner, Oboen, Fagotte, Quer- und Block-Flöten, Violinen und Celli; Sänger waren allerdings nicht zugegen. Die Musik war eigens von dem berühmten Händel, der aus Halle stammt, komponiert, dem Hofkomponisten seiner Majestät. Sie gefiel dem König so gut, daß er sie dreimal wiederholen ließ, obwohl jede Vorführung eine Stunde dauerte.
Bericht des preussischen Gesandten Bonnet über die musikalischen Vergnügungen König Georg I. auf der Themse

Das offizielle Feuerwerk wurde allerdings durch technische Pannen zum Mißerfolg. Nach der Darbietung von Händels Ouvertüre feuerte man einen Salut ab, doch dann geriet das Podium, auf dem vermutlich allegorische Feuer-Figuren gezündet werden sollten, in Brand, so daß das Publikum durch Musik und Kanonendonner nur akustisch, aber nicht visuell auf seine Kosten kam.

Händels Autograph, das seine am 27. Mai 1749 aufgeführte Konzertfassung für das Foundling Hospital wiedergibt und seiner ursprünglichen Konzeption am ehesten entspricht, ist heute nur schwer zu entziffern. In einem Sprachgemisch von Englisch, Französisch und Italienisch trug der Komponist zahlreiche Gedächtnishilfen und Änderungen der Instrumentation ein, die sich gegenüber der (nicht erhaltenen Partitur der) Freiluft-Musik ergeben hatten.

Die dreiteilige Da-capo-Ouvertüre im französischen, rhythmisch scharf punktierten Stil gewann Händel aus den beiden gegensätzlichen Themen zweier kurz zuvor komponierter Ouvertüren – dabei sind die feierliche Anfangsmelodie im 4/4-Takt und das lebhafte Allegro im 3/4-Takt mit seinen jubilierenden Fanfarenstößen durch eine kurze Kadenz voneinander getrennt. Eine hurtige Bourrée in d-Moll verzichtet bei ihrer ersten Vorstellung (wie auch das Menuett Nr. 1) auf die Blechbläser und bei ihrer Wiederholung reduziert sich der Klangkörper sogar auf das reine Streicherensemble. »La Paix« (Der Friede«), ein Charakterstück im sanft wiegenden Lieblingstakt von Händels Jugendfreund Alessandro Scarlatti, malt im ruhigen Siciliano-Rhythmus die stille Freude über den endlich erreichten Frieden. »La Réjouissance« (Die Freude), Sinnbild einer überschwenglichen Stimmung, dürfte mit den hervorstechenden Fanfarensignalen, Kavallerierhythmen und der martialischen Pomphaftigkeit den Geschmack des Königs am ehesten getroffen haben. Mit den beiden Menuetten – das zweite enthält Anklänge an das deutsche Volkslied *Prinz Eugen, der edle Ritter* – fand der feierliche Tag einen von zeremonieller Würde und Grazie bestimmten Ausklang.

Aus der ursprünglichen Gelegenheitsarbeit entstand ein Werk, das die »abgenutzte Form des Concerto grosso mit überzeitlicher, unkomplizierter, ausdruckstarker Musik« (Redlich) erfüllte (gerade darin liegt auch seine weiterführende Bedeutung) und in seiner überwältigenden Klangpracht und seiner melodischen Schönheit zur letzten und reifsten Instrumentalmusik des 64jährigen Komponisten wurde. *Uwe Kraemer*

JOHANN SEBASTIAN BACH

Die Kunst der Fuge
1749/50 Leipzig

Die 1740er Jahre standen für Johann Sebastian Bach im Zeichen der Sammlung und Konzentration. Für die Tagesarbeit als »Director musices« von Leipzig komponierte er nur noch gelegentlich neue Kantaten und Orgelwerke; großen Raum nahm in seinem Leben dagegen die Sichtung, Überarbeitung und Ergänzung früherer Werke ein: 1744 stellte er analog zum *Wohltemperierten Klavier* von 1722 eine zweite Sammlung von 24 Präludien und Fugen in allen Dur- und Molltonarten zusammen. Aus seinen Orgelchoralvorspielen wählte er 24 Stücke aus und ließ sie in zwei Sammlungen drucken. Und 1748 unterzog er im Rahmen dieser großen Bestandsaufnahme auch die Sätze seiner *h-Moll-Messe* einer Revision und gab dem Werk seine endgültige Form.

Aber auch die Neukompositionen dieser Jahre zeigen einen gewandelten Bach. Nach der überbordenden, alle damaligen Dimensionen sprengenden Kunst seiner frühen Jahre ging es ihm jetzt um Bändigung und Vertiefung. Mit den Mitteln der Variationstechnik, der kanonischen und fugier-

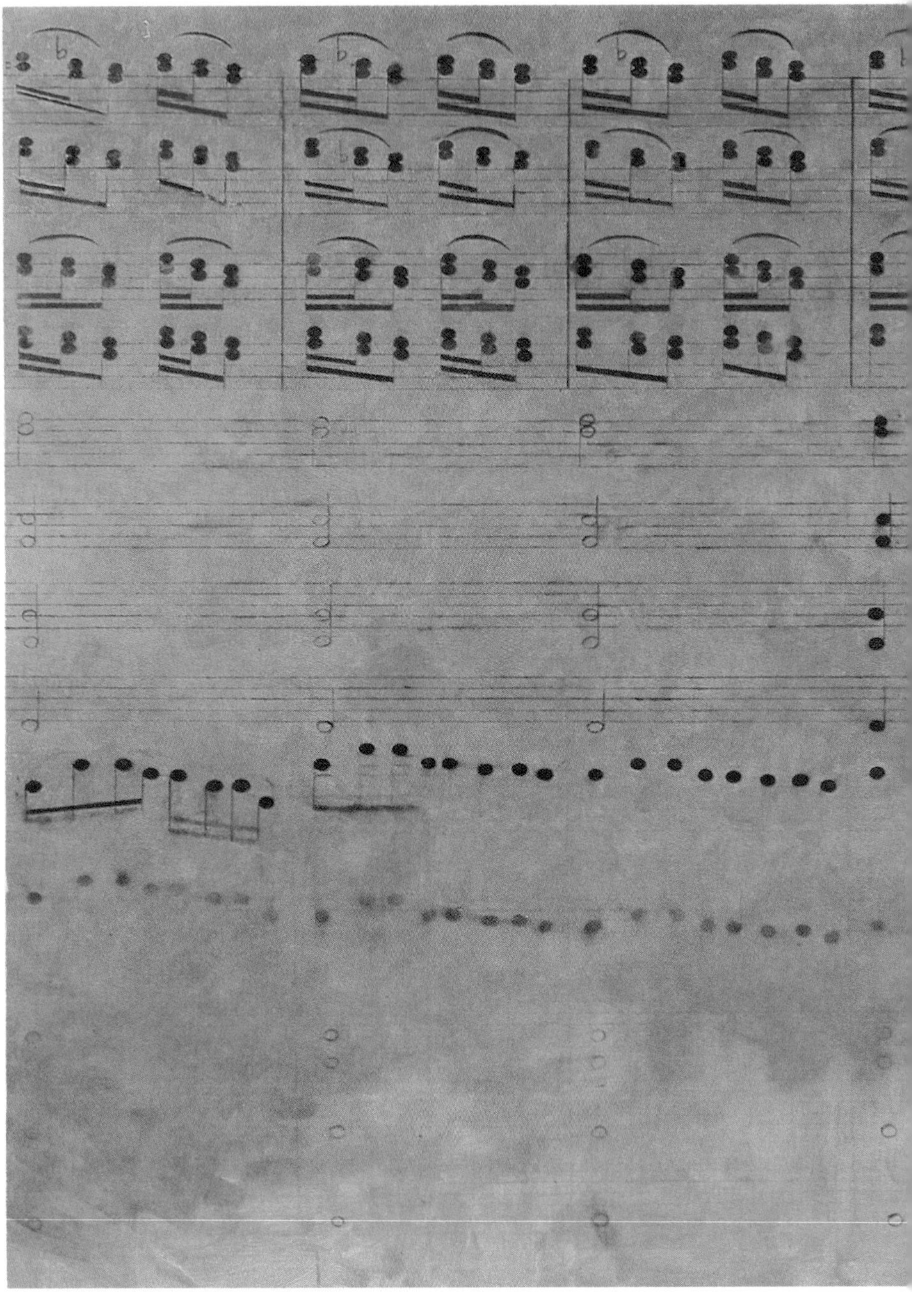

Kannis Kounellis (* 1936): *Ohne Titel* (Bachsche Fuge), 1972; Öl auf Leinwand. „Kounellis assoziiert durch Notenfetzen, die wie aus Urtiefen aufzutauchen scheinen, ein Stück gemeinschaftlich kulturellen Erbes." (R. Puvogel).

ten Schreibweise unterstellte Bach nun alle musikalischen Abläufe strenger und rigoroser denn je dem Gesetz eines einzigen musikalischen Gedankens. Nicht nur ganze Werke, sondern sogar ausgedehnte Werkzyklen und -sammlungen wurden jetzt von ihm aus einem einzigen Thema entwickelt.

Erste Anzeichen dieses Bachschen »Spätstils« zeigen bereits die sog. *Goldberg-Variationen*, die der Thomaskantor 1742 als vierten Teil seiner *Clavier Übung* der Öffentlichkeit übergab: Einer ausgedehnten Komposition liegt allein eine knappe Baßlinie (und eine Harmoniefolge) zugrunde, das musikalische Material wird durch den regelmäßigen Einschub von Kanons zusätzlich kondensiert. 1747 entstand über ein Thema Friedrichs II. von Preußen eine monothematische Sammlung von Fugen, Kanons und einer Triosonate. Im Jahr darauf schrieb der 63jährige Bach *Einige canonische Veränderungen über das Weihnachtslied: Vom Himmel hoch . . .*, ein konzentriertes Kompendium polyphoner Künste, das mit dem gleichzeitigen Erklingen aller vier Zeilen des Chorals endet.

Schon äußerlich größtes dieser Spätwerke ist aber *Die Kunst der Fuge*, eine Art Lehrwerk der Fugenkomposition, in der ein d-Moll-Thema in 14 Fugen, vier Kanons und mehreren ergänzenden Sätzen fast allen denkbaren Arten kontrapunktischer Bearbeitung unterworfen ist. Die Sammlung wurde, wie neuere Forschungen ergeben haben, von Bach offenbar schon in den frühen 1740er Jahren begonnen. Doch verzögerte die sich Fertigstellung so lange, daß bei Bachs Tod am 28. Juli 1750 nur der erste Teil in autorisierter Form vorlag. Das Werk erschien dann, von Familienmitgliedern ergänzt, im Herbst 1751 posthum im Druck; um die Sammlung nicht abrupt mit der nur als Fragment überlieferten großen Schlußfuge abbrechen zu lassen, war dem Erstdruck der Choral *»Wenn wir in höchsten Nöten sein«* abrundend, aber werkfremd angefügt worden.

Im Kern besteht die *Kunst der Fuge* aus sechs, von einfachen zu immer schwierigeren Fugentechniken fortschreitenden Abschnitten: Den Anfang bilden vier einfache vierstimmige Fugen, zwei über das Thema in seiner Grundgestalt und zwei über dessen »Umkehrung«. Die zweite Gruppe umfaßt drei vierstimmige »Gegenfugen«, in denen das Thema und seine Umkehrung nun gleichzeitig verarbeitet sind; in der sechsten Fuge (oder, wie Bach schrieb: im sechsten »Contrapunctus«) erklingt es zusätzlich »diminuiert« (in halben Notenwerten, also doppelt so schnell), im Contrapunctus VII außerdem noch »augmentiert« (in doppelten Notenwerten, also doppelt so langsam). Der dritte Abschnitt enthält vier Doppel- und Tripelfugen, in denen zum Hauptthema (und seiner Umkehrung) ein oder

Ganz anderer Art ist die Bachsche Fuge. In ihr sind alle Forderungen erfüllt, die man sonst nur an freyere Compositionsgattungen zu machen wagt. Freyheit, Leichtigkeit und Fluß im Fortgang des Ganzen; unerschöpflicher Reichthum an Modulation, mit untadelhafter Reinheit verbunden; Einheit und Mannigfaltigkeit im Styl, im Rhythmus und in den Tonfüßen; und endlich ein über alles verbreitetes Leben, wobey es dem Spieler oder Hörer bisweilen vorkommt, als wenn alle Töne in Geister verwandelt.
Johann Nikolaus Forkel. Über Johann Sebastian Bachs Leben, Kunst und Kunstwerk.
Leipzig 1802.

zwei neue Themen treten und ebenfalls fugiert durchgeführt werden. Ein vierter Teil der *Kunst der Fuge* besteht aus zwei »Spiegelfugen«; es sind Fugenpaare, bei denen die zweite Fuge im ganzen eine genaue Umkehrung der ersten bildet - also jeder aufsteigende Tonschritt der ersten Hälfte später »spiegelbildlich« in einen absteigenden verwandelt ist und umgekehrt. Den Abschluß sollte dann eine »Quadrupelfuge« bilden, deren vier Themen erst einzeln und dann gemeinsam durchgeführt werden. Das erhaltene Manuskript bricht jedoch ab, nachdem Bach als drittes Thema sein Namensmotiv b-a-c-h eingeführt hat. Außerdem gehören zur *Kunst der Fuge* vier kunstvolle Kanons und eine Bearbeitung der zweiten Spiegelfuge für zwei Cembali.

Bachs Unterschrift als Thomaskantor in Leipzig.

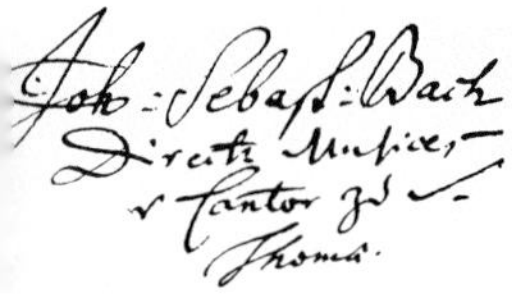

Wegen der unvollständigen, nicht von Bach selber mehr autorisierten Form und wegen Bachs »theoretischer« Notationsweise (nämlich partiturmäßig und ohne jede Besetzungsangabe) wurde und wird die *Kunst der Fuge* in sehr unterschiedlicher Weise aufgeführt. Die Kanons zum Beispiel erscheinen oft als »Intermezzi« zwischen den einzelnen Fugengruppen, und die Zahl der instrumentalen Arrangements ist inzwischen Legion. Neuere quellenkritische Untersuchungen haben allerdings ergeben, daß Bach die Kanons wohl als Anhang zu seiner Fugensammlung verstanden wissen wollte und daß er für eine Aufführung nur ein Tasteninstrument im Sinn gehabt haben kann – wenn er überhaupt an eine Aufführung gedacht hat. Denn wie die meisten seiner Spätwerke war auch und besonders die *Kunst der Fuge* primär doch wohl als ein »Schau- und Repräsentationsstück« konzipiert. Daß es ein Gipfelwerk der Musik ist, in dem »Bach die in sechs Jahrhunderten erwachsene Kunst der linearen Polyphonie zu Ende« gedacht hat (Friedrich Blume), stand jedoch seit der Wiedererschließung des Werkes für den Konzertsaal in den 1920er Jahren nie in Frage.

Ingo Harden

CHRISTOPH WILLIBALD GLUCK

Orpheus und Eurydike
1762 Wien

Nach Einfachheit, Klarheit und Wahrhaftigkeit strebte Christoph Willibald Gluck (1714–87) in seiner ersten sog. italienischen Reformoper *Orfeo ed Euridice,* die am 5. Oktober 1762 im Wiener Burgtheater uraufgeführt wurde. Zwar formulierte Gluck diese Schlagworte seiner Reformidee erst im Vorwort zu seiner zweiten Reformoper *Alceste* (UA 1767, Wien), doch sind die Ziele künstlerisch bereits in *Orfeo ed Euridice* verwirklicht. Die moderne Oper des späten 18. Jahrhunderts, vor allem aber die musikalische Tragödie an der Wende zum 19. Jahrhundert verdankt dieser Orpheus-Oper und dem gesamten Reformwerk entscheidende musikdramatische Neuerungen.

Mit *Orfeo ed Euridice* wandten sich Gluck und sein Librettist Raniero de Calzabigi (1714–95) offen gegen die italienische Opera seria ihrer Zeit, deren schematisch aufgebaute Intrigenhandlung mit stilisierten Charakterzeichnungen der Figuren und typisierten Affektdarstellungen durch eine stets sich wiederholende Dramaturgie getragen wurde: Die als Secco-Rezitativ vertonten Dialoge vermitteln die dramatische Handlung und münden (meist am Ende einer Szene) in eine Verdichtung und Zurschaustellung von Affekten, die in aller Regel musikalisch als Da-capo-Arie gestaltet ist. Größere Ensembles und Chorsätze finden in dieser standardisierten Musikdramaturgie ebensowenig Platz wie auskomponierte Dialoge. Glucks und Calzabigis Opernreform zielte deshalb in gleicher Weise auf eine radikale Erneuerung der musikdramatischen Sprache wie auf eine grundlegende Umstrukturierung des Librettos, dessen schematische Anlage damals an allen Bühnen Europas durch die Textbücher des Wiener Hofdichters Pietro Metastasio repräsentiert wurde.

Calzabigi entwarf in seinem Libretto ein Drama ohne jegliche Intrige und konzentrierte sich – ganz im Sinne von künstlerischer Einfachheit und Klarheit – auf das tragische Verhältnis der beiden liebenden Menschen Orpheus und Eurydike. Die Handlung setzt (unter Verzicht auf die Vorgeschichte) nach Eurydikes Tod, also mit der schmerzvollen Klage des Orpheus ein. Auch in der Unterweltszene eliminierte Calzabigi aus dem

Der k. k. Hofkomponist *Christoph Willibald Gluck*, gemalt 1775 von Joseph Siffred Duplessis (1725 bis 1802). Duplessis, berühmter Porträtist der großen Welt – später durch fortschreitende Erblindung verarmt – hat auch Ludwig XVI. und Marie Antoinette porträtiert, die ihrerseits als Dauphine ihren ehemaligen Lehrer Gluck in Paris protegierte.

überlieferten Mythos weitere Einzelpersonen; er stellte Orpheus vielmehr nur den Chören der Furien und der seligen Geister in den Elysäischen Gefilden gegenüber. Die dramatische Wucht der Rettungstat verschärfte er durch tragische Zuspitzung der göttlichen Bedingung, daß sich Orpheus auf seinem Gang aus der Unterwelt nicht zu seiner Gemahlin umwenden dürfe. Eurydikes Zweifel an der Liebe ihres nur vermeintlich gefühlskalten Gatten stürzt Orpheus deshalb in einen unlösbaren Konflikt: Wie immer er sich entscheidet, wird er Euridike ein zweites Mal verlieren. Sieht er sie an, verstößt er gegen das göttliche Gebot; sieht er sie nicht an, wird ihm die enttäuschte Eurydike nicht aus den Elysäischen Gefilden in die problembeladene Welt der Menschen folgen. Mit diesem Kunstgriff, der ein Element wirklichen Lebens in die Handlung integriert, formte Calzabigi die Orpheus-Gestalt zu einer tragischen Dramenfigur, deren Schicksal als Sinnbild elementarer menschlicher Erfahrungen und Situationen zu verstehen ist.

Gluck fand in diesem Libretto nach eigenem Bekunden bereits jene Situationen vorgebildet, die für eine Darstellung der Leidenschaften in kraftvoller und anrührender Musik notwendig seien. Der neue musikalische Stil einer monumentalen und zugleich emotional hochgespannten Einfachheit äußert sich vor allem in der Deklamation des Dialogs. Die stilistisch sehr differenziert gearbeiteten Accompagnato-Rezitative vermitteln Wahrheit und Kraft des musikalischen Ausdrucks. Gluck verzichtete nicht nur auf das traditionelle Secco-Rezitativ, sondern auch auf die koloraturgeschmückten Arienformen der barocken Oper und schrieb statt dessen einfache Liedformen als Solonummern. Berühmt wurde die Klage des Orpheus über den neuerlichen Verlust seiner Gemahlin in der Rondo- Arie »Ach ich habe sie verloren« (»Che farò senza Euridice?«). Ebenfalls als neuartig empfand man die großen Chor- und Ballettszenen, von denen der Furientanz und der Reigen seliger Geister auch als Einzelstücke bekannt wurden.

Aber Gluck zeigte sich bei der künstlerischen Planung dieser ersten Reformoper dennoch von der gängigen Opernpraxis beeinflußt. Auf sein Betreiben hin engagierte man in Wien für die männliche Titelrolle den Altkastraten Gaetano Guadagni – einen prominenten Rollenvertreter jenes Operntyps, den Gluck gerade reformieren wollte. Als Gluck zwölf Jahre nach der Wiener Uraufführung das Werk für die Pariser Opéra umarbeitete (EA unter dem Titel *Orphée et Euridice* am 2. August 1774), änderte er die Orpheus-Rolle von einem Altkastraten in einen hohen Tenor.

In der Behandlung des Mythus von der Höllenfahrt des Orpheus sieht Gluck von den symbolischen und prophetischen Beziehungen ab, welche die Mythendeutung darin finden wollte oder gesucht hat. Für ihn ist Orpheus kein übermenschliches Wesen, kein Gott oder Halbgott, nicht ein Genius, der die Menschheit einen Schritt weiter führt auf der Bahn zur Vollendung; er ist nur ein um den Verlust der Geliebten trauernder Gatte, dessen Schmerz in den ergreifendsten Tönen laut wird. [. . .] Es ist diese Erscheinung überhaupt an den Charakteren Gluck's wahrzunehmen. Er geht nicht darauf aus, Leidenschaften besonderer excentrischer Individualitäten darzustellen, deren Auftreten einen ungewohnten, ausnahmsweisen Charakter hat; seine Stärke zeigt sich hauptsächlich darin, das allgemein menschliche Fühlen in seiner ganzen Intensität zur Geltung zu bringen.
Franz Liszt. Orpheus von Gluck. in: Weimarische Zeitung 22. Februar 1854

Dieser substantielle Eingriff in die Partitur, mit dem auch die nahezu komplette Neukomposition der Accompagnato-Rezitative verbunden war, erfolgte nicht nur aufgrund der veränderten Aufführungsbedingungen in Paris (dort stand im Ensemble kein Kastrat zur Verfügung), sondern belegt auch Glucks gewachsene Einsicht in die Wahrhaftigkeit dramatischer Komposition. Nun war Orpheus nicht mehr gleichsam abstrakte mythologische Figur, sondern subjektiv fühlender und handelnder Mann. Entscheidende Änderungen nahm Gluck auch in der Gestaltung der Elysiumsszene vor, die nun als breit ausgeführtes Tableau gearbeitet wurde. Im übrigen komponierte Gluck für den Abschluß der Pariser Fassung nach französischem Brauch ein großes Ballett-Divertissement.

Die italienische Fassung wurde in Wien in Kennerkreisen heftig diskutiert und auf ihren ästhetischen Wert überprüft, während die breite Öffentlichkeit von dieser Oper kaum Notiz nahm. Anders in Paris: Dort gestaltete sich die französische Fassung zur gesellschaftlichen Sensation und zum großen finanziellen Erfolg. Mit der Pariser Aufführung von 1774 aber setzt auch eines der größten philologischen und theaterpraktischen Probleme der Operngeschichte ein: die Kompilation von Mischfassungen aus der italienischen und der französischen Version. Während man in Wien zunächst nur die Kastratenrolle durch den französischen Tenor und die kürzere, gröber skizzierte Elysiumsszene der frühen Fassung durch die französische Passage ersetzte, erarbeitete Hector Berlioz für die von ihm betreute Aufführung 1859 am Pariser Théâtre Lyrique eine Partitur, die alle vermeintlichen Vorzüge beider Fassungen bot.

Im Sinne der Opernästhetik des mittleren 19. Jahrhunderts schrieb Berlioz die Partie des Orpheus als Hosenrolle für Alt bzw. Mezzosopran um (damals für die berühmteste Sängerin in Paris überhaupt, für Pauline Viardot-Garcia). Diese Mischfassung, vor allem die Besetzung der Orpheus-Rolle mit einer Altistin, hat sich bis heute auf den meisten Bühnen Europas gehalten. Erst in den letzten zehn Jahren stellte sich das Verständnis für zwei gleichberechtigt nebeneinander existierende Fassungen desselben Opernstoffs ein. In verschiedenen Schallplatteneinspielungen sind nun auch die italienische und die französische Fassung in ihren Originalversionen belegt, wobei eine Produktion aus der ehemaligen DDR (1989) mit dem Countertenor Jochen Kowalski wenigstens annähernd das Klangbild der frühen italienischen Fassung rekonstruiert.

Im heutigen Opernbetrieb ist *Orpheus und Eurydike* die wohl erfolgreichste und meistgespielte Oper von Gluck. Seit dem letzten Jahrzehnt des 19.

Orpheus und Euridike auf dem Weg aus dem Totenreich. Orpheus darf sich nicht nach der Geliebten umsehen. Kolorierter Kupferstich, 1764, von Noel Lemire (1724–1801) nach Charles Monnet (1732–1808). Der Kupferstich schmückte die Pariser Edition der Gluck-Oper von 1764.

Jahrhunderts gehört dieses Werk zum Repertoire jedes großen Hauses. An ihm erprobte man zu Beginn des 20. Jahrhunderts die Inszenierung antiker Mythen nach den Maßgaben klassisch-antiken Theaters, und inzwischen haben auch zahlreiche Choreographen zu tänzerisch durchgestalteten Versionen der Opernhandlung gefunden. *Jürgen Schläder*

JOSEPH HAYDN

Streichquartette op. 20
1772 Esterház

Joseph Haydn in der Livree des Hauses Esterházy. Seiner Anstellung als Kapellmeister dieses Fürstenhauses verdankte Haydn gerade die Unabhängigkeit, musikalisch zu experimentieren.

Joseph Haydn (1732–1809) wuchs in eine Epoche hinein, in der Natürlichkeit, Einfachheit und Schlichtheit auch in der Musik zu neuen Leitideen wurden. Spätestens um die Mitte des 18. Jahrhunderts hatte sich in ganz Europa ein Stilwandel vollzogen. Im Gegensatz zur alten Barockkunst mit ihrem vollen, vom »Generalbaß« gestützten Satz, ihrer Polyphonie und ihrer Ausdrucksstilisierung setzte die neue Musik auf schlanke Beweglichkeit, Eingängigkeit und »populäre« Thematik. Das rasche Aufkommen einer reichen geselligen Musikpflege in breiten Kreisen des erwachenden Bürgertums förderte diese Tendenz zum Unterhaltsamen und Einfachen zusätzlich. Denn die Musiker mußten nun in großem Umfang den Wunsch nach Kompositionen erfüllen, die »nicht nur den Kennern Satisfaktion« geben (Mozart), sondern auch von den sehr unterschiedlich besetzten Hausmusikensembles der vielen Liebhabermusiker bewältigt werden konnten. Besonders begehrt war Spielmusik für Klavier und ein bis drei Streichinstrumente, die allerdings, wenn Spieler fehlten, nach Belieben auch weggelassen werden konnten, außerdem Werke für reine Streichergruppen vom Duo bis zum Quintett. Von ihnen gewann (entsprechend der Bedeutung der Vierstimmigkeit als Basis des musikalischen Satzes) das Streichquartett für zwei Violinen, Viola und Violoncello schnell die größte Bedeutung.

Der junge Haydn traf mit seinen ersten Kompositionen den Ton der neuen Zeit genau. Schon 1766 bezeichnete das »Wienerische Diarium« ihn als den »Liebling unserer Nation, dessen sanfter Charakter sich jedem

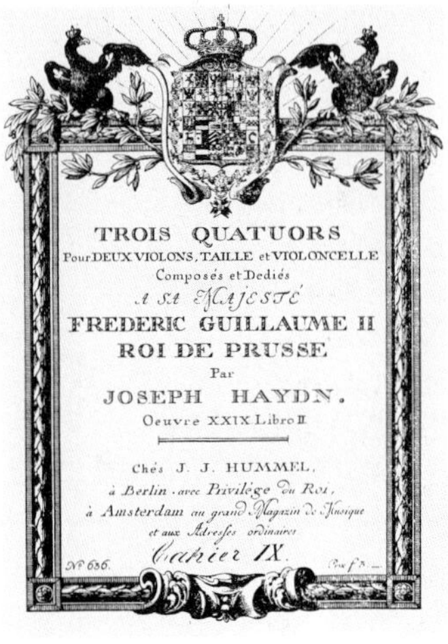

Titelseite der »Trois Quatuors pour deux Violons, Taille et Violoncelle«, gewidmet König Friedrich Wilhelm II. von Preußen. Haydn hat dem preußischen König alle sechs Quartette seines opus 50 gewidmet. Sie gingen als »Preussische Quartette« in die Musikgeschichte ein.

Ausschnitt aus dem Autograph des *Haydnschen Streichquartetts* op. 71, Nr. 1.

seiner Stücke eindrücket.« Und 1791 berichtete Ernst Ludwig Gerber in seinem »Lexikon der Tonkünstler« über die frühen Streichquartette Haydns: »Schon seine ersten Quatros, welche um das Jahr 1760 bekannt wurden, machten allgemein Sensation. Man lachte und vergnügte sich . . . an der außerordentlichen Naivität und Munterkeit, welche darinne herrschte . . .«

Doch die »Leichtfertigkeiten des Modegeschmacks« (Schubart) erregten nicht überall und ausschließlich Begeisterung. Vor allem im traditionell konservativeren Norden Deutschlands erhoben Theoretiker Einwände gegen die Herabwürdigung der Musik zu »Tändeleien«, und auch manche Komponisten begannen, dem modischen Trend bald entgegenzuwirken. Um 1770 zeichnete sich als Reaktion eine Rückbesinnung auf frühere Werke deutlich ab: Es wurden nun auch wieder ernstere Töne gewagt, und die kontrapunktischen Praktiken des Barock kamen unerwartet zu neuen Ehren. Haydns *Sonnenquartette op. 20* von 1772, so genannt nach der Abbildung einer aufgehenden Sonne auf dem Titelblatt einer frühen Druckausgabe, sind das markanteste Zeugnis dieses Sinneswandels: In ihnen griff der 40jährige Kapellmeister des Fürsten Esterházy beinahe demonstrativ die überwunden geglaubte Polyphonie wieder auf und ließ drei der sechs Werke mit regelrechten Fugen als Schlußsätze enden – es war dieser Rückgriff auf die aufwendige traditionelle Kompositionstechnik, die bald darauf den Weg zur Ausbildung des Stils der »Wiener Klassik« endgültig freimachte.

Die *Sechs Quartette op. 20* sind das Ergebnis eines langen Weges, den Haydn als Streichquartett-Komponist bis zum Beginn der 1770er Jahre schon zurückgelegt hatte. Seine beiden Sechser-Serien *Opus 1 und 2*, die er in den späten 1750er Jahren für gesellige Musikabende im Haus eines niederösterreichischen Gönners schrieb, waren noch »Divertimenti« nach Art der damaligen Serenadenmusiken: Sie bestehen aus fünf Sätzen mit einem Adagio im Zentrum und zwei einrahmenden Menuetten, der »Basso« wurde noch von einem Cello und einem verstärkenden Kontrabaß gespielt. Mit dem Opus 9 von 1768/69 (die *Quartette op. 3* stammen höchstwahrscheinlich nicht von ihm, sondern von Roman Hofstetter) rückte Haydn dann in Ton und Satzanlage vom Suitencharakter ab und glich das Streichquartett der Sinfonie an: Viersätzigkeit wurde zur Regel, die Form wurde weiträumiger, die Thematik gewichtiger, die Aussage konzentrierter. Die 1770/71 entstandenen *Quartette op. 17* zeigen dann eine beginnende Verselbständigung der vier Stimmen, einen zunehmend »kammermusikalischen«, die Möglichkeit der solistischen Besetzung ausnutzenden Charakter der Themen und eine häufigere »Verarbeitung« von thematischem Material im Verlauf eines Satzes.

In den *Sechs Streichquartetten* des *Opus 20* sind alle diese Züge noch entschiedener ausgeprägt. So ist zum Beispiel im *Es-Dur-Quartett Nr. 1* der erste Satz auf weite Strecken ganz aus dem Hauptthema und seinen Gliedern (»Motiven«) gebildet; es wird dabei abwechselnd von allen vier Instrumenten intoniert und in wechselnden Tonarten und Abwandlungen vorgeführt. Und im *C-Dur-Quartett Nr. 2* wird erstmals bei Haydn das Hauptthema vom Cello angestimmt – ein Symptom zunehmender Gleichberechtigung der vier Instrumente. Über alle Vorgängerwerke geht Haydn in seinem *Opus 20* in der Kontrastierung der Sätze eines Quartetts hinaus. Neben unbeschwerten, übermütigen Tönen wie aus italienischen Buffo-Opern stehen strenge, barockisierende Mollsätze, und als Gegengewicht zu Sätzen in der modischen Homophonie läßt Haydn die Quartette Nr. 2, 5 und 6 mit regelrechten Fugen enden. Allerdings sind dies keine Sätze, die wie Musik »im alten Stil« klingen und die Uhr um 50 Jahre zurückdrehen: Haydn unternimmt in ihnen umgekehrt den Versuch, eine traditionsreiche kontrapunktische Form der aktuellen Musikentwicklung zu erschließen.

Ingo Harden

WOLFGANG AMADEUS MOZART

Lucio Silla
1772 Mailand

Das »Dramma per musica« *Lucio Silla,* das der noch nicht 17jährige Wolfgang Amadeus Mozart (1756–91) im Spätherbst 1772 für das Mailänder Teatro Ducale geschrieben hat, gehört traditionsgemäß zu den Stiefkindern nicht nur der Opernhäuser, in deren Repertoire es erst in den letzten Jahren dann und wann erschien, sondern vor allem auch der Mozart-Forschung, die diesem Werk zumeist nur den Rang einer Entwicklungsstufe auf dem Weg des Komponisten zum Musikdramatiker eingeräumt hat. In den klassischen Werken über Mozart lesen wir die kuriosesten Urteile über *Lucio Silla* – von der These, die de Wyzewa und Saint-Foix über Mozarts »romantische Krise« aufgestellt haben, über Edward J. Dents Aussage, es handle sich hier lediglich um »eine Episode in der Entwicklung eines großen Mannes«, jedoch um »eine mittelmäßige Oper«, bis hin zu Alfred Einsteins nachdrücklichem Verdikt »im Ganzen aber ist das Werk höchst unglücklich und ungleich«.

Der vierzehnjährige Mozart in Verona. Gemälde von Saverio Della Rosa (1745–1821), früher Gian Bellino Cignaroli zugeschrieben. Auf dem Notenpult ist das Allegro für Klavier KV 72a aufgeschlagen.

Immerhin hat Einstein – entgegen den meisten anderen Mozart-Forschern – die Mühe nicht gescheut, sich mit der Partitur näher zu beschäftigen und das unerhört Zukunftsträchtige in Mozarts Musik richtig eingeschätzt. Daß es sich bei *Lucio Silla* – freilich im Rahmen der traditionellen Opera seria – um ein wirkliches Meisterwerk handelt, hat aber auch Einstein nicht erkannt.

Lucio Silla war ja nicht Mozarts erste Bekanntschaft mit der Opera seria, also jener Form der großen, tragischen Oper, wie sie sich in Italien im 17. Jahrhundert entwickelt hatte und im 18. Jahrhundert von dort aus auch in Frankreich, England oder anderen großen Opernzentren zu höchster Blüte gelangt war. Die Opera seria entstammt einem ganz anderen Theaterverständnis als dem des 19. Jahrhunderts, das unseren Begriff von Oper bis heute prägt. Sie hatte zugleich eine gesellschaftliche Funktion, indem sich in ihr Glanz und Reichtum der fürstlichen Operntheater spiegelten, und repräsentierte einen eigenen Kunstbegriff, in dessen Mittelpunkt vor allem im 18. Jahrhundert die Kunstfertigkeit der Sänger stand. Sie waren die eigentliche Attraktion einer Aufführung, und die Kunst eines

Komponisten wurde nicht zuletzt daran gemessen, wie er die Möglichkeiten der Sänger zu fordern und zu nützen verstand.

Stoff und Handlung, zumeist der antiken Mythologie oder Geschichte entnommen, waren dabei von durchaus sekundärer Bedeutung. Wichtig war, daß die Handlung genügend Personen zum Zug kommen ließ, daß verschiedene Typen und Charaktere in ihr vertreten waren und daß sich ein möglichst aktueller Bezug zum Anlaß der Aufführung herstellen ließ. Das Publikum honorierte derartige Bezüge spontan, wie es auch die Kunstfertigkeit des Komponisten und der Sänger sehr genau zu beurteilen wußte.

Stelle dir nun vor, das ganze theater war um halbe 6 uhr so voll, daß niemand mehr hineinkonnte. die Sänger und Sängerinnen sind den ersten abend in einer großen Angst sich das erste mahl einem so ansehnlichen Publico zu zeigen . . . zweytens. ist zu wissen, daß der Tenor, den wir aus Noth nehmen müssen ein KirchenSänger aus Lodi ist der niemals auf einem so ansehnlichen theater agiert hat, der nur etwa zwey mahl in Lodi einen primo Tenore vorgestellt, endlich erst 8 täg vor der opera ist verschrieben worden. dieser, da die prima Donna in ihrer ersten Aria von ihm eine action des zorns erwarten muß, machte diese zornige action so übertrieben, daß es schiene, als wolte er ihr Orfeigen geben, und ihr die Nase mit der faust wegstoßen, bewog das Publicum zum lachen.
Leopold Mozart an seine Frau, Marie Anne. Mailand, 2. Januar 1773.

Mozart hatte sich, als er auf seiner ersten Italien-Reise den Auftrag, eine sog. »scrittura«, für *Mitridate, Rè di Ponto* erhielt, erstaunlich schnell und souverän mit den Bedingungen der Kunstform zurechtgefunden. Der 14jährige schrieb in wenigen Wochen eine Musik, die sich den besten Werken des Genres ebenbürtig zur Seite stellt. Ungeachtet einer gewissen Schematik in der Anlage der Figuren und der traditionellen Form der Da-capo-Arien spüren wir schon in diesem Werk ein dramatisches Feuer und Mozarts unvergleichliche Fähigkeit, jedem Charakter den ihm einzig gemäßen Ausdruck zuzuordnen. Der noch nicht 15jährige »Maestrino«, wie die Mailänder ihn liebevoll akklamierten, genoß seinen ersten großen Erfolg im Land der Oper, zumal die Mailänder Aufführung zu Weihnachten 1770 und ihre 25 Reprisen weitere Aufträge nach sich zogen. Zum Herbst 1771 komponierte Mozart für die Hochzeitsfeierlichkeiten eines Habsburger Erzherzogs mit einer italienischen Prinzessin die »Festa teatrale« *Ascanio in Alba*, für die Saison 1772/73 erhielt er den Auftrag für *Lucio Silla*.

Das Libretto stammte von dem 1743 in Livorno geborenen Giovanni de Gamerra, der mit einer Reihe »bürgerlicher Trauerstücke« bekannt geworden war. *Lucio Silla* war sein zweites Opernlibretto, und trotz gewisser Unbeholfenheiten gab das Buch dem jungen Musikdramatiker reichlich Gelegenheit, seine außerordentliche Begabung für dramatischen Ausdruck zu beweisen. Die Handlung um den römischen Diktator Lucius Cornelius Sulla (138–78 v. Chr.) enthält genügend Dramatik, vor allem in den Figuren des Gegenspielers Cecilio und der schönen Giunia, der Tochter des von Sulla getöteten Volksführers Marius, die der Diktator mit seinen Anträgen verfolgt. Plastische Charaktere, Intrigen, wirkungsvolle Szenen – wie die am Grab des Marius, an dem Giunia und Cecilio einander Liebe und gemeinsam Rache schwören – forderten Mozarts musikdramatische Phantasie in bis dahin nie gekannter Weise.

Und Mozart nutzte die Gelegenheit, zumal ihm für die Aufführung zwei der berühmtesten Sänger jener Zeit, die Primadonna Anna de Amicis und der Kastrat Venanzio Rauzzini zur Verfügung standen. Für sie schrieb er nicht nur kunstvolle Arien, sondern wahrhaft große dramatische Szenen und Accompagnato-Rezitative. Und selbst mit dem Umstand, daß der »primo Tenore«, der für die Titelrolle vorgesehen war, absagte und durch einen »Kirchensänger aus Lodi« ersetzt wurde, der »niemals auf einem so ansehnlichen teatro agiert hat«, wurde Mozart souverän fertig. Trotz der relativ einfach gehaltenen Arien des Silla erscheint dieser als eine prägnante Figur. Das musikalische Feuer dieses Werks, die Meisterschaft, mit der der junge Mozart das Vokabular der Opera seria handhabt, heben *Lucio Silla* jedenfalls weit über die Mehrzahl der Werke dieses Genres hinaus.

Opernaufführung auf einer italienischen Bühne um 1780. Gemälde von Giuseppe de Albertis (1763 bis 1845). Mozart erlebte die italienische Oper mit italienischem Publikum zuerst als Dreizehn/Vierzehnjähriger auf seiner ersten Italienreise 1769/70.

Mozart selbst hat später noch eine Reihe weiterer Opern geschrieben, die dem Typus der Opera seria zugehören. Für Salzburg entstanden *Il re pastore* und *Il sogno di Scipione,* beides typische Festopern voller musikalischer Schönheiten, doch ohne dramatischen Biß, für München 1780/81 der *Idomeneo* und dann, noch einmal in seinem letzten Lebensjahr 1791, die Krönungsoper für Prag *La clemenza di Tito. Idomeneo* und *Titus* wurden zwar auch viel weniger gespielt als die bekannten Opern Mozarts, doch immerhin wurde zumindest ihr musikalischer Rang früher erkannt; in jüngerer Zeit haben einige Regisseure entdeckt, daß in diesen beiden Werken, gerade weil sich Mozart mit der Kunstform der Opera seria dort nicht mehr voll identifizierte, viele Zwischenfarben, große Möglichkeiten für psychologisches »Regietheater« stecken. Im *Lucio Silla* scheint diese Rechnung nicht gleich aufzugehen, weil Mozart in diesem Werk noch nichts in Frage stellte. Und jene Vollkommenheit, die aus der in jeder Weise gültigen Erfüllung einer künstlerischen Aufgabe erwächst, scheint unserer Zeit eher suspekt zu sein.

Gottfried Kraus

CARL PHILIPP EMANUEL BACH

Sinfonie F-Dur
1776 Hamburg

Wenn man in der zweiten Hälfte des 18. Jahrhunderts »Bach« sagte, so war damit immer »Carl Philipp Emanuel« gemeint und nicht, wie später, sein Vater Johann Sebastian. Nichts veranschaulicht den Bedeutungswandel besser als diese Inversion des geschichtlichen Ranges. Seinen einstigen Ruhm verdankte der zweite Bach-Sohn vor allem der Wirkung auf die Wiener Klassiker, einmal durch sein Lehrwerk, zum anderen durch die innovativen Elemente seiner Klavier- und Orchestermusik.

Sein Theoriewerk *Versuch über die wahre Art das Clavier zu spielen* (1. Teil 1752 und 2. Teil 1762) ist nämlich nicht nur ein einzigartiges Kompendium der Klavierpraxis um 1750, sondern auch eine Quelle gründlicher Belehrung für jeden Spieler. Auf der Grundlage einer umfassenden Bildung (die ihm den freundschaftlichen Umgang mit Größen der Zeit wie Lessing, Gleim, Klopstock oder Voß erlaubte) nahm Bach (1714–88) mit der für das Aufklärungszeitalter typischen moralisch-pädagogischen Haltung spieltechnische Fragen zum Anlaß für ein ästhetisches Räsonnement, das fast schon psychologisiert. Erbauung, Bildung zur Humanität und Empfindsamkeit waren die ästhetischen Richtwerte der neuen Zeit, das »redende Prinzip, um das Herz zu rühren« und die Betonung der Melodie, die bevorzugten Stilmittel dazu. Vor allem darin manifestierte sich der Umschwung von der »gelehrten« Schreibart alten Stils zur »galanten« der Vorklassik.

Die Klavierkonzerte Philipp Emanuels lassen sich als Bindeglied zwischen dem ersten »Klavierkonzert« der Musikgeschichte, dem 5. *Brandenburgischen Konzert* (1721) von Johann Sebastian Bach (1685–1750) und denen von Wolfgang Amadeus Mozart (1756–91) werten. Sein expressiver Klavierstil veranlaßte Joseph Haydn (1732–1809) zu dem Bekenntnis: Wer ihn gründlich kenne, müsse finden, »daß ich dem Emanuel Bach sehr vieles verdanke, daß ich ihn verstanden und fleissig studiert habe«. Mozart bemerkte lapidar: »Er ist der Vater, wir sind die Bubn. Wer von uns was Rechts kann, hats von ihm gelernt.«

Wichtiger noch als die subtile Affektkunst seiner Klaviermusik scheint allerdings die Wirkung seiner Orchestermusik. Folgte er in den *Sechs Streichersinfonien* von 1773 noch weitgehend der älteren Praxis (mit der Solo-Tutti-Struktur des Concerto grosso und einer tragenden Rolle des Generalbasses), so wagte er sich mit den *Vier Orchester-Sinfonien*, komponiert 1775/76 in Hamburg, auf Neuland. Es ist allerdings weniger das Formale als vielmehr die dramatische Ausdruckskraft ihrer Musiksprache, die diese Kompositionen als wichtige Exempel des musikalischen »Sturm und Drang« und Wegbereiter der Klassik ausweisen. So gehen diese Sinfonien nicht über die Dreisätzigkeit hinaus (im Unterschied zur süddeutschen Vorklassik, die mit der Einfügung des Menuetts zur Viersätzigkeit strebt). Auch die Auseinandersetzung mit der »Sonatenhauptsatzform« und ihrer neuen Dialektik zwischen zwei Themen in Exposition, Durchführung und Reprise hält sich in Grenzen. Was aufhorchen läßt, ist die Individualität ihrer Themengestalten. Das Thema der *F-Dur-Sinfonie* besteht nur aus sieben Tönen, verbindet aber die Schlagkraft von drei Repetitionstönen (verschärft durch einen Triller) mit dem kühnen Schlußsprung einer kleinen Septime nach unten. Erhöht wird die Wirkung durch das klangliche Unisono des gesamten Streicherkorpus (Violinen, Viola, Violoncello mit Fa-

Wer den Herrn Kapellmeister auf dem Pianoforte phantasieren gehört hat und nur etwas Kenner ist, wird gerne gestehen, daß man sich kaum etwas Vollkommeneres in dieser Art denken kann. Die größten Virtuosen, welche hier in Hamburg gewesen und neben ihm standen, wenn er gerade in seiner Laune war und ihnen vorphantasierte, erstaunten über die Einfälle, Übergänge, kühne, nie gehörte und doch sachrichtige Ausweichungen, mit einem Worte über die großen Reichthümer und Schätze der Harmonie, die ihnen Bach darlegte, und deren viele ihnen selbst noch unbekannt gewesen, rieben sich die Stirne und bedauerten, . . . daß sie nicht auch solche Kenntnisse besäßen.
C. F. Cramer über Carl Philipp Emanuel Bach in: Magazin für Musik. 1786. 2. Hälfte.

Adolf Menzels Gemälde *»Das Flötenkonzert«* von 1852 zeigt am Cembalo Carl Philipp Emanuel Bach. Tatsächlich hatte dieser 1740 das erste Flötensolo des neuen Königs Friedrich II. begleitet, zu dessen Hof er schon während der Kronprinzenzeit Friedrichs (seit 1738) gehörte.

gott und Basso continuo) und die dreimalige Wiederholung des Themas auf jeweils benachbarten, aufsteigenden Tonstufen. Nach einer temperamentvollen »agitato«-Weiterführung der Streicher in punktiertem Rhythmus setzen bald die Bläser (Hörner, Flöten und Oboen) mit einem eigenen »Nebengedanken« nach Art eines zweiten Themas ein, während die Streicher die Untermalung dazu liefern. Die Bläser entwickeln sich schließlich zu solistischer Funktion mit delikatem Klangkolorit. Auch das zeigt ein wichtiges Moment des neuen Stils: Die individuelle Behandlung der Orchesterinstrumente auf ihrem Weg zur vollkommenen Emanzipation in Klassik und Romantik. Von gleicher Wirkung wie das kühne Schlußintervall des Hauptthemas ist der ungewöhnliche Abschluß des Expositionsteils mit einem Quint-Sext-Akkord, der zweiten Umkehrung eines Septakkordes. Elemente von Durchführung sind zwar immer wieder erkennbar, aber im wesentlichen bestimmt die dreimalige Reprise der Exposition den 166

Takte umfassenden Kopfsatz. Das folgende kurze Larghetto beeindruckt vor allem durch den achttaktigen Hauptgedanken in Viola und Violoncello. In Tiefsinn und Ethos weist es, genau wie einige Passagen des Presto-Schlußsatzes (T. 9-18 oder T. 56–60), schon ganz auf die Tonsprache Beethovens voraus.

Seinen Ruhm zu Lebzeiten mußte Philipp Emanuel mit dem Vergessenwerden im 19. Jahrhundert bezahlen. Immerhin wurden seine Sinfonien in den Soireen der Königlichen Kapelle zu Berlin und den Konzerten des Gewandhauses zu Leipzig aufgeführt, Max Reger (1873–1916) bearbeitete sie später für vier Hände, eine Gesamtausgabe gibt es aber bis heute nicht, und eine repräsentative Schallplattenaufnahme kam erst 1987/88 zustande. Obwohl einige der Sinfonien gut den Vergleich mit denen von Joseph Haydn und dem frühen Mozart aushalten, wird heute die Bedeutung von Carl Philipp Emanuel Bach mehr durch seine wegweisende Stellung in der Musikgeschichte zwischen Barock und Wiener Klassik bestimmt als durch seine Präsenz im Konzertrepertoire. *Klaus P. Richter*

WOLFGANG AMADEUS MOZART

Die Entführung aus dem Serail
1782 Wien

Sie war ein epochales Ereignis, die Uraufführung von Mozarts Singspiel *Die Entführung aus dem Serail* am 16. Juli 1782. Mit diesem Werk setzt die Geschichte der deutschen Oper ein. Dieses Singspiel ist wahrhaftig ein Meilenstein in der Geschichte des musikalischen Theaters.

Mozart (1756–91) trug sich schon Anfang 1778 mit dem Gedanken, sich Kaiser Joseph II. als Opernkomponist und – »gut bezahlt, versteht sich« – als Leiter der deutschen Oper in Wien anzudienen. Ende Juli 1781 erging dann endlich der Auftrag an Mozart, eine neue Oper auf ein Buch von Gottlieb Stephanie d. J. (1741–1800) für die Hofoper zu schreiben. Ursprünglich wären Mozart nur sechs Wochen Zeit für die Komposition geblieben, denn sein Werk sollte dem Staatsbesuch des russischen Großfürsten Paul Petrowitsch (später Zar Paul I.) in Wien Mitte September kulturellen Glanz verleihen. Entsprechend rasch schloß Mozart die Komposition des ersten Aktes ab. Etwa die Hälfte lag schon drei Tage später in Partitur vor.

Doch der Staatsbesuch wurde verschoben; Intrigen am Burgtheater und künstlerische Probleme verzögerten die Fertigstellung des Werkes. So wurde die *Entführung* in der Spielzeit 1782/83 zum Sensationserfolg an der Hofoper. Mozart erlebte enthusiastischen Zuspruch vom Wiener Publikum, fand – trotz der großen Hitze im Juli 1782 – stets ein ausverkauftes Haus vor, und ihm war mit einem Schlag der Durchbruch zum angesehenen Opernkomponisten gelungen. Die *Entführung* war zu Mozarts Lebzeiten sein erfolgreichstes Werk; sie wurde bis 1790 bereits an 40 europäischen Bühnen gespielt. Ihre Popularität hat sich bis auf den heutigen Tag erhalten: Nach *Zauberflöte* (UA 1791) und *Figaros Hochzeit* (UA 1786) ist die *Entführung* Mozarts dritte Oper, die unter den zehn meistgespielten Werken an deutschen Bühnen rangiert.

Und ich weiß nicht – bei einer Opera muß schlechterdings die Poesie der Musik gehorsame Tochter sein. – Warum gefallen denn die welschen komischen Opern überall? – Mit allem dem Elend, was das Buch anbelangt! Sogar in Paris – wovon ich selbst ein Zeuge war. – Weil da ganz die Musik herrscht – und man darüber alles vergißt.
Mozart an seinen Vater. 13. Oktober 1781.

Im Kompositionsauftrag des Kaisers war die kulturpolitische Absicht gleichsam mitformuliert: Joseph II., der 1776 das Burgtheater in die Verwaltung des Hofes übernommen und das Institut zum Nationaltheater erhoben hatte, wünschte, kräftige Akzente gegen das dominierende italienische Opernprogramm zu setzen und nationale deutschsprachige Theaterkunst einem breiten Publikum nahezubringen. Diese Neuordnung des Theaterrepertoires gehörte zum aufgeklärten Reformprogramm des Kaisers.

Mozart war sich seiner Chance wohl bewußt. Er wollte eine perfekte Oper schreiben, um sich endlich gegen die italienische Clique am Kaiserhof durchsetzen zu können, und er gedachte aller Welt zu beweisen, daß ein musikalisches Genie auch in deutscher Sprache aufregend gute Theatermusik zu schreiben vermochte. Sein außergewöhnliches Engagement offenbart sich in den Briefen an den Vater, in denen er so detailliert wie bei keiner anderen Oper von seinen musikdramatischen Vorstellungen berichtete.

Mozart hat erheblich in das Textbuch eingegriffen. Stephanie hatte keinen eigenständigen Libretto-Text geliefert, sondern ein Singspiel von Christoph Friedrich Bretzner bearbeitet, das im Mai 1781 in Berlin mit der Musik von Johann André in Szene gegangen war. Bretzners Komödie entsprach dem Geschmack der Zeit: Belmonte wird bei dem Versuch, seine Geliebte Konstanze aus dem Hause des Bassa Selim zu entführen, ebenso

Ankündigungszettel der Uraufführung am 16. Juli 1782 zum National- und Hoftheater avancierten alten Burgtheater zu Wien. Die *Entführung aus dem Serail* war Mozarts erfolgreichste Oper zu seinen Lebzeiten.

vom Serailaufseher Osmin erwischt wie sein Diener Pedrillo, dessen Braut Blondchen dem gräßlichen Osmin als Sklavin zugeteilt war. Selim, selbst in Konstanze verliebt, hat bereits die Todesurteile über die vier Verräter gesprochen, da erkennt er in Belmonte seinen eigenen Sohn, den er als kleines Kind in ein Kloster gebracht und seither vergeblich gesucht hatte. Dem glücklichen Ausgang steht nichts im Wege.

Diesen vom Zufall diktierten Schluß einer harmlosen Komödie ersetzten Mozart und Stephanie durch ein dramatisches Ende mit tragischem Einschlag. Selim bleibt nur die Wahl, Konstanze mit Gewalt zur Liebe zu zwingen, oder sie großmütig in die Arme Belmontes zu entlassen. Er vermag jedoch in keinem Fall ihre Liebe zu erringen. Darin liegt die Tragik dieser Figur.

Die Großmut siegt; Selim handelt human, schenkt dem Sohn seines ärgsten Feindes das Leben und läßt die Christenmenschen in ihre Heimat reisen – eine Geste, die gewiß auch auf den aufgeklärten Auftraggeber Joseph II. gemünzt war.

Catarina Cavalieri, die Konstanze der Uraufführung. Ihrer »geläufigen Gurgel« opferte Mozart musikalisch.

Auch die dramaturgischen Schwächen in Bretzners und Stephanies Libretto wünschte Mozart zu bessern. Die Entführungsszene am Beginn des dritten Aktes war als musikalisch vielfach gegliedertes Quintett entworfen – im Grunde besser geeignet für ein wirbelndes, die dramatische Verwirrung noch einmal steigerndes Finale am Ende des zweiten Aktes, wie es Mozart aus der zeitgenössischen Opera buffa vertraut war. Bei der geplanten Umstellung wäre jedoch der dritte Akt ohne eigentliche dramatische Handlung geblieben. Stephanie aber wußte Mozarts Wünsche nach »Veränderung in der Poesie« nicht zu erfüllen. Hier lagen die künstlerischen Schwierigkeiten, die einer raschen Beendigung der Komposition entgegenstanden. Mozart kürzte deshalb rigoros die Texte und Musiknummern der Entführungsszene und gab ihr einen neuen Höhepunkt in Osmins groteskgräßlicher Arie »Ha, wie will ich triumphieren«. Für das Ende des zweiten Aktes erfand er das grandiose Quartett Nr. 16, in dem die dramatischen Komplikationen unmittelbar vor der Flucht aus dem Serail nun durch Mißtrauen und Unsicherheit der Handelnden, also durch plausible menschliche Regungen entstehen.

... Der Janitscharen-Chor ist für einen Janitscharen-Chor alles, was man verlangen kann: kurz und lustig; und ganz für die Wiener geschrieben. – Die Aria von Konstanze habe ich ein wenig der geläufigen Gurgel der Mademoiselle Cavalieri aufgeopfert. – »Trennung war mein banges Los und nun schwimmt mein Aug in Tränen« – habe ich, so viel es eine welsche Bravour-Aria zuläßt, auszudrücken gesucht, – das »Hui« habe ich in »schnell schwand meine Freude« etc. Ich weiß nicht, was sich unsere deutschen Dichter denken; wenn sie schon das Theater nicht verstehen, was die Opern anbelangt, so sollen sie doch wenigstens die Leute nicht reden lassen, als wenn Schweine vor ihnen stünden. – Hui Sau!
Mozart an seinen Vater. 26. Sept. 1781.

In diesen wie in allen weiteren Änderungen des ursprünglichen Entwurfs offenbarte sich Mozarts Bestreben, das Empfinden und Verhalten der betroffenen Figuren in der Musik auszudrücken. Er schrieb eine Oper mit wahrhaftigen Charakteren und keine musikalische Komödie im Stil der Zeit. Mozarts Figuren können in glückseligem Jubel ausbrechen, aber sie geraten auch in menschlich erschütternde, seelische Krisen. An Osmin und Constanze tritt dieses musikdramatische Konzept besonders deutlich zutage. Ihre Arien sind Mozarts ureigenste Erfindung. Constanzes berühmte Martern-Arie (zweiter Akt) vermittelt den bewegenden musikalischen Ausdruck eines gepeinigten Herzens, und Osmins Arien charakterisieren mit ungewöhnlichen musikalischen Mitteln einen Menschen, der außer sich gerät.

Diese Fähigkeit zur musikalischen Charakterzeichnung begründet den Rang des Musikdramatikers Mozart. Seine Zeitgenossen haben dies nicht immer erkannt. Joseph II. soll die Uraufführung kommentiert haben mit den Worten: »Zu schön für unsere Ohren und gewaltig viel Noten, lieber Mozart!«, worauf dieser geantwortet haben soll: »Gerade soviel, Ew. Majestät, als nötig.«

Johann Wolfgang von Goethe hingegen hatte die Bedeutung dieser deutschen Oper auch für seine eigenen Singspiel-Versuche sogleich erfaßt: »Alles unser Bemühen, uns im Einfachen und Beschränkten abzuschließen, ging verloren, als Mozart auftrat. Die ›Entführung aus dem Serail‹ schlug alles nieder . . .« (November 1787)

Die ungebrochene Popularität der Melodien dieser Oper war – so paradox es klingt – der Bühnendarstellung nicht immer förderlich. Erst allmählich setzt sich in modernen Inszenierungen die Einsicht durch, daß Mozarts Oper kein harmloses Märchenstück oder eine typische Türkenoper ist, sondern ein ausgewachsenes musikalisches Drama mit vorbildlich gestalteten Figuren und einem für seine Zeit brisanten gesellschaftspolitischen Hintergrund. *Jürgen Schläder*

WOLFGANG AMADEUS MOZART

Die sechs Haydn gewidmeten Streichquartette 1782–1785

Ich sage Ihnen vor Gott, als ein ehrlicher Mann, Ihr Sohn ist der größte Componist, den ich von Person und den Nahmen nach kenne. Er hat Geschmack und überdies die größte Compositionswissenschaft . . .« Das sagte in einem Hauskonzert in Wien am 12. Februar 1785 Joseph Haydn (1732–1809) zu Mozarts Vater Leopold (1719–87). Jedenfalls berichtet dieser so an seine Tochter nach Salzburg. Vermutlich wurden in diesem Hauskonzert einige jener Streichquartette aufgeführt, die Mozart (1756–91) mit einer italienischen Widmung seinem 24 Jahre älteren Freund Haydn dedizierte. Es handelt sich um die heute unter den Köchel-Nummern 387, 421, 428, 458, 464 und 465 figurierenden Quartette, die nicht nur den Höhepunkt Mozartscher Quartettkunst, sondern einen Gipfel der gesamten Kammermusik darstellen. Die sechs Meisterwerke entstanden zwischen Dezember 1782 und Januar 1785, also in einem Zeitraum von mehr als zwei Jahren. Diese für Mozart ungewöhnlich lange Schaffenszeit ist nicht nur auf äußere Umstände zurückzuführen, sondern bezeugt die große Mühe und Sorgfalt, die der ansonsten schnell und leicht Komponierende diesen Streichquartetten angedeihen ließ. So finden sich in der Widmung die für Mozart bemerkenswerten Worte von einer

Januarius Zick (1730–97), »der letzte bürgerliche Großmaler«, Gestalter bedeutender Fresken, schuf dieses Familienbild des Hüttenbesitzers Johann Remy im Jahr 1776. Musikalische Unterhaltung gehörte bereits zum Lebensstil der besseren bürgerlichen Kreise.

»Frucht langer und mühseliger Arbeit«, aber auch die Feststellung: »Teuerster Freund, Du selbst hast mir bei Deinem letzten Aufenthalt in dieser Stadt Deine Zufriedenheit ausgedrückt . . .«, ein Satz, der Leopolds Mitteilung als authentisch unterstreicht.

Die Widmung an Haydn war mehr als eine bloße Freundschaftsgeste, denn es war Haydn gewesen, der mit seinen 1782 erschienenen sechs *Russischen Quartetten* eine, wie er selbst schrieb, »neue und ganz besondere Art« der Quartettkunst begründet und Mozart damit nach zehnjähriger Unterbrechung zu erneuter Auseinandersetzung mit dieser Gattung angeregt hatte. Diese neue Art besteht in der konsequenten »thematischen Arbeit«, die aus Themen und Themenausschnitten ganze motivische Entwicklungen ableitet, kontrapunktische und homophone Partien nebeneinanderstellt und unter Preisgabe des alten Generalbaßschemas alle vier Instrumente gleichwertig und gleichgewichtig an dem musikalischen Geschehen beteiligt.

Wie sehr sich Mozart von Haydn auch anregen ließ, so wenig verleugnete er doch seine eigene Handschrift. Haydns geradlinig-diatonischer Schreibweise, ihrer eindeutig-ungebrochenen Ausdruckshaftigkeit stellte Mozart seine chromatisch geschärfte, von reichen harmonischen Zwischenstufen getragene, klangsinnlichere Vieldeutigkeit entgegen. An Tiefe und Gespanntheit des Ausdrucks gehen Mozarts Quartette über Haydns Serie von 1782 hinaus. Wie wenig ihre Kühnheit zunächst verstanden wurde, beweist die anfängliche Weigerung des Wiener Verlegers Artaria, sie zu veröffentlichen, was 1785 dann doch geschah. Ein heute vergessener italienischer Komponist schrieb nach dem Anhören von Teilen aus Mozarts Quartetten: »Nach diesen beiden Stellen können wir urteilen, daß der Komponist, den ich nicht kenne und auch nicht kennenzulernen wünsche, nur ein Klavierspieler mit einem verdorbenen Gehör ist. Er ist ein Anhänger des falschen Systems, das die Oktave in zwölf Halbtöne einteilt.« Sarti, so hieß dieser Kritiker, mißfiel also die reiche Chromatik dieser Musik. Der kühne Anfang des letzten Quartetts der Reihe, des *KV 465 in C-Dur*, schockierte so sehr, daß das Werk bis heute den Namen »Dissonanzenquartett« trägt. Noch im 19. Jahrhundert sah sich eine Theorie-Autorität wie der Franzose François Joseph Fétis bemüßigt, diesen jeder Schulweisheit spottenden Adagio-Anfang zu »korrigieren«.

Sehen wir uns als Einzelbeispiel das der Entstehung nach dritte Quartett an, das nicht datierte *Es-Dur-Quartett*, das vermutlich im Juni/Juli 1783 komponiert wurde. Wie sehr sich Mozart von Haydn unterschied, läßt bereits das Unisono-Hauptthema des ersten Satzes erkennen, das stark chromatisch gefärbt ist. Die Forte-Wiederholung, nunmehr vierstimmig, unterstreicht diesen Zug durch dissonant geschärfte Harmonik, bei der der verminderte Septimenakkord eine Rolle spielt. Fugierte Bildungen bestimmen die Fortsetzung dieses Komplexes, ehe das Seitenthema eintritt, das zunächst wiederum mehrdeutig ist, ehe es seine F-Dur-Tonalität bekennt. Der Durchführungsteil exponiert das Hauptthema in kanonischer Bearbeitung, um dann den Beginn des Seitenthemas zu auf- und abwogenden Triolen durch zum Teil entfernte Tonarten zu modulieren. Mit der Wiederkehr des Unisono-Hauptthemas setzt die Reprise ein, die formal nach dem klassischen Schema verläuft. Das folgende Andante con moto in As-Dur erlangte Berühmtheit durch seine Vorwegnahme von Wagners Tristan-Motiv 18 Takte vor Schluß in der zweiten Violine. Es ist wiederum

(Al mio caro amico Haydn!) Meinem teuren Freunde Haydn! Ein Vater, der sich entschlossen hat, seine Kinder in die große Welt zu schicken, wird sie wohl dem Schutze und der Führung eines in ihr hochberühmten Mannes am liebsten anvertrauen, noch dazu, wenn es das Glück will, daß dieser sein bester Freund ist. Berühmter Mann und mein teuerster Freund, sieh her, da hast Du meine sechs Kinder! Sie sind, Hand aufs Herz, die Frucht einer langen, beschwerlichen Arbeit, aber die Hoffnung, diese Arbeit zum Teil wenigstens vergolten zu sehen – mehrere Freunde ermutigen mich damit – sie gibt mir Mut, und sie schmeichelt mir, die Kinder würden mir einst schon ein Trost sein. Du selbst, teuerster Freund, hast mir bei Deinem letzten Aufenthalt in dieser Stadt Deine Zufriedenheit ausgedrückt. Dein hilfreicher Beifall ermutigt mich vor allem . . .
Mozarts Widmung der 1785 erschienenen Quartette.

ein Beispiel für die kühne Chromatisierung dieser Quartettkunst, die das ruhige, in breiten Notenwerten synkopierte Hauptthema harmonisch in der Schwebe hält. Die fließende 6/8-Bewegung wird von gleitenden 3/8-Passagen des Violoncellos getragen. Der changierende Klangzauber des Satzes nimmt in manchem Betracht Schubert (1797–1828) vorweg. Das gilt vor allem für die durch Oktavverschiebungen von Halbtonschritten entstehenden Septimensprünge. Mit anspringendem Oktaven- bzw. Septimensturz setzt auch das Menuett ein. Das in elegischem c-Moll anhebende Trio hellt sich schließlich nach B-Dur auf. Die Stelle ist von fast exotischer Färbung. Am ehesten von Haydn inspiriert erscheint das sprühende Allegro-Vivace-Finale. Die hüpfende 2/8-Figur des Themenbeginns wird Gegenstand widerborstiger Forte-piano-Späße. Ein in beiden Violinen kanonisch geführter schwungvoller zweiter Gedanke löst sich in rollenden Sechzehnteln der ersten Violine auf, ein dritter hebt mit Doppelschlag-Triole an. Chromatik ist hier heiterer Diatonik gewichen. *Alfred Beaujean*

JOSEPH HAYDN

Violoncellokonzert D-Dur
1783 Esterház

Joseph Haydns (1732–1809) »persönlichste« Gattungen waren die Sinfonie und das Streichquartett: Beide hat er aus ihrer ursprünglichen Bestimmung als gesellschaftliche Unterhaltungskunst herausgeführt und damit ihren klassischen Rang begründet. Demgegenüber stehen seine Konzerte im Hintergrund – schon zahlenmäßig (was daran liegen dürfte, daß er selbst kein Virtuose war), aber auch inhaltlich gesehen. Sie sind eher konventionell gehalten und entsprechen in Anlage und Gehalt dem Zeittypischen. Unser Werk ist in diesem Zusammenhang Musterbeispiel und Ausnahme zugleich: Es ist das bedeutendste und künstlerisch anspruchsvollste Cellokonzert des 18. Jahrhunderts und hat Maßstäbe gesetzt, die es bis heute ebenbürtig neben die anderen großen Konzerte für dieses Instrument von Schumann (1810–56) und Dvořák (1841–1904) stellen.

Allerdings war dieser hohe Rang nicht immer unbestritten, ja lange galt die Komposition sogar als zweifelhaft, zumal kein Autograph vorlag und man sich nicht vorstellen konnte, daß jemand anderes als ein virtuoser Cellist die ungewöhnlichen Schwierigkeiten des Soloparts geschrieben haben könnte. Als Autor nahm man Anton Kraft (1749–1820) an, einen Schüler Haydns und Cellisten in der von ihm geleiteten Kapelle. Diese Unsicherheiten wurden aus der Welt geschafft, als 1954 Haydns eigene Handschrift gefunden wurde. Sie ist 1783 datiert.

Haydn wirkte zu jener Zeit in Diensten des Fürsten Esterházy auf dessen Schloß am Neusiedler See, fern von der Metropole Wien. Diese Isolation nahm er als Vorteil: »Ich konnte als Chef eines Orchesters Versuche machen, beobachten, was den Eindruck hervorbringt, und was ihn schwächt, also verbessern, zusetzen, wegschneiden, wagen: Ich war von der Welt ab-

»Wenn ich gute Opera hören will, muß ich nach Esterháza gehen«, soll Maria Theresia gesagt haben. Die Gouache zeigt das Szenenbild der Haydn-Oper *L'incontro improviso* im Theater des Schlosses Esterház im Jahr 1775.

gesondert. Niemand in meiner Nähe konnte mich an mir selbst irre machen und quälen, und so mußte ich original werden.« Diese berühmten Sätze werden zu Recht meist auf sein sinfonisches Schaffen bezogen, in dem er eine Fülle formaler und instrumentatorischer Experimente unternahm. Aber auch das Cellokonzert läßt sich in diesem Sinne verstehen: Hier ist es vor allem die Spieltechnik im Solopart, die über das Übliche weit hinausgeht: Erweiterung des Tonraums bis in die dreigestrichene Oktave, Sprünge über mehrere Saiten und zweistimmig polyphone Stimmführung in komplizierten Doppelgriffen. Der virtuose Anspruch wird derartig betont, daß man sich vorstellen mag, wie sich Haydn mit einem Cellisten – vielleicht dem genannten Anton Kraft – zusammensetzte und von ihm zeigen ließ, was auf diesem Instrument alles möglich war. (Daß das Werk auch als Flötenkonzert überliefert wurde, ist hierzu kein Widerspruch, denn es war zu jener Zeit, in der es noch nicht den Begriff einer »authentischen« Fassung gab, durchaus üblich, eine Partitur für den jeweiligen Bedarf einzurichten.)

Wenn übrigens Haydns äußere Lage nichts weniger als glänzend war, so verschaffte sie ihm dagegen zur Ausbildung seines vielseitigen Talents die beste Gelegenheit. »Mein Fürst war mit allen meinen Arbeiten zufrieden, ich erhielt Beyfall, ich konnte als Chef eines Orchesters Versuche machen, beobachten, was den Eindruck hervorbringt und was ihn schwächt, also verbessern, zusetzen, wegschneiden, wagen; ich war von der Welt abgesondert, niemand in meiner Nähe konnte mich an mir selbst irre machen und quälen, und so mußte ich original werden.«
Georg August Griesinger. Biographische Notizen über Joseph Haydn. Leipzig 1810.

Das Orchester ist klein besetzt: Streicher, zwei Oboen und zwei Hörner (diese fehlen im Mittelsatz). Die formale Anlage folgt dem traditionellen barocken Konzerttypus, wie ihn etwa Vivaldi und Bach geprägt und wie ihn französische und italienische Meister weiterentwickelt hatten. Haydns Meisterschaft offenbart sich in der melodischen Erfindung sowie der Fortspinnung und Entwicklung immer neuer musikalischer Gedanken. So beginnt beispielsweise das Allegro moderato mit einem gesanglichen Thema, das zunächst von den Streichinstrumenten allein und danach mit Verstärkung der Bläser vorgetragen wird. Der Solist nimmt den Themenkopf auf und setzt ihn auf eigene Weise fort, wobei bereits hier die Möglichkeiten des Cellos voll zur Geltung kommen: In den ersten sechs Takten umspannt der Ambitus (die Entfernung des höchsten Tons einer Melodie vom tiefsten) mehr als drei Oktaven. Auch im weiteren Verlauf werden die spezifischen Eigenschaften des Instruments (schnelle Passagen, Wechsel vom höchsten ins tiefste Register, Tremoli auf einem Ton und gebrochenes Akkordspiel) in eindrucksvoller Weise eingesetzt. Unterschiede in Phrasierung, Klanggebung und melodischem Duktus – warmer Ton und kecke Staccati, kantable Linie und spielerische Figurationen sowie das charakteristische Alternieren zwischen Zweier- und Dreiermensur (Triolen und Sextolen) – beleben den Solopart. Das Orchester begleitet einerseits, indem es unterstreicht, Nuancen setzt und kurze Einwürfe bringt; andererseits führt es den Dialog eigenständig weiter.

Das Vorbild solcher Musik war das Gespräch, die »galante und amüsante Konversation«. Diese Haltung wird allenthalben deutlich, etwa wenn kurz vor der Kadenz des ersten Satzes die Violinen und Oboen den Themenkopf dreimal auf verschiedenen Stufen intonieren, und der Solist das Motiv wie in einem Frage- und Antwortspiel aufgreift und in reichen Koloraturen weiterführt, oder auch im Adagio, wo das Cello beginnt und das Orchester gleichsam bestätigend antwortet. Im Finale dagegen, einem Rondo im tänzerischen 6/8-Takt, bringt Haydn auch andere Elemente ins Spiel. So leitet eine Mollvariante des Themas in einen folkloristisch getönten Abschnitt über, in dem der Solist für Augenblicke seinen eleganten Ton zu vergessen scheint und sich geradezu rustikal gibt. Derb klingende Oktaven, volksliedhafte Terzgänge und dann wieder virtuose Figurationen wechseln in schneller Folge einander ab. Aus unterschiedlichen musikalischen Charakteren entsteht ein buntes, lebensvolles Bild, das zu den markantesten Zeugnissen der klassischen Musik gehört. *Volker Scherliess*

WOLFGANG AMADEUS MOZART

Klavierkonzert B-Dur KV 450
1784 Wien

Höchst ungnädig, nämlich mit einem Fußtritt des Grafen Arco, war der 25jährige Mozart (1756–91) im Juni 1781 aus salzburgischen Diensten entlassen worden. Für die Zukunft verzichtete er auf alle »sicheren« Stellungen an einem Hof und versuchte sein Glück als freier Musiker in Wien. Und der Anfangserfolg gab ihm recht. Schon im Sommer 1782 ging »auf kaiserlichen Befehl« sein Singspiel *Die Entführung aus dem Serail* zum ersten Mal über die Bühne des Burgtheaters, und als Pianist war der junge Mozart im »Klavierland« Wien schnell eine bekannte Erscheinung. Die Zahl seiner Konzertverpflichtungen nahm rapide zu. In der Saison 1783/84 hatte er bereits allein in der Fastenzeit zwei Dutzend solistische Auftritte zu absolvieren, und wie schon im Vorjahr konnte er eine ganze Reihe von »Privat-« oder »Theater-Akademien« veranstalten. Die erste Wiener Gesellschaft drängte sich zu seinen Konzerten, und er hatte in der Zwischenzeit alle Hände voll zu tun, die neuen Werke zu Papier zu bringen, die das Wiener Publikum bei diesen Gelegenheiten von ihm zu hören erwartete – modische Variationen, vor allem aber Klavierkonzerte mit Begleitung eines Orchesters, wie sie damals besonders beliebt waren.

Mozarts Schwager Joseph Lange malte das Porträt im Jahr 1782 oder 1783, der Zeit der *Entführung*, der *Haffner*- und der *Linzer* Sinfonie sowie der *Großen c-Moll-Messe*. Warum er es unvollendet ließ, liegt im dunkeln. Der Schauspieler und Maler Joseph Lange setzte sich in seiner Biographie eindringlich mit Mozarts Charakter auseinander.

»Und das neue Konzert, so ich gespielt, hat außerordentlich gefallen«, berichtete Mozart am 20. März 1784 seinem Vater über eine Privat-Akademie, die er drei Tage zuvor gegeben hatte. Wahrscheinlich war bei dieser Gelegenheit das *Klavierkonzert in B-Dur KV 450* von ihm aus der Taufe gehoben worden, das er unter dem Datum des 15. März in sein neuangelegtes »Verzeichnüß aller meiner Werke« eingetragen hat. Insgesamt entstanden zwischen Februar und April dieser Saison nicht weniger als vier neue Klavierkonzerte (nämlich außer KV 450 noch die Werke KV 449, 451 und 453); und diese Vierergruppe, der übrigens in den beiden kommenden Wintern noch einmal vier (KV 456, 459, 466, 467) und drei (KV 482, 488, 491) Werke folgen, steht am Anfang der Serie seiner großen Wiener Klavierkonzerte, die Alfred Einstein in seinem Mozart-Buch von 1945 als »die Krönung und den Gipfel seines instrumentalen Schaffens überhaupt, zumindest auf dem Gebiete des Orchestralen« bezeichnet hat.

Was diese Werkreihe über alle Vorgänger- und Parallelwerke hinausragen läßt, ist – abgesehen vom einzigartigen und unverwechselbaren »Herzenston« Mozarts – eine ganz neue Qualität des konzertierenden Miteinanders aller beteiligten Instrumentalstimmen. Das Concerto war in den Jahren um 1700 durch italienische Komponisten wie Arcangelo Corelli und vor allem Antonio Vivaldi schnell zu einem »Welterfolg« geworden. Konzerte für das »Clavier« spielten in dieser Frühzeit des Concerto allerdings noch keine Rolle – das gebräuchliche Cembalo war wohl zu sehr als kapellmeisterliches Begleitinstrument abgestempelt. Es war Johann Sebastian Bach, der es aus dieser Rolle befreite und in seinem *Brandenburgischen Konzert Nr. 5* von 1721 zum erstenmal konzertierend einsetzte. Erst zu Mozarts Zeit hatte das Klavier – nun in der modernen Form des »Hammerflügels« – diesen Rückstand aufgeholt. Es überholte die traditionellen Konzertinstrumente jetzt sogar, das Klavierkonzert wurde fünfzig Jahre nach Bach zu einer der beliebtesten Formen unterhaltsamer »Gesellschaftskunst«.

Was Mozarts Konzerten von 1784 unter den Dutzenden und Aberdutzenden neu entstehender Kompositionen von Anfang an eine Sonderstellung verlieh, war nicht etwa eine irgendwie geartete Fortschrittlichkeit,

etwa im Hinblick auf eine besonders großzügige formale Anlage oder virtuose Anforderungen. Im Gegenteil, die Kompositionen zum Beispiel des Komponisten und Verlegers Franz Anton Hoffmeister, eines Freundes von Mozart, übertreffen dessen Werke unter diesen Aspekten gelegentlich. Doch während in ihnen führendes Klavier und begleitendes Orchester gewissermaßen nebeneinander herlaufen, faßte Mozart den Konzertbegriff tiefer: In seinen großen Wiener Konzerten entfaltet die Musik sich als echter Dialog und »Wettstreit« (concertare = wettstreiten) zwischen Solo und Ensemble, ja sogar zwischen den Stimmen des Orchesters untereinander – ein bemerkenswerter Parallelfall zu der Richtungsänderung, in die Joseph Haydn durch sein Opus 33 ein Jahr zuvor die Entwicklung des Streichquartetts gedrängt hatte.

Das *B-Dur-Konzert KV 450* zeigt diese Eigenarten des vollentwickelten »klassischen« Konzertstils zum erstenmal in Reinkultur. Gleich sein Anfang mit der wechselweisen Verteilung des Hauptgedankens auf Bläser und Streicher ist charakteristisch für Mozarts neuen Konzertstil, und im Verlauf dieses Allegros gewinnt die Musik durch immer neue Kombinationen der miteinander und mit dem Soloklavier dialogisierenden Instrumente und Instrumentengruppen eine für damalige Verhältnisse buchstäblich »unerhörte« Farbigkeit und Beweglichkeit. Im variationsartig angelegten langsamen Satz und im Schlußrondo mit einem der damals beliebten »Jagd«-Themen als Hauptgedanke setzt sich dies Dramatisch-Komödiantische in phantasie- und klangvollen Varianten fort. »Übrigens bin ich, die Wahrheit zu gestehen, auf die letzthin müde geworden vor lauter Spielen«, schrieb Mozart dem Vater am 10. April 1784, also kurz nach Ende seiner wohl anstrengendsten Auftrittsserie, nicht ohne hinzuzufügen, es mache ihm aber doch wohl »keine geringe Ehre«, »daß es meine Zuhörer nie wurden«. Und sicher war die Begeisterung der Wiener für ihn ein starker Ansporn zur Ausarbeitung weiterer Konzerte. Seinen nächsten Gattungsbeitrag, ein Konzert »ex G« (KV 453) konnte er schon zwei Tage später in sein Werkverzeichnis eintragen.

Ingo Harden

WOLFGANG AMADEUS MOZART

Sonate für Klavier und Violine B-Dur KV 454, 1784 Wien

Die klassische Violinsonate verdankt, ungeachtet der zahlreichen Wurzeln in der barocken Triosonate und der Musizierpraxis der Vorklassik, Mozart (1756–91) ihre eigentliche Entwicklung. Die ersten gedruckten Werke des siebenjährigen Wunderkindes, die Vater Leopold mit berechtigtem Stolz in Paris herausgab, sind *Sonaten für Klavier und Violine* (KV 6 und 7), und insgesamt hat Mozart bis zum letzten Werk dieser Gattung, der *Sonate in A-Dur KV 526* aus dem Jahr 1787, nicht weniger als 26 Sonaten geschrieben, die als authentisch anzusehen sind. Einige weitere Werke sind in ihrer Echtheit umstritten, einzelne – wie die *Sonate KV 570* – wurden von Mozart als reine Klaviersonaten komponiert und erst später mit einer Violinstimme versehen. Doch was Mozart an authentischen Werken für Klavier und Violine für die Werkgattung geleistet hat, ist bedeutend genug.

Die frühen Werke des Sieben- bzw. Achtjährigen zeigen Mozart auf den Spuren der Vorklassiker Johann Christian Bach und Schobert, es sind formal knappe, meist zweisätzige Werke, in denen noch deutlich die barocke Triosonate – zwei Melodiestimmen und Generalbaß – als Vorbild wirkt. Auch in der ersten vollgültigen Sonatenreihe, den *Sechs Sonaten KV 301–306*, die 1778 in Paris gedruckt wurde, wirkt dieses Vorbild noch nach, doch hat sich Mozarts Sonaten-Stil in dem verwandten Gebiet der Klaviersonate inzwischen ausgebildet und gefestigt. Obwohl auch hier ein Teil der Sonaten zweisätzig angelegt ist, dominiert bereits klar die Sonatenform; die Partnerschaft zwischen dem Tasteninstrument – dem Hammerklavier, das um diese Zeit das Cembalo abzulösen begann – und der Violine zielte auf weitgehende Ausgeglichenheit, auch wenn in der Erfindung der Themen und bisweilen auch in der Verarbeitung noch das Klavier zu dominieren scheint. Aber man spürt, daß Mozart selbst beide Instrumente beherrschte und abwechselnd spielte; manche Themen – etwa in den Sonaten KV 301 oder 304 – sind in ihrer Kantabilität deutlich von der Geige her erfunden. In der Pariser *Sonate KV 306* erscheint dann die Mozartsche Sonatenform in der konzertanten Gleichberechtigung beider Instrumente voll ausgebildet.

Diese Sonaten sind die einzigen in ihrer Art. Reich an neuen Gedanken und Spuren des großen musicalischen Genies des Verfassers. Sehr brillant, und dem Instrumente angemessen. Dabey ist das Accompagnement der Violine mit der Clavierpartie so künstlich verbunden, daß beide Instrumente in beständiger Aufmerksamkeit unterhalten werden; so daß diese Sonaten einen eben so fertigen Violin- als Clavier-Spieler erfordern. Allein es ist nicht möglich, eine vollständige Beschreibung dieses originellen Werks zu geben. Die Liebhaber und Kenner müssen sie selbst erst durchspielen, und alsdann werden sie erfahren, daß wir nichts übertrieben haben.
N. N. Aus Cramers »Magazin der Musik«. Hamburg, 4. April 1783.

Von diesem Modell ausgehend schuf Mozart in Salzburg und Wien zwischen 1779 und 1781 die nächsten Werke dieser Art, die als Zyklus im Dezember 1781 in Wien erschienen und ungewöhnlich großen Erfolg hatten. In Cramers *Magazin der Musik* (Hamburg, April 1783) wurden sie als »sehr brillant und den Instrumenten angemessen« bezeichnet und hervorgehoben, daß »beide Instrumente in beständiger Aufmerksamkeit unterhalten werden; so daß diese – in ihrer Art einzigen (!) – Sonaten einen ebenso fertigen Violin- als Clavierspieler benötigen«.

Nach diesen hat Mozart dann in Wien noch weitere vier einzelne Sonaten für Klavier und Violine geschrieben, von denen vor allem zwei, die schon erwähnte letzte *Sonate in A-Dur KV 526* und die in *B-Dur KV 454* relativ häufig in Konzertprogrammen erscheinen. Vor allem die *B-Dur-Sonate* erfreut sich bei Schülern wie bei Meistern der Violine großer Beliebtheit, und das ist gewiß kein Zufall, denn Mozart hat das Werk für die berühmte italienische Geigerin Teresa Strinasacchi komponiert. In einem Brief an Leopold Mozart vom 24. April 1784 schrieb er: »Hier haben wir nun die berühmte Mantuanerin Strinsacchi, eine sehr gute Violinspielerin; sie hat sehr viel Geschmack und Empfindung in ihrem Spiele. – Ich schreibe eben an einer Sonate, welche wir Donnerstag im Theater bey einer Akademie zusammen spielen werden.« Diese Akademie fand am 29. April im Theater am Kärntnertor im Beisein Kaiser Josephs II. statt; das Publikum bereitete der 23jährigen Geigerin Ovationen, und auch Mozart hatte sein Teil an dem Erfolg, was um so mehr wiegt, als Mozart in der Eile nur die Violinstimme aufschreiben konnte und die Geigerin, die die Sonate beinahe prima vista gespielt haben muß, aus dem Gedächtnis auf dem Klavier begleitet hat. Erst nachher hat Mozart dann auch die Klavierstimme notiert, was Alfred Orel aus dem Autograph beweisen zu können meint.

Die Tatsache, daß diese Sonate für eine Geigenvirtuosin geschrieben wurde, finden wir in dem Werk ebenso bestätigt wie die Nachbarschaft zu den großen Klavierkonzerten. Die Sonate hat absolut konzertanten Zuschnitt und zeigt, auch im Vergleich mit anderen, daß Mozart der Violine hier besonders dankbare Aufgaben stellen wollte. Im Verein mit dem virtuos-konzertanten Klavierstil ergibt das den vollkommensten Ausgleich zwischen den beiden Instrumenten. Der erste Satz beginnt mit einem mächtigen Dreiklangmotiv in B-Dur, aus dem sich in getragenem Largo, abwechselnd in Klavier und Violine, eine herrliche Kantilene entwickelt. Der eigentliche Sonatensatz, ein beschwingtes Allegro, führt dieses Wechselspiel fort, wobei der Hauptgedanke von beiden Instrumenten vorge-

führt und abgewandelt wird, der lyrische Seitensatz allein der Violine vorbehalten bleibt. Die Durchführung ist relativ kurz und gibt primär der Violine Gelegenheit zu kantabler Entfaltung. Auch der Mittelsatz in der Subdominant-Tonart Es-Dur ist vom gesanglich bestimmten Thema her, aber auch in den Seitengedanken vor allem der Geige »auf den Leib« geschrieben, doch ist der Satz im Harmonischen wie im Figurativen derart kunstvoll und reich, daß er vom Klavier her zumindest die gleiche gestalterische Spannung verlangt. Das Finale endlich ist ein konzertant-brillanter Schlußsatz, der in Anlage und Durchführung ganz deutlich die Verwandtschaft zu den großen Klavierkonzerten erkennen läßt. Es ist übrigens interessant und spricht für die unmittelbare Wirkung der Sonate schon auf Mozarts Zeitgenossen, daß sie zur Vorlage verschiedener Arrangements verwendet wurde – so als Flötenquartett, Streichquartett oder Streichtrio.

Gottfried Kraus

Die Familie Mozart. Ölgemälde von Nepomuk della Croce. 1780/91. Nannerl und Wolfgang am Klavier, Vater Leopold mit der Violine, die 1778 verstorbene Mutter Anna Maria ist als Bild zugegen.

WOLFGANG AMADEUS MOZART

Phantasie c-Moll und *Klaviersonate c-Moll KV 457, 1784 Wien*

Mozarts Instrument war das Klavier. Auf ihm versuchte der Knabe, kaum konnte er laufen und den Stuhl ersteigen, seinem Drang zur Musik Ausdruck zu geben. Das Klavier war auch das erste Instrument, auf dem Leopold Mozart seinen Sohn unterwies. Für das Klavier entstanden die ersten Kompositionen des Fünfjährigen, die in ihrer Anmut und in ihrer formalen Selbstverständlichkeit bereits eines jener unerklärlichen Wunder bilden, die uns in Mozarts Werk immer wieder begegnen. Und auch die ersten Erfolge des Wunderkindes auf den Reisen quer durch Europa galten dem Klavierspieler. Später verdrängte für eine Weile die Geige das Klavier von seinem ersten Platz. Mozart (1756–91) hatte schließlich das Vorbild des Vaters vor Augen, der nicht nur ein exzellenter Geiger, sondern auch ein hervorragender Pädagoge war. Seine Violinschule – im Jahr von Wolfgangs Geburt in Augsburg erschienen – gehört bis heute zu den Standardwerken der Literatur. Und Mozart selbst muß es auf der Geige zu beachtlichem Können gebracht haben, schließlich war er einige Jahre Konzertmeister der Salzburger Hofkapelle, und viele seiner Violinwerke bis hin zu den fünf Konzerten und den oft sehr anspruchsvollen Divertimenti und Serenaden hat er selbst öffentlich gespielt.

Dennoch blieb das Klavier Mozarts eigentliches Instrument. Mozart muß ein hervorragender Virtuose gewesen sein, der mit seinem Spiel nicht nur Kenner und Liebhaber, sondern auch das Publikum beeindruckte. Die Fülle der Sonaten und Klavierstücke, die Klavierkammermusik, insbesondere aber die großen Klavierkonzerte hat Mozart vor allem für sich selbst geschrieben; die größten Erfolge hatte er, wenn er in seinen Konzertakademien am Flügel improvisierte.

Es mag dabei charakteristisch sein für das handwerkliche Ethos des Komponisten Mozart, daß die Entwicklung seines Klavierstils Hand in Hand ging mit der Entwicklung des Instrumentes, das in jenen Jahren eine entscheidende Wandlung durchmachte. Bis um die Mitte des 18. Jahrhunderts hatte ja das Cembalo seine dominierende Rolle als Tasteninstrument behauptet. Erst allmählich begann sich das Hammerklavier – also jenes

Tasteninstrument, bei dem die Saiten nicht gezupft oder gerissen, sondern mit Hämmern angeschlagen wurden – mit seinem nuancenreicheren Klang und seinen größeren dynamischen Möglichkeiten durchzusetzen. Im Haus der Mozarts standen Instrumente des Regensburger Klavierbauers Spaeth, deren Möglichkeiten allerdings wohl noch relativ begrenzt gewesen sind. Als Mozart dann auf seiner Reise nach Paris die neuesten Instrumente des Augsburger Klavierbauers Johann Andreas Stein kennenlernte, äußerte er sich begeistert, und später spielte er vor allem Instrumente des Wiener Meisters Anton Walter, deren zugleich brillante wie charakter- und farbenreiche Register seine Kompositionsweise gewiß wesentlich beeinflußt haben. – Mozarts Wiener Konzertflügel steht heute in seinem Geburtshaus in Salzburg.

Der Umstand, daß Mozart erst relativ spät Tasteninstrumente zur Verfügung hatte, die seinem Ausdrucksbedürfnis genügten, mag dafür verantwortlich sein, daß in seinem Werkkatalog auch erst relativ spät größere Klavierwerke auftauchten. Das erste große Klavierkonzert entstand im Dezember 1773 in Salzburg, die ersten Klaviersonaten im Sommer und Herbst 1774. In ihnen folgte Mozart zwar verschiedenen Vorbildern, nicht zuletzt dem der Sonaten Joseph Haydns, doch wurde sein Stil von Werk zu Werk selbstbewußter. Und während seiner Reisen nach Mannheim und Paris 1777/78, auf denen er relativ häufig als Pianist auftrat, entstanden eine Reihe weiterer Klaviersonaten, die alle Vorbilder hinter sich lassen. Vor allem die in Paris komponierte *a-Moll-Sonate KV 310* in ihrer beinahe düster-tragischen Dramatik, die virtuos-brillante *C-Dur-Sonate KV 330* und die reizvoll verspielte *A-Dur-Sonate KV 331* mit den berühmten Variationen und dem Rondo »alla turca« scheinen das Ausdrucksspektrum der Mozartschen Klaviersonaten auszufüllen. Sie gehören bis heute zu den Kernstücken des Mozart-Repertoires für Pianisten.

Mozart selbst hat sechs Jahre lang keine weiteren Klaviersonaten mehr geschrieben. Es waren die Jahre, in denen er sich in München und Wien vor allem als Opernkomponist zu bestätigen hatte, in denen er seinen Weg als Instrumentalkomponist weiterging, wesentliche Fortschritte in seinen Sinfonien, Konzerten und nicht zuletzt in der Kammermusik machte, und, wenn er öffentlich auftrat, auf dem Klavier vor allem improvisierte.

Leider können wir uns von diesen Improvisationen nur vage Vorstellungen machen. Immerhin aber wissen wir, wie sehr Mozart seine Zuhörer damit beeindruckt hat, und es gibt einige Klavierstücke, vor allem die *Phantasie in d-Moll KV 397* (1785) und die *Phantasie in c-Moll KV 475*, die uns

Einladung zu Mozarts Burgtheater-Akademie am 10. März 1785. Ein Zeitzeuge, der deutsche Schriftsteller Johann Friedrich Schink (1755–1835), schrieb: »Auch Mozart habe ich gehört . . . Sein Konzert auf dem Piano-Forte, was war das trefflich! Und seine Phantasien, welch ein Reichtum von Ideen! Welche Mannigfaltigkeit! Welche Abwechslung von leidenschaftlichen Tönen!«

Nachricht.

Donnerstag den 10ten März 1785. wird Hr. Kapellmeister Mozart die Ehre haben in dem

k. k. National-Hof-Theater

eine

grosse musikalische Akademie

zu seinem Vortheile

zu geben, wobey er nicht nur ein neues erst verfertigtes Forte piano-Konzert spielen, sondern auch ein besonders grosses Forte piano Pedal beym Phantasieren gebrauchen wird. Die übrigen Stücke wird der grosse Anschlagzettel am Tage selbst zeigen.

eine Ahnung vermitteln, wie Mozart auf dem Klavier improvisiert hat. Die *c-Moll-Phantasie* insbesondere gibt davon ein eindrucksvolles Bild. Ungeachtet der scheinbar freien Form und der übergroßen Kontraste, die Mozart hier in der Harmonik, im Nebeneinander von lyrischem und dramatischem Ausdruck, von Verhaltenheit und virtuoser Brillanz riskiert, zeichnet das Werk doch eine klare, logische Folgerichtigkeit im Sinne klassischer Formgebung aus. Und daß Mozart auch in diesem Bereich spontansten und gewiß emotionalsten Ausdrucks ein »Formkünstler« blieb, erwies auch der von ihm selbst hergestellte Zusammenhang mit der im Oktober 1784 entstandenen dreisätzigen *Sonate in c-Moll KV 457*. Auch hier spiegelt die Tonart in den beiden Ecksätzen einen Zustand größter seelischer Erregung, ein emotionales Pathos, das uns an ihm recht ungewöhnlich erscheint. Doch Mozart gibt sich diesem »Zustand« nicht hin, wie es später Beethoven getan hätte, er kontrastiert ihn mit dem wundervoll aussingenden Adagio des Mittelsatzes in Es-Dur und setzt im kurzen Finale so etwas wie einen konzertanten »Effekt«, der wiederum eine gewisse Distanz schafft zu dem »Blick«, den der Hörer möglicherweise in Mozarts Innerstes getan zu haben meint.

Nach diesem vielschichtig-gewaltigen Werk hat Mozart nur mehr wenige Sonaten für Klavier geschrieben. Die kleine *C-Dur-Sonate KV 545* (1788) »für Anfänger«, die reizvoll-harmonische *B-Dur-Sonate KV 570* (1789) und eine letzte »große« *Sonate D-Dur KV 576* (1789), die ein wenig wie die Summe aller seiner Erfahrungen wirkt, aber doch kaum etwas aussagt über das, was Mozart in diesem Jahr 1789 sonst beschäftigt haben mag.

Gottfried Kraus

JOSEPH HAYDN

Die Pariser Sinfonien Nr. 82 bis 87, 1785/86

In den 80er Jahren des 18. Jahrhunderts erschien in Paris eine Sinfonie des Komponisten Adalbert Gyrowetz unter dem Namen Joseph Haydns (1732–1809). Als der immerhin recht namhafte, in Wien wirkende Musiker sich darob beschwerte, erwiderte man ihm – so berichtet er in seiner Selbstbiographie –, es gereiche ihm zu großer Ehre, daß man seine Sinfonie für Haydns Arbeit gehalten habe. Das war kein Einzelfall. Haydns Ruhm veranlaßte die geschäftstüchtigen Pariser Musikverleger mehrere Male, fremde Werke mit dem Namen des großen Meisters zu schmücken.

Schon 1781 suchte der Direktor des Pariser »Concert spirituel«, Le Gros, Kontakt zu Haydn zu finden. 1784 schließlich bat ihn eine andere Musikvereinigung, das »Concert de la Loge olympique«, sechs Sinfonien für sie zu schreiben. Diesmal ging Haydn auf die Bitte ein, und der unter der Bezeichnung *Pariser Sinfonien* erscheinende Zyklus überhob die Pariser Musikfreunde der zweifelhaften, wenn zu jener Zeit auch nicht als kriminell angesehenen Methode, Haydns Namen auf fremde Partituren zu schreiben. Daß Haydn auch selbst seinen Vorteil zu wahren wußte, geht aus dem Umstand hervor, daß er die 1785/86 komponierten *Pariser Sinfonien* auch dem preußischen König Friedrich Wilhelm II. übergab, der sich mit dem Geschenk eines wertvollen Brillantringes erkenntlich zeigte. Mit Exklusivrechten nahm man es so wenig genau wie mit Autorennamen.

Das Orchester der »Loge olympique« setzte sich aus hervorragenden Musikern zusammen. Sie nannten sich zwar Amateure, aber dieser Begriff hatte damals noch keine diskreditierende Nebenbedeutung. Der »Liebhaber« war ein Mann, der es sich leisten konnte, der Musik in seinem Leben mehr Platz einzuräumen als einem Brotberuf. Haydn fühlte sich unter diesen Umständen herausgefordert. Seine für die Gattung der Sinfonie entscheidende kompositorische Errungenschaft, die »thematische Arbeit«, ist in diesem Pariser Zyklus endgültig in jenes vollendete Gleichgewicht mit dem freien Fluß einer natürlichen Entwicklung der Musik gebracht, das den Begriff des »Klassischen«, der Mannigfaltigkeit in der Einheit, involviert. Das wurde bereits von den Zeitgenossen erkannt. Anläßlich der Aufführungen der Sinfonien im Jahr 1788 schrieb ein Pariser Rezensent, es sei bewundernswert, wie der geniale Meister es verstehe, »aus einem einzigen Thema derart erschöpfende und mannigfaltige Durchführungen abzuleiten«.

Diese Vollkommenheit ist Haydn nicht in den Schoß gefallen, sie war die Frucht jahrzehntelangen Arbeitens und Experimentierens in der Abgeschiedenheit von Eisenstadt und Esterház. Der internationale Ruhm Haydns stand in kuriosem Gegensatz zu seiner Seßhaftigkeit, die ihn bis zu späten Reisen nach London kaum je über Wien hinausgelangen ließ. Aber er hat dies selbst als Glücksfall empfunden. Ein oft zitierter Ausspruch

Haydns. Drei der sechs *Pariser Sinfonien* bedachte die Nachwelt mit Titeln: Nr. 82, C-Dur: »L'Ours« (»Der Bär«), Nr. 83, g-Moll: »La Poule« (»Die Henne«), Nr. 85, B-Dur: »La Reine« (»Die Königin«). Im ersten Fall erschien das Finale den Konzertbesuchern offenbar als eine Art von Bärentanz. Die zweite Bezeichnung, aus dem Seitenthema des ersten Satzes mit seinen Vorschlagsfiguren abgeleitet, trifft den Charakter der Sinfonie allerdings kaum. »La Reine« soll auf die Hochschätzung der *B-Dur-Sinfonie* durch Königin Marie Antoinette zurückzuführen sein. Solche Bezeichnungen sind allenfalls charakteristisch für die Volkstümlichkeit, die Haydns reife Sinfonik genoß. Über die musikalische Struktur sagen sie wenig aus.

Greifen wir zur nähreren Betrachtung die *D-dur-Sinfonie* (Hob.I: 86) heraus. Nicht weil sie mit Flöte, je zwei Oboen, Fagotten, Hörnern, Trompeten und Pauken zusätzlich zu den üblichen Streichern die am stärksten besetzte der Reihe ist, sondern weil ihr festlich-großzügiger Charakter sie

Der Pont Neuf mit dem Reiterstandbild Heinrichs IV. Gemälde von Jean-Baptist Lallemand aus dem Jahr 1765. So hat Mozart Paris gesehen, zuerst achtjährig 1764, dann wieder 1778 im Todesjahr seiner Mutter.

heraushebt. Außerdem besitzt sie einen der tiefgründigsten und originellsten langsamen Sätze in Haydns Sinfonik. Das Werk beginnt mit einer ausführlichen Adagio-Einleitung, in der viele das Vorbild für die Introduktion in Beethovens *Erster Sinfonie* (1799) sehen. Das Hauptthema des Allegro-spiritoso-Hauptsatzes setzt quasi fragend in H-Dur ein, um erst als Antwort in kräftige D-Dur-Energie umzuschlagen, wobei die herabstürzende Figur konstruktive Bedeutung für den ganzen Satz gewinnt. Ein schlenderndes Seitenthema gegen Ende der Exposition hat zunächst nur episodische Bedeutung. Der Durchführungsteil, ungewöhnlich ausgedehnt, benutzt in reicher Modulatorik alle drei Gedanken, wobei jedoch wiederum die Sturzfigur des Hauptthemas die dominierende Rolle spielt. Die kräftigen Tutti-Wirkungen, die den Satz klanglich prägen, verraten Haydns Freude an der ihm zur Verfügung stehenden reichen Orchesterbesetzung. Das mit Capriccio bezeichnete Largo, eine höchst originelle Mischung von Sonaten-, Rondo- und Variationselementen, gewinnt aus dem aufsteigenden Dreiklang-Beginn und dem anschließenden Quint-Aufschwung eine den ganzen Satz beherrschende Spannung, die sich immer wieder in eine punktiert-wiegende Melodie auflöst, um dann erneut vermittels fast dramatischer Modulatorik und spannungsreicher Generalpausen aufgeladen zu werden. Ein Satz, der zugleich von gewaltiger Formphantasie wie von unerschöpflichem Variantenreichtum zeugt. Auch das ausgedehnte Menuett trägt bis auf das schlendernde Ländler-Trio mit seinen wechselnden Holzbläserfarben eher gravitätisch-ernsten Charakter. Und was Haydn aus einer simplen eintönigen Repetitionsfigur machen kann, zeigt er im Allegro-con-spirito-Finale in Sonatenform: Die Figur beherrscht das gesamte Geschehen, auch das witzige Seitenthema geht aus ihr hervor, dennoch kann angesichts der sprühenden Laune und der Kunst, mit der das einfache Material im Duchführungsteil modulatorisch und kontrapunktisch ausgeleuchtet wird, nie von Gleichförmigkeit die Rede sein. Die Verwandtschaft dieses Seitenthemas mit dem des Kopfsatzes unterstreicht die satzübergreifende Einheit der Sinfonie. Sie ist ein Musterbeispiel sinfonischer motivischer Konsequenz, wie sie Haydn bereits weitgehend ausprägte, und die dann Beethoven im berühmten Kopfsatz seiner *Fünften Sinfonie* voluntaristisch dramatisiert, ohne, was die konstruktive Dichte angeht, über das Vorbild hinauszukommen, wenn er auch den Ausdrucksradius der Sinfonik erweiterte. *Alfred Beaujean*

WOLFGANG AMADEUS MOZART

Die Hochzeit des Figaro
1786 Wien

Die Uraufführung von Mozarts Opera buffa *Die Hochzeit des Figaro (Le nozze di Figaro)* am 1. Mai 1786 im Wiener Burgtheater war selbst für das verwöhnte Wiener Theaterpublikum eine erhebliche Sensation. Kaiser Joseph II. hatte nämlich die für den 3. Februar 1785 geplante Aufführung der stofflichen Vorlage, der Komödie *La folle journée, ou le mariage de Figaro* von Pierre Augustin Caron de Beaumarchais (entstanden zwischen 1776 und 1780 und erst nach zermürbenden Auseinandersetzungen mit der Pariser Zensur am 27. April 1784 in der Comédie Française öffentlich aufgeführt), aus politischen Gründen verboten. Verletzungen der öffentlichen Moral und Angriffe auf einen ausländischen, noch dazu befreundeten Herrscher (Ludwig XVI. von Frankreich), wie sie in Beaumarchais' Komödie formuliert sind, mochte man sich in Wien nicht leisten. Da Joseph

Ausschnitt aus dem Autograph der *Figaro*-Partitur: Arie des Cherubino »Non sò più cosa son, cosa faccio« (Ich weiß nicht, was ich bin, was ich tue«).

II. aber nur die Aufführung durch die Schauspieltruppe Emanuel Schikaneders, nicht aber die Druckausgabe der deutschen Übersetzung untersagt hatte, kannte Mozart (1756–91) aus eigener Lektüre und dank seiner guten Bekanntschaft mit Schikaneder die französische Komödie bereits zu Jahresbeginn 1785, und er selbst schlug seinem Librettisten Lorenzo da Ponte (1748–1838) diesen Stoff für eine neue Oper vor.

Salieri und Mozart beklagten sich laut über den geschmacklosen, holpernden und unzusammenhängenden Operntext, den er ihnen mehrmals, um ihn in Musik zu setzen, vorgelegt habe. Sie hätten oft aller ihrer Kunst aufbiethen müssen, um dem Publikum etwas harmonisches zu liefern. Allein sie hätten auch jetzt den festen Entschluß gefaßt, nicht eine einzige Note mehr zu einem da pontischen Text zu schreiben . . . Aus dem anonymen Buche »Anti-Da Ponte . . . von einem Cosmopoliten«. Wien 1791.

Mozart verband mit diesem Plan zwei Absichten: Einesteils mußte er sein Vorhaben, eine originäre deutsche Oper in Wien zu etablieren – was ihm in Anfängen mit der *Entführung aus dem Serail* (UA 1782) auch gelungen war –, wieder aufgeben, weil der Kaiser die deutsche Operntruppe am 4. März 1783 aufgelöst hatte. Deshalb verlegte sich Mozart erneut auf die Komposition einer italienischen Opera buffa, für die man ihm nach langwierigen Verhandlungen mit dem Hof auch den Auftrag erteilte. Andernteils erkannte Mozart in Beaumarchais' Werk die thematische Brisanz und das brillante komödiantische Konzept, weshalb er unter allen Umständen mit der musikalischen Fassung gleichsam den Ersatz für die verbotene Aufführung des inzwischen in ganz Wien heftig diskutierten Schauspiels zu präsentieren gedachte. Auf diese Weise wurde mit der *Hochzeit des Figaro* erstmals in der Operngeschichte ein zeitgenössischer Stoff und ein hochaktuelles Schauspiel für das Musiktheater umgeformt.

Da Ponte hatte nach eigenem Bekunden bei Hofe das Versprechen abgegeben, alles Anstößige und Sittenverderbende aus der Vorlage zu entfernen, um einen politischen Skandal im Opernhaus zu vermeiden. Mit einer librettistischen Meisterleistung formte er aus Beaumarchais' sozialkritischer Satire eine vorbildliche Charakterkomödie, die gleichwohl nicht der politischen Brisanz entbehrt. Das eine Thema dieser musikalischen Komödie offenbart sich in den vielfältigen erotischen Beziehungen von Menschen unterschiedlichen Standes und den aus Klassenzugehörigkeit und Klassenbewußtsein entstehenden Konflikten; der Sieg einer geistreichen Intrige über privilegierte Herrscherallüren ist das andere Thema dieser Oper. Mit einer sich dreifach durchkreuzenden Intrige und ausgefeilten Charakterbildern der handelnden Figuren schuf da Ponte ein vorbildliches Libretto, das Mozarts Vorstellungen von einer modernen musikalischen Komödie entsprach.

Tatsächlich überhöht Mozarts musikalische Kunst der Menschenschilderung die Personen dieses Dramas, das nur scheinbar auf der Grundlage der traditionellen Intrigenkomödie entworfen ist, vom Typischen ins unverwechselbar Charakteristische. Sie werden in ihrer schillernden psycho-

Sänger der Uraufführung des *Figaro* in zeitgenössischen Scherenschnitten, v. l. Luisa Laschi-Mambelli (Gräfin), Nancy Ann Storace (Susanna), Maria Mandini (Marcelina), Michael O'Kelly (Basilio und Don Curzio), Francesco Benucci (Figaro) und Francesco Bussani.

logischen Vielfalt und Widersprüchlichkeit gezeigt, weil es Mozart immer wieder gelingt, durch seine musikalische Sprache seelische Bereiche der Figuren sichtbar werden zu lassen, die sich hinter ihrem Klassenverhalten und ihrer Intrigenabsicht verbergen. Das Wechsel- und Zusammenspiel von gesungenem Wort und Orchesterbegleitung erreicht eine bis dahin für die Gattung ungewohnte Komplexität. In Figaros berühmter Kavatine »Will der Herr Graf ein Tänzchen nun wagen« (»Se vuol ballare, Signor Contino«) verleiht die Instrumentierung dem höfischen Menuett, das in der Melodie unmißverständlich kritisch als Tanz der Adelsklasse zitiert wird, einen kämpferischen und angriffslustigen Charakter, der allein durch die musikalische Information schon die gesellschaftliche Brisanz im Verhältnis zwischen Graf und Diener offenlegt. (In Beaumarchais' Komödie fungiert in ähnlicher Absicht Figaros großer politischer Monolog im fünften Akt, den da Ponte aus Gründen der Räson strich.) Und in Figaros Arie »Nun vergiß süßes Flehn« (»Non più andrai«) malt die Orchesterbegleitung zur sarkastischen, mit deutlich ironischem Unterton an den Pagen Cherubino adressierten Schilderung von Mühen und Gefahren des Soldatenstandes in süßen Klängen Ruhm und Ehre des Schlachtfeldes. Detailgetreue Ausdeutung des Dialogtextes, Charakterisierung der handelnden Figur und musikdramatische Umsetzung der aktuellen Bühnensituation fließen in diesen wie in den anderen Soloszenen bruchlos ineinander. Durch die ungewöhnliche Verschmelzung von Secco- und Accompagnato-Rezitativen mit geschlossenen Musiknummern erzielte Mozart eine drastische Belebung der szenisch-musikalischen Vorgänge. Neuartig wirkte auch seine Kunst, oftmals verwirrende Ereignisfolgen in kleinen und größeren Ensembles zu konzentrieren. Schon die Introduktion mit zwei Duetten Figaro/Susanna und einem verknüpfenden Secco- Rezitativ präsentiert die Eingangssituation der Handlung nicht in den gewohnten Solonummern der Hauptpersonen, sondern im Dialog, dessen musikalische Gestaltung zugleich den reizvollen komödiantischen Augenblick malt. Höhepunkt dieser ausgefeilten Ensemblekunst ist das Finale des

Als »Neues Singspiel« zeigt der Theaterzettel die Uraufführung des *Figaro* am 1. Mai 1786 an. Sie kam erst nach einer Reihe von Intrigen bei Hof und im Theater zustande, die Mozart »auffahrend wie Schießpulver« zu der Drohung veranlaßten, die Partitur ins Feuer zu werfen.

zweiten Aktes, in dem die musikalische Konfiguration bis in feinste Regungen die sich ständig ändernden, überraschenden dramatischen Konstellationen nachvollzieht.

Das Publikum nahm diese Oper vor allem wegen ihrer musikalischen Qualitäten mit großer Begeisterung auf. Die meisten Musiknummern mußten wiederholt werden, weshalb die Uraufführung sechs Stunden dauerte. Kaiser Joseph II. erließ deshalb nach der dritten Vorstellung das Gebot, nur noch Solonummern zu wiederholen. Auch die neu inszenierte Wiederaufnahme des Werks Ende August 1789 brachte Mozart einen ansehnlichen Erfolg, vor allem aber den kaiserlichen Auftrag zur Komposition einer weiteren Opera buffa, *Cosi fan tutte* (UA 1790), in der Mozart die Kunst der Charakterisierung und das musikalische Nebeneinander von derbem Spaß und tiefem Schmerz bis an die Grenzen des Erträglichen trieb. Alle Erwartungen auf einen großen Erfolg übertraf jedoch die Prager Erstaufführung im Dezember 1786, mit der die *Hochzeit des Figaro* äußerst populär wurde. Auch dieser Erfolg brachte Mozart einen neuen Kompositionsauftrag, *Don Giovanni* (UA 1787). *Jürgen Schläder*

WOLFGANG AMADEUS MOZART

Klavierkonzert c-Moll KV 491
1786 Wien

Mozarts Genie äußerte sich nicht nur in seiner einmaligen kompositorischen Frühreife; nicht minder eindrucksvoll wirkt das Tempo, in dem er sich künstlerisch weiterentwickelte. So läßt sich etwa an den fünf Violinkonzerten von 1775, die er als 19jähriger innerhalb eines Dreivierteljahres in Salzburg schrieb, ein inneres Wachstum des jungen Komponisten wie im Zeitraffertempo ablesen.

Ähnliches begab sich auf dem Gebiet des Klavierkonzerts, hier vollzog Mozart (1756–91) den entscheidenden Schritt zur Ausformung des »klassischen« Konzerttyps, der auf ihn zurückgeht, im Laufe eines einzigen Jahres: Als er im Winter 1782/83 in Wien die drei Konzerte KV 413–415 zu Papier brachte, um sich beim Musikpublikum der kaiserlichen Residenzstadt mit einer Musik einschmeicheln zu können, die »sehr brillant« klingt und »angenehm in die Ohren« geht (so eine berühmte Formulierung aus Mozarts Brief vom 28. Dezember 1782 an den Vater), folgte er im wesentlichen noch den hergebrachten zeitgenössischen Modellen. Gut ein Jahr später, in den vier Konzerten KV 449–451 und 453, ist dann das »Konzertieren« eines Solisten mit einem Orchester, das bisher recht äußerlich gehandhabt worden war, voll auf die Struktur des Werks durchgeschlagen: Solo und »Begleitung« sind nun so miteinander verwoben, daß die Sätze als ein ständiges motivisches Wechselspiel ablaufen, an dem alle mitwirkenden Stimmen und Gruppen mehr oder weniger gleichberechtigt beteiligt sind.

Mit dieser Wendung des konzertanten Prinzips »nach innen« hatte Mozart seinen Konzerttyp gefunden, an dem er in den neun Konzerten festhielt, die er in den folgenden Jahren noch schrieb. Daß die Entwicklung der Gattung des Klavierkonzerts damit aber für ihn längst noch nicht ihr Ende gefunden hatte, zeigen die vier Konzerte des Winterhalbjahrs 1784/85, und am deutlichsten sein berühmtes *d-Moll-Konzert KV 466* vom Februar 1785: Es läßt eine auffällige Weitung der Formdimensionen und eine Zuspitzung des konzertanten Dialogs ins Dramatische erkennen. Vor allem aber stößt es ausdrucksmäßig weit über den verbindlichen Konver-

Mozarts Wohnung im später so genannten »Figarohaus«, Schulerstraße 8 zu Wien. Aquarell von Richard Moser aus dem Jahre 1905. Mozart bewohnte das erste Stockwerk mit der schönen Erkerfront von Michaelis 1785 bis Ende April 1787: Mit ihrem prächtigen Salon, dessen Stuckdecke künstlerischen Rang besitzt, wahrscheinlich die schönste und repräsentativste, auch teuerste Wohnung Mozarts in Wien.

sationston der populären »Gesellschaftskunst« des damaligen Wien in den Bereich schmerzlich-persönlicher Aussage vor.

In den drei Neukompositionen für die Saison 1785/86 tritt die Tendenz zur Individualisierung des Einzelwerks, die sich im *d-Moll-Konzert* andeutete, dann bestimmend hervor: Nach dem großangelegten, hochgestimmten (wenn auch in den Ecksätzen wieder konventioneller festlichen) *Es-Dur-Konzert KV 482* und dem ausgesprochen lyrisch-intimen *A-Dur-Werk KV 488* vollendete Mozart am 24. März 1786 ein *Konzert in c-Moll KV 491*, das man als ein entschieden »sinfonisches« Werk charakterisieren könnte. Es ist in vielerlei Hinsicht eine Ausnahmekomposition, ähnlich dem ein Jahr älteren *d-Moll-Konzert:* Niemals zuvor und niemals wieder hatte Mozart ein so groß besetztes Orchester für eines seiner Konzerte gefordert – die Partitur verlangt im Holzbläserchor außer Oboen zusätzlich Klarinetten sowie Trompeten und Pauken. Schon gleich der Unisono-Beginn des Hauptthemas läßt mit seinem bedrohlichen Unterton und seinem barockisierenden Duktus eher an eine »Sturm-und-Drang«-Sinfonie als an »angenehme« musikalische Unterhaltung denken, an die Stelle eines vielfarbigen Straußes eingängiger Themen tritt eine Verarbeitung des Themenmaterials, die konzentrierter und unerbittlicher wirkt als in allen vorangegangenen Konzerten Mozarts. Im Gegensatz zur brillant-versöhnlichen Stretta des Finales im *d-Moll-Konzert* verharrt in diesem Finale, einem Variationssatz über einen »revolutionären, unheimlichen Geschwindmarsch« (Alfred Einstein), die Musik in herbem Moll.

Das *c-Moll-Konzert* stand am Ende von Mozarts kurzer Glanzzeit als konzertierender Virtuose. Für die folgende Saison schrieb er nur noch das *C-Dur-Konzert KV 503*, das in seiner »sinfonischen« Größe das Dur-Gegenstück zum *c-Moll-Konzert* darstellt. Mozart selbst fiel damals für öffentliche Auftritte weitgehend aus – zunächst durch seine Reise nach Prag, wo sein *Figaro* (UA 1786) glänzend aufgenommen worden war, dann durch die Arbeit am *Don Giovanni* (UA 1787). Aber auch die Gunst des wetterwendischen Wiener Publikums begann sich zunehmend von ihm abzuwenden. So entstanden in seinen letzten Lebensjahren nur noch zwei neue Klavierkonzerte: 1788 das *D-Dur-Konzert KV 537*, das als »Krönungskonzert« bekannt ist, weil Mozart es 1790 auf seine Reise zur Kaiserkrönung nach Frankfurt mitnahm und dort auch spielte, und im Januar seines Todesjahres 1791 schließlich das *B-Dur-Konzert KV 595;* im März hat er es den Wienern noch vorgestellt – als Gast einer »Akademie« des durchreisenden russischen Hofklarinettisten Johann Joseph Beer. *Ingo Harden*

WOLFGANG AMADEUS MOZART

Don Giovanni
1787 Prag

Aber was für eine Kraft ist es denn, mit der Don Juan verführt? Er tut es mit der Energie des Begehrens, des sinnlichen Begehrens. In jedem Weibe begehrt er das ganze weibliche Geschlecht; darin liegt die sinnlich idealisierende Macht, mit der er seine Beute zugleich verschönt und besiegt. Der Reflex dieser gigantischen Leidenschaft verschönt und entfacht das, was er begehrt; in gesteigerter Schönheit erglüht es im Widerschein. Wie das Feuer des Begeisterten mit verführerischem Glanze selbst die Außenstehenden, wenn sie nur eine Beziehung zu ihm haben, beleuchtet, so verklärt er in viel tieferem Sinne ein jedes Mädchen, da sein Verhältnis zu ihm wesentlicher Art ist.
Sören Kierkegaard. Mozarts Don Juan. Zürich 1956.

Die Geschichte vom unsterblichen Verführer Don Juan, der sich in seiner maßlosen sexuellen Gier und zügellosen Moral gegen göttliches Gesetz vergeht und deshalb der ewigen Verdammnis anheimfällt, ist in der Weltliteratur Jahrhunderte hindurch immer wieder neu gestaltet worden. Freilich hatte sich bis zum Ende des 18. Jahrhunderts auf den europäischen Bühnen vornehmlich die Komödie dieses Stoffs bemächtigt und aus Don Juans frevelhaften Taten und seiner Höllenfahrt vorzugsweise ein Spektakelspiel veranstaltet.

Mozart (1756–91) und sein Textdichter Lorenzo da Ponte (1748–1838) bewiesen mit der Wahl dieses Stoffes für ihre neue Oper einen ausgeprägten Spürsinn für erfolgreiche Theaterthemen. Nach dem überwältigenden Erfolg von *Figaros Hochzeit* (UA 1786) erhielt Mozart Anfang Februar 1787 den Auftrag, für die italienische Oper in Prag ein neues Werk zu komponieren. Kurz zuvor hatte die einaktige Oper *Don Giovanni* von Giuseppe Gazzaniga (1743–1818 – auf einen Text von Giovanni Bertati), in Venedig Premiere. Als sich da Ponte und Mozart im März in Wien für diesen Stoff entschieden, war Gazzanigas Oper in ganz Italien bereits ein großer Erfolg. Auch in Wien kannte man Gazzaniga und vor allem Bertati, der fünf Jahre später da Ponte als kaiserlicher Hofdichter ablöste. Mozart durfte also auf allgemeines Interesse für diesen Opernstoff rechnen.

Als reizvoll empfand Mozart neben der schillernden Titelfigur ganz augenscheinlich ihre Konfrontation mit drei gänzlich verschiedenen Frauengestalten, die er zu blutvollen musikalischen Charakteren ausformte. Da Ponte bot ihm in einem ausgezeichneten Libretto, in dem Bertatis Handlung um einige Episoden erweitert ist, eben jene musikalischen Entfaltungsmöglichkeiten, die Mozart zur Gestaltung dieses berühmten Stoffes inspirierten. Faszination und Problem zugleich stellte in da Pontes Libretto die sorgfältig kalkulierte Verschränkung von drei Handlungssträngen dar. Don Giovanni gerät mit eben den drei Frauen in Konflikt, und Mozarts Musik repräsentiert unterschiedliche, einander gar durchkreuzende Gattungstraditionen zwischen Opera seria und Opera buffa.

Donna Anna ist das unsichere, in seinem Gefühlsleben schwankende Mädchen, das mit knapper Not einem entehrenden Abenteuer mit Don Giovanni entgeht und an diesem Frevler nur noch Rache nehmen will für den Mord an ihrem Vater. Die planvolle Aktion aber ist ihre Sache nicht. Sie bedarf der Hilfe anderer zur Durchführung ihrer Rachepläne, zuletzt gar der Hilfe einer überirdischen Macht in Gestalt des steinernen Komturs. Dieser Handlungsfaden bildet zugleich den Handlungskern der Oper; er führt geradewegs in die Katastrophe und läßt sich wegen seiner eigenartigen Konstruktion mit den damals gewohnten dramatischen Kategorien kaum erfassen.

Bühnenbildentwurf für die Friedhofsszene in Mozarts *Don Giovanni* mit dem Standbild des Komturs. Das Aquarell schuf das Mitglied einer berühmten Bühnenbildnerfamilie, Giulio III. Quaglio, im Jahre 1789 für die Münchner Hofoper.

Donna Elvira repräsentiert die treibende Kraft in den dramatischen Ereignissen. Ihr gab Giovanni einst leichtfertig ein Eheversprechen, bevor er sie sitzen ließ. Auch Elvira will Rache nehmen, aber die Rache eines liebenden Herzens, das immer noch mit jeder Faser an diesem schändlich Untreuen hängt. Die Elvira- und die Zerlina-Handlung bilden das äußere

Handlungsgefüge dieser Oper, das sich am ehesten mit einer traditionellen Seria-Handlung vergleichen läßt.

Die modernste Frauengestalt schuf Mozart in Zerlina, dem eigentlichen Gegenbild Giovannis. Sie besitzt die gleichen verführerischen Qualitäten wie der Titelheld; sie revoltiert wie Giovanni gegen die Konventionen ihres (niederen) Standes, und sie verfällt dem Verführer trotz ihrer Schwärmerei nicht in bedingungsloser Hingabe. Die Zerlina-Handlung weist alle Merkmale einer Buffo-Handlung auf, wenngleich Mozart gerade für die Begegnung Giovannis mit Zerlina die schwärmerischste Liebesmusik seines gesamten Bühnenwerks erfand (im Duett »Reich mir die Hand, mein Leben«).

Denn könnt ich jedem Musikfreunde, besonders aber den Großen, die unnachahmlichen Arbeiten Mozarts so tief und mit einem solchen musikalischen Verstande, mit einer so großen Empfindung in die Seele prägen, als ich sie begreife und empfinde: so würden die Nationen wetteifern, ein solches Kleinod in ihren Ringmauern zu besitzen. Prag soll den theuern Mann festhalten – aber auch belohnen; denn ohne dieses ist die Geschichte großer Genien traurig, und giebt der Nachwelt wenig Aufmunterung zum fernern Bestreben.
Joseph Haydn an den Ober-Verpflegsverwalter Franz Rott Dezember 1787.

Diese drei auch musikalisch unterschiedenen Handlungsfäden werden im dramaturgischen Glanzstück der Oper, in der Tanzszene des ersten Finales, zusammengeführt. Hier verschmelzen Menuett, Contredance und Deutscher Tanz, gleichzeitig gespielt von drei Bühnenorchestern, zu einer musikalischen Einheit, und dramatisch werden alle drei Figurengruppen (Anna/Ottavio/Elvira; Leporello/Masetto; Giovanni/Zerlina), nach Charakteren, Stand, Tanzart und Handlungsabsicht unterschieden, in einer Konfiguration zusammengeführt. Trotz der Dramatik, die in Zerlinas Hilfeschrei wegen Giovannis Zudringlichkeiten gipfelt, löste Mozart diese spannungsgeladene Szene mit kräftigen komischen Akzenten auf.

Im beständigen Gegeneinander von tragischem und komischem Stil offenbart sich der besondere Reiz dieser Opernhandlung. Diese Kontraste prägen vor allem musikalisch den Charakter des Titelhelden, unnachahmlich eingefangen in der knappen Arie »Fin ch'han dal vino« (häufig unzutreffend als Champagner-Arie bezeichnet). Der Kontrast zwischen Komik und Tragik kennzeichnet freilich schon die Introduktion des ersten Aktes, in der Mozart dem Räsonnement Leporellos über seinen unerträglichen Herrn, einer typischen Buffoszene, nur wenige Augenblicke später mit der Duellszene und dem Duett Anna/Ottavio eine höchst tragische Szene entgegenstellte. Und dieser Kontrast bestimmt auch das Ende der Oper, die in der Prager Erstfassung (29.10.1787) mit der seither heftig umstrittenen »Scena ultima«, einem typischen Buffa-Finale, schließt. Für die Wiener Premiere (7.5.1788) verzichtete Mozart auf die moralisierende Schlußszene und beendete das Stück mit Giovannis Höllenfahrt.

Den Komponisten im 19. Jahrhundert galt *Don Giovanni* als Inbegriff einer romantischen Oper, an deren dramaturgischen und musikdramatischen Qualitäten sie sich orientierten. Nirgends sonst hatte ein Komponist schon vor 1800 einen solch perfekten musikalischen Ausgleich zwischen dramatischem Rezitativ und aktionsgefüllter Arie geschaffen wie Mozart. E. T. A. Hoffmann bezeichnete *Don Giovanni* zu recht als die »Oper der Opern«. Freilich gab er auch der Handlung in seiner Erzählung *Don Juan* (erstmals erschienen 1831) eine neue, folgenschwere Deutung. Hoffmann verstand Don Giovanni nicht mehr als den aristokratischen Libertin des ausgehenden 18. Jahrhunderts, sondern als einen innerlich gespaltenen bürgerlichen Helden, als eine geradezu krankhaft umgetriebene romantische Figur. Folglich sah er in Donna Anna das göttliche Weib, das Don Giovanni von seinem fluchbeladenen Leben hätte erlösen können. Mozarts tragische Komödie wurde in E. T. A. Hoffmanns Sicht zur romantischen Liebestragödie, und diese Auffassung hat sich das gesamte 19. Jahrhundert hindurch bis in unsere Zeit gehalten. Jede neue Auseinandersetzung mit diesem grandiosen musikalischen Drama und seinen facettenreich charakterisierten Figuren bedeutet zwangsläufig eine Entscheidung für nur einen der zahlreichen Aspekte in diesem Bühnenwerk. Kaum eine Inszenierung und kaum eine musikalische Deutung wird den gesamten Reichtum dieser überragenden Partitur angemessen umsetzen können. Darin offenbart sich die beispiellose künstlerische Qualität dieser Oper.

Jürgen Schläder

WOLFGANG AMADEUS MOZART

Serenade G-Dur KV 525
1787 Wien

Die im *Don-Giovanni*-Jahr 1787 entstandene *Streicherserenade G-Dur KV 525*, hat Mozart (1756–91) in seinem eigenhändigen Werkeverzeichnis als *Eine kleine Nacht Musik* betitelt. Sie ist das wohl meistgespielte und daher leider auch etwas abgegriffene Werk Mozarts, was die Beschäftigung mit ihm erschwert. Die Serenade war ursprünglich fünfsätzig, ein Menuett mit Trio, das der eigentliche zweite Satz war, ist verlorengegangen. Es handelt sich um eine Sinfonie im Kleinen. Das erste Allegro ist Schulbeispiel eines klassischen Sonatensatzes, die Romance ein Musterbeispiel für die sog.

»dreiteilige Liedform«, das Menuett mit Trio und das Rondo-Finale jeweils auch exemplarisch für die entsprechenden Formen. Das Werk ist geradezu ein Lehrbuch der musikalischen Formenkunde. Es steht hier als Beispiel für Mozarts Serenaden und Divertimenti.

Die *Kleine Nachtmusik* ist der (sicher zufällige) Schlußpunkt in Mozarts Beschäftigung mit sinfonischen, instrumentalen Nebenformen. Sein Schaffen weist zahlreiche Beispiele für Gebrauchsmusik auf, die in zwei Sparten eingeteilt werden können: Tänze und nicht-tänzerische Unterhaltungswerke. Es sind vor allem die vielen Divertimenti, Kassationen, Serenaden usw., die sich durch das Schaffen Mozarts, namentlich der Salzburger Zeit, ziehen. Dies waren meistens Auftragswerke. Die berühmte *Haffner-Serenade KV 250* (248b) aus dem Jahr 1776 verschönerte den Polterabend des Salzburger Bürgers Späth, der die Tochter des Bürgermeisters Sigmund Haffner heiratete. Die Besetzung dieser »Unterhaltungsmusiken« reichte vom großen Orchester über Streicherensemble, Quartett, große Bläserbesetzung bis Bläserquintett oder Trio. Satzfolge und musikalisches Gefüge konnten in diesen Nebenformen frei gehandhabt werden, auch musikalischer Unsinn (*Dorfmusikanten-Sextett KV 522*) oder aber eigensinnige, fast mysteriöse Musikexperimente wie im Menuetto in Canone in der *c-Moll-Serenade KV 388* waren möglich und erlaubt.

Mozart war nicht der einzige Meister, der sich für solche Unterhaltungsmusiken nicht zu schade war, bei der der Komponist von vornherein damit rechnen mußte, daß keiner richtig zuhörte, weil die Musik bei der Tafel erklang. Haydn, Beethoven, Schubert und viele andere haben derartige Werke geschrieben. Das Bemerkenswerte daran ist, daß der sinfonische Anspruch, den die Komponisten an sich selbst stellten und der vom – selbst unaufmerksamen – Zuhörer auch erwartet wurde, neben dem Unterhaltungswert erhalten blieb. Das deutet darauf hin, daß sich der Publikumsgeschmack auf der Höhe der Zeit befand. Erst nach Schubert begann sich dies zu ändern. Aus der Welt des Wiener Walzers, der ohne Mozarts Divertimento-Ton nicht denkbar gewesen wäre, und aus der französischen Operette Offenbachs entwickelte sich im Lauf etwa eines Jahrhunderts die Pseudokultur unserer heutigen Unterhaltungsmusik, einer kommerziellen Kunst, die mit Mozarts *Kleiner Nachtmusik* nichts mehr zu tun hat.

Herbert Rosendorfer

WOLFGANG AMADEUS MOZART

Die drei letzten Sinfonien 1788

Hat es etwas mit geheimer Freimaurersymbolik zu tun, oder war es doch nur spontaner Zeitvertreib, daß Mozart (1756–91) in den Sommermonaten 1788 in kurzem Abstand ohne erkennbaren äußeren Anlaß drei Sinfonien zu Papier brachte, die dann schon seine Schlußworte werden sollten in dieser Gattung, drei Jahre vor seinem Tod? Weder ein Auftrag noch die Aussicht auf eine Aufführung setzte diese drei letzten Sinfonien Mozarts ins Leben, so daß wir davon ausgehen können, daß Mozart sie selbst nie gehört hat. Es ist viel darüber gerätselt worden, warum Mozart in einer Zeit großer innerer und äußerer Belastungen, in der sein gerade erst erworbener Ruhm in Wien schon wieder zu verblassen begann, freiwillig derartige kompositorische Anstrengungen auf sich nahm, woraus dann seine bedeutendsten Werke auf dem Gebiet des Sinfonischen hervorgingen: War es die pure Herausforderung des Gekränkten an sich selbst oder womöglich doch der Versuch, es durch einen Kraftakt mit dem erfolgreichen sinfonischen Vorbild aufzunehmen? Zweifellos war die zweite Möglichkeit durch die Publikation von Joseph Haydns sechs *Pariser Sinfonien* von 1787 gegeben. Und es ist wohl kein Zufall – Ludwig Finscher kam als erster darauf –, daß die ersten drei *Pariser Sinfonien* Haydns dieselben Tonarten verwenden wie die letzten drei Mozarts, nämlich C-Dur, g-Moll und Es-Dur. Also wäre Haydn (wie schon in den sechs *Haydn-Quartetten* Mozarts der Jahre 1782–85) erneut das Vorbild für Instrumentalkompositionen Mozarts, diesmal der erfahrene und erfolgreiche Sinfoniker.

Am deutlichsten zeigt sich dies in der *Es-Dur-Sinfonie (KV 543)*. Sie beginnt – wie Haydns *Es-Dur-Sinfonie* (1785) – mit einer langsamen Einleitung. Noch deutlicher ist der Haydnsche »Ton« im Finalsatz, der die tänzerische Heiterkeit, die Experimentierfreude und den trockenen Humor Haydnscher Schlußsätze trefflich imitiert. Dennoch bleibt die Annäherung insgesamt auf Äußerliches beschränkt, da Mozarts Musik auch hier deutlich von konkreten Vorstellungen, von opernhaften, dramatischen Gesten und Charakteren geprägt ist, sowie von jener »Theaterhaltung« die

Freimaurerloge in Wien. Gemälde um 1780/90. In der Figur außen rechts hat man Mozart vermutet. Am 14. Dezember 1784 wurde Mozart als »Lehrling« in die Loge »Zur Wohltätigkeit« aufgenommen. 1791 schrieb er die *Kleine Freimaurer-Kantate* für die Loge »Zur neugekrönten Hoffnung«.

auch in den Instrumentalwerken den Gegenstand seiner Musik, den leibhaftigen Menschen in all seinen Möglichkeiten, niemals aus dem Auge verliert. Die reine sinfonisch-experimentelle Struktur Haydns war Mozarts Sache nicht. So vermittelte auch diese Sinfonie den Deutern allerlei bildhafte Inspiration, insbesondere der mit einer würdevollen langsamen Einleitung versehene Kopfsatz: H. C. Robbins Landon verspürte »spätherbstliche Reife«, während Hermann Abert »hochgestimmtes, schweres Pathos« registrierte und damit die opera-seria-artigen mächtigen Akkorde des Adagios meinte, die die Freimaurerwelt der späteren Oper *Die Zauberflöte* (UA 1791) ankündigen. Durch die Nacht der dunklen Riten führt der Weg über eine fahle Überleitung ins Allegro-Reich echter Brüderlichkeit und Menschlichkeit. Und selbst im Gesangsthema des friedlichen Allegro-Hauptteils entdeckte Alfred Einstein Freimaurerisches, »jene Bindungen, die freimaurerische Brüderlichkeit symbolisieren«. Feierliches, strenges Pathos verströmt auch der Andante-Satz in der für Mozart seltenen Tonart As-Dur: Das aus einem winzigen Motiv entwickelte, sehnsüchtig aufsteigende Hauptthema mündet in einen dreimal mahnend klopfenden Hochton, der dem Ganzen einen zeremonienhaften, rituellen Anstrich gibt. Doch auch hier, in der vergleichsweise förmlichen Atmosphäre, gibt es, wie so oft bei Mozart, überraschende Eintrübungen oder plötzliche emotionale Ausbrüche wie in der f-Moll-Episode, die spüren lassen, wie schmal zu jener Zeit bereits der Grat geworden war, der Hoffnung und Trost von Schmerz und Verzweiflung trennt.

In der *g-Moll-Sinfonie KV 550*, die Mozart am 25. Juli 1788 in sein eigenhändiges »Verzeichnüß aller meiner Werke« eintrug, nehmen negative Stimmungen einen noch breiteren Raum ein: Das rührt von der Grundtonart her, die bei Mozart stets die Affekte der angstvollen Bedrängnis, der erregten Unruhe, des Schmerzes und der Verzweiflung freisetzt – man denke nur an Stücke wie das *g-Moll-Streichquintett KV 516* von 1787 oder die Arien der Konstanze (»Traurigkeit ward mir zum Lose«) oder der Pamina (»Ach ich fühl's, es ist verschwunden«). Dennoch kommt hier ein starker Akzent von Nervosität, einer leidenschaftlich aufbegehrenden Verzweiflung, hinzu, der möglicherweise doch ein wenig die persönlichen Umstände Mozarts, das Gefühl unverdienter Schicksalfügungen, mitreflektiert. Der Kopfsatz mit seinem dreimal erregt ansetzenden Gesangsthema übernimmt eindeutig den Operntypus der Aria agitata, wie ihn Mozart zuvor schon in der Arie des Cherubino »Non sò più cosa son cosa faccio« in *Figaros Hochzeit* (UA 1786) benutzte, dort freilich weit weniger quälende Verzweiflung verströmend. Hier ist es die Klage einer bereits existenziell bedrohten Seele, die keinen Ausweg mehr weiß. Im zweiten Satz, einem nicht weniger bedrückenden, wenngleich sanfter klagenden Es-Dur-Andante, ruft uns Mozart die nicht nach außen tretenden Seelenqualen der trojanischen Königstochter Ilia aus seiner Opera seria *Idomeneo, Re di Creta* (UA 1781) in Erinnerung; ebenso kündigen sich hier bereits die schmerzlichen »Ich fühl' es«-Vorhalte aus Taminos Bildnisarie an, die Mozart erst Jahre später wieder aufgriff. Im Menuett ist der vormalige höfisch-grazile Tanz zu einem »mürrischen Charakterstück mit einer kontrapunktischen Zahnradkonstruktion« (Dietmar Holland) umgebogen worden, und schließlich verkehrt auch das leidenschaftlich aufbegehrende Finale den heiteren Kehraus-Charakter solcher Sätze in ein tobendes, von peitschenden Schicksalsschlägen durchzucktes Unwetter der menschlichen Seele.

Und dann folgte, als krönender Abschluß und Synthese aller Synthesen, die gewaltige *Jupitersinfonie KV 551* in der alles vereinigenden, zentripetalen Tonart C-Dur, in der Mozart ein letztes Mal all sein Können zur Entfaltung brachte gleich einem letzten sinfonischen Appell an die Menschheit.

Die drei großen Hauptwerke von 1788, die diese Höhenlinie abschließen, sind in unmittelbarem zeitlichen Zusammenhang geschaffen und in knapp anderthalb Monaten niedergeschrieben; man hat sie demnach mit Recht als symphonische Trilogie bezeichnet, in der das künstlerische Glaubensbekenntnis des Meisters niedergelegt ist: von innen leuchtende Anmut (K. 543), schmelzende Wehmut (K. 550) und Kraft, gepaart mit Weisheit (K. 551). Die innere Verbundenheit mit der Volksnähe ist bei allem Zug ins Große niemals aufgegeben, sie hat im Menuett, in K. 550 nur im Trio, ihren deutlichsten Stützpunkt, sie reicht aber bis in die schmachtenden Seufzer der langsamen Sätze und bis in den hohen Geistesschwung der Jupiter-Symphonie.
Robert Haas. Wolfgang Amadeus Mozart. Laaber 1980.

Schon die ersten Takte bergen den Widerspruch in sich, der das ganze Werk bestimmt: den Gegensatz zwischen dem »Außen« und dem »Innen« des Menschen, zwischen Aktion und Passion, zwischen Macht und Ohnmacht. Und es gibt kein anderes klassisches Thema, das auf so engem Raum derart gegensätzliche musikalische Haltungen verwirklichte. Zuerst also die dreimal unerbittlich aufschlagende, männlich-drohende Schleifenfigur, die häufig in Mozarts Werk erscheint und irdische Macht, aber auch drohende Gewalt und den unausweichlichen Zwang verkörpert ... und danach, unvermittelt kontrastierend, das »weiblich« auftaktige, offene, fragende Streichermotiv, das schmerzlich-unerfülltes Sehnen ausdrückt. Mozarts Genialität zeigt sich wieder einmal darin, wie es ihm gelingt, diesen schier unvereinbaren Charaktergegensatz, diese Doppelgeschlechtlichkeit, zu thematischer Einheit zu formen. Auch die Mittelsätze enthalten eine selbst für Mozart ungewöhnliche Fülle kontrastreich-komplexer Substanz und sind so streng, so konzentriert gearbeitet, daß sie den Charakter letzter Worte gewinnen. Der gewaltige Finalsatz steht außerhalb jeder Konvention. Der Form nach ist es ein Sonatensatz mit mehreren fugierten Abschnitten, in denen alte Fugen- und moderne Durchführungstechnik kompliziert miteinander verwoben sind und zu ganz neuartigen, kühnen Klangwirkungen führen. Auch das Thema dieses Finales ist aus zwei unterschiedlichen Motiven zusammengesetzt, die zwei gegensätzliche Prinzipien verkörpern: Der cantus-firmus-artige Vordersatz steht für das kontrapunktische Prinzip der Vergangenheit, während der tänzerisch bewegte, bühnenhaft sich gebende Nachsatz einer Opera buffa entnommen sein könnte und das akkordisch-homophone moderne Prinzip vertritt. Man könnte sogar sagen, daß in diesem achttaktigen Gebilde sowohl die metaphysische als auch die real-menschliche Seite der Musik Mozarts, ihre überirdische wie irdische Macht zu universaler Einheit verbunden ist. Wir erleben hier vielleicht zum letzten Mal eine umfassende, ganzheitlich-universale Musikauffassung, in deren Mittelpunkt der Mensch steht, der ganze leibhaftige Mensch, im Widerstreit seiner Gefühle, in der Diskontinuität seiner Existenz und in der lebendigen Vielfalt seiner Bestimmungen. Darum ist diese Musik auch nicht einem besonderen Affekt verpflichtet, weist keine emotionale Grundtendenz auf; sie ist also nicht *nur* heiter oder *nur* traurig, nicht *eher* optimistisch oder *eher* verzweifelt, sondern dies alles zusammen: Sie ist zutiefst menschlich.

Attila Csampai

WOLFGANG AMADEUS MOZART

Die Zauberflöte
1791 Wien

Die *Zauberflöte* ist Mozarts beliebteste und erfolgreichste Oper. Alle kritischen Einwände gegen eine inkonsequente Handlungsführung und alle Diskussionen um den ästhetischen Wert dieses Theaterspektakels taten der Popularität von Mozarts letztem Bühnenwerk keinen Abbruch. Die märchenhaften Ereignisse, von denen in dieser Oper erzählt wird, sind jung und alt unmittelbar verständlich, und Mozarts Musik – obgleich bewußt auf die szenische Darstellung berechnet – hat sich in einem Maße verselbständigt, das nahezu jeder Nummer dieser Oper die Bekanntheit von Evergreens verlieh. Es scheint, als habe der Librettist Emanuel Schikaneder (1751–1812) mit seiner vollmundigen Gattungsbezeichnung »große Oper« die überragende Qualität dieses Bühnenwerks von vornherein festgeschrieben. Tatsächlich gelang es Mozart (1756–91) mit der *Zauberflöte* (Uraufführung am 30. September 1791) neun Jahre nach der *Entführung aus dem Serail* in einem genialen Wurf das Urbild einer deutschen Oper zu schaffen, die nicht mehr am herrschenden italienischen Vorbild orientiert war, sondern aus bodenständigen, typisch deutschen Theatertraditionen erwuchs.

Schikaneder plante mit der *Zauberflöte* für sein Theater auf der Wieden, einem der priviliegierten Vorstadttheater im damaligen Wien, eine typische Maschinenkomödie, in der er die traditionellen Elemente des Wiener Unterhaltungstheaters miteinander verknüpfte: die Form des Singspiels und das theatralische Spektakel mit Maschinenzauber, Ausstattungsprunk und unterhaltsamem stofflichen Vielerlei. Die dramaturgische Anlage entspricht den damals sehr beliebten Kasperliaden, in denen eine erhabene Handlung (hier die Ereignisse um Tamino und Pamina) in einer niederen komischen Handlung gespiegelt und zugleich kritisiert wird. Im Zentrum der komischen Handlung stand die Kasperl-Figur, die mit ihrem extemporierten, auf szenischen wie auf sprachlichen Witz abgestellten Spiel in Wien eine jahrhundertelange Tradition hatte. Schikaneder schrieb sich in der Figur des Papageno eine solch populäre Rolle selbst auf den Leib. Auch die lockere, scheinbar willkürlich geordnete Folge von kontrastrei-

Wolfgang Amadeus Mozart. »Die Zauberflöte«: Bühnenbildentwurf für den Auftritt der Königin der Nacht von Karl Friedrich Schinkel (1781–1841) für die Berliner Aufführung des Jahres 1816

chen Szenen und die große Zahl phantasiereicher Bühnenbilder (in der *Zauberflöte* immerhin zwölf verschiedene Bilder in 14 Szenarien) entsprechen dem aus den Kasperliaden bzw. Maschinenkomödien gewohnten Standard.

Als stoffliche Vorlagen benutzte Schikaneder die beiden Märchen *Lulu oder Die Zauberflöte* und *Die klugen Knaben,* die 1787 bzw. 1789 in der mehrbändigen Märchensammlung *Dschinnistan* von Christoph Martin Wieland erschienen waren. Aus der Kompilation dieser beiden Märchen entstand die dramatische Handlung um den Prinzen Tamino, der ursprünglich von der Königin der Nacht ausgesandt wird, um die vom bösen Zauberer Sarastro geraubte Tochter Pamina zu befreien, dann jedoch unter Sarastros Einfluß als Auserwählter die Prüfungen zum edlen Menschen alle furchtlos besteht und fortan, mit Pamina an seiner Seite, die Menschheit und den Erdkreis beherrschen wird. Diesem Handlungsentwurf integrierte Schikaneder Motive aus dem ähnlich angelegten Singspiel *Lisuart und Dariolette* (Leipzig 1766/Wien 1767) von Johann Adam Hiller, dem er vor allem wichtige Züge für die Papageno-Handlung entlehnte.

Die vieldiskutierte dramaturgische Inkonsequenz der *Zauberflöte* resultiert aus der Umwertung von Gut und Böse im Finale des 1. Aktes, genauer: im Dialog Taminos mit dem alten Priester. Im Verständnis des Zuschauers wandelt sich Sarastro vom lüsternen, bösen Zauberer zum Schützer und Bewahrer der Tugend, der in Erbrecht die Herrschaft über den Erdenkreis besitzt und göttliches Gebot vollzieht, indem er Tamino zu seinem Nachfolger beruft. Im Gegenzug wird aus der leidgeprüften Königin der Nacht eine rasende Furie, die vor dem Glanz der Tugend nicht zu bestehen vermag und zu Recht aus dem Herrschaftsbereich der idealen Menschen verwiesen wird. Diese moralische Umwertung entspricht einem Perspektivenwechsel in der dramatischen Erzählung, die mit dem Widerpart der regierenden Gesellschaftskaste (nämlich mit dem Hilferuf der Königin der Nacht) einsetzt und erst ab der Mitte des Werkes von der Kaste der Eingeweihten berichtet. Dann freilich wird die Botschaft dieses konservativen und antiaufklärerischen Librettos unmißverständlich formuliert: die Bekräftigung der Machtbefugnis und der Herrschaftsansprüche durch den tatkräftigen und intelligenten Mann und die Präsentation des edlen, lebensfähigen Menschen auf einer geläuterten, kulturell hochentwickelten Stufe. Zur Akzentuierung dieser Humanitätsgedanken benutzte Schikaneder freimaurerisches Gedankengut und modischen Strömungen seiner Zeit entnommene ägyptische Mythen, die beide in der Wirkungsgeschichte der *Zauberflöte* seit Beginn des 19. Jahrhunderts überbetont wurden.

Allerdings lassen sich auch unter Beachtung des dramaturgisch angreifbaren Perspektivenwechsels einige Widersprüche in der Handlungsführung nicht auflösen, etwa die erschreckende tyrannische Herrschaftsform in Sarastros Reich, das doch einer vorbildlichen Menschenentwicklung dienen soll; oder die Zugehörigkeit der drei Knaben, die zunächst als Abgesandte der Königin der Nacht auftreten, später jedoch im Auftrag Sarastros handeln; oder auch die Funktion der Zauberrequisiten Flöte und Glockenspiel, die ursprünglich vor den bösen Übergriffen Sarastros schützen sollten, dann aber beim erfolgreichen Bestehen der letzten und schwersten Prüfungen in Sarastros Reich auf dessen ausdrückliche Anweisung hin Hilfe leisten.

Fragen nach einwandfreier Kausalität und Logik der Handlungsführung zielen jedoch an der künstlerischen Substanz der Kasperliade und der Maschinenkomödie vorbei, die sich ja gerade in der phantasievollen und abwechslungsreichen Präsentation von Wunderbarem und einem nicht immer logisch zu begründenden Theaterspektakel offenbart.

Zwei Figurinen: Papageno und Pamina. Farbige Aquatinta von Karl Friedrich Thiele (etwa 1780–1836) für die berühmte Aufführung der »Zauberflöte« in der Berliner Hofoper 1816 in den Bühnenbildern des großen Baumeisters des Klassizismus Karl Friedrich Schinkel (1781–1841).

Mozart war mit dieser Art von Unterhaltungstheater durch häufige Besuche der Vorstadtbühnen bestens vertraut. Seine geniale Komposition überspielt die Ungereimtheiten des Dramas und integriert sie in einen verständlichen künstlerischen Zusammenhang. Zugleich aber sprengt Mozarts Musik die traditionellen Grenzen des Singspiels, in dem die musikalischen Nummern in aller Regel als Einlagen fungieren. Die dramatische Wahrhaftigkeit von Mozarts Musik schuf jenseits aller Kategorien der zeitgenössischen Maschinenkomödie ausgereifte Theaterfiguren mit komplexen Charakteren und eine stimmige musikalisch-dramatische Handlung. Verschiedenen Figuren und Personengruppen ordnete Mozart unterschiedliche Musikstile zu: der Königin der Nacht den von hohem Pathos und gleißender Virtuosität geprägten Stil der Opera seria (vor allem in der berühmten Rache-Arie im 2. Akt); dem Priester Sarastro und seiner Kaste den Sakralstil des Barock (in den Chören), der freilich in der Hallen-Arie (»In diesen heil'gen Hallen«) zur schärferen Charakterisierung Sarastros auch ins Lyrisch-Larmoyante spielt. Die drei Damen und den Sklaven Monostatos charakterisierte Mozart durch Elemente der Opera buffa, und für Papageno wählte er die Stilebene des deutschen Singspiels, indem er zur volkstümlichen Rolle auch volkstümliche Musik in Form der Strophenlieder (»Der Vogelfänger bin ich ja« und »Ein Mädchen oder Weibchen«) mit deutlich verringerten technischen Anforderungen fand. Taminos Rolle läßt sich in ihrer schnörkellosen Kantabilität (»Dies Bildnis ist bezaubernd schön«) nicht mehr mit Kriterien der zeitgenössischen Oper erfassen, und ein neues Rollenfach kreierte Mozart für den lyrischen Sopran der Pamina, in der sich jugendliche Frische und reife Gefühlstiefe (»Ach, ich fühl's, es ist entschwunden«) mit einer herzergreifenden Opferbereitschaft paaren. Mit diesem Rollentypus formulierte Mozart das musikalische Vorbild für die deutsche romantische Oper des 19. Jahrhunderts (etwa Agathe in Webers *Freischütz* und Elisabeth in Wagners *Tannhäuser*).

Mit den musikalischen Stilwechseln setzte Mozart auch konzeptionell eigene Akzente in seiner Oper – oftmals sogar gegen das Libretto: nämlich in der musikalischen Anteilnahme am Geschick der Frauen (Königin der Nacht und Pamina) und der Nicht-Eingeweihten (Papageno und Monostatos). Für die Entwicklung einer deutschen Oper sind die beiden durchkomponierten, jeweils etwa eine halbe Stunde dauernden Finali von besonderer Bedeutung. Mozart integrierte in diesen Abschnitten die unterschiedlichsten dramatischen Aktionen (im 2. Finale allein vier Bildwechsel bei offener Szene) in einen sorgfältig auskomponierten musikalischen Zusammenhang, der sich jedoch nicht nur in einer ausgefeilten Vertonung des Details, sondern auch in einem übergreifenden harmonischen Zusammenhang und Tonarten-Plan offenbart.

An deutschen Bühnen ist die *Zauberflöte* nach dem Zweiten Weltkrieg die meistgespielte Oper. Im Anschluß an die Aufführungstradition des frühen 19. Jahrhunderts (insbesondere an die Berliner Neuinszenierung von 1816 mit den berühmten Bühnenbildern von Friedrich Schinkel) wurde sie oftmals einseitig als hehres Ideendrama verstanden. Erst in neuerer Zeit entdeckt man auch auf der Bühne wieder die Freude am theatralischen Spektakel, das diese Oper eigentlich darstellte. 1980 erarbeitete Jean-Pierre Ponnelle für die Bühne der Salzburger Felsenreitschule eine richtungweisende Inszenierung, in der die theatralischen Traditionen der *Zauberflöte* ausgespielt und zugleich kritisch reflektiert wurden. *Jürgen Schläder*

WOLFGANG AMADEUS MOZART

Requiem
1791

Mozarts *Requiem* ist, im dunklen Glanz eines Abschieds vom Leben, ein Werk voller Geheimnisse. Über kein anderes wurde mehr geschrieben, kaum eines beflügelte stärker die Poeten. Schon ein Jahrzehnt nach Mozarts Tod avancierte es zur Staats-Trauermusik. Es erklang beim Heimgang gekrönter Häupter wie bei der Beerdigung des Dichterfürsten Klopstock. Aber dieses *Requiem* ist auch ein Beweisstück für die Annahme, daß tiefe, nachhaltige und allgemeine Wirkung eines Werkes nicht durch »meßbare« Qualitäten belegbar sein muß: Dieses »opus ultimum«, das den Komponisten bis in die letzten Stunden seines Lebens beschäftigte, ist ein Torso. Seine Vollendung ist eine zunächst aus kühler Kalkulation in die Welt gesetzte Legende, die ihrerseits Legenden zeugte.

Wenden wir uns zunächst den Fakten zu. Die äußeren Umstände sind eher banal. Im Juli 1791 erhielt Mozart (1756–91) den Besuch eines Boten. Er brachte den Auftrag zur Komposition eines »Requiems«. Auftraggeber war der Graf Walsegg zu Stuppach, der es liebte, sich mit fremden Federn zu schmücken und derlei Auftragswerke als seine eigenen auszugeben. Bis zu seinem Tod am 5. Dezember desselben Jahres konnte Mozart nur einen Teil des Werkes fertigstellen: Vollendet waren das Requiem und das Kyrie (dieses nicht instrumentiert), skizziert die Singstimmen, der Baß sowie Andeutungen der Instrumentation von sieben Stücken des Dies irae, begonnen das Lacrimosa. Die Ausführung dieser Sätze und die Komposition der übrigen (Sanctus, Benedictus, Agnus Dei) lag vor allem in den Händen von Joseph Eybler und Franz Xaver Süßmayr, doch scheint es, als sei völlige Klarheit über den Anteil des einen oder des anderen (möglicherweise auch weiterer Mitarbeiter) nicht mehr zu gewinnen.

Wolfgang Amadeus Mozart. Ölbild der deutschen Malerin Barbara Krafft (1746–1825) von 1819. Fast 30 Jahre nach Mozarts Tod gemalt, galt es Zeitgenossen als das »ähnlichste« Mozartporträt. »An sich ein Artefakt, das, nach Gesetzen der Wahrscheinlichkeit, die Summe physiognomischer Charakteristika aus dem damals bestehenden Bildmaterial zieht . . .« (Wolfgang Hildesheimer)

Die gleich nach Mozarts Tod in die Welt gesetzte Legende, es handele sich um ein vollendetes Werk, hatte einen einleuchtenden Hintergrund: Mozarts Witwe fürchtete, der Auftraggeber könnte schon gezahltes Honorar zurückfordern. Allerdings kam der wahre Sachverhalt bald ans Licht. So legten vor der Erstveröffentlichung im Jahr 1800 ausführliche Briefwechsel und Stellungnahmen der beteiligten Musiker die Fakten offen.

Und 1825 schrieb Gottfried Weber für die Zeitschrift *Cäcilia* einen sogleich heiß diskutierten Aufsatz »Über die Echtheit des Mozartschen Requiem«. Aber Forschungsergebnisse beeinflussen nur in seltenen Fällen die Rezeption. Der Musikhörer nahm und hört bis heute das *Requiem* nicht als Torso, sondern als Mozarts vollendetes Werk. Und die Interpreten entsprechen mit ganz wenigen Ausnahmen dieser Wunschvorstellung.

Eine zweite, bis heute nachwirkende Generation von Legenden um das Werk, die von den romantischen Schauern seiner Entstehungsgeschichte erfüllt waren, entstand: Vor allem der »geheimnisvolle Bote« erschien den phantasievollen Deutern von Mozarts Leben als ein veritabler Besucher aus dem Jenseits, als ein ins Kostüm der Zeit gekleideter Todesengel. Hinzu kamen die kaum weniger romantischen Gerüchte, der von Todesahnungen erfüllte Komponist sei vergiftet worden. Noch in jüngster Zeit gab die Legende von der personifizierten Todesverkündigung Shaffers Bühnenstück und dem Film *Amadeus* effektvollen Stoff: Da vermischten sich in Mozarts Phantasie die Gestalt des Boten, die des sterbenden Vaters Leopold und die des Komturs aus dem *Don Giovanni* (UA 1787). Das Körnchen Wahrheit in solchen romantisierenden Darstellungen hat wohl der Mozart-Biograph Erich Schenk gefunden. Er meinte, daß Mozart schon im Spätsommer des Jahres 1791 an »Depressionen« und »urämischen Gehirnreizungszuständen« gelitten habe. Sie ließen es durchaus als denkbar erscheinen, daß ihn jener Besuch besonders nachhaltig beeindruckt habe.

Und schließlich war und ist niemand frei von den allgemeinen Anschauungen, die sich bald nach Mozarts Tod auf bestimmte Aspekte etwa des »Romantischen«, des »Erhabenen«, der »Idealisierung« richteten. Und wird nicht heute hinter allen Auseinandersetzungen um das originale Klangbild von Mozarts Musik oder um die Eindringlichkeit seiner »Klangrede« auch stärker die Spannung zwischen Werk und Person erfahren? Das gilt nicht nur für populistische Effekthascher wie Shaffer, sondern auch für Hildesheimers psychologisierende Biographie.

Was jenseits aller Legenden hörbar wird, hat Ulrich Dibelius in seinem Mozart-Büchlein angedeutet: Wie sich im *Requiem* ererbte Demut und anerzogene Glaubenstreue, Fatalismus und freimaurerische Liberalität verbunden hätten. Sie sind ebenso festzustellen wie Spuren des Dramatischen (Dies irae, Confutatis), des subjektiv Provokativen in flehentlicher Bitte (Exaudi orationem meam, Domine Jesu), des Konzertanten (Tuba mirum), des Archaisch-Sakralen (Kyrie, Quam olim Abrahae) und des Freimaurerischen (Bläserfarben des Introitus). Gewiß: Auch dieses Nebeneinander von Eigenschaften, die sich nicht zur Summe der schöpferischen Möglichkeiten binden, läßt das Werk dem kritischen Betrachter als Stückwerk erscheinen. Von Zeit zu Zeit aber gelingen Interpretationen, in denen die Brüche weniger durch einen Schleier von Ehrfurcht und Ergriffenheit als durch die Kraft zu Synthese verdeckt werden. In ihnen überstrahlt die Größe Mozarts die Schwäche seiner »Vollender«. *Klaus Kirchberg*

JOSEPH HAYDN

Die Londoner Sinfonien
1791–1795

Die zwölf letzten im Auftrag des Londoner Geigers und Konzertunternehmers Johann Peter Salomon komponierten Sinfonien Joseph Haydns (Nr. 93–104) zählen zu den Gipfelwerken der sinfonischen Musik. Sie sind den Riesenpartituren der späteren Romantiker Bruckner (1824–96), Brahms (1833–97) oder Mahler (1860–1911), ebenso den magischen neun Sinfonien Beethovens (1770–1827) und den letzten sechs Sinfonien des früh verstorbenen Mozart (1756–91) absolut ebenbürtig. In gewisser Weise bilden sie die Verbindungslinie zwischen den beiden anderen großen Wiener Klassikern: Die beiden ersten entstanden in Mozarts Todesjahr 1791, die letzte, Nummer 104, führte Haydn 1795 auf, fünf Jahre vor Beethovens erster Sinfonie (1799). In ihnen leistet Haydn (1732–1809) die kompositionstechnische, stilistische und geistige Vorarbeit und legt die Fundamente, auf denen Beethoven und dessen Nachfolger ihre sinfonischen Paläste errichten konnten.

Gleichzeitig sind diese zwölf »Sternzeichen« der Klassik die Frucht von Haydns eigener langwieriger sinfonischer Entwicklung, die ihn zwischen 1760 und 1790 in der Abgeschiedenheit der ländlichen, burgenländisch-ungarischen Residenz zu Eszterháza, in einem fast 30 Jahre währenden Experimentierprozeß, die klassische Sinfonie buchstäblich erfinden ließ. Neben der satztechnischen Meisterschaft erreicht Haydn in jeder seiner Londoner Sinfonien einen Grad von Individualität, wie vielleicht vor ihm nur Mozart in seinen letzten Werken, und so gibt Haydn der weiteren Entwicklung der Gattung Sinfonie im 19. Jahrhundert die entscheidenden Impulse. Man könnte sogar sagen, Haydn hat Beethoven und dem gesamten 19. Jahrhundert die sinfonische Entwicklungsarbeit abgenommen. Die nachfolgenden Sinfoniker bedienten sich zwar seiner Erfahrungen und Erkenntnisse, distanzierten sich aber von seiner Musik, die sie als zopfig, verspielt und altväterlich abtaten. Im Grunde hat aber kein Sinfoniker nach Haydn dessen Grad an Experimentierfreude und Fortschrittlichkeit erreichen können und ebensowenig jene Stufe erhabener und doch nicht elitärer Spiritualität. Der große Vorzug der Haydnschen Musik, ihre unmittelbare Verständlichkeit, wurde ihr bald zum Verhängnis: Ihre scheinbare Natürlichkeit erschwerte die Wahrnehmung ihrer Komplexität, ihres inneren Reichtums. Sie ist eben einfach und kompliziert zugleich.

Ich fragte ihn einst im Scherz, ob es wahr wäre, daß er das Andante mit dem Paukenschlage komponiert habe, um die in seinem Konzert eingeschlafenen Engländer zu wecken? »Nein«, erhielt ich zur Antwort, »sondern es war mir daran gelegen, das Publikum durch etwas Neues zu überraschen, und auf eine brillante Art zu debütieren, um mir nicht den Rang von Pleyel, meinem Schüler, ablaufen zu lassen, der zur nämlichen Zeit bey einem Orchester in London angestellt war (im Jahr 1792) und dessen Konzerte acht Tage vor den meinigen eröffnet wurden. Das erste Allegro meiner Symphonie wurde schon mit unzählichen Bravos aufgenommen, aber der Enthusiasmus erreichte bey dem Andante mit dem Paukenschlag den höchsten Grad.
George August Griesinger. Biographische Notizen über Joseph Haydn. Leipzig 1810.

Freilich erreichte Haydn erst in den *Londoner Sinfonien* die Stufe völliger Freiheit in der Handhabung der kompositorischen Techniken. Dazu kommt eine wachsende Tendenz zu geistiger Tiefe und zunehmendem Ernst, der aber immer mit Zuversicht gepaart ist. Haydns tiefer innerer Friede läßt sich als das Pendant zu Mozarts Welthaftigkeit ansehen: Auch Haydn entwickelte in seinen späten Sinfonien kosmische Kraft, Humanismus, Katharsis und Trost.

Dies alles ist aber im Gegensatz zu Mozarts Trauer, seiner Zerrissenheit, seinem stets gemischten Gefühl, bei Haydn auf einem festen Glauben, auf Zuversicht und Gottvertrauen gebettet. Der Weltensturm einer unruhigen Zeitenwende tobt in Haydns Spätwerk nicht minder vehement als bei Mozart, doch spürt man hier immer das von den Fesseln eines fürstlichen Untertanen befreite Subjekt als tätiges, lebensfrohes Wesen, als einen, der nach langjähriger unauffälliger Kleinarbeit im Alter endlich befreit zur musikalischen Tat übergeht.

In Haydns späten Sinfonien manifestiert sich stolz das neue Selbstbewußtsein eines im Grunde einfachen bürgerlichen Menschen, der sich zum ersten Mal als Handelnder empfindet. Und Freiheit bedeutet hier, im musikalischen Satz, das Eingreifen unvorhergesehener Kräfte, die Freiheit des kreativen, des wachen Geistes, der sich nicht mehr in leere mechanische Konventionen zwingen läßt, sondern dialektisch denkt, Abkürzungen, Sprünge macht, nicht nur einfach logisch, sondern assoziativ, dissoziativ usw. vorangeht.

Genau diese Freiheit im Detail, die sich im Großen zu einer ausgewogenen, ausgehörten Einheit fügt – das ist die neue klassische Kunst Joseph Haydns.

Sinfonie Nr. 94 G-Dur (»mit dem Paukenschlag«)

Auch in der vierten für London komponierten *Sinfonie in G-Dur* (UA 23. März 1792), der ein einziger unerwarteter Paukenschlag zu Berühmtheit verhalf, verbindet Haydn experimentellen Geist mit der Sicherheit, der geläuterten Heiterkeit des erfahrenen Sinfonikers. Daß ausgerechnet diese Sinfonie beim breiten Publikum zu seinem populärsten Werk überhaupt werden konnte, verwundert nicht, bringt sie doch in kaum noch zu übertreffender Klarheit, Deutlichkeit und Plastizität die Kunst des späten Haydn in pure, von jedem überflüssigen Zierat befreite musikalische Gestalt: Es sind dies Haydns christlicher Kosmos, seine äußerste kompositorische Ökonomie, eine von tiefer Spiritualität erfüllte Körperhaftigkeit des musikalischen Satzes, in dem selbst der Ausdruck, die Geste, objektiven Charakter gewinnt, und nicht zuletzt der diskrete, stets untertreibende Humor eines im Grunde selbstlosen, demütigen Menschen.

Wie in fast allen *Londoner Sinfonien* ist auch hier dem Kopfsatz eine langsame Einleitung vorangestellt, mit einem »klassisch« gestalteten Thema. Wieder tastet sich dieses Thema durch allerlei dunkle Gefilde vor zum lichten Terrain des Vivace-assai-Hauptteils, der wiederum von einem unscheinbar wirkenden, sequenzierenden Tanzthema beherrscht wird, aus dem sämtliche weiteren Gedanken des Satzes abgeleitet sind. Im berühmten C-Dur-Andante mit dem Paukenschlag, das aus einem sechzehntaktigen Thema und vier Doppelvariationen besteht, hat Haydn die musikali-

»Ein Fest auf der Themse« malte Antonio Canale, genannt Canaletto (1697–1768). Etwa vier Jahrzehnte vor Haydn unternahm er seine Englandreisen, nämlich in den fünfziger Jahren des 18. Jahrhunderts. Haydn erlebte die englische Hauptstadt 1790/92 und 1794/95 tatsächlich wie ein Fest.

sche Philosophie der Wiener Klassik in essentieller, kathartisch gereinigter Form in Töne gesetzt: Der überraschende Fortissimo-Schlag des Orchesters auf »leichter« Zeit (im letzten Takt der Wiederholung des ersten Halbsatzes) war nicht nur zur Belustigung des bei langsamen Sätzen zum Einschlafen neigenden englischen Publikums gedacht, sondern er markiert in unmißverständlicher Prägnanz die neugewonnene Freiheit des Subjekts als selbständig handelnde und nicht mehr dienende Instanz. Unvorhergesehene Kräfte greifen ein, spontanes Handeln, der frei agierende Geist bestimmen nun den Verlauf des musikalischen Geschehens. In der Loslösung des Rhythmus vom Metrum, das von nun an als rein geistiges, übergeordnetes Prinzip den Zeitverlauf qualitativ und für alle verbindlich regelt, vollzieht sich musikalisch das freie, aber sittlich verantwortliche Handeln des neuen, von den feudalen Fesseln befreiten Menschen. Ein einziger Paukenschlag auf falscher Zeit genügt Haydn, um diese neue musikalische Philosophie des Handelns, die eigentliche Novität der Wiener Klassik, Klang, und damit Wirklichkeit werden zu lassen. Der wache, aufgeklärte Zuhörer ist nun gefragt, der Musik nicht mehr als puren Zeitvertreib, sondern als etwas Gegenwärtiges, Wirkliches, hier und jetzt sich Ereignendes begreift, dessen weiteren Verlauf er nicht mehr im voraus berechnen kann.

Einen »stilisierten« Haydn am Klavier zeigt die Gouache von Johann Zitterer (1761–1840) um 1795. Auf dem Pult aufgeschlagen ist die Sinfonie Nr. 94 G-Dur, »die mit dem Paukenschlag« von 1792, eine der »Londoner Sinfonien«.

Sinfonie Nr. 102 B-Dur

Da Haydns Konzertagent Johann Peter Salomon, der alle zwölf *Londoner Sinfonien* in Auftrag gegeben hatte, inzwischen seine eigene Konzertreihe eingestellt hatte, erklangen die letzten drei Sinfonien mit den bedeutungsvoll hohen Nummern 102, 103, und 104 im Frühjahr 1795 in den neugegründeten »Opera Concerts« im Londoner King's Theatre, bei denen der hervorragende Geiger Giovanni Battista Viotti mitwirkte. Die Bemerkung des Haydn-Biographen Heinrich Eduard Jacob, der späte Haydn greife bereits in die romantische Klangwelt des 19. Jahrhunderts vor, wird nirgends deutlich hörbarer als in der *Sinfonie Nr. 102 in B-Dur,* die am 2. Februar 1795 zum ersten Mal aufgeführt wurde. Was gleich in den ersten Takten der langsamen Einleitung auffällt, ist der eigenartig verzauberte, geheimnisvolle, naturhaft in sich ruhende Klang, der auf Haydns großartige Naturschilderungen seiner späten Oratorien *Die Schöpfung* (UA 1798) und *Die Jahreszeiten* (UA 1801) vorausweist. Die wunderbar friedliche und doch magische Atmosphäre dieser Einleitung könnte durchaus die Stimmung einer verschneiten Winterlandschaft eingefangen haben. Die Sinfonie hebt

an mit einem rätselhaft an- und abschwellenden Unisono-Ton aller Instrumente, wie wenn der Komponist den realen Klangraum, den musikalischen Rahmen der Sinfonie, ausmessen und festlegen wollte. Dann erst beginnt das eigentliche Geschehen mit hohen ätherischen Streicherklängen, die allmählich, gleich einer höheren Eingebung, vom Himmel sanft zur Erde herabgleiten. Hier unten, bei den Menschen, ist es kalt, unwirtlich, bedrohlich und düster, und bis zum Erreichen der erlösenden Dominante gilt es, allerlei schmerzliche Widerstände zu überwinden. Die Zeiten sind schwieriger, bedrückender geworden – Beethovens düstere langsame Einleitungen kündigen sich an. Und auch der anschließende Allegro-vivace-Teil gewinnt gegenüber früheren Sinfonien einen deutlichen Zuwachs an dramatischer Kontur, an Körperlichkeit und sprechender Gestik. Die vormals eher abstrakt-experimentelle Konstruktion solcher Sätze wird von Haydn mit immer mehr menschlicher Empfindung, mit Seele, Ausdruck und Rhetorik angereichert. Die Musik des späten Haydn wird zunehmend klangsinnlicher, dramatischer, atmosphärischer. Haydn erweist sich so nicht nur als Erfinder der Wiener Klassik, sondern auch als Wegbereiter der Romantik, insofern ist er vielleicht der größte Neuerer der Musikgeschichte. Für diese Ausdrucksintensivierung, diese Klangverdichtung, diese neuartigen herbstlich-schwermütigen Farbmischungen steht in dieser Sinfonie auch das emotional schillernde, leidenschaftliche und doch ruhig-verklärte Adagio, das Haydn auch im zweiten Satz seines *fis-Moll-Klaviertrios* verwendete, dort in Gedanken an seine englische Freundin Rebecca Schroeter. Vielleicht die sanfte Liebeserklärung eines alternden Mannes? Das Solo-Violoncello mag ein diskreter Hinweis sein auf den verkappten Ständchen-Charakter dieses Adagios. Das Menuett ist wieder ein stilisierter Ländler, dem sich ein romantisch instrumentiertes Trio anschließt, das von Brahms sein könnte. Im Finale abermals geistreicher Witz, Kabinettstücke und dramatische Wendungen, ausgeführt an einem Thema kroatischen Ursprungs: Auf dem Höhepunkt seines Ruhms besinnt sich Joseph Haydn auf die lebendigen Quellen seiner musikalischen Heimat, seiner Herkunft.

Attila Csampai

LUDWIG VAN BEETHOVEN

Die Klaviersonaten 1795–1822 Wien

»Die *Welt ist ein König, und sie will geschmeichelt sein, soll sie sich günstig zeigen. Doch wahre Kunst ist eigensinnig und läßt sich nicht in schmeichelnde Formen zwängen.«* (Beethoven)

Die 32 *Klaviersonaten* Ludwig van Beethovens sind auch heute noch trotz veränderter Bedingungen ein Probierstein par excellence für alle Pianisten, eine Herausforderung, sich immer wieder und von neuem an ihnen zu messen und sich kritischer Vergleiche zu unterziehen. Ob zyklisch, ob in Einzeldarstellungen, der Umgang mit den Sonaten verlangt vom Ausführenden wie vom Zuhörer ein Höchstmaß an Konzentration und Ernsthaftigkeit. So wichtig und unverwechselbar in ihrer Physiognomik die anderen Werke auch sind – die Sinfonien, die Streichquartette, die Klavierkonzerte, der *Fidelio* (1805/1816) – das Forum der Beethovenschen Experimente bilden die *Klaviersonaten*. An keinem anderen Zyklus, auch nicht an dem Streichquartett-Kompendium, läßt sich der Schaffensprozeß in seiner gesamten Vielfalt besser ablesen. Dem Klavier als seinem ureigensten Instrument vertraute der Komponist seine Neuerungen zuerst an und übertrug sie dann auf seine anderen Werke.

Für Mozart (1756–91) war die Form etwas Vorgegebenes, zentral steht bei ihm der Mensch als das Maß aller Dinge. Die Darstellung der menschlichen Leidenschaften, das Wechselspiel der Personen durch die Musik hindurch spiegelt sich noch in seinem Instrumentalschaffen – opernhaftes Agieren gleichwertiger Partner bestimmt auch dieses »Szenarium«. Nicht thematische Arbeit noch Kontrastierung sind die bestimmenden Parameter, selbst in den Durchführungen nicht; immer steht der kantable Einfall im Mittelpunkt des Geschehens. So sehr es Mozart um die »Kraft des Ausdrucks und Schärfe der Charakterisierung« ging, er verband dieses Bestreben doch immer mit der Forderung, daß die Musik auch in der schauervollsten Lage das Ohr niemals beleidigen, sondern doch dabei vergnügen muß, folglich allzeit Musik bleiben muß.

Beethoven (1770–1827) wesentlich näher stand da Joseph Haydn (1732–1809), immerhin auch Lehrer des recht ungebärdigen und eigen-

Einer ungarischen Familie entstammte *Therese Gräfin von Brunswik* (1775–1861), hier auf einem Gemälde von Johann Baptist von Lampi d. Ä. (1751–1830) von 1806. War sie Beethovens »unsterbliche Geliebte«? Oder war es ihre jüngere Schwester Josephine (1779–1821)? Beide waren seine Schülerinnen. Gewißheit gibt es nach wie vor nicht.

Beethoven-Porträt von Willibrord Joseph Mähler. Es soll auf das Jahr 1804 zurückführen, die Zeit der Fünften Sinfonie.

willigen Schülers. Als der älteste der drei Wiener Klassiker war Haydn auch der erste Vollender der neuen Form, der Sonate. In der Abgeschiedenheit von Esterháza und Eisenstadt mußte er, wie er selbst einmal sagte, original werden, ohne irgendeinen Einfluß von außen. Über viele Jahre hinweg bildete er »die Sprache des intellektuellen Vergnügens und der kunstvollen Popularität, des zweckmäßigen Vernunftgebrauchs und des geistvollen Dialogs« aus (Dietmar Holland). Ganz anders Beethoven: Unter dem Eindruck der Französischen Revolution wagte er sogleich den

Eine künstlerisch sehr auffallende Sache trug sich zu mit einer seiner letzten Solosonaten (in B-Dur mit der großen Fuge, op. 106), die gestochen 41 Seiten lang ist . . . Als der Stich derselben beendigt war und ich täglich auf einen Brief wartete, der den Tag der Herausgabe bestimmen sollte, erhielt ich zwar diesen, allein mit der auffallenden Weisung: »Setzen Sie zu Anfang das Adagio« (welches neun bis zehn Seiten im Stiche ist) »noch diese zwei Noten als ersten Takt dazu.«
Ferdinand Ries. In: Biographische Notizen über Beethoven. Coblenz 1838

Aufstand gegen jegliche Art von Verbindlichkeit. Er war bereit, die »Grenze der Schönheit zu überschreiten, die für Mozart die Grenze der Musik bedeutete« (Werner Oehlmann), wie er auch Haydns geistreiche Gedankenarbeit und dessen spielerischen Umgang mit der Form unter den veränderten politischen Bedingungen als nicht ausreichend für sich selbst erachtete. Beethovens Musik will moralische Botschaft sein, d. h. von der Verantwortlichkeit des einzelnen und der Gesellschaft künden. Aus seiner Überzeugung, daß der einzelne Mensch wie der Staat einer Konstitution bedürfe, war Beethoven unablässig bemüht, in der Koordination der antithetischen Einzelerfindungen deren Synthese im Formalen zu erreichen. Die jeweilige Andersartigkeit des thematischen Materials (der Idee) bedeutete ausnahmslos eine neue Lösung. Nicht um die Erfüllung einer Norm , eines Schemas, einer Konvention war es ihm zu tun, weil die Form selbst ein Problem war und die Lösung ein Prozeß, der keinerlei Wiederholung duldete. Deshalb die vielen Skizzen, beeindruckender Spiegel der ungeheuerlichen Anstrengungen. Die zunehmende Verfestigung der Musik zu einem autonomen Kunstwerk mit all seinen Implikationen nahm damals ihren Anfang. (Das Kapitel »Serienproduktion« war damit abgeschlossen.)

Die seit Wilhelm von Lenz (Mitte des vorigen Jahrhunderts) übliche Einteilung des Beethovenschen Œuvres in drei Perioden, in eine frühe, mittlere und späte, erweist sich zunehmend als höchst problematisch. Zu sehr unterliegt jedes Werk seiner eigenen Physiognomie, für diese Betrachtung auf die Klaviersonaten bezogen. Nichtvergleichbares steht viel stärker im Vordergrund als etwaige Kongruenzen, denn gerade »die Widersprüchlichkeit der Form macht ja deren Kunstcharakter aus« (Carl Dahlhaus). Man könnte die Rubrizierung in der Tat eher aus Beethovens Verhältnis zum Instrument erklären, wie es Werner Oehlmann tut, indem er von dem »natürlichen, vitalen Spieltemperament« der Frühwerke spricht, während in der mittleren Periode, ab op. 31 die »brillante Konzertwirkung in den Vordergrund tritt«, »die Formen sich dehnen« (*Waldstein«-Sonate op.53* und *Appassionata op. 57*), im Spätstil schließlich das Klavier »zum Partner seiner (Beethovens) einsamen Meditation und Experimente, zum Medium einer spirituellen, konventionslosen, ins Unbetretene vorstoßenden Musik wird«.

Auf Beethovens Auseinandersetzung mit der für ihn maßgeblichen Form, der Sonatensatzform nämlich, greift diese Einteilung in jedem Falle zu kurz. Nach den in der Viersätzigkeit an Haydn orientierten *Sonaten op. 2* und der groß dimensionierten *Es-Dur-Sonate op. 7* mit ihrem leidenschaftlich pathetischen Largo geht er zu knapper formulierten, bis auf *op. 10/3* dreisätzigen Sonaten über, zu *op. 10/1, 2,* zu der drängend rebellierenden *Pathetique (op. 13)*, zu den beiden *Sonaten op. 14* und zu der schon 1799/1800 skizzierten *Großen Sonate« op. 22,* die der Komponist 1801 seinem damaligen Leipziger Verleger F. A. Hoffmeister mit den Worten »diese Sonate hat sich gewaschen« ankündigte.

Wenn Beethoven um 1803 zu seinem Schüler Carl Czerny von dem neuen Weg spricht, den er betreten will, so muß daran gedacht werden, daß vor den drei *Sonaten op. 31,* auf die sich die Bemerkung bezieht, die *Sonaten op. 26, 27* und *28* stehen. Sogleich fällt auf, daß der Komponist zum erstenmal ganz bewußt von der Norm, eine Sonate mit einem raschen Satz zu eröffnen, Abstand nimmt. Nun werden neue Formgefüge vorgestellt. *Sonate op. 26* wird, atypisch, mit einem lyrischen Andante, einem Variationen-Satz, in der bislang meist langsamen Mittelsätzen vorbehaltenen Tonart As-Dur, der Tonart der ebenfalls hochkantablen späten *Sonate op. 110,* eröffnet.

Die in sich ruhende Form der Variation erhält nun urplötzlich eine ganz neue Dimension. Zum erstenmal an exponierter Stelle als Kopfsatz einer Sonate verknüpft Beethoven deren Bedingungen mit seinen Maximen der Sonatensatzform. Hier geht es nicht mehr um bloße Veränderung eines Themas, sondern um dessen Umwandlung von der Substanz her. In der Reduktion auf die Idee nimmt das Thema fortwährend neue Gestalt an.

Die beiden »quasi una Fantasia«-*Sonaten op. 27* weisen, wie schon ihr Name erkennen läßt, in formaler Hinsicht noch deutlicher auf spätere Überlegungen, weg von jeglicher Gattungstradition. Die erste der beiden Sonaten faßt die heterogenen Einzelteile in einem einzigen Satzgefüge zusammen, während die berühmte *cis-Moll-Sonate* gar mit einem Adagio beginnt, eng gefolgt von einem widerborstigen Scherzo, bevor die Raserei des Presto agitato das Ganze in einen alles verschlingenden Strudel mit sich reißt. Diese neuartige Vernetzung von Phantasie und strengem Satz, von Spontaneität und Kalkül, von Freiheit und Ordnung in stringenter Logik war nur vor dem Hintergrund der ersten Sonaten möglich, vor der geradezu paradigmatisch verwirklichten Anlage der *f-Moll-Sonate op. 2/1.* (Die noch in Bonn entstandenen sog. »Kurfürsten«-Sonaten stehen nicht in Beethovens Werkkatalog.)

Das Charakteristische der *Sonaten op. 31* läßt sich vielleicht dergestalt benennen, daß sie noch schärfer, noch pointierter zur Sache kommen, die

Was die Sonate pathétique unter Beethovens Händen wurde (obgleich er am reinen Spiel manches zu wünschen übrig ließ), das mußte man gehört und wieder gehört haben, um sich genau orientieren zu können, daß es dasselbe, schon bekannte Werk sei. Überhaupt wurde alles und jedes, von seiner Hand vorgetragen, zu einer neuen Schöpfung, wobei sein stets gebundenes Spiel wesentlich mitwirkte, das zu seinen besonderen Eigenheiten im Vortrage gehörte. Beim Unterricht lehrte Beethoven: Die Hände stets anlegen an die Klaviatur, damit die Finger sich nicht mehr als nötig heben können, denn nur bei dieser Methode wird es möglich, Ton zu erzeugen und singen zu lernen.
Anton Schindler. Zitiert nach H. C. Robbins Landon. Beethoven. Zürich 1970.

Ich gestehe, daß sich mir unwillkürlich die Idee aufdrang: »Sollte es wirklich bei meinem lieben alten Lehrer etwas spuken?« – ein Gerücht, welches mehrmals verbreitet war. Zwei Noten zu einem so großen, durch und durch gearbeiteten, schon ein halbes Jahr vollendeten Werke nachzuschicken! Allein wie stieg mein Erstaunen bei der Wirkung dieser zwei Noten! Nie können ähnlich effektvolle, gewichtige Noten einem schon vollendeten Stücke zugesetzt werden, selbst dann nicht, wenn man es beim Anfange der Komposition schon beabsichtigte. Ich rate jedem Kunstliebenden, den Anfang dieses Adagios zuerst ohne und nachher mit diesen zwei Noten, welche nunmehr den ersten Takt bilden, zu versuchen, und es ist kein Zweifel, daß er meine Ansicht teilen wird.
Ferdinand Ries. in: Biographische Notizen über Beethoven (zus. mit Franz Gerhard Wegeler). Coblenz 1838.

thematische Erfindung nicht mehr vorrangig ist, vielmehr deren Funktion. Wie denn beispielsweise ist das einer verstörten Rossini-Arie gleichende »Andante grazioso« der ersten Sonate zu verstehen? Wo beginnt das Hauptthema des Kopfsatzes der »Sturm«-Sonate? Ist es der improvisatorisch aufgefächerte Akkord zu Beginn oder ein späteres Gebilde, etwa ab Takt 21? Der Witz scheint hier wohl eher in der »Nichtentscheidbarkeit« zu liegen, sie bestimmt die Komposition.

Zwischen den beiden großen Konzertsonaten, der großflächigen, klanglich schon gelegentlich ins Geräuschhafte vorstoßenden *Waldstein-Sonate op. 53* und der so ungestüm vorwärtsdrängenden, gleichwohl total durchstrukturierten *Appassionata op. 57*, in der das von Beethoven verwendete Schicksalsmotiv alles Vorangegangene zerschlägt, bevor sich einzig noch das Hauptthema des Kopfsatzes, einem verletzten Vogel gleich, zum letztenmal erhebt, um dann endgültig herniederzusinken – zwischen diesen beiden auch vom Publikum hoch favorisierten Werken also steht die *Sonate op. 54*. Die Besonderheit dieses ungerechtfertigterweise im Schatten stehenden Stückes liegt in seiner Zweisätzigkeit und der für einen Eingangssatz höchst ungewöhnlichen Verknüpfung des Sonatenprinzips mit einer Tanzform, dem Menuett, deshalb die Stilisierung zu dem »In tempo d'un Menuetto«. Merkwürdiger noch der Schlußsatz, erinnernd an die Bachsche Setzweise, etwa an eine überdimensionierte Invention. Beethoven versucht alles, um die Formen zu retten. Rondo, Variation, Menuett bzw. Scherzo, ja selbst die langsamen Liedsätze kommen zunehmend mit der Sonatenform in Berührung, bis zur völligen gegenseitigen Integration. Danach liefert Beethoven keine Formmodelle mehr, sondern greift über die Gattungen hinaus und geht zur offenen zyklischen Form über. Interessant ist übrigens, daß sich die Fortschrittlichkeit sehr häufig in den weniger populären Werken manifestiert, wie, notabene, auch und gerade in der *Sinfonie Nr. 8*.

In schroffem Gegensatz zu *op. 57* steht das intime Bekenntnis der von Beethoven selbst sehr geschätzten *Fis-Dur-Sonate op. 78* (Therese Brunswick gewidmet), außerdem das, mal Sonate mal Sonatine genannte, *op. 79*, das in seiner kompositorischen Realisation weit über die Verbindlichkeit einer Sonatine hinausgeht. Schließlich, 1809/10, »Les adieux«, die *Lebe wohl-Sonate op. 81a*, wegen deren französischer Betitelung sich Komponist und Verleger in die Haare gerieten: »Eben erhalte ich das Lebewohl usw.; ich sehe, daß Sie doch auch andere Exemplare mit französischem Titel herausgeben wollen. Warum denn? ›Lebe wohl‹ ist etwas ganz anderes als ›les adieux‹.

Das erstere sagt man nur einem herzlich allein, das andere einer ganzen Versammlung, ganzen Städten.« Zum ersten Mal schreibt Beethoven einen Textzusatz in den Notentext: Er unterlegt dem Hauptmotiv das Wort »Lebe wohl« – und gibt in dessen, sozusagen subkutaner Weiterführung, chromatisch abwärts geführter Quartgang, einen klassischen Empfindungstopos. (Der »Lamento-Baß« war eine der ausdrucksstärksten Figuren der barocken musica poetica – ein Synonym für Trauer.)

Schon diese wenigen Anmerkungen zeigen, wie sehr Beethoven immer das Neue, Ungewöhnliche suchte und sogleich auch zu einem singulären Ergebnis kam. Diese Einmaligkeit ist es, diese Spannung in der Diskontinuität des Wiener klassischen Satzes in seiner ganzen Umfassendheit, die uns auch zukünftig Überraschungen bieten wird. Zu glauben, daß da alle Rätsel gelöst seien, dürfte fatale Folgen haben.

Der bislang für den späten Beethoven apostrophierte spröde (unsinnliche) Tonfall tritt uns schon in seinen frühen Werken entgegen, hat demnach als Charakteristikum der Beethovenschen Musik schlechterdings zu gelten, auch hierin unterschiedlich zu Haydn, noch mehr zu Mozart. Die immer wiederkehrende Behauptung, der Komponist hätte vor allem in seiner späteren Arbeitsphase wegen seiner »Harthörigkeit« gegen den Klang geschrieben, also gegen den (sinnlichen) Wohllaut, resultiert keineswegs aus diesem rein biographischen Faktum. Vielmehr begegnet uns hier zum ersten Mal in der Musikgeschichte die »bewußt auskomponierte Differenz zwischen Klang*vorstellung* und ihrer Realisierbarkeit« (Dietmar Holland). Beethoven hat nicht aus Unfähigkeit gegen das Instrument geschrieben, an dessen Vervollkommnung zeigte er sich zeit seines Lebens brennend interessiert, jedoch war es ihm nur zweckdienliches Mittel: Durch wirklich gar nichts sollte die Ernsthaftigkeit seines Appells verdeckt werden.

Durch die Kompliziertheit der Setzweise, durch die jähen Wechsel und Kippungen bemüht sich Beethoven um differenzierteste Übersetzung seines musikalischen Willens. Immer wieder auch fordert er kantables Spiel. Nicht zuletzt deshalb weicht Beethoven den herkömmlichen Spielanweisungen in italienischer Sprache aus, erstmalig in *op. 90*, und ersetzt sie durch deutsche Umschreibungen oder fügt sie den traditionellen hinzu. Völlig zu Recht stellt Joachim Kaiser fest: »Das sind weder pauschale noch eindeutig extreme Anweisungen. Sondern genau abgewogene Worte, die sich auf eine ebenso genau komponierte Musiksprache beziehen.«

Die gesteigerte antimonische Physiognomie im Spätwerk ist nun nach außen gekehrt. Die Bedingungen der Sonatensatzform sind zwar noch

Beethovens Klaviersonaten sind einzigartig in dreierlei Hinsicht: 1. Sie repräsentieren die ganze Entwicklung eines Genies bis an die Schwelle der späten Quartette. Hier ergänzen die Diabelli-Variationen und die letzte Serie der Bagatellen das Bild. 2. Sie enthalten kein minderes Werk – darin unterscheiden sie sich etwa von der Ungleichmäßigkeit der Variationenwerke. Wenn wir uns dazu entschließen, Beethovens Werke in drei Perioden zu gliedern, im Sinne des Lisztschen Ausspruches »l'adolescent, l'homme, le Dieu«, dann steht bereits der Jüngling als großer Komponist vor uns da. Allerdings dürfen wir die Bezeichnung »Jüngling« nicht zu wörtlich nehmen; Beethoven war immerhin 24 Jahre alt, als er sein op. 1 der Öffentlichkeit übergab. 3. Beethoven wiederholt sich nicht in seinen Sonaten. Jedes Werk, jeder Satz ist ein neuer Organismus.
Alfred Brendel
in: Nachdenken über Musik
München 1976.

einigermaßen erkennbar, äußern sich in vielerlei Hinsicht aber schon als klassisches Residuum. Nun steht auch die Fuge zur Diskussion. Anläßlich der »Fuga a tre voci con alcune licenze«, dem Finalsatz der *Sonate op. 106,* sagt Beethoven: »Eine Fuge zu machen, ist keine Kunst, ich habe deren zu Dutzenden in meiner Studienzeit gemacht. Aber die Phantasie will auch ihr Recht behaupten, und heut zu Tage muß in die althergebrachte Form ein anderes wirklich poetisches Element kommen.« Folgerichtig nennt er sich auch stolz »Tondichter« im Gegensatz zu Mozart, der »nur« Musiker sein wollte. Während in der Bachschen Fuge das Thema als »Ordnungsfaktor« (Dieter de la Motte) bis zum Schlußtakt erhalten bleibt, geht Beethoven an die Substanz, die Themen und Kontrasubjekte werden immer wieder von neuem zergliedert und verarbeitet. Die hochkantable Grundstruktur der Kopfsätze von *op. 101, 109* und *110* scheint mit der klassischen Formgestaltung unvereinbar. Eine Gegenüberstellung zweier Themen bzw. themenähnlicher Gebilde findet nur noch in gemilderter Weise statt, sozusagen eher im Sinne dichtester Verknüpfung von Themen und Varianten. Aus dieser Verschiebung resultiert unter anderem, daß die Durchführungen, bislang Austragungsort angestauter Konflikte, ein Gepräge erhalten, welches kaum noch an die Verarbeitung thematischen Materials denken läßt in dem traditionellen Sinne, da ja Themen und Thematisches schon in der Exposition in varianter Umgestaltung »durchgeführt« worden sind. Die beiden Prinzipien müssen nun anders dingfest gemacht werden: Den betont lyrischen Kopfsätzen knappen Ausmaßes und mäßigen Tempos wird ein rascherer scherzohafter Folgesatz an die Seite gestellt. Diese enge Verbindung scheint vonnöten, um ein Regulativ zu den schon rein umfangmäßig gewichtigeren Schlußsätzen zu schaffen – die Gewichtung der Sätze in sich und untereinander hat sich geändert. Das Ziel sind die Finalsätze. Nicht das Rondo, wie zuletzt noch bei *op. 90,* oder auch ein Finalsatz in Sonatenform bilden den Beschluß, sondern die Variation (*op. 109, 111*) und die Fuge (*op. 101* »Quasi-Fuge«, op. *106* und *110,* Spiegelfuge [mit zweimaligem Arioso] mit der Umwandlung des Fugenthemas zu einem Sonatensatzthema in der Schlußapotheose).

Die veränderte Gewichtung erlaubt eine im tieferen Sinne neue Art von Zweisätzigkeit, einer Zweisätzigkeit, welche die den Zyklus beschließende *Sonate op. 111* konkret aufweist. Da steht der Kopfsatz in seiner schroffen Gegensätzlichkeit, in seiner »Bachischen Zweistimmigkeit« (oft sogar Unisono-Führung), mit seinem sich selbst permanent in Frage stellenden Hauptthema (ritenente) gegen die Einfachheit der »Arietta«, gegen deren reine und schlichte Kantabilität, gegen die entmaterialisierte Klangwelt – Rückschau und Vorausschau allenthalben. Beethovens zwei Prinzipien äußern sich in einer letzten Klarheit, gehen eine allerletzte Synthese ein. Die zur Charakterisierung so häufig herangezogenen Gegensatzpaare wie Hell/Dunkel, Licht/Schatten, Sonne/Finsternis, Diesseits/Jenseits oder Bülows Sansara/Nirwana zeigen, in welchen Dimensionen hier Beethoven denkt und zu uns spricht.

Hans von Bülows Bonmot, daß Bachs *Wohltemperiertes Klavier* (1722) das Alte Testament des Klavierspiels, Beethovens 32 *Klaviersonaten* das Neue Testament darstellen, ist mehr als nur ein geistreiches Wortspiel. Ebenso seine Bemerkung, er »erblicke in der riesigen Tonschöpfung der *Diabelli-Variationen* gewissermaßen den Mikrokosmos des Beethovenschen Genius überhaupt, ja sogar ein Abbild der ganzen Tonwelt im Auszuge«. Da läßt sich dann mit Fug und Recht von den Klaviersonaten als dem Makrokosmos reden; und, um den Bogen zurück zu Bach zu schlagen, von den *Goldberg-Variationen* (1742) als dem Mikrokosmos der Barockzeit – wie denn das *Wohltemperierte Klavier* wiederum mit dem Makrokosmos gleichzusetzen wäre. Beide Zyklen der barocken und der klassischen Musiksprache verkörpern ihre Epoche mit all ihren Implikationen. In der Summation bewahren sie Vergangenes, Gegenwärtiges und Zukünftiges: Bach steht für die Idee der Fuge, Beethoven für die Idee der Sonate, denn der Geist der Kunstwerke ist ihre immanente Vermittlung. Bei Beethoven ist die Musik nicht mehr sich selbst genug, sie ist wahrlich mehr als alle Weisheit und Philosophie.

Gabriele E. Meyer

JOSEPH HAYDN

Streichquartette op. 76
1797–1799 Wien

Am 9. November 1829 berichtete Johann Wolfgang von Goethe seinem Berliner Freund Carl Friedrich Zelter brieflich über ein Konzert, das Niccolò Paganini ein paar Tage zuvor auf der Durchreise in Weimar gegeben hatte. Der 80jährige »Dichterfürst« bekannte darin freimütig sein mangelndes Verständnis für die »meteorischen Wunderlichkeiten« im Spiel des italienischen Teufelsgeigers: »Mir fehlte zu dem, was man Genuß nennt und was bei mir zwischen Sinnlichkeit und Verstand schwebt, eine Basis zu dieser Flammen- und Wolkensäule.« Quartettabende, fuhr Goethe dann fort, seien seinem Empfinden weitaus näher als alle Virtuosen-Darbietungen: »Dieser Art Exhibitionen waren mir von jeher von der Instrumentalmusik das Verständlichste: man hört vier vernünftige Leute sich untereinander unterhalten, glaubt ihren Diskursen etwas abzugewinnen und die Eigentümlichkeiten der Instrumente kennenzulernen.«

Goethes Erfahrungen waren geformt durch die klassische Streichquartettliteratur, deren Fundament von Joseph Haydn (1732–1809) mit den sechs Sechser-Serien (und einigen Einzelwerken) gelegt worden war, die er in den Jahren zwischen 1780 und 1800 komponiert hatte. Es war Haydn, der das unterhaltsame »Divertimento« für zwei Violinen, Bratsche und Violoncello zur »vornehmsten« Form der Kammermusik entwickelt hatte. Durch ihn wurden zu deren wichtigsten Merkmalen die gleichberechtigte Teilnahme aller vier Stimmen am musikalischen Geschehen, das gegenseitige Zuspielen und Aufgreifen der »zur Diskussion stehenden« Gedanken und ihre Erörterung und »diskursive« Entfaltung mit den Mitteln der motivischen Arbeit. Und Haydns originelle und geistreiche Behandlung seines musikalischen Stoffes wurde für alle nachfolgenden Quartettkomponisten zum Maßstab und zu einer Herausforderung, der sogar ein Mozart nur durch »lange und beschwerliche Arbeit« gerecht zu werden vermochte, wie er in der Widmung seiner sechs großen Streichquartette von 1785, der sogenannten *Haydn-Quartette*, bekannte.

Joseph Haydns Sechs *Streichquartette op. 76*, 1797/99 entstanden und dem ungarischen Grafen Erdödy gewidmet, bilden den krönenden Schlußstein in der Serie der klassischen Meisterwerke des »Vaters des Streichquartetts«. Eröffnet wurde diese Reihe von 1781 durch die sechs *Russischen Quartette op. 33* (Nr. 3: das »Vogel-Quartett«), mit denen sich Haydn neun Jahre nach den »experimentellen« *Sonnenquartetten op. 20* erneut zu Wort meldete.

Die »neue ganz besondere Art«, die er in ihnen nach eigener Bekundung erstmals erprobt hatte, blieb für ihn fortan verbindlich. In den sechs *Preußischen Quartetten op. 50* von 1787 (Nr. 6: das »Frosch-Quartett«) wird sie intensiviert und konzentriert: Die Sätze sind insgesamt größer dimensioniert, das Charakteristikum seiner neuen Schreibweise, nämlich die »vernünftige« und »diskursive« Behandlung der Themen durch alle Beteiligten, durchdringt nun zunehmend auch die beiden Binnensätze, die bisher meist

»*Haydn-Quartett*«. Gemälde von Julius Schmid (1854–1935).

schlichter angelegt waren. Die zweimal sechs *Quartette op. 54/55* und *op. 64* (Nr. 5: das »Lerchen-Quartett«) von 1788/90, für den Wiener Geiger und Kaufmann Tost komponiert, halten das erreichte Niveau. Die *Apponyi-Quartette op. 71/74* (op. 74 Nr. 3: das »Reiter-Quartett«), die Haydn parallel zu seinen großen *Londoner Sinfonien* schrieb, wirken im ganzen sinfonisch-repräsentativer.

Die *Erdödy-Quartette op. 76* schließlich zeigen bereits typische Merkmale »später« Werke. Manchmal, etwa im »Alternativo«-Abschnitt des Trios aus dem sechsten Quartett, erinnert die Musik recht deutlich an die Unerbittlichkeiten des »späten« Beethoven. Vor allem aber zeigt jedes dieser sechs Werke im Unterschied zu seinen Vorgängern die entschiedener ausgeprägte Individualität.

So gewinnt das erste *Quartett in G-Dur* unverwechselbare Physiognomie zum Beispiel durch sein fugiertes Anfangsthema und ein eigenwilliges Moll-Finale. Im *d-Moll-Quartett Nr. 2* folgen auf einen ersten Satz, dessen Kernthema aus zwei absteigenden Quintenschritten dem Werk den Beinamen »Quinten-Quartett« gab, eine Art Serenade anstelle des langsamen Satzes und das streng kanonische »Hexenmenuett«. Das dritte, das *»Kaiser-Quartett« Nr. 3 in C-Dur* wurde berühmt durch den Variationssatz, in dem Haydn seine kurz zuvor entstandene Kaiserhymne vier Veränderungen von erlesener Schlichtheit unterzog. Höchst eigenartig entwickelt sich der Kopfsatz des *B-Dur-Quartetts Nr. 4* aus einem zögernd aufsteigenden Motiv, das sich dann glänzend entfaltet (daher sein gelegentlicher Beiname »L'Aurore« oder »Sonnenaufgangs-Quartett«). Das fünfte *Quartett in D-Dur* gewinnt sein unverwechselbares Profil aus einem pastoralen Anfangssatz, dessen wiegendes Thema sich in einem Moll-Einschub dramatisch verdichtet und später fugiert wird, und einem anschließenden Largo in der entfernten Tonart Fis-Dur, das ein schönes Beispiel der expressiven und tiefernsten langsamen Sätze des reifen Haydn ist. Im sechsten *Quartett in Es-Dur* schließlich folgt auf einen eröffnenden Variationssatz von Händelscher Schlichtheit eine überraschend modulierende »Fantasia«.

Noch 1799 begann Haydn mit der Ausarbeitung einer weiteren Quartett-Serie. Zwei Werke erschienen als Opus 77, ein drittes blieb unvollendet; seine beiden Mittelsätze, die der 70jährige noch fertigstellen konnte, wurden 1803 unter der Opus-Zahl 103 als Haydns letztes Streichquartett veröffentlicht.

Ingo Harden

JOSEPH HAYDN

Die Schöpfung
1798 Wien

Bei seinen Aufenthalten in London während der 1790er Jahre wurde der alte Haydn (1732–1809) begeistert aufgenommen. Man feierte ihn als den größten Komponisten seiner Zeit und meinte damit in erster Linie den Meister der Instrumentalmusik, der mit seinen *Londoner Sinfonien* die schönsten Zeugnisse seiner Kunst geliefert hatte. Was lag näher, als ihn nun auch um ein Werk in der populärsten Gattung der englischen Musik, dem Oratorium, zu bitten? Dafür holte man einen älteren Text hervor, der ursprünglich für Händel bestimmt gewesen war. Haydn aber erbat Bedenkzeit und besprach sich nach seiner Rückkehr nach Wien mit dem Baron Gottfried van Swieten, einem in allen Bereichen der Kunst erfahrenen Mann. Der berichtete später: »Indem ich zugleich erkannte, daß der so erhabene Gegenstand Haydn die von mir längst gewünschte Gelegenheit verschaffen würde, den ganzen Umfang seiner tiefen Kenntnis zu zeigen und die volle Kraft seines unerschöpflichen Genies zu äußern, so ermunterte ich ihn, die Hand an das Werk zu legen, und um den ersten Genuß davon unserem Vaterlande zu verschaffen, beschloß ich, dem englischen Gedicht ein deutsches Gewand umzuhängen.« So entstand *Die Schöpfung.*

Teile der biblischen Geschichte aus dem 1. Buch Mose und einige Psalmverse sind mit ausgedehnten Entlehnungen aus dem religiösen Epos *The Paradise Lost* von John Milton (1674) zu einem Libretto verbunden: Erzählendes und Betrachtendes halten sich dabei die Waage. Welchen Anteil – über das Übersetzen der englischen Vorlage hinaus – van Swieten an der Textgestaltung hatte, läßt sich nicht mehr im einzelnen feststellen. Vieles spricht dafür, daß er den Stoff im Sinne seiner eigenen, zeitbedingten Vorstellungen bearbeitet hat. Übrigens war er auch auf musikalischem Gebiet Fachmann genug, um dem Komponisten konkrete Vorschläge für die Vertonung machen zu können. (Beide arbeiteten drei Jahre später, 1801, auch am Oratorium *Die Jahreszeiten* zusammen.)

Über den Text ist von den Zeitgenossen viel gelästert worden: Er sei mangelhaft, zusammengestoppelt, ein »charakterloser Mischmasch« (Schiller). Sicherlich sind seine literarischen Qualitäten, für sich genommen, nicht groß; aber er war ja keineswegs als eigenständige poetische Leistung gedacht. Wer ihn losgelöst von seiner Vertonung betrachtet, tut ihm Unrecht – er ist für Musik, und zwar für diese Musik gemacht. Seine reichen Bilder bieten eine Fülle von Anknüpfungspunkten für die musikalische Erfindung. Das gilt im Großen wie im Kleinen – für die einzelnen Objekte der Schöpfung, die in sinnfälliger Lautmalerei geschildert werden, aber ebenso für die Erhabenheit des Stoffes insgesamt. Dabei steht Haydn einerseits noch ganz in der Tradition barocker Nachahmungsästhetik und Figurenlehre, indem er bestimmte Begriffe musikalisch-bildhaft umsetzt (etwa das »Hervorschnellen des Tigers«, das »kriechende Gewürm«, das »Heer der Insekten«, Regen, Schnee und alle anderen Geschöpfe Gottes)

Wie strömt dein wogender Gesang / In unsre Herzen ein! wir sehen / Der Schöpfung mächtgen Gang, / Den Hauch des Herrn auf dem Gewässer wehen / Jetzt durch ein blitzend Wort das erste Licht entstehen, / Und die Gestirne sich durch ihre Bahnen drehen; / Wie Baum und Pflanze wird, wie sich der Berg erhebt, / Und froh des Lebens sich die jungen Thiere regen. / Der Donner rollet uns entgegen: / Der Regen säuselt, jedes Wesen strebt / Ins Daseyn; und bestimmt, des Schöpfers Werk zu krönen, / Sehn wir das erste Paar geführt von deinen Tönen. / O jedes Hochgefühl, das in dem Herzen schlief, / Ist wach! wer rufet nicht: wie schön ist diese Erde! Und schöner, nun ihr Herr auch Dich ins Daseyn rief, / Auf daß sein Werk vollendet werde.
Christoph Martin Wieland.

Eine Aufführung von Haydns »Schöpfung« im Festsaal der Alten Universität zu Wien am 27. März 1808 zu Ehren des Komponisten. Nach einem Aquarell von Balthasar Wigand (1771–1846).

oder auch Gestaltungen nach allgemeineren Analogien entwirft, z. B. die Darstellung menschlicher Liebe durch reine Harmonien darstellt. Andererseits setzt er solche traditionellen tonsprachlichen Mittel im Dienste eines nicht mehr nur theologisch geprägten, sondern durchaus aufklärerischen Welt- und Menschenbildes ein. Man beachte etwa die Haydnsche Musik der Einleitung vor Gottes Schöpfungstat, d. h. bevor das klare C-Dur den Durchbruch des Lichtes symbolisiert (übrigens zeigen die Skizzen, welche Anstrengung auf die Aufgabe verwandt wurde, das Ungeformte mit Mitteln musikalischer Ordnung darzustellen): Alle kompositorischen Parameter stehen hier im Dienste der Chaos-Schilderung: dissonante Harmonik, ungestaltete melodische Motive, krasse dynamische Gegensätze, auf- und abwallende Bewegungen, in den Streichern noch »uneigentliche« (durch Dämpfer verhaltene) Tongebung. Und man vergleiche diese überaus kunstvolle Darstellung mit dem Lobgesang der Menschen an Gott (Nr. 30, Duett und Chor): überwältigend auch er – aber nicht durch Kompliziertheit oder Raffinement, sondern durch erhabene Einfachheit, durch Anmut und Würde elementar eingesetzter Kunstmittel. Wer könnte eine Stelle wie »So groß, so wunderbar ist Deiner Hände Werk« ohne innere Bewegung hören? – »Eine Reinheit und Unschuld, die würdig zu preisen es uns schlechthin an Worten fehlt«, hatte schon Carl Friedrich Zelter 1802 formuliert.

Haydns *Schöpfung* ist im wahrsten Sinne des Wortes umfassend, ein Werk von größter integrativer Kraft – nicht nur, weil im ursprünglichen Sinne von Gott und Welt die Rede ist (und insbesondere von der Rolle der Menschen in dieser Welt), sondern auch konkret kompositorisch: Diese Musik vereinigt heterogene Stilmittel zu einer allgemein verständlichen Sprache. Sie zieht damit die Summe einer ganzen Epoche: Kontrapunktische Techniken sind ebenso vorhanden wie »galante« Wendungen, das »Populare« wie das Kunstreiche, Traditionelles (Haydn bedient sich überlieferter Mittel, ohne konventionell zu sein) und Antizipatorisches (er ist kein bewußter Neuerer, prägt aber die Gattung Oratorium für Generationen). Diese Sprache ist – in den Begriffen seiner Zeit gesprochen – groß, ohne bombastisch zu sein; reich an Ausdruck, aber unprätentiös und ohne sich in Effekten zu ergehen. Man kann es als Zeugnis aufklärerischen Geistes in der Musik auffassen, oder man mag, insbesondere bei den großen Chören in ihrer schlichten Feierlichkeit, an Winckelmanns Wort von der »edlen Einfalt und stillen Größe« der klassischen Kunst denken. *Volker Scherliess*

LUDWIG VAN BEETHOVEN

3. Sinfonie Es-Dur op. 55 (»Eroica«) 1805 Wien

Schon der junge Beethoven (1770–1827) hatte die in »unseren demokratischen Zeiten« nicht mehr vertretbare »Kavaliersprache« der Musik als unvereinbar mit seiner Kunst abgetan. Trotzdem liegen ganze Welten zwischen der *Ersten Sinfonie* und der vier oder fünf Jahre später entstandenen

Dritten, der *Eroica.* Mehr als andere Kompositionen jener Zeit steht gerade dieses erste große Bekenntniswerk für das Umschlagen in eine neue Qualität, für den Bruch mit herkömmlicher Ästhetik und traditionellen Formvorstellungen. Daß Publikum und Kritik zunächst verunsichert reagierten, versteht sich von selbst. Von einer »sehr weit ausgeführten, kühnen und wilden Phantasie«, die sich oft »ins Regellose zu verlieren« scheint, schrieb der Korrespondent der Leipziger *Allgemeinen Musikalischen Zeitung* nach der ersten öffentlichen Aufführung am 7. April 1805 im Theater an der Wien. Und auch nach der Münchner Erstaufführung im November 1814 las man über eine Sinfonie oft »wunderlicher Launen«. Nur zu verständlich, daß in den ersten beiden Jahrzehnten des 19. Jahrhunderts nur wenige Aufführungen nachzuweisen sind. Schwer taten sich die Zeitgenossen mit dieser neuen Beethoven-Sinfonie.

Oft reichten ein paar einzelne, unbedeutende Töne hin, um aus denselben ein ganzes Tonwerk zu improvisieren|: wie z. B. das Finale der 3ten |: D-Dur:|Sonate von op. 10 . . . Nach solchen Improvisationen pflegte Beethoven in ein lautschallendes vergnügtes Lachen auszubrechen. In der Geschwindigkeit der Scalen, Doppeltriller, Sprünge, etc. kam ihm keiner gleich |: auch Hummel nicht:|. Seine Haltung beym Spiel war musterhaft ruhig, edel und schön, ohne die geringste Grimasse |: nur bei zunehmender Harthörigkeit gebückt:| Seine Finger waren sehr kräftig, nicht lang, und an der Spitze vom vielen Spielen breit gedrückt. Denn er sagte mir oft,daß er in seiner Jugend ungeheuer, oft meistens bis spät über Mitternacht, exerciert hatte.
Carl Czerny.
Zitiert nach H. C. Robbins Landon. Beethoven. Zürich 1970.

Was in der *Eroica* allen Konventionen widersprach, war gleich die Konzeption des Kopfsatzes. Zum zentralen Spannungsfeld des sinfonischen Satzgefüges wurde hier erstmals die Durchführung, die ein neues Thema in der von der Grundtonart Es-Dur weit entfernten Tonart e-Moll einführt und an Umfang die Exposition weit übertrifft. Doch nicht genug hiermit: Wie eine zweite Durchführung wirkt vor Schluß des Satzes die auf eine Länge von 134 Takten angewachsene riesige Coda. Beethoven selbst war sich des ungewohnten Umfangs des Satzes nur zu bewußt. In einem in der Originalausgabe 1806 abgedruckten Vermerk empfahl er angesichts der ungewöhnlichen Dimensionen der *Eroica,* das neue Orchesterwerk eher zu Anfang als am Ende eines Konzerts zu plazieren: »Sie würde sonst, wenn der Zuhörer von dem Vorhergegangenen bereits ermüdet ist, von ihrer Wirkung verlieren.«

Auf dem Kulminationspunkt der Durchführung des ersten Satzes beißen sich Streicher und Bläser 32 Takte lang an schärfsten Dissonanzen fest. Eine bisher nie gehörte kühne Orchestersprache und ungewohnte formale Strukturen stehen für die Ausnahmestellung der *Eroica.* Was der Beethoven-Forschung Rätsel aufgegeben hat, war jedoch darüber hinaus die Exegese eines Werks, das sich von Anfang an eng mit dem Namen Napoleons verknüpfte. Unter dem Titel *Geschrieben auf Bonaparte, Beethovens Eroica: Revolution, Reaktion, Rezeption* erschien 1989 ein Buch aus der Feder der beiden Musikologen Martin Geck und Peter Schleuning.

Ein Fragezeichen ist hinter den Bericht zu setzen, Beethoven habe schon im Frühjahr 1798 im Haus des französischen Generals Bernadotte, des ersten Gesandten der jungen Französischen Republik am österreichischen

Die Widmung an Napoleon I. ist zurückgenommen. Partitur-Titelseite der »Eroica«. Abschrift mit handschriftlichen Korrekturen Beethovens.

Hof, die Anregung zu einer »Bonaparte-Sinfonie« erhalten. Tatsache ist, daß er den Korsen als jenen Freiheitshelden verehrte, der einer feudalen Staatsordnung den entscheidenden Schlag versetzt hatte. Der Hoffnungsträger vieler großer Geister jener Zeit war auch für Beethoven ein Mann, der dazu berufen schien, die großen Ideen der Französischen Revolution durch die Welt zu tragen. Erst als sich Napoleon 1804 zum Kaiser krönen lassen wollte, zerriß Beethoven die Titelseite des Manuskripts, das programmatisch dessen Namen trug. Dem Andenken an einen großen Mann (»Sinfonia eroica, composta per festiggiare il sovvenire di un grand'-uomo«) wurde nun im 1806 erschienenen Erstdruck das Werk eines revolutionären Heldentums gewidmet, das ohnehin aus noch anderen Quellen gespeist war. Einen entscheidenden Fingerzeig, kann da die Variationsfolge des Schlußsatzes geben, dessen Kontertanz-Thema Beethoven schon in seiner Ballettmusik *Die Geschöpfe des Prometheus* (1800/01) und später auch in den *Klavier-Variationen op. 35* (1802) verarbeitet hatte. Auf jeden Fall hat es nicht an Versuchen gefehlt, das Werk von diesem Satz her aufzuschlüsseln und Prometheus als den Lichtbringer der Menschheit in den Mittelpunkt einer Exegese zu rücken. Doch letzthin bleibt dies bloße Spekulation. Tatsache ist dagegen, daß Beethoven in einem Werk revolutionären Geistes mehrfach Intonationen französischer Revolutionsmusik aufgriff. Deren feurigen Elan haben die sechste Variation des Finale, ein Geschwindmarsch mit einer zündenden Melodie im punktierten, federnden Rhythmus, und der Presto-Sturm des Siegesmarsches. Und auch zwischen Beethovens Trauermarsch und Revolutionsmusiken wie François-Joseph Gossec' *Hymne à la liberté* oder *Marche lugubre* sind erstaunliche Parallelen nachzuweisen.

Statistiken ist zu entnehmen, daß die *Eroica* während des Zweiten Weltkriegs besonders häufig in deutschen Konzertsälen zu hören war. In den Dienst der psychologischen Kriegführung trat nun – bewußt oder nicht – das Werk eines revolutionären Heldentums. Eine Aufführung ein halbes Jahrhundert zuvor war – ein Kuriosum der Rezeptionsgeschichte – von Hans von Bülow in einem Konzert der Berliner Philharmoniker Bismarck als dem »Bruder Beethovens«, dem »Beethoven der deutschen Politik« gewidmet worden. *Hans Christoph Worbs*

LUDWIG VAN BEETHOVEN

Fidelio
1805/1806/1814

Wie Mozarts (1756–91) *Zauberflöte* (UA 1791) und Webers *Freischütz* (UA 1821) gehört auch Beethovens (1770–1827) *Fidelio* zu jenen Werken des deutschen Opernrepertoires, die wegen ihrer Textbücher immer wieder ins Kreuzfeuer der Kritik geraten sind. Dennoch steht die kritische ästhetische Rezeption in krassem Widerspruch zum dauerhaften Erfolg, den diese Opern im internationalen Repertoire erzielt haben.

Wie sehr Beethoven mit seinem einzigen Bühnenwerk, nicht zuletzt aufgrund des dramaturgisch problematischen Textbuchs, gerungen hat, zeigt schon die verzweigte Entstehungsgeschichte, die mit der Endfassung von 1814 insgesamt drei Varianten (Uraufführungen 1805 und 1806) und nicht weniger als vier Vorspiele hervorgebracht hat: die sog. »Leonoren-Ouvertüren« Nr. 1–3, die in der letzten Fassung keine Verwendung mehr

Die Theaterzettel der »Fidelio«-Uraufführungen vom 20. November 1805 (erste Fassung) und vom 23. Mai 1814 (dritte und letzte Fassung mit dem neuen Libretto von Georg Friedrich Treitschke).

fanden, und die »Fidelio-Ouvertüre« in E-Dur, das noch heutige gültige Vorspiel der Oper. Otto Nicolai (1810–49), der Schöpfer der *Lustigen Weiber* (UA 1849), war der erste Dirigent, der in die von Beethoven autorisierte Endfassung modifizierend eingriff und 1841 in einer spektakulären *Fidelio*-Aufführung an der Wiener Hofoper die dritte »Leonoren-Ouvertüre« vor dem zweiten Akt einschob. Auch Gustav Mahler (1866–1911) verfuhr in dem Bestreben, die Ouvertüren für die Bühne zu retten, ähnlich: In seiner durch Alfred Rollers exzeptionelles Bühnenbild berühmt gewordenen Wiener Aufführung von 1904 verlegte er die dritte »Leonoren-Ouvertüre« mitten in den ersten Akt, so daß dieser in zwei Bilder geteilt wurde (Stube des Kerkermeisters und Gefängnishof). Zu abstrusen Verfälschungen führte die marxistische Inanspruchnahme des Werks als proletarische Revolutionsoper, der das apotheotische Finale mit der von »oben« erlassenen Amnestie der Häftlinge freilich im Wege stand. Der Schluß der Oper wurde im Zuge dieser Interpretation weggelassen und durch die szenisch frei realisierte Musik der »Leonoren-Ouvertüre« Nr. 3 ersetzt.

Daß Beethoven, der als Sinfoniker und Instrumentalkomponist im Nachruhm romantischen Geniekults zum Prototyp des autonomen Musikers erhoben wurde, dem Theater keineswegs abgeneigt war, ist nicht nur durch die Schauspielmusiken und Ballette belegt, sondern auch durch

Im 1801 erbauten Theater an der Wien fand die Uraufführung der ersten Fassung von Beethovens »Fidelio« statt.

zahlreiche Opernpläne, von denen außer *Fidelio* keiner realisiert wurde. So hatte Beethoven, bevor er den Kompositionsauftrag zu diesem Werk erhielt, bereits von Emanuel Schikaneder, dem *Zauberflöten*-Dichter, ein Operntextbuch erhalten, eine Zusammenarbeit aber brüsk abgelehnt. Beethoven, der die *Fidelio*-Proben am Theater an der Wien mißtrauisch und kompromißlos verfolgte und sich mit dem Intendanten wegen Honorarforderungen überwarf, schien, nicht zuletzt infolge der rapide fortschreitenden Schwerhörigkeit, den Unwegsamkeiten und Banalitäten des Theaterbetriebs von Anfang an nicht gewachsen. So verwundert es kaum, daß der Komponist, enttäuscht über den lauen Erfolg der Uraufführung, die Partitur wenige Tage später zurückzog. Sonnleithners Textbuch, das nach dem Libretto der Erfolgsoper *Léonore ou L'Amour conjugal* (UA 1798) von Pierre Gaveaux (1761-1825) verfaßt worden war, wurde, wie auch die Musik selbst, für die weiteren Fassungen derart grundlegend bearbeitet, daß das Werk mit dem beinahe tauben Komponisten am Dirigentenpult und mit dem neuen Text von Georg Friedrich Treitschke am 23. Mai 1814 schließlich doch noch erfolgreich aufgeführt werden konnte.

Mit der Wahl des heroischen *Fidelio*-Stoffs ging Beethoven über das volkstümliche Singspiel und die phantastische Zauberoper der Wiener Vorstadtbühnen weit hinaus. Vorbild für diesen Typus war die aus der Französischen Revolution hervorgegangene Schreckens- und Befreiungsoper, die sich aus der Gattung der Opéra comique zu einem überaus beliebten und obendrein politisch brisanten Genre entwickelt hatte. Nachweislich kannte Beethoven, der später als »Prototyp des revolutionären Bürgertums« (Th. W. Adorno) gerühmt wurde, eines der bekanntesten Werke dieses Genres, das auch in Wien erfolgreich gegeben wurde: Luigi Cherubinis (1760–1842) *Wasserträger* (UA 1800) ging in Wien 1802 in Treitschkes Übersetzung über die Bühne.

In Anlehnung an die französische Konvention ist das Textbuch des *Fidelio* nicht frei von stereotypen Szenenarrangements (hierzu gehören etwa die Engels- und Rettungsvisionen Florestans, Leonores Überfall auf Pizarro im Kerker und das rettende Trompetensignal am Schluß der Kerkerszene). Daß Beethoven dennoch zu einer allgemeingültigen Aussage gelangte, ist weniger der Dramaturgie des Textbuches als vielmehr der konzisen musikalischen Gestaltung zu verdanken. Denn erst durch die Musik und das strahlende, visionäre C-Dur des Finales, das allen Gefangenen die Freiheit bringt, wird Leonore, die Vertreterin der hohen Gattenliebe und die mutige Retterin des eingekerkerten Florestan, zur personifizierten Humanität, die ganze Oper zu einem einzigartigen Manifest der Hoffnung auf Liebe und Freiheit. Ernst Bloch, der im rettenden Trompetensignal das Jüngste Gericht und in Leonore die apologetische Vertreterin der Freiheit aller Menschen zu erkennen glaubte, sah im *Fidelio* das Drama der Utopie, hinter Beethovens republikanischer Weltanschauung den ersten politischen Musiker.

Aufgrund seines revolutionären Impetus hat das Werk zu vielen mißverständlichen und überzogenen Auslegungen geführt, sowohl in der theoretischen Reflexion als auch in der Theaterpraxis. *Fidelio* ist eine Ideen-Oper, machtvoll erweist sich ihre Musik stets, wenn der Gedanke von Freiheit und Menschlichkeit Ausdruck finden soll. Dann ist sie das Drama selbst, und Wagner (1813–83) bekommt zumindest teilweise Recht, wenn er in der dritten »Leonoren«-Ouvertüre ein »vollkommenes Drama« erblickt.

Julia Liebscher

Den Anforderungen an ein vollkommenes dramatisches Musikwerk gegenüber läßt Fidelio Vieles zu wünschen übrig. Nichtsdestoweniger sind die großen lyrischen und orchestralen Schönheiten, an denen das Werk so reich ist, so hervortretend, daß sie . . . einen solchen Reichthum lebhafter, durchdringender und tiefer Gemüthsbewegungen entwickeln, daß kein wirklicher Künstler, kein gebildeter Geist sich bei Anhörung dieser fesselnden und erschütternden Klänge dem Eindruck tiefster Ergriffenheit zu entziehen vermöchte, dem Zoll der Bewunderung für das Werk, des innigsten Mitgefühls für den Meister, für die Leiden des Genius, der mit gerechter Entrüstung eine Bahn geistigen Ringens verließ, die man für ihn nur mit Dornen bestreut hatte.
Franz Liszt.
Beethovens
Fidelio.
in: Weimarische
Zeitung.
28. Februar 1854.

LUDWIG VAN BEETHOVEN

Streichquartette op. 59
1806 Wien

Stellen die Klaviersonaten gleichsam die Pionier-Gattung dar, darin Beethoven (1770–1827) neue Techniken, Verfahren und kompositorische Ideen erprobte, so bilden umgekehrt die Streichquartette jenen Gattungsbereich, in dem er aus dem jeweils erreichten Stand des Komponierens einer bestimmten Periode die Summe zog. Beethoven hatte mit seinem 1798 bis 1800 entstandenen, 1801 im Erstdruck erschienenen *Opus 18,* einer Zusammenstellung von sechs Streichquartetten zu einem Gesamt-Opus, jene Meisterschaft erwiesen, mit der er von der Nachwelt als Meister der Wiener Klassik begriffen wurde, d. h. er hatte sich hier – bei aller Individualität der kompositorischen Handschrift – noch weitgehend an die (frei-

Beethovens Streichquartett F-Dur op. 59 Nr. 1. Autograph der ersten Seite. Beethoven komponierte die drei Quartette op. 59 im Auftrag des Grafen Rasumowsky im Jahre 1806.

lich außerordentlich weiten) Möglichkeiten des Wiener klassischen Stils gehalten, wie er von Joseph Haydn (1732–1809) und Wolfgang Amadeus Mozart (1756–91) ausgebildet worden war.

Mit den drei *Streichquartetten op. 59* in F-Dur, e-Moll und C-Dur, die Beethoven im Jahr 1806 im Auftrag des Grafen Rasumowsky, des damaligen russischen Gesandten in Wien, komponierte, schuf er in der Quartettgattung dann eine Trias von Werken, die paradigmatisch die Perspektiven der durch den »neuen Weg« eröffneten Möglichkeiten zusammenfaßt. Diesen Willen zu einem neuen Weg des Komponierens hatte Beethoven im Jahr 1802 (nach Czernys Bericht) gegenüber dem Geiger Wenzel Krumpholz bekundet und damit die fruchtbare Schaffensphase seiner mittleren Zeit begründet.

Die *Rasumowsky-Quartette* manifestieren nun – auf der Basis der Tradition – eine neue, originelle Erweiterung und Vertiefung der musikalischen Sprache des Quartettsatzes, der verschiedenen Sphären des Ausdrucks und im besonderen der musikalischen Form. Die Form dieser Werke ist gegenüber allem Herkömmlichen so expandiert, daß die anfänglichen Schwierigkeiten des Publikums, das ihnen mit Unverständnis begegnete, wohl verständlich sind.

Das *F-Dur-Quartett op. 59 Nr. 1* erweist beispielhaft die neue Musiksprache des mittleren Beethoven. Die Form des ersten Satzes, eine sog. Sonatenhauptsatzform, läuft ohne Wiederholung des ersten Teils, der »Exposition«, in einem Zuge durch. Zwar sind noch immer die Teile funktional voneinander unterschieden, aber die Idee einer sich von Anfang an entwickelnden, immer weiter fließenden Musik ohne starre Teil-Abgrenzungen ist hier klar verwirklicht. Während in anderen Werken dieser Periode, etwa in der *Fünften Sinfonie*, die Idee einer dramatischen Entwicklung in neuer Weise realisiert wird, indem der musikalische Formprozeß zu einer lückenlosen thematischen »Abhandlung« wurde, ist hier im Gegenteil eine Art musikalischer Epik insofern gestaltet, als die Musiksprache weiträumig disponiert ist und die Themen – beispielhaft die F-Dur-Kantilene des Anfangsthemas des Kopfsatzes, die sich von der Tiefe aus nach oben schwingt und erst dann mit einer lange vorbereiteten Kadenz F-Dur als Tonika bestätigt – einen Zug ins Weite, eine Freiheit der Gestaltung und eine Offenheit der lyrischen Aussprache realisieren. Hier, in diesem Kopfsatz, der zum Schönsten Beethovenscher Musik überhaupt zählt, steht Beethoven Schubert (1797–1828) am nächsten, ohne je seine Eigenart preiszugeben. Die Musiksprache ist überraschungsvoll und gleichzeitig logisch, und erst in dieser Verbindung erreicht sie jene Klassizität, welche die *Quartette op. 59* zu einem Höhepunkt der gesamten Literatur macht.

Die weiteren Sätze des *F-Dur-Quartetts* – ein Scherzando, ein weit ausgreifendes, die Ausdruckssphären wunderbar vertiefendes Adagio und endlich ein extravertiertes, spielerisches Finale, dem Beethoven ein »thème russe« zugrunde legte (eine jener russischen Melodien, mittels derer er einerseits dem Auftraggeber huldigte und andererseits seine Materialbasis erweiterte) – runden das Werk in einer Weise ab, die eine außerordentliche Satzkunst in der Darstellung des obligaten Stils der vier Streichinstrumente offenbart. Dieses Werk erweist sich dadurch als klassisch, daß der Stil des obligaten Accompagnements, der die Quartettgattung zur höchsten, durchgebildetsten, anspruchsvollsten, kunstreichsten der musikalischen Komposition seit ihrer Begründung durch Joseph Haydn einige Jahrzehnte zuvor hat werden lassen, hier eine bislang neue Individualität und Flexibilität gewinnt.

Im *e-Moll-Quartett op. 59 Nr. 2* kommen dieselben Eigenheiten in einer anderen Weise zur Geltung. Vor allem im dritten Satz, der das traditionelle Scherzo vertritt, ist die rhythmisch-metrische Gestaltung neuartig-kühn, indem der Satz im Hauptteil eine fast durchgehend nachschlagende, den schweren Taktteil aussparende Hauptstimme in der ersten Violine aufweist; der Maggiore-Teil bringt dann wiederum ein »thème russe«, so daß sich auch hier eine Zusammengehörigkeit der drei Quartette ergibt.

Das *C-Dur-Quartett op. 59 Nr. 3* schließlich weist, wenn wir der Interpretation Ludwig Finschers folgen, einen Doppelcharakter auf: Einerseits extravertierte, offen-virtuose, dem Gattungstypus des »quatuor concertant« nachgebildete Züge, eine exoterische, komplexe, rätselhaft-schwierige Tonsprache andererseits. Die langsame Einleitung zum ersten Satz, ein Rätselbild in Tönen, bei der kein Akkord »voraushörbar« ist, führt zu einem Aufgang im Allegro. Hier wird das Hauptthema in C-Dur vorbereitet, das in seinen Dreiklangsbrechungen keine Schwierigkeiten aufzuweisen scheint und das dennoch in der virtuosen Satzart einen neuen Typus konzertanter Quartettmusik darstellt. Das Quartett erweist sich an dieser Stelle als eine Musik für professionelle Spieler, die ihre Kennerschaft fraglos implizieren. Die *Streichquartette op. 59* stellen einen Meilenstein in der Geschichte der Beethovenschen Entwicklung ebenso wie in derjenigen der Quartettgattung dar. Nach diesen Streichquartetten schuf Beethoven nur mehr Einzelwerke, die mit jeweils eigenen Opuszahlen versehen sind.

Hermann Danuser

LUDWIG VAN BEETHOVEN

Violinkonzert D-Dur op. 61
1806

Im Laufe der Jahrzehnte ist dieses Werk Beethovens (1770–1827) für mich zum Maßstab geworden, an dem sich das Niveau und die wechselnde »Mode des Orchesterspiels« ablesen lassen. Obwohl Beethovens eigentliches Instrument das Klavier war, wußte er alles über die Geige, die er in seiner Jugend studiert hatte. Daraus folgt, daß er bei der Komposition seines einzigen Werkes dieser Art weitaus unabhängiger vom Rat zeitgenössischer Berufsgeiger war als zum Beispiel Mendelssohn (Ferdinand David) oder Brahms (Joseph Joachim). Während Brahms' *Violinkonzert* in seiner Aufführung vom Solisten, Dirigenten und Orchester »modelliert« wird, ist die Komposition Beethovens in sich eine vollendete Arbeit, deren Interpretation größter Integrität bedarf. Diese Musik nimmt eine einmalige Position in der Reihe aller Violinwerke ein, denn – sie ist kein Violinkonzert. Hier ist Musik in ihrer reinsten Form, geboren aus tiefster Empfindung, vom Intellekt geläutert, symbolisch und klar, weit entfernt von der »sinnlichen Süße« zum Beispiel einer Himbeere – wie der Himbeergeist von seiner ursprünglichen Frucht. Man muß sich dieser Musik in tiefster Ehrfurcht nähern, wie dem heiligen Gral. Zwar berauscht sie, jedoch gleicht diese Trunkenheit eher einer Vergeistigung, denn die Musik hat sich distanziert, und sie distanziert auch ihre »Jünger« von allem, das sie je wußten, empfanden oder berührten. Um dies auszudrücken, ist die Geige das ideale, das privilegierte Instrument, das echte Medium, diese Verwandlung zu verwirklichen, diese Rückgeburt im Gegensatz zur Wiedergeburt.

Dies sind keine hohlen Phrasen, denn sie entstammen lebenslanger Intimität (wenn man von Intimität mit einem Symbol überhaupt zu sprechen wagt), und meine Analyse des Werkes, viele Jahre nach meinen ersten Aufführungen, dient zur Erklärung, wie ein Kind bereits mit dem Wesen buddhistischer Weisheit ausgestattet sein kann, verliehen von Kräften, die weit außerhalb unserer Sinneswahrnehmungen liegen.

Begleiten Sie mich auf dem Gedankengang durch dieses große Werk. Zu Beginn: Das Pulsieren der Pauke, behutsam den lebendigen Herzschlag weckend, der uns durch den ersten Satz führen wird. Die Holzbläser künden in schlicht bewegter Linie, melodisch phrasiert und erwidert, Klarheit und Gelassenheit. Das Ausdrucksmoment liegt in der Note h; a-h-a, mit leichter Betonung auf dem h in der Erwiderung. Wer dem Notentext zu folgen vermag, der achte auf das h, wo immer es in D-Dur auftritt. Klare, einfache Tonleitern und gebrochene Akkorde stehen in Beethovens Komposition als letztes Wort der Läuterung: neu erlangte Unschuld, Rückkehr zum Wesentlichen. Sie sind nicht erste Kritzel eines Kindes, mögen sie auch kindlich klingen.

Durchweg bedienen sich Komponisten einer Steigerung in der Durchführung. Beethoven, im Gegensatz dazu, reduziert, vereinfacht und erlangt einen musikalischen Ausdruck von einer fehlerlosen, sparsamen Echtheit, verwandt einem Zitat der Bibel oder einem der Werke Shakespeares entnommen.

Der Musik- und insbesondere der Violinschüler und jeder ausübende Musiker wird mir folgen können, wenn ich vorschlage, die Holzbläserphrase zu Beginn mit der Version in h-Moll nach dem zweiten Tutti zu vergleichen und dies mit der Ornamentierung durch die Solovioline dieses bloßen Gerippes des Themas. Hier liegt der Beweis für meine Behauptung.

Verfolgen Sie jeden gebrochenen Akkord, von den ersten im ersten Satz über das g-Moll in der Durchführung bis zum G-Dur in der Mitte und am Ende des Larghettos, bis hin zum Beginn des Schlußsatzes, des Rondos. Vergleichen Sie das Hauptthema des ersten Satzes und dessen Transformation in der Durchführung (g-Moll) im letzten Satz. Es gibt kaum eine Note, einen Rhythmus, eine Form, welche nicht integraler, organischer Bestandteil des großen Ganzen sind.

Das ganze Werk ist durchdrungen von einem tiefen, universellen Flehen. Es ist Einsteins erfolglose Suche nach der vereinheitlichten Feldtheorie, entwickelt aus dem Bemühen um Erklärung jeglichen Phänomens, von deren Existenz er wußte. Und es gibt sie – in Beethovens Violinkonzert.

Überlassen wir jede weitere Suche und Entdeckung meinen Kollegen. Mögen sie den Wahrheiten in dieser einen großen Wahrheit zugestehen, in der Perfektion ihrer Ausgewogenheit zu leuchten. Mögen sie in ihrem Spiel nicht sich selbst mit ihren Nöten und Ambitionen in den Vordergrund geigen, sondern mögen sie, wie der Philosoph und Theologe Constantin Brunner es ausdrückte, »in Beethovens Konzert leben« – in Demut und echter Begeisterung.

(Ins Deutsche übersetzt von Jutta Schall-Emden) *Yehudi Menuhin*

LUDWIG
VAN BEETHOVEN

---

5. Sinfonie c-Moll op. 67
1808 Wien

Schon aus dem Jahr 1804, als Beethoven (1770–1827) an seiner Oper *Fidelio*, an der *Vierten Sinfonie* und dem *Vierten Klavierkonzert*, der *Appassionata* und anderen Werken arbeitete, sind Entwürfe zu seiner *c-Moll-Sinfonie* bekannt; sie wurde aber erst 1808 vollendet. Daß die Entstehung einen so langen Zeitraum in Anspruch nahm, wirft ein bezeichnendes Licht auf seine Arbeitsweise, die grundsätzlich nicht – wie etwa bei Mozart oder Schubert – durch zügiges Niederschreiben, sondern durch ständiges Feilen und Konzentrieren gekennzeichnet war. Dabei hat er, wie seine Skizzen zeigen, die großartigsten Ideen und Gestaltungen oftmals aus einem winzigen, fast möchte man sagen: primitiven Kern entwickelt.

So auch in der *Fünften Sinfonie:* Welches musikalische Gebilde könnte einfacher sein als ihre berühmten vier Anfangstöne? Und doch bestimmen sie den Charakter des ganzen Werkes, nicht nur im ersten Satz, sondern als rhythmische Urzelle auch sonst. Dabei handelt es sich nicht um ein Thema im traditionellen Sinne, sondern lediglich um ein kurzes, mottoartiges Motiv (allein das ist einzigartig in der Musikgeschichte). Seine Prägnanz – die Eigenschaft des Rufenden, Aufrüttelnden, Drängenden – hat schon die Zeitgenossen zu besonderen Deutungen veranlaßt; man konnte diese Tonfolge nicht lediglich als musikalisches Gebilde auffassen, sondern erlebte es als Ausdruck ungeheurer emotionaler Kraft. So war das von Beethovens Schüler Anton Schindler überlieferte (wenn auch nicht wirklich belegte) Wort des Meisters »So pocht das Schicksal an die Pforte« willkommen, um das Werk als »Schicksalssymphonie« zu verstehen. In der Tat legt Beethovens zunehmende Taubheit und seine erbitterte Auflehnung dagegen (»Ich will dem Schicksal in den Rachen greifen!«) eine solche Deutung sehr nahe. Über diese autobiographische Seite hinaus hat er aber die allgemeine dramatische Idee des »Per aspera ad astra« – »Durch Nacht zum Licht« gültig mit musikalischen Mitteln formuliert; man beachte nur den Übergang vom dritten zum vierten Satz, wenn der helle, strahlende Siegesglanz mit geradezu bildhafter Kraft durchbricht. Alle musikalischen Mittel, von der satztechnischen Arbeit bis hin zum Einsatz des ungewöhnlich

Nehmen wir zum Beispiel den Schluß der Fünften Symphonie mit diesen Akkorden in C-Dur. Man kann nicht sagen, daß außer dem Rhythmus hier noch irgendetwas von Bedeutung ist, weder in der Dynamik, noch in der Instrumentation, noch in der Motivarbeit. Wichtig ist allein das rhythmische Leben. Das findet man bei Beethoven, und man findet es bei ihm zum ersten Mal in solcher Form in der abendländischen Tradition.
Pierre Boulez
Gespräch zwischen Pierre Boulez und Hans Mayer.
in: Wille und Zufall. Stuttgart/Zürich 1977.

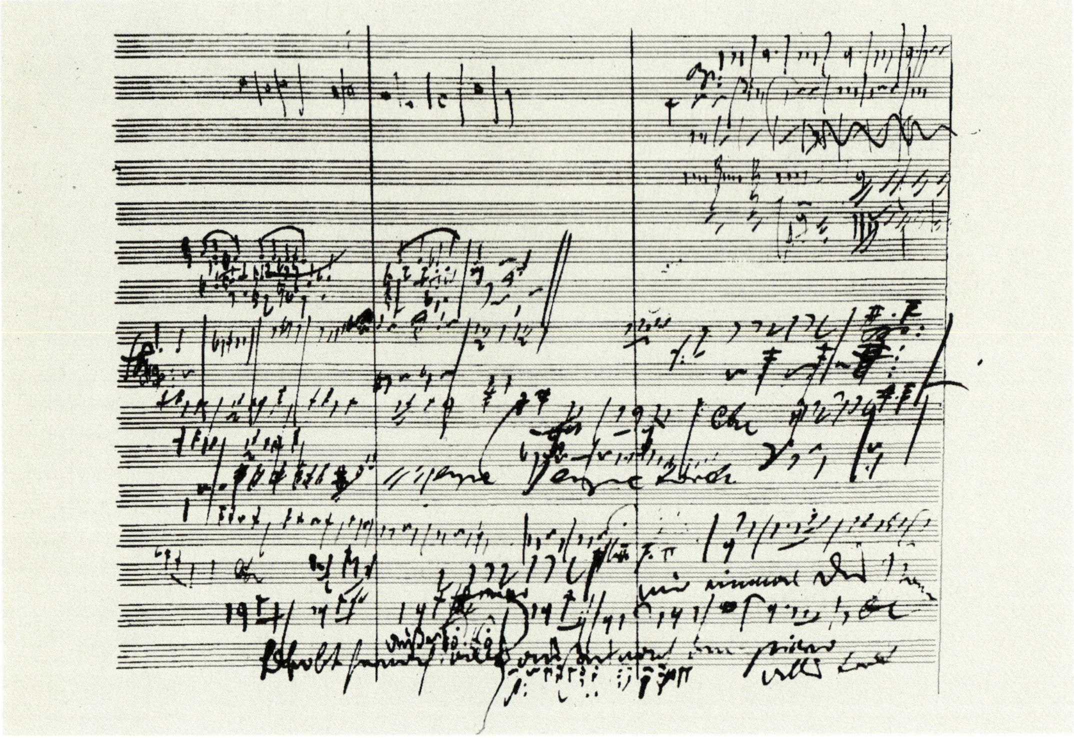

Autographische Skizzen zu Beethovens 5. Sinfonie c-Moll op. 57 aus den Jahren 1804–08. Die Sinfonie wurde bald nach ihrem Erscheinen als »Schicksalssinfonie« interpretiert.

großen Orchesterapparates (erstmals erklingen Piccoloflöte, Kontrafagott und drei Posaunen in einem sinfonischen Werk) stehen im Dienste dieser grandiosen Idee.

Der heutige Musikfreund, dem die ganze Musikgeschichte zur Verfügung steht und der gewohnt ist, ohne Unterschied zu konsumieren, wird sich kaum mehr vorstellen können, was eine solche Musik für die Hörer ihrer Zeit bedeutete. Als Mendelssohn (1809–47) sie dem alten Goethe 1830 auf dem Klavier vorspielte, war dieser tief bewegt: »Das ist sehr groß, ganz toll, man möchte sich fürchten, das Haus fiele ein; und wenn das nun alle Menschen zusammenspielen!«

Der Eindruck des Ungeheuren, Dämonischen, Wilden, einer unergründlichen Tiefe und in reiner Instrumentalmusik noch nie dagewesenen Kraft läßt sich aus allen Äußerungen der Zeitgenossen erkennen, am schönsten aus E. T. A. Hoffmanns Rezension, die allen späteren Beethoven-Deutungen die Richtung wies: Diese Musik »öffnet das Reich des

Ungeheuren und Unermeßlichen; . . . sie bewegt Hebel des Schauers, der Furcht, des Entsetzens, des Schmerzes und erweckt jene unaussprechliche Sehnsucht, die das Wesen der Romantik ist«.

In der Tat: Es geht in dieser Komposition nicht mehr nur wie in einem typisch »klassischen« Werk um Maß, Natürlichkeit und Ausgleich zwischen den Extremen, sondern um gesteigerten Ausdruck; nicht mehr um die Erfüllung erwarteter Normen, sondern um das Unverwechselbare des einen Werkes; ja – es geht im Grunde nicht mehr um Musik allein. Sie wird vielmehr zum persönlichen Bekenntnis, in dem der Komponist sein Eigenstes ausspricht und mit dem er sich an die Menschen schlechthin, an die ganze Menschheit wendet. Solche Erweiterung der Ausdrucksmöglichkeiten bedeutet musikalisch-technisch gesehen eine Intensivierung der kompositorischen Mittel. Beethoven erweitert die Sprache der Instrumentalmusik, er vertieft sie, ja – man kann sagen: er »problematisiert« sie. Das geschieht vor allem durch zunehmende kompositorische Konzentration,

Autographische Partiturseite aus Beethovens 5. Sinfonie c-Moll op. 67, von der Goethe später meinte, »man möchte sich fürchten, das Haus fiele ein«.

d. h. Beschränkung auf wenige motivische Elemente und deren strenge Verarbeitung. Eine eingehende Analyse der Sinfonie würde auf Schritt und Tritt den Beziehungsreichtum innerhalb der einzelnen Sätze, aber auch in der ganzen, zyklisch gebundenen Form offenbaren. Konnte man eine Haydn- oder Mozartsinfonie noch satzweise aufführen (was der Praxis der Zeit durchaus entsprach), so ist Beethovens *c-Moll-Sinfonie* ein geschlossenes Ganzes. Statt des unterhaltenden Moments, das der Gattung Sinfonie ursprünglich eigen war, kommen übergreifende architektonische Zusammenhänge und der »gelehrte« polyphone Stil immer mehr zum Zuge.

Die Musik wendet sich nicht wie im 18. Jahrhundert an »Kenner« oder »Liebhaber«, sie unterscheidet nicht zwischen geistig anspruchsvollen und unterhaltenden Zügen, sondern wird zur umfassenden, verbindlichen Sprache des Menschen. Hier liegt der humanistische Aspekt dieser Partitur: Beethoven hat mit ihr, wie Igor Markevitch in einer großen Studie formulierte, »den Bereich musikalischer Konzeption erweitert; . . . die Grenzen des dem Geiste Erreichbaren hinausgerückt und das Selbstverständnis des Menschen vergrößert . . . Die *Fünfte Sinfonie* hat, wie nur wenige Werke, den Menschen zum Bewußtsein seiner eigenen Größe geführt.«

Volker Scherliess

LUDWIG VAN BEETHOVEN

6. Sinfonie F-Dur op. 68
1808 Wien

»Beethoven am Bache, die Pastorale komponierend«. So idyllisch stellte sich ein ungenannter Künstler (1834) den Schaffensprozeß eines Beethoven vor.

Nahezu vier Stunden dauerte im ungeheizten Theater an der Wien die von Beethoven (1770–1827) in eigener Regie veranstaltete »Akademie« am 22. Dezember 1808. Auf dem Programm standen neben dem *G-Dur-Klavierkonzert op. 58* (1806), der *Chorphantasie* und einigen Sätzen aus der *C-Dur-Messe* (1807) gleich zwei noch unbekannte Sinfonien: die *Fünfte* und die einige Monate zuvor in Heiligenstadt bei Wien vollendete *Pastorale.* Wenn ein Werk die oftmals aufgebauschten Gegensätze zwischen absoluter Musik und Programmusik versöhnte, dann diese fünfsätzige Sinfonie, in

BEETHOVEN 6. Sinfonie F-Dur

der mit dem vierten Satz »Gewitter, Sturm« (ähnlich wie 1830 in Berlioz' *Symphonie fantastique*) die klassische Sinfonieform durchbrochen wird.

In der genrehaften »Szene am Bach«, einem Klanggemälde von atmender Stille, ist am Ende des Satzes – gewissermaßen als Solokadenz – das Vogelstimmenterzett von Nachtigall (Flöte), Wachtel (Oboe) und Kukkuck (Klarinette) zu hören, während im anschließenden dritten Satz humorvoll verschmitzt das Spiel der Dorfmusikanten parodiert wird. Der Oboist verpaßt den Einsatz; doch auch der Fagottist hat verschlafen und steuert nun notdürftig die Grundtöne der Harmonie bei. Mit Pauke und bis dahin weise aufgesparten Posaunen ist schließlich das hereinbrechende Gewitter geschildert. Sicher sperren sich realistische Momente wie das Vogelzwitschern oder das Gewitter eher gegen die Stimmungsmalerei, als daß sie in ihr aufgingen. Und doch ist Beethovens Musik nach seinen eigenen Worten mehr »Ausdruck der Empfindung« als »Malerei«. »Frohe, dankbare Gefühle nach dem Sturm« bringt der letzte Satz zum Ausdruck, während das einleitende Allegro ma non troppo die bezeichnende Überschrift »Erwachen heiterer Empfindungen bei der Ankunft auf dem Lande« trägt. Ohne Triebkraft schwingt hier im ersten Satz das Hauptthema aus. Und die in der *Fünften Sinfonie* so konfliktreich zugespitzte Durchführung wartet in der *Pastorale* mit harmonisch stabilen Klangflächen und – wie später etwa bei Schubert – mit neuartigen Farb- und Lichtwechseln auf.

Aber Beethovens Dichtung! . . . diese langen farbenreichen Perioden! . . . diese sprechenden Bilder! . . . diese Düfte! . . . dieses Licht! . . . das beredte Schweigen! . . . die weiten Horizonte! . . . die zauberischen Waldwinkel! . . . die goldene Saat! . . . die rosigen Wölkchen, die über den Himmel ziehen! . . . die ungeheure Ebene, schlummernd unter den Strahlen des Mittags! . . . Kein Mensch! . . . die ungestörte Natur entschleiert und bewundert sich . . . Und die tiefe Ruhe des Lebendigen! Und wie köstlich das Leben alles Ruhenden! . . .
Hector Berlioz. Kritische Betrachtungen der Beethovenschen Symphonien: Pastorale In: Literarische Werke, Bd. 6, Leipzig 1912.

Schon 1784 war Justin Heinrich Knecht (1752–1817), Musikdirektor im Württembergischen Biberach, mit einer Sinfonie *Le Portrait musical de la Nature* an die Öffentlichkeit getreten. Fraglos weist das Programm dieses Orchesterwerks (»Idyllische Landschaft – Gewitter – Danklied der Natur an den Schöpfer«) auf Beethovens 24 Jahre später vollendete *Pastorale*. Und doch bleibt Knechts Sinfonie vergleichsweise weit im Deskriptiven stecken, während es Beethoven auch bei der (realistischen) Schilderung des Gewitters zugleich um den Ausdruck menschlicher Angst beim Aufruhr der Elemente ging.

Mehr als zu einem überlebten Rationalismus bekannte sich der Komponist der *Pastorale* zum Geist Rousseaus, der in seinem Roman *Julie oder Die neue Heloise* (1761) all jenen Tonsetzern widersprach, die selbstgenügsam das Murmeln des Baches oder das Grollen des Donners schilderten und nicht vielmehr Gefühle zu erregen suchten, die durch diese akustischen Naturereignisse hervorgerufen würden. »Jede Mahlerey, nachdem sie in der Instrumentalmusik zu weit getrieben, verliert.« So steht es expressis verbis in den Skizzen zur *Sechsten Sinfonie*.

»Kein Mensch kann das Landleben so lieben wie ich – geben doch Wälder, Bäume, Felsen den Widerhall, den der Mensch wünscht«, heißt es in einem Brief Beethovens an seine Freundin Therese Malfatti. Und in einem Skizzenbuch vom Herbst des Jahres 1815 stehen die Worte: »Allmächtiger im Wald! Ich bin selig, glücklich im Walde: Jeder Baum spricht durch dich. O Gott! Welche Herrlichkeit! In einer solchen Waldgegend, in den Höhen ist Ruhe, Ruhe, ihm zu dienen.« War für Joseph Haydn (1732–1809) die Natur nicht zuletzt Folie des geselligen Lebens, so erlebte sie Beethoven nicht zuletzt als Refugium, als Stätte göttlicher Offenbarung.

Hans Christoph Worbs

LUDWIG VAN BEETHOVEN

5. Klavierkonzert Es-Dur op. 73
1809 Wien

Im sog. Beethoven-Jahr 1970 äußerte der Komponist Mauricio Kagel (* 1931), man solle doch Beethovens Werk eine Zeitlang überhaupt nicht aufführen, damit es danach, von allzu großer Strapazierung befreit, erneut seine Qualitäten dem Publikum mitteilen könne. Daß in der Tat die Nachwelt durch Übertreibung oft schlecht macht, was die Zeitgenossen durch Mißachtung – eher unfreiwillig – gut gelassen haben, gehört zu den Erfahrungen mit einer durch die modernen Medien buchstäblich grenzenlos verfügbaren Kunst. Theoretische Überlegungen wie jene Mauricio Kagels erscheinen gerade deshalb so provozierend, weil sie praktisch so wirkungslos sind: Große Werke lassen sich nicht unterdrücken. Und auf Beethovens Meisterwerke, die – nach einem Wort Romain Rollands – wie Dome in den Himmel ragen und die Kompositionen der Zeitgenossen wie Dorfkirchen erscheinen lassen, mag dies in besonderem Maße zutreffen.

Zu diesen herausragenden Werken gehört sicherlich als eine der zentralen Virtuosenkompositionen des frühen 19. Jahrhunderts das *Fünfte Klavierkonzert Es-Dur op. 73* von Beethoven (1770–1827), das einzige, das der Komponist nie selbst öffentlich gespielt hat. Unter den Eindrücken der Belagerung und Besetzung Wiens durch die Franzosen 1809 entstanden, ist das Klavierkonzert stets mit Heroischem generell in Verbindung gebracht worden. In angelsächsischen Ländern nennt man es plakativ »Emperor Concerto«. Aber die musikalische Faktur ist selbst in den gewichtigen Ecksätzen durchaus nicht auftrumpfend dramatisch. Und über den monologisierenden Mittelsatz hat Carl Czerny (1791–1857), der Schüler Beethovens und Lehrer von Franz Liszt (1811–86), mitgeteilt, Beethoven sei zu diesem Adagio durch die Gesänge frommer Wallfahrer inspiriert worden.

Musikalische Exegeten neigen nicht selten dazu, aus dem Schicksal von Komponisten auf die Faktur ihrer Werke zu schließen. Aber die Gleichung elendes Leben – düsteres Moll als unmittelbare künstlerische Umsetzung von persönlichen Existenzbedingungen geht so wenig auf wie die Kompensationstheorie von der heiteren Kunst, mit der ein miserabler Alltag überdeckt werden soll. Daß Beethoven sich angesichts der Beschießung Wiens zu seinem Bruder Karl in den Keller flüchtete und sich den »Kopf mit Kissen bedeckte, um ja nicht die Kanonen zu hören« und daß er mit diesem in den Ausmaßen gewichtigsten seiner fünf Klavierkonzerte sozusagen die Kriegsereignisse mit aller Macht übertönen wollte, gehört zu den hübschen Pointen der Literatur, die das Werk mit seiner selbstverständlichen Musikalität, seiner Gelassenheit und seiner formalen Logik nicht mitträgt. So ist auch der unmittelbare Einstieg des solistischen Klaviers zu Beginn des Konzerts mit seinem dramatischen Auftrittsgebaren nicht lediglich eine wirkungsvolle Einleitung. Ihre Wiederholung zu Beginn der Kadenz weist sie als Teil der Exposition dieses Sonatensatzes aus, als eine formale Klammer, die auch die übliche Virtuosenkadenz überflüssig macht. Beethoven hat sie folgerichtig durch eine kraftvolle Coda ersetzt, die überraschend in eine zweite Reprise mündet, ein strukturelles Mittel, das der Komponist noch im Finale der *Achten Sinfonie* (1812) sowie im ersten Satz des *Streichquartetts a-Moll op. 132* (1825) angewandt hat. Nicht nur darin zeigt sich die Wandlung vom reinen Virtuosenstück zum sinfonischen Durchgestalten bei Beethoven. Aber anders als die lange mit Unverständnis quittierten *späten Klavierwerke* und letzten Streichquartette, aber auch die *Neunte Sinfonie* (1824), die Debussy (1862–1918) noch als »universalen Alptraum« apostrophiert hatte, weil sie die Produktion der Nachfolger Beethovens bis zu Gustav Mahler (1860–1911) mehr belastete als beflügelte, wurde das *Fünfte Klavierkonzert* zum Inbegriff des wohlproportionierten, geschlossenen, »verstehbaren« und zugleich prunkvollen Klassikers unter den Solokonzerten des 19. Jahrhunderts. *Wolfgang Sandner*

Beethovens ureigenes Instrument war das Klavier, auch wenn er außerdem Violine zu spielen gelernt hatte. Die meisten seiner Klavierkonzerte führte er selber zuerst auf, nur das Fünfte hat er nie öffentlich gespielt. Das Bild zeigt »Beethovens Flügel«.

CARL MARIA VON WEBER

1. Konzert für Klarinette u. Orchester
f-Moll op. 73
1811 München

Der Ruhm Carl Maria von Webers beruht vor allem auf seinen Opern, ja eigentlich auf einer einzigen, dem *Freischütz*. Dabei hat er auch in anderen Gattungen, zumal der Instrumentalmusik, Bedeutendes geschaffen, das seinen Bühnenwerken ebenbürtig zur Seite steht.

Das *f-Moll-Klarinettenkonzert* nimmt einen besonderen Rang ein. Nicht nur, weil in ihm mehrere Eigenschaften des Instrumentalkomponisten Weber (1786–1826) exemplarisch zusammengefaßt sind, sondern weil es darüber hinaus einen Wendepunkt in der Geschichte des Instrumentalkonzerts markiert. Denn zum ersten Mal ist hier erreicht, was erst sehr viel später (etwa bei Liszt und Brahms) als »sinfonisches Konzert« berühmt werden sollte: Die formale Anlage ist nicht mehr vom planmäßigen Wechsel zwischen Solist und Orchester geprägt, sondern läuft als einheitliche Entwicklung durch. Beispielsweise wird am Anfang des ersten Satzes nicht mehr in Tutti- und Soloexposition mit bestimmter Disposition der Themen unterschieden; dem Hauptthema des Orchesters antwortet die Klarinette mit eigenen thematischen Figuren; statt einer Reprise nach klassischem Muster erklingt nur eine Reminiszenz an Früheres, um sogleich wieder anders weitergeführt zu werden. Langsamer Satz und Finale stehen wie zwei Teile einer Opernnummer zueinander: ausgedehnte lyrische Gesangsszene und schnelle, mitreißende *Cabaletta*, so daß das Konzert insgesamt auf diesen Höhepunkt hin konzipiert wirkt.

Das Werk entstand im Auftrag des bayerischen Königs Max Joseph im Jahr 1811. Der eigentliche Anlaß aber war Webers Freundschaft zu dem »Klarinettgenie« Heinrich Joseph Bärmann (1784–1847). Ihm schrieb er mehrere Kompositionen »auf den Leib«, und wir spüren in ihnen (so wie in Mozarts Werken für Anton Stadler und später in denen von Brahms für Richard Mühlfeld) ganz persönliche Züge. Bei aller verlangten Virtuosität nämlich geht es hier nicht lediglich um technische Bravour, sondern auch um neue Möglichkeiten des Ausdrucks. Das wird schon deutlich, wenn man den Solopart betrachtet. Er geht vom Ideal des Gesangs aus – nicht nur in der kantablen Führung der Stimme (die freilich durch typische Klarinetten-Koloraturen instrumental bereichert wird), sondern besonders in ihrem Reichtum an Ausdrucksnuancen: nicht reiner Belcanto also, sondern dramatischer Gesang. Auch virtuose Passagen sind nicht nur als instrumentale Kunststücke gedacht, sondern dienen darüber hinaus der Charakterisierung. Starke dynamische Unterschiede (zum Teil sogar gleichzeitiges Piano im Orchester und Fortissimo im Soloinstrument) haben denselben Zweck, und besonders auffällig ist die ungewöhnliche Zahl von Spielvorschriften: »Con duolo« (mit Schmerz) heißt es gleich zu Anfang, dann wechseln »Brillante«-Läufe und »Morendo«-Seufzer; die Klarinette soll bald schmeichlerisch und ausdrucksvoll (»lusingando e con espressione«) klingen, bald »con anima, grazioso, con fuoco« – alles auf engstem Raum; einige Läufe sind mit »passionato« (leidenschaftlich) bezeichnet, andere mit »perdendosi« (sich verlierend); nachdem es noch eben »con tutta la forza« (mit ganzer Kraft) geheißen hatte, endet der erste Satz wieder »morendo« (ersterbend). Dies alles deutet darauf, daß nicht mehr – wie etwa in einem typischen Konzert des 18. Jahrhunderts – ein einheitlicher Affekt herrscht, sondern daß die Stimmungen ständig wechseln. Die Analogie einer erregten Szene drängt sich auf oder die einer Fahrt durch eine romantische Landschaft, die ständig neue Perspektiven bietet. Im dritten Satz fehlen solche ausdrucksmäßigen Differenzierungen bis auf die beiden Angaben »scherzando« und »risoluto assai«, die die allgemeine tänzerische Ausgelassenheit hinreichend charakterisieren.

Als besondere Eigenschaft der Weberschen Musik gilt eine bemerkenswerte Nuancierung der Klangfarben, die in der Geschichte der Orchesterbehandlung Schule machte. Sie begegnet auch hier, indem das Orchester in verschiedene Farbbereiche gegliedert und einzelnen Instrumentengruppen die Darstellung unterschiedlicher Empfindungen und Stimmungen (z. B. durch Streichertremoli oder Pizzicati, flächiges Alternieren von Holzbläsern und Streichern) zugewiesen wird. Das wohl schönste Beispiel dafür ist der Mittelteil des Adagio, eine unvergeßliche, wahrhaft romantische Klangerfindung: der lyrische Gesang der Klarinette wird von drei Hörnern begleitet. (Weber verlangt hier die Hinzuziehung eines dritten Hornisten, während er in den Ecksätzen nur zwei Hörner verwendet!)

Weber war nach einem Wort Wagners »der deutscheste aller Komponisten«. Und doch: Wieviel übernationale Elemente sind in seiner Musik enthalten! Sie wäre beispielsweise undenkbar ohne das aus der italienischen Oper übernommene »Brio«, den Schwung und die Agilität des

Das Anschauen einer Gegend ist mir die Aufführung eines Musikstückes . . . Sehe ich stillstehend so recht festen Blickes in die Ferne, so beschwört dies Bild fast immer ein ihm ähnliches Tonbild aus der verwandten Geisterwelt meiner Phantasie herauf, was ich dann vielleicht liebgewinne, festhalte und ausbilde. Aber, gerechter Himmel!, mit welchen Purzelbäumen stürzen die Trauermärsche, Rondos, Furiosos und Pastorales durcheinander, wenn die Natur an meinen Augen vorbeigerollt wird! Da werde ich dann immer stiller und stiller und wehre dem allzu lebendigen Drang in der Brust.
Carl Maria von Weber in seinem fragmentarischen Roman »Tonkünstlers Leben« (um 1810).

Carl Maria von Weber zur Zeit der *Freischütz*-Uraufführung 1821 in Berlin, gemalt von Caroline Bardura, einer beliebten Porträt- und Historienmalerin der Zeit, von der auch zwei Goethe-Bildnisse stammen. Als besonders gelungen gilt ihr Familienporträt des Prinzen Wilhelm von Preußen aus dem Jahr 1821.

Orchestersatzes. Und die rhythmische Prägnanz, insbesondere die Vorliebe für punktierte Werte, erinnert an den »Elan terrible« der französischen Revolutionsmusik, der als mitreißende, vorwärtstreibende Kraft in die Kunstmusik übernommen worden war. Aus der Mischung solcher Stilmittel mit dem typisch romantischen »Ton« hat Weber seinen unverwechselbaren Instrumentalstil entwickelt. *Volker Scherliess*

CARL MARIA VON WEBER

Leyer und Schwerdt op. 42 Nr. 2
1814–1816 Dresden

Der russisch-deutsch-französische Krieg 1813 bis 1815 war Konvergenz- und Kulminationspunkt verschiedener geistiger, politischer und künstlerischer Strömungen, die seit langem im Deutschen Reich deutlich geworden waren. In der Dichtkunst meldete sich die Vaterlandsliebe energisch zu Wort, die schon zuvor bei J. P. Uz, J. L. Gleim, Klopstock, Herder, Stollberg, Schiller und Hölderlin erwacht war und sich im 19. Jahrhundert fortsetzte. Es machte sich hier ein Gefühl Luft gegen die Vorherrschaft des Fremden – Italien beherrschte die deutschen Opernbühnen und Frankreich das deutsche Geistesleben sowie, seit Ausbruch der Französischen Revolution und der napoleonischen Kriegszüge, die deutsche Innenpolitik. Auch Forkels weitreichende Bach-Begeisterung steht auf patriotischem Grund.

». . . Deutschland steht auf; der preußische Adler erweckt in allen treuen Herzen durch seine kühnen Flügelschläge die große Hoffnung einer deutschen, wenigstens norddeutschen Freiheit. Meine Kunst seufzt nach ihrem Vaterlande, – laß mich ihr würdiger Jünger sein! Ja, liebster Vater, ich will Soldat werden . . .«. Theodor Körner in einem Brief an seinen Vater vom 10. März 1813.

Dem aufrüttelnden Wort kam die Musik der Zeit entgegen. Der mehrstimmige Liedgesang des 18. Jahrhunderts, wie er sich besonders im Männergesang darbot, war ein günstiges Medium für beabsichtigte Massenwirkung. Das aufgeklärte Ideal der Zeit: Einfachheit, leichte Verständlichkeit, Singbarkeit, die Nähe zum »Volkston«, war eine vorzügliche Vorbedingung für die Vertonung vaterländischer Lyrik, die ja schon Gluck versucht hatte. Unter den Komponisten solcher Musikliteratur finden sich gute Namen wie J. A. Hiller, J. F. Reichardt, Zelter, Michael Haydn, L. Berger, Rellstab. Diese Linie läuft weiter zu Carl Loewe, Reissiger, Schubert,

Marschner, Mendelssohn-Bartholdy und Schumann. Zelter hatte in Berlin für dieses Singen eigens eine »Liedertafel« gegründet, die unter ihren nur 25 Mitgliedern allein Dichter, Sänger und Komponisten duldete und »Freßzirkelei« oder Bierbankgeschwätzigkeit strikt ablehnte.

Man hat viel von der künstlerischen Wirkung eines Gedichtes gesprochen und sie sehr hoch gestellt; mir aber will erscheinen, daß die stoffartige die eigentlich mächtige sei, worauf alles ankomme. Ohne es zu wissen, machte ich diese Erfahrung an dem Büchlein »Leier und Schwert«. Denn, daß ich gleich Körner den Haß gegen unsere vieljährigen Bedrükker im Busen getragen, daß ich gleich ihm den Befreiungskrieg mitgemacht und gleich ihm alle Zustände von beschwerlichen Märschen, nächtlichen Biwaks, Vorpostendienst und Gefechten erlebt und dabei ähnliche Gedanken und Empfindungen gehegt hatte, das verschaffte diesen Gedichten in meinem Innern einen so tiefen und mächtigen Anklang.
Einleitung zu »Gespräche mit Goethe in den letzten Jahren seines Lebens« von Johann Peter Eckermann. 1836–48.

Keinem der sogenannten Musiker war mit Patriotismus solcher Erfolg beschieden wie Weber (1786–1826), dem alle diese Entwicklungen zugute kamen. 1813 geriet er in Berlin durch die dortigen vaterländisch gesinnten Kreise an die enthusiastischen Gedichte des gerade gefallenen jungen Dichters Theodor Körner (1791–26. 8. 1813), die ein Jahr später unter dem Titel »Leyer und Schwerdt« gedruckt wurden und allein bis 1848 sieben Auflagen erlebten. Weber nahm eine geschickte Auswahl vor und vertonte sie in drei Nummern: Op. 42 Nr. 1: Vier durchkomponierte Lieder für eine Singstimme und Klavier 1814 (gedruckt 1815); Nr. 2: Sechs Strophenlieder für vierstimmigen Männerchor und Klavierbegleitung 1814 (gedruckt 1816); Nr. 3: Kantate für Singstimme und Klavierbegleitung 1816 auf ein Gedicht, das dem komponierenden, ebenfalls gerade in jungen Jahren gefallenen preußischen Prinzen Louis Ferdinand gewidmet war. Als Gesamttitel behielt Weber Körners griffige Losung bei. Die sechs Lieder der Nr. 2 sind: *Reiterlied* (»Frisch auf, frisch auf mit raschem Flug«); *Lützow's wilde Jagd* (»Was glänzt dort vom Walde im Sonnenschein«), *Gebet vor der Schlacht* (»Hör uns, Allmächtiger«), *Männer und Buben* (»Das Volk steht auf«), *Trinklied vor der Schlacht* (»Schlacht, du brichst an!«), *Schwerdtlied* (»Du Schwerdt an meiner Linken«). Die letzten drei Gedichte stammten aus Körners Nachlaß, das allerletzte hatte der 22jährige Dichter erst wenige Stunden vor seinem Tod geschrieben – ein Umstand, der dem Ganzen die Aura eines nationalen Vermächtnisses verlieh.

Die allgemeine, breite Zustimmung, welche diese Kompositionen so rasch fanden, erklärt sich nicht nur aus der historischen Situation. Auch kompositorisch sind die Chöre durch die Mischung aus scheinbarer Einfachheit und raffinierter Struktur anziehend. Die Harmonik für die Männerchöre ist meist schlicht, erreicht aber im *Gebet vor der Schlacht* durch den Wechsel von Cis-Dur nach e-Moll eine fahle, gespenstische, unmittelbar anrührende Wirkung. Begeisternd wirken der mitreißende Rhythmus, die zündende Melodik, die aufrüttelnde Deklamation und nicht zuletzt die effektvolle Regie im Wechsel von piano und forte. Was Weber liebte, was er brauchte, um kompositorisch angeregt zu werden, waren wechselnde, ungewohnte, überraschende, stets neue sprachliche Metren, wie er sie sich auch für seine dramatischen Werke wünschte. Das Raffinement seiner Vertonung in diesen musikalisch oftmals unterschätzten Gesängen ist bewundernswert. Weber folgt dem Text, den er mit Haut und Haaren übernimmt, auf das genaueste. Das führt zu Taktgliederungen der ungewöhnlichsten Art. Der Umfang der einzelnen Strophen ist knapp und reicht von acht bis zu höchstens 26 Takten. Aber die Taktgliederung entspricht der Metrik der Sprache so eng, daß sich die aberwitzigsten Abfolgen kleinster Takteinheiten ergeben; so im berühmtesten Lied dieses Teils, *Lützow's wilde Jagd:* 5+6+1+3+2+4 = 21 Takte. Wobei die retardierende Vorbereitung des triumphierenden Refrains – zwei ganze Takte, die dieses »Das ist . . .« unterstreichen – den genialen, theatererfahrenen Dramatiker verrät.

Immerhin hat die Wirkung dieser vaterländischen Kampfgesänge ungefähr ein Jahrhundert angehalten. Man ward und blieb aber dieses völkischen Wildwuchses allmählich überdrüssig, und so ist zu resümieren, daß Körner, dessen Schiller-Imitate inzwischen ihren Kurswert vollständig eingebüßt hatten, auch in seinem lodernden Patriotismus nicht überlebte; und daß Weber, Europas erster politischer Komponist, trotz Strawinskys Einrede (»Der Fürst der Musik«!), zu Unrecht an Ruhm verloren hat, weil ungescheut das Mißbehagen an Thema und Text auf die Vertonung übertragen worden ist. Nicht immer und überall ist die launische Nachwelt so streng.

Horst Leuchtmann

Kriegslieder schreiben, im Zimmer sitzen – das wäre meine Art gewesen! Aus dem Biwak heraus, wo man nachts die Pferde der feindlichen Vorposten wiehern hört: da hätte ich es mir gefallen lassen! Aber das war nicht mein Leben und nicht meine Sache, sondern die von Theodor Körner. Ihn kleiden seine Kriegslieder auch ganz vollkommen. Bei mir aber, der ich keine kriegerische Natur bin und keinen kriegerischen Sinn habe, würden Kriegslieder eine Maske gewesen sein, die mir sehr schlecht zu Gesicht gestanden hätte.
Goethe zu Eckermann, 14. März 1830.

GIOACCHINO ROSSINI

Der Barbier von Sevilla
1816 Rom

Die Frage, ob Gioacchino Rossini (1792–1868) zu den »großen Meistern« der Musik gehöre, wird – je nachdem, wo man sie stellt – unterschiedlich beantwortet werden: Südlich der Alpen rechnet man ihn mit Sicherheit dazu, nördlich dagegen, zumal im deutschsprachigen Raum, kaum. Er scheint hier, ungeachtet der spürbaren Renaissance, die sein Werk gegenwärtig erfährt, eher eine periphere Figur zu sein. Solche Sicht steht allerdings der Anschauung in der ersten Hälfte des 19. Jahrhunderts entgegen. Damals war Rossini der Exponent der wichtigsten musikalischen Gattung im internationalen Musikleben, der Oper. Und sie war mehr als nur eine Gattung unter vielen; bei ihr handelte es sich sowohl ästhetisch als auch organisatorisch um ein in sich fest gefügtes System mit internationalem Anspruch und Geltungsbereich.

Von Rossinis rund 40 Opern haben sich nur wenige ununterbrochen im Repertoire halten können, darunter als populärste die Opera buffa *Der Barbier von Sevilla* (*Il barbiere di Siviglia*). Der Stoff: Eine Komödie der Verwirrungen und Verwicklungen – zwei junge Leute, die sich lieben (der Graf Almaviva und Rosina); zwei Alte, die diese Liebe zu hintertreiben suchen (Rosinas Vormund Dr. Bartolo und der intrigante Don Basilio) und als Titelfigur ein gewitzter Kopf, der allgegenwärtig ist, immer etwas mehr weiß als alle anderen und der die Fäden der Handlung in seinen Händen hält (Figaro).

Das Libretto von Cesare Sterbini (um 1784–1831) ist eine Umsetzung von *Le barbier de Séville*, dem ersten Stück aus der Figaro-Trilogie von Pierre Augustin Caron de Beaumarchais (1775), deren zweites, *Le mariage de Figaro*, da Ponte und Mozart 1786 als Vorlage diente. Zunächst als »Parade« (d. h. eine jahrmarktsartige Schaustellung mit Musik) geplant, dann als Opéra comique, wurde es schließlich als Sprechtheaterstück verfaßt.

Aber seine zahlreichen gesungenen Einlagen, außerdem bestimmte librettohafte Züge der Sprache (refrainartige Wiederholungen, Gleichzeitigkeit verschiedener Texte u. a.) verlangten geradezu nach Musik, und nicht weniger als zehn Komponisten haben diesen Stoff gewählt. Die bedeutendste ältere Vertonung war der *Barbiere (UA 1782)* von Giovanni Paisiello (1740–1816), ein Musterbeispiel der älteren Opera buffa und noch zu Rossinis Zeiten international berühmt und beliebt. Daß die Uraufführung von Rossinis *Barbier* einen der größten Skandale der Musikgeschichte hervorrief, dürfte zunächst daran gelegen haben, daß sich hier ein Jüngerer mit dem »klassischen« Meisterwerk Paisiellos maß, vor allem aber daran, daß in dieser Partitur eine neue, unverwechselbare musikalische Sprache herrscht.

Was ist das Spezifische an ihr, das den »Barbier« zum Inbegriff der heiteren italienischen Oper und seinen Komponisten zum »Weltherrscher im Reiche der Tonkunst«, zum »Napoleon der Musik« machte, als den ihn die Zeitgenossen feierten? Was alle Welt faszinierte, war die wahrhaft »unerhörte« Wirkung dieser Musik, für die es keine nüchternen Beschreibungen zu geben schien. Man glaubte sich im Fieberrausch, man fühlte sich »elek-

Gioacchino Rossini (1792–1868). Gemälde von Vincenzo Camuccini. Es hängt heute im Museo teatrale alla Scala in Mailand. Aber nicht die Mailänder Scala war Uraufführungsort seiner wichtigsten Opern. Venedig, Rom (»Barbier«) und später Paris liefen Mailand den Rang ab.

trisiert«. Das begann schon in der Ouvertüre. Ihr legt Rossini (wie nahezu allen seinen Ouvertüren) ein Schema zugrunde, das mit geradezu mechanischer Präzision abläuft: langsame Einleitung, schneller Hauptteil mit zwei Themen, die sich frei entfalten, gerafft und erweitert werden, dann plötzlich in einem Ritardando innehalten, neu ansetzen und schließlich in eine krönende Coda münden. Keine sinfonischen Durchführungen des thematischen Materials, sondern flächige Anlage und großräumige Steigerungen bestimmen den Verlauf, wobei als unverwechselbare Eigenart Rossinis die lang angelegten Crescendi auffallen – so spezifisch, daß man ihn ironisch »Monsieur Crescendo« titulierte. Strenger formaler Bau, Ausgewogenheit der Glieder und glanzvolle Steigerungen ziehen den Hörer auch in den Arien und Ensembles in den Bann.

Es ist nun einmal so: Wer früh beginnt, muß auch, den Gesetzen der Natur entsprechend, früh aufhören. Dabei zog ich die Epoche in Betracht, in der sich so seltsame, um nicht zu sagen: schreckliche Dinge in der Kunst ereignen, daß die edelsten Bemühungen sinnlos werden. Jeder vernünftige Mensch wird darum begreifen, daß ich einerseits verstummte, um nicht selbst in die Verwilderung der Kunst zu geraten, andererseits, um vielleicht mit gutem Beispiel voranzugehen . . .
Das Komponieren hat seine Zeit und das Nachdenken die seine. Es gibt Perioden, in denen wir mehr empfinden als erwägen: da sollten wir schaffen. Jetzt ist die Zeit gekommen, in der ich mehr denke als empfinde . . .
Giacchino Rossini in einem Brief an den Grafen Fay vom 14. Februar 1854 aus Florenz.

Aber nicht nur in der Gesamtkonstruktion, auch in den Details zeigt sich Rossinis persönliche Schreibweise. Kurze prägnante Tonfolgen, oft rhythmisch »gegen den Strich« akzentuiert, bilden den Motivvorrat, aus dem er seine Musik baut. Raffinierte, oft witzig pointierende Instrumentation gehört ebenso dazu wie die Spannung zwischen einer kontinuierlichen Begleitschicht und immer veränderter melodischer Aktion. Die Gesangsstimmen sind virtuos, geradezu instrumental geführt. Vom Sänger wird einerseits, gemäß dem alten Belcanto-Ideal, die »Kolorierung«, d. h. Auszierung der Melodie, andererseits eine der Bühnensituation entsprechende Agilität erwartet (z. B. in der *Cavatina*, dem Auftrittslied Figaros mit seinen rasanten Parlando-Stellen).

Rossini als Personifikation des Vitalen in der Musik – so sah man ihn. Was da erklang, brillant und aufreizend, gewaltig fortschreitend, sich steigernd und in ekstatischem Fortissimo explodierend, ging über alles Dagewesene hinaus. Neben dem zündenden, mitreißenden Schwung stand eine berückende Anmut in den lyrischen Teilen. Solche Extreme des Effektes, auf engem Raum nebeneinander, hatte es in der Musikgeschichte bis dahin nicht gegeben. So bedeutete Rossinis Wirken eine umwälzende Erneuerung für die italienische, und das heißt für die damalige Musik überhaupt. Entgegen dem lange vorherrschenden Klischee vom leichtfertigen Musikanten, dem es im Grunde am nötigen künstlerischen Ernst gefehlt habe, war Rossini ein Mann, der in künstlerischen Dingen keineswegs oberflächlich dachte und handelte, der die musikalische Ästhetik einer ganzen Epoche prägte. Schubert (1797–1828) etwa schrieb in Anlehnung an ihn seine *Ouvertüren im italienischen Stil*, die vielen – auch kritischen, – Geistern einen Höhepunkt der Tonkunst bedeuteten. *Volker Scherliess*

LUDWIG VAN BEETHOVEN

Hammerklavier-Sonate op. 106
1818 Wien

Beethoven (1770–1827) komponierte die *Hammerklavier-Sonate* in der Zeit zwischen dem Herbst 1817 und dem Herbst 1818. Er war damals Ende Vierzig. Und er litt bereits schwer unter seinem nachlassenden Gehör, was sein Gemüt (viele Briefstellen und Aufzeichnungen belegen dies) verdüsterte. Aber viele Belegstellen bezeugen auch den tapferen Trotz, mit dem sich Beethoven gegen sein physisches Schicksal auflehnte. Das Leiden erzeugte eine Lebens- und Schaffensspannung besonderer Art.

Natürlich wäre es problematisch, die Entstehung der *Hammerklavier-Sonate* dieser physischen Lage zuzuschreiben. Aber es wäre ebenso problematisch, die physische Lage unberücksichtigt zu lassen. Schwache Menschen werden von ihrem Schicksal besiegt, starke Menschen wachsen an den Konflikten, die ihnen das Leben zumutet – auch schöpferisch. Die Psycho-Biographie der Genies erbringt dafür überzeugende Belege.

»Da haben Sie eine Sonate, die den Pianisten zu schaffen machen wird, die man in 50 Jahren spielen wird!«, schrieb Beethoven an den Verleger Artaria, als er ihm die Noten der *Hammerklavier-Sonate* zuschickte. Gewidmet war das Werk dem Erzherzog Rudolph zu dessen Namenstag. Im Druck erschien es im Herbst 1819 – im gleichen Jahr übrigens, in dem Schopenhauer sein Hauptwerk *Die Welt als Wille und Vorstellung* vollendete.

Worin besteht die Größe dieses Werkes, worin offenbaren sich seine Ungeheuerlichkeiten und Abgründe, woher bezieht es seine Einzigartigkeit? Am 25. Mai 1830 berichtet Felix Mendelssohn-Bartholdy von seinem Besuch bei Goethe, in dessen Verlauf das Gespräch auch auf Beethoven kam. Mendelssohn schreibt, Goethe sei nur widerstrebend auf dieses Gesprächsthema eingegangen und habe sich auch nur widerstrebend von ihm, Mendelssohn, den Anfang der *c-Moll-Sinfonie* (Fünfte Sinfonie c-Moll op. 67; 1804–08) auf dem Klavier vorspielen lassen. Seinen Eindruck von der Musik habe Goethe schließlich mit den Worten zusammengefaßt: »Das ist sehr groß, ganz toll, man möchte sich fürchten, das Haus fiele ein.«

Man muß sich bei Beethoven immer vor Hauseinstürzen fürchten, denn er belastet die Statik der musikalischen Struktur bis zum Äußersten. In der

Hammerklavier-Sonate klopft das Musik-Schicksal an die Pforte. Hier wird nicht nur eine neue Periode in Beethovens Klavierschaffen eröffnet, hier wird die große Musiktradition der Neuzeit einer fundamentalen Zerreißprobe ausgeliefert. Hält das Gefüge noch zusammen, kann die Form den Ausdruck bändigen, oder sprengt der Ausdruck die Form? Kann sich leidenschaftliche Subjektivität mit kosmischer Welterfahrung zu einer schöpferischen Einheit verbinden, oder zerbricht die Musik unter diesem Ansturm neuer Gefühle, Empfindungen und Vorstellungen?

Beethoven wußte, was er tat, als er die *Hammerklavier-Sonate* komponierte. Er wußte, daß er es wagte, die Musik in Frage zu stellen, indem er ihre Ausdrucksgrenzen abschritt. Bettina von Arnim überlieferte einen Ausspruch Beethovens, der besagt, Musik sei »der einzige unverkörperte Eingang in eine höhere Welt des Wissens«. Das heißt: Musik sei für Beethoven höhere Erkenntnis der Schöpfung und ihrer Zusammenhänge. »Wie der Staat eine Konstitution haben muß, so der einzelne für sich selbst«, schrieb Beethoven selbst, und er berief sich auf Kant, indem er notierte, daß Ordnung aus allgemeinen Naturgesetzen abgeleitet und geschaffen werden müsse; sogar vom »Zusammenlauf der Atome« und von der »vorteilhaften Anlage des Weltbaus« sprach er. Hier klingt nicht zuletzt auch der Gedanke einer »praestabilierten Harmonie« des Weltganzen an, den Leibniz formulierte.

Ludwig van Beethoven, 1818 porträtiert von dem Maler und Sänger Ferdinand Schimon (1797–1852). Beethoven-Vertrauter und -Biograph Felix Anton Schindler schrieb darüber: »Im Wiedergeben des eigentümlichen Blickes, der majestätischen Stirn, . . . im Zeichen des festgeschlossenen Mundes und des muschelartig gestalteten Kinns hat kein anderes Bildnis Naturwahreres geleistet.«

Wie der Staat eine Konstitution haben muß: In seinem Werk versuchte Beethoven durch den Einsatz der eigenen schöpferischen Existenz der Menschheit eine Konstitution zu geben und aus dem Widerstreit der individuellen Gefühle und Gedanken die Vision des harmonischen Weltgefüges zu beschwören und dadurch Weltvertrauen herzustellen. »Da sich alle diese Dissonanzen«, schrieb er, »scheinen sehr langsam auflösen zu wollen, so ist's am besten, solche hervorzubringen, die man selbst auflösen kann – und das übrige dem unvermeidlichen Schicksal anheimzustellen.«

Dementsprechend scheute er sich nicht, diese Dissonanzen herauszufordern und an ihnen das Exempel der Welt zu statuieren – mit dem unerschrockenen Mut zum absoluten Risiko des Gestaltens. Beethoven riskiert sich in seiner Musik und insbesondere in der Komposition der *Hammerklavier-Sonate* sozusagen selbst, um die Einheit der Welt durch Musik zu bezeugen. Die Grenze des Sagbaren und des durch Töne Verlautbaren wird erreicht und sogar überschritten. Noch ein Zitat, diesmal von Furtwängler: »Niemals hat ein Musiker von der Harmonie der Sphären mehr gewußt und mehr erlebt als Beethoven.«

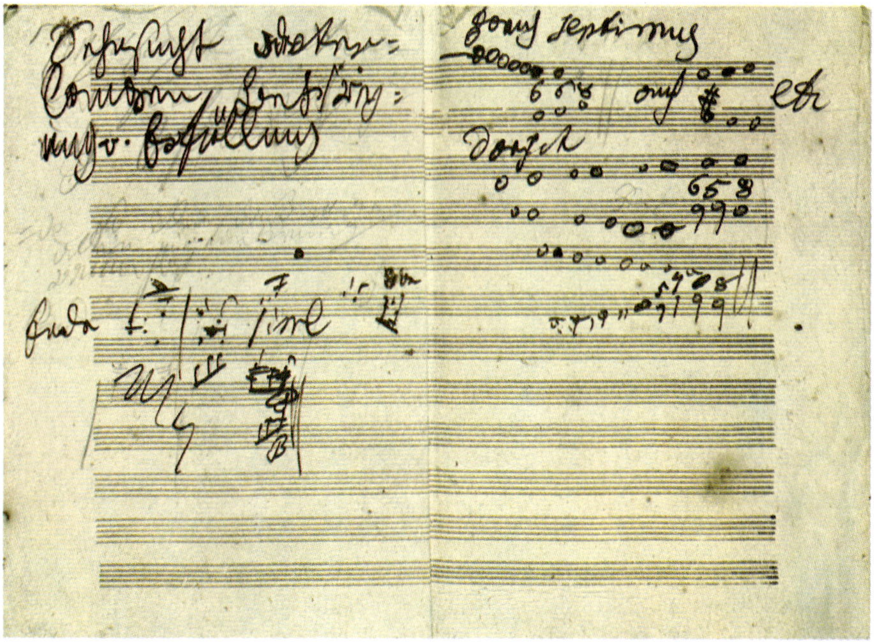

Aus einem Taschen-skizzenheft Beethovens von 1818. Entwürfe zum Scherzo der Klaviersonate op. 106 mit Notizen: »Ein kleines Hauß allda / so klein, daß man / allein nur ein wenig raum hat / nur einige / Täge in dieser göttl. / Briel / Sehnsucht oder ver-/ langen Befrej-/ ung o. Erfüllung.«

Beethoven steht mit diesen Gefühlen und Empfindungen, mit diesem Leiden an der Welt, aber auch mit diesem fast berserkerhaft verteidigten Glauben an die Welt und deren harmonikalen Ur-Sinn keineswegs allein in seiner Epoche wie ein erratischer Fels. Vielmehr beherrschte dieser Widerstreit zwischen der Selbstbehauptung des Individuums vor der Schöpfung und der Sehnsucht nach einer neuen Geborgenheit im Universum gerade die herausragenden Geister jenes Zeitabschnittes, den die Chronisten durch den freundlich-ironischen Begriff »Biedermeier« zu charakterisieren versuchen. Ausgerechnet vor der scheinbar so gemütlichen und beschaulichen Folie des Biedermeier spielte sich das erregende und grundstürzende Drama ab, das die »Krise des neuzeitlichen Kultur-Europäers« genannt werden könnte. Der von Renaissance und Reformation zur Selbstbestimmung aufgerufene Mensch wurde sich selbst zum Problem, das Goethe in seinem *Faust* (der zweite Teil wurde 1832 vollendet) anschaubar machte – und zwar anschaubar machte in dem Spannungsfeld, in dem es gesehen werden muß: zwischen Himmel und Hölle.

Die menschliche Vorstellungswelt gerät durch menschlichen Erkenntnisdrang aus den Fugen. Kann sie wieder mit der Schöpfung, mit dem

Universum versöhnt und damit neu gefügt werden? Das war die Frage, die sich nicht nur Goethe und Beethoven, sondern die sich Schubert und Schumann, Kleist und Hölderlin, Schelling und Hegel und Schopenhauer, Caspar David Friedrich und Philipp Otto Runge (um nur ein paar Stichwort-Namen zu nennen) gleichermaßen stellten und die sie zu beantworten versuchten – gedanklich und künstlerisch. Unsägliches Leiden an der Welt korrespondiert mit der ebenso unsäglichen Anstrengung, dem Menschen wieder, Beethovens Wort sei repetiert, »eine Konstitution« zu geben.

Heinz Friedrich

CARL MARIA VON WEBER

Der Freischütz
1821 Berlin

Einem »musikalischen Befreiungskrieg« zum Sturz des »Tyrannen« Rossini (1792–1868) war nach den Worten eines kritischen Beobachters der musikalischen Szene (Ludwig Börne) der Siegeszug des *Freischütz* gleichgekommen. Schon die Uraufführung am 18. Juni 1821, dem sechsten Jahrestag der für Napoleon verhängnisvollen Schlacht von Waterloo, wurde als nationales Ereignis empfunden, Carl Maria von Weber (1786–1826) bald als »Blucher der nationalen Tonkunst« gefeiert. Auf Anhieb hatte es seine in Karl Friedrich Schinkels Schauspielhaus am Gendarmenmarkt aufgeführte Oper geschafft: In dem mit Spannung erwarteten musikalischen »Zweikampf« wurde Gasparo Spontinis kurz zuvor mit verschwenderischem Aufwand an der Berliner Hofoper in Szene gegangene italienischsprachige *Olympie* (UA 1819) ins Abseits gedrängt.

Schon 1810 hatte der junge Weber auf Schloß Neuburg bei Heidelberg August Apels und Friedrich Launs gerade erschienenes *Gespensterbuch* in die Hand bekommen; schon damals spukte ihm der Gedanke im Kopf, eine Oper nach der in diesem Buch aufgenommenen Freischütz-Erzählung zu schreiben. Doch erst nach der Begegnung mit dem Dresdener Advokaten und Schriftsteller Friedrich Kind (1768–1843) griff Weber, inzwischen

Königlich-Sächsischer Hofkapellmeister an Dresdens Oper, die alte Idee auf. Nach dem Libretto Kinds, das die literarische Vorlage mit dem Sieg über die Mächte der Finsternis konsequent umdeutete (schon die Ouvertüre zeichnet den Triumph mit dem strahlenden C-Dur-Ausklang in nuce nach), schrieb er in den Jahren 1817 bis 1820 sein erfolgreichstes Meisterwerk.

Lachen und Weinen können abstrakt auseinanderfallen und sind nun auch fälschlich in dieser Abstraktion als ein Motiv für die Kunst benutzt worden, wie der Lachchor z. B. in Webers Freischütz. Lachen überhaupt ist der Ausbruch des Herausplatzens, das jedoch nicht haltungslos bleiben darf, wenn nicht das Ideal verlorengehen soll. Von der gleichen Abstraktion ist das ähnliche Lachen in einem Duett aus Webers Oberon, in welchem einem angst und bange für die Kehle und Brust der Sängerin werden kann.
Georg Wilhelm Friedrich Hegel
In: Vorlesungen über die Ästhetik. 1835–38.

Musikalischen Bühnenwerken vor Weber hatte der Wald als bloße Staffage gedient. Erst jetzt im *Freischütz* war im Einklang zwischen dem Walten der Natur und menschlichem Fühlen die schon zu Beginn der Ouvertüre wunderbar naturpoetisch beschworene Waldesromantik geboren. Hier vor der Waldschenke erliegt der Jägerbursche Max den Einflüsterungen seines finsteren Kumpanen Kaspar. Hier im Wald steht das Försterhaus, in dem Agathe in »mondbeglänzter Zaubernacht« ihrem Max entgegenfiebert. Und hier wird zu mitternächtlicher Stunde der Höllenspuk der Wolfsschlucht entfesselt, für dessen Melodram die französische Opéra comique eine ganze Ahnenreihe bereithält. Überhaupt sind die nationalen musikalischen Ingredienzien im *Freischütz* wider Erwarten bunt gemischt. Ännchen, die als handfeste Realistin den Geisterspuk ungeniert parodiert, singt eine Romanze im französischen Geschmack (»Einst träumte meiner sel'gen Base«). Kaspars Triumph- und Rache-Arie (»Schweig, damit dich niemand warnt«) hält es mit italienischem Opernpathos neapolitanischer Provenienz. Selbst Agathes Kavatine des dritten Akts (»Und ob die Wolke sie verhülle«) ist nach dem Vorbild einer italienischen Preghiera gestaltet. Doch auch diese stilistische Buntscheckigkeit kam dem Erfolg der Oper zugute, bei deren Berliner Einstudierung der Komponist im Interesse der sozialen Stimmigkeit auf klare Abgrenzung der gesellschaftlichen Sphären drang. Daß der Schinkel-Schüler Gropius das »alte Eulennest« des Försterzimmers als höfisches Prunkgemach ausstaffieren wollte, mußte Webers entschiedenen Widerspruch provozieren.

»Gleich der ins Tal rollenden Lawine« hatte sich nach einem Zeitungsbericht der *Freischütz*-Enthusiasmus nach jeder Aufführung nur noch gesteigert. Schon im Februar 1822, gerade acht Monate nach der Uraufführung, konnte ein Berliner Journal die Melodien von Webers Oper zum »Eigenthum des Volkes« deklarieren. Besonders der »Jungfernkranz«, den nach Heinrich Heines ironischem Bericht als veritablen Gassenhauer selbst die Hunde auf der Straße bellten, erfüllte, wenn er sogar in den verstecktesten Winkeln Deutschlands als »Volksgut« weiterlebte, diesen Tatbestand. Wie Mecklenburger Bauern in Berlin in eine Aufführung des *Freischütz*

geraten und ihnen hier zu ihrer Überraschung mit dem »Jungfernkranz« längst Vertrautes entgegentönt, ist in Fritz Reuters Verserzählung *De Reis' nach Belligen« (1855)* humorvoll ausgemalt. Eine seltsame Metamorphose zu geistlicher Gebrauchskunst machte andererseits der »Jägerchor« durch, der – so jedenfalls erzählt es die Stuttgarter Musikalienhändlerin Luise Zumsteeg in einem unveröffentlichten Brief dem Komponisten – in schwäbischen Kirchen mit neu unterlegtem geistlichem Text bei »festlichen Gelegenheiten« gesungen wurde. Doch auch in der Schule nahm man an der Verballhornung von Webers Musik nicht den geringsten Anstoß. Wie der Schriftsteller Wilhelm Heinrich Riehl aus seiner Weilburger Gymna-

»Die Wolfsschlucht« in Carl Maria von Webers »Freischütz«, eine visionäre Darstellung von Carl Wilhelm Holdermann aus dem Jahre 1822.

sialzeit berichtet, wurde damals im Musikunterricht das Adagio der Agathe-Arie (»Leise, leise, fromme Weise«) zum vierstimmigen Männerchor zurechtgestutzt.

Nach dem spektakulären Erfolg des Werks hätte Domenico Barbaja, der Impresario des Wiener Kärntnertortheaters, nur zu gern mit einer neuen Oper im Stil des *Freischütz* volle Kassen gemacht. Doch mißgünstig-kritische Äußerungen, die geheime Sorge vor der Abstempelung als bloßer Singspielkomponist, mußten Webers Ehrgeiz anstacheln. Mit einer großen durchkomponierten Oper wollte er auch die letzten Zweifler an seinem Genie zum Schweigen bringen.

Als am 25. Oktober 1823 mit der erst 17jährigen Henriette Sontag in der Titelrolle die neue Oper *Euryanthe* erstmals in Szene ging, »schwamm« nach einem Brief des Komponisten an seine daheim in Dresden gebliebene Frau »alles in Seligkeit«. Doch der Premierenerfolg konnte nicht lange darüber hinwegtäuschen, daß die *Euryanthe* im Schatten des *Freischütz* blieb, daß der Wiener Triumph letzthin ein Pyrrhussieg war. Das ungereimt-konfuse Libretto Helmina von Chézys stand künftig einer Oper im Wege, deren Musik zum Schönsten und zugleich Avanciertesten der musikalischen Romantik gehört. *Hans Christoph Worbs*

FRANZ SCHUBERT

Sinfonie h-Moll
Entstanden 1822
Uraufführung 1865 Wien

Kaum ein anderes Komponistenbild ist so sehr von kitschigen Zutaten entstellt wie jenes von Franz Schubert (1797–1828). Als armseliges, stets verkanntes Genie, das sich kümmerlich durchs Leben schlägt und im blühenden Alter von 31 Jahren stirbt, bis dahin ständig unglücklich verliebt ist und in diesem Zustand der Welt die schönsten Melodien schenkt, rührt er heute noch in Filmen und Trivialromanen und leider auch so manchen Ergüssen wohlmeinender Festredner zu Tränen. Daß als Reaktion auf dieses versüßte und verfälschte Bild in unseren Tagen der saure Kitsch nicht

minder arg zuschlagen mußte, darf nicht verwundern. Diese Form der Schubertentstellung ist fast noch unverdaulicher als ihr saccharingetrübtes Gegenstück.

Franz Schubert mit seinen Freunden Baptist Jenger (links) und Anselm Hüttenbrenner (Mitte). Kreidezeichnung aus dem Jahr 1827, dem Jahr der »Winterreise«.

Die Phantasie der Schubertfreunde wurde seit je angeregt durch die *Unvollendete.* Selbst Menschen, die um Konzertsäle in der Regel einen weiten Bogen machen, kennen zumindest den ersten Satz dieses Werks. Und noch immer ist im Volk weithin die Meinung verbreitet, der Tod habe dem Genie während der Komposition die Feder aus der Hand genommen. Die Wirklichkeit sieht freilich ganz anders aus. Die *Unvollendete* ist nämlich nicht unvollendet, sie ist lediglich unbeendet geblieben.

Schuberts Schaffen läßt sich in drei Perioden einteilen. Nach der Sturm-und-Drang Periode, in deren Vordergrund das Liedschaffen steht, tritt in der zweiten Periode die Instrumentalmusik immer stärker in Erscheinung, sie ist zudem geprägt von Schuberts schicksalhaftem Kampf gegen das übermächtige Beethovenbild. Die dritte und letzte Periode, die Zeit der Vollendung, wird durch die *h-Moll-Sinfonie* eingeleitet. 1822 hat Schubert sie als 25jähriger komponiert. Zwei Sätze sind als Partitur ausgeschrieben, vom dritten Satz, einem Scherzo, existieren nur acht Takte. Dann wurde die Komposition beiseite gelegt. Eine Reihe herrlichster Werke folgte nun dieser *Unvollendeten,* unter anderem die berühmte *Wandererfantasie* (1822), die letzten Quartette, Klaviersonaten, viele Lieder, nicht zu vergessen die große *C-Dur-Sinfonie* (1825/26) und möglicherweise vor ihr noch eine andere Sinfonie, denn der Streit, ob die verschollene »Gmundener-Gasteiner-Sinfonie« je existiert hat oder nicht, ist noch immer nicht eindeutig entschieden.

Schubert hofiert weder den glatten Spieler noch die konventionell eingeengten Vorstellungen des Klaviergemäßen. Sein Klavierstil ist um nichts weniger orchestral als gesanglich. In der Wanderer-Fantasie wird das Klavier so konsequent in ein Orchester verwandelt, wie dies bis dahin ohne Beispiel war. Nicht nur die Farben individueller Orchesterinstrumente werden suggeriert, sondern auch die Gewalt des Tutti. Wer versucht, die Wanderer-Fantasie und Beethovens Hammerklavier-Sonate auf einem zeitgenössischen Instrument zu spielen, wird bemerken, wieviel stärker Schubert auf die Flügel der Zukunft angewiesen war.
Alfred Brendel in: Nachdenken über Musik. München 1977.

Der weitverbreitete Irrglaube, bei der *Unvollendeten* handle es sich um Schuberts letzte Sinfonie, hat neben ihrem torsoartigen Charakter noch andere Hintergründe. Die *h-Moll-Sinfonie* wurde nämlich erst 1865, also 37 Jahre nach Schuberts Tod, uraufgeführt, nachdem man sie im Schreibtisch Anselm Hüttenbrenners in Graz aufgefunden hatte; die große *C-Dur-Sinfonie* hingegen, obwohl Jahre nach der *Unvollendeten* entstanden, wurde »schon« zehn Jahre nach Schuberts Tod, nämlich 1838, von Robert Schumann bei Schuberts Bruder Ferdinand entdeckt.

Es wird für immer ein Rätsel bleiben, weshalb Schubert seine *h-Moll-Sinfonie* nicht zu Ende geschrieben hat. Musikwissenschaftler wie Psychologen haben darüber viele Theorien aufgestellt, von denen manche an unfreiwillige Komik grenzen. Denn weder tiefenpsychologische Erörterungen noch die Konstruktion unglücklicher Liebesverhältnisse können eine stichhaltige Erklärung für das Beiseitelegen liefern. Höchstwahrscheinlich sind die wahren Hintergründe dafür ziemlich prosaischer Natur.

Schubert war 1822 trotz seiner Jugend schon ein bekannter und berühmter Komponist, dessen Ruf auch außerhalb Wiens beachtlich war. So ernannte der Steiermärkische Musikverein in Graz 1823 den damals 26jährigen zum Ehrenmitglied. Schubert versprach, als Dank eine Sinfonie zu übersenden. Er schickte die *Unvollendete* an seinen Freund Anselm Hüttenbrenner, dieser aber, wohl in der Erwartung, die beiden noch fehlenden Sätze würden bald nachgeliefert, hielt das Manuskript zunächst zurück und vergaß es wohl schließlich. Schubert hingegen mußte sehen, wie er von seinen musikalischen Einnahmen leben konnte. Was die Verleger von ihm verlangten, waren nicht Sinfonien, sondern Lieder, Klavierwerke und Kammermusik. So begann er unmittelbar nach dem Abbruch der Arbeit an der *h-Moll-Sinfonie* mit der *Wandererfantasie,* die auch sofort verlegt wurde. Hüttenbrenners Meinung, eine »halbe« Sinfonie könne man dem Publikum nicht zumuten, entsprach übrigens völlig der Einstellung der damaligen Zeit. Selbst eine Beethovensche »Unvollendete« hätte kaum die Chance gehabt, das Licht der musikalischen Welt zu erblicken. Erst in der Hochromantik erwachte plötzlich das Interesse am Fragmentarischen, und nun rankten sich auch alsogleich Geschichten und Legenden um das nur zweisätzige Werk.

Die überaus große Popularität der *h-Moll-Sinfonie* rührt, musikalisch gesehen, vor allem vom Seitenthema des ersten Satzes her. Eingeleitet wird der Kopfsatz durch einen Klanghintergrund von Celli und Bässen, zu denen sich alsbald die Violinen gesellen, bis Klarinette und Oboe das Hauptthema erklingen lassen. Dann aber stimmen die Celli das berühmte Nebenthema an, eine Art Ländlerweise, volksliedhaft naiv und voll leiser Wehmut, sicherlich eine der genialsten Eingebungen Schuberts, eine Kostbarkeit melodischen Verströmens, eine vollkommene Brücke zwischen Volkskunst und klassischem Ideal. Auch der zweite Satz mit seinen markanten Steigerungen und dann wieder fast schwebenden Rhythmen ist von einer hellen, verklärten Stimmung überlagert. Uns Heutigen erschiene es fast als Sakrileg, schlösse sich an diese beiden herrlichen Sätze noch ein Scherzo an und bildete ein munteres Rondo den Kehraus. Die unvollendete Sinfonie ist für uns als *Unvollendete* ein vollendetes Meisterwerk.

Helmut Schinagl

FRANZ SCHUBERT

Fantasie C-Dur op. 15
1822

Kurz nach Niederschrift seiner *Fünften Sinfonie*, im Oktober 1816 komponierte der 19jährige Wiener »Lehrgehilfe« Franz Schubert (1797–1828) das Lied *Der Wanderer*. Es erschien 1821 im Druck und wurde in den folgenden Jahren, wohl nicht zuletzt wegen der weltschmerzlichen, romantisches Lebensgefühl treffenden Verse Schmidts von Lübeck, zum populärsten Schubert-Lied neben dem *Erlkönig* (1815).

Ob die Veröffentlichung und die ersten öffentlichen Aufführungen des *Wanderers* bei der Entstehung der *Wanderer-Fantasie* als auslösendes Moment eine Rolle spielten, läßt sich nur vermuten. Jedenfalls aber griff Schubert im November 1822 – um die gleiche Zeit, als er die Partitur seiner *h-Moll-Sinfonie* »unvollendet« beiseitelegte – auf sein frühes Lied zurück und wählte die acht Takte auf die Worte »Die Sonne dünkt mich hier so kalt ... Ich bin ein Fremdling überall« zum Thema eines großangelegten Instrumentalwerks. Schon im *Forellenquintett* von 1819 war er ähnlich vorgegangen, und auch später noch schrieb er mehrfach Musik auf ältere eigene Liedthemen – so 1824 das d-Moll-Quartett *Der Tod und das Mädchen* und das Flötensolo *Trockne Blumen,* so 1827, als er in seiner *C-Dur-Fantasie* für Violine und Klavier das Lied *Sei mir gegrüßt* verarbeitete.

Doch in der *Wanderer-Fantasie* ist das Liedzitat nicht einfach, wie sonst, Ausgangspunkt eines Variationensatzes. Schubert benutzte es als eine Art von musikalischem Steinbruch und formte aus seinen Partikeln ein ausgedehntes solistisches Konzertstück, dessen vier Teile den vier Sätzen einer Sonate entsprechen. Zum wichtigsten Element des Themas wird ihm dabei der charakteristische »Wander-Rhythmus« aus einem betonten und zwei kürzeren Schlägen (1 Viertel + 2 Achtel; 1812 hatte Beethoven denselben Rhythmus dem Allegretto seiner *Siebenten Sinfonie* zugrunde gelegt). Aus ihm leitete er als Hauptthema des ersten Teils einen knappen, äußerst markanten Gedanken ab, der die Fantasie im energischen Fortissimo eröffnet. Als zweites Thema erklingt eine lyrische Abwandlung desselben Motivs, die folgende Durchführung entwickelt aus diesem Material farbig eine Vielzahl von Varianten. Zu einer abrundenden Reprise (Wiederkehr) des Anfangs kommt es nicht. Statt dessen setzt ein Adagio ein, das die Stelle des langsamen Sonatensatzes einnimmt. Sein Thema sind die acht Liedtakte in ursprünglicher Form, es bildet den Ausgangspunkt einer großangelegten, im Wechsel von variierten und »freien« Partien sich entwickelnden Steigerung. Aus dem grollenden Begleitmotiv der leise verklingenden Coda dieses Teils springt ein scherzoartiges Presto auf, dessen Thema sich schnell als Dreivierteltakt-Variante des Wanderer-Gedankens entpuppt. Nach einem lyrischen Trio führt eine kurze Wiederkehr des Prestos in virtuoser Steigerung zum Schlußteil der Fantasie, der mit einem Fugato über das Wanderer-Thema anhebt und das Werk mit weiträumigen Passagen von quasi orchestraler Klangfülle brillant enden läßt.

Die (erst später so genannte) *Wanderer-Fantasie* ist damit ein einzigartiger Sonderfall im Schaffen Schuberts: Sie ist das einzige echte Virtuosenstück unter seinen Klavierwerken und klingt, als habe er sich und anderen beweisen wollen, daß er auch in dieser Hinsicht keine zeitgenössische Kon-

kurrenz zu scheuen habe – ein Parallelfall zu den als Reaktion auf die Rossini-Begeisterung entstandenen *Italienischen Ouvertüren* von 1817. Sie ist auch sein erster Versuch in der verkürzten, einsätzigen Sonatenform, die allerdings in den Jahrzehnten um 1800 nicht eigentlich ungewöhnlich war. Einsätzige, aber nach Sonatenart in vier Abschnitte gegliederte Kompositionen waren damals durchaus gebräuchlich – man denke etwa an Carl Maria von Webers *Konzertstück f-Moll* von 1821; und die Abrundung der Form durch gemeinsames Themenmaterial (zumindest der Eckteile) läßt sich auf das *c-Moll-Klavierkonzert* aus Carl Philipp Emanuel Bachs »Hamburger« Serie von 1772 zurückverfolgen. Schuberts Opus 15 ist einmalig in seiner Zeit durch die totale motivische Durchorganisation der Musik. Auf eine zunehmend stärkere »Motivierung« musikalischen Geschehens hatten zwar schon der reife Haydn (1732–1809) und dann vor allem Beethoven (zum Beispiel im berühmten ersten Satz der *5. Sinfonie* von 1805) gezielt. Auch satzübergreifende thematische Bindungen waren als »Erinnerungsmotive« seit langem bekannt (zum Beispiel aus Beethovens *Klaviersonate A-Dur op. 101* von 1816): Aber eine so weitgehende Unterwerfung einer umfangreichen Komposition unter das Diktat »motivischer Arbeit« war für Schubert und für seine Zeit die große Ausnahme.

»Die Schubertianer beim Ballspielen in Atzenbrugg« heißt diese aquarellierte Federzeichnung eines ungenannten Künstlers um 1820. Sie zeigt den geselligen Umgang, den Schubert durchaus pflegte.

Ein Vierteljahrhundert später allerdings griff Franz Liszt (1811–86) die Form- und Gestaltungsprinzipien der *Wanderer-Fantasie* auf, die er in seinen Virtuosenjahren oft gespielt (und 1851 als Konzertstück orchestriert) hatte: Alle großen Werke seiner Weimarer Zeit, die dann für die »Neudeutsche Schule« richtungweisend wurden, basieren auf ihnen. Schuberts *Wanderer-Fantasie,* der einmalige Sonderfall im Schaffen des Wiener Frühromantikers, wurde so indirekt zum »Basismodell« einer stilistischen Strömung, die den Weg der Musik ins 20. Jahrhundert entscheidend mitbestimmte.

Ingo Harden

LUDWIG VAN BEETHOVEN

9. Sinfonie d-Moll op. 129
1824 Wien

Schon in Bonner Jugendjahren hatte Beethoven Schillers »Ode an die Freude« vertonen wollen. Und 1812 hatte er mit dem Gedanken gespielt, eine Ouvertüre unter Einbeziehung jener Ode zu komponieren. Doch erst bei der langwierigen Arbeit an der *Neunten Sinfonie* wurde der weit zurückliegende Plan realisiert, als er ein ursprünglich vorgesehenes rein instrumentales Finale durch die Vertonung einiger Strophen aus Schillers Ode ersetzte. Zwar hatte Beethoven schon bei der Arbeit an seiner *Pastorale* (1808) damit geliebäugelt, die Sinfonie mit einem vokalen Finale abzuschließen. Doch erst in der *Neunten* wurde dann erstmals die menschliche Stimme als zusätzlicher Ausdrucksträger in einer Sinfonie eingesetzt. Neben drei Sätzen aus der *Missa solemnis* (1823) und der Ouvertüre *Zur Weihe des Hauses* (1822) wurde das alle Grenzen sprengende Ausnahmewerk am 7. Mai 1824 im Kärtnertortheater aus der Taufe gehoben.

Drei rein instrumentale Sätze gehen dem Chor-Finale voran, wobei das Scherzo, dessen Hauptthema schon im Skizzenmaterial zu einer geplanten Bacchus-Oper auftaucht, an die zweite Stelle rückt. Auf das als Variationensatz angelegte Adagio molto e cantabile folgt dann also der Schlußsatz. Unterbrochen von unwirschen, gleichsam Mißfallen artikulierenden Instrumental-Rezitativen der Celli und Bässe klingen noch einmal Themen der drei vorausgegangenen Sätze an, bevor nach der zunächst zaghaft intonierten Freudenmelodie und einem vorübergehenden »Rückfall« in den dissonanten Aufschrei des Satzbeginns das Bariton-Solo mit Worten Beethovens Einhalt gebietet: »O Freunde, nicht diese Töne! Sondern laßt uns angenehmere anstimmen und freudenvollere!« Nun erst ist den Menschen die Zunge gelöst. In hymnischem Überschwang singen Solostimmen und Chor das Hohelied der Freude, wobei eine grandiose Doppelfuge die nun rhythmisch variierte Freudenmelodie (»Freude, schöner Götterfunken«) mit der Melodie der Menschheitsverbrüderung (»Seid umschlungen, Millionen!«) zusammenfügt.

In der Kühnheit seiner Konzeption war dieser Schlußsatz zunächst nur auf wenig Gegenliebe gestoßen. Glattweg als »geschmacklos«, als »monströs« und »in seiner Auffassung der Schillerschen Ode« als »trivial«, verwarf ihn der große Geiger und Komponist Louis Spohr. Und Mendelssohn bekannte freimütig, in dieser Sinfonie »nur Einzelnes« wirklich vollkommen zu finden. Dennoch wagte er im Leipziger Gewandhaus 1836 ein neues Plädoyer.

Fast mit Gelächter hatte das Publikum hier Jahre vordem die Leipziger Erstaufführung quittiert. Nur eine »Verirrung des durch seine Gehörlosigkeit unglücklich gewordenen, nun erlösten Mannes« wollte ein Rezensent damals aus dieser Sinfonie heraushören. Nun jedoch schien wenigstens in Leipzig der Bann für das Opus summum des Sinfonikers Beethoven gebrochen. In Dresden dagegen bedurfte es noch des diplomatischen Geschicks Richard Wagners (1813–83), um eine Aufführung (und in ihrer Vorbereitung ungewöhnlich viele Proben) durchzusetzen.

Trotz des Einsatzes von Männern wie Mendelssohn oder Wagner verlief die Rezeption des Ausnahmewerks stockend. Hans von Bülow jedenfalls entschied sich noch 1889 in einem Berliner Sonderkonzert dafür, die *Neunte* gleich zweimal hintereinander zu dirigieren. Eduard Hanslick schrieb in diesem Zusammenhang von einer »ästhetischen Roßkur«. Doch Bülows Absicht war eindeutig: Ein Meisterwerk der Musikliteratur sollte sich 65 Jahre nach seiner Uraufführung im Musikleben endlich durchsetzen.

Heute gehört die *Neunte* gerade dank ihres Schlußsatzes zu Beethovens populärsten Werken. Bei den Olympischen Spielen von 1952 (Oslo) bis 1964 (Tokio) diente die »Ode an die Freude« der seinerzeit gesamtdeutschen Olympiamannschaft als Siegeshymne. Ein Hit wie Miguel Rios' »Song of Joy« baute auf die Eingängigkeit der »Freudenmelodie«. Und

Man hat die Neunte Symphonie in einen Nebel von hohen Worten und schmückenden Beiworten gehüllt. Sie ist – neben dem berühmten »Lächeln der Mona Lisa«, dem mit seltsamer Beharrlichkeit das Etikett »geheimnisvoll« anhaftet – das Meisterwerk, über das am meisten Unsinn verbreitet wurde ... Angenommen, diese Symphonie würde wirklich ein Geheimnis in sich bergen, so ließe sich dieses vielleicht ergründen, aber wem nützte es? Beethoven war nicht für zwei Sous literarisch, zumindest nicht in dem Sinn, den das Wort heute hat. Er liebte die Musik mit hochgemutem Stolz; sie war für ihn jene Leidenschaft und Freude, die er in seinem persönlichen Leben so bitter entbehren mußte.
Claude Debussy. La Revue blanche, 1. Mai 1901
in: Claude Debussy. Monsieur Croche. Sämtliche Schriften und Interviews. Stuttgart 1974.

»Die Symphonie«. Gemälde von Moritz von Schwind aus dem Jahr 1852. Schwind sah im Sinfonischen ein Abbild des menschlichen Lebens, das er szenisch darstellt. Für das 19. Jahrhundert war Beethoven zum Inbegriff des Sinfonikers geworden, folgerichtig erhält die Büste des Komponisten im unteren Teil des Bildes die zentrale Position.

aus Japan kam in den siebziger Jahren die Kunde, daß sich überall im Land Chöre ausschließlich zur Einstudierung der *Ode an die Freude* (in deutscher Sprache) zusammenfanden.

Der Gedanke, Beethovens *Neunte* zum Jahreswechsel aufzuführen, war übrigens unmittelbar nach dem Inferno des Ersten Weltkriegs geboren. Die Initiative ging damals vom Leipziger Arbeiter-Bildungs-Institut aus, das für seine »Friedensfeier« keinen Geringeren als Arthur Nikisch gewann. Pünktlich um 23 Uhr begann die Aufführung des Leipziger Gewandhausorchesters, die dann beim ersten Glockenschlag des Jahres 1919 mit dem Schlußchor aus Schillers *Ode an die Freude* fortgesetzt wurde: »Seid umschlungen, Millionen, diesen Kuß der ganzen Welt«.

»Beethoven stelle ich über die Größten, die Berühmtesten. Die ›Chorsymphonie‹ ist für mich der Gipfelpunkt unserer Kunst. Weder Mozart mit seiner göttlichen Form noch Weber mit seiner mächtigen, kolossalen Originalität noch Meyerbeer mit seinem donnernden dramatischen Genie kann meiner Ansicht nach diesem Titanen, diesem Prometheus der Musik die Krone streitig machen. Er ist überwältigend.«
Georges Bizet in einem Brief an Paul Lacombe vom Dezember 1867.

Schon ein paar Jahre später waren die Leipziger Silvesterkonzerte mit Beethovens *Neunter* so etwas wie eine verpflichtende Tradition. Wilhelm Furtwängler und Bruno Walter übernahmen nach Nikischs Tod ihre Leitung. Berlin griff das Ritual 1927 auf. Und auch der damals noch junge Rundfunk stand nicht abseits. Radio Hamburg beispielsweise übertrug am Silvesterabend 1931 aus der Großen Musikhalle den Schlußsatz der *Neunten*. Unter der Leitung von Eugen Papst hatte sich hier das Orchester der Philharmonischen Gesellschaft mit den Vereinigten Chören des Deutschen Arbeiter-Sänger-Bundes zusammengefunden.

Als wenig später die Nationalsozialisten Schillers und Beethovens hohe Menschheitsideale mit den Füßen traten, mußten Aufführungen der *Neunten* wie blanker Hohn wirken. Doch noch in der Silvesternacht 1944/45 tönte nach einer Ansprache von Propagandaminister Goebbels die *Neunte Sinfonie* aus dem »Volksempfänger«. Zu einer hohlen Phrase war hier der Appell zur Menschheitsverbrüderung verkommen – zu eben der Zeit übrigens, in der Thomas Mann im *Doktor Faustus* Adrian Leverkühn mit dem apokalyptischen Oratorium »Dr. Fausti Weheklag« die »furchtbarste Menschen- und Lebensklage« schreiben ließ, die »auf Erden je angestimmt wurde«, eine »Zurücknahme« von Beethovens *Neunter Sinfonie*.

Hans Christoph Worbs

LUDWIG VAN BEETHOVEN

Streichquartett op. 130 und *Große Fuge op. 133, 1825/26 Wien*

Wir haben Spaß an all dem, das wir nicht aussprechen können, wenn wir zum Beispiel Beethovens Streichquartett Opus 131 hören (und Beethoven muß diese Art von Spaß verspürt haben, als er es komponierte).
Leonard Bernstein. »Spaß« an der Kunst. in: Erkenntnisse. Hamburg 1983.

Der Taube sang, heulte und stampfte über dem Credo, – es war so schaurig ergreifend zu hören, daß den an der Tür Lauschenden das Blut in den Adern gefror.« Die Sätze, mit denen Thomas Mann alias Wendell Kretschmar im *Zauberberg* so unnachahmlich beschrieb, was sich in der Credo-Fuge der *Missa Solemnis* ereignet, sie könnten wohl ebenso für die Fugen der späten Streichquartette Ludwig van Beethovens gelten, im Grunde für diese Werke überhaupt. Die fünf bzw. sechs späten Quartette stellen bis auf den heutigen Tag geistige Anforderungen an Publikum und Interpreten wie kaum eine zweite Werkgruppe der Musikgeschichte. Mit ihnen stieß Beethoven (1770–1827) endgültig in Bereiche vor, in die mancher – auch mancher musikalisch gebildete – Zeitgenosse ihm nicht mehr zu folgen vermochte. Die Verstörung, die etwa das ursprüngliche Finale des *B-Dur-Quartetts op. 130* – die später durch ein neues Finale ersetzte und unter der eigenen Opuszahl 133 veröffentlichte *Große Fuge* – beim damaligen Publikum hervorrief, spiegelt eine Rezension, die am 10. Mai 1826, sechs Wochen nach der mißglückten Uraufführung des Werkes am 21. März durch das Schuppanzigh-Quartett, in der *Leipziger Allgemeinen Musikalischen Zeitung* erschien: ». . . den Sinn des fugierten Finale wagt Referent nicht zu deuten: für ihn war es unverständlich, chinesisch. Wenn die Instrumente . . . sich per transitum irregularum unter einer Unzahl von Dissonanzen durchkreuzen, wenn die Spieler, gegen sich selbst mißtrauisch, wohl auch nicht ganz rein greifen, freilich, dann ist die babylonische Verwirrung fertig; dann gibt es ein Conzert, woran sich allenfalls die Marokkaner ergötzen können . . . Vielleicht wäre so manches nicht hingeschrieben worden, könnte der Meister seine eigenen Schöpfungen auch hören.« Der Vorwurf, Beethovens Ertaubung sei »schuld« an seinem Spätstil, sollte hier nicht zum letzten Mal laut werden. War es auch die *Große Fuge*, die am meisten verwirrte, so wurden die übrigen Sätze – mit Ausnahme des zweiten und vierten – kaum weniger zurückhaltend aufgenommen. »Der erste, dritte und fünfte Satz sind ernst, düster, mystisch, wohl auch mitunter bizarr, schroff und capriziös . . .« Und wenn Anton Schindler,

Ludwig van Beethoven (1770–1827), porträtiert von dem Wiener Porträt- und Landschaftsmaler Ferdinand Georg Waldmüller (1793–1865). Das 1823 gemalte Bild gehört zu den überzeugenden Beethoven-Porträts, sein Urheber kann als ein bedeutender und lebensnaher Vertreter des Wiener Biedermeier gelten.

der Freund und erste Biograph des Komponisten das *B-Dur-Quartett* als »Monstrum der Quartett-Musik« bezeichnete, so bezog sich auch dies nicht allein auf die Schlußfuge. Auch der russische Fürst Nicolas von Galitzin, der am 9. November 1822 brieflich »ein, zwei oder drei neue Quartette« von Beethoven erbeten hatte, war enttäuscht über die ihm nach Jahren doch noch gewidmeten *Quartette op. 127, 130,* und *132*. Immerhin holte er den Rat des großen französischen Geigers François Baillot ein, und der versprach ihm: »Beethoven führt Sie in eine neue Welt ein.«

Das *B-Dur-Quartett op. 130* wurde in seiner ursprünglichen Gestalt als drittes der späten Quartette Anfang November 1825 vollendet. Das auf Wunsch des Verlegers Artaria und auf Drängen zahlreicher Freunde ein Jahr später nachkomponierte Finale ist Beethovens letzte vollendete Komposition. Obwohl er im Kopfsatz des Werks streng an der Sonatenform festhält, stellt dieser Satz zugleich eine Verfremdung, ja Infragestellung der Tradition dar: Nicht mehr Integration, Entwicklung und Zusammenhang sind die maßgeblichen Formmomente, vielmehr erhebt Beethoven die Gegenüberstellung harter, unvermittelter Kontraste, den Konflikt zum alles bestimmenden formalen Prinzip. Bezeichnenderweise sprach Joseph Kerman in seiner großen Studie »The Beethoven Quartets« mit Blick auf *Opus 130* von einer Musik der »fast schizophrenen Verwirrung«. Schon von daher erweist sich die aus einem ähnlichen Formgedanken entwickelte, ungeheure, auch heute noch fast gewaltsam anmutende und definitiv die Gattungstraditionen sprengende *Große Fuge* – noch Hugo Wolf äußerte 1884: »Die große Fuge ist ein mir unverständliches Tonstück.« – als der adäquate Abschluß des Werks, weit eher wohl, als der gefällige und in seiner formalen Unkompliziertheit ein wenig harmlos anmutende nachkomponierte Finalsatz. Denn es ist der ursprüngliche Schlußsatz, der mit seiner Durchdringung von Sonatensatz und Fugenprinzip in formaler Hinsicht einerseits, mit seinem ins Expressionistische weisenden Gestus andererseits zuendeführt, was der Kopfsatz aufriß, aber offenließ.

In den Mittelsätzen erblickte der bedeutende Streichquartettforscher Ludwig Finscher »eine dreifach gestaffelte und modifizierte Ausgleichssphäre«. An einen in humoriger Skurrilität vorbeihuschenden Presto-Satz schließt sich ein Andante con moto ma non troppo an, ein fast capriziöser, poco scherzando anhebender langsamer Satz, der erst nach 25 Takten zu einem lyrischen Cantabile findet. An vierter Stelle steht ein Allegro assai. Alla danza tedesca, fast ein Genrestück, dem mit einer Cavatina der eigentliche langsame Satz folgt. Auch als Antwort auf diesen fünften Satz

mit seinem offenen, fast fragenden Schluß nach einer merkwürdig eingetrübten Zwischenepisode – Beethoven schreibt hier: »beklemmt« vor – erweist sich die *Große Fuge* fraglos als das notwendige Schlußwort des Werks.

Wie weit Beethoven mit der *Grande Fugue*, die er sicher zutreffend mit »tantot libre, tantot recherchée« überschrieb, in die Zukunft wies, zeigt nicht nur die Tatsache, daß er fast ein Jahrhundert vor Arnold Schönberg (1874–1951) in Grenzbereiche der Tonalität vorstieß – das ungeheuer chromatische Thema des ersten Teils bzw. der ersten großen Doppelfuge besitzt fast atonalen Charakter. Die Kühnheit des Satzes spiegelt sich nicht zuletzt in den nach wie vor zum Teil recht disparaten Formanalysen durch die Wissenschaft. Einigkeit besteht über die 29taktige »Ouvertura«, die das thematische Material in mehrfacher Gestalt exponiert, bevor mit einer großen Doppelfuge die eigentliche Exposition beginnt. In Takt 232 setzt – Allegro molto e con brio – die 300taktige Durchführung ein, auch ein reprisenartiger Teil und eine rückblickend summierende Coda sind erkennbar. Diese großdimensionierte freie Sonatenform ist durchdrungen von ei-

Beethovens Begräbnis. Tausende folgten seinem Sarg. Der Dichter Franz Grillparzer hielt die Trauerrede: ». . . wir stehen weinend an den zerrissenen Saiten des verklungenen Spiels«.

ner Fugentechnik, die um so freier und zugleich dramatischer wird, je weiter die Entwicklung voranschreitet. Kein Geringerer als Igor Strawinsky (1882–1971) schrieb: »Die Große Fuge erscheint mir als das perfekteste Wunder in der Musik. Und sie ist auch das absolut zeitgenössischste Musikstück, das ich kenne, und sie ist für immer zeitgenössisch. Kaum gezeichnet durch ihr Alter, ist die Große Fuge schon allein in rhythmischer Hinsicht subtiler als alle Musik meines Jahrhunderts. Ich liebe sie über alles.«

Oswald Beaujean

FRANZ SCHUBERT

Sinfonie C-Dur
Entstanden 1825/26
Uraufführung 1839 Leipzig

Mit dem Sinfoniker Schubert (1797–1828) hat es die Nachwelt nie leicht gehabt. Schon das 19. Jahrhundert, gewöhnt, an alles, was sinfonisch heißt, den Maßstab der Beethoven-Sinfonien anzulegen, belegte die sechs zwischen 1814 und 1818 entstandenen Sinfonien mit der Geringschätzung mehr oder weniger unbedeutender »Jugendwerke«, suchte aber, gleichsam als Ausgleich, in den sinfonischen Spätwerken in besonderer Weise eine Bestätigung für Schuberts Genialität. Das Geheimnis, das die Entstehung sowohl der zweisätzigen *h-Moll-Sinfonie* (1822, UA 1865) wie der viersätzigen *Sinfonie C-Dur* lange Zeit umgab, förderte die Legendenbildung ebenso wie die Vermutung um weitere sinfonische Werke, die geplant, nicht ausgeführt oder gar verschollen sein sollten.

Verwirrung herrscht vor allem um Zahl und Zählung von Schuberts Sinfonien. Sind es nun acht oder neun – oder gar zehn Sinfonien, die Schubert geschrieben hat? Ist die *Unvollendete*, von der die romantische Legende so gern wollte, daß der frühe Tod des Genies ihre Vollendung verhindert hat, nun die siebente oder die achte; ist die sog. »große« *C-Dur-Sinfonie* vorher oder nachher entstanden; gibt es »dazwischen« noch eine verschollene, an der Schubert in Gastein oder in Gmunden gearbeitet hat; und wohin gehören diverse Fragmente, die von mehr oder weniger kompetenten Fachleuten ergänzt, instrumentiert und mit einiger Regelmäßigkeit als sensationelle »Funde« aufgeputzt, im Konzertsaal oder auf Schallplatte erscheinen?

Abschließendes ist kaum zu riskieren. Immerhin aber gibt der jüngste Stand der Musikwissenschaft einige klare Antworten: Danach hat Schubert nie aufgehört, sich mit der sinfonischen Form zu beschäftigen. Aus den Jahren 1818 bis 1821 sind Entwürfe zu drei Sinfonien erhalten, die Schubert allerdings nicht weiter ausgeführt hat. 1822 entstanden die beiden Sätze der *h-Moll-Sinfonie,* an der er aber, nicht zuletzt wegen seiner im Frühsommer 1823 ausbrechenden Infektionskrankheit, nicht weiter gearbeitet hat. Und auch später hat er nie den Versuch unternommen, diese beiden Sätze zu einer »großen Sinfonie« auszuweiten, eine Aufgabe, die ihn aber weiterhin zentral beschäftigte. So lesen wir in einem Brief vom 31. März 1824 an Leopold Kupelwieser, daß Schubert damit beschäftigt sei, sich anhand zweier großer Streichquartette und eines Oktetts »den Weg zur großen Sinfonie zu bahnen«.

Diese »große Sinfonie« – die uns bekannte in C-Dur – entstand, wie wir heute aus Papier- und Schriftuntersuchungen wissen, nicht erst 1828, sondern bereits 1825 und 1826, ist also wahrscheinlich auch identisch mit jener Sinfonie, an der Schubert der Überlieferung nach in Gastein und Gmunden gearbeitet hat. Schubert, der 1825 in die Direktion der Gesellschaft der Musikfreunde in Wien gewählt worden war, wollte das Werk in einem Konzert der Gesellschaft vorstellen, doch wurde es, nach einem Zeugnis Leopold Sonnleithners, nach einer Durchspielprobe im Orchester der Musikfreunde als »zu lang und schwierig« beiseite gelegt. Der Komponist erhielt ein Geschenk von 100 Gulden, und die Partitur wurde im Archiv der Gesellschaft der Musikfreunde verwahrt, wo sie sich noch heute befindet. Schuberts Bruder Ferdinand besaß lediglich eine Abschrift, die Robert Schumann bei seinem Besuch in Wien 1838/39 entdeckte und aus der Felix Mendelssohn-Bartholdy die Leipziger Uraufführung 1839 dirigierte.

In seinem letzten Jahr 1828 hat Schubert dann noch einmal an einer großen Sinfonie gearbeitet. Die Entwürfe zu diesem Werk in D-Dur, die erst 1977 in der Wiener Stadtbibliothek gefunden wurden, lassen den Schluß zu, daß diese Sinfonie sowohl in der formalen Anlage wie in der thematischen Substanz einen weiteren wesentlichen Schritt über Beethoven hinaus bedeutet hätte.

Man muß Wien kennen, die eigenen Konzertverhältnisse, die Schwierigkeiten, die Mittel zu größeren Aufführungen zusammenzufügen, um es zu verzeihen, daß man da, wo Schubert gelebt und gewirkt, außer seinen Liedern von seinen größeren Instrumentalwerken wenig oder gar nichts zu hören bekommt. Wer weiß, wie lange auch die Sinfonie, von der wir heute sprechen, verstäubt und im Dunkel liegen geblieben wäre, hätte ich mich nicht bald mit Ferdinand Sch. verständigt, sie nach Leipzig zu schicken an die Direktion der Gewandhauskonzerte oder an den Künstler selbst, der sie leitet [Felix Mendelssohn-Bartholdy], dessen feinem Blicke ja kaum die schüchtern aufknospende Schönheit entgeht, geschweige denn so offenkundige, meisterhaft strahlende.
Robert Schumann. Die C-Dur-Sinfonie von Franz Schubert. 1840. in: Robert Schumann. Schriften über Musik und Musiker. Stuttgart 1982.

SCHUBERT Sinfonie C-Dur

So wird für uns das Bild des sinfonischen Schubert einerseits durch die an den klassischen Vorbildern, vor allem Haydn und Mozart, orientierten frühen Werke bestimmt, in denen aber doch – denken wir an die lebhafte Anmut der *D-Dur-Sinfonie* (Nr. 3), die beschwingte Melodienseligkeit der *5. Sinfonie in B-Dur* oder die tragischen Abgründe der *c-Moll-Sinfonie* – vieles weit mehr als eine Talentprobe ist. Auch die frühere *C-Dur-Sinfonie* von 1818 (Nr. 6) zeigt, wie sicher sich der 21jährige den Bereich der klassischen Sinfonie zu eigen gemacht hatte. Mit den beiden Sätzen der *h-Moll-Sinfonie* betritt Schubert dann erstmals Neuland, auch wenn er in keiner Weise den Boden der klassischen Form verläßt. Doch es ist ein durchaus neuer, eigener Ton, ein anderer Klang, den Schubert aus dem Orchester gewinnt, ein Klang, der anders als je zuvor aus der Natur, der – notabene – österreichischen Landschaft zu kommen scheint und der fortwirkt in der Musik des 19. Jahrhunderts – dem wir, wenn auch in veränderter Weise, bei Bruckner (1824–96) und Mahler (1860–1911) wiederbegegnen.

Franz Schubert (1797–1828), Porträt von Wilhelm August Rieder (1796–1880) aus dem Jahr 1825. Das Porträt gilt als authentisch. Schuberts Freunde erklärten es einmütig für sehr ähnlich.

Auch die *C-Dur-Sinfonie,* im Verzeichnis des Schubert-Forschers O. E. Deutsch mit der Nummer 944 fixiert, zeugt von diesem neuen Ton. Das ist es vor allem, was sie von dem Vorbild Beethovens, dem Schubert natürlich nacheifert, unterscheidet. Im Kopfsatz mit seiner langsamen Einleitung und dem rhythmisch akzentuierten Allegro könnte man durchaus das Vorbild etwa der *Siebenten Sinfonie* (1821) von Beethoven erkennen, wäre nicht dieser ganz andere Klang, der den Weg zu einer neuen sinfonischen Ausdruckswelt öffnet. Ein achttaktiges Hornthema, unisono vorgetragen, ist zugleich Motiv, thematisches Material und Hinweis auf die Klangfarbe. Aus ihm entwickelt sich, noch ehe der eigentliche Hauptsatz beginnt, eine charaktervolle sinfonische Klanglandschaft. Das Allegro, dem Schubert trotz des Alla-breve-Rhythmus mit der Vorschrift »ma non tropo« ein durchaus gemäßigtes Tempo zumißt – was von den meisten Interpreten freilich ignoriert wird –, entwickelt aus seinem Hauptmotiv und dem tänzerisch schwebenden Seitenthema der Holzbläser den Stoff für großartige, kontrastreiche Durchführungspassagen, die dem Satz trotz seiner epischen Breite unerhörte Dramatik verleihen. In der Durchführung werden auch zitatartig Motiv und Klang der Einleitung beschworen, ehe der Satz in einer grandiosen Steigerung zum einleitenden Hornthema zurückfindet; eine formale Verklammerung, die Schubert als einen Meister der großen Architektur ausweist.

Und das gilt auch für die folgenden Sätze. Die »himmlischen Längen«, von denen schon Robert Schumann (1810–56) gesprochen hat, sind nicht, was der Vorwurf meint; in Wahrheit ist der formale Bau dieser Sinfonie von größter Klarheit und Logik, nur daß Schubert in anderen Dimensionen, in neuen musikalischen Zeit- und Raumvorstellungen dachte. Im Andante con moto, formal nach dem Liedschema A-B-A-B-A angelegt, schafft der schreitende Rhythmus der ersten Takte die Basis, aus der alle Themen, die verschiedenartigsten Farben und Stimmungen von der süßen Oboenmelodie zu dramatischer Schroffheit, von elegischer Klage zu abgründiger Tragik entwickelt sind. Auch das Scherzo ist ein höchst dramatischer Satz, kontrastreich schon in der Durchführung des eigentlichen Scherzoteils, noch mehr dann im Gegensatz des Trioteils, das dem klassischen Scherzo über Beethoven hinaus eine neue Ausdrucksdimension schafft.

Das Finale steht vollends ohne Vorbild als etwas Neues, Unerhörtes vor dem Hörer. Zwar ist der Satz streng nach klassischer Sonatenform gebaut, doch folgt Schubert in der weiträumigen Anlage schon der beiden Teile der Exposition, mehr aber in Durchführung, Reprise und der großangelegten Coda einer anderen, neuen Logik. Ein Finale wie dieses hat es bis dahin im sinfonischen Denken nicht gegeben, die Wirkung dieses gewaltigen Satzes ist auf geheimnisvolle Weise zugleich statisch und in höchstem Maß dramatisch. Nicht ein »Sieg« im Sinne der Finalwirkungen Beethovens ist Schuberts Aussage, wohl aber die Überwindung im scheinbar Unendlichen.

Gottfried Kraus

FRANZ SCHUBERT

Streichquartett d-Moll
(»Der Tod und das Mädchen«)
1826 Wien

Immer wieder hat Schubert auf sein Liedschaffen zurückgegriffen und seine Lieder auch in rein instrumentale Formen umgesetzt. Bekannte Beispiele sind die *Wandererfantasie* (1822), auch die *Trock'nen Blumen*, vor allem aber der geniale Wurf des *Forellenquintetts* (1819) und eben auch jenes *Streichquartett in d-Moll*, dessen Mittelsatz – Variationen über das leicht um-

gestaltete Schubert-Lied *Der Tod und das Mädchen* – dem Werk seinen Namen gegeben hat.

Das *d-Moll-Quartett*, in der landläufigen Zählung die Nr. 14, stammt aus den letzten Lebensjahren Schuberts. Von März 1824 bis zum Januar 1826 hat er daran gearbeitet. Es ist das mittlere einer Trias von Streichquartetten, deren jedes ein wahres Wunderwerk an Geschlossenheit und romantischem Ausdruckswillen darstellt. Mit diesen letzten drei Quartetten stellt sich Schubert (1797–1827) endgültig als Gleichwertiger in eine Reihe mit den großen Vorbildern Haydn (1732–1809), Mozart (1756–91) und Beethoven (1770–1827).

Während der Komposition des *d-Moll-Quartetts* war Schubert von Krankheit und schwerer Depression heimgesucht, der Kampf ums Dasein

Schubert am Klavier. So sah ihn der bekannteste Maler des Wiener Jugendstils, Gustav Klimt (1862–1918).

erdrückte ihn fast. Vor allem in den Ecksätzen des Werks hat dies einen deutlichen Niederschlag gefunden.

Als Liedkomponist ist es Schubert gelungen, eine Einheit von Text und Vertonung zu schaffen, die ans Vollkommene grenzt. Und hier ist es wiederum jenes Zwiegespräch zwischen dem Tod und einem Mädchen nach Matthias Claudius, in welchem sich diese Einheit zu höchster Vollendung aufgeschwungen hat: das ängstliche Zittern des Mädchens einerseits, dagegen die beruhigende Stimme des Todes samt der Versicherung, er sei nicht wild, sondern vielmehr ein Freund. Dieser zweite Teil des Liedes bildet das Thema für den Variationensatz im *d-Moll-Quartett*. Die Verzweiflung und die Angst der Sterbenden, ihr Bitten und Flehen sind hier in die figurativen Passagen der umspielenden Violine eingeflossen, komprimieren das Geschehen also noch stärker als im Lied.

Das Thema an sich überwältigt durch seine Einfachheit. Es entwickelt sich aus einer modulierenden Schlußfloskel, wie sie vor allem bei Organisten sehr beliebt ist, und füllt dann mit großer Ruhe den akustischen Raum. In seinem breiten Dahinfließen bietet es trotz aller Düsternis Tröstung nach dem ersten Satz, der von einer fast unerträglichen Spannung zwischen Leben und Vergehen geprägt ist – eine Stimmung, die sich im Schlußsatz noch verstärken wird, wenn zunächst die vier Instrumente unisono mit dem jagenden Hauptthema einsetzen, bis das Presto-Finale in einer fast infernalischen Hetzjagd endet. Schubertsche Fröhlichkeit gelingt eigentlich nur im Trio, denn selbst das Scherzo klingt kantig und grimmig, trotz allem hörbaren Aufbäumen zähen Lebenswillens.

Sieht man freilich die drei letzten Streichquartette Schuberts als ein einziges Gesamtwerk, in welchem das *d-Moll-Quartett* den schwerpunktmäßigen Mittelpunkt bildet, so kommt das Schubertbild doch wieder ins Lot. Das eröffnende *a-Moll-Quartett* (1824) ist in seiner milden und elegischen Stimmung voll Wehmut und Sehnsucht letztlich doch eher den Tagseiten des Lebens zugewandt, auch wenn ausgerechnet im Dur-Finale ein Anruf wie aus einer anderen Welt anklingt. Das beschließende *G-Dur-Quartett* (1826) hingegen – in der unfaßbar kurzen Zeitspanne von nur 14 Tagen geschrieben – führt nach einem Kampf zwischen Licht und Dunkel eindeutig zu neuer Lebensbejahung, zu einer nochmaligen überschäumenden Freude am Dasein.

Helmut Schinagl

FRÉDÉRIC CHOPIN

Polonaisen
1826–1846 Warschau und Paris

Die Polonaise ist, wie ihr Name andeutet, ein polnischer Tanz festlichen Charakters, der einst als Repräsentationstanz polnischer Magnaten bei gesellschaftlichen Anlässen diente. Ihre musikalischen Merkmale sind der obligatorische Dreivierteltakt, ein gemäßigtes Tempo im »Schreittanzcharakter«, der akzentuierte Einsatz mit dem vollen Takt und in der Begleitung Achtelbewegungen, bei denen das zweite Achtel in Sechzehntel zerfällt. Die Polonaise-Motive sind kurz und prägnant und wiederholen sich im Ablauf der Darbietung mehrfach. Ihre Verschmelzung von Marschcharakter, Elastizität und feierlichem Zuschnitt übte indes auf zahlreiche Komponisten vor Chopin (1810–49) schon einen großen Reiz aus: beispielsweise auf Joseph Haydn (1732–1809), Ludwig van Beethoven (1770–1827) und Carl Maria von Weber (1786–1826). Auch manche Salonkomponisten vor und nach Frédéric Chopin bedienten sich der Charakteristika der Polonaise ebenso gern wie häufig. Nicht zuletzt fand die Polonaise Eingang in die Oper und in die Unterhaltungsmusik.

Trotz ihrer unverwechselbaren Eigenheiten als »polnischer Tanz« ist die Herkunft der Polonaise nicht ganz eindeutig, da ihre musikalischen und tänzerischen Merkmale auch in anderen europäischen Regionen – unabhängig voneinander – vorgefunden wurden: z. B. bei höfischen Prozessionstänzen in Italien (unter dem Namen »Polacca«) und in französisch-spanischen Lautentabulaturen. Erwähnenswert ist in diesem Zusammenhang auch der Einbau der Polonaise in den Suiten der Barockkomponisten Johann Sebastian Bach (1685–1750), Georg Friedrich Händel (1685–1759), Georg Philipp Telemann (1681–1767) und François Couperin (1668–1733), die in variantenreichster Weise diese Tanzform ausschmückten und – in höherem Sinne – sogar »kultivierten«. Häufig wird in musikwissenschaftlichen Kreisen sogar die Auffassung vertreten, daß sich die Polonaise zu ihrer heutigen Gestalt wahrscheinlich außerhalb Polens entwickelte und erst im 18. Jahrhundert, nachdem sie internationale Anerkennung erfahen hatte, an ihren Ausgangspunkt, nach Polen zurückkehrte, dann aber dort etwa in den Jahren von 1730 bis 1850 ihre eigentliche Blütezeit erlebte.

Frédéric Chopin (1810–49). Porträt von Stanislaw Stattler (1836–nach 1871) nach einem Gemälde des niederländischen Malers Ary Scheffer (1795–1858), der in Paris studiert und gearbeitet hat. Chopin war 1831 nach Paris gekommen und hatte sogleich Anschluß an die maßgebenden künstlerischen Kreise gefunden.

Zweifellos ist Frédéric Chopin als einer der »Großmeister der Polonaise« anzusehen. Durch ihn wurde diese Tanzgattung zum klingenden Bekenntnis zu seiner Heimat, wobei Chopin zugleich die Atmosphäre der Pariser Salons spür- und hörbar machte. »Seine« Polonaisen – insgesamt 16 – wirken kraftvoller als die Mazurkas (ein etwa seit 1600 existenter polnischer Volkstanz aus Masowien in schnellem 3/4- oder 3/8-Takt), heroisch in der Grundkonzeption und insbesondere »männlich« in Sprache und Klangkolorit. Ihr folkloristischer Impuls ist unverkennbar, der spielerische Anspruch hoch. Der Neigung, die Polonaise in den Tempi überzustrapazieren, trat Chopin entschieden entgegen, indem er seinen Schülern nachdrücklich riet, das Tempo durch Unterteilung des zugrunde liegenden 3/4-Taktes nicht zu forcieren.

Chopin hat die Gattung »Polonaise« zu einer Kunstform sui generis erhoben und damit eine Verbindung von Folklore und Kunst geschaffen, die später, gerade von Osteuropa her, starke musikalische und musikantische Formen entwickelte.

Jochen Rentsch

FELIX MENDELSSOHN BARTHOLDY

Ouvertüre zu Shakespeares
»Ein Sommernachtstraum« op. 21
Musik zu Shakespeares
»Ein Sommernachtstraum« op. 61
1827 Stettin bzw. 1843 Potsdam

Schon Johann Joachim Eschenburg, Christoph Martin Wieland und Johann Gottfried Herder hatten ihren deutschen Landsleuten Shakespeare zugänglich zu machen versucht. Doch die Rezeption ihrer Übersetzungen blieb verhältnismäßig begrenzt. Erst die Übertragungen August Wilhelm Schlegels und des Ludwig Tieck-Kreises erwiesen sich auf die Dauer als lebensfähig. Mehr noch als Herder gelang es ihnen, den Glanz der metapherreichen Verse einzufangen, den großen Briten gleichsam zu einem romantischen Zeitgenossen zu machen.

Ein minder titanischer Genius als Beethoven, aber ein mit sehr zartem, feinfühlendem, vollkommen gebildetem Geiste begabter Componist, welcher in seiner Weise besonders auf die Annäherung und innigere Verschmelzung von Musik und Literatur sehr fördernd wirkte, beide mit einer Art wohlthätigen Zwang in dieselbe Strömung leiten half – Mendelssohn, bewies gleichwohl durch ein mit vollerem Erfolg gekröntes Betreten des von Beethoven eingeschlagenen Weges, wie wohl er die Wichtigkeit jenes ersten Schrittes zu erkennen wußte . . .
Franz Liszt. Über Mendelssohns Musik zum Sommernachtstraum. in: Neue Zeitschrift für Musik. 26. Mai 1854.

Auch der junge Mendelssohn (1809–47) wurde schon früh mit den neuen Übersetzungen bekannt. In kindlichem Bildungsstolz verwendete der gerade erst Elfjährige die Titel von *Was ihr wollt* und *Wie es euch gefällt* als Wortspiele in seinem Spott-Heldengedicht *Paphleis*. In seinem kompositorischen Schaffen jedoch reflektierte erstmals die *Sommernachtstraum-Ouvertüre* sein Shakespeare-Erlebnis. Noch vor der Bekanntschaft mit Carl Maria von Webers *Oberon*-Ouvertüre (einem Stück mit vergleichbarem Sujet) hatte er am 4. Juli 1826 seine Schwester Fanny in seinen Plan eingeweiht, »midsummernight's dream zu träumen«. Und schon am 26. August, wenige Wochen später also, war der einzigartige Geniewurf der *Sommernachtstraum-Ouvertüre* zu Papier gebracht. »Der fertige Meister tat in glücklichster Minute seinen ersten höchsten Flug«, schwärmte Jahre später Robert Schumann. Wie schon im Scherzo des frühen *h-Moll-Klavierquartetts* oder im *Streichoktett* des Vorjahres hatte Mendelssohn nun zu seinem wahren künstlerischen Selbst gefunden.

Nach einer Privataufführung bei den Sonntagsmusiken im Berliner Elternhaus wurde die Ouvertüre am 20. Februar 1827 unter dem später als Balladen-Komponisten in die Musikgeschichte eingegangenen Carl Loewe (1796–1869) in Stettin aus der Taufe gehoben. Und schon drei Jahre später erklang die Ouvertüre erstmals in den Vereinigten Staaten, wo sie im Zeichen eines wahren Mendelssohn-Kults während der Bostoner Saison von 1849 bei jedem einzelnen der 22 Konzerte ins Programm aufgenommen wurde.

Vier magische Bläserakkorde öffnen das Tor zum mondbeglänzten Feenreich König Oberons. Mit scheinbar falschen Bässen plumpsen die Rüpel in den Elfentanz; der fallende Nonensprung zeichnet Zettels Eselsruf nach. In keinem Fall jedoch verlor sich Mendelssohn in eine die musikalischen Strukturen überwuchernde deskriptive Kompositionsweise. Schon mit der *Sommernachtstraum-Ouvertüre* hatte der junge Mendelssohn den Typ der Konzert-Ouvertüre geschaffen, dem später in seinem Schaffen noch die *Hebriden-Ouvertüre*, die Ouvertüre *Meeresstille und glückliche Fahrt* und die Ouvertüre zum *Märchen von der schönen Melusine* folgten.

Nicht weniger als 17 Jahre liegen zwischen der Komposition der *Sommernachtstraum-Ouvertüre* und der Niederschrift der eigentlichen Bühnenmusik. Dennoch weisen alle Teile der Gesamtpartitur die gleiche, unverwechselbare Handschrift auf. Ohne jeden Stilbruch reihen sich die 1843 komponierten Stücke der Konzert-Ouvertüre an.

Während des ersten Akts schweigt die Musik. Erst wenn im Märchen-

wald die Elementargeister wachgerufen werden, beginnt sie am Spiel des Eros mitzuwirken. Auf das holzbläserkichernde Scherzo folgt der Elfenmarsch und das spinnwebzarte Lied, mit dem die Elfen ihre Königin Titania in den Schlaf singen. In rastlos kreisender Bewegtheit malt das a-Moll-Intermezzo Hermias verzweifelte Suche nach Lysander; von der Seligkeit einer Waldnacht singt das Horn im E-Dur-Nocturne. Der festlich-pompöse Hochzeitsmarsch schließlich leitet den fünften Akt ein: Theseus feiert seine Vermählung mit Hippolyta. Ihnen zu Ehren führen die Handwerker ihr einfältiges Spiel von »König Pyramus und Thisbe« auf, das nach dem Selbstmord des Pyramus ein Trauermarsch tragikomisch untermalt. Der folgende »Rüpeltanz« greift das Rüpelthema der Ouvertüre auf. Und auch im Finale schlägt Mendelssohn eine Brücke zur Ouvertüre, mit deren Schlußtakten das Ganze in einer duftigen Traumpoesie ausklingt.

»Der Streit zwischen Oberon und Titania«. Gemälde von Sir Noel Paton (1821–1901) aus dem Jahr 1847. Eine Szene aus Shakespeares »Sommernachtstraum« in romantischem Licht.

Am 14. Oktober 1843 war Shakespeares »Sommernachtstraum« erstmals mit Mendelssohns Musik im Potsdamer Neuen Palais über die Bühne gegangen. Alexander von Humboldt, Bettina von Arnim und Leopold von

Ranke, der junge Geiger Joseph Joachim und Niels W. Gade waren Zeugen der denkwürdigen Aufführung, bei der Ludwig Tieck Shakespeares Komödie als romantisch-poetisches Märchenspiel in Szene gesetzt hatte. Jahrzehnte hindurch trug nicht zuletzt auch Mendelssohns geniale Musik im Einklang mit August Wilhelm Schlegels Übersetzung zur romantischen Interpretation von Shakespeares Komödie bei. Um eine neue Deutung des *Sommernachtstraums* ging es dann in unserem Jahrhundert Regisseuren wie Max Reinhardt und H. Grandville-Barker, Gustav Rudolf Sellner oder Peter Brook, der in einer Inszenierung des Jahres 1970 geradezu antiromantische Tendenzen des Stückes herauskehrte. *Hans Christoph Worbs*

FRANZ SCHUBERT

Winterreise
1828 Wien

Lieder sang ich nun lange Jahre. Wollte ich Liebe singen, ward sie mir zum Schmerz. Und wollte ich wieder Schmerz nur singen, ward er mir zur Liebe. So zertheilte mich die Liebe und der Schmerz.
Aus Franz Schuberts Erzählung »Mein Traum«. 3. Juli 1822.

Daß sich in Schuberts Liedern Wort und Ton durchdrangen, ermöglichte die wunderbare Entwicklung dieses Zweiges der Gesangsmusik von Beethoven (1770–1827) bis Hugo Wolf (1860–1903). Nie zuvor war das Klavierlied in gleicher Intensität aufgeblüht. Woran lag das?

Hatten sich früher die Regeln des musikalischen Handwerks in den Vordergrund gedrängt, so bestimmte nunmehr die Poesie, wie die Form auszusehen hatte. Zwar durchlief die Entwicklung von der »Weltseele« des Novalis bis zur Verengung nationaler »Schulen« im ausgehenden 19. Jahrhundert eine ungleichmäßige, heute manchmal als fatal zu erkennende Kurve. Zu Schuberts Zeit jedoch handelte es sich für die Musiker der durch die Restauration eingeengten Völker um eine Revolution nach innen, eine Befreiung, ein Finden des Selbst.

Vielleicht hätte die Letztfassung des Entwurfs einer Grabschrift für Franz Schubert (1797–1828) am besten getaugt, die Grillparzer so formulierte: »Er hieß die Dichtkunst tönen und reden die Musik . . .« Aber statt dessen stand dann etwas über »Begraben von Hoffnungen« mißverständlich auf dem Stein, wenn auch niemand leugnen wird, daß sich Schubert seit langem mit dem Tod befreundet hatte. Wer sonst besang ihn so oft und intensiv? Ein düster und angegriffen wirkender Kranker komponierte jenes *Fremd bin ich eingezogen, fremd zieh ich wieder aus,* mit dem der Zyklus *Winterreise* anhebt. Ob er nun Wilhelm Müllers Texte gezielt oder vom Instinkt geleitet auswählte – sie gaben Schubert die Möglichkeit, sein »Gastsein auf dieser Erde« musikalisch zu gestalten.

Franz Schuberts Kompositionsstil zeigt sich überwiegend vom Melodischen geprägt, so sorgfältig er den Text auch behandelte. Ihn leitete ein Instinkt, den der Interpret nur mit Ergriffenheit nachgestalten kann. Ohne in den Chorus derer einzustimmen, die dem »Schwammerl« allenfalls ein gleichsam unbewußtes Torkeln durch die fruchtbare Landschaft seiner Eingebungen zubilligen wollen, ist es gut, sich immer wieder an jenen Sinn des Wortes »Instinkt« zu erinnern, der ein unbewußtes Verhalten auf den beabsichtigten Zweck hin meint. Soviel Schubert von seiner Kunst wußte, so wenig konnte ihn dieses Wissen spalten, die Einheit seines Werks gefährden. Kunst wurde bei ihm immer wieder Natur, »unwillkürlich«, wie Wagner (1813–83) seine Forderung an die letztliche Wirkung einer Musik präzisierte.

Es ist oft vorgekommen, daß eine Abfolge von Schubert-Liedern sich dem Vorwurf des zu Düsteren aussetzte. Die Hörer verlangten von der Musik, sie solle eine Sklavin der Freuden sein und bemerkten nicht, wie weit die hochentwickelte Kunstmusik des 19. Jahrhunderts von einem reinen, unerreichbar gewordenen Ausdruck der Freude entfernt liegt. Gerade Schubert hat sich und die Freunde gefragt, ob es überhaupt eine lustige Musik geben könne. Wessen Klänge oft so natürlich »vor sich hin« singen, schlossen Schubert-Konsumenten vergangener Tage, der müsse doch vergnügt sein. Heute hat sich die Erkenntnis durchgesetzt, daß sich in Schuberts Tönen zugleich immer auch Todessehnsucht ausdrückt, die sich im Klang erlöst.

»Zu düster« – das fanden schon die Freunde, als ihnen Schubert 1828 seinen eben fertig gewordenen »Kranz schauerlicher Lieder« spielte und sang. Aber er wußte, daß sein Zyklus später verstanden werden würde. Hier wie bereits in dem frühen *Erlkönig* nach Goethe entwickelte Schubert aus dem Intonieren gesteigerten Sprechens oft genug eine Melodie, die sich dann selbst genug ist.

Wenn Schubert in *Die Nebensonnen* zu einem bloß textlich erfahrbaren Begriff wie »Drei Sonnen« (die Augen des Mädchens und die reale Sonne) Musik komponiert, so muß er sich allgemeiner musikalischer Kategorien bedienen und dem Lied damit generelle Bedeutung geben. Er verwendet

Ich war vor ein paar Jahren tief beschämt, als ich entdeckte, daß ich in einigen mir wohlbekannten Schubert-Liedern gar keine Ahnung davon hatte, was in dem zugrundeliegenden Gedicht eigentlich vorgehe. Als ich aber dann die Gedichte gelesen hatte, stellte sich für mich heraus, daß ich dadurch für das Verständnis dieser Lieder gar nichts gewonnen hatte, da ich nicht im geringsten durch sie genötigt war, meine Auffassung des musikalischen Vortrags zu ändern. Im Gegenteil: es zeigte sich mir, daß ich, ohne das Gedicht zu kennen, den Inhalt, den wirklichen Inhalt, sogar vielleicht tiefer erfaßt hatte, als wenn ich an der Oberfläche der eigentlichen Wortgedanken haften geblieben wäre.
Arnold Schönberg. Aus: Das Verhältnis zum Text. In: Der Blaue Reiter. Hg. von Wassily Kandinsky und Franz Marc. München 1912.

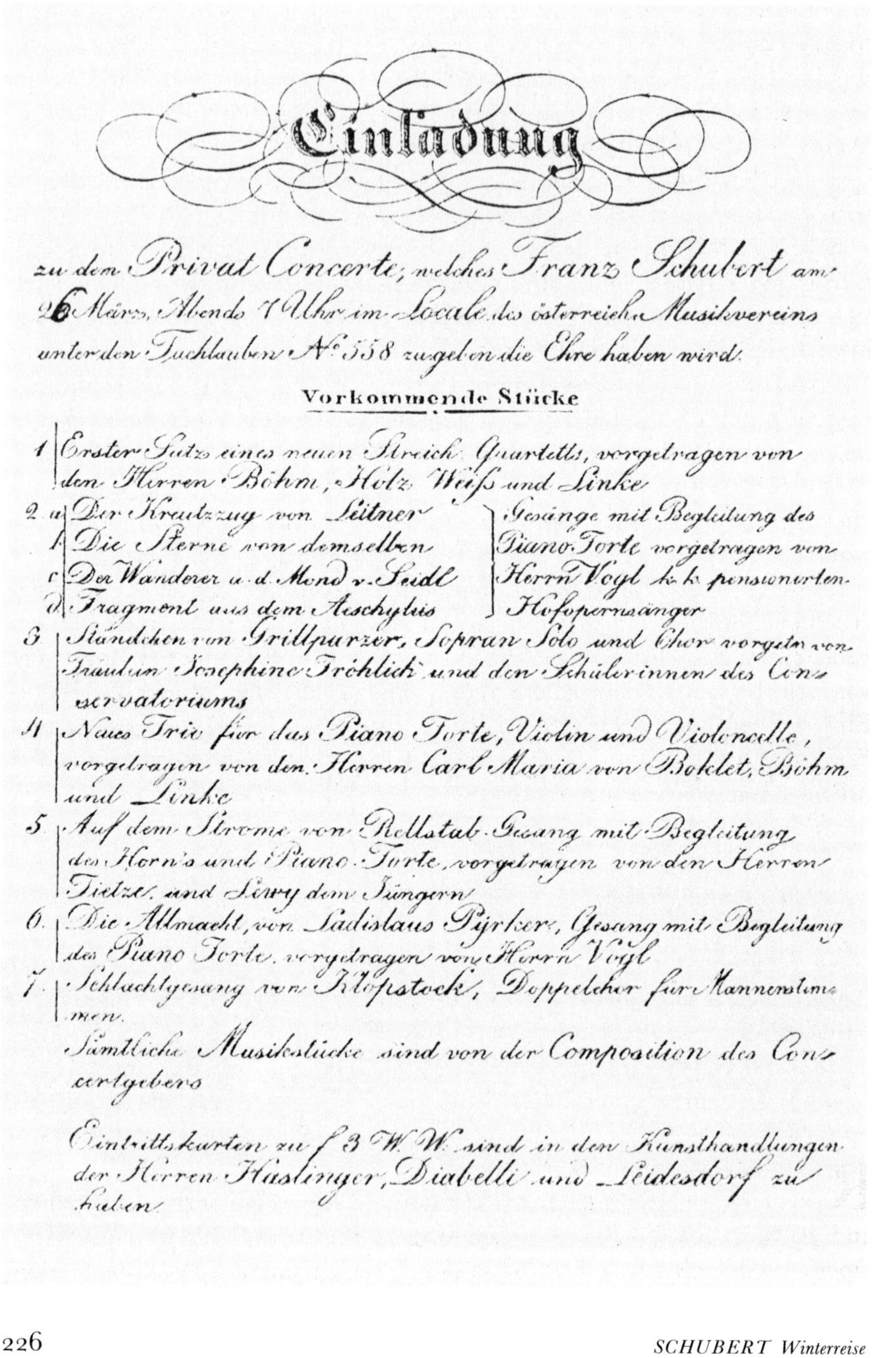
Einladung

zu dem Privat Concerte, welches Franz Schubert am 26 März, Abends 7 Uhr im Locale des österreich. Musikvereins unter den Tuchlauben No. 558 zu geben die Ehre haben wird.

Vorkommende Stücke

1 Erster Satz eines neuen Streich Quartetts, vorgetragen von den Herren Böhm, Holz, Weiß und Linke

2 a Der Kreutzzug von Leitner
b Die Sterne von demselben
c Der Wanderer a. d. Mond v. Seidl
d Fragment aus dem Aeschylus
Gesänge mit Begleitung des Piano Forte vorgetragen von Herrn Vogl k. k. pensionirten Hofopernsänger

3 Ständchen von Grillparzer, Sopran Solo und Chor vorgetr. von Fräulein Josephine Fröhlich und den Schülerinnen des Conservatoriums

4 Neues Trio für das Piano Forte, Violin und Violoncelle, vorgetragen von den Herren Carl Maria von Boklet, Böhm und Linke

5 Auf dem Strome von Rellstab Gesang mit Begleitung des Horn's und Piano Forte, vorgetragen von den Herren Tietze, und Lewy dem Jüngern

6 Die Allmacht, von Ladislaus Pyrker, Gesang mit Begleitung des Piano Forte, vorgetragen von Herrn Vogl

7 Schlachtgesang von Klopstock, Doppelchor für Männerstimmen.

Sämtliche Musikstücke sind von der Composition des Concertgebers

Eintrittskarten zu f 3 W. W. sind in den Kunsthandlungen der Herren Haslinger, Diabelli und Leidesdorf zu haben.

»Sämtliche Musikstücke sind von der Composition des Concertgebers«, steht auf dieser Einladung zum einzigen öffentlichen Konzert, das Schubert selbst veranstaltet hat. Monate vorher hatte die letzte große Schubertiade stattgefunden, zum Abschied des Freundes Josef von Spaun. Der endgültige Abschied des Komponisten war nicht mehr fern.

eine Dreierbewegung im Taktmaß, die das Gedicht in Vers und Strophenform eigentlich nicht aufweist. Ein Klaviersatz, der Bläser imitiert, deutet das im Text Gesagte in Erfahrbares um, indem er den Ausdruck »stier« versinnlicht, ohne doch ein solches Wort faktisch erläutern zu können. Wenn Schubert hier wie in zahllosen anderen Fällen die Musik vom sprachvollen zum sprachlosen Denken zurückführt, so erreicht er das Entscheidende seiner Musikerfahrung.

Schubert scheint das, was an den Liebesnöten Wilhelm Müllers kleinbürgerlich anmutet, nicht im geringsten gestört zu haben. Vielmehr ließ sich seine Phantasie gerade durch jene Reihe von Wortsymbolen motivisch inspirieren, die auf den ersten Blick zur Illustration verleiten. Knarren der Wetterfahne, Knurren der Hunde, Sturmwind und Irrlicht sind Wahrnehmungsmomente, auf die nicht erst hingewiesen werden muß; jeder erkennt sie. Gibt es aber Tonmalerei im üblichen Sinn bei Schubert? Läßt sich Schuberts Verfahren mit dem Haydns in der *Schöpfung* (UA 1798) vergleichen, wo Löwen brüllen, Vögel zwitschern, Leviathan sich über die Erde wälzt und Schnee und Regen naiv abgebildet werden? Schwerlich.

Als Konzerte mit Liedern aufkamen, waren die Philosophen dabei, neuerlich eine reflexive Trennung von Leib hier und Seele dort zu bekämpfen. Eine solche Abspaltung scheint in der Tat das Wesentliche der Erfahrung von Schuberts Liedern auszulassen: Gesangsmusik ist bei ihm Abbild einer Einheit von Gefühl und Ratio. Zugleich denkend und empfindend hat Franz Schubert in seinen Liedern zu einem Ganzen gefunden, das wir nur rätselvoll nennen können. *Dietrich Fischer-Dieskau*

GIOACCHINO ROSSINI

Wilhelm Tell
1829 Paris

Rossini (1792–1868) hatte als Meister der italienischen Oper begonnen und sowohl mit Werken der Opera seria (z. B. *Tancredi,* 1813) als auch der Opera buffa (z. B. *Il barbiere di Siviglia,* 1816) Weltruhm erlangt. In den zwanziger Jahren des 19. Jahrhunderts wurde er in allen europäischen Musikzentren gefeiert. Besondere Bedeutung für ihn gewann Paris – nicht nur, weil er es hier zu höchsten Ehren brachte und er sich während seiner zweiten Lebenshälfte für Jahrzehnte in der »Hauptstadt des 19. Jahrhunderts« niederließ; vor allem waren die Besonderheiten der französischen Operntradition Forderung und Stimulans für sein Schaffen. Wer in Paris Erfolg haben wollte, mußte sich den Erwartungen des dortigen Publikums anpassen, indem er z. B. ausgedehnte Ballettszenen in die Handlung einbaute und das dramatische Geschehen einerseits belebte, andererseits ins Monumentale erweiterte. So verfuhr Rossini mit einigen seiner älteren italienischen Opern, die er für die Pariser Aufführung »französisierte«: *Mosè in Egitto* (UA 1818) wurde zu *Moïse et Pharaon ou Le passage de la Mer Rouge* (UA 1827), *Maometto II* von 1820 zu *Le siège de Corinthe* (UA 1826). Den Höhepunkt seiner Auseinandersetzungen mit der französischen Tradition, ja die Summe seines ernsten Opernschaffens überhaupt bildete *Guillaume Tell.* Diese Grand opéra ist Rossinis letztes Werk fürs Musiktheater, und man hat viel darüber gerätselt, warum ein Mann auf dem Höhepunkt seines Erfolges, als unbestritten populärster Komponist seiner Epoche, die Feder aus der Hand legt und keine Opern mehr schreibt. Was folgte, sind ein *Stabat Mater* (1832–42) und die *Petite Messe solennelle* (1863) sowie eine Reihe zwar bedeutsamer, aber nicht für die Öffentlichkeit bestimmter Gelegenheitsarbeiten. Gesundheitliche Gründe spielten eine Rolle, aber entscheidend war wohl die Einsicht, daß es ihm selbst nicht mehr möglich sein werde, den hier eingeschlagenen Weg weiterzugehen. Denn in seinen Pariser Werken, insbesondere im *Wilhelm Tell,* offenbart sich eine Konzeption von Musiktheater, die deutlich über das traditionell Vorhandene hinausgeht und bereits eine Tendenz zum durchkomponierten Drama aufweist, wie sie dann Verdi (1813–1901) und Richard Wagner (1813–83) auf unterschiedliche Weise weiterführten.

Rossinis Besuch bei Beethoven: Der Schmetterling flog dem Adler in den Weg, dieser wich aber aus, um ihn nicht zu zerdrücken mit dem Flügelschlag. Eusebius.
Robert Schumann Aphorismen. 1834.

Das Libretto wurde nach Schillers Schauspiel von Etienne de Jouy, Hippolyte-Louis-Florent Bis und Armand Marrast geschrieben. Da es sich um den Freiheitskampf Tells und seiner Schweizer Eidgenossen gegen Geßler, den Vertreter der habsburgischen Besatzer handelte, hatte der Stoff – zumal aus italienischer Sicht – hohe tagespolitische Brisanz und konnte oft nur mit einschneidenden Veränderungen und unter fremden Titeln aufgeführt werden.

Berühmt, auch als orchestrales Bravourstück, ist die Ouvertüre, in der Rossini programmatisch den Stimmungsunterschied zwischen friedlicher

Szenenbild aus Gioacchino Rossinis Oper Wilhelm Tell. Kolorierter Stich aus der *Wiener Allgemeinen Theaterzeitung.*

Idylle und hereinbrechender Attacke schildert. Hier bereits fällt die meisterhafte Instrumentation auf (z. B. die raffinierte Klangwirkung durch die geteilten Solocelli), wie man sie auch später in der Partitur immer wieder findet.

Neben den Hauptfiguren (Tell mit seiner Frau und seinem kleinen Sohn, die anderen Schweizer mit dem alten Melchthal und seinem Sohn Arnold und auf der Gegenseite der Landvogt Geßler und die habsburgische Prinzessin Mathilde, die aber mit Arnold in heimlicher Liebe verbunden ist) wird das Volk zum eigentlichen Helden. Tragendes Element von Handlung und Musik ist das Wechselspiel zwischen Einzelnen und Kollektiv. Soloauftritte, Ensembles und Chorpartien, ariose Teile, rezitativische Einschübe und instrumentale Passagen wechseln miteinander und spiegeln musikalisch die dramaturgische Entwicklung wider, so z. B. in der Apfelschußszene: Geßlers unmenschlicher Befehl, die Demut des Kindes, Tells innig-beschwörende, von Spannung und Hoffnung gleichermaßen getragene Gedanken (»Sois immobile – Resta immobile«), der entscheidende Schuß sowie der Siegesruf des Volkes – alles ist in einen zwingenden musikalisch-dramatischen Zusammenhang gefaßt.

Der Chor erhält zentrale Bedeutung. Die großen Massenszenen, das Chortableau, das man gemeinhin mit Meyerbeer (*Il crociato in Egitto,* UA 1824; *Les Huguenots,* UA 1836), mit Bellinis *Norma* (UA 1832) oder anderen späteren Werken in Verbindung bringt, findet sich hier – ebenso wie der vom Chor begleitete Sologesang – bereits ausgebildet. Daneben tritt die eigentliche Arie an Umfang und Bedeutung zurück. Die Idee der virtuosen Präsentation einer konzertant empfundenen, konzertant ausgeführten Gesangslinie scheint weitgehend aufgegeben zugunsten kleiner, prägnanter Soli. Sie stehen nicht als eigene Nummer für sich, sondern sind jeweils in den dramaturgischen Kontext einbezogen. Nur für kurze Zeit hält die Aktion inne, um wie in einer Momentaufnahme die seelische Verfassung der Person anzudeuten, und alsbald geht die Handlung weiter.

Auch das große, flächig angelegte Crescendo, das für Rossinis Ensembletechnik sonst so charakteristisch war, wird hier auf wenige Stellen beschränkt. Ebenso bleibt der Canto fiorito, der Koloraturgesang, der Darstellung besonderer Gefühle vorbehalten, z. B. in Mathildes zwischen Schmerz und Hoffnung schwankender Romanze »Sombre forêt / Selva opaca«.

Mit dem Streben nach dem einmaligen, der jeweiligen Situation angepaßten charakteristischen Ausdruck, d. h. mit der Abkehr vom Schematischen und der typisierten Sprache der Tradition hat Rossini am Ende seines Opernschaffens die Grenzen der Gattung entscheidend erweitert.

Volker Scherliess

FRÉDÉRIC CHOPIN

Walzer h-Moll op. 69/2
1829 vermutlich Warschau

Insgesamt 19 unterschiedlich lange Walzer (»Valses«) weist das umfangreiche Werkregister innerhalb Frédéric Chopins Klavierkompositionen auf. Diese Kunstgattung begleitete Chopin (1810–49) sein ganzes Leben lang: Er komponierte seine »Valses« also nicht nur während der ersten Lebenshälfte in Polen, sondern auch in seiner zweiten Heimat, in Paris.

Grundsätzlich ist zu Chopins Walzern zu sagen, daß sich diese Gattung von der herkömmlichen Vorstellung Wiener Lebenslust gravierend da-

Autograph der Partitur des ersten der »Deux valses« op. 69 von Chopin aus dem Jahr 1829. Die Widmung galt Marie Wodzinska.

durch unterscheidet, daß sich der Komponist von einer subjektiven »Abbildung« der volkstümlichen Unterhaltungsmusik im Genre der Johann-Strauß-Walzer distanzierte. Chopins Walzer stellen Impressionen zeitgenössischer Salons dar mit ihren abendlichen bis nächtlichen Festen, ihren chevaleresken Gesten und wirbelnden Tanzpaaren. Vornehme Distanz und eine beredte Gefühlsbändigung zeichnen diese auch ästhetisch bis zum äußersten verfeinerten Klavierstücke aus, was nicht heißt, daß diese Werke nicht auch einen großformatigen Gestus sowie technische Brillanz – und diese in Fülle – aufweisen. Nicht von Chopin stammen Beinamen, z. B.: *Minutenwalzer* oder *Abschiedswalzer*.

Der *h-Moll-Walzer* (Nr. 10 in der Gesamtaufstellung) stammt aus dem Jahr 1829. Sein gesanglicher Moderato-Mittelteil verzichtet auf entfernte Harmoniebildungen – übrigens eine Spezialität Frédéric Chopins – und bewegt sich statt dessen in schlichten Spielabläufen, ohne dabei simpel oder gar inhaltslos zu wirken. Zarte Empfindungen kommen insbesondere in dem Trio-Teil (H-Dur) zum Ausdruck, der ein wenig an die tänzerischen Klavierkompositionen Franz Schuberts (1797–1828) erinnert.

Jochen Rentsch

FELIX MENDELSSOHN BARTHOLDY

Lieder ohne Worte
1829–1845

Fragen Sie mich, was ich mir (bei diesem oder jenem der »Lieder ohne Worte«) gedacht habe, so sage ich: gerade das Lied, wie es dasteht. Und habe ich bei dem einen oder anderen ein bestimmtes Wort oder bestimmte Worte im Sinn gehabt, so mag ich die doch keinem Menschen aussprechen, weil das Wort dem einen nicht heißt, was es dem andern heißt, weil nur das Lied dem einen dasselbe sagen, dasselbe Gefühl in ihm erwekken kann, wie im andern – ein Gefühl, das sich aber nicht durch dieselben Worte ausspricht.

Das Wort bleibt vieldeutig, und die Musik verständen wir beide doch recht.

Felix Mendelssohn Bartholdy in einem Brief vom 15. Oktober 1842 an Marc André Souchay.

Im Juni 1836, in Tagen aufkeimender Liebe zu seiner späteren Frau Cécile Jeanrenaud, hatte Mendelssohn (1809–47) in Frankfurt das »Duetto«, das *Lied ohne Worte op. 38 Nr. 6* geschrieben. Das weich eingehüllte, vom Gleichmaß der Triolen umrankte Thema ist hier auf zwei Stimmen verteilt, die sich im Einklang zusammenfinden, bevor sich das meisterlich geformte kleine Stück in leises Arabeskenspiel auflöst. Ein schwärmerisches Espressivo wird bald wieder aufgefangen und in die milde Grundstimmung des Ganzen überführt. Gerade in Stücken wie diesem As-Dur-»Duetto« hatte Mendelssohn seinen Zeitgenossen aus den Herzen gesprochen; gerade in solchen Miniaturen schwang der geruhsame Pulsschlag des musikalischen Biedermeier.

Die Bezeichnung »Lied ohne Worte«, letztlich ein romantisches Paradoxon (noch Arnold Schönberg griff in seiner *Serenade op. 24* zu diesem Titel), geht vermutlich auf Mendelssohn selbst zurück. In einem Brief aus dem Jahr 1828 erzählt Schwester Fanny von einigen Klavierstücken, denen Felix den damals neuen Namen gegeben hätte. Vor allem kantable Klavieretüden wie die von Mendelssohns Lehrer Ludwig Berger (1777–1839) sind unmittelbare Vorbilder jener meist liedhaften, überwiegend dreiteiligen Stücke, von denen einige mehrere Jahrzehnte hindurch zum bevorzugten Repertoire der sprichwörtlichen »höheren Töchter« gehörten. Schon die Widmungen von fünf der insgesamt sechs zu seinen Lebzeiten veröffentlichten »Hefte« sprechen eine eindeutige Sprache: Vor allem für »Damen« wollte Mendelssohn Miniaturen bestimmt wissen, deren zumeist klassizistische Attitüde sich aufs schönste in dem kalligraphischen Notenbild der Stücke spiegelt.

Der außergewöhnliche Erfolg dieser *Lieder ohne Worte* war Mendelssohn selbst nicht ganz geheuer; schon für das 1837 erschienene dritte Heft (op. 38) hatte er das dreifache Honorar wie für das nur gut zwei Jahre zuvor publizierte zweite Heft (op. 30) einstecken können. Auch in England, wo das erste Heft (op. 19) zunächst unter dem Titel *Melodies for Pianoforte alone* erschien, avancierten die *Lieder ohne Worte* rasch zu wahren Favoritstücken.

Das Aquarell von James Warren Childe (1778–1862) zeigt Felix Mendelssohn Bartholdy 20jährig während seiner ersten Reise nach England und Schottland im Jahre 1829. Der Komponist faßte eine starke Zuneigung zum »englischen Klima«. Die »Hebriden-Ouvertüre« war das greifbare Ergebnis dieser ersten von insgesamt acht England- und Schottlandreisen.

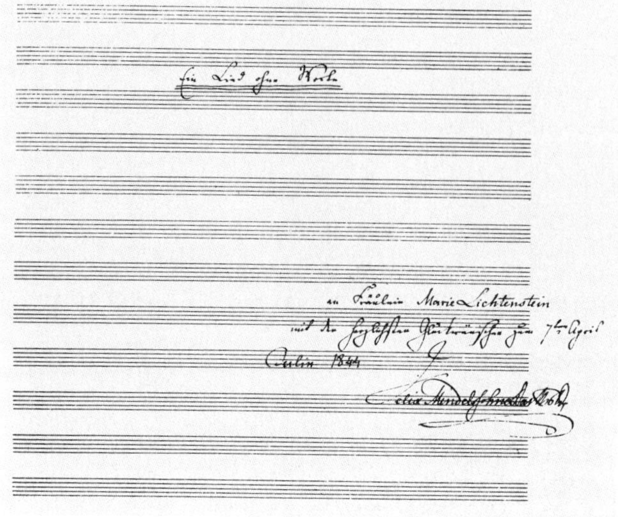

»Ein Lied ohne Worte«. Autograph eines Titelblatts mit Widmung an Fräulein Marie Lichtenstein, 1844, und Titelseite eines alten Notendrucks der »Sechs Lieder ohne Worte« op. 19 b. Es war das erste Heft von insgesamt acht.

Selbst in vereinfachenden Ausgaben, »mit Rücksicht auf kleine Hände« durchweg »ohne Oktavspannungen« (so 1864 in einem Druck des Verlages Simrock) kamen die feingeschliffenen Miniaturen auf den Musikalienmarkt.

»Wer hätte nicht einmal in der Dämmerungsstunde am Klavier gesessen (ein Flügel scheint schon zu hoftonmäßig) und mitten im Phantasieren sich unbewußt eine leise Melodie dazu gesungen? Kann man nun zufällig die Begleitung mit der Melodie in den Händen allein verbinden, und ist man hauptsächlich ein Mendelssohn, so entstehen daraus die schönsten Lieder ohne Worte.«

Robert Schumanns (1810–56) einfühlsame Rezension über Mendelssohns op. 38 ist mit den hier zitierten Anfangszeilen nicht allein auf das zweite Heft der *Lieder ohne Worte* gemünzt, dessen *Venetianisches Gondellied* die Morbidezza der Lagunenstadt verführerisch einfängt. Mit den zwei anderen *Venetianischen Gondelliedern* gehört dieses fis-Moll-Stück zum Schönsten der acht Hefte, unter deren insgesamt 48 Miniaturen das leicht hingetupfte Aquarell des *Frühlingslieds* (op. 62,6), das quecksilbrige *Spinnerlied* (op. 67,4) oder der eher orchestral als pianistisch erfundene *Trauermarsch* (op. 62,3) zu besonderen Ehren kamen.

Mit klar vom eigentlichen »Lied« abgesetzten Vor-, Zwischen- und Nachspielen prägen Stücke wie das (schottische) *Volkslied* (op. 53,5) den

Charakter eines »Liedes ohne Worte« konsequent aus. Doch das Ausdrucksspektrum der acht Hefte ist weit reicher, als sich das manche Kritiker eingestehen wollten. Oft pauschal erhobene Vorwürfe gegen die Gefühligkeit treffen keineswegs das spukhafte *a-Moll-Agitato* (op. 38,5), das bereits auf Brahms' (1833–97) späte Klaviermonologe vorausweisende *B-Dur-Andante tranquillo* (op. 67,3), oder das irrlichternde *fis-Moll-Allegro leggiero* (op. 67,2).

Und schließlich darf in diesem Zusammenhang nicht ein Interpretationsproblem außer acht gelassen werden. Denn sicher können gerade auch die *Lieder ohne Worte* als Beispiel dafür gelten, daß falsche Aufführungstraditionen manche Meisterwerke nur zu leicht in Mißkredit bringen. Betont langsame Zeitmaße hätten jedenfalls kaum den Segen des Komponisten gefunden, der sich in einem Brief an seinen Freund Klingemann unmißverständlich über den Vortrag des *Venetianischen Gondelliedes* op. 30,6 ausgelassen hatte: »Es muß nicht allzu langsam schwimmen.« Daß er bei einem »langsam genommenen Tempo« geradezu wütend wurde, weiß Hans von Bülow noch aus persönlicher Erinnerung zu berichten.

Schallplattenaufnahmen der letzten Jahre haben gerade unter diesem Aspekt ihren Teil zur längst fälligen Rehabilitierung der *Lieder ohne Worte* beigetragen. Besonders die aus dem Jahr 1978 stammende, inzwischen aus dem Handel genommene Gesamteinspielung Victoria Postnikowas konnte landläufige Vorstellungen von einer biedermeierlichen Klaviermusik zurechtrücken.

Hans Christoph Worbs

Wer hätte nicht einmal in der Dämmerungsstunde am Klavier gesessen (ein Flügel scheint schon zu hoftonmäßig) und mitten im Phantasieren sich unbewußt eine leise Melodie dazu gesungen? Kann man nun zufällig die Begleitung mit der Melodie in den Händen allein verbinden, und ist man hauptsächlich ein Mendelssohn, so entstehen daraus die schönsten Lieder ohne Worte. Leichter hätte man es noch, wenn man geradezu Texte komponierte, die Worte wegstriche und so der Welt übergäbe . . .

Robert Schumann
Kritische Umschau 1834/35.

HECTOR BERLIOZ

Symphonie fantastique
1830 Paris

Hector Berlioz (1803–69) erfuhr schon in der zerrütteten Ehe seiner Eltern jene abrupten Wechsel von Zuneigung und Abwehr, die auch sein eigenes Leben beherrschten und die er in seiner autobiographisch bestimmten *Symphonie fantastique* von 1830 aufarbeitete. Da in der musikalischen

... immer noch unter Goethes Einfluß, schrieb ich meine »Symphonie phantastique«, teilweise mit großer Mühe, teilweise mit unglaublicher Leichtigkeit. Das Adagio »Auf dem Lande«, das auf das Publikum wie auf mich selber stets einen so tiefen Eindruck macht, quälte mich mehr als drei Wochen lang, zwei- oder dreimal legte ich es beiseite und nahm es wieder auf. Der »Gang zum Richtplatz« dagegen wurde in einer Nacht geschrieben. Ich habe jedoch an jenen beiden Stücken, wie an allem aus diesem Werk, im Verlauf mehrerer Jahre vieles überarbeitet.
Hector Berlioz. in: Memoiren. Entstanden 1848–54.

Honoré Daumier »Drama«, um 1856/60. Innerster Kern der »Symphonie fantastique« von Berlioz ist sein eigenes Lebensdrama. Die Fünfsätzigkeit der Sinfonie spiegelt die fünf Akte der Tragödie .

Kultur Frankreichs die Sinfonie nur eine untergeordnete Rolle spielte, konzentrierte sich der Konservatoriums-Schüler von Jean-François Lesueur zunächst auf die Gattungen der Oper, des Oratoriums und der Kantate und empfand 1828 die zyklische Aufführung der Sinfonien von Beethoven (1770–1827) unter Leitung von F. A. Habeneck als Sensation. In ganz besonderem Maß faszinierte ihn die programmatisch orientierte *Pastorale:* »... diese sprechenden Bilder! ... diese Düfte! ... dieses Licht! ... das beredte Schweigen! ... die weiten Horizonte! ...« Von den in Beethovens Sinfonien zutagetretenden Ausdrucks- und Klangmöglichkeiten wie von einer Offenbarung getroffen, entwickelte Berlioz den Plan zu seiner ersten eigenen Sinfonie, die zum Schlüsselwerk der musikalischen Romantik wurde. Mit ihrer Fünfsätzigkeit knüpft die *Symphonie fantastique* zwar auch an Beethovens *Sechste* an, aber eher dürfte es ihm um die Analogie zur Grand Opéra (oder Tragödie) mit ihren fünf Akten gegangen sein. Für die näher liegende Verwandtschaft mit einem Bühnenwerk sprechen auch die instrumentalen Effekte: So evoziert die im dritten Satz »hinter dem Orchester« antwortende Oboe beim Dialog zweier Hirten die Szenerie des Räumlichen und die Vorstellung einer textlosen Oper. Im Gegensatz zu seinen Zeitgenossen Paganini und Liszt konnte der von der Medizin zur Musik gekommene Berlioz nie als Virtuose brillieren und seine Werke durch öffentliche Auftritte durchsetzen. Er lebte seine Experimentierlust allein auf dem kompositorischen Sektor aus, führte in die Musik das Element des Bösen ein und setzte seine unkonventionellen Lösungen hinsichtlich neuer Klangstrukturen, äußerer Architektur und innerer Dramaturgie ohne Rücksicht auf den knöchernen, in Paris herrschenden Akademismus durch. Er war der erste Komponist, der die Dramatik seines Lebens auf ein Kunstwerk übertrug und der sich und seine leidenschaftlichen Gefühle in den Mittelpunkt der Musik stellte. Daß er als erster die Kluft zwischen Kunst und Leben schloß und das Leben zielstrebig in Kunst umsetzte, macht ihn zum Ahnherren der modernen Konzept-Kunst.

Zum entscheidenden Antriebsmoment der Komposition dieses »drame musicale« wurde Berlioz' alle Höhen und Tiefen durchmessende Haßliebe zur irischen, in Paris gefeierten Shakespeare-Schauspielerin Harriet Smithson – sie blieb ihm lange unerreichbar, wurde sechs Jahre später seine Frau, doch verließ er sie nach elf tristen Ehejahren wegen einer Jüngeren. Damit seine Absichten, »Gefühle und Leidenschaften« auszudrücken und der »Wahrheit« eine Bresche zu schlagen, verstanden wurden, stellte der Komponist seiner *Symphonie fantastique* ein Programm voran, »das wie der

Mit all seinen Bizarrerien ist er wundervoll. Er ist es, dem meine ganze Generation ihre Formung verdankt, und ich wage zu sagen, sie ist gut geformt worden. Er verfügte über jene unschätzbare Gabe, die Einbildungskraft zu entflammen, die Kunst zu lieben, die er lehrte. – Jenseits meiner vollständigen Bewunderung empfand ich für ihn eine lebhafte Zuneigung auf Grund des Wohlwollens, das er mir entgegenbrachte, und auch der menschlichen Qualitäten, die ich an ihm entdeckte und die so gänzlich im Gegensatz zu seiner allgemeinen Einschätzung standen, für die er ein hochmütiger, gehässiger und schlechter Mensch war.
Camille Saint-Saëns
in: Portraits et Souvenir.
Paris 1900.

Ausschnitt aus der Partitur der »Symphonie fantastique« von Hector Berlioz (1803–69): »Rêverie«.

Text einer Oper betrachtet« werden soll und das in seiner Fassung von 1855 deutliche Parallelen zum eigenen Leben zieht (zu ihnen gehören auch seine Erfahrungen mit Opium, das er als Mittel gegen Zahnschmerzen nutzte und das ihn für Emotionen jeglicher Art sensibilisierte): »Ein junger Musiker von krankhafter Phantasie hat sich in einem Anfalle verliebter Verzweiflung mit Opium vergiftet. Zu schwach, den Tod herbeizuführen, versenkt ihn die narkotische Dosis in einen langen Schlaf, den die seltsamsten Visionen begleiten. In diesem Zustand geben sich seine Empfindungen, seine Gefühle und Erinnerungen durch musikalische Bilder in seinem kranken Gehirne kund. Die Geliebte selbst wird für ihn zur Melodie, gleichsam zu einer fixen Idee, die er überall wiederfindet, überall hört.«

Die »idée fixe«, ein aus der Pathologie entlehnter Terminus und eine Weiterentwicklung des in der Oper gebräuchlichen Erinnerungsmotivs, versinnbildlicht im schnellen Hauptteil des ersten Satzes (»Träume, Leidenschaften«) die Gestalt der noch als Ideal verehrten Geliebten. Ihr Motiv begegnet ihm wieder bei einem glänzenden Fest (»Ein Ball«) und in der ersehnten Ruhe einer »Szene auf dem Lande«. Er träumt, er habe sie ermordet und sei zum Tode verurteilt worden. Der letzte Liebesgedanke an sie wird beim »Gang zum Hochgericht« vom Hieb des Henkers unterbrochen. Im »Hexensabbat« haben sich grausige Gespenster und Ungeheuer zu seinem Begräbnis eingefunden. Aus dem Ächzen und gellenden Gelächter hört man die geliebte Melodie heraus, die ihren edlen Charakter verloren hat, zur gemeinen und ordinären Tanzweise verkommen ist und an der höllischen, durch Dies-irae-Motive ins Groteske gesteigerten Orgie der Walpurgisnacht teilnimmt. Ihr grimassenhaft verzerrtes Motiv wird zum Symbol für die Zerstörung des einstmals schönen Bildes, die Sinfonie der Liebe hat sich zur Sinfonie der Rache gewandelt.

Für die Verbreitung des bahnbrechenden Werks sorgte vor allem Franz Liszt (1811–86). Als 19jähriger fertigte der mit dem Komponisten befreundete Pianist eine Klavierpartitur der Sinfonie an, führte sie in einem Konzert auf und entwickelte Berlioz' Idee – die Gewinnung eines Groß-Werks aus einem einzigen Thema – in seinen eigenen Kompositionen weiter. Seine *Sinfonischen Dichtungen* und die von Richard Strauss (1864–1949) wären ohne das Vorbild von Berlioz' nicht denkbar. *Uwe Kraemer*

Den ersten Ausbrüchen eines starken Jugendgemütes wohnt nämlich eine ganz eigentümliche unverwüstliche Kraft inne; spreche sie sich noch so roh aus, sie wirkt um so mächtiger, je weniger man sie durch Kritik in das Kunstfach hinüberzuziehen versucht. Man wird sich vergebens bemühen, sie durch Kunst verfeinern oder durch Zwang in Schranken halten zu wollen, sobald sie nicht selbst mit ihren Mitteln besonnener umzugehen und auf eigenem Wege Ziel und Richtschnur zu finden gelernt hat. Berlioz will auch gar nicht für artig und elegant gelten; was er haßt, faßt er grimmig bei den Haaren, was er liebt, möchte er vor Innigkeit zerdrücken – ein paar Grade schwächer oder stärker: seht es einmal einem feurigen Jünglinge nach, den man nicht nach der Krämerelle messen soll!
Robert Schumann aus: Sinfonie von H. Berlioz 1855.

FRÉDÉRIC CHOPIN

Konzert für Klavier und Orchester e-Moll op. 11
1830 Warschau

Sobald ihr überhaupt Widersacher findet, junge Künstler, so wollet euch dieses Zeichens eurer Talentkraft freuen und diese für um so bedeutender halten, je widerhaariger jene. Immerhin bleibt es auffallend, daß in den sehr trockenen Jahren vor 1830, wo man dem Himmel um jeden bessern Strohhalm hätte danken sollen, selbst die Kritik, die freilich immer hinten nach kommen wird, wenn sie nicht von produktiven Köpfen ausgeht, noch lange mit der Anerkennung Chopins achselzuckend anstand, ja daß einer sich zu sagen erkühnte, Chopins Kompositionen wären nur zum Zerreißen gut.
Robert Schumann. Kritische Umschau 1836.

Frédéric Chopins Ausdruckselement innerhalb der Musik war das Klavier. Mit ihm hielt er Zwiesprache, ihm vertraute er seine geheimsten Regungen an, dieses Instrument wurde sein Partner, der seine Stimmungen und Leidenschaften auffing und in seiner Vorstellung vollends zu reflektieren vermochte. Chopins brillanter, von höchstem Eigenanspruch geprägter Stil, gepaart mit Empfindungsreichtum und Nuancierungssinn gleichermaßen, stellt in seiner fast neurotischen Reizbarkeit nicht nur in der Klaviermusik, sondern auch in der gesamten abendländischen Musikgeschichte ein ohne Parallele dastehendes Phänomen dar. An ihm entzündet sich die Phantasie des Publikums ebenso wie an seiner Person, eines in ätherische Bereiche vorstoßenden Genies, das nach nur 31 Lebensjahren durch die Krankheit des Jahrhunderts, der Schwindsucht, endete.

Im Winter von 1829 auf 1830, dem letzten, den Chopin (1810–49) in Warschau verbrachte, bevor er nach Paris ging, komponierte er seine beiden *Klavierkonzerte e-Moll* und *f-Moll*. Das in *f-Moll* entstand zuerst, rangiert aber seit langem als »Nr. 2« unter der Opuszahl 21, während das *e-Moll-Konzert* unmittelbar darauf folgte, jedoch früher als das Schwesterwerk unter der Opuszahl 11 veröffentlicht wurde. Beide Kompositionen, die den wichtigsten Teil seines Reisegepäcks nach Wien und Paris darstellten, wurden bei Chopins Warschauer Abschiedskonzerten erstmals öffentlich aufgeführt, nachdem sie zuvor in privatem Kreis zur Uraufführung gekommen waren: das *e-Moll-Konzert* mit dem Komponisten am Flügel am 22. September 1830. Chopin widmete es dem deutschen Pianisten Friedrich Kalkbrenner, dem der Komponist große Bewunderung entgegenbrachte.

Leichtgetönte Melancholie, leidenschaftlicher Zugriff sowie ein aus einem ausgeprägten poetischen Gefühl erwachsener, ungemein pointierter Klangfarbensinn sind die wesentlichen Kennzeichen des dreisätzigen *e-Moll-Klavierkonzerts* von Frédéric Chopin: Es ist ein Meisterwerk von ebenso perlender Brillanz wie gelungener Durcharbeitung, das die seelische Euphorie des 19jährigen Komponisten reflektiert, der sich zu dieser

Zeit in Konstanze Gladkowska verliebt hatte, welche am Warschauer Konservatorium Gesang studierte. Introvertiert und schüchtern wie er war, wagte Chopin nicht, dem Mädchen seine Zuneigung zu offenbaren, sondern zog es vor, seine Hochstimmung dem Klavier anzuvertrauen und eine Art »Seelenbekenntnis« zu Papier zu bringen.

Ein langes Orchestervorspiel im Kopfsatz enthält das thematische Material, das später vom Solo-Instrument in mannigfaltiger Weise ausgeziert, variiert und phantasievoll in Melodik und Harmonik umgesetzt wird: zuerst ein schwärmerisches Hauptthema, dann ein verträumtes Seitenthema. In einem kontrastreichen Miteinander von Klavier und Orchester kommt es zu begeisternden Aufschwüngen und prachtvollen Klangkombinationen.

Der langsame Mittelsatz, eine Romanze im Nocturne-Charakter, zählt zu Chopins berühmtesten Stücken überhaupt: Zauberhafte Klang- und Stimmungsbilder breiten sich vor dem Zuhörer aus, wobei auch hier ein

»Musikzimmer« mit Frédéric Chopin am Klavier. Kolorierte Lithographie von Achille Deveria (1800–57) einem Maler und Lithographen der Pariser Salons, der u. a. auch Franz Liszt und Victor Hugo porträtierte.

filigran gestaltetes Geben und Nehmen zwischen dem Solisten und dem Orchester stattfindet. Das zuerst vom Klavier vorgetragene, aber bald danach vom Orchester aufgegriffene Hauptthema erhält seinen besonderen Reiz durch die Einstreuung aparter Sext- und Quintensprünge, deren Stimmung nach Chopins eigenen Worten »den Eindruck eines traurigen Rückblicks auf eine Stätte geben soll, die in uns tausend liebliche Erinnerungen erweckt. Eine Träumerei bei Mondschein zur schönen Frühlingszeit.«

Der Schlußsatz ist ein sprühendes Rondo im Vivace-Tempo, das sich auf zwei Themen stützt und von Anfang bis zum Ende durchlaufend, sich als eine hochvirtuose Komposition mit Grandezza, modulatorischer Eleganz, faszinierenden Steigerungen und weitgeschwungenen Bögen darstellt. Er bietet dem Solisten in reichem Maße Gelegenheit, sein Können glanzvoll unter Beweis zu stellen, wobei unter anderem überraschende Springtechniken in beiden Händen hohe Anforderungen an den Pianisten stellen. Ein brillanter kompositorischer Wurf, der längst zu den festen Repertoirestükken aller Konzerthäuser in der Welt zählt; ein Höhepunkt der virtuosen und zugleich stimmungshaften Klaviermusik. *Jochen Rentsch*

VINCENZO BELLINI

Norma
1831 Mailand

Die »Italienische Oper« war bis in die ersten Jahrzehnte des 19. Jahrhunderts eine Gattungsbezeichnung. Ein nationaler Begriff wurde sie erst danach. Italien war kein einheitlicher Staat, war in mehrere Fürstentümer und Provinzen aufgeteilt, die unter päpstlicher Herrschaft (Kirchenstaat) oder unter den oft fremdländischen Dynastien standen. Ganz Norditalien befand sich sogar unter direkter österreichischer Verwaltung. Wie überall in Europa begann sich auch in Italien um 1820 das Nationalgefühl zu regen, das eine staatliche Einigung des die gleiche Sprache sprechenden Volkes ersehnte. In Italien nannte sich diese Bewegung »Risorgimento« (Wieder-Auferstehung), sie ging mit einer musikalischen Bewegung Hand in

Vincenco Bellini. Gemälde eines ungenannten Malers, dem es gelang, das freundliche und sanfte Wesen des Komponisten, das sich auch im lyrischen Akzent seiner Musik ausdrückt, im Porträt einzufangen.

Hand, die »Belcanto« heißt. Die beiden Dinge haben eigentlich nichts miteinander zu tun, aber es ist dennoch auffallend, daß die ersten Opern des Belcanto-Zeitalters um die Zeit auftauchten, als auch das junge Italien sein Haupt zu erheben begann, und daß der Belcanto dem musikalischen Verismo (Puccini 1858–1924, Mascagni 1863–1945, Leoncavallo 1858–1919) wich, als die Einigung Italiens 1870 vollzogen war.

Es ist danach nicht verwunderlich, daß viele Opern des Belcanto patriotische Züge tragen, oft versteckt, weil die Zensur wachte. Zwei der vier Hochburgen der Oper waren österreichische Provinzstädte: Mailand und Venedig, die beiden anderen – Rom und Neapel – waren die Residenzen ganz besonders reaktionärer Regime.

Eine der ersten Opern mit unverkennbar nationalpatriotischem Einschlag war Vincenzo Bellinis *Norma*. Sie entstand 1831. Bellini (1801–1835) stand auf der Höhe seines Ruhmes. Die Bravourarie »Casta diva« ist seit der Uraufführung am 26. Dezember 1831 an der Scala – wo Giuditta Pasta sie sang – einer der obersten Leitersprossen für dramatische Soprane geblieben. Die unsterbliche Interpretation durch Maria Callas wird jedem Opernfreund geläufig sein.

Die Handlung der Oper spielt in dem von Römern besetzten Gallien, ein unzweideutiger Hinweis auf die Situation des von Österreichern okkupierten Mailand. Die seltsame Kontradiktion, daß der Librettist in den Römern der Oper die bösen Österreicher darstellte, hat offenbar niemanden gestört. Vielleicht war es auch ein Trick des versierten Librettisten Felice Romani, die Zensur hinters Licht zu führen.

Die Handlung orientiert sich im wesentlichen an der Forderung nach Freiheit und Einigkeit, etwas, was das patriotische Publikum gern hörte. Im übrigen ähnelten die dramatischen Vorgänge in etwa dem Medea-Stoff und der Pflicht-Liebe-Problematik aus Schillers *Jungfrau von Orleans*. Romanis Libretto ist geschickt und geschmackvoll. Kein Geringerer als Schopenhauer hat die Oper als »höchst vollkommenes Trauerspiel« bezeichnet.

Obwohl die Oper bei der Uraufführung durchfiel – eine seltsame Gesetzmäßigkeit: vielen späteren Welterfolgen passierte das; man denke an den *Barbier von Sevilla* (UA 1816) und *Carmen* (UA 1875) –, verstand das Publikum die patriotischen Appelle, die musikalisch verarbeitet waren, bald. Als 1847 *Norma* an der Scala wiederaufgeführt wurde, stimmte das Publikum in den »Guerra, guerra!«-Chor des zweiten Aktes ein. Das Stück war eine der heimlichen Hymnen des Risorgimento geworden.

Wie aber hängen Risorgimento und Belcanto zusammen? Vielleicht, und vielleicht mit Recht, betrachteten die Italiener die Musik, und speziell den Gesang und noch spezieller die Oper als *ihr* nationales Eigentum, und mehr noch: als Waffe, gegen die jeder wehrlos ist und gegen die keine Polizei der Welt wirksam einschreiten kann. Vielleicht haben so die Italiener ihre staatliche Einigung *ersungen* – ? Dann wäre es erklärt, daß diese Waffe verschwand, als das Ziel erreicht war.

Man erinnert sich vielleicht in diesem Zusammenhang an Federico Fellinis *E la nave va . . .*: Dort versenkten zwei Sänger mit Hilfe eines Donizetti-Duetts einen feindlichen Panzerkreuzer. Mir scheint das eine späte Parabel auf die politische Macht des Belcanto zu sein. *Herbert Rosendorfer*

HECTOR BERLIOZ

Harold en Italie
1834 Paris

Fulminant betrat Hector Berlioz (1803–69) die Bühne der Musikgeschichte: Die Uraufführung seiner *Symphonie fantastique* im Dezember 1830 in Paris bedeutete genau jenen Skandal, den ein junger Komponist braucht, um plötzlich in aller Munde zu sein. Der Konflikt zweier Generationen, zweier ästhetischer Konzeptionen und musikalischer Formideen – dies war der Sprengsatz, der in jenem denkwürdigen Konzert zur Explosion gelangte. Die *Symphonie fantastique* war das erste Werk in jener Reihe Berliozscher Kompositionen, welche *eine* musikalische Idee stets von neuem ausgestalten: die Idee eines instrumentalen Dramas.

Die Sinfonie mit Solobratsche *Harold en Italie*, eine ganz neue Konzeption sowohl in der Geschichte des Solokonzerts als auch in der der Sinfonie, war das zweite Werk in jener Reihe. Berlioz schrieb es im Jahr 1834. Es war eine Bestellung Paganinis (1782–1840), die zu diesem Werk führte – eigentümlich genug, denn Virtuosität ist gerade das Element, welches *Harold en Italie* am wenigsten ausprägt. Berlioz schreibt über die Konzeption des Werkes in seinen Memoiren: »Ich nahm mir vor, für das Orchester eine Folge von Szenen zu schreiben, bei denen die Soloviola sich hinzugesellte

Der 47jährige Hector Berlioz, porträtiert von Gustave Courbet (1819–77), Vertreter eines frühen Realismus. 1850, im Entstehungsjahr des Porträts, komponierte Berlioz »Die Flucht nach Ägypten« für Solo, Chor und Orchester. Franz Liszt bereitete die Deutschland-Tournee des Freundes vor, der hier in den Jahren 1852–56 wahre Triumphe feierte.

gleich einer mehr oder weniger aktiv beteiligten Person, die stets ihren eigenen Charakter wahrt; indem ich die Viola inmitten der poetischen Erinnerungen ansiedelte, welche mir meine Wanderungen in den Abruzzen hinterlassen hatten, wollte ich sie zu einem melancholischen Träumertyp gestalten nach der Art von Byrons *Childe Harold*. Daher der Titel der Sinfonie: *Harold in Italien*. Wie in der *Symphonie fantastique*, so tritt auch hier ein Hauptthema (die erste Melodie der Viola) im ganzen Werk in Erscheinung; doch mit dem Unterschied, daß das Thema der *Symphonie fantastique*, die ›idée fixe‹, sich hartnäckig wie eine leidenschaftliche Idee episodisch zwischen die – ihr fremden – Szenen schiebt und von ihnen ablenkt, während das Harold-Thema sich den anderen Melodien des Orchesters überlagert, zu ihnen aufgrund seiner Bewegung und seines Charakters kontrastiert, ohne aber ihre Entwicklung zu unterbrechen.«

Berlioz nutzte die in der Tradition des Solokonzerts mit Orchester angelegten kompositorischen Möglichkeiten und formulierte die Relation zwischen Solist und Orchester so, daß ein instrumentales Drama entsteht zwischen Soloviola als Einzelsubjekt (personifiziert in Harold) und der es umgebenden Orchesterszene. Der sinfonische Held »Harold« ist mithin doppelt bestimmt: einerseits durch den Part des Solobratschisten, der in der Aufführung visuell und akustisch vom Orchester abgesondert erscheint, und andererseits durch das ihn symbolisierende Erinnerungsmotiv, das »Harold-Thema«.

Im Unterschied zur *Symphonie fantastique*, welche die Berliozsche Art von Programmusik – eine zwischen Konkretisation und Abstraktion schwankende Programmusik – auf der Ebene des verbalen Programms durch eine (übrigens in mehreren Versionen) erzählte Geschichte ausgestaltet, kennt die Sinfonie *Harold en Italie* explizit nur mehr den Titel des Werkes und die Überschriften der einzelnen Sätze. Zentral ist also weniger eine zusammenhängende dramatische Entwicklung als vielmehr eine Folge von Szenen, in denen Harold in unterschiedlichen musikalischen Erfahrungssituationen vorgestellt wird. Im ersten Satz – »Harold aux Montagnes. Scènes de mélancolie de bonheur et de joie« (Harold in den Bergen. Szenen der Schwermut, des Glücks und der Freude) – wird der Held in unterschiedlichen Affektzuständen, in inneren Szenen gleichsam, dargestellt, wobei hier die Anlehnung an Byrons Weltschmerzgefühl unverkennbar ist. Der zweite (langsame) Satz – »marche des pèlerins chantant la prière du soir« (Marsch der Pilger, ihr Abendgebet singend) – verwirklicht eine musikalische Raum-Zeit-Konzeption, indem Harold in Dialog mit den näher- und

Im Finale von »Harold« dagegen, in dieser rasenden Orgie, in welcher die Wonnen des Weines, des Blutes, der Freude und der Wildheit zusammenwirken, in welcher der Rhythmus bald zu stolpern, bald wild vorwärtszudrängen scheint, in der wie aus metallenem Munde Flüche geschleudert werden und Gotteslästerungen auf flehende Stimmen antworten, in der man lacht, trinkt, schlägt, zerstört, tötet und schändet, kurz sich nach Räuberart vergnügt, war das Orchester zu einem wirklichen Pandämonium geworden; Violinen, Bässe, Posaunen, Pauken und Becken, alles sang, stürzte, brüllte in teuflischer Ordnung und Einigkeit, während die Solobratsche, der träumerische Harold, vor Schrecken die Flucht ergriff und aus der Ferne noch einige zitternde Töne seines Abendgesanges hören ließ.
Hector Berlioz an Heinrich Heine aus Braunschweig. Der sechste »Reisebrief« von der Deutschlandreise des Komponisten 1842/43.

fernerrückenden Pilgern gesetzt wird – eine Konzeption, die ihre deutliche Spiegelung in Wagners *Tannhäuser* (UA 1845) finden wird. Der dritte Satz – »Sérénade d'un Montagnard des Abruzzes à sa maîtresse« (Ständchen eines Liebhabers in den Abruzzen) – vertritt das traditionelle Scherzo und bildet am klarsten den Typus einer äußeren Szene mit semantisch klar fixierten Inhaltsschichten ab. Das Finale schließlich – »Orgie des Brigands. Souvenirs des scènes précédentes« (Beim Gelage der Räuber. Gedenken früherer Eindrücke) – ist insofern ein Meilenstein in der Musikgeschichte, als hier Berlioz jene Ästhetik des Häßlichen und Grotesken, die er bereits in dem Finale der *Symphonie fantastique* eingesetzt hatte, noch überbietet. Gewiß ist das Thema der Räuber, hier in verwirrenden Rhythmen und in tosender Instrumentation, von der sich ein Feingeist wie Felix Mendelssohn irritiert abwandte, eine traditionelle couleur locale der Operndarstellung: Doch die Art und Weise, wie Berlioz diesen »Inhalt« hier in instrumentaler Form auf die imaginäre Szenerie überträgt, ist ingeniös. Sie weist den Weg weiter auf die folgenden Werke des Komponisten, auf *Roméo et Juliette* (UA 1839) und vor allem auf *La damnation de Faust* (UA 1846), in denen ebenfalls die schwarzen, grotesk-verzerrten Farben der französischen Romantik, die eine Ästhetik des Negativen, des Charakteristisch-Antischönen darstellt, musikalisch-ingeniös leuchten. *Hermann Danuser*

GAETANO DONIZETTI

Lucia di Lammermoor
1835 Neapel

Gleichsam aus einer Trotzreaktion heraus komponierte Gaetano Donizetti im Sommer 1835 seine Oper *Lucia di Lammermoor*, die als Höhepunkt in der Geschichte der italienischen romantischen Musiktragödie und im heutigen Repertoire als Donizettis bekannteste tragische Oper gilt. Die Trotzhaltung entstand als Reaktion auf die neuerliche Niederlage gegen Vincenzo Bellini, mit dem Donizetti nach Gioacchino Rossinis freiwilligem Abschied von den Opernbühnen Europas (1829) um die führende

Bühnenbild aus Donizettis Oper Lucia di Lammermoor von 1875. Im Bild: Lucia und ihr Geliebter Edgardo am Ende des ersten Aktes, bevor die Intrige die Tragödie in Gang setzt.

Stellung unter Italiens Opernkomponisten konkurrierte. Viermal hatten Donizetti und Bellini zwischen 1828 und 1835 an denselben Bühnen (Genua, Mailand und Paris) mit neuen Werken um die Gunst des Publikums gebuhlt, zuletzt im Frühjahr 1835 am Théâtre Italien in Paris, wo die Entscheidung zugunsten Bellinis (*Die Puritaner*) besonders deutlich ausgefallen war. Nach der wenig glücklichen Premiere seiner eigenen Oper *Marino Faliero* in Paris zog sich Donizetti enttäuscht nach Italien zurück, um binnen weniger Monate seine künstlerische Antwort auf Bellinis sensationell erfolgreiche Schottenoper zu formulieren. Die Premiere von *Lucia di Lammermoor* am 26. September 1835 im Teatro San Carlo von Neapel geriet zum triumphalen Erfolg.

Stofflich-thematisch reiht sich *Lucia di Lammermoor* nahtlos in die seinerzeit modischen Vertonungen der Romane von Sir Walter Scott ein. An den europäischen Theatern (Sprech- wie Musikbühnen) war ein regelrechtes Scott-Fieber ausgebrochen. Die Verknüpfung von sentimentaler Geschichte und reizvollen Elementen der Schauerromantik weckte beim Publikum höchste Aufmerksamkeit. Auch Bellini hatte bei seiner Erfolgsoper *Die Puritaner* nach einer Vorlage von Scott gearbeitet. Zu den meistgelesenen Werken aus Scotts mehrbändiger Serie *Tales of My Landlord* (Ge-

schichten meines Hauswirts) zählte der Roman *The Bride of Lammermoor* (1819). Im Zentrum der Handlung stehen Edgar Ravenswood und Lucy Ashton, die mit ihrer Liebe eine alte Familienfehde beilegen könnten. Die ehrgeizige Lady Ashton hintertreibt jedoch die Pläne ihres Gatten, läßt Edgar Ravenswood des Landes verweisen und zwingt ihre Tochter Lucy zur Ehe mit einem ungeliebten Mann. Das junge Mädchen, wahnsinnig vor Liebesschmerz, ersticht in der Brautnacht ihren Ehemann und findet dann selbst den Tod.

Die Stellung, die Lucia di Lammermoor in den Jahrzehnten des mittleren 19. Jahrhunderts innehatte, wird sehr deutlich durch die Tatsache aufgezeigt, daß die Oper bei Gefühlskrisen in zwei ganz verschiedenen großen Romanen – Madame Bovary (1857) und Anna Karenina (1857–77) – in Erscheinung tritt. In Flauberts Roman ist der Handlungsort das Opernhaus in Rouen. Emmy Bovary ist mit Léon dort, und in der Abschiedsszene der Liebenden fühlt sie in der Musik – nicht nur der von Lucia, sondern auch der Edgardos – die wahre Enthüllung ihrer eigenen, jetzt neugeborenen Liebe. »Die gesamte Stretta wurde wiederholt, die Liebenden sprachen von den Blumen auf ihren Gräbern, von Eiden, von Exil, von Fatalität, von Hoffnung, und als sie schließlich voneinander Abschied nahmen, stieß Emma einen scharfen Schrei aus, der sich mit den Schwingungen der Schlußakkorde vermischte.«
Herbert Weinstock in: Donizetti Adliswil 1983.

Librettist Salvatore Cammarano eliminierte aus dieser weitläufig erzählten Romanvorlage nahezu alle macht- und gesellschaftspolitischen Züge (oder drängte sie in äußerst knappe Informationen innerhalb der rezitativisch-dialogischen Passagen ab) und verzichtete auch auf die vielgerühmten Schauer- und Geisterelemente. Er komprimierte die Handlung vielmehr auf wenige schlagkräftige Szenen, in denen das tragische Schicksal der Titelheldin und die düstere Lebensperspektive aller übrigen Beteiligten mit den tragenden Motiven von Liebe, Rache, Wahnsinn und Tod sinnfällig hervorgekehrt werden. Cammarano entwarf ein Drama ohne jede Möglichkeit zu einer glücklichen Wendung. Mit unerbittlicher Konsequenz beschloß er die Opernhandlung mit zwei Sterbeszenen: zunächst Lucias, dann der Edgardos. Trotz der episodenhaften Erzählweise bleiben die plastisch ausgeformten Szenen der Opernhandlung in der Brisanz ihrer emotionalen Schlagkraft verständlich. Die Wirkung stellt sich nicht so sehr durch den Zusammenhang der erzählten Geschichte, als vielmehr durch die hochgepeitschten Affekte in den ausgewählten Situationen ein.

Diesem dramaturgischen Konzept trug Donizetti mit dem expressiv gesteigerten melodischen Gestus seiner Musiksprache Rechnung. Mehr als in den gut vier Dutzend zuvor komponierten Opern setzte er in *Lucia di Lammermoor* auf die bezwingende Wirkung des affektgesättigten Belcanto (am deutlichsten wohl im Finalduett Lucia/Edgardo am Ende des ersten Aktes: »Veranno a te sull'aure« – »Es wird mir deine Seufzer«). In der durchgängig sinfonischen Disposition des Orchesterparts mit nahezu ständiger Präsenz des thematischen Materials und in der formalen Weitung des traditionellen Schemas von Rezitativ und zweiteiliger Arie wies Donizetti seinen Zeitgenossen und Nachfolgern den Weg zu einer höchst attraktiven, emotional verdichteten Musiksprache. Selbst Knotenpunkte in der dramatischen Konfiguration ließen sich mit dieser Technik zu wirkungssicheren Gesangsstücken ausbauen (etwa im Finalsextett des zweiten Aktes »Chi mi frena in tal momento« – »Wer vermag's, den Zorn zu hemmen«).

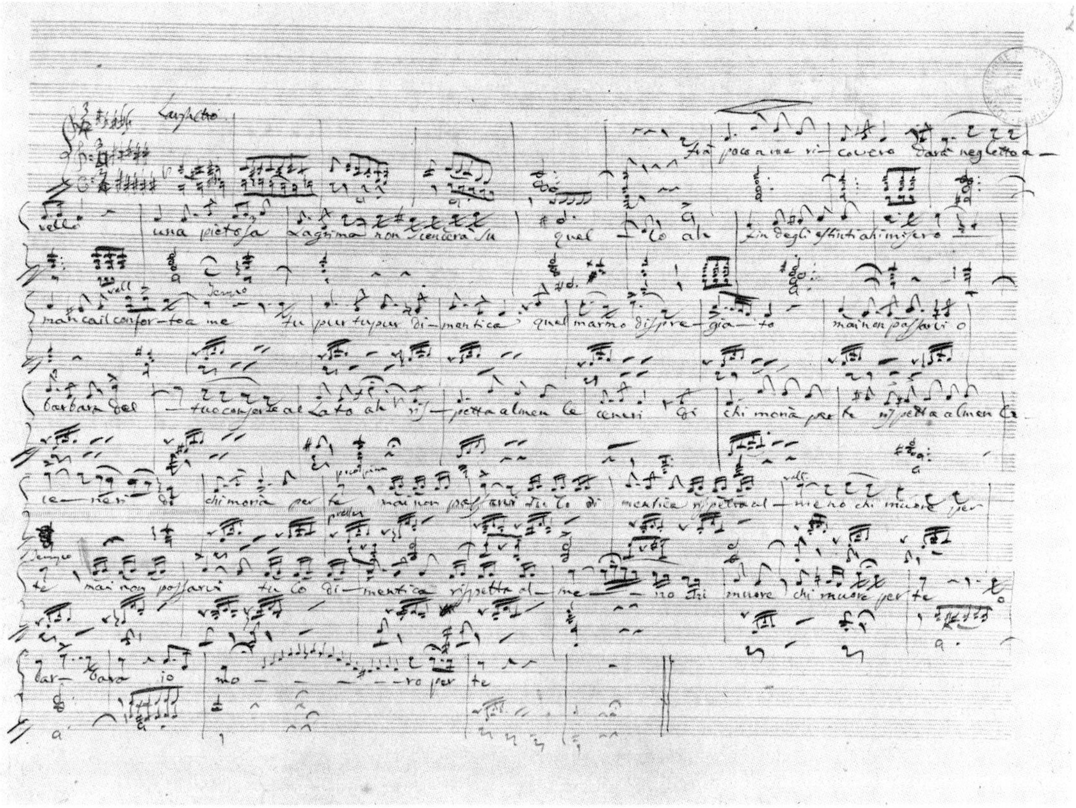

Ausschnitt aus dem Autograph der Partitur von Donizettis »Lucia di Lammermoor« von 1835.

Diese Neuerungen vereinen sich in der berühmtesten Szene der ganzen Oper, in der Wahnsinnsszene der Lucia (»Ardon gl'incesi« -»Schon glimmt der Weihrauch«), zu einem Musterbeispiel sublimer psychologischer Gestaltung. Nicht lärmende Raserei bildet den vorherrschenden Affekt, sondern die Ver-Rücktheit im wahrsten Sinne des Wortes. Lucia ist der Realität abhanden gekommen und zieht sich in ihrer Erinnerung an glückliche Tage mit Edgardo immer mehr in sich selbst zurück (von Donizetti musikalisch durch die Häufung von Erinnerungsmotiven zum Ausdruck gebracht). Ihre ekstatische Erregtheit nach dem Mord führt nicht zum Furor, sondern zum lächelnden Entschweben aus dieser Welt. Die Koloraturen mit höchster technischer Schwierigkeit sind angemessener künstlerischer Ausdruck des Außer-sich-Seins, die zarte Echowirkung im Klang der Solo-Flöte unterstreicht den transzendierenden Vorgang, den

Donizetti ursprünglich klanglich noch deutlicher hatte herausstellen wollen, mit dem Einsatz einer Glasharmonika anstelle der Querflöte. Die musikalische Konzeption dieser Wahnsinnsszene (im übrigen ein eindeutiger Reflex auf die Wahnsinnsszene der Elvira in Bellinis *Puritaner*) ist zugeschnitten auf die spezifischen künstlerischen Fähigkeiten der ersten Lucia, Fanny Tacchinardi-Persiani: feinste Nuancierungskunst auf einem einzigen Ton, d. h. eine eminent subjektive Gestaltung des von Donizetti in dieser Szene gewährten Freiraums, und eine bis dahin nicht gekannte Treffsicherheit selbst bei schwierigsten Koloraturen auch im Piano und Pianissimo.

Mit dem musikdramatischen Konzept formulierte Donizetti ein neues Modell der romantischen italienischen Musiktragödie, das selbst dem jungen Verdi (1813–1901) noch zum künstlerischen Vorbild diente. In der Rolle der Lucia schuf er das Idealbild der sentimentalen Liebenden, die durch Zerstörung ihres Liebesglücks in den Wahnsinn getrieben wird – ein von Samuel Richardson im englischen bürgerlichen Roman kreierter sentimentaler Frauentypus (vor allem *Pamela,* erschienen 1740), der hundert Jahre später im romantischen Theater weite Verbreitung fand. Freilich opferte Donizetti selbst in der Wahnsinnsszene nicht die Bühnenästhetik seiner Zeit der Darstellung des realistisch Häßlichen, also des pathologischen Wahnsinns. Das Grausige wird in die romantisch pittoreske Staffage verbannt, Lucia bleibt trotz bestialischen Mordes und blutbefleckten Gewandes aus ästhetischen Gründen bei der Darstellung des hysterischen Syndroms von allem Häßlichen unangetastet.

Die Bedeutung dieser Oper für die soziale Thematik erweist sich in den Romanen *Madame Bovary* (1857) von Gustave Flaubert und *Anna Karenina* (1875–77) von Leo Tolstoi, in denen diese Oper in entscheidenden Phasen der Handlungen als Symbol für unglückliche Liebe und für zerstörte soziale Beziehungen zitiert wird. Heute gehört *Lucia di Lammermoor* wegen der beiden Hauptrollen (bei lyrischen Tenören vor allem wegen der großen Finalarie des Edgardo »Tu che a Dio spiegasti l'ali« – »Auf zu dir, verklärter Engel«) zu den beliebtesten Sängeropern. Die Wahnsinnsszene gilt auch heute noch als Prüfstein für alle dramatischen Koloratursopranistinnen.

Jürgen Schläder

FRÉDÉRIC CHOPIN

2. Klaviersonate b-Moll op.35
1835

Eine Caprice hätte man es heißen sollen, wenn nicht einen Übermut«: So äußerte sich der feinhörige Robert Schumann (1810–56) über das b-Moll-Sonatenwerk seines von ihm hochgeschätzten Kollegen Frédéric Chopin (1810–49), dessen (nicht selten vergewaltigter) Trauermarsch in der Gesamtwirkung größer sei als alle drei Sätze dieser Komposition zusammen und daß es genüge, »wenn er allein gehört werde«. Auch namhafte Musikwissenschaftler und Klavierexperten bemerkten, daß Chopin in dieser Sonate »fast alle Regeln der Syntax und Form verletzt habe, daß keine Durchführung, kein kontrapunktischer Aufbau darin zu finden sei und daß der Komponist einzig seiner Spielfreude gefolgt sei«.

Das größte Rätsel musikalischer Notation präsentiert vielleicht Chopin. Wie läßt sich diese überlegene Beherrschung des kompositorischen Handwerks mit dem Ungeschick und der Unschlüssigkeit vereinbaren, die manche seiner Niederschriften verraten? Ich gestehe, daß mich Chopins Vortragszeichen durchaus nicht immer überzeugen. Begreiflicher als bei anderen Komponisten scheint mir die Freiheit, mit der sich in der Vergangenheit Chopin-Spieler und -Ausgaben seiner Texte bemächtigt haben
Alfred Brendel
in: Nachdenken über Musik. München 1977.

Gewiß, bewußter »Marche funèbre« – übrigens schon ein Jahr eher entstanden als die anderen Sätze – stellt das Zentrum dieses oft als rätselhaft empfundenen Œuvres dar, dessen poetischer Grundzug den Charakter der Gesamtkonzeption allein bestimmt. Doch wäre es grundfalsch anzunehmen, daß die drei anderen Sätze – formal gesehen – lediglich »Rankenwerk« darstellen. In kaum spürbarer Weise sind ihre Verknüpfungen derart homogen vollzogen, daß der spielerisch-rhapsodische Grundzug dieser drei »Rahmensätze« einen vortrefflichen »Kontrapunkt« zur Aussage-Gewichtigkeit des langsamen Satzes darstellt. Vorrangig indes fällt der pianistische Geist dieses Werkes ins Gewicht, der alle Sätze in gleicher Weise durchzieht und anfeuert. Chopins *b-Moll-Sonate* erweist sich in ihrer unterschwelligen Düsternis und mit ihren teilweise überrumpelnden, leidenschaftlichen Erregungen Beethovens *Pathétique* (1798/99) und *Appassionata* (1804/05) als ebenbürtig in der Grundstruktur und Ausgestaltung.

Mit einigen schwergewichtigen Akkorden im Allabreve-Zeitmaß wird der erste Satz dieser Sonate eingeleitet. Erst danach erscheint in unruhigen, gebrochenen b-Moll-Akkorden – zuerst piano, dann immer mehr anschwellend – das Hauptthema in einer stürmischen Ablaufbewegung, wird danach in der Durchführung nach einer wild ausufernden Stretta mit modulatorischen Kühnheiten ausgeziert und rhythmisch abgewandelt, mit dröhnenden Baß-Oktaven untermauert und schließlich gemeinsam mit einem plötzlich auftauchenden Zweitthema – einem »Klaviergesang« in

Des-Dur – zum Höhepunkt des Geschehens gebracht: einer zu größter Kraftentfaltung gebrachten Coda, die in leuchtendem B-Dur den Satz wirkungsvoll abschließt.

Nun folgt jener klangsatte, mit glockenartig grundierten Bässen untermauerte Trauermarsch, der in seiner großen Popularität bedauerlicherweise auch zu allen möglichen Zwecken mißbraucht wird: Eine Vision eines erhabenen Trauerkondukts, dessen gleichmäßige, nur durch eine Sekund-Wendung in der Mittelstimme »aufgelockerte« Melodik den Zuhörer augenblicklich gefangennimmt. Deren Wechsel von b-Moll nach Ges-Dur (und wieder zurück) wirken wie dumpfe Trommelwirbel und rufen tragische Erinnerungen zurück, die erst nach dem Des-Dur-Mittelteil ihren Aussagehöhepunkt finden. Dieser tränenumflorte Trio-Gesang verführt jedoch zu jener häufig angewandten Süßlichkeit, von der bereits die Rede war und die in Wirklichkeit Chopins »poetischer Idee« völlig abträglich ist. Ein verantwortungsvoller Interpret tut also gut daran, weder durch unangebrachte Dehnungen im Ausdruck noch durch Rubati die Glaubwürdigkeit und Überzeugungskraft dieses Satzes in Frage zu stellen.

Der spukhafte Eindruck des Schlußsatzes dieser Sonate, ein »Windessausen über den Gräbern« (Heinrich Heine), entsteht aus einer ununterbrochenen Triolenbewegung: Beide Hände spielen unisono »grau in grau«, es gibt in dem gnadenlos einherhetzenden Satzgebilde kein Thema, keinen Akkord, keine Gegensätze durch forte oder piano. Vielmehr rast dieses Finale wie ein dämonischer Schatten am Ohr des Zuhörers vorüber und wird mit zwei heftigen Fortissimo-Akkorden zum Abschluß gebracht.

Jochen Rentsch

GIACOMO MEYERBEER

Die Hugenotten
1836 Paris

Die Oper *Les Huguenots* ist nicht die erste und nicht die letzte große französische Oper (Grand Opéra), aber ohne Zweifel der Höhepunkt einer Epoche der französischen und europäischen Oper, die 1828 mit Aubers *La Muette de Portici* begann, mit Meyerbeers *Robert le Diable* 1831 ihr erstes

Meisterwerk vorlegte, mit den *Huguenots* von 1836 ihren Höhepunkt und mit der 1865 postum uraufgeführten *L'Africaine* (»Die Afrikanerin«) ihren Abschluß fand – den kompositorischen Abschluß, nicht den der Wirkung, denn allein die *Hugenotten* wurden in Paris bis 1900 tausendmal aufgeführt. Die Berliner Hofoper sah 1904 immerhin die 304. Wiederholung dieses Werks von Meyerbeer (1791–1864), und es ist ein Datum von historischer Valenz, wenn am 28. Dezember 1932 im gleichen Haus die für lange Zeit letzte Aufführung stattfand, wenige Wochen, bevor eine Rassenideologie staatstragend wurde, für die ein aus Berlin stammender Komponist jüdischen Glaubens, der in Frankreich seine enorme Karriere gemacht hatte, nicht mehr erträglich erschien. (Es dauerte bis zum Jahre 1987, bis dieses Werk in Berlin wieder zu sehen und zu hören war.)

»Apotheose Meyerbeers«. Die kolorierte Fotopostkarte um 1900 zeigt den Komponisten umringt von den Gestalten seiner Opern.

Fast vier Jahre dauerte die Arbeit an den *Hugenotten*, die, wie schon der *Robert*, in engster Zusammenarbeit mit dem führenden Librettisten seiner Zeit, Eugène Scribe (1791–1861), entstanden. Bereits 1832, ein Jahr nach der Premiere des *Robert* tauchte das Stichwort »La Sainte Barthélémy«,

». . . Denke übrigen's nicht daß, obgleich der Beifall, im Theater ungeheuer und einstimmig ist, es ohne Widerspruch und Kritik im Foyer und in den Salons zugeht. Viele Leute mißbilligen den ästhetischen Standpunkt meiner Kompositionsart ganz oder in einzelnen Theilen . . . Viele, unzählig viele Enthusiasten aber auch hat die Oper gewonnen, die sie nicht nur über »Robert«, sondern auf einen solchen hohen Standpunkt stellen, daß ich erröthe ihre Ausdrücke zu wiederholen: – Was mich aber am allermeisten freut, das ist, daß selbst die Gegner dieser Oper von ihr als eine der bedeutendsten musikalischen Erscheinungen der neueren Zeit sprechen, wenn sie auch mit meiner Tendenz nicht einverstanden sind . . .
Giacomo Meyerbeer in einem Brief an seine Frau Minna in Frankfurt.
Paris 6. März 1836.

also die Bartholomäusnacht, in einem Brief Meyerbeers auf. Es handelte sich um jenes Massaker, das der labile französische König Karl IX. unter den Pariser Hugenotten anrichtete; die vorgeschobenen religiösen Gründe sollten eine tieferliegende politische Intrige verschleiern. Der vierte und fünfte Akt der Oper lassen sich exakt auf den Abend und die Nacht vom 23. zum 24. August 1572 datieren. Weniger Meyerbeer, der eher unpolitische Kosmopolit, als vielmehr Scribe und der neue Direktor der Pariser Oper Louis Véron (der die Uraufführung nicht mehr in dieser Funktion erlebte) hatten ein Gespür für das aktuelle Interesse an diesem Stoff, der gerade um 1830, um die Zeit der Julirevolution in Frankreich, die Gemüter literarisch und historisch mannigfach beschäftigte.

Nach dem Vorbild des so erfolgreichen historischen Romans Walter Scotts wird nun das pittoreske Schicksal erfundener Personen im Vordergrund mit dem historisch beglaubigten Hintergrund verbunden – eine dramaturgische Tiefenschärfe und Aktualität, wie sie bisher in der Oper so nicht bekannt war. In diesem speziellen Fall der *Hugenotten* ist es das Schicksal des jungen hugenottischen Edelmannes Raoul de Nangis, das sich verbindet mit dem Valentines von St. Bris, Tochter des zu allem entschlossenen militanten Anführers der katholischen Partei. Raoul und Valentine lieben sich, werden aber durch Mißverständnisse auseinandergebracht. Die Königin Marguerite von Valois, Schwester Karls IX. und verlobt mit Heinrich von Navarra, dem späteren Heinrich IV., will durch eine Heirat zwischen Raoul und Valentine auch Frieden zwischen den Parteien stiften. Ein Katastrophenschluß verhindert dies: Raoul und Valentine werden zusammen mit Raouls treuem Diener Marcel von den Kugeln eines katholischen Kommandos, das Valentines Vater anführt, niedergestreckt. Die Königin erscheint stumm noch einmal auf der Szene und gebietet dem Morden Einhalt, aber die Oper endet geschichtspessimistisch mit dem Chor der fanatisierten katholischen Massen.

Der Formtypus der Grand Opéra sieht fünf relativ kurze Akte vor, von denen jeder in einer großen Szene, einem »tableau«, gipfelt; die fünf Tableaus steigern sich wiederum untereinander bis zu dem des letzten Aktes – im Fall der *Hugenotten* ist fast der gesamte kurze fünfte Akt ein einziges Tableau (das gewissenlose Theaterleute sehr oft weggelassen haben). Chor und Ballett bekommen repräsentative Aufgaben zugewiesen. Meyerbeer und Scribe erfüllen das vorgegebene Schema und führen es gleichzeitig aus allem Schematismus heraus, eine Leistung, die die beiden in ihren späteren Gemeinschaftsarbeiten nicht mehr erreichen sollten.

»Die Hugenotten«, Szenendarstellung aus Meyerbeers Oper, die 1836 nach vierjähriger Kompositionsarbeit an der Pariser Großen Oper Premiere hatte. Die Librettisten Scribe und Deschamps folgten der Erzählung »Die Bartholomäusnacht« von Prosper Merimée nach Walter Scott.

Die ersten drei Akte der *Hugenotten* malen mit breitem Pinselstrich die »couleur du temps« und die »couleur locale«, die spezielle atmosphärische Farbe der Zeit und des Ortes jener exakt zu datierenden historischen Situation. Geselliges Treiben im Schlosse des Grafen Nevers: Raoul erzählt von der seltsamen Begegnung mit einer geheimnisvollen Frau, alles ist noch gelöst und heiter, nur der knorrige Marcel verdüstert wie die personifizierte Vorahnung die Stimmung mit Luthers Choral »Ein feste Burg ist unser Gott«, den er als Kampflied gegen die Katholiken benutzt, ganz im Sinne Luthers, aber gerade diese Passage ist immer ein Stein des Anstoßes geblieben; schon Robert Schumann (1810–56) hat sich in seiner unguten Polemik gegen Meyerbeer moralisierend und deutschtümelnd darüber aufgeregt, und noch die letzte Berliner Inszenierung läßt unbegreiflicherweise diese dramaturgisch zentrale Passage weg. Bukolisch auch der zweite Akt, im Umkreis der Königin spielend; in verdüsterte Stimmung getaucht jedoch bereits der dritte mit seinen sich explosiv anstauenden Massen-Emotionen. Der vierte Akt ist das Meisterstück Scribes und Meyerbeers – er zeigt die Verschwörung der Katholiken gegen die Hugenotten und gipfelt in der blasphemischen Weihe der Mordschwerter. Meyerbeer steigert diese Szene durch eine Kombination von zurückgenommener Lautstärke und wachsendem Tempo, eine nervöse Cellofigur fährt dazwischen, der Auftritt der Mönche wird von düsterem Blech begleitet, und im Allegro furioso überschlagen sich Fanatismus und Aggressivität. Dies wäre ein typischer Aktschluß der Grand Opéra, der um seine Resonanz nicht hätte bangen müssen. Der Tenor Adolphe Nourrit, der den Raoul sang, überzeugte den widerspenstigen Komponisten jedoch davon, daß genau an dieser Stelle jetzt noch ein großes Duett zwischen Raoul und Valentine folgen müsse. Meyerbeer fluchte über die Zumutung des »Schmierentenors«, aber zum Heil des Werkes gab er nach, und es gelang ihm ein Grand Duo, das in seiner genialen Dramaturgie wie in seinen überwältigenden melodischen Aufschwüngen alle die Lügen straft, die (wie es Richard Wagner mit antisemitischer Ranküne tat) Meyerbeer musikalische Originalität absprachen.

Meyerbeers Instrumentierungsfeinheiten und Inventionen, die solistisch eingesetzte Baßklarinette, das rauh gestrichene Solo-Cello als Begleitung der unverwechselbaren Gestalt des Marcel und vieles andere rissen die Zuhörer 1836 von den Sitzen, nach Berlioz, Wagner und Strauss haben es heutige Hörer schwer, diese Leistungen als solche zu erkennen und zu würdigen. Welch ungemein farbige und abwechslungsreiche Gestalt der Kom-

Ausschnitt aus dem Autograph der Partitur von Meyerbeers »Die Hugenotten« von 1836.

ponist den rezitativischen Passagen gegeben hat, wird schon eher deutlich, wenn man den Blick vergleichsweise auf Spontini, Marschner und Weber lenkt. Hector Berlioz, ein wahrhaft kritischer und unabhängiger Geist, gestand, daß er das Grand Duo nie ungerührt hören könne, stets getroffen von seiner herzzerreißenden Wirkung, Heinrich Heine pries die Kombination von Wohllaut und Leidenschaft als die Essenz des Meyerbeerschen Œuvres. Trotz aller großen Anstrengungen der letzten Jahre ist die Wiedereinbürgerung eines der größten Meister der Operngeschichte auf den Bühnen der Welt noch nicht wirklich gelungen – keines seiner Werke verdiente sie mehr als die *Hugenotten*. *Jens Malte Fischer*

ROBERT SCHUMANN

Davidsbündlertänze
Leipzig 1837

Mit 24 Jahren gründete Robert Schumann (1810–56) in Leipzig die *Neue Zeitschrift für Musik*. Dieses kämpferische Blatt sollte an die Stelle der unter Rochlitz bedeutenden, aber seit dessen Weggang längst philisterhaft gewordenen *Allgemeinen musikalischen Zeitung* treten; es sollte dem der Zukunft Offenen den Weg bereiten. Sowohl das Epigonentum einseitiger Anbeter Beethovens als auch die leere Salonpianistik der Herz oder Kalkbrenner griff Schumann an. Er bekämpfte Meyerbeer und fand zündende Worte für den »Fortschritt«, noch bevor dieser durch Brendel als Losung für die Musiker um Liszt und Wagner proklamiert war. Einer der frühesten Aufsätze begrüßt Chopin und sein Opus 2, Schumanns letzter den jungen Brahms. Dazwischen zeigte er, wie die Musikkritik durch eine geradezu dichterische Formgebung zu läutern war, auf eine selbst bei E. T. A. Hoffmann nur in Ausnahmen erreichte Qualität hin. Der Autor und der Komponist Schumann spaltete sich in die Figuren des feurigen »Florestan« und des sanfteren »Eusebius«, zu denen »Meister Raro« als Idealisierung des Vaters seiner Braut, Friedrich Wieck, den Ausgleich bilden sollte.

Der Hauptanteil dieser Arbeit fiel in die Zeit von Schumanns Klaviermusik, die dann vom Klavierlied abgelöst wurde. Auf dem Sektor der Komposition beobachten wir bei Schumann einen Entfaltungsprozeß, bei dem sich die Werke zueinander wie »Kritiken« verhalten. Das zeitlich Spätere verhält sich zu dem Vorausgegangenen kritisch, manchmal antithetisch, aber es bewahrt auch dessen entscheidende innovatorische Erfahrungen. Eine so geartete Werkentwicklung ist zuvor wohl nur bei Beethoven zu verfolgen.

Klaviersonaten, Kleine Stücke, Variationenwerke, Klavierzyklen, Werke der Opuszahlen 1 bis 23, empfand Schumann selbst als eine neue Stufe im Klavierstil, die durch die Synthese der scheinbar gegensätzlichen Elemente des Kontrapunktischen und einer sprachähnlichen Bedeutungsfülle kennzeichnet sei: »sprachvoll aus dem Herzen«. Die Klavierzyklen des Jahres 1837 – die *Phantasiestücke op. 12* und die *Davidsbündlertänze op. 6* – lassen die Hinneigung zu breiter angelegter, dabei in den einzelnen Teilen gedrungener Schreibweise erkennen. Die Musik geht mehr als zuvor von

Clara Wieck (1819–96), die spätere Clara Schumann, porträtiert von einem ungenannten Maler. In das pianistische Wunderkind mit den »leicht exotischen Augen« verliebte sich Robert Schumann, der 1830 als Schüler Friedrich Wiecks in dessen Haus gekommen war. 1835 im Oktober notierte Schumann im Tagebuch: »Klara's Augen u. ihre Liebe«. Clara war 16.

Seine Pseudonyme (und Symbolgestalten) als Kritiker, Florestan und Eusebius, setzte Schumann auf den Notendruck seiner »Davidsbündlertänze« von 1873 (links). Die späteren Ausgaben trugen seinen wahren Namen (rechts).

Schumanns konkreter Lebenssituation aus: der vorübergehenden Trennung von seiner Verlobten Clara und den daraus erwachsenden Schwierigkeiten und Hoffnungen. Die *Davidsbündlertänze* verwenden – ähnlich wie der *Carnaval* – ein verborgenes Zentrum, das hier ausdrücklich als »Motto von C. W.« genannt wird, ein zweitaktiges Thema aus einer Komposition Claras (Nr. 5 der *Soirées musicales*). Ein doppelt literarischer Charakter offenbart sich, unterstrichen durch die »Quellenangabe«, die sich überdies an eine in Jean Pauls Romanen geübte Praxis des Zitierens anlehnt. Zitat und Motto sind literarische Elemente. Vor allem aber werden die einzelnen Stücke als Aussagen oder Erzählungen von Fl(orestan) und E(usebius) am Ende eines jeden Stückes gekennzeichnet. Dazu gibt es verbale, überleitende Einschübe (»ganz zum Überfluß meinte Eusebius noch Folgendes; dabei sprach aber viel Seligkeit aus seinen Augen«), und neben dem musikalischen steht als Motto ein »Alter Spruch«. Was an ungewöhnlichen und individuellen Vortragsbezeichnungen dasteht (»Etwas hahnebüchen«, »Ungeduldig«, »Sehr rasch und in sich hinein«), psychologisiert die Musik in bisher nicht gekannter Art. Was im *Carnaval* noch wie Masken ausgesehen hätte, meinte Schumann, verhielte sich in den *Davidsbündlertänzen* dazu wie Gesichter.

In der Geschichte der Klaviermusik leistete Schumann nicht nur mit diesem Edelstein, sondern auch mit der *Toccata* von 1832, der *Sonate fis-Moll* (1833–35), den *Sinfonischen Etüden* (1834), den *Kreisleriana* (1838) oder der *C-Dur-Phantasie* (1836) das Bedeutendste seit Beethoven und Schubert, reich durchgeformt, sehr deutsch und zauberisch suggestiv. Die plastisch erfundenen Gedanken in kurzer (nicht kurzatmiger) Thematik gehören in ihrer dichten Verschränkung zu seinem Persönlichsten, und es ist kein Wertunterschied zu der weiträumigen Kantabilität anderer aufzustellen.

Viele bedeutende Klavierkomponisten – vor allem Russen und Franzosen – bekannten sich freudig zu Schumanns Vorbild und bestätigten so seine zentrale Bedeutung um die Jahrhundertmitte auf allen Gattungsgebieten, von der Oper einmal abgesehen. *Dietrich Fischer-Dieskau*

ROBERT SCHUMANN

Dichterliebe
1840 Leipzig

Was Goethe für Schubert, das sollte Heine für Schumann bedeuten, wenn sich auch Dichter und Komponist nur einmal in frühen Jahren begegneten. In seinem Essay von 1910 »Heine und die Folgen« hat Karl Kraus festgestellt: »Diese Lyrik ist Melodie, so sehr, daß sie es notwendig hat, in Musik gesetzt zu werden.« So eindeutig eine solche These auf Goethe und große Teile seiner Lyrik zutrifft, so prekär und vieldeutig erscheint sie im Blick auf Heines Verhältnis zur Musik. Den Dichter besuchte Schumann (1810–56) schwärmerisch verehrend und wurde freundlich empfangen, aber bald vergessen. Und als er später dem Dichter ein Liederheft nach Paris schickte, bekam er keine Antwort. Wahrscheinlich stellte sich Heine unter Vertonungen seiner Gedichte etwas völlig anderes vor.

Folgen wir Heines Aufsatz über »Das deutsche Lied« aus dem 1823 erschienenen *Gesellschafter,* so wäre der Hamburger Commersbuch-Herausgeber Methfessel besonders zu loben, und nur volkstümliche Weisen würden unsere Zustimmung finden. Wir wollen ja auch nichts dagegen einwenden, wenn Heine meint: »Wahrlich, man kann jene Componisten nicht genug ehren, welche uns Lieder-Melodien geben, die von der Art sind, daß sie sich Eingang bei dem Volke verschaffen und echte Lebenslust und wahren Frohsinn verbreiten.« Hier wird Mendelssohns *Leise zieht durch mein Gemüt* nicht weniger reüssiert haben als Silchers *Loreley,* da ihre Melodien so sehr dem »Volksmund« zu entstammen scheinen, daß die Nationalsozialisten in ihren Liederbüchern den Dichternamen einfach verschwiegen und Text wie Melodie als Volkslied deklarieren konnten.

Aber gerade die Zwiespältigkeit der Gedichtaussagen Heines kam dem Daseinsgefühl und der Lebenssituation des Robert Schumann von 1840 entgegen. So zögerte er nicht – ähnlich wie es der späte Schubert bei seiner Entdeckung Heines tat – Wehleidigkeit und Sentiment in Schwermut und Ahnung des Abgrunds umzuwandeln. So beginnt der Zyklus *Dichterliebe* mit *Im wunderschönen Monat Mai* nicht als Aufschwung oder schwärmerisch, was der Text durchaus suggerieren könnte (und bei Robert Franz' Vertonung desselben Gedichts auch bewirkt), sondern bleibt intim verhalten und endet mit einer Frage.

1840 – im Jahr seiner endlichen Verbindung mit Clara – bemächtigte sich Schumann leidenschaftlich des Dichterwortes; nicht weniger als 138 seiner sämtlichen Sololieder – also mehr als die Hälfte – brachte er in diesem einen Jahr hervor. Was er an Gedichten auswählte, belegt Schumanns Grundforderung, den Dichtergeist zu spiegeln. Unterstützt von der in vielen Jahren gefundenen Klaviertechnik und ihrem »sprechenden« Ausdruck, entwickelte er einen Liedstil, der die Kunst des hochverehrten Franz Schubert zu der eines Vorläufers stempeln wollte. Aber an Schubert orientiert sich die Natürlichkeit des Ausdrucks, die Innigkeit des Tons und die Anmut, die die musikalischen Miniaturen wie in Duft hüllt. »Wie ein Hauch sei's«, sagt Goethe vom Gedicht, und dies wird zur Grundformel für Schumanns Liedstil.

Kaum waren die Eichendorff-Lieder skizziert, begann Schumann den als *Dichterliebe* bekannt gewordenen Zyklus nach Heine, der der Sängerin Wilhelmine Schröder-Devrient gewidmet ist. Die Musik erzählt viel von den Monaten, in denen sich Robert Clara entfremdet fühlte, aber auch von ihrem Wiederfinden. Wohl in Rückerts *Liebesfrühling* fand Schumann

Der 28jährige Robert Schumann, porträtiert von Josef Kriehuber (1800–76). Schumann schrieb in diesem Jahr 1838 die »Kinderszenen« op. 15, die »Kreisleriana« op. 16 sowie die »Novelletten« op. 21 und entdeckte bei einem Besuch in Wien die Partitur von Schuberts »großer« C-Dur-Sinfonie. Noch ist er von Clara getrennt – für zwei Jahre.

die Zeilen mit dem Anstoß zum Titel: »Dichterliebe hat eignes Unglück stets betroffen. Hohe Götter, lasset mich das Beste hoffen!« Es stimmt nachdenklich und liegt doch eigentlich nahe, daß in der hohen Zeit der Hoffnung auf Glück die ausgewählten Texte aus der Sphäre der Angst stammen – der Angst auch um das Glück mit der geliebten Frau. Ein zu jenem Zeitpunkt eigentlich unerwartetes Thema kehrt mit Obsession wieder: das der unerwiderten Liebe, das eines »Anderen« neben Braut und Bräutigam. Schumann verfällt dem verzweifelten Spiel Heines vollständig, bis in die Persiflage hinein, freilich nur, weil sie hier eine tragische Note hat. Die Novelle in Liedern, nach dem Konzept Schumanns frei aus Heines Sammlung *Buch der Lieder* zusammengestellt, folgt der Anregung, die Schubert mit seiner *Schönen Müllerin* (1823) gegeben hatte.

Kein Komponist, weder vor noch nach Schumann, war mit dem Klavier inniger vertraut als er, und er gestaltete seine Nachspiele bedeutungsvoller als die Einleitungen. Sie besitzen leuchtenden Ausdruck. Gerald Moore in: Dichterliebe. Tübingen 1981.

Schumanns Klaviervorspiele stimmen oft nur an, lassen das Gedicht zwar vorausfühlen, können aber zumeist nicht mit der Intensität der Nachspiele wetteifern, die das zuvor Gesagte mitunter weiterführen, ja neue Gedanken anfügen. Viele Schlüsse bleiben offen und bereiten der Aleatorik unseres Jahrhunderts den Weg. Begrenzung und Abschluß werden verwischt. Der breit ausgespielte, gesanglose Abgesang des Klaviers faßt zusammen und definiert zugleich das innere Wesen und Leben dessen, was in der voraufgegangenen halben Stunde gehört worden ist.

Indem das Lied – noch über das im Klavierstück Mögliche hinaus – als Medium der Darstellung subtilster psychischer Regungen erkannt wird, fungierte es in Schumans Schaffen an zentraler Stelle. An August Kahlert schrieb er 1842: »Ich getraue mir nicht, mehr versprechen zu können, als ich (gerade im Lied) geleistet, und ich bin auch zufrieden damit.«

Dietrich Fischer-Dieskau

GIUSEPPE VERDI

Nabucco
1842 Mailand

Die Oper *Nabucco* oder *Nabucodonosor,* wie sie ursprünglich hieß, bedeutete für Verdis künstlerische Entwicklung den entscheidenden Durchbruch: Nach *Oberto, Conte di S. Bonifacio* (UA 1839) und *Un giorno di regno*

(UA 1840) fand der Komponist mit seinem dritten Bühnenwerk erstmals zu einem eigenen Stil, gelang es ihm, den Grundstein zu seiner späteren Weltgeltung zu legen. Zugleich verhalf ihm der ungeheure Erfolg des *Nabucco* zur Überwindung der wohl tiefsten Krise seines Lebens: Denn die Uraufführung seiner komischen Oper *Un giorno di regno* hatte in einem völligen Fiasko geendet, das Verdi um so tiefer traf, als ihm innerhalb von zwei Jahren nicht nur seine beiden Kinder, sondern auch seine Frau Margherita hinweggerafft worden waren. In seiner autobiographischen Skizze, die er 40 Jahre später anfertigte, heißt es: »Vom Unglück gebeugt, durch die Mißerfolge verbittert, redete ich mir ein, daß in der Kunst kein Trost für mich sei und faßte den Entschluß, nie wieder eine Note zu komponieren.«

Daß Verdi (1813–1901) dann bald von seiner Entscheidung abrückte, ist wohl in erster Linie dem Impresario der Mailänder Scala, Bartolomeo Merelli zu verdanken. Er drängte Verdi ein neues Libretto mit dem Titel *Nabucodonosor* von Temistocle Solera (1815–78) auf, das ursprünglich für Otto Nicolai (1810–49) bestimmt, von diesem aber abgelehnt worden war. Soleras Textbuch geht einerseits auf das Szenarium des gleichnamigen Balletts von Antonio Cortesi zurück, das erst 1838 über die Bühne der Mailänder Scala gegangen war, andererseits auf das französische Schauspiel *Nabuchodonosor* von Anicet-Bourgeois und Francis-Cornu, das seinerseits Cortesi als Inspirationsquelle gedient hatte. Ob Verdis Interesse an diesem Libretto tatsächlich durch jene poetischen Worte »Va pensiero sull'ali dorate« schlagartig geweckt worden war, die am Beginn des später weltberühmten Gefangenenchores stehen, wie er in der erwähnten autobiographischen Skizze behauptet, sei dahingestellt, zumal der zehn Jahre früher erschienene und von Verdi autorisierte Bericht von Michele Lessona den Sachverhalt anders darstellt.

Die Uraufführung des *Nabucodonosor* am 9. März 1842 an der Scala bedeutete für den 28jährigen Verdi einen beispiellosen Triumph. Obwohl die sängerischen Leistungen unterschiedliches Niveau aufwiesen – insbesondere schien Giuseppina Strepponi, die Darstellerin der Abigail und spätere Ehefrau Verdis, stimmlich nicht in bester Verfassung gewesen zu sein – zeigte sich das Publikum begeistert, war die Presse des Lobes voll. Die Oper erwies sich rasch als wirkungsvolles Zugpferd: allein die Scala brachte bis Ende 1842 nicht weniger als 75 Vorstellungen; 1843 folgten Wien und Lissabon, 1844 Berlin, Stuttgart und Korfu, wo die Oper erstmals unter dem verkürzten Namen *Nabucco* gegeben wurde, der dann für die Zukunft verbindlich werden sollte.

Ich kam nach Hause und warf das Manuskript mit einer heftigen Bewegung auf den Tisch. Die Rolle öffnete sich, und ohne daß ich mir dessen bewußt war, starrte ich auf die vor mir liegende Seite und las: Va pensiero, sull' ali dorate.

Ich las die folgenden Verse und war sehr bewegt. Sie folgten genau der Bibel, die ich immer gern gelesen hatte. Ich las einen Absatz, den nächsten . . . ich mußte das Buch mit Gewalt weglegen. Ich ging zu Bett. Es half nichts, Nabucco ging mir nicht aus dem Sinn. An Schlaf war nicht zu denken, so stand ich auf und las das Libretto, nicht einmal, nein zwei- und dreimal durch, so daß ich es am Morgen fast auswendig hersagen konnte . . .
Aus Verdis autobiographischer Skizze.
in: H. C. Robbins Landon. Das kleine Verdibuch. Salzburg 1976.

Verdi zur Zeit des »Nabucco« im Jahr 1842 und die Sängerin der Abigail: Giuseppina Strepponi. Sie wird später Verdis Geliebte und schließlich, 1859, seine Ehefrau.

Als Donizetti (1797–1848) erstmals den *Nabucco* hörte, kommentierte er das Ereignis mit dem Satz: »Und doch: das ist Genie!«, der in seiner lapidaren Kürze den Rang dieser Oper ziemlich genau umreißt. Einerseits erscheint der *Nabucco* in vielen Momenten noch der Tradition verhaftet, vor allem im formalen Aufbau, man begegnet ebenso »Bellini-Terzen« wie »Donizetti-Punktierungen« oder »Rossini-Koloraturen«. Die Instrumentation scheint, von wenigen Ausnahmen wie der Einleitung zur Preghiera des Zaccaria oder Abigails Sterbeszene abgesehen, einen Hang zur Vergröberung zu offenbaren, der sich beispielsweise im massierten Einsatz des schweren Blechs und des Schlagzeugs manifestiert. Andererseits darf man wohl eine Intention des Komponisten vermuten, wenn er auf instrumentales Raffinement weitestgehend verzichtet und statt dessen den kraftvollen, kompakten Klang bevorzugt. Denn dieser Klang ist als Teilmoment eines neuen Tonfalls zu begreifen, für den die mitreißenden Rhythmen in den Cabaletten ebenso bestimmend sind wie die emphatische Melodie des Gefangenenchors, eines Tonfalls, der sich ganz entschieden von Bellini und

Donizetti abhebt, der aufrüttelt und in einem bislang nicht gekannten Maße die Emotionen des Publikums freisetzt. Im 19. Jahrhundert wurde der *Nabucco* weniger als Kunstwerk gewertet, sondern in erster Linie als politische Oper verstanden. Nach dem Ende der Ära Napoleons waren in Süditalien die spanischen Bourbonen zurückgekehrt, während Nord- und Mittelitalien erneut direkt oder indirekt unter den Einfluß des Habsburger Reiches gerieten. Doch die Ideen der Französischen Revolution blieben in Italien weiterhin lebendig; es kam zu Aufständen und Attentaten, die Strafaktionen der Obrigkeit nach sich zogen. In diesem Klima von Unterdrückung und Widerstand, Resignation und Hoffnung mußte eine Oper, welche die Befreiung eines geknechteten Volkes zum Inhalt hat, als moralischer Appell wirken, sich auf die eigenen Kraft zu besinnen, um eine Wende in den politischen Verhältnissen herbeizuführen. Die elektrisierende Wirkung des *Nabucco* ging vor allem von den zahlreichen Chören aus, die in der Gesamtanlage der Oper einen qualitativ wie quantitativ herausragenden Stellenwert einnehmen, der bei Bellini vielleicht in Ansätzen, bei Donizetti überhaupt nicht zu finden ist. Mit Vorliebe bediente sich Verdi in vielen Chorszenen der Unisono-Technik, die zwar kein Novum ist, jedoch im *Nabucco* eine neue Ausdrucksqualität gewinnt. Das gilt vielleicht für keinen der Chöre so sehr wie für den berühmten Gefangenen-Chor »Va pensiero sull'ali dorate«, der noch im Jahre 1949 patriotische Begeisterungsstürme zu entfesseln vermochte und auch heute noch den Rang einer inoffiziellen Hymne in Italien einnimmt. *Norbert Christen*

FELIX MENDELSSOHN BARTHOLDY

Sinfonie a-Moll op. 56 (»Die Schottische«), 1842 Leipzig

Im Anschluß an ein Londoner Konzert-Gastspiel im Sommer 1829 brach Mendelssohn (1809–47) gemeinsam mit einem Freund in jenes Land auf, dem – als Gegenstück zu Italien und der mediterranen Welt – die Sehnsucht vieler Romantiker gehörte: nach Schottland. Dort ließ er

Aus dem Zeichen- und Tagebuch, das Felix Mendelssohn Bartholdy 1829 auf seiner ersten England- und Schottlandreise führte. Die beiden Zeichnungen sind 2. und 3. August 1829 datiert.

sich nicht nur vom Erleben der Natur, von Landschaft und Meer, zu musikalischen Ideen inspirieren, sondern auch durch die Welt der nordischen Mythen, die seit der Zeit des Sturm und Drang – vermittelt durch die fingierten Dichtungen des altirischen Barden Ossian (in Wahrheit aber geniale Fälschungen des Schotten James Macpherson aus den 1760er Jahren) – ungemein beliebt waren.

Hier faßte Mendelssohn den Plan zu seiner *Hebriden-Ouvertüre*, und nach dem Besuch des alten Stuartschlosses Holyrood, am 30. September 1829, schrieb er begeistert: »In der tiefen Dämmerung gingen wir heut nach dem Palaste, wo Königin Maria gelebt und geliebt hat . . . Es ist da alles zerbrochen, morsch, und der heitere Himmel scheint hinein. Ich glaube, ich habe heut da den Anfang meiner *Schottischen Symphonie* gefunden.« Freilich sollte es, nachdem die ersten Skizzen festgehalten waren, noch lange dauern, bis der Komponist – überaus selbstkritisch und immer wieder feilend und korrigierend – das Werk vollenden konnte. Erst 1842 war es soweit. Aber trotz der langwierigen Entstehung wirkt das Ergebnis wie aus einem Guß. Die formale Dichte wird durch strenge motivisch-thematische Arbeit und besonders durch die pausenlosen Übergänge zwischen den einzelnen Sätzen erreicht. Solche zyklische Bindung, die dem ganzen Werk Zusammenhang verleiht, ist neu. (Robert Schumann nahm den Faden in seiner *Vierten Sin-*

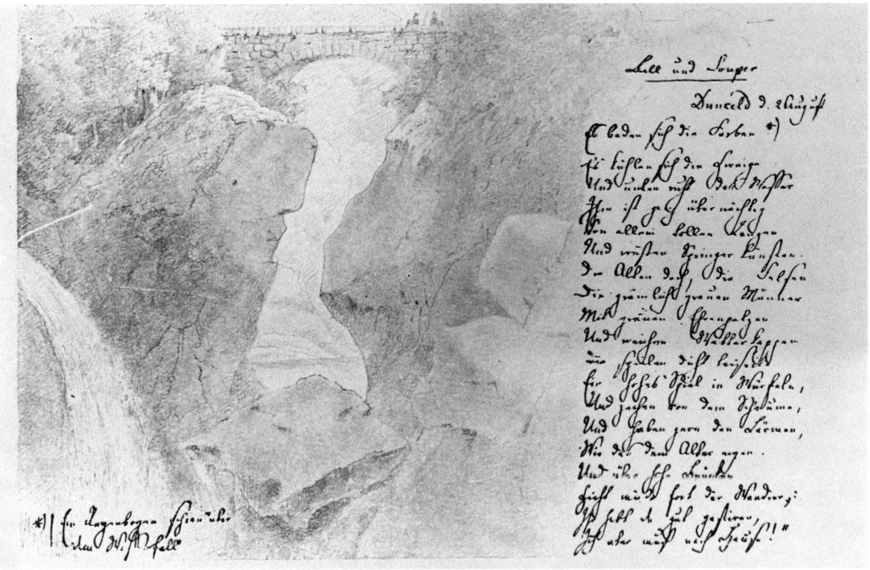

Von London aus ging Mendelssohn mit einem Freund ins schottische Hochland. Er entdeckte »Fingals Höhle« und eine Landschaft, deren Reiz ihn nie mehr losließ.

fonie wieder auf.) Aber mehr noch als derartige kompositionstechnische Maßnahmen fasziniert die reiche melodische Erfindung, wenn etwa nach der langsamen Einleitung das im Pianissimo vorgetragene Hauptthema, eine volkshaft einfache und ebenso eindringliche Melodie, einsetzt; wie es dann von einer straffen Zwischengruppe (Assai moderato) abgelöst wird und danach wieder erklingt – jetzt aber nur noch als Gegenstimme zum lang ausgesungenen zweiten Thema. Schließlich das Motiv der Schlußgruppe, ein kurzer Einwurf nur, aber unvergeßlich in seiner schwelgerischen Harmonisierung und seiner gestischen Wirkung eines Abschieds von ferne. Dagegen das zupackende Hauptthema des zweiten Satzes, eine der typisch jubelnden Figurationen, bei denen der Hörer sich förmlich mit emporgerissen fühlt. Man könnte die ganze Partitur durchgehen: Mendelssohns Melodik ist immer prägnant und wirkt so spontan, so natürlich und unkonstruiert, als sei sie aus dem Augenblick erwachsen und nicht etwa über Jahre erarbeitet worden.

Ein anderes Kennzeichen dieser Musik ist die Behandlung der Instrumente. Ausgefallene oder gar bizarre Klangeffekte, wie Liszt (1811–86) oder Berlioz (1803–69) sie suchten, waren Mendelssohn fremd; und sein bissiges Wort über Berlioz – »seine Instrumentierung ist so entsetzlich schmutzig und durcheinandergeschmiert, daß man sich die Finger waschen muß, wenn man mal eine Partitur von ihm in der Hand gehabt hat« – läßt sich aus seiner Sicht durchaus verstehen. Denn er behandelt das Orchester »sauber« und glatt, was freilich nicht mit farblos oder unkonturiert verwechselt werden darf. Im Gegenteil: Die geschmeidige Eleganz etwa, die den ganzen zweiten Satz prägt, ist in erster Linie ein Ergebnis raffinierter Instrumentation: schnelle vibrierende Tonwiederholungen, Streichertremoli, federnde Melodieführung, gebrochene Akkorde über weite Intervalle, flirrender Klang und darüber ein paar hingetupfte Akzente: »Elfenromantik« – man hat an solchen Stellen das Gefühl, die Musik berühre nie den Boden, sondern schwebe in der Luft. Daneben aber auch der ernste, schwermütige Ton, wie er den dritten Satz durchzieht; zunächst als elegisches Lied über schreitenden Streicherpizzicati, dann wie ein Trauermarsch mit punktiertem Rhythmus und Paukenwirbeln. Beide Elemente werden verbunden und verklingen zum Schluß wie eine entschwindende Prozession in der Ferne – eine räumliche Wirkung, wie sie mehrfach bei Mendelssohn vorkommt.

Die alte Frage, ob solche Musik »absolut« gedacht sei oder etwas »aussagen« solle, läßt sich nicht im Sinne eines Entweder-Oder beantworten; beide Seiten fließen zusammen. Sicher ist nur, daß Mendelssohn selbst einseitige musikalisch-programmatische Festlegungen ablehnte. So war das Finale ursprünglich »Allegro guerriero« (Kriegerisches Allegro) betitelt, und das zweite Thema sollte »wie ein Männerchor« klingen – möglicherweise gedacht als Danklied nach gewonnener Schlacht. Aber so eine konkrete Angabe wäre denn doch zu einschichtig, und Mendelssohn hat es lieber mit dem neutralen, für verschiedene Deutungen offenen »Allegro vivacissimo« bewenden lassen.

Wie relativ derartige Beschreibungen bleiben, zeigt am deutlichsten Robert Schumanns (1810–56) begeisterte Rezension der *Schottischen Symphonie,* die er allerdings aufgrund eines Mißverständnisses als die »Italienische« würdigte und sich bei ihr »unter italienischen Himmel versetzt« fühlte. Daß solche Mißverständnisse möglich waren, liegt in Mendelssohns Musik selbst, denn sie entzieht sich den eindeutigen Festlegungen. Sie bleibt offen für vieles, was man aus ihr heraushören will, und gerade in dieser inhaltlichen Mehrdeutigkeit liegt ihr eigentlicher Reichtum und ihre ganze Schönheit. Das treffendste Wort zu diesem Problem, ja zur Problematik des Redens über Musik überhaupt, hat Mendelssohn selbst gesagt: »Das was Musik ausspricht, sind nicht zu unbestimmte Gedanken, um sie in Worte zu fassen, sondern zu bestimmte.« *Volker Scherliess*

ALBERT LORTZING

Der Wildschütz
1842 Leipzig

Als gewiefter Theaterpraktiker wußte Albert Lortzing (1801–51) nur zu gut, wie er – ohne sich künstlerisch etwas zu vergeben – das Unterhaltungsbedürfnis seines Publikums befriedigen konnte. »Rollen heißt das Zauberwort, welches dem dramatischen Dichter wie dem Komponisten die Pforten der Bühnen öffnet.« So liest man es in einem protokollarisch überlieferten Gespräch, das Lortzing mit einem Musiker und Musikschriftsteller (Johann Christian Lobe) führte. In seiner 1837 uraufgeführten Oper *Zar und Zimmermann* war der dümmlich aufgeblasene Bürgermeister van Bett solch eine nicht totzukriegende Rolle, im fünf Jahre später ebenfalls in Leipzig aus der Taufe gehobenen *Wildschütz* der Dorfschullehrer Baculus, nach Pfitzner (1869–1949) die »beste komische Figur der deutschen Oper«. Als »Studierter« gibt Baculus allerhand »gelehrtes Zeug« von sich, während er auf dem Schloß der Grafschaft Eberbach dem von ihm selbst mitinszenierten Verwechselspiel keineswegs geistesgegenwärtig gewachsen ist. Im fast umgekehrten Verhältnis steht seine bescheidene Bildung zu seiner Lebenstüchtigkeit. Und nicht zu vergessen: Als Vertreter seines einst sozial minderbemittelten Berufsstandes ist Lortzings Dorfschulmeister ein armer Teufel, der deshalb um so leichter den Verlockungen des schnöden Mammons erliegt und dem Baron seine junge Braut gegen eine erkleckliche Summe zu überlassen bereit ist. »Vor kurzem war ich noch ein rechter Lumpenhund – und nun auf einmal Kapitalist.« Wie Ferdinand Raimund (*Der Bauer als Millionär*) oder Johann Nestroy (*Lumpacivagabundus*) erzählte nun auch Lortzing in der so populären Arie »Fünftausend Taler« von der Magie, von der korrumpierenden Macht des Geldes.

»Das Buch erachte ich für vortrefflich. Ich würde das Wort nicht gebrauchen, wenn es von mir wäre; ich habe es allerdings opernmäßig bearbeitet, aber das gute Gerippe war noch vorhanden. Die Musik ist am Ende nicht von der Art, daß sie den Text geradezu umbrächte.«
Albert Lortzing in einem Brief aus dem Dezember 1842 über seinen Wildschütz, der auf Kotzebues Lustspiel Der Rehbock basiert.

Eine so gut wie eigene Erfindung des Librettisten Lortzing ist die prächtige Buffo-Figur des Schulmeisters Baculus. Und auch sonst ist die literarische Vorlage der Oper, ein von einem damaligen Rezensenten als »Wollustspiel« denunziertes Lustspiel August von Kotzebues (»Der Rehbock«, UA 1815), frei behandelt. Gewiß ist das Grundgerüst beibehalten. Wenn der Graf verliebt um das Bauernmädchen wirbt und die Gräfin mit dem Stallmeister kokettiert, dann gilt ihre Liebe – ohne daß sie etwas davon ahnen – bei Kotzebue wie Lortzing der eigenen Schwester und dem eigenen

Der Komponist, Schauspieler und Sänger *Albert Lortzing* (1801–51) im Jahr 1845. Lithographie nach einer Zeichnung des Malers Schlick. Mit seiner erfindungsreichen deutschen Spieloper steht er fast allein in der Musikgeschichte .

Bruder. Doch das Frivole der literarischen Vorlage ist in der komischen Oper weitgehend eingedämmt.

Wie bei Kotzebue sind dagegen auch bei Lortzing soziale Konflikte harmonisiert. Gretchen zieht eine heimliche Sehnsucht ins Schloß. Und im dritten Akt walzt der Graf mit den Dorfschönen zu so einladenden Klängen, daß sie nach einer zeitgenössischen Rezension sogar »Strauß und sel. Lanner's Nachfolger gewiß gern acceptirt hätten«.

Die Komische Oper *Der Wildschütz* zeigt den als Schauspieler und Sänger in Leipzig lebenden Begründer der deutschen Spieloper auf dem Höhepunkt seines Schaffens. Hier wie in anderen Bühnenwerken knüpfte Lortzing in bewußter Distanz zur italienischen Oper mit gesprochenen Dialogen und zumeist leicht faßlichen Gesangsnummern an die Traditionen des deutschen Singspiels und der französischen Opéra comique an. Doch während dabei der *Waffenschmied* (UA 1846) arg philiströs geriet und in der *Undine* (UA 1845) das Dämonisch-Beunruhigende des Märchenstoffes fast aufgesetzt wirkt, hatte der 41jährige mit dem *Wildschütz* eine Partitur vorgelegt, die mit ihrer gelenkigen Ensembletechnik und ihrem kammermusikalischen Feinschliff höchste Bewunderung verdient.

Meisterliches gelang Lortzing hier mit der an Mozart (1756–91) geschulten Billard-Szene, in der ins nächtliche erotische Getändel der Choral des schlaftrunkenen Schulmeisters hineindröhnt. Und Witziges kam Lortzing bei der Parodie der oft schon spleenigen Gräkomanie in die Feder, die bald nach der Aufführung von Sophokles' »Antigone« mit Mendelssohns (1809–47) Musik auch in Leipzig tolle Blüten trieb. Mit ein paar rasch zusammengeklaubten Zitaten sucht Schulmeister Baculus der Gräfin Eberbach, die ihre Sophokles-Lesungen stets zu wahren kleinen Kulthandlungen hochstilisiert, als »Sophoklex«-Kennerin zu imponieren. Hellhörig hatte Lortzing hier einmal mehr auf Geschraubtheit und Unnatur seiner Mitwelt reagiert.

Als »moralische Anstalt« im Sinne Schillers hatte Lortzing das Theater nie gesehen. Anders als Louis Spohr (1784–1859), der es stolz von sich wies, »dem großen Haufen zu gefallen«, anders auch als Mendelssohn, der einmal das Wort vom »antipublikümmerlichen Musiker« geprägt hatte, hielt Lortzing es nicht für unter seiner Würde, auf künstlerisch vertretbare Weise einem (legitimen) Unterhaltungsbedürfnis nachzukommen.

Wie bei *Zar und Zimmermann*, beim *Waffenschmied* oder *Undine* wußte ihm das Publikum diese Einstellung auch beim *Wildschütz* zu danken. Zwar war aus großen Erfolgen kein Kapital zu schlagen; in der Regel zahlten Theater bei der Annahme von Opern nur eine einmalige Abfindung. Tantiemen oder Provisionen kannte man noch nicht. Bei geradezu anarchischen Zuständen hatte auch Lortzing – wie sein penibel geführtes Kassa-Buch ausweist – um bescheidenste Rechte zu kämpfen. Doch wenn der Meister der deutschen Spieloper auch immer wieder um den materiellen Gewinn aus seinen Aufführungen betrogen wurde, so sah er seine Werke doch zumindest in Deutschland von zahlreichen Bühnen angenommen. Auch der *Wildschütz* wurde bald nach der Leipziger Uraufführung am Silvesterabend 1842 von anderen Theatern nachgespielt, wobei wohl nicht nur in Hamburg der Sänger des Baculus seine »Fünftausend-Taler«-Arie »gewöhnlich repetiren« mußte.

Hans Christoph Worbs

GAETANO DONIZETTI

Don Pasquale
1843 Paris

Don Pasquale, von Donizetti (1797–1848) für das Théâtre Italien in Paris geschrieben und dort am 3. Januar 1843 uraufgeführt, ist heute seine populärste Oper und war sein letzter großer Bühnenerfolg. Wegen seiner scheinbar klischeehaften Handlung und der brillant ausgearbeiteten Ensembles wird dieses »dramma buffo« (wie die Oper im Untertitel heißt) als Höhepunkt und unzeitgemäßer, aber grandioser Abschluß der italienischen Buffa-Tradition des 18. Jahrhunderts verstanden. Donizettis Intention zielte jedoch mit seiner brisanten Charakterzeichnung und einer zeitgemäßen Problemstellung über den enggesteckten Rahmen einer typischen Opera buffa hinaus.

Zwischen Vertragsabschluß und Premiere blieb dem Komponisten einschließlich der Arbeit am Textbuch nicht einmal ein halbes Jahr. Vielleicht aus Gründen der Arbeitserleichterung griff Donizetti auf ein Libretto von Angelo Anelli zurück, das mit der Musik von Stefano Pavesi unter dem Titel *Ser Marcantonio* am 26. September 1810 in der Mailänder Scala erstmals aufgeführt worden war. Aus dieser Oper übernahm Donizetti die schematisch entworfene Intrige, in der ein alter, auf Freiersfüßen wandelnder Hagestolz von seinem Neffen und Universalerben, dessen Geliebter und einem befreundeten Arzt gröblich geprellt wird. In dieser Handlungsskizze lassen sich unschwer typische Situationen und Motive der italienischen Commedia dell'arte und der Buffo-Oper des 18. Jahrhunderts entdecken: eben der geprellte wohlhabende Alte Don Pasquale; der schlaue Intrigant Malatesta, der vorgeblich zum Wohle des jungen Paares handelt; der Rollentausch von Norina, die als Malatestas Schwester eine Scheinehe mit Pasquale eingeht, nur um ihren wahren Geliebten, Pasquales Neffen Ernesto, heiraten zu können; das kratzbürstige Lämmchen Norina, das sich in der »Ehe« mit Pasquale als putz- und herrschsüchtig erweist; und schließlich die moralisierende Auflösung aller Konflikte mit der Verlachung des geprellten Pasquale.

Doch Donizetti spitzte diesen traditionellen Libretto-Entwurf durch scharfe Profilierung der Charaktere der vier handelnden Personen und eine sehr knappe dramaturgische Gliederung zu. Dem geprellten und ver-

Gaetano Donizetti in jungen Jahren. Das Porträt wird dem Mailänder Maler Gerolamo Induno (1827–90) zugeschrieben, könnte jedoch auch von dessen älterem Bruder Domenico (1815–90) stammen, der Donizetti dem Jahrgang nach näherstand.

höhnten Don Pasquale widerfährt tatsächlich größtes seelisches Leid, weil er, von Norina um einen beträchtlichen Teil seines Vermögens gebracht, im Verlauf einer hitzigen Auseinandersetzung geohrfeigt und schließlich auch noch vor der gesamten Dienerschaft des Hauses mit seinem eigenen Neffen betrogen wird. Die musikalische Charakterzeichnung ist weniger komisch (im Sinne der traditionellen Buffa-Komik) als vielmehr bedrükkend tragisch. Don Pasquale erlangt keine Genugtuung, seine Würde wird nicht wiederhergestellt. Von einem lärmenden Schluß mit befreiendem Lachen kann am Ende nicht die Rede sein. Auch die Kennzeichnung des Neffen Ernesto entbehrt nicht der tragischen Momente (vor allem in der Arie »Cercherò lontana terra« – »In die Ferne will ich ziehen«), denn immerhin bleibt der junge Mann lange Zeit (bis ins Finale des zweiten Aktes hinein) in Unkenntnis von Norinas und Malatestas Intrige seinem Liebesschmerz überlassen. Donizetti gab dieser Rolle auch folgerichtig die großen repräsentativen Arien- und Duettformen aus der zeitgenössischen Musiktragödie, die nicht zum Nummernrepertoire der Buffa zählen. Selbst Norinas Auftrittskavatine »So' anch'io la virtù« (»Auch ich versteh' die feine Kunst«) ist nicht bloße Vorstellung der schlauen jungen Frau, sondern das Charakterbild eines kapriziösen Weibchens, weil Donizetti durch szenische Anweisung und Rezitativtext (Norina liest und zitiert aus einem empfindsamen Roman der Zeit) unmißverständlich die gesellschaftskritische Dimension dieser Figur hervorkehrt. Zudem wird die Geschichte um einen handfesten Ehe-und Erbschaftsbetrug durch die Reduzierung des üblichen Buffa-Personals von sechs auf vier Hauptpersonen zum privaten und in seinem bösartigen Ausgang bedrückend gnadenlosen Kammerspiel. Diese kritischen Ansätze seiner Opernhandlung wollte Donizetti durch das Kostüm der Sängerdarsteller »in bürgerlicher Alltagskleidung« zusätzlich akzentuieren. Nicht die historisch ferngerückte, als konventionelles Gesellschaftsspiel gedachte Opera buffa war gemeint, sondern das zeitkritische Gegenwartsdrama. Zu dieser Dimension der Komödie mochte sich Giovanni Domenico Ruffini, der vermutlich den Libretto-Entwurf lieferte und Donizettis Textwünsche während der Kompositionsarbeit erfüllte, nicht verstehen. Er zog seinen Namen als Verfasser des Librettos zurück.

Musikalisch zitierte Donizetti freilich – ganz im Gegensatz zum kritischen Handlungsentwurf – in zahlreichen Passagen den bewährten Stil der älteren Buffa, besonders markant in Norinas Kavatine, einer der brillantesten Koloraturarien der gesamten Opernliteratur und zugleich einem ein-

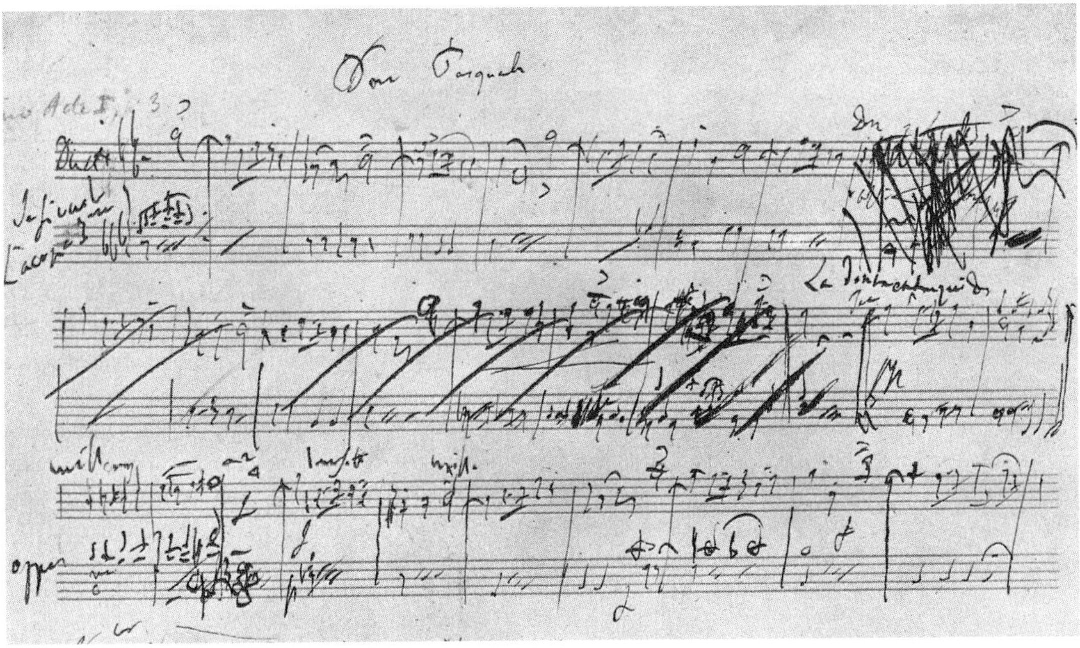

Gaetano Donizetti. Don Pasquale: Autographe Skizze

deutigen Anklang an die Auftrittskavatine der Rosina in Rossinis *Barbier von Sevilla* (UA 1816), und in Ernestos Ständchen »Com'è gentil« (»Wie Luna lacht«). Auch in den Ensembles erwies sich Donizetti als der unerschöpflich begabte Erfinder hinreißend kantabler Melodien. Im übrigen aber ist die Oper auch in den zahlreichen Duetten unmißverständlich auf den dramatischen Dialog zugespitzt. In Szene und Quartett-Finale des zweiten Aktes gelang Donizetti gar die musterhafte Umsetzung einer dramatischen Dialogszene in musikalischen Buffostil. Schließlich übertrug Donizetti die künstlerischen Errungenschaften aus der Komposition tragischer Opern auch ins komische Genre: nämlich die dominante Funktion des brillant ausgearbeiteten Orchesterparts. Mit all diesen Neuerungen im musikdramatischen Gerüst der älteren Buffa näherte sich Donizetti auffällig dem Stil der französischen Opéra comique – einer der beiden repräsentativen Gattungen in Paris, dem Uraufführungsort seiner Oper.

Jürgen Schläder

RICHARD WAGNER

Der Fliegende Holländer
1843 Dresden

Richard Wagner mit neunundzwanzig Jahren. Sein Freund Ernst Benedikt Kietz zeichnete den Komponisten 1842 in Paris kurz vor dessen Rückkehr nach Deutschland. Die *Holländer*-Partitur ist abgeschlossen, die Pariser Hungerjahre sind zu Ende.

In der Chronologie seiner Werke ist *Der Fliegende Holländer* das erste, das Wagner (1813–83) für festspielwürdig hielt. Er berurteilte dieses Werk als den entscheidenden Wendepunkt in seinem künstlerischen Entwicklungsgang. Erstmals ist er als Musikdramatiker er selbst geworden, wenn auch noch nicht in vollendeter Weise, wie er zugibt. Der *Holländer* ist für ihn im umfassenden Sinne ein Neubeginn. Die Änderung bewirkte die Musik, an deren Kraft er, trotz oder wegen der Pariser Opernerlebnisse, wieder zu glauben begann, und deren Wesen er jetzt nur noch »in der Liebe fassen« kann. Nicht »Reflexion« oder eine »äußere Erfahrung« haben ihn zum Künstler gemacht, sondern »innere Stimmung« und »innere Notwendigkeit«. Er ist nicht mehr Verfasser von Operntexten, sondern ab hier beginnt seine »Laufbahn als Dichter«.

Der *Holländer* war das erste »Volksgedicht«, das ihm »in die Seele drang«. Der Stoff, den er bei Heinrich Heine kennengelernt hatte, lag nur in rohen Zügen als Volkssage vor, bedurfte also des neu schaffenden Dichters.

»Seit Byron hat kein Poet ein so bleiches Phantom in düsterer Nacht aufgerichtet.« Aus diesem Wort von Franz Liszt (1811–86) ist der Anspruch zu ersehen, an dem Wagner gemessen wurde. Gegen die Bezeichnung »romantische Oper« und all das, was dieser Begriff implizierte, wehrte sich Wagner, er wollte sein Werk eher eine »dramatische Ballade« nennen. Mit der Geisterwelt der romantischen Oper und ihrem Volkstum, ihrer »Folklore«, hatte sein *Holländer* nichts mehr zu tun. Im Erfassen der düsteren Balladenstimmung erschließt sich das Werk.

Die Ballade der Senta ist auch eines der ersten Stücke, das er in Musik setzte. In ihr wird der musikalische Keim verdichtet angelegt, der sich fortentwickelt und sich wie ein Gewebe über das ganze Drama legt. Wagners Intention war zwar ein »wahres musikalisches Drama«, der *Holländer* sollte »nichts von Arien, Duetten, Terzetten und all dem Zeuge« enthalten, aber vieles mußte jetzt noch Theorie bleiben. Daß die Melodie ganz von selbst aus der Rede entstehe, ist eine Forderung, die er dann in vollem Umfang an das Musikdrama gestellt hat.

WAGNER Der fliegende Holländer

Die Hauptdarsteller der *Holländer*-Uraufführung: M. Wächter (Holländer), N. Reinhold (Erik), K. Risse (Daland), W. Schröder-Devrient (Senta), E. Wächter (Mary).

In der Sage vom Fliegenden Holländer drückt sich nach Wagner ein uralter menschlicher Zug aus, die »Sehnsucht nach Ruhe aus den Stürmen des Lebens«. Und hier schon sieht Wagner kulturhistorische Zusammenhänge, die so charakteristisch für sein späteres Denken sind. Der Fliegende Holländer ist weniger Spukgestalt und Gespenst als vielmehr einer der Getriebenen und Ausgestoßenen der abendländischen Kultur, ein Verwandter von Odysseus und Ahasver. Ein mythischer Grundzug verbindet diese Gestalten aus den verschiedensten Epochen. Senta, die sich opfert und dadurch den Holländer erlöst, gilt Wagner als das »Weib der Zukunft«. Erlösung durch Liebe, Mitleid mit den Außenseitern: das wird nun bis zum *Parsifal* (UA 1882) das große künstlerische Thema seines Lebens bleiben. Es ist eine spirituelle Vertiefung der gängigen »Rettungsoper«, und das große Beethovensche Vorbild des *Fidelio* (UA 1805) hat dabei sicherlich eine Rolle gespielt.

In Paris entstand im Mai 1841 die Dichtung, und schon am 20. November lag die Partitur vor. Die Uraufführung fand am 2. Januar 1843 in Dresden statt, mit Wilhelmine Schröder-Devrient als Senta. Das karge und düstere Werk fand kein großes Publikumsinteresse, man war noch vom *Rienzi* (UA 1842) verwöhnt. Für die Münchner Musteraufführung im Jahr 1864 nahm Wagner Änderungen an der Partitur vor, er komponierte u. a. den sog. Harfen-oder Erlösungsschluß, damit sich der *Holländer* würdig an die späteren Hauptwerke anreihen könne. Das Münchner und später das Bayreuther Inszenierungsmuster von 1901 sind für Jahrzehnte international verbindlich geworden. Erst das Regietheater unserer Tage hat den *Holländer* wiederentdeckt und sich besonders mit der Psychologie in der Figur der Senta auseinandergesetzt. Aufsehen hat hierbei die Inszenierung von Harry Kupfer vom Jahr 1978 in Bayreuth erregt. *Oswald Georg Bauer*

1ste Vorstellung im vierten Abonnement.

Königlich Sächsisches Hoftheater.

Montag, den 2. Januar 1843.

Zum ersten Male:

Der fliegende Holländer.

Romantische Oper in drei Akten, von Richard Wagner.

Personen:

Daland, norwegischer Seefahrer. — —	Herr Risse.
Senta, seine Tochter. — — —	Mad. Schröder-Devrient.
Erik, ein Jäger. — — — —	Herr Reinhold
Mary, Haushälterin Dalands. — — —	Mad. Wächter.
Der Steuermann Dalands. — —	Herr Bielczizky.
Der Holländer. — — — —	Herr Wächter.

Matrosen des Norwegers. Die Mannschaft des fliegenden Holländers. Mädchen.

Scene: Die norwegische Küste.

Textbücher sind an der Casse das Exemplar für 2½ Neugroschen zu haben.

Krank: Herr Dettmer.

Einlaß-Preise:

	Thlr.	Ngr.
Ein Billet in die Logen des ersten Ranges und das Amphitheater	1	—
„ „ „ „ Fremdenlogen des zweiten Ranges Nr. 1. 14. und 29.	1	—
„ „ „ „ übrigen Logen des zweiten Ranges	—	20
„ „ „ „ Sperr-Sitze der Mittel- u. Seiten-Gallerie des dritten Ranges	—	12½
„ „ „ „ Mittel- und Seiten-Logen des dritten Ranges	—	10
„ „ „ „ Sperr-Sitze der Gallerie des vierten Ranges	—	8
„ „ „ „ Mittel-Gallerie des vierten Ranges	—	7½
„ „ „ „ Seiten-Gallerie-Logen daselbst		6
„ „ „ „ Sperr-Sitze im Cercle	—	20
„ „ „ „ Parterre-Logen	—	15
„ „ „ das Parterre	—	10

Die Billets sind nur am Tage der Vorstellung gültig, und zurückgebrachte Billets werden nur bis Mittag 12 Uhr an demselben Tage angenommen.

Der Verkauf der Billets gegen sofortige baare Bezahlung findet in der, in dem untern Theile des Rundbaues befindlichen Expedition, auf der rechten Seite, nach der Elbe zu, früh von 9 Uhr bis Mittags 12 Uhr, und Nachmittags von 3 bis 4 Uhr statt.

Alle zur heutigen Vorstellung bestellte und zugesagte Billets sind Vormittags von 9 Uhr bis längstens 11 Uhr abzuholen, außerdem darüber anders verfüget wird.

Der freie Einlaß beschränkt sich bei der heutigen Vorstellung blos auf die zum Hofstaate gehörigen Personen und die Mitglieder des Königl. Hoftheaters.

Einlaß um 5 Uhr. Anfang um 6 Uhr.

Ende gegen 9 Uhr.

W. 50.

Der fliegende Holländer. Der Theaterzettel der Uraufführung nennt »Mad. Schröder-Devrient“ als Darstellerin der Senta. Für Wagner war damit ein Wunschtraum wahr geworden. Als Jugendlicher hatte er sie bereits gehört: »jugendlich, schön und warm, wie nie seitdem auf der Bühne mir ein Weib erscheinen sollte.«

ROBERT SCHUMANN

Klavierkonzert a-Moll op. 54
1845 Dresden

Wie unterscheidet sich nun der von uns heute bekannte erste Klavierkonzertsatz von jener Phantasie? Bemerkenswerter-, aber nicht überraschenderweise ist die spätere Fassung (wie wir sie kennen) weniger kühn, auch weniger symphonisch gehalten als die frühe Phantasie. Sie fängt erschreckend anders an, als hätte Schumann während der ersten Töne schon bestimmte rhythmische Folgen des Finales vorwegnehmen wollen. Wichtigste Differenz: Das Orchester spielt stets eine relativ wichtigere Rolle als in der späteren Fassung. In der Durchführung übernehmen die Geigen jene große Melodie, die in der uns bekannten Form das Klavier vortragen darf . . .
Aus »Schumann in der Urfassung«. Joachim Kaiser in der Süddeutschen Zeitung, 9. 1. 1981.

Schumanns *Klavierkonzert a-Moll* ist der Prototyp des romantischen Solistenkonzerts, wie es sich bei Carl Maria von Webers (1786–1826) *Klarinettenkonzert* andeutet, in den Konzerten von Brahms (1833–97) einen grandiosen Höhepunkt findet und in Dvořáks (1841–1904) *Violinkonzert* und noch deutlicher in seinem *Cellokonzert* eine weit über das Regionale hinaus eigene Farbe und Modulation gewinnt.

An Beethoven (1770–1827), auf den Brahms zu seiner Zeit viel deutlicher Bezug nahm, orientierte sich Schumann (1810–56) ganz selbstverständlich auch, denn dieser hatte dem klassischen Solistenkonzert zur Vollendung verholfen. Die frühen Romantiker, welcher »Schule« sie auch angehörten, bewegten sich alle von dem für sie starr erscheinenden Regelkanon der Musikformen weg. Liszts (1811–86) sinfonische Dichtungen waren, abgesehen von dem Programm, das sie von der »alten« Sinfonie unterschied, ja auch um ihrer freieren Form halber als neuer Weg interessant und für die romantische Vorstellung von der Poetisierung des Lebens typisch. Schumann, der sich auch im Sinfonischen auf diesem Wege der Aufhebung von Grenzen der Form bewegte, wofür seine *Vierte Sinfonie d-Moll op. 120* als Beispiel gelten kann, war die herkömmliche Dreisätzigkeit des Solistenkonzerts geradezu ein Hindernis vor der Beschäftigung mit dem Genre überhaupt. Dabei hatte er allen Grund, seinem Klavier-Œuvre auch ein Konzert für dieses Instrument mit Orchester hinzuzufügen.

Von den Träumen seiner Jugend, der »Paganini des Klaviers« zu werden, war er weit entfernt, als der Gedanke an ein Klavierkonzert ausführbar schien. Clara jedoch, seine Frau, um die er so viele Jahre gekämpft hatte, war eine berühmte Pianistin. »Es fehlte mir immer an einem größeren Bravourstück von ihm«, notierte sie später. Bravour allerdings war etwas, das Schumann gar nicht einleuchtete. Über Brillanz als künstlerischen Ausdruck hatte er sich stets mokiert. Selbst das, was sein Freund Felix Mendelssohn Bartholdy (1809–47) und der von ihm früher als von allen anderen als Genie erkannte Frédéric Chopin (1810–49) auf diesem Felde boten, schien ihm zu virtuos und in der Form konventionell, ganz abgesehen von dem, was die Kleinmeister der Zeit hervorbrachten. Schu-

»Junges Mädchen der Biedermeierzeit am Klavier«. Gemälde eines ungenannten Malers des 19. Jahrhunderts.

mann suchte einen eigenen Weg und begann im Mai 1841 an einer *Fantasie für Klavier und Orchester* zu arbeiten. Diese Fantasie, von der er bemerkte: »Sie war die Arbeit heller Sommertage und am 13. August zum ersten Mal im Gewandhaus probiert!«, war nun wirklich alles andere als ein gewohntes Solistenkonzert. Ein zusammenhängendes Stück entstand, in dem »das Klavier auf das Feinste mit dem Orchester verwebt ist – man kann sich das eine nicht denken ohne das andere« (Clara Schumann).

Hier war es Wirklichkeit geworden, das sinfonische Solistenkonzert als Fantasie, in der Soloinstrument und Orchester integriert sind.

Die Zeit war nicht reif, das Ungewöhnliche zu ergreifen. Die *Fantasie* wurde weder öffentlich aufgeführt, noch fand Schumann einen Verlag für sie. War es wieder Clara, die Schumann dafür gewann, eine aufführbare Form zu versuchen? Jedenfalls kam es zur Erweiterung des Stückes auf eben die verlangten drei Stätze, was Veränderungen der Fantasie, die nun als erster Satz fungierte, nach sich zog. Den zweiten Satz, als »Intermezzo« bezeichnet, komponierte Schumann im Mai 1845, also vier Jahre nach dem ersten, und im Juni war mit den »hellaufleuchtenden A-Dur-Fanfaren« der Schlußpunkt unter den dritten Satz gesetzt.

Das *Konzert für Klavier und Orchester a-Moll* wurde am 4. Dezember 1845 »im Saale des Hôtel de Saxe in Dresden« uraufgeführt und am Neujahrstag 1846 im Gewandhaus in Leipzig wiederholt.

Die Aufnahme war freundlich bis reserviert, je nachdem, wie dem Hörer die Modernität des Stückes gefiel. Denn daß hier eine neue Form des Solistenkonzerts erprobt worden war, hörten wohl alle. Was da vor sich ging, wurde jedoch nicht vollends klar. »Das Concert gewährte uns vorzüglich in den beiden letzten Sätzen Genuß, der erste ist durch den häufigen Wechsel der Soli und Tutti weniger verständlich und nicht so dankbar als die übrigen«, schrieb ein Rezensent, während andere gerade diesen ersten Satz als sinnstiftend für das Ganze und bedeutend in seiner sinfonischen Sprache erkannten.

Hans A. Neunzig

FELIX MENDELSSOHN BARTHOLDY

Violinkonzert e-Moll op. 64
1845 Leipzig

Mit unermüdlicher Geduld hatte Mendelssohn (1809–47) immer wieder an einer Komposition gefeilt, bevor er ihr seinen endgültigen Segen gab. Ein zuverlässiger Gewährsmann erzählt, daß so manche Druckplatte umgestochen werden mußte, wenn der überkritische Meister noch während des Drucks eine Korrektur für angebracht hielt. Erst nach Mendelssohns Tod wurde die *Italienische Sinfonie* (UA der ersten Fassung 1833) veröffentlicht. Und erst nach einschneidenden Umarbeitungen fanden Werke wie das Oratorium *Elias* (UA 1846) oder *Die erste Walpurgisnacht* (UA 1843) ihre definitive Gestalt.

Auch das *e-Moll-Violinkonzert,* das der (übrigens im selben Hamburger Haus geborene) Geiger-Freund Ferdinand David (1810–73) am 13. März 1845 im Leipziger Gewandhaus unter Niels W. Gade aus der Taufe gehoben hatte (Mendelssohn selbst dirigierte erst die zweite Leipziger Aufführung), ist keineswegs die Frucht spontaner Einfälle. »Ich möchte Dir wohl auch ein Violinkonzert machen für nächsten Winter; eins in e-Moll steckt mir im Kopfe, dessen Anfang mir keine Ruhe läßt«, heißt es in einem Brief vom 30. Juli 1838 an Ferdinand David. Liebevoll drängte der Freund: »Ich verspreche Dir, es so einzuüben, daß sich die Engel im Himmel freuen sollen.« Doch Mendelssohn zögerte: »Brillant willst Du's haben, und wie fängt unsereins das an?« Für Jahre trat die Realisierung des Vorhabens zurück. Erst im Sommer 1844 reifte in Bad Soden am Fuß des Taunus das Werk seiner Vollendung entgegen. Doch selbst noch im folgenden Winter feilte Mendelssohn an dem neuen Opus.

Ohne Frage hatte Ferdinand David Einfluß auf die Gestaltung des Soloparts genommen. Bei der Profilierung der thematischen Einfälle dagegen dürfte Mendelssohn das letzte Wort gesprochen haben. Werkstattgeheimnisse lüften hier Skizzen zum ersten Satz des Konzerts, die sich heute unter den Mendelssohn-Autographen der Deutschen Staatsbibliothek Berlin finden. Blaß und floskelhaft wirkt etwa im ersten Entwurf das zweite Thema des Allegro molto appassionata; erst in der endgültigen Fassung schwingt es trotz der Reduzierung auf vier Takte kantabler aus.

Als bald nach der Leipziger Uraufführung in Robert Schumanns *Neuer Zeitschrift für Musik* eine kritische Würdigung des neuen Konzerts erschien, war es der Verzicht auf das »erste Tutti« im Kopfsatz, auf das der Rezensent nachdrücklich aufmerksam machte. In der Tat setzt der Solist wider Erwarten gleich im zweiten Takt mit dem sehr instrumentengerecht erfundenen Hauptthema ein. Doch auch mit den nahtlosen Übergängen zwischen den früher fast stets durch »stimmungsmordende« Pauseneinschnitte getrennten Sätzen fällt das Konzert – wie die 1842 vollendete *Schottische Sinfonie* – aus dem Rahmen der Konvention. Ein einziger Fagott-Ton verknüpft das Allegro molto appassionata mit dem Andante, in dem Mendelssohn einmal mehr den Formtyp seiner dreiteiligen *Lieder ohne Worte* aufgreift. Und mit einer Meditation von 14 Takten leitet der Solist schließlich unmittelbar zum funkelnd-geistsprühenden E-Dur-Finale über, in dem noch einmal alle guten Geister aus König Oberons Elfenreich ihr Wesen treiben.

Der 36jährige Felix Mendelssohn Bartholdy, gemalt 1845 von dem zu seiner Zeit berühmten Porträtmaler Eduard Magnus (1799 bis 1872), der u. a. auch den Bildhauer Thorvaldsen, den Maler Menzel und die »schwedische Nachtigall« Jenny Lind porträtierte. Für Mendelssohn war 1845 das Jahr des Abschieds von Berlin. Er übernahm wieder die Leitung der Leipziger Gewandhauskonzerte.

Von gängigen Konventionen rückte Mendelssohn übrigens auch ab, wenn er im ersten Satz die Kadenz des Soloinstruments von ihrem angestammten Platz am Ende der Reprise an zentralere Stelle, in den Höhepunkt der Durchführung nämlich, verpflanzte. Nicht ans Ende des Satzes plazierte Zurschaustellung bloßer Virtuosität, sondern integraler Bestandteil des Werkes war für Mendelssohn gerade in seinem *e-Moll-Violinkonzert* die Solistenkadenz.

Schon ein Jahr nach der Uraufführung durch Ferdinand David hatte der damals erst 16jährige, von Mendelssohn entscheidend geförderte Joseph Joachim (1831–1907) das *e-Moll-Konzert* unter Robert Schumanns (1810–56) Leitung aufgeführt. Im vorigen Jahrhundert gehörte er neben Ferdinand David und Pablo de Sarasate, der nach zeitgenössischen Berichten beim Schlußsatz ein wahres Feuerwerk abbrannte, zu den großen Interpreten des Konzerts. Bereits durch die Schallplatte dokumentiert ist schließlich das Spiel des großen belgischen Geigers und Geigenpädagogen Eugène Ysaye (1858–1931), der (wie Joachim W. Hartnack in seinem Buch *Große Geiger unserer Zeit* darlegte) im Schlußsatz bei ungewohnt raschem Zeitmaß das Thema durch ein aufs feinste herauspräpariertes Frage- und Antwortspiel noch stärker in die Nähe der *Sommernachtstraum*-Musik rückte.

Übrigens ist das *e-Moll-Violinkonzert* keineswegs Mendelssohns einziger Beitrag zur konzertanten Violinliteratur. Schon der 13jährige hatte ein *d-Moll-Konzert* komponiert, zu dessen Dolmetscher sich erstmals 1952

Yehudi Menuhin machte. Bis ins Detail läßt sich nachweisen, wie der junge Komponist hier den Modellen des zeitgenössischen französischen Violinkonzerts folgt. So erhellend das frühe Opus für Mendelssohns künstlerischen Reifeprozeß auch immer sein mag – als singuläres Meisterwerk zählt allein das späte *e-Moll-Konzert*. Selten fanden sich geläuterte Virtuosität und romantische Poesie zu solch glücklicher Synthese wie hier.

Hans Christoph Worbs

GIUSEPPE VERDI

Rigoletto
1851 Venedig

Zu den Premieren, die in die Annalen der Theatergeschichte eingegangen sind, zählt zweifellos die Uraufführung des Dramas *Le Roi s'amuse* von Victor Hugo am 22. November 1832 am Pariser Théâtre Français. Der Abend endete in einer regelrechten Schlägerei zwischen den Traditionalisten, die durch Hugos Bühnenwerk die geheiligten Regeln des Anstands und der Moral verletzt sahen, und den sog. »Jungfranzosen«, die in romantischer Begeisterung für die Verwirklichung der Revolutionsideale eintraten. Das Stück wurde sofort abgesetzt und verschwand für die nächsten 50 Jahre von der französischen Bühne.

Zeitgenössische Figurinen aus *Rigoletto* von Giuseppe Verdi. Oben links dreimal Gilda, oben rechts dreimal der Herzog, in der Mitte links Rigoletto, daneben Monterone (»der alte Mann . . .«) und Giovanna; unten in der Mitte Maddalena und Sparafucile; außerdem Damen und Herren des Chors.

Bereits zu Beginn der vierziger Jahre hatte Verdi (1813–1901) das Sujet kennengelernt, ohne daß es einen nachhaltigen Eindruck bei ihm hinterlassen hätte; doch zehn Jahre später reagierte er enthusiastisch auf die Entdeckung. Im Frühjahr 1850 erhielt er von der Direktion des venezianischen Teatro la Fenice den Auftrag, unter Mitwirkung des Hauspoeten Francesco Maria Piave (1810–76) eine Oper nach Hugos Skandalstück zu schreiben. Da sich die Ästhetik des französischen Dichters mit Verdis musikdramatischen Auffassungen weitgehend deckte – Eduard Hanslick traf mit seiner pointierten Bemerkung, Hugos Dramen seien im Grunde genommen Opernlibretti, denen nur die Musik fehle, den tatsächlichen Sachverhalt –, erwies sich die Umformung des Dramas als denkbar unproblematisch: Sie bestand im wesentlichen darin zu straffen, Nebensäch-

Gilda Atto III Scena II e seguenti | Gilda Atto III Scena I, II e III | Gilda | Duca Atto III Scena II e seguenti | Duca. | Duca in costume Borghese

Rigoletto. Atto I Scena III. | Rigoletto Atto I Scena VII. | Cte di Monterone. | Giovanna. | Cte di Ceprano, Marullo, Borsa. Coro e Ballerini (variando i Colori) | Cssa di Ceprano e Ballerine (variando i Colori) | Paggio della Duchessa

lichkeiten zu eliminieren. Schwieriger hingegen gestalteten sich angesichts der Brisanz des Stoffes die Auseinandersetzungen mit der unter österreichischer Aufsicht stehenden Zensurbehörde, die ihr Plazet zur Aufführung erst im Januar 1851 erteilte.

»... Ihr Brief mit dem Dekret, das ›La Maledizione‹ vollständig verbietet, kam so unerwartet, daß ich fast verrückt geworden wäre. Der größte Teil des Dramas ist bereits komponiert, und ich befaßte mich damit in größter Anspannung, um zur festgesetzten Zeit fertig zu werden. Das Dekret, das alles verbietet, bringt mich zur Verzweiflung, denn es ist jetzt viel zu spät, ein anderes Libretto zu suchen, das ich unmöglich, völlig unmöglich diesen Winter noch vertonen könnte ... ob man mich mit Gold überhäuft oder ins Gefängnis wirft, es ist mir unmöglich, jetzt ein anderes Libretto zu vertonen ...«. Giuseppe Verdi in einem Brief vom 5. Dezember 1850 an den Präsidenten des Teatro la Fenice zu Venedig.

Für die Premiere standen Verdi hervorragende Künstler zur Verfügung, deren sängerische Qualitäten ihren Niederschlag in der Partitur gefunden haben. Während Raffaele Mirate (Herzog) ganz dem Belcantostil der neapolitanischen Schule verpflichtet war, verkörperte Teresa Brambilla (Gilda) den neuen Stimmtypus des »soprano lirico spinto«, in dem sich dramatische Durchschlagskraft mit Expressivität und Agilität verbindet; der Bariton Felice Varesi (Rigoletto) entsprach aufgrund seiner nuancierungsfähigen Stimme und seiner schauspielerischen Fähigkeiten nahezu völlig dem Ideal des von Verdi immer wieder verlangten Sängerdarstellers. Bei der Uraufführung am 11. März 1851 wurde *Rigoletto* vom Publikum enthusiastisch gefeiert und von der Presse überwiegend mit Lob bedacht. Einigen Kritikern, die Anstoß am Sujet nahmen, entgegnete Verdi: »Ich weiß doch genau, daß alle Großmäuler, die Musikdoktoren, die vor zehn Jahren schon bei der bloßen Nennung des Namens *Ernani* die Flucht ergriffen, diese Oper heute nur besser finden als *Rigoletto*, weil sie acht Jahre älter ist als ihr Bruder. Und doch wird *Rigoletto* länger leben als *Ernani* (UA 1844). Er ist revolutionärer, also jugendlicher und neuer in Form und Stil.«

Das Neue, ja Revolutionäre des *Rigoletto* bestand zunächst einmal in der Wahl der Titelgestalt. Im Mittelpunkt der Oper steht kein unglückliches Liebespaar von Stand, sondern ein Mensch bürgerlicher Herkunft, den die Natur auf das grausamste deformiert hat – eine klare Absage an die damals vorherrschende Ästhetik. Erstmals ist es Verdi gelungen, eine vielschichtige Persönlichkeit auf die Bühne zu stellen: An die Stelle eingleisiger Affekte ist eine Palette konträrer Empfindungen getreten. Einerseits zeigt sich Rigoletto als zynischer, skrupelloser Höfling, andererseits als liebend besorgter Vater, wandelt sich schließlich unter dem Einfluß der verhängnisvollen Ereignisse zu einem gnadenlosen Rächer.

Die Zeichnung der beiden anderen Hauptgestalten ist wesentlich konventioneller, da eindimensionaler ausgefallen. Gilda verkörpert die reine, völlig uneigennützige Liebe, die durch nichts zu erschüttern ist; selbst als sie erkennen muß, daß ihr Geliebter sie betrügt, ist sie bereit, sich für ihn zu opfern. Der Herzog hingegen erscheint als der leichtfertige, frivole Herrenmensch, der nur seinem Vergnügen lebt, ohne auf die Gefühle anderer die geringste Rücksicht zu nehmen. Seine berühmte Kanzone »La donna è mobile« (dritter Akt), deren Text übrigens auf einen Zweizeiler zurückgeht, der dem französischen König Franz I. (der analogen Gestalt in Hugos Drama) zugeschrieben wird, ist als zynische Rechtfertigung für sein amoralisches Tun zu begreifen.

Innovative Momente prägen über weite Strecken auch den musikalischen Stil. Bereits die Introduktion weist eine formale Komplexität und dramatische Vielschichtigkeit auf, wie sie in früheren Werken Verdis nicht zu finden ist. Die erste Begegnung zwischen Rigoletto und Sparafucile ist, ungeachtet der traditionellen Bezeichnung »Duett«, als dramatischer Dialog gestaltet, in dem das Prinzip der offenen Diktion, des subtilen Wechsels zwischen Deklamation und Kantilene, vorherrscht. Und nicht zuletzt sei des berühmten Quartetts gedacht, in dem es Verdi gelungen ist, den seelischen Zustand von Gilda und Rigoletto, dem Herzog und Maddalenas individuell zu zeichnen und dennoch zu einem harmonischen Ganzen zu verbinden. Sogar Victor Hugo, der anläßlich einer Vorstellung des *Rigoletto* nur Langeweile und Mißvergnügen empfand, zeigte sich von dem Ensemble begeistert, meinte jedoch: »Wenn auch ich in meinen Dramen viele Personen gleichzeitig sprechen lassen könnte, so daß das Publikum die Worte und Gefühle verstünde, dann würde sich ein ähnlicher Effekt einstellen.« *Norbert Christen*

ROBERT SCHUMANN

4. Sinfonie d-Moll op. 120
1853 Düsseldorf

Als Robert Schumann (1810–56) Ende Mai 1841 die Arbeit an seiner *d-Moll-Sinfonie* begann, war sein Mut dazu noch getragen vom Erfolg seiner ersten vollendeten Sinfonie, der *Frühlingssinfonie*, die am 31. März desselben Jahres unter Mendelssohns Leitung im Leipziger Gewandhaus uraufgeführt worden war. Die *Erste* war das gewesen, was man einen Geniewurf nennen kann. In ganzen vier Tagen hatte Schumann sie skizziert und staunte selbst darüber: »Denken Sie, eine ganze Symphonie, – ich kann es kaum selber glauben, daß sie fertig ist.«

Violino
Allegretto
crescendo
Andante
dolce
smorzando
ff.
Grave
Presto finale
p.

Schumann, dessen Bild aufgrund seiner eigenen, gelegentlich übertrieben enthusiastischen Äußerungen und eines verquasten Romantikbegriffs der Nachwelt allzu schwärmerisch gezeichnet wurde, hatte mit der neuen Sinfonie nicht weniger im Sinn als ein formales Experiment. Die *Erste* war nicht seine erste Beschäftigung mit dem Sinfonischen gewesen, und die neue, in d-Moll, folgte ihr nicht direkt; zwischen beiden lag die sog. *Symphonette*: Ouvertüre, Scherzo und Finale für Orchester.

Mit der Konzeption der neuen Sinfonie griff Schumann das grundsätzliche Problem des Sinfonischen auf, in einer Zeit der musikalischen Neuerungen, einer Epoche, in der sich das Romantische in der Musik vom sog. Klassischen löste. Schumann war als Komponist wie als Musikschriftsteller ein Neuerer. Die Ironie der Geschichte wollte es, daß man ihn noch zu Lebzeiten zu denen zählte, die am Althergebrachten festhalten. Schumann muß die Frage beschäftigt haben: Wie läßt sich das Sinfonische einer neuen Zeit vermitteln, ohne der illustrativen Tendenz der sinfonischen Dichtung nachzugeben? Nach seiner eigenen Aussage setzen Programme in der Musik der Phantasie Schranken. »Roberts Geist«, notierte Clara, »ist gegenwärtig in größter Tätigkeit; er hat gestern eine Symphonie wieder begonnen, welche aus einem Satz bestehen, jedoch Adagio und Finale enthalten soll.«

Zwar blieb Schumann beim gliedernden Moment des klassischen viersätzigen Sinfonieaufbaus, ging aber davon aus, daß die vier Sätze ohne Unterbrechung aufeinander folgen sollten. Diese Absicht war kompositorisch dadurch vorbereitet, daß Schumann die herkömmlicherweise Satz und Sinfonie tragende Sonatenform auflöste zugunsten eines Aufeinanderbezogenseins der Themen horizontal durch alle Sätze. Auch die Sonatenform tritt auf, gleich im ersten Satz, wird jedoch durch Auslassungen markanter Bestandteile, hier etwa einer auf die Durchführung folgenden Reprise, aufgebrochen. Öffnung der geschlossenen sinfonischen Form war Schumanns Absicht, und ihre Verwirklichung zeigt sich für jedermann hörbar an den Satzschlüssen, die eigentlich keine sind, denn sie verweigern dem Sinfonie-Gewöhnten den abgeschlossenen Harmonieverlauf. Der letzte allerdings ist ein unverkennbares und reelles Finale.

Das formale Experiment ist musikalisch ausgefüllt durch hohe Virtuosität des Satzes, unüberhörbar u. a. in den Schluß-Accelerandi des ersten und vierten Satzes und in dem dynamisierten Übergang vom dritten in den Schlußsatz, vielleicht der Höhepunkt der »Sinfonie in einem Satz«, darüber hinaus durch große Finesse des Zusammenspiels der Instrumen-

Moritz von Schwindt (1804–71). Die Katzensinfonie (Le Chat Noir) von 1868. Das mit Feder und Pinsel über Bleistift gefertigte Blatt schenkte Schwindt dem Geiger, Brahmsfreund und Schumann-Verehrer Joseph Joachim (1831–1907). Er ironisierte Wagner, indem er behauptete, mit diesem Notensystem zum »Zukunftsmusiker« geworden zu sein und bezog sich auf Clara und Robert Schumann, die den Orden von der schwarzen Katze gegründet haben sollen, dessen Mitglieder sich durch »katzenhaftes Betragen eines besonders guten Weines würdig erwiesen, den man mit dem Namen der schwarzen Katze benannte«.

tengruppen, die von den Orchestermusikern ein Höchstmaß an Präzision verlangt. Ziemlich genau zehn Jahre nach Abschluß der Sinfonie im Jahr 1841 nahm sich Schumann das Werk wieder vor. Inzwischen waren zwei neue Sinfonien entstanden, Schumann hatte als Komponist und Orchesterleiter Erfahrungen gemacht: Im Dezember 1851 instrumentierte er die Sinfonie neu. Nun schrieb er, den alten formalen Ansatz aufgreifend, »Symphonische Phantasie für großes Orchester« auf das Titelblatt und fügte hinzu: »skizziert im J. 1841. Neu instrumentiert 1851.« Bei der Erstaufführung am 3. März 1853 in Düsseldorf, die Schumann selbst leitete, hieß das Werk wieder *Sinfonie in d-Moll für Orchester.* In der Zählung wurde sie nun nach der *Frühlingssinfonie* (B-Dur) von 1841, der *C-Dur-Sinfonie* von 1845 und der *Rheinischen* in Es-Dur von 1850 die *Vierte.*

Grundkonzeption und -komposition blieben unverändert, die Instrumentation wurde reicher und schwerer. In dieser vom Komponisten als letztes Wort gewünschten Form ist sie seitdem in den Konzertsälen der Welt zu hören. Brahms (1833–97) hat die erste Fassung stets vorgezogen, er fand, die zweite habe an »Anmut, Leichtigkeit und Klarheit verloren«, und der Musikschriftsteller Hermann Kretschmer sprach in seinem damals vielgelesenen Konzertführer von einem »viel dickeren und plumperen Rock«. Dieser verdeckt aber die Meisterschaft Schumanns in Konzeption und Ausführung dieser für seine Zeit modernen und inzwischen zeitlosen, d. h. zeitungebundenen Musik nicht.

Die Rezeption des Werks, wie der Schumannschen Sinfonik überhaupt, hat lange unter dem für das späte 19. Jahrhundert anscheinend unvermeidlichen und zugleich irreführenden Bezug zu Beethoven (1770–1827) gelitten. Schumann selbst sprach davon, daß wer in Deutschland von Sinfonie spreche, von Beethoven spreche und nahm damit ahnungsvoll die (Fehl-)Beurteilung seiner Sinfonie vorweg. Eine Genealogie ließe sich wohl eher in der Linie Haydn (1732–1809) – Schubert (1797–1828) suchen; wofür ein äußerer Hinweis auch in der Tatsache liegt, daß es Schumann war, der Schuberts *Große D-Dur-Sinfonie* (1825/26) entdeckte und ihr Erscheinen vehement betrieb. Gerade in Schumanns *d-Moll- Sinfonie* offenbart sich sein entschiedener Form- und Reformwille. *Hans A. Neunzig*

FRANZ LISZT

Sonate h-Moll
Entstanden 1853,
uraufgeführt 1857 Berlin

Es gehört zu den Eigentümlichkeiten im Schaffen Franz Liszts, daß auffällig viele seiner Werke in mehreren, oft im Abstand von Jahrzehnten entstandenen Fassungen vorliegen. So ging die frühe *Revolutions-Sinfonie* von 1830 in die sinfonische Dichtung *Héroide funèbre* von 1857 ein, aus den *Harmonies poétiques et religieuses* von 1834 wurden 20 Jahre später die *Pensées des morts*, das *A-Dur-Konzert* von 1839 fand 1857 erst im dritten Anlauf seine endgültige Gestalt, und Themen des *Es-Dur-Konzerts* von 1849 (letzte Fassung 1853) hatte sich Liszt (1811–86) schon in den frühen dreißiger Jahren notiert.

Die Ursachen für das häufige »Nachbessern« Liszts sind nicht allein im Schaffenspsychologischen und im Biographischen zu suchen. Wesentlichen Anteil an Liszts Revisionsneigung hat sicher auch die Tatsache, daß er ja angetreten war, der Musik neue Wege zu eröffnen. Er wollte sich nicht der überkommenen klassischen Formen als fertiger Gefäße bedienen; in seiner Musik sollte sich der Gedanke jedesmal die ihm gemäße Form suchen.

Es brauchte Zeit, bis Liszt »seinen« Weg gefunden hatte. Zur großen, der klassischen Sonate und Sinfonie vergleichbaren Form fand er erst, nachdem er 1847 seine triumphalen Virtuosenreisen abrupt beendet und sich in Weimar niedergelassen hatte. Dort fand sein avantgardistisches Kunstwollen, auch ausgedehnte Werke musikalisch schlüssig zu entwikkeln, ohne sich auf eine vorgegebene klassische Form stützen zu müssen, den reinsten Ausdruck in der *h-Moll-Sonate* von 1852/53, Liszts größtem Klavierwerk und, was Strenge und Konsequenz des Komponierens angeht, seinem wohl bedeutendsten Werk überhaupt.

Vom »traditionellen«, nach dem Vorbild der Wiener Klassiker gestalteten Formmodell unterscheidet sich die *h-Moll-Sonate* vor allem in zwei Punkten. Einmal im pausenlosen Ablauf, der die Form des klassischen Sonatensatzes und der viersätzigen Sonaten-Großform miteinander kombiniert: Liszts Werk entwickelt sich zunächst »konventionell« mit sonatenartiger Exposition zweier Themen und ausgedehnter Durchführung. Zwischen Durchführung und Reprise (Wiederkehr der Exposition) sind dann

Josef Danhauser (1805–45), der bekannteste Genremaler des Wiener Vormärz malte 1840 »Liszt am Klavier« mit bedeutender Entourage: v. l. Alexandre Dumas d. Ä., George Sand, Niccolo Paganini, Marie d'Agoult und eine Beethovenbüste.

jedoch ein Andante-Abschnitt und ein bewegtes Fugato eingeschoben, die dem langsamen Satz und dem Scherzo in der klassischen Sonate entsprechen. Erst danach erklingt als vierter Teil der Sonate eine freie »Wiederkehr« des Anfangs; zum Schluß rundet eine Coda das halbstündige Werk endgültig ab.

Was Liszts *h-Moll-Sonate* zweitens von den traditionellen Sonaten des 19. Jahrhunderts abhebt, ist ihre rigorose thematische Vereinheitlichung: Die drei Motive des Hauptthemas – die absteigende Melodielinie des Anfangs, ein appellartiger Forte-Aufschwung und ein pochendes »Marcato«-Motiv – bestimmen das musikalische Geschehen des gesamten Werkes und sind in den verschiedensten Varianten fast ununterbrochen präsent; neben ihnen behaupten sich nur noch ein »Grandioso«-Thema und das gesangliche Thema des langsamen Teils.

Obwohl die Form der *h-Moll-Sonate* nicht gänzlich ohne Vorbild war, und zum Beispiel Schuberts *Wanderer-Fantasie* von 1822 als ihr direkter Vorläufer gelten kann, stieß das Werk anfangs auf starke Ablehnung. Als der junge Hans von Bülow sie 1857 in Berlin zum erstenmal öffentlich vortrug, entspann sich im Anschluß an die Premiere eine Pressefehde, die erkennen läßt, wie stark die »Klassik« auch 30 Jahre nach Beethovens Tod das Denken der Zeitgenossen bestimmte und als absolutes Maß aller musikalischen Dinge galt. So schrieb zum Beispiel der Musikkritiker Gustav Engel in der *Spener'schen Zeitung*, daß man »um an Werken dieser Art Gefallen zu finden, ... auf alles, was in der Natur und in der Vernunft der Sache liegt, vollständig Verzicht leisten« müsse. Es sei »kaum möglich, sich weiter von der Gesetzmäßigkeit zu entfernen, als es hier geschehen ist«. Daß seit Bachs Tod (1750) kaum ein Werk entstanden war, das motivisch so dicht gewebt ist wie die *h-Moll-Sonate*, ist eine Erkenntnis, die sich ebenso wie die konstruktivistische Kompositionstechnik dieses Werkes erst im 20. Jahrhundert durchsetzte.

Ingo Harden

GIUSEPPE VERDI

La Traviata
1853 Venedig

Paul Bekker, der einflußreichste Musikkritiker der Weimarer Republik, sagte einmal in bezug auf Puccinis *Bohème* (UA 1896), Schwindsucht sei ein bedauerliches Übel, aber kein Grund, zwei Stunden lang Musik zu machen. Ohne damit die musikalisch-künstlerische Bedeutung von Puccinis (1858–1924) vielleicht genialster, jedenfalls einfallsfrischester Oper im geringsten schmälern zu wollen: Bekker traf im Vergleich zu Verdis *La Traviata* den dramaturgischen Kern der Sache. In beiden Werken geht es um eine schwindsüchtige Opernheldin. Bei Verdi (1813–1901) ist es eine avancierte Dame der Demimonde, bei Puccini ein kleines Bohème-Liebchen. Und beide Male ist der Schauplatz das Paris des 19. Jahrhunderts. Aber während in Puccinis Werk nach Henry Murgers Roman die schleichende Krankheit Agens der Handlung ist, steht im Mittelpunkt von Dumas'fils

Titelblatt eines Klavierauszugs von Verdis Oper *La Traviata* aus dem Verlagshaus Ricordi. Giovanni Ricordi (1785–1853) hatte sein Verlagshaus 1808 in Mailand gegründet. Für Verdi wurden sein Sohn Tito (1811–88) und vor allem der Enkel des Verlagsgründers, Giulio (1840–1912), zu stets geforderten Partnern.

Roman *La Dame aux camélias* (1848), den Verdis Librettist Francesco Maria Piave (1810–76) als Vorlage benutzte, der Zusammenstoß von freier Liebe und bürgerlicher Moral, ein um die Mitte des Jahrhunderts vieldiskutiertes Problem mit sozialem Hintergrund: die von begüterten Lebemännern ausgehaltene, schließlich ihrem Schicksal überlassene Frau. Die Krankheit von Verdis Heldin Violetta ist lediglich der äußere Auslöser des Endes, allenfalls noch eine Mitursache für die sich im ersten Akt äußernde überschäumende Lebensgier, die dann in Resignation umschlägt. »Musik gemacht« wird also nicht wegen einer Krankheit, sondern zur Darstellung eines menschlich-sozialen Konflikts.

Im Mittelpunkt von Dumas Roman steht bekanntlich eine historische Figur, Marie Duplessis, die Dumas in Marguerite Gautier umbenannte. Der junge Dichter hatte selbst eine kurze Liaison mit der berühmten Kurtisane, die 1847 in jugendlichem Alter starb. Drei Monate nach ihrem Tod hielt sich Verdi zum ersten Mal in Paris auf. 1851 kehrte er mit seiner Lebensgefährtin Giuseppina Strepponi für mehrer Monate dorthin zurück. Während dieses Aufenthaltes dürfte er den großen Erfolg der Theatersaison gesehen haben, Dumas' Dramatisierung seines Romans, die am 2. Februar 1852 Premiere hatte. Man hat nicht versäumt, den »zündenden Funken« mit persönlichen Verhältnissen des Komponisten in Verbindung zu bringen. 1851, kurz vor der Reise des Paares nach Paris, hatte es eine briefliche Auseinandersetzung Verdis mit dem Vater seiner verstorbenen Frau, dem von ihm hochverehrten Antonio Barezzi, gegeben. Die konservativen Einwohner von Busseto, nahe Verdis Gut Sant' Agata, stießen sich daran, daß der Maestro mit der ehemaligen Primadonna ohne den Segen der Kirche zusammenlebte, und der Schwiegervater stimmte bekümmert in diesen Chor ein. Solche persönlichen Bezüge sind jedoch weit hergeholt. Verdi spiegelte im Gegensatz zu Wagner (1813–83) eigene Befindlichkeiten und Probleme nicht in seinen Werken, dazu war er als Mensch und Künstler viel zu diskret. Was ihn reizte, war ein gegenwartsnaher, menschlich packender Stoff abseits historischer Kostümierung. Dennoch bleibt bemerkenswert, daß Verdi, der noch 1842 einem Freund geschrieben hatte, er möge keine Huren auf der Bühne, nunmehr anderen Sinnes geworden war.

. . . Ah, Ihnen gefällt also »Traviata«?! Diese arme [A. d. Ü.: ausgestrichenes Wort, unleserlich] unglückliche Sünderin von Venedig! Ich will alles tun, um sie der Welt ehrenvoll darzustellen. In Neapel nicht, damit Eure Priester und Brüder keine Angst zu haben brauchen, sich gewisse Dinge auf der Bühne ansehen zu müssen, die sie nur im dunkeln tun. Es wäre wahrhaftig besser, sie im Sonnenlicht öffentlich auf der Piazza »ad uso Diogene« auszuführen. Meinen Sie nicht? . . .
Giuseppe Verdi in einem Brief vom 16. Februar 1854 aus Paris an Cesare De Sanctis. in: Giuseppe Verdi. Briefe zu seinem Schaffen. Frankfurt/Main 1963.

Die Komposition der Oper *La Traviata* ging schnell vonstatten. Aber die von Verdi selbst inszenierte Uraufführung am Teatro la Fenice in Venedig am 6. März 1853 geriet zum Fiasko. Möglicherweise trug die Besetzung der Titelpartie die Schuld daran, denn die Primadonna Fanny Salvini Donatelli war so wohlgenährt, daß vermutlich kein Publikum ihr die Schwindsüchtige abgenommen hätte. Die Venezianer lachten, statt ergriffen zu sein. Erst eine zweite Aufführung am 6. Mai 1854 im venezianischen Teatro San Benedetto, für die Verdi Inszenierungsänderungen vorgenommen hatte, brachte den endgültigen Durchbruch. Seitdem gehört das Werk, das die berühmte Trias *Rigoletto* (UA 1851), *Il Trovatore* (UA 1853), *La Traviata* abschließt, zum unverrückbar festen Bestand des Opernrepertoires. Im Mittelpunkt dieser zweiten Aufführung stand Maria Spezia, von der Kritik mit Primadonnen wie die vergötterten Malibran und Pasta verglichen.

Obgleich die vier Akte völlig unterschiedlichen Charakter tragen – das rauschende Fest bei Violetta, die pastorale Intimität des Liebesnestes, der Ball der Flora mit der Katastrophe, das Verlöschen Violettas –, gelingt Verdi eine Geschlossenheit des Ganzen, die an die vier Sätze einer Sinfonie gemahnt. Verdis Sprache wird gegenüber den vorausgegangenen Werken intimer, differenzierter in der Lyrik, was bereits das zu Recht berühmte, zarte, den landläufigen Ouvertürencharakter verschmähende, Themen der Oper vorwegnehmende Orchestervorspiel anzeigt. Sicherlich hat Verdi, der wie stets Einfluß auf den Librettisten genommen hatte, seine Heldin idealisiert, denn die sozialkritische Oper war noch nicht geboren. Der soziale Konflikt wird lediglich in Vater Germonts erpresserischem Druck auf Violetta in Hinblick auf die Heiratsabsichten seiner Tochter (zweiter Akt) angedeutet. Im Mittelpunkt steht nicht die soziale, sondern die rein menschliche Beziehung zwischen zwei Liebenden. Die Rolle der Violetta ist ungemein anspruchsvoll: Koloraturkunst und temperamentvolles Auftrumpfen im ersten, lyrische Wärme im zweiten, flammende Dramatik im dritten und zartes Verlöschen im vierten Akt, das ist ein musikalisches Charakterporträt, das weit über die landläufige Opernkonvention hinausgeht und in dieser Ausdrucksbreite auch bei Verdi wenig seinesgleichen hat. Trotz der tänzerischen Ballszenen trägt das Stück im Vergleich zu den beiden anderen Werken der »Trias« den Charakter eines Kammerspiels. Und wenn Verdi 1842 »keine Hure auf der Bühne« mochte, so hat er auch in *La Traviata* keine solche hingestellt, sondern eine zärtlich Liebende und in ihrer Liebe dem Tod Geweihte. Das mag »romantisch« sein, aber es wird noch Generationen anrühren. *Alfred Beaujean*

JOHANNES BRAHMS

Trio in H-Dur op. 8
1854/1891

Kaum ein anderes Werk legt so viel offen von Arbeitsweise und Entwicklung des Komponisten Brahms (1833–97) wie sein *Trio in H-Dur op. 8*, das er eines Tages in halbem Scherz sein Opus 108 nannte. Die niedrige und die fiktive hohe Werknummer sowie das Aufdecken von Arbeitstechniken sind dem Umstand zuzuschreiben, daß zwei Fassungen des Trios existieren: eine von 1854 und die zweite von 1891, wobei es sich bei den beiden Jahreszahlen um die Veröffentlichungsdaten handelt.

Komponiert hatte Brahms die »Original«-Fassung in der zweiten Hälfte des Jahres 1853. Das Trio gehört also zu den Musikstücken, die ganz unmittelbar aus der emotional geladenen Begegnung des damals 20jährigen mit Robert und Clara Schumann hervorgegangen sind. Nicht nur eine »jugendliche Wildheit«, die dem Trio trotz des breit ausschwingenden kantablen ersten Themas des ersten Satzes zu Recht nachgesagt wird, spricht davon, sondern auch ein Überfluß einander jagender Einfälle und (musikalischer) Gedanken.

Kennst Du etwa noch ein H-Dur-Trio aus unserer Jugendzeit, und wärest Du begierig, es jetzt zu hören, da ich ihm – (keine Perücke aufgesetzt – !) aber die Haare ein wenig gekämmt und geordnet?
Johannes Brahms an den Jugendfreund Julius Otto Grimm vor der Aufführung des H-Dur-Trios am 13. März 1890 in Köln.

Wie bei Brahms nicht anders zu erwarten, ist die musikalische Vergangenheit in diesem Frühwerk deutlich gegenwärtig. Es blieb die Überzeugung des Komponisten, daß sich das Neue nur aus dem Bewußtsein der musikalischen Geschichte bilden könne. So fehlen in der ersten Fassung auch die Zitate nicht, ein von Brahms auch später gern genutztes Mittel, sich sowohl der Kontinuität als auch der Distanz zu den »Vätern« zu vergewissern. Zwei solcher Umspielungen hat der alte Brahms in seiner Umarbeitung herausgenommen: die des Schubert-Liedes *Am Meer* im Adagio und im Finale die der Beethovenschen Melodie »Nimm sie hin denn, diese Lieder« – einst doch wohl eine offene Huldigung an – an wen? An Clara, an Robert Schumann oder, viel näherliegend, an Beethoven selbst?

Was Clara Schumann angeht, so hatte ihr das Trio in seiner ersten Fassung »trotz des herrlichen Beginns« nicht sehr gefallen. Sie hielt es für unreif. Wahrscheinlich hat ihre Unzufriedenheit Brahms, der Schwächen eigener Werke sehr genau sah, sich hier aber zunächst über diese Erkenntnis hinweggesetzt hatte, zu der späten Revision geführt. Allerdings fiel Claras Urteil über die neue Fassung auch noch zurückhaltend aus: »Ich finde

Anfang des 1853 entstandenen (1889 überarbeiteten) Trios in H-Dur op. 8 von Johannes Brahms (Autograph).

Auf Wunsch von Robert Schumann zeichnete der Porträtist J. J. B. Laurens 1853 den zwanzigjährigen Brahms.

das Trio sehr viel einheitlicher geworden, aber es entzückt mich nicht durchweg.«

Einheitlicher war das Trio in der Tat geworden. Das war auch die Absicht des Komponisten. Die Eingriffe, die Brahms vorgenommen hat, erweisen sich bei näherem Hinsehen jedoch als viel einschneidender, als es für die Einheitlichkeit erforderlich gewesen wäre. Begann es mit dem Abschneiden von Nebengedanken und führte aus einer sich verselbständigenden Konsequenz zu teilweise völlig neuer Konzeption? Jedenfalls blieb nur ein Satz, das Scherzo, nahezu ungeschoren. Dem lyrischen Hauptthema des ersten Satzes wurde ein zweites, kürzeres beigegeben, eines statt vorher zwei. Was dabei herauskam. ist Kontrast in Konzentration. Adagio und Finale wurden neu konzipiert.

Was an der neuen Fassung gerade im Vergleich mit der früheren erkennbar wird, ist die Entwicklung der motivischen Arbeit bei Brahms. Kein Eingriff ist ohne Folgen, kann ohne Folgen bleiben. Vereinfachung und Deutlichkeit waren Ziele der wiederaufgenommenen Arbeit, und erreicht werden sie – was wie ein Gegensatz erscheinen mag – durch eine detailistische, kunstreiche Durchführung der Hauptsätze, allerdings auch durch Verknappen der Themenfulle. Festgehalten hat Brahms an den Tonarten der vier Sätze. Das im Titel angekündigte H-Dur gilt für den ersten und dritten Satz: Scherzo (hier an zweiter Stelle) und Finale stehen in h-Moll und vermitteln den eigentümlich wehmütigen Ton Brahmscher Musik.

Daß größere Strenge regiert, eine bewußt und reifer eingesetzte Verarbeitung des musikalischen Materials in der 1891 erschienenen Version, liegt auf der Hand; daß die Erregung des jugendlichen Komponisten, die Kraft der Empfindung erhalten blieben, ist das Erstaunliche. Es gab keinen Verfall der Gefühle. Den inneren Aufruhr zu zügeln, ohne ihn zu ersticken, schien Brahms eine wesentliche Voraussetzung für Künstlertum überhaupt zu sein. Hans Gal hat von »Erlösung durch Disziplin« gesprochen.

Die disziplinierende Durchsichtigkeit des kammermusikalischen Satzes hat Brahms – das *H-Dur-Trio* von 1854 war sein erstes mehrsätziges Kammermusikstück – angezogen, und wo sie ihm erreicht zu sein schien, in hohem Maße befriedigt. Dabei war es nur natürlich, daß er, Pianist, der er war, vom Klavier ausging. Erst op. 18, das *Sextett* von 1862, brachte reine Streichermusik; das Klavier kehrte wieder: stets von neuem. Es blieb Brahms' Instrument, und neben der Erneuerung des *H-Dur-Trios* stehen ganz unmittelbar die späten *Klavierstücke op. 116–op. 119,* in denen der Mann, der sein Haus schon bestellt sah, noch einmal allein zu seinem Instrument zurückkehrt.

Hans A. Neunzig

FRANZ LISZT

Faust-Sinfonie
1854 Weimar

Der Anfang der 1854 in Weimar komponierten *Faust-Sinfonie* bringt das erste zwölftönige Thema der Musikgeschichte. Man hat dies zwei Menschenalter später herausgefunden; Franz Liszt (1811–86) war es nicht bewußt gewesen, als er alterierte Akkorde zerlegte, um mit ihnen Fausts Brüten in Seelenqual hervorzuheben. Er führte den zwölftönigen Gedanken auch nicht im Sinne einer Reihe methodisch fort, sondern gab ihm einen durchaus tonalen, wenngleich chromatisch gekrümmten Verlauf und fügte andere Motivgruppen an, die sich auf Fausts Lebensdrang und Liebessehnsucht beziehen. Liszt war keine methodische Natur; er machte eine »Erfindung«, ohne sie wahrzunehmen und zu nutzen. Es bleibt jedoch

Mariano Fortuny y Carbo (1838–74). »Fantasie über das Faustdrama« (1866). Der Faust-Stoff war spät in den romanischen Ländern aufgenommen worden. Mme. de Staël hatte Goethes Werk in Frankreich propagiert. 1828 erschien die erste französische »Faust«-Oper, *Féerie* von Piccini, 1846 kam Berlioz mit *Fausts Verdammnis* und 1859 Gounod mit seinem *Faust*.

merkwürdig, daß der früheste Schatten der Dodekaphonie im Zeichen des Faust-Stoffs auftritt; der schwerblütige Held in Thomas Manns Roman *Doktor Faustus* (1947) ist Zwölftonkomponist.

Sich mit dem legendären Dr. Faust als einer Schlüsselfigur des abendländischen Geistes zu befassen, gehörte im 19. Jahrhundert schier zum guten Ton. Der Sinfoniker Liszt konzentrierte die Tragödie in »nach Goethe« gezeichneten »Charakterbildern« der drei Hauptgestalten: Faust, Gretchen, Mephisto. »Die Meisterwerke der Musik nehmen mehr und mehr die Meisterwerke der Literatur in sich auf.« Liszts auf die *Harold-Sinfonie* von Berlioz (1834) gemünzte Worte umschreiben, daß die Musik gelernt hat, eine der Literatur ebenbürtige Kunst der Charakterisierung zu entwickeln; auf das Charakteristische in Thematik, Klang und Motiv-Metamorphose kam es Berlioz wie Liszt an. Die Sinfonie wird zur Folge von Charakterbildern. Zum Zwiespalt nötigte der Schluß. In der ersten Fassung folgte Liszt Wagners (1813–83) Rat, »zart und duftig mit einer letzten, alles bewältigenden Erinnerung an Gretchen« zu enden. Auf Betreiben der Fürstin Sayn-Wittgenstein komponierte Liszt 1857 die seither gebräuchliche Schluß-Apotheose: Ein Männerchor singt den »Chorus mysticus« aus Goethes *Faust II*, eine Kantilene des Solo-Tenors preist das »Ewig-Weibliche«.

Fünf Themengruppen fügen sich zum Charakterbild des Faust. Der Grandioso-Teil trägt beinahe pentatonische Züge. Im zweiten Satz charakterisieren weiche Holzbläsermelodien Gretchens schlichte Anmut und Hingabe. Eine Kombination von bizarrem Scherzo, vergleichbar den dämonischen Mephisto-Walzern, Variationen und veränderter Reprise der Themen kennzeichnet den Mephisto. Als Fausts anderes Ich und als »Geist, der stets verneint«, hat er kein eigenes Thema, sondern verkehrt die vorausgegangenen Themen ins Fratzenhafte, Häßliche, Infernalische. Der böse Geist bleibt ohne eigene Substanz; er vermag nur zu spotten. Im Mephisto-Satz begegnen sich die Variations- und Transkriptionskünste des Klaviervirtuosen Liszt mit der Beredsamkeit einer auf Berlioz (1803–69) basierenden Orchestrierungstechnik. Als phantasievoller Neuerer, stets ohne System oder gar Doktrin, eilt hier Liszt der Musik des 20. Jahrhunderts entgegen. Daß er Mephisto, den Inbegriff des Bösen, zum Ansatzpunkt für solche Exzentrik nimmt, ist bezeichnend für Liszts Zeit; das »Böse« zeichnet sich überdies dadurch aus, das »Interessante« zu sein. Deutlich nachgewirkt hat Liszts Beispiel bei dem Liszt-Verehrer Bartók (1881–1945) in *Deux Portraits*, deren eines den Idealfall, deren anderes das Zerrbild darstellt.

Karl Schumann

FRANZ LISZT

Les Préludes
1854 Weimar

Das 19. Jahrhundert begann, an der Begrifflosigkeit der instrumentalen Musik zu leiden wie an einem Mangel, den es zu beheben gilt. Die Töne sollten nicht länger nur ihrer Formlogik gehorchen, sondern wie eine Sprache Ideen, Vorstellungen und Bilder mitteilen. Einige Sprachähnlichkeit wollte man in Beethovens Musik entdeckt haben; Beethoven (1770–1827) diente als Ansatzpunkt für die Programmatik, ja zu deren Legitimation. Ein weiterer Anstoß kam von der Ouvertüre her, die sich über die Funktion eines einstimmenden Vorspiels oder eines Potpourris hinaus zum Charakterbild der Helden (Don Juan, Egmont, Coriolan) und bei Weber (1786–1826) zum sinfonischen Digest des Geschehens erweitert hatte. Auch fanden sich Sinfonien mit programmatischen Titeln, so bei Dittersdorfs (1739–99) *La prise de la Bastille.* Schließlich hatte es zu allen Zeiten Instrumentalmusik im Banne außermusikalischer Vorstellungen gegeben, von tonmalerischer Musik ganz zu schweigen. Einen neuen Weg wies vollends Berlioz' *Symphonie fantastique,* mit ihrem detaillierten, autobiographisch motivierten Programm, entworfen noch zu Beethovens Lebzeiten und 1830 in Paris uraufgeführt.

Als Hofkapellmeister in Weimar entwarf Franz Liszt (1811–86) in den späten vierziger Jahren jene einsätzig-zyklische Form, die er »sinfonische Dichtung« nannte und von der er sich »die Erneuerung der Musik durch ihre innigere Verbindung mit der Dichtkunst« versprach, »welche eine freiere Entwicklung der Kunst ermöglicht, und die dem Geist der Zeit mehr entsprechen würde«. Der Phantasie sollten die Zügel gelockert werden, die das erstarrende Formschema ihr auferlegt hatte. Liszt verlangte frischen Wind. Den anzufachen, meldeten sich zwei Kräfte: eine über die Chromatik bis an den Rand der Tonalität drängende Harmonik und eine auf den charakteristischen Klang zielende Orchestertechnik, wie sie Berlioz 1844 in einer 1905 und 1929 von Richard Strauss erweiterten Instrumentationslehre niedergelegt hatte.

Zwölf sinfonische Dichtungen entstanden zwischen 1849 und 1858: einsätzige, wiewohl mehrgliedrige Gebilde im Zeichen poetischer Ideen oder Charaktere. Die erste, *Ce qu'on entend sur la montagne* (»Was man auf dem Berge hört«), bezieht sich auf ein wortreiches Gedicht von Victor Hugo, das beinahe im Sinne Nietzsche-Zarathustras die Gipfelhöhe preist und den Zwiespalt zwischen höherer Bestimmung und verworrener Lebenswirklichkeit, Ideal und Unzulänglichkeit abhandelt. Die Bezeichnung »Bergsinfonie« führt irre; es kommen keine Naturschilderungen vor, wohl aber Vorklänge Bruckners (Beginn aus einem Urwirbel, Posaunenchoral usw.) und des Straussschen *Also sprach Zarathustra* (1896). Erweiterte Charakterouvertüren schließen sich an, so *Tasso* (1849), dessen »Lamento e trionfo« als Schicksalsweg des tiefproblematischen Künstlers begriffen werden kann, so *Hamlet* (1858), *Prometheus* (1850) und *Orpheus* (1854), ferner *Mazeppa* (1854). Ein Gedicht von Schiller liegt dem Tonpoem *Die Ideale* (1857) zugrunde. *Hungaria, Héroide funèbre* (1856) und *Festklänge* (1854) sind durch die Titel definiert und stehen mit seinen Klavierkompositionen

Weimar zu Liszts Zeiten, umgeben von Bildern der großen Männer dieser Stadt: Goethe, Schiller, Herder und Wieland, ihren Denkmälern und Wohnstätten.

in Zusammenhang. *Die Hunnenschlacht* (1857), angeregt durch ein monumentales Historiengemälde von Kaulbach, gibt durch ihr Programm, »wie das Licht des Christentums die Finsternis des Heidentums zerstört«, dem Themendualismus der klassischen Sinfonie eine Wendung ins Konkrete. Liszt beabsichtigte einen Zyklus solcher Historienbilder anhand von Kaulbachs Gemälden, ja eine »Weltgeschichte in Bildern und Tönen«, dargelegt in musikalisch illuminierten Dioramen. Er strebte nach einem Gesamtkunstwerk aus Dichtung, Malerei und Musik, gemäß der romantischen Vorstellung von der brüderlichen Einheit der Künste. Die seit E. T. A. Hoffmann lebendige Theorie der Synästhesien, des Farbenhörens und Tönesehens, kehrt wieder; ein Weg führte weiter zu Alexander Skrjabins (1872–1915) Gedanken einer Verknüpfung von Tönen und Farben.

Die populärste unter Liszts sinfonischen Dichtungen ist zugleich die zukunftsträchtigste: *Les Préludes,* ein monothematisches Gebilde, dessen einzelne und gegensätzliche Abschnitte aus einem einzigen thematischen Kern hervorgehen. Das Werk war ursprünglich als Vorspiel zu einem mit kosmologischen Gedanken befaßten Chorwerk gedacht und nahm 1854 die endgültige Gestalt einer Sinfonie in Kurzform an. Um dem tondichterischen Prinzip zu genügen, stellte Liszt der Partitur nachträglich eine Ode des französischen Romantikers Lamartine voran, die Liszts Überzeugung ausspricht, das Erdenleben sei eine Folge von Vorspielen (préludes) »zu jenem unbekannten Gesang, dessen erste und feierliche Note der Tod anstimmt«. Durch Verwandlungen eines Grundmotivs werden die Melodien der einzelnen Abschnitte gewonnen. Dieser Ur-Anstoß steigt in der Andante-Exposition über zwei Oktaven empor, gemäß Liszts Vorliebe für weite Intervalle und schwungvoll ausladende Gesten. Kampfszene, pastorale Idylle usw. sind Mutationen des verändert rhythmisierten und harmonisierten Grundstoffs. Die Variation dringt in das sinfonische Schema – ein Vorgang, der bis ins 20. Jahrhundert hinein bedeutsam bleiben sollte, nicht nur für jene, die sich auf Liszt beriefen, sondern auch für Komponisten, die Liszt wegen seines Pathos und seiner Rhetorik ablehnten. Als »zyklisches Prinzip« zieht sich Liszts Verfahren sodann durch weite Strekken der Instrumentalmusik.

Karl Schumann

FRANZ LISZT

Années de pèlerinage
1855–1883 Weimar

Album d'un voyageur nannte der 25jährige Franz Liszt (1811–86) eine Sammlung von Klavierstücken, die in der Art eines klingenden Tagebuchs Eindrücke seiner Reisen durch die Schweiz festhielten. Das Album enthielt Arrangements und Paraphrasen »melodischer Blüten aus den Alpen«, »Impressionen« landschaftlicher Szenen und musikalischer Themen, mit denen sich der hochsensible junge Musiker als Schweiz-Reisender konfrontiert sah.

Jahre später, Liszt war nach seinen triumphalen Virtuosenreisen durch Europa längst in Weimar seßhaft geworden, überarbeitete und ordnete er die Stücke seines Reisealbums und gab sie 1855 unter dem Titel *Années de pèlerinage* neu heraus. Der Band mit dem Untertitel »Première année: Suisse« enthält die neun Stücke, in denen vor allem das Naturerlebnis, direkt oder literarisch, Ausgangspunkt der musikalischen Dichtung war.

Années de Pèlerinage und »Supplement aux Années de Pèlerinage“ unter dem Titel *Venezia e Napoli* Notendrucke der Lisztschen Kompositionen für Klavier von 1904.

Drei Jahre später, 1858, ließ Liszt als *Zweites Jahr: Italien* eine Serie von sieben Stücken im Druck folgen, in denen bildende Kunst und Literatur die Quelle der Inspiration bildeten und die auf Reiseeindrücke aus den Jahren 1838/39 zurückgingen. Unter ihnen befinden sich »Sposalizio« (nach dem gleichnamigen Gemälde Raffaels), »Il Pensieroso« (nach der Michelangelo-Statue), drei Stücke nach Sonetten Petrarcas und eine »Fantasia quasi Sonata« mit dem Titel »Nach einer Lektüre Dantes«, die auf Liszts berühmte *h-Moll-Sonate* von 1853 vorausweist. Als »Supplement« zu diesem (ersten) Italien-Band der Pilgerjahre erschien 1859 die Sammlung *Venezia e Napoli* mit drei virtuosen Bearbeitungen populärer Canzonen.

1883 schließlich kam als Nachzügler ein dritter Band der *Années* heraus, in dem vorwiegend römische Reisestationen dem alternden Abbé zum Anlaß musikalisch-religiöser Meditationen dienten – am bekanntesten wurden die »Wasserspiele der Villa d'Este« von 1877. In ihrer Gesamtheit bilden die *Années de pèlerinage* ein Kompendium von Charakterstücken, das als autobiographisch gefärbtes Musik-Tagebuch ohne Parallele geblieben ist. Aber die drei Bände sind auch eindrucksvolle Zeugnisse eines Künstlertums, das sich – in den Worten Liszts – nie damit begnügen mochte, »neuen Wein in alte Schläuche« zu füllen.

Franz Liszt war als pianistisch glänzend begabtes Wunderkind aus dem burgenländischen Grenzgebiet zwischen Österreich und Ungarn in der Welt der musikalischen Klassik aufgewachsen; sein Lehrer war der Beethoven-Schüler Carl Czerny (1791–1857), und das »Opus 1« des 15jährigen, *Zwölf Klavieretüden*, folgt in Ton und Satz noch ganz den Vorbildern eines Joh. Baptist Cramer (1771–1858) und Muzio Clementi (1752–1832). Schon bald darauf aber wurde der junge Liszt, seit 1823 in Paris zu Hause, mächtig von den Ideen der jungen französischen Romantik erfaßt, die zur Befreiung von allen Konventionen, zur Erweiterung »der altgewohnten Horizonte« und zur Erschließung der »unzugänglichen Tiefen unstillbarer Sehnsucht, undenklicher Ahnungen« (Liszt) aufrief. Wie er in den 1830er Jahren, von der revolutionären Geigenvirtuosität Niccolò Paganinis (1782–1840) zutiefst aufgewühlt, einen Klavierstil entwickelte, der an Glanz und Klangpracht alle bisherigen Vorstellungen bei weitem überstieg und mit dem sich alle nachfolgenden Komponisten auseinanderzusetzen hatten, so emanzipierte er sich auch in seiner musikalischen Ausdrucksweise von den Klassikern und brach deren festgefügte Formenwelt auf: Ein Frühwerk wie die *Harmonies poétiques et religieuses* von 1834 beginnt »senza tempo« und frei in Takt und Tonart, seine Melodik ist von neuartig großzügigem und wie improvisiert wirkendem Gestus, überbordende Emotionalität läßt den musikalischen Ablauf mehrfach in virtuose oder meditative Freiräume (»Kadenzen«) ausbrechen.

In den neun Stücken des »Schweizer Jahres« prägt dann diese neue und romantisch-freie Ausdrucksweise Liszts zum erstenmal eine ganze Sammlung von Charakterstücken. Wie unkonventionell sie damals wirken mußte, springt besonders deutlich in die Augen, wenn man sie etwa mit den fast gleichzeitig entstandenen *Fantasiestücken op. 12*, den *Präludien und Fugen op. 35* oder den *Etüden op. 25* seiner Altersgenossen Schumann, Mendelssohn und Chopin vergleicht.

Die Italien-Stücke des *Deuxième Année* setzen diese Linie auf gleichmäßigerem Qualitätsniveau fort, während die sieben Titel des dritten Bandes *(Troisième Année: Italie)* oft schon stark vom depressiven Grundton Lisztschen Spätstils geprägt sind: Die *Années de pèlerinage* sind als Ganzes eines der wichtigsten Zeugnisse des »Tondichters« Liszt und als solche das klavieristische Pendant zu den zwölf *Sinfonischen Dichtungen* aus der Weimarer Zeit, mit denen Liszt die Tonsprache seiner Zeit veränderte. *Ingo Harden*

HECTOR BERLIOZ

Die Trojaner
Entstanden 1856–59, uraufgeführt 1863 (fragmentarisch) in Paris und 1890 (in zwei Teilen) in Karlsruhe

Auch wenn Berlioz (1803–69) nur drei Werke geschrieben hat, die im engeren Sinn als Opern gelten dürfen: *Benvenuto Cellini* (UA 1838), *Les Troyens* und *Béatrice et Bénédict* (UA 1862), auch wenn *Romeo et Juliette* (UA 1839) eine dramatische Sinfonie mit Gesangssolisten und Chor ist, und auch wenn *La damnation de Faust* (UA 1846), ein Zwitterwesen aus Kantate, Oper und Sinfonie, ungeteilte Wirkung immer eher auf dem Konzertpodium als auf der Bühne erzielt, so wird man nicht behaupten können, daß der Komponist dieser Werke, jene »kolossale Nachtigall« mit ihrer Musik, die etwas »Urweltliches, Antediluvianisches« hatte, wie der begeisterte Heinrich Heine schrieb, nur durch seine vielen Mißerfolge daran gehindert wurde, *der* französische Opernkomponist zwischen Meyerbeer (1791–1864) und Massenet (1842–1912) zu werden. Bereits mit seiner ersten Oper *Benvenuto Cellini* bewies Berlioz, daß er anderes im Sinne hatte, als die üblichen Klischees der Opéra comique oder der Grand Opéra zu erfüllen und einen bequemen Erfolg zu erringen, zu dem er sämtliche notwendigen Fähigkeiten besessen hätte. Daß er eine genuin dramatische Phantasie sein eigen nannte, beweist nicht zuletzt die schriftstellerische Dramaturgie seiner *Memoiren,* die zu den großen autobiographischen Texten der Weltliteratur zählen. Berlioz ist als Musikdramatiker, als Musiker überhaupt nur zu verstehen, wenn man ihn als im Sinne der Romantik literarisch inspirierten Musiker begreift, dessen Heroen Vergil, Shakespeare und Goethe sind. Shakespeare und Goethe haben auch anderen Opernkomponisten als Inspiration und Vorlage gedient, aber Vergil? Konkurrenz hatte Berlioz in diesem Punkte nicht zu fürchten, denn wer außer ihm wäre auf die Idee gekommen, erhebliche Teile der *Äneis* zu vertonen? Weder an die *Ilias* noch an die *Odyssee* hatte sich bisher ein Komponist gewagt Monteverdis *Ritorno d'Ulisse in Patria* (UA 1641) benutzt ja nur die Schlußepisode der *Odyssee,* und erst um 1900 gelang es dem heute vergessenen August Bungert (1845–1915) mit seiner *Odyssee*-Tetralogie wenigstens kurzzeitig erfolgreich zu sein. Will man sich Berlioz' Kühnheit vergegenwär-

Eines Abends in den Tuilerien fand ich Gelegenheit, mich einen Augenblick mit dem Kaiser zu unterhalten; er gestattete mir, ihm die Dichtung der »Trojaner« zu überbringen und versicherte mir, daß er sie lesen werde, sobald er eine freie Stunde finde. Aber hat man freie Stunden, wenn man Kaiser der Franzosen ist?
Hector Berlioz. Memoiren. Hg. Wolf Rosenberg. München 1979

tigen, müßte man ihn mit einem Komponisten der Jetztzeit vergleichen, der die Josephs-Romane Thomas Manns zu einer Oper machen wollte.

Bereits auf den ersten Seiten der *Memoiren* berichtet Berlioz, wie er als etwa achtjähriger Knabe, vom Vater auf die klassische Literatur hingeführt, das vierte Buch der *Äneis* wiederzugeben versucht und wie ihn beim Tode der Dido eine nervöse Erregung übermannt hatte, die ihn hinderte, weiterzusprechen. Vergil begleitete ihn von nun an: Er diente ihm als Vademecum für seine Italienreise und viele andere Wege. Als er 1856 die Arbeit an den *Trojanern* beginnt, sind der Elan und die Zukunftszuversicht seiner Jugend allerdings schon erheblich beeinträchtigt, Krankheit und zwei unselige Ehen haben an seiner früher unerschöpflich scheinenden Vitalität gezehrt. Berlioz hat auch bereits alle Hoffnung aufgegeben, an der Pariser Großen Oper zu reüssieren; er wollte aber dennoch eine große Oper schreiben und konnte dies ohne Rücksicht auf die geringen Aufführungschancen tun, gleichzeitig illusionslos und unbeschwert.

Vierundsechzig Jahre alt war Hector Berlioz, als ihn der Fotograf Reutlinger in St. Petersburg porträtierte. Obwohl seine Musik sich mehr und mehr durchzusetzen begannn, obwohl er bei Konzerten Triumphe feiert, ist ein resignativer Zug unverkennbar: »Entschieden würde meine musikalische Karriere ganz bezaubernd werden, wenn ich nur hundertvierzig Jahre lebte.«

Die unmittelbare Anregung zu den *Trojanern* ging von der Prinzessin Caroline Sayn-Wittgenstein aus, der Lebensgefährtin Franz Liszts, in dem Berlioz den einzigen wirklichen Propagator seiner Musik sah. Zwischen 1856 und 1858 waren Dichtung und Musik der fünf Akte fertiggestellt. Ohne viel Hoffnung bot Berlioz das Werk der Großen Oper in Paris an, dem einzigen Haus, das in der Lage gewesen wäre, den Anforderungen der gigantischen Konzeption einigermaßen zu entsprechen; seine geringen Hoffnungen wurden auch enttäuscht, denn die Verantwortlichen verschleppten die Angelegenheit, bis der Komponist resignierte und dem Théâtre Lyrique die Uraufführung überließ, das sich allerdings mit dem angeblich leichter verdaulichen zweiten Teil der Oper, den Akten 3 bis 5 begnügte; daher rührt die lange Zeit übliche barbarische Zweiteilung der Oper in *La prise de Troie* und *Les Troyens à Carthage*. Gut hundert Jahre dauerte es, bis das Werk ungekürzt gezeigt wurde (1969 Glasgow, London), 1969/70 gab es die erste kritisch gesichtete vollständige Partitur und ebenfalls 1970 die erste Plattenaufnahme (besonders diese hervorragende Aufnahme unter Colin Davis hat zum späten Ruhm des Werkes erheblich beigetragen).

Die ersten beiden der fünf Akte (schon in der Aktzahl ist das Formvorbild der Grand Opéra deutlich) schildern das Schicksal Trojas in seiner Endphase. Die Belagerung durch die Griechen scheint zu Ende, der sorglose Übermut der Trojaner läßt sich durch die apokalyptischen Warnungen Kassandras, der beherrschenden Figur des ersten Teils der Oper, nicht

BERLIOZ Die Trojaner

eindämmen, das hölzerne Pferd, das »Danaer-Geschenk«, wird verblendet in die Stadt geholt. Die Nachricht vom entstehenden Gemetzel wird vom Schatten des toten Hektor Äneas, dem letzten überlebenden Helden Trojas, überbracht, gleichzeitig mit dem Auftrag, die rettungslos verlorene Stadt zu verlassen und in Italien ein anderes Troja zu errichten. Kassandra geht mit den trojanischen Frauen in den Tod, bevor die Griechen sie versklaven können. Der dritte, vierte und fünfte Akt führt nach Karthago. Die verwitwete Königin Dido regiert ein glückliches und fruchtbares Land. An dessen Ufern sucht eine Flotte unbekannter Herkunft Schutz – es sind die versprengten Trojaner unter Führung des Äneas. Sie finden Zuflucht und können sich durch militärische Hilfe beim Einfall des Numiderkönigs dankbar erweisen. Äneas und Dido finden während einer Jagd in einer Höhle zueinander (eine umfangreiche brillante Orchester- und Chorpassage, die es als »Königliche Jagd und Sturm« sogar zu einer gewissen Wunschkonzertbekanntheit gebracht hat). Äneas aber kann seine Bestimmung nicht vergessen. Am Ende des vierten Aktes erscheint der Gott Merkur und schlägt auf den Schild des Äneas: Er gibt das Signal »Italien«. Noch einmal greift auch die Geisterwelt ein: Hektor, Priamus und Kassandra drängen ihn ebenfalls zur Abfahrt. Die verratene und verlassene Dido gibt sich den Tod, nicht ohne die künftige Rache des Karthagers Hannibal an Rom visionär zu beschwören.

Wie ich schon sagte, muß ich, um ein so gewaltiges Werk angemessen aufzuführen, ebenso absoluter Herrscher über das Theater sein, wie ich es über das Orchester bin, wenn ich eine Symphonie einstudiere. Ich muß sicher sein, daß mich der gute Wille aller Beteiligten unterstützt und das jeder einzelne mir vorbehaltlos gehorcht; sonst erschöpft sich meine Energie im Kampf gegen jene, die anderen Willens sind (. . .) Das endet schließlich damit, daß ich von dem Projekt zurücktrete, in völlige Resignation verfalle und alles zum Teufel gehen lasse.
Hector Berlioz über die erste Einstudierung der »Trojaner« in: Memoiren. Hg. Wolf Rosenberg. München 1979

Eine »Grand Opéra im Shakespearschen Stil« hatte Berlioz schreiben wollen, und im Vergilschen Geist, wie man hinzufügen könnte. Die epische Monumentalität Vergils, Untergang und Neubeginn eines Volkes, Heldentum und Katastrophenbewältigung werden verknüpft mit konflikthaften Liebesbeziehungen, mit nächtlichen Geistererscheinungen, mit pittoresken Genre-Szenen, die die Atmosphäre Shakespeares evozieren. Nicht die Größen der Mitte des 19. Jahrhunderts sind dem Musiker Berlioz Ansporn und Vorbild, sondern vor allem Gluck (1714–87); es war für ihn Trost und Ermutigung zu glauben, ein Gluck redivivus würde beim Anhören dieser Musik sagen: Wahrlich, das ist mein Sohn. Aber Berlioz wäre nicht der Romantiker par excellence, wenn er um die Mitte des 19. Jahrhunderts komponieren würde wie Gluck, eine Stilkopie des Klassizismus liefern würde; sein Eigenstes ist die Verbindung von Romantik und Klassizismus. Bedenkt man, daß zeitgleich mit den *Trojanern* der *Tristan* (UA 1865) entsteht, dann ermißt man die Bedeutung dieser Charakterisierung. Das, was Wagner (1813–83) im durchkomponierten Klangrausch seiner Tristan-Partitur an permanenter Psychologisierung und Überwältigung des Hörers (viel weniger des Zuschauers) erreicht, das ist das Gegenteil von dem, was Berlioz wollte. Seine Eigenart besteht in der höchst eigentümlichen Verbindung von klassizistischen Affektcharakteren und den avanciertesten Mitteln der dramatischen Instrumentalmusik, wie sie Berlioz für die Epoche der musikalischen Romantik, von Beethoven (1770–1827) ausgehend, neu und umstürzlerisch formuliert hat. Diese Amalgamierung höchst heterogener Elemente geschieht nicht in einem hypnotisierenden Orchesterstrom, sondern wird einerseits geradezu abgeklärt distanziert vorgeführt, andererseits aber werden diese distinktiven Elemente auch immer wieder hinweggeschwemmt durch die romantische Gefühlserregung in den Entgrenzungs- und Expansionserlebnissen, wie Berlioz sie immer wieder literarisch beschrieben und auch in Musik gesetzt hat. Der Kühnheit seiner Kompositionstechnik war sich Berlioz immer bewußt. In einem Postskriptum seiner *Memoiren* hat er sie stichwortartig so beschrieben: melodischer Luxus, oft versteckt hinter ungewohnten Proportionen, Leidenschaftlichkeit im Ausdruck und Vorliebe für das »imprévu«, das Unerwartete. Wenn von kundiger Seite gesagt worden ist, daß die *Trojaner* die einzige Opernkonzeption des 19. Jahrhunderts seien, die mit dem Wagnerschen *Ring* (erste Gesamtaufführung 1876) verglichen werden kann, dann sagt das etwas über den immer noch nicht weit genug bekannten Rang dieses Werkes aus.

Jens Malte Fischer

FRANZ LISZT

Sinfonie zu Dantes Divina Commedia, 1857 Dresden

Bei Franz Liszt (1811–86) sollten wir unser kritisches Bewußtsein bis an die Zähne gegen Anekdoten bewaffnen. Diese martialische Forderung erhob der Pianist Alfred Brendel vor vielen Jahren. Er hat noch immer recht. Denn wenn es um Liszt geht, um das komprimierte 19. Jahrhundert, neigt offenbar sogar die Kompositionsanalyse zum Heroenkult, wird mehr über Liszts Liebschaften als über seinen Tonsatz diskutiert. Offenbar gilt noch immer bis zu einem gewissen Grad der kopfschüttelnde Satz von Liszts Va

Eugène Delacroix (1798–1863): »Die Barke des Dante« von 1822. Illustration zu Dantes *Divina Commedia*. Dante und Vergil im Inferno.

ter aus dem Jahre 1825: »Seine Compositionen übersteigen unsere Vernunft.« Vielleicht übersteigen sie aber auch nur unser musikhistorisches Gedächtnis. Die Situation ist paradox: Man kann moderne Musik hören, ohne an Liszts Musik erinnert zu werden. Liszts Kompositionen aber lassen sich kaum hören, ohne in jedem Moment an das eine oder andere Stück der modernen Musik zu denken. Gerade so, als ob die Erinnerung auf das Original gewirkt hätte und wir den bestohlenen Komponisten für eine Dieb halten könnten. Das hatte auch schon der Dirigent Hans Richter erkannt. Bei seinen Londoner Konzerten setzte er vor Richard Strauss' *Heldenleben* (1898) den *Totentanz* (1849) von Franz Liszt. Das Publikum sollte »ein für allemal verstehen, woher Strauss seine Einfälle nahm«. Es hat anscheinend nicht viel genützt. Noch immer ist vom monumentalen Werk Franz Liszts, vom »tumultuösen, siedenden , großartigen Chaos«, wie das Maurice Ravel (1875–1937) erschienen war, nur ein schmaler Ausschnitt bekannt. Und auch die Forscher sind sich längst noch nicht einig, ob es sich beim fahlen Spätwerk Liszts um Konzentration oder um Schrumpfung handelt.

Über die ästhetische Qualität der sinfonischen Dichtungen und der Programm-Sinfonien aber wird heute kaum mehr so kontrovers diskutiert wie im 19. Jahrhundert, als der Wiener Kritikerpapst Eduard Hanslick noch vehement gegen Liszt zu Felde zog. Allerdings hat Hanslick seine bissigen Kritiken nicht aufgrund der Musik, sondern wegen der außermusikalischen Programme verfaßt. Sich an den Rockschoß eines berühmten Dichters hängen: das war für ihn Liszts Idee der Inspiration durch eine literarische Vorlage. Wäre der an sich hochgebildete Hanslick bereit gewesen hinzuhören, dann wäre ihm wohl auch bei der von ihm arg kritisierten *Sinfonie zu Dantes Divina Commedia* die Kühnheit des musikalischen Satzes aufgefallen. Etwa im chorischen Finale des »Magnificat« dieser zweisätzigen Programm-Sinfonie, das auf einer Ganztonleiter aufgebaut ist. Liszt war im Jahr 1856 wohl der erste Komponist, der die Harmonisierung der vollständigen Ganztonleiter mit reinen Dreiklängen wagte.

Liszts *Dante-Sinfonie* ist Richard Wagner (1813–83) gwidmet, der auf die Gestaltung des Werkes mit unterschiedlichem Ergebnis Einfluß genommen hat. Daß Liszt nach dem ersten Satz, der »Hölle«, und dem zweiten Satz, dem »Fegefeuer«, noch einen dritten Satz, das »Paradies« folgen lassen wollte, konnte ihm der in dramaturgischen Dingen instinktsichere Wagner noch ausreden. Schon bei Dante, meinte Wagner in einem Brief des Jahres 1855, sei das »Paradies« der schwächste Teil der *Divina Commedia* gewesen. Gegen die Neufassung des zart verschwebenden Schlusses durch einen – wie Wagner es formulierte – »pomphaften plagialischen Schluß, eine gewaltsame Aufmerksamkeitserregung« aber war er machtlos. Weil sich Liszt selbst offenbar nicht ganz sicher war, welchem Schluß er den Vorzug geben sollte, fügte er schon in der ersten Partiturniederschrift nach den letzten Pianissimo-Takten die Worte hinzu: »Vielleicht hier schließen.« Und so wird auch in der heutigen Konzertpraxis der zweite Schluß als eine Coda ad libitum aufgefaßt.

Im übrigen wollte Franz Liszt mit dieser Sinfonie, die nach langer vorbereitender Planung in den Jahren 1855/56 entstand und am 7. November 1857 unter der Leitung des Komponisten in Dresden uraufgeführt wurde, noch größere Ideen verwirklichen. So sollte der Maler Buonaventura Genelli Bilder herstellen, die zur Aufführung der Sinfonie in einer Art Diorama gezeigt werden sollten. Ein multimediales Gesamtkunstwerk wäre so schon Mitte des 19. Jahrhunderts entstanden. Leider ist es zu dieser Aufführungsform nie gekommen. Immerhin drückt sich aber schon in der Idee Franz Liszts imaginative Ästhetik aus, die nicht nur Richard Wagner beeinflußt hat, sondern auch die musikalischen Anschauungen unseres Jahrhunderts. *Wolfgang Sandner*

CHARLES GOUNOD

Faust
1859 Paris

Opern nach Goethes *Faust*-Dramen sind problematisch. Zu übermächtig scheinen die poetische Kraft seiner Sprache, zu gewaltig die gedankliche Dimension der *Faust*-Handlung und zu differenziert die Charakterbilder der tragenden Figuren, als daß eine Einrichtung für das Musiktheater an diesen überragenden dichterischen Kosmos heranreichen könnte. Da sich vor allem die im Dialog entwickelte metaphysische Dimension von Goethes Dichtung nicht in Töne fassen läßt, muß jede Opernversion wie eine klägliche Reduktion dieses genialen Theaterentwurfs wirken. Keine andere Faust-Oper der Weltliteratur (und immerhin gibt es mehr als vier Dutzend) ist diesem strengen Verdikt einer schmählichen Kolportage so sehr verfallen wie das Werk von Gounod (1818–93). Besonders scharf gingen deutsche Kritiker mit dieser Oper ins Gericht, weil sie in der Vertonung von Goethes *Faust I* ein Sakrileg an deutscher Geistesgröße witterten und die Reduzierung der gewaltigen Dichtung auf ein raffiniert eingefädeltes Liebesdrama für beschämend niveaulos ausgaben. Mit Hinweisen auf die »Parodie von Goethes Faust« und einen unerträglichen »musikalischen Landesverrat« forderte man gar die Ausschließung vom deutschen Opernspielplan. Nicht zuletzt deshalb wurde Gounods *Faust* in Deutschland lange Zeit nur unter dem Titel *Margarethe* gespielt; mit dieser Verkehrung der Titelrollen glaubt man noch heute, dem französischen Bühnenwerk endlich gerecht zu werden und zugleich den schier unermeßlichen

qualitativen Abstand dokumentieren zu können, der selbstverständlich zwischen Schauspiel und Oper besteht.

Tatsächlich entbehrt die kritische Betrachtung von Gounods Oper nicht jeglicher Grundlage, weil der Librettist Jules Barbier (1822–1901) die literarische Nähe seines Textbuchs zu Goethes Dichtung allzu nachdrücklich herausstrich und weil die eigentümliche Werkgeschichte der stilistischen Einheit dieser Oper nicht gerade förderlich war. Gounod kannte Goethes *Faust*-Dramen in der französischen Übersetzung von Gérard de Nerval seit 1838, entschloß sich aber erst 1856 zur Komposition, nachdem ihm Barbier diesen Stoff vorgeschlagen und Léon Carvalho, der Direktor des Théâtre Lyrique in Paris, einen Auftrag erteilt hatte. Barbier arbeitet sein Textbuch vornehmlich nach dem erfolgreichen Boulevardstück *Faust et Marguerite* (1850) von Michel Carré und entlehnte, zum Teil mit langen wörtlichen Zitaten, aus Goethes *Faust I* nur einige Kernszenen wie die Gartenszene, die Kirchenszene, die Gefängnisszene und die Rettung Margarethes durch die Macht des Himmels, später auch die Walpurgisnacht. Carrés melodramatische Liebesgeschichte wurde nun mit Szenen aus

Charles Gounod, *Faust*. Szenendarstellung aus dem fünften Akt der Oper in der Uraufführung am 19. März 1859 im Théâtre Lyrique zu Paris (handkolorierter Stich).

Goethes *Faust I* verknüpft, die den dramaturgischen Aufbau des ursprünglichen Boulevardstücks empfindlich störten.

Die Verkürzung von Fausts Lebensproblematik auf eine unstillbare Sehnsucht nach Jugend und verschwenderischem Lebensgenuß sowie die Entkleidung der Mephisto-Figur von allen dämonischen Aspekten und ihre Reduzierung auf eine Taschenspieler- und Scharlatan-Funktion machte im Spektakelstück für die Sprechbühne ihren theatralischen Sinn. In Verbindung mit den genannten Kernszenen aus *Faust I* aber forderten diese Charaktere und die von ihnen getragene Handlung nun den kritischen Vergleich mit Goethes Drama heraus. In Deutschland stellte man diesen Vergleich mit hämischem Eifer an, in Frankreich, England und Amerika lag er außerhalb des Publikumsinteresses, da dort Goethes Drama weniger gut bekannt war.

Das dramaturgische Ungleichgewicht des Librettos zwischen dem dramatisch dichten dritten Akt (mit dem Höhepunkt der Liebesgeschichte) und allen übrigen Werkteilen mußte Gounods Musik ausgleichen. Mit genialer melodischer Erfindungskraft und brillant ausgearbeitetem Orchesterpart schuf Gounod den einzelnen Momenten der Handlung einen prägnanten musikalischen Ausdruck, etwa der ersten visionären Erscheinung des Gretchen im Duett Faust/Mephisto (rein instrumental) oder der Seligkeit des liebeshungrigen Faust beim Betreten von Gretchens Kammer (in der Kavatine »Salut, demeure chaste et pure« – »Gegrüßt sei mir, o heilge Stätte«). Diese herausgehobenen Momente der zentralen Liebeshandlung integrierte Gounod in eine typische und stringent erzählte Opernhandlung, indem er diese Themen mit dem Duett Faust/Margarethe »Il se fait tard« (»Es ist schon spät«) am Ende des dritten Aktes erinnerungsmotivisch verknüpfte und auf diese Weise einen musikdramatischen Zusammenhang zwischen Traumbild, erster Begegnung und Liebesgeständnis herstellte. Diese Musikdramaturgie repräsentiert kurz nach der Jahrhundertmitte den Stil der großen französischen Oper (etwa auch in Margarethes Juwelenarie »Ah, je ris de me voir« – »Ha, welch Glück, mich zu sehn«), dem Gounod neue musikalische Ausdrucksbereiche durch ein intensives lyrisches Pathos erschloß. Später kostete er vor allem in *Roméo et Juliette* (UA 1867) diese sentimentale Gefühlswelt in vollen Zügen aus und bereitete somit stilistisch dem neuen französischen Operntypus, dem Drame lyrique und seinem wichtigsten Repräsentanten Jules Massenet (1842–1912) den Weg. In Kontrast dazu stehen eher locker gefügte, am Stil der Opéra comique orientierte Episoden mit typischen Liedeinlagen

Charles Gounod in seinen letzen Jahren, in denen er sich nach seinen Opern wieder vornehmlich der geistlichen Musik zuwandte wie in seinen Anfängen. Das Altersbild malte Carolus Durand.

(am bekanntesten Mephistos »Rondo vom goldenen Kalb«) oder reißerisch-sentimentale Soli (wie dem 1864 für eine Londoner Aufführung nachkomponierten Gebet des Valentin »Avant de quitter ces lieux« – »Da ich nun verlassen soll«). Diese Mischung aus dramatischer Musik von Rang und routinierter Couplet-Musik, zusammen mit gesprochenen Dialogen (wie sie damals im Théâtre Lyrique üblich und vorgeschrieben waren), bot dem Pariser Publikum Kunstgenuß und Unterhaltung zugleich. Gounod traf den musikalischen Geschmack der breiten Masse, weil ihm mit traditionellen Mitteln ein (Opern-)Pendant zu Jacques Offenbachs

(1819–80) sehr erfolgreichen Opéras bouffes gelungen war. Schon die erste Fassung des Werks (Uraufführung am 19. März 1859) war trotz der erheblichen Kürzungen und Striche in Gounods Partitur ein großer Erfolg, auch über Frankreichs Grenzen hinaus.

Carvalhos Bankrott mit dem Théâtre Lyrique (1868) nötigte Gounod zu einem Angebot an die Opéra, dem führenden Musiktheater von Paris. Nach umfangreicher Überarbeitung der Partitur, vor allem nach sorgfältiger Ausgestaltung der inzwischen längst nachkomponierten Dialog-Rezitative und der breiten Ausführung der Walpurgisnacht mit einem fast halbstündigen Ballett, erlebte die Oper in der zweiten Fassung am 3. März 1869 an der Pariser Opéra einen sensationellen Erfolg, der während des gesamten 19. Jahrhunderts anhielt. *Faust* ist in dieser zweiten Fassung das bei weitem meistgespielte Werk an der Opéra und zählt an der Londoner Covent Garden Opera wie an der New Yorker Metropolitan Opera bis heute zu den beliebtesten Repertoirewerken.

Freilich erhielt die Oper durch die breite Gestaltung der Walpurgisnacht im vierten Akt einen anderen Akzent. Gounod entwarf eine frivole Ballettszene, in der eine Fülle von unterschiedlich charakterisierten Walzern ein Defilée der berühmtesten Halbweltdamen der Geschichte begleitet. Mit der Entscheidung für den Walzer als tragendem Tanzmodell dieser sinnenfrohen Ausstattungsszene erhielt nun auch das berühmte Volksfest im zweiten Akt mit dem gesungenen und getanzten Faustwalzer »Ainsi que la brise légère« (»Leichte Wölkchen sich erheben«) ihr musikalisches Pendant. Der Wiener Walzer, einer der beliebtesten Modetänze dieser Zeit, figuriert in Gounods Oper als klingendes Sinnbild für lustvollen Genuß und orgiastische Festlichkeit. In der (in deutschen Fassungen oftmals eliminierten) Walpurgisnacht-Szene wird damit Faust – in Abkehr vom Vorbild in Goethes Drama – zum reinen Genußmenschen, der seine Sehnsucht nach Lebensfreude in einer phantastischen Bordellwelt auslebt.

Mit dieser Konzeption gelang Gounod in der zweiten Fassung ein musikalisch grandioses und theatralisch geschickt präsentiertes Gesellschaftsbild seiner Zeit, des Zweiten Kaiserreichs. Goethes *Faust*-Drama diente nur noch als äußere stoffliche Fassade für eine sinnenfrohe Auseinandersetzung mit gesellschaftlichen Exzessen. Erst allmählich wird dieser lange verschüttete Aspekt der Werkaussage auch in modernen Inszenierungen wieder hervorgekehrt, am deutlichsten von Luca Ronconi, der 1975 (in Bologna) und 1980 (in Genf) die Walpurgisnacht als Fest der Pariser Halbwelt inszenierte.

Jürgen Schläder

GIUSEPPE VERDI

Ein Maskenball
1859 Rom

Das Wahre zu kopieren, könne gut sein, aber das Wahre zu erfinden, sei besser. Giuseppe Verdis scheinbar widersinniger Aphorismus, der Gräfin Clarina Maffei, seiner lebenslangen Freundin gegenüber geäußert, bezog sich konkret auf Figuren wie Jago und Desdemona, denen man in ihrer Verschlagenheit bzw. Reinheit »schwerlich würde begegnen können«. Vollen Sinn erhält der Gedankensplitter aber erst, wenn damit die andere Wahrheit der Kunst oder hier pointiert der Musik gemeint ist, die die Wirklichkeit nicht verdoppelt, sondern transzendiert. So sind Verdis Opern – allen voran ein Meisterwerk wie *Un ballo in Maschera* eigentlich auch nicht an der Wahrheit ihrer oft kruden Sujets zu messen, sondern sozusagen an der höheren Wahrheit des Operngesangs. Oder mit seinen eigenen unverblümten Worten gesagt: »Die vollkommenste Desdemona wird immer diejenige sein, die am besten singt.« Und das ließe sich mit gleicher Berechtigung von Gilda und Violetta sagen wie von Amelia und Ulrica. Nur ein über alle Maßen von sich überzeugter Zukunftsmusiker vom Schlage Richard Wagners (1813–83) hätte aus solchen Formulierungen ein Verdikt über die oberflächliche Belcanto-Seligkeit fällen können. »Donizetti & Co.« war die Firmenbezeichnung, die Wagner ohnehin pauschal für die italienische Musik erfand. Aber das musikalische Genie und menschliche Fragezeichen Richard Wagner hat das anders gelagerte Genie und die menschliche Größe von Giuseppe Verdi (1813–1901) nie verstanden, nicht einmal zur Kenntnis genommen. Mag sein, daß Alberto Moravia recht hatte, Verdis humane Haltung mit dem ländlich-intakten Milieu und der bäuerlichen Abstammung in Verbindung zu bringen, die über die bürgerliche Gesellschaft seiner Zeit triumphiert und in ihm den letzten großen naiven Künstler der westlichen Musik hervorgebracht habe. Naivität allerdings in dem Sinne verstanden, in dem Friedrich Schiller eine Unterscheidung zwischen »naiver und sentimentalischer Dichtung« vorgenommen hatte: Der naive Poet besitzt Natürlichkeit, der sentimentale sucht sie, Giuseppe Verdi befand sich im Einklang mit seiner Natur.

Aber Verdi war kein Glasglockenkünstler und auch kein Heiliger. Von dem Bannerträger des Risorgimento konnte niemand eine strikte Tren-

»Lieber Somma, ich stecke im tiefsten Pech! Die Zensur wird unser Libretto so gut wie sicher verbieten. Sie haben mir diese Änderungen vorgeschlagen (und das noch als Gnade):
1. Den Protagonisten zu einem Signore zu machen, gänzlich von der Idee eines Herrschers entfernt;
2. Die Gattin zur Schwester zu machen;
3. Die Szene der Hexe zu ändern und sie in eine Epoche zu verlegen, in der man an so etwas glaubte.
4. Kein Ball.
5. Die Ermordung hinter der Bühne.
6. Beseitigung der Szene, in der die Namen durch das Los gezogen werden.
Und weiter, und weiter, und weiter!! . . . Wie Ihr Euch vorstellen werdet, sind diese Änderungen unannehmbar; folglich ist es aus mit der Oper . . .
Brief Giuseppe Verdis vom 7. Februar 1858 an den Librettisten Antonio Somma.

nung zwischen politischer Haltung und ästhetischer Anschauung erwarten; Verdi kaufte für seine Landsleute in Busseto 172 Gewehre, damit sie gegen Österreich kämpfen konnten und zog zugleich selbst künstlerisch gegen das sinnlose Kriegsgemetzel zu Felde, er haßte die Ausländer, weil sie für ihn die Feinde des sich mächtig regenden Einheitswillens in Italien verkörperten; den Inka-Fürsten Alvaro, das Opfer von Standesdünkel und Fremdenfeindlichkeit, machte er in seiner Oper *Die Macht des Schicksals* (UA 1861 St. Petersburg) zum Sympathieträger. Verdis Name war längst zum politischen Symbol geworden, als eine seiner bedeutendsten Opern – *Ein Maskenball* – am 17. Februar 1859 im Apollo-Theater in Rom unter unbeschreiblichem Jubel uraufgeführt wurde. Selbst die unter dem Druck der neapolitanischen und römischen Zensur erzwungene Umarbeitung jener Scribeschen Version des historisch verbürgten Mordes an dem Schwedenkönig Gustav III. anläßlich eines Maskenballs im königlichen Opernhaus von Stockholm konnte die Begeisterung nicht mindern. Auch die Verlegung des Geschehens ins ferne Amerika und die Umwandlung in eine fiktive Ermordung des Gouverneurs von Boston ließ der Phantasie seiner Landsleute noch genügend Spielraum, hinter dem Thema die Anspielungen auf die politische Situation und die Hoffnung auf eine baldige Befreiung Italiens von fremder Herrschaft zu spüren. In diesem Sinne zumindest war die Kunst eines Verdi auch derjenigen von Richard Wagner überlegen und zugleich fast schon so etwas wie die Quadratur des Kreises: eine analytisch durchdachte, politisch brisante und hochaktuelle Belcanto-Oper. Verdi meinte einmal in Anspielung auf die Übermacht Wagners, und das ließe sich umstandslos auch auf dieses große Werk übertragen, er wisse, daß es eine Zukunftsmusik gebe. Aber er lasse sich weder heute noch im nächsten Jahr den Glauben nehmen, daß man zur Herstellung von ein paar Schuhen Leder brauche. Das trifft auch auf seinen *Maskenball* zu: aus der Hand eines Meisters meisterliches musikalisches Handwerk.

Wolfgang Sandner

Das reale Geschehen hinter Verdis Oper *Ein Maskenball:* die Ermordung Gustav III. von Schweden im Stockholmer Schloß am 29. März 1792. Nach einer Zeichnung von Edmund Bruening (1891).

JOHANNES BRAHMS

1. Klavierkonzert d-Moll op. 15
1859 Hannover

Johannes Brahms zur Zeit der Uraufführung seines *1. Klavierkonzerts* im Jahr 1859.

Das am 22. Januar 1859 mit Brahms (1833–97) am Klavier und seinem Freund, dem Geiger Joseph Joachim am Dirigentenpult in Hannover uraufgeführte *1. Klavierkonzert* hat eine lange Vorgeschichte. Sie reicht zurück in die Zeit der ersten Begegnung mit Robert Schumann (1810–56) und der schwärmerischen Liebe zu Clara Schumann (1819–96). Schumanns Sprung in den Rhein (1854) und sein Tod in der Heilanstalt Endenich (1856) waren die erschütterndsten Erlebnisse des jungen Mannes von Anfang Zwanzig. Zwar gilt es gerade bei Brahms, der ein diskreter Komponist war und ein Mann der autonomen Kunst, vorsichtig zu sein, wenn der Zusammenhang von Leben und Werk sich interpretatorisch anbietet, jedoch wäre es undenkbar, daß die geballte Emotion dieser Jahre sich nicht im Werk wiederfinden sollte.

In einem Brief vom 1. April 1854 an Joachim schrieb Brahms: »Der Aar steigt einsam, doch das Volk der Krähen schart sich; gäbe doch Gott, daß mir die Flügel noch tüchtig wachsen und ich einst der anderen Gattung zugehöre.

Dieser Tage ward in einem Kölner Konzert die 9te Sinfonie gemacht . . . Ich hörte sie das erste Mal.

Meine d-Moll-Sonate möchte ich gern lange liegen lassen können. Ich habe die drei ersten Sätze oft mit Frau Schumann gespielt. (Verbessert). Eigentlich genügen mir nicht einmal zwei Klaviere.«

Das hat natürlich alles etwas miteinander zu tun: Der einsam steigende Aar, Beethovens *Neunte Sinfonie* (1824) und das Ungenügen an den zwei Klavieren.

Was zu dieser Zeit als Sonate vorlag, hatte zunächst eine Sinfonie werden sollen. Ein Gedanke, den Brahms sehr schnell fallenließ. Noch lange fürchtete er den »Riesen« Beethoven in seinem Rücken. Aber nicht umsonst hat man später das *Erste Klavierkonzert* als Sinfonie mit obligatem Klavier bezeichnet, eine Formulierung, die schon auf Mozarts späte Klavierkonzerte angewendet wurde. Brahms tat sich schwer damit, den Wechsel zur großen Form zu vollführen. Bei der Instrumentierung mußte Joachim helfen. Hat nur das Wissen um diese Sorgen manchen Kritiker von der

BRAHMS *1. Klavierkonzert d-Moll*

Unbeholfenheit des ersten Satzes sprechen lassen? Immerhin hatte Brahms selbst von dem »unglückseligen ersten Satz« gesprochen, »der nicht geboren werden kann«.

Es mag an der Genesis dieses Konzerts liegen, an seinen Verwandlungen vom sinfonischen Ansatz über die Sonatenform zum Solistenkonzert, das Ergebnis war die unerhört neuartige formale Gestalt eines solchen Konzerts, mit der Brahms Publikum und Kritik überraschte und befremdete.

Brahms nach der Leipziger Aufführung seines 1. Klavierkonzerts d-Moll: »Noch ganz berauscht von den erhebenden Genüssen, die meinen Augen und Ohren durch den Anblick und das Gespräch der Weisen unserer Musikstadt schon mehrere Tage wurden, zwinge ich diese spitze und harte Sahrsche Stahlfeder, Dir zu beschreiben, wie es sich begab und glücklich zu Ende geführt ward, daß mein Konzert hier glänzend und entschieden – durchfiel! . . . Ich glaube, es ist das beste, was einem passieren kann; das zwingt in Gedanken, sich ordentlich zusammenzunehmen und steigert den Mut. Ich versuche ja erst und tappe noch. Aber das Zwischen war doch zuviel?« Brahms an Joseph Joachim, Leipzig 28. 1. 1859.

Das Maestoso des ersten Satzes wandelt sich nach einer von Geigen und Klarinetten getragenen liedhaften Phase in ein wahres Furioso, das dem Gemälde eines zerklüfteten Nachthimmels vergleichbar erscheint, bis nach vollen 90 Takten das Klavier einsetzt, mit ruhiger Festigkeit die Wolken vertreibt. Im zweiten, vom Klavier angestimmten Thema kehrt die Erregung zurück und steigert sich zur Leidenschaft, wieder aufgefangen vom besänftigenden Holzbläsersatz. Ein Prinzip wird deutlich: der Wechsel von Orchestersturm und Besinnung. Das Klavier geht durch alle Phasen mit, stößt die erregten Passagen an oder verwandelt sie in zarte Harmonie. Die Wucht des Orchesters läßt die Besänftigung nie lange zu, der Satz kehrt zum Maestoso zurück.

Das Adagio wiederholt das Prinzip des Wechsels auf einer anderen, weichgestimmten Basis im Zwiegespräch von Klavier und Orchester. Dieser zweite Satz hat eine merkwürdige Geschichte, als Brahms an Clara Schumann geschrieben hatte: »Auch male ich an einem sanften Porträt von Dir, das das Adagio werden soll.« Dann wieder schrieb er über dasselbe Adagio: »Benedictus qui venit in nomine domini.« Und damit war Robert Schumann gemeint, den die Freunde um Brahms »Dominus« zu nennen sich angewöhnt hatten. Brahms strich den vollständigen Satz und ließ nur das »Benedictus« stehen, ohne daß Liturgisches im Spiel gewesen wäre. Die Geschichte gibt lediglich Hinweise darauf, wie stark Brahms bei der Arbeit am Klavierkonzert mit dem Gedanken an beide Schumanns beschäftigt war.

Der dritte Satz, das Allegro non troppo, erinnert nur entfernt an die traditionellen Scherzi in Solistenkonzerten. Auch bleibt Erregung der Grundton, und das zweite, wiederum vom Klavier entwickelte Thema hat etwas von einem Klagegesang. Dann jedoch reißen die Widersprüche wieder auf, starke Stimmungsgegensätze prägen den Mittelteil. Das Rondo des Schlusses bindet die Gegensätze in einer mächtigen Kadenz. Max Kalbeck, Freund und erster Biograph des Komponisten, nannte es »galgenhumoristisch«.

Die Rezeption des Werkes war am Uraufführungsort Hannover freundlich, im musikalisch ausschlaggebenden Leipzig miserabel. Da war einer, klang aus den Kritiken, vom rechten Wege abgekommen. Man kann den Leipzigern zugute halten, daß Brahms' Musik kaum einmal auf Anhieb gewinnt, im Wiederhören entfaltet sie sich erst, und zwar gerade bei seinen wesentlichen Werken. Das eigentliche Instrument des Komponisten, das Klavier, hatte mit diesem Konzert die Kunst des Sinfonikers aufblitzen lassen.

»Ein anderes«, hatte Brahms nach der Leipziger Niederlage gesagt, »wird schon anders klingen.« So war es dann auch; sein *Zweites Klavierkonzert in B-Dur* op. 83 (1882) hat zwar ebenfalls stark sinfonischen Charakter, klingt jedoch ausgeglichener und zeigt mehr Sicherheit im Aufbau und in der Instrumentation als das erste. In die Zukunft der Musik aber weist das erste, schwer errungene Konzert. Es zeigt zudem auch, was man in der bildenden Kunst und darüber hinaus den »schmutzigen Daumen« des Künstlers nennt, den ureigenen Ausdruck einer Künstlerpersönlichkeit.

Hans A. Neunzig

Brahms über die Instrumentierung seines 1. Klavierkonzerts: »Ich bin noch gar zu unwissend darin und weiß mir wirklich nicht zu helfen. Mit den Hörnern bin ich auch wohl in Konfusion gekommen. Müssen es tiefe B-Hörner sein, und kann man sie nicht mehr benutzen, vielleicht am Schlusse als D-Hörner?«
Brahms an Joseph Joachim 11. 7. 1857.

JOHANNES BRAHMS

Die schöne Magelone op. 33
1865–1869

Brahms (1833–97) hat sein Leben lang Lieder komponiert. Bereits Opus 3 enthält *Sechs Gesänge für Tenor oder Sopranstimme* (1853), darunter befindet sich der für den 20jährigen so zutreffende Titel *Liebe und Frühling*. Während er allen seinen Instrumentalkompositionen gegenüber bis ins Alter eine selbstkritisch zögernde Haltung einnahm, war für Brahms die Vokalkomposition etwas Selbstverständliches. Die hohe Zahl von Liedkompositionen – es sind über 300, darunter fast 200 Klavierlieder – zeigt, daß es ihm leichtfiel, Lieder zu schreiben und daß der poetische Gedanke literarischer Vorlagen ihn inspirierte. Brahms hat Gedichte von höchst unterschiedlicher literarischer Qualität vertont, wie übrigens fast alle großen Liedkomponisten. Es ist schwer zu sagen, was es war, das ihn am einzelnen Text lockte. Unter-

Johannes Brahms. *Die schöne Magelone*. Autograph des Anfangs der 12. Romanze: »Muß es eine Trennung geben, / Die das treue Herz zerbricht? / Nein, dies nenne ich nicht Leben, / Sterben ist so bitter nicht. / Hör' ich eines Schäfers Flöte, / Härme ich mich inniglich, / Seh' ich in die Abendröte / Denk ich brünstiglich an Dich. / Gibt es denn kein wahres Lieben? / Muß denn Schmerz und Trennung sein? . . .« Brahms komponierte Tiecks Verse vornehmlich für seinen Freund, den Bariton Julius Stockhausen (1826–1906).

stellt also, es fiel ihm tatsächlich leicht, Gedichte in Musik zu setzen, heißt das jedoch keineswegs, daß er es »nebenbei« betrieb, die Vertonung auf die leichte Schulter nahm. Das wäre dem peniblen Mann wider die Natur gewesen, und er wußte genau, mit wem er sich zu messen hatte. Auch auf dem Felde des deutschen Lieds gab es einen Riesen, wie Beethoven (1770–1827) es für jedermann auf dem des Sinfonischen zu sein schien. Es fiel nur niemandem ein, Franz Schubert (1797–1828), den bedeutendsten aller Lieder-Komponisten, einen Riesen zu nennen.

Natürlich kannte Brahms Schubert-Lieder in großem Umfang wahrscheinlich noch nicht als 20jähriger, aber später mehr und mehr durch genaues Studium mit bewunderndem Eifer. Schumanns (1810–56) Liederproduktion wurde Brahms durch persönliche Bindung eng vertraut. Aber was er auch tat, immer verwandelte sich Brahms alles zum unverwechselbar Eigenem.

Wahrscheinlich regte ihn das Studium der Liederzyklen der beiden großen Vorbilder an, es selbst ebenfalls damit zu versuchen, als er die »Magelonen-Romanzen« zu vertonen begann. Sie gehören in Ludwig Tiecks Erzählung *Die schöne Magelone* in seinem *Phantasus*, sind dort eingestreut in den Erzählungsablauf. Im Liederzyklus erscheinen sie daher unverbunden, gelöst aus ihrem ursprünglichen Zusammenhang. Brahms hat das offensichtlich nicht gestört. Er, der gewohnt war, einzelne Gedichte auf ihren musikalisch zu fassenden Gehalt hin zu wählen, ließ jedem der Magelonen-Gedichte die ganz eigene Stimmung.

Brahms komponierte zunächst auch nur sechs Lieder, die 1865 veröffentlicht wurden. Insgesamt wurden es 15 Gesänge, die der Geschichte der schönen Magelone und des Grafen von Provence entnommen sind. Es ist eine Liebesgeschichte. Peter, den Grafensohn, lockt das Lied eines fahrenden Sängers in die Welt, und in Neapel verliebt er sich in Magelone, die Tochter des Königs. Sie läßt sich vom jungen Grafen Peter entführen. Trennung folgt und Versuchung, doch die Liebe siegt.

Weder ist es Zufall, daß es ein Lied war, das Peter von Provence verführte, noch könnten wir über Tiecks Huldigung an die Musik hinwegsehen, mit der sein *Phantasus* schließt: »Liebe denkt in süßen Tönen, / Denn Gedanken stehn zu fern, / Nur in Tönen mag sie gern / Alles, was sie will, verschönen.«

Mit Schubert war das Klavier endgültig aus der nur begleitenden Funktion herausgetreten, hatte der Klavierpart seine eigene Sprache, sein eigenes Leben erhalten. Brahms, bei dem der musikalische Gedanke eindeutig Priorität hatte vor dem Wortinhalt, wandelte in seinen Liedkompositionen sehr oft auf der Grenze zwischen »Vertonung« und absoluter Musik. Auch die *Magelonen-Romanzen* lassen sich hören wie Lieder ohne Worte, obwohl hier doch eine Geschichte erzählt werden soll. Da es sich jedoch um eine urtypische, eine mythische Geschichte handelt, kann sie die Musik erzählen. Dabei ist die Singstimme ganz und gar sinnhaft gesetzt, dennoch fällt es schwer, sich zu entscheiden, ob man dem Wortsinn folgen soll oder dem Ausdruck der Stimme.

Die Arbeit am *Deutschen Requiem* (UA 1668) unterbrach die Komposition an dem Zyklus, übrigens dem einzigen in Brahms' Werk, der diesen Namen verdient, denn die *Liebeslieder-Walzer* (1869) sind eher eine Sammlung, und die *Vier ernsten Gesänge* (1896) tragen den Charakter eines zweiten Requiems. Der Zyklus wurde 1869 abgeschlossen. Max Kalbeck, Brahms' erster Biograph, hat die Lieder der *Schönen Magelone* in seiner Art empfindsam beschrieben. Das sechste Lied mit den Zeilen »Wie Lautenton vorüberhallt, / Entflieht des Lebens schönste Lust: / Ach wie bald, / Bin ich der Wonne mir kaum noch bewußt . . .« inspirierte ihn zu einem bemerkenswerten Vergleich: »Vor- und Nachempfindung des genossenen Glücks fließen in ein Gefühl wehmütig verklärter Lust zusammen ... Hier berührt sich Brahms mit Wagner. Der herrliche As-Dur-Satz im zweiten Akt des ›Tristan‹: ›O sink' hernieder, Nacht der Liebe‹ hallt ›wie Lautenton‹ aus der Ferne herüber – Isolde und Magelone tauschen einen schwesterlichen Gruß. Da Bülows meisterhafter Klavierauszug des Musikdramas 1860 erschienen war, so scheint die Möglichkeit nicht ausgeschlossen, daß ein Tropfen süßen Giftes aus Brangänens Medicin-Schreine Brahms ins Blut übergegangen ist.«

Von solch heiklen Tropfen ist im Liedwerk des *Magelonen*-Komponisten sonst nichts zu finden. Im Gegenteil: Brahms suchte bei aller hohen Kunstfertigkeit zu unbedingter Reinheit von Gefühl und Ausdruck zu gelangen, so sehr galt seine heimliche, aber auch eingestandene Liebe dem volksliedhaften Ton. Die absolute formale Meisterschaft trifft sich mit der äußersten Schlichtheit. Als Brahms 1894 seine dritte Sammlung mit eigenen Bearbeitungen tradierter Volkslieder herausgab, schrieb er dem Jugendfreund Joseph Joachim: »Mit soviel Liebe, ja Verliebtheit habe ich noch nie etwas zusammengeschrieben, und ich konnte ja ungeniert verliebt sein – in etwas Fremdes.« So fremd war ihm das alles nicht, wie seine Worte an Clara Schumann offenbaren: »Ist Dir wohl aufgefallen, daß das letzte der Lieder in meinem Opus 1 vorkommt? Ist Dir auch etwas eingefallen dabei? Es sollte eigentlich was sagen, es sollte die Schlange vorstellen, die sich in den Schwanz beißt, also symbolisch sagen: die Geschichte sei nun aus, der Kreis geschlossen.«

Hans A. Neunzig

RICHARD WAGNER

Tristan und Isolde
Vollendet 1859,
uraufgeführt 1865 München

Daß man an *Tristan und Isolde* die strengsten Maßstäbe seiner Theorie des Musikdramas anlegen dürfe, war Wagners (1813–83) eigene Überzeugung. Er wußte um die überragende Bedeutung dieses Werkes, und es ist ihm bis an sein Lebensende ein »Wunder« geblieben. Schon in seiner Dresdner Zeit, in den vierziger Jahren, hat er sich mit dem »Tristan«-Stoff beschäftigt, er besaß alle neueren Editionen der verschiedenen Textfassungen. Aber erst im Oktober 1854, nachdem er sich in seinen Hauptschriften über seine Theorie des musikalischen Dramas (das die alte Oper ablösen sollte) klargeworden war, entwarf er ein erstes Konzept. Im Sommer 1857 begann er mit dem Prosaentwurf und anschließend mit der Dichtung, am 1. Oktober dann mit der Komposition (in dieser Reihenfolge hat Wagner alle seine Hauptwerke erarbeitet). Knapp zwei Jahre später, am 6. August 1859 war die Partitur abgeschlossen.

Mit seinen Vorlagen verfuhr Wagner radikal. Das mittelalterliche Kolorit, das noch *Tannhäuser* (UA 1845) und *Lohengrin* (UA 1850) wesentlich geprägt hatte, spielte keine Rolle mehr. Die Handlung wurde auf das Wesentliche reduziert und besteht eigentlich nur aus drei Hauptszenen: Im ersten Akt bietet Isolde ihrem Brautführer Tristan den Sühnetrank, den vermeintlichen Todestrank, der aber der Liebestrank ist. Im zweiten Akt feiern Tristan und Isolde ihre Liebesnacht und werden verraten. Im dritten Akt schließlich siecht Tristan an seiner Wunde und seiner Sehnsucht nach Isolde, er stirbt, wie sie, den Liebestod. Die äußerste Konzentration der Handlung, die auf jedes ausschmückende Beiwerk verzichtet – etwa ein Ballfest im zweiten Akt, auf dem sich die Liebenden treffen –, widerspricht den gängigen Publikumserwartungen an eine Operndramaturgie und ihren Unterhaltungswert. Sie entspricht aber Wagners Anschauung vom musikalischen Drama, in dem sich alle äußeren Handlungsmomente logisch aus der Psychologie der dramatischen Personen und ihren Beweggründen entwickeln müssen und diese zur Erscheinung bringen.

Doch, was das Schicksal für das Leben trennte, lebte nun verklärt im Tode auf; die Pforte der Vereinigung ist geöffnet. Über Tristans Leiche gewahrt die sterbende Isolde die seligste Erfüllung des glühenden Sehnens, ewige Vereinigung in ungemessenen Räumen, ohne Schranken, ohne Banden, unzertrennbar!
Richard Wagner über den Schlußsatz (Verklärung) von »Tristan und Isolde« (1859/60).

Die Zeitangaben für die drei Akte: Tag – Nacht – Tag sind ein Sinnbild für die »innere Seelenbewegung« der Protagonisten, und ihre Nachtverlorenheit, ihre Sehnsucht aus dem öden Tag in das Wunderreich der Nacht gibt dem Werk seine eigentümliche Grundierung. In diesen Passagen sind Wagner auch die schönsten poetischen Formulierungen als Textdichter geglückt. Seine eigentliche, epochemachende Leistung und Bedeutung liegt aber in der Musik. Der »Tristan-Akkord« gilt als der »Beginn der musikalischen Moderne« (Martin Gregor-Dellin), und mit dem »schönst instrumentierten H-Dur-Akkord der Musikgeschichte« setzte Wagner »unter alle Romantik den göttlichen Schlußpunkt« (Richard Strauss). Die »tiefste Kunst des tönenden Schweigens« hat Wagner seine *Tristan*-Musik genannt. Wo das Wort am Unsagbaren verstummt, übernimmt die Musik.

WAGNER *Tristan und Isolde*

Das musikalische Drama als psychologisches Drama, die Musik im Sinne Schopenhauers als die Seele des Dramas. Mit der Übereinander- und Ineinanderschichtung verschiedenster psychischer Regungen hat Wagner dem Opernorchester eine Ausdrucksfähigkeit erobert, die künftigen Komponisten-Generationen Tore geöffnet hat.

Sechs Jahre lang blieben seine Versuche einer Uraufführung ergebnislos. *Tristan,* seinem Schmerzenskind, haftete das Stigma der Unaufführbarkeit an, ein Indiz auch dafür, wie weit Wagner die Opernmusik seiner Zeit hinter sich gelassen hatte. Wie recht sollte er behalten, als er an Mathilde Wesendonck schrieb: »Wie schrecklich werde ich für dieses Werk einmal büßen müssen, wenn ich es mir aufführen will . . . ich habe da alles weit überschritten, was im Gebiet der Möglichkeit unserer Leistungen liegt.« Die Münchner Uraufführung am 10. Juni 1865 – unter außerordentlichen Bedingungen ermöglicht von König Ludwig II. –, mit Ludwig und Malwina Schnorr von Carolsfeld in den Titelpartien und Hans von Bülow am Pult, war ein international beachtetes Ereignis und ein künstlerischer Erfolg. Der Tod Schnorrs nach der vierten Vorstellung machte auf Jahre hinaus allen Aufführungen ein Ende, jetzt galt die Tristan-Partie auch noch als mörderisch. Erst in den achtziger Jahren konnte sich das Werk auf den Bühnen durchsetzen. Die »Geschichte einer Faszination« ist die Rezeptionsgeschichte des *Tristan* genannt worden. Eine eigene *Tristan*-Literatur bildete sich in Italien (d'Annunzio), in Deutschland (Thomas Mann) und England, bei der französischen Intelligenz der Jahrhundertwende konnte man von einem besonderen »Tristanisme« sprechen. Wobei der Umstand, daß Wagner ausgerechnet den zweiten Akt in einem Palazzo im stillen, winterlichen Venedig komponiert hatte, nicht wenig zur Verklärung und Mystifizierung beigetragen hat. Für den jungen Adolphe Appia war eine *Tristan*-Aufführung in Bayreuth 1886 der Auslöser für seine Bühnenbildtheorie aus dem Geist der Musik, die das Theater des 20. Jahrhunderts revolutioniert hat. Die Inszenierungsgeschichte des *Tristan* schwankte generell zwischen zwei Extremen: der kargen, strengen, abstrahierenden Interpretation und den poesievoll-romantisierenden Bühnenlösungen. Das Publikum schätzt eher die letzteren, es hat *Tristan* als ein tiefes, emotional erschütterndes Erlebnis zu bewundern gelernt. *Oswald Georg Bauer*

Tristan und Isolde der Uraufführung von Wagners *Tristan* am 10. Juni 1865 in München: Ludwig und Malwine Schnorr von Carolsfeld. Wagners Kommentar: »So mußte es einmal sein! Edel, groß, frei und reich die Anlage der ganzen Kunstwerkstatt: ein wunderbar vom Himmel mir beschiedenes Künstlerpaar, innig vertraut und liebevollst ergeben, begabt zum Erstaunen . . .«

BEDŘRICH SMETANA

Die verkaufte Braut
1866 Prag

Bedřich Smetana (1824–84) ist der musikalische Hausgott der Tschechoslowaken. Kein anderer Komponist hat etwas geschaffen, was so charakteristisch als nationale tschechische Tonsprache gelten kann. Seine Oper *Libuše* (*Libussa,* UA 1881 Prag) um die sagenhafte Gründerin der Stadt Prag gehört zu den Kultur-Heiligtümern des Landes, ein festliches Singspiel, das jeder Tscheche gesehen haben muß, ein patriotisches Pflichtstück, das während verschiedener Besetzungen des Landes von den vorübergehend neuen Herren immer wieder einmal verboten worden ist. Mit den Polkas und Galopps für Klavier – die Smetana selbst einmal ironisch als »böhmische Hopsereien« bezeichnete – hat er die Eigentümlichkeiten tschechischer Volksmusik in ähnlicher Weise künstlerisch überhöht wie Chopin (1810–49) die Mazurka und die Polonaise. Seine Oper *Die verkaufte Braut* schließlich ist das musikalische Gegenstück zu Jaroslav Hašeks *Braver Soldat Schwejk* – eine klingende Hommage an den defensiv-verschmitzten Humor der Tschechen. Man könnte Smetana mit seinem Gesamtwerk geradezu unter die steinernen Heiligen einreihen, die auf der Karlsbrücke in Prag stehen und die – nach einem schönen tschechischen Dichterwort – in jahrhundertelanger Erstarrtheit das Geheimnis der Geduld entziffert haben.

Smetana gilt heute als Begründer einer nationalen tschechischen Musik, seine Oper *Die verkaufte Braut* zählt zum eisernen Bestand des Opernrepertoires. 1884 jedoch, als der Komponist starb, war sein künstlerischer Rang noch keineswegs gesichert. Kluge Worte wurden an seinem Grab gesprochen: Smetana sei der Stolz des tschechischen Volkes und ein Opfer der tschechischen Verhältnisse gewesen. Wie zu jener Zeit in den böhmischen Kronländern üblich, war Smetana in deutschen Schulen erzogen worden. Seine tschechische Orthographie blieb bis zu seinem Lebensende fehlerhaft. Noch heute zeigt man tschechischen Schulklassen die tschechischen Briefe des Meisters im Prager Smetana-Museum an der Moldau, damit die Schüler aus den individuellen Fehlern der Vergangenheit etwas lernen mögen. Und es gehört zu den Ironien der Musikgeschichtsschreibung, daß der Tscheche Smetana seine Oper leichten Stils *Die verkaufte Braut,* das tschechi-

Kostümbild einer Aufführung von Smetanas *Verkaufter Braut* in der Pariser Opéra Comique. Farbdruck von 1930.

sche Volksstück par excellence, nur noch aus Trotz geschrieben hatte, weil – wie er selbst bekannte »mir nach den ›Brandenburgern‹ vorgeworfen wurde, ich sei Wagnerianer« (*Die Brandenburger in Böhmen*, UA 1866 Prag).

In dem politischen Reizzustand Böhmens im 19. Jahrhundert zwischen bürgerlicher Revolution und Restauration, nationaler Erweckung und Lethargie der Massen, mit einem abwechselnden Übergewicht konservativer und fortschrittlicher Kräfte im tschechischen Lager, in dem sich Alttschechen und Jungtschechen nutzlose ideologische Grabenkriege lieferten, während die Gesellschaft unsichtbare Grenzen zwischen dem deutschen und tschechischen Böhmen abgesteckt hatte, in diesem Land war es zu jener Zeit kaum jemandem möglich, den Wert einer tschechischen Nationaloper, wie sie Smetana mit der *Verkauften Braut* geschaffen hatte, zu ermessen. Pioniere zeigen sich nun einmal ihren Zeitgenossen von hinten. So verwundert es heute auch kaum, daß *Die verkaufte Braut* bei ihrer Uraufführung am 30. Mai 1866 im Prager Interimstheater durchfiel. Der einen Partei war diese komische Oper um verhökerte Liebe, unerschütterliche Gefühle und Familienzusammenführung nicht heroisch-gewichtig genug. Den Alttschechen war sie wiederum zu modern und abgehoben, denn das tschechische Volkslied und seine devote Nachahmung, die man glaubte als nationales Signum von Kunst überall aufspüren zu müssen, verschmähte der viel zu sensible Künstler Smetana auch hier.

Konservative Tschechen, denen Mozart noch immer über alles ging, erschien die kühne Harmonik, die freie Deklamation, die sich an die Sprachmelodie des Tschechischen anlehnte, ohnehin suspekt. Die traditionsbewußten Deutschen in Prag aber warfen ihm keineswegs seinen tschechischen Tonfall vor, was auch immer darunter verstanden werden konnte, sondern Smetanas Bewunderung für Richard Wagner, die sie selbst nicht teilten.

Aber all die Kontroversen und Richtungskämpfe, unter denen die Rezeption des Werkes anfangs zu leiden hatte, wirken heute eher historisch. Mit der prallen Zeichnung von Dorftypen, den trotz aller Stilisierung volkstümlichen Melodien, mit tänzerischem Schwung und rhythmischer Vitalität, mit grotesker Komödiantenszenerie und effektsicheren Chören (vor allem dem Eingangschor) hat Smetana – ohne alle musikalischen Tümeleien – ein dialogisierendes Singspiel aus einem Guß geschaffen, das auch dann nicht an Originalität und Kraft einbüßt, wenn man es – wie vielfach in jüngerer Zeit geschehen – nicht traditionell folkloristisch und leichtlebig in Szene setzt, sondern mit allem Schwermut des unbehausten modernen Städters, dem das lustige Landleben immer schon verdächtig vorkam: sozusagen Smetana mit einem Schuß Kafka. Auch dieser Aspekt findet sich im Werk und Leben Smetanas mit Sicherheit. *Wolfgang Sander*

JOHANNES BRAHMS

Ein deutsches Requiem
1868 Bremen

Wie viele andere Werke des Komponisten hat auch sein *Requiem* eine lange Vorgeschichte. Robert Schumann (1810–56) hatte den Plan, ein deutsches Requiem, das sich von den liturgisch-lateinischen Vorbildern löste, erwogen, jedoch nicht ausgeführt. Ganz sicher hat die lebenslange Beschäftigung mit dem Tod, die Brahms (1833–97) mehr als einmal dokumentierte, etwas mit dem Hinsterben Schumanns zu tun, das der Jüngere so nah und unter wahrhaftig herzzerreißenden Umständen erlebte, da seine Liebe zu Clara Schumann (1819–96) ihn alles doppelt stark empfinden ließ.

Der Gedanke an ein deutsches Requiem führte zunächst 1859 zum Plan einer Trauerkantate, bevor Brahms 1865 an die Ausführung des großvolumigen Werks ging, in dem er sein ganzes, in den vorausgegangenen Jahren erworbenes Können bündelte. Es war das Jahr, in dem seine Mutter starb. Doch wieder wird deutlich, daß Brahms kompositorisch nicht unmittelbar auf Ereignisse reagierte. Das *Requiem* ist an das Andenken Schumanns geknüpft, dessen Tod neun Jahre zurücklag. Dennoch hat die Trauer um die Mutter die Niederschrift begleitet, und der später hinzugefügte fünfte Satz des Werkes gilt vor allem ihr.

Brahms hat den alten Meistern das Geheimnis ihrer Kunst, das nicht in der Form steht, sondern auf dem Grunde der Seele quillt, abgelauscht und ist dann seinen eigenen Weg gegangen, die Schwingungen der Gegenwart in seiner Seele. Wir haben moderne Musik vor uns. Modern in dem schmucklosen Aufriß gegenüber den wundersamen Schnörkeln der Bachschen Gotik und den bunten Farbenspielen der Händelschen Tonmalereien. Modern in dem Überwiegen des reflexivyrischen Elements; in den bezaubernden Klangwirkungen der Instrumentation; modern auch darin, daß nicht mehr so sehr die Harmonik als die Rhythmik die oberste Stelle behauptet.
P. Kleinert in der »Neuen evangelischen Kirchenzeitung«, Berlin 13. März 1868.

Brahms hat den Titel seines *Requiems* vor dem Erscheinen noch einmal zu ändern erwogen, er wollte das Wort »deutsch« streichen und dafür »menschlich« setzen. In der Tat käme das der Botschaft des Werkes näher. Denn Brahms hat nicht den Text des lateinischen Requiems ins Deutsche übertragen, er hat auch keineswegs dem katholischen ein evangelisches Kirchenmusikstück folgen lassen, sondern er hat die christliche Botschaft säkularisiert, wie es seiner Zeit entsprach, die einer allgemeinen Religiosität mehr abgewann als dem konkreten Glauben. So ist auch bei Brahms keine frohe Botschaft zu hören, sondern der Mensch steht im Mittelpunkt, der Mensch, der den Tod akzeptiert. Der Erlöser Christus kommt in diesem *Deutschen Requiem* nicht vor. Protestantisch ist das Requiem nur insofern, als Brahms direkt auf den Bibeltext rekurrierte, doch auch der versagt sich ihm, was die Hoffnung angeht, die ihm innewohnt. In den *Vier ernsten Gesängen* von 1896 wird die Unfähigkeit zu hoffen noch stärker formuliert.

Die Abwesenheit des Erlösergedankens wurde zur Zeit der Uraufführung des *Requiems* im Jahr 1868 und danach durchaus wahrgenommen. So berichtet Brahms einem Freund: »In Bremen wird mein Requiem jährlich im Dom gesungen. Aber da der Name Christus gar nicht darin vorkommt, so wird die Erlaubnis zur Benutzung der Kiche nur unter der Bedingung erteilt, daß diesem Mangel durch eine Einlage abgeholfen werde. In der Regel nehmen sie dazu Händels ›Ich weiß, daß mein Erlöser lebt‹.«

Mit dem Namen Händel ist die musikalische Form des *Requiems* angesprochen, und musikalisch führen Verbindungslinien noch viel weiter zurück, als es beim Sujet eines deutschen Requiems der Fall ist. Wie selbstverständlich knüpft Brahms bei Bach (1685–1759) und Händel (1685–1750) an. Am nächsten unter den Vorgängern, zu denen schon Heinrich Schütz mit seinen *Musikalischen Exequien* (1636) gehört, steht Bach dem Komponisten. Der überlieferten Instrumentierung hat Brahms Klangfarben von überraschender Wirkung hinzugefügt. Die thematisch kaum zusammenhängenden Texte hat er durch eine Satzsymmetrie zueinander ins Verhältnis gesetzt, die so meisterlich erscheint, daß es zu diesem Zeitpunkt keinen Zweifel mehr an der Souveränität des Komponisten über sein Material geben konnte. Wenn am Ende des letzten Satzes der Schluß des ersten wiedererscheint, so hat musikalisch eine Versöhnung stattgefunden, die dem Text nur mühsam abgerungen werden kann, trotz des Mittelsatzes »Wie lieblich sind deine Wohnungen, Herr Zebaoth«.

So steht *Ein deutsches Requiem* von Brahms als ein musikalisch bedeutendes Zeichen von Trost ohne Hoffnung zwischen dem hoffnungsmilden *Requiem* Mozarts (1791) und dem gerichtskündenden *Requiem* Verdis (1874). Es ist ja bemerkenswert: Bei Brahms fällt auch das Gericht aus; denn trotz der Posaunen des sechsten Satzes kündet kein Dies irae von Strafe, allerdings ist auch von Gnade nicht die Rede. Der Mensch ist allein dem Tod ausgesetzt, Trost kann er nur in sich selbst finden. Der Trost, der den Hörern des Brahmsschen *Requiem* zuteil wird, liegt in dem tiefen Ernst, mit dem eine ideale menschliche Haltung dem Tod gegenüber behandelt ist. Die Musik, die kunstvoll dunkel beginnt, kennt auch eine höhere Heiterkeit. Und Trost findet sich schließlich doch in den vertrauten Worten der Schrift: »Tod, wo ist dein Stachel? Hölle, wo ist dein Sieg?«

Die Aufnahme des Werkes war nach einer mißglückten Teil-Voraufführung in Wien überraschend gut. »Mein Werk ist doch recht schwer. Und in Bremen geht man noch bedächtiger zum hohen a hinauf als in Wien«, hatte Brahms vor der eigentlichen Uraufführung im Dom zu Bremen am Karfreitag 1868 geschrieben, aber die Aufführungen folgten rasch aufeinander, beginnend 1869 in Leipzig mit dem hinzugefügten fünften Teil: »Ihr habt nun Traurigkeit/ich will euch trösten.« Auf Leipzig folgten Köln, Basel, Hamburg, Zürich und Karlsruhe, etwas später waren London, Paris und Petersburg an der Reihe.

Bis heute überzeugt und bewegt dieses einzigartige Stück Kirchenmusik, denn das bleibt es, auch wenn es eine säkularisierte Trauer- und Trostbotschaft bringt. Musikgeschichtlich stellt es ein ungewöhnliches Faktum dar, das allerdings für Brahms das Normale und zugleich Eigentümliche war: Aus alten Formen wächst das Neue. *Hans A. Neunzig*

Der Tod in der Kunst: Hans Baldung gen. Grien (1484 oder 85–1545): »Der Tod und das Mädchen« von 1517. Franz Schubert, der den Topos dem Gedicht von Matthias Claudius entnahm, hatte dies mit Johannes Brahms gemein: die lebenslange Beschäftigung mit dem Todesgedanken.

EDVARD GRIEG

Klavierkonzert a-Moll
1869 Kopenhagen

Manches scheint dafür zu sprechen, daß man Edvard Grieg (1843–1907) als eine komponierende Nebenfigur des 19. Jahrhunderts betrachten könnte. Wird man seinem Schaffen damit jedoch gerecht? Zumindest zwei Tatsachen heben ihn aus der zwar liebenswürdigen, im ganzen aber doch nivellierenden Mitteltönigkeit seiner Zeit heraus: daß er als erster nordischer Komponist (vor Sibelius, Nielsen und dem zu wenig bekannten Eduard Tubin) aus der Schar seiner komponierenden Landsleute sich abzusetzen verstand und auf eine eigenständige Musik Skandinaviens aufmerksam machte; daß er zum andern mit seinen spezifischen und zweifellos begrenzten Möglichkeiten noch zu seinen Lebzeiten einen persönlichen Weltruhm begründen konnte, der bis heute anhält.

In der Rückschau wird unwiderlegbar deutlich, daß Grieg zum komponierenden Miniaturisten geboren war und infolgedessen seine lyrischen Klavierstücke und sein Liedschaffen das Zentrum seines Œuvres bilden. Dieser Teil seines Werkkatalogs ist indes der am tiefsten in die Anonymität abgesunkene und so gut wie gar nicht mehr im öffentlichen Musikleben beachtete. Griegs Ausflüge in die sogenannte große Konzertmusik, in den Kammermusikbereich, in die Theatermusik blieben hingegen Ausnahmen. Ihnen verdankt Grieg jedoch seine fortdauernde Popularität.

Der blutjunge Musikstudent des berühmten Leipziger Konservatoriums hatte 1858 im Gewandhaus Schumanns (1810–56) *Klavierkonzert* mit dessen Witwe Clara Schumann als Solistin gehört. Das Werk – wen wollte es verwundern – beeindruckte ihn ungemein. Ergänzt man als äußeren Einfluß den Umstand, daß Grieg durch die Ausbildung am konservativ-traditionalistischen Leipziger Konservatorium Mendelssohnscher Prägung zunächst auf die Bahn eines eher konventionell-klassizistischen Komponisten verwiesen worden war, so erklärt das seine eigenschöpferischen Anfänge. Neben verstreuten einfacheren Klavierstücken und Klavierliedern sind das eine ausgewachsene Klaviersonate, die Ouvertüre *Im Herbst* (1866 für Klavier zu vier Händen, erst 20 Jahre später orchestriert), eine *c-Moll-Sinfonie* (Griegs einzige, die er mit einem Aufführungsverbot für alle Zeiten belegte, an das man sich seit geraumer Zeit nicht mehr hält), zwei

Der 49jährige Edvard Grieg, Gemälde von Erik Theodor Werenskiold (1855–1939) aus dem Jahr 1892. Grieg lebte zu dieser Zeit seit 12 Jahren wieder in seiner Geburtsstadt Bergen, nachdem er vorher in Kopenhagen und Oslo gelebt hatte. Die Rückkehr nach Bergen bedeutet auch die konsequente Rückkehr zu den Quellen einer nordischen Musik, die Grieg in die Weltmusik einführte.

Violinsonaten und dann – als Opus 16 bereits – das *Klavierkonzert in a-Moll* aus dem Jahre 1868. Das war zehn Jahre nach dem Leipziger Schumann-Erlebnis, Grieg war 25.

Dieses Klavierkonzert, Griegs einziges, ist zugleich das Werk, das allein bis heute im Konzertbetrieb regelmäßig auftaucht. Alles andere ist in die Bereiche Promenadenkonzert und Funkwunschkonzert abgedrängt worden – teilweise zu Unrecht – oder wird ganz übergangen. Für die Komposition hatte sich Grieg im Juni 1868 ins dänische Sölleröd zurückgezogen. Das noch heute unversehrt idyllische, sehr grüne und ausgesprochen ruhige Kirchdorf südlich von Kopenhagen macht verständlich, wie konzentriert sich Grieg in dieser Abgeschiedenheit, derer er beim Komponieren zeit seines Lebens bedurfte, der Arbeit hingeben konnte. Die Partitur wurde trotzdem erst Anfang des folgenden Jahres in Oslo vollendet, die Kopenhagener Uraufführung auf den 3. April 1869 verschoben.

Mit Vorliebe werden immer wieder die Zusammenhänge zwischen den Klavierkonzerten von Grieg und Schumann, vor allem im ersten Satz, aufgehellt. Viel interessanter und wichtiger ist dagegen, daß es Grieg mit diesem Werk gelang, die virtuose Klaviertechnik Chopinscher und Lisztscher Provinienz in Skandinavien anzusiedeln.
Gerth-Wolfgang Baruch. Konzertführer. Frankfurt/Main 1960.

Das Klavierkonzert erlebte einen durchschlagenden Erfolg, wurde vom Publikum so enthusiastisch aufgenommen wie von der Fachwelt zustimmend akzeptiert. Nur ein Verleger wollte sich nicht gleich finden. Grieg hat das Konzert nicht nur selbst später gespielt und erleben dürfen, daß sich berühmte Pianisten der Zeit wie Teresa Carreno, Alexander Siloti und Ferruccio Busoni seiner als Interpreten annahmen, es hat ihn auch bis in sein Todesjahr 1907 als chef d'œuvre auf Konzertreisen begleitet und darüber hinaus weiter beschäftigt: Immer wieder hat er – bei drei Neudrucken der Partitur zu seinen Lebzeiten – Revisionen angebracht und Pianisten verschiedene Lesarten übermittelt.

Das Klavierkonzert ist ein virtuoses Werk, aber kein Virtuosenstück und scheint dem Schumannsschen Vorbild in der Grundanlage wie in manchem Detail nachempfunden, was auch Kritiker auf den Plan gerufen hat. Absolute Qualitätsmerkmale sind eine eigene, mitunter an norwegischer Volksmusik orientierte Klanglichkeit, ein solider Formbau und vor allem das Fehlen jeglicher aufgesetzter Genialitätspose. Nach dem kraftvollen Auftakt des Kopfsatzes manifestiert der liedhaft-intime Mittelsatz, dem Intermezzo des Schumann-Konzertes im Grundcharakter unüberhörbar verwandt, einen originären Griegton: schlicht, aber von eindringlicher Expression getragen.

Griegs Klavierkonzert, trotz der Mollgrundierung allenfalls ein nachdenkliches, oft aber auch in Fröhlichkeit ausbrechendes Stück Musik, hat die Massenproduktion virtuoser Klavierkonzerte in der Liszt-Nachfolge als eines unter wenigen überdauert und behauptet bis heute seine historische

Position zwischen dem Schumann-Konzert und den Konzerten von Johannes Brahms (1833–97). Im Grunde aber war und bleibt es ein geniales Jugendwerk, eine sehr gelungene Talentprobe und ein Versprechen für die Zukunft, das Edvard Grieg aber nicht einlösen konnte. Er hat in späteren Jahren immer wieder einmal, wenn auch vergeblich, an die frühen Erfolge auf dem Konzertsektor und im Kammermusikbereich anknüpfen wollen. So bleibt Griegs Klavierkonzert ein höchst lebendiges Beweisstück für ein hochausgebildetes jugendliches Talent und eine in hohen Maßen gelungene Komposition dazu: das Werk eines 25jährigen, dem nichts auf dieser Ebene Vergleichbares folgen sollte. *Hanspeter Krellmann*

JOHANNES BRAHMS

Ungarische Tänze
1871 und 1880 Wien

Populär und gut, das sind – wie man heute weiß – in der Kunst Begriffe, die sich nicht zueinander hingezogen fühlen. Im Grunde wird die gesamte Ästhetik unseres Jahrhunderts vom Spannungsverhältnis zwischen diesen Adjektiven bestimmt. Man könnte sogar behaupten, eines der Hauptziele von Kunst – wenn es so etwas überhaupt gibt – ist die Versöhnung von beliebt und wertvoll. Es ist ein alter Traum, den die Künstler da träumen, aber nicht immer geträumt haben. Als die Kunst noch in Häusern gepflegt wurde und nicht in Hallen stattfand, im 18. Jahrhundert beispielsweise, da sollte sie geradezu elitär sein. Wie eine Visitenkarte des Geistes wurde sie auf einem silbernen Tablett serviert.

Populär und gut zugleich – vielleicht wurde dieser Künstlertraum zur Zeit der Romantik am heftigsten geträumt. Denn in jener Epoche des 19. Jahrhunderts sind viele Werke entstanden, die für uns heute noch die Kriterien von weiter Verbreitung und hoher Qualität erfüllen. Für den Dirigenten Hans von Bülow (1830–94) stand fest, welchem Komponisten in dieser Hinsicht die Krone gebührt: Johannes Brahms (1833–97). Die Werke, auf die sich von Bülow dabei vor allem bezog, waren die *Ungarischen Tänze*, mit denen Brahms wie mit keinen anderen Stücken Berühmtheit erlangte. Hans von Bülow meinte wohl zu Recht, niemals sei bessere Musik populärer geworden. Zumindest was die ersten beiden Hefte dieser Tänze angeht, die 1869 in Ausgaben für Klavier zu vier Händen erschienen, muß man das Kompliment auch an jene heute völlig vergessenen Autoren weitergeben, die die Werke ursprünglich schufen. Denn Johannes Brahms ist in diesen Fällen lediglich als Bearbeiter aufgetreten. Man kann aber vermuten, daß auch die Originalkomponisten ihrerseits auf Volksmelodien und Zigeunerweisen zurückgegriffen haben, die sozusagen klingendes Allgemeingut waren. Viele dieser Künstler, allen voran der frühere Freund und Violinpartner von Brahms, Eduard Reményi (1830–98), haben sich seinerzeit über die Bearbeitungen erregt, sie gar als geistigen Diebstahl bezeichnet. Brahms selbst hatte nie ein Hehl daraus gemacht, daß er Werke anderer Komponisten lediglich für Klavier zu vier, später (1872) zu zwei Händen und auch für Orchester eingerichtet hat. Mit seinem Namen aber sind die Kompositionen, denen Brahms nie eigene Opuszahlen gegeben hat, erst gewissermaßen unter Kunstschutz gestellt worden. Denn zum festen Bestand des Klavier- und Orchesterrepertoires – übrigens auch in Einrichtungen von Antonin Dvořák (1841–1904), Johan Andreas Hallén (1846–1925), Paul Juon (1872–1940) oder Hans Gál (1890–1987) – wurden sie durch seine Bearbeitungen, die die reiche Melismatik und Harmonik der Zigeunermusik beibehielten, diese aber durch kontrapunktische Satztechniken bereicherten. 1880 veröffentlichte Brahms zwei weitere Hefte mit *Ungarischen Tänzen*, in denen er, wie um die Vorwürfe der Bereicherung am künstlerischen Eigentum anderer zu entkräften, teilweise ganz auf die Übernahme bekannter Melodien verzichtete und selbst als Komponist in Erscheinung trat – so bei den Tänzen Nr. 11, 14 und 16.

Die ursprünglichen Titel der ersten zehn Ungarischen Tänze sowie die Namen der Komponisten sind 1874 in der *Allgemeinen Musikzeitung* veröffentlicht worden: Nr. 1 »Isteni csárdás (Göttlicher csárdás) von Sárközy / Nr. 2 »Emma csárdás« von Mór Windt / Nr. 3 »Tolnai lakadalmas« (Tolnaer Hochzeit) von Rizner / Nr. 4 »Kalocsai emlék« (Erinnerung an Kalocsa) von Mérty / Nr. 5 »Bártfai emlék« (Erinnerung an Bártfa) von Kéler / Nr. 6 »Rózsa bokór« (Rosenstrauch) von Nittinger / Nr. 7 Volkstümliches Lied, Komponist unbekannt / Nr. 8 »Luiza csárdás« von Frank / Nr. 9 »Makóc csárdás« von Travnik / Nr. 10 »Tolnai lakadalmas« von Rizner (nicht identisch mit Nr. 3).

Ferenc Sárközy, der Komponist des »Isteni csárdás«, war ein berühmter Zigeunerprimás der Zeit, den man vor allem wegen seiner eleganten Spiel-

Brahmskopf von Olga Miller zu Aichholz, die mit ihrem Mann Victor zum engen Freundeskreis des Komponisten gehörte, über einem Notendruck der *Ungarischen Tänze*.

weise schätzte. Was man über ihn und die Musik seiner Zigeunerkapelle dachte, geht vielleicht am besten aus der lakonischen Bemerkung des Grafen István Fáy hervor, der ebenfalls ein Mitte des 19. Jahrhunderts in Ungarn bekannter Pianist und Komponist gewesen ist. Fáy meinte, als Komponist tauge Sárközy zwar nichts, doch spiele er wunderschön. Daraus mag man auch die Leistung des Bearbeiters ermessen. Brahms hat der Spielweise der Zigeuner feste kompositorische Konturen gegeben und sie damit – wenn man es pathetisch formulieren will – unsterblich gemacht. Denn viele andere ungarische Tänze des 19. Jahrhunderts, die seinerzeit geradezu inflationär den musikalischen Markt überschwemmten, die Brahms aber zu bearbeiten unterließ, sind mittlerweile wie ihre Autoren vollkommen vergessen. Mit den unter seinem Namen erschienenen *Ungarischen Tänzen* aber hat Brahms den Ungarn geholfen, ihre Heimat zu exportieren. Die Kompositionen sind kulturell exterritoriales Gebiet: ein Stückchen Ungarn in Deutschland und sonstwo auf der Welt.

Wolfgang Sandner

GIUSEPPE VERDI

Aida
1871 Kairo

Daß Verdis drittletzte Oper *Aida* ihre Entstehung, wenn auch nur indirekt, der Einweihung des Suezkanals am 17. November 1869 und der gleichzeitig stattfindenden Eröffnung des neuen Kairoer Opernhauses verdankte, ist zwar hinlänglich bekannt, doch die näheren Umstände ihrer Entstehung kamen erst 1977 ans Tageslicht, als ein Exemplar des sog. »*Aida*-Szenariums« in Paris entdeckt wurde. Im Herbst 1869 ließ der ägyptische Vizekönig Ismail Pascha durch Paul Draneth »Bey«, den Generaldirektor der Kairoer Oper, über Camille du Locle, einen der Librettisten des *Don Carlos* (UA 1867), anfragen, ob Verdi (1813–1901) Interesse an einer »ägyptischen Oper« habe. Das beigefügte, vom französischen Ägyptologen Auguste Mariette »Bey« verfaßte Szenarium erregte sofort das Interesse des Komponisten, und nachdem der Vizekönig die Erfüllung von Verdis geradezu exorbitanten Forderungen – 150 000 Francs für die Aufführungsrechte ausschließlich in Kairo – zugesagt hatte, begann die Ausarbeitung des Entwurfs, teils durch du Locle, teils durch Verdi selbst, während Antonio Ghislanzoni, der gemeinhin als Librettist genannt wird, lediglich die Versifizierung übernahm.

Am 24. Dezember 1871 wurde *Aida* in Kairo aus der Taufe gehoben, wenige Monate später fand die überaus erfolgreiche europäische Erstaufführung an der Mailänder Scala statt. An seinen Freund Arrivabene schrieb Verdi: »Ich will vor Dir keine Bescheidenheit heucheln, aber diese Oper ist sicherlich nicht eine meiner schlechtesten. Die Zeit wird ihr jenen Platz zuweisen, den sie verdient.« In der Tat eroberte sich *Aida* in kürzester Zeit einen festen Platz im Repertoire aller namhaften Bühnen.

Die ungebrochene Popularität dieser Oper basiert, ebenso wie die Ablehnung durch manche intellektuelle und zeitgenössische Regisseure, auf der Fülle eingängiger Melodien, der Akzentuierung des Monumentalen und der vor einem exotischen Hintergrund spielenden Handlung, deren Dramaturgie mit den bewährten konventionellen Topoi wie dem Konflikt zwischen Liebe und Pflicht sowie der Dreieckskonstellation operiert. Daß dem Streben nach höchstem individuellen Glück die Erfüllung durch die Forderungen des Kollektivs wie Staat, Volk und Religion versagt bleibt, ist

Giuseppe Verdi: *Aida.* Aquarellierte Kostümentwürfe der Pariser Opéra von Auguste Mariette aus dem Jahr 1981, dem Uraufführungsjahr der Oper. V. l.: Radames, Äthiopischer Gefangener, König.

– auf eine knappe Formel gebracht – die eigentliche Aussage der *Aida.* Den unbeirrbar an ihrer Maxime festhaltenden Gestalten wie Amonasro einerseits und Ramphis andererseits, stehen die seelisch in sich gespaltenen, schwachen Gestalten wie Radames und Aida gegenüber – auch Amneris gehört zu ihnen. Der innere Zwiespalt, dem Radames in seinem Denken und Fühlen verhaftet ist, resultiert aus seinem Streben nach Ruhm und Anerkennung einerseits und seiner tiefen Zuneigung zu Aida andererseits (Romanze »Celeste Aida«), die ihrerseits dem Dilemma zwischen ihren gefühlsmäßigen Bindungen zu Familie und Vaterland und ihrer Liebe zu Radames ausgeliefert ist (Arie »Ritorna vincitor«). Ähnlich wie Aida ist auch Amneris eine unglücklich Liebende, doch aus anderem Grunde: Ihre Liebe findet keine Erwiderung, so daß sich Eifersucht und Haß in ihrem Innern einnisten. Allen dreien gemeinsam ist die völlige Verkennung der realen Machtstrukturen, die Überschätzung ihrer eigenen Möglichkeiten, wenn sie aufgrund ihrer Stellung eine Veränderung der Verhältnisse zu ihren Gunsten herbeizuführen hoffen; ihr Denken und Handeln erscheint geprägt durch ein Moment der Utopie.

Den kompositorischen Entwicklungsstand, den Verdi am Ende seiner mittleren Schaffensperiode erreicht hat, dokumentiert insbesondere der sog. »Nilakt«. Obwohl er noch in traditioneller Weise in Introduktion, Romanze, Duett usw. unterteilt ist, werden eindeutige Zäsuren zwischen den Nummern vermieden, scheinen die einzelnen Abschnitte in den dramatischen Ablauf integriert. Einen hohen Stellenwert, wie ihn die italienische Oper bislang nicht kannte, nimmt das Lokalkolorit ein, was unmittelbar mit dem Entstehungsanlaß zusammenhängt. Da mangels eindeutiger Zeugnisse altägyptischer Musik ein Rückgriff auf Nationalmelodien nicht infrage kam, war Verdi auf seine eigene Phantasie angewiesen, die sich an bestimmten Charakteristika orientalischer Musik orientierte. So trägt in der Introduktion des dritten Aktes das Changieren der Tonalität (G-Dur/g-Moll/e-Moll) zum Eindruck des Fremdartigen ebenso bei wie die verminderten und übermäßigen Intervalle im Finale des ersten Aktes.

Staubige Perücken, die Ihr seid!!! – – – Was erzählt Ihr mir von Melodie und Harmonie!!! Von Wagner keine Spur!!! – – – Im Gegenteil, wenn man nur zuhören und sich Mühe geben wollte, richtig zu verstehen, würde man das glatte Gegenteil davon feststellen – – – das glatte Gegenteil!!![. . .]

Was sollen doch all diese Schulen, diese Vorurteile in bezug auf Harmonie, Germanismus, Italianismus, Wagnerismus usw. – – –?

Er steckt noch etwas mehr in der Musik – – – nämlich die Musik selbst! – – – Das Publikum soll sich einen Teufel darum kümmern, welche Mittel der Künstler verwendet! – – – Es soll alle Vorurteile und Einordnungen in Schulen von sich schieben. – – –
Giuseppe Verdi in einem Brief vom 17. April 1872 aus Parma an Cesare De Sanctis. In: Giuseppe Verdi. Briefe zu seinem Schaffen. Frankfurt/Main 1963.

Abgesehen von den sog. »Aida-Trompeten« in As und H, die Verdi eigens für die Triumphmarsch-Szene hatte anfertigen lassen, werden keine fremdartigen Instrumente verwendet; die exotische Wirkung beruht vor allem auf der Kombination verschiedener Instrumentaleffekte wie etwa Pizzicato, Tremolo und Flageolett in den Streichern, die in der Nilszene die Atmosphäre einer tropischen Nacht suggerieren. Der Hang zum Dekorativen äußert sich auch in der Einbeziehung großer Tableaus, die ihre Herkunft von der Grand Opéra nicht verleugnen können; in ihnen wird das Drama suspendiert (Finale I) oder auf ein Minimum reduziert, wie in dem grandiosen Finale II, das für viele zum Inbegriff von *Aida* schlechthin geworden ist. Die Kritik, die sich immer wieder an der – auftragsbedingten – Monumentalität dieser Oper entzündet, übersieht allerdings die bewundernswerte Architektur, die in der ausgeklügelten Disposition der einzelnen kontrastierenden Teile (Chor, Ballett, Fanfare) besteht, verkennt vor allem die überaus artifizielle Satztechnik: Im Schlußteil werden nicht weniger als drei eigenständige Melodien miteinander kombiniert.

In *Aida* findet eine Entwicklung, die seit *Rigoletto* (UA 1851) zu beobachten ist, ihren vorläufigen Höhepunkt: die Reduzierung der Sologesänge sowohl in ihrer Zahl als auch in ihrer Dimension. Ihre Funktion wurde besonders von den sogenannten Duetten übernommen, die in *Aida* zum beherrschenden Formelement aufgestiegen sind. Allerdings ist der simultane Zwiegesang, der Inbegriff des Duettierens, weitestgehend einem dramatischen Dialog gewichen, der die Handlung vorantreibt und als Vorstufe einer Berührung zwischen Oper und Musikdrama angesehen werden kann.

Das Spektrum reicht von rein dialogischen Formen wie der Szene zwischen Amonasro und Aida (dritter Akt) bis zum Schlußduett des vierten Aktes. Hier bleibt das Handlungsmoment auf den Anfang beschränkt, während der Akzent auf der Entfaltung der Emotionen und der Schilderung von Visionen liegt. Der letzte Teil (»O terra, addio«) folgt zwar dem konventionellen Formschema, wartet aber mit einer neuen Ausdrucksintensität auf: Dieser seraphische Schöngesang birgt ein Moment des

Irrealen in sich, kann als Metapher für Verklärung begriffen werden. Und daß sich die Seelen des Liebespaares bereits von der Erde entfernt haben, verdeutlicht Verdi durch die tonale Disposition, durch den langen Weg von d-Moll bis hin nach Ges-Dur – ein Liebestod all'italiana und in seinem allmählichen Verlöschen einer der ungewöhnlichsten und zugleich bewegendsten Opernschlüsse. *Norbert Christen*

JOHANNES BRAHMS

Variationen über ein Thema von Joseph Haydn op. 56a
1873 Wien

Man hat die *Variationen über ein Thema von Joseph Haydn* für Orchester von Johannes Brahms (1833–97) häufig das Präludium zu seinen vier Sinfonien genannt, eine Bezeichnung, die sie gerechterweise teilen müßten mit den beiden *Orchester-Serenaden in D-Dur op. 11* und *A-Dur op. 16* (1860). Gerade in der ersten Serenade »für großes Orchester«, die nach ihrem Entstehungsort nicht ganz zulässig den Beinamen »Detmolder Sinfonie« erhielt, geben Divertimento und Sinfonie einander die Hand, verschmelzen jedoch nicht mehr so innig, wie es Mozart etwa in seiner *Kleinen Nachtmusik* (1787) ganz selbstverständlich gelang. Als vorsinfonisch ist bei Brahms gewiß auch das *Erste Klavierkonzert d-Moll op. 15* (1860), zumal dessen erster Satz, einzustufen.

Die *Haydn-Variationen,* von denen Brahms zwei Fassungen schrieb, die eine für Orchester (op. 56a), die andere für zwei Klaviere (op. 56b), vollendete der 40jährige 1873 während eines Sommeraufenthalts in Tutzing am Starnberger See. Man kann von einem wichtigen Lebensabschnitt sprechen, denn das vorausgegangene Jahr hatte eine Zäsur gebracht. Brahms hatte von seinen Hoffnungen, in seiner Vaterstadt Hamburg zu Ansehen und Stellung zu kommen, Abstand nehmen müssen, war Leiter des Wiener Singvereins geworden und hatte die Wohnung in der Karlsgasse bezogen, schräg gegenüber dem Musikvereinsgebäude. 1872 war sein Vater in Hamburg gestorben. Mit Tutzing begann auch die lange Reihe

Anfang des Autographs von Brahms' Haydn-Variationen in der Fassung für zwei Klaviere op. 56b von 1873, entstanden in Tutzing am Starnberger See.

der schöpferischen Sommerfrischen, die sich mit Baden-Baden, Pörtschach, Preßbaum, Mürzzuschlag usw. fortsetzte.

Was der in Tutzing vollendeten Orchesterfassung der *Haydn-Variationen* zugute kam, war die Erfahrung, die Brahms mehr und mehr als Dirigent gesammelt hatte. Die Instrumentierung hatte dem Komponisten in der vergangenen Epoche seines Schaffens, da er vor allem im Pianistischen und Liedhaften zu Hause gewesen war, Probleme aufgegeben. Nun war alle Unsicherheit überwunden, auch in der Instrumentierung war er reif für die Sinfonie, die alle längst von ihm erwarteten.

Dennoch bleibt die Frage der Instrumentierung in bezug auf die *Haydn-Variationen* ein Nebengedanke. Im Mittelpunkt des Interesses steht ganz selbstverständlich die Variationstechnik, besser gesagt, die Variationskunst. Brahms behandelte die Form, dem geliebten Vorbild der Bachschen *Goldberg-Variationen* (1742) folgend, sehr frei, so daß sich jede Variation »als ein eigenes, unabhängig profiliertes Charakterstück« (Hans Gal) entwickelte.

Es gibt Hinweise darauf, daß das Thema gar nicht von Haydn (1732–1809) stammt, was nichts zur Brahmschen Sache tut und es gibt Interpretationsversuche, die dem Motiv-Titel des Originals *Chorale St. Antoni* nachspüren, was zu nichts führt. Denn den Variationen ein Programm zu unterstellen, das mit der Versuchung des heiligen Antonius zu tun hat, geht am musikalischen Denken des Komponisten Brahms vorbei. Den hatte die Variationsform von früh an beschäftigt, da sie ihm als ein seinem Formwillen adäquates Prinzip erschien.

Variationswerke beziehen sich auf die musikalische Tradition, auf Grundsätze der Musik, und Brahms stand ganz bewußt in der Tradition der europäischen Musikgeschichte seit Bach und Händel. Dennoch kommen diese Variationen, die sich aus dem schlichten, einprägsamen Thema entwickeln, nicht antiquierend daher, und das liegt nicht allein an Brahms' außerordentlicher Phantasie oder dem ihm zur Verfügung stehenden Melodienreichtum, sondern vor allem daran, daß er in der Lage war, sich das thematisch-motivische Material aufzuschließen, anzueignen, ja, sich ganz zu assimilieren. Es gibt nichts Nachgemachtes, nicht einmal etwas Nachempfundenes in Brahms' Musik, alles ist ganz sein eigen.

Aus der strengen Gestalt des Basses ließ er in seinen Variationen die Tongestalt der neuen Zeit hervorgehen. Wie im *Ersten Klavierkonzert* ist das Prinzip des Wechsels ausgeprägt, hier in der Abfolge der Variationen. Das gilt für den Ausdruck, die »Stimmung«, für Tempi und Taktreihung. Die kontrapunktische Arbeit schafft fesselnde Tonbilder, wenn das Thema z. B. zuerst von den Streichern, dann von Streichern und Bläsern variiert wird. So bilden sich Variationspaare von gegensätzlicher Tendenz, sehr deutlich zu erkennen bei der melodisch zarten Siziliana der 7. Variation, die mit der vorausgegangenen, vom Blech bestimmten 6. Variation kontrastiert.

Das erste explizit so bezeichnete Variationswerk, das Brahms erscheinen ließ, waren die *Klavier-Variationen über ein Thema von Robert Schumann op. 9* (1854), ein Geschenk an Clara Schumann. Unter den darauffolgenden ragen die *Händel-Variationen op. 24* von 1862 und die *Paganini-Variationen op. 35* von 1866 hervor als klavieristische Meisterstücke mit höchsten Ansprüchen an die Kunst des Interpreten. Der letzte Satz seiner *Vierten Sinfonie* (1889) ist aus einer gewaltigen Variationsfolge gebaut, deren Urthema eine Brahmssche Bach-Reminiszenz zugrunde liegt. Die musikalische Spannung dieser Werke läßt sich zurückführen auf die hier essentiell verlangte Auseinandersetzung des Komponisten mit dem Kontrast von Disziplin und Phantasie. Ein Brahmssches Thema für sich.

Richard Wagner (1813–83) sagte über die *Händel-Variationen* zweideutig-gönnerhaft: »Man sieht, was sich in den alten Formen noch leisten läßt, wenn einer kommt, der versteht, sie zu behandeln.« Hier tritt das Mißverständnis zutage, dem Brahms lange ausgesetzt war und das ihn unter dem Schlagwort des »akademischen Brahms«, des Traditionalisten, einreihte. Er bewegte sich jedoch nicht in alten Formen, sondern ließ neue Musik aus alten Formen hervorwachsen.

Arnold Schönberg (1874–1951) hat es in seinem Aufsatz »Brahms the Progressive« schlüssig beschrieben, was sich – wie bei Brahms so oft – nicht auf Anhieb jedem mitteilt: daß er Freiheiten in der Komposition eingeführt hat, die den Neuerungen Wagners nicht nachstehen. *Hans A. Neunzig*

MODEST MUSSORGSKI

Boris Godunow
1874 (Originalfassung)
St. Petersburg

Das Vergangene im Gegenwärtigen – das ist meine Aufgabe. Wir sind fortgeschritten?‹ Du lügst! . . . Solange das Volk nicht selbst nachprüfen kann, was man aus ihm zusammenbraut, solange es nicht selbst den Willen hat, daß dieses oder jenes aus ihm zusammengebraut werde, ›bleibt es auf dem gleichen Fleck‹.« – Die Geschichte ist das zentrale Thema des Opernkomponisten Modest Mussorgski (1839–81), das Licht, das er auf sie wirft, hat nichts verklärend Begütigendes. Den Stoff seines *Boris Godunow* entnahm der Komponist der *Geschichte des russischen Reiches* von Nikolai Michailowitsch Karamsin (1766–1826) und vor allem der Tragödie Alexander Puschkins (1799–1837), die dieser 1824/25 geschrieben hatte. Das Werk erschien 1831, wurde jedoch wegen der Zensur erst 1870 uraufgeführt. Die zweite Fassung kam 1874 in St. Petersburg zur Uraufführung. Puschkin erzählt die Geschichte Boris Godunows, der 1598 den rechtmäßigen Thronfolger Dimitri ermorden läßt, um selbst auf den Zarenthron zu gelangen. (Die wahren Hintergründe des Mordes sind allerdings nie geklärt worden.) Nach sieben Jahren glückloser Herrschaft erobert der entlaufene Mönch Grigori Otrepjew, der in die Rolle des ermordeten Zarewitsch geschlüpft ist und das Volk auf seine Seite bringt, als »falscher Dimitri« das Reich mit polnischer Unterstützung und läßt sich in Moskau als Zar ausrufen. Boris ist kurz zuvor im Wahn gestorben.

Als 16jähriger bereits hatte Puschkin, unverkennbar auf die Zustände im russischen Reich anspielend, gedichtet: »Getrieben wird das Volk, tief in den Staub sich neigend / Vor der Tyrannenmacht, aus Furcht, den Haß verschweigend.« Doch stärker noch als in Puschkins Drama wird bei Mussorgski das Volk – freilich das unterdrückte, geknechtete und unmündige Volk – zum eigentlichen Protagonisten des Werkes, zum Gegenspieler der Zarenfigur. An den Maler Ilja Repin schrieb Mussorgski 1875: »Das Volk allein ist unverfälscht, ein Ganzes, groß und ohne Tünche.« Ist die erste Fassung der Oper, der sogenannte *Ur-Boris* von 1869, noch ganz auf die psychologische Ausleuchtung der Zaren-Figur ausgerichtet, deren psychischen Verfall diese »Tragödie des schlechten Gewissens« nachzeichnet, so tritt in der sogenannten Originalfassung von 1872/74 aufgrund des eingefügten Polenaktes zum einen die Figur des Dimitri wesentlich profilierter hervor. Zum anderen steht das Volk in seiner Rolle als zwar leidende, dennoch geschichtliche Größe im Vordergrund. Nicht mehr der Tod des Zaren beschließt die Oper, wie in der Urfassung, sondern die Revolutionsszene auf der Waldlichtung bei Kromy an der litauischen Grenze. »Wehe, Russisches Reich, wein, wein, russisch Volk, du hungernd Volk!« Mit diesen Worten des Gottesnarren, der eher Prophet denn Schwachsinniger ist, fällt der Vorhang.

Daß Nikolai Rimski-Korsakow, indem er in seinen Bearbeitungen von 1896 und 1908 die beiden letzten Szenen umstellte, zum konventionell theatralischen Opernschluß zurückkehrte, dokumentiert sicher ebenso deutlich sein grundlegendes Mißverständnis der Intention Mussorgskis wie seine Neu-Instrumentierung. Mag diese auch die eine oder andere unleugbare Schwäche des Originals beheben, so läuft sie in ihrer klanglichen Opulenz doch allzusehr auf eine Glättung und Übertünchung der zahllosen, sicher intendierten Brüche und Risse im musikalischen Gefüge der Partitur Mussorgskis hinaus. Nicht die Schönheit war für diesen der weg-

Musorgskijs Ruhm ist außerhalb Rußlands erst im 20. Jahrhundert entstanden, zunächst in Frankreich, später in Deutschland, England und Italien. Und Boris Godunow wurde von einem Werk, über das man zwar redete, das man jedoch kaum spielte, schließlich sogar, im Unterschied zu den Trojanern von Berlioz, zu einem Bestandteil des Repertoires.

Von Gegnern wie von Anhängern ist Musorgskij als genialer Dilettant apostrophiert worden: die skeptischen Urteile unterscheiden sich von den enthusiastischen lediglich dadurch, daß man den Dilettantismus entweder als Gebrechen ansah, das durch Eingriffe heilbar ist, oder als eine mit der Genialität untrennbar verquickte Eigentümlichkeit erkannte.

Carl Dahlhaus: »Musorgskij in der Musikgeschichte des 19. Jahrhunderts« In: Modest Musorgskij. Aspekte des Opernwerks. Hg. Heinz Klaus Metzger und Rainer Riehn. Musik-Konzepte 21. München 1981.

weisende künstlerische Begriff, sondern die »Wahrheit, wie bitter sie auch sei«. Carl Dahlhaus hat darauf hingewiesen, wie eng Mussorgskis, nicht zuletzt im *Boris* zutage tretender musikalischer Realismus mit der Störung und Durchbrechung festgefahrener Hörkonventionen zusammenhängt, und darauf, daß der vermeintliche »Dilettantismus« des Russen die vielleicht notwendige Kehrseite dieses Realismus und Ausdruck von Mussorgskis Verachtung für alles Konventionelle, einengend Normative war. Auch hier ist nach der Modernität des Russen zu fragen. Und die vielfach geäußerte Ansicht, mit der Einfügung des Polenaktes in die zweite Fassung habe Mussorgski sein Werk an die Opernkonvention verraten, ist mindestens fragwürdig.

Wegweisend war insbesondere Mussorgskis Umgang mit der Sprache, seine Kunst, einerseits die Figuren über das Medium der Sprache zu charakterisieren, andererseits den Tonfall dieser individuellen Sprache – oder eines Dialektes – musikalisch einzufangen, meisterhaft vor allem im Rezitativ. Nicht minder großartig verstand es Mussorgski, die Psyche seiner Figuren in der Musik auszuloten, ohne deshalb ins plakativ Illustrative abzugleiten. Bis auf den heutigen Tag gehört der Schluß des zweiten Aktes, die Szene, in der sich die Tritonusschläge des Glockenspiels zu einem schneidenden Ausbruch des Orchesters auswachsen und den Wahnsinnsanfall des nur mehr stammelnden Zaren begleiten, zu den größten und erregendsten Momenten der Operngeschichte. Mit ungeheurer Gewalt vernimmt Boris nun innerlich jenes Glockenspiel, von dem zu Beginn des Aktes sein Sohn Fjodor sprach: »Sieh dorthin! Das Uhrwerk läuft! Die Glocken spielen wieder! . . . Geht die Uhr, schlägt uns auch die Stunde . . .« Die Spaltung der Tonalität zwischen Orgelton und restlichem Stimmgewebe verweist auf den Wahnsinn des Zaren, und dies mit einer klanglichen Kühnheit, wie man ihr erst wieder in Strauss' *Elektra* begegnen wird.

Die Bearbeitung des *Boris Godunow* durch Nikolai Rimski-Korsakow hat die Rezeptionsgeschichte des Werkes bestimmt. Korsakows Meriten sollen nicht bestritten werden, er öffnete dem Werk die Opernhäuser der Welt und machte *Boris Godunow* zur bedeutendsten russischen Repertoire-Oper. (Eine wesentlich behutsamere Neuorchestrierung Schostakowitschs von 1940 konnte sich nie so recht durchsetzen.) Für endgültig hielt auch Rimski-Korsakow seine Bearbeitung nicht: »Wenn die Zeit kommt, da man das Original für besser oder wertvoller hält als meine Revision, dann wird man meine Fassung verwerfen und *Boris* nach der ursprünglichen Partitur geben.« Vielleicht ist die Zeit da.

Oswald Beaujean

Der 42jährige Modest Mussorgski, gemalt von dem Figurenmaler und Porträtisten Ilja Rjepin (1844–1930), einem Vertreter des russischen Naturalismus. Zu seinem berühmtesten Bildern gehört »Gogol verbrennt das Manuskript der ›Toten Seelen‹« von 1909. Das Mussorgski-Porträt von 1881 zeigt den Komponisten zur Zeit seines *Jahrmarkt von Sorotschinzy* nach Gogol.

MODEST MUSSORGSKI

Bilder einer Ausstellung
1874

Das Werk besteht aus 16 Bildern, welche die Eindrücke wiedergeben, die Mussorgsky in einer Bilderausstellung gewonnen hatte. Die gemalten Bilder waren natürlich »naturalistisch« (vermutlich ausschließlich Aquarelle). Die Musik ist aber keineswegs »Programmusik« geworden. Wenn sie etwas »wiederspiegelt«, so sind es nicht die gemalten Bildchen, sondern die Erlebnisse Mussorgskys, die weit über den »Inhalt« des Gemalten stiegen und eine rein musikalische Form fanden . . . Wassily Kandinsky. In: Essays über Kunst und Künstler, Stuttgart 1955.

Komponisten sind von literarischen Werken *(Faust, Hamlet, Till Eulenspiegel)* ebenso inspiriert worden wie von Gemälden. Unter den wichtigen Programmwerken nach Bildern nehmen die *Bilder einer Ausstellung* von Mussorgski (1839–81) eine besondere Stellung ein: Sie gehen auf mehrere Aquarelle, Theaterskizzen, Architektur-Entwürfe und Zeichnungen eines befreundeten Malers zurück, sind das erste für Klavier geschriebene »Bilderwerk«, ordnen sich zu einem ganzen Zyklus und ersetzen die bloße musikalische Illustration durch ein hohes Maß an psychologischem Einfühlungsvermögen. Ihr Komponist, ein ehemaliger Offizier und eher ein Musik-Dilettant, lebte als zerrüttete, vom Alkohol zerstörte Existenz am Rande der Gesellschaft, verweigerte sich ihren Normen und stieß nur bei seinen Gesinnungsfreunden, den russischen Novatoren (Balakirew – 1836–1910 –, Borodin – 1833–1887 –, Cui – 1835–1918 – und Rimski-Korsakow – 1844–1908) auf künstlerische Zustimmung. Auch wenn diese sich allmählich von dem ewig nach Schnaps Riechenden abwandten: Er hat mehr als sie alle die Zukunft der Musik vorausgeahnt und mit seinen Mischungen und Trübungen von Akkorden durch Hinzunahme von Sekunden und Quarten wesentliche Stilelemente eines Debussy (1862–1918) und Strawinsky (1882–1971) vorweggenommen.

Den äußeren Anstoß zur Vertonung der *Bilder* bot 1874 die Gedenk-Ausstellung mit Werken des kurz zuvor im Alter von 39 Jahren verstorbenen Malers Viktor A. Hartmann, der sich nach mehrjährigen Reisen durch Frankreich, Italien und Polen vom Akademismus der russischen Ateliermalerei gelöst hatte. Wie die französischen, italienischen, deutschen, polnischen und russischen Original-Überschriften von Mussorgskis Stükken belegen, scheint der Komponist nicht zuletzt auf die Vielfältigkeit der nationalen Charaktere gesetzt zu haben. Seine ausschweifende Phantasie verlieh jedoch einigen der etwa 400 Exponate ein bemerkenswertes Eigenleben. So war der dramatische und durchaus sozialkritisch aufzufassende Dialog zwischen dem dicken, reichen, herrischen Samuel Goldenberg und dem mageren, ihn in schnatternd-piepsiger Tonlage anflehenden Schmuyle beim Maler keine optische Realität – Hartmann hatte die beiden gegen-

sätzlichen Juden auf zwei getrennten Bildern porträtiert und nichts von der Dramatik geschildert, in welcher der Reiche den lästigen Bittsteller grob abweist. Auch der von südländischer Atmosphäre erfüllte »Marktplatz von Limoges« mit der karikierenden Darstellung von keifenden Marktfrauen ist bei Hartmann nicht vorgegeben – er hatte lediglich einzelne Bauern und Besucher vor der Kathedrale der Stadt gezeichnet.

Die einleitende und insgesamt noch viermal auftretende, dabei leicht abgewandelte »Promenade« ist ein Selbstporträt des Komponisten. In ihrer seltsam unentschiedenen, pentatonischen Tonalität, ihrem Schwanken zwischen zwei Metren und ihrem Wechsel von einstimmigem »Vorsänger« und Chor enthält sie typische Strukturelemente der russischen Volksmusik und bringt ein autobiographisches Moment in den Zyklus hinein. Denn – so der mit Mussorgski befreundete Kritiker W. Stassow – sie steht stellvertretend für den Komponisten, »wie er bald nach links, bald nach rechts geht, bald unschlüssig herumsteht, bald eilig einem Bild zueilt« und dabei dessen Inhalt quasi vorausnimmt oder ihm nachsinnt. Der einfühlsame Betrachter nimmt Anteil an den verkrampften Bewegungen eines Zwergs, der sich auf seinen verkrüppelten Beinen kaum zu halten vermag, stürzt und sich wieder aufrappelt (Bild-Vorlage war dabei lediglich ein Weih

Das «mächtige Häuflein« – die Protagonisten einer eigenständigen russischen Musik. Erste Reihe v. l.: Rimski-Korsakow, Balakirew, Glinka, am Klavier L. Rubinstein, der Lehrer Tschaikowskis. Modest Mussorgski gehörte zu den Initiatoren.

Die Musik von Mussórgsky schicke ich von ganzem Herzen zum Teufel, sie ist eine gemeine und niederträchtige Parodie auf die Musik.
Peter Tschaikowski an seinen Bruder am 29. 10. 1874.

nachtsbaumschmuck, eine Art Nußknacker). Er passiert das alte italienische Schloß, vor dem ein Troubadour sein melancholisches Ständchen bringt, und übersetzt dabei ein Landschaftsgemälde in eine lyrische Miniatur. Er beobachtet in den Pariser »Tuilerien« das streitsüchtige, aber von Grazie erfüllte Spiel der Kinder und hört sich in das Nähern und Entfernen eines polnischen, auf schweren Ostinato-Bässen rumpelnden Ochsenkarrens hinein. Er sieht amüsiert dem hüpfenden, von Vorschlägen und Trillern bestimmten Scherzino eines »Balletts der Küchlein in ihren Eierschalen« zu und versetzt sich in die »Catacombae« von Paris, wo er, eine Laterne in der Hand, »in der Sprache der Toten mit den Toten« redet und wo die Schädel der Verstorbenen geheimnisvoll fluoreszieren. Gerade dieser zweite Teil der »Catacombae« wird in seinen flimmernden, impressionistischen Klangwirkungen zum eigentlichen Requiem für den verstorbenen Hartmann. Eine auf Hühnerfüßen stehende Bronze-Uhr regt ihn zur stürmischen Schilderung eines wilden Luftrittes der russischen Hexe Baba Yaga an, und das »Große Tor von Kiew« wird zum Portal einer gewaltigen Prozession, in der sich Glockengeläute, Priestergesänge einer liturgischen Melodie und das Promenadenthema zur faszinierenden Synthese und Apotheose des Russischen vereinigen.

Der Zyklus erschien erst 1886 im Druck; 1891 unternahm der 30jährige Rimski-Korsakow-Schüler Michael Tuschmalow eine (unvollständig gebliebene) Orchestrierung des Werks. Erst nachdem Maurice Ravel 1922 im Auftrag des aus Rußland emigrierten Dirigenten Serge Kussewitzky seine farbkräftige Instrumentation des Werks (unter Fortfall der fünften Promenade) vorgelegt hatte, eroberte es sich auch die großen Konzerträume und wurde zu einem Paradestück virtuoser Klangkörper.

Uwe Kraemer

JOHANN STRAUSS

Die Fledermaus
1874 Wien

Seit der Uraufführung am 5. April, am Ostersonntag des Jahres 1874 im Theater an der Wien führt *Die Fledermaus* nahezu unangefochten die Aufführungsstatistiken der Opern- und Operettenhäuser an. Ganz gleich, ob in Wien – wo es nahezu undenkbar wäre, den letzten Abend des Jahres anders als mit der *Fledermaus* zu feiern – oder in New York, im großen Staatstheater oder der kleinen Stadtbühne, überall ist *Die Fledermaus* im Bewußtsein des Publikums »Die Königin der Operetten«, geliebtes Beispiel einer Kunstform, die zwar einer anderen Zeit, vor allem einem anderen Lebensgefühl zugehört, in diesem außerordentlichen Einzelfall das Publikum von heute aber kaum weniger fasziniert als das vor mehr als hundert Jahren.

Mit Strauß bin ich immer gern zusammengetroffen; er gehörte zu den liebenswürdigsten, aufgewecktesten und zugleich anspruchlosesten Persönlichkeiten Wiens. Die Triumphe, die ihn von Jugend auf umbraust haben, konnten seiner echten, gefühlten Bescheidenheit nichts anhaben. (. . .) Weit entfernt, alles, was er niedergeschrieben, für vortrefflich zu halten, pflegte Strauß auch das Beste anzuzweifeln und gern dem Urteil verschiedener Leute vorzulegen, von denen nur zu oft der Letztgekommene Recht behält. Die schöne Natürlichkeit und Offenheit des genialen Walzerkomponisten gewinnt alle Welt; mich hat sie stets gefangen genommen.
Eduard Hanslick. Aus meinem Leben. Berlin 1911.

Kann man einen solchen Erfolg erklären?

Schon die Zeitgenossen von Johann Strauß (1825–99) haben es versucht. Schnell bildeten sich um *Die Fledermaus* Legenden und Klischees – vor allem jenes so beliebte vom Schaffensrausch, der den »Walzerkönig« angesichts des Textbuchs überfallen habe, so daß er sich eingeschlossen und das ganze Werk in weniger als sechs Wochen vor allem des Nachts komponiert hätte. – In Wahrheit hat Marie Geistinger, die große Offenbach-Sängerin und erste Rosalinde, den Csárdás aus der *Fledermaus* schon ein halbes Jahr vor der Uraufführung, im Oktober 1873, in einem Wohltätigkeitskonzert gesungen.

Der Erfolg der *Fledermaus* war keine Zauberei, wohl aber das Zusammentreffen glücklicher Umstände, vor allem einer glückhaften Konstellation professionellsten Handwerks. Schon die beiden Pariser Offenbach- (und Bizet-)Librettisten Henri Meilhac und Ludovic Halévy, die aus dem eher unbedeutenden Schwank des Leipziger Dichters Roderich Benedix ein zündendes Lustspiel gemacht hatten, das das Pariser Theaterpublikum entzückte, verstanden ihr Metier.

La Réveillon war ein frivoles Stück Gesellschaftssatire, das sich freilich nicht so ohne weiteres nach Wien übertragen ließ. Doch der gewiegte Theaterdirektor Max Steiner, der die Rechte für Wien erworben hatte, wußte Rat: Richard Genée (1823–95) und Karl Haffner (1804–76) waren ihrerseits metiererfahren genug, um ein wirkungsvolles Libretto daraus zu machen, vor allem eines, das der Musik nicht nur genug Raum ließ, sondern wie in kaum einem anderen Werk des Musiktheaters die Musik als eigentlichen Handlungsträger zwingend macht. Die Nummern, Lieder, Ensembles, Tanz und Couplet, entwickeln sich mit glückhafter Selbstverständlichkeit eine aus der anderen.

Für Johann Strauß, der, seit dem Tod seines Vaters 1849 mit seinen Walzern, Polkas, Märschen und Genrestücken nicht nur das Wiener Musikleben dominierte, mit seinen ersten beiden Operetten *Indigo* (UA 1871) und *Carneval in Rom* (UA 1873) zwar erfolgreich, aber nicht zufrieden gewesen war, bedeutete dieses Libretto einen Glücksfall und eine Herausforderung zugleich. Hier lag weder der Versuch einer Offenbach-Kopie vor – was so vielen Wiener Unterhaltungsstücken dieser Zeit zum Verderben geworden war –, noch ging es um die Klischees der Alt-Wiener Singspieltradition. Das war ein Libretto, das sowohl nach differenzierter musikalischer Charakteristik verlangte als auch große dramatische Situationen und Steigerungen enthielt. Strauß reagierte darauf mit der Souveränität des geborenen Musikdramatikers. Meisterhaft setzte er die einzelnen Figuren gegeneinander ab, jede erhielt ihren ganz speziellen Tonfall: Rosalinde und Adele – es ist nicht das Stimmfach, das die beiden Frauen unterscheidet, es ist ihr musikalischer Charakter, der sie unverwechselbar macht. Dasselbe gilt für den liebenswerten, doch eigentlich charakterlosen Eisenstein und den dümmlich-eitlen Tenor Alfred, dem Strauß so hinreißend unschuldige Melodien in den Mund legt, daß es der Rolle alle Peinlichkeit nimmt. Wie differenziert erscheint selbst die »Randfigur« des Dr. Falke, welche hintergründige Charakterstudie gewinnt Strauß aus dem Couplet des Prinzen Orlofsky.

Der Malerfürst porträtiert den Walzerkönig: Johann Strauß. Gemälde von Franz von Lenbach (1836–1904) aus dem Jahr 1895. Mit seinen nunmehr 70 Jahren hatte der Komponist den Zenit seines Schaffens lange überschritten. *Die Fledermaus* (1874) und *Der Zigeunerbaron* (1885) lagen 20 bzw. zehn Jahre zurück, aber Strauß komponierte weiter. 1895 hatte seine Operette *Waldmeister* im Theater an der Wien Premiere. Eine Reminiszenz an heitere Zeiten.

Vor allem aber erweist Johann Strauß sich als ein wahrer Meister musikdramatischer Verdichtung: Die Spannungskurve, die schon die Ouvertüre, an sich ein einfaches Potpourri der wichtigsten »Nummern«, zum aufregenden musikalischen »Zündstoff« werden läßt, trägt jeweils auch den musikalischen Aufbau der Akte bis hin zum mitreißend gesteigerten Finale. Nicht von ungefähr vergleicht Heinrich Eduard Jacob, dem wir neben seiner berühmten Haydn-Biographie nicht nur eines der besten Mozart-Bücher, sondern auch eine überaus lesenswerte Strauß-Biographie verdanken, *Die Fledermaus* mit Mozarts *Figaro* (UA 1786).

Noch etwas anderes legt diesen Vergleich nahe. Wie im *Figaro* ist auch hier Gesellschaftskritik, die Darstellung einer ausklingenden Epoche in das Gewand der musikalischen Komödie gekleidet. Wie dort ergibt sich auch

J. STRAUSS Die Fledermaus

hier die Allgemeingültigkeit aus einem Musik gewordenen Lebensgefühl. Freilich ist die Welt des ausklingenden 19. Jahrhunderts eine ganz andere; nicht der Aufbruch in ein neues individuelles Bewußtsein, sondern die wehmütige Ahnung der Vergänglichkeit prägt selbst den Rausch des Champagners. »Glücklich ist, wer vergißt, was doch nicht zu ändern ist« – in dem Satz und in der Musik, die Johann Strauß dazu geschrieben hat, steckt auch eines der tiefsten Geheimnisse der österreichischen Seele.

Die Uraufführung der *Fledermaus* war ein glänzender Erfolg, auch wenn die Wiener Kritiker zum Teil hochmütig abschätzig urteilten. Auch Max Steiner schien zunächst nicht so recht an den Erfolg zu glauben – »nur« 54 Reprisen waren im Theater an der Wien geplant.

Dafür brachte Hamburg bereits im Oktober 1874 als erste ausländische Bühne *Die Fledermaus* heraus, und innerhalb weniger Jahre spielte man das Werk in der ganzen Welt, sogar in Indien und Australien. Johann Strauß hat diesen Erfolg nicht wiederholen können. Von seinen zahlreichen Operetten, die im Abstand von jeweils zwei Jahren entstanden, hat einzig noch *Der Zigeunerbaron* von 1885 sich auf Dauer durchgesetzt. Gegen Ende seines Lebens, 1892, wurde Strauß mit *Ritter Pásmán* sogar die Ehre einer Uraufführung an der Wiener Hofoper zuteil. Doch nur *Die Fledermaus* hat sich wirklich behaupten können als, wie H. E. Jacob sagt: Eine der wenigen komischen Opern, die die Deutschen seit *Figaro* besitzen. *Gottfried Kraus*

GIUSEPPE VERDI

Messa da Requiem
1874 Mailand

Verdis *Requiem* nimmt einen festen Platz im internationalen Konzertrepertoire ein, meist unter dem Aspekt des rahmensetzenden Kirchenjahrs, gelegentlich unabhängig davon zu Ehren eines großen Verstorbenen. Trotz seiner Bindung an den Ritus der katholischen Messe ist es ein Werk von durchaus undogmatischer Aussagekraft, setzt es Leben und Tod unüberhörbar kraß gegeneinander. So ist es eine Totenmesse, die nicht so sehr des Himmels als des Menschen gedenkt. Johannes Brahms hatte diese

Töne in seinem *Deutschen Requiem* von 1865 schon angeschlagen und führte sie in den *Vier ernsten Gesängen* von 1896 auf extreme Weise fort.

Das *Requiem* Verdis hat eine Vorgeschichte. Nachdem am 13. November 1868 Gioacchino Rossini gestorben war, sollten nach Verdis Wunsch die angesehensten italienischen Komponisten gemeinsam ein Requiem zu seinem Gedenken komponieren. Dreizehn Komponisten schrieben je einen Satz, Verdi das abschließende Libera me.

Eine Aufführung kam durch bürokratische Borniertheit und kleinliche Einzelinteressen nicht zustande. Aber der Gedanke, eine Totenmesse zu komponieren, blieb bei Verdi (1813–1901) virulent. Fast scheint es, als habe er nur darauf gewartet, Gelegenheit zu bekommen, seine Vorstellung, sein Empfinden von Sterben und Tod auszudrücken. Den Tod hatte er viele Male in seinen Opern komponiert, und Aidas und Radames' Liebestod war eine große, verklärte Vision des Todes gewesen. Darüber hinaus konnte nur die allgemeingültige und zugleich ganz persönliche Auseinandersetzung mit dem Tod führen.

Die Gelegenheit kam, als der Dichter Alessandro Manzoni starb, dessen *Promessi sposi* (1825/26) den Rang einer italienischen Nationaldichtung einnahmen. Verdi liebte diesen Schriftsteller zärtlich: »Was könnte ich Ihnen von Manzoni sagen? Ich wäre vor ihm niedergekniet, wenn man die Menschen anbeten könnte.« Zur Beerdigung Manzonis zu gehen, konnte sich Verdi nicht entschließen, zu privat, zu unmittelbar war er von dessen Tod betroffen. Aber eine Totenmesse wollte er ihm schreiben. »Auch ich möchte zeigen, wieviel Zuneigung und Verehrung ich jenem Großen, der nicht mehr ist, und den Mailand so würdig geehrt hat, entgegengebracht habe und noch bringe.« Am ersten Jahrestag von Manzonis Tod, am 22. Mai 1874, wurde Verdis *Messa da Requiem* in San Marco zu Mailand uraufgeführt. 120 Chorsänger, ein Orchester von 100 Musikern, die Solisten Teresa Stolz, Protagonistin so vieler Verdi-Partien, Maria Waldmann, die Sänger Jacopo Capponi und Maini führten das Werk unter Verdis Leitung zum ersten Erfolg.

Es ist oft und leichthin gesagt und geschrieben worden, der Opernkomponist Verdi habe ein opernhaftes Requiem geschrieben, und die Dirigierpraxis tendiert gelegentlich in diese Richtung. Die Durcharbeitung des Orchestersatzes allein könnte, müßte eines besseren belehren. Wie ausgeprägt ist die thematische Arbeit, wie läuft das Thema etwa des Lacrymosa durch alle Stimmen. Verdi fußte in der Gesangsmelodik seiner Vorgänger, er kannte sie alle genau: Palestrina, Scarlatti, Pergolesi, und doch hatte er

Das Requiem gestaltet Leben und Sterben mit demselben Glanz, der gleichen Unmittelbarkeit wie die »Aida«. Die Leidenschaftlichkeit der sich aufschwingenden kantablen Themen, der glühenden, sogar gleißenden Orchestrierung und der heftigen tonalen und harmonischen Gegenüberstellungen ist so intensiv wie erhaben . . . Die Seufzer des Lacrimosa sind größer als die Seufzer der Violetta in der »Traviata«, gleichen ihnen jedoch in Geist und Technik. Denn Verdis Requiem ist ein Kind dieser Erde – erdhaft, irdisch. Vielleicht auch eines der Sonne und sonnenhaft. Der wüste Sturm des Dies irae erschreckt uns, weil wir zum »gekneteten Erdklumpen« werden, wenn der Tod die Sonne verdeckt. Die Gegenüberstellung von Lebendig-Sein und dem Versiegen jeder Bewegung im Tod ist der Wesenskern dieses Requiems wie auch des größten seiner Werke überhaupt, des »Otello«.
Wilfrid Meller, Musik und Gesellschaft, London 1957 Frankfurt/M. 1965.

sich den eigenen musikdramatischen Stil geschaffen, der auch das *Requiem* prägt, weit entfernt davon, opernhaft zu sein. Natürlich entnahm Verdi seiner Opernpraxis die Kunst, Solostimmen dialogisch einzusetzen, und die Wirkung des Chors hatte er viele Male erproben können. Verdis *Requiem* ist beherrscht von der einzigartigen Wucht des Dies irae, zugleich der umfangreichste Teil des Werks. Gerade hier sind Anklänge an Techniken des 16. Jahrhunderts aufspürbar. Der heutige Hörer wird, nicht weniger als sein Vorgänger im 19. Jahrhundert, nicht so sehr auf den außerordentlich dicht gearbeiteten, kunstvollen Satz des Werkes achten, als von dem großen Elan wie vom Ernst des Werkgestalt beeindruckt sein. Nicht die achtstimmige Fuge des Sanctus als musikalisches Meisterstück wird ihn bewegen, sondern der hohe Ernst, der sich hier verbindet mit der Intensität des Gefühls. Trotz der starken Kontraste, der prinzipiell erlösungsfernen Stimmungsskala, ist Verdis *Requiem* ein romantisches Musikstück, eine poetisierende Totenmesse.

Das Werk steht monolithisch in der Geschichte der Musik. Ein Meisterwerk, das seinesgleichen nicht hat. Es ist ein Werk der Reife, in dem sich subtile Struktur und große musikalische Bögen vereinen. Für Verdi folgten nur noch – und dieses »nur« hat eine extreme Bedeutung – *Otello* (UA 1887) und *Falstaff* (UA 1893), ihrerseits unwiederholbare Höhepunkte aller Musikgeschichte.

Vom *Requiem* schrieb Eduard Hanslick, der Wiener Kritiker und Brahms-Apologet, der sich sonst oft irrte, richtig: »Das Studium älterer römischer Kirchenmusik und deutscher Meister leuchtet hindurch, aber nur als Schimmer, nicht als Vorbild.« In der Tat ist Verdis *Requiem* vorbildlos und wohl auch ohne Nachfolge – ein Fels. Dennoch lassen sich etwa in Igor Strawinskys *Psalmensinfonie* (UA 1930) Anklänge wiederfinden, die ohne das Werk Verdis (ausdrücklich auch der *Quatro pezzi sacri* von 1898) kaum denkbar wären.

Hans A. Neunzig

GEORGES BIZET

Carmen
1875 Paris

Die Musik hatte bis weit ins 19. Jahrhundert hinein keine Nationalität und keine Religion. Ein Italiener wurde der bedeutendste französische Komponist am Hof Ludwigs XIV. (Lully – 1632–87), ein Deutscher wurde der größte Meister des Spätbarock in England (Händel – 1685–1759), ein Protestant (Bach – 1685–1750), schrieb eines der größten katholischen, liturgischen Kirchenmusikwerke, die *h-Moll-Messe* (1748), und das Domkapitel im Mailand stand nicht an, einen Protestanten (Johann Christian Bach – 1782–95) zum Domkapellmeister zu bestellen. Erst mit Liszt (1811–86) und seiner ungarischen Attitüde, und mit dem edlen Polen Chopin (1810–49) kam der erste Nationalismus in die Musik, und damit die Suche der Komponisten nach Exotischem.

Um die Entwicklung von Bizet gut zu begreifen, darf man nicht vergessen, daß die Ursprünge des Musikers in der Operette liegen. Wir können ohne zu übertreiben sagen, daß nicht nur bestimmte der Operette eigentümliche Elemente auch weiterhin eine wichtige Rolle in seinem Werk spielen werden (sogar in seinen »ernsthaftesten« Partituren), sondern, noch mehr, daß es diese Elemente sind, die – allerdings verändert und vollkommen durchdacht – auf einer gehobeneren Stufe dazu beitragen werden, jene Originalität und jenes so vollkommene Aussehen einer Partitur wie der der »Carmen« zu entwickeln.
René Leibowitz
In: Zur musikalischen Konzeption von Carmen und Don José.
Paris 1956. Aus: George Bizet. Carmen. Texte. Materialien. Kommentare. Reinbek 1984.

Schon die ersten Opernpläne des ganz jungen Bizet (1838–75) weisen auf seinen Sinn fürs Fremde: Er dachte an eine »Esmeralda« nach Victor Hugo (schon eine Zigeunerin!), an einen »Don Quichotte« und eine Oper aus orientalischer Welt *La guzla de l'émir*. Sowohl diese Welt als auch Spanien – das Bizet nie in seinem Leben betreten hat – spielten dann in den großen Opern Bizets die entscheidende Rolle: *Les pécheurs des perles* (1863), *Djamileh* (UA 1872) und zuletzt *Carmen*.

Carmen war ein Auftragswerk der Opéra Comique. Das Libretto schrieben die berühmten Schlachtrösser der Operndramaturgie Meilhac und Halévy nach einer Novelle von Prosper Mérimée. Bizet schrieb die 1200 Seiten umfassende Partitur in den Jahren 1873 und 1874. Am 3. März 1875 wurde die Oper in Paris uraufgeführt. Sie verursachte einen Theaterskandal: Dem spießigen Publikum war das Sujet zu schlüpfrig, der Kritik, die fast einmütig das Werk verriß, war die Musik zu »wagneristisch«, was uns heute völlig unverständlich erscheint. Bizet überlebte die Premiere nur um wenige Monate. An sein Genie hat Bizet trotz aller Anfeindungen geglaubt; daß die Oper *Carmen* zur meistgespielten Oper des Repertoires werden würde, dürfte er allerdings nicht geahnt haben.

Das Stichwort für Bizets Musik heißt: Lokalkolorit. Daß die spanische Musik nie so war, wie Bizet sie komponiert hat, ist von nebensächlicher Bedeutung. (Wieweit eine Wechselwirkung eingetreten ist, ist eine andere

Célestine Galli-Marié (1840–1905) sang die Titelrolle in der Uraufführung von Bizets *Carmen* 1875 an der Opéra Comique. Das Rollenporträt schuf Lucien Doucet (1856–95), ein Pariser Gesellschaftsmaler, 1884.

Frage.) Bizet ging es darum, eine fremde und vor allem geschlossene musikalische Welt zu zeichnen und das zur Grundlage der Dramatik zu machen. Daß dies gelungen ist, steht außer Frage. Das Lokalkolorit – spanisches im Fall *Carmen*, orientalisches, chinesisches, slawisches – wurde der Ausgangspunkt für die Expressivität der Musik, die in Frankreich auf Bizet folgte. Dazu kam die Bemühung um die sozusagen zeitliche Exotik: die legendenhafte, pseudomittelalterliche *(Pelléas et Melisande!)*, pseudoantike Klangwelt. Daß alles das keinem strengen philologischen Maßstab entsprach, ist unwichtig. Es waren Märchenwelten, so wie Bizets *Carmen* in einer spanischen Märchenwelt spielt, die im übrigen, wie Märchen oft, grausam ist.

Die *Carmen*-Partitur gehört zu den Kunstwerken, die durch ihren Unterhaltungswert sich selbst im Weg stehen. Die »Schlager« (Torero-Lied, Habanera usw.) haben die Musikwissenschaft bis heute daran gehindert, die Tiefe der Partitur auszuloten. Es gibt Stellen in der Musik, die direkt auf die impressionistische Sprache Debussys (1862–1918) und Ravels (1875–1937) hinweisen, die beide *Carmen* selbstverständlich gut gekannt haben. Als Ausgangspunkt des musikalischen Impressionismus, ohne den wiederum Strawinsky (1882–1971), Prokofjew (1891–1953) und die gesamte sozusagen nichtdodekaphonische Moderne undenkbar sind, kann man mit Fug und Recht *Carmen* als die modernste Oper des 19. Jahrhunderts betrachten.

Herbert Rosendorfer

PETER TSCHAIKOWSKI

Klavierkonzert b-Moll op. 23
1875 Boston

Das Klavier als Schoßkind der musikalischen Romantik hatte auch Tschaikowskis künstlerische Entwicklung begleitet. Aus dem Jahre 1854 – der hypersensible Knabe war gerade erst 14 Jahre – datiert eine 1913 im Erstdruck vorgelegte »Anastasie-Valse«. Wie Mussorgski (1839–81) während des Besuchs der Gardejunkerschule hatte sich auch der Student der St. Petersburger Rechtsschule zu einem tüchtigen Pianisten herangebildet.

Ein geradezu »brillantes Spiel« attestierte ihm später der Kritiker Hermann Laroche. Dennoch hat solistische Klaviermusik in Tschaikowskis Schaffen nur marginale Bedeutung. Kompositionen wie das *Impromptu op. 1* (1867), die *Valse-Caprice op. 4* (1868), der Zyklus *Jahreszeiten op. 37b* (1876) oder die *G-Dur Sonate op. 37* (1878) verblassen gegenüber dem *b-Moll Klavierkonzert,* das Tschaikowskis Namen schon früh durch die musikalische Welt trug.

Seinem Freund Nikolai Rubinstein, dem Pianisten, Dirigenten und Leiter des noch jungen Moskauer Konservatoriums, hatte Tschaikowski (1840–93) Ende 1874 sein neues Konzert vorgespielt. Wie er später Nadechda von Meck bekannte, muß dessen Kritik vernichtend gewesen sein. Nach betretenem Schweigen kanzelte Rubinstein mit dem Hinweis auf vermeintliche Unspielbarkeit, auf »abgedroschene« Passagen, »schwache Erfindung« oder Anleihen bei anderen Kompositionen das Werk förmlich ab. Zwar suchte er seine harsche Kritik später abzuschwächen und lediglich auf einige Änderungen zu drängen. Doch in Tschaikowski saß der Stachel so tief, daß er die ursprüngliche Widmung tilgte und das Konzert Hans von Bülow zueignete. Der wiederum überschüttete den jungen Meister mit wahren Elogen, bevor er das Stück auf einer Tournee durch die Vereinigten Staaten am 13./25. Oktober 1875 in Boston aus der Taufe hob.

Die prunkende Des-Dur Einleitung zum Kopfsatz hatte ihre endgültige Gestalt erst 1889 in der dritten Druckauflage gefunden, für deren Vorbereitung Tschaikowski den ihm befreundeten Pianisten Alexander Siloti zu Rate gezogen hatte. Nach einleitenden Hörnerfanfaren türmt der Solist zu dem von Geigen und Celli intonierten Thema Akkordsäulen aufeinander, während im Anschluß hieran in einer Art Rollentausch das Klavier die einprägsame Streichermelodie aufgreift.

Das rhythmisch profilierte, vom Soloinstrument intonierte Hauptthema des Allegro con spirito hatte Tschaikowski blinden Bettlern auf dem Jahrmarkt im ukrainischen Kamenka abgelauscht, wo er – angewidert vom »Affentheater« des Stadtlebens – mehrere Sommer auf dem Gut seiner Schwester Sascha lebte. Und auch das Finale, dessen dreimal rondoartig wiederkehrendes Hauptthema »con fuoco« pointiert wird, ist ukrainischer Volksmusik verpflichtet. Doch das folkloristische Element ist nur ein Aspekt des Konzerts, in dem Tschaikowski ebenso erfolgversprechend auch der mondänen Salonwelt Reverenz erweist. Im Mittelteil des Andantino semplice klingt eine als Walzermusik aufgeputzte Melodie auf, die einem französischen Liedchen (»Il faut s'amuser, danser et rire«) nachgebildet ist.

Hans von Bülow (1830–94) dirigierte die Uraufführung des *Klavierkonzerts b-Moll* von Peter Tschaikowski 1875 in Boston. Bülow war eine der markantesten Dirigentenpersönlichkeiten des 19. Jahrhunderts, ein Orchestererzieher von hohen Graden. Mit dem Meininger Hoforchester erarbeitete er Musteraufführungen beispielsweise der Brahmsschen Sinfonien, wurde 1886 Chef der Hamburger »Abonnementskonzerte« und zugleich Dirigent der Berliner Philharmoniker.

Und schließlich ist der Einfluß der Klaviermusik Robert Schumanns (1810–56) nicht zu überhören, in der Tschaikowski all jene »Zweifel, Depressionen und Aufblicke zum Ideal« wiederzufinden glaubte, die »das Herz der heutigen Menschen bewegen«.

»Der Schumann-Kult ist bei uns weder Mode noch Laune; er wächst langsam, aber mit beständiger Kraft.« So ließ sich Hermann Laroche 1870 anläßlich der ersten russischen Gesamtausgabe der Klavierwerke des deutschen Romantikers aus. Schumannesk wirkt in Tschaikowskis *b-Moll Konzert* das »dolce« intonierte Seitenthema des Kopfsatzes. Und auch die Umspielung des Themas durch fließende Arabesken ist offenkundig an Schumanns Klavierstil geschult.

Tschaikowskis fünf Jahre später entstandenes *Zweites Klavierkonzert* (das dritte Konzert wurde erst postum veröffentlicht) machte in der Publikumsgunst dem *b-Moll Konzert* nie den Rang streitig. Und auch das erste von Erfolg gekrönte russische Klavierkonzert überhaupt, das *d-Moll Konzert* des legendären Pianisten Anton Rubinstein (1829–94), konnte sich nicht gegenüber Tschaikowskis Meisterwerk behaupten, das – Indiz seiner frühen Wertschätzung – im Frühjahr 1891 anläßlich der Eröffung der New Yorker Carnegie Hall auf dem Programm stand. Unter der Leitung des Komponisten spielte damals die Liszt-Schülerin Adele aus der Ohe den Solopart.

Hans Christoph Worbs

RICHARD WAGNER

Der Ring des Nibelungen
1876 Bayreuth

Der *Ring des Nibelungen* ist Wagners opus magnum und – allein von seinem äußeren Umfang und seinem geistigen Anspruch her – immer noch die größte Herausforderung für das Musiktheater. Das »Bühnenfestspiel in drei Tagen und einem Vorabend« besteht aus den Einzelwerken *Das Rheingold* (Vorabend), UA 1869, *Die Walküre* (Erster Tag), UA 1870, *Siegfried* (Zweiter Tag), UA 1876, und *Götterdämmerung* (Dritter Tag), UA 1876. Ein »Weltgedicht«, das der »Welt Anfang und Untergang« enthält, hat er es

Franz Liszt gegenüber genannt. Vom ersten Prosa-Entwurf 1848 bis zur Fertigstellung der Partitur 1874 vergingen 26 Jahre. Rechnet man die zwölfjährige Unterbrechung der Komposition ab, so verbleiben immerhin noch 14 Jahre für die Ausführung, eine große Leistung auch an Beharrlichkeit, Geduld und Ausdauer.

Die Lektüre der nordischen Sagen und des mittelalterlichen *Nibelungenliedes* in seiner Dresdner Zeit brachten ihn zur Überzeugung, daß er alles Historische und Konventionelle, das nur eine zufällige Einkleidung war, hinter sich lassen, daß er zum Grund des alten Mythus vordringen müsse. Der dort verborgene »Mythus des Rein-Menschlichen«, das war von nunan der eigentliche Gegenstand seiner künstlerischen Auseinandersetzung. Das Problem war, den Mythus in der sinnlichen Erscheinung des Dramas aufgehen zu lassen. Im Erfassen des, allen (ihm damals bekannten) Kulturkreisen zugrunde liegenden Allgemein-Menschlichen und Exemplarischen versuchte Wagner, im Drama einen komplexen Weltzusammenhang zu entwerfen. Zentriert um die Unvereinbarkeit der drei grundlegenden Begriffe: Besitz – Macht – Liebe.

In zwei großen Aufsätzen versuchte er, sich den komplexen Stoff anzueignen und sich über Inhalt und Aussage klarzuwerden: in dem im Spätsommer 1848 verfaßten »Die Wibelungen. Weltgeschichte aus der Sage« und dem gleich anschließend niedergeschriebenen »Die Nibelungensage (Mythus) . . . als Entwurf zu einem Drama«. Der Klärung diente auch die parallele Lektüre der Tragödien des Aischylos, durch die er die Großform der Tragödien-Trilogie kennenlernte und die Aufführungspraxis des antiken Theaters, die für die Konzeption eigener Festspiele von ausschlaggebender Bedeutung geworden war. In den *Wibelungen* entwarf Wagner eine Geschichtsphilosophie, die den Lauf der Weltgeschichte als naturhaften Wandel und Wechsel erklärt, der im Tod die Welt erhält. Bildlich gesehen wird dies in der Polarität von Tag und Nacht, die für die Auseinandersetzung zwischen dem Hell-Guten und dem Dunkel-Bösen steht. Der Nibelungenhort ist das greifbare Requisit für Besitz, der reale Besitz ist die Stütze der Macht und deren Rechtfertigung. Durch ihn pervertiert sich das Streben nach Herrschaft und Macht zur Unterdrückung der Nichtbesitzenden. Der Aufsatz »Nibelungensage« ist arbeitstechnisch eine Art Prosaentwurf des Handlungsablaufs und dessen Sinn-Deutung. Die Absicht der Weltordnung durch die Götter ist die Stiftung eines sittlichen Bewußtseins. Aber das Unrecht, das sie verfolgen, haftet an ihnen selbst. Ihre Herrschaft gründet sich nicht auf Versöhnung, sondern auf Gewalt und

Die Gestalten, welche ein Künstler schafft, sind nicht er selbst, aber die Reihenfolge der Gestalten, an denen er ersichtlich mit innigster Liebe hängt, sagt allerdings etwas über den Künstler selber aus. Nun stelle man Rienzi, den Fliegenden Holländer und Senta, Tannhäuser und Elisabeth, Lohengrin und Elsa, Tristan und Marke, Hans Sachs, Wotan und Brünnhilde sich vor die Seele: Es geht ein verbindender unterirdischer Strom von sittlicher Veredelung und Vergrößerung durch alle hindurch, der immer reiner und geläuterter flutet – und hier stehen wir, wenn auch mit schamhafter Zurückhaltung, vor einem innersten Werden in Wagners eigener Seele.
Friedrich Nietzsche. Aus: Richard Wagner in Bayreuth. In: Unzeitgemäße Betrachtungen. Viertes Stück 1876.

17. Brünnhilde

List durch den Raub des Ringes. Daher ist ihre Forderung nach Sittlichkeit ohne Fundament und fragwürdig. Das ist die Tragik Wotans. Nur ein von den Göttern unabhängiger freier Wille kann diese Schuld tilgen, indem er sie auf sich nimmt. Die Fähigkeit dazu ersehen die Götter in den Menschen: Siegmund, Siegfried, Wotans Nachkommen. Wie die Wünsche und Hoffnungen der Götter auf ihnen, so beruht die Hoffnung Alberichs, der nächtlich-dunklen Gegenseite, auf Hagen, dem Mörder Siegfrieds. Der Ring verdankt seine Kraft als Machtsymbol dem Entsagen und der Verfluchung der Liebe. Macht, und damit Unterdrückung der anderen, erlangt, wer die Liebe – nach Wagner das eigentliche Prinzip des menschlichen Lebens – verflucht. Dem gegenüber hat Wagner, dramaturgisch klug verteilt am Beginn der *Walküre* und am Schluß des *Siegfried*, die beiden leuchtendsten Szenen im *Ring* gesetzt, die Liebe von Siegmund und Sieglinde, von Siegfried und Brünnhilde, Gegenentwurf zur Welt der Herrschaft und schönere Möglichkeit des Menschseins.

Wagners Figuren im *Ring* sind Bedeutungsträger, in denen sich ein Hauptmoment als der unmittelbarste Lebensausdruck eben dieser Figur verdichtet. Der *Ring* ist das Drama Wotans, das Drama seiner Schuld, die in seinem Willen zur Macht, dem Raub des Rings, liegt, in seiner tragischen Verstrickung, als Herr der Verträge auch deren Knecht zu sein, seiner Resignation als Herrscher der Welt und seines bewußten Willens zum Ende. Die vier großen Szenen seiner Begegnungen mit Fricka und Brünnhilde in der *Walküre* und mit Erda und Siegfried in *Siegfried* sind die Hauptstationen dieser Tragödie. Alberich dagegen, der der Liebe abschwört, um dafür mit dem Ring maßlose Macht einzutauschen, frevelt zwar, aber frei an sich selbst. In der Figur des Siegfried reißt die »Perspektive auf bis ins Erste und Früheste menschlichen Bildträumens, Tammuz, Adonis, die der Eber schlug, Osiris, Dionysos, die Zerrissenen, die wiederkehren als der Gekreuzigte, dem ein römischer Speer die Seitenwunde reißen muß, auf daß man ihn erkenne, – alles, was war und immer ist, die ganze Welt der geopferten, von Wintergram gemordeten Schönheit umfaßt dieser mythische Blick« (Thomas Mann).

In Wagners theoretischem Hauptwerk *Oper und Drama*, entstanden 1850/51, scheinen einige Kapitel wie die über die Funktion des Mythus im Drama, über den Stabreim oder über die Sprache des Orchesters gezielt geschrieben zu sein unter dem Aspekt der Klärung der Probleme bei der Dichtung und Komposition des *Ring*. Der Stabreim schien Wagner für die musikalische Modulation besser geeignet als der Endreim, da sich in ihm

Kostümskizze der Brünnhilde für die erste Gesamtaufführung des *Ring des Nibelungen* 1876 in Bayreuth. Der Bühnenmaler Karl Emil Doepler (1824–1905) fertigte etwa 500 solcher Skizzen für Richard Wagner an, der nicht sehr glücklich darüber war. Statt ins »Rein-Menschliche« schienen ihm diese Entwürfe wieder ins »Historisch-Konventionelle« zu weisen. Cosima fühlte sich bei den Entwürfen »durchweg an Indianer-Häuptlinge« erinnert.

Nach einigen Jahren leidenschaftlicher Pilgerfahrten nach Bayreuth begann ich, an der Lösung Wagners zu zweifeln, oder vielmehr, es schien mir, daß sie nur für den Spezialfall des Wagnerschen Genies tauglich sei. Wagner war ein großer Sammler musikalischer Formeln, er faßte sie zu einer Gesamtformel zusammen, die als ursprüngliche Errungenschaft erschien, weil man sich in der Musik schlecht auskannte. Und ohne sein Genie leugnen zu wollen, läßt sich doch sagen, daß er für die Musik unserer Zeit den Schlußstein bildet, ähnlich wie Victor Hugo, der die gesamte frühere Dichtung in sein Schaffen einschmolz.
Claude Debussy
Aus: Warum ich Pelléas gewählt habe. April 1902. In: Claude Debussy. Monsieur Croche. Sämtliche Schriften und Interviews. Stuttgart 1974.

seiner Meinung nach Dichtung und Musik gegenseitig bedingen. Er belebte dieses vergessene Versmaß wieder aus der Einsicht, daß der Mythus auch eine urtümliche mythische Sprache voraussetze. Dem mußte eine besondere Musikdramaturgie entsprechen, die Wagner in dem Kompositionsprinzip der Leitmotiv-Technik als gliederndem Element fand. Ahnen, Erinnern, Kommentieren, Verfremden war die Funktion dieser Leitmotive. Wie der Mythus sich von der »Naturanschauung« zur »menschlich-sittlichen Anschauung« verdichtete, so ging Wagner auch bei der Komposition zunächst von »plastischen Naturmotiven« aus – der berühmte Es-Dur-Akkord am Beginn des *Rheingold* als der Anfang aller Musik überhaupt –, die sich dann in »immer individuellerer Entwicklung zu den Trägern der Leidenschaftstendenzen der . . . Charaktere der weitgegliederten Handlung« gestalteten. Wie der Chor im griechischen Drama ist das Orchester die kommentierende Stimme zum Bühnengeschehen und sein dramatischer Urgrund. Wagner verstand es, nach Nietzsche, allem in der Natur, das bis jetzt stumm war, ein tönendes Dasein zu geben.

Ursprünglich plante Wagner nur die Ausführung des Schlusses, der heutigen *Götterdämmerung,* als Heldenoper »Siegfrieds Tod« für Franz Liszt und sein Weimarer Theater. Er kam bald dahinter, daß er nicht nur ein Hauptmoment des Mythus darstellen könne, wenn dem Publikum seine Absicht klar werden solle. Er mußte auch hier zurückgehen bis auf den Grund. Er dichtete, ausgehend von »Siegfrieds Tod«, zurückgehend die vorher liegenden Werke, bis zum »Grunde des Rheins«. Am 15. Dezember 1852 war die *Ring*-Dichtung abgeschlossen. Mit der Komposition des *Rheingold* begann er am 1. November 1853 und arbeitete kontinuierlich bis zum Ende des zweiten Aktes *Siegfried* im August 1857. Dann folgte die Unterbrechung. Am 21. November 1874 beendete er die Partitur und schrieb darunter: »Vollendet in Wahnfried. Ich sage nichts weiter.«

Als Wagner 1851 den *Ring* als »Bühnenfestspiel« entwarf, hatte er auch schon die Idee eines eigenen Theaterfestes für dessen Aufführung, nach dem Vorbild der Theaterfeste der griechischen Antike. Im Bayreuther Festspielhaus, das vornehmlich zum Zweck einer ersten vollständigen und künstlerisch perfekten Gesamtaufführung des *Ring* errichtet worden war, hat er diese Idee verwirklicht. Es ist der seltene Fall, daß ein Theater eigens für ein Werk und seine Aufführung unter außerordentlichen Bedingungen erbaut wurde. Das Werk ist die Grundlage der Festspiele und deren Voraussetzung. Mit dem künstlerischen Ergebnis der ersten Gesamtaufführung im Jahr 1876, dem Beginn der Bayreuther Festspiele, bei der Wagner die künstlerische Oberleitung hatte, war er durchaus unzufrieden. Der Stil des Historismus für die Ausstattung mußte ihm unzulänglich erscheinen, da er den Mythus vom Rein-Menschlichen wieder zurückversetzte ins Historisch-Konventionelle, hier ins Germanisch-Nordische. Aber dieser Stil wurde durch Bayreuth international vorherrschend und hat das Klischee von Wagners »Bärenfell-Germanentum« und seinen »Walküren« wesentlich geprägt. Die zukunftweisenden Ideen von Adolphe Appia haben sich an der Unzulänglichkeit dieses Theaterstiles entzündet. Er forderte die Abkehr vom szenischen Naturalismus, von der Illusionsmalerei, da die Musik »niemals die Erscheinung«, sondern »das innere Wesen der Erscheinung« ausdrückt. Und dies galt es darzustellen. Im plastischen Raum, mit andeutenden Zeichen, habe die Inszenierung einer »Modulation« zu gleichen, die das »wechselnde Bild der Erscheinungswelt« mit Hilfe des »aktiven, gestaltenden Lichtes« vermittelt. Appias Forderung nach Stilisierung hat die Inszenierungsgeschichte des *Ring* im 20. Jahrhundert verändert. Erst seit den siebziger Jahren, nach Wieland Wagners archaisierender Bayreuther Inszenierung von 1965, hat sich eine neue Regie-Auffassung für den *Ring* als individuelle »Weltsicht« durchgesetzt, die auch die Interpretations- und Wirkungsgeschichte als einen Bestandteil des Werkes ansieht und in die Deutung miteinbezieht. Berühmt geworden ist die Inszenierung von Patrice Chéreau zum hundertjährigen Bestehen der Bayreuther Festspiele im Jahr 1976.

Oswald Georg Bauer

JOHANNES BRAHMS

1. Sinfonie c-Moll op. 68
1876 Karlsruhe

Nun – wo ist Johannes, ist er bei Ihnen? Dann grüßen Sie ihn. Fliegt er hoch – oder nur unter Blumen? Läßt er noch keine Pauken und Trompeten erschallen? Er soll sich immer an die Anfänge der Beethovenschen Sinfonien erinnern; er soll etwas Ähnliches zu machen suchen.« Robert Schumann schrieb diesen Appell an den Brahmsfreund Joseph Joachim, und zwar im Jahre 1854. Es ist immer noch staunenswert, wieviel Schumann

von dem jungen Komponisten Brahms (1833–97) erwartete. Beide Schumanns waren wie elektrisiert von dem Talent, das aus den wenigen Kompositionen aufschien, die der Zwanzigjährige 1853 mit sich führte. Auf Beethoven zu kommen, war so schwer nicht, denn die *Klaviersonate C-Dur op. 1* (1853) hebt mit einer Widmung an Beethovens *Hammerklaviersonate* (1818) an und doch ist sie schon ganz Brahms.

Zwei Leitmotive der Brahmsschen Werkentwicklung sind angeschlagen: das Sinfonische und die Auseinandersetzung mit dem »Riesen in seinem Rücken« – Beethoven. Wozu ihn alle drängten und wozu er sich selbst überredete, kam als Aufgabe der Quadratur des Kreises nahe: Beethoven huldigen und sich vom ihm zu emanzipieren. Hier ist kein Vergleich zu ziehen zu alledem, was er sonst aus »alten Formen« wachsen ließ. Dies war hautnah. Und es war eine Herausforderung. Brahms nahm sie zögernd, ja ängstlich an. Da gab es noch aus Düsseldorfer Tagen die *d-Moll-Sonate*, für deren Verwirklichung ihm »eigentlich nicht einmal zwei Klaviere« genügten, aus der sein *1. Klavierkonzert d-Moll op. 15*, (1859) jene »Sinfonie mit obligatem Klavier« wurde.

Edgar Degas (1834–1917): «Orchestermusiker» entstanden 1868/69. Eine der typischen malerischen »Momentaufnahmen« des Künstlers aus Kunst und Leben.

Die *Serenaden in D-Dur* und *A-Dur* aus dem Detmolder Jahr 1859 können als sinfonische Stücke im kleinen gelten, die *Haydn-Variationen op. 56a* sind jedenfalls in dem, was Instrumentierung angeht, dem Sinfonischen nah verwandt. Die Sinfonie aber als die große Herausforderung wollte nicht heraus. Brahms stand unter einem unerhörten Erwartungsdruck. Erst 1876, Brahms war nun 43 Jahre alt, erscheint seine erste Sinfonie, deren erster Satz 1862 in fast endgültiger Form schon vorgelegen haben muß, wie aus Zeugnissen von Albrecht Dietrich, des Dirigenten und frühen Brahmsfreundes, sowie von Clara Schumann, hervorgeht. Brahms ließ diesen Satz liegen, aus übergroßer Selbstkritik sagt man gern, aber es waren auch äußere Umstände, die ihn von der Fortsetzung der Sinfonie abhielten. 1862 war das Jahr der ersten Begegnung des Komponisten mit Wien, und er tummelte sich in den musikalischen Kreisen der Stadt, während er heimlich nur darauf wartete, nach Hamburg zurückgerufen zu werden, und zwar als Leiter der Philharmonischen Konzerte, was dann eben nicht geschah.

Warum es noch 14 Jahre bis zur Fertigstellung währte, darüber wird viel spekuliert. Sicher ist, daß Brahms »das Sinfonische« nicht mehr aus dem Sinn kam, aber erst 1874 werden Brahms' Hinweise konkreter. Fast übermütig klingen seine Ankündigungen, und das hieß nichts anderes als: er war »über den Berg«.

Erst seit meiner Kenntnis der zehnten Symphonie, alias der ersten Symphonie von Johannes Brahms, also erst seit sechs Wochen, bin ich so unzugänglich und hart gegen Bruch-Stücke und dergleichen geworden.

Ich nenne sie die Zehnte, nicht, als ob sie nach der »neunten« zu rangieren wäre; ich würde sie eher zwischen die zweite und die »Eroica« stellen, ähnlich wie ich behaupte, daß unter der ersten (C-Dur) nicht die von Beethoven, sondern die von Mozart componierte, unter dem Namen Jupiter bekannte, zu verstehen sei.
Hans von Bülow, 1877.

Soviel Zeit sich Brahms gelassen hatte, so hoch waren seine Ansprüche. Er hatte sich viel vorgenommen und sein Ziel erreicht, aus dem Respekt und der Auseinandersetzung mit dem scheinbar unerreichbaren Vorbild aufzutauchen mit einem Werk, das in unerhörter Ehrlichkeit den Kampf und die Qualen eines langen Weges nachzeichnet. Beethoven ist zugegen, vom massiv einsetzenden Beginn über den Orgelpunkt der Pauke bis zum berühmten Hauptthema des vierten Satzes, wo es nach Brahms' spöttischer Auskunft »jeder Esel merkt«, in der Anspielung auf die *Neunte Sinfonie* Beethovens. Der Kühnheit des Anfangs entspricht eine immer wieder aufspringende Erregung im ersten Satz, der am Ende bereits den romantisch sehnsuchtsvollen Ton des Andante sostenuto des zweiten vorbereitet. So kurz das folgende Scherzo auch ist, so zeigt es sich in der thematisch-motivischen Arbeit meisterhaft verbunden mit den übrigen Sätzen. Man mag es naturhaft nennen, aber dann ist seine Heiterkeit eine Ruhe vor dem Sturm, die wiederum aufgenommen wird vom einleitenden Adagio des vierten Satzes. Die aufkommende Leidenschaft fängt die einprägsame Hornmelodie auf, worauf die Beethoven-Huldigung folgt und übersteigert wird durch eine »moderne« Musiksprache. Das Dur des Finales führt uns nicht direkt in den Himmel. Wir spüren die Erde, der wir angehören.

Die Rezeption des Werkes nach seiner Uraufführung am 4. November 1876 in Karlsruhe und der darauffolgenden zweiten Aufführung am 7. November in Mannheim war geteilt. Selbstverständlich änderten diejenigen, die der Meinung waren, mit Beethoven sei das Sinfonische ausgeschöpft, ihre Meinung nicht, zumal, wenn sie selbst die sinfonische Dichtung oder das Musikdrama als die repräsentative Musikform der neuen Zeit gestalteten. Für andere galt das Wort Hans von Bülows, der von der »Zehnten« sprach. Ein mißverständliches Wort, denn es verweist für sich allein gestellt Brahms in die Rolle eines Nachfolgers. Was die negative Kritik verneinte und als verfehlten Anspruch formulierte, ist es aber gerade, was diese ernste, spröde, dem Publikumsgeschmack in nichts untergeordnete Sinfonie erreichte: Sie hat die Grenzen ihrer Kunstgattung weiter hinausgetragen, als sie bisher lagen. Das kluge Wort aus einer frühen Rezension, Brahms sei »kein Neuerer, sondern ein Mehrer«, führt, buchstäblich verstanden, auf einen Holzweg. Eher ließe sich behaupten, er sei der Meinung gewesen, das Alte nicht zerstören zu müssen, um dem Neuen Platz zu schaffen. Evolution statt Revolution?

Hans A. Neunzig

PETER TSCHAIKOWSKI

Eugen Onegin und *Pique Dame*
1879 Moskau / 1890 St. Petersburg

Antonina Miljukowa, eine ehemalige Moskauer Konservatoriumsschülerin, hatte Tschaikowski (1840–93) die Ehe angetragen. Obwohl ihr einstiger Lehrer kein Hehl daraus gemacht hatte, daß er sie nur platonisch lieben könne, wollte er ihrem Ansinnen nicht widerstehen. Doch schon nach Tagen wurde das Zusammenleben zur Qual. Um den völlig Verstörten zu retten, setzten Brüder und Freunde nach einem (fingierten) Selbstmordversuch die Trennung durch.

Noch vor der verhängnisvollen Eheschließung hatte Tschaikowski den ihm unterbreiteten Vorschlag aufgegriffen, eine Oper nach Puschkins Versroman *Eugen Onegin* zu schreiben. Analogien zu seinem eigenen Schicksal mußten sich hier bald in einem Maße aufdrängen, daß sich Phantasie und Wirklichkeit miteinander vermengten. Wenn er sich den blasierten Dandy und Weltverächter vor Augen hielt, einen Mann, der die Liebesbeteuerungen eines schwärmerischen jungen Mädchens abwies, dann wollte er – das Schicksal Tatjanas vor Augen – es Eugen Onegin nicht gleichtun. Auch Überlegungen solcher Art und eine gehörige Portion russischen Fatalismus mochten dazu beigetragen haben, das für ihn risikoreiche Abenteuer Ehe zu wagen.

Emotionale Aufrichtigkeit und Unmittelbarkeit gehörten zum ästhetischen Credo Tschaikowskis. Wie später mit der »Hexe« Nastassja (in der *Zauberin*, UA 1887), mit Lisa und Hermann (in *Pique Dame*, UA 1890) oder mit Jeanne d'Arc (in der gleichnamigen Oper, UA 1881) fühlte und litt er auch mit Tatjana. Und bemerkenswert: Während Puschkin bei Tatjanas Charakterzeichnung nicht auf ein Körnchen ironischer Distanz verzichtete, begegnete ihr Tschaikowski allein mit ungebrochenen Herzenstönen. Die Briefszene des zweiten Bildes, in der sie sich zum Entschluß durchringt, Eugen Onegin ihr Herzensgeheimnis zu enthüllen, wurde dabei zur zentralen Szene der Oper.

Mit der Reihung einzelner Episoden hatte Tschaikowski in seinem *Eugen Onegin* die epische Struktur von Puschkins Dichtung beibehalten. Ein Eingeständnis des nicht gerade stringenten Handlungsablaufs ist in diesem Sinn der Untertitel »Lyrische Szenen«, der zugleich auf eine Absage an

TSCHAIKOWSKI Eugen Onegin und Pique Dame

den Stil und Geist der Großen Oper weist. »Die Gefühle einer ägyptischen Prinzessin, eines Pharao, irgendeines verrückten Mörders kenne ich nicht, verstehe ich nicht«, so heißt es unter Anspielung auf Verdis *Aida* (UA 1871) in einem Brief an den Schüler Sergej Tanejew. »Ich brauche keine Zaren, Zarinnen, Volksaufstände, Schlachten, Märsche, mit einem Wort alles das, was mit dem Attribut grand opéra bezeichnet wird. Ich suche ein intimes, aber starkes Drama, das auf Konflikten beruht, die ich selber erfahren oder gesehen habe, die mich im Innersten berühren können.«

Mit der Romanze, dem russischen Gegenstück zum deutschen Lied, griff Tschaikowski im *Eugen Onegin* auf eine spezifisch russische Musiziertradition zurück. Dem russischen Volkslied geradezu abgelauscht scheinen darüber hinaus die hier unmittelbar in die Handlung integrierten Chöre der Schnitter und beerenpflückenden Dorfmädchen. Gerade auch mit dem *Eugen Onegin* werden alle jene ins Unrecht gesetzt, die Tschaikowski das Etikett des »Westlers« anhängen wollten. Auch die Protagonisten der Oper sind durch die Musik als Russen ausgewiesen: Tatjana und Eugen Onegin so gut wie Lenski, der allein um dem aristokratischen Formkodex Genüge zu tun, eines nichtigen Anlasses wegen seinen Freund Eugen Onegin zum Duell fordert. Von einem Pauken-Ostinato grundiert, singen die beiden Duellanten, schicksalhaft aneinandergekettet, kanonisch eine Melodiephrase einander nach: »Mein Feind! Wie Irrsinn will's mir scheinen! Ich soll vergießen jetzt sein Blut?«!

Peter Iljitsch Tschaikowski. Porträt aus einer Sammlung »Das Neunzehnte Jahrhundert in Bildnissen«. Seit Mitte des Jahrhunderts wurde die Photographie als Kunst angesehen. In London war 1953 die Photografic society, in Paris die Societé Française de Photographie gegründet worden. Das Porträtfoto galt dem gemalten Bildnis bald als ebenbürtig.

Tschaikowski selbst war von der Meinung nicht abzubringen, daß seine »Lyrischen Szenen« am besten bei einem »kleinen Theater« mit »sparsamen Etat« aufgehoben seien. Ganz folgerecht kam die Oper dann auch am 29. März 1879 im Moskauer Maly-Theater zur Uraufführung, wo sich unter Nikolai Rubinsteins Leitung Studenten des Konservatoriums nicht sonderlich erfolgreich an der neuen Aufgabe versuchten. Mehr als einen Achtungserfolg konnte *Eugen Onegin* damals nicht erringen. Und auch nach der ersten repräsentativen Moskauer Aufführung 1881 urteilte ein Rezensent, Tschaikowski hätte sein Bestes im Couplet des Triquet gegeben, während ihm die Partie Tatjanas weniger gelungen sei. Erst die Petersburger Aufführung brach den Bann für ein Werk, für das sich 1892 bei der Deutschen Erstaufführung in Hamburg Gustav Mahler einsetzte.

Auch die Wirkungsgeschichte von Tschaikowskis Oper *Pique Dame* ist eng mit dem Namen Gustav Mahler verknüpft. 1910, zwanzig Jahre nachdem *Pique Dame* auf die Bühne des St. Petersburger Marinsky-Theaters gekommen war, dirigierte er die amerikanische Erstaufführung der Puschkin-Oper.

»Die Oper ist ausgezeichnet einstudiert und nicht übel ausgestattet. Infolge der Änderungen in den Rezitativen, welche die deutsche Sprache erfordert hatte, machte ich unwillkürlich Fehler und gab das Dirigieren ungeachtet aller Bitten auf, denn ich fürchtete, die Sache zu verpfuschen. Der hiesige Kapellmeister ist dazu nicht nur ›leidlich‹, sondern einfach ›genial‹ und ist vom Wunsch durchglüht, die erste Aufführung zu leiten. Gestern hörte ich unter seiner Leitung eine wunderbare Aufführung des Tannhäuser. Die Sänger, das Orchester, Pollini, die Regisseure, der Kapellmeister (sein Name ist Mahler) – sind alle verliebt in Eugen.«
Peter I. Tschaikowski vor der deutschen Erstaufführung des *Eugen Onegin* in Hamburg in einem Brief vom 19. Januar 1892 an seinen Neffen W. Dawidow.

Sicher wußte der Intendant der Kaiserlichen Theater von Tschaikowskis Liebe zu Bizets *Carmen* (UA 1875), als er ihm mit dem nicht ohne Bedacht geäußerten Wort von einer »russischen Carmen« Puschkins *Pique Dame* als Opernstoff schmackhaft zu machen suchte. Unter dem Zwang einer Verderben bringenden Leidenschaft steht Hermann so gut wie Carmen. Doch während die beiden Zigeunerinnen Frasquita und Mercedes aus den Karten Carmen ihren baldigen Tod prophezeihen, sucht Hermann – dabei selbst ein Verbrechen einkalkulierend – durch das Geheimnis dreier glückbringender Karten zu seinem Ziel zu gelangen: die Spielkarte als Unheilsbote wie Unheilsbringer.

Wie eine Ideé fixe zieht sich dann auch das mannigfach abgewandelte Drei-Karten-Motiv durch Tschaikowskis dunkel getönte Opernballade. Schon in der schicksalsschweren Ouvertüre klingt es erstmals auf. Für den Hörer entschlüsselt wird es jedoch erst in der Ballade, in der Hermanns Freund Tomski von der schon mumienhaften Gräfin erzählt, die einst als »Venus moscovite« ganz Paris bezauberte und der ein mit den Künsten der Magie vertrauter Graf um den Preis einer Liebesnacht das Geheimnis der drei glückbringenden Karten verriet.

Mit dem rechten Gespür für das Neurotische in Hermanns Charakter wußte Tschaikowski dessen physischen und psychischen Verfall glaubhaft zu machen. Auf die manische Besessenheit Hermanns und dessen unerfüllte Liebe zu Lisa wie auf die Hoffmanneske Gestalt der alten Gräfin als Agens des Geschehens richtet sich das hauptsächliche Interesse.

Hermann hat der Gräfin das Geheimnis der Karten nicht entreißen können. Als er seine Pistole zieht, um sie zum Reden zu zwingen, bricht sie vor Schreck tot zusammen. Nachts in der Kaserne, in einer Szene von beklemmender atmosphärischer Dichte, wird Hermann von fiebrigen Halluzinationen heimgesucht. Nach Tschaikowskis Willen sollten hier Kirchensänger das von fern herüberklingende, nur in Hermanns Wahnvorstellung existierende psalmodierende Gebet anstimmen. Vielleicht nirgendwo sonst stand Tschaikowski seinem Antipoden Mussorgski näher als in dieser Szene.

Hanns Christoph Worbs

JACQUES OFFENBACH

Hoffmanns Erzählungen
1881 Paris

Seit etwa 1820 hat es eine musikalische Subkultur gegeben, das heißt: eine Musik, die nur der Unterhaltung (etwa: dem Tanz) gedient und keine sozusagen sinfonischen Ansprüche erhoben hat. Kernpunkte dieser Entwicklung waren Wien und Paris. In Wien ist der Walzer aufgeblüht, der mit den Namen Lanner und Strauß untrennbar verknüpft ist, in Paris das, was später Operette genannt wurde. Der König dieses Genres war unbestritten »Le Mozart des Champs-Elyseés«: Jaques Offenbach (1819–80). Er hat von *Pascal et Chambord* (UA 1839) bis *Belle Lurette* (UA 1880) 101 Bühnenwerke geschrieben, die ganz verschiedene Gattungsbezeichnungen wie: Vaudeville, Opéra comique, Operette, Saynète lyrique usw. trugen.

Verschiedentlich versuchte sich Offenbach als sein eigener Auftraggeber, das heißt: Er betrieb ein eigenes Theater, so zuletzt vom 1. Juni 1873 an das Théâtre de la Gaîté in Paris, wo er neue Fassungen seiner früheren Erfolgsstücke aufführte. (Offenbach war damals 54 Jahre alt.) Aber entweder war Offenbachs Stern verblaßt, oder er war kein guter Geschäftsmann. Er geriet mit dem Théâtre de la Gaîté zunehmend in die roten Zahlen, mußte schon 1874 Konkurs anmelden und das Haus schließen. Sein darauffolgender, ausgedehnter Abstecher nach England und Amerika war eher eine Flucht. Die Gastspiele waren aber künstlerisch und vor allem finanziell ein Erfolg. Er konnte seine Schulden bezahlen und erwirtschaftete sich so viel Rückhalt, daß er, ohne auf Auftragshonorare angewiesen zu sein, sich seinem Lieblingsplan zuwenden konnte: sich endlich aus der Subkultur des Musiquettes zur großen Musik zu erheben. Denn es war kein Zweifel, daß man Offenbach gemessen an den Heroen der ernsten Musik als zweitrangig betrachtete, und es ist weiter kein Zweifel daran, daß Offenbach, der mit Recht das Zeug zu einem »ernsten« Musiker in sich fühlte, darunter litt.

Die Entstehungsgeschichte der Oper *Les contes d'Hoffmann* (*Hoffmanns Erzählungen*) ist so kompliziert, daß der hier zur Verfügung stehende Platz nicht ausreicht, um sie wiederzugeben. Nur soviel: Vermutlich 1878 vereinbarte Offenbach mit dem Direktor des inzwischen neueröffneten Théâtre de la Gaîté, eine Oper zu schreiben. Die Sujet-Wahl fiel auf den *Hoff-*

Es gibt Leute, die meine Musik nicht mögen, das ist ihr gutes Recht. Andere gibt es, denen mißfällt es, daß mein Name, ihrer Ansicht nach, zu häufig auf den Plakaten erscheint. Aber auch die üble Laune ist ein Recht, das man brauchen oder mißbrauchen kann. Sie sind wohl bereit, meine Partituren in den »Bouffes Parisiens« über sich ergehen zu lassen, sobald ich jedoch mit diesen die Passage Choiseul verlasse und mich damit in die Oper oder die Opéra Comique begebe, so ist es ein Frevel.
Jacques Offenbach in einem Brief an Hippolyte de Villemessant. 30. Dezember 1860. Zitiert nach Alain Decaux. Offenbach. München 1960.

mann-Stoff, das heißt auf ein älteres Theaterstück zweier versierter Autoren (Barbier und Carré), das auf Motive und Episoden aus E. T. A. Hoffmanns Werken beruhte. Offenbach begann an der Oper zu arbeiten, übernahm auch Teile aus früheren Werken, so die berühmte Barcarole aus dem erfolglosen Opernerstling *Die Rheinnixen* (UA 1864). Ein neuerlicher Konkurs des Theaters unterbrach die Arbeit, aber Offenbach gelang es, den Direktor der weit angeseheneren Opéra Comique dazu zu bewegen, in den Vertrag einzusteigen. Offenbach komponierte weiter, gleichzeitig aber mußte er das schon Geschriebene nach den Wünschen des neuen Auftraggebers umarbeiteten. So mußte etwa aus dem Bariton Hoffmann ein Tenor werden. Offenbach arbeitete buchstäblich bis zu seinem letzten Tag an der Oper. Was er aber nach seinem Tod am 30. Oktober 1880 hinterließ, war ein Fragment, das nicht aufgeführt werden konnte.

Jacques Offenbach in seinen späten Jahren. Gemälde von Wilhelm Matenaar, das eine starke Ähnlichkeit mit der Fotografie des berühmten Nadar von 1875 aufweist.

Hier setzt die Mystifikation ein: Offenbachs Erben vertuschten die Sachlage und beauftragten heimlich den – außerordentlich fähigen – Komponisten Ernest Guiraud (1837–92) mit der Fertigstellung der Partitur. Diese Geheimniskrämerei brachte es mit sich, daß heute kein Mensch mehr weiß, welche Teile von Offenbach, welche Teile von Guiraud nach Offenbachs Skizzen und welche ausschließlich von Guiraud sind. Dazu kommt, daß sich förmlich wie von Geisterhand im Lauf der Jahrzehnte nach der Uraufführung (die immer noch torsohaft war), Stücke unbekannter Herkunft ankristallisierten: etwa die berühmte »Spielgelarie« des Giulietta-Aktes, die sicher nicht von Offenbach ist.

Les contes d'Hoffmann gehören zu den Werken, von denen es keine authentische Urfassung gibt, die sich in rätselhafter Eigengesetzlichkeit nach dem Tod ihres Schöpfers weiterentwickelt haben. Offenbar gibt es auch in der Musik Dinge, von denen unsere Schulweisheit sich nichts träumt, und daß sich diese geheimen Kräfte gerade mit diesem Juwel, einem wirklichen Solitär der Musikdramatik befaßt haben, ist sowohl E. T. A. Hoffmanns als auch Offenbachs angemessen.

Die »opéra fantastique« Offenbachs ist die phantastische Oper schlechthin, was ihren Rang und ihre Bedeutung ausmacht. Offenbach hat es verstanden, den Geist von E. T. A. Hoffmanns Romantik in französischer Sprache in Musik zu setzten. (E. T. A. Hoffmann war im vorigen Jahrhundert in Frankreich zeitweilig höher geschätzt als in Deutschland.) Offenbach hat mit der unlogischen, dem Verstand hohnlachenden Opernwelt (wer singt schon, während er einen Mord begeht) sozusagen Ernst gemacht, er hat das surrealistische Element benutzt, um die theatralische

OFFENBACH *Hoffmanns Erzählungen*

Unlogik zu unterlaufen. Dabei sind das keine Götter und Helden, die da handeln und singen, es sind die von den Dämonen der bürgerlichen Welt gehetzten wirklichen Menschen, die in den Strudel phantastischer Ereignisse geraten, die noch dazu von dramaturgischer Musikalität sind. Ein Wurf wie diese Oper, an deren Einmaligkeit neben dem geschickten Librettisten Offenbach den gleichen Anteil hat wie Hoffmanns Genie, gelingt nur einmal im Jahrhundert, wenn überhaupt. *Herbert Rosendorfer*

BEDŘICH SMETANA

Mein Vaterland (Ma Vlast)
1882 Prag

Nach einer Reise zu Franz Liszt nach Weimar hatte Smetana (1824–84) während seines Wirkens im schwedischen Göteborg mit *Richard III.* (1858) (nach Shakespeare), *Hakon Jarl* (1861) (nach Adam Oehlenschläger) und *Wallensteins Lager* (1859) (nach Schiller) drei Sinfonische Dichtungen in Liszts Manier geschrieben. Auch tschechische Polkarhythmen in *Wallensteins Lager* können uns nicht eines besseren belehren: Den Schritt vom Kosmopolitismus zu einer dezidiert nationalen Kunst hatte Smetana noch nicht vollzogen. Erst als in den Jahren einer tschechischen »Gründerzeit« nach 1860 auch sein nationales Bewußtsein aufgeflammt war, wurde er mit dem sechsteiligen Zyklus *Mein Vaterland* (*Ma Vlast*) zum Rhapsoden seines Landes. Nie waren Natur, Geschichte und Mythos eines Volkes so bekennerstolz verherrlicht worden wie in diesem tönenden Nationalepos. Fast fünf Jahre, vom September 1874 bis zum März 1879, zog sich die Arbeit an dem Werk hin, das am 5. November 1882 unter Adolf Čech erstmals in Prag erklang.

Die gleich zu Beginn des Zyklus in der Sinfonischen Dichtung *Vyšehrad* aufklingenden Harfenakkorde griff Smetana beziehungsstiftend auch später im Zyklus auf. Zu ihrer Begleitung erzählt der legendäre Barde Lumir auf der hoch über der Moldau gelegenen Burg Vyšehrad von einstigen Heldentaten, während das zweite Stück des Zyklus ein tönendes Porträt der Moldau gibt. Sein Hauptthema, die anfangs von Geigen und Holzbläsern intonierte Moldau-Melodie, wird beim Passieren der St.-Johann-Stromschnellen gleichsam zerrissen, bevor es zum Schluß in hymnischem E-Dur den nun majestätisch dahinfließenden Strom symbolisiert.

Mit eben diesem Thema hatte Smetana übrigens eine auch in Böhmen bekannte typische »Wandermelodie« aufgegriffen. Als der tschechische Dirigent Oskar Nedbal die *Moldau* 1913 in Rom erstaufführte, sang das Publikum bei der Wiederholung des Stücks das ihm als neapolitanisches Lied bekannte Hauptthema freiweg mit.

Der Musikdramatiker Smetana kommt in der Sinfonischen Dichtung *Sárka*, einer tschechischen Variante des Penthesilea-Stoffs, zu seinem Recht. In leidenschaftlichem Zorn ob der Untreue ihres Geliebten hat die Amazone Šarka dem ganzen Männergeschlecht Feindschaft geschworen und den Ritter Ctirad nach einem bacchantischen Gelage zusammen mit seinem Gefolge rachedürstend niedermetzeln lassen. Und wieder wechselt die »Szenerie«: Wie zuvor in der *Moldau* besingt Smetana auch in *Aus Böhmens Hain und Flur* die Schönheiten seiner Heimat. Während das erneut aufklingende Vyšehrad-Motiv an die ruhmreiche Vergangenheit des Landes erinnert, lädt nach dem »Waldweben« eine Polka zu einem ländlichen Fest ein.

Um vaterländische Bekenntnismusik handelt es sich schließlich bei den beiden gedanklich eng zusammengehörenden Teilen *Tábor* und *Blaník*. In der alten südböhmischen Hussitenstadt Tábor ruft der Choral »Die ihr seid die Kämpfer Gottes« die Streiter für Glauben und Freiheit zu den Fahnen. In einer Dur-Variante klingt der Choral schließlich in *Blanik* auf. Aus dem sagenumwobenen Berg, in den sich Hussiten zurückgezogen haben, um in Zeiten bitterer Not ihre Heimat zu verteidigen, werden sie zu neuen Taten gerufen. Das erneut aufklingende Vyšehrad-Motiv verbindet sich in der Coda mit einem Motiv aus dem Hussitenchoral, dessen letzter Vers dem tschechischen Volk künftige Freiheit prophezeit. Ähnlich hatte auch Libussa, die sagenhafte Gründerin Prags und Titelgestalt von Smetanas Festoper, ihrem Volk eine glorreiche Zukunft vorausgesagt.

Gerade durch seine politischen Implikationen darf die Rezeptionsgeschichte von Smetanas Orchesterzyklus *Mein Vaterland* besonderes Interesse beanspruchen. Entstanden war das Werk unter dem Eindruck eines erstarkenden tschechischen Selbstbewußtseins unter der Donaumonarchie. Fast schon den Charakter einer nationalen Demonstration gegen die deutschen Okkupanten hatten dann Aufführungen in all jenen böhmischen und mährischen Städten, in denen die Tschechische Philharmonie in den ersten

Diese Komposition schildert den Lauf der Vltava. Sie belauscht ihre ersten zwei Quellen, die warme und die kalte Vltava, verfolgt dann die Vereinigung beider Bäche und den Lauf des Vltavastromes über die weiten Wiesen und Haine, durch Gegenden, wo die Bewohner gerade fröhliche Feste feiern. Im silbernen Mondlicht führen Wassernymphen ihre Reigen auf, stolze Burgen, Schlösser und ehrwürdige Ruinen, mit den wilden Felsen verwachsen, ziehen vorbei. Die Vltava schäumt und wirbelt in den Stromschnellen zu St. Johanni, strömt in breitem Flusse weiter auf Prag zu, die Burg Vyšehrad taucht auf ihrem Ufer auf. Die Vltava strebt majestätisch weiter, entschwindet den Blicken und ergießt sich schließlich in die Elbe.

Bedřich Smetanas Inhaltsbeschreibung der Moldau aus der Sinfonischen Dichtung *Mein Vaterland* in: Friedrich Smetana. Briefe und Erinnerungen. Prag 1954.

Friedrich (Bedřich) Smetana in seinen letzten Lebensjahren. Die Radierung von Johann Lindner entstand sechs Jahre nach dem Tod des Komponisten, wahrscheinlich nach einem Foto, im Jahr 1902.

Monaten des Protektorats konzertierte. Am 29. September 1939 wurden Aufführungen des Zyklus zunächst in Prag, später auch in der Provinz, rundweg verboten. Nur mit List gelang es dem Dirigenten Václav Talich, daß die Anordnung zurückgenommen wurde. Doch den Veranstaltern blieb es strengstens untersagt, in den Programmzetteln nähere Angaben über die in ihrer Aussage besonders »verfänglichen« Sinfonischen Dichtungen *Tábor* und *Blaník* zu machen.

Auch in der jüngsten Geschichte spielte das als nationales musikalisches Heiligtum verehrte Werk eine dominierende Rolle. Nur drei Wochen, nachdem mit dem Einmarsch von Truppen des Warschauer Pakts dem »Prager Frühling« Alexander Dubčeks ein Ende gemacht worden war, konzertierte die Tschechische Philharmonie am 10. September 1968 mit Smetanas Orchesterzyklus. Und während die Philharmonie in jenen Wochen unentgeltlich für die um ihre Früchte betrogenen Arbeiter spielte, solidarisierte sich im Herbst 1989 Václav Neumann als Chef der Tschechischen Philharmonie mit den gegen das herrschende System streikenden Studenten. Ausdrücklich für sie war damals im Prager Smetana-Saal eine Aufführung bestimmt.

Außerhalb Böhmens war es ganz besonders die *Moldau*, die rasch ihren Weg durch die Konzertsäle der musikalischen Welt machte. Aufführungen in London (1881), Paris (1884) und Karlsruhe (1885 unter Felix Mottl) folgte 1890 die amerikanische Erstaufführung mit dem Boston Symphony Orchestra unter Arthur Nikisch. In den Vereinigten Staaten erklang dann auch vermutlich erstmals außerhalb Böhmens der gesamte Zyklus. Der Dvořák-Schüler Josef Stransky dirigierte 1911 in der Carnegie Hall die New Yorker Philharmoniker bei einer Aufführung aller sechs Sinfonischen Dichtungen. Der Traum manches Romantikers, zum Rhapsoden seines Volkes zu werden, war für Smetana mit seinem Orchesterzyklus »Mein Vaterland« aufs schönste Wirklichkeit geworden. Kein anderer Komponist hatte das nationale Bewußtsein seiner Landsleute so nachhaltig geprägt wie der Meister der »Verkauften Braut«, der »Libussa« oder eben der Sinfonischen Dichtungen »Mein Vaterland«. *Hans Christoph Worbs*

RICHARD WAGNER

Parsifal
1882 Bayreuth

Wagner (1813–83) hat seinen *Parsifal* ein »Bühnenweihfestspiel« genannt, eine Erweiterung und Vertiefung des Begriffes »Bühnenfestspiel«, mit dem er den *Ring* (1876) bezeichnet hatte. Der *Ring*, für den das Bayreuther Festspielhaus gebaut wurde, und *Parsifal*, der für dieses Haus komponiert wurde, sind die eigentlichen Festspielwerke. Wagner verstand »Weihe« nicht als eine heilige Handlung, sondern als besondere geistige Disposition zur Erreichung eines besonderen stilistischen Prinzips. Unter diesem Begriff subsumierte er die außergewöhnliche Arbeitsauffassung seiner Mitwirkenden und das künstlerische Ergebnis, die ungewohnten Stilanforderungen und die Rezeption durch das Publikum. Wagner kannte den Parzival-Stoff aus dem Versepos des Wolfram von Eschenbach seit 1845, und er beschäftigte ihn immer wieder. 1865 fertigte er einen Prosa-Entwurf für König Ludwig II. an. Im März/April 1877 verfaßte er das Textbuch, mit der Komposition begann er im September 1877. In der Kompositionsskizze ist sie im April 1879 fertig, in der Partitur Anfang Januar 1882.

Wagner bedient sich des dramaturgischen Grundschemas, nach dem auf der mittelalterlichen Moralitätenbühne und dem Barocktheater der Kampf zwischen Tugend und Laster als der die Initiation und der Reifeprozeß eines jungen Menschen dargestellt wurde. Dabei wurde der Kampf im Bild der Begegnung des Helden mit einer verführerisch schönen Frau exemplifiziert, der er zu widerstehen hat, will er durch diese richtige Entscheidung die Erkenntnis der Tugend gewinnen. Die große Szene zwischen Kundry und Parsifal im zweiten Akt ist die Peripetie der Handlung. Ebenso scheint in den Bühnenbildangaben das ikonographische Muster der Moralitäten durch: hier die christliche Gralsburg, im Gebirge des nördlichen, gotischen Spanien, dort am Südabhang, dem arabischen Spanien zugewandt, Klingsors Zaubergarten mit tropischer Vegetation. Außerhalb dieser Gegenpole liegt der dritte Schauplatz, die freie und unschuldige Natur des Gralswaldes und der Karfreitagsaue, die Natur als eine der Offenbarungsformen des Göttlichen. »Hier sind zwei Welten mit sich im Kampfe um die letzte Erlösung«, schrieb Wagner. Es ist die Auseinander-

setzung zwischen den Prinzipien des Guten und des Bösen, repräsentiert durch den Gralskönig Titurel und seinen Gegenspieler, den heidnischen Zauberer Klingsor, der selbst nach der Macht über den Gral strebt. In diesem Spannungsfeld versuchte Wagner einen Weltzusammenhang zu erfassen. Das szenische Bild ist Sinn-Bild. Durch den strengen dramaturgischen Aufbau hält Wagner die an bedeutungsvollen Bezügen, Motiven und Verweisungen reiche Handlung straff zusammen.

Die Figur der Kundry ist eine der großartigsten Schöpfungen Wagners. Sie ist Gralsbotin und Verführerin in einem, »Urteufelin« und »Höllen-

Der Gralstempel in Richard Wagners *Parisfal*. Nach dem Raumeindruck des Doms zu Siena entworfen von Paul von Joukowsky, für die Uraufführung in Bayreuth realisiert von den Brüdern Bruckner.

Und wenn Nietzsche es so darstellt, als sei Wagner gegen sein Ende plötzlich, ein Überwundener, vor dem christlichen Kreuz niedergebrochen, so übersieht er oder will übersehen lassen, daß schon die Gefühlswelt des »Tannhäuser« diejenige des »Parsifal« vorwegnimmt und daß dieser aus einem im tiefsten romantisch-christlichen Lebenswerk die Summe zieht und es mit großartiger Konsequenz zu Ende führt. Das letzte Werk Wagners ist auch sein theatralischstes, und nicht leicht war eine Künstlerlaufbahn logischer als seine. Eine Kunst der Sinnlichkeit und des symbolischen Formelwesens (denn das Leitmotiv ist eine Formel – mehr noch, es ist eine Monstranz, es nimmt eine fast schon religiöse Autorität in Anspruch) führt mit Notwendigkeit ins zelebrierend Kirchliche zurück . . .
Thomas Mann. Leiden und Größe Richard Wagners. 1933 In: Adel des Geistes. Frankfurt/Main 1955.

rose«, zu Wiedergeburten verdammt, da sie mit dem kreuztragenden Christus kein Mitleid hatte, sondern ihn verlachte. In ihrer zweiten Natur ist sie Verführerin wie die Schlange des Paradieses, die Erkenntnis und Gottheit verspricht. Indem Parsifal ihr widersteht, erlöst er sie von ihrem Fluch, sie wird getauft und zum Gral geführt. Parsifal reift durch wissendes Mitleid, durch Einsicht und Erkenntnis und durch Verständnis für alles Lebende. Liebe – Mitleid – Verständnis als positive Gegenkräfte zur Kritik an seiner Zeit: Konstanten im Denken des späten Wagner.

Wagner war sich bewußt, daß er wegen der besonderen Thematik seines *Parsifal* mißverstanden werden konnte als Religionsstifter einer neuen Kunstreligion. Nach seiner Einsicht gibt es eine gemeinsame Wurzel von Kunst und Religion: das gundsätzliche Bewußtsein des Menschen von seinem rein menschlichen, sittlichen Wesen, das er ein religiöses Bewußtsein nennt. Die Darstellung des rein Menschlichen ist für ihn die Aufgabe der Kunst. Der Unterschied aber liegt darin, daß es der Kunst um den Gewinn an Erkenntnis geht, der Religion aber um die Verkündigung von Glaubensinhalten. *Parsifal* ist Wagners radikalster Versuch, dem Musiktheater seiner Zeit eine Würde und Aussagekraft wiederzugeben, wie sie das Theater der griechischen Antike in seiner Verbindung zum Kult besessen hatte, und dem materialistisch orientierten Zeitalter ein Fundament der Humanität zu geben. Wie das Festspielhaus nicht als Alltagstheater gedacht war, so sollte auch der *Parsifal* keine Repertoireoper werden. Einzig in Bayreuth sollte er aufgeführt werden. Mit wenigen Ausnahmen, beispielsweise in New York 1903, war dies auch bis zum Jahr 1913, in dem die Schutzfrist auslief, der Fall.

Seit seiner Uraufführung bei den Festspielen 1882 war *Parsifal* einerseits die Attraktion der Festspiele – und die Berichte der Besucher schwanken zwischen Erschütterung und offener Ablehnung –, andererseits aber wurde er seit Wagners Tod als eine Art Ersatz-Requiem empfunden, bei dem nicht mehr applaudiert wurde. Ein besonderer Kult, pseudoreligiöse Sektiererei und ein spezieller Gralskitsch waren die Folge. Wieland Wagner gelang es, mit seiner Inszenierung von 1951, dem Beginn der Ära Neubayreuth, den geistigen Anspruch des Werkes wieder zur Geltung zu bringen. Eine Repertoireoper ist *Parsifal* niemals geworden, er bleibt auch heute noch vorzugsweise der Karwoche und der Osterzeit vorbehalten.

Oswald Georg Bauer

FRANZ LISZT

Am Grabe Richard Wagners
1883

Franz Liszt und Hans von Wolzogen mit Richard und Cosima Wagner. Gemälde von W. Beckmann 1880.

Nichts fällt dem Romantiker so schwer wie das Altern, der Abschied von den Jahren üppiger Schaffenskraft. Franz Liszt (1811–86), der abgedankte »Claviator Maximus« und in Ehren gescheiterte Weimarer Hofkapellmeister, war erst ein Fünfziger, als ihn Müdigkeit, Trauer und Resignation anfielen. Äußeres Zeichen wurde der Eintritt in den geistlichen Stand; Anno 1865 empfing er in Rom die niederen Weihen, die weder zu kirchlichen

Funktionen noch zur Ehelosigkeit verpflichten, nicht mit dem Sakrament der Priesterweihe identisch sind und in ihrer weitgehenden Unverbindlichkeit lediglich nahelegen, geistliches Gewand zu tragen. Etwas theatralisch bekleidete sich der hochgewachsene, silberhaarige Grandseigneur mit schwarzer Soutane, weißem Kragen, wallendem Umhang und römischem Hut: Abbé Liszt, letzte Verwandlung des Don Juan, Tasso und Mephisto. (Das Wort »Abbé« bezeichnet im französischen Sprachgebrauch ein Mitglied des geistlichen Standes ohne kirchliche Funktion, nicht unbedingt einen Priester.) Kein Virtuose von Rang hatte bisher eine solche Wendung ins Religiöse genommen, keiner die Kritik am fragwürdigen Dasein des Stars so weit getrieben.

Im gegebenen Zeitpunkt – es war vor etwa zehn Jahren – hatte ich von einer neuen Periode hinsichtlich Weimars geträumt, die man mit der Carl Augusts vergleichen könnte. Ihr Haupt hätten Wagner und ich sein sollen wie ehemals Goethe und Schiller. Die Knauserei, ich will nicht sagen der schmutzige Geiz gewisser lokaler Umstände, allerlei Eifersucht und Albernheiten von außen wie von innen haben die Verwirklichung dieses Traumes verhindert. Deshalb bitte ich Carolyne, daß sie nach meinem Tode die freundschaftlichen Beziehungen mit Wagner weiter pflegen möge. Wer könnte besser als sie den so starken Impuls verstehen, den Wagner in so kühner Weise der Kunst durch sein himmlisches Gefühl der Liebe und der Poesie gegeben hat. Franz Liszt in seinem Testament vom 14. September 1860.

Der äußeren Wandlung folgte die künstlerische: die Abkehr vom ausladenden, poetischen Vorstellungen folgenden Klang der Werke aus früher und mittlerer Zeit und die Wendung zum intimen, schmucklosen und chiffrehaften Stil der letzten Jahrzehnte. An die Stelle überredenden, Ideen und Bilder suggerierenden Aufwands tritt mehr und mehr der ausgesparte Satz von lapidarer Einfachheit und Transparenz. Er folgt kaum noch den schulmäßigen Regeln und sucht nach Wegen über die Tonalität hinaus. Intervallmotive werden wichtige Bauelemente: Quartenfolgen, übermäßige Quarten, verminderte Septimen. Liszts Harmonik ändert ihr Gesicht; das Chroma, einst Ausdruck phantasievoller Farbigkeit, erscheint verknappt und asketisch dosiert. Glanz und Effekt ermatten. Liszt weiß, daß er am Zeitgeschmack vorbei für die Schublade schreibt: »Diese Kompositionen zu veröffentlichen, bekümmert mich wenig, denn sie passen nicht zu dem gewöhnlichen Musikgebrauch- und Betrieb.« Einige dieser abstrakten Klavierstücke sind denn erst um 1950 gedruckt worden. Elegische Meditationen wie *Trübe Wolken* oder *Unstern*, *Trauergondel*, *Venezia* und *Am Grabe Richard Wagners* (1883) – gleichsam wortlos gestammelte Folgen ernster Akkorde, übermäßiger Dreiklänge, dissonanter Rückungen und ins Nichts verlaufender Tonreihen – finden sich erst seit kurzem auf den Programmen einiger Pianisten. Ein merkwürdiger Fall begab sich: Was der späte Liszt um 1880 an »Modernität« gewagt hatte – letzte Verknappung des Materials, Anerkennung des Intervalls als thematischer Gestalt, Quartenfolgen, Ganztonleitern usw. –, tat lediglich subkutane Wirkung und blieb der Öffentlichkeit verborgen. Jahrzehnte später würdigte der Liszt-Verehrer Bartók (1881–1945) das Alterswerk und zog daraus Nutzen. Liszts Altersblick in die Zukunft hatte es erkannt: Die Allmacht des Dreiklangs geht zu Ende. Die Jahrhundertwende nahm davon kaum Kenntnis. Man lebte in der Überzeugung, der seit Wagner übersteigerte Klang lasse sich noch weiter steigern. Liszts ahnungsvolle Phantasie hatte diesem brüchig werdenden Ideal Vorklänge einer kaum noch tonalen Musik entgegengesetzt: in den parallelen, leeren Quinten des *Csardas macabre* (1881/82), in der 1958 aufgefundenen *Bagatelle ohne Tonart* und auch in der letzten Sinfonischen Dichtung *Von der Wiege bis zum Grabe* (1881/82), die eine neobarockisch-schwülstige Zeichnung des Grafen Zichy zum Anstoß nimmt, in spröder, ja abweisender Haltung über die Stationen des Lebens zu meditieren und dabei herbe Passagen aufzubieten, die an den Bartók der expressionistischen Phase denken lassen. Aus zeitlichem Abstand würdigte 1951 der Zwölfton-Komponist René Leibowitz das Fortschrittliche im späten Liszt: »Von den radikalen Errungenschaften der heutigen Musik sind nicht wenige auf den Notenblättern Liszts zur Welt gekommen, durch Liszts Bestrebungen vorherbestimmt und ausgelöst worden.« Das »Moderne« in Liszt hatte seinerzeit nicht dem landläufigen Bild vom Temperamentsmusiker und Rhetoriker entsprochen. Es blieb unterschwellig, war allenfalls wenigen Fachleuten bekannt und wurde vollends den Archiven überantwortet, als nach 1900 Liszts Nachruhm schwand, der »Programmatiker« für überlebt galt und die Legende vom Virtuosen Liszt den Unterhaltungsromanen und dem Film anheimfiel.

Karl Schumann

ANTON BRUCKNER

Te Deum
Entstanden 1881–84,
uraufgeführt 1889 Wien

Schon der musikalische Einstieg in Bruckners *Te Deum* ist überwältigend. Tonkaskaden stürzen unisono in leeren Quinten und Quarten von oben herab in die Tiefe, und ebenso unisono stemmt sich ihnen der Chor in einem der Gregorianik nachempfundenen Thema entgegen. Das ist kein kunstvoll kalkuliertes Gotteslob, das ist das stammelnde Überwältigtsein von der Größe und Allmacht des Allerhöchsten. Dann aber, als bräche durch das gewaltige Tongewitter das göttliche Licht der Sonne, weicht das

Anfang der autographischen Partitur des *Te Deum* von Anton Bruckner: Allegro moderato.

gebändigte Chaos zurück, erblühen aus ihm die kanonisch geführten Solostimmen von Sopran, Alt und Tenor.

Der Ambrosianische Lobgesang, wie das Te Deum auch genannt wird, ist in der Liturgie der katholischen Kirche die bedeutendste Lobpreisung Gottes. Sie vereinigt Verherrlichung, Dank und Bitte mit der Zuversicht, auch im Tod nicht zuschanden zu werden, in einem ausdrucksstarken Hymnus. Lange Zeit wurde der Text dem hl. Ambrosius, Bischof von Mailand und Kirchenlehrer im 4. Jahrhundert, zugeschrieben. Tatsächlich aber dürfte er in seiner Urform aus dem Osten stammen und von dem um 340 geborenen Nicetas von Remisiana in die heute noch gültige Form gegossen worden sein.

Der hohe liturgische Stellenwert hat es mit sich gebracht, daß seit der Gregorianik das Te Deum immer wieder vertont worden ist. Im Mittelalter wurde es stets mit Begleitung der Orgel gesungen. Große Komponisten haben den Text als Grundlage für ihre Kompositionen genommen, zu den bekanntesten Vertonungen zählen jene von Haydn, Berlioz, Liszt, Verdi und Dvořák. Sie alle aber stehen im Schatten eines Werks, bei dem es ursprünglich nicht um Kunst, sondern um das religiöse Bekenntnis ging und das gerade deshalb höchste künstlerische Einheit und Geschlossenheit erreicht: das *Te Deum* von Anton Bruckner (1824–96).

In fünf Teile gliedert sich das Gotteslob, das Bruckner selbst als sein »bestes Werk« bezeichnet hat. 1881 entstanden die ersten Skizzen, mit Unterbrechungen arbeitete er drei Jahre an dem Werk und vollendete es 1884. In seiner tiefen Gläubigkeit antwortete Bruckner auf den Vorschlag, die Komposition dem Kaiser zu widmen, das sei ihm leider nicht möglich, er habe es bereits dem lieben Gott zugeeignet.

Bruckner? Bruckner? Wer ist er? Wo lebt er? Was kann er? Solche Fragen kann man in Wien zu hören bekommen (. . .) Trifft sich nun einer, dem der Name nicht ganz fremd ist, so erinnert er sich wirklich, daß Bruckner Professor der musikalischen Komposition (. . .) ist und Orgelvirtuose ergänzt vielleicht ein anderer (. . .), während ein dritter bereits glaubt, ein vierter schon weiß, ein fünfter sogar behauptet und ein sechster endlich darauf schwört, daß Bruckner auch Komponist sei . . .
Hugo Wolf in seinem Bruckner-Plädoyer am 28. Dezember 1884 im »Wiener Salonblatt«

In Bruckners *Te Deum* wechseln kraftvolle Ausbrüche mit wundersamen Pianostellen, die Chorfuge am Schluß ist eine der packendsten und berührendsten Inspirationen Bruckners, der triumphale Schluß in seiner Wirkung nur mit dem Finale der *Fünften Sinfonie* vergleichbar. Bruckners geistliche Kompositionen haben sich rascher durchgesetzt als sein sinfonisches Werk. Die Messen, vor allem jene drei Moll-Messen, die er als »gültig« anerkannte – drei frühere hat er verworfen –, sein *150. Psalm* und die Motetten waren nicht so sehr dem Unverständnis weiter Kreise und vor allem der gehässigen Kritik ausgesetzt. Dennoch, als Hofkapellmeister Hellmesberger das *Te Deum* in der Hofkapelle aufführen wollte, bemängelte er dessen Länge und verlangte Striche. Bruckner, der bei seinen Sinfonien immer wieder zu Konzessionen bereit war, blieb diesmal hart. Gleichsam zur Strafe wurde das Werk in der Hofkapelle nicht aufgeführt, erst fünf Jahre nach der Vollendung erklang es erstmals in Wien.

Das Brucknersche *Te Deum* ist einem erratischen Block vergleichbar, der in der katholischen Kirchenmusik seinesgleichen sucht. Unvergeßlich für jeden, der jemals eine Aufführung erlebt hat, bleibt der Jubel des »non confundar in aeternum«, »in Ewigkeit werde ich nicht verlorengehen«. Kaum vorstellbar, wie ein nach außen hin naiver, ängstlicher, unbeholfener Mensch ein Werk von solch geistiger Kraft und Größe schaffen konnte. Und berührend, wie Bruckner selbst zu seinem Werk stand, wenn er sagte: »Ich glaub, wenn's beim Jüngsten Gericht schief ging, möcht ich dem Herrgott die Partitur vom *Te Deum* hinhalten und sagen: ›Schau, das hab ich ganz allein für dich gemacht‹, nachher würd ich schon durchrutschen.«

Helmut Schinagl

JOHANNES BRAHMS

4. Sinfonie e-Moll op. 98
1885 Meiningen

Johannes Brahms um 1890. Gemälde von Olga Miller zu Aichholz. Victor Miller zu Aichholz, ein österreichischer Großindustrieller, und seine Frau Olga gehörten zu den Wiener Freunden des Komponisten. Er besuchte sie von seinem Sommerdomizil in Ischl gern im nahgelegenen Gmunden, wo das Ehepaar später das erste Brahms-Museum einrichtete.

Es schloß sich ein Kreis. Das letzte Wort des Sinfonikers Brahms (1833–97), der vierte Satz seiner *Vierten Sinfonie,* hat die barocke Form einer Chaconne oder Passacaglia, und damit wird unser Blick zurückgelenkt auf die Variationswerke des Komponisten, insbesondere auf die *Variationen über ein Thema von Joseph Haydn op. 56a* (1873), die in der Fassung für Orchester ihrerseits als ein sinfonischer Vorgeschmack gelten können.

Hatte sich Brahms bis zur Fertigstellung seiner ersten Sinfonie etwa 20 Jahre Zeit genommen oder Zeit nehmen müssen (die Anfänge gehen auf die späten fünfziger Jahre seines Jahrhunderts zurück, während die *Erste Sinfonie c-Moll op. 68* im November 1876 uraufgeführt wurde), so folgte die *Zweite Sinfonie D-Dur op. 73* nur ein Jahr später. In den sechs Jahren, nach denen Brahms die Arbeit an der *Dritte Sinfonie F-Dur op. 90* aufnahm, entstanden u. a. das *Violinkonzert D-Dur op. 77* (1879) und das *Zweite KLavierkonzert B-Dur op. 83* (1882), jenes, von dem Brahms nach dem zweifelhaften Empfang, der dem ersten zuteil geworden war, sagte: es werde schon anders lauten. Es klingt jedenfalls sehr sinfonisch, was für die eine weniger, für die andere mehr auch für die beiden Ouvertüren gilt, die *Akademische* (1880) und die *Tragische* (1881). Die *Vierte Sinfonie* schließlich entstand in den Sommermonaten der Jahre 1884 und 1885, die Brahms in Mürzzuschlag am Fuße des Semmering zubrachte. Übrigens war er zuvor in Italien gewesen. »Achtmal«, schrieb Richard Specht, der Brahms in dessen letztem Lebensjahrzehnt erlebte, »achtmal ist er in sein geliebtes Sonnenland gefahren, und jedesmal kehrte er voll Segen zurück.« Sizilien vor allem habe seine Liebe gegolten. »Girgenti, Syrakus, Palermo und den goldstarrend düsteren Steintraum von Monreale meint man im Tonbild seiner vierten Symphonie und mancher Klavierstücke vorüberziehen zu sehen.«

Es ist vielleicht nützlich, sich der italienischen Reisen des Johannes Brahms zu erinnern, den gewohnte Sicht stets seinem norddeutschen Herkunftsland mit seinem schweren Himmel überläßt. Welchen Anteil an seinem Werk hat Wien, welchen haben die österreichischen und schweizerischen Sommerfrischen, in deren Landschaften die meisten Werke entstanden, welchen aber auch das wiederholte Italienerlebnis?

BRAHMS 4. Sinfonie e-Moll

Die Entstehung der *Ersten Sinfonie* hatte viele Stätten, die endgültige Form gab Brahms der Sinfonie in Lichtenthal bei Baden-Baden. Die *Zweite Sinfonie*, der man behend die Bezeichnung »Brahms' Pastorale« umhängte, entstand in Pörtschach und Lichtenthal, und Brahms schieb dazu: ». . . der Wörther See ist ein jungfräulicher Boden, da fliegen die Melodien, daß man sich hüten muß, keine zu treten.« Über die Entstehungszeit der *Dritten Sinfonie* ließ Brahms seine Freunde im dunkeln, und so wissen wir auch nicht mehr, als daß er sie im Sommer 1883 in Wiesbaden abschloß. Bezeichnend für diese Sinfonie ist ihre Stimmungsvielfalt, die formal im unablässigen Wechsel der Tonart begründet ist.

Die Behauptung, daß Brahms sogar in symphonischen Werken eigentlich Kammermusik geschrieben habe, ist zwar eine Übertreibung, aber eine durchaus verständliche; denn eine nach innen gekehrte Musik, die eher zur Zurücknahme neigt, als daß sie zur Emphase drängt, ist kaum vereinbar mit den Prinzipien einer Gattung, die nach Paul Bekker ihrer Idee erst gerecht wird, wenn sie sich an ein Massenpublikum, eigentlich an die Menschheit insgesamt wendet.
Carl Dahlhaus, »Brahms und die Idee der Kammermusik«. In: Neue Zeitschrift für Musik, 1973.

Für die *Vierte Sinfonie* nun hatte Brahms eine mehrfach benutzte leicht sarkastische Formel zur Hand: »Ich fürchte, sie schmeckt nach dem hiesigen Klima – die Kirschen hier werden nicht süß . . .« Der motivisch-melodische Reichtum dieser Sinfonie legt den Vergleich zum literarischen Genre des Romans nahe, in dessen epischem Grundcharakter sich lyrische wie dramatische Elemente mischen. Die melancholische Stimmungslage ist unverkennbar. Heute wissen wir, daß es die letzte Sinfonie des Johannes Brahms war, der danach ja nur noch ein einziges Werk mit Orchester schrieb, das lange unterschätzte, in Wahrheit höchst aufregende Doppelkonzert *(Konzert für Violine, Violoncello und Orchester a-Moll op. 102)* von 1888. Ahnten auch seine Freunde den Abschied vom Sinfonischen? Brahms-Biograph Max Kalbeck jedenfalls schrieb über die Premierenfeier nach der Zweitaufführung in Wien: »Billroth hielt eine seiner jovialsten Tischreden, und der Champagner floß in Strömen, aber uns klangen die prozessionsmäßig wie begräbnisposaunengeblasenen Scheideklänge des Finales im Ohre, und ein bitterer Geschmack lag uns auf der Zunge.«

Wenn die *Vierte Sinfonie* als Abschiedssinfonie anzusehen ist, so realisiert sie dieses Thema auf ungewöhnliche Weise. Es ist, als dürften – vor allem in der Variationsfülle des Schlußsatzes – alle Instrumentengruppen noch einmal zeigen, was sie unter der Hand des Sinfonikers Brahms vermögen. Vielleicht ist die Chaconne überhaupt der auslösende Einfall für die ganze Sinfonie gewesen, vielleicht war Hans von Bülow der durch Widerstand hilfreiche Geburtshelfer. Richard Specht hat die Geschichte erzählt, daß Brahms seinem Freund Bülow die Chaconne aus der Bach-Kantate *Nach dir, Herr verlanget mich (BWV 150)* vorspielte: »Bülow war nur recht kühl begeistert von dem Chorsatz, dessen kunstvollen Bau Brahms mit eifriger Beredsamkeit demonstrierte, und meinte, daß die große Steigerung, die dem über dem Baß aufgebauten Stück gedanklich innewohne, an Singstimmen kaum herauszubringen sei. ›Das habe ich mir auch gedacht‹, sagte Brahms, ›was meinst du, wenn man über dasselbe Thema einen Symphoniesatz schriebe? Aber das ist zu klotzig, zu geradeaus. Man müßte es irgendwie chromatisch verändern.‹ «

Dieses »irgendwie« führte zu einem der großartigsten und raffiniertesten Stücke der sinfonischen Literatur überhaupt.

»Man wird nicht müde, hineinzuhorchen und zu schauen auf die Fülle der über dieses Stück ausgestreuten Züge, seltsamen Beleuchtungen, rhythmischer, harmonischer und klanglicher Natur«, schrieb die musikalisch hochbegabte Brahms-Freundin Elisabet von Herzogenberg. Es bedarf dieses Hineinhorchens, um den großen Verwandler Brahms richtig zu verstehen, dessen *Vierte Sinfonie* wiederum und insbesondere eine sonst kaum gehörte Synthese zwischen Bewahrendem und Erneuerndem bietet, darüberhinaus nach wie vor Rätsel aufgibt durch ihre Verbindung von Gegenwelten wie die des Sinfonischen und Kammermusikalischen. *Hans A. Neunzig*

CAMILLE SAINT-SAËNS

3. Sinfonie c-Moll op. 78
1886 Paris

Camille Saint-Saëns (1835–1921), der Klassizist unter den französischen Komponisten des späteren 19. Jahrhunderts, mußte die Überschätzung, die er in Deutschland zu Lebzeiten erfuhr, später mit Unterschätzung bezahlen. Bei aller Anerkennung seiner technischen Meisterschaft warf man seiner Musik Sentimentalität und Bombast vor und wertete sie als typisches Produkt der Gründerjahre nach dem Krieg 1870/71. Daß diese sehr einseitige, von nationalistischen Untertönen keineswegs freie Sicht mehr und mehr einer sachlichen Beurteilung weicht, ist begrüßenswert, denn damit wird auch wieder der Blick geschärft für die Qualität eines Meisterwerks, der dritten und letzten Sinfonie des Komponisten, die eigentlich die fünfte ist. Die »à la Memoire de Franz Liszt« 1885/86 in Paris komponierte Sinfonie, die neben der *Symphonie fantastique* von Berlioz (1830) wohl bedeutendste der französischen Musik des 19. Jahrhunderts, ist in mehrfacher Hinsicht höchst originell. Zum einen erschließt die Hinzuziehung der Orgel (Saint-Saëns war selbst Organist) und des vierhändig gespielten Klaviers zur sehr großen Orchesterbesetzung der Gattung bis dahin ungewohnte Klangwelten, zum anderen geht Saint-Saëns formal sehr eigenwillige Wege. Er strebt in dieser Sinfonie eine Synthese von traditionell-klassischer Viersätzigkeit und Lisztscher Technik der Themenmetamorphose an. Ein als Themenkeim die ganze Sinfonie durchziehendes Motiv, bestehend aus den ersten vier Tönen des gregorianischen »Dies irae« der Totenmesse, bildet nach dem Vorbild von Liszts *h-Moll-Sonate* (1853) das monothematische Gerüst des Ganzen. Aus diesem Keim sind die übrigen Themen des Werkes mehr oder weniger frei entwickelt. Das »Dies irae« hat die Komponisten bis in unser Jahrhundert hinein immer wieder angeregt, Saint-Saëns hatte es bereits in seiner 1874 komponierten *Danse macabre op. 40* benutzt. Der Komponist war sich der Bedeutung der Sinfonie wohl bewußt, denn er sagte: »Mit ihr habe ich alles gegeben, was ich geben konnte . . . so etwas wie dieses Werk werde ich nie wieder schreiben.« Er ist in seinen restlichen dreieinhalb Lebensjahrzehnten nicht mehr auf die Gattung der Sinfonie zurückgekommen.

Die Viersätzigkeit des Werkes ist kaschiert: Je zwei Sätze sind zu einer Einheit zusammengefaßt. Dem traditionell gebauten Sonaten-Kopfsatz geht eine Adagio-Introduktion mit Holzbläserrufen zu liegenden Streicherklängen voran. Das dann einsetzende Allegro moderato exponiert als Hauptthema zunächst in den Streichern, dann auch in den Holzbläsern das erweiterte »Dies-irae«-Motiv. Die Entwicklung dieses ersten Komplexes klingt mit dem Grundmotiv leise aus. Ein von den Violinen angestimmtes, wiegendes Seitenthema leitet über in den Durchführungsteil; in dessen erregte Themenmetamorphosen rufen die Posaunen ihr »Dies irae« hinein. Die nach klassischem Schema gebaute Reprise verklingt im tiefen Pizzikato. Feierlicher Orgelklang kündet das Adagio an, eine breit strömende Des-Dur-Kantilene der Streicher, die mit einem Nachsatz von den Bläsern wiederholt wird. Eine arabeskenhafte Variation der Violinen leitet über zur hymnisch gesteigerten Wiederholung der Kantilene durch die Violinen in hoher Lage bei triolischer Pizzikato-Grundierung. Ruhig und feierlich klingt der erste Doppelsatz aus.

Das Scherzo wird mit einem straffen Repetitionsthema der Streicher eröffnet, zwischendurch ertönt immer wieder das nun kapriziös umgeformte »Dies-irae«-Motiv. Das brillant instrumentierte, geistvolle, voranstürmende Geschehen wird im Trio-Mittelteil, einem jagenden Presto, noch

Das Foto zeigt Camille Saint-Saëns um 1890. Seine 3. Sinfonie in c-Moll, die sog. Orgelsinfonie von 1886 gehört zu den Hauptwerken des Komponisten, der selber ein virtuoser Organist war. Als Pianist, Organist und Dirigent schuf er sich auf vielen Konzertreisen internationales Ansehen. Die Nachwelt ließ nur einer schmalen Auswahl seines Werks die rechte Ehre angedeihen. So blieb von 16 Opern eine einzige im Repertoire: »Samson und Dalila«, uraufgeführt 1877 durch Franz Liszt in Weimar.

überboten, wobei das Klavier Skalen und Arpeggien hineinwirft. Der schulgerechten Wiederholung des Scherzos macht eine ernste, choralartige Weise der Bässe ein Ende. Das Brausen des Orgel-Plenos zeigt den Beginn des Finales an. Die Streicher singen die aus dem Grundmotiv entwickelte feierliche Choralweise. Sie erklingt anschließend harfenumrauscht und ein drittes Mal mit Beckenschlägen und Bläsertuschs an den Vers-Enden, eine Stelle, die den Zorn der Puritaner besonders herausgefordert hat. Ein aus dem Grundmotiv entwickeltes energisches Fugato führt zu einem pastoralen Seitenthema der Holzbläser. Alles das sind nur kontrastierende Episoden einer Entwicklung, die unaufhaltsam zur machtvollen Schlußsteigerung führt. Die Posaunen stimmen erneut den Choral an, emporschießende Skalen der Streicher, ein dröhnender Orgelpunkt von Pauke und Orgel schließen das Werk in pompösem Grandioso ab.

Hier lediglich veräußerlichten Bombast sehen zu wollen, wie es in Deutschland zeitweilig der Fall war, wäre verfehlt. Der Hang zur »Grandeur« ist der französischen Kunst insgesamt eigen. Das gilt für die Malerei der David und Delacroix, für die Baumeister des französischen Barocks wie für Berlioz, um nur einiges herauszugreifen. Die höchst originelle formale Anlage der Sinfonie von Saint-Saëns, der harmonische Reichtum der Musik, der sich vor allem aus der Verwendung von Halbton- und Terzverwandtschaften ergibt, die meisterliche, von starker Erfindungskraft getragene Abwandlung des thematischen Materials, die glanzvolle Instrumentation, alles das sind Qualitäten, die ein schöpferisches Ingenium sui generis bekunden. Darüber hinaus liegt die Bedeutung dieses sinfonischen Hauptwerkes von Saint-Saëns in dem Versuch, das aus der Programmusik stammende Verfahren ständiger Transformation des thematischen Materials mit der klassischen Großform der absoluten Musik zu verschmelzen und auf diese Weise die das späte 19. Jahrhundert durchziehende Polarisierung von »Neudeutschen« und »Klassizisten« zu versöhnen. Daß auch das Dekorative der Grand Opéra seinen Segen dazu gab, mindert den Reiz dieses Versuchs nicht.

Alfred Beaujean

RICHARD STRAUSS

Tondichtungen 1886–1915

Als blutjunger Kapellmeister in Meiningen korrigierte Richard Strauss (1864–1949) jene Phasenverschiebung, die ihn im behäbigen München mit bravem Epigonentum einzulullen gesucht hatte, während draußen in der Welt eine andere Sprache gesprochen wurde; eine von Berlioz, Liszt und Wagner geprägte Sprache mit dem Ziel, die begrifflose Musik zu poetisieren. Strauss begegnete in dieser Krise einem Mentor, wie er zum Humus der Entwicklungen gehört: dem Geiger, Komponisten und dünnblütigen Poeten Alexander Ritter.

»Er war außerordentlich belesen in allen philosophischen Werken, in der neuen und alten Literatur, überhaupt ein Mann von umfassender Bildung. Sein Einfluß hatte etwas Sturmwindartiges. Er drängte mich dazu, das Ausdrucksvolle, Poetische in der Musik zu entwickeln nach den Beispielen, die uns Berlioz, Liszt und Wagner gegeben haben.« Die Annäherung an die progressiven »Neudeutschen« vollzog sich in Übergängen, in der *Burleske für Klavier und Orchester* (1885) und in der sinfonischen Fantasie *Aus Italien* (1886), die an der üblichen Viersätzigkeit festhält und sich malerisch-folkloristisch der beargwöhnten »Tondichtung« nähert. Übergang blieb auch die an den tönenden Persönlichkeitsbildern orientierte Partitur des *Macbeth* (1890). Als die erste in der Reihe von Strauss' Tondichtungen kann der 1889 uraufgeführte *Don Juan* (nach Lenau) gelten, ein Charakterbild in erweiterter Sonatenform, feurig, schönheits- und freiheitstrunken. Der ganz und gar diesseitige Gegentyp zu Faust berührt sich in seiner Verherrlichung des als Rausch genossenen Lebens mit den Gestalten Wedekinds, Bierbaums und vieler Maler und Dichter des Fin de siècle. Strauss wurde zum musikalischen Herold seiner Generation, ein moderner Komponist in den orchestralen Mitteln wie in der Auffassung von Kunst, Welt und Leben. Die Tondichtung *Tod und Verklärung* (1889) scheint auf das idealistische Pathos einzuschwenken, auf die traditionelle Folge von c-Moll-Konflikten und C-Dur-Apotheose. Das Neuartig-Realistische der Schilderung von Krankenstube, Todeskampf und Verscheiden hatte Eduard Hanslick sogleich erkannt: »Die realistische Anschaulichkeit, die Art seines Talents weist den Komponisten auf den Weg des Musikdramas.«

Es ist mir unmöglich, ein Programm zu »Eulenspiegel« zu geben: was ich mir bei den einzelnen Teilen gedacht habe, würde, in Worte gekleidet, sich oft genug seltsam ausnehmen, vielleicht sogar Anstoß erregen. Wollen wir daher diesmal die Zuhörer selber die Nüsse aufknacken lassen, die der Schalk ihnen verabreicht.
Richard Strauss im Gespräch mit Franz Wüllner, dem Dirigenten der Uraufführung. In: Kurt Pfister. Richard Strauss. Wien 1949.

Den 34jährigen Richard Strauss malte Fritz Erler (1868–1940), Mitbegründer der Zeitschrift *Jugend* sowie Mitbegründer der Künstlergemeinschaft *Scholle* 1898. Im selben Jahr hatte Strauss seine einsätzige Sinfonie *Ein Heldenleben* geschrieben.

Ein Buch erregte, begeisterte und verwirrte die Jugend des späten 19. Jahrhunderts: Nietzsches *Also sprach Zarathustra*, der 1883 bis 1885 aufgezeichnete Hymnus auf Einsamkeit und Selbstbefreiung des Menschen. »Frei nach Nietzsche«, entwarf Strauss 1896 eine Tondichtung, die jene Euphorie widerspiegelt. So wenig Nietzsches Buch ein ausgeklügeltes Gedankensystem enthält, so wenig ist Strauss' pompöses Orchesterwerk der Kommentar zu einer Philosophie. Strauss schreibt aus der Hochstimmung einer durch Nietzsche beflügelten Jugend: »Sinfonischer Optimismus in Fin-de-Siècle-Form, dem 20. Jahrhundert gewidmet«. Die aufwendig instrumentierte Tondichtung über das Evangelium der Diesseitigkeit erhebt sich über zwei dissonierenden Komplexen, über C und H, wobei die C-Region ungefähr Natur, Leben, Wachsen und Vergehen versinnbildlicht, der H-Bereich aber das Individuum, den zur Selbsterlösung drängenden Geist. Der Konflikt bleibt offen: In den verhauchenden H-Dur-Schluß der hohen Streicher und Holzbläser werfen die Bässe als Dissonanz das C des Anfangs. Das absonderlichste Stück der Partitur ist die knöcherne Fuge der Episode »Von der Wissenschaft«: Das steife Thema der geteilten Bässe verläuft fast dodekaphonisch. Eine unbeabsichtigte Antizipation der erst zwanzig Jahre später »erfundenen« Zwölftonlehre Schönbergs.

Zarathustra-Moral beschwingt *Till Eulenspiegels lustige Streiche*, aufgezeichnet 1895 »nach alter Schelmenweise in Rondeau-Form«. Die Befreiung vom »Geist der Schwere« gelingt dem Schalksnarren leichter als dem Zarathustra; für ihn löst sich alles in Gelächter auf, sogar der Tod. Ein Scherzo erwächst aus dem aufhüpfenden Thema des Horns; Zerlegungen und Umspielungen versinnbildlichen die Verkleidungen, Fratzen und Possen Eulenspiegels. Widersacher sind, ähnlich wie später im *Heldenleben*, die Spießer, Neider, Kläffer und Popanze. Konflikte stellen sich nicht faustisch im Innern ein, sondern dort, wo sich der freie Mensch an der trägen Welt reibt.

Gemilderte Zarathustra-Euphorie und Haß auf die philiströsen Widersacher tragen die monströse, einsätzige Sinfonie *Ein Heldenleben* (1898), die bald als gigantomanische Selbstverherrlichung eines heroisch aufgeputzten Bourgeois – Strauss hatte mehr unwirsch als überheblich gesagt, er fände sich genauso interessant wie Cäsar oder Napoleon – verlästert und bald als Ausgeburt wilhelminischen Wohlstands abgefertigt worden ist. Selbstdarstellungen kennt die ganze Romantik; selbst Bach hatte nicht gezögert, die zufällige Möglichkeit zu nutzen, seinen Namen in Töne zu setzen. Mit Kaiser Wilhelm II., dem namengebenden Exponenten der wil-

Erler
98

helminischen Ära, stand Strauss sehr schlecht; für den Kaiser war er ein Vertreter der »Rinnsteinkunst«, ein dekadenter Musiker, der lediglich gut zu dirigieren verstand. Das subjektive Pathos des nur in seinen »Friedenswerken« gepriesenen Helden und der resignatorische, mehr mit Schopenhauer als mit Nietzsche sympathisierende Schluß der Tondichtung lassen sich kaum mit dem säbelrasselnden, großsprecherischen Gehabe des Wilhelminismus vereinbaren.

Gerade bei Till Eulenspiegel läßt man sich kaum träumen, was alles die Musik an Begebenheiten zu erzählen weiß, und was das Orchester an Entsprechungen zu den tollen Textbildern aufzubieten hat. Da vollführen Klarinetten wahnsinnige Sturzflüge, die Trompeten sind immer verstopft, die Hörner, ihrem ständigen Niesreiz zuvorkommend, beeilen sich, ihnen artig »Wohl bekomm's!« zuzurufen; die große Trommel macht bumbum, als ob sie den Auftritt von Clowns unterstreichen wolle, während eine Ratsche das Ganze mit ihrem Jahrmarktslärm übertönt.
Claude Debussy
Gil Blas.
30. März 1903.
In: Claude Debussy. Monsieur Croche. Sämtliche Schriften und Interviews. Stuttgart 1974.

Die *Sinfonia domestica* (1902/03) verengt die Perspektive des *Heldenlebens* auf das Familienidyll. Der Seelenfrieden ist identisch mit dem häuslichen Glück. Was sich an Stürmen noch begibt, sind Stürme im Wasserglas. Für die Verherrlichung des Familienglücks dünkte Strauss die Form der Sinfonie gerade gut genug – ein Vorgang, wie er symptomatisch ist für den Bedeutungswandel der Gattung um die Jahrhundertwende: Die Sinfonie trägt kaum noch Konflikte aus, sie ergeht sich episch im Betrachten, auch im Betrachten einfacher Dinge. Das Familienleben wird zum Sujet: ein Abstecher ins Private, wie er zuvor nur der Malerei zugebilligt worden war.

Episch wie die *Domestica* und resignatorisch wie *Zarathustra* und *Ein Heldenleben* ist die sinfonische Dichtung *Don Quixote* (1897), »Introduzione, tema con Variazione e Finale – Fantastische Variationen über ein Thema ritterlichen Charakters«. Episoden aus dem Roman des Cervantes spiegeln sich in naturalistischen Instrumentationsspäßen, die Charaktervariationen folgen den Stationen der Dichtung, die Orchestrierung glänzt von artistischer Bravour, und das Violoncello, romantischer Ausdrucksträger männlich-verhaltener Lyrik, wird zum Instrumentalsymbol des ritterlichen Phantasten aus Spanien. Strauss erfaßt, ähnlich wie der vier Jahre ältere Mahler, die Affinität zwischen episch gewordener Sinfonie und Variationenform. Schönbergs »entwickelnde Variation«, die einen thematischen Kern schier unbegrenzt verwandelt, kündigt sich an.

Wie sich viele Schriftsteller zur Zeit des Ersten Weltkriegs auf heimattreue Thematik zurückzogen, so verklärte sich für Strauss die Welt, die ihn in Garmisch umgab, die Natur zwischen Loisach und Karwendel. *Eine Alpensymphonie* wurde 1915 vollendet, die letzte, nachgeborene Tondichtung im »neudeutschen« Sinne Liszts. Die Partitur, ein Glanzstück für virtuoses Orchester und souverän disponierenden Dirigenten, hat sich wegen ihres Aufwands an illustrativ wirkenden Effekten viel Naserümpfen gefallen lassen müssen. Dabei wird übersehen, daß in dieser riesigen Natursinfonie das überkommene Sonatensatz-Schema poetisiert worden ist, allein schon durch das Verfahren, Reprise und Coda dem Abstieg vom Berggipfel zuzuordnen und realistisch durch die Umkehrung der Themen zu verdeutlichen. »Anbetung der ewig herrlichen Natur« feiert Strauss noch einmal im Sinne Nietzsche-Zarathustras. Die Botschaft vom »neuen Menschen« ertönt in Freiluftszenerie.

Die Tondichtung als Ausdruck des Realismus und der Poetisierung hatte rascher Höhepunkt und Krise erreicht, als es sich ihre großen und kleinen Verfechter hatten träumen lassen. Sie erlahmte an ihrem Aufwand, ihrem Anspruch und ihrer betulichen Detailfreudigkeit, vornehmlich aber am Unvermögen vieler Epigonen, der Überfülle von poetischen Vorstellungen prägnanten musikalischen Ausdruck zu verschaffen, wie dies Strauss kraft seiner Vitalität und seines Könnens gelungen war. Es gab beachtenswerte Nachzügler der Tondichtung: *Kossuth* von Bartók (UA 1904), *Taras Bulba* (UA 1918) von Janáček, impressionistische Varianten wie Dukas' *Zauberlehrling* (UA 1897) oder auch Debussys *La Mer* (1905). Die Neigung zum Atmosphärischen ging in den Impressionismus über, dem nächsten Verwandten einer »poetischen« Musik. Expressionismus und Neobarock setzten zum Gegenstoß im Zeichen des Absolut-Musikalischen an. Die satte Pracht des Strauss'schen Orchesters geriet in Verruf wie die satten Zeiten, deren Ausdruck sie gewesen war. Die zumal durch den Tonfilm verbreitete gehobene Unterhaltungsmusik verschliß das Vokabular der Tondichtungen, erhob das Illustrative kunstgewerblich zum Ziel, weidete die hochgesteigerte Orchestrierungstechnik in tonmalerischen Effekten aus und erging sich im leeren, doch raffinierten Wohllaut, stets gehorsam orientiert an außermusikalischen Ideen, Bildern und Vorgängen.

Karl Schumann

EDVARD GRIEG

Die Peer-Gynt-Suiten
1887/88 und 1891 Kristiania

Seine sprichwörtliche Popularität, ja Berühmtheit erwarb sich der norwegische Komponist Edvard Grieg (1843–1907) mit seiner *Peer Gynt*-Musik, genauer: mit den beiden *Peer-Gynt-Suiten op. 46* und 55, die Exzerpte aus

Das Beste des ganzen Nachmittags war die Peer-Gynt-Suite, die Grieg zu dem gleichnamigen Drama von Ibsen geschrieben hat. Die musikalischen Gedanken besitzen einen eigenen Zauber, die Rhythmen sind geschickt gesetzt, der Ausdruck ist viel echter norwegisch. Auch die Orchestrierung ist ausgewogener, an die Stelle allzu leichter Effekte treten ingeniöse Einfälle. Das im Zeichen Griegs stehende Konzert schloß unbegreiflicherweise mit dem Finale aus der Götterdämmerung; wie ich's auch drehe und wende, ich finde keinen Grund, diesen Monolithen deutscher Kunst neben Griegs norwegische Melancholie zu stellen . . . ich bin vorher gegangen. Auf Petit Fours setzt man kein Roastbeef.
Claude Debussy. Gil Blas. 20. April 1903.
In: Claude Debussy. Monsieur Croche. Sämtliche Schriften und Interviews. Stuttgart 1974.

der Schauspielmusik zu Henrik Ibsens gleichnamigem Schauspiel darstellen. Bedenkt man die vielerlei Komplikationen in der Entstehungsgeschichte, die langwierige Edition der Musik, basierend auf einer verwickelten Quellenlage, und die zeitweise nicht unerhebliche Aversion Griegs gegen den Stoff, was sich auf seine Arbeit retardierend auswirkte, dann mutet es fast wie eine Ironie des Schicksals an, daß man bei der Nennung von Griegs Namen den Werktitel assoziiert und umgekehrt: Lange brachte man die Gestalt des nordischen Faust sogar mehr mit Grieg als mit Ibsen in Verbindung.

Die beiden Norweger – Ibsen war fünfzehn Jahre älter als Grieg – hatten sich 1866 in Rom kennengelernt. Eine Norwegen-Phobie veranlaßte den Dichter zu jahrzehntelangen Auslandsaufenthalten, unter anderem in München und Rom. 1867 hatte Ibsen sein dramatisches Gedicht *Peer Gynt* als Lesedrama vorgelegt, das der Dichter Björnstjerne Björnson, der ein Osloer Theater leitete, als Bühnendrama vorzustellen gedachte, von dem Plan aber aus finanziellen Erwägungen abrückte. Da griff Ibsen selbst die Idee auf, erwog auch von Anfang an eine Bühnenmusik und wandte sich mit einem entsprechenden Antrag 1874 an Grieg, der zusagte und sich sofort an die Arbeit begab. Sieben Monate später gestand er einem Freund sein nachlassendes Interesse an dem Stoff, der »schrecklich unangenehm« sei. Kurz darauf bekannte er Björnson, der Text sei der beste Ibsens, doch seine Sympathie werde er niemals haben.

Dennoch schloß Grieg seine Komposition im Sommer 1875 ab, rechtzeitig für die Osloer Uraufführung am 24. Februar 1876, der er resigniert fernblieb: Er traute der Qualität der musikalischen Aufführung nicht, für die nur ein offenbar halbprofessionelles Orchester aus 35 Musikern zur Verfügung stand. Trotzdem bahnte sich, was Grieg nicht abschätzen konnte, nach der gelungenen Premiere ein Welterfolg an. Noch drei Produktionen des Ibsen-Dramas mit seiner Musik gab es zu seinen Lebzeiten. Jedesmal wurde der Grundplan der Musik geändert, gab es Ergänzungen von fremder Hand, eingeschlossen fremdorchestrierte Klavierstücke Griegs, was sich dem Einfluß des Komponisten entzog, ihn wohl auch nicht interessierte.

Ihm war inzwischen die Idee gekommen, Kernstücke der Schauspielmusik, losgelöst vom dramatischen Vorwurf, im Konzertsaal darzubieten. Die erste Suite entstand 1887/88, die zweite – stimuliert durch den wohl unerwarteten Erfolg der ersten – vier Jahre später. Die beiden Suiten, die Grieg auch für Klavier zu zwei und zu vier Händen einrichtete, berück-

sichtigen je vier geschlossene Nummern, die keineswegs chronologisch aus der Gesamtmusik entnommen wurden. Andererseits blieb manches unberücksichtigt, was trotzdem bekannt geworden ist. Griegs erfolggekrönte Anstrengung als Schauspielkomponist spiegeln die beiden Suiten natürlich nicht wieder. Die Musik im ganzen ist so wenig zu retten wie die Mendelssohns zu Shakespeares *Sommernachtstraum.* Allerdings hat die Schallplatte das ganze Werk, das erst 1988 im Rahmen der Edvard-Grieg-Gesamtausgabe zum erstenmal als revidierte Gesamtpartitur publiziert worden ist, präsentiert und dessen Überprüfung ermöglicht.

»Norwegischer Fjord«. Gemälde des 1801 in Hamburg geborenen Landschaftsmalers Carl Lorentzen.

Die beiden Suiten hingegen sind zur Schallplattenmusik schlechthin avanciert. Kein Dirigent der Weltelite mit Zugriff zu diesem Medium, der es sich hätte nehmen lassen, die beiden Suiten aufzunehmen. Da beide zusammen nur rund eine halbe Stunde Spieldauer beanspruchen, andererseits wegen ihres programmatisch-literarischen Charakters eine Sonderstellung am Rande des Orchesterrepertoires einnehmen, sind sie, nicht anders als Dukas' *Zauberlehrling* oder Bizets *Arlésienne*-Suiten, aus den sinfonischen Konzertprogrammen verschwunden, zumal von sinfonischen Strukturansätzen bei ihnen wirklich nicht die Rede sein kann. So haben sie in Konzertprogrammen unterhaltenden Charakters bis zu den Darbietungen von Kurkapellen und in allen nur denkbaren Arrangements ihren Platz gefunden. Ihren Beliebtheitsgrad hat das höchstens noch gesteigert.

Über die Musik selbst sagt ihre Verwendung nur wenig aus. Ihr sinnstiftender Zweck als atmosphäreverdichtende Schauspielmusik bleibt bis heute legitim, selbst wenn Aufführungen von Ibsens Schauspiel, das durch beispielhafte Inszenierungen in den letzten zwei Jahrzehnten mit unserer Zeit zugewandten Interpretationen neu interessant geworden ist, mit Griegs begleitender, unverhohlen romantisch grundierter Musik nahezu undenkbar geworden sind. Die Zusammenkoppelung von Ibsens Text und Griegs Musik, obwohl in derselben Epoche entstanden, würde sich als anachronistisch und damit als rein historisch erweisen. Dieser Tatbestand wird jedoch bei Mendelssohn/Shakespeare ebenso evident. Unbestritten bleibt hingegen Griegs fast intuitiv zu nennende Begabung, ja Meisterschaft, vorgegebene dramatische Situationen in musikalischem Nachvollzug zu erfassen und in knappster Weise klanglich nicht nur zu illustrieren, sondern vielmehr atmosphärisch-dramatisch zu durchdringen und individuell zu beschreiben. Der komponierende Miniaturist Grieg, fest in der Romantik gründend, fand bei solchen Aufgaben zu seinen besten Leistungen. In seinen lyrischen Klavierstücken und seinen Klavierliedern, die klanglich wie rhythmisch so viel nordisches Volkskolorit absorbiert haben, hat er seinen originärsten Ausdruck gefunden. In den orchestrierten Miniaturen, den Tänzen, elegischen Melodien und eben den *Peer-Gynt*-Musiken erscheint dieser Ausdruck nur unbedeutend geweitet, aber farblich facettiert und bereichert. Deshalb bezeichnen die *Peer-Gynt-Suiten* einen legitimen und populären Höhepunkt im Schaffen Edvard Griegs. *Hanspeter Krellmann*

GIUSEPPE VERDI

Otello und Falstaff
1887/1893 Mailand

Es schien, als sei mit *Aida* (UA 1871) das Opernschaffen des 58jährigen Giuseppe Verdi (1813–1901) abgeschlossen. Er war Gutsherr von Sant' Agata geworden und der Sklaverei des Theaterbetriebes endgültig entwachsen. Auch zu den neuen Kunstrichtungen der »Scanpigliati«, die sich um den Dichterkomponisten Arrigo Boito (1842–1918), Shakespeare-Kenner und Freund der Mimin Duse, sammelten, und zum Verismo fand er keine Beziehung. Briefe beklagen den Verfall der Musik. Aber die Zeit bearbeitete auch diesen beharrenden Geist. Wagner beurteilt er tolerant, nähert sich Boito, da er dessen dichterische Kraft erkennt. Als ihm dieser, durch den halben Mißerfolg seines *Mefistofele* (UA 1868) am Komponieren irre geworden, 1880 einen Otello-Entwurf vorlegt, interessiert er Verdi. Zwei Geister begegnen sich, jeder ein Dramatiker und ebenbürtig, ein Stück Geistesgeschichte über die Oper hinaus.

Aber bis konkrete Gestalt daraus wurde, dauerte es lange: 1884 begann Verdi zu komponieren, 1887, mehr als ein Jahrzehnt nach der *Aida*-Uraufführung, wurde das Werk an der Scala uraufgeführt. Hier wurde ein Menschenuntergang, eine Selbstzerstörung durch Schwäche Ereignis, und der, dem dies geschieht, ist ein Mohr. Verdi verstand dessen Schwarzsein symbolisch wie Thomas Mann: »Seine besondere Art ist auf der höchsten Galerie als Schwärze sichtbar«, kein Typus mehr, ein Symbol.

Rätselhaft Jagos Haß auf Otello. Shakespeare und Boito motivieren nicht. Er ist das Böse an sich, der Teufel im Menschen, der Verneiner. Das eingefügte »Credo« dient Verdi dazu, eine metaphysische Dimension zu gewinnen. Im übrigen wurde vereinfacht, konzentriert, mit Shakespeares drittem Akt begonnen.

Es bleibt die menschliche Tragödie.

Der Komponist hat mit seinen früheren Partituren nur mehr wenig gemein; ein Debüt der Originalität. Keine Arien, keine geschlossenen Nummern. Nur noch ein unendliches, nur selten ins Ariose schweifendes Rezitativ, dem Wortinhalt nachspürend und der psychischen Regung.

Der Held der Oper ist Jago; er bestimmt ihre Dramatik; wie Pfeile zugespitzt seine Stiche und Seitenhiebe. Otello durchlebt vom triumphalen Klang über reines Gefühl die Anpassung an Jagos verwirrende Sprache, klagt starr über die verlorene Ehre und redet die bleiche Geliebte im freischwebenden Rezitativ an, um endlich im Orchester-Nachspiel sein reines Wesensbild wiederzugewinnen. Desdemona ist Lyrik und Melodie, Typus der Ergebung, des Opfers, eines der Wesen, die für andere geboren sind. Jeder ihrer Auftritte wirft Licht ins Dunkel der Tragödie. In der tragisch-exaltierten Sphäre ihrer Musik schreitet Verdi zum letzten Mal die Spannweite menschlicher Glücks- und Leidensfähigkeit aus.

... Sie haben sich Ihr ganzes Leben lang ein schönes Thema für eine komische Oper gewünscht; das ist ein Zeichen dafür, daß die Ader der vornehm lustigen Kunst tatsächlich in Ihrem Gehirn existiert; der Instinkt ist ein guter Ratgeber. Es gibt nur einen Weg, besser als mit dem Otello zu enden, und das ist der, siegreich mit dem Falstaff zu enden. Nachdem Sie alle Schmerzensrufe und Klagen des menschlichen Herzens haben ertönen lassen, mit einem mächtigen Ausbruch der Heiterkeit enden! Das wird in höchstes Erstaunen versetzen!
Brief Arrigo Boitos an Verdi vom 9. Juli 1889
In: Verdi – Boito. Briefwechsel. Frankfurt/Main 1986.

Der 73jährige Giuseppe Verdi in Paris, gemalt von Giovanni Boldini (1845–1931), einem Maler aus Ferrara, der sich 1872 in Paris niedergelassen hatte. Verdi war im April 1886 mit Giuseppina und seinem Freund und Schüler, dem Dirigenten Emanuele Muzio nach Paris gereist, um den Bariton Victor Maurel zu hören, der im Jahr darauf bei der Uraufführung die Rolle des Jago in Verdis *Otello* singen sollte.

Noch reizte die Schaffenskraft des 75jährigen, nach Macbeth, nach dem lange angestrebten Lear, nach Otello – den Narren zu formen, die fette Karikatur, den zum Protagonisten erhobenen Clown. Schon lange wollte Verdi seine komische Oper schreiben. Der Erfolg von Nicolais *Lustigen Weibern von Windsor* (UA 1849) schreckte ihn ab und wies ihm doch den Weg. Boito gewann ihn schnell für das Sujet. 1890 und 1891 komponierte er, 1893 sah die beim späten Verdi übliche Glanzpremiere in Mailand.

Da mehr als nur Bearbeitung, muß Boitos Einrichtung als selbständiges Werk beurteilt werden. Nicht nur nahm der Librettist den Monolog über die Ehre in das Werk auf, er gewährte dem Liebespaar Fenton – Nannetta eigenen Zuschuß an Poesie. Auch gab er der Figur Falstaffs einen positiven Sinn, indem er am Ende den Verspotteten unversehens zum Triumphator werden ließ. Durch Witz erhebt sich Falstaff über die Mittelmäßigkeit der Menschen; und er spricht das Schlußwort, in welches alle mit der Fuge einstimmen: »Tutto nel mondo è burla.«

Falstaff ist mehr als Vollendung der italienischen Komödie, mehr als ironisches Schlußwort des Tragikers Verdi. In der Musik liegt Unvergleichbares, Unerforschliches. In ihrem Brio leben *Dekamerone* und Goldoni, Mozart und Rossini und zugleich aller Zauber der Romantik. Musikalisch betrachtet, ist Falstaff ein Bruder Jagos, sein Ausdrucksmittel das Rezitativ, das Böse wie das Lächerliche schließen lyrisches Melos aus.

Aber er steht nicht allein. Wir haben es mit einer Ensemble-Oper par excellence zu tun. Die Anfangsszene im Wirtshaus ist Spielzene zu viert, aus der sich Falstaffs Monolog überhöhend loslöst. In der Gartenszene wechseln Frauenquartett und Männerquintett ab und verbinden sich zum Nonett, unterbrochen von Duett-Episoden. In Fords Haus kombinieren sich die Stimmen bis zum zwölfstimmigen Solisten- und Chor-Ensemble. Das Schlußbild bietet ein vielgestaltiges Maskenspiel, die Musik versetzt es vom Schabernack in romantische Verzauberung, durch Hornruf, Beschwörung, Elfentrippeln und Hochzeitsmenuett. Mit der Schlußfuge kehrt der Buffo-Geist zurück und triumphiert. Sie ist das Schlußwort des Musikdramatikers Verdi. Bis zu 14 Stimmen aufgefüllt, mit allen Kunstgriffen wie Engführung, Umkehrung oder Orgelpunkt brillierend, vergißt sie schließlich ihr Thema und mündet in ein überwältigendes Gelächter: »Alles ist Spaß auf Erden.« *Dietrich Fischer-Dieskau*

Von Jean Cocteau (1889–1963) stammt die Karikatur des Komponisten Erik Satie aus dem Jahr 1920. 1917 hatte Satie das Ballett *Parade* nach Cocteau komponiert.

ERIK SATIE

Kleine Stücke
1887–1923

Kaum beachtet und wenig ernst genommen von den Kunstgewaltigen gedieh im Paris der Jahrhundertwende eine musikalische Subkultur. Sie kreiste um Erik Satie (1866–1925), und die nachmalige neoklassizistische »Gruppe der Sechs« pries ihn als »le bon maître«. Der Bohemien mit Spitzbart und Samtjackett, Dandy, Sektierer und Poverello in einem, schrieb seiner schottisch-normannischen Abstammung wegen den Vornamen hartnäckig mit k, hatte enttäuscht das sterile Conservatoire verlassen und war Klavierspieler im Cabaret »Chat Noir« auf dem Montmartre geworden. Die Rosenkreuzer sahen ihn als Hauskomponisten. Der Vierziger vertiefte sich in der Schola Cantorum in die Gregorianik und schockierte 1917 die Pariser durch sein Ballett *Parade* nach Cocteau (Choreographie: Massine; Bühnenbild: Picasso) und im Jahr darauf durch ein *Ballet symphonique* mit dem Titel *Socrate*. Der junge Ravel verfiel ihm in den frühen, grotesken Klavierstücken; noch der *Bolero* von 1928 sympathisierte mit Saties Spleen. Strawinsky holte sich manche Anregung, zumal zu *Oedipus Rex* (UA 1927/28). Damals wie heute spielt Saties Musik in den gängigen Programmen kaum eine Rolle, wohl aber in den ästhetischen Überlegungen der Komponisten bis hin zu dem 1927 geborenen Wilhelm Killmayer und anderen Anhängern einer »musica minima«. Satie ist eine Kult- und Orientierungsfigur, der musikalische Prophet dessen, was die neuere Ästhetik mit dem Schlagwort »Small is beautiful« umschreibt.

Nach einer ziemlich kurzen Jugend wuchs ich zu einem ganz passablen jungen Mann heran, nicht mehr. In dieser Phase meines Lebens begann ich in Tönen zu denken und zu schreiben. Ja.

Fataler Einfall!! ... Ausgesprochen fataler Einfall! ...

Denn in der Tat zögerte ich nicht, Gebrauch von einer (eigenartigen) Eigenart zu machen, die allgemein mißfiel, die ungelegen, antifranzösisch, wider die Natur etc. war ...

Und an allem, was mir widerfahren ist, trägt die Musik Schuld. Diese Kunst hat mir mehr Schlechtes als Gutes gebracht: wegen ihr habe ich mich mit einer Menge fähiger Leute überworfen, mit äußerst ehrbaren, mehr als vornehmen, ›sehr anständigen‹ Leuten.
Erik Satie
In: Schriften.
Hg. Ornella Volta.
Hofheim 1988.

Satie und seine Anhänger verehrten Wagner, wie dies alle französischen Intellektuellen taten. Doch sie hielten seine Musik für eine Sackgasse, für den Holzweg in die Überladenheit. Dagegen stellte Satie eine Musik zum Anfassen, eine Musik für den Alltag, eine »musique dépouillée«, abgespeckt, ernüchtert, einfach bis zur Naivität, doch geschmückt mit wunderlich grimassierenden Titeln wie *Ausgedörrte Embryonen* (1913), *Sonatine bureaucratique* (1917) oder *Richtig schlaffe Präludien für einen Hund* (1913). Auch *Stücke in Birnenform* (1903) und *Gymnopédes* (1888) befanden sich darunter. Eine »wiedergewonnene Heiterkeit« sollte nach Wagners mystischem Dunkel aufleuchten. Der Neoklassizismus verwirklichte sie. Von den geheimnisvollen, archaisierenden Akkorden seiner *Messe des Pauvres* (1895) über gotisch eingefärbte Lieder, Sarabanden und absonderlich etikettierten Klavier- und Filmmusiken bis hin zu den absichtsvoll vulgären Tänzen von *Parade* und den *Trois petites pièces montées* für Orchester (1919), verfolgte Satie das Ideal einer bis zur Monotonie vorangetriebenen Einfachheit und Askese im Harmonischen. Den antiromantischen Affekt einer jungen Generation würzte er mit sarkastischer Verachtung des Gefühls. Die Klangpolster werden abgeschafft. Altertümliche Quinten- und Oktavenparallelen – den Schulfüchsen ein Greuel –, starre Ostinati und abgezirkelte Perioden verschaffen den Kompositionen Kargheit und Statik. Der Klang stagniert in manieristischer Askese. Der Rhythmus tritt auf der Stelle. Die überkommenen Formen dienen nur dazu, sich über sie lustig zu machen.

Henri Matisse (1869–1954): »Der Tanz«, entstanden 1909/10.

Vielleicht war Erik Satie das Opfer seiner eigenen rigorosen Ästhetik, in jedem Falle behauptet er sich in der Musikgeschichte als der Säulenheilige der Antiromantik, als der feixende Entzauberer einer überfeinerten, in Chromatik erstickenden Nervenkunst, als der womöglich über das eigene Ziel hinausschießende, verspielt sarkastische Verkünder einer Botschaft, die nach Zeiten einer überkomplizierten, ausladenden Musik stets gerne vernommen wird: Zurück zu einfachen Dingen, zurück auch zu archaischen Ausdrucksformen, zurück zu einer Musik für alle Tage, zu Klängen, die nicht über die Welträtsel nachbrüten. Nicht zuletzt macht ihn seine Lebensgeschichte anziehend: die Randexistenz, die selbstgewählte Armut, das Einzelgängerische mit dem Akzent der Exklusivität. Er bleibt das Beispiel eines Komponisten, dessen Ideen ungleich stärker präsent sind als seine Werke.

Karl Schumann

HUGO WOLF

Lieder
1887–1892

Das wahrhaft Originelle wirkt zunächst befremdlich. Das innere Ohr der Hörerschaft dafür muß erst nachwachsen. Die nächste Generation erscheint dann in Verständnis und Ausführungstechnik der Forderung des eben noch allzu Neuen schon gewachsen.

So erging es den Schwierigkeiten in den Liedern von Hugo Wolf (1860–1903): Treffsicherheit, reizweckende Darstellung und deklamatorische Plastik, in ihren Ansätzen von Liszt und Wagner übernommen, ließen die älteren Ansprüche an Belcanto- und Koloraturkönnen abbröckeln. Aber es blieb nicht bei einer solchen Verschiebung der Schwierigkeiten. Nicht ganz zu Unrecht konnte Wolf – bei aller Wertschätzung – vorgeworfen werden: Seine technischen Ansprüche führten vom Selbermusizieren zu Hause fort. Ihm konnten nur die professionellen Musiker gerecht werden.

Das Maß, in dem die Wagner-Epigonen um die Wende zum 20. Jahrhundert ihre Anforderungen technisch zuspitzten, führte zu einem Artismus, an dem nicht etwa Hugo Wolf Schuld trägt. Im Gegenteil: Gemessen an der geistesgeschichtlich zwangsläufig gewordenen Situation muß man ihn als den am höchsten befähigten Zeitzeugen preisen, als den Gestalter einer psychischen Kultur, die mit dem Wort »Moderne« gemeint war. Umschrieben ist damit mimosenhaft reagierende Empfindlichkeit, Ablehnung des Überlebten und Rückständigen. Das gleiche Wort hatte Wagner gegeißelt, als Gegenstand der billigen Beflissenheit derer, die allzu up to date sein wollten, die dem Aktualitätswahn nachkeuchten. So erscheint uns auch jene Moderne von 1887, die Wolf mitbegründete, bereits als abgeschlossene, in vielem überholte Zeitgebundenheit.

Damals freilich, als Wolfs *Mörike-Liederbuch* (1888) entstand und bald auch öffentlich bemerkt wurde, als mit Nietzsches Kampfschriften, Zolas Romanen oder Hauptmanns Dramen ein neuer Mythos des Diesseits errichtet werden sollte, hielt man sich für antiromantisch. Aber gerade jene Kunst trug auch Züge der Flucht vor der Wirklichkeit des Maschinen- und Konzernzeitalters. Sie durfte getrost als eine Welle der Romantik gesehen werden. Strauss und Reger behaupteten sich in ihr durch neubarockes

». . . wenn meine Erfolge Ihrem Leben nur irgendeine freundlichere Färbung verleihen können, so sollen Sie alles nur mehr im rosigen Schimmer erblicken, denn mein junger Ruhm ist jetzt mächtig im Aufsteigen, und in kürzester Zeit werde ich vielleicht die erste Rolle in der Musikwelt spielen. Die Rezensenten kommen zwar noch lange nicht auf den Grund meiner Gedanken und Formgebung, weil ihnen meine Kunst neu ist, und weil alle Rezensenten vertrocknete Köpfe sind. Aber schon habe ich das unbefangene Publikum gewonnen, und immer lebhafter wird das Verlangen unter den Leuten, meine Sachen kennenzulernen . . .«.
Hugo Wolf in einem Brief an seine Mutter vom 30. Dezember 1888. In: Familienbriefe. Leipzig 1912.

Musikantentum, Wolf und Pfitzner verehrten die Dichter der Vergangenheit als Heroen im Liede. Besonders Wolf schuf mit den *Mörike-* und *Goethe-Liedern* (1890) etwas, das zwar ohne die kompositorischen Mittel Wagners oder Liszts nicht denkbar wäre – aber es überragte die dichterische Produktion jenes Jahrzehnts an dauernder Wirkung aus heutiger Sicht bei weitem.

Spät, aber nicht verspätet, setzte Wolf fort und erfüllte das, was Schubert zuletzt in der *Winterreise* (1827) seelengestaltend vorweggenommen hatte. Das wurde möglich, weil Wolf in doppelter Hinsicht »neudeutscher« Gefolgsmann Liszts und größter Wagnerianer des Liedes war. Zum einen übertrug er auf das Lied, was Hans Sachs im zweiten Akt der *Meistersinger* (UA 1868) dem Beckmesser auf den Schuh hämmert: naturalistische Befolgung dessen, was die Melodik der Sprache fordert, und nicht so sehr aus spontanem Musizieren geborene Grundsätze. Andererseits wandte er sich dem Rezitativ mit dem Ergebnis zu, daß er die Liedbegleitung im Sinne Schumanns und das Prinzip Wagnerscher Leitmotivik sinnvoll zusammenschmolz. In ihr sprach sich häufig das musikalisch Wesentlichste aus. Hinzu kam ein sehr Wagnerischer harmonischer und satztechnischer Wagemut.

Hugo Wolf um 1889. Gemälde von L. Nauer.

Worin er aber nicht Wagnerianer gewesen ist, zeigt sein von Wagner wie Bruckner oder Brahms abweichender zarter Personalstil; eine Zartheit, zu der ihn das Vorbild Franz Liszts ermutigte. Der Innenbezirk von Wolfs Schaffen ist also ein weiter Kosmos, voller Geist, Leidenschaft und erlesener Gefühle. Doch zeigen sich seine Mörike- und Eichendorff-Vertonungen differenziert, so gibt es daneben auch Volkstümlichkeit und Drastik. Überall wo sich – besonders in den Jugend-Gesängen – Schuberts Erbschaft mit der späteren Opern-Bravour unorganisch verquickt, kommt der fesselnde Parallelfall Franz Liszts in Erinnerung: die halbe Voraussetzungslosigkeit eines früh aus konservativen Schulen ausgebrochenen Eigenbrötlers und Außenseiters.

». . . Ich war gestern ungeheuer glücklich. Ein neues Lied ist mir wieder gelungen, aber, lieber Himmel! wie!!! . . . Ich fange nachgerade an zu glauben, daß ich eben alles kann . . .«. Hugo Wolf in einem Brief vom 31. Januar 1890 an Melanie Köchert. In: Hugo Wolfs Briefe. Tutzing 1960.

Durfte Schubert von sicherer Musiktradition gehalten beginnen, so war Wolf anderen Schwankungen ausgesetzt, ein verbissen ringender junger Musiker, den sein Dämon zu den Höhen strenger Vollendung emporführte. Die großen Liederperioden kamen in anfallähnlichen Krisen: im Frühjahr 1888 die *Mörike-Lieder*, noch vor deren Abschluß die *Eichendorff-Gesänge*, in dreieinhalb Monaten des Winters 88/89 der überreiche Goethe-Band, auf der Wende 89/90 das *Spanische Liederbuch*, im Mai 1890 die Mehrzahl der Lieder nach verschiedenen Dichtern, im Winter 91/92 schließlich die 46 Stücke des *Italienischen Liederbuchs*. Bereits aus den Leidensstationen des venerisch Erkrankten stammen als letzte Reifetat die *Drei Gedichte* von Michelangelo (1897).

Nach ihrem menschlichen Wert erkannte Wolf die Lyrik seiner Dichter; dafür ist *Anakreons Grab* (1888) vielleicht am bezeichnendsten. Goethes Klassizismus wird hier gleichsam neu geboren – in der Gewalt, die die Stimmung verklärter Naturruhe ausstrahlt. Der Klaviersatz: ein Triumph der Vierstimmigkeit, der Verdichtung. Rose, Lorbeer, Turteltaube und Grille treten in feinsinnigen Vorhaltmotiven vor den inneren Sinn. Und wenn bei dem Namen »Anakreon« die Harmonie vorweg die Dominante mitergreift, so glänzt im Pianissimo ein Licht musikalischen Dichtens auf.

Dietrich Fischer-Dieskau

GUSTAV MAHLER

1. Sinfonie
1889 Budapest

Schon in den frühen Werken steht Gustav Mahler (1860–1911) in unverkennbarer Eigenart da: in der volkstümlichen Melodik, der Marschrhythmik, der charakteristischen Mischung von Dur und Moll, in den Vorhaltsbildungen und typischen harmonischen Verbindungen kirchentonaler Wendungen. Gerade weil Mahler Neues zu sagen hatte, und dieses Neue auch neue Formen bedingte, mußte die musikalische Sprache so einfach wie möglich bleiben. Auch die hochentwickelte Technik der thematischen und motivischen Arbeit und der Variation, auf der der innere Beziehungsreichtum seiner Musik beruht, erforderte eine relative Einfachheit des thematischen Materials, wenn die Grenze der Faßlichkeit nicht überschritten werden sollte.

Marschmotive sind nicht nur Ausdruck der Tatkraft, des mutigen Sich-Entgegenstellens gegen feindliche Gewalten, sie sind auch Ausdruck des Eingeordnetseins in überindividuell Wirkendes. Gerade dieses Element hängt mit dem zusammen, was das Neue und für das 20. Jahrhundert Charakteristische in der Musik Mahlers ist.

Die Kenntnis und Erkenntnis eines Musikwerks muß man sich durch eingehendes Studium desselben verschaffen, und je tiefer ein Werk ist, desto schwieriger ist dies, und desto länger dauert es. – Bei einer ersten Aufführung hingegen ist es die Hauptsache, daß man sich dem Werke auf Gnade und Ungnade ergibt, das allgemeine Menschlich-Poetische auf sich einwirken läßt; und wenn man sich dann angezogen fühlt, dann sich eingehend damit befaßt!
Gustav Mahler an Otto Lessmann am 15. Mai 1894 etwa zwei Wochen vor der Uraufführung seiner 1. Sinfonie (3. Juni). In: Briefe. Hg. Herta Blaukopf. Wien/Hamburg 1982.

Der 32jährige Gustav Mahler zur Zeit seiner Tätigkeit als 1. Kapellmeister am Stadttheater Hamburg. Das Foto von 1892 trägt eine Widmung Mahlers an den Sänger Richard Pahlen.

»... *In die Konzeption meiner Erzählung spielte, Frühsommer 1911, die Nachricht vom Tode Gustav Mahlers hinein, dessen Bekanntschaft ich vordem in München hatte machen dürfen, und dessen verzehrend intensive Persönlichkeit den stärksten Eindruck auf mich gemacht hatte ... und indem sich später diese Erschütterungen mit den Eindrücken und Ideen vermischten, aus denen die Novelle hervorging, gab ich meinem orgiastischer Auflösung verfallenen Helden nicht nur den Vornamen des großen Musikers, sondern verlieh ihm auch bei der Beschreibung seines Äußeren die Maske Mahlers ...*« Thomas Mann in einem Brief an den Maler Wolfgang Born vom 18. März 1921, der neun farbige Lithographien zu der Erzählung »Der Tod in Venedig« geschaffen hatte. Sein Kopf Aschenbachs zeigte »unverkennbar den Mahler'schen Typ«. In: Thomas Mann. Briefe 1889–1936. Frankfurt/Main 1961.

Eine tiefe innere Verwandtschaft verbindet Mahler mit Schubert. Innigkeit der Empfindung und Natürlichkeit des musikalischen Ausdrucks vereinigen sich bei Mahler mit jener faszinierenden Sicherheit der musikalischen Gestaltung, die wir an den Liedern Schuberts bewundern.

Die *Erste Sinfonie*, Bruno Walter nannte sie Mahlers *Werther*, deren Komposition 1884 begonnen und 1888 vollendet wurde, umfaßte ursprünglich fünf Sätze. So wurde sie am 20. November 1889 in Budapest uraufgeführt. Ursprünglich war ihr ein Programm und in Begeisterung für Jean Paul der Titel *Der Titan* beigegeben. Später entschloß sich Mahler, den zweiten Satz – ein Andante, »Blumine« überschrieben – zu streichen (die Melodie stammt aus seiner Kasseler Begleitmusik zu Viktor von Scheffels *Trompeter von Säckingen*). So wenig aber Jean Pauls Roman ein »Programm« bildete, das durch Musik »illustriert« wurde, so wenig besagt der Widerruf, daß literarische Assoziationen der Mahlerschen Musik unangemessen wären. Mahler betrachtete das Programmatische als – vorläufigen – »Wegweiser«. Seine Ästhetik war die Schopenhauers: Von den »Erscheinungen« der Welt, wie sie ein Roman darstellt, dringt die Musik zum »innersten Wesen« der Dinge vor, so daß Literarisches in erster Instanz nützlich sein kann, in letzter aber irrelevant bleibt. In den Briefen an Max Marschall, in denen Mahler 1896 über Titelentwürfe für die *Erste* und die *Zweite Sinfonie* (1894) nachdachte, unterschied er zwischen »äußerem« und »innerem« Programm. Das äußere kann sowohl die Funktion einer Anregung bei der Konzeption eines Werkes als auch die eines Leitfadens für seine Rezeption erfüllen. »Beim dritten Satz (marcia funebre)« – gemeint ist die erste Sinfonie – »verhält es sich allerdings so, daß ich die äußere Anregung dazu durch das bekannte Kinderbild erhielt (*Des Jägers Leichenbegängnis*). – An dieser Stelle ist es aber irrelevant, was dargestellt wird – es kommt nur auf die Stimmung an, welche zum Ausdruck gebracht werden soll, und aus der dann jäh, wie der Blitz aus der dunklen Wolke, der vierte Satz springt. Es ist einfach der Aufschrei eines im Tiefsten verwundeten Herzens, aus dem eben die unheimlich und ironisch brütende Schwüle des Trauermarsches hervorgeht. Ironisch im Sinne des Aristoteles ›eirneia‹ ...« Und: »Gut ist es deshalb immerhin, wenn für die erste Zeit, als meine Arbeit noch befremdet, der Zuhörer einige Wegtafeln und Meilenzeiger auf die Reise mit erhält ..., aber mehr kann so eine Darlegung nicht bieten.« Die »Wegtafeln« dienen als Mittel, um zu einem intern musikalischen Verständnis zu gelangen: Sie erfüllen ihre Funktion vorläufig, »für die erste Zeit«. Steht jedoch vom äußeren Programm her als Leitfaden für die Rezeption dem-

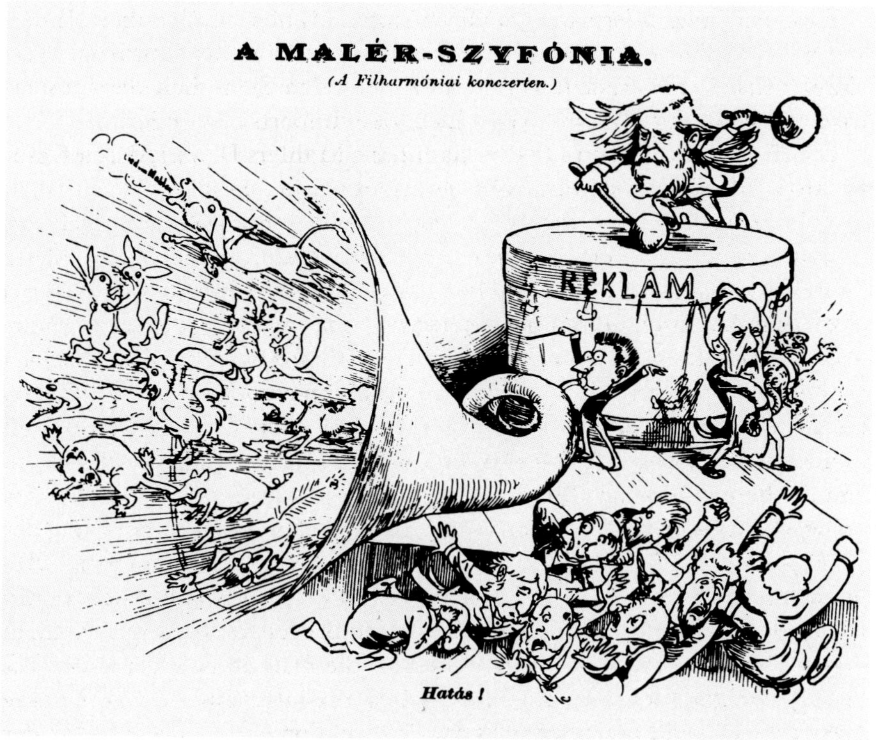

Karikatur zur Uraufführung der *1. Sinfonie in D-Dur* von Gustav Mahler, Budapest 1889: »Eine Mahler Sinfonie. (Philharmonisches Konzert) Effekt!«

nach fest – und Mahler sagt dies unmißverständlich –, daß es an das eigentliche Wesen der Musik nicht heranreicht, so gilt dasselbe auch vom äußeren Programm als Anregung für die Komposition: Ästhetisch ist es letztlich irrelevant. Zwar fungiert es, wie Wagner es nennen würde, als »Formmotiv«, gehört aber nicht zur »Sache selbst«. Präsentiert sich das äußere Programm als Bilderfolge, so ist das innere, wie Mahler es ausdrückte, ein »Empfindungsgang«, der sich empirisch-psychologischen Kategorien entzieht. »Mein Bedürfnis, mich musikalisch-symphonisch auszusprechen, beginnt erst da, wo die ›dunklen‹ Empfindungen walten: an der Pforte, die in die ›andere Welt‹ hineinführt: die Welt, in der die Dinge nicht mehr durch Zeit und Ort auseinanderfallen.«

Die innere Verbindung mit den am 1. Januar 1885 abgeschlossenen *Liedern eines fahrenden Gesellen* ist evident. Das Thema »Ging heut' morgen übers Feld« erscheint im ersten Satz der Sinfonie und die Volksweise »Auf der Straße stand ein Lindenbaum« ist im dritten Satz zu hören; auch das

Thema des zweiten Satzes entwickelt sich aus dem in Kassel entstandenen Lied »Hans und Grete«.

Das eruptiv Hervorströmende und durchaus Neue der *Ersten Sinfonie* besteht darin, daß sie auf die Finalwirkung angelegt ist. Schon beim ersten Hören wird diese Zielstrebigkeit auf den Schlußsatz deutlich. Auch bei den späteren Sinfonien zeigt sich dies am Schicksal mancher thematischer Ideen, die, wenn sie wieder auftreten, in gewandelter, entwickelter Gestalt erscheinen. Eine Parallele zu Hector Berlioz, dessen Technik der thematischen Verarbeitung zu Recht als Methode der »variierten Wiederholung« bezeichnet wurde, drängt sich auf.

Die Themen repräsentieren musikalische Physiognomien von Gestalten, die in einem instrumentalen Roman auftreten. Sie verraten durch veränderte Züge, was sie im Verlauf der »Handlung« erlebt haben. Adorno verwendet den Begriff der »Variantentechnik« und formuliert so: »Manchmal übernehmen bei Mahler die Motive die Rolle des Jokers aus dem Kartenspiel, dessen ins Ornamentale transportierte Bilder der Mahlerschen Musik überhaupt ähneln; sie sieht gelegentlich aus wie Kartenkönige. Über die Varianten solcher Jokermotive wird man leicht hinweggleiten, als wären sie Zufall; ein Moment des Zufälligen in ihrem Wechsel wohnt ihrem Sinn selber ebenso inne wie der Zufall in Glücksspielen. Aber der verweilende Blick deckt selbst in ihnen die kompositorische Logik auf.« *Sigrid Wiesmann*

PIETRO MASCAGNI

Cavalleria rusticana
1890 Rom

Die aufsehenerregende Uraufführung von Pietro Mascagnis *Cavalleria rusticana* am 17. Mai 1890 im Teatro Costanzi in Rom markiert den Beginn des Verismo, einer ebenso vehement ausbrechenden wie rasch wieder verlöschenden Stilrichtung in der Operngeschichte. Die neue Richtung setzte es sich zum Ziel, das menschliche Alltagsleben wirklichkeitsgetreu und ohne Heroisierung darzustellen. In der Oper erwies sich der Verismo als Reaktion auf die durch Verdi und Wagner repräsentierte idealisierende

Romantik des sich neigenden Jahrhunderts. Seine musikalischen Ausdrucksformen bauten jedoch durchaus auf deren Prinzipien auf, so daß von einer kontinuierlichen Fortentwicklung der Oper gesprochen werden kann. Erste Hinweise auf den Naturalismus in der Oper sowohl vom Sujet her, als auch in der musikalischen Ausführung finden sich schon in Giuseppe Verdis *La Traviata* (UA 1853) und in Georges Bizets *Carmen* (UA 1875). In seiner reinsten Ausprägung will der Verismo die Grundsituationen menschlicher Beziehungen schildern, wobei die Operntexte dramaturgisch darauf ausgerichtet sind, diese Grundmuster, nämlich Liebe, Eifersucht, Haß und Rache, in rascher Steigerung einem in der Katastrophe kulminierenden Schlußpunkt zuzuführen. Von den Komponisten, die der Verismo zu überwinden sucht, übernimmt er dennoch die wesentlichen Bauelemente – von Verdi den bisweilen ins Plakative übersteigerten melodischen Einfall und den Sinn für den wirksamen Bühneneffekt, von Wagner die durchkomponierte Großform, bisweilen leitmotivische Konstruktionen sowie eine Vorliebe für sinfonische Einschübe in farbiger Orchestrierung, wenn auch von einfacher Struktur.

Die Forderungen des Verismo hat Pietro Mascagni (1863–1945) in *Cavalleria rusticana*, dem ersten durchschlagenden, ja geradezu stilbildenden Werk dieser Epoche, verwirklicht. Der Text von Giovanni Targioni-Tozetti (1863–1934) und Guido Menasci (1867–1925) beruht auf einer 1884 dramatisierten Erzählung des naturalistischen Dichters Giovanni Verga (1840–1922), die 1880 in dem Novellenband *Vita dei campi* erschien. Das Drama weicht in etlichen Charakterzügen von der ursprünglichen Erzählung ab und bildet die eigentliche Grundlage des Librettos: Es geht um einfache Menschen in einem sizilianischen Dorf, um Enttäuschung, Eifersucht und Verrat. All dies wird in einem knappen unromantischen Tonfall geschildert, Spiegelbild eines Lebens, das der aus Catania stammende Dichter aus persönlicher Erfahrung kannte.

In der Musik herrscht die einfache, bisweilen attackierende Melodie vor, die in ihrem Duktus an süditalienische Volksweisen mit ihren Fermaten und Ritardandi erinnert. Sie behält diesen Charakter sogar in den ausgeprägten Chorpartien bei, die etwa ein Viertel der ganzen Oper einnehmen. Der auch als Librettist zu einigem Ruhm gelangte britische Schriftsteller Wystan Hugh Auden (1907–73) weist treffend darauf hin, daß das – an sich retardierende – Element des Chores in *Cavalleria rusticana* die vorwärtsdrängende Handlung keineswegs über Gebühr verzögert, sondern die persönliche Tragödie der Hauptgestalten gegen den gewaltigen Hinter-

Pietro Mascagni, Protagonist des Opern-Verismo und eine zeitgenössische Lithographie zu seiner einzigen Erfolgsoper *Cavalleria rusticana* von 1890: Santuzza, Turriddu und Lola.

grund des zyklischen Sterbens und Wiedererwachens der Natur sehen läßt. Die breiten Raum einnehmende liturgische Schilderung der Feier von Christi Tod und Auferstehung sieht der Dichter als Widerspiegelung der alten sozialen Riten der Armen, weshalb er Turriddus Tod als »Ritualopfer der Sühne für die Sünden des ganzen Gemeinwesens« bezeichnet.

Einen Augenblick des Atemholens zwischen dem Heraufdämmern der Tragödie und ihrem unausweichlichen Hereinbrechen bildet das populäre *Intermezzo sinfonico* bei offenem Vorhang, ein Moment, der von manchen Regisseuren für allerlei pantomimische Aktionen mißbraucht wird, die der Absicht der Autoren durchaus zuwiderlaufen. Von diesem Ruhepunkt ausgehend vollzieht sich das einfache Drama ohne weitere Zäsur bis zu seinem folgerichtigen Abschluß mit der Konsequenz und Unerbittlichkeit einer griechischen Tragödie.

In der Musik ist Turriddu die Hauptfigur des Dramas. Mit drei Soloszenen, der »Siciliana«, dem Trinklied und dem Abschied von der Mutter, ist er gesanglich am reichsten bedacht, während Santuzza vor allem mit ihrer großen Szene »Voi lo sapete« und den musikdramatisch ausgeweiteten Auseinandersetzungen mit Turriddu und Alfio brillieren kann. Eduard Hanslick (1825–1904), der die Anhänger des Verismo als »Verfechter der Natürlichkeit in der Musik« bezeichnete, sagte 1892 zu dieser Musik: »Von

Verdi hat Mascagni die leidenschaftliche Spannung, die mächtigen Steigerungen, die Musik, welche ›Blut zieht‹.«

Pietro Mascagni hatte bis zu *Cavalleria rusticana,* die er für einen Wettbewerb des Musikverlegers Sonzogno schrieb, ein wenig rühmliches Dasein als Leiter einer wandernden Operntruppe gefristet und war schließlich als Klavierlehrer und Musikdirektor in der Kleinstadt Cerignola in Apulien ansässig geworden. Nach dem erfolglosen *Ratcliffe,* der 1885 fertiggestellt, aber erst 1894 uraufgeführt wurde, konnte er mit *Cavalleria rusticana* den größten und im Grunde einzigen dauerhaften Erfolg seiner noch lange währenden Komponistenlaufbahn erringen. Auch hierin ist ein typisches Merkmal des Verismo zu sehen: Fast alle seine prominenten Vertreter schufen nur ein einziges bleibendes Werk.

Der sensationelle Triumph der *Cavalleria rusticana* rief eine Vielzahl von Nachahmern auf den Plan, die unter zunehmender Vernachlässigung des Schöngesanges zugunsten dramatischer Effekte meist scheiterten, worin die Kurzlebigkeit der neuen Richtung begründet liegt. Erfolgreich blieben nur die Komponisten, die eine Balance zwischen Belcanto und dramatischem Ausbruch zu wahren verstanden, wie Ruggiero Leoncavallo, Eugen d'Albert, Umberto Giordano, Alfredi Catalani, Francesco Cilea und schließlich der Vollender und zugleich Überwinder des Verismo, Giacomo Puccini.

Dieter Zöchling

RUGGIERO LEONCAVALLO

Der Bajazzo
1892 Mailand

War Pietro Mascagnis *Cavalleria rusticana* (UA 1890) Ausgangspunkt und zugleich reinste Verkörperung des in den neunziger Jahren des 19. Jahrhunderts aufkommenden Verismo, so stellt sich die nur zwei Jahre später, am 21. Mai 1892 im Teatro dal Verme in Mailand uraufgeführte Tragödie *I Pagliacci* (*Der Bajazzo*) von Ruggiero Leoncavallo (1858–1919) als kompositorisch wie literarisch verfeinerter Höhepunkt des neuen Stils dar, in dem das Grundprinzip des musikalischen Naturalismus geradezu dogmatisch durchgehalten wird. Der Forderung des Verismo nach lebensechter, unheroischer Darstellung des Alltags der »kleinen Leute« wird in besonderer Weise Genüge getan: Die Handlung beruht angeblich auf einer wahren Begebenheit, die sich am 15. August 1865 in der Kleinstadt Montalto-Uffugo in Kalabrien, wo der Vater des Komponisten als Richter tätig war, ereignet haben soll. Nach der Erinnerung des damals achtjährigen Knaben erstach der Prinzipal einer wandernden Komödiantentruppe, die in Montalto gastierte, seine untreue Frau und ging dann auf die Suche nach seinem Nebenbuhler, angeblich einem Bedienten der Familie Leoncavallo. Diesen tötete er ebenfalls, wofür er zu zwanzig Jahren Freiheitsstrafe verurteilt wurde. Nach Verbüßung seiner Strafe führte er ein ordentliches Leben und mußte schließlich feststellen, daß er zum Opernhelden geworden war. Nach neueren Erkenntnissen wieder soll der Komponist seinen Opernstoff einer französischen Vorlage entnommen und, nachdem er vom Autor deshalb verklagt wurde, die oben geschilderte Geschichte zu seiner Rechtfertigung erfunden haben.

Ruggiero Leoncavallo stellte seinem Werk einen programmatischen Prolog voran, der die Grundsätze des Verismo mit wenigen Sätzen klar umreißt: »Heut' schöpfet der Dichter kühn aus dem wirklichen Leben schaurige Wahrheit.« – ». . . nicht die Märchen allein sind der Zweck der Kunst! Auch was er wirklich sieht, schildre der Dichter, damit erringt er der Menschen Gunst.« Den Text seiner Oper verfaßte Leoncavallo selbst, wobei er in konsequenter Durchführung des veristischen Prinzips die Spannung steigerte, indem er die beiden Mordtaten nicht – wie in der (angeblichen) Realität – unbemerkt, sondern auf offener Szene während der Aufführung der Komödie geschehen ließ. Nach der Methode des »Spiels im Spiel« nutzte er die Parallelen zwischen der Handlung der Commedia dell'arte und dem persönlichen Schicksal der Wanderschauspieler geschickt zur Zuspitzung des Konfliktes bis hin zur Katastrophe. Der Operntitel *Pagliacci* bedeutet etwa »Die Strohpuppen« oder »Vogelscheuchen«, womit die Ohnmacht der Menschen dem Schicksal gegenüber hervorgehoben werden soll.

Auch kompositorisch stellt sich der *Bajazzo* als reife Meisterleistung dar: Die Musik bildet eine perfekte Verbindung zündender melodischer Einfälle, gekonnter orchestraler Verarbeitung und packender Dramatik. Mehr noch als in *Cavalleria rusticana* sind die ariosen Solostellen in den Fluß der unendlichen Melodie eingebettet, in ihrem Aufbau aber vor allem im

Ruggiero Leoncavallo, neben Mascagni der zweite Hauptvertreter des Opernverismo und Enrico Caruso (1873–1921) als Canio in Leoncavallos genialer Oper *I pagliacci* zu deutsch: *Der Bajazzo*.

ersten Akt noch deutlich nach dem herkömmlichen Arien-Schema gearbeitet, wie etwa Neddas »Vogellied«.

Der Chor, anfangs noch bloßer Vermittler südländischer Melodik und sinnlicher Rhythmen, wird im zweiten Teil Handlungsträger und Kommentator des auf das Ende ausgerichteten Geschehens. In der Szene der Commedia dell'arte stellt Leoncavallo kontrastreich alte Tanzformen dem explosiven Hereinbrechen der Realität gegenüber. Die Schlußsequenz des Orchesters gleicht in verblüffender Weise der in *Cavalleria rusticana*; in beiden Werken wird der tragische Finaleffekt durch das gesprochene Wort verstärkt.

Neben der strömenden Melodie des Prologs erweist sich vor allem die kurze, monologartige Szene des Canio »Recitar . . .« als musikdramatisches und dramaturgisches Zentrum: In nicht einmal drei Minuten wird in der Selbstoffenbarung des Künstlers, der gezwungen ist, sein eigenes Schicksal auf der ärmlichen Komödienbühne zu persiflieren, das Wesen der ganzen Oper, ja der ganzen Stilrichtung, in komprimierter Form skizziert.

Wie in *Cavalleria rusticana* gibt es auch bei den *Pagliacci* ein sinfonisches Zwischenspiel vor der tödlichen Klimax, das jedoch im Gegensatz zu Mascagnis Intermezzo nicht auf eigenem thematischen Material beruht, sondern Themen der Oper kunstvoll verwebt. Wegen der zweiaktigen Anlage des *Bajazzo* konnte er beim Wettbewerb des Musikverlegers Sonzogno, bei dem nur Einakter zugelassen waren, nicht prämiiert werden. Doch setzte sich Sonzogno für die rasche Uraufführung ein, da er den Wert des Stückes erkannte und bestrebt war, seinem Rivalen Ricordi, Leoncavallos ursprünglichem Verleger, den vorhersehbaren Erfolg streitig zu machen. Schon ab 1892 wurde es üblich, *I Pagliacci* gemeinsam mit dem Sieger-Opus des Wettbewerbes, *Cavalleria rusticana*, an einem Abend aufzuführen, da die thematische Verwandtschaft, die stilistische Ähnlichkeit und die gemeinsam gerade abendfüllende Länge die beiden Werke als »Erfolgsgespann« prädestiniert erscheinen ließen.

Auch das persönliche Schicksal Ruggiero Leoncavallos gleicht dem Mascagnis in vielem: Beide waren Schüler des Mailänder Konservatoriums, wo sie zusammen mit Giacomo Puccini von Amilcare Ponchielli unterrichtet wurden. Auch Leoncavallo schrieb zunächst eine erfolglose Oper, *Chatterton*, die erst nach dem *Bajazzo* 1896 in Rom auf die Bühne gelangte. Auch er brachte sich als Privatlehrer, Kaffeehauspianist und reisender Musiker in Frankreich, England und Ägypten mehr schlecht als recht durch. Wie Mascagni komponierte auch Leoncavallo noch eine Reihe weiterer Opern, die trotz etlicher Qualitäten den Triumph der *Pagliacci* nicht zu wiederholen vermochten. Gleichzeitig mit Puccini arbeitete er an der Vertonung von Henri Murgers *Scène de la vie de bohème*, ohne daß die beiden Komponisten zunächst voneinander wußten, was später, als sich Puccinis Werk durchsetzte, zur Entfremdung der einstigen Freunde führte.

Das Schicksal der Veristen, nur einen einzigen bleibenden Erfolg zu erzielen, erfüllte sich auch an Leoncavallo: Seine kompositorische Kraft schwand; gegen Ende seiner Karriere verfiel er auf die Produktion billiger Operetten. Er starb verbittert über den Verlust seiner Inspiration. Dennoch ist ihm zumindest mit zwei Werken, den *Pagliacci* und der für Enrico Caruso geschriebenen Kanzone *La Mattinata*, die Unsterblichkeit gewiß.

Dieter Zöchling

JULES MASSENET

Werther

1892 Wien

Klassiker der Weltliteratur dienten in der zweiten Hälfte des 19. Jahrhunderts häufig als Vorlage für musikalische Dramen. Eines der herausragenden Beispiele für diese Entwicklung ist Massenets Oper *Werther*. Sie entstand 1885 aus einer emphatischen Begeisterung des Komponisten für Goethes Briefroman *Die Leiden des jungen Werthers* (1774), den Jules Massenet auf einer Deutschland-Reise mit dem Besuch mehrerer Goethe-Gedenkstätten kennenlernte. Sein Enthusiasmus (»Diese aufwühlenden Szenen, diese fesselnden Bilder – was mußte das alles hergeben!«) verstellte jedoch weder bei ihm, noch bei seinen Librettisten Edouard Blau, Paul Milliet und Georges Hartmann den Blick für die tiefgreifenden strukturellen Veränderungen, die in einem Opernlibretto gegenüber der Romanvorlage notwendig waren. Trotz äußerer Parallelen von Szenen und Motiven hat die Handlung durch die Transformation in ein musikalisches Bühnenwerk fundamentale Änderungen erfahren.

Vor allem Werthers rückhaltlose, offen ausgesprochene Gefühlsemphase, deren hochgepeitschte musikalische Dramatik in schroffem Gegensatz zum unterdrückten, eher gehemmten Gefühlsausdruck des Romanhelden steht, verändert die Beziehungen der handelnden Personen zueinander. Werther wird zum leidenschaftlichen Schwärmer, dessen offenes Eingeständnis eines zerrissenen Herzens die von ihm begehrte Charlotte unmittelbar berührt. Charlotte ihrerseits empfindet Werthers Leidenschaft wie eine Bürde des Schicksals, die sie auch mit der in seelischer Pein errungenen Treue zu ihrem Ehemann Albert nicht leichter zu tragen vermag. Während Charlotte in Goethes Roman bei aller herzlichen Empfindung für Werther von dessen ungezügelter Leidenschaft doch nicht in der Tiefe ihrer Seele erschüttert wird, eröffnet sich in der Opernfassung eine tragische Dimension dieser Figur: Charlotte liebt ihren Ehemann nicht und wahrt, getreu einem der sterbenden Mutter gegebenen Gelübde, nur die gesellschaftlich gebotene Contenance. Das Verhältnis dieser drei Figuren zueinander erfährt in der Opernfassung eine Verschärfung durch die negative Charakterisierung Alberts: Anders als in Goethes Roman überläßt Albert dem bittenden Werther in vollem Wissen um dessen Selbstmord-

Sie wissen, daß Werther sich am Schluß der Oper erschießt. Nun und? Soll er also von Anfang an in Schwarz gemalt werden, als Gequälter und Entsagender?
Viel mehr ist wichtig, dem Publikum einen lebensfrohen, weltmännischen und ganz verliebten Menschen zu zeigen ... Charlotte bedeutet ihm in diesem Augenblick die ganze Welt. Schon jetzt muß das Publikum den ganzen Werther, das heißt Sie, spüren. Hier muß es sehen und verstehen, daß, wenn vor Ihnen, Werther, eine Waage steht, auf der einen Schale die ganze Welt und auf der anderen nur Charlotte liegt, Sie dann unbedingt Charlotte wählen würden.
Stanislawski im Gespräch mit dem Sänger des Werther in Massenets Oper.
In: Studioarbeit mit Stanislawski. Berlin 1950.

absichten die beiden Pistolen. Dies von Eifersucht und Haß diktierte Vorgehen treibt den tragischen Konflikt in der Opernhandlung auf die Spitze.

Massenet stellt den schwärmerischen Werther in einer gesellschaftlichen Umgebung vor, die als typisches Abbild einer kleinbürgerlichen Scheinidylle gemeint ist. In weitgespannten kantablen Melodien und formal lokker gefügten motivischen Komplexen formuliert der Komponist von Anbeginn auch musikalisch den Kontrast der Werther-Figur zur provinziellen, nach traditionellen harmonischen, formalen und klanglichen Mustern aufgebauten Welt des Amtmanns und seiner Familie. Dieser sinnfällige, durch Erinnerungsmotive intensivierte musikalische Kontrast bildet die Substanz der äußeren Handlung. Die innere Handlung, das Liebesdrama, vollzieht sich in vier großen Duetten Charlotte/Werther, deren musikalische Faktur die dramatische Entwicklung spiegelt. Massenet spannt den thematischen Zusammenhang vom ersten Duett (nach der durchtanzten Ballnacht) zum letzten (Werthers Sterbeszene) durch leitmotivische Verknüpfung der sogenannten Mondschein-Melodie, einem sentimental-elegischen Thema, das, »mit durchdringendem Sentiment« gespielt, zu einer hinreißenden Liebeskantilene wird. Daneben vermitteln die beständige motivische Verdichtung und die gesteigerte musikdramatische Intensität in den Gesangspartien der Charlotte dem Hörer eine Vorstellung von der schließlich nur mühsam zurückgehaltenen Leidenschaft, die dann im Schlußduett in grandioser Emphase ausbricht. Die im dramatischen Dialog verschleierten, unausgesprochenen Beziehungen der beiden Liebenden und ihre Gefühle füreinander formte Massenet auf diese Weise zu einem bezwingend eindringlichen musikalischen Dialog, der erst durch die sensible und farbenreich nuancierte Orchestersprache seine eigentliche dramatische Intensität erhält.

Hat man je von jungen Putzmacherinnen gehört, daß sie die Matthäus-Passion trällerten? Ich glaube nicht. Wohingegen jeder weiß, daß sie morgens beim Aufwachen Manon und Werther singen. Man soll sich aber nicht täuschen: Das ist ein liebenswerter Ruhm, und mehr als einer der großen Puristen, die ihr Herz nur an der mühsam erworbenen Achtung Gleichgesinnter erwärmen können, blickt mit heimlichem Neid darauf.
Claude Debussy. Massenet ist tot . . . Le Matin. 14. August 1912. In: Claude Debussy. Monsieur Croche. Sämtliche Schriften und Interviews. Stuttgart 1974.

Auffälligstes Beispiel für diese grandiose Qualität der Instrumentalmusik ist das vorletzte Bild der Oper (Charlotte eilt, von Angst um Werther getrieben, durch die winterlichen Straßen von Wetzlar), zu dem eine Orchesterfantasie über zentrale Leitmotive erklingt. Auch hier spiegelt die satztechnisch brillant aufgefächerte Musik den seelischen Aufruhr in Charlottes Herzen wider. Die Verknüpfung der Ausdruckskomponente mit einer von Wagners Musikdramen abgeleiteten Leitmotivtechnik erweist die singuläre Stellung dieser Oper in ihrer Zeit. Freilich entsteht die musikdramatische Qualität erst in der eigentümlichen Verschränkung von musikalischem Stil und sentimentaler Thematik, die nur in Debussys *Pelléas et Mélisande* ihre Fortsetzung fand.

Jules Massenet. »Werther«: Szenenbild Werther und Charlotte. Kolorierte Fotopostkarte um 1905.

Der Komponist und seine Hauptfigur: Jules Massenet. Foto aus der Zeitschrift »Le Théâtre« von 1899 und Rollenfoto eines ungenannten Werther-Darstellers.

Die Wahl des *Werther*-Stoffes für eine Oper wirkt nämlich auf den ersten Blick überraschend. Bis in die sechziger Jahre des 19. Jahrhunderts hinein hielt in Europa das Werther-Fieber an, das Goethes Roman entfacht hatte. Doch zwei Jahrzehnte später hatte man sich bereits sozial- und gesellschaftskritischer Lektüre zugewandt. Schwache Schwärmer, die den Freitod aus zerrissener Seele wählen, hatten nicht nur ihre Leitbild-Funktion, sondern sogar jegliches Interesse verloren. Auf den zweiten Blick jedoch erscheint die Stoffwahl Massenets und seiner Librettisten wie ein bewußt entworfenes Gegenkonzept zur dominierenden Thematik des zeitgenössischen Musiktheaters. Gegen die vielfältigen Facettierungen des neuen Frauentyps der Femme fatale (*Carmen* nach Prosper Mérimée, *Herodiade* nach Gustave Flaubert und *Manon* nach Abbé Prevost, später auch *Thais* nach Anatole France) setzten sie den Typus des unschuldig leidenden Mädchens, das einem tragischen Geschick nicht zu entgehen vermag. Charlotte ist die heimliche Hauptfigur dieser Oper, nicht Werther.

Mit der Konzentration emotionaler Prozesse auf vier Duette und der Hervorkehrung seelischer Spannungen und Empfindungen in einem sensibel nachzeichnenden Orchesterklang schuf Massenet eines der herausragenden Werke des sogenannten Drame lyrique, des dominierenden französischen Operntyps im ausgehenden 19. Jahrhundert. Die Uraufführung am 16. Februar 1892 in der Wiener Hofoper (in deutscher Sprache) eröffnete eine lange und ungebrochene Aufführungstradition. *Jürgen Schläder*

ANTONÍN DVOŘÁK

9. Sinfonie e-Moll op. 95
1893 New York

Antonín Dvořáks Stellung im Musikleben und in der Musikgeschichtsschreibung seines Landes gleicht der Bedřich Smetanas. Dvořák war als Sinfoniker so wichtig für die Entwicklung einer nationalen tschechischen Musik wie Smetana als Opernkomponist. Allerdings kannte man Antonín Dvořák (1841–1904) bis zu seinem dreißigsten Lebensjahr bestenfalls als Bratscher im von Smetana geleiteten Orchester des Interimstheaters von Prag. Erst mit dem Hymnus *Die Erben des Weißen Berges* aus dem Jahr 1872 wurde die Öffentlichkeit auch auf den Komponisten Dvořák aufmerksam.

Bald jedoch übertraf dessen Popularität, ausgelöst durch seine *Mährischen Duette* (1876) und die *Slawischen Tänze* (1878) jene von Bedřich Smetana. Und Hans von Bülow, der unermüdliche Entdecker neuer Talente und Förderer musikalischer Junggenies – nicht immer zu seinem persönlichen Vorteil, wie man weiß – nannte Dvořák »nächst Brahms den begnadetsten Komponisten der Gegenwart«. Das muß Brahms wohl selbst auch geglaubt haben, denn in der Musikgeschichte ist die Konstellation höchst ungewöhnlich, daß ein berühmter Komponist für einen anderen berühmten Komponisten die Korrekturen zum Stich eines neuen Werkes liest. Dies aber tat Brahms im Auftrag des gemeinsamen Verlegers Simrock mit der Partitur von Dvořáks *Neunter Sinfonie e-Moll op. 95*, genannt *Aus der Neuen Welt*, nachdem das in Amerika entstandene Werk nach der Uraufführung am 16. Dezember 1893 in New York und zwei weiteren Aufführungen am 23. und 30. Dezember des Jahres in Boston zum Druck nach Europa geschickt worden war. Der an der Ostküste Amerikas mit Ovationen überhäufte Komponist registrierte das Außergewöhnliche dieses Vorgangs bei aller Euphorie mit Dankbarkeit: »Ich glaube kaum, daß es auf der Welt einen solchen Musiker gibt, der so etwas täte.«

Es ist der Geist von Neger- und Indianermelodien, den ich in meiner neuen Symphonie zu reproduzieren bestrebt war. Ich habe keine einzige jener Melodien benützt. Ich habe einfach charakteristische Themen geschrieben, indem ich ihnen Eigenheiten der indianischen Musik eingeprägt habe, und indem ich diese Themen als Gegenstand verwendete, entwikkelte ich sie mit Hilfe aller Errungenschaften des modernen Rhythmus, der Harmonisierung, des Kontrapunktes und der orchestralen Farben.
Antonin Dvořák im New York Herald am 12. Dezember 1893.
Zitiert nach: Kurt Honolka. Dvořak. Reinbek 1974.

Von Smetana hatte der Engländer Ralph Vaughan Williams (1872–1958) – selbst ein in volksmusikalischen Exkursionen ausgezeichneter Komponist – behauptet, seine Anleihen bei der eigenen nationalen Musik seien solche der besten Art, nämlich unbewußte. Von Dvořák, dem einfachen, von Neurosen offenbar völlig freien Bauernbuben aus Böhmen, ließe sich Ähnliches behaupten. Er verwendete Volksliedthemen selten direkt,

Die Neue Welt: Blick auf die Skyline am Hudson River. Koloriertes Foto von 1905.

immer war es der charakteristische Volksliedton, der seine Kompositionen prägte. Offenbar machte gerade dies auf Jeanette Thurber, die Witwe eines wohlhabenden Kaufmanns in New York und Mitbegründerin des National Conservatory of Music, besonderen Eindruck, weil sie das fehlende nationale Engagement als großes Manko amerikanischer Musiker empfand. Sie bot Dvořák den Posten eines Konservatoriumdirektors an, den der Komponist – bei einem Jahresgehalt, das das Fünfundzwanzigfache seines Pragers Salärs ausmachte – auch annahm. Wichtigstes musikalisches Ergebnis seines Amerika-Aufenthaltes war die *Neunte Sinfonie e-Moll op. 95*, die in der alten und neuen musikalischen Welt einiges Aufsehen erregte, weil Dvořák hier seinerseits von der Volksmusik Amerikas inspiriert worden sei; eine Auffassung, die er zunächst selbst kolportierte, später aber bekämpfte. Mag sein, daß der an die amerikanische Mentalität nicht gewöhnte Komponist, des Aufsehens um seine Sinfonie überdrüssig, jegliche Beziehung zu Indianermusik und afro-amerikanischer Klangwelt weit von sich wies. Die Verwendung von Negro Spirituals wie »Swing Low, Sweet Chariot« oder »Goin' Home« – wie stilisiert auch immer – läßt sich nachweisen, ebenso die Idiomatik spezifisch amerikanischer Folklorismen. Allerdings hat Gerald Abraham überzeugend dargelegt, daß Dvořák kaum Gelegenheit hatte, wirkliche Indianermusik oder afro-amerikanische Mu-

Der 50jährige Antonin Dvořák im Jahr der Uraufführung seiner G-Dur-Sinfonie, zwei Jahre vor seiner Amerika-Reise. Farbige Kreidezeichnung eines ungenannten Künstlers nach einer Fotografie von 1890.

sik in Originalgestalt zu hören, und daß er seine Eindrücke aus der Musik weißer Amerikaner bekam, die in ihren Kompositionen die Klangwelt des farbigen Amerikas stilisiert aufgegriffen haben. Der ästhetischen Qualität seiner eigenständigen Sinfonie *Aus der Neuen Welt* tut dies keinen Abbruch, im übrigen wohl auch nicht der Umstand, daß nicht einmal die Amerikaner bis heute sicher sind, welche Spuren ihre ureigene Musik im Werk des europäischen Nationalisten Dvořák hinterlassen haben. Vielleicht gibt es dafür eine plausible Erklärung, die man wenigstens dem braven Soldaten Schwejk zutrauen könnte: Für einige Amerikaner sind genuine Stilelemente ihres Kontinents eben auch böhmische Dörfer. *Wolfgang Sandner*

ENGELBERT HUMPERDINCK

Hänsel und Gretel
1893 Weimar

Da die Zeit nicht drängte – Aufführungen waren erst im nächsten Winter in Karlsruhe und Frankfurt vorgesehen –, konnte sich Humperdinck noch mit Ausfeilen und Verbessern beschäftigen . . .
Während er jetzt die Sprechdialoge kürzte und sie als Versuch musikalisch skizzierte, schrieb er der Braut: »Mit Hänsel und Gretel bin ich jetzt wieder beschäftigt und arbeite das Flickwerk aus. Denke Dir, jedesmal, wenn ich darangehe, kann ich kaum der Versuchung widerstehen, das Stück ganz durchzukomponieren – und doch muß ich mich zurückhalten, weil ich sonst noch später fertig würde . . .«
Wolfram Humperdinck über die Vollendung der Märchenoper »Hänsel und Gretel«.
In: Das Leben meines Vaters. Frankfurt/Main 1965.

Engelbert Humperdinck, der als bedeutendster Vertreter der spätromantischen Märchenoper in die Annalen der Operngeschichte einging, gelang mit seinem ersten Bühnenwerk *Hänsel und Gretel* (nach dem Märchen von Ludwig Bechstein), ein heiter-volkstümlicher Gegenwurf zu Richard Wagners mythologisch befrachteten Musikdramen. Wie viele Komponisten der Wagner-Nachfolge konnte sich auch Humperdinck zeit seines Lebens nicht aus dem Bannkreis des großen Bayreuther Meisters lösen, der die Opernproduktion des ausgehenden 19. Jahrhunderts in eine tiefe Krise geführt hatte. So fiel Humperdincks Idee zu einer Märchenoper in eine selbstquälerische, resignative Schaffensperiode, die durch den internationalen Erfolg, den *Hänsel und Gretel* bald nach der Uraufführung erzielte, keineswegs dauerhaft überwunden war. Denn die späteren, nach Grimms *Kinder- und Hausmärchen* verfaßten Opern *Die sieben Geislein* (UA 1895) und *Dornröschen* (UA 1902), konnten ebenso wenig an den anfänglichen Erfolg anknüpfen, wie die auf ein symbolisches Kunstmärchen von Ernst Rosmer (alias Elsa Agnes Bernstein-Porges) komponierten *Königskinder* (UA 1897/1910).

Obwohl sich Humperdinck mit *Hänsel und Gretel* in der zeitgenössischen Kritik den Vorwurf mangelnden Stilempfindens gefallen lassen mußte, kann gerade dieses Werk als paradigmatisches Beispiel einer bewußt zwischen Wagners Monumentalstil und volksliedhafter Simplizität angesiedelten Kompositionsauffassung gelten. Denn durch die Rückbesinnung auf märchenhafte Elemente, wie sie schon die frühromantische Oper adaptiert hatte, versuchte Humperdinck dem Vorbild Richard Wagners zu entrinnen, ohne jedoch auf dessen richtungsweisende kompositionstechnische Neuerungen zu verzichten. So verknüpfte er komplizierte leitmotivische Techniken mit einfachen melodischen Strukturen, die das äußere Klangbild prägen. Sogar echte Volks- und Kinderlieder, die teilweise musikalisch neu gefaßt sind, wurden herangezogen: »Suse, liebe Suse«, »Ein Männlein steht im Walde«, »Brüderchen, komm tanz mit mir«, »Abends will ich schlafen gehn« sind zugkräftige Nummern, die ihre Wirkung beim

Engelbert Humperdinck um 1885. In diesem Jahr ging der Komponist, der zuvor von 1880 bis 1882 Assistent von Richard Wagner in Bayreuth gewesen war, als Kompositionslehrer an das Konservatorium von Barcelona. Ein Musiker, dem es schwerfiel, zu den eigenen Ausdrucksmitteln zu finden. Einmal, mit *Hänsel und Gretel* sollte es überraschend gelingen.

Publikum nicht verfehlen. Es ergab sich wie von selbst, daß das Werk insbesondere bei Kindern großen Zuspruch erzielt. Dennoch ist *Hänsel und Gretel* keine Kinderoper im engeren Sinn, da die Besetzung für erwachsene Sängerdarsteller bestimmt ist. Erst durch die Singspieleinrichtung von Ludwig Andersen (1927) wurden Aufführungen mit Kindern möglich, wobei das Orchester auf kammermusikalische Besetzung reduziert und die gesangstechnischen Anforderungen stark zurückgeschraubt wurden.

Darüber hinaus gingen von Humperdincks Märchenopern-Typus Anregungen aus, die erst von Komponisten des 20. Jahrhunderts vollends aufgegriffen und im Sinne »richtiger« Kinderopern auch für junge Laiendarsteller fruchtbar gemacht werden sollten. Paul Hindemiths *Wir bauen eine Stadt* (1930), Benjamin Brittens *Let's Make An Opera* (1949), ja noch Hans Werner Henzes *Pollicino*, der 1980 für die Kinder von Montepulciano entstanden ist, legen hiervon Zeugnis ab.

Im Gegensatz zur außergewöhnlich großen Bühnenresonanz hat Humperdincks *Hänsel und Gretel*-Oper auf Schallplatte nur wenige Höhepunkte zu verzeichnen, obwohl sich auch namhafte Sänger und Dirigenten des Werks annahmen. Akzentsetzend wirkte Elisabeth Schwarzkopfs Interpretation der Gretel in einer klangschwelgerischen Aufnahme unter Herbert von Karajan aus dem Jahre 1952. Wenig Anreize bot die Oper aufgrund ihres märchenhaft-einfachen Sujets für radikale szenische Umdeutungen, so daß sich renommierte Regisseure im Zuge der neuen Ästhetik des Regietheaters kaum noch innovativ mit dem Werk auseinandersetzten. So war es von Anfang an Sache der Dirigenten, die Oper auf der Bühne erfolgreich durchzusetzen. Richard Strauss (Uraufführung), Hermann Levi, Felix Mottl und Gustav Mahler begründeten eine vom deutschen Kapellmeistertum geprägte Aufführungstradition, die bis heute ihre Gültigkeit nicht verloren hat.

Julia Liebscher

PETER TSCHAIKOWSKI

6. Sinfonie h-Moll op. 74
1893 St. Petersburg

Die Ausweglosigkeit eines Menschen, der sich bei seiner intellektuellen Selbstanalyse zwischen Pessimismus und rückhaltloser Überschwenglichkeit hin- und hergerissen fühlte, spricht aus einem Brief Tschaikowskis vom 30. Januar 1890 an den Komponisten Alexander Glasunow. Vor allem eine Passage dient der Erkenntnis seiner unlösbaren inneren Spannungen zwischen Schüben von manischen und depressiven Phasen: »Ich befinde mich in einem sehr rätselhaften Stadium auf dem Wege zum Grabe. Es geht etwas Merkwürdiges, Unbegreifliches in mir vor. Etwas wie Lebensüberdruß hat mich ergriffen; ich fühle zeitweise wahnsinnigen Kummer,

Wenn man Tatjana vielleicht für eine der Masken Tschaikowskys halten konnte, so kann man von der 6. Sinfonie sagen, daß er hier die Maske fallen ließ und statt ihrer Selbstdramatisierung in absolut vergleichbarer Technik bietet. (...) So ist sein reichstes, lohnendstes Werk der »Eugen Onegin«, und das mindeste, was zu sagen wäre, ist, daß er in der 6. Sinfonie zu begreifen begann, wie er in der Sinfonie seine eigene seltsame, sehr umgrenzte Wahrheit ausdrücken konnte.
Wilfrid Mellers. Musik und Gesellschaft. Frankfurt/Main 1965.

Peter Tschaikowski: 6. Sinfonie in h-Moll. Ausschnitt aus dem Autograph der Partitur.

aber nicht jenen Kummer, in welchem ein neuer Aufschwung der Liebe zum Leben keimt, sondern etwas Hoffungsloses, Finales und – wie immer in einem Finale – auch etwas Banales; zugleich aber eine furchtbare Lust zum Schreiben. Einerseits merke ich, daß mein Lied ausgesungen ist, andererseits drängt es mich unüberwindlich, dasselbe Leben fortzusetzen oder ein neues Lied zu beginnen.«

Auch wenn Tschaikowski (1840–93) nach Aussage seines Bruders Modest in den letzten Monaten seines Lebens noch Zukunftspläne schmiedete und schlüssige Beweise für einen angeblichen Sterbewillen nicht vorliegen, deutet manches darauf hin, daß der Komponist seine letzte Sinfonie als Schwanengesang aufgefaßt habe. In einem Brief vom 21. September 1893 an den Großfürsten Konstantin, der ihn um die Komposition eines Requiems gebeten hatte, heißt es: »Mich verwirrt ein wenig der Umstand, daß meine letzte Sinfonie, die soeben fertig geworden ist, besonders das Finale, von einer Stimmung durchdrungen ist, die derjenigen eines Requiems nahekommt.« Der Requiem-Charakter des Werks wird durch die Biographie des Komponisten untermauert. Am 16. Oktober 1893 fand unter seiner Leitung die nur mit mattem Beifall aufgenommene Uraufführung der *Sechsten* in Petersburg statt – ihren Beinamen *Pathétique* verdankt sie einem Vorschlag seines Bruders Modest. Neun Tage später erlag Tschaikowski der Cholera, nachdem er unabsichtlich oder mit vollem Wissen um die Folgen ein Glas verseuchten Flußwassers getrunken hatte. (In jüngster Zeit hat man diese Lesart als einen Vertuschungsversuch seiner Familie interpretiert: In Wahrheit sei er von einem aus ehemaligen Mitschülern bestehenden Ehrengericht der Petersburger Rechtsschule gezwungen worden, durch die Einnahme von Gift Selbstmord zu begehen, nachdem er einem jungen Mann aus der gehobenen Gesellschaft homosexuelle Avancen gemacht hatte.)

Auf einen programmatischen Kern seines sinfonischen Schlußworts wies der Komponist selbst gegenüber dem Widmungsträger des Werks, seinem Neffen Bobyk, hin: »Während der Paris-Reise im Dezember 1892 entwarf ich den Plan für eine neue Sinfonie. Diesmal wird es eine Programm-Sinfonie sein; ihr Programm soll aber für jedermann stets ein Rätsel bleiben (...) Es ist durch und durch von meinem eigensten Sein erfüllt; als ich es in Gedanken komponierte, habe ich immer wieder bitterlich geweint.«

Im Gegensatz zu den Komponisten der literarisch orientierten Neudeutschen Schule verzichtete Tschaikowski jedoch auf ein festumrissenes Programm und übertrug mit sicherem theatralischen Gespür für das Szenische

Peter Tschaikowski in seinem Todesjahr 1893. Gemälde des 1850 geborenen Malers Nikolai Dimitrijewitsch Kusnezoff.

Konflikte, ekstatischen Jubel oder strömende Trauer ins Absolut-Musikalische. In ihrem Bauplan – ein Hauptsatz in Sonatenform, zwei Tanzsätze und ein scheinbar ins Nichts versinkendes Finale – in der Geschichte der Sinfonie einzigartig, stellt die *Sechste* mit ihren abrupten Wechseln von depressiven und manischen Partien ein Psychogramm des neurotischen, in einer Traumwelt lebenden und von Selbstzweifeln gepeinigten Komponisten dar. Im bleiernen Adagio des Anfangs bringt das Fagott das zaghaft-düstere Grundmotiv des Werks, das im Allegro non troppo zum Hauptthema verdichtet und in der wütenden, grell belichteten und in rauschhaften Steigerungen kulminierenden Durchführung zerfetzt wird; ein mild verklärter, im sechsfachen Piano ersterbender Andante-Gedanke und ein H-Dur-Posaunen-Choral in der Coda sorgen für kurzzeitigen Trost und symbolisieren gegenüber der leidvollen Gegenwart die Erinnerung an glücklichere Zeiten. Auch wenn das im 5/4-Takt stehende Allegro con grazia den Eindruck walzerhafter Leichtigkeit und Eleganz aufkommen läßt, wirkt es eher wie eine Grimasse, wie eine makabre Vision ballseliger Munterkeit – als verzerrte Erinnerung an einen Walzer, der seinen wirbelnden Rhythmus eingebüßt hat, nimmt der Satz wesentliche Momente von Ravels katastrophenhaft am Abgrund taumelnder Tanzdichtung *La Valse* (1922) vorweg. Eine Kombination von geheimnisvoll wisperndem Scherzo und brutalem, erst allmählich heranrückenden Geschwindmarsch bildet der dritte Satz: In seinen vielfachen Pianissimo-Wirkungen, den hinausgezögerten Steigerungen und den hämmernden Ostinati kennt er kein Pendant in der europäischen Sinfonik. Zu dieser Vorahnung des russischen Barbarismus steht das Finale in denkbar schärfstem Kontrast. Entgegen seiner sonstigen Neigung zu bombastischen Schlußsteigerungen ließ Tschaikowski das depressive Adagio lamentoso nach zwei riesigen Steigerungswellen eines unheilvoll abwärts gerichteten Themas im Abgrund dumpfer Ausweglosigkeit verlöschen.

Erst nach ihrer zweiten Aufführung (unter Eduard Naprawnik) setzte sich die Sinfonie durch, nachdem sich das Publikum des tragischen Zusammenhangs zwischen Leben und Werk des Komponisten und seiner Katastrophe des Abschiedsnehmens bewußt geworden war. *Uwe Kraemer*

ANTON BRUCKNER

5. Sinfonie in B-Dur
Entstanden 1875/76
uraufgeführt 1894 Graz

Monumental sind alle Sinfonien Anton Bruckners, selbst die frühe »Nullte«, die der Komponist ist seiner übergroßen Strenge sich selbst gegenüber verworfen hat, ist dies schon auf ihre Weise.

Von den beiden monumentalsten Sinfonien, der *Fünften in B-Dur* und der *Achten in c-Moll* (1884–1887), hat die Achte ihrer jüngeren Schwester an Beliebtheit eindeutig den Rang abgelaufen. Ihr überirdisch schönes Adagio und das mit apokalyptischer Wucht hereinbrechende Finale mögen dazu ebenso beigetragen haben, wie der Umstand, daß die Uraufführung dieser Sinfonie einen späten und letzten Triumph für Bruckner (1824–96) mit sich gebracht hat.

Dies darf und soll aber nicht darüber hinwegtäuschen, daß die *Fünfte* im Gesamtkosmos der Brucknerschen Sinfonik einen nicht minder wichtigen Platz einnimmt. An thematischer Fülle ist sie der *Achten* zumindest ebenbürtig, in ihrer kunstvollen polyphonen Gestaltung aber bildet sie den absoluten Höhepunkt in Bruckners Schaffen. Bruckner selbst nannte sie sein »kontrapunktisches Meisterstück«.

Geschrieben hat Bruckner die *Fünfte* in den Jahren 1875/76 als Krönung einer fünfjährigen Schaffensperiode, der wir auch die Sinfonien Nr. 2, 3 und 4 verdanken. In den folgenden Jahren brachte er kleine Retuschen an, die aber alle in der Erstschrift unterzubringen waren, so daß hier zu Recht von einer einzigen Fassung gesprochen werden kann. Von der Mehrzahl der anderen Sinfonien hat Bruckner ja verschiedene Fassungen hergestellt, auf Anraten wohlmeinender Freunde zumeist, um den Musikern wie auch den Hörgewohnheiten des Publikums entgegenzukommen. Zum Vorteil der Urfassungen geschah dies selten genug, auch wenn die Brucknerschen Änderungen immerhin authentischen Charakter haben, was man von den Eingriffen Dritter nicht behaupten kann. Nach Vollendung der *Fünften* soll Bruckner erklärt haben: »Nicht um tausend Gulden möchte ich das noch einmal schreiben.«

Dieser Ausspruch gewinnt um so mehr an Gewicht, wenn man bedenkt, daß die Komposition der *Fünften* in die materiell schlimmste Zeit von

Bruckners Wiener Jahren fällt. Im Herbst 1874 hatte er seine Klavierlehrerstelle an der Lehrerinnenbildungsanstalt St. Anna verloren. In einem Brief vom 13. Februar 1875 beklagt er seine finanzielle Notsituation und weist darauf hin, daß er nicht einmal genug Geld habe, um seine *Vierte* kopieren zu lassen.

Zu den Partituren, denen die freundschaftliche Nachhilfe der Bearbeiter am übelsten mitgespielt hat, gehört die Fünfte Symphonie. Aber das ist verzeihlich. Denn man kann auch dem beschlagensten Durchschnittsmusiker keinen Vorwurf daraus machen, daß er vor der geistigen Übergewalt und der musikalisch-architektonischen Kolossalität dieser Konzeption zunächst ratlos stand. Solange noch niemand durch hinreichend häufige Aufführungseindrücke daran gewöhnt war, sich in der Gesetzmäßigkeit derart kunstvoll disponierter Organismen mit ihren Potenzierungen symmetrischer Formglieder zurechtzufinden, war allein ein Musikgehirn wie das Bruckners in der Lage, dergleichen zu denken.
Walter Abendroth
In: Vier Meister der Musik. München 1952.

Einen Tag später begann er mit der Komposition des Adagios der *Fünften.* Erklingen Bruckners langsame Sätze in der Regel in satten und vollen Farben, so findet hier die depressive Haltung eindeutig ihren Niederschlag. Auch sonst durchbricht Bruckner das Formschema, dem er sich sonst streng unterordnet. Der erste Satz beginnt, völlig unüblich, mit einer Adagio-Einleitung. Durch den typischen Brucknerschen Urnebel tasten sich die gezupften tiefen Streicher voran bis zu einem Abgrund. Ein Aufschrei des Orchesters erfolgt, dem sich ein tröstender Choral entgegenstellt. Das Ganze wiederholt sich auf einer anderen Tonstufe, bis schließlich die Einleitung ins Allegro mit dem schwungvollen ersten Thema mündet.

Keine andere Sinfonie Bruckners trägt so viele Beinamen wie die *Fünfte.* Die »Mittelalterliche« hat man sie genannt, die »Katholische«, die »Choral-« und die »Glaubenssinfonie«. Sogar als »Tragische« wurde sie bezeichnet, was nur insofern berechtigt ist, als Bruckner sie nie hat hören dürfen. Bruckner selbst nannte sie seine »Phantastische«, doch wie alle verbalen Äußerungen des Komponisten zum eigenen Werk ist auch diese mit Vorsicht zu genießen.

Von der Schwermut des Adagios war schon die Rede. Auch das Scherzo kann diese Schatten nicht ganz vergessen lassen. Gekrönt aber wird die Sinfonie vom grandiosesten Finale, das Bruckner geschrieben hat und das in seiner gewaltigen Kontrapunktik seinesgleichen sucht. Der Satz weist Steigerungen auf, wie sie vor Bruckner keinem anderen Komponisten geglückt sind. In einer komplexen Struktur von Sonatenform und Kontrapunkt – unwillkürlich denkt man hier an das Finale von Mozarts *Jupitersinfonie* (1788) – entwickelt sich in drei Anläufen eine Fuge, die durch Hinzuziehung des Finale-Hauptthemas zur Doppelfuge wird, bis diese schließlich der volle Choral in einer atemberaubenden Apotheose krönt.

Erst 1894, zwei Jahre vor Bruckners Tod, wagte sich Franz Schalk in Graz an die Aufführung des Werks, allerdings in einer geänderten und gekürzten Fassung. Keiner anderen Sinfonie mit Ausnahme der *Neunten* wurde mit Bearbeitungen durch fremde Hand so übel mitgespielt wie der *Fünften.* Über den spezifisch orgelhaften Orchesterklang Bruckners mit dem registerartigen Wechsel der Stimmen wurden Wagnersche Mischfar-

Französische Buchmalerei: Seite aus dem Stundenbuch des Herzogs von Berry (1340–1416): *Les très riches heures du Dux de Berry* Das Hochamt wird zelebriert. Ein Bild hochstilisierter Frömmigkeit.

ben gelegt, ein Strich von 122 Takten im Finale deformierte den Aufbau des Satzes. Gleichfalls kaum gutzuheißen ist die jahrzehntelang geübte Praxis, das Orchester im Schlußsatz um weitere zwölf Bläser aufzustocken. Die theatralische Wirkung ist zwar unbestreitbar, doch erstickt die Übermacht des Blechs die tiefen Streicher und macht so die Meisterleistung des Kontrapunkts fast unhörbar.

Die Urfassung der *Fünften* erklang erst 1935 zum ersten Mal, und zwar in München unter Siegmund von Hausegger, dem Dirigenten der Münchner Philhamoniker. Kein Zuhörer vermochte sich, wie damaligen Berichten zu entnehmen ist, dem gewaltigen Eindruck des Achtzig-Minuten-Werks zu entziehen, und daran hat sich bis heute nichts geändert. *Helmut Schinagl*

CLAUDE DEBUSSY

Prélude à l'après-midi d'un faune
1894 Paris

Ich hatte das Vergnügen, dem Aufbrechen des ›Eies‹ Debussy beizuwohnen. Dieses Aufbrechen geschah gestern, & und doch erscheint es gewissen Leuten bereits alt: diesem ›Ei‹ – das sich so herrlich öffnete –, sind nach Auffassung ›gewisser Leute‹ Ideen und Grundsätze entschlüpft, deren Glanz sich ihnen bereits zu trüben scheint . . .
Erik Satie
In: Schriften.
Hg. Ornella Volta.
Hofheim 1988.

Ursprünglich dachte Claude Debussy (1862–1918) daran *Prélude, Interlude et Paraphrase finale* zu dem Gedicht *Der Nachmittag eines Fauns* von Stéphane Mallarmé zu schreiben. Von den drei Sätzen wurde schließlich nur der erste, das *Vorspiel,* vollendet und am 22. Dezember 1894 in Paris uraufgeführt. Mit diesem Werk trat der damals schon 32jährige Komponist endgültig aus dem Schatten der deutschen Sinfonik, deren Einfluß in allen seinen früheren Instrumentalwerken noch zu spüren ist.

Die französische Kultur ist eine eminent literarische, und es ist deshalb nicht erstaunlich, daß gerade ein Gedicht Debussy zur Befreiung von akademischen Fesseln verhalf. Mallarmés Ekloge ist der Monolog eines Fauns, der im Schilf liegt, auf seiner Flöte bläst und sich während der sizilianischen Nachmittagshitze erotischen Träumereien hingibt. Es bleibt ungewiß, ob er die Nymphen oder Najaden, die er mit weißen Schwänen verwechselt, je besessen hat. »Aimais-je un rêve?« (Liebte ich einen Traum?), fragt er sich gleich zu Beginn. Alles bleibt in der Schwebe. Am Schluß werden die begehrten Frauen zu Schatten, von denen der ermattete Faun Abschied nimmt.

Léon Bakst (1866–1924). Ausstatter der »Ballets russes« Diaghilews: »Der Tänzer Nijinski als Faun in *L'Après-midi d'une faune*. 1911/1912.

Unter den größten Musikern der Moderne, gehört Debussy zu den wenigen, deren Werk einen ebenso überraschend unmittelbaren wie unerwartet nachhaltigen Einfluß ausübte.

Sein Auftritt in der musikalischen Arena – wenn ich so sagen darf – war ein recht unangenehmes Ereignis für die einen & ein sehr glückliches für die anderen.

Die arme liebe & gute ›große Masse‹! . . . sie schnitt sich wieder einmal ordentlich in den Finger – aus Prinzip, nicht wahr? & aus einer Art Starrsinn heraus.

Erik Satie über Claude Debussy. In: Schriften. Hg. Ornella Volta. Hofheim 1988.

Der 22jährige Claude Debussy. Porträt aus dem Jahr 1884. Im selben Jahr gewann Debussy den großen Rompreis des Pariser Conservatoire. Die großen Entdeckungen einer neuen Musik, die über Wagner hinausgehen sollte, standen noch bevor.

Debussy, der Mallarmés Abneigung gegen die Vertonung seiner Gedichte kannte und achtete, beschrieb im Programm der Uraufführung seine Absichten mit den folgenden vorsichtigen Worten: »Die Musik dieses Vorspiels ist eine sehr freie Illustration des schönen Gedichtes von Mallarmé. Sie will nicht dessen Synthese sein. Es handelt sich eher um aufeinanderfolgende Dekors, durch die sich die Begierden und Träume des Fauns während der Hitze dieses Nachmittags bewegen.« Das Unwirkliche, Scheinhafte, das schon im Gedicht angelegt ist, wird nun durch »Illustrationen« und »Dekors« noch mehr entrückt. Wenn Franz Liszt in seinen sinfonischen Dichtungen, wie *Hamlet, Tasso, Lamento et trionfo* usw., die literarische Vorlage durch das ihm eigene Pathos noch überhöhte, so nimmt Debussy den musikalischen Ausdruck zurück in Andeutungen und Umschreibungen, was durchaus Mallarmés Ästhetik entspricht.

Die Partitur ist voll von raffinierten, vorher unbekannten Klangfarben, obwohl das Orchester klein ist. Nicht nur die Flöte, sondern auch die anderen Holzbläser, Oboe und Klarinette, spielen die Melodien des verliebten Fauns, die eher der Musik im Entstehen, in ihren primitiven Anfängen bei Hirten und Bauern Siziliens, als hoch organisierten Themen gleichen. Die Flöte spielt am Anfang allein, und der Hörer muß sich unwillkürlich fragen, wie das übrige Orchester im Verlaufe des Werkes mit diesen scheinbar vollkommen im Leeren schwebenden Melismen schließlich noch vereinigt werden kann.

Doch Debussy verblüfft durch immer neue Lösungen dieses Problems, indem er Licht und Schatten auf die in sich kreisenden Linien der Holzbläser wirft, welche nie die mühelos zu spielenden Mittellagen verlassen und so der Trägheit des Fauns Ausdruck geben. Frankreich war bis in die jüngste Zeit immer das Land, wo das Spiel der Holzbläser seine höchste Kultur erreichte. Davon ist in diesem *Prélude* etwas zu spüren, das im wörtlichen Sinne dem Präludieren vor dem eigentlichen Stück, wie es ein Klassiker geschrieben hätte, gleicht.

Debussy beneidete die Maler, da sie auch Skizzen ihrer Bilder ausstellen und verkaufen können, während die Komponisten nur vollendete Werke im Konzert präsentieren dürfen. Er beneidete aber auch die Naturvölker, deren Konservatorium der Rhythmus des Meeres und das Rauschen des Windes in den Bäumen sei. Seinem ehemaligen Kompositionslehrer, Ernest Guiraud, erklärte er um 1890: »Das Vergnügen ist das Gesetz« und nicht eine Menge von Regeln, die früher vielleicht einmal ihren Sinn hatten, dem modernen Empfinden aber nicht mehr entsprechen.

DEBUSSY *Prélude à l'après-midi d'un faune*

Debussy mußte, wie schon erwähnt, über 30 Jahre alt werden, um seinen eigensten Stil zu finden, da er einen Kampf an zwei Fronten zu führen hatte: gegen das Conservatoire, das sich dem Einfluß Richard Wagners verschloß, und gegen Wagner selbst, dessen Werke die Opéra von Paris erst zu Beginn der neunziger Jahre zu spielen begann. Im Gegensatz zu den deutschen klassischen und romantischen Werken ist Debussys Musik nicht auf steigernde Entwicklung aus, sondern das *Prélude* endet nach einigen Aufschwüngen, die wie ein glückliches Aufatmen wirken, in der Ermattung; es geht in die Stille über, die hinter den irisierenden Klängen schon vorher spürbar war. Von der »musique du silence« (einer Musik des Schweigens oder der Stille) träumten die symbolistischen Dichter jener Jahre, da ihnen das Reden der meinenden Sprache eitel und machtlos schien in Gegenwart der Geheimnisse, die im Leben zu finden sind. Das kurze Orchesterstück auf ein Gedicht von Mallarmé hätte unter der Hand eines anderen Komponisten leicht zu einer sinfonischen Dichtung im Stile von Richard Strauss werden können, doch besticht Debussys Werk gerade durch seinen Verzicht auf äußerliche Bravour. *Theo Hirsbrunner*

ANTON BRUCKNER

9. Sinfonie d-Moll
Entstanden 1891–94
uraufgeführt 1903

Meine früheren Symphonien habe ich diesem und jenem edlen Kunstfreunde gewidmet, die letzte, neunte soll nun dem lieben Gott geweiht sein – wenn er's annimmt.
Anton Bruckner im Gespräch. Nach: Max Auer. Anton Bruckner. Wien 1923.

Von den elf Sinfonien, die Bruckner (1824–96) geschrieben hat, wurden die beiden ersten von ihm selbst verworfen. Das ist von unserem Standpunkt aus, vor allem bei der nach heutiger Zählung »Nullten«, nicht mehr zu verstehen. Aber Bruckner hat stets an sich und sein Werk außergewöhnliche Ansprüche gestellt.

Während der einstmalige Schulgehilfe und spätere Stifts- und Domorganist es bis zum Universitätslehrer brachte, aber im Innern ein naives, hilfloses Kind blieb, während seine Gegner ihm in gehässigster Weise zusetzten, Aufführungen seiner Werke zu verhindern trachteten und, wenn ihnen dies nicht gelang, sie mit Hohn und Spott übergossen, ging er

Anton Bruckner: 9. Sinfonie in d-Moll. Autograph des unvollendeten Finales.

unbeirrt seinen Weg, schrieb er Werk um Werk. Wie kaum ein anderer Komponist war er bloß dienendes Werkzeug in der Hand einer ungeheuren geistigen Schöpferkraft, der er sich bedingungslos unterwarf.

Die Tonart d-Moll ist für Bruckner so etwas wie eine Schicksalstonart. Nicht nur die *Neunte* ist in d-Moll geschrieben, auch die *Nullte* (1864) steht in dieser Tonart, ebenso die *Dritte* (1873), die er Richard Wagner widmete, und nicht zuletzt die erste große Messe. Beethovens *Neunte* (1824) erklingt in dieser Tonart, ebenso wie Mozarts unvollendet gebliebenes *Requiem* (1791). Auch Bruckners *Neunte* sollte unvollendet bleiben, wenngleich als der in sich geschlossenste und vollendetste Torso der sinfonischen Literatur.

An Erhabenheit und Weihe übertrifft die *Neunte* alle ihre Vorgängerinnen. Die Instrumentation ist farbenprächtiger denn je zuvor. Hat Bruck-

Ferry Bératon 8

ner schon in früheren Sinfonien die harmonische Struktur immer wieder an äußerste Grenzen geführt, so überschreitet er sie hier endgültig. Die *Neunte* steht an der Schwelle zum 20. Jahrhundert und geht in Einzelheiten weit über die kühnsten harmonischen Experimente Richard Wagners hinaus.

Jeder der drei Sätze der *Neunten* ist für sich ein singuläres musikalisches Ereignis. Der erste Satz beginnt in einer Art harmonischer Leere, ehe sich die Grundtonart herauskristallisiert – ein Vorgang, der sich im dritten Satz noch deutlicher abzeichnen wird – und trägt in seiner Kraft und Schönheit den Stempel höchster Meisterschaft und Vollendung. Der zweite Satz, ein völlig neuer Bruckner, wird von manchen Musikfreunden als lebenssprühende Tollheit empfunden, wie man sie einem kränkelnden alten Mann nicht zutrauen würde. Wer allerdings genauer hinhört, glaubt eher einem Hexensabbat beizuwohnen oder Höllenvisionen geschildert zu bekommen, wenngleich sich dazwischen immer wieder weit aussingende Passagen schieben, Erinnerungen an ein reiches und reifes Leben. Das Adagio jedoch, der dritte und letzte Satz, Bruckners Abschied vom Leben, ist eines der ergreifendsten Musikdokumente der Sinfonik. Hier ist wahrlich von den letzten Dingen die Rede, von Tod und Gericht, hier werden Blicke in tiefste Abgründe getan, ehe ein Thema aus dem Adagio der *Achten Sinfonie* (1887) und ein Zitat aus dem Finale der *Siebten Sinfonie* (1883) den Verklärungsteil einleiten, der mit dem Hauptthema der *Siebenten* schließt.

Anton Bruckner. Ausschnitt eines Gemäldes von Ferry Beraton (1860–1900), einem Maler von Wiener Genrebildern (»Verkäuferinnen auf dem Naschmarkt«), der einige seiner Porträts auch bildhauerisch umsetzte. Das Bruckner-Porträt stammt aus der Zeit um 1890.

Vielleicht ist es ein Glücksfall, daß es Bruckner nicht gegönnt war, die *Neunte* mit einem Schlußsatz zu vollenden. Er hat zwar noch bis in die letzten Lebenswochen darum gerungen, weit ausgereifte Skizzen sind vorhanden. Aber nach dem Wunder des Adagio würde man jeden weiteren Satz, und wäre er noch so triumphal und mit großer Fuge und ebensolchem Choral ausgestattet – denn das schwebte Bruckner vor – nur als Abstieg und Niedergang empfinden.

Glauben Sie denn, daß ein Mensch unter dieser unreifen Masse auch nur das Geringste von diesen symphonischen Riesenschlangen begreift?
Brahms über Bruckner im Gespräch mit Richard Specht. In: Richard Specht. Johannes Brahms. Hellerau o. J.

Dennoch hat das Vorhandensein des hinterlassenen Materials immer wieder Bearbeiter veranlaßt, einen Schlußsatz zur *Neunten* zu konstruieren. Alle diese Versuche sind unbefriedigend geblieben. Bruckner selbst hat bestimmt, daß als Schlußsatz der *Neunten* sein *Te Deum* (1884) gespielt werden sollte. In seiner tiefen Gläubigkeit hat er ja diese Sinfonie, ebenso wie das *Te Deum*, »dem lieben Gott« gewidmet. Für Bruckner war Musik stets auch religiöse Verkündigung seines fast archaischen Glaubens inmitten einer aufgeklärten, liberalen, dem unverbindlichen Zeitgeist verpflichteten Welt.

Salvador Dalí (1904–89) malte das »Bildnis des Cellisten Ricardo Pichot« im Jahr 1920.

Erst 1903 wurde die *Neunte* erstmals aufgeführt, und zwar in einer – wie hätte es anders sein können – überarbeiteten Fassung, in der die Uminstrumentation vor allem das Scherzo weitgehend entstellte. Auch bei der *Neunten* war es das unvergängliche Verdienst Siegmund von Hauseggers, der Urfassung zum Durchbruch verholfen zu haben. 1932 führte er in München beide Fassungen, Bearbeitung und Urfassung, unmittelbar hintereinander auf. Das bis dahin für unaufführbar geltende Werk, um so vieles herber und konzessionsloser als die dem Wagnerschen Klangideal angepaßte Fassung, übertraf die Bearbeitung so gewaltig, daß sich die Zuhörer in zwei verschiedene Welten versetzt fühlten. Es war, als sei ein Riesengemälde endlich von einer dicken Staubschicht befreit worden. Das Datum der denkwürdigen Aufführung gilt denn auch heute noch als das bedeutendste Ereignis in der Geschichte der Brucknerrezeption. *Helmut Schinagl*

ANTONÍN DVOŘÁK

Violoncellokonzert h-Moll op. 104
1896 London

Als Antonín Dvořák (1841–1904) im Jahr 1893 die Niagara-Fälle besuchte, sei er – berichtet sein Sekretär Kovařik – gute fünf Minuten stehengeblieben und habe dann gesagt: »Herrschaften, das wird eine Sinfonie in h-Moll!« Tatsächlich finden sich in Dvořáks Skizzenbücher Notizen zu einer solchen Sinfonie, die aber nie geschrieben wurde. Die Tonart und der zeitliche Zusammenhang lassen aber vermuten, daß Dvořák das Material für ein anderes Werk verwendete, um das ihn sein Freund, der Cellist Hanuš Wihan gebeten hatte: für das *Cellokonzert in h-Moll*. Dvořák wollte ein solches Konzert eigentlich gar nicht schreiben, weil er das Cello für kein Soloinstrument hielt. Das Ergebnis strafte Dvořáks Vorurteil Lügen. Das Konzert entstand als letztes amerikanisches Werk in den vier Monaten von November 1894 bis Februar 1895. Es ist immer wieder darüber spekuliert worden, ob Dvořák – wie in einigen anderen seiner Werke aus Amerika, der *e-Moll-Sinfonie (1893)* oder dem *F-Dur-Quartett (1893)* – auch im *Cellokonzert* amerikanische Volksmusik verwendet habe. Dvořák ist dem ent-

DVOŘAK Violoncellokonzert h-Moll

schieden entgegengetreten. Das *Cellokonzert* ist ein durch und durch tschechisches Werk.

Das Instrumentalkonzert hat seine eigene Geschichte. Sie beginnt noch zu Haydns und Mozarts Zeit in der Nähe der Gebrauchsmusik. Zu sinfonischem Zuschnitt gelangte die Form des Konzerts erst bei Beethoven, und wurde dann durch die großen Virtuosen der nachfolgenden Zeit – Liszt, Chopin, Paganini – zu einem, wenngleich oft großartigen, Vehikel instrumentaler Kunstfertigkeit. Mit Schumanns ernstem *Klavierkonzert* und seinem noch ernsterem *Cellokonzert* (sein *Violinkonzert* spielt hier keine Rolle, es wurde erst 1937 überhaupt zum ersten Mal aufgeführt), und mit den Klavierkonzerten und dem *Violinkonzert* von Brahms wurde dem Instrumentalkonzert ein Weg in sozusagen höhere Sphären gewiesen. Dvořáks Konzert ist gewissermaßen die Summe dieser Entwicklung, vergleichbar sind die Violinkonzerte von Tschaikowski und Sibelius und das *Klavierkonzert* von Grieg. In Dvořáks Konzert steht nicht mehr ein konzertierender Virtuose einem begleitenden Orchester gegenüber, dem nur dann thematisch gebundene Einwürfe gestattet sind, wenn der Solist verschnaufen muß, in Dvořáks Konzert ist das Cello in das große sinfonische Geschehen unlösbar miteinbezogen. Dabei ist der Solopart von höchstem technischen Anspruch, der aber nie in reine Akrobatik ausartet.

Dvořák war eine persönlich bescheidene Natur mit oft schrulligen Zügen, ein biederer Hausvater und ehrlicher Musikant. In seinen besten Werken aber, und das *Cellokonzert* zählt dazu, erhebt sich sein Geist zu gewaltigen, mitreißenden Melodienbögen, die seine eigene Sprache sind. Er hat, nach dem Pionier Smetana, die national-tschechische Musik endgültig etabliert und mehr noch: Er hat der Weltmusik den entschiedenen tschechischen Ton hinzugefügt. Das *Cellokonzert* wurde 1896 in London unter Dvořáks Leitung uraufgeführt. *Herbert Rosendorfer*

JOHANNES BRAHMS

Vier ernste Gesänge op. 121
1896 Wien

Nach so vielen Weltabschiedsgesängen, vokalen wie instrumentalen, die Brahms (1833–97) im Laufe seines Komponistenlebens hatte erklingen lassen, kam mit den *Vier ernsten Gesängen* der eigentliche Abschied. Noch einmal griff Brahms auf Texte der Bibel zurück; er hatte das einige Male getan, nicht nur im *Deutschen Requiem* (UA 1868), auch das *Triumphlied* (1872), dem frisch gekürten deutschen Kaiser Wilhelm I. gewidmet, komponierte er auf Texte der Heiligen Schrift, und zwar auf Verse der Offenbarung des Johannes. Man könnte von Blasphemie sprechen, wüßte man nicht, daß ein solcher Gedanke Brahms völlig fernlag und wäre nicht längst aller Ballast eines falschverstandenen Patriotismus abgefallen von einem außerordentlichen Werk für Doppelchor und Orchester mit Baritonsolo. Niemand denkt beim herrlichen »Und ich sah den Himmel aufgetan« an den Sieg über den »Erbfeind«. Brahms' Neigung zu Bibeltexten hatte nichts mit einem Glauben an einen persönlichen Gott zu tun. Brahms ist sicher als Agnostiker anzusehen, wenn der spröde Mann sich auch nur selten und dann einsilbig über seine Überzeugungen hören ließ. »In meinen Tönen spreche ich«, hat er gesagt, und die sprechen oft genug von Einsamkeit und Tod. Etwas Heroisches ist aus der Brahmsschen Menschensicht nicht wegzudenken. Wie gefielen ihm die bildnerischen Phantasien eines Max Klinger, die den Menschen stark und zugleich preisgegeben darstellten!

Die *Vier ernsten Gesänge* sind ein singuläres Werk der Musikgeschichte, von einer kaum dagewesenen Unablenkbarkeit des konzentrierten Ernstes. Stoisch hebt der erste Gesang an: »Denn es gehet dem Menschen wie dem Vieh . . .«, und steigt auf zu großer Erregung. Hart trifft die Frage des Wohin. Darauf kommt die Antwort, die Brahms im *Requiem* schon hat anklingen lassen und die in der Hinwendung zu den Lebenden liegt. »Erlösung durch Diziplin« hat Hans Gal als Brahmssches Prinzip genannt. Und so schließt der erste Gesang mit einem Bekenntnis zur Arbeit: »Darum sahe ich, daß nichts bess'res ist, / denn daß der Mensch fröhlich sei in seiner Arbeit; / denn das ist sein Teil.« Musikalisch setzt der Ton des Stoischen wieder ein. Dem Leid der Lebenden folgt die Lobpreisung der Toten und

Clara Schumann (1819–96), Klaviervirtuosin und Komponistin. Sie überlebte ihren Ehemann Robert Schumann um vierzig Jahre. Für Johannes Brahms der sie als Zwanzigjähriger leidenschaftlich geliebt hatte, blieb sie eine lebenslange Freundin. Als Pianistin tat sie viel für die Durchsetzung seiner Werke in der musikalischen Welt.

Ungeborenen. Das Grave des dritten Gesangs bringt schmerzerfüllt die Klage: »O Tod, o Tod, wie bitter bist du«, hält aber auch den Trost schon bereit: »O Tod, wie wohl tust du dem Dürftigen, / der da schwach und alt ist.«

Der vierte Satz nun hebt, ohne einen Millimeter des Ernstes preiszugeben, der die Musik erfüllt, die Bitterkeit auf. Es ist zugleich der textliche Umschwung vom Alten zum Neuen Testament, der die aufsteigende Melodie inspiriert mit der Essenz der Botschaft aus dem 1. Korinther-Brief: »Wenn ich mit Menschen- und mit Engelszungen redete und hätte der Liebe nicht . . . so wäre mir's nichts nütze.«

Das Werk des »Komponisten der absteigenden Melodie« endet, soweit er die Herausgabe noch selbst in der Hand hatte, mit sanftem Trost, einer zum Wort »Liebe« hinaufgestiegenen Singstimme. Dieser letzte Gesang soll ursprünglich einem anderen Werk als Abschluß zugedacht gewesen sein, einer Sinfonie-Kantate, die Brahms zum Gedächtnis der von ihm sehr geliebten Elisabet von Herzogenberg, die 1892 gestorben war, geplant hatte. Aber auch damals, 1892, gab es bereits den Plan zu den *Vier ernsten Gesängen*. Brahms umging es meist, sie beim Namen zu nennen, so wie man den Tod selbst nicht gern beim Namen nennt. Er sprach von »Liedchen«, von »Schnadahüpfeln«, fügte seinem Verleger Karl Simrock gegenüber jedoch hinzu, daß sie nicht gerade Spaß seien, »im Gegenteil, sie sind verflucht ernsthaft und dabei so gottlos, daß die Polizei sie verbieten könnte – wenn die Worte nicht alle in der Bibel ständen«. Auch das klingt sehr nach Camouflage des eigenen unheimlichen Empfindens und der eigenen Empfindsamkeit.

Brahms hat die Form des Klavierlieds gewählt, in dem er einer der unbestrittenen Meister der ganzen Musikgeschichte war, um ganz zum Schluß zu sagen, daß es in seiner Musik nicht einzig um die »Zungen« der Form ging, sondern um einen Inhalt, der stets etwas mit Glaube, Liebe, Hoffnung, »diesen dreien«, zu tun hatte. War der Glaube erschüttert, die Hoffnung enttäuscht, blieb die Liebe.

Die Zueignung des Werkes an Max Klinger kann als freundschaftliche Geste verstanden werden. Einen direkten Adressaten haben die *Vier ernsten Gesänge* nicht. Mehrere geliebte Menschen um Brahms waren seit 1892 gestorben, und der Komponist dachte gewiß auch an seinen eigenen Tod. Zu fragen bleibt aber auch, ob ihm nicht zugleich das Ende einer langen Entwicklung in Kunst und Kultur vor Augen stand. Er hatte sich oft als der Letzte einer Epoche der Musikgeschichte gesehen. Auch dem jungen Gustav Mahler sprach er davon, als die beiden, wie Richard Specht in seinem Brahms-Buch erzählt, in Bad Ischl an der Traun spazierengingen. »Da faßte Mahler plötzlich seinen Arm und wies mit der anderen Hand lebhaft ins Wasser hinunter: ›Sehen Sie doch, Herr Doktor, sehen Sie doch!‹ – ›Was denn‹, fragte Brahms. ›Sehen Sie doch – dort fließt die letzte Welle.‹ Worauf Brahms brummte: ›Das ist ja recht schön – aber vielleicht kommt es doch auch darauf an, ob sich die Welle ins Meer ergießt oder in einen Sumpf.‹« Das klingt zwar anekdotisch, ist aber ganz und gar ernst gemeint und gehört zu Brahms' Trauer darüber, keine Nachfolge zu sehen. »O Tod, wie bitter bist du.«

Hans A. Neunzig

»Nun noch eins. Wenn Ihnen nächstens ein Heft ›ernsthafte Gesänge‹ zukommt, so mißverstehen Sie die Sendung nicht. (. . .)

Ich schrieb sie in der ersten Maiwoche; ähnliche Worte beschäftigen mich oft, schlimmere Nachrichten von Ihrer Mutter meinte ich nicht erwarten zu müssen – aber tief innen im Menschen spricht und treibt oft etwas, uns fast unbewußt, und das mag wohl bisweilen als Gedicht oder Musik ertönen. Durchspielen können Sie die Gesänge nicht, weil die Worte Ihnen jetzt zu ergreifend wären. Aber ich bitte, sie als eigentliches Totenopfer für ihre geliebte Mutter anzusehen und hinzulegen. (. . .)

Seien Sie alle recht von Herzen gegrüßt. Ihr ganz ergebener J. Brahms.«

Johannes Brahms schrieb diesen Brief am 7. Juli 1896 an Marie Schumann, die Tochter der am 10. Mai gestorbenen Clara Schumann.

GUSTAV MAHLER

Lieder eines fahrenden Gesellen
1896 Berlin

»Meine Wegtafeln: Ich habe einen Zyklus Lieder geschrieben, vorderhand sechs, die alle ihr gewidmet sind. Sie kennt sie nicht. Was können sie ihr anderes sagen, als was sie weiß. Das Schlußlied will ich mitschicken, obwohl die dürftigen Worte nicht einmal einen kleinen Teil geben können. – Die Lieder sind so zusammengedacht, als ob ein fahrender Gesell, der ein Schicksal gehabt, nun in die Welt hinauszieht, und so vor sich hin wandert.«
Gustav Mahler in einem Brief an seinen Freund Friedrich Löhr vom 1. Januar 1885 aus Kassel. Gewidmet waren die Lieder Johanna Richter, einer Sängerin am Kasseler Theater. In: Gustav Mahler. Briefe. Hg. Herta Blaukopf, Wien 1982.

Gustav Mahler (1860–1911) war – alles in allem – ein erfolgreicher Komponist. Seine Werke wurden gedruckt und aufgeführt, bewundert und gescholten, er selbst wurde vergöttert und gehaßt. Wenn Mahler später einmal sagte, er schreibe seine Lieder »so nebenher«, hat dies entstehungsgeschichtlich seine Berechtigung: Jeder der vier Sinfoniegruppen (*Erste bis Vierte; Fünfte bis Siebte; Achte, Neunte, Lied von der Erde*) entspricht ein bestimmter Liedkreis. Das Lied wird zum Bindeglied »zwischen der objektiven, das bloße Individuum hinter sich zurücklassenden . . . Idee der Symphonie und dem subjektiven Impuls« (Adorno).

In den Jahren 1883 bis 1885 – Mahler war Zweiter Kapellmeister in Kassel – entstanden die *Lieder eines fahrenden Gesellen* für Singstimme mit großem Orchester. Die These, er habe die Texte selbst geschrieben, haben schon Siegfried Günther und Paul Stefan 1920 und 1921 widerlegt: Es finden sich deutlich Spuren, die auf die Sammlung *Des Knaben Wunderhorn* (1806) verweisen. Für Mahler muß nicht der Text Ausgangspunkt der Inspiration sein – also ein Lied auch nicht primär als Vertonung eines Gedichts aufgefaßt werden. Das Gedicht ist vielmehr selbst Darstellungsmittel des (nicht ausschließlich musikalischen) Inhalts. Es erscheint so durchaus verständlich, daß Mahler die Texte, der jeweiligen kompositorischen Situation entsprechend, verändert, also etwa Worte wiederholt, Verse erweitert oder umstellt, ja sogar den einen oder anderen Vers wegläßt. Die Lieder sind musikalische Charakterstücke mit gesungenem Text.

Die Briefe, die Mahler an seinen Freund Fritz Löhr schrieb, lassen erkennen, daß der Komponist in eine unglückliche Liebe verstrickt war: »Casseler Liebesdinge haben ihren überschwenglichen Verlauf zu nehmen begonnen, sie haben dort die junge stürmische Seele nicht mehr aus ihrem Banne entlassen.«

Der ursprünglich aus sechs Liedern bestehende Zyklus ist uns heute in einer später entstandenen vierteiligen Fassung bekannt, die 1896 in Berlin zum ersten Mal aufgeführt wurde. Der Text ist – wie die Musik – im »Volkston« gehalten und beklagt das Schicksal des Liebenden, der seinen »Schatz« an einen anderen verloren hat. Der »fahrende Gesell« ist der

Nachfahre von Schuberts »Wanderer«, der schließlich in bittere Resignation verfällt. Mahler schließt seinen Zyklus versöhnlicher, führt seinen Schmerz in Traum hinüber. Wie der sprachliche Ausdruck zwischen tiefstem Leid und Tröstung durch die Natur schwankt, ist die akkordische Grundstimmung immer zwischen Moll und Dur gehalten. Dem Schmerz (»Wenn mein Schatz Hochzeit macht«) sucht sich der Gesell durch die Flucht in die Natur (»Ging heut' morgen übers Feld, Tau noch auf den Gräsern hing . . .«) zu entziehen. Doch wird er gleich daran erinnert, daß sein Glück ihm »nimmer blühen kann«. Der verzweifelte Ausbruch von »Ich hab' ein glühend Messer« endet mit dem Aufschrei: »Ich wollt', ich läg' auf der schwarzen Bahr', könnt' nimmer, nimmer die Augen aufmachen!« Das letzte Lied tröstet mit einer Weise im Volkston: »Auf der Straße stand ein Lindenbaum, da hab' ich zum ersten Mal im Schlaf geruht! Unter dem Lindenbaum, der hat seine Blüten über mich geschneit, da wußt' ich nicht, wie das Leben tut, war alles, alles wieder gut! Alles! Alles! Lieb' und Leid! Und Welt und Traum!« – »Schlicht! Nicht sentimental!« lautet die Eintragung in die Partitur. Mahler hält an zwei Themen fest, die er

Titelseiten: Clemens Brentano und Achim von Arnim: *Des Knaben Wunderhorn.* Erstausgabe des ersten Teils von 1806.
Gustav Mahler: *Lieder eines fahrenden Gesellen.* Erstausgabe 1897.

auch für eine in Kassel geplante Sinfonie (die *Erste*) verwendet. Das Lied in D-Dur »Ging heut' morgen übers Feld« findet sich im ersten Satz. »Auf der Straße stand ein Lindenbaum« wird zum Thema im dritten Satz. Mahlers Lieder zeigen bereits seine Instrumentationskunst, seinen Sinn für farbigen Orchesterklang. Der auffallende Wechsel der Tongeschlechter (auch hier eine Parallele zu Schubert) weist weit in sein künftiges Schaffen. Daß der für Mahlers Empfinden fest umrissene gedankliche Inhalt auch in der Instrumentalsinfonie gewahrt bleibt, deutet auf des Komponisten Absicht hin, als Schöpfer absoluter Musik verstanden zu werden.

Arnold Schönberg bearbeitete Mahlers orchestrale Fassung des Zyklus *Lieder eines fahrenden Gesellen* für ein Ensemble von nur 10 Instrumentalsolisten, um das Werk am 6. Februar 1920 in einem Konzert seines Vereins für musikalische Privataufführungen vorzustellen. *Sigrid Wiesmann*

GIACOMO PUCCINI

La Bohème
1896 Turin

Nur sechs Jahre nach der Geburt des Verismo mit der Uraufführung der *Cavalleria rusticana* von Pietro Mascagni 1890 gelingt dessen Freund und Studienkollegen Giacomo Puccini (1858–1924) mit der am 1. Februar 1896 am Teatro Regio in Turin erscheinenden *Bohème* ein Werk, das wohl vom Sujet her gänzlich dem neuen naturalistischen Stil angehört, musikalisch jedoch bereits weit über ihn hinausweist und ihn förmlich überwindet.

Genau drei Jahre zuvor, am 1. Februar 1893, acht Tage vor der Uraufführung von Giuseppe Verdis letzter Oper *Falstaff* – so knapp überschneiden einander die Stile und Epochen! – hatte Puccini mit *Manon Lescaut* seinen ersten großen und zugleich fast einzig unbestrittenen Operntriumph gefeiert und war dadurch über Nacht zum führenden Komponisten Italiens avanciert. Noch im selben Jahr begann er mit der Vertonung der *Scènes de la vie de bohème* des französischen Malers, Journalisten und Schriftstellers Henri Murger (1822–61).

Giacomo Puccini: *La Bohème*. Ausschnitt aus dem Autograph der Partitur.

Puccini und seine Librettisten Giuseppe Giacosa (1847–1906) und Luigi Illica (1857–1919) entwarfen ein stimmiges und geistvolles Textbuch, das nur einzelne Episoden des umfangreichen Romans verwertete und in der Gestalt der Mimi die Züge mehrerer Romanfiguren vereinigte. Dazu komponierte Puccini eine vom Impressionismus beeinflußte Musik, die es zuwegebringt, das französische Flair der Vorlage aufzunehmen und wiederzugeben. Waren die französischen Literaturgestalten der Manon und des Chévalier des Grieux in Puccinis Vertonung noch ein durchaus »italienisches« Liebespaar, so sind Mimi, Musette, Rudolf und seine Freunde schon unverkennbare Pariser. Claude Debussy, oft strenger Kritiker seiner komponierenden Kollegen, urteilte vorbehaltlos, er wisse von keinem, der das Paris jener Zeit so gut beschrieben habe, wie Puccini in *Bohème*.

Willst du die volle Wahrheit wissen? Die Geburtsstunde war an einem Regentag, als ich nichts zu tun hatte und mich daran machte, ein Buch zu lesen, das ich nicht kannte. Der Titel lautete »Scènes de la vie de Bohème«, der Autor hieß Henry Murger. Das Buch nahm mich mit einem Schlag gefangen. In jener Umgebung von Studenten und Künstlern fühlte ich mich sofort zu Hause. Ich brauchte Episoden aus dem Gefühlsleben, die zu Herzen gehen. Und dann Gesang. In dem Buch von Murger war alles, was ich suche und liebe: die Frische, die Jugend, die Leidenschaft, die Fröhlichkeit, die schweigend vergossenen Tränen, die Liebe mit ihren Freuden und Leiden.
Giacomo Puccini in der Biographie von Arnoldo Fraccaroli. Leipzig 1926.

Augenfällig ist die Vorherrschaft der Melodie, die selbst in kurzen Passagen und bei den brillant gestalteten, hörbar Verdis *Falstaff* abgelauschten Konversationsszenen stets durchhörbar bleibt und sich in den ausschwingenden Solostellen Mimis und Rudolfs mit scheinbar selbstverständlicher Natürlichkeit zu den lyrischen Höhepunkten hin entwickelt. Neuartige Klangfarben ergeben sich aus der Verwendung übermäßiger Dreiklänge und paralleler Quinten. Seine Ensemblekunst zeigt Puccini im Quartett des dritten Aktes, wenn die Stimmen der verschieden charakterisierten Paare zu einem kunstvollen, stets transparent bleibenden Gewebe vereinigt werden. Meisterlich ist auch die Anwendung des abrupten musikalischen Szenenwechsels, wenn etwa das Musette-Ensemble des zweiten Aktes übergangslos und mit plötzlichem Taktwechsel in den Soldatenmarsch übergeht oder der ausgelassene Streit der Freunde im vierten Akt durch den unvermittelten Eintritt Musettes mit der todkranken Mimi jäh unterbrochen wird. Den beiden Hauptgestalten Rudolf und Mimi sind leitmotivartige Themen zugeordnet, darüber hinaus arbeitet Puccini mit dem Fortschreiten der Handlung zunehmend mit Erinnerungsmotiven. Insbesondere der letzte Aufzug ist zum größten Teil aus dem thematischen Material der vorangegangenen Akte aufgebaut. Die Grundhaltung der Oper ist trotz unleugbarer dramatischer Momente lyrisch; Puccini sagt dazu selbst, daß es in diesem Werk so viel Gesang und Melodie geben solle wie nur möglich.

Während der Kompositionsarbeit schuf sich Puccini eine Atmosphäre, die der in der Mansarde der vier Bohemiens sehr ähnlich ist: Es wurde geraucht, getrunken und diskutiert; daneben entstand scheinbar zwanglos die Musik. Nur die beiden Textdichter, der improvisatorische Draufgänger

Giacomo Puccini in der Zeit zwischen »La Bohème« und »Tosca«.

Illica, dem die Ideen zuflogen, und der für Maß und Ordnung sorgende Giacosa konnten das Ende der Arbeit kaum erwarten. Stets verlangte der kritische Komponist, der wohl am besten sein eigener Librettist gewesen wäre, Änderungen; bis zu fünfmal mußte manche Passage neu geschrieben werden. Am 10. November 1895 beendete Puccini seine Partitur mit dem Bemerken, er habe das Gefühl, eines seiner Geschöpfe sterben gesehen zu haben. Einen Monat später, am 10. Dezember, wurde die Fertigstellung der Oper mit einem der »Vie de Bohème« würdigen Champagnergelage gefeiert.

Die Uraufführung unter Arturo Toscanini in Turin wurde einigermaßen freundlich, aber nicht enthusiastisch aufgenommen. Unverständlich erscheint aus heutiger Sicht die Reaktion der Presse: Carlo Bersezio in *La Stampa* verstieg sich zu der Prophezeihung, das Werk werde in der Operngeschichte keine sichtbare Spur hinterlassen. Die *Gazetta del Popolo* sprach von den »beklagenswerten Niederungen dieser *Bohème*« und Eduard Hanslick fällte in der Wiener *Neuen Freien Presse* eines seiner markanten Fehlurteile: »Die unmotivierte Anwendung des Häßlichen, bloß, weil es häßlich ist . . . je prosaischer, je realistischer, je unsauberer, desto besser . . .«.

Das Publikum war sogleich anderer Meinung. Es stürmte die Vorstellungen, so daß das Teatro Regio das Programm ändern und im ersten Monat anstatt acht geplanter Vorstellungen, *Bohème* vierundzwanzigmal ansetzen mußte. Im April 1896 erzwag in Palermo das Auditorium die Wiederholung der ganzen Schlußszene. Noch im Dezember 1896 wurde die Oper in Buenos Aires aufgeführt, kurz darauf war sie eines der meistgespielten Werke der Welt. *Dieter Zöchling*

ARNOLD SCHÖNBERG

Verklärte Nacht op. 4
1899 Wien

Über das Altern der Neuen Musik ist so viel gesagt und geschrieben worden, daß das Reden darüber selbst schon antiquarischen Charakter angenommen hat. Dennoch: Auch beim Hören der Werke eines musikalischen Revolutionärs vom Range Arnold Schönbergs (1874–1951) läßt sich heute kaum mehr jenes Maß an Aufruhr verstehen, das die öffentliche Präsentation seines Œuvres von Anfang an begleitet hat. Ein Werk wie das Streichsextett *Verklärte Nacht* von 1899, das Schönberg später zweimal für Streichorchester einrichtete (1917/1943), ließe sich da geradezu von seinen Apologeten als klingendes Beweismaterial dafür präsentieren, wie wenig die Wendung zur Atonalität einer sinnlichen Klangsprache im Wege stand. Die betörend aufblühenden melodischen Linien, die Virtuosität im Umgang mit dem Instrumentalkörper und den orchestralen Farben, die reiche, ohne alle Gewaltakte sich entwickelnde Harmonik demonstrierte auf überzeugende Weise Schönbergs Verbindung zur musikalischen Tradition des 18. und 19. Jahrhunderts mit den prägenden Fixsternen Bach, Brahms und Wagner. Da läßt sich sogar bis zu einem gewissen Grad der leise Vorwurf Manfred Gräters aus dem Jahr 1955 verstehen, dieses Werk sei »die Schöpfung eines von Wagner im allgemeinen, von *Tristan* im besonderen vergifteten jungen Mannes«. Die Dichtung eines Detlev von Li-

liencron oder Hugo von Hofmannsthal, die Kunst des Jugendstils ganz allgemein, aber auch Werke von Gustav Mahler traf eine ähnliche, von Adjektiven wie neurotisch, übersteigert, hypertroph, ekstatisch, triebhaft (bisweilen auch pathologisch) untermauerte kritische Einschätzung, für die Paul Becker – die tönende Kunst betreffend – den Terminus »physiologische Musik« erfand. Schönberg selbst hat sich mit einer Bemerkung in die Nähe solcher Beurteilung begeben: Die emotionale Qualität von Richard Dehmels Gedicht aus dem Band *Weib und Welt*, das später in den Roman *Zwei Menschen* aufgenommen wurde, habe ihn dazu angeregt, in sei-

»Die Familie Schönberg«, gemalt 1905/06 von Richard Gerstl (1883–1908), Maler eines symbolisch-expressionistischen Stils.

Musik ist eine Gleichzeitigkeit und Aufeinanderfolge von Tönen und Tonkombinationen, die so angeordnet sind, daß ihre Wirkung auf das Ohr angenehm und ihre Wirkung auf das Wahrnehmungsvermögen verständlich ist, so zwar, daß diese Eindrücke okkulte Teile unserer Gefühlssphäre zu beeinflussen vermögen, und daß dieser Einfluß uns in einem Traumland erfüllter Wünsche leben läßt, oder in einer geträumten Hölle von . . . usw. usw. Was ist Wasser?

H_2O; und wir können es trinken; und wir können uns damit waschen; und es ist durchsichtig; und hat keine Farbe; und wir können es zum Schwimmen benützen und zur Schiffahrt; und es treibt Mühlen . . . usw. usw.
Arnold Schönberg
New York. April 1934.

nem Werk *Verklärte Nacht* in ähnlicher Weise Naturstimmungen auszulösen und menschliche Gefühle auszudrücken. Gleichwohl sind Übertragungen von literarischen Inhalten – hier die zum Symbolismus neigende Thematik einer mystifizierten Erotik – auf musikalische Ausdrucksweisen stets problematisch gewesen. Und Arnold Schönberg tut gut daran, sein Werk zwar als Programmusik einzuordnen, zugleich aber sich partiell wieder davon zu distanzieren: »Meine Komposition besitzt Qualitäten, die auch dann befriedigen können, wenn man nicht weiß, was sie illustrieren soll. Oder mit anderen Worten: Sie bietet die Möglichkeit, als absolute Musik gewürdigt zu werden. So mag sie das Gedicht vergessen machen, das viele heute eher als abstoßend bezeichnen würden.« In *Style and Idea* schrieb der Komponist darüber hinaus: »Bei aller Musik, die nach Dichtung entstanden ist, ist die Exaktheit der Reproduktion für die künstlerische Qualität so irrelevant wie die Ähnlichkeit eines gemalten Portraits zu seinem Modell.«

In Schönbergs *Verklärter Nacht* stellt Richard Dehmels Gedicht somit zwar nicht unbedingt den Inhalt, wohl aber die Voraussetzung für die Musik dar. Ästhetisch sind die als initiale Anregung zu verstehenden Verse eher zweitrangig, selbst wenn ihre Form auch die musikalische Gestaltung geprägt hat. Die Rondoform des Gedichts, also an sich schon eine aus dem musikalischen Strukturenkatalog stammende Gestaltung, spiegelt sich in Schönbergs klanglichem Prinzip der »entwickelnden Variation«, die auch dieses Werk bestimmt. Gerade weil das Streichsextett *Verklärte Nacht* von Arnold Schönberg eine geschlossene Form besitzt, die in sich organisch wirkt und lediglich von außen noch einmal bestätigt wird, widerspricht es – wie Carl Dahlhaus prägnant formulierte – dem gängigen Vorurteil über Programmusik, die nichts als ein Versuch sei, brüchige musikalische Formen außermusikalisch zu rechtfertigen und durch literarische Verknüpfungen einen Zusammenhang herzustellen oder vorzutäuschen, der nicht besteht.

Wolfgang Sandner

JEAN SIBELIUS

Finlandia op. 26
1899 Helsinki

In seiner monumentalen Biographie über den Komponisten Jean Sibelius (1865–1957) streift der Historiker Erik Tawaststjerna auch die musikalische Vorgeschichte Finnlands. Er erwähnt dort beiläufig den Komponisten Aksel Ingelius, der als erster Finne Mitte des 19. Jahrhunderts eine Sinfonie geschrieben hatte. Ingelius sei eine tragische, hoffmanneske Figur gewesen, und sein Tod – er erfror in einer Schneewehe – könne geradezu als Symbol dienen für die unwirtlichen Bedingungen, mit denen die finnische Musik im Konzert der Völker rechnen mußte. In der Tat hatte die Musik des Landes, wenn man will skandinavische Musik überhaupt, nie einen leichten Stand gehabt: nicht nur – sozusagen witterungsbedingt – in der eigenen Region, sondern vor allem im kulturellen Reizklima Zentraleuropas. 300 Jahre schwedische Vorherrschaft und 150 Jahre politische Abhängigkeit vom zaristischen Rußland verhinderten in Finnland darüberhinaus die Entwicklung einer charakteristischen eigenen Tonsprache. Erst die nationalistische Bewegung Ende des 19. Jahrhunderts und der aufkeimende Unmut gegen die kulturelle, wirtschaftliche und politische Bevormundung durch das nahe St. Petersburg zu Beginn unseres Jahrhunderts ließen genuin finnische Kompositionen entstehen. Sie waren vielfach vom Nationalepos der Finnen inspiriert worden, jener von dem Schriftsteller Elias Lönnrot unter der Bezeichnung *Kalevala* im 19. Jahrhundert edierten Sammlung mittelalterlicher und neuzeitlicher Volksliеddichtungen um die drei Helden Väinämöinen, Ilmarinen und Lemminkäinen.

Auch der bedeutendste Sinfoniker Skandinaviens, Jean Sibelius, hat seinen Ruf als Vaterfigur der modernen finnischen Musik zunächst mit einigen patriotischen Werken errungen. Sie machten ihn zwar auch über die Grenzen des Landes hinaus bekannt, erschwerten aber in späteren Jahren – wegen ihres Charakters als zeitgebundene Genreszenen – ihrem Komponisten den Weg zu anspruchsvolleren oder sich so dünkenden musikalischen Zirkeln. Sibelius selbst hegte Zweifel, ob Werke wie *Valse triste* (1903), *Finlandia* oder die *Karelia-Suite* (1893) neben den sinfonischen Dichtungen eines Richard Strauss beispielsweise würden bestehen können. Seine Kritiker aber warfen ihm etwas ganz anderes vor. Sie bemängelten etwa die Verwendung der Nationalhymne von Pacius im Schlußteil der *Karelia-Suite.* Sibelius, so die Anfeindungen, habe hier gewissermaßen kompositorische Schwäche mit patriotischer Gesinnung kaschiert. Was seine meist politisch motivierten Gegner aber auch immer sagen mochten, gerade mit Werken wie *Finlandia* oder der *Karelia-Suite,* in denen die Volksmusik des Landes und ein spezifischer Volkston prägenden Einfluß ausübten, wurde Sibelius zum Begründer einer nationalen finnischen Musik. Freilich wüßte man gerade über diese Phase seines Schaffens mehr, hätte der hypersensible »Schweiger von Ainola« nicht viele seiner Frühwerke der Öffentlichkeit vorenthalten und später vernichtet.

Warum Sibelius in den letzten 30 Jahren seines Lebens so gut wie keine Partitur mehr vollendete, darüber ist viel spekuliert worden. Neben persönlichen Zweifeln mögen auch die Ahnungen eines Künstlers dafür ausschlaggebend gewesen sein, der als ein mit seinem sinfonischem Schaffen tief im 19. Jahrhundert wurzelnder Komponist wohl spürte, wie viel ihn von den Werken eines Schönberg (1874–1951) oder Webern (1883–1945), aber auch von Strawinsky (1882–1971) und Bartók (1881–1945) trennte. Seit einigen Jahren, da man nicht mehr so hypnotisiert auf den sogenannten Fortschritt in der Musik starrt, vielmehr die individuellen Kunstäußerungen respektiert, scheint man auch in Mitteleuropa dem Œuvre von Jean Sibelius vorurteilsfreier zu begegnen. In seiner Heimat aber gehörte eine Komposition wie die Tondichtung *Finlandia* schon immer zu den nationalen Reliquien. Sibelius schrieb das Werk für eine vorgebliche Wohltätigkeitsveranstaltung in Helsinki, die in Wirklichkeit eine politische und kulturelle Demonstration gegen die russische Herrschaft unter Zar Nikolaus II. darstellte. *Finlandia* wurde verboten und konnte erst später, nach einer Umarbeitung durch den Komponisten, wieder aufgeführt werden. In der ursprünglichen Fassung war die Tondichtung gedacht als Finaltableau der *Karelia*-Musik, einem achtteiligen Zyklus zu Szenen aus der Geschichte der finnischen Provinz Karelien, den Sibelius später zur *Karelia-Suite* komprimierte. Den revolutionären Gestus der Tondichtung *Finlandia* wird man heute kaum mehr spüren und auch kaum mehr interpretierend nahe bringen können. Mit seinen Blechbläserattacken und tiefen Streichergrundierungen, einer sich geradezu manisch-depressiv gebenden Orchestersprache, scheint *Finlandia* aber nicht nur charakteristisch für die Ästhetik von Jean Sibelius zu sein, sondern auch – mit allen Vorbehalten, die solchen Übertragungen anhaften – für eine nationale Kunst Finnlands.

Wolfgang Sandner

Der 29jährige Jan Sibelius. Aquarell von Axel Gallen-Kallela (1865–1931) aus dem Jahr 1894. Zwei Jahre zuvor hatte Sibelius sein erstes Konzert mit eigenen Werken gegeben und sich dabei mit der sinfonischen Dichtung *Kullervo* als Erneuerer und Bewahrer einer finnischen Nationalmusik empfohlen.

GIACOMO PUCCINI

Tosca
1900 Rom

Bei der Vertonung von Victorien Sardous Drama aus dem Jahre 1887 zeigt sich Giacomo Puccini (1858–1924) unter grundsätzlicher Beibehaltung seines persönlichen Stils gegenüber seinen bisherigen Erfolgswerken von einer neuen Seite: Die krasse Darstellung des Brutalen, das der Oper streckenweise den Charakter einer musikalischen Kriminalstory verleiht, weist auf den Einfluß des Verismo hin, wogegen die tragisch-heroischen Züge aller drei Hauptfiguren als letzte Erscheinungen der Grand Opéra des frühen und mittleren 19. Jahrhunderts gelten können. Diese konträren Komponenten in Verbindung mit Puccinis klanglich neuartiger Partitur ergeben ein Werk besonderer Art, in dem sich lyrisch Gesangliches, auf die Spitze getriebene Dramatik und psychologische Charakterzeichnung vereinen.

Die Idee, den *Tosca*-Stoff musikalisch zu bearbeiten, stammt schon aus der Zeit der Arbeit an *Manon Lescaut,* als Puccini im Januar 1889 im Mailänder Teatro Filodrammatici das Drama des populären französischen Autors Sardou (1831–1908) mit Sarah Bernhardt in der Titelrolle gesehen hatte. Doch erst Jahre später, anläßlich der triumphalen Pariser Erstaufführung der *Bohème,* lernte er den Dichter persönlich kennen, der sich geehrt fühlte, daß ein jüngerer italienischer Komponist von Weltruf eines seiner Stücke vertonen wollte.

Wie stets griff Puccini auch bei *Tosca* vehement in die Arbeit seiner Librettisten Illica und Giacosa ein, suchte Längen auszumerzen, und erwies sich selbst als instinktsicherer Textdichter, als er einen weitschweifigen »lateinischen Hymnus«, den Cavaradossi nach den Vorstellungen Illicas im dritten Akt vor seiner Hinrichtung singen sollte, um vor dem Tod noch einmal seine Kunst und seinen Patriotismus zu preisen, strich und die wenigen hingeworfenen Sätze zu Papier brachte, aus denen bald danach die berühmteste Arie der Oper, »E lucevan le stelle«, entstand.

Das Drama spielt vor einem historischen Hintergrund: Am 25. Januar 1799 hatten die Franzosen unter General Championet König Ferdinand IV. von Neapel aus Rom verjagt, der jedoch noch im selben Jahr mit Hilfe seiner österreichischen Beziehungen – er war mit einer Tochter Maria The-

Das Jugendstilplakat zu Puccinis *Tosca* entwarf der Bühnenbildner der *Tosca*-Uraufführung, Adolfo Hohenstein, im Jahr 1899. Als Motiv verwendete er die Szene aus dem zweiten Akt der Oper, in der Tosca dem von ihr ermordeten Scarpia ein Kruzifixus auf die Brust legt.

In dieser Oper wird zu folgenden angenehmen Ereignissen Musik gemacht: zu einer Folterung, zu einem Morde, zur Aufbahrung des Ermordeten durch die Täterin, zu einer Hinrichtung mittels Erschießens, schließlich zum Todessprunge der Heldin in die Tiefe. Puccini hat diese Idylle von demselben Sardou bezogen, der Giordanos »Fedora« geliefert hat. Darf man sich bei jungitalienischen Komponisten, die stärkste Theaterwirkung suchen, über diese Hinneigung zu Sardou, zum französischen Effektstück überhaupt, wundern? Sie ist nicht ohne Vorgang in Italien; auch den jungen Verdi zog es zu Viktor Hugo, wie zu Dumas, zum romantischen Schauerdrama, wie zum modernen Gegenwartsstück. Schon im Jahre 1853 begehrte er, wie ein Brief aufzeigt, von seinem Textdichter »gewagte Bühnenhandlungen, gewagt bis zum Äußersten, mit neuen Formen«.
Julius Korngold über Tosca in: Die romantische Oper. Wien 1922.

resias verheiratet – die Franzosen besiegen und die Monarchie restaurieren konnte, wobei im Kirchenstaat ein königlicher Gouverneur eingesetzt wurde. Der Polizeichef Scarpia repräsentiert demgemäß die monarchistische Gewaltherrschaft, wogegen Cavaradossi als aufklärerischer, fanatischer Republikaner schon durch seine Kleidung – blauer Frack, gelbe Weste – charakterisiert wird. Tosca ist eine aus kleinen Verhältnissen stammende, im Kloster erzogene, dementsprechend fromme, dabei temperamentvolle und eifersüchtige Person ohne ausgeprägte politische Anschauungen. Das historische Geschehen des 14. Juni 1800, die Niederlage der monarchistischen Truppen unter General Melas gegen Napoleon in der Schlacht von Marengo, wird geschickt mit der dramatische Handlung verwoben.

Der Großflächigkeit und Dramatik des Geschehens entsprechend, schrieb Puccini eine Partitur der umfassenden melodischen Linien, der Dissonanzen und der markanten, oft scharfkantigen Motive. Der eigenartige Klang der Ganztonleiter bestimmt die Figur des Scarpia, dessen B-As-E-Dur-Akkordthema leit- und erinnerungsmotivisch eingesetzt wird. Wieder gibt es – wie in *La Bohème* – abrupte Übergänge wie etwa Scarpias ersten Auftritt während des Tanzes der Chorknaben; bisweilen scheut Puccini auch nicht vor der Anwendung des gesprochenen Wortes zur Effektsteigerung zurück, wie es in den Werken des Verismo üblich geworden war.

Vor dem Entwurf des »Te Deum« informierte sich der Komponist bei kirchlichen Instanzen, um das Finale des ersten Aktes auch liturgisch korrekt zu gestalten. Puccinis Satzkunst zeigt sich in vielen feinen Details, wie etwa in dem berühmten »Gebet« der Tosca, in dem die Singstimme durch das Liebesmotiv aus dem ersten Akt im Orchester geradezu kontrapunktiert wird. Impressionistisch wirkt der Beginn des dritten Aktes mit der tonmalerischen Schilderung des erwachenden Rom. Echte Lyrismen gibt es vor allem in den Duettszenen des ersten und dritten Aktes, wenn auch für große lyrische Ruhepunkte nach Art des *Bohème*-Quartetts im dritten Akt kein Raum bleibt. Doch ist Puccinis Vorliebe für das Melodische bei aller Dramatik nicht zu verkennen; selbst Scarpia sind trotz aller scharfen Charakterzeichnung mehrfach einzelne große Melodiebögen zugedacht. Wie mit einfachen Mitteln die Spannung ins nahezu Unerträgliche gesteigert werden kann, zeigt das ostinate Crescendo beim Aufmarsch des Exekutionskommandos bis zu der fast erlösenden Gewehrsalve, die das Ende der Oper einleitet.

Die Uraufführung der *Tosca* im römischen Teatro Costanzi am 14. Januar 1900 fand in einer Atmosphäre nervöser Spannung statt. Puccini hatte von Neidern Drohbriefe erhalten, und man kolportierte das Gerücht, im Theater werde eine Bombe explodieren. Ein weiterer Grund der Unruhe war die dem Opernstoff ähnliche politische Lage in Italien, die sieben Monate später zur Ermordung des Königs Umberto führen sollte. Kurz nach Beginn mußte die Premiere unterbrochen werden, weil lärmende Menschenmassen, die das Theater seit dem Vormittag umlagerten, in das Parkett drängten und der Dirigent Leopoldo Mugnone aus Furcht vor einem Attentat den Orchesterraum verließ. Schließlich aber kam es zu dem von Puccini fest erwarteten Erfolg: Beide Tenorarien, Toscas Gebet, das »Te Deum« und der Duettschluß des dritten Aktes mußten wiederholt werden, es gab 21 Hervorrufe. Die Presse beklagte das »abstoßende und grausame« Libretto und beschuldigte die Textdichter, Puccini durch die »einander ruhelos jagenden Wortfetzen« an der Entfaltung der Komposition gehindert zu haben, was Illica und Giacosa veranlaßte, sich zutiefst gekränkt »für immer« von Puccini zu trennen. Dies hinderte sie jedoch nicht, bei Puccinis nächstem Projekt *Madame Butterfly* (UA 1904) wieder zur Stelle zu sein.

Das letzte Wort sprach das Publikum. *Tosca* eroberte sofort alle Bühnen der Welt und wurde zu einem der letzten Marksteine der italienischen Operntradition. *Dieter Zöchling*

MAX REGER

Fantasie und Fuge
über den Namen B-A-C-H op. 46
1900 Wesel

Eines der berühmtesten und zugleich bekanntesten Orgelwerke Max Regers (1873–1916) ist die im Jahre 1900 komponierte *Fantasie und Fuge über den Namen B-A-C-H*, mit der der Mittzwanziger seinen unverwechselbaren Stil der klanglichen Extreme und der ins Überdimensionale gesteigerten Empfindungen am »Königin«-Instrument prägte. Wie der Name

Georges Braque (1882–1963): »Hommage à Bach« 1912.

sagt, huldigt Reger hier seinem großen Barock-Vorbild Johann Sebastian Bach, dessen Buchstaben den thematischen Kern, den Ausgangspunkt für ein klangkühnes »Fantasieren« sowie den ideellen Bezugspunkt aller kompositorischen Verschmelzungen und des thematischen Ineinandergreifens bilden. Regers Hommage an Bach, die einmal in dem berühmt gewordenen Zitat »B-A-C-H ist Anfang und Ende aller Musik« zum künstlerischen Wertbegriff schlechthin wurde, fand nunmehr auch in dem gewaltigen, alle klanglichen Register dieses Instruments auslotenden Orgelwerks den bekenntnishaft »akustischen« Niederschlag. Nur außergewöhnliche Organisten sind imstande, das schwierige Werk im Sinne des Komponisten »richtig« zu interpretieren.

Das sich durch das gesamte Opus wie ein roter Faden hindurchziehende Vier-Noten-Thema und die fast ins Uferlose reichenden Aneinanderreihungen zahlloser Verästelungen, die beim ersten Anhören widersprüchlich erscheinen, bilden das Gerüst der Komposition. Der fanfarenartige, in der Oberstimme erklingende Anfang mit dem B-A-C-H-Thema wird sogleich im Pedal mit motivähnlichen Figuren kontrapunktiert, wobei Auf- und Abwärtsbewegungen den Gesamtablauf ins Virtuose steigern. Verstärkt wird der Eindruck noch durch wagemutige Akkordballungen, durch Umkehrungen und Läufe über mehrere Manuale hinweg sowie durch bohrende Klangkeile in stellenweise extremer Lautstärke. Himmel und Hölle, die das gesamte Universum einschließen, scheinen hier zur klanglichen Kräftedemonstration geworden, mit der Max Reger in bis dahin unbekannte Ausdrucksmöglichkeiten der Orgelmusik vorstieß.

Das sich ohne Pause anschließende und ebenfalls auf dem B-A-C-H-Gedanken basierende Fugenthema läuft zunächst in ruhiger Bewegung dahin, während das in durchlaufenden Achtelnotationen einherschreitende Gegenthema (in der »Krebs«-Anordnung) ein markanteres Gesamtprofil zeigt. Aber bald türmt sich in einer chromatischen Steigerung, die schließlich in dröhnendes Fortissimo mündet, der thematische Grundgedanke auf, der diesem »Orgelwerk der Extreme« den krönenden Abschluß gibt.

Max Regers Orgelwerke lassen sich in drei »Generalgruppen« aufteilen: in die frei konzertierenden und choralgebundenen Kompositionen (Choralfantasien), zu denen auch die B-A-C-H-Fantasie zählt, weiterhin in die Suiten, Sonaten und Variationen für Orgel und schließlich in die nur schwer einzuordnenden Spätwerke (etwa ab 1912), von denen *Introduktion, Passacaglia und Fuge e-Moll op. 127* für die 1913 erfolgte Einweihung der neuen Orgel der Breslauer Jahrhunderthalle entstand.

Das Thema B-A-C-H steht symptomatisch für Regers Anknüpfen an Bach um die Zeit der Jahrhundertwende und an musikalische Traditionen überhaupt. Seine *Bach-Fantasie* wirkt, stellvertretend für sein Gesamtœuvre, wie ein Eckpfeiler der Musikgeschichte. *Jochen Rentsch*

SERGEJ RACHMANINOW

2. Klavierkonzert c-Moll
1901 Moskau

Der Russe Sergej Rachmaninow (1873–1943) ist einer jener Komponisten, denen diese Berufsbezeichnung von vielen sogenannten Fachspezialisten generell strittig gemacht wird. Nicht in Frage steht freilich Rachmaninows herausgehobene künstlerische Position. Der Jahrgangsgefährte Max Regers begann seine Laufbahn als glänzende, von Tschaikowski wohlwollend geförderte Jungbegabung in der Doppelfunktion als Pianist und Dirigent. Seine Komponistendebüts mit je einem Klavierkonzert, einer Oper, einem Klaviertrio und einer Sinfonie zwischen 1891 und 1895, also im Lebensalter von 18 bis 22 Jahren, vollzogen sich dann unter eher kühler Akklamation. Heute steht Rachmaninow vor uns in der kompletten Widersprüchlichkeit von nahezu totaler Ablehnung durch die Musikwissenschaft und enthusiasmierter Publikumszustimmung, die sich allerdings nur auf wenige Werktitel bezieht.

Einer von ihnen ist das *Zweite Klavierkonzert c-Moll.*

Wer sich heute zu Rachmaninow und seiner Musik bekennt, befindet sich zwischen allen Stühlen, begibt sich in ein Dilemma. Dabei kann nicht bezweifelt werden, daß diese Kunst in der breiten Stilpalette des ausgehenden 19. Jahrhunderts einen Standort beanspuchen darf. Dieser muß freilich analytisch erkundet werden; eine Mühe, der man sich bisher kaum unterzogen hat. Und das vor allem deshalb nicht, weil sich Rachmaninows Musik auch ohne weiteres kulinarisch rezipieren läßt. Das ist bequemer, wird der Situation nur in keiner Weise gerecht. Damit ist das Dilemma bezeichnet.

Leonid Pasternak (1862–1945): »Das Rachmaninow-Trio« 1916. In der Mitte Sergej Rachmaninow am Flügel. Die Zeichnung stammt noch aus der Moskauer Zeit des Komponisten.

Man hat die national-russische Musiksituation ebenso wie seine Persönlichkeitsstruktur zu berücksichtigen, um Rachmaninow gerecht zu werden. Wie bei dem acht Jahre älteren Alexander Glasunow und dem fast gleichaltrigen Alexander Skrjabin vollzog sich bei Rachmaninow die künstlerische Entwicklung aus dem selben Urgrund heraus. Unmittelbare Leitbilder waren sowohl die musikalisch strikt national-russische Novatorengruppe (mit Balakirew, Borodin, Cui, Rimski-Korsakow und besonders Mussorgski) als auch der westlich orientierte Tschaikowski. Allen gemeinsam war in ihrer kompositorischen Arbeit ein mehr gefühlsbetontes als konstruktivistisch oder formalistisch orientiertes Denken. Als musikalische Grundelemente leiten sich daraus ab: weitdimensionierte Melodik, hoch- und tiefalterierte Harmonik, ekstatische Expressivität bis zum orgiastischen Überschwang, genau kalkulierte Rhythmik, instrumentale Farbigkeit, elegisch bis depressiv grundierter Stimmungsgehalt. Gleichsam als Regulativ werden klassizistische Formstrukturen eingesetzt, die formale Schlüssigkeit garantieren, Sentiment neutralisieren und insgesamt eine interne Balance zwischen dem disponierten Material und seiner Aussagefähigkeit herstellen sollen.

Dies waren auch Rachmaninows kreative Prämissen. Im Gegensatz zu Glasunow, der die klassizistische Linie in seiner Musik verfolgte und ausbaute, und zu Skrjabin, der durch Mystizismus und Theosophie zu einer harmonisch übersteigerten und die neue Musik des 20. Jahrhunderts mitbereitenden Klangkunst gelangte, lag es für Rachmaninow nahe, sein ihm zu Gebote stehendes pianistisches Virtuosentum zu integrieren. Die erzielte Synthese sollte sein Schaffen als Komponist bestimmen und definieren und eine persönlich geprägte Idiomatik entstehen lassen: Rachmaninow-Klang und -Stil sind unverkennbar und persönlichkeitsbezogen.

Rachmaninow als Komponist von drei Sinfonien, Klaviermusik, Liedern, sinfonischen Dichtungen und etwas Kammermusik steht immer noch im Schatten des Schöpfers von vier Klavierkonzerten und der *Paganini-Rhapsodie für Klavier und Orchester*. Die Entstehung des *c-Moll-Konzerts op. 18* knüpfte sich fatalerweise an den Mißerfolg seiner *Ersten Sinfonie* von 1897: Die Arbeit am Klavierkonzert stockte daraufhin, Rachmaninow begab sich sogar in die Behandlung des Psychoanalytikers Nikolai Dahl, der ihm half, die depressive Phase zu überwinden, und der aus Dankbarkeit zum Widmungsträger des bekanntesten von Rachmaninows vier Konzerten wurde.

Das c-Moll-Werk – alle vier Konzerte stehen in Moll-Tonarten – erweist sich als ein im klassischen Sinne normal gebautes dreisätziges Stück. Der Klavierpart ist virtuos disponiert und ausgebaut, drängt sich jedoch nie selbstzweckhaft in den Vordergrund. Das Orchester trägt wesentlich – darin den Modellen bei Beethoven und Brahms verpflichtet – zur Ausdrucksverdichtung bei, definiert die melodisch-thematischen Bestandteile als Farb- und Gefühlsträger. Daß Gefühle, und zwar melancholisch grundierte, das Temperamentspotential des *c-Moll-Konzerts* beherrschen, steht außer Zweifel. Man braucht sich nur fotografische Aufnahmen Rachmaninows anzusehen, um ermessen zu können, wie übermächtig Skepsis und Distanzbedürfnis diesen Menschen beherrschten. Die gefühlsbetonte Anlage, die häufig vorschnell mit Sentimentalität gleichgesetzt wird, fixierte die Richtung von Rachmaninows Kompositionsarbeit.

So wurde ihm die von Brahms und Bruckner auf einen höchstmöglichen Standard gehobene sinfonische Durchführungstechnik eher nachrangig wichtig: Schon seine Themen sind kaum dualistisch konzipiert, so daß eine antagonistische Kontroverse auch nicht geboten schien. Das Elegische als Gestaltungsprinzip steht eingestandenermaßen im Vordergrund. Das untergräbt nicht dramatische Aufschwünge und Kulminationspunkte, höhlt die Musik substantiell nicht aus, verweist ihren Ausdruck nicht auf eine dünnsträhnige Beliebigkeit des Ausdrucks. Im Gegenteil: Die Vielfalt der Konfigurationsmodelle und ihre Verknüpfung, der Reichtum an klanglichen Konstellationen sichern diesem frühen Klavierkonzert des 20. Jahrhunderts (Uraufführung am 27. Oktober 1901) seine nicht in Frage zu stellende Position: die einer Geste des Adieus ans endgültig auslaufende Zeitalter der späten Romantik. *Hanspeter Krellmann*

Pelléas und Mélisande
1902 Paris

Die französische Oper nach Richard Wagner hatte es insofern schwer, als es an Librettisten fehlte, die ein Handlungsgerüst im Sinne der reifen Musikdramen, des *Ring des Nibelungen* (erste Gesamtaufführung 1876), von *Tristan und Isolde* (UA 1865) oder *Parsifal* (UA 1882), hätten entwerfen können, ganz zu schweigen davon, daß sich die Musik und die Dramaturgie über Wagner hinaus hätten zu entwickeln gewagt. Catulle Mendès, ein Wagnerianer der ersten Stunde, schrieb für Emmanuel Chabriers *Gwendoline* (1886) ein Textbuch, das die alte Nummernoper weiterpflegte, und für Claude Debussy (1862–1918) *Rodrigue et Chimène* nach Corneilles *Le Cid*, worin es nur so von Gemeinplätzen wimmelt. Die Musik, an der Debussy von 1890 bis 1892 arbeitete, enthält viele Anklänge an Wagner und Mussorgski und wurde – glücklicherweise, so kann man sagen – nie fertiggestellt. Debussy brauchte unbedingt einen im Atmosphärischen so dichten Text, daß er über Pausen und Andeutungen der Musik hinaus weitertrug und ein abendfüllendes Werk möglich macht.

Er fand diesen Text in Maurice Maeterlincks *Pelléas et Mélisande*, einem Stück, das auch als Sprechdrama beachtlichen Erfolg hatte, und nicht in einem routiniert geschriebenen Libretto. Maeterlincks Werk erschien zum erstenmal 1889; Debussy sah es am 17. Mai 1893 im Théâtre de l'Œuvre in Paris. Er entschied sich rasch für die Vertonung dieses Textes, nachdem er zuerst an *La Princesse Maleine* desselben Autors gedacht hatte. Durch die Vermittlung des Dichters Henri de Régnier erhielt er am 17. Oktober 1895 die schriftliche Einwilligung Maeterlincks, nachdem er schon zwischen August 1893 und August 1895 eine erste Fassung der Musik konzipiert hatte.

Was kann nun Debussy zu dieser beinahe hastigen Besitznahme eines ihm noch nicht ausdrücklich anvertrauten Textes veranlaßt haben? Maeterlincks Prosa ist dünn und spröde, sie scheint beinahe eine Alltagssprache zu sein. Doch hinter den wie beiläufig gesprochenen Worten der Personen werden Abgründe, Geheimnisse spürbar: Wenn Mélisande schon in der ersten Szene von Golaud, der sich wie sie im Wald verirrt hat, nach ihrem Alter gefragt wird, antwortet sie ausweichend mit: »Mir wird kalt«, womit

Was die Leute angeht, die mir die Freundlichkeit erweisen, zu hoffen, ich würde niemals vom Pelléas loskommen können, so haben sie absichtsvoll einen Korken vor dem Auge. Sie wissen offenbar nicht, daß ich, wenn das zuträfe, lieber Ananas im Wohnzimmer züchten würde, denn ich halte es für die ärgerlichste aller Sachen, »sich zu wiederholen«. Übrigens ist es wahrscheinlich, daß dieselben Leute es skandalös finden werden, Mélisandes Schatten für die Pirouette des Teufels drangegeben zu haben, und daß ihnen dieser Vorwand gerade recht sein wird, um mich abermals der Bizarrerie zu beschuldigen.
Claude Debussy. Er arbeitete an zwei Poe-Stoffen: »Der Teufel im Glockenturm« und »Der Fall des Hauses Usher«. Musik-Konzepte 1/2. Claude Debussy. München 1980.

sie, ohne es zu wissen, bekennt, daß sie eine langsam Sterbende ist. Doch nicht nur sie, sondern auch andere Personen und Dinge des Dramas verschwinden endgültig, ohne daß deren Verlust leidenschaftlich beklagt würde: Das Schiff mit den wie Geister singenden Matrosen gleitet auf das abendliche Meer hinaus und wird sicher untergehen (in der dritten Szene des ersten Aktes), die Tauben fliegen aus dem Turm und verlieren sich in der Dunkelheit, und die Rose, die Mélisande vom Turmfenster aus zu sehen vermeint, ist gar keine Rose (in der ersten Szene des dritten Aktes). Handlungsmomente, die bei Wagner breit exponiert und betont würden, sind bei Maeterlinck und Debussy nur angedeutet: Mélisande spielt in der ersten Szene des zweiten Aktes mit ihrem Ehering, bis er in den Brunnen fällt; nur ein kurzes »Oh!« und ein rasches Arpeggio der Celesta begleiten diesen Vorgang, der doch nichts Geringeres als der Prinzessin Willen zum Ehebruch ausdrückt. Im fünften Akt erlischt ihr Leben allmählich, während sich der Schein der im Meer untergehenden Wintersonne auf ihrem Gesicht spiegelt. Feuer und Wasser zerstören die Welt nicht wie in Wagners *Götterdämmerung*; die beiden Elemente sind zwar da, doch nur als Widerschein und nicht als laute Bühneneffekte.

Titelblatt der Zeitschrift LE THÉATRE mit der amerikanischen Sopranistin, Mary Garden, die bei der Uraufführung von *Pelléas und Mélisande* an der Pariser Opéra Comique 1902 die Rolle der Mélisande sang und damit den Grundstein zu ihrer 30jährigen Karriere legte.

Maeterlincks Text erweist sich als von der Ästhetik Stéphane Mallarmés beeinflußt, die auch für Debussy ganz entscheidend war: Nicht die Dinge deutlich benennen solle man, sondern sie nur suggerieren, erklärte der Dichter 1891 anläßlich einer Umfrage von Jules Huret über die neueste Dichtung. Die Künstler jener Zeit zogen sich immer mehr von der industrialisierten und technisierten Gegenwart zurück und gründeten Gegenwelten voll von Traum und Geheimnis. Allemonde heißt das Schloß und das Land, in dem Pelléas und Mélisande fast klaglos ihr Geschick erleiden. Man könnte hinter diesem Wort das lateinische »alter mundus« vermuten, eine andere Welt, »ungefähr das Mittelalter«, sollte ein Zeitgenosse ironisch sagen. Nach der historischen und geographischen Korrektheit, die man von den Bühnenbildern während der Romantik verlangt hatte, genügten für Maeterlinck nur einige Requisiten; die erwähnte Aufführung am Théâtre de l'Œuvre fand bezeichnenderweise hinter einem Gazeschleier statt, der die ganze Bühnenöffnung verdeckte.

Im fünften Akt bricht die Kommunikation zwischen der sterbenden Mélisande und Golaud, Arkel und dem Arzt fast vollständig ab. Weder wird Golaud je wissen, ob er durch sie und Pelléas betrogen worden ist, noch erkennt sie ihr eigenes Kind wieder, das man ihr tröstend entgegenstreckt. Nicht einmal mehr der doch sonst so gütige und verständnisvolle

DEBUSSY Pellèas und Mélisande

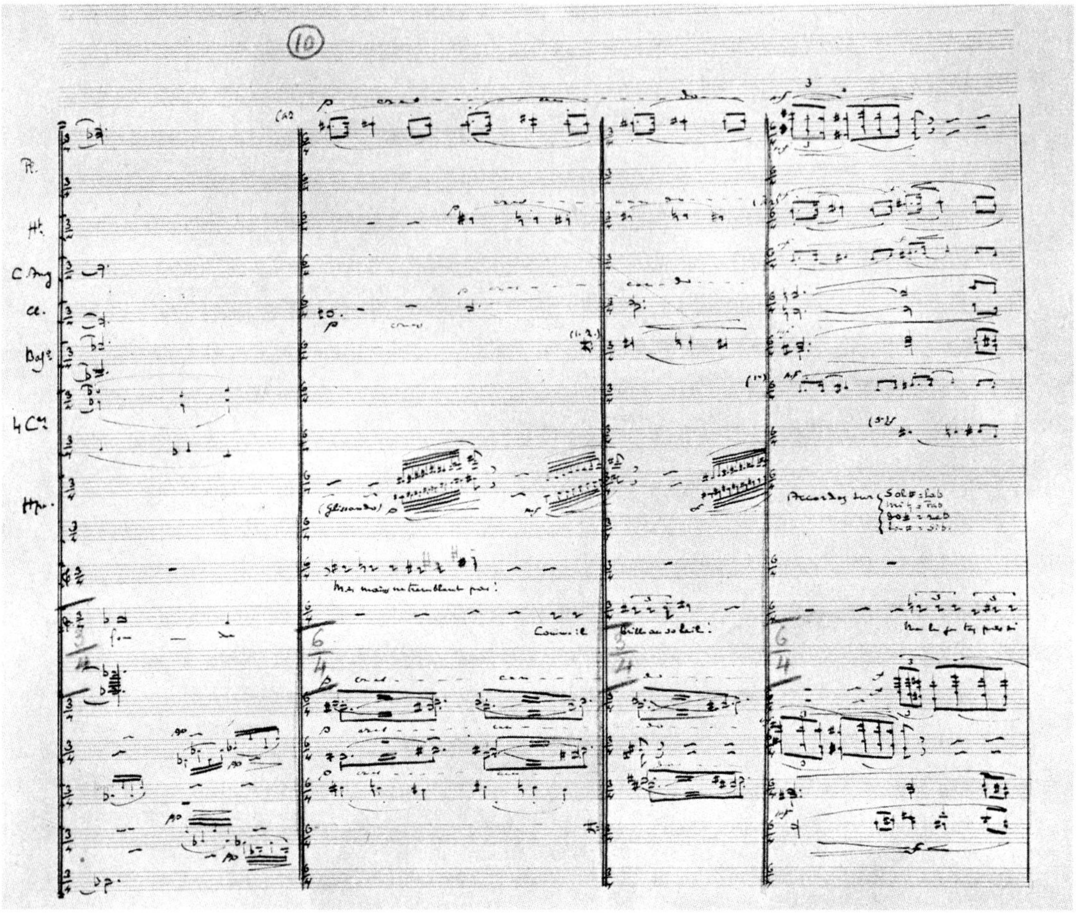

Claude Debussy: *Pelléas und Mélisande:* Ausschnitt aus dem Autograph der Partitur.

Arkel erreicht die Todkranke, die ihm gesteht: »Ich begreife auch nicht mehr, was ich sage, seht doch . . . Ich weiß nicht, was ich sage . . . Ich weiß nicht, was ich weiß . . . Ich sage nicht mehr, was ich will . . .« Diese Genauigkeit beim Fast-nicht-mehr-reden-Können, dieser Gang in ganz kleinen Schritten hin zum endgültigen Schweigen deutet schon voraus auf Samuel Beckett. Maeterlincks Text erweist so seine ungebrochene Modernität, die Debussy fasziniert haben muß und die auch den heutigen Opernbesucher ergreift.

Die Musik verzichtet deshalb auch auf lange orchestrale Kommentare, die die Pausen zwischen den Sätzen ausdeuten könnten. Sie begnügt sich mit einzelnen Klangfarben und Arabesken, deren Abfolge nicht mehr durch Leitmotivtabellen und musiktheoretische Erklärungen dingfest gemacht werden kann. Jede Tonfigur wirkt wie aus dem Augenblick geboren, und zwischen den einzelnen Augenblicken vermittelt nur noch ein »geheimnisvolles Band« oder eine »geheimnisvolle Mathematik«, wie der Komponist in seinen Essays zur Musik gelegentlich bemerkte. Er war ein Feind aller Schulregeln und führte die Tonkunst zurück auf etwas beinahe Schweigendes und Leichtes.

Die Uraufführung von *Pelléas et Mélisande* fand in Paris an der Opéra Comique am 30. April 1902 statt. Mit ihr hatte das französische Repertoire nun eine Musik, die über Wagner hinausreichte und bei Maurice Ravel und schließlich Pierre Boulez ihre Fortsetzung fand. Es ist möglich, daß auch der Kontakt mit der orientalischen Musik, wie man sie in Paris anläßlich der Weltausstellungen von 1889 und 1900 hören konnte und wie sie Boulez in Ostasien selbst erlebte, von entscheidender Bedeutung war. Wichtig aber ist vor allem, daß diese Musik nicht mehr eine Architektur im Sinne der klassischen Sinfonik aufweist, sondern vielmehr ein Geflecht von Stimmen darstellt, das in Wald und Meer rings um das Schloß von Allemonde, in den Geräuschen der Natur, seine Entsprechung findet.

Theo Hirsbrunner

LEOŠ JANÁČEK

Jenufa
1904 Brünn

Der kluge, auch als Musikdenker weit unterschätzte Leoš Janáček (1854–1928) hat in den zwanziger Jahren bemerkt, man könne die Entwicklung der Oper so wenig leugnen wie die Entwicklung des menschlichen Geistes: »Wer wäre so töricht, den Lauf des Lichtstrahls aufhalten zu wollen? Ich kann den Lichtstrahl ablenken, in die Farben des Regenbogens zerlegen, ich kann ihn reflektieren, aber er wird trotzdem ins Unendliche weiterlaufen.« Janáčeks eigenes Werk, vor allem sein reiches Opernschaffen, ist von Anfang an nur in prismatisch gebrochener Form zur

Kenntnis genommen worden, ein Umstand, der sich aus den Libretti und Partituren geradezu zwangsläufig ergibt. Denn die Paradoxien des Operngenres sind hier Teil der musikalischen Faktur. Vielleicht ist das auch ein Grund für das wachsende Interesse an den Opern des slawischen Eigenbrötlers, den Max Brod, sein deutscher Übersetzer in Prag, einen »Smetana in Moll« genannt hat und von dem die musikalische Zeitgeschichte immer noch nicht so recht weiß, ob sie ihn als mährischen Veristen bezeichnen soll: Seine Opern lassen Spielraum.

Wilhelm Leibl (1844–1900): »Kopf eines Bauernmädchens« aus dem Jahr 1879.

Was stammt bei der Oper *Jenufa*, dieser Tragödie aus dem mährischen Bauernleben, von Leoš Janáček selbst, der mit großen Unterbrechungen fast zehn Jahre an dem Werk retuschiert hat, was von dem Komponisten, Dirigenten und Direktor des Prager Nationaltheaters Karel Kovařovic, der die *Jenufa* erst zwölf Jahre nach der Brünner Uraufführung und nur in einer von ihm bearbeiteten Instrumentierung an seinem Haus akzeptiert hat? Auch die verdienstvolle Rekonstruktion, die Charles Mackerras 1982 durch die Besinnung auf den Klavierauszug von 1908 vorgenommen hat, gibt kein klares Bild von Janáčeks wirklicher Intention, vor allem befriedigt nicht unbedingt jeder Rückgriff auf die frühere Orchestrierung des Komponisten. Kovařovic war nicht nur hauptstädtischer Rivale des Provinzlers aus dem mährischen Brünn, er war auch ein eminenter Theaterpraktiker, der Instrumentationseffekte und Arieneinsätze klug zu berechnen wußte. Nicht alle Änderungen wird der aufgeschlossene Janáček nur zähneknirschend akzeptiert haben.

So existiert zum Beispiel die sechsminütige Ouverture »Žarlivost« (Eifersucht), die Janáček nie als Opernvorspiel anerkannte, die gleichwohl in ihrem dramatischen Gestus das eigentliche kurze Orchestervorspiel sinnvoll zu ergänzen vermag. Janáčeks autorisiertes Vorspiel allerdings ist in seiner prägnanten Wucht und dramatischen Kraft kaum zu übertreffen: Das bohrende Xylophon-Ostinato zieht den Hörer mit musikalischen Mitteln sofort in die unentrinnbare Gewalt der dörflichen Gemeinschaft mit ihren starren Verhaltensnormen und quälend-heuchlerischen Ehrenkodizes, in der die Küsterin zur Mörderin des Kindes ihrer Ziehtochter Jenufa wird, um ihr (und sich) die Schande eines Bankerts zu ersparen. Die dörfliche Moral läßt Fehltritte eben nur zu, so lange sie im Verborgenen geschehen.

Leoš Janáčeks Opern, und auch sein vielleicht eindringlichstes und konzentriertestes Werk *Jenufa,* sind kritische Reflexionen auf gesellschaftliche Zustände, gerade weil sie sich nicht im Allgemeinen und Vagen verlieren,

JANÁČEK Jenufa

sondern fast Naturalistisches, zumindest aber ein ganz bestimmtes Milieu entfalten. Dieses Verfahren findet seine musikalische Entsprechung in einer für Janáček typischen Behandlung der Sprache und des Operngesangs, der so lebensnah sein soll, »daß man ihn fast sprechen könnte«. Der Komponist war nahezu besessen vom Aufspüren allgemeiner Regungen, die sich hinter der Oberfläche eines jeden Wortes verbergen. Es ist ein induktives Kompositionsverfahren, mit dem Janáček durch das Sammeln von Sprechmotiven zu einer Typisierung der menschlichen Rede gelangt und von dort zu einer Sphäre musikalisch-menschlicher Wahrheit: Sprachmelodien als »Fenster in die Seele«. Im Augenblick der Komposition hat Janáček das Stadium des Archivars für menschliche Ausdrucksmöglichkeiten allerdings wieder verlassen und einen neuen Organismus aus den typisierten rhetorischen Figuren geschaffen. Auch das macht die Größe einer Musik und einer Szenerie aus, wie sie uns in *Jenufa* vorgestellt wird. Hinter den naturalistischen Details und einer bis zu einem gewissen Grad naiv wirkenden Vertonung von Alltagsprosa spürt man stets auch etwas Allgemeineres: gerade so, als wolle Janáček einen sozialen Strich durch unsere individuellen Gefühle machen.

Wolfgang Sandner

GIACOMO PUCCINI

Madame Butterfly
1904 Mailand

Mit keinem anderen Werk hat Giacomo Puccini (1858–1924) ein den Vorstellungen des Musikdramas so sehr entsprechendes Werk geschaffen, wie mit der von puristischen Musiksnobs vielfach als »Dienstmädchentragödie« abgetanen *Madame Butterfly*, mag man den Begriff des Musikdramas nun von Richard Wagner oder – unter umgekehrten Vorzeichen – von Claude Debussy ableiten. Sichtlich von Wagner beeinflußt ist die hier besonders konsequent durchkomponierte Großform, die jede Zäsur scheut, geschlossene Formen wie Arien im herkömmlichen Sinn kaum mehr kennt und die von Leitmotiven durchsetzte »unendliche Melodie« bis zum Ende vorantreibt. Puccini wußte genau, warum er den zur Katastrophe hindrängenden Fluß des Geschehens nicht durch mehrfache Aktschlüsse unterbrochen sehen wollte und in der Urfassung des Werkes zunächst nur zwei Akte konzipierte, deren zweiter allerdings überlang wurde. Auf Wagner geht auch die besonders souveräne Anwendung der Leitmotivtechnik zurück, die allen seelischen Regungen der handelnden Personen subtilen Ausdruck verleiht, insbesondere wenn etwa während des zweiten Aktes der abwesende Pinkerton, um den Butterflys ganzes Denken kreist, allein durch das Thema der amerikanischen Hymne stets gegenwärtig scheint.

Debussy und seinem poetischen Drama *Pelléas et Mélisande* (UA 1902) ist die psychologische Zeichnung und die fast ausschließliche Ausrichtung des Geschehens auf die Titelgestalt nachempfunden, wenngleich rein klanglich die Einflüsse des Impressionismus im Hintergrund bleiben. Die Oper lebt ganz vom Zauber der kleinen Japanerin, deren psychische Ausnahmesituation – die bedingungslose Selbstaufgabe für einen Fremden – in allen Details ausgelotet wird. Daneben sind die anderen Gestalten kaum mehr als Stichwortgeber und Randfiguren. Selbst dem wenig sympathisch gezeichneten Pinkerton wurden erst in der erfolgreichen Neufassung nach dem Debakel der Uraufführung zusätzliche musikalische Passagen und ansprechendere Züge verliehen.

Seit der Öffnung des japanischen Handels gegenüber dem Westen um 1870 waren im Theater fernöstliche Sujets in Mode gekommen. Bald nach seinem Erfolg mit *Tosca* (1890) erlebte Puccini im Londoner Duke of York's Theatre eine Aufführung von David Belascos Drama *Madame Butterfly* nach einer angeblich wahren japanischen Geschichte von John Luther Long. Er fühlte sogleich die Eignung als Opernstoff und ließ seinen Verleger Ricordi mit dem in New York ansässigen Belasco wegen der Rechte verhandeln, die ihm nach ungeduldig verbrachter Wartezeit schließlich eingeräumt wurden. Puccini, der später selbst sagte, daß *Butterfly* von allen seinen Werken sein »tiefstempfundenes und suggestivstes« sei, stürzte sich mit Feuereifer und viel Liebe zu den schon bei *Bohème* (UA 1896) so wesentlichen »kleinen Dingen« in die Arbeit. Er studierte japanische Musik und Gebräuche, ließ sich von der Frau des japanischen Gesandten Namen und Details erklären und reiste einer japanischen Schauspielerin, die gerade auf Europatournee war, nach, um ihren Tonfall zu erlauschen. Dennoch entstanden keine billigen Manierismen, sondern eine italienische Partitur, in welche die japanischen Originalklänge dezent integriert wurden und nur im ersten Akt bei der fast parodistischen Schilderung von Butterflys japanischer Verwandtschaft deutlicheres Eigenleben

Das Plakat zu Puccinis *Madame Butterfly* entwarf Adolfo Hohenstein, Freund Puccinis und bewährter Ausstatter seiner Opern. Hier ist es das tragische Ende der Oper, das der Künstler ins Bild setzte.

gewannen. War *La Bohème* ein durchwegs lyrisches und *Tosca* ein vorwiegend dramatisches Werk gewesen, so schöpfte Puccini nun mit der Kraft seiner melodischen Erfindungen aus dem Lyrischen ungeahnte musikdramatische Energien, die die Verwandlung des fünfzehnjährigen Teehausmädchens von der unbekümmert glücklichen Braut zur tragischen Liebenden in realistischer Direktheit erstehen lassen. Das veristische Element ist sublimiert; die Verschmelzung des Melodischen mit dem Tragisch-Dramatischen perfekt gelungen.

Während der Arbeit kam es zu massiven Auseinandersetzungen Puccinis mit seinen Textdichtern Giacosa und Illica sowie Ricordi, weil der Komponist darauf bestand, das Geschehen in nur zwei Akten ablaufen zu lassen. Tatsächlich schien das Ergebnis den Zweiflern recht zu geben: Bei der Uraufführung am 17. Februar 1904 an der Mailänder Scala kam es zu

Skandalszenen, die allerdings durch Puccinis Neider und Gegner organisiert waren. In der Monatsumschau der Zeitschrift *Musica e musicisti* wurde von »Grunzen, Blöken, Brüllen, Gelächter, Elefantengeschrei, Hohngejohle und spöttischen Da-capo-Rufen« berichtet. Nach diesem Höllenspektakel habe das Publikum »seelenvergnügt das Theater verlassen«, und man habe niemals so viele frohe Mienen und freudig zufriedene Gesichter gesehen, ganz als habe die Menge einen Sieg errungen.

Nach dieser Katastrophe zogen Puccini und die Textdichter im Einverständnis mit Ricordi die Oper zurück und boten der Direktion der Scala, die das Stück weiterhin aufführen wollte, den Ersatz der Inszenierungskosten an. Doch Tito Ricordi, der Juniorchef des Verlages, setzte sich vehement für das Werk ein, und Puccini nahm einige geringe Retuschen vor: Wohl ließ er sich widerwillig überreden, den langen zweiten Akt zu teilen, verband die beiden neuen Akte aber durch ein stimmungsvolles Zwischenspiel. Damit setzte er im Grunde seinen ursprünglichen Willen durch, den Ablauf des Dramas vom Beginn des Unheils bis zum tragischen Schluß nicht zu unterbrechen.

Schon am 28. Mai 1904 wurde die Neufassung der *Madame Butterfly* am Teatro Grande in Brescia herausgebracht, weil man die Ansicht vertrat, sie solle an einer kleineren Bühne ausprobiert werden. Eine geplante Aufführung in Rom wurde verschoben. Das Ensemble glich fast dem der Uraufführung; es wurden der Dirigent Cleofonte Campanini, der Tenor Giovanni Zenatello und der Bariton Giuseppe de Luca aufgeboten. Nur die Titelrolle sang anstatt der von Puccini geschätzten Rosina Storchio die von Arturo Toscanini gerühmte Ukrainerin Salomea Krusceniski. Die gesamte prominente Musikkritik und ein Großteil des Publikums reiste aus dem nahen Mailand an, und diesmal errang die Oper einen einhelligen Erfolg: Es gab sieben Wiederholungen und 32 Vorhänge. Vier Wochen später führte Toscanini, der – wie Ricordi – dem Werk zunächst eher skeptisch gegenübergestanden hatte, die Oper in Buenos Aires neuerlich zum Sieg. Nach *La Bohème* und *Tosca* vollendete sich mit ihr die Trias, die ihrem Schöpfer in aller Welt anhaltende Popularität und den Operntheatern einen ehernen Bestandteil ihrer Spielpläne gebracht hat. *Dieter Zöchling*

CLAUDE DEBUSSY

Images pour piano
1905/1907 Paris

Antoine Marmontel, einer jener Professoren, deren Unterricht der junge Claude Achille Debussy (1862–1918) am ungeliebten Pariser Conservatoire über sich ergehen ließ, war der Ansicht, daß der angehende Komponist, »wenn er sich auch kaum für das Klavier interessiert«, so doch immerhin die Musik liebe. Das fundamentale Mißverständnis, das aus dieser Äußerung des Lehrers spricht, charakterisiert nur zu genau das Verhältnis zwischen dem jungen Debussy, der rund ein Vierteljahrhundert später an eben jenem Instrument mit letzter Konsequenz seinen Stil entwickeln sollte, und dem überwiegenden Teil des Lehrkörpers am traditionsreichen, jedoch auch in seinen Traditionen erstarrten Pariser Conservatoire. In jungen Jahren bereits lehnte Debussy sich gegen jeden offiziell verordneten Regelkanon auf, in musikalischer Hinsicht nicht weniger als in gesellschaftlicher: »Seid ihr nicht imstande, Akkorde zu hören, ohne nach ihrem Paß und ihren besonderen Kennzeichen zu fragen? Woher kommen sie? Wohin gehen sie? Muß man das unbedingt wissen? Hört sie an; das genügt!« Der diese Sätze seinen Mitschülern mit dem etwas naiven Pathos des jugendlichen Musikrevoluzzers entgegenschleuderte, sollte nur Jahre später tatsächlich nicht nur den Klavierstil auf eine bis dahin unerhörte Weise revolutionieren, sondern auch die Regeln, Formen und funktionellen Zusammenhänge traditioneller Harmonie- und Modulationslehre letztlich zum Einsturz bringen.

Das Klavier spielt insbesondere in Debussys Spätwerk eine zentrale Rolle. Als 1901 mit *Pour le piano* sein erster bedeutenderer Klavierzyklus erschien, verwiesen bereits die Titel – Prélude, Sarabande, Toccata – auf jene Komponisten, an die Debussy in seinem Klavierwerk u. a. anknüpfte: die französischen Clavecinisten Couperin (1668–1733) und Rameau (1683–1764) sowie den nicht minder verehrten Johann Sebastian Bach (1685–1750). Die 1903 entstandenen *Estampes* offenbarten eine weitere, vielleicht noch wesentlichere Inspirationsquelle: Im ersten Stück, den »Pagodes«, übertrug Debussy jene Gamelan-Klänge, die ihn seit der Pariser Weltausstellung im Jahre 1889 so faszinierten, auf die klanglichen Möglichkeiten des Klaviers. »Die javanische Musik ist von einem Kontrapunkt erfüllt, mit dem verglichen derjenige Palestrinas nur wie ein Kinderspiel anmutet«, schrieb er 1913. Erst hier, Jahre nach der Komposition von Meisterwerken wie *Prélude à l'après-midi d'un faune* (UA 1894), *Pelléas et Mélisande* (UA 1902) oder *Nocturnes* (1893–99) – realisierte Debussy auch auf dem Klavier, jenem Instrument, das ihn von Jugend an begleitet hatte, konsequent seine klanglichen Vorstellungen. Anhand der *Estampes* von 1903 läßt sich erstmals nachvollziehen, was Debussy meinte, als er 1885 nach einer Begegnung mit Franz Liszt schrieb, dieser bediene sich des Pedals wie »einer Art Atmung«.

Zwei Jahre nach den *Estampes* fanden sich dann im ersten Band der *Images* die wesentlichen Klangcharakteristika dieses revolutionären Klavierstils noch spürbar verfeinert: Debussys schier unerschöpfliche Phantasie auf dem Gebiet raffiniertester Akkordzerlegungen, ebenso – etwa in *Mouvement*, aber auch in den harfenähnlichen Passagen von *Reflets dans l'eau* – die auf dem der Ornamentik und Ostinatotechnik. Sie rufen den Charakter des Statischen von Debussys Musik hervor, den Eindruck, daß sie in der Zeit stehe. Schließlich begegnet man auch den typischen Klangaufspaltungen und -schichtungen, sowie dem manualartigen Wechselspiel der Hände. Mit diesem wie auch mit der *Hommage à Rameau* – »dans le style d'une sarabande, mais sans rigueur« – bezeugte Debussy ausdrücklich seine Verehrung für einen Komponisten, der seinerzeit erst wiederentdeckt werden mußte. »Ohne falsche Eitelkeit, ich glaube, daß die drei Stücke sich gut machen und daß sie ihren Platz in der Klavierliteratur einnehmen werden ... (wie Chevillard sagen würde), zur Linken Schumanns oder zur Rechten Chopins ... as you like it.«

So zutreffend diese Selbsteinschätzung ohne Zweifel ist, in den 1907 vollendeten *Images, deuxième série* trieb Debussy den Eindruck des Exotischen, zugleich Immateriellen vielleicht noch weiter. Freilich treten, trotz der unerhörten Radikalität, mit der hier das Klangliche zum bestimmenden Moment wird, auch konstruktive Züge hervor. Polytonale Passagen, d. h., die Simultaneität oft sehr entfernter Tonarten, treiben mehrfach die Tonalität ins Vage, dann etwa so, wenn sich in *Cloches à travers les feuilles* pentatonische Ganztonleiter- und diatonische Parallelakkordik überlagern. Nicht ohne Grund stellte der Zeitgenosse Charles Koechlin die Tonalität bei Debussy grundsätzlich in Frage. Gerade dieses Stück verdeutlicht paradigmatisch, wie problematisch der oft erhobene Vorwurf ist, Debussys Kompositionsprinzipien zielten auf ein unterschiedsloses Verschwimmen der Form, diese gleite daher ins Konturenlose, vermeintlich Impressionistische ab.

Unter allen Musikern blieb Debussy einer der einsamsten – und seine Epoche zwang ihn zuweilen zu geschmeidigen und unauffälligen Lösungen. Aber gerade durch seine kostbare Isolation und durch das weder Mitteilbare noch Übertragbare all seiner Erfahrungen und Erkenntnisse wurde er zum einzig universellen Musiker Frankreichs – zumindest im 19. und 20. Jahrhundert. Debussy strahlt verführerische Kräfte aus von geheimnisvoll hinreißendem Zauber. Seine Position an der Schwelle der Neuen Musik gleicht einem Pfeil, der einsam in die Höhe schießt.
Pierre Boulez
In: Melos, November 1962.

Der 41jährige Claude Debussy, ein Jahr nach der Uraufführung von *Pelléas und Mélisande,* gemalt 1903 von Jacques Emile Blanche (1861–1942), ein beliebter Porträtmaler seiner Zeit, der u. a. auch den Dichter Mallarmé, den Zeichner Beardsley, den Komponisten Strawinsky und den Philosphen Henri Bergson abbildete.

Tatsächlich lassen sich in diesen »Glocken, durchs Laub klingend« aus der von tonmalerischen Momenten sicher nicht freien klanglichen Mehrschichtigkeit und der völlig schwebenden Rhythmik unzweifelhaft, wenn auch sehr verschleierte kontrapunktische Linien herauslesen – obgleich der Träger des *Prix de Rome* den Kontrapunkt noch als die abstoßendste Sache, die es in der Musik gebe, bezeichnet hatte –, ein Eindruck, den die äußerst raffinierte Dynamik noch verstärkt.

Den geheimnisvollen Titel *Et la lune descend sur le temple qui fut* lieferte wahrscheinlich der Widmungsträger des Stückes, der Kritiker Louis Laloy. Auch in dieser opalisierenden Klangwelt – »halb exotisch, halb mittelalterlich mit der harmonischen Faux-Bourdon-Manier. Eine gläserne Mondschein-Fantasie, vereiste Romantik«, wie Heinrich Strobel in seiner grundlegenden Debussy-Monographie schrieb – findet sich wieder die so charakteristische Pentatonik, die u. a. Debussys Nähe zu Mussorgski (1839–81) verrät – kaum jedoch die oft vermutete Beeinflussung durch den verehrten Russen, die wahrscheinlich nicht einmal für die häufig verwendeten Kirchentonarten verantwortlich ist. Die Anregung zu *Poissons d'or* ging von einer mit Gold und Perlmutt ausgelegten schwarzen Lacktafel aus, die in Debussys Arbeitszimmer hing. Schon von daher sollte man sich hüten, hier das »goldfunkelnde Fischlein« im Bassin zu sehen. Debussys Neuartigkeit liegt gerade in dem Versuch, eine wesentlich undeskriptive Beziehung zwischen der Natur, allgemein der ihn umgebenden Welt und seiner in allen Farben schillernden Musik zu schaffen.

Debussys Einfluß auf die Musik des zwanzigsten Jahrhunderts läßt sich nicht überschätzen. Sein *Pelléas* hätte ohne Wagner (1813–83) so nicht geschrieben werden können, doch in dem Maße, mit dem Debussy sehr früh bereits die Notwendigkeit einer Distanzierung von Wagner erkannte, vermochte er es, wegweisender als jeder Wagnerianer, die Neuordnung des musikalischen Kosmos voranzutreiben, die mit *Tristan* (UA 1865) und *Parsifal* (UA 1882) begonnen hatte. *Oswald Beaujean*

RICHARD STRAUSS

Salome und *Elektra*
1905/1909 Dresden

Zwanzig Jahre nach Wagners Tod steckte das Musikdrama in einer Sackgasse. Die kleinen Verwandten des Mythos breiteten sich aus zu leitmotivischer Musik: das Märchen, die Sage, die Legende. In *Guntram* (UA 1894), einem allegorischen Spiel unter fiktiven Rittern, war der 30jährige Richard Strauss (1864–1949) diesem Genre auf feierlich-ernste Weise nahegekommen; in der einaktigen *Feuersnot* (UA 1901), dem autobiographisch verschärften Satyrspiel vom Genie unter Münchner Bierbäuchen, hatte er den meistersingerlichen Zwist zwischen Stolzing und der Zunft in Knittelversen zwischen Jugendstil und Überbrettl fast ins Kabarettistische gewandt. Beide Bühnenstücke blieben am Rande.

Strauss wußte, daß es an den Sujets lag; Seitenblicke auf Nietzsches Gedanken der Selbstbefreiung hatten dem raunenden Ritterspiel nicht aufzuhelfen vermocht, die sarkastische Kapuzinerpredigt gegen die Vaterstadt und ihre Spießer blieb dem antibürgerlichen Affekt und dem Jux verhaftet, war jedoch für den Szeniker Strauss zum ersten Schritt in die Richtung des abendfüllenden Einakters geworden. Die vielberedete »freie Kunst« mußte endlich frei mit den Heroen verfahren. Mythos und Antike sollten durch »interessante Fälle« eine Gegenwart fesseln, die das Extravagante genoß. Ästhetizismus, Symbolismus und Psychologismus – drei Richtungen der vielschichtigen Jahrhundertwende – hatten die Sinne empfänglich gemacht für schillernde Ausnahmeerscheinungen, für pathologische Naturen, für exotisches Parfum und Nervenreize jeder Art.

»Richard Strauss dirigiert«. Zeichnung von Fritz Gohrke aus dem Uraufführungsjahr der *Salome*, 1905.

Salome und Elektra sind Gestalten von erregender Abnormität. Ihre Katastrophe begibt sich in Einaktern von hundert Minuten; Interessantes verlangt, rasch abgehandelt zu werden. Die aristotelische Einheit von Ort und Zeit verdichtet das Geschehen. Der Einakter war bislang eine Form der Musiquette gewesen, verwendet von Offenbach und der Opéra comique; Wagners *Rheingold* (UA 1869) war kein Einakter im üblichen Sinne, sondern die aus mehreren Bildern bestehende, durchgespielte Exposition eines Zyklus. Strauss brachte den abendfüllenden Einakter auf die Musikbühne; Bartók tat es ihm nach in *Herzog Blaubarts Burg* (UA 1918), Schönberg in den Monodramen. Bei Strauss sind beide Einakter »mit Haut und Haaren« in Musik gesetzte Schauspiele. Die Literarisierung der Oper war soweit vorangetrieben worden, daß Dramen der Sprechbühne ohne sonderliche Aufbereitung vertont wurden, bis hin zu Bergs *Wozzeck* (UA 1925), zu Orffs Griechendramen usw. Beide Strauss-Einakter begeben sich in Zerfallszeiten: *Salome* am Schnittpunkt zwischen untergehender antiker und aufgehender christlicher Welt, *Elektra* am Ende der mykenischen, halbbarbarischen Phase des Griechentums. Die Jahrhundertwende, auch eine Zeit der Auflösung, suchte nach Spiegelbildern.

Salome, uraufgeführt am 9. Dezember 1905 in Dresden, erregte die Gemüter wie keine andere Strauss-Oper. Schon der Text war anrüchig, basierte er doch auf einer französisch niedergeschriebenen Bühnendichtung des 1900 nach Skandalprozeß und Zuchthaushaft gestorbenen Engländers Oscar Wilde. Die Verbindung mit dem lasterhaften Dichter eines laster-

Richard Strauss: *Elektra*. Bühnenbildentwurf von Alfred Roller (1846–35), der in der Zeit von 1903–07 zusammen mit Gustav Mahler an der Wiener Hofoper neue Maßstäbe der Bühnenausstattung geschaffen hat. 1911 schuf er die Bühnenbilder für die Uraufführung des *Rosenkavalier* in Dresden.

haften Sujets bedeutete ein Vabanquespiel im Zeichen der »freien Kunst«; die Zensur in Wien und London hat Strauss dies deutlich zu verstehen gegeben, und Kaiser Wilhelm II. orakelte, sein Berliner Hofkapellmeister werde sich vom Schaden der *Salome* nie erholen.

Das biblische Mäntelchen um die Prinzessin von Judäa besagte wenig; jeder durchschaute, daß es um den Eros ging, der nicht mehr als hehre, erlösende Minne ins Rampenlicht trat, sondern als zerstörerische Gewalt tobte, als tödliche Laune »dekadenter« Naturen. Der Orient als Schauplatz hatte putziges Kolorit und geschmäcklerischen Exotismus hinter sich gelassen und flirrte in wahrhaft unerhörten Orchesterfarben. Strauss faßte, nach seinen Worten, »glühende Sonne« in eine »wirklich exotische Harmonik, die besonders in fremdartigen Kadenzen schillerte wie Changeant-Seide«. Durch »schärfste Personencharakteristik« setzte er diesen Realismus im Psychologischen fort zu einer klinisch genauen Analyse von Nervenzuständen. An die Stelle des Menschen als Ideenträger tritt der Mensch als interessanter Fall. Die moderne Psychologie, die langlebigste Errungenschaft der Jahrhundertwende, hatte die Opernbühne vollends erreicht. Die prägnante Musik folgte der Dichtung aufs Wort. Es gab kein Libretto mehr. Die Literaturoper war Wirklichkeit geworden.

Im Zeichen der Literaturoper fanden sich Richard Strauss und Hugo von Hofmannsthal, der Altbayer und der übersensible Wiener. Strauss

Richard Strauss: *Salome*. Salome auf italienisch: Die Sängerin Teresa Cerutti von der Mailänder Scala demonstriert den Schleiertanz.

hatte Hofmannsthals Nachdichtung der *Elektra* des Sophokles in einer der frühen Berliner Inszenierungen Max Reinhardts gesehen. Zum ersten Male zeichnete sich eine später auch für die Salzburger Festspiele bestimmende Konstellation ab: Hofmannsthal – Reinhardt – Strauss. Die Vertonung der Tragödie des Rachedursts, der monomanen Raserei und des Muttermords, von Hofmannsthal in ein üppiges Sprachgewand gekleidet, steigerte sich zur extremsten Strauss-Partitur, nicht nur im orchestralen Aufwand, in den Anforderungen an die Stimmen und in der grellen Erbarmungslosigkeit des Ausdrucks, sondern vornehmlich in der bis an den Rand der Atonalität vorangetriebenen Harmonik. Der dissonante Klang, dessen tonale Basis verschwimmt, ergab sich aus dem Ingrimm, extreme Situationen mit extremen Mitteln zu bewältigen. Übereinandergeschichtete Motive, vielfältig aufgesplitterte Rhythmen, parallel laufende Klangfarben und eine entfesselte Enharmonik erstellen das tönende Abbild komplizierter und bedrohlicher Seelenzustände. Das Drama diktiert die »mißtönende« Vielstimmigkeit, die wie stets bei Strauss keine Polyphonie im schulgerechten Sinne ist, sondern eine Folge der sich überlagernden programmatischen Vorstellungen. Das von Wagner ererbte Leitmotiv ist Instrument des psychologischen Realismus. Vor archaischem Hintergrund wird der moderne Mensch bis in die kleinsten Nervenregungen entblößt und analysiert. *Elektra* ist Strauss' wildeste, fortschrittlichste Partitur geblieben, das folgenschwerste musikalische Bühnenwerk zwischen *Tristan* (UA 1865) und *Le sacre du printemps* (UA 1913).

Lieber Freund! Es ist leider traurige Wahrheit. Ja, noch mehr: die Censur hat es bereits refusirt. Bis jetzt weiß es noch Niemand; denn ich setzte Himmel und Hölle in Bewegung, um diese Bêtise rückgängig zu machen. Bis jetzt habe ich noch nicht eruiren können, auf welchen Einfluß dieses Verbot zurückzuführen ist. (. . .) Und nun lieber Strauss – ich kann nich umhin Ihnen von dem hinreißenden Eindruck zu sprechen, den mir Ihr Werk bei der neuerlichen Lesung macht: Das ist Ihr Höhepunkt bis jetzt! Gustav Mahler an Richard Strauss am 11. Oktober 1905 über »Salome« in: Briefwechsel 1881–1911. Hg. Herta Blaukopf. München 1980.

Richard Strauss ist nie wieder zum exzessiven Klangstil der *Salome* wie der *Elektra* zurückgekehrt. Den von der »freien Kunst« nahegelegten Schritt in eine freie Atonalität vollzog er nicht. Scheute der Bürger, der er im Herzensgrunde war, das Chaos? Gewann der Anbeter Mozarts die Oberhand über den psychopathologisch geschulten Vollstrecker Wagners? Strauss schrieb nach furiosen Einaktern eine »Mozartoper«, den *Rosenkavalier* (UA 1911). Als Realist fühlte er eine angestammte Neigung zur Komödie, zum Spiel in gefälliger Wirklichkeitsnähe, zur Menschendarstellung fern von Überlebensgröße und Pathos. Mitunter hatte er sich zum Offenbach des 20. Jahrhunderts berufen gefühlt. Intelligenz, Scharfblick und Theatersinn sagten ihm, daß die metaphysisch orakelnde wie die psychopathologisch verfärbte Wagner-Nachfolge am Ende sei. Zur musikalischen Komödie fehlten ihm später, wie die beiseite geschobenen Pläne und Entwürfe zeigen, lediglich der rechte Stoff und der rechte Dichterpartner.

Karl Schumann

ARNOLD SCHÖNBERG

Sommermorgen an einem See (Farben)
op. 16/Nr. 3
1909 Wien

Einem Orchesterstück von nur knapp fünf Minuten Dauer Meilensteinfunktion zu attestieren bedarf der Begründung. Vielleicht nicht zufällig steht es als drittes in der Mitte der *Fünf Orchesterstücke op. 16* aus dem Jahre 1909, in dem u. a. auch die – z. T. auch heute noch »unerhörten« – *Drei Klavierstücke op. 11* und das Monodram *Erwartung op. 17* entstanden sind. Im *Zweiten Streichquartett op. 10* (1907/08) hatte Arnold Schönberg (1874–1951) bereits die Grenzen überkommener tonaler Gestaltungsmöglichkeiten erreicht und überschritten. Sein neues Bewußtsein in Hinblick auf die musikalische Tradition formulierte er in diesem Werk ebenso handfest negativ wie zukunftsweisend konstruktiv: Im Scherzo des Streichquartetts zitierte der Komponist – verfremdet – den Wiener Gassenhauer »O du lieber Augustin – alles ist hin!« Im vierten Satz, in dem eine Singstimme hinzutritt, vertonte er aus dem Gedichtzyklus *Der siebente Ring* von Stefan George (1907) zu Beginn den vielsagenden Text: »Ich fühle Luft von anderem Planeten« als – nach Schönbergs eigener Aussage – »Orientierungsbehelf für den Hörer und (als) Gliederungsbehelf für den Komponisten«.

Die Vernichtung aller tonalen Bezüge in weiten Teilen dieses Werks war für Schönberg seinerzeit keineswegs individuelle ästhetische Willkür, sondern – wiederum nach eigenen Worten – »Aufgabe«, »Vollstreckung« eines im Wesen der traditionellen Musik selbst angelegten Logos.

In engem Zusammenhang mit dem Ausschreiten der Terra incognita einer atonalen, nicht mehr auf einen Grundton, eine Basis bezogene Klangwelt, steht Schönbergs Vision von »Klangfarbenmelodien«. Am Schluß seiner *Harmonielehre* schreibt er: »Die Klanghöhe ist nichts anderes als Klangfarbe, gemessen in einer Richtung. Ist es nun möglich, aus Klangfarben, die sich der Höhe nach unterscheiden, Gebilde entstehen zu lassen, die wir Melodien nennen, Folgen, deren Zusammenhang eine gedankenähnliche Wirkung hervorruft, dann muß es auch möglich sein, aus den Klangfarben der anderen Dimension, aus dem, was wir schlechtweg Klangfarbe nennen, solche Folgen herzustellen, deren Beziehung untereinander mit einer Art Logik wirkt, ganz äquivalent jener Logik, die uns bei der Melodie der Klanghöhen genügt. Das scheint eine Zukunftsphantasie und ist es wahrscheinlich auch. Aber eine, von der ich fest glaube, daß sie sich verwirklichen wird.«

Schönberg hat nun im dritten seiner *Fünf Orchesterstücke* diese Vorstellungen folgendermaßen zu realisieren versucht: Eingebunden in eine traditionelle dreiteilige Form (A B A) ruht die Musik fast ganz auf einem fünfstimmigen Klang (C – Gis – H – E – A), der durch den kontrapunktisch geführten Wechsel der Einzeltöne, verbunden mit dem Wechsel von Instrumentengruppen »Färbungen« erfährt, welche die Musik wesentlich strukturieren. In der Partitur bemerkt Schönberg: ». . . Der Wechsel der Akkorde hat so sacht zu geschehen, daß gar keine Betonung der einsetzenden Instrumente sich bemerkbar macht, so daß er lediglich durch die andere Farbe auffällt.« Und Anton Webern äußert sich 1912: »Durch diesen sich durch das ganze Stück hinziehenden Farbenwechsel der Akkorde entsteht ein eigentümlich schimmernder Klang, vergleichbar, wie Schönberg sagt, mit dem immer wechselnden Farbeneindruck einer mäßig bewegten Seeoberfläche.«

Die *Fünf Orchesterstücke op. 16* erweisen sich – trotz mancher struktureller Gemeinsamkeiten – als fünf Individualitäten, sinfonische Charakterstücke, poetische Miniaturen für großes Orchester, »ein bunter, ununterbrochener Wechsel von Farben, Rhythmen und Stimmungen«, wie der Komponist sie beschrieb.

Schönberg fand die Idee des Verlegers C. F. Peters, die Stücke mit Titeln zu versehen, zunächst »im ganzen nicht sympathisch«. Denn: »Was zu sagen war, hat die Musik gesagt. Wozu dann noch das Wort. Wären Worte nötig, wären sie drin. Aber die Kunst sagt doch mehr als Worte. Die Titel, die ich vielleicht geben werde, plaudern nun, da sie teils höchst dunkel sind, teils Technisches sagen, nichts aus. Nämlich I. Vorgefühle (hat jeder), II. Vergangenheit (hat auch jeder), III. Akkordfärbungen (Technisches), IV. Peripetie (ist wohl allgemein genug), V. Das obligate (vielleicht besser das ›ausgeführte‹ oder das ›menschliche‹) Rezitativ. Jedenfalls mit der Anmerkung, daß es sich um Verlagstechnisches und nicht um den ›poetischen‹ Inhalt handelt« (Tagebuch, 28. Januar 1912).

Während die Stücke 1, 2, 4 und 5 ihre Titel beibehielten – lediglich Nr. 2 änderte Schönberg später in »Vergangenes« – bekannte sich der Komponist im Laufe der Jahre bei seinem dritten Stück immer deutlicher zu einem primär programmatischen Schaffensimpuls: »Der wechselnde Akkord« (Konzert Amsterdam 1924), »Farben«, (Verlagskatalog 1917),

Ivan Wischnegradsky (1893–1979). Projekt eines Lichttempels. Hier: Entwurf einer Farbanordnung für das Kuppellichtspiel mit zugehöriger Partiturstelle. Ein Beispiel für Farblichtmusik. Der Komponist stand in der Nachfolge Skrjabins und dessen Idee von einem »kosmischen Bewußtsein«. In seinen Kompositionen »ordnet er den 12 Tönen der chromatischen Skala 12 Farben zu, die das Spektrum durchwandern und, wie die Tonskala, in ihren Anfang zurücklaufen«. (G. Eberle)

»Der wechselnde Akkord« (»Der Traunsee am Morgen«), (Konzert Wien 1920), »Der wechselnde Akkord (Morgen am Traunsee«), (Konzert Weimar 1920), »Farben (Sommermorgen am See)« (Kammerorchesterfassung 1925), »Farben« (Revidierte Partitur 1922) und schließlich »Sommermorgen an einem See (Farben)«, (Reduzierte Partitur 1950/52).

Schönbergs Vorstellung, die Klangfarbe gleichberechtigt neben den Parametern Tonhöhe, Tondauer und Tonstärke zu sehen, hat mit seiner oben zitierten Vision am Schluß seiner *Harmonielehre* und der Verwirklichung seiner Idee in op. 16,3 weitreichende Wirkungen auf die folgenden Komponistengenerationen ausgeübt. Die Imitationen und Modifikationen von Schönbergs Überlegungen zur Klangfarbe sind unüberschaubar und noch eine Aufgabe der Musikgeschichtsschreibung unseres Jahrhunderts.

Von den vielen Nachfolgern Schönbergs sei hier lediglich György Ligeti erwähnt, der sich hinsichtlich seiner Vorstellungen einer Klangfarbenmusik ausdrücklich auf Schönbergs musikalischen Aphorismus op. 16,3 bezieht.

Günther Weiß

IGOR STRAWINSKY

Der Feuervogel
1910 Paris

Selten kann man den entscheidenden Augenblick im Leben eines Künstlers so exakt benennen wie im Falle Igor Strawinskys (1882–1971). Es war der 6. Februar 1909. In einem St. Petersburger Konzert wurden zwei kurze Orchesterwerke von ihm, *Scherzo fantastique* und *Feu d'artifice*, aufgeführt. Im Publikum saß Sergej Diaghilew, der legendäre Förderer neuer Kunst und spätere Leiter der Ballets Russes. Dieser Mann, selbst weder Tänzer oder Choreograph (was manches Lexikon falsch berichtet) noch Komponist, Maler oder Schriftsteller, vereinigte doch alle diese Künste auf besondere Weise in sich: Sein Genie äußerte sich nicht in eigenen Werken, sondern im Anregen und Entdecken, im Finden und Verbinden von Persönlichkeiten und Ideen. Er erkannte die Begabung des jungen Strawinsky, Schüler des im Vorjahr verstorbenen Rimski-Korsakow, auf An-

Der 33jährige Igor Strawinsky. Ein Porträt des französischen Malers und Literaten Jacques-Émile Blanche (1861–1942) aus dem Jahr 1915. Der Theater-Skandal, für den Strawinskys *Sacre du printemps* beim Pariser Publikum gesorgt hatte – es war zu handgreiflichen Auseinandersetzungen gekommen, lag nun zwei Jahre zurück. Sein Ballett *Der Feuervogel* war zuvor (1910) stürmisch akklamiert worden.

Igor Strawinsky wurde am 5. (18.) Juni 1882 in Oranienbaum – bei Petrograd – geboren. Sein Vater gehörte als Opernsänger dem Ensemble des Maria-Theaters an; & obgleich er die musikalische Begabung seines Sohnes ahnte, sah er ihn für eines jener diversen & mysteriösen Ämter vor, in die das Studium der Jurisprudenz für gewöhnlich führt.

Um ein Haar wäre mein lieber Strawinsky Richter geworden! – oder etwas ähnliches. Ja.

Zum Glück traf Igor Strawinsky im Alter von 22 Jahren auf Rimsky-Korsakow, der von der offensichtlichen Begabung des jungen Mannes so beeindruckt war, daß er ihn zu seinem Schüler machte & und dem Studium der menschlichen & unmenschlichen – gar übermenschlichen – Gesetze entriß.
Erik Satie
In: Schriften. Hg. Ornella Volta. Hofheim 1988.

hieb und stellte ihn auf die Probe: Zwei Chopinsche Klavierstücke sollten für das Ballett *Les Sylphides* beim Gastspiel der Ballets Russes in Paris orchestriert werden. Und da Strawinsky die Aufgabe pünktlich und zur Zufriedenheit erfüllte, beauftragte Diaghilew ihn für die nächste Saison mit einer eigenen Ballettmusik: *L'oiseau de feu – Der Feuervogel.*

Diaghilew fand seinen sicheren Griff bestätigt. »Seht ihn euch an, er ist ein Mann am Vorabend seines Ruhmes« rief er vor der Premiere (25. Juni 1910 in Paris) aus, die den 28jährigen mit einem Schlage international bekannt machte. Und mehr: Strawinsky wurde zum Ballettkomponisten par excellence. Denn *Der Feuervogel* bedeutete für ihn ja mehr als irgendeine Auftragskomposition; hier hatte er, der mit Werken traditionell sinfonischer Richtung begonnen hatte, seine eigene Sprache gefunden. Entscheidend dabei war seine schöpferische Affinität zu den Bedingungen und Möglichkeiten des Balletts – eine innere Verwandtschaft, die über alle stilistischen Wandlungen hinweg sein ganzes Lebenswerk prägen sollte: Strawinskys Musik ist in ihrem Wesen immer tänzerisch – auch dort, wo sie nicht ausdrücklich fürs Ballett geschrieben ist. Sie zielt nicht auf sinfonische oder dramatische Entwicklung, sondern arbeitet in erster Linie mit gestischen Elementen.

Die Handlung des Werkes, von dem Tänzer und Choreographen Michail Fokin entworfen, verbindet verschiedene typische Märchenmotive: Der Königssohn Iwan Zarewitsch fängt den geheimnisvollen Feuervogel und erhält von ihm für die wiedergegebene Freiheit eine wundertätige goldene Feder. Iwan begegnet der schönen Prinzessin Zarewna, die mit ihren Gespielinnen in der Gewalt des bösen Zauberers Kastschej steht. Dessen Macht vermag Iwan nur durch die Feder des Feuervogels zu besiegen: Die bösen Zauber lösen sich, alle Gefangenen werden frei, und Iwan und Zarewna verloben sich feierlich.

Die Partitur des Balletts besteht aus Einleitung (Nr. 1), Bild I (Nr. 2 bis 18) und Bild II (Nr. 19). Musikalische Hauptstücke sind die Einleitung (1), der »Tanz des Feuervogels« (4), die flehentliche »Bitte des Feuervogels« (6), das »Spiel der Prinzessinnen mit den goldenen Äpfeln« (Scherzo, 8), der »Reigen der Prinzessinnen« (russischer Tanz: Chorovod, 10), der »Höllentanz des Königs Kastschej« (15), das »Wiegenlied des Feuervogels« (Berceuse, 17) und das hymnische Finale (19). Die übrigen Nummern sind, sowohl musikalisch als auch choreographisch gesehen, Übergänge. 1911 stellte Strawinsky eine Konzertsuite aus fünf Musiknummern zusammen (1, 6, 8, 10, 15). 1919 folgte eine zweite Suite (1, 10, 15, 17, 19)

in reduzierter Besetzung und 1945 aus urheberrechtlichen Gründen eine um einige Zwischenteile erweiterte Fassung der zweiten. Überdies wurden einige Stücke in verschiedenen Arrangements publiziert – am populärsten wurde die *Berceuse* für Violine und Klavier.

Strawinskys Partitur markiert nicht nur den Beginn seiner Meisterschaft, sondern läßt sich auch als Summe verschiedener Traditionen verstehen. In der Melodiebildung fällt einerseits die Nähe zu russischen Volksliedern (z. B. im Chorovod und dem Finale) auf, andererseits der symbolistische Einsatz von Diatonik (für die »gute« Welt Iwans und der Mädchen), Chromatik (für die schillernde des Zauberers) und ihre Mischung (Feuervogel). Harmonisch wie auch in der Instrumentation werden Anklänge an Rimski-Korsakow, aber auch ein intensives Studium Debussys deutlich. Neben solchen ableitbaren Stilmitteln begegnen unverwechselbar Strawinskysche Eigenheiten (z. B. im *Höllentanz* kurze, synkopisch-schlagkräftige Motive, eine allgemeine Vorliebe für großangelegte Steigerungen

Zwei Kostümentwürfe von Léon Bakst (1866–1924), dem bevorzugten Ausstatter von Diaghilews »Ballets russes«: beide für Strawinskys *Feuervogel*.

durch Ostinati und motorische Wirkungen, rhythmische Belebung durch Taktwechsel usw.).

Besondere Beachtung verdient die Instrumentation, denn an ihr läßt sich ein charakterischer Wandel in Strawinskys Entwicklung erkennen: In der ursprünglichen Fassung des *Feuervogels* erklingen neben einer großen spätromantischen Bläser- und Streicherbesetzung einschließlich einer auf der Bühne plazierten Bläsergruppe noch Triangel, Tambourin, Becken, große Trommel, Tamtam, Pauken, Glocken, Xylophon, Celesta, Klavier und drei Harfen: Alles flirrt, rauscht und glitzert in der typischen Farbenpracht des russischen (Rimski-Korsakowschen) Orchesters, das ja gerade im Genre des orientalisierend Märchenhaften eine eigene Tradition besaß. Dem entspricht die Suite von 1911. Im Gegensatz dazu ist die Besetzung der Suite von 1919 und 1945 deutlich reduziert – einerseits aus praktischen Gründen (welches normale Orchester verfügte schon über 3 Harfen!), andererseits aus ästhetischen: Dem ungeheuren Reichtum an klanglicher Differenzierung und koloristischen Nuancen in der frühen Version steht später eine Tendenz zur klareren Zeichnung, zur Betonung des Linearen und der strukturellen Zusammenhänge gegenüber. *Volker Scherliess*

GUSTAV MAHLER

Das Lied von der Erde
1911 München

Als die sinfonische Dichtung ihren Zenit überschritten hatte, erreichte die Sinfonik der späten Werke Mahlers eine Vollendung, die gleichzeitig als gattungsgeschichtlicher Abschluß empfunden wurde. Gustav Mahler (1860–1911) hatte, indem er seinen Sinfoniebegriff entwickelte, die Gattung als »moderne« von der durch Brahms repräsentierten klassizistischen Tradition abgesetzt und dadurch gegen das Übergewicht der sinfonischen Dichtung um die Jahrhundertwende behauptet. Die letzten drei abgeschlossenen Werke – die vom Komponisten selbst 1910 in München mit triumphalem Erfolg uraufgeführte *Achte Sinfonie* (enstanden 1906), sowie *Das Lied von der Erde* (1908/09) und die *Neunte Sinfonie* (1908/09), die Bruno

Walter 1911 bzw. 1912 zur posthumen Uraufführung brachte – erhielten durch die Koinzidenz von gattungsgeschichtlicher und personal-stilistischer Spätphase eine außerordentliche Bedeutung. Sie fand in dem Zwiespalt ihren Ausdruck, daß einerseits die Intensität, mit der über Mahlers künstlerische Erbschaft gestritten wurde, die Aktualität der Sinfonie in der Spätzeit der Moderne dokumentierte, Mahler aber andererseits in dieser Gattung keine unmittelbare kompositionsgeschichtliche Nachfolge hatte. Mahlers Spätwerk brachte nicht nur eine große Epoche, das musikalische 19. Jahrhundert, zum Abschluß: Zugleich zeichnete es am Anfang der Neuen Musik einige Perspektiven vor, die das Musikdenken der späten Moderne beschäftigen sollten, bis in den zwanziger Jahren die Sinfonie als Hauptgattung der großen romantischen Ausdruckskunst ihre Anziehungskraft verlor und erst im folgenden Jahrzehnt unter veränderten Bedingungen wieder kompositionsgeschichtlich relevant wurde.

Im *Lied von der Erde*, einer Sinfonie für Tenor- und Alt- (oder Bariton-) Stimme und Orchester nach chinesischen Gedichten in der Übertragung von Hans Bethge (*Die chinesische Flöte*) verschränkt Mahler zwei Gattungen, deren Verbindung ein Jahrhundert zuvor noch gänzlich unvorstellbar gewesen wäre, die indes sein Schaffen von Anfang an wechselwirkend bestimmt haben: Lied und Sinfonie. Doch erst um 1908 war der Entwicklungsgang an einen Punkt angelangt, an dem im Verlauf des Kompositionsprozesses eben jene entwickelte Einheit von Sinfonie und Orchesterliedzyklus entstehen konnte, die *Das Lied von der Erde* ist. Einerseits greifen dank des liedhaften Gattungsgrundes architektonische Strophenprinzipien in die Formkonstruktion des Werkes anders und tiefer ein als bei den anderen Sinfonien Mahlers. Andererseits sind dank des sinfonischen Gattungsgrundes Prinzipien satzzyklischer Organisation in ihm von anderer und umfassenderer Bedeutung als in den früheren Orchesterliederzyklen Mahlers. Da Züge der Sonatenform, zumal in die Ecksätze, eingedrungen sind und umgekehrt in den mittleren Liedern eine Bogenform (A–B–A) vorliegt, darf die Folge der sechs Lieder als Sinfonie gelten. Mahlers abergläubische Angst, diese, seine neunte Sinfonie möchte wie bei Beethoven, Schubert und Bruckner seine letzte werden, hat ihn gehindert, sie zu numerieren. Ursprünglich wollte er das Werk »Das Lied vom Jammer der Erde« nennen. Die Auswahl der Gedichte aus Bethges Sammlung *Die chinesische Flöte* (1907) – sie kehrt die Flüchtigkeit des Lebens hervor – mag von Mahlers persönlicher Lebenskrise 1907 veranlaßt worden sein, dem Feststellen seiner Herzkrankheit, dem Tod der geliebten Tochter und

Nur scheinbar bricht sein Liedschaffen auf der Schwelle zu den Spätwerken ab; in Wahrheit erfährt es seine Krönung in den sechs ausdrucksgewaltigen, ins Überdimensionale geweiteten Orchestergesängen des »Lieds von der Erde«, in welchem dem Komponisten die Synthese von Lied und Symphonie gelungen ist.
Werner Oehlmann in: Reclam Liedführer, Stuttgart 1973/1987.

Der 45jährige Gustav Mahler. Porträt eines ungenannten Malers um 1905. Das Bild zeigt den Komponisten und Dirigenten zur Zeit seiner Hofopern-Direktion in Wien (1897–1907), während der er durch strenge Maßstäbe den Opernbetrieb radikal reformierte. Wesentlichen Anteil an seiner Reform des Aufführungsstils der neu einstudierten Opern hatte sein Bühnenbildner Alfred Roller (1864–1935).

der Demission an der Hofoper. Für den Kunstcharakter dieses Werks ist es jedoch bedeutsam, daß Mahler das in dem epochetypischen Exotismus angesiedelte Sujet – das Wechselverhältnis von Leben und Tod – als musikalisch-dialektischen Prozeß auszukomponieren verstand. In ihm ist das Leben nur eines auf den Tod hin, der Tod aber nicht Heimkehr und Keim zu neuem Leben. Im *Lied von der Erde* wird die vom Schematischen befreite autonome Musik gänzlich prosahaft erzählend, und das lose Nebeneinanderstellen verschiedener Sätze schließt sie zu quasi sprachlicher Einheit zusammen. »Gänzlich ersterbend« steht über den letzten Takten der Partitur. Von diesem Ausklang her (»Ewig . . . Ewig . . .«) ist die Eigenart des *Liedes von der Erde* am besten erfühlbar. Im ganzen ist alles auf durchhörbare, verinnerlichte Klarheit abgestellt.

Sigrid Wiesmann

Gustav Mahler. *Das Lied von der Erde*, 6. (und letzter) Satz »Abschied«, Autograph des Particells (Ausschnitt).

JEAN SIBELIUS

4. Sinfonie a-Moll
1911 Helsinki

Der finnische Komponist Jean Sibelius (1865–1957) gehört, vielleicht mit Ausnahme seines gleichaltrigen dänischen Kollegen Carl Nielsen (1865–1931), zu den am nachhaltigsten verkannten kreativen Musikerpersönlichkeiten seiner Generation. Beide entstammen einem ziemlich diffusen Umfeld, eben dieser zweiten Hälfte des 19. Jahrhunderts, in dem sich innovative Aufbruchstimmung und traditionalistisches Beharrungsvermögen eigenwillig überlappen und teilweise durchdringen. Gegensatzpaare wie Mahler und Strauss, Schönberg und Ravel stehen dafür so paradigmatisch ein wie auf dem Feld der Literatur Kafka und Benn, um jeweils fast Gleichaltrige zu nennen. Der Fall des Jean Sibelius, den René Leibowitz mit nachhaltiger Wirkung als schlechtesten Komponisten aller Zeiten bezeichnete, liegt indes seit zwanzig Jahren wieder in neuer Beleuchtung vor uns. Seit nämlich die heute entstehende Musik sich aus der Zwangsjacke doktrinär verhärteter Reglementierung befreit hat, werden neue Anreger, Vor- und Leitbilder entdeckt. Der deutsche Komponist Manfred Trojahn (* 1949) hat in diesem Zusammenhang auf Sibelius hingewiesen und ihn – aus seiner Arbeitssicht – als einen Stammvater der neuen Musik in Abgrenzung zu Schönberg bezeichnet.

Aber auch ohne diesen legitimen Rehabilitierungsansatz repräsentiert Sibelius heute eine eigenständige Bedeutung und Größe als Kompilator eines sinfonischen Ideenvorrats, wie ihn das 19. Jahrhundert bereithielt. Er beschwor wie Mahler und wie Nielsen noch einmal die 150 Jahre alte Form, unterwarf sie seiner persönlichen Prüfung, untersuchte das Verhältnis von überkommenem Formenkodex und der durch ihn vermittelbaren musikalischen Ausdrucksvielfalt und gelangte darüber zu individuell geprägten und zeitspezifischen Ergebnissen, die er in sieben Sinfonien präsentierte. Die *Vierte in a-Moll*, 1910/11 unter beträchtlichen Mühen entstanden und am 3. April 1911 unter der Leitung von Sibelius selbst in Helsinki uraufgeführt, ist die in vieler Hinsicht bemerkenswerteste, ein Schlüsselwerk.

1911, im Todesjahr Gustav Mahlers, legte Schönberg seine hochexpressiven freitonalen miniaturhaften *Klavierstücke op. 19* vor, erschien Strauss'

»Konzert«. Gemälde von Max Oppenheimer um 1912.

Rosenkavalier als Abgesang auf einen morbid gewordenen Feudalismus, brachte Strawinsky sein polytonales Ballett *Petruschka* heraus, arbeitete Busoni an seiner umstürzlerischen *Sonatina seconda*. Sibelius' *Vierte Sinfonie* fügt sich dieser Liste als nicht minder aufrüttelnd-zukunftsträchtiges Opus an und kann in der kritischen Wertung als ebenbürtig gelten. Bringt man allgemeine (auch politische) Umstände und biographische Sondersituationen des Komponisten in Anrechnung, die man zusammengefaßt als Krise bezeichnen darf und die den Schaffensprozeß an der Sinfonie sicher beeinflußt haben, so läßt sich mit ihnen allein der gestaltspezifische und musiksprachliche Rang des Werkes nicht erklären. Alles in ihm stellt normative Verhältnisse in Frage. Sibelius muß sich zu dieser Zeit in besonderer Weise herausgefordert gefühlt haben. Natürlich waren ihm auch die musiktechnologischen Veränderungen in der europäischen Kompositionsarbeit durchaus nicht fremd. Er pflegte Umgang oder Gedankenaustausch mit Kollegen wie Mahler und Busoni, und er konnte auch vor den innovatorischen Bemühungen der zweite Wiener Schule mit ihrem Spiritus rector Schönberg nicht gänzlich die Augen verschließen.

Die wolkenartig fließenden Bilder, die Sibelius jetzt in Musik überträgt, sind so vage, daß die herkömmliche Malweise mit konkreten Figuren zu kurz käme. Kein einziges Thema, das volltönend ausklänge oder wüchse, kein einziger Gedanke, der greifbare Gestalt annähme; das wachsame Widerstreben, endgültige Formulierungen zu gebrauchen für Ahnungen, die beständig entgleiten, kann weder weiter getrieben noch gewissenhafter beachtet werden. Aber diese Reaktion der Scheu gegenüber dem Schwerdefinierbaren wird aufgewogen von einer weitoffenen Empfänglichkeit für unstete Eindrücke: verschwebende Ahnungen von überall her zwischen Träumereien und Schlaf.
Sigurd Fosterus. Stalalderens janusansikte. Helsinfors 1935. In: Nils-Eric Ringbohm. Jean Sibelius. Ein Meister und sein Werk. Olten 1950.

Aber Jean Sibelius fand seinen eigenen Weg, wie die *Vierte Sinfonie* dokumentiert. Formal wie klangsprachlich wählte er für sie unorthodoxe Verfahrensweisen. Dem hierarchisch geordneten Viersatzschema aus dem Geist der Wiener Klassik, das für Bruckner Verbindlichkeit behielt, entzog er sich ebenso wie Mahler. Mehr zufällig blieb er in seiner *a-Moll-Sinfonie* bei vier Sätzen. Dem »quasi adagio« an erster Stelle folgt ein nur mühsam als heiter zu entschlüsselndes Allegro. Der dritte Satz ist ein unverhohlen elegisch grundiertes Largo, der vierte ein fast schwungvoll anhebendes, dann aber doch in Resignation verebbendes Allegro. Auch bei den Satzformen selbst geht Sibelius traditionellen Kodizes aus dem Weg. Satz eins und zwei könnten als variierte dreiteilige Liedformen, Satz drei als eine sehr frei gehandhabte rondoartige Form gesehen werden. Das Finale wäre als Sonatenhauptsatz zu analysieren, wenn nicht eines von dessen Hauptbestandteilen, die Reprise, ausgespart bliebe.

Sibelius operiert immer (und so auch hier) mit vielen Themen, Motiven, Motivfetzen, die er mit offenkundiger Tendenz zur Durchführungsarbeit alle gleichsam diskutiert, allerdings mit unterschiedlichem Gewicht. Generell wird der ausdruckshaften Tragfähigkeit und dem Mitteilungsstreben der Musik die Verarbeitung des Materials subsumiert. Das offenbart schon das Material selbst, seine Grundanlage wie seine Entwicklung. Die Konstruktion des thematischen Stoffes enthüllt sich als eigenwillig erdacht, nicht hingegen als gefühlsbeladen ergrübelt. Das schafft Nähe und Distanz zugleich: Man wird einbezogen in die Musik und doch außen vorgelassen, ehe man es recht gewahr wird. Themen entwickeln sich scheinbar verheißungsvoll, steigen auf und reißen unerwartet ab. Ein ostinater rhythmischer Verlauf kündigt sich an, setzt sich aber nicht fort. Das Solocello will sich zur Kantilene aufschwingen, kommt aber über die übermäßige Quinte nicht hinaus. Hornquinten lockern klangliche Kargheit auf, verstummen aber sogleich wieder. Plötzlich brechen Geigen, Bratschen und Celli unisono und anschwellend zum Fortissimo zum Undezimensprung auf. Die weite Intervalldistanz erweist sich – oktavversetzt – als übermäßige Quart, als Tritonus, der als »Diabolus in musica« im traditionellen Tonsatz verpönt, aber längst als ausdrucksstimulierender Störfaktor legitimiert ist. Sibelius verwendet ihn in seiner *Vierten Sinfonie* geradezu als Grundintervall, aus dem Klangfelder erwachsen, und dem die Musik sich im Rücklauf wieder zuneigt.

Die aus solchen Details sich summierende Brüchigkeit der indes nie unübersichtlich werdenden Gestalt erweist sich für die Sinfonie als immanente Programmatik ohne inhaltliche Vorgaben. Die rund 35 Minuten Spieldauer beanspruchenden vier Sätze erweisen sich als ein Kondensat schmerzlichster Anspannung und strikt intentionaler Aussage. Der Rang des Werkes kann nur schwerlich und nur unter der Prämisse subjektiver Voreingenommenheit übersehen werden. *Hanspeter Krellmann*

ALEXANDER SKRJABIN

Prometheus (Feuerlied) op. 60
1911 Moskau

Im Jahre 1875 gründeten die Russin Elena Petrowna Blavatsky und der amerikanische Colonel Olcott in New York die erste »Theosophical Society« – eine Sekte, die ihr Gedankengut aus den verschiedensten Quellen schöpfte; neoplatonischer Pantheismus und indische Philosophie, Illuminatentum und Gnosis, die Schriften Jakob Böhmes und Emanuel Swedenborgs, Psychologie und Okkultismus fließen zur theosophischen Idee zusammen, deren Ziel die Erkenntnis der göttlichen Einheit ist, das wahre Wesen allen Seins und das Selbst des Menschen, die Verbrüderung der gesamten Menschheit. Es dauerte nicht lange, und die Theosophie hatte in der ganzen Welt Anhänger gefunden – darunter Rudolf Steiner (der sich bald allerdings von den Ideen der Blavatsky löste und seinen eigenen Weg verfolgte, die Anthroposophie) und der russische Komponist Alexander Nikolajewitsch Skrjabin (1872–1915), der sich um 1904 erstmals mit der Theosophie auseinandersetzte. »Ich bin Gott!«, formulierte Skrjabin seine *Prometheischen Phantasien* in einem Heft, das 1919 in Moskau erstmals veröffentlicht wurde. »Wenn eine Persönlichkeit die Fähigkeit gewinnt, in der Weise auf die Außenwelt zu wirken, daß sie das System der Beziehungen in jedem gegebenen Augenblick willkürlich verändern kann, so hat sie die

524 *SKRJABIN Prometheus (Feuerlied) op. 61*

göttliche Macht erlangt. Solch eine Persönlichkeit wird das Weltall in einen göttlichen Organismus verwandeln. Sie wird den Zustand vollkommener Harmonie erreichen, Steigerung der Schöpferkraft bis zur äußersten Grenze, Ekstase. Solch eine Persönlichkeit wird ein allgemeines Bedürfnis sein, das Bedürfnis, göttliche Schönheit zu schauen. Die Welt wird sich ihr hingeben, wie ein Weib dem Geliebten.« In die Zeit dieser Notizen fallen auch die ersten Versuche des Komponisten, sich aus der auf Terz-Verbindungen basierenden Dur-Moll-Tonalität zu lösen und ein eigenes harmonisches System zu entwickeln; das Modell der Quarten-Harmonik, das daraus hervorging – lange vor Arnold Schönbergs Zwölftonlehre das erste »atonale« Tonsystem der abendländischen Musik –, läßt sich zwar von den natürlichen Obertonreihen herleiten, ist aber bei Skrjabin eher spekulativer Natur. Den aus Quart-Schichtungen konstruierten, beliebig transponierbaren »mystischen Akkorden«, auf denen seit dem *Poème de l'extase für Orchester op. 54* (1905–08) fast jedes seiner Werke beruhte, hat der Komponist überdies exakte Farb- und Symbolwerte zugeordnet, die sich wie folgt aufschlüsseln lassen:

Der 33jährige Alexander Skrjabin auf einem Foto von 1905. Es ist die Zeit seiner 3. Sinfonie *Le divin Poème* (»Das göttliche Gedicht«). In dieser wie in den vorhergehenden beiden Sinfonien ist Skrjabins Gedanke einer Zusammenfassung aller Künste schon angelegt, seine »mystische Tonleiter« schon in Gebrauch.

C	(menschlicher) Wille – leuchtend rot
Cis/Des	Wille (des schöpferischen Geistes) – violett oder purpur
D	Freude – gelb
Es	Menschheit – Fleischfarbe oder Stahlglanz
E	Träume, himmelblau – mondweiß oder Frostfarbe
F	Vielfalt des Willens – dunkelrot
Fis/Ges	Kreativität – hellblau oder violett
G	schöpferisches Spiel – orange
As	Abstieg des Geistes in die Materie – violett oder lila
A	Materie – grün
B	Lust oder Leidenschaft – rosa oder Stahlfarbe
H/Ces	Kontemplation – blau oder perlweiß

Nach der dritten Sinfonie *Le Divin poème op. 43* (1902–05) und dem *Poème de l'extase* hat Skrjabin sein theosophisch-musikalisches Weltbild am radikalsten in seinem letzten vollendeten Orchesterwerk verwirklicht: *Prométhée / Le Poème du feu op. 60*, komponiert zwischen 1908 und 1910 und uraufgeführt in Moskau unter Sergej Kussevitsky am 15. März 1911. In der überdimensionalen Besetzung des Werkes (u. a. mit vierfachem Holz, acht Hörnern, fünf Trompeten, Orgel und achtstimmigem, gemischtem Vokalisen-Chor) sind vor allem zwei Instrumente bemerkenswert: ein Solokla-

Alexander Skrjabin. *Prometheus.* Titelblatt der Erstausgabe, entworfen von dem belgischen Maler Jean Delville, der sich durch seine symbolistischen Figurenbilder einen Namen machte.

Es ist schwer, bei der Analyse des Skrjabinischen Schaffens die einzelnen Gestaltungen desselben von der allgemeinen Idee, der endgültigen »Kunstidee«, die jetzt dem Bewußtsein des Komponisten vollkommen klar geworden ist, zu trennen. Das ist die Kunstidee als ein gewisser mystischer Vorgang, der zum Erreichen eines ekstatischen Erlebnisses dient – der Ekstase, dem Sehen in höheren Plänen der Natur.
Leonid Sabanejew. In: Der Blaue Reiter. München 1912.

vier, das als »menschlicher Mikrokosmos« dem »allumfassenden Makrokosmos« des Orchesters konzertierend gegenübersteht, und ein »clavier à luce« – ein zweistimmig notiertes »Lichtklavier«, das mit langsam wechselnden Farbprojektionen das harmonische Fortschreiten der Musik begleitet, wobei die Intensität des Lichts der Klangdynamik angepaßt ist. Zu Skrjabins Zeit gab es freilich ein solches Instrument noch nicht, und erst in den späten zwanziger Jahren konnte diese faszinierende Synästhesie erstmals aufführungstechnisch verwirklicht werden. Der »mystische Akkord« A – Dis – G – Cis – Fis – H, der gleich zu Beginn des Werkes erklingt, erweist sich als vertikale Übertragung des Zentralthemas des *Poème de l'extase*, das Skrjabin dort als »Thema der Selbstbehauptung« definiert hatte; im *Prométhée* nun symbolisiert es das Chaos, den Urzustand alles Seins, aus dem sich allmählich das »schöpferische Prinzip des Feuers« (gestopfte Solotrompete) und der »Abstieg des Geistes in die Materie« herauskristallisieren. Nach dem »Erwachen des menschlichen Bewußtseins« durchläuft der Mensch (Soloklavier) verschiedene Stadien der Läuterung, um schließlich in eine reine Quarte einzumünden, die der Komponist als das »Ich bin« definiert hat, als »Ego-Thema«. Im Streit zwischen Mikro- und Makrokosmos erringt der Mensch »den wahrhaften Sieg über sich selbst und Gott, durch Tat und Tatkraft, Selbstentdeckung, Erlebnis und mystischen Ritus. Im ekstatischen ›Tanz des Lebens‹ zerbricht und zersplittert der Umriß aller Themen. Die Menschenwelt wird materienlos und zersetzt sich im kosmischen Staub des Nirwana. Der fleischgewordene Menschengeist wird wieder befreit und vergeht im Äther als reine Körperlosigkeit. Von Wind und Sternen verweht, wird er von Sonnenwinden und Orgasmen der Sternennebel in das blaue Nichts geblasen« (Faubion Bowers). Kurz vor seinem Tod arbeitete Skrjabin an einer Fortsetzung des *Prométhée*, die unter dem Titel *Mystère* zu den Dimensionen eines monumentalen Mysterienspiels anwachsen sollte; außer dem »Clavier à luce« war noch eine »Duftorgel« vorgesehen, um den synästhetischen Eindruck zu vervollkommnen. Das Fragment des *Acte Préalable* (Vorbereitende Aktion) wurde 1970–73 von dem russischen Komponisten Alexander Njemtin rekonstruiert und vervollständigt.

Die Verbindung von Klang und Farbe und die (von den Zeitgenossen als geradezu »pornographisch« apostrophierte) Sinnlichkeit des *Prométhée* führen in direkter Linie zu Olivier Messiaen, der sich in seiner *Turangalîla-Sinfonie* (1946/48) ausdrücklich auf das Vorbild Skrjabins berief.

Michael Stegemann

»Das ist keine Dominantharmonie, sondern eine Grundharmonie, eine Konsonanz: Das ist wahr – es klingt weich, ganz wie eine Konsonanz . . . Melodie und Harmonie – das sind zwei Seiten eines Prinzips, einer Wesenheit, sie haben sich zunächst in der klassischen Musik getrennt . . . Und jetzt beginnt bei mir die Synthese. Harmonie wird Melodie und Melodie Harmonie. Bei mir gibt es keinen Unterschied zwischen Melodie und Harmonie, das ist ein und dasselbe. Im Prometheus ist dieses Prinzip streng durchgeführt.«
Alexander Skrjabin
In: Leonid Sabaneer. Erinnerungen an Skrjabin und Skrjabinisten. Musik-Konzepte 32/33. München 1983.

RICHARD STRAUSS

Der Rosenkavalier
1911 Dresden

Bühnenbildentwurf zum 3. Akt des *Rosenkavaliers* von Alfred Roller (1864–1935) für die Dresdner Uraufführung der »Komödie für Musik« im Jahr 1911, entstanden 1910.

Keine andere Oper von Richard Strauss (1864–1949) erscheint mir so verschwenderisch und intim zugleich: Zeitkolorit, Pracht des Dekors, und menschlich verinnerlichtes Theater der Monologe und Dialoge sind da zusammengebunden. Bis auf den burlesken, von Ochs und seinen Lerchenauern beherrschten 2. Akt und die kurzen Chorszenen im 3. Akt haben wir es fast nur mit stillen, eindringlichen Szenen voller Gespräche und Gefühle zu tun . . . Und doch ist diese Oper der Inbegriff von festlichem Glanz und wechselnder Laune!

Das liegt zum einen wohl am Spielort selbst – hochherrschaftliche Räume und Säle werden uns präsentiert, mit den dazugehörigen prunkvollen Kostümen, zum andern an den dramaturgisch genial gebauten und komponierten »Auftrittsmusiken«: Nicht nur die berühmte »Rosenüberreichung« – die übrigens kein historischer Brauch, sondern reine Erfindung Hofmannsthals war – oder der grandiose Eintritt der Marschallin im

3. Akt, auch der Auftritt des Ochs im 1. Akt ist voller sich steigernder, musikalischer Spannung. Die Marschallin, eben noch heiter-versonnen, den eifersüchtigen Oktavian – ihren Quin-Quin – beruhigend,in veralberter, verliebter Morgenstimmung, glaubt sich in flagranti ertappt! Fängt sich aber schnell, erkennt ihren Irrtum, denn nicht der Feldmarschall kommt da zurück – Oktavian nutzt die Situation zur ersten Verkleidungskomik –, und schon poltert Ochs herein! Der aber sollte keinesfalls der tumbe, ordinäre Tölpel sein, als der er so oft dargestellt wird, sondern eher ein etwas unsensibler, charakterlich grobschlächtiger Mensch, der sich sehr wohl zu benehmen weiß und sich selbstverständlich gewandt und weltmännisch im Schlafzimmer der Marschallin bewegt! Strauss war dieser Ochs ans Herz gewachsen – er erwog, die ganze Oper so zu benennen, und die Freude des Komponiervorganges ist nicht zu überhören bei dieser saftigen, überströmenden Musik, die den Ochs begleitet! Wie »Öl und Butterschmalz« ließe sich das alles komponieren, schreibt Strauss an Hofmannsthal, wenn er wieder eine fertige Szene aus Rodaun geschickt bekommt. Und läßt Hofmannsthal sich einmal Zeit mit dem Absenden, mahnte er ungeduldig – mit »Haut und Haar« komponiere er den *Rosenkavalier*. (Auch eine Hofmannsthalsche Regieanweisung wurde versehentlich zu Musik . . .). Die Protagonisten dieser melancholischen Komödie sind herrlich individuell erfaßt und gezeichnet vom blühenden Strauss'schen Melos, im strahlenden Fluß der Themen. Strauss liebte den *Rosenkavalier*, und seine Zusammenarbeit mit Hofmannsthal führte ihn – nach der schockierend modernen, abgründigen *Elektra* – in mozartsche Höhen . . .

Der verspielten, launischen Marschallin, die sich so philosophisch aufgeklärt gibt, daß man Voltaire und die Bibel vereint auf dem Nachttisch zu sehen vermeint – ihr sind die weichsten, verinnerlichtesten Melodien zugeordnet; und der wunderbar elegante und draufgängerische jugendliche Liebhaber, der verständnislose Oktavian muß sich mit leuchtenden Repliken, vertrackten rhythmischen Phrasen und großen Ausbrüchen herumplagen. Immer gerät er in Rage, will mit dem Kopf durch die Wand – die Welt der Liebe, der Toleranz ist ihm noch verschlossen. Erst im Schlußduett findet er, im Verein mit Sophie, zu einfacher, wahrhaftiger Aussage, ist er plötzlich seiner selbst sicher geworden und vielleicht erwachsen?

Sophie, die plappernde, vermeintlich naive, im Kloster erzogene, entwickelt sich unaufhaltsam vom schutzbedürftigen, zum Schutz fordernden, ziemlich unangenehmen Weibchen voller Durchsetzungsvermögen – sie wird sich ihren Oktavian schon zurechtbiegen!

Lieber Herr von Hofmannsthal!
Garmisch, 13. August 1909.
In Verdis »Falstaff« ist ein so hübscher Monolog zu Anfang des letzten Aktes: Er beginnt mit dem Wort: »Schandvolk« – ich denke mir die Szene des Baron nach dem Abgang des Faninal ähnlich: Der Baron auf dem Sofa, der Arzt bei ihm, die Diener stumm am Bettende aufgestellt und der Baron in Pausen sprechend, halb für sich, halb zu den andern: Halb Siegerstimmung, halb Katerstimmung, immer von Orchesterzwischenspielen unterbrochen,
Schmerzen leidend, auf Quinquin fluchend,
die Braut glossierend.
Die Anlage ist gut, aber noch ein bißchen ausführen, etwa acht Zeilen.–
Richard Strauss. Hugo von Hofmannsthal. Briefwechsel. Zürich 1952/1964.

»Schuch dirigiert den Rosenkavalier«. Gemälde von Robert Hermann Sterl (1867–1932) aus dem Jahr nach der Uraufführung, 1912. Ernst Edler von Schuch wirkte seit 1872 an der Dresdner Hofoper. Er hatte bereits die Uraufführungen der Strauss-Opern *Salome* (1905) und *Elektra* (1909) dirigiert.

Der besondere Reiz dieser Oper liegt sicher auch in der Hosenrolle des Oktavian. Der junge Graf Rofrano wird von einem Mezzosopran gesungen – für Strauss Anlaß zu herrlichsten Ensembles. Hier verschmelzen die Frauenstimmen, wie man es in keiner anderen Oper erleben kann. Höhepunkt ist die große Terzettszene am Schluß der Oper. Für Hofmannsthal Anlaß zu köstlichen Verwirrungs-und Verkleidungsszenen: Der von einer Frau gestaltete junge Mann verkleidet sich im Laufe der Handlung zweimal in das Mariandl, die angebliche Zofe der Marschallin – den schürzenjägernden Ochs an der Nase herumführend. Reizvoll ist es für die Sängerin des Oktavian in die Rolle des eleganten »jungen Herrn aus großen Hause« zu schlüpfen, um dann in der Verkleidung die Unbeholfenheit des jungen Mannes als Kammerzoferl zu erspielen. Travestie in Vollendung! Die schauspielerischen Anforderungen sind groß, Strauss wußte das sehr genau und legte größten Wert auf die darstellerischen Qualitäten seiner Sänger! Und so war es kein Geringerer als Max Reinhardt, den er bat, die Uraufführung in Dresden zu betreuen, nachdem der dortige Hausregisseur versagt hatte.

Zwanzig Jahre lang durfte ich die geliebte Partie des Oktavian singen, bevor ich mich entschloß, sie aufzugeben. Als das Verständnis für die Gedankenwelt der Marschallin zu groß geworden war, als ich auf der Bühne ihren Monologen innerlich zustimmend lauschte – da wußte ich, daß es Zeit war Abschied zu nehmen vom *Rosenkavalier*. . .

Dann bot sich – als krönender Abschluß sozusagen – die Gelegenheit, das Stück szenisch zu erarbeiten und junge Sänger, die teilweise Debütanten in ihren Partien waren, an ihre Rolle heranzuführen. Und da verschob sich der Schwerpunkt tatsächlich mehr und mehr – nicht Oktavian mit seiner stürmischen, leidenschaftlichen Lebenslust, sondern die Marschallin wurde mir Mittelpunkt des Geschehens.

Sie sagt sehr kluge Dinge, diese Marie-Theres', sie prägt mit ihrer starken, warmherzigen Persönlichkeit das ganze Stück, und alle sonnen sich in ihrer Großmut oder weichen aus in ihren Schatten. Es gibt Momente im *Rosenkavalier*, da scheinen die Handelnden wie »aus der Welt genommen« – versunken in Gedanken und Träume – und traumhafte Musik begleitet sie, um sie im nächsten Augenblick mit drastischem, szenischem und musikalischem Geschehen in die Wirklichkeit zurückzuholen. Das Geflecht der menschlichen Beziehungen ist weitgefächert, mit tausend Facetten und Regungen des menschlichen Herzens. Der Phantasie des Darstellers sind keine Grenzen gesetzt, was Hofmannsthal und Strauss zu sagen haben, ist

»Salome« hörte ich zuerst 1907 unter Schuch in Dresden, und zwei Jahre später wurde »Elektra« in Prag auf Tschechisch im Tschechischen Nationaltheater aufgeführt, nicht in der Deutschen Oper. Das war großartig. Dann kam der »Rosenkavalier«, und alles ertrank in Zuckerwasser.
Otto Klemperer in: Gespräche mit Klemperer. Geführt und herausgegeben von Peter Hayworth, Frankfurt/Main 1973.

allgemeingültig, die Identifikation fällt leicht. Das mag der Hauptgrund sein für die andauernde Beliebtheit dieses Werkes – für die alles überstrahlende Kraft dieses Operngeschehens, das uns – ob auf der Bühne oder im Publikum – immer wieder unausweichlich in seinen Bann zu ziehen vermag.

Nicht jeder Abend eines 20jährigen Bühnenlebens als Oktavian kann gleichermaßen inspiriert verlaufen – da gibt es schon einmal Leerlauf oder Momente des »Neben-sich-Stehens«. Aber beim Terzett – immer und überall auf der Welt – war der große Zauber plötzlich da, waren Inspiration und Abendintuition vorhanden: Strauss und Hofmannsthal haben mich nie im Stich gelassen – und ich sie hoffentlich auch nicht.

Brigitte Fassbaender

GUSTAV MAHLER

9. Sinfonie D-Dur
1912 Wien

Mit der *Neunten Sinfonie* beginnt eine neue Phase von Mahlers Komponieren. Das Werk hat mit dem *Lied von der Erde* (UA 1911) nicht viel gemeinsam. In der *Neunten Sinfonie* werden Instrumentalpartien zuweilen zur Stimme. Manche Melodien in den Ecksätzen sind so beredt wie nur die großen Lieder Gustav Mahlers (1860–1911). Die Sätze der letzten Sinfonien (auch der *Zehnten*) sind in höherem Maß selbständig und unterscheiden sich durch die Struktur ihrer Prosa.

Die etwas lose Einheit des sinfonischen Ganzen entsteht, indem solche Strukturen zueinander in Beziehung gesetzt werden und einander ergänzen. Schönberg konstatierte, daß es von den letzten Werken Mahlers nur ein kleiner Schritt zum absoluten Schritt der modernen Musik, zur Atonalität sei. In der *Neunten Sinfonie* gibt es keine Melodien in gewöhnlicher Manier mehr, nur kurze musikalische Motive, auch die harmonische Struktur und der Kontrapunkt sind von sekundärer Bedeutung. Der wichtigste Faktor ist nicht das lineare oder vertikale Denken, sondern die Kreation der horizontalen Klangentwicklung.

In der *Neunten Sinfonie* steht Heterogenes nebeneinander; es wird weniger verbunden als früher. Der Mensch scheint nicht mehr in Schicksalsgewalten verstrickt, er steht bereits über den Dingen und sieht sie gleichsam als Außenstehender. Dem entspricht auch die ungewöhnliche Anordnung der Satzfolgen: Die beiden umrahmenden langsamen Sätze stehen in scharfem Kontrast zu den beiden bewegten Mittelsätzen. Die Ecksätze werden wie ein von Trauer und Mitleid erfülltes Abschiednehmen von einer Welt empfunden, die dem Taumel des materiellen Lebens hingegeben (im zweiten Satz) und im selbstzerstörerischen Kampf (im Rondo – Burleske) sich ihrer wahren Ziele nicht bewußt zu werden vermag. Der differenzierten Coda vom ersten Satz folgt zu Beginn des zweiten ein Ländler in C-Dur. Es mag auch nach der wilden Burleske, die man der Neuen Musik zurechnen kann, der edle Streichersatz des Adagios befremden.

Indem die späte Musik Mahlers den Verzicht auf stilistische Einheit offenbart, gibt sie den Blick frei zur Vergangenheit. Die Burleske beschwört Mahlers expressionistische Phase: Sie erinnert an den 2. Satz der *Fünften Sinfonie*. Mahlers letzte Werke enthalten Partien, deren Musik – in Melodik, Rhythmik und Dynamik – sich weit vorwagt. Aber auch die vermeintlich traditionellen Stellen sind als klangliche Prozesse konzipiert.

Gerade einfache tonale Zusamenhänge klingen bei Mahler befremdend und Dur-Akkorde scharf und dissonant. So steckt Mahlers *Neunte Sinfonie* voller »Tendenzen nach vorn« (Bloch).

Und Carl Dahlhaus schrieb zum 50. Todestag des Komponisten 1961, als die Mahler-Renaissance eingesetzt hatte, aber ein Verständnis für sein Werk noch lange nicht selbstverständlich war: »Was Mahler sagen will, formuliert er mit einer Deutlichkeit, die kein bloßes Ungefähr duldet. Und seine Kunst, auch Nebenstimmen so zu instrumentieren, daß sie, ohne sich vorzudrängen, als ganze und nicht nur in Fragmenten wahrgenommen werden, ist zum Modell modernen Instrumentierens geworden. Das Lob der Instrumentation aber wird zur Phrase, wenn es sich, nach dem Schema von Schale und Kern, mit einem Aburteil über die Melodik und Polyphonie verbindet. Denn gerade das Merkmal einer von der Komposition ablösbaren Orchestervirtuosität, der glänzende volle Klang, fehlt Mahlers Instrumentation. Einem Hörer, der sich von Mahlers melodischen Gedanken abgestoßen fühlt, müßte auch der Orchesterklang grell oder fahl, spröde oder in den Proportionen gestört erscheinen. Mahlers Werk läßt sich nicht mit den groben Klassifikationsbegriffen des musikalischen Handwerks in Geglücktes und Mißlungenes zerlegen.« *Sigrid Wiesmann*

Ich habe wieder einmal die 9. Symphonie Mahlers durchgespielt. Der erste Satz ist das allerherrlichste, was Mahler geschrieben hat. Es ist der Ausdruck einer unerhörten Liebe zu dieser Erde, die Sehnsucht, im Frieden auf ihr zu leben, sie, die Natur, noch auszugenießen bis in ihre tiefsten Tiefen – bevor der Tod kommt. Alban Berg in einem Brief an seine Frau aus dem Jahr 1912. In: Wolfgang Schreiber. Mahler. Reinbek 1971.

ARNOLD SCHÖNBERG

Gurrelieder
1913 Wien

Arnold Schönberg. *Der rote Blick.* (1910) Die meisten von Schönbergs Bildern entstanden in den Jahren 1908–10, in denen er mit Wassily Kandinsky (1866–1944) in der Künstlergruppe »Der blaue Reiter« zusammenarbeitete.

Arnold Schönberg (1874–1951), einer der ganz großen Meister der Musikgeschichte und vielleicht der bedeutendste Komponist der ersten Hälfte des 20. Jahrhunderts, war zu seinen Lebzeiten anerkannt und umstritten wie viele andere Meister vor ihm. Das Maß der Feindschaft allerdings, das ihm entgegenschlug, war größer als in früheren vergleichbaren Fällen, da die kompositorischen Maßnahmen, die er ergriff, kühner und folgenreicher waren als andere. Der Übergang zur sog. Atonalität (ein Begriff übrigens, den er strikt, wenngleich vergebens zurückwies), der Verzicht auf die über Jahrhunderte entwickelte funktionale Tonalität, die viele für ein musikalisches Naturgesetz hielten, war ein Schritt von unerhörter Radikalität und geschichtlicher Folgekraft. Der Vorwurf, Schönberg würde diese »Gesetze« nicht anerkennen, weil er außerstande sei, sie kompositorisch zu meistern, war naheliegend und wurde häufig geäußert. Freilich gab es mehrere Werke in Schönbergs erster Phase, in welcher er noch tonal komponierte (bis ca. 1908), die diesen Vorwurf mit Leichtigkeit widerlegen konnten. Am überzeugendsten allerdings war für alle die umjubelte Uraufführung der *Gurrelieder,* die von Franz Schreker 1913 in Wien geleitet wurde: Sie offenbarte ein Werk von einer solchen stupenden kompositorischen Meisterschaft, daß entsprechende Vorwürfe fortan verstummten (was von großer Bedeutung war für die Durchsetzung der Atonalität und der Zwölftonmusik in späteren Jahren).

Die *Gurrelieder* sind von Schönberg zwischen 1900 und 1903 komponiert, doch nicht fertig instrumentiert worden. Die Instrumentation des letzten Teils erfolgte, nach langer Unterbrechung, erst um 1910, was eine spürbare Differenz im Klang des Werkes ergab. Die *Gurrelieder* sind komponiert für eine jener kolossalen Besetzungen, mit denen sich die Zeit der Jahrhundertwende in der Überzeugung hervortat, daß den von ihr bevorzugten großartigen Gehalten einer Weltanschauungsmusik nur extrem entwikkelte Dimensionen innerer und äußerer musikalischer Größe gerecht zu werden vermöchten. Als Text liegt dem Werk die gleichnamige Dichtung des dänischen Dichters Jens Peter Jacobsen in deutscher Übersetzung zugrunde. Die Besetzung ist für großes Orchester, Soli, drei vierstimmige

ARNOLD SCHOENBERG MAI 1910

Männerchöre und – am Schluß – einen gemischten Chor sowie eine melodramatische Sprechstimmenpartie. Das Orchester selbst umfaßt: 8 Flöten, 5 Oboen, 7 Klarinetten, 5 Fagotte, 10 Hörner, 5 Trompeten, 7 Posaunen, 1 Kontrabaß-Tuba, außer 6 Pauken viel anderes Schlagwerk, 4 Harfen, Celesta und einen möglichst stark besetzten Streicherkörper. Nichts wäre freilich irriger als die Annahme, Schönberg habe diese Riesenbesetzung nur zur Entfaltung äußerer Stärke benutzt. Vielmehr ging es ihm um eine äußerst differenzierte und nuancierte Klanggebung – sei es mit Mischklanginstrumentation, sei es (wie im später instrumentierten dritten Teil) mit vorwiegend solistischer Besetzung.

Das Schaffen des Künstlers ist triebhaft. Das Bewußtsein hat wenig Einfluß darauf. Er hat das Gefühl, als wäre ihm diktiert, was er tut. Als täte er es nur nach dem Willen irgendeiner Macht in ihm, deren Gesetz er nicht kennt. Er ist nur der Ausführende eines verborgenen Willens, des Instinktes, des Unbewußten in ihm. Ob es neu oder alt, gut oder schlecht, schön oder häßlich ist. Er weiß es nicht. Er fühlt nur den Trieb, dem er gehorchen muß.
Arnold Schönberg. In: Harmonielehre. Wien 1949.

Die *Gurrelieder* entfalten einen Kosmos eigener Art. Zu Beginn, in den ersten Gesängen, entwickelt sich das Werk als eine Art Orchestergesangszyklus für zwei Solostimmen, in dem die Geschichte der Liebe zwischen König Waldemar und seiner Geliebten Tove dargestellt wird. Die alternierenden Gesänge der Protagonisten sind verbunden durch Zwischenspiele des Orchesters und entfalten eine außerordentliche lyrische Intensität mit rein musikalischen Mitteln. Die mit Wagners *Tristan* (UA 1865) begründete Identität zwischen Liebesglück und Liebestod erfüllt sich auch hier: Tove wird, so berichtet es das Lied der Waldtaube, die als Botin fungiert, von Hedwig, der eifersüchtigen Ehefrau Waldemars, ermordet. Diese Liebestragödie wird von dem betroffenen Waldemar nicht hingenommen: Wütend eifert er gegen Gott, den er für den Schuldigen an der Zerstörung seines Liebesglücks hält. Mit seinen Mannen zieht er fortan als wildes Heer nächtens durch die Gegend und erschöpft sich in vergeblicher Opposition und gotteslästerlicher Handlung. Hier öffnet sich nun die Szenerie zum Kosmos von Natur und Menschheit. Entsprechend den naturalistisch-mystischen Vorgaben der Jacobsenschen Dichtung werden Naturschilderungen von großer Suggestivkraft im Kleinsten wie im Größten einbezogen. Der Tod Toves und der Tod aller Kreatur – er erfolgt in der ihn symbolisierenden Nacht (die gleichzeitig die Zeit der Liebe war) – wird aufgehoben in dem ewigen Kreislauf der Natur, welcher sich mit dem Anbruch des neuen Tages, dem aus dem Vergänglichen herauskeimenden neuen Leben, ankündigt.

Der semantische Gehalt, das in Worten Ausdrückbare dieses Werkes, verblaßt allerdings vor der unerhörten Ausdruckskraft der Schönbergschen Musik. Sie verbindet – als wahrer Meilenstein – zwei Epochen: einerseits die spätromantische Moderne, indem sie in der Tove-Tragödie die Summe zieht aus der Gefühlshaftigkeit romantischer Liebeslyrik, andererseits die Neue Musik, auf welche sie etwa im Melodram des Klaus Narr und in der kunstvollen Polyphonie der Chöre verweist. Die musikalischen Beziehungen der Lieder untereinander – und damit der Zusammenhang des ganzen Werkes – offenbaren sich allerdings erst einem eindringlichen analytischen Blick, wie ihn Alban Berg mit seiner großen (freilich die Textsemantik absichtlich ignorierenden) Analyse der *Gurrelieder* bewiesen hat.

Hermann Danuser

IGOR STRAWINSKY

Le sacre du printemps
1913 Paris

Die Pariser Uraufführung des *Feuervogel* im Jahre 1909 hatte für Igor Strawinsky (1882–1971) den internationalen Durchbruch gebracht. Danach war klar, daß er von Sergej Diaghilew, dem Chef der berühmten Ballets Russes, zur weiteren Zusammenarbeit herangezogen würde. Mehrere Projekte wurden ins Auge gefaßt, und »eines Tages« – so berichtet der Komponist in seinen Memoiren (1931) – »überkam mich die Vision einer großen heidnischen Feier: Alte weise Männer sitzen im Kreis und schauen dem Todestanz eines jungen Mädchens zu, das geopfert werden soll, um den Gott des Frühlings günstig zu stimmen.« Dies war die Idee des *Sacre du printemps* (Frühlingsweihe oder Frühlingsopfer). Die Arbeit daran zog sich, unterbrochen durch das zweite der großen russischen Ballette, *Petruschka* (1911), und einige andere Werke, über drei Jahre hin. Am 29. Mai 1913 fand dann die Urauffuhrung im Pariser Théâtre des Champs-Elysées statt, die nach wenigen Takten in einen Tumult überging und einen der größten Skandale der Musikgeschichte hervorrief.

Es ging im *Sacre* weder um eine Erzählung von bestimmten Gestalten (wie im Märchenballett *Feuervogel*) noch um eine Handlung mit typisierten Figuren (wie in den volkstümlichen Jahrmarktsszenen des *Petruschka*), sondern um die Darstellung einer Naturgewalt und ihrer Wirkung auf die Menschen. »Frühling« nicht als ahnungsvolles Wehen blauer Lüfte oder als geheimnisvolle Sehnsucht wie in der romantischen Vorstellung, sondern als wilde Naturgewalt, die – alles erneuernd – mit brutaler Urkraft durchbricht und plötzlich da ist: der russische Frühling. »Es sind«, wie Strawinsky notierte, »Bilder aus dem heidnischen Rußland, innerlich zusammengehalten von einer Hauptidee: dem Geheimnis des großen Impulses der schöpferischen Kräfte des Frühlings.« Dabei gibt es keine Handlung im traditionellen Sinne, sondern choreographische Momentaufnahmen. Im ersten Teil (»Kuß der Erde«) sind es Reigentänze, Weissagungen, rituelle Kampfspiele, Verfolgung und Brautentführung, eine Prozession des weisen Ältesten und seine Segnung der Erde. Im zweiten Teil (»Das große Opfer«) folgen geheimnisvolle Spiele der Jungfrauen, von denen eine als Opfer ausersehen wird. Sie wird in wilden Tänzen gefeiert und schließlich, nach der Anrufung und mystischen Vereinigung mit den Ahnen und einem ekstatischen Weihetanz, geopfert.

Das Werk entstand in enger Zusammenarbeit mit Nicolas Roerich, der als vorzüglicher Kenner altslawischer Volkskunst und -bräuche die Dekorationen und Kostüme entwarf, und mit Waslaw Nijinski. Ihm, dem Tänzer, der als »dieu de la danse« einhellig gefeiert wurde, war als Choreo-

Jean Cocteau (1889–1963): »Strawinsky spielt *Le Sacre du Printemps.*«

Igor Strawinsky zur Zeit seiner ersten Erfolge in den Pariser Jahren 1909–1918.

graph ein zwiespältiger Ruhm beschieden. Strawinsky selbst, der sich über die Zusammenarbeit zunächst enthusiastisch geäußert hatte, sparte später, nach dem Uraufführungsskandal, nicht mit Kritik und malte kräftig mit am Bilde vom naiven, unmusikalischen und unselbständigen Nijinski. Erst wenige Jahre vor seinem Tode hat er das negative Urteil zurückgenommen – nicht zuletzt, nachdem die Notizen zur ursprünglichen Choreographie wieder aufgetaucht waren. Heute stellen die Ballettfachleute die künstlerische Leistung des Choreographen Nijinski ebenbürtig neben die des genialen Tänzers.

Was den Hörer des Sacre am meisten frappiert, ist die Massivität der Akkordrepetitionen, der kaum variierten melodischen Zellen; und gleichwohl offenbart sich hier im höchsten Grad die Erfindung Strawinskys, die 1913 kaum vorstellbar war, und der die folgenden 25 oder 30 Jahre nichts Gleichwertiges zur Seite zu stellen hatten.
Pierre Boulez
In: Anhaltspunkte. Essays. Aus dem Französischen von Josef Jäusler. Stuttgart und Zürich 1975.

Der Neuartigkeit des Tanzes, in dem es keine klassischen Schritte, keinen Wechsel traditioneller Solo- und Corps-de-ballet-Partien mehr gibt, entspricht eine radikal neue Musik – neu nicht allein in Harmonik, Formbau oder den auffallenden Anklängen an russische Volksmelodien, sondern vor allem in ihrer rhythmischen Kraft und im verwendeten Klangmaterial. Ein Stichwort dazu lautet »Emanzipation des Schlagens«, das heißt: das rhythmisch-perkussive Element tritt gleichberechtigt neben die traditionellen Bereiche Melodik und Harmonik. Dabei hat sich der Komponist keines besonderen Schlaginstrumentariums bedient, sondern er setzt das traditionelle Orchester in wahrhaft unerhörter Weise ein; etwa in den brutal stampfenden Akkorden zu Beginn des ersten Tanzes, der »Augures printaniers«: Sie werden ausschließlich von Streichern ausgeführt und durch unregelmäßige Akzente der Hörner verstärkt.

Wer den *Sacre* hört, hat den Eindruck einer Folge von in sich mehr oder weniger einheitlichen, gegeneinander aber deutlich unterschiedenen Abschnitten. In einigen werden Steigerungen von so mitreißender und aggressiver Gewalt aufgebaut, daß man sie nicht ohne Herzklopfen hören kann. Teils entlädt sich die Spannung, teils bricht sie plötzlich ab. In anderen Abschnitten herrscht friedliche Ruhe – freilich stets eine Ruhe vor neuem Ausbruch. Insgesamt entspricht der Höreindruck einer steigenden Spannungskurve mit retardierenden Zwischenstufen. Ein paar Motive, die zuvor erklungen sind, erkennt man in anderem Umkreis wieder, ansonsten scheinen die musikalischen Teile blockartig und unvermittelt nebeneinandergesetzt.

Seiner ursprünglichen Bestimmung entsprechend ist der *Sacre* ein Ballett, in dem es also – anders als in der autonomen Instrumentalmusik – nicht um motivisch-thematische Arbeit oder sinfonische Entwicklung geht, sondern um die Kombination kürzerer oder längerer gestischer Elemente: eine Musik aus Bewegungszusammenhängen. Aber – und das ist bezeichnend für Strawinsky allgemein – sie bedarf nicht mehr notwendigerweise der Ergänzung durch die Bühne, sondern kann für sich stehen – ja, angesichts ihrer enormen Komplexität kommt sie im Konzertsaal am besten zur Wirkung. Freilich spürt man beim Hören die alte Bestimmung: Was Strawinsky geschaffen hat, ist nicht nur ein Spiel »tönend bewegter Formen«, sondern klingende Choreographie. *Volker Scherliess*

MAX REGER

Variationen und Fuge über ein Thema von Mozart op. 132
1915 Berlin

Regers Persönlichkeit und Schaffensdrang sind landläufig mit dem Pauschalbegriff »maßlos« in die Musikgeschichte eingegangen: Seine große, bullige Gestalt mit dem etwas magisterhaft wirkenden Kneifer im Gesicht identifizierte sich äußerlich mit jenem gesunden Selbstbewußtsein, das der allzu früh verstorbene Max Reger (1873–1916) allzeit zur Schau trug. Er war »maßlos« im Essen und Trinken wie in seinem Eifer, die musikalische Form breit ausladend, die Instrumentation schwerflüssig zu gestalten. Bissige Kritiker bescheinigten ihm, daß »er nicht eher Ruhe gäbe, bis das Notenpapier mehr schwarz als weiß sei«. In der Tat zeigen Regers Partituren eine fast verwirrende Vielzahl von eng geschriebenen Notengebilden, genauen Tempi- und Wiedergabevorschriften, die auf einen Laien »maßlos« wirken müssen, jedoch in ihrer Bedeutung und ihren Zusammenhängen bis ins letzte Detail überlegt und ausgeklugelt sind.

Hunderte von Werken hat der Pianist, Geiger, Organist, Dirigent, Schulmusiker und spätere Leipziger Universitätsmusikdirektor sowie Ehrendoktor der Philosophischen Fakultät der Universität Jena der Nachwelt hinterlassen; seine Kompositionen für Orgel, für die Kammermusik und – ziemlich spät – für Orchester bilden die Schwerpunkte seines Schaffens. Sein kontrapunktisches Können ist beispiellos, in seinem polyphonen Empfinden steht er im Bannkreis des von ihm vergötterten Johann Sebastian Bach, wobei er indes einen ganz spezifisch harmonischen Sinn ent-

»Max Reger, Kolberg 1913«. Gemälde von Franz Nölken (1884–1918).

»Sehr geehrter Herr! Ich habe Ihnen den herzlichsten Dank zu sagen für Ihren Brief, dessen warme, nur gar zu freundlichen Worte mich überaus sympathisch ansprachen. Zudem denken Sie mir noch das schönste Geschenk einer Widmung zu gönnen. Eine Erlaubnis aber ist dazu doch nicht nötig! Ich mußte lächeln, da Sie mich darum angehen und zugleich ein Werk beilegen (Orgelsuite op. 16, »Den Manen Joh. Seb. Bachs«), dessen allzu kühne Widmung mich erschreckt!

Da dürfen Sie denn ruhig den Namen hinsetzen Ihres hochachtungsvoll ergebenen J. Brahms Wien, im Sommer 1896.«
Brahms antwortet auf die Bitte Regers, ihm eine geplante Sinfonie zu widmen. In: Helmuth Wirth. Reger. Reinbek 1973.

wickelte. Ungeachtet dessen erweist sich sein Phantasie- und Einfallsreichtum als derart gigantisch, daß Reger vor allem in der Form der Instrumental- und Orchestervariationen als der größte Meister seit Ludwig van Beethoven und Johannes Brahms angesehen wird.

Die kurz *Mozart-Variationen* genannten Abwandlungen von Mozarts *Klaviersonate A-Dur KV 331* von 1778, erster Satz, sind Regers letztes Orchesterwerk. Sie entstanden im Jahre 1914 und wurden am 5. Februar 1915 vom Königlichen Orchester Berlin unter der Leitung des Komponisten uraufgeführt. In der etwa 35minütigen Gesamtkomposition verwendet der Meister ein relativ »sparsames« Orchester mit 3 Flöten, je 2 Oboen, Klarinetten, Fagotten und Trompeten sowie 4 Hörnern, 3 Pauken, Harfe und obligatorisch besetztem Streicher-Quintett.

Mit zunehmendem Alter wurde die klangliche Durchsichtigkeit bei Reger immer deutlicher: Ungeachtet seiner Verehrung für Mozart schälte sich die Transparenz des Partiturbildes mehr und mehr heraus. Seine *Mozart-Variationen* sind dafür das beste Beispiel.

Das bekannte Mozart-Thema wird zunächst abwechselnd von den Holzbläsern und Streichern vorgetragen; die erste Variation stellt eine feinziselierte Arabeskenarbeit dar. In der zweiten Variation wird das Thema »gespiegelt«, in der dritten nach Moll transponiert. Rhythmische Straffungen und klangliche Schärfungen zeigt die vierte Variation, chromatische Abgleitungen und skurril wirkende Zerflatterungen die fünfte. Gegensätze zwischen ruhigem Dahinfließen und tänzerischen Abläufen werden in der sechsten Abwandlung hörbar, in der siebenten kommt die Originalgestalt des Themas wieder zum Vorschein, in der achten und letzten Variation erscheint es abermals, im Gewand einer freien Fantasie mit einer Fülle prachtvoller instrumentaler »Farbtupfer«.

Die anschließende Fuge mit zwei Themen, die wechselseitig das Mozart-Thema in Dur und Moll ausschmücken, bildet die Krönung dieses Werkes, das Reger mit »Grazie, ohne alle Erdenschwere, ganz rein und ohne irgendwelche Ausbrüche« charakterisierte und das zum populärsten Orchesterwerk des Komponisten wurde. *Jochen Rentsch*

SERGEJ PROKOFJEW

Skythische Suite op. 20
1916 St. Petersburg

Rußland 1900. Die Romantik hatte ausgedient – in der Malerei und Literatur ebenso wie in der Musik. Während sich am Horizont der Geschichte die Gewitterwolken des Weltkriegs und der Revolution zusammenballten, suchte die russische Kunst nach neuen Anhaltspunkten. Die einen (wie der Dichter Fjodor Ssologub oder Nikolai Rimski-Korsakow in seinen späteren Opern) folgten dem Beispiel Frankreichs und bekannten sich zum impressionistisch gefärbten Symbolismus, andere (wie Alexander Skrjabin) flohen aus der Realität und waren bemüht, in der Theosophie oder ähnlichen esoterischen Strömungen Fuß zu fassen, wieder andere (wie Maxim Gorki) bereiteten schon das Menschenbild des sozialistischen

Sergej Prokofjew am Klavier. Foto von 1910.

Realismus vor. Den weitesten Raum aber nahm eine Bewegung ein, die sich am besten mit dem Motto »Zurück zu den Anfängen« beschreiben ließe: eine Rückkehr zum Urgrund der russischen Kultur, zu heidnischen Riten und Mythen. In der Malerei waren Natalia Gontscharowa, Michail Larionow und Nikolai Roerich die Repräsentanten dieser »neoprimitiven« Schule, in der Literatur Sergej Gorodetski, in der Musik Igor Strawinsky und Sergej Prokofjew (1891–1953). Spätestens seit der skandalumwitterten Pariser Uraufführung von Strawinskys *Sacre du printemps* durch Sergej Diaghilews »Ballets russes« (am 29. Mai 1913) waren »Bilder aus dem heidnischen Rußland« gängige Münze der musikalischen Avantgarde.

Prokofjew war – unmittelbar nach Abschluß seines Studiums am Petersburger Konservatorium – im Sommer 1914 nach London gereist und dort mit Diaghilew zusammengetroffen, um mit dem Impresario über ein Ballett zu verhandeln. Diaghilew war begeistert von den Werken, die ihm der 23jährige Komponist vorlegte (unter anderem das *Zweite Klavierkonzert* und die ersten Skizzen seiner Dostojewsky-Oper *Der Spieler*) und gab bei Prokofjew tatsächlich eine Ballett-Partitur in Auftrag. In Petersburg entwarf Sergej Gorodetski das Szenario des Werkes, das *Ala und Lolly* heißen sollte. Den Stoff fand der Librettist in der Mythologie der Skythen – eines Volkes, das im ersten vorchristlichen Jahrtausend an den Ufern des Don, des Dnjepr und des Bug beheimatet war. »Sowie ich das szenische Gerüst erhielt, setzte ich mich an die Musik«, berichtet Prokofjew in seiner Autobiographie. »Strawinskys *Sacre* hatte ich zwar im Konzert schon gehört, aber nicht verstanden. Wahrscheinlich suchte ich etwas Ähnliches für mich. (. . .) Diaghilew lud mich nach Rom ein, wo er sich gerade aufhielt, hörte sich die halbfertigen Skizzen des Balletts an und war weder mit der Musik noch mit dem ›schwülstigen‹ Libretto einverstanden: Ich sollte etwas anderes schreiben.« Das »andere« wurde das Ballett *Der Schut op. 21*, das am 17. Mai 1921 mit großem Erfolg von den »Ballets russes« in Paris uraufgeführt wurde. *Ala und Lolly* aber wurde von Prokofjew währenddessen zu einem viersätzigen Orchesterwerk umgearbeitet, das den Titel *Skythische Suite* erhielt.

Gorodezki hatte einige passende skythische Gestalten ausgegraben, aber eine dramaturgische Idee fand er nicht, und erst nach vielen Zusammenkünften brachten wir eine Handlung zusammen, die wir »Ala und Lollij« betitelten. Im Maße, wie ich das szenische Gerüst erhielt, schrieb ich sofort die Musik. Ich war auf etwas Größeres aus. Strawinskys »Sacre du printemps« hatte ich im Konzert schon gehört, aber nicht verstanden. Wahrscheinlich suchte ich etwas Ähnliches für mich.
Sergej Prokofjew in: Dokumente. Briefe. Erinnerungen. Hg. S. I. Scheifstein. Leipzig 1965.

»Am 29. Januar 1916 dirigierte ich in einem der von Alexander Siloti organisierten Sinfoniekonzerte in Petersburg die Uraufführung. Nach der Suite erhob sich im Saal der gleiche Tumult wie nach der Premiere meines *Zweiten Klavierkonzerts* in Pawlowsk, nur daß diesmal die ganze Musikwelt von Petersburg vertreten war. Glasunow, den ich persönlich eingeladen hatte, geriet außer sich und stürzte (. . .) acht Takte vor dem Schluß aus dem Saal. ›Die Ausdrücke, in denen sich der Direktor des Konservatoriums über das neue Werk ausließ, waren nicht sehr gewählt‹, bemerkte die Presse. Der Mann an der Pauke hatte das Fell seines Instruments in Fetzen geschlagen, und Siloti versprach, es mir zum Andenken zu schicken. Im Orchester gab es lautstarke Proteste: ›Nur weil ich eine kranke Frau und drei Kinder habe, muß ich diese Hölle aushalten!‹, jammerte ein Cellist, dem die hinter ihm sitzenden Blechbläser ihre gellenden Akkorde um die Ohren schmetterten. Siloti dagegen ging in bester Laune im Saal auf und ab und sagte nur immer: ›Und Peng! in die Fresse, und Peng! in die Fresse‹, womit er wohl meinte, daß wir es dem Publikum wieder einmal gegeben hätten. ›Was für ein Skandal in einer so vornehmen Familie‹, schrieb tags darauf die Zeitschrift *Musyka* mit einem Unterton von Schadenfreude.«

Besonders stürmisch verlief eine erste Aufführung der »Skythischen Suite«, bei der das Publikum in Raserei geriet und es beinahe zu Schlägereien kam.
Sergej Prokofjew
in: Dokumente.
Leipzig 1965.

Der Skandal war perfekt, aber längst nicht so eindeutig, wie Prokofjews Bericht vermuten läßt. Der Kritiker Boris Assafjew etwa schrieb: »Seit Borodin hat nie jemand die Mächte und Freuden des Lebens mit solcher Kraft besungen. Prokofjew ist ein Kind seiner Zeit, von unserem Fleisch und Blut!« Auch der Komponist Nikolai Mjaskowski machte seinem zehn Jahre jüngeren Kollegen Mut: »Großartig und packend in den Ideen, anschaulich, ausdrucksstark, teilweise äußerst subtil, harmonisch verdammt schwer zu bestimmen, durchaus neuartig, bestürzend lakonisch, poetisch, bildhaft, bei alledem für meinen Geschmack einfach schön und wundervoll eigen instrumentiert – es scheint mir eine Ihrer besten Kompositionen zu sein.« In der Stoffwahl und im musikalischen Ansatz ist die *Skythische Suite* zweifellos Strawinskys *Sacre* verpflichtet, wie Prokofjew ja auch zugab; aber es wäre sicher falsch, in ihr einen »zweiten Aufguß« der zwei, drei Jahre früher entstandenen »Bilder aus dem heidnischen Rußland« zu sehen. Prokofjews Musik ist wirklich »bestürzend lakonisch«, wo Strawinsky sein Material sehr viel ausführlicher vorbereitet und entwickelt. Charakteristisch ist etwa der letzte Satz der Suite (»Sonnenaufgang«): Der Sonnengott Wjeles erscheint im gleißenden Licht von fünf Trompeten – ein Effekt, der durch die bitonale Schichtung von B-Dur und Ces-Dur noch gesteigert wird und der den Hörer »in Zittern und Beben« versetzt, wie der Kritiker Karatygin nach der Uraufführung anmerkte: »Eines von zahllosen Klangbildern von überraschender Farbigkeit, die dieses Werk zu einem der wesentlichsten und wertvollsten Beispiele der musikalischen Moderne machen.« Noch in den siebziger Jahren bearbeitete die amerikanische Rock-Gruppe Emerson, Lake & Palmer die *Skythische Suite* zu einem furiosen Trio für Keyboards, E-Gitarre und Schlagzeug. *Michael Stegemann*

HANS PFITZNER

Palestrina
1917 München

Meilensteine der Musikgeschichte sind Markierungen. Sie können Signale für Künftiges ebenso geben wie sublime und unverwechselbare Zusammenfassungen von Zurückliegendem sein; sie können Aufbruch zu

Neuem oder Abschied von Vergangenem bedeuten; erste Manifestationen von noch nicht Dagewesenem oder auch blitzende Geniestreiche, die Vergangenes noch einmal in neuem Licht aufleuchten lassen. Das wohl berühmteste Beispiel für letzteres ist J. S. Bachs *Kunst der Fuge*, ein Werk, das zur Zeit seiner Entstehung in bemerkenswertem Gegensatz zum damals Neuen in der Musik – etwa der Mannheimer Schule – stand.

Hans Pfitzners blitzender Geniestreich, die musikalische Legende *Palestrina*, wurde am 12. Juni 1917 unter der Leitung von Bruno Walter und der Regie des Dichter-Komponisten im Prinzregententheater in München uraufgeführt: vier Jahre nach der skandalumwitterten Premiere von Igor Strawinskys *Sacre du printemps* in Paris, sieben Jahre nach Arnold Schönbergs *Gurreliedern* und acht Jahre vor Alban Bergs *Wozzek* in Berlin; Zeugnisse für vier grundsätzlich verschiedene Welten musikalischen Schaffens in unserem Jahrhundert in einer Zeitspanne von nicht einmal 20 Jahren!

Erstens halte ich diese »Musikalische Legende« für eine der eigenartigsten und bedeutendsten Schöpfungen, fern der »Oper« und zutiefst persönlich in Aussage und Stil. Zweitens bin ich der Auffassung, daß Pfitzner mit dieser Legende neue Wege gewiesen hat, Wege, die in der Folgezeit einige Werke verwandten Charakters in herber Schönheit entstehen ließen (unter anderem Hindemiths »Mathis der Maler«, Honeggers »Johanna auf dem Scheiterhaufen«).
Rudolf Hartmann
In: Das geliebte Haus. München 1975.

Welche Besonderheiten hat hierbei der *Palestrina*?

Die musikalischen und philosophischen Anschauungen Hans Pfitzners (1869–1949), zutiefst in der deutschen Romantik verwurzelt, sowie manche unverwechselbaren Wesenszüge seines Charakters begründen seine Wahl des Palestrina-Stoffes in besonderer Weise; er schrieb: ». . . Der Plan, den großen römischen Kirchen-Komponisten zum Helden eines Dramas zu machen, reicht in sehr frühe Zeiten meines Lebens. Er kam mir schon, als ich in Mainz ein kleiner Kapellmeister am Stadttheater war . . . Ich habe damals die Lücken meiner musikgeschichtlichen Bildung etwas auszufüllen versucht und kam im Studium der Musikgeschichte zu dem Leben Palestrinas. Und da berührte es mich vielsagend, daß dieser große Künstler fast das ganze 16. Jh. lang, von 1525 bis 1594, ausschließlich in Rom gelebt hat . . . die Regierungen von nicht weniger als 15 Päpsten erlebt hat, von manchen gnädig, von manchen ungnädig behandelt, arbeitend und arbeitend, mit dem Pfunde wuchernd, was ihm Gott verliehen – sozusagen still im Dunkeln lebend, ohne von dem Weltruhm, der nach seinem Tode seinen Namen umstrahlte, bei Lebzeiten etwas zu genießen . . .

Die Legende von der Rettung der Musik . . . schien mir einen ungeheuren dramatischen Kern zu enthalten und überdies eine kunstphilosophische Idee, wie sie noch in keinem Künstler-Drama ausgesprochen war. Das echte große Kunstwerk entsteht nicht mit der Welt, auf deren Wunsch oder Befehl, auch noch nicht einmal gegen die Welt und ihren Willen, sondern über die Welt hinweg, es taucht aus metaphysischen Tiefen auf. Es entsteht . . . selbst gegen den Willen des Schöpfers. – Das erste, was ich als

Hans Pfitzner zur Zeit der Komposition seines *Palestrina*. Gemälde von Willi Geiger (1878–1971), einem Schüler von Franz von Stuck (1863–1928). Pfitzner identifizierte sich zu dieser Zeit selbst in Haartracht und Kleidung mit seiner Operngestalt.

Giovanni Perluigi da Palestrina. Zeitgenössisches Ölbild eines ungenannten Malers.

Formbild vor mir sah, war die Dreiteiligkeit, ein erster und letzter Akt als innere Welt des Künstlers, ein mittlerer Akt für die äußere Welt, die sich in wilder, leidenschaftlicher Zielstrebigkeit und letzten Endes in ewiger Kunstfeindlichkeit bewegt . . .«

Pfitzner hat sich z. Zt. der Komposition seines Hauptwerkes bis zur Imitation von Haartracht und Kleidung mit seinem historischen Vorbild identifiziert. Für Pfitzner war die Rettung deutscher Musik- und Denktraditionen »heilige Pflicht«; wie Palestrina wurde er von manchen gnädig, von vielen aber ungnädig behandelt; das Charisma seines Vorbildes lebte

»Wie sehr dieser Palestrina mir am Herzen liegt, kann ich nicht sagen. Das Ja!, mit dem ich unmittelbar auf das Werk antworte, stammt aus der Liebe und umfaßt alles, was man in artistischer Hinsicht etwa problematisch daran finden könnte. Mit seiner metaphysischen Stimmung, seinem Ethos vom »Kreuz, Tod und Gruft«, seiner Vereinigung von Musik, Pessimismus und Humor (womit zusammen ich den Begriff der Humanität definiere) kommt es meinen tiefsten, eigensten Bedürfnissen entgegen, ja, sein Erscheinen eben jetzt bedeutet mir nicht weniger als ein großes Glück: es macht mich positiv, es erlöst mich von der Polemik, und meinem Gefühl ist ein großer Gegenstand damit geboten, an den es sich schließen kann und von dem aus gesehen das Widerwärtige – ich meine alles, was jenem meinem Begriff von Humanität widerspricht, und es gibt dergleichen! – in wesenlosem Scheine liegt . . .«
Thomas Mann an Bruno Walter 24. Juni 1917 In: Briefe 1889–1936. Frankfurt/Main 1961.

er in der ihm eigenen Weise selbst und war überzeugt, daß zumindest nach seinem Tod Weltruhm seinen Namen umstrahlen würde. Die Krise der Kunst zu Lebzeiten Palestrinas – das monodische Prinzip, neues musikalisches Denken der Florentiner Camerata leitete eine neue Epoche ein, bereitete die Geburt der Oper vor und löste das Zeitalter der klassischen Vokalpolyphonie ab – ist in Pfitzners Leben die Krise der Künste um die Jahrhundertwende.

Er verteidigte in Wort und Werk die Kunst der Väter wie Palestrina und rang in der Partitur seiner Oper dem traditionellen tonalen Denken ein letztes, von subtilstem satztechnischem Raffinement geprägtes, großes Ergebnis ab. Zitate aus der Musikgeschichte, z. B. aus Palestrinas *Missa Papae Marcelli,* die Einsetzungsworte aus J. S. Bachs *Matthäuspassion,* »Ein feste Burg« von Martin Luther, etc. sowie historische Klangbilder, wie etwa der Einsatz einer solistischen Viola d'amore oder folkloristische Elemente der Bühnenmusik mit Mandolinen, Gitarren und Piccoloflöten stehen im Dienst eines Personalstils, der hier im Gesamtwerk Pfitzners einen Höhepunkt und musikgeschichtliche Einmaligkeit erreicht. Anders als bei Richard Wagner (Pfitzner leitete den *Parsifal* in Straßburg z. Zt. der Entstehung seines *Palestrina*) ist der rauschhafte Orchesterklang des Fin de siècle gebrochen, u. a. durch den musikalischen Historismus des 19. Jahrhunderts. Hier gründet auch die unverwechselbare Farbe im Klang des *Palestrina,* welche dem Werk die Würde des Singulären verleiht.

Nicht jedes Meisterwerk der Musik hat, wenn es in die Welt tritt, einen prominenten Kronzeugen. Im Falle des *Palestrina* formulierte kein Geringerer als Thomas Mann eine wesentliche Stimme des Zeitgeistes. In einem Brief vom 19. Mai 1917, kurz vor der Uraufführung, schrieb er voller Bewunderung an Pfitzner: ». . . Welches kühne, ja überschwengliche Bewußtsein Ihres Könnens muß in Ihnen lebendig gewesen sein, als Sie sich diesen ›Text‹ dichteten! Man kann nicht höher greifen, als mit ihm, aber, merkwürdig, zugleich ist er es, der mir die zweifellose Zuversicht einflößt, daß wir am 12. Juni [bei der Uraufführung] den Kranz in Ihrer Hand sehen werden . . .« In seinem Essay *Palestrina* sagte Thomas Mann: »Dies Werk, etwas Letztes und mit Bewußtsein Letztes aus der schopenhauerisch-wagnerischen, der romantischen Sphäre, mit seinen dürerisch-faustischen Wesenszügen, seiner metaphysischen Stimmung, seinem Ethos von ›Kreuz, Tod und Gruft‹, seiner Mischung aus Musik, Pessimismus und Humor . . . gewährt mir Trost und Wohltat vollkommener Sympathie, es entspricht meinem eigensten Begriff der Humanität . . .

Hätte Pfitzners Musik-Poem mir Neues zu sagen? Kaum. Aber viel Vertrautes, das zu hören, dessen wieder inne zu werden mich wohl bis zum Lechzen verlangt haben muß . . .« Ein beeindruckendes Dokument für die Seelenverwandschaft Thomas Manns mit Hans Pfitzner in jener Zeit.

Die »Sympathie mit dem Tode«, eine Metapher aus Manns Erzählung *Tod in Venedig,* mit der Pfitzner im Gespräch sein Bekenntnis zu Vergangenem beschrieben haben soll, kennzeichnet seinen »Grabgesang der romantischen Oper« (Mann). Aber nicht nur dies: Die Musik zu *Palestrina* bedeutet darüber hinaus einen genialen Abschied von Material und Strukturen unserer musikalischen Tradition, an deren Stelle in unserem Jahrhundert für einen breiteren Hörerkreis erst zögernd Äquivalente treten.

Günther Weiß

SERGEJ PROKOFJEW

Symphonie classique D-Dur op. 25
1918 St. Petersburg

Seit seinem offiziellen Debüt als Komponist (am 31. Dezember 1908) hatte Sergej Prokofjew (1891–1953) keine Gelegenheit ausgelassen, das Publikum und seine Lehrer am ehrwürdigen Petersburger Konservatorium zu schockieren und seinem Ruf als modernistisches Enfant terrible gerecht zu werden: Sei es, daß er als erster in Rußland Klavierwerke Arnold Schönbergs auf sein Konzertprogramm setzte, sei es, daß er in seinen eigenen Kompositionen – wie Glasunow und andere Parteigänger des konservativen Lagers befürchteten – einer überaus »schädlichen Richtung« der neuen Musik den Weg bereitete. Die brachiale Gewalt des *Ersten Klavierkonzerts* oder der *Toccata op. 11* (1912), die grell dissonanten Harmonien der *Skythischen Suite* (1916), die Travestie klassischer Formen und Gattungen in der *Sinfonietta* (1905/1929) oder in den *Zehn Klavierstücken* op. 12 (1913) – jedes neue Werk entfesselte einen Eklat; »Zum Teufel mit dieser Futuristenmusik! Man wird ja irrsinnig davon! Wir wollen Musik hören, die schön ist! So etwas können uns zu Hause die Katzen vormachen!«, schrieb die *Petersburger Zeitung* am 7. September 1913. Kaum jemand mag damals bemerkt haben, daß Prokofjews scheinbar radikaler Bruch mit der musikalischen Tradition nichts anderes war als deren Bestätigung; es ist dieselbe Ästhetik, die Jean Cocteau wenige Jahre später in seiner Schrift *Le coq et l'arlequin* zum Manifest der neueren französischen Schule erhob: »Die Tradition verkleidet sich von Epoche zu Epoche, das Publikum aber kennt sie zu schlecht und vermag sie unter ihren Masken nie zu erkennen.« So ist auch die erste der vier Hauptrichtungen, in denen sich Prokofjews Schaffen nach dem Abschluß seiner Studien am Petersburger Konservatorium (im Frühjahr 1914) bewegte, »die klassische Richtung, noch aus der frühen Kindheit stammend, als ich von der Mutter die Sonaten von Beethoven hörte. Sie nimmt mal ein neoklassisches Aussehen an, zum anderen ahmt sie die Klassik des 18. Jahrhunderts nach.« Ein solches Werk der Nachahmung ist die *Symphonie classique D-Dur op. 25*, an der Prokofjew seit 1916 arbeitete – »eine Sinfonie im Stile Haydns . . . Wenn Haydn heute noch lebte, dachte ich, würde er seine Art zu schreiben beibehalten und dabei einiges vom Neuen übernehmen. Solch eine Sinfonie wollte ich komponieren – eine Sinfonie im klassischen Stil. Ich gab ihr schließlich den Namen *Symphonie classique* – erstens, weil es so einfacher war; zum andern in der Absicht, die Philister zu ärgern, und außerdem in der heimlichen Hoffnung, letzten Endes zu gewinnen, wenn die Sinfonie sich als wirklich ›klassisch‹ erweisen sollte.«

Nur eine Stil- und Handgelenksübung also? Eine bloße Provokation, um »die Philister zu ärgern«? Eine reumütige Rückkehr zum klassischen Ideal womöglich? Nichts von alledem. Von dem Manierismus »im alten Stil« Vincent d'Indys, Edvard Griegs oder Max Regers ist die *Symphonie classique* ebensoweit entfernt wie von dem letztlich sterilen Traditionalismus Richard Strauss' oder Ottorino Respighis. Es ist der Berührungspunkt zwischen den von Strawinsky in seiner *Musikalischen Poetik* gegeißelten Antagonien von Modernismus und Akademismus, aber auch zwischen dem zaristischen Rußland und dem Sowjetstaat: Die Partitur wurde am 10. September 1917 – sozusagen am Vorabend der Oktoberrevolution – in Jessentuki, einem kleinen Ort nahe Petersburg, beendet; die Uraufführung dirigierte der Komponist selbst am 21. April 1918 in einem der von Nikolai Malko geleiteten Sinfoniekonzerte des ehemaligen Petersburger Hoforchesters. Es ist bezeichnend, daß ausgerechnet die (eben nur scheinbar) so konservative *Symphonie classique* größten Beifall fand. Anatolí Lunatscharsky, der erste Kommissar für Volksbildung der Sowjet-Republik, ließ den gerade 27jährigen Prokofjew zu sich rufen: »Sie sind Revolutionär in

Wassily Kandinsky (1866–1944): »Unbenannte Impression IV.« 1914.

der Musik, und wir sind es im Leben – wir müßten zusammenarbeiten!« Der Komponist aber zog es vor, wenige Tage nach der Premiere seiner *Symphonie classique* Rußland zu verlassen und über Wladiwostok, Tokio und San Francisco nach New York zu reisen. Erst im November 1932 kehrte Prokofjew endgültig in die Sowjetunion zurück; rund sechs Jahre zuvor hatte Lunatscharsky – fast drohend – in einer Rede erklärt: »Prokofjew ist vom Westen unberührt, weil seine Musik die Reaktion eines Landes ist, das nicht nach der amerikanischen Pfeife zu tanzen gewillt ist. Aber um sich voll und ganz zu entfalten, muß Prokofjew zu uns zurückkehren, und zwar bevor er im Schmutz des Amerikanismus erstickt ist.« Was Lunatscharsky freilich nicht sah (oder nicht sehen wollte?), ist die Distanz, die der Westen – ungeachtet aller Erfolge – Prokofjew gegenüber wahrte: Werke wie die *Symphonie classique* wurden nicht nur in Amerika als »bolschewistische Musik« apostrophiert, und lediglich da, wo man in der Partitur ein Bekenntnis zum Neoklassizismus zu entdecken glaubte, der der europäischen Kultur gerade nach dem Ersten Weltkrieg einen Orientierungspunkt zu geben schien, fand das Werk ungeteilten Beifall. In dieser neoklassizistischen Tradition wird Prokofjews *Symphonie classique* auch heute noch gesehen, und allzuleicht ist man versucht, sie gegen andere, »modernere« Werke abzugrenzen. »Im wesentlichen bin ich Schüler meiner eigenen Ideen. Bei allem, was ich schreibe, halte ich mich an zwei Grundsätze: Klarheit in der Darlegung meiner Vorstellungen und lakonische Kürze, ohne alles Überflüssige im Ausdruck.« Diese Ästhetik, wie sie Prokofjew kurz nach seiner Ankunft in Amerika verkündete, gilt auch für die *Symphonie classique*: Hinter der Fassade der Klassik lebt der neue Geist eines »Revolutionärs in der Musik«.

Michael Stegemann

GIACOMO PUCCINI

Triptychon
1918 New York

Mit den drei Einaktern, die am 14. Dezember 1918 an der Metropolitan Opera in New York uraufgeführt wurden, trat Giacomo Puccini (1858–1924) in die letzte und, wenn man will, reifste Phase seines Schaf-

Bühnenbildentwurf zu Giacomo Puccinis Kurzoper *Der Mantel* mit handschriftlichen Notizen des Komponisten.

fens. Einen regelrechten Spät- oder Altersstil findet man bei ihm jedoch auch hier nicht: Spätestens seit seinem ersten gültigen Werk *Manon Lescaut* (UA 1893) zeigte sich seine aus den Komponenten Melodie-Konversationston-Orchesterdetails bestehende Eigenart voll entwickelt. Zwischen diesen Grundelementen gibt es danach nur noch quantitative Verschiebungen. Beim *Triptychon* dominiert in jedem der drei Werke ein anderes Merkmal: *Il tabarro (Der Mantel)* besteht fast ganz aus einer Aneinanderreihung stimmungsmalerischer Details, die in vorwiegend düsteren Farben gehalten sind und in realistischer Weise, doch nicht ohne Poesie, das dumpfe Dasein der einfachen Menschen an den Piers der Seine skizzieren. Ein Nachklang des Verismo, durch Puccinis künstlerische Natur sublimiert, ist unverkennbar. Nebenfiguren werden vorübergehend in den Vordergrund gestellt, eine – auch musikalische – Anspielung auf *Bohème* (UA 1896) huscht vorüber, und ehe die eigentliche Handlung so recht in Schwung kommt, ist das Stück auch schon vorbei – eine echte Exposition dieser dreisätzigen »Opernsinfonie« ...

Jedenfalls bedeutet die Operntrilogie ein überraschendes Moment in seiner (Puccinis) Entwicklung: eine neuartige Stoffwelt, die ihn vom bloß Erotisch-Kolportagehaften zu präzis hingesetzten Bildausschnitten und Stimmungen fortführt. (...) Sollte eine Musikbühne, die den Koloß der Wagnerschen Tetralogie scheinbar mühelos bewältigt, nicht auch den kurzweiligen »Trittico« schaffen? Läßt sich Puccinis Welttheater nicht als Spielart eines sinnfälligen, doppelbödigen Realismus begreifen? Ernst Krause. In: Puccini. Leipzig 1985.

Von ganz anderem Charakter ist dagegen das Herzstück des *Triptychon.* In der rührenden Geschichte der Nonne Angelica, die im Kloster einen »Fehltritt« büßt und den Tod ihres Kindes nicht überleben will, steht die dem Sujet gemäße herbe Melodik im Vordergrund. Puccini liebte den sentimentalen Handlungsentwurf sehr und zeichnet die verschiedenartigen Charaktere der Klosterschwestern mit wenigen treffenden Strichen. Im Zentrum stehen die Auseinandersetzung Angelicas mit der Fürstin und ihre resignierend-melancholische Soloszene »Senza Mamma«. Das fast völlige Fehlen des dramatischen Antriebes wird durch die zarte Melodik und die Pastellfarben des Orchesters weitgehend ausgeglichen, doch bedarf *Suor Angelica (Schwester Angelika)*, um ihre Wirkung zu entfalten, der Umrahmung durch die beiden anderen Einakter. Sie bildet gleichsam den Adagiosatz zwischen den beiden lebhafteren Teilen der Trilogie.

Ein sprühendes Finale ist die aus wenigen Versen von Dante Alighieris *Göttlicher Komödie* gefilterte Burleske vom bauernschlauen Gianni Schicchi (so auch der Titel), der die Erbschleicher übertölpelt und dabei selbst nicht zu kurz kommt. Hier zeigt sich Puccini als Meister des Konversationstones, wie er etwa schon im 1. und 4. Akt der *Bohème* (UA 1896) vorgebildet ist und nun – wie in Verdis *Falstaff* (UA 1893) – zur Hauptsache wird. Jeder der gierigen Verwandten wird im »sprechenden« Orchester skizziert; das melodische Element beschränkt sich auf die beiden kurzen Arien der Lauretta und des Rinuccio sowie ein kleines Duo der beiden. Wie Verdi hat Puccini gegen Ende seines Schaffens vollends zur Komödie gefunden, die bei ihm bisher nur episodenhaft durchzuhören war.

Der Erfolg der Uraufführung war groß, doch verdankte Puccini ihn vor allem dem *Schicchi*, der auch von der Presse am besten beurteilt wurde. Bei den anderen Werken wird dem Komponisten zu seinem Ärger »Debussyismus« vorgeworfen.

Das *Triptychon*, aus dem auch einzelne Teile aufgeführt wurden, hat in neuester Zeit gesteigertes Interesse gefunden. Nicht nur die quasi dreisätzige Struktur, auch seine Qualität als Gelenk zwischen italienischer Operntradition und impressionistischer Musik wird als musikgeschichtlich bedeutend erkannt.

Dieter Zöchling

FRANZ SCHREKER

Die Gezeichneten
1918 Frankfurt am Main

Mit seiner ersten Oper *Der ferne Klang,* deren Uraufführung 1912 in Frankfurt stattfand, hatte sich der österreichische Komponist Franz Schreker (1878–1934) sofort seinen ganz spezifischen Platz in der Opernszene zwischen Jahrhundertwende und Erstem Weltkrieg verschafft. Hier wurde ein Weg gegangen, der weder in ein Wagnersches Mittelalter, noch in eine Humperdincksche Märchenhaftigkeit, noch in die Kruditäten des Verismo, noch in die Literaturoper Straussscher Prägung führte, sondern einen Gegenwartsstoff bot, in einer äußerst eigentümlichen Musiksprache, die viel mehr von Debussy gelernt hatte als von Wagner oder Verdi. Von 1913 bis 1915 arbeitete Schreker an der Partitur der *Gezeichneten,* seiner dritten Oper (deren Libretto, bei dem er wie immer sein eigener Textdichter war, schon 1911 entstand). Eine für Ende 1915 an der Münchner Hofoper unter Bruno Walter geplante Uraufführung kam nicht zustande. Die Frankfurter Oper mit ihrem musikalischen Leiter Ludwig Rottenberg war wagemutiger und brachte das Werk am 25. April 1918, wenige Monate vor Kriegsende, zur triumphalen Uraufführung, mit der Schreker, wenn auch nur für eine frappant kurze Zeit, zum erfolgreichsten Opernkomponisten seiner Zeit wurde. Der nachfolgende *Schatzgräber* (UA 1920 ebenfalls in Frankfurt) bestätigte und übertraf den Triumph noch (die Zahl von 354 Aufführungen dieser Oper allein in den Jahren 1920 bis 1925 spricht für sich). Der *Schatzgräber* galt den Zeitgenossen, vor allem Schrekers unermüdlichem Herold Paul Bekker, als seine beste Oper, aber Adorno wird eher recht gehabt haben, als er in seinem wichtigen Schreker-Essay von 1959 doch die *Gezeichneten* an die Spitze von dessen Schaffen stellte. Mit diesem Werk tauchte Schreker stofflich noch einmal zurück in die Renaissance-Mode des Fin de siècle, der europäischen Dekadenz-Stimmung am Ende des 19. Jahrhunderts, ohne die Schrekers Œuvre insgesamt nicht zu verstehen ist. Daß Stoff und Atmosphäre zum Zeitpunkt der Uraufführung schon einen gewissen Hautgout zeigten, hat den Komponisten in seiner oft weltfremden Unbedenklichkeit nicht gestört, völlig zu Recht, wie sich herausstellte. Gezeichnet im Sinne des Titels ist der genuesische Edelmann Alviano Salvago, ein Mann mit einer schönen Seele, aber bucklig,

Franz Schreker in den zwanziger Jahren, in denen er als Kompositionslehrer an der Berliner Musikhochschule wirkte, deren Direktor er war, bis ihn 1932 politischer Druck aus dem Amte trieb.

mit großen leuchtenden Augen, wie es heißt, also ein verjüngter, in einen dramatischen Tenor transponierter Rigoletto. Alvianos Schönheitssinn verwirklicht sich in seiner Schöpfung, dem paradiesischen Eiland Elysium, das seine Freunde zu ruchlosen Sinnesfesten mit geraubten Bürgertöchtern mißbrauchen, die nicht mehr nach Hause zurückkehren. Alviano wird schuldig, weil er duldet, woran er allerdings nicht teilnimmt; schließlich aber will er die Insel der Stadt schenken und damit dem Treiben ein Ende bereiten. Die Malerin Carlotta, Tochter des Podestà der Stadt Genua, lernt Alviano kennen. In ihr erwacht Liebe zu dem häßlichen Mann, von Anfang an jedoch vermischt mit einer Lust am Genuß auch des Häßlichen als Stimulans für ihre Kunst. In der Atelierszene des 2. Aktes vollendet Carlotta ein Bild, für das ihr Alviano Modell steht, der in der Liebe zu ihr für einen Augenblick seine Mißgestalt vergißt. Doch auch Carlotta ist eine Gezeichnete, ihr Herz ist krank, sie glaubt, die Liebesvereinigung fliehen zu müssen, die sie gleichzeitig herbeisehnt. Alviano nimmt Rücksicht auf sie; ihre Sinne wenden sich daraufhin dem wild-männlichen Tamare zu. Im Maskenfest des dritten Aktes verbindet sie sich mit Tamare in der unterirdischen Grotte der Insel. Alviano, von der Obrigkeit jener Verbrechen beschuldigt, die andere begangen haben, kommt den beiden auf die Spur. Er ersticht Tamare, als dieser ihm seine eigenen Worte entgegenhält, »die Schönheit sei Beute des Starken«, und glaubwürdig versichert, Carlotta habe sich ihm nicht gezwungenermaßen hingegeben. Die sterbende Carlotta erschrickt vor dem häßlichen Alviano und flüstert im Tode den Namen Tamares.

Schreker beschrieb anläßlich der Uraufführung der *Gezeichneten* seine Opernkonzeption so deutlich, wie es einem Komponisten eben möglich war, der zur ästhetischen und dramaturgischen Selbstreflexion nicht eben neigte. Seine Art, den alten Zwiespalt zwischen Text und Musik zu überbrücken, sein spezieller Verismus sollte darin bestehen, die Dichtung in eine »Sphäre zu rücken, in der die Musik gebraucht wird«: »Was ich letzten Endes für mein Schaffen erstrebe? Volle Deutlichmachung der Beziehung der Musik zum Drama durch Vereinfachung des Stils, durch Plastik des Ausdrucks in Wort und Ton, als restlose Verschmelzung der beiden Hauptfaktoren des musikalischen Dramas unter weitgehender Heranziehung des malerischen Elements. Letzteres keineswegs als bloßes Relief für die Handlung gedacht, sondern in manchen Fällen selbstherrlich in diese eingreifend.«

Von der Leitmotivtechnik Wagners sich absetzend, deren gewaltigen Einfluß er nie verleugnete, nahm Schreker für sich eine Technik des »musikalischen Klangbaus« in Anspruch. Den Stimmungszauber, das Visionäre des »reinen Klanges« ohne motivische Beigabe machte Schreker zum musikdramatischen Ausdrucksmittel erster Ordnung, gegenüber dem die Logik thematisch-motivischer Arbeit zurücktreten mußte. Das gewaltige Orchester der *Gezeichneten* (gewissermaßen der Apparat und die Tonsprache der Schönbergschen *Gurrelieder* 1913, die Schreker uraufführte, in die Opernsphäre gewendet) holt jenen »fernen Klang«, der im Erstlingswerk

Titel und Thema abgab, in den Orchestergraben, aus dem er sich mit narkotischem Zauber über die Zuhörer ergießt, schon bevor der Vorhang aufgeht. Unübertrefflich hat Adorno den Anfang des Vorspiels zu den *Gezeichneten* als ineinanderträufelndes opalenes Klingen beschrieben und als Schrekersche Phantasmagorie par excellence benannt (Harfe und Celesta spielen hier wie auch sonst eine entscheidende Rolle in der meisterhaften Instrumentation) – ähnlich beginnt und endet auch die *Kammersymphonie*, Schrekers bestes Werk außerhalb des Opernbereichs. Keinesweg ist Schrekers Verfahren jedoch als formloses, im Klangrausch verschwimmendes Getön mißzuverstehen. Aus Klang, Harmonik und Motivik entstehen formale Verläufe, die sich mit einem eher intuitiven als kalkulierten Raffinement der Dramaturgie verbinden. Beleg dafür ist vor allem die Atelierszene aus dem 2. Akt. In einer an die besten Konversationsstücke der Zeit erinnernden Art zeichnet Schreker die subtilen Verästelungen und Modifikationen in der Psyche der beiden Hauptfiguren nach, beginnend in scheinbar belanglosem Parlando, hinter dem die untergründige Erregung deutlich wird. Mit unmerklichen Tempoveränderungen gelingt es ihm, die sehr lange Szene (sie dauert über 20 Minuten) in einen überwältigenden Spannungsbogen zu formen. Die Atelierszene in Bergs *Lulu* (UA 1937), (Berg hatte den Klavierauszug des *Fernen Klang* erstellt) wie überhaupt die Orchestersprache des späteren Berg haben Schreker viel zu verdanken.

Das Opernschaffen Franz Schrekers, bereits in der zweiten Hälfte der Weimarer Republik stark angefeindet, verfiel dem Verdikt der NS-Kulturpolitik. Lange Jahre nach dem Ende des Krieges schien es, als sei auch sein Hauptwerk nicht mehr wiederzubeleben (eine Rundfunkproduktion des Jahres 1960 hatte kaum Resonanz). Erst die Aufführung der Frankfurter Oper von 1979 (Gielen, Neuenfels) wendete das Blatt. Die anfangs zögernd, jetzt aber doch machtvoll einsetzende Schreker-Renaissance hat merkwürdigerweise die *Gezeichneten* nicht unbedingt zum Zentrum, trotz der Düsseldorfer Aufführung von 1987. *Jens Malte Fischer*

RICHARD STRAUSS

Lieder
1919–1948

Der Komponiervirtuose Richard Strauss (1864–1949) rühmte sich scherzhaft, sogar eine Speisekarte oder eine Gabel in Musik setzen zu können. Er vertonte selbst den eigenen Unmut, und zwar in einer Form, die als Reservat der Innerlichkeit galt: im Lied. Es hatte Zwist mit dem Berliner Verlag Bote & Bock gegeben: Ein Liederheft, das Strauss zugesagt, aber wegen geschäftlicher Mißhelligkeiten nicht termingerecht geliefert hatte, meinten die Verleger einklagen zu müssen. Dem Druck des Urteils spottete Strauss eulenspiegelhaft 1918/19 mit einem Liederzyklus, den der Verlag entrüstet ablehnte. Er konnte lediglich als luxuriöser Privatdruck erscheinen und verschwand bis in unsere Tage im schmalen Giftschrank der Musik: *Der Krämerspiegel* nach polternden Strophen des Berliner Theaterkritikers Alfred Kerr, eine Generalabrechnung mit den namentlich genannten Verlegern, die als Krämerseelen, Halsabschneider und Ausbeuter der Autoren tituliert werden. Der Überbrettl-Ton der *Feuersnot* (UA 1901) klingt in den kurzen, sarkastischen Strophen auf, in den Selbstzitaten und drastischen Klangmalereien. Am Ende bedauert der Komponist sich selbst in einer breit ausschwingenden Klaviermelodie, aus deren thematischem Kern die Mondscheinmusik des späten *Capriccio* (UA 1942) hervorging. Der Groll gegen die »Krämer« beschränkte sich nicht auf die Attacke durch den ersten satirischen Liederzyklus der Musikgeschichte – als einer der wenigen prominenten Komponisten war Strauss für ein besseres Urheberrecht eingetreten, und was heute als GEMA die wirtschaftlichen Interessen der Musiker wahrnimmt, geht in vielem zurück auf Initiativen des »geldgierigen« Strauss.

Die gelegentlich leichtgewichtige Schaffensweise von Richard Strauss ist vor dem Hintergrund des Jugendstils, der Kulisse der Münchner Sezession, des Wolzogenschen Überbrettls zu sehen. Im Gefolge berücksichtigt er immer mehr seine eigene Generation unter den Dichtern: Falke, Dehmel, Mackay – und der preußische Generalmusikdirektor kann es sich erlauben, auch pseudorevolutionär mit dem »Arbeitsmann« Dehmels Achtstundenforderungen zu singen – wohl mehr aus der Lockung heraus, solche Dinge artistisch umzumünzen.
Dietrich Fischer-Dieskau. In: Texte deutscher Lieder. München 1968.

In seinem langen Leben hat Strauss über 150 Gesänge geschrieben, größtenteils Klavierlieder, doch auch Orchesterlieder wie die vom Abschied in Gelassenheit und Schönheit handelnden *Vier letzten Lieder* von 1948. Die Mehrzahl der populären Strauss-Lieder datiert aus den Aufbruchsjahren vor 1900 und hatte die Sopranistin Pauline de Ahna, mit Strauss verheiratet seit 1894, zur ersten Interpretin. Den Tondichter und Musikdramatiker mißbilligte man als neutönerischen Bürgerschreck, der Liedkomponist fand auf Anhieb den Weg ins Repertoire. Um die Jahrhundertwende war der Liederabend zur Einrichtung geworden; Strauss schrieb Lieder für den Konzertsaal, Vortragsstücke mit tonmalerischem Klaviersatz, Effekt- und Zugabenummern seitab von jener Intimität, wie sie seit Schumann das Lied zum Extrem musikalischer Lyrik und Versunkenheit gestempelt hatte. Gesänge voll Glanz, Elan und einiger Theatralik, Zeugnisse von Saft und Kraft des Jugendstils fielen den Hörer an, statt mit scheuer Verhaltenheit von den Seelennöten ihres Urhebers zu sprechen. Selbstbekenntnis und Selbstzerfleischung sucht man bei Strauss vergebens. Das Lied erhebt sich als wirkungsvoll angelegtes Gesangsstück in knapper Form und vitaler Melodik, kennt im üppigen Klaviersatz harmonische und kontrapunktische Wagnisse, bewegt sich zwischen Empfindung, Pathos und Humor, kommt den Sängern entgegen und zeichnet sich obendrein durch deklamatorische Finesse aus.

Der 54jährige Richard Strauss. Gemälde von Max Liebermann (1847–1935) aus dem Jahr 1918. Es ist das Jahr, in dem Strauss Berlin verläßt und die Leitung der Wiener Hofoper übernimmt.

Anders als die Mehrzahl der Komponisten an der Jahrhundertwende vertonte Strauss Gedichte von Zeitgenossen. Die Reihe reicht von Spätromantikern wie Hermann von Gilm (*Zueignung, Allerseelen* 1882) über Felix Dahn und dem deutsch schreibenden Engländer John Henry Mackay (*Heimliche Aufforderung* 1894) bis zu dem burschikosen Otto Julius Bierbaum (*Traum durch die Dämmerung* 1895) und dem aufsässigen Richard Dehmel, dessen *Arbeitsmann* 1898 erstmals den harten Tonfall revolutionärer Arbeiterlyriker in das Kunstlied brachte. Zwar hielt sich Strauss' Kunstegoismus von Zeitfragen fern, doch das Kreatürliche in der Sozialproblematik bewegte den Zeitgenossen Gerhart Hauptmanns. Auf expressive statt auf plakative Art ging er an Dehmels aggressive Verse, auch in *Befreit op. 39*. Die spröde Nüchternheit im *Lied des Steinklopfers* (nach Karl Henckell, 1901) scheint auf Kurt Weill vorauszuweisen. Die Lieder zwischen den artifiziellen *Brentano-Gesängen op. 68* von 1919 und den *Vier letzten Liedern* werden als Zeugnisse kompositorischer Bravour bestaunt, doch wirken sie wie verfeinerte Wiederholungen des Liedertypus der frühen Jahre. Retrospektiv sind die Verse gewählt; die Lyrik der Klassik und Frühromantik kommt ins Spiel.

Die Erfolgsmethoden des Liedkomponisten Strauss sind oft nachgeahmt worden, selten jedoch mit nachhaltiger Wirkung. Der Schwung des Jugendstils war erlahmt, die vollgriffig gesetzte Reizharmonik auf tonaler Basis erschöpft, der Hang zum Effektvollen und »Mondänen« nicht mehr opportun. Das Mißtrauen gegen das Lied als Hort edler Gefühle griff um sich.

Karl Schumann

R. STRAUSS *Lieder*

LEOŠ JANÁČEK

Tagebuch eines Verschollenen
1921 Brünn

Leós Janáček in seinen letzten Lebensjahren. Foto um 1925. Es war die Zeit, in der Janáček seine Oper *Die Sache Makropulos* nach der Komödie von Karel Capek (1890–1938) schrieb.

Einen eigentümlichen Fall sowohl in der Geschichte des Folklorismus wie in der Musikgeschichte insgesamt stellt das Spätwerk des mährischen Komponisten Leoš Janáček im Jahrzehnt vor seinem Tod 1928 dar. Erst mit dem Erfolg der (mehrfach umgearbeiteten) Oper *Jenufa* – 1916 in Prag und zwei Jahre später in Wien – gelang es diesem in Brünn (Brno) wirkenden Komponisten, internationale Anerkennung zu finden. Diese späte Anerkennung hatte – neben dem politischen Umstand, daß die Bildung einer unabhängigen Tschechoslowakei nach dem Zerfall der Donau-Monarchie dem Werk des panslavisch-national orientierten Janáček förderlich war – ihren tieferen Grund in der Tatsache, daß die persönliche Authentizität von Janáčeks Foklorismus in ihren besonderen Vorzügen erst nach dem Ende des Fin-de-siècle-Exotismus deutlich werden konnte.

Janáčeks Foklorismus gründet nämlich weniger in seinen langjährigen Untersuchungen zum heimischen Volkslied und -tanz als vielmehr in einer Anverwandlung von Prinzipien, die er in der gesprochenen Volkssprache entdeckte. Jahrzehntelang widmete er sich dem Studium rhythmisch-melodischer Kurven der Alltagssprache und zeichnete zahllose »Sprechmelodien« auf – in der Überzeugung, die Semantik der gesprochenen Sprache offenbare ihren wahren Gehalt erst in der je besonderen, differenzierten Weise ihrer akustisch faßbaren Gestalt.

Dabei zielten seine Kompositionen keineswegs auf eine naturalistische Nachahmung der vorgefundenen Sprachmelodien der tschechischen Alltagssprache. Dennoch bildet die skizzierte theoretische Voraussetzung die Grundlage seines Deklamationsstils, weshalb Janáčeks Musiksprache einem des Tschechischen unkundigen Hörer in dieser Dimension verschlossen bleibt. Solcher Rekurs auf das »Leben«, auf die Erfahrung einer außerkünstlerischen Wirklichkeit, geschah um einer »Musik der Wahrheit« willen. Janáček strebte sie rückhaltlos an, unbekümmert um die klassizistische Ästhetik des Musikalisch-Schönen, gleichgültig auch gegenüber der Ästethik des Interessanten, verwurzelt einzig in dem idiosynkratisch gesteigerten Ausdrucksbedürfnis seiner in der mährischen Lebenswelt verankerten Erfahrung.

JANÁČEK Tagebuch eines Verschollenen

Das *Tagebuch eines Verschollenen* (komponiert zwischen 1917 und 1919) steht am Anfang von Janáčeks Spätwerk. Es handelt sich um einen Gesangszyklus mit Klavierbegleitung nach einer Gedichtfolge, die in der Brünner Tageszeitung *Lidové Noviny* anonym erschienen war. Die Geschichte von einem Burschen (Jánicek), den die Liebe zu einer Zigeunerin (Zefka), deren sinnlich-fremder Macht er verfallen ist, von Elternhaus und Heimatort wegreißt, fesselte den Komponisten als Zeugnis einer der literarischen Kunstwelt fernstehenden Volksdichtung. Schaffenspsychologisch mögen auch persönliche Identifikationsmöglichkeiten – im Zusammenhang von Janáčeks Liebe zur jungen Camilla Stoessel – eine Rolle gespielt haben. Auf drastische Weise bricht die Konzeption des Werkes mit der Gattungstradition des romantischen Liederzyklus und nähert sich der Kantate ein Stück weit an: Die Tenorpartie des Burschen repräsentiert einerseits, indem sie in 18 der 22 Nummern allein eingesetzt erscheint, ein lyrisches Ich nach Maßgabe der Liedtradition. Andererseits handelt es sich jedoch, da der Kern des Werks (Jániceks Verführung durch Zefka) im Dialog mit der Altpartie der Zigeunerin in die Nummern neun bis elf (ergänzt gar durch den Kommentar dreier hinter der Szene singender Frauenstimmen) stattfindet, um eine der Kantatengattung entsprechende dramatische Rolle. Das lyrische Ich des Werkes wird also durch seine Verwandlung in eine dramatische Person in den wenigen entscheidenden Mittelstücken suspendiert, die Tenorpartie kann jedoch umgekehrt nicht als eine durchgehende dramatische Rolle aufgefaßt werden. Musikalisch wird die Einheit der Person und ihrer Geschichte durch ein Grundmotiv, bestehend aus aufsteigender Quarte mit anschließendem Ganzton (z. B. as -des -es), bestimmt, das in mannigfachsten Abwandlungen sich durch den gesamten Zyklus zieht. Das *Tagebuch eines Verschollenen* erscheint somit als ein Werk, welches alle Eigenarten der Janáčekschen Musiksprache offenbart. Auf der Basis eines Konzertwerks verweist es durch die skizzierte Rollendisposition und durch das erwähnte, in der Nähe einer Grund- oder Leitmotivtechnik stehende Kompositionsverfahren auf jene szenische Dimension des Musiktheaters, in welcher sich das Spätwerk dieses großen Komponisten vollends verwirklichen sollte.

Hermann Danuser

König David
1921 Mézière

Am 11. Juni 1921 gab es in dem kleinen Privattheater des schweizerischen Ortes Mézière eine Uraufführung, die in die Musikgeschichte einging. Der Schriftsteller René Morax hatte ein biblisches Schauspiel *Le Roi David* geschrieben, dem die Erzählungen der beiden Bücher Samuel um den israelischen König David zugrunde lagen. Nachdem mehrere namhafte Komponisten seine Bitte, eine Bühnenmusik beizusteuern, abgelehnt hatten, ergriff ein noch junger Musiker namens Arthur Honegger (1892–1955) die Chance. Strawinsky hatte ihn empfohlen, und er sollte sich der Empfehlung würdig erweisen. Obgleich er aus Raumgründen mit kleinem Instrumentarium – einigen Bläsern, Klavier, Harmonium, Celesta – auskommen mußte, wurde die Produktion zu einem großen Erfolg, der Honegger zu einer Bearbeitung seiner 27 Nummern umfassenden Partitur für großes Orchester ermutigte. In dieser neuen Gestalt wurde das

Jean Cocteau (1889–1963): Zeichnung zur *Antigone* von Arthur Honegger. 1927.

Der Komponist Arthur Honegger um 1950.

Stück, nunmehr von der Bühne losgelöst und zu einer Art von Oratorium mit Sprecher umgeformt, in kürzester Zeit zu einem Welterfolg, der den internationalen Ruhm Honeggers begründete. Sieht man von Orffs *Carmina Burana* (1937) ab, so hat kein oratorisches Werk dieses Jahrhunderts die Popularität von Honeggers »sinfonischem Psalm« erreicht. In Deutschland wurde die Konstanz dieses Siegeszuges nach 1933 unterbrochen, denn auch Honegger gehörte zu den »Entarteten«, aber nach dem Kriege mehrten sich wiederum die Aufführungen.

Arthurs Genie fühlte sich zu einer Musik hingezogen, die dem Handwerkertum der Kathedralen und Fabriken nahestand. In seinem Schaffen wechselt die Welt der Maschinen ab mit einer der Altarwände, Strebepfeiler und Kirchenfenster.
Jean Cocteau am 7. November 1953 in der Vorrede zu einem Konzert der Gruppe der »Six«.

Diese Popularität hat mehrere Ursachen. Zum einen ist – eine Seltenheit innerhalb der Chormusik der Moderne – das Stück auch tüchtigen Laienchören technisch zugänglich. Zum anderen zeichnet sich die Sprache des jungen Honegger durch melodische Sinnfälligkeit, ja Lapidarität, aus, durch eine zwar geschärfte Harmonik, die jedoch trotz polytonaler Kühnheit im Orchestersatz im Bereich des Diatonischen und Modalen verbleibt, durch eine ungemein farbige, grelle Effekte nicht scheuende Instrumentation und durch lakonische, bildhafte Prägnanz. Sie stellt Kontraste hart nebeneinander, flehendes Bitten und fast barbarischen Triumphalismus, ein schauriges Melodram und hymnische Engelchöre, Kriegsmusik und Prophetengestus, zarte Lyrik und dramatische Ballung. Das Ganze hat in seiner Knappheit der Formung bei aller Farbigkeit im Grunde holzschnittartigen Charakter. Die vokalen wie instrumentalen Konturen sind scharf gezogen, die harmonischen und satztechnischen Härten ereignen sich im wesentlichen im Orchester. Die Suggestivkraft dieser Musik beschwört einen alttestamentarischen Orientalismus von freskenhafter Pracht, ohne daß Honegger, von kirchentonartlichen Wendungen abgesehen, Elemente archaischer Musik benutzt hätte. Trotz der lapidaren Knappheit der vielen Einzelstücke entsteht der Eindruck eines großräumigen Ganzen.

Die Partitur fordert neben dem reichbestückten Orchester und einem entsprechend großen Chor drei Gesangssolisten (Sopran, Alt, Tenor), einen Erzähler und eine Sprecherin für das Hexenmelodram. Die 27 Nummern sind in drei Teilen zusammengefaßt. Der erste Teil berichtet von der Berufung des Hirtenjungen David zum König Israels durch den Propheten Samuel, vom Kriegszug des Königs Saul gegen die Philister, von Davids Kampf mit Goliath, von Sauls Besuch bei der Hexe von Ensor und seinem Tod im Kampf gegen die Philister. Morax kürzte die ausführlichen Berichte der Bücher Samuel geschickt zu plastischen Szenen. Der zweite Teil ist im wesentlichen eine Schilderung des israelitischen Siegesfestes mit hymnischen Frauen-, Krieger- und Volkschören, die ihren Ausklang in ei-

Arthur Honegger. *König David.* Szenenentwurf von Alexandre Cingria (1879–1945) für die Uraufführung im Jahre 1921.

nem melodisch schwingenden Halleluja finden. Das Werk erreicht hier seinen Höhepunkt in dem effektvollen Wechsel der verschiedenen Chöre in Unisono und Vierstimmigkeit und einem zu plakativer Pracht aufglänzenden Orchesterpart. Der dritte Teil führt zunächst diese Affirmation fort, berichtet aber dann von Davids Sündenfall mit Bathseba, der Frau seines Feldherrn Urias, von seiner Zerknirschung und Reue. Mit einem Melodram, das von der Krönung von Davids Sohn Salomon und von Davids Tod erzählt, geht das Werk in visionärer Feierlichkeit zu Ende. Das Schluß-Halleluja nimmt jene schwingende, melismatische Weise wieder auf, mit der bereits der zweite Teil geschlossen hatte. Dieser »Tonfall« sollte charakteristisch werden für Honeggers spätere religiös fundierte Musik bis hinauf zur *Symphonie liturgique* (1946).

Honegger hat in seinen späteren Vokalwerken, etwa der *Antigone* von 1924/27, dem biblischen Drama *Judith* von 1925, vor allem aber dem dramatischen Oratorium *Jeanne d'Arc au boucher (Johanna auf dem Scheiterhaufen)* von 1935 den Lapidarstil seines Frühwerkes differenziert und expressiv vertieft, wobei ihm in letzterem Fall Claudels Dichtung reichere und subtilere Möglichkeiten bot als Morax' biblischer Erzählton ihm geben konnte. Die melodramatischen Partien der *Jeanne d'Arc* sind souveräner in die Musik integriert, das Ganze wurde stärker auf die Ebene des Symbolisch-Allegorischen gehoben. Kehrte sich der *Roi David* in seiner Endfassung von der Bühne ab, so strebt die *Jeanne d'Arc* wieder zur Bühne hin, wenn das Werk auch oft konzertant aufgeführt wird. Geblieben ist in diesem späteren Werk das wirkungssichere Nebeneinander von tonaler Vokalmelodik und freitonaler, zu dissonanter Schärfe neigender Behandlung des Orchesters, jener Garant einer breiteren Popularität, wie sie Honegger bewußt anstrebte: Er, der Humanist, faßte seine Musik stets als Botschaft auf, die verstanden sein wollte. Dieser Zug bewahrte seine Kunst vor dem Schicksal, das manchem bedeutenden Werk der Moderne widerfuhr: im elfenbeinernen Turm der Feste und Tagungen für neue Musik eingeschlossen zu bleiben.

Alfred Beaujean

ALEXANDER ZEMLINSKY

Der Zwerg
1922 Köln

Diego Rodriguez de Silva y Velázquez (1599–1660): »Der Hofzwerg Don Sebastian de Morra.« Gemälde um 1644–48.

Der Einakter *Der Zwerg* des Wiener Komponisten Alexander Zemlinsky (1871–1942) ist 1920 auf der Grundlage von Oscar Wildes Märchen *Der Geburtstag der Infantin* entstanden und wurde am 28. Mai 1922 in Köln unter der Leitung von Otto Klemperer uraufgeführt. Im Opernschaffen Zemlinskys bildet dieses Werk insofern einen Höhepunkt, als in ihm die musikdramatische Idee des Komponisten am deutlichsten Gestalt gewinnt.

Zemlinsky, der dem stilistischen Umkreis Gustav Mahlers und Arnold Schönbergs angehörte, schilderte in seinen Opern, wie Menschen sich in

ZEMLINSKY Der Zwerg

Rollen beziehungsweise »Lebenslügen« (Ibsen) verfangen und an den daraus resultierenden Identitätskonflikten laborieren oder gar zugrunde gehen. Dies ist auch die Situation des Zwergs in der gleichnamigen Oper. Ihn hat der Sultan von Bagdad der spanischen Infantin Clara als »Spielzeug« zum Geburtstag geschenkt. Er weiß nicht, daß er häßlich ist, und während der ganze Hofstaat hinter vorgehaltener Hand über ihn lacht, hält er sich für einen vollendeten Kavalier, verliebt sich in die Prinzessin und glaubt sich wiedergeliebt. Als er in einen bis dahin verhangenen Spiegel schaut, entdeckt er seine Häßlichkeit. Zunächst kann er nicht glauben, daß er die Gestalt im Spiegel ist, aber als er von der Prinzessin verstoßen wird, erkennt er die Wahrheit und stirbt an gebrochenem Herzen.

Brahms erklärte sich bereit, die Komposition mit mir zu besprechen. Die Vorstellung, daß der große Brahms über meine Kompositionsversuche mit mir sprechen wolle, steigerte meinen ohnehin gewaltigen Respekt bis zur Angst. Am Klavier nahm er meine Komposition mit mir durch, anfangs schonungsvoll, aber niemals lobend, dann immer heftiger werdend. Und als ich eine Stelle zu verteidigen suchte, schlug er ein Mozartsches Streichquintett auf, erklärte mir die noch nie übertroffene Formgestaltung und sagte dazu wörtlich: »So macht man es von Bach bis zu mir.«
Alexander von Zemlinsky über die Durchsicht seines Streichquartetts, die Brahms vornahm.
Zitiert nach: Arnost Mahler, »Alexander Zemlinsky
Porträt eines großen Musikers«. In: Alexander Zemlinsky. Tradition im Umkreis der Wiener Schule. Graz 1976.

Die Selbstentlarvung des Zwerges ist das grausamste Spiel, das am spanischen Hofe gespielt wird, nämlich das mit Gefühlen. Das Trügerische der Gefühle, welche Menschen dazu verführen, Rollen einzunehmen, die sie nicht ausfüllen können, stellt Zemlinsky in einer verführerischen Musiksprache dar. Auf der einen Seite steht die kalte Klangpracht, die dem Zeremoniell des spanischen Hofes zugewiesen ist und in deren »verschmutzter« Diatonik Momente jener Neuen Sachlichkeit anklingen, die in den zwanziger Jahren als Abkehr von der durchchromatisierten Tonsprache der nachwagnerischen Musik bevorzugt wurde; ihr ist eine chromatisch belebte, emotional gehobene Musiksprache gegenübergestellt, in der die Protagonisten ihre Gefühle artikulieren – ob echt oder verstellt, wird musikalisch nicht entschieden. Die Grenze zwischen Realität und Fiktion bleibt fließend, denn Täuschung gelingt nur dort, wo sie undurchschaubar bleibt.

Die Doppelbödigkeit der Handlung und die Uneigentlichkeit der tonalen Sprache Zemlinskys bedingen einander. Mit dem Durchbruch zur Atonalität, den Zemlinskys Schwager Schönberg ein Jahrzehnt zuvor vollzogen hatte, wuchs tonaler Musik eine neue Ambivalenz zu. Wie Atonalität zur Chiffre für den heillosen Zustand der Welt und zur Chiffre von Utopie – dem »Unerhörten« – wird, so steht die tonale Musiksprache sowohl ein für Erinnerung an einen Zustand der Welt, der noch heil war (oder es in der Erinnerung zu sein scheint), als auch für das Gegenteil von Utopie – für das, was zum Klischee verkommen ist. So schweben die Gefühle, die Zemlinsky in seiner – allerdings bis zum äußersten geweiteten – tonalen Musiksprache evoziert, in der Ambivalenz von Schein und Wirklichkeit. In diesem Sinne ist Zemlinskys Oper *Der Zwerg* ein Höhepunkt der Uneigentlichkeit von Gefühlen und von Tonalität, die jene erweckt. *Horst Weber*

PAUL HINDEMITH

Sieben Kammermusiken
1922–1927

Das »1. Donaueschinger Kammermusikfest zur Förderung zeitgenössischer deutscher Tonkunst« im Jahre 1921 machte Paul Hindemith (1895 bis 1963) mit der Aufführung seines *Streichquartetts op. 16* mit einem Schlag weithin bekannt. Aus Dankbarkeit, Anhänglichkeit und Treue komponierte er für das folgende Kammermusikfest 1922 ein Werk, das er »Seiner Durchlaucht, dem Fürsten v. Fürstenberg«, dem Protektor der Donaueschinger Veranstaltungen widmete und dem er offenbar in Anlehnung an den Namen der Veranstaltung den Titel *Kammermusik Nr. 1* gab. Mit diesem Werk, das am 31. Juli 1922 in Donaueschingen unter der Leitung von Hermann Scherchen uraufgeführt wurde, übertraf Hindemith womöglich seinen Erfolg vom Vorjahr; er galt nun als der führende deutsche Komponist seiner Generation. Dabei verstärkte und vervollständigte die heftige Polemik der konservativen Musikkritik gegen dieses Werk nur seinen Ruhm; bekannt wurde vor allem eine Kritik von Alfred Heuss, in der es heißt: »Man steht einer Musik gegenüber, wie sie zu denken, geschweige denn zu schreiben noch nie ein deutscher Komponist von künstlerischer Haltung gewagt hat, einer Musik von einer Laszivität und Frivolität sowie aber auch einer eindeutigen künstlerischen Eindruckskraft, die nur einem ganz besonders gearteten Komponisten möglich sein kann, und zwar in einer Zeit wie der unsrigen, die ja den Mut endlich gefunden hat, auch ihre verborgensten Gemeinadern zu entblößen!« Es verstörte vor allem, daß Hindemith ein Werk *Kammermusik Nr. 1* nannte, in dem nicht nur alle gewohnten kammermusikalischen Züge ausgespart waren, sondern das auch mit seiner solistischen Besetzung unverkennbar an die Formationen der Unterhaltungsmusik der Zeit anschloß. Zudem zitierte Hindemith im Schlußsatz, der geradezu programmatisch als Titel die Jahreszahl »Finale: 1921« trägt und im Heulen einer Sirene gleichsam untergeht, den damals bekannten Foxtrott *Fuchstanz* eines gewissen Wilm-Wilm. Hindemith präsentiert die Negation des Kammermusikalischen als Kammermusik.

Obwohl Hindemith dieses Werk mit einer Nummerierung versah und es damit als das erste Glied einer Reihe kennzeichnete, konnte er zunächst kein Anschlußstück finden. Erst 1924 setzte er diese Werkreihe fort, der er freilich nun einen ganz anderen Charakter gab: Es sind nicht mehr Stücke für kleine, solistisch besetzte Ensembles, sondern Solokonzerte mit Kammerorchesterbegleitung. Sechs solcher Werke schrieb Hindemith – und legte damit insgesamt sieben Kammermusiken vor – ein Klavierkonzert (*Kammermusik Nr. 2, op. 36, 1*, 1924), ein Cellokonzert (*Kammermusik Nr. 3, op. 36, 2*, 1925), ein Violinkonzert (*Kammermusik Nr. 4, op. 36, 3*, 1925; Neufassung 1951), ein Bratschenkonzert (*Kammermusik Nr. 5, op. 36, 4*, 1925), ein Viola d'amore Konzert (*Kammermusik Nr. 6 op. 46, 1*, 1927; Neufassung 1930) und ein Orgelkonzert (*Kammermusik Nr. 7, op. 46, 2*, 1928).

Paul Hindemith. Um 1927. Der Komponist gehörte zu den führenden Bratschern seiner Zeit.

Alle diese Werke unterscheiden sich erheblich voneinander in ihrer Formgestaltung, ihrer Besetzung oder ihrem Charakter. Zudem sind sie aus ganz unterschiedlichen Anlässen entstanden. Das Klavierkonzert und das Cellokonzert, die beide mit gänzlich verschiedenartigen Satzfolgen viersätzig gehalten sind, komponierte Hindemith für Instrumentalisten, die ihm eng verbunden waren: für die Pianistin Emma Lübbecke-Job und für seinen Bruder Rudolf, der ein hervorragender Cellist war. Das ebenfalls viersätzige Bratschenkonzert, das als ein musikalisches Selbstporträt des Komponisten aufgefaßt wurde, und das einsätzige Viola d'amore-Konzert mit seinen hohen spieltechnischen Ansprüchen schrieb Hindemith, der zu den führenden Bratschern seiner Zeit zählte, für sich selbst. Das dreisätzige Orgelkonzert ist in seiner Instrumentierung ganz auf die damaligen beschränkten Möglichkeiten von Musikübertragungen im Rundfunk hin konzipiert; Hindemith widmete dieses Werk dem Frankfurter Sender. Das fünfsätzige Violinkonzert entstand ohne besonderen Anlaß; in einem seiner Werkverzeichnisse notierte Hindemith, er habe diese Werk »sehr gerne gemacht«.

Die Melodik ist das Element, in welchem sich die persönliche Eigenart des Komponisten am ehesten und am sinnfälligsten kundtut. Seine Phantasie mag ihm die eigenwilligsten Harmonieschritte eingeben, in kühnsten rhythmischen Formen, schönen dynamischen Effekten, trefflichsten Instrumentationskünsten mag er sich ergehen; alles das wiegt wenig, wenn er überzeugende Melodien zu erfinden vermag, darin sind die Sachverständigen mit den naiven Musikhörern einer Meinung.
Paul Hindemith
In: Unterweisung im Tonsatz I. Mainz 1939.

In diesen *Kammermusiken*, die von einer geradezu abenteuerlichen Musizierlust erfüllt sind, entwickelte Hindemith alle seine charakteristischen musikalischen Ausdrucksformen. Sie reichen von neobarock wirkenden Satzanlagen – Hindemith komponierte freilich nicht im, sondern mit dem neobarocken Stil –, über die lyrisch-intensiven »Nachtstücke«, die rüden, lärmenden, vom Schlagzeug und von Blechbläsersignalen beherrschten Sätze, über die fugierten Satzanlagen, die kleinen, miniaturartigen, wie Charakterstudien wirkenden Sätzchen bis hin zu musikalischen Parodien, wie etwa der »Variante über den Bayerischen Defiliermarsch«, die das Bratschenkonzert beschließt.

Die Zeitgenossen fanden in diesen Werken eine musikalische Haltung, ja eine Gesinnung des Musikmachens ausgedrückt, die wohl in vielerlei Hin-

sicht an das Musizieren im Barock anzuschließen schien – Hindemiths *Kammermusiken* wurden denn auch immer wieder mit den *Brandenburgischen Konzerten* (1718–21) von J. S. Bach verglichen –, die aber doch in den zwanziger Jahren ganz neuartig wirkte. Die »Weltanschauungsmusik« der musikalischen Moderne, die bis zur Jahrhundertwende weithin vorherrschte, war endgültig überwunden. Diese Musik Hindemiths war nicht mehr harmonisch opulent, klanglich luxurierend, formal verschlungen oder melodisch geschmeidig; sie wirkt vielmehr hart konturiert, knapp, überschaubar, gedrungen und wird von einem unerschöpflichen Elan des Musizierens getragen. Es ist eine Musik, die nichts als Musik sein will und sich in ihrer Gegenwärtigkeit, in ihrer klanglichen Präsenz möglichst erschöpft. Mit solchen Eigenschaften gelten Hindemiths Kammermusiken als Inbegriff der Neuen Sachlichkeit, der vorherrschenden Stilrichtung im Deutschland der zwanziger Jahre. Auf diese Weise haben die *Sieben Kammermusiken* Hindemiths Epoche gemacht.

Giselher Schubert

Neue Horizonte hat man freilich eröffnet, aber die Weiten, die man erblickt, sind wie diejenigen endloser Meere und Sandwüsten, für Menschen unbesiedelbar. Schon nach wenigen Jahrzehnten uneingeschränkten Gebrauchs des musikalischen Baustoffs hat sich gezeigt, daß heute wie immer zwischen Musik und Geräusch eine Scheidung besteht, die zwar im Grenzgebiet beider nicht unverrückbar festliegt, aber doch der musikalischen Seite des Territoriums gewisse Verhaltensregeln auferlegt, die grundsätzlich dem musikalischen Gehör als oberster Instanz der Bewertung ausgesetzt sind – also keinesfalls Regeln, die sich auf gehörsmäßig nicht bewertbare Faktoren stützen, als da sind Zahlenpermutationen und sonstige, mit Logarithmentafeln und Rechenschieber erreichbare Konstruktionen.
Paul Hindemith 1963;
In: Paul Hindemith. Die letzten Jahre. Mainz 1965.

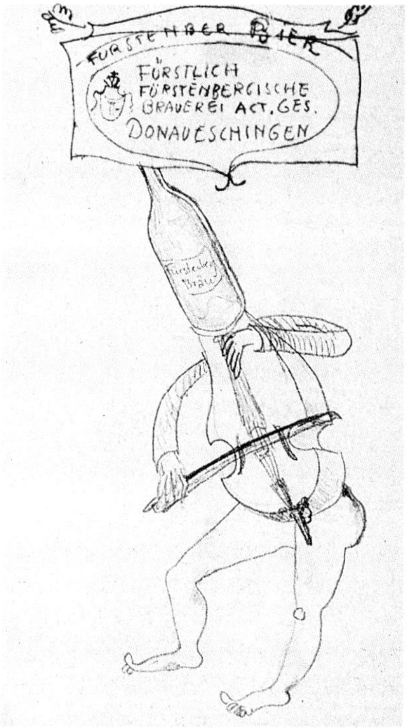

»Fürsten-Pils spielt Cello« Zeichnung von Paul Hindemith um 1921.

ZOLTÁN KODÁLY

Psalmus Hungaricus
1923 Budapest

Nach dem blutigen Zusammenbruch der Donaumonarchie konnte sich die erste sozialistische Räteregierung Ungarns unter Béla Kún nur fünf Monate lang halten, bevor Reichsverweser Nikolaus von Horthy im August 1919 die Macht an sich riß und erfolgreich die weiße Gegenrevolution einleitete. Durch sie konnten die alten Besitz- und Machtverhältnisse noch bis zum Ende des Zweiten Weltkriegs aufrechterhalten werden, in einem freilich auf ein Drittel seines vormaligen Staatsgebietes geschrumpften, ausgebluteten Land. Den Freunden und Aktivisten des »revolutionären Intermezzos« ging es an den Kragen: Die Denunzianten hatten Konjunktur. Wer, wie die meisten fortschrittlich oder auch nur liberal denkenden Intellektuellen, sich nicht rechtzeitig ins Ausland abgesetzt hatte, überantwortete sich der Willkür der berüchtigten Disziplinarausschüsse des neuen Regimes. So verlor auch Zoltán Kodály (1882–1967), der eine leitende Position im Musikdirektorium der Räteregierung bekleidet hatte, seine Stellung als Professor an der Budapester Musikhochschule. In den folgenden sechs Monaten mußte er zwölf (!) Disziplinarverhandlungen über sich ergehen lassen. Er ließ sich aber nicht einschüchtern. »Mit Tagespolitik habe ich mich nie befaßt«, gab er einmal zu Protokoll, »im übertragenen Sinn ist aber jeder Takt, jedes Volkslied, das ich notiert habe, Politik. Eine Politik der Tat und nicht der leeren Phrasen. Und deswegen werde ich verfolgt.«

Erst zwei Jahre später, 1921, durfte Kodály wieder an seinen Lehrstuhl für Komposition zurück, freilich ohne rehabilitiert worden zu sein, und weitere zwei Jahre vergingen, bis die neuen Machthaber sich durchrangen, Kodály nicht länger auszuschließen, sondern im Gegenteil ihn, wie auch den ungeliebten Bartók, kulturpolitisch vor den eigenen Karren zu spannen. Das fünfzigjährige Jubiläum der Vereinigung von Buda, Obuda und Pest zur ungarischen Hauptstadt, bot dazu eine günstige Gelegenheit. Bartók steuerte die *Tanzsuite* bei und propagierte musikalisch das glatte Gegenteil zur offiziellen revanchistischen Politik des Horthy-Regimes, während Kodály durch den überaus ernst gestimmten, beschwörend-anklagenden Gestus seines *Psalmus Hungaricus* die von oben verordnete Feiertagsheiter-

Zoltán Kodály. Foto um 1930. Es ist das Jahr seiner Marosszéker Tänze, denen 3 Jahre später die bekannteren Tänze aus Galantha folgten.

keit gründlich verdarb. Der überwältigende Erfolg der Uraufführung am 19. November 1923 brachte die Hetzkampagnen der regimetreuen Presse mit einem Mal zum Verstummen. Erst jetzt war Kodálys Ansehen im Land wiederhergestellt. Und noch mehr: Der *Psalmus* brachte ihm drei Jahre später – nach der deutschsprachigen Erstaufführung unter Volkmar Andreae – auch den Durchbruch zu internationaler Anerkennung.

Natürlich hatte Kodály die bitteren Erfahrungen der davorliegenden Jahre in den *Psalmus* einfließen lassen, doch dies allein erklärt nicht die Wirkung des Werks vor allem in Ungarn. Er hatte damit auch die nationale ungarische Kunstmusik um ein entscheidendes Werk bereichert und seine eigene theoretische Position untermauert. Bereits Jahre vorher hatte Kodály einen »hundertjährigen Plan« entworfen, mit dem er – auf allen musikalischen Ebenen gleichzeitig wirkend, also als Forscher, Pädagoge, Komponist und Dirigent – das Musikleben Ungarns von Grund auf reformieren wollte, um sein Volk auch musikalisch von der jahrhundertelangen Herrschaft deutscher Kultur und deutscher Kunst zu befreien. Alle wesentlichen Merkmale einer national selbständigen ungarischen Kunst sah er im Volkslied verdichtet, das als einzige musikalische Gattung von den Bauern unversehrt ins 20. Jahrhundert hinübergerettet worden war. Nur mit Hilfe dieser Musik, an die er direkt anknüpfte, glaubte er, die 400jährige Unterdrückung des ungarischen Volkes durch Türken und Österreicher auch in der Kunst dauerhaft überwinden zu können.

Im *Psalmus Hungaricus* wird Kodálys Anliegen geradezu beispielhaft verdeutlicht: Bereits durch die Wahl der literarischen Vorlage ruft er die leidvolle Vergangenheit seines Volkes wieder ins Bewußtsein. Der Text stammt aus dem 16. Jahrhundert: Mihály Vég, der große Dichter aus Kodálys Heimatstadt Kecskemét, beklagt da in einer freien Bearbeitung des 55. Psalms die Unterdrückung seines Volkes durch die Türken. Kodály wollte damit aber nicht an längst vergangene Zeiten erinnern, wie es die regimetreuen Kritiker zunächst deuteten, damit die zu Ehren des Horthy-Regimes inszenierte Festlichkeit nicht getrübt werde, sondern der Komponist bezog die Klage Végs auf die Gegenwart und klagte die neuen Machthaber an, unter nationalistischer Maske zu feudalen Verhältnissen zurückkehren zu wollen. Niemand konnte die politische Aktualität, die einige Passagen der Dichtung angesichts der herrschenden Lage gewannen, guten Gewissens überhören, etwa »so will ich lieber Wüsten bewohnen, irren in düsteren Wäldern, verloren, als in deren Mitte zu wohnen, die Recht und Wahrheit niemals erduldeten ...« Dies hielt regimetreue Kritiker dennoch nicht davon ab, den Psalm revanchistisch zu deuten, als magyarisches Bollwerk gegen die verhaßten Slawen.

Kodály verstand unter »Nation« nichts Abstraktes oder Anonymes, sondern die wirkliche Gemeinschaft von Menschen, denen er sich verbunden fühlte. Seine bäuerliche, naive Verwurzelung im ungarischen Volk kommt auch in seiner Kompositionsweise zum Tragen. Es ging ihm im Unterschied zu Bartók und den meisten westlichen Neuerern nicht um eine möglichst komplizierte und ausgeklügelte musikalische Struktur, also um die Lösung formaler Probleme, sondern ihn interessierte primär die Stofflichkeit, Verständlichkeit und Wirksamkeit seiner Musik, von der er einmal behauptete, »daß sie im Notenbild weniger zeigt, als wenn sie ertönt«. So ist auch die musikalische Form des *Psalmus* einfach und klar gegliedert. In Anlehnung an die Responsorialpsalmodie der liturgischen Vorlage entwarf Kodály eine Art Rondoform mit sechs refrainartig wiederkehrenden Chorritornellen. Dazwischen erfolgt, episodenhaft gegliedert, der eigentliche, solistische Vortrag der Psalmverse. Der musikalische Kontext erschließt sich auch dem unvorbereiteten Hörer wie von selbst, denn die in Abständen wiederkehrende, sich immer stärker dramatisch entladende Chormelodie gliedert deutlich hörbar das ganze Werk und verbindet zugleich die musikalisch freier gestalteten, textbezogenen Abschnitte des Solisten. Dieser verläßt nach und nach den Standpunkt des Erzählers und schlüpft in einem dramatischen Monolog gleichsam in die Rolle des dargestellten Königs David, wodurch der Psalm die Ebene des »So ist's gewesen« verläßt und in die Gegenwart des Zuhörers tritt. Durch die dramatische Vergegenwärtigung des alten Textes will Kodály den Zuhörer nicht nur rational belehren, sondern ihn emotional erschüttern. Am Schluß jedoch holt er den vom musikalischen Geschehen Überwältigten wieder auf den Boden der Tatsachen zurück, indem er plötzlich die alte epische Distanz des Psalms wiederherstellt.

Attila Csampai

GEORGE GERSHWIN

Rhapsody in Blue
1924 New York

In der Geschichte künstlerischen Schaffens kommt es nicht eben selten vor, daß der schöpferische Mensch durch ein einziges Werk populär wird, ja in die Geschichte eingeht; alles danach (und vielleicht auch davor) von ihm Geschaffene erhält erst durch Anbindung an dieses eine Werk die Chance zum Überleben. Auf George Gershwin (1898–1937) trifft diese Feststellung zu. Daß er in dieses Buch Eingang findet, verdankt er in erster Linie seiner *Rhapsody in Blue*, so wie sein bis heute andauernder Weltruhm auf dieser Komposition gründet. Doppelt apart, daß dieses Werk auf einen Zufall zurückgeht, der von außen an Gershwin herangetragen wurde.

Der nächtliche Broadway in den zwanziger Jahren
Foto um 1925.

George Gershwin galt 1924 als ein herausragend phantasiebegabter Songkomponist. Seine Schlager zündeten dank charakteristischer Melodie-Einfälle, ihrer einschmeichelnden und beweglichen Führung und einer sinnfälligen, mehr oder minder auch am Text orientierten rhythmischen Gliederung. Diese Tugenden fielen an sich nicht aus der Norm, übertrafen auch die Erfindungen seiner älteren, von ihm verehrten Vorbilder Jerome Kern und Irving Berlin durchaus nicht. Aber daß seine Stücke dennoch besonders durchschlugen, beweist im nachhinein der Umstand, daß von Gershwin viel mehr Songs bis in unsere Tage überdauert haben als von anderen amerikanischen Zelebritäten der leichten Muse.

Paul Whiteman, der populäre »king of jazz«, wie er sich gern etikettierte, hatte jedenfalls die richtige Eingebung, als er Gershwin einerseits protegierte, andererseits aus purem Eigeninteresse auf seine Begabung setzte und deshalb die Zusammenarbeit mit ihm suchte. Whiteman war ab

GERSHWIN Rhapsody in Blue

1920 mit seiner Neun-Mann-Band in New York erstaunlich schnell zum Begriff für einen Musizierstil geworden, den die Beteiligten gern als Jazz angeboten hätten, der aber in Wirklichkeit Tanz- und Unterhaltungsmusik darstellte. Whiteman kam so gut wie der acht Jahre jüngere Gershwin von der popular music amerikanischer Prägung, die natürlich Jazzelemente – bestimmte Rhythmen, Harmoniefolgen und Instrumentalfarben – einschloß. Er war sich mit Gershwin in einem einig: Beide wollten vom Tanzpalast in den Konzertsaal einziehen. So schlug der Bandleader dem Komponisten vor, ihm für seine erweiterte Kapelle ein ausgewachsenes Konzertstück zu schreiben. Gershwin schob den Auftrag vor sich her. Da griff Whiteman zu einer List. Über eine Pressemeldung ließ er die Nachricht lancieren, George Gershwin komponiere den Hauptbeitrag für ein Konzert, das unter dem Titel »Was ist amerikanische Musik?« stehe.

George Gershwin am Klavier in The Deauville Pool, Miami Beach, Florida, während eines Ferienaufenthalts im Jahre 1930.

Whiteman verfolgte hier die Idee eines sinfonischen Jazz, was immer das sein würde. Er erwartete von Gershwin eine Art amerikanischer Rhapsodie für Soloklavier und Jazzband, in der der Komponist seine bisher in Songform präsentierte popular music ausweiten und sinfonisch rahmen sollte. Als Instrumentator stand Ferde Grofé, der bewährte Arrangeur der Whiteman-Band, abrufbereit; denn daß Gershwin eine fertig ausgeschriebene Partitur liefern würde, schien von vornherein unwahrscheinlich.

Gershwin komponierte das Stück in 18 Tagen, danach orchestrierte es Grofé unter Mitwirkung des Komponisten für ein 23-Mann-Orchester. (Grofé legte später zwei weitere Fassungen vor; die dritte, nach Gershwins Tod entstanden, ist die für Sinfonieorchester, in der uns das Werk meistens begegnet.) Die Uraufführung des Konzertstücks, auf dessen Titel Gershwins Bruder Ira nach dem Besuch einer Whistler-Ausstellung kam, fand am 12. Februar 1924 in der New Yorker Aeolian Hall statt. Die Wirkung ist oft und ausführlich beschrieben worden, sie bedarf deshalb keiner Wiederholung. Mit Gershwin am Flügel gab es einen durchschlagenden Erfolg, der des Komponisten Ruhm begründete und sofort auch sicherte. Das Ergebnis war freilich auch bemerkenswert genug. Die Kritiker, die übrigens von Whiteman taktisch klug schon zu den Proben eingeladen worden waren, um sich an die Musik zu gewöhnen, referierten unterschiedlich und verschätzten sich auch partiell zum Negativen wie zum Positiven. Die zutreffendste Anmerkung machte Olin Downes in der *New York Times;* er hörte aus der Komposition außerordentliches Talent heraus und bescheinigte Gershwin »Zielvorstellungen, die weit über die Art und Weise hinausgehen, in der er mit einer Form ringt, deren Meister er noch lange nicht ist«.

Gershwin hatte ein dreiteiliges Stück – nach dem Vorbild von Liszts sinfonischen Dichtungen – vorgelegt, in dem die Übergänge noch etwas abrupt erfolgten. Die Musik war aus vielen vertrauten Einzelelementen formaler, melodiöser, rhythmischer, harmonischer und instrumentaler Art verfertigt, wirkte im ganzen jedoch neu: als ein genuines Produkt amerikanischen Temperaments und Geistes. Seine jugendfrische Musik singt Amerika, wird aber überall verstanden. Zudem ist sie Großstadtmusik, so wie Gershwin, darin vergleichbar seinem bewunderten Vorbild Ravel, naturferner Großstadtmensch war. Das Klarinettenglissando vom Anfang der *Rhapsody* – übrigens aus dem Zufall auf einer Probe geboren – signalisiert Aufbruchstimmung. Das nachfolgende Hauptthema hat es um so leichter, sich einem mehr musikfühlenden als musikdenkenden Auditorium einzuprägen.

Der Mittelteilblues, gefühlvoll, ohne sentimental zu werden, bezeichnet diesseitsfreudige Verhaltenheit, ist kein kitschiger Schlagereinfall. Und im turbulenten Schlußteil triumphieren Lebenslust und vehementer Übermut.

Gershwin selbst hat gesagt, er höre die Musik seiner *Rhapsody in Blue* als eine Art musikalisches Kaleidoskop von Amerika, »unseres riesigen Schmelztiegels, unseres unnachahmlichen nationalen Elans, unseres großstädtischen Wahnsinns«. *Hanspeter Krellmann*

ALBAN BERG

Wozzeck
1925 Berlin

Am 14. Mai 1914 sah Alban Berg (1885–1935) in den Wiener Kammerspielen Büchners Dramenfragment *Woyzeck* mit Albert Steinrück in der Titelrolle. Beeindruckt von Werk und Aufführung begann Berg sogleich mit der Komposition des *Wozzeck*, der ihm in der 1879 erschienen Gesamtausgabe von Karl Emil Franzos vorlag, schob aber dann die Realisation auf. Über die Einrichtung des Textes berichtete er 1922 an die Universal-Edition: »Abgesehen von kleineren Text-Strichen, -zusätzen und -umgruppierungen, reichlichen scenischen Bemerkungen und von Verlegung der Schauplätze und auftretenden Personen etc. etc., habe ich von den 26 ganz losen Scenen . . . 9 ganz gestrichen, 3 in eine zusammengezogen und die somit verbleibenden 15 Scenen auf 3 Akte verteilt.«

Erst 1917, nach der Rückkehr aus dem Militärdienst, arbeitete er wieder an der Oper, allerdings mit großen Unterbrechungen. Im Sommer 1919 war die Komposition des ersten Aktes abgeschlossen. In den Sommern 1920 und 1921 entstanden die weiteren Szenen. Der Klavierauszug, den Fritz Heinrich Klein, ein Schüler Bergs, eingerichtet hat, lag Weihnachten 1922 als – von Alma Mahler-Werfel unterstützter – Privatdruck vor. 1923 wurde die Oper von der Universal-Edition übernommen. Im Rahmen des Tonkünstlerfests des Allgemeinen deutschen Musikvereins wurden die »Bruchstücke« im Juni 1924 unter Hermann Scherchen aufgeführt und ebneten den Weg für die szenische Uraufführung am 14. Dezember 1925 unter Erich Kleiber in Berlin.

Der formbildende Einfluß des Librettos – es ist nach dem klassischen aristotelischen Einheitsschema: Exposition – Peripetie – Katastrophe angelegt – auf die musikalische Gestaltung der Oper ist deutlich: So wie der Text nicht eine fortlaufende Handlung abspielen, sondern gleichsam bildhaft den szenischen Augenblick aufblitzen läßt, ist die Musik in einzelne geschlossene Stücke gegliedert, die durch Verwandlungsmusiken verbunden sind.

Wozzeck ist die erste abendfüllende atonale Oper. Sie schließt sowohl an die Tradition des Musikdramas – Wagners *Tristan und Isolde* von 1865, Strauss' *Salome* von 1905 und *Elektra* von 1909 – als auch an die der Oper – Schrekers *Der ferne Klang* von 1912 – an. Die Musik versucht, die Expressivität Schönbergs in der *Glücklichen Hand* von 1924 mit der formalen Prägnanz des *Pierrot lunaire* von 1912 zu verbinden.

Heute erscheint uns die Tonsprache stark tonal gefärbt. Berg spricht in seinem Wozzeck-Vortrag (1929) davon, daß er die Geschlossenheit der musikalischen Formen durch Heranziehung musikalischer Einheitsprinzipien zu erzielen versucht habe, »sei es die Einheit eines ›Themas‹, das variiert wird, sei es ein ›Ton‹, ein ›Akkord‹, ein ›Rhythmus‹, eine ›gleichförmige Bewegung‹«. Diese Einheitsprinzipien sind von unterschiedlicher Bedeutung, manche regeln vornehmlich satztechnische Details aus verschiedenen Ebenen. Berg spricht im Zusammenhang mit der Rasierszene (1. Akt, 2. Szene) von »meist alten (allerdings mehr oder weniger stilisierten) Formen . . . wie Präludium, Pavane, Kadenzen, Gigue, Gavotte mit double-

Ich habe Berg schon neu überdacht, bevor ich in größerem Umfang zu dirigieren anfing, und zwar war das 1960, als ich für meine Schüler in der Basler Kompositionsklasse den Wozzeck analysierte. Wozzeck hat mich immer stark fasziniert, im Guten wie im Schlechten. Geärgert hat mich an ihm – und 1945 ganz besonders – der ganze Romantizismus, der in ihm steckt; er ärgerte mich vor allem wegen einer Äußerlichkeit: dem gesellschaftlichen Rahmen. In jener schwierigen Zeit, wo man den Wert Schönbergs nicht erkennen wollte, den Wert Weberns noch viel weniger, war Berg der einzige Komponist der Wiener Schule, den man der Beachtung für wert fand, und zwar, weil er – wie man sagte – »menschlich« war, weil er der einzige war, »der Musik schrieb«, dem am »Ausdruck« gelegen war. Sie haben diese ärgerlichen Argumente genauso gehört wie ich.
Pierre Boulez
In: Pierre Boulez. Wille und Zufall. Gespräche. Zürich 1977.

artigen Wiederholungen« im Sinne der Melodielehre. Diese Melodieformen (oder rhythmischen Muster) bieten, wie die durchlaufenden Bewegungen, die auch die Kadenzen in der Rasierszene beherrschen, nur einen Außenhalt, der auch andersartig organisierten Sätzen zusätzlich gegeben wird, z. B. als Tanzcharakter und vor allem als Marsch.

Solchen Außenhalt bieten neben den »alten« Formen auch die Anlehnungen an bekannte Satztypen. Bleiben in der Passacaglia die rhythmischen Veränderungen im Bereich des nicht bewußt Nachvollziehbaren, so sind die Rhythmusvariationen in der zweiten Wirtshausszene (3. Akt, 3. Szene) hörbar, die Variationskunst ist – einmal verstanden – als solche unüberhörbar.

Alban Berg. *Wozzeck*. Ausschnitt aus dem Autograph der Partitur.

Im *Wozzeck* gibt es – wie in anderen Werken Bergs – Zitate und Anspielungen, z. B. im letzten sinfonischen Zwischenspiel des dritten Aktes, der großen Trauermusik, ein Zitat aus Schönbergs *Gurreliedern* (1913): Die Melodie aus dem »Lied der Waldtaube«: Der König öffnet Toves Sarg.

Die Trauer der Natur über das unglückliche Geschöpf ist für Berg nichts anderes als die Trauer eines Königs um seine ermordete Geliebte. Dieses große Naturstück, mit dem die Handlung endet, hebt die Diskrepanz zwischen hohem Stil (-anspruch) und niederem Milieu auf. Daß der Stoff einer niederen Sphäre angehört, konnte in einer Zeit, die im *Wozzeck* eine »Oper des sozialen Mitleids« (Hans F. Redlich) oder ein sozialkritisches Werk sah, leicht in Vergessenheit geraten; doch weisen der Darmstädter Dialekt (*Datterich* von Niebergall) und die grotesken Karikaturen des Arztes und des Hauptmanns auf eine andere Sphäre, auf die des Volksstücks, mit der die des klinischen Protokolls und der realistischen Schilderung des niederen Milieus verbunden werden.

Musikalisch entspricht Berg durch die Anerkennung des Wagnerschen Programms, nach dem das musikalische Drama die Tradition der Sinfonie in sich aufzunehmen habe, den Forderungen des hohen Stils. Sinfonische Tradition heißt zunächst Vorherrschaft des instrumentalen Anteils, zum anderen analoge Gestaltung der Musik. So ist der zweite Akt des *Wozzeck* als fünfsätzige Sinfonie komponiert.

Es haben nicht nur Schönbergs *Glückliche Hand* und *Pierrot lunaire,* als deren tonsprachliche Ausarbeitung die Wozzeck-Musik erscheinen mochte, erheblichen Einfluß ausgeübt, sondern auch die Werke der musikalischen Tradition, als deren letzte Stufe Berg Schönbergs Frühwerk erschien. So vieles er von diesem auch übernommen hat – vor allem das gebundene Melodram und viele satztechnische Details –, die Verbindung von hohem

365
Largo
espress
370
Marie
VORHANG auf
3. Scene
Zeit lassen
a tempo
M
375
W

Alban Berg.
Gemälde von
Arnold Schönberg. Um 1910.

und niederem Stil im Bereich erweiterter Tonalität und freier Atonalität, ihre Verschmelzung – vielleicht nach dem Vorbild Gustav Mahlers – ist eindeutig das geistige Eigentum von Alban Berg. Auf ihn und seinen *Wozzek* schauten und schauen die Komponisten des neuen Musiktheaters.

Sigrid Wiesmann

ALBAN BERG

Lyrische Suite
1927 Wien

Alban Berg (1885–1935) galt lange Zeit innerhalb der Wiener Schule als Nachzügler, als Romantiker, als einer, der später und mit geringerer Konsequenz als sein Lehrer Arnold Schönberg (1874–1951) und sein Mitschüler und Freund Anton Webern (1883–1945) die Entwicklung von der spätromantisch-chromatischen Tonalität zur freien Atonalität (um 1910) und dann – in den zwanziger Jahren – weiter zur »Komposition mit zwölf nur aufeinander (d. h. nicht auf einen Grundton) bezogenen Tönen«, wie die Zwölftontechnik von Schönberg genannt wurde, vollzogen habe. Obzwar dieses Bild von der historischen Stellung Bergs nicht völlig falsch ist – es wurde noch von Theodor W. Adorno, der bei Berg studiert hatte, in seiner Monographie über den Komponisten bekräftigt –, sind durch Forschungen im Lauf der letzten Jahrzehnte kompositorische Maßnahmen Bergs bekannt geworden, die ihn in die vorderste Front der rationalen Moderne auf dem Gebiet der Musik rücken. Vor allem aber ist bei Bergs Musikdenken ein Pluralismus manifest geworden, der seit dem Aufkommen der Diskussion um postmoderne Pluralität eine ungeahnte, noch längst nicht ausdiskutierte Aktualität gewonnen hat.

Bergs Übergang zur Zwölftonkomposition erfolgte – unter der Perspektive des eigenen Schaffens kontinuierlich – in der *Lyrischen Suite für Streichquartett*, einem Werk, dessen biographischer Hintergrund – Bergs geheime Liebe zu Hanna Fuchs-Robettin und die durchgehende semantisch-private Kodierung der musikalischen Werkstruktur durch den Komponisten – vom amerikanischen Komponisten und Berg-Forscher Georg Perle unlängst erhellt worden ist. Im Unterschied zu Schönbergs *Drittem Streichquartett* (1927) ist Bergs *Lyrische Suite* von einem Ton ausdrucksgesättigter Subjektivität erfüllt, den sie mit der (von Berg im vierten Satz musikalisch zitierten) *Lyrischen Symphonie* (1923) Alexander Zemlinskys teilt. Andererseits weist die *Lyrische Suite* zahlreiche innovative Züge auf, die das Werk zu einem Meilenstein der Kompositionsgeschichte machen.

Diese innovativen Züge betreffen die Anlage der Form und die Charaktere des Klangs. Zwölftönig komponierte Sätze (Nr. 1 und Nr. 6) wechseln ab mit frei atonalen (Nr. 2 und Nr. 4) und mit gemischten, teils dodekaphonen, teils frei atonalen Sätzen (Nr. 3 und Nr. 5), ohne daß dies eine stilistische Uneinheitlichkeit der zyklisch streng gefügten Form bewirken würde. In der Zwölftontechnik verbindet Berg Prinzipien Schönbergs mit solchen Joseph Matthias Hauers (1883–1959), indem er sowohl mit Reihen komponiert, als auch die Folge der Tonqualitäten (Tonhöhen) innerhalb der Hexachorde nach den Möglichkeiten des Hauerschen Tropenbegriffs ändert. In einer für das Klisch-Quartett – es brachte das Werk 1927 zur Uraufführung – geschriebenen Analyse hat der Komponist selbst Grundzüge dieser Reihenverfahren dargelegt. Dabei hat er auf die tonalen Implikationen hingewiesen, die in der dem ersten Satz zugrundeliegenden symmetrischen Allintervallreihe und den aus ihr abgeleiteten Quarten- und Quinten- bzw. Skalenformen enthalten sind.

Mit Nachdruck betonte Berg in seinen Ausführungen, daß alle reihentechnischen Verfahren – wie auch die enge thematische Verknüpfung der Sätze untereinander – der Wandlung des musikalischen »Charakters« wegen vorgenommen seien, den er als »Schicksal erleidend!« konzipierte. Die Folge der sechs Sätze gehorcht daher auch einem antiklassizistischen Plan, in dem die Sätze, alternierend in Tempo und Charakter, stufenweise mehr und mehr – bis ins Extrem – kontrastieren:

1. Allegretto gioviale
2. Andante amoroso
3. Allegro misterioso/Trio estatico
4. Adagio apassionato
5. Presto delirando/Tenebroso
6. Largo desolato

Lange vor dem Bekanntwerden der privaten Programmatik hatte Theodor W. Adorno das Werk als eine »latente Oper« bezeichnet und damit auf die eminent dramatische Konzeption dieser Instrumentalmusik aufmerksam gemacht. Man könnte sie wohl als ein lyrisches instrumentales Drama umschreiben. Die Bezeichnung »Suite« verweist denn auch keineswegs auf eine locker gefügte Satzkonstellation, sondern deutet den Abstand zur (neoklassizistischen) Werkkonzeption an, wie sie Schönberg in seinem dodekaphonen *Dritten Streichquartett* (1927) gleichzeitig verwirklichte. Bergs neuartige Logik eines vom ästhetischen Subjekt durchmessenen Formverlaufs steht jenen Suiten denkbar fern, mit denen damals dem Neobarock zugeneigte Zeitgenossen ihre Opposition gegen das Sonatendenken des 19. Jahrhunderts bekundeten. Nichts aber unterstreicht den Perspektivenreichtum, den die dodekaphonen Kompositionstechniken der Wiener Schule von Anbeginn an besaßen, mehr als die Tatsache, daß Berg sie selbst zu diesem Zweck sich anzuverwandeln vermochte. Die *Lyrische Suite* wurde so zu einem großen, individuellen Werk der Kammermusikliteratur, in dem sich alle Vorzüge der romantischen Ausdruckshaftigkeit mit moderner konstruktiver Rationalität verbinden. *Hermann Danuser*

ERNST KŘENEK

Jonny spielt auf
1927 Leipzig

Positive Aspekte Amerikas wie individuelle Freiheit, Rechtsgleichheit und wirtschaftliche Prosperität erhielten in der Wirklichkeit der Weimarer Republik eine größere Dringlichkeit, als sie zuvor besessen hatten. Nachdem das Vorkriegsgefüge des Kaiserreichs zusammengebrochen war, benötigten die Menschen neue Identifikationsmuster, unter denen der »Amerikanismus« mit seinen ökonomischen und kulturellen Aspekten eine zentrale Stellung einnahm. Musik war, in Gestalt der damals insgesamt als »Jazz« bezeichneten Modetänze, Teil des kulturellen Amerikanismus der Weimarer Republik. Von fundamentaler Bedeutung erwies sich der je aktuelle Tanz, der im raschen Wechsel der Moden das rasende Tempo der Zeit spiegelte.

Ernst Křenek zur Zeit seines 80. Geburtstags im Jahre 1980.

Tanz und Spiel als ideologische Chiffren eines Amerikanismus feierten Triumphe in der Oper *Jonny spielt auf* von Ernst Křenek (* 1900), die nach ihrer Uraufführung 1927 als erfolgreichste zeitgenössische Oper über mehr als 70 europäische Bühnen ging, bis die im Herbst 1929 ausgebrochene Weltwirtschaftskrise ihrer Wirkungsgeschichte den Boden entzog, indem eine offensichtlich elende Realität diese künstlerische Fiktion eines sorglosen Amerikanismus Lügen strafte.

Das Titelbild des Klavierauszuges, der bei der Universal Edition Wien bereits 1926 erschienen ist, zeigt einen Saxophon spielenden Schwarzen mit Hut, der ikonographisch für das berüchtigte Titelbild des Münchner Ausstellungskatalogs *Entartete Musik* 1938 als Vorbild gedient haben dürfte. Jonny spielt aber nicht mit dem Saxophon auf, sondern mit der Geige. Es gehört zur simplifizierenden Tendenz der Bilddarstellung, daß der Schwarze auf dem Titel ein eindeutiger dem Jazz zuweisbares Instrument spielt als die Geige. Für den Handlungsgang und die tiefere Symbolik des Werkes ist es dagegen wesentlich, daß allein die Geige eine Ambivalenz zwischen Jazzband und traditioneller Musik möglich macht.

Ernst Křenek. *Jonny spielt auf*. Szenenfoto aus einer Aufführung der Frankfurter Oper aus dem Uraufführungsjahr 1927 mit Benno Ziegler (Abbildung mit der Unterschrift Zieglers). Man irre sich nicht: Jonnys Instrument ist die Geige.

Die musikalische Dramaturgie der Oper konstituiert sich in den Beziehungen zwischen drei Ebenen: Da ist erstens Max, ein Komponist von Kunstmusik, der an seiner Kunst und der Wirklichkeit leidet – ein Nachfahre des romantischen Künstlertyps, der die Einsamkeit braucht und sie aus Liebe zu einer Frau – zu Anita – überwindet, indem schließlich auch er zur Neuen Welt aufbricht. Da sind zweitens Daniello, ein Violinvirtuose, und Anita, eine Sängerin, zwei Interpreten also, die für die Dauer einer Nacht einander finden. Und drittens ist da der Jazz-Geiger Jonny, der den Antipoden sowohl des Komponisten Max als auch des Interpreten Daniello verkörpert – ein Jazzer, der jene musikalische Gegenwelt repräsentiert, die begeistert aufgenommen wurde: die Utopie Amerikas.

Es handelt sich bei diesem Werk also nicht nur allgemein um eine »Zeitoper«, sondern im besonderen um eine Künstleroper. Die seit Wagners *Meistersingern* (UA 1868) relevante Form der »Künstlerpoetik« erweist sich im Zeichen des Amerikanismus hier insofern gewandelt, als nicht ein Schaffender im Zentrum steht, sondern ein Musikant und Improvisator, ein zum Tanz aufspielender Künstler, demgegenüber der Komponist eine bestenfalls ambivalente Rolle spielt. Nicht nur stilistisch, in der Adaptation von jazzartigen Stilmerkmalen, Besetzungstypen und Tanztypen für die mit Jonny verbundenen Handlungsstränge, sondern auch durch die dramaturgische Nutzbarmachung der neuen Medien Rundfunk und Film steht diese Oper auf der Höhe des Amerikanismus der Epoche.

Der Geiger Daniello bemerkt in der achten Szene den Diebstahl seines Instruments durch Jonny in dem Augenblick, als er dessen Klänge aus dem Rundfunk hört. Daß auf diese Weise ein und dasselbe Instrument, die Geige, sowohl unter dem alten Paradigma expressiver Violinmusik als auch unter dem neuen der Jazzmusik als Spannungskontrast verwendet wird, trägt zur Emblematik dieser Oper bei. Die Melodie, die aus dem Lautsprecher erklingt, ist keine andere als jene, welche Jonny in der sechsten Szene bei seinem Inspirationserlebnis – wie Křenek schreibt: »Im Ton eines Neger-Spirituals« – im Augenblick der Inbesitznahme der Geige singt: »Jetzt ist die Geige mein, und ich will drauf spielen, wie old David einst die Harfe schlug . . .«

Die Schlußszene hat expressionistische Züge, transformiert jedoch nach Maßgabe der Neuen Sachlichkeit: Mehr und mehr Menschen strömen herbei, die Masse als Phänomen der Großstadt gewinnt szenische Kontur. Der Bahnhof wird zum Ort kollektiven Tanzens: Die Regiebemerkung lautet: »Jonny spielt auf. Als die Uhr zwölf schlägt, singt der Chor:

›Die Stunde schlägt der alten Zeit / Die neue Zeit bricht jetzt an. / Versäumt den Anschluß nicht. / Die Überfahrt beginnt / Ins unbekannte Land der Freiheit.

Die Überfahrt beginnt, / So spielt uns Jonny auf zum Tanz. / Es kommt die neue Welt / Übers Meer gefahren mit Glanz / Und erbt das alte Europa / Durch den Tanz.‹«

Auch wenn Křenek selbst beteuert, sein *Jonny spielt auf* sei keine Jazz-Oper, und jene kritisiert, welche meinen, »daß ich das barbarische Wesen eines kulturlosen Amerikanismus unter der Form der triumphierenden Jazzmusik glorifizieren wolle«, ist sein Werk gleichwohl primäres Zeugnis für eine positive Wertung des Amerikanismus in der Musik der Weimarer Republik. Mag sein, daß aus Sicht des Autors und des autobiographisch gefärbten Komponisten Max das Ende offen ist – dramaturgisch schließt dieses Werk ohne Zweifel mit einem Triumph des Amerikanismus, wie er eindeutiger nicht inszeniert werden könnte. Wenn wir das letzte Szenenbild der Leipziger Uraufführung uns vergegenwärtigen, das den zum Tanz aufspielenden Jonny triumphal auf der Erdkugel stehend zeigt, dann können wir die Ressentiments, ja den Haß ahnen, der dieser Musikkonzeption aus jenen konservativen Kreisen entgegenschlug, welche dieses utopische Bild des zeitgenössischen Amerikanismus nicht akzeptierten.

Hermann Danuser

CHARLES IVES

4. Sinfonie
1927/1965 New York

Die Einordnung von Charles Ives (1874–1954) in die Musikgeschichte des 20. Jahrhunderts bereitet Probleme, wie bei vielleicht keinem zweiten Komponisten überhaupt. Seine Stellung ist singulär und nur aus seiner biographischen Herkunft – Ives wurde in Danbury/Connecticut als Sohn eines hervorragenden und vor allem äußerst experimentierfreudigen Musikers geboren – und der geistigen Verwurzelung im amerikanischen Transzendentalismus erklärbar. In Ives' Werk spiegeln sich die heterogensten musikalischen Einflüsse: Zum einen waren da die Überlegungen des Vaters, der sich weigerte, die tonale Ordnung des musikalischen Kosmos als unumstößliches Gesetz zu akzeptieren und dessen Desinteresse an stilistischen Normen jeder Art von Charles Ives übernommen wurde. George Ives war es auch, der den Sohn schon früh mit der Tradition der Militär- und Blaskapellen vertraut machte. Daneben kam Ives sehr bald mit den verschiedensten Formen der Volksmusik Neuenglands und wenig später auch mit der von Europa beeinflußten Kirchenmusik an der Ostküste der Vereinigten Staaten in Berührung. Und schließlich erhielt er an der Yale University bei Horatio Parker (1848–1918), einem Schüler Joseph Rheinbergers (1839–1901) Kompositionsunterricht. Die kompositorischen Verfahren, mit denen Ives diese äußerst heterogenen musikalischen Idiome zu einer völlig einzigartigen Sprache verschmolz, veranlaßten vor allem die europäische Avantgarde nach 1945 dazu, Ives als Pionier der Neuen Musik zu reklamieren, ein nicht unproblematisches Unterfangen, das oft allzu leichtfertig die rein kompositionstechnischen Befunde von ihrem geistigen Hintergrund löste.

Morgan Russel (1886–1953): »Vierteilige Synchromie«. 1914–15. »Diese ›Farbrhythmen‹ verleihen einem Gemälde eine zeitliche Dimension: sie schaffen die Illusion, daß sich ein Gemälde wie ein Musikstück innerhalb einer Zeitspanne entwikkelt . . .« (Russel).

»Komponisten werden geboren, aber eine Karriere ist immer gemacht. Noch die größte Musik muß sich immer mit Hilfe des Interesses und der Anstrengung vieler Leute durchsetzen . . . der Ruhm kommt niemals unberührt von menschlichen Händen.« Diese Sätze, die sich in der 1955 erschienenen Monographie Henry und Sidney Cowells über den amerikanischen Komponisten finden, charakterisierten treffend den Umgang mit seiner Musik. Ives hat lange, allzu lange darauf warten müssen, daß etwa die *New York Times* zu der Einsicht gelangte, er schreibe »außergewöhnlich große Musik . . . wirklich die größte Musik, die je ein Amerikaner komponiert hat«. Jahrzehntelang wurde Ives vom öffentlichen Musikleben als komponierender Spinner, als stümpernder Phantast, als verrückter Experimentator betrachtet bzw. überhört. Heute ist er nicht nur in Amerika fast zum Klassiker avanciert. Sein Ruf als Vater der amerikanischen Musik ist unangefochten, seit Eugene Ormandy (1899–1985), Leopold Stokowski (1882–1977) und Leonard Bernstein (1918–90) seinem sinfonischen Werk Eingang in die Konzertsäle verschafften und Ralph Kirkpatrick (1911–84) die *Concord-Sonata* durchsetzte. Im Jahr der New Yorker Uraufführung der dritten Sinfonie *The camp meeting* unter Lou Harrison am 5. Mai 1947 erhielt Ives den Pulitzerpreis für dieses Werk, eine Auszeichnung, die er freilich mit der Bemerkung quittierte: »Preise sind etwas für kleine Jungs. Ich bin erwachsen.«

IVES 4. Sinfonie

Die Uraufführung der *Vierten Sinfonie*, die nicht nur, weil sie seine letzte große Komposition ist, zu seinen Hauptwerken gehört, erlebte Ives nicht mehr. Fast ein halbes Jahrhundert mußte das zwischen 1911 und 1916 entstandene Werk warten, ehe Leopold Stokowski es am 26. April 1965 in der Carnegie Hall aus der Taufe hob. 1927 hatte Eugene Goossens in New York immerhin die ersten beiden Sätze aufgeführt. Ives war zu diesem Zeitpunkt als Komponist bereits seit rund einem Jahrzehnt praktisch verstummt, ein Umstand, für den einerseits das Zerbrechen seines fortschrittsorientierten Weltbildes an den Greueln des Ersten Weltkriegs verantwortlich war, in zweiter Linie wohl die völlige Mißachtung seiner Musik durch die Öffentlichkeit. Wie vielleicht kein zweites Werk von Ives ist die *Vierte* der monumentale kompositorische Ausdruck seines geistig-philosophischen Weltbildes, das stark vom amerikanischen Transzendentalismus um Ralph Waldo Emerson, Bronson Alcott und Henry David Thoreau – ihnen und dem Schriftsteller Nathaniel Hawthorne setzte Ives mit seiner *Concord Sonata* und den zugehörigen *Essays before a Sonata* ein Denkmal – beeinflußt war. In seinen möglicherweise mit Ives abgestimmten Programmnotizen äußerte Henry Bellamann 1927, das ästhetische Programm des Werkes seien die forschenden Fragen des Was? und Warum?, die der menschliche Geist an das Leben richte. Dies sei vor allem der Sinn des *Prélude*, während die drei folgenden Sätze die unterschiedlichen Antworten des Daseins lieferten. Das thematisch-motivische Material der Sinfonie entspringt einerseits einem aus allen zwölf Tönen gebildeten, stark chromatischen Thema, dem zentrale Bedeutung für das gesamte Werk zukommt, und das in den ersten beiden Takten wuchtig (maestoso) in den Bässen, den Celli und dem Soloklavier erklingt. Daneben gibt es die für Ives so charakteristische Zitatebene, die zahllose amerikanische Hymnenmelodien sowie motivisches Material aus eigenen Werken umfaßt – das Skizzenmaterial reicht bis zur Jahrhundertwende zurück – umfaßt. So setzt unmittelbar nach der dramatischen Eröffnung der aus Flöte, Harfe und Violinen zusammengesetzte »distant choir« mit einer leicht verzerrten Version von Lowell Masons Hymne *Bethany* ein, die unbeirrt von den übrigen Stimmen ihren Weg durch den dreiminütigen Satz verfolgt. Der Hörer gerät in ein wahres Labyrinth von Zitaten oder Anspielungen auf Hymnenmelodien – etwa in den Celli oder im Klavier – ehe der Chor mit Masons »Watchman, Tell us of the Night, What the Signs of Promise Are« einsetzt.

Den zweiten Satz, der programmatisch an Hawthornes ironische Erzählung *The Celestial Railroad* angelehnt ist, wollte Ives weniger als Scherzo, denn als »comedy« verstanden wissen. Der Satz ist ein charakteristisches und extremes Beispiel dafür, wie Ives etwa in Form völlig verschiedener Hymnenmelodien mit Blick auf Metrum, Tempo, Rhythmus, Harmonik u. a. m. unterschiedliche Schichten gleichzeitig und unabhängig voneinander ablaufen läßt. Das Orchester zerfällt wesentlich extremer noch als im ersten Satz in drei völlig eigenständige Gruppen – die Uraufführung der *Vierten* erforderte neben Stokowski zwei weitere Dirigenten –, die sich lediglich an bestimmten Knotenpunkten aufeinander abstimmen. (Ives selber erwähnt in seiner *Conductor's Note* der Partitur ein Kindheitserlebnis, die Erinnerung an die Klänge einer in mehreren Gruppen um einen Platz postierten Kapelle – eine Gruppe habe das Thema gespielt, die übrigen Variationen, Refrains u. ä. – als einen biographischen Hintergrund seines Komponierens.) So bleibt es im Idealfall einer auf extreme Durchhörbarkeit ausgerichteten Aufführung jedem Hörer überlassen, welcher Klangschicht er seine Aufmerksamkeit primär zuwendet. Auch auf chromatischer Ebene stößt Ives weit in das 20. Jahrhundert vor, nicht nur in den Viertelton-Passagen des Satzes – schon Ives Vater hatte unermüdlich mit Viertel- und auch extremeren Tonunterteilungen experimentiert –, sondern auch durch die Auflösung der Tonalität, die etwa die »comedy« auf weite Strecken im tonal Unbestimmbaren beläßt. Hinter den Schichtungen und Ballungen des völlig divergenten, der Kunstmusik, der amerikanischen Volksmusik wie dem eigenen Werk entlehnten Materials verbirgt sich zum einen die Idee von der absoluten Gleichberechtigung aller klanglichen Elemente – die Trennung zwischen Kunst- und trivialer Gebrauchsmusik war für Ives inakzeptabel. Zum anderen basiert Ives' Komponieren unverkennbar auf dem Gedanken von der Vielheit, die ungeachtet ihrer Divergenz ästhetisch als Einheit erleb- und erfahrbar ist, ein Gedanke, der dem Transzendentalismus entstammt.

Seine (Ives') beste Musik klingt heute wie ein ebenso reifer Teil der Vergangenheit wie die Musik Mahlers oder Bergs, an die Ives' Werk so unabsichtlich beiläufig erinnert. Wenn sein Werk darüber hinaus noch etwas von der Rauheit einer neuen Welt hat, so trägt diese Rauheit doch einen Beiklang authentischer Größe mit hinein.
Wilfrid Mellers. In: Musik und Gesellschaft. Frankfurt/Main 1965.

Der dritte Satz – Fugue: Andante moderato – ist eine fast wörtliche Übernahme des Kopfsatzes aus Ives' erstem, 1896 entstandenem Streichquartett. Die strenge, im radikalen Umfeld der übrigen Sätze um so akademischer wirkende Fuge stellt nach Ives' Worten »the reaction of life into formalism and ritual« dar. Zu bedenken bleibt im Zusammenhang mit diesem Satz, daß Ives die Tonalität als solche keinesfalls verwarf.

Anders als den zweiten Satz hat Ives den letzten nie im Konzertsaal gehört, dennoch hielt er ihn für den besten der Sinfonie, ja für seinen vielleicht besten überhaupt. Eine *Conductor's Note* fehlt hier, obwohl dieser Schlußsatz vielleicht noch komplexer ist als die »comedy«. Ist diese weitgehend von weltlichen Zitaten bestimmt, so ist der letzte Satz – wie auch der erste – maßgeblich von geistlichen geprägt. Gleich zu Beginn raunen die Bässe geheimnisvoll Anklänge an *Bethany*, das sich im Laufe dieses Schlußsatzes gleichsam subkutan immer klarer gegen das ebenfalls wieder aufgegriffene chromatische Eingangsthema durchsetzt. In den letzten Takten dann erklingt die Hymne – nach einer in dem extrem chromatischen Umfeld schlicht ergreifenden »Heimkehr« in tonales Gefüge – in den Vokalisen des Chores, ehe die Sinfonie gleichsam verdämmert; ein Werk, das vielleicht doch das opus summum jenes Amerikaners ist, über den kein geringerer als Arnold Schönberg geschrieben hat: »Es lebt ein großer Mann in diesem Land – ein Komponist. Er hat das Problem gelöst, wie man sein Selbst erhalten und dennoch lernen kann ... Er ist nicht gezwungen, Lob und Tadel hinzunehmen. Sein Name ist Ives.«

Ives' Einfluß auf nachfolgende Generationen ist schwer abzuschätzen. Daß er in manchen seiner kompositionstechnischen Verfahren seiner Zeit weit voraus war, steht außer Frage, doch bleibt die Tatsache, daß ein großer Teil der Werke dieses »father of indigenous American music« (Henry Cowell) aufgrund der höchst unbefriedigenden Editionslage jahrzehntelang nur einer verschwindenden Zahl von Musikern überhaupt bekannt war. Und daß Elliott Carter (* 1908) 1939 zu der Ansicht gelangte, Ives' Kanonisierung sei wohl ein wenig voreilig, 15 Jahre später jedoch in seinen *Variations for Orchestra* nicht nur Ives ein Denkmal setzte, sondern auch eine höchst subtile Hommage an dessen Musik komponierte, verdeutlicht die Komplexität der Musik von Charles Ives. *Oswald Beaujean*

MAURICE RAVEL

Bolero
1928 Paris

Ein krasser, genialer Extremfall ohnegleichen: Ravels *Bolero*, ein mit äußerster Kunstfertigkeit angelegtes Orchesterstück, das so gut wie keine Musik im üblichen Sinne aufbietet, keine Formen, keine thematischen Entwicklungen, keinen Aufwand an Harmonik, außer zwei sich ähnelnden Tanzmelodien im Bolero-Rhythmus, die wiederholt und dabei lediglich durch veränderte Klangfarben und anschwellende Dynamik variiert werden. »Ich habe nur ein Meisterwerk gemacht. Das ist der *Bolero*. Leider enthält er keine Musik«, kommentierte Maurice Ravel (1875–1937) selbstironisch.

Der einstige Jünger Saties trieb hier den Spleen der Pariser Bohème auf die Spitze: Er schrieb ein raffiniertes Orchesterstück von manischer Absonderlichkeit, den Triumph des Arrangements als Selbstzweck, die äußerste Steigerung eines artistischen Perfektionsideals. Ein Komponiervirtuose und Dandy, eine nicht zu durchschauende Persönlichkeit drehte Jahrhunderten der abendländischen Musik eine lange Nase aus allerfeinstem Material und in abgefeimt kalkulierter Ausführung, wobei er zwar als Mensch des technischen Zeitalters und als Freund von Spielwerk aller Art mechanisch, additiv und monoton verfuhr, aber durch die Suggestivkraft des Rhythmus berstende Vitalität auf der Basis spanischer Folklore vortäuschte.

Das ist der Reichtum der Armut. Nennen wir einige dieser Dürftigkeiten, die durch Kunstfertigkeit und Gewaltsamkeit reicher als der Reichtum wurden: Melodische Dürftigkeit, wie in jenem »Boléro«, der uns wie eine Schlange mit seinen starren Augen ansieht und uns bezaubert (...) Nur der Wechsel der Klangfarben macht die Einförmigkeit erträglich und zeigt überzeugend, was man die Mannigfaltigkeit der Monotonie nennen kann.
Vladimir Jankélévitch. In: Ravel. Reinbek 1958.

Die Flöte beginnt mit zwei sechzehntaktigen Tanzmelodien über einfachen, doch deutlich rhythmisierten Akkorden. Diese Melodien geben sich spanisch – Ravel fühlte sich als Baske –, schillern jedoch mannigfach zwischen landschaftlicher Farbe, Kirchentönen und exotischen Wendungen, ja sogar zwischen Reminiszenzen an den Ravel damals irritierenden Jazz. Die Basis C wird festgelegt, und erst beim katastrophischen Schluß springt das Geschehen aus dem Geleise von C-Dur. Keine Modulation findet statt. Das Thema erweckt den Eindruck, eine Obertonreihe abzutasten, ohne den Grundton aufzugeben. Alles bleibt starr und unverändert: der Rhythmus, die melodische Floskel, die Harmonik, das Tempo. Die Konstanz des Zeitmaßes wirkt geradezu hypnotisch. Keine einzige der üblichen musikalischen Entwicklungen vollzieht sich. Achtzehnmal wiederholt sich die Tanzmelodie. Von Wiederholung zu Wiederholung treten neue Instrumente und Instrumentengruppen hinzu, während sich gleichzeitig die Dynamik vom schattenhaften Pianissimo zum äußersten Fortissimo steigert. Die Tanzmelodie greift von der Flöte aus über auf das Fagott in Tenorlage und auf die schrille Es-Klarinette, auf die Oboe d'amore, die Trompete, das Tenorsaxophon, das Sopransaxophon, das Horn und die Celesta, die Posaune, die Tuba und die Pikkoloflöte. Harfe, Schlagzeug und schweres Blech verdichten Klang und Lautstärke. In der achtzehnten Abwandlung springt das Geschehen gänzlich unvorbereitet nach E-Dur; es ergibt sich eine Schockwirkung wie beim Entgleisen eines rasenden Eisenbahnzugs. Genauso abrupt springt dieser Zug wieder zurück auf die Schiene des C-

RAVEL *Bolero*

Dur. Posaunenglissandi heulen auf. Der C-Dur-Akkord setzt dröhnend den Schluß. Der Automat steht mit einem Male still.

Musik ohne Musik – vom kompositorischen Artismus des *Bolero* führte kein Weg weiter. Ein Extrem war erreicht. Jede Nachfolge ist ausgeschlossen, soll sie sich nicht als simple Nachahmung entlarven. Maurice Ravel hatte den *Bolero* als Ballettmusik gedacht. Als Ballett wurde er am 11. November 1928 in der Pariser Oper uraufgeführt. Man trug Ravel zu, im Theater sei eine Dame aufgesprungen mit dem Ruf: »Hilfe, ein Verrückter!« Ravel erwiderte lakonisch: »Diese Frau allein hat die Sache verstanden.«

Maurice Ravel. Porträt von Ludwig Nauer (* 1888) um 1930. In diesem Jahr schrieb Ravel sein Klavierkonzert für die linke Hand.

Ravel schrieb danach noch ein geradezu expressionistisch aufgeregtes *Klavierkonzert für die linke Hand* (1930), dem einarmigen Virtuosen Paul Wittgenstein zugedacht, das klassizistisch formklare *Klavierkonzert in G-Dur* (1931) und als letzte Komposition die drei Chansons *Don Quichotte à Dulcinée* (1932). Ein Gehirntumor führte 1937 zum Tode. *Karl Schumann*

KURT WEILL

Die Dreigroschenoper
1928 Berlin

Anders als bei Mozart, bei Verdi oder selbst bei Richard Strauss erscheint es ungewohnt, den Namen des Komponisten Kurt Weill (1900–50) allein vor einem Werktitel wie *Die Dreigroschenoper* zu sehen. Denn zu stark wirkt der Text auf den Zuhörer, als daß nicht sogleich der Dramatiker Bertolt Brecht (1898–1956) ins Gedächtnis käme. Das hat mit der besonderen Verfassung des Stücks zu tun und auch mit seiner Vorlage, nämlich *The Beggar's Opera* (UA 1728) des englischen Schriftstellers John Gay (1685–1732), der durchaus mit Swift in einem Atem genannt wurde, und des englischen Komponisten deutscher Herkunft John Christopher Pepusch (1667–1752). Schon dieses Stück Musiktheater aus dem 18. Jahrhundert errang sein großes Aufsehen vor allem durch die Wahl des Milieus, des Stoffs und eines aggressiv-parodistischen Stils. Der italienisch inspirierte Prachtstil eines Georg Friedrich Händel (1685–1759), der sich

Kurt Weill. Ein Komponisten-Porträt und Kostümentwurf der Konstruktivisten W. und G. Steinberg zur Dreigroschenoper. Um 1929.

zu seiner Zeit als große Neuerung gegenüber der kargen, unbeweglichen englischen Oper eines Henry Purcell (1659–95) durchgesetzt hatte, wurde mit *The Beggar's Opera* erfolgreich parodiert; sie machte den hohen Stil der Opera seria zum Gespött der Leute.

Aber das geniale Stück wurde eher als Ereignis der Theatergeschichte denn der Musikgeschichte zur Kenntnis genommen. Auf den ersten Blick könnte das auch für die Brecht/Weillsche *Dreigroschenoper* gelten. Tatsächlich gab es auf seiten der Theaterleute die Vorstellung, neben der textlichen Neufassung Brechts die Musik von Pepusch zu belassen. Brecht wußte es besser: Er brauchte für seine Songs, die den Bürger treffen und wachrütteln sollten, eine Musik, die ebenfalls traf und die gegenwärtig in jedem Sinne sein mußte. Und er kannte Kurt Weill aus der inspirierenden Zusammenarbeit bei dessen Vertonung seiner Mahagonny-Gesänge. Das Songspiel *Mahagonny*, uraufgeführt beim Kammermusikfest Baden-Baden am 17. Juli 1927, Vorläufer und Ansatz zur späteren Oper *Aufstieg und Fall der Stadt Mahagonny*, uraufgeführt am 9. März 1930 im Neuen Theater Leipzig, gab Weill Gelegenheit, seinen Stil weiterzuentwickeln, ihn über

Plakat zur Dreigroschenoper von Caspar Neher (1897–1962), dem Bühnenbildner der Uraufführung.

WEILL Die Dreigroschenoper

Die Oper wird einer der wesentlichsten Faktoren jener auf allen Gebieten zu beobachtenden Entwicklung sein, in der sich die kommende Liquidation der gesellschaftlichen Künste ankündigt. Sie kann sich daher weder in einer ästhetischen Renaissancebewegung, noch in der Darstellung äußerer Aktualitäten erschöpfen, die nur für den engsten Umkreis der Entstehungszeit Geltung besitzen. Sie muß sich vielmehr den Interessengebieten jenes breiteren Publikums zuwenden, für das die Oper der nächsten Zukunft bestimmt sein müßte, wenn sie überhaupt Existenzberechtigung haben soll.
Kurt Weill. Über die zeitgemäße Weiterentwicklung der Oper. In: Blätter der Staatsoper Berlin. Oktober 1927. Zitiert nach Jürgen Scherba. Kurt Weill. Athenäum-Verlag, Königstein 1983.

seine akademische, wiewohl moderne Komponiertechnik hinauszuführen. Schon bei der Vertonung von Texten Ivan Golls zu der Kantate *Der neue Orpheus* (1925) und erst recht im Einakter *Royal Palace* (UA 1927) hatte Weill populäre Musikformen aufgenommen. Elemente des amerikanischen Jazz tauchen auf, ohne daß Weill wie Ernst Křenek mit *Jonny spielt auf* (UA 1927) dem Jazz eine dominierende Rolle zuwies. (Freilich hat auch Křenek sich dagegen verwahrt, eine reine Jazzoper geschrieben zu haben.) Immerhin waren in den »Roaring Twenties« diese Rhythmen außerordentlich zeitgemäß.

Weder die Hinwendung zu populären Formen noch die »zeitgemäße« Besetzung einzelner Stücke sind es jedoch, von denen das musikalische Ereignis *Dreigroschenoper* abhängt, es sind die harmonischen Verfremdungen einer auf populäre Musikstrukturen zurückgreifenden, hochartifiziellen Musik, die das Hörerlebnis bestimmen. Das »Schmissige« an Weills *Dreigroschenoper*-Musik zeigt immer auch seine Kehrseite. Die Musik denunziert die Aussagen der handelnden Personen, von Brecht, der reichlich in seinem Villon stöberte, in parodistischer Absicht eingesetzt. Weill zeigte die Brüchigkeit der Welt, indem er die Hörgewohnheiten seiner Zeitgenossen listig aufbrach. Das kommt sehr klar in Theodor W. Adornos Analyse der *Dreigroschenoper*-Musik zum Ausdruck, in der davon die Rede ist, daß die Melodien der Jahrhundertwende brüchig geworden sind, und Weill selber, um die »Falschheit der Gefühle« zu zeigen, in Brüchen komponiert. »Die Harmonien, die fatalen verminderten Septimakkorde, die chromatischen Alterationen von diatonisch getragenen Melodieschritten, das Espressivo, das nichts ausdrückt, sie klingen uns falsch – also muß Weill die Akkorde selber, die er da herholt, falsch machen, zu den Dreiklängen einen Ton hinzusetzen, der so falsch klingt, wie uns eben die reinen Dreiklänge aus leichter Musik von 1890 klingen . . .«

Die *Dreigroschenoper* wurde mit ihrer Uraufführung vom 31. August 1928 im Theater am Schiffbauerdamm in Berlin ein Riesenerfolg. Zwar traf sie nicht, worauf sie zielte: das Gewissen eines verlogenen Bürgertums. Dieses Bürgertum, verlogen oder nicht, es saß im Saal, es amüsierte und begeisterte sich. Die Moritat vom Räuber Macheath, der Kanonen- sowie der Barbara-Song (»Ja da muß man sich doch einfach hinlegen«), das Lied der Seeräuber-Jenny wurden zu Schlagern. Ohne es sich bewußt zu machen, gingen die Menschen jedoch aus dem Theater mit einem Hörerlebnis, das zu neuem Hörverständnis fähig machte und zu neuen Hörgewohnheiten führte. Hierin liegt der musikgeschichtliche Aspekt: auf der Seite des

Hörens. Denn jetzt war es die alte, seichte Unterhaltungsmusik, die falsch klang, und für viele war die Tür zum Verständnis neuer Musik um einen Spalt geöffnet.

Kompositorische oder operngeschichtliche Nachfolge ist dem grandiosen Stück für singende Schauspieler nicht zuteil geworden, wiewohl es in der Stilvielfalt, um nicht zu sagen, der formalen Beliebigkeit des heutigen Opernschaffens nichts ausgeschlossen werden soll. *Hans A. Neunzig*

ANTON WEBERN

Sinfonie op. 21
1929 Philadelphia

Wer bei der Werkbezeichnung Sinfonie an ein mehrsätziges, großformal disponiertes, instrumental reich besetztes und penibel ausformuliertes Musikstück denkt, hat sich von solcher Vorstellung bei Anton Webern (1883–1945) zu lösen. In der Denkschmiede der Zwölftonkomponisten mit Schönberg, dem Schulhaupt, sowie seinen Schülern Webern und Berg als Galionsfiguren, war Webern derjenige, der die Methode und ihre kompositionstechnischen wie musikbildenden Konsequenzen am radikalsten zu Ende gedacht hat. Seine oberste Maxime bestand darin, Musik überschaubar und verständlich zu halten, ihre Faßlichkeit – um eine Lieblingsvokabel Weberns zu zitieren – zu sichern. Zu der augenscheinlichen Esoterik seines Schaffens scheint das in offenem Gegensatz zu stehen. Man muß sich Weberns kreative Zielvorgabe, das kompositorische Ergebnis und die impliziten Widersprüche beider in Bezug zueinander aus einem rigiden Erneuerungsbedürfnis, einem nie versiegenden innovatorischen Drang erklären, der Schönberg und Berg so konsequent wie Webern nie zu eigen gewesen ist.

Anton Webern ist in der Musik des 20. Jahrhunderts der Komponist des komprimiertesten Ausdrucks, der logischsten Gestaltung, der eindeutigsten Geste, der verschwiegensten, aber klarsten Wirkung. Nur superlativistisch läßt sich sein stets drängendes Streben charakterisieren. Seine autorisierten Werke mit den Opuszahlen 1 bis 31 beanspruchen knapp vier Stunden

Spieldauer. Weberns musikalische Formulierungskürze ist als geistiges Prinzip zu sehen. Nur in der knappsten Kondensation konnte er sich wahrhaftig, faßlich und lyrisch-verhalten – wozu er sich selbst bekannt hat – artikulieren. Dabei war Webern kein Revolutionär, erfand auch nichts Neues, sondern baute auf traditionell bewährten Formen und der Zwölftontechnik Schönbergs auf. Er entwickelte alles Übernommene schrittweise (und nicht sprunghaft) weiter, so daß er in singulärer Originalität vor uns steht und fast jedes seiner 31 Werke eine Station bildet.

Es sind Äußerungen Weberns überliefert, denen zufolge er immer wieder einmal das großdimensionierte Werk anvisierte. Wenn er es dann anging wie in der *Sinfonie op. 21* im Jahre 1928, so entstand am Ende doch wieder ein neues Musterbeispiel an Verknappung, Ausgespartheit und damit Wesentlichkeit. Was Webern Sinfonie nennt, dauert beim Erklingen rund zehn Minuten, besteht aus zwei sinfonieuntypischen Sätzen und ist kammermusikalisch besetzt mit Klarinette, Baßklarinette, zwei Hörnern, Harfe und Streichquartett. Es fehlen mithin viele Bläser, jegliches Schlagzeug und die Kontrabässe. Der erste Satz ist ein vierstimmiger Doppelkanon in Gegenbewegung mit einem interpolierten Krebskanon. Im zweiten Satz folgen einem zehntaktigen Thema sieben Variationen und eine Coda. In beiden Sätzen herrschen Symmetrieverhältnisse. Im ersten Satz trennt der Krebskanon die beiden Doppelkanons, die so in Symmetrie zueinander treten; für den zweiten Satz hat Webern selbst die vierte Variation als formale Achse bezeichnet, nach der sich die Musik rückläufig gegenüber dem Teil vor der Achse entwickele. Symmetrische Proportionen erstrecken sich bis in die Gestaltung der dem Werk zugrundeliegenden Zwölftonreihe, deren zweite Hälfte ein transponierter Krebs der ersten ist.

Webern ist der Entdecker eines neuen Abstands zwischen dem musikalischen Objekt und uns, und damit eines neuen Maßes der musikalischen Zeit – schon dadurch ist er für uns äußerst wichtig. Weberns Bedeutung wird heute sogar von den großen Pultvirtuosen erkannt. Ein berühmter Dirigent, der neulich eines der beiden einzigen Werke Weberns, die als einigermaßen verständlich gelten, aufführte, ließ sich in einem Interview zu der Bemerkung herab: »Webern hat einen Einfluß auf die Musik« – eine Feststellung, die sich in der Politik etwa mit Eisenhowers Entdeckung, daß es in China Kommunisten gibt, vergleichen läßt.
Igor Strawinsky. In: Gespräche. Zürich/Mainz 1961.

Webern selbst hat immer davor gewarnt, derartige technische Bauprinzipien seiner Musik überzubewerten oder gar als Grundlage für deren Verständnis zu nehmen. Ihm war die Technifizierung seiner Musik zwar wichtig, um möglichst viele Zusammenhänge im musikalischen Ablauf zu schaffen, der Komposition eine innere Logik einzuweben, ohne die für ihn Musik ohne existenzielle Notwendigkeit geblieben wäre. Das heißt aber auch, daß man dies alles beim Hören der Musik, weil man es sowieso nicht (oder kaum) wahrnimmt, übergehen kann, daß es für deren Wirkung bedeutungslos bleibt, nicht hingegen für deren substantielle Haltbarkeit.

Was wir hören bei Webern – zum Beispiel in seiner *Sinfonie op. 21* – das sind konzentrierte Klangwirkungen aus dem – im Sinne einer Monade – spezifisch intonierten, artikulierten, dynamisierten, reinen Einzelton her-

Anton Webern im Alter von 31 Jahren. Gemälde von Oskar Kokoschka (1886–1980) aus dem Jahr 1914.

aus, der in Beziehung steht zum vorausgegangenen und nachfolgenden. Aus diesen Kombinationen entstehen individuell abgetönte, stets lyrisch grundierte Klangverbindungen und schließlich Klangfelder, auf die vor Webern so niemand gekommen war. Weberns Musik verlangt hingegebenes Hören. Nur so teilt sie sich genuin mit in ihrem dialektisch zu definierenden Spannungsverhältnis von Form und Inhalt, das wohl nie restlos exakt zu bezeichnen sein wird. Sie behält etwas unvermindert Rätselhaftes, ohne sich dem Verständniswilligen zu sperren, ohne Hörer auszugrenzen, die bereit sind, sich dem Uranspruch absoluter Musik zu öffnen: Klänge zu erkennen, sinnlich zu erfahren und zuletzt in ihrer geistigen Klarheit nachzuvollziehen. Gerade dem Begriff der Sinfonie, der – lange vor der Normierung durch die Wiener Klassik im 18. Jahrhundert – in seiner griechischen Urbedeutung Harmonie, Zusammenklang, Übereinstimmung bezeichnet, wird in seiner voraussetzungsfreien Forderung paradigmatisch entsprochen, und durch Webern wird er auf sublimatorische Art eingelöst. Webern wird deshalb ewig eine Herausforderung an unsere eigene Phantasie bleiben.

Hanspeter Krellmann

IGOR STRAWINSKY

Psalmensinfonie
1930 Boston

Wie die meisten russischen Emigranten empfand auch Igor Strawinsky (1882–1971), der im Ersten Weltkrieg Rußland verlassen mußte und in Westeuropa, zumeist in Frankreich lebte, noch eine starke innere Bindung an die Heimat. Seit Mitte der zwanziger Jahre nahm er in Paris rege am Leben der russisch-orthodoxen Gemeinde teil und verfaßte auch einige liturgische Chorkompositionen. Als er im Jahre 1930 einen Kompositionsauftrag für das 50jährige Jubiläum des Boston Symphony Orchestra erhielt, verband er diesen äußeren Anlaß mit dem lang gehegten inneren Wunsch, einmal ein größeres geistliches Werk zu schreiben. Dazu wählte er Texte verschiedenen Inhalts aus den Psalmen Davids: Verse aus dem Bußpsalm 38 (13 und 14), aus dem Dankpsalm 39 (2–4) und den ganzen

150. Psalm, jenes berühmte Lobgedicht, das zur Verherrlichung Gottes durch die Musik aufruft. Den ursprünglichen Plan, diese biblischen Worte in ihrer alten russischen (kirchenslawischen) Übersetzung zu vertonen, gab er bald wieder auf und legte die lateinische Fassung der *Vulgata* zugrunde. »Es handelt sich nicht um eine Sinfonie, in die ich gesungene Psalmverse aufgenommen habe«, schrieb er einem Freund, »im Gegenteil: es ist der Psalmgesang, den ich sinfonisiert habe.«

Dazu setzte er den vierstimmigen Chor und ein großes Instrumentarium ein. Beide weichen in auffallender Weise von der üblichen Formation ab: Strawinsky wünschte sich, wie er in der Partitur eigens vermerkte, die Teilnahme von Kinderstimmen, und er modifizierte auch den Orchesterapparat: Charakteristische Instrumente wie Violinen, Bratschen und Klarinetten fehlen völlig, andere dagegen (Flöten, Oboen, Fagotte sowie die Blechbläser) sind ungewöhnlich stark besetzt; auffallend auch die Einbeziehung zweier Klaviere. Dies entspricht einem Klangideal, das klare, trockene Strukturen bevorzugt und auf schwelgerischen Wohllaut bewußt verzichtet.

Schon der Anfang ist bezeichnend: Aus dem Wechsel von kurz angetupften Akkorden und spröden Baßlinien entsteht ein durchsichtiges, motorisch bewegtes Gewebe, aus dem der Gesang wie ein strenger Cantus firmus aufleuchtet und sich langsam zum großen, vielstimmigen Komplex steigert. In der Gesamtanlage (drei ohne größere Pause ineinander übergehende Sätze) so wie im Kleinen folgt die Musik der Gliederung des Textes, etwa bei den rondoartigen Wiederholungen der Alleluja- und Laudate-Rufe. Allerdings fällt auf, daß Strawinsky auf inhaltliche Bezüge zum Text, auf das traditionelle Wort-Tonverhältnis, bewußt verzichtet. Seine Musik will nicht rhetorisch sein, ja sie negiert vielfach sogar den Deklamationsfluß der Sprache, z. B. wenn der Ruf »Laudate Dominum« in sechs gleichbetonte Achtel aufgelöst und – je nach metrischer Konstellation – unterschiedlich betont wird (Laudáte Dóminum, Láudate Domínum, Laudaté Domínum). Strawinsky führt die Sprache vielfach auf ihre einfachsten phonetischen Bausteine, die Silben, zurück und ermöglicht damit eigenständige Klangbildungen. Er wollte den Text nicht musikalisch ausmalen oder konkret umsetzen (wozu ja gerade der 150. Psalm mit den vielen genannten Musikinstrumenten zum Lobe Gottes reichlich Anlaß geboten hätte), sondern ins Medium reinen, klingenden Formenspiels zum Lobe Gottes transzendieren. Darin liegt ein wesentliches ästhetisches Anliegen dieses Komponisten: Er wollte die Musik »entromantisieren«, das

Die Linien der »Psalmensinfonie« sollen gleichsam wie mit dem Silberstift gezeichnet werden. Und auch die Teile der Partitur, die weniger intensiv polyphon ausgearbeitet sind – der erste Satz, mehrere Formteile des letzten Satzes –, erreichen allein durch das Instrumentarium, durch dieses große, sensibel instrumentierte Bläserorchester, ein ungewöhnliches Maß an Durchsichtigkeit und Sinnfälligkeit der musikalischen Struktur.
Wolfgang Burde. In: Strawinsky. Mainz/München 1982.

heißt, von ihrer traditionellen Gebundenheit an Sprache und Ausdruck befreien, wobei sich sein Vorgehen am besten mit dem Wort »aufheben« im doppelten Sinne beschreiben läßt: Er suspendiert weitgehend die Sprache als Ausdrucksträger und vernachlässigt bewußt ihre semantischen Funktionen, gewinnt aber aus ihr auf neuer, gleichsam gereinigter Stufe ein unerwartetes Reservoir musikalischen Materials, das den notwendigerweise in Kauf zu nehmenden Verlust an herkömmlichen emotionalen Möglichkeiten mehr als ausgleicht.

Stilistisch vereinigt diese Partitur so Gegensätzliches wie die strenge Bläserfuge zu Beginn des zweiten Satzes und jene scharf akzentuierten Rhythmen im dritten, die ihre Herkunft aus dem Jazz nicht verleugnen. Anklänge an den Motettenstil der Renaissance und die Linearität des vierstimmigen Chorsatzes stehen neben ausgelassenen, tänzerisch pulsierenden Instrumentalpartien, filigrane polyphone Strukturen neben massiven Ostinatoblöcken, barockisierender Orchestersatz (z. B. in den flächig punktierten Passagen bei »Et immisit in os meum«) neben a cappella vorzutragenden Abschnitten. Es ist ein Zeichen höchster kompositorischer Meisterschaft, daß diese heterogenen Elemente nicht isoliert nebeneinander stehenbleiben, sondern zu einer persönlichen Klangsprache zusammenwachsen, deren Eindringlichkeit und hymnischer Kraft sich wohl kein Hörer entziehen mag. Überkonfessionell in der Gesinnung und Zielsetzung, bewußt abgelöst von den eigentlichen kirchenmusikalischen Traditionen – sowohl der katholischen und evangelischen wie auch der ostkirchlichen – drückt sich in diesem Werk eine besondere spirituelle Kraft aus, die es zu einer der bedeutendsten sakralen Kompositionen im 20. Jahrhundert macht.

Volker Scherliess

Moses und Aron
Entstanden 1928–1932
Uraufgeführt 1954 Hamburg

Arnold Schönberg (1874–1951) nannte sein einziges abendfüllendes Bühnenwerk, *Moses und Aron*, nicht ohne Absicht »Oper«, wenn es auch ursprünglich als Oratorium konzipiert war. (Neben dem biblischen Sujet erinnert daran auch noch die Tatsache, daß der Chor als wichtiger Handlungsträger erscheint.) Daß es keine traditionelle Oper geworden ist, versteht sich bei Schönberg, der das Konventionelle verabscheute und bekämpfte, von selbst. Das Bühnenwerk, dessen dritter – kurzer – Akt unkomponiert blieb, steht jedoch nicht außerhalb aller Traditionen. *Moses und Aron* vereinigt in sich Momente der traditionellen Oper (z. B. geschlossene Nummern) mit denen des Wagnerschen Musikdramas (etwa Leitmotive). *Moses und Aron* ist ein Ideendrama, zugleich aber auch ein Künstlerdrama, das durchaus in der Tradition von Wagners *Meistersinger* (UA 1868) und Pfitzners *Palestrina* (UA 1917) steht.

In *Moses und Aron* versucht Schönberg, die religiöse Idee des reinen Gottesgedankens mit einer philosophischen Grundlegung der Existenz des jüdischen Volkes zu verbinden. Das Problem der Oper besteht – wie es der Theologe Odil Hannes Steck formuliert hat – in Israels identitätsstiftender Rezeption des reinen Gottesgedankens statt aller verkürzenden Einschließung in Manifestationen, Wunder, Bilder.

Schwerlich ist ein Kunstwerk vorstellbar, in dem Sprache und Musik, ästhetische Konzeption, theologischer Entwurf, Metaphysik und Sinnlichkeit, Tradition und Progressivität eine komplexere Einheit bilden. Die Anregung zu seiner Dichtung erhielt Schönberg von den im Zweiten Buch Moses, Kapitel 3, 4 und 32, beschriebenen Ereignissen, die er aber in sehr persönlicher Art ausdeutete und weiterentwickelte. Alles beginnt mit der Verkündigung von Gottes Existenz, die Moses aus dem brennenden Dornbusch erhält. Aron soll der »Mund« des Bruder sein. Doch er will mehr, weil das Volk nach mehr verlangt. Es will nicht nur Worte, sondern nachvollziehbare Bilder. So schafft Aron sichtbare Wunder und muß schließlich zusehen, wie das Volk bildversessen das goldene Kalb als Götterbild errichtet. Aron bleibt Moses gegenüber der Verfechter des Greifbaren, Moses stets der des reinen Glaubens. Im dritten, nicht komponierten Akt der Oper steht das Volk wieder ganz hinter Moses. Aron soll verurteilt werden, aber Moses spricht ihn frei. Da bricht Aron tot zusammen. Moses hält sein großes Plädoyer für die Wunschlosigkeit der Wüste und den reinen Gottesgedanken. Der Text war zwischen dem 3. und 16. Oktober 1928 erstmals niedergeschrieben und dann mehrfach überarbeitet worden. Mit der Arbeit an der Partitur begann Schönberg am 17. Juli 1930 in Lugano, nachdem er am Tag zuvor notiert hatte: »Reihe entworfen.« Der zweite Akt trägt die Schlußbemerkung: »Barcelona, 10. März 1932«. Aus dieser Zeit liegt nur eine Skizze für die Musik des dritten Aktes vor; drei weitere sind von 1937 überliefert, sie dokumentieren den schnell wieder aufgegebenen Versuch, die Oper zu vollenden.

Moses und Aron ist die umfangreichste dodekaphonische Komposition Schönbergs. Die Zwölftontechnik gilt noch heute in weiten Kreisen als starres Konzept, das die Phantasie des Komponisten beengt, ihn daran hindert, sich rückhaltlos seiner Eingebung zu überlassen. Schönberg schrieb etwa zweieinhalb Jahre, nachdem er die Kompositionstechnik mit zwölf aufeinander bezogenen Tönen entwickelt hatte, im Dezember 1923: »Ich bin dadurch – durch dieses System, die Zwölftonmethode – geradezu in die Lage versetzt, so bedenkenlos und phantastisch zu komponieren, wie man es nur in der Jugend tut, und stehe trotzdem unter einer präzis benennbaren Kontrolle.« Die musikalische Einheit, die Schönberg mit dieser Methode erzielt und realisiert, wird im musikalischen Denken nachvollzogen. Obgleich in dieser Methode das Moment des Thematischen quasi institutionalisiert ist, spielt die motivisch-thematische Arbeit im traditionellen Sinn in Schönbergs Werken eine außerordentliche Rolle.

Ein zentrales Moment im Klang der Vokalstimmen ist der Gegensatz zwischen Sprechen und Singen: Moses steht für Utopie, der die unsinnliche, nicht expressive Sprache des Geistes zueigen ist: Er spricht. Aron dagegen tritt mit seinem sehr expressiven Gesang für die Realität ein, für das Leiden und die Freude des Volkes, für dessen konkrete Bedürfnisse. (Schönberg hat – außer in den *Haringer-Liedern*, die er im Januar/Februar 1933 komponierte – nie mehr für Solostimmen geschrieben. Tritt in späteren Werken ein Vokalsolist auf, so spricht er; und wird gesungen, so singt der unpersönlichere und damit unexpressivere Chor; das expressive Moment wird allein durch die Instrumente vertreten.)

Der Tanz um das goldene Kalb ist ein Hauptstück der Oper: Der musikalischen Form nach ist es eine Sinfonie in fünf Sätzen mit Chören und So-

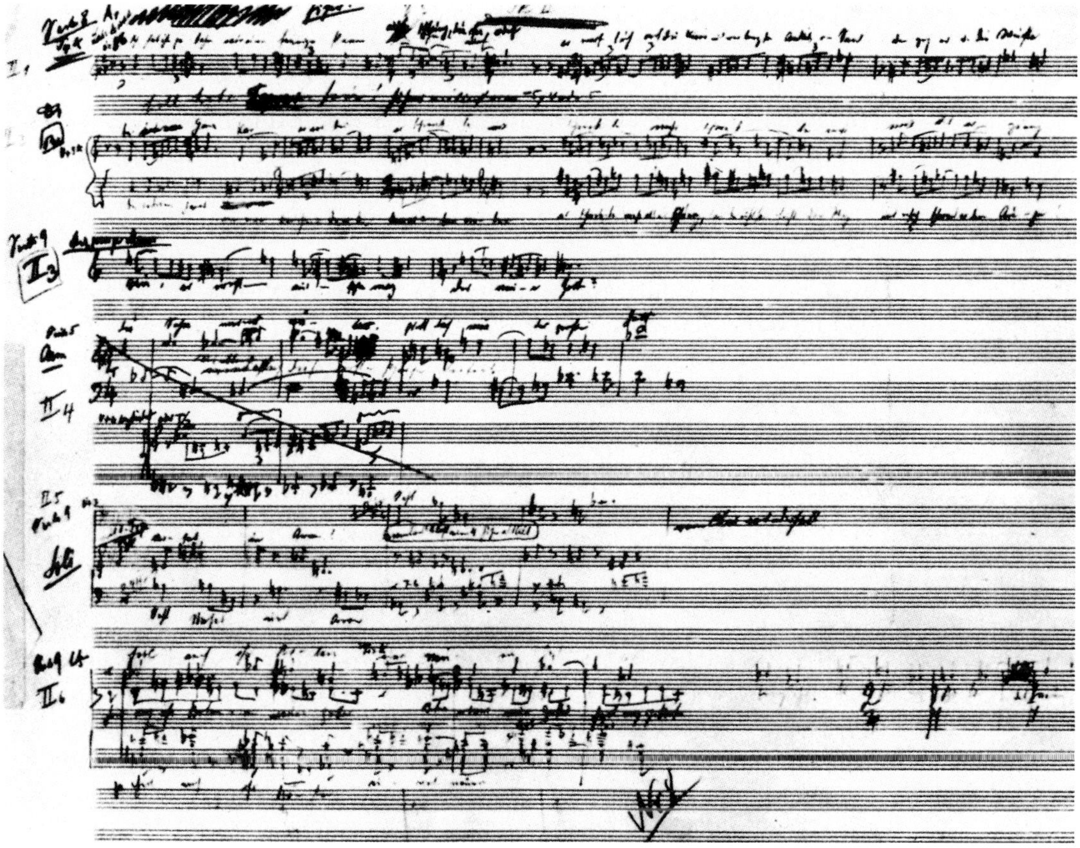

Arnold Schönberg. *Moses und Aron*. Autographische Skizze.

lostimmen, der dramatischen Form nach eine totale Integration von Szene und Musik, von Sprache, Gesang, Orchesterklang und Tanz.

Moses und Aron ist eine der großen Entdeckungen für die Bühne in den letzten 30 Jahren. Unterschiedliche Lösungsversuche sind wegen des dritten Aktes unternommen worden. Schönberg nennt in einem Brief vom 27. November 1950 als eine Möglichkeit, nur die beiden ersten Akte aufzuführen, den dritten aber a) wegzulassen oder b) nur gesprochen darzustellen. Es gab jedoch auch Aufführungen, in dem die Rezitation des dritten Aktes durch szenische Aktion begleitet oder von unterschiedlicher Musik Schönbergs unterlegt wurde. Die Erfahrungen in Aufführung und Reflexion über dieses Problem lassen jedoch den Verzicht auf den dritten Akt als die beste Entscheidung erscheinen. Der offene Schluß des zweiten Aktes – »Oh

Wort, du Wort, das mir fehlt« – steht für die Wahrheit des Werkes selbst ein. Uraufgeführt (in konzertanter Form) wurde *Moses und Aron* am 12. März 1954 in Hamburg; die erste szenische Aufführung war am 6. Juni 1957 unter der Leitung von Hans Rosbaud und in der Inszenierung von Karl Heinz Krahl in Zürich. *Sigrid Wiesmann*

SERGEJ RACHMANINOW

Rhapsodie über ein Thema von Paganini
1934 Baltimore

Die Kunst der Veränderung, also der musikalischen Variation, ist ein traditionsreiches Prinzip der Ausdruckserforschung: Vorgegebenes thematisches Material wird durchgearbeitet und ausgeschöpft. Sie steht im formalen Ergebnis gleichrangig neben der monothematischen Fuge und dem doppelthematischen Sonatenhauptsatz und hat ihre Bedeutung bis weit in unser Jahrhundert behauptet. Wo die rein figurative Tektonik der Variation sich erschöpft, nimmt die Charaktervariation die Funktion als Deuterin von gleichsam tiefenpsychologischen Ausdrucksschichtungen wahr. Der späte Beethoven und Brahms haben diese Möglichkeit genutzt. Regers ausgedehnte Variationenzyklen sind bei ihm gar an die Stelle von Sinfonien getreten.

Das zugrundeliegende Thema entspringt eigener Erfindung oder wird entlehnt. Sein Rang, seine Qualität, so lehren die Beispiele, sind nicht ausschlaggebend für die Bedeutung des Zyklus. Bei den entlehnten Themen haben sich einige über Generationen hin bewährt; man denke an *La Follia* im Barockzeitalter oder an die *Caprice in a-moll Nr. 24 op. 1* von Niccolò Paganini.

Sie hat Schumann, Liszt, Brahms, in jüngerer Vergangenheit Boris Blacher, Witold Lutoslawski und 1934 auch Sergej Rachmaninow (1873–1943) inspiriert. Er schuf damit nach Klaviervariationen auf Themen Chopins (1903) und Corellis (1931) ein verkapptes fünftes Klavierkonzert, wie es in dieser Form vor ihm César Franck mit seinen *Sinfonischen*

Variationen 1885 erprobt hatte. Für den Ausdrucksmusiker Rachmaninow stand nie der Zwang zur sinfonischen Durchführungsarbeit im Vordergrund. Das feste Gerüst der Variationenform mag ihm deshalb mehr entsprochen haben,verlangte es ihm doch innerhalb eines vorgegebenen Rahmens konzentrierte Gestaltungsphantasie ab.

Im Werktitel zu Rachmaninows Komposition ist der Arbeitsbegriff Variation aus gutem Grund ausgespart. Die Bezeichnung lautet stattdessen: *Rhapsodie über ein Thema von Paganini* für Klavier und Orchester. Zwar handelt es sich um eine Abfolge von 24 Variationen, und aparterweise beginnt der Zyklus mit einer achttaktigen Introduktion und der sich anschließenden ersten Variation. Erst dann wird das Thema eingeführt, dem 23 Variationen folgen. Aber die Anlage des Ganzen verweist weniger auf ein architektonisch sauber verfolgbares Nummerndefilée; mehr deutet der Ablauf eine Dreiteiligkeit als Blockbildung an. Der erste Block umfaßt zehn einander unmittelbar folgende Variationen, die alle in a-Moll, der Tonart der Paganini-Vorlage, bleiben. In der siebten Variation klingt die von Rachmaninow ästimierte und häufig eingesetzte »Dies-irae«-Sequenz als Kontrastthema durch, bleibt aber ohne Folgen für die Verarbeitungstechnik. In der zehnten Variation erscheint sie wieder, klingt jetzt – vom Klavier oktavverstärkt – nachdrücklicher, geradezu bedrohlich.

Der zweite Block umfaßt die Variationen 11 bis 18. Die elfte leitet mit fast frei paraphrasierendem, kadenzartigem, vom Orchester nur punktuell gestütztem Klavierspiel zu einem Quasi-Menuett (Nr. 12) über. Die Tonart hat nach d-Moll gewechselt und wird bis zur achzehnten Variation nach Des-Dur mutieren. Wäre der Mittelblock als eine Art Scherzo zu charakterisieren, so könnte der dritte Teil – wieder in a-Moll, das bis zum Schluß anhält – als Reprise gelten, in der die Variationen wie im ersten Block eng miteinander verzahnt sind und das Thema deutlicher als im Mittelblock aufscheint. Die Virtuosität des Klavierparts nimmt zum Ende hin zu, die Dramatik der musikalischen Handlungsgestik wächst, die Klangsprache wird harscher, rabiater und mündet ganz zum Schluß nochmals in die »Dies-irae«-Sequenz.

Kein Zweifel, daß Rachmaninow bei diesem Werk eine Komposition wie Liszts *Totentanz* als Vorbild gedient hat. Unüberhörbar ist die gegenüber zeitlich früheren Kompositionen avanciertere Klangsprache der *Paganini-Rhapsodie* von 1934, die auch aus diesem Grund unter dem Begriff Spätwerk zu subsumieren wäre. Die spielerische Virtuosität im Verein mit dem nicht selbst erfundenen Thema und seiner gleichsam in sich kreisen-

RACHMANINOW Rhapsodie über ein Thema von Paganini

den Sprödigkeit ermöglichten es Rachmaninow, eine spezifische Klangfarbe freizusetzen. Der Umschlag von virtuoser Klanggestik in Klangfarbe fällt unüberhörbar auf. Die *Paganini-Rhapsodie* ist deshalb ein in jeder Weise herausgehobenes Werk, nicht nur innerhalb des Rachmaninowschen Œuvres selbst.

Hanspeter Krellmann

DMITRI SCHOSTAKOWITSCH

Lady Macbeth von Mzensk
1934 Leningrad

Schon bald nach der Uraufführung seiner ersten Oper *Die Nase* im Jahr 1930 plante Dmitri Schostakowitsch (1906–1975) einen vierteiligen Opernzyklus über das Schicksal russischer Frauen in verschiedenen Epochen. Aber nur der erste Teil, die *Lady Macbeth von Mzensk,* kam zustande, weil nach einer vernichtenden Kritik und dem Aufführungsverbot dieses Werkes im Jahr 1936 jede Weiterarbeit an dem großen Projekt sinnlos wurde. Das Libretto schrieb der Komponist zusammen mit Alexander Preiss, einem jungen Leningrader Dramatiker, nach der gleichnamigen Novelle von Nikolai Leskow, die um 1860 erschienen war. Im Stil eines gleichsam objektiven, chronistischen Realismus' beschreibt der Dichter den Ehebruch der jungen, triebhaften Kaufmannsfrau Katerina Ismailowa. Erst nach dreifachem Mord an Zeugen dieser verbotenen Liaison kann sie ihren Geliebten heiraten. Noch am Hochzeitstag wird das Verbrechen entdeckt. In die Verbannung nach Sibirien unterwegs, betrügt sie ihr neuer Mann mit einer anderen Verurteilten. Verzweifelt übt Katerina Rache an ihrer Nebenbuhlerin: Sie stürzt sie ins Wasser und ertrinkt mit ihr. Während Leskow die Täterin moralisch verurteilte, zeichnete sie Schostakowitsch auch als Opfer sozialer Verhältnisse. Kurz vor Abschluß der Arbeit im Jahr 1932 erklärte er in einem Zeitungsartikel, er möchte das Werk »eine tragisch-satirische Oper nennen. Obwohl Katerina Lwowna die Mörderin ihres Mannes und ihres Schwiegervaters ist, habe ich Sympathie für sie. Ich war bemüht, den ganzen sie umgebenden Lebensverhältnissen einen finster-satirischen Charakter zu geben.«

Sergej Rachmaninow am Klavier. Gemälde von Boris Schaljapin aus dem Jahr 1940. Schaljapin hat mehrere Porträts des Komponisten gemalt. Es existiert von ihm auch eine selbstironische Zeichnung, auf der er den stets ernsten Rachmaninow kniefällig darum bittet, ihm für ein Porträt zu sitzen. Das Bild entstand in New York.

Diese, wenn man so sagen darf, demonstrativ figürliche »Parteilichkeit« bestimmt auch den musikalischen Stil der Oper. Einerseits stattet Schostakowitsch, wie er im gleichen Artikel weiter bekannte, »alle Vokalpartien in der *Lady Macbeth*« mit »sanglichem, kantilenenhaftem« Material aus. Das gilt besonders für die Protagonistin (und im letzten Akt für die Chöre der Verbannten), der er eine reich differenzierte, leidenschaftlich emotionsgeladene, unmittelbar einfühlsame Musik zuteilt. Gerade dieser emphatische Lyrismus bezeichnet einen neuen Zug im Schaffen des Komponisten, der hier seine Erfahrungen mit der experimentellen Klangsprache der musikalischen Avantgarde der zwanziger Jahre (er kannte unter anderem Bergs 1925 uraufgeführten *Wozzeck* sehr genau) auf dramatischem Gebiet anwendet und dabei mit den psychologisierenden, auch illustrierenden Mitteln der romantischen Tradition verknüpft. Andererseits, im scharfen, distanzierten Kontrast dazu, setzt er Katarinas Gegenspieler und ihr soziales Milieu akustisch verfremdet ins Bild, indem er auf unerschöpfliche Weise die Schablonen einfacher, konventioneller, trivialer und kitschiger Musik zitiert und sie durch Techniken der melodischen Übertreibung, der harmonischen Verzerrung, der metrischen Umdeutung, der Montage oder Collage von karikierter Gestik zum satirischen Darstellungsmittel einer moralisch verkommenen Gesellschaft entwickelt. Die neun Bilder der vier Akte gliedern sich in relativ geschlossene Gesangsnummern, Genreszenen und Ensembles mit spezifischem Kolorit, aber Schostakowitsch tendiert ebenso zu ihrer filmschnittartigen Parzellierung wie zu einer sinfonisch entfalteten, thematisch und motivisch übergreifenden Beziehungsfülle. Leitmotivische Bedeutung in beständiger Variation gewinnt insbesondere ein »Motiv der Gewalt«, das auch in mehreren gewichtigen Orchesterzwischenspielen, zum Beispiel einer strengen »Passacaglia« in der Mitte des Stücks (zwischen 4. und 5. Bild), eine beherrschende Rolle einnimmt.

»Lady Macbeth« hat Erfolg bei bürgerlichem Publikum im Ausland. Lobt das bürgerliche Publikum diese Oper nicht deshalb, weil sie chaotisch und absolut unpolitisch ist? Nicht deshalb, weil sie den degenerierten Geschmack des bürgerlichen Auditoriums durch ihre krampfhaft zuckende, schreiende, neurasthenische Musik kitzelt?
Aus: Prawda. 28. Januar 1936.

Die Uraufführung des Werks fand am 22. Januar 1934 im Leningrader Maly-Theater statt. Es wurde auch in anderen Inszenierungen, die rasch in der Sowjetunion und im Ausland folgten, überwiegend mit Bewunderung aufgenommen und als genialer Wurf des modernen Musiktheaters begrüßt. Nur den parteioffiziellen Gralshütern des Sozialistischen Realismus war die Oper ein Dorn im Argusauge, mangelte es ihr doch anscheinend unter anderm an einem positiven Helden, einer Würdigung des Volkes, einer vorbildlichen Geschichte – vor allem aber an jener volkstümlichen, eingängigen und erbaulichen Musik, die man von einer neuen sowjetischen Oper fordern zu müssen glaubte. Nachdem Stalin und Mit-

Dmitri Schostakowitsch in jungen Jahren, etwa um die Zeit seiner Lady Macbeth von Mzensk.

glieder seines Politbüros im Januar 1936 eine Moskauer Vorstellung besucht – und aus Mißfallen vorzeitig verlassen hatten, erschien, offenkundig auf direkte Weisung des Diktators, in der *Prawda* ein ungezeichnetes, rüdes Pamphlet unter der Überschrift »Chaos statt Musik«. Darin wurde Schostakowitsch auf pöbelhafte Art der »linken Abweichung« vom gesunden Volksempfinden beschuldigt, seine Oper als kakophones, perverses, vulgäres und dekadentes Machwerk verurteilt. Sofort verschwand das Werk für Jahrzehnte von allen Bühnen des Landes. Noch 1956 verhinderte die Zensur die Wiederaufführung einer vor allem sprachlich entschärften Neufassung. Erst eine weitere Bearbeitung brach den Bann und konnte 1963 als *Katerina Ismailowa* in Szene gehen. Seither hat sich das Werk als eine der wenigen modernen Opern international erfolgreich durchgesetzt. Damit bestätigte sich, was Schostakowitschs Freund, der Musikologe Iwan Sollertinski bereits 1934 wußte: »Man darf mit vollem Recht behaupten, daß es in der Geschichte des russischen Musiktheaters nach *Pique Dame* (UA 1890) kein Werk von solcher Größe und Tiefe wieder gegeben hat wie *Lady Macbeth.*«

Frank Schneider

GEORGE GERSHWIN

Porgy and Bess
1935 Boston/New York

George Gershwin (1898–1937) war als Komponist eine Broadway-Berühmtheit. Aber er wollte mehr, vor allem nachdem er 1924 mit seiner *Rhapsody in Blue* positiv Aufsehen erregt hatte und auch für Künstler wie Damrosch, Toscanini, Rachmaninow und Kreisler zum Begriff geworden war. An die Oper hatte er sich 1922 mit dem Einakter *Blue Monday* schon einmal vage herangetastet. Im Oktober 1926 stieß er dann auf den erst ein Jahr alten Erfolgsroman *Porgy* von Edwin DuBose Heyward. Den Bestseller las er in einem Zug durch und schlug dem Autor sogleich eine Oper auf den Stoff, der die Welt der amerikanischen Südstaaten-Neger beschreibt, vor. Bis zur Bostoner Uraufführung der Oper sollten neun Jahre vergehen. Zunächst war die Entstehung einer Bühnenfassung des Romans in Arbeit;

es existierten Pläne für eine Broadway-Show; Jerome Kern und Oscar Hammerstein schwebte eine Musical-Comedy vor. Heyward, der unter den Folgen der Wirtschaftsdepression von 1929 zu leiden hatte, stand solchen am Ende nicht verwirklichten Projekten offen gegenüber, überging aber niemals Gershwin, den Erstinteressenten.

Dieser steuerte zielstrebig, wenn auch nicht drängend auf die Opernform zu, so daß Heyward mit der Abfassung eines Librettos begann. Die Werkentstehung verlief so kurvenreich, wie das von vielen Fällen aus der Operngeschichte nur zu bekannt ist. Der Komponist setzte sich schließlich mit seinen Vorstellungen durch. Er wußte genau, was er wollte: Eine Volksoper, durchkomponiert, aber in orchesterbegleitende Rezitative, liedartige Arien und Chöre gegliedert, ausschließlich von Farbigen gespielt und gesungen (ausgenommen die weißen Polizisten, deren abgehobene Position dadurch gekennzeichnet ist, daß sie sprechen, statt zu singen).

Gershwin ist eines jener originären Talente der Weltmusik, denen es gelungen ist, aus vorgefundenem, ungeformtem Material (der Volksmusik amerikanischer Neger) einen musikalischen Stil zu bilden, den es vor ihm noch nicht gegeben hat und der mit Recht allein mit seinem Namen verknüpft ist.
Herbert Rosendorfer. In: Hanspeter Krellmann. George Gershwin. Reinbek 1988.

1933 schloß Gershwin einen Vertrag mit der opernunerfahrenen New Yorker Theatre Guild. Sie besaß kein festes Ensemble, garantierte aber eine reine Farbigenbesetzung, während die Metropolitan Opera keinen Schwarzen, sondern nur dunkel geschminkte Weiße auf der Bühne akzeptiert hätte. Dieser unverhohlen rassistische Aspekt schloß sich für Gershwin aus.

Gershwin zögerte die Komposition unter dem Vorwand anderweitiger dringender Arbeiten hinaus. Im Juni 1923 endlich reiste er über Charleston auf die kleine Insel Folly Beach, um die Lebensumstände der Gullahs zu studieren. Das war ein Negerstamm, dessen Lebensformen zu der Zeit mehr als die anderer Stämme afrikanischen Traditionen entsprachen. Was Gershwin den Gullahs absah, übertrug er auf die Bewohner der Catfish Row in seiner Oper. Hier konnte er auch musikalische Studien treiben, die ihn zum Komponieren anregten, so daß die Arbeit nun zügig voranging. Im Januar 1935 reiste er nach Palm Beach in Florida, um die Oper zu orchestrieren und die Partitur fertigzustellen.

Die musikgeschichtliche Bedeutung von Gershwins *Porgy and Bess* liegt in der Tatsache, daß es dem Komponisten gelang, eine amerikanische Volksoper mit populär-eingängiger Musik von beträchtlichem Kunstwert zu schaffen, die es so vorher nicht gegeben hatte und die bis heute nicht nachgemacht werden konnte. *Porgy and Bess* ist keine Jazzoper, als die sie häufig aus Reklamegründen ausgegeben worden ist. Natürlich enthält sie Jazzelemente. Aber das sind nur Bausteine für eine amerikanische Musik originärer Prägung, die Gershwin im Sinne hatte und die er in seiner Oper – nicht

George Gershwin
in seinem letzten
Lebensjahr, 1937.

zuletzt auch wegen ihres Stoffes – wahrscheinlich am deutlichsten, reinsten und umfassendsten ausformulieren konnte. Ein musikstilistisches Amalgam wollte er realisieren. Das gelang ihm singulär, besonders in *Porgy and Bess*, und Egon Friedells Maxime trifft hier eindeutig auf ihn zu: Daß nämlich für Talent und Charakter von Individuen wie von Völkern das Milieu, in dem sie schaffen, ausschlaggebend sei: »Auch das reichste Talent bedarf einer Atmosphäre, aus der es schöpfen, aber auch der stärkste Charakter eines Magnetfeldes, auf das er wirken kann.« Gershwin schöpfte aus seiner Umgebung; und er wirkte mit seiner Musik zurück auf den Menschenschlag, dem er entstammte und dessen Temperament er porträtierte.

Der Erfolg nach der Bostoner Vorpremiere und nach der New Yorker Erstaufführung der Oper am 10. Oktober 1935 blieb hinter den Erwartungen Heywards und Gershwins zurück. Die Kritiker, aus den Sparten Oper wie Schauspiel stammend, taten sich schwer mit dem neuen Werk. Vor allem der Stil schien ihnen nicht eindeutig genug ausgebildet, und das hieß auch: nicht traditionalistisch genug. Gershwin konterte mit einer Entgegnung in der *New York Times* am 20. Oktober 1935: Er habe eine Volksoper (keine klassische Oper also) schaffen wollen, um das niemals vorher in diesem Genre behandelte Leben der Neger darstellen zu können; das aber habe eine Volksmusik verlangt, die er original komponiert habe, ohne Originalmodelle zu verwenden.

Gershwins herausragendes Werk ist auf weltweiten Tourneen amerikanischer Truppen um den Erdball getragen worden. Fünfzig Jahre nach der Uraufführung, 1985, dirigierte es James Levine erstmals in der Metropolitan Opera. Die formale und innere Geschlossenheit von *Porgy and Bess*, die kompositorische Logik, die für Gershwin in keinem anderen Werk je so als unabweisbare Forderung zur Debatte gestanden hatten, sichern ihm seinen überzeitlichen Rang. Leonard Bernsteins Behauptung ist nicht zu widersprechen: »Gershwin war zweifellos eines der wenigen echten, authentischen Genies, die die amerikanische Musik hervorgebracht hat.«

Hanspeter Krellmann

BÉLA BARTÓK

Mikrokosmos
1926–1937

Als Béla Bartóks *Mikrokosmos* etwa 1948 hierzulande bekannt wurde, haben wir jungen Pädagogen das Lehrwerk enthusiastisch begrüßt. Endlich, so schien es, gab es eine Möglichkeit, den Schülern mit Hilfe der ja nur scheinbar anspruchslosen Miniaturen einen Weg zum Makrokosmos der so lange verfemten Neuen Musik zu weisen. Sie allerdings war damals in unserer Vorstellung noch vom Erlebnis des Neoklassizismus Hindemithscher Art weit stärker geprägt als von Béla Bartók (1881–1945), dessen weniger fortschrittliche Spätwerke – das *Konzert für Orchester* (1943), das *Sechste Streichquartett* (1939), das *dritte Klavierkonzert* (1945) – ja, bezeichnenderweise zuerst Fuß fassen konnten. Von der Musik des Schönberg-Kreises – die René Leibowitz bereits 1947 in seinem Essay *Béla Bartók oder Die Möglichkeit des Kompromisses in der zeitgenössischen Musik* der Bartóks konfrontiert hatte – wußten wir noch nichts.

Béla Bartók komponierte die 153, auf sechs Hefte verteilten Stücke zwischen 1926 und 1937 als ein Lehrwerk für seinen zweiten Sohn Péter. Der genaue Titel lautete *Mikrokosmos – Klaviermusik vom allerersten Anfang an.* Auf den ersten Blick ist die Sammlung also eine Klavierschule, in der die Stücke durch eine relativ knappe Zahl von Übungen ergänzt werden. Merkwürdig ist ihr zögerndes Voranschreiten: In den drei ersten Heften verharren die zweimal fünf Finger des Schülers weitgehend im Fünftonraum – allerdings in verschiedenen Positionen –, es gibt also keinen Daumenuntersatz, kein Übersetzen. Doppelgriffe allerdings, mehrstimmiges Spiel in einer Hand, Akkorde tauchen bereits hier auf.

Zunächst mag das heute als ein reichlich trockener Stoff erscheinen. Aber Bartók wollte, wie Theodor Hundt 1971 in einer Arbeit über die Satztechnik des Komponisten schrieb, den Schüler ja nicht zum Virtuosen machen, sondern ihn »zum musikverständigen Klavierspieler« bilden. Gerade das machte die Wirkung dieses Lehrwerkes aus: Daß es – wie Erich Doflein formulierte – »Ideen zum Tonsatz« bereitstellte, die zwar Herkömmliches nicht ausschlossen, indessen keine tradierten (Leer-)Formeln duldeten. Eben diese Begrenzung läßt vor allem die ersten Hefte des *Mikrokosmos* rigoros erscheinen: Hier, wo Bartók mit wissenschaftlicher Akribie bemüht war, aus der Fülle seiner Talente – denen des systematischen Forschers, dessen Interessen weit über die heimatliche Folklore hinausgingen, denen des Komponisten und denen des hoch virtuosen Pianisten – eine Welt des Kleinen zu schaffen, in der sich die große spiegelte, wirken die »Ideen zum Tonsatz« wie Präparate oder Konzentrate selbst da, wo sie Modelle von Volksmusik aufgreifen.

Formal sind die Stücke naturgemäß begrenzt, doch gibt es neben einfachen Lied- und Rondoformen Variationen und organisch sich entwikkelnde Gestalten. Vielfältig sind die Metren bis hin zu den zusammengesetzten »Bulgarischen Rhythmen« (eigentlich »Bulgarische Metren«) des letzten Bandes. Der Rhythmus, der bei oberflächlichem Hören bei Bartók eine so große Rolle zu spielen scheint, fällt gegenüber den metrischen Komplikationen weniger ins Gewicht. Die kurzgliedrigen Melodien des *Mikrokosmos* sind durchweg auf eine tonale Grundreihe bezogen, wobei das Spektrum von der Pentatonik bis hin zur Kombination unterschiedlicher Kirchentonarten reicht. Fesselnd wie die Vielfalt des Metrums ist die Harmonik vieler Stücke. Sie entfernt sich von der tradierten auf verschiedenen Wegen: durch die Kirchentonarten, zwischen denen ein lebhafter Austausch stattfindet; durch die polytonale Mischung verschiedener Modi oder Tonarten; durch die Neigung zu Orgelpunkt und Ostinato.

Vielfältig sind schließlich die stilistischen und klangtechnischen Qualitäten des *Mikrokosmos:* Bartóks Entwurf einer »Weltmusik« in nuce, einer den Möglichkeiten aktuellen Komponierens entsprechenden Vielfalt, greift neben den Modellen von Bauernmusik des Balkans auch russische, orientalische, balinesische Anregungen auf. Selbstverständlich gibt es daneben Etüden im engeren Sinne, Stücke, die zur Lösung bestimmter spieltechnischer Probleme bestimmt sind, und Auseinandersetzungen mit kompositorischen Phänomenen. Eben darin ähnelt dieses Lehrwerk – das einzige eines wirklich bedeutenden Komponisten nach Bach (z. B. *Das Wohltemperierte Klavier* von 1722) und Schumann (z. B. die *43 Klavierstücke für die Jugend op. 68,* von 1848 und die *Drei Klaviersonaten für die Jugend op. 118* von 1853.) – den Präludien und Inventionen Bachs.

Das Glück der ersten Begegnung mit diesem Lehrwerk fand nicht die erhoffte Erfüllung: Béla Bartóks *Mikrokosmos* wurde nicht die Klavierschule unserer Tage. Nur sporadisch werden die ersten Hefte im Anfängerunterricht genutzt; bei der Berufsausbildung spielt allenfalls das sechste eine Rolle. Gewiß ist, daß Bartók, der stets die Bedeutung der Inspiration betonte, hier die Systematik über die Phantasie dominieren ließ. Die Stücke

Lassen Sie mich vorab sagen, daß Revolution in der Kunst (zum Beispiel in der Musik) im strengen Sinne die Abschaffung aller bereits verwendeter Mittel und einen Neubeginn beinahe aus dem Nichts bedeuten würde – einen Rückfall um einige tausend Jahre . . . Ihre Anwendung auf die Musik würde sogar die Elimination aller bekannten musikalischen Klänge, die heute verwendet werden, bedeuten und als Ersatz die Erfindung irgend eines anderen Materials verlangen. Man kann sich schwer vorstellen, von welch neuer Art dieses Material sein könnte, denn jedes Material, das nicht aus musikalischen Klängen besteht, würde das Wesen der Musik unterminieren; Musik muß auf musikalischen Klängen basieren oder sie würde aufhören, Musik zu sein.
Béla Bartók
»Revolution und Evolution in der Kunst«.
In: Béla Bartók. Hg. Heinz Klaus Metzger und Rainer Riehm. Musik-Konzepte Nr. 22. München 1981.

Béla Bartók. Undatiertes Gemälde von Alfred Lent. Es zeigt den Komponisten wahrscheinlich um das Jahr 1928, wie der Vergleich mit Fotos aus dieser Zeit nahelegt.

sind – im Vergleich zu den »pädagogischen« Schumanns – nicht »romantisch beseelt – sondern modellartig kalkuliert« (Medek). Sie sind, verglichen mit den Lehrwerken Bachs – worauf Erich Doflein hinwies – »Modelle von Möglichem«, anstatt jeweils die »Möglichkeiten eines Modells« im Rahmen einer gesicherten Tradition zu entwickeln. Sie spiegeln nicht nur in nuce die Kompositionsweise Bartóks, sondern sie sind auch Zeugnisse einer historischen Situation. Sie sind schließlich – worauf noch zu wenig hingewiesen wurde – Umsetzung satztechnischer Probleme in faszinierende musikalische Bilder: so etwa die Halbton-»Reibereien« im »Ringkampf« oder dem »Tagebuch einer Fliege«. Die Chance, dem angehenden Klavierspieler anhand dieser Stücke einen Begriff von der Meisterung elementarer musikalischer Vorgänge zu vermitteln, fordert die Phantasie und die Intelligenz des Lehrers heraus. Sie sollte nicht bequem verschenkt, sondern genutzt werden. *Klaus Kirchberg*

BÉLA BARTÓK

Musik für Saiteninstrumente Schlagzeug und Celesta, 1937 Basel

Die *Musik für Saiteninstrumente, Schlagzeug und Celesta* entstand im Sommer 1936 als erstes von drei Auftragswerken für Paul Sachers Basler Kammerorchester und wurde am 21. Januar 1937 in Basel uraufgeführt. Der merkwürdige und eigentlich unvollständige Titel der Komposition rührt von deren ungewöhnlicher Besetzung her, die ein doppeltes, quasi stereophon placiertes Streichorchester plus Schlagzeug, Celesta, Xylophon, Harfe, Klavier und Pedalpauken vorsieht. Sie gewährleistet rhythmische Prägnanz und strukturelle Feinarbeit ohne grelle (Bläser-)Farben und in der Tat komponierte Béla Bartók (1881–1945) hier das zentrale Orchesterwerk seiner mittleren Schaffensphase, jener Zeit zwischen den Weltkriegen, in der er aus vielfältigen Einflüssen und Quellen seinen eigenen Weg in komplexer Weise formte: Hier, in der *Musik*, verarbeitete Bartók sowohl die historische Tradition westeuropäischer Kunstmusik, also die Vorbilder Bach und Beethoven, als auch die Einflüsse zeitgenössischer Komponisten, so Strauss' »optimistische« Instrumentation, Debussys luzide, schwebende Harmonik, Strawinskys barbarische Rhythmen und Schönbergs Atonalität, reicherte alles mit ureigenem, aus der Volks- und Bauernmusik gewonnenem Wissen an und fügte es zusammen zu einem formal strengen, bekenntnishaften Credo. Er hätte die *Musik* auch »Sinfonie« oder »Sinfonia« nennen können, wäre da nicht die Beschränkung auf Streicher und Schlag-

Henri Matisse (1869–1954): »Interieur mit Geige«. Gemälde 1917/18.

... auch die A. K. M. (Gesellschaft für Aufführungsrechte), der ich angehöre (auch Kodály), ist ja eine Wiener Gesellschaft, die jetzt ebenfalls »nazifiziert« wurde. Eben vorgestern erhielt ich den berüchtigten Fragebogen, mit Fragen über Großväter etc., dann: Sind Sie deutschblütig, rassenverwandt oder nichtarisch?« Natürlich wird dieser Fragebogen weder von mir noch von Kodály ausgefüllt; unser Standpunkt ist, daß solche Fragerei rechts- und statutenwidrig ist.
Béla Bartók
Aus einem Brief in die Schweiz. Budapest, 13. April 1938. In: Ausgewählte Briefe. Budapest 1960.

zeug, denn kein weiteres Mal hat Bartók die klassische Viersätzigkeit so reflektiert gehandhabt wie in diesem Werk. Die letzte viersätzige Partitur lag 25 Jahre zurück (*Vier Orchesterstücke op. 12*), und es sollte keine weitere mehr folgen.

Im ersten Satz, einer der konzentriertesten Schöpfungen Bartóks überhaupt, entfaltet sich über der Spannungsachse a-es-a eine sehr streng gebaute monothematische Fuge, deren chromatisches Thema als »Lebensraum« lediglich das Quintintervall beansprucht, so daß die weiteren zwölf Fugeneinsätze bis zum Wendepunkt jeweils einen neuen Quintenraum über oder unter den bereits vorhandenen aufschichten. Das streng kanonische Verfahren ist aber in eine der Natur nachempfundene blattähnliche Großform eingearbeitet, die den doppelten eruptiven Höhepunkt des Satzes nach dem Prinzip des Goldenen Schnittes (in Takt 56 von 89 Takten) setzt. So haben wir es mit einem höchst komplexen Gebilde zu tun, das den Bachschen Kontrapunkt mit »natürlichen« Zahlenverhältnissen, Schönbergsche Chromatik mit archaischen Intonationen, eine schwebende, bitonale Harmonik mit höchster Expressivität verknüpft. Des Rätsels Lösung erfährt man erst im letzten Satz, der endlich die »natürliche« diatonische Grundgestalt des nunmehr auf den Oktavraum gedehnten Fugenthemas bringt, als wolle Bartók dessen chromatische Deformation zu Beginn wieder rückgängig machen und uns demonstrieren, daß die natürlich gewachsene musikalische Gestalt den abstrakten Gedankenspielereien irgendwelcher musikalischer »Objektivisten« stets überlegen sei. Hierin aber, im Nicht-Verhehlen auch des eigenen kompositorischen Dilemmas, zeigt sich die Aufrichtigkeit von Bartóks diffizilem eigenen Weg innerhalb des 20. Jahrhunderts, die Janusköpfigkeit seiner Position. Diese tonal-atonale (bzw. chromatisch-diatonische) Doppelgeschlechtlichkeit seiner Musiksprache hat aber nichts mit Unentschiedenheit oder Opportunismus zu tun, wie ihm von Parteigängern der Zweiten Wiener Schule vielfach vorgeworfen wurde, sondern ist die Konsequenz seiner eigenen pantheistischen und in letzter Instanz naturhaft-organischen Weltanschauung.

Im zweiten Satz, einem 520 Takte langen Scherzo über der bitonalen Achse c-fis-c orientiert sich Bartók an der klassischen Sonatenform. Das kecke, peitschenknallende, durch Pauken und perkussives Klavier unterstützte Hauptthema imitiert den Bau des ungarischen Volksliedes, zugleich ist es die Metamorphose des »abstrakten« Fugenthemas: Es ist in ein heiter-derbes bäuerliches Ambiente verpflanzt. Klavier und Pauken nehmen den Platz des Schlagzeugs ein, aber eben als beseelte, intonationsfähige,

BARTÓK Musik für Saiteninstrumente, Schlagzeug und Celesta

menschlich sprechende Schlaginstrumente. In der Mitte des durch harte synkopierte Rhythmen beherrschten Satzes leistet sich Bartók eine eigenartige Pizzikato-Anspielung auf das Scherzo in Tschaikowskis *Vierter Sinfonie*, die ohne größere Folgen bleibt. Ansonsten kennzeichnet eine eher rustikale Wildheit die Atmosphäre des Satzes, »ein Wirbel voller Leben«, so Bartók-Experte György Kroó, »und noch die unbändigsten Augenblicke sind von Lebensbejahung durchtränkt.«

Danach, an dritter Stelle, und immer noch dem Bauplan einer Sinfonie folgend, erklingt die vielleicht schönste, geheimnisvollste, rätselhafteste Nachtmusik, die Bartók je schuf, eine nächtliche Naturschilderung von shakespearescher Gedankentiefe und Poesie, und dabei ganz unromantisch, denn das Wechselspiel der Lüfte, der Vögel, Insekten, Sträucher und Bäume findet in einer vom Menschen unberührten Natur statt, die geschützt ist vor zivilisatorischer Bedrohung und nur so ihre rätselhafte Schönheit entfalten kann: Es ist Bartóks Sehnsucht nach dem magischen Urzustand, nach dem geheimnisvollen Leben.

Und endlich, zum Schluß, die fröhliche, ausgelassene, heitere Rückkehr ins menschliche Leben; ein Gedanke, der auch in der sinfonischen Tradition seine Vorbilder hat, hier auf dem für Bartók typischen Boden archaischer Tanztypen, die freilich auch die allgemeine Weltbedrohung jener Tage spüren lassen. Die Wiederkehr des nunmehr diatonisch geweiteten Fugenthemas gewinnt etwas Beschwörendes, »schwillt zu einem breiten Hymnus an: Die einzig mögliche Lösung, die höhere Einheit von Menschen und Natur [und die Abwendung der sich anbahnenden Katastophe] kann nur in der Praxis des gesellschaftlichen Zusammenlebens verwirklicht werden« (J. Ujfalussy).

Attila Csampai

ALBAN BERG

Lulu
1937 Zürich (zwei Akte)

Über die ließe sich freilich eine interessante Oper schreiben«, sagt Alwa, der Komponist in der Oper von Lulu (I/3). Inhaltlich steht die Oper *Lulu* am Ende der mit *La Traviata* (UA 1853) beginnenden Reihe von musikdramatischen Werken, deren Hauptperson die Femme fatale ist. Jedoch schon die Titel der Wedekindschen Stücke – *Erdgeist* und *Die Büchse der Pandora* – lassen erkennen, daß es sich nicht um zeitübliche naturalistische Trauerspiele handelt, sondern daß andere Dimensionen mitspielen. Die tragischen Helden sind Liebende, Lulu als dem Inbegriff der Triebhaftigkeit verfallen. Karl Kraus sprach von der »tragischen Kluft zwischen blühenden Lippen und bürgerlichen Stellungen«. Der Prolog zeigt die Welt als Menagerie. Die Menschen, Figuren des Dramas, werden als Tiere vorgestellt. Lulu, die Schlange, wird vorgeführt, »die Urgestalt des Weibes«, geschaffen, Unheil zu stiften. An ihr gehen alle, die ihrer sinnlichen Anziehungskraft erliegen, zugrunde. Auch Lulu selbst ist Opfer, mit ihr ist doppelte Tragik verbunden: Sie zieht auf gänzlich passive Weise soviel Liebe auf sich, die sie nicht erwidern kann, und liebt einen einzigen Menschen, der dazu geschaffen scheint, sie zu demütigen.

Alle Personen des Stücks verfehlen sich, selbst wenn sie einander verfallen sind. Dieses Verfallensein macht sie alle erpreßbar, und durch Mitwisserschaft treten innerlich unbeteiligte Erpresser auf den Plan. Die zentrale Tat, die Lulus Abstieg einleitet, wird zwar von ihr begangen, aber doch wider Willen: Sie tötet, statt sich selbst, Dr. Schön, wenn auch nicht aus Notwehr, so doch in höchster Not. Und der Mann, dem Lulu, wieder in dem Milieu angekommen, aus dem sie stammt, begegnet, ist Jack the Ripper, ihr Mörder. Das ihr vorbestimmte und von ihr vorausgeahnte Schicksal nimmt seinen Lauf. Doch widerfährt es ihr nicht von außen; sie hat es selbst, zwanghaft, herbeigezogen – vielleicht sogar herbeigesehnt. Denn Lulu wußte, daß Liebe, wie sie sie verstand und gewährte, zerstörerisch war.

Alban Berg (1885–1935) hatte Wedekinds *Die Büchse der Pandora* am 29. Mai 1905 bei der von Karl Kraus organisierten privaten Uraufführung im Trianon-Theater in Wien-Leopoldstadt gesehen. Die Vorstellung, bei der Kraus, aber u. a. auch Wedekind, Friedell, Adele Sandrock und Tilly Newes mitwirkten, hinterließ – wie der Vortrag, den Kraus vor der Aufführung hielt – einen unauslöschlichen Eindruck. – Berg begann mit der Komposition 1928, noch ehe die Tantiemenfrage gelöst war. Die Komposition war erst im Frühjahr 1934 beendet, und Berg hoffte, die Instrumentation bis Jahresende zu vollenden. Die Partitur jedoch konnte er nicht mehr abschließen. Zwei Akte sind auch in der Instrumentation vollendet worden, vom dritten waren nur 268 Takte und die beiden Teile, die in den *Sinfonischen Stücken* verwendet wurden, instrumentiert. So konnten bei der

Daß man Bergs Lulu, ähnlich wie Wozzeck, zur Gattung des Musikdramas zählt, ohne daß dadurch die Schönberg-Schule zur Wagner-Nachfolge erklärt wurde, ist ebenso selbstverständlich wie problematisch: selbstverständlich, weil wesentliche Merkmale des Wagnerschen Vorbilds, die musikalische Prosa, die dialogisierte Melodie und die Leitmotivtechnik von Berg übernommen worden sind: problematisch, weil die Kontinuität des Stils und das Formprinzip des Gewebes, obwohl sie mit der musikalischen Prosa und Leitmotivtechnik verquickt zu sein scheinen, von Berg preisgegeben und durch einen reich differenzierten Wechsel der Stillagen und Tonfälle ersetzt wurden.
Carl Dahlhaus
In: Vom Musikdrama zur Literaturoper. München/Salzburg 1983.

Alban Berg. *Lulu.* Ausschnitt aus dem Autograph der Partitur. Beginn des ersten Aktes.

Alban Berg. *Lulu.* Szenenfoto aus dem Prolog mit Lulu (Nuri Hadzič) und dem Tierbändiger der Uraufführung am Züricher Opernhaus, 1937.

Uraufführung am 2. Juni 1937 in Zürich und bei den Aufführungen der nächsten Jahrzehnte nur zwei Akte gespielt werden, denen in der Regel eine Pantomime mit dem Opernschluß, der mit den *Sinfonischen Stücken* identisch ist, folgte. Friedrich Cerha (* 1926) hat, nach langen Studien, seit 1963 an der Fertigstellung des dritten Aktes gearbeitet. Die Uraufführung dieser Version fand am 24. Februar 1979 unter Pierre Boulez, in der Inszenierung von Patrice Chérau und mit Teresa Stratas als Lulu in Paris statt.

Lulu war für Berg ein Stoff, der ihn sein ganzes Leben begleitet hat. Im Wien des ersten Jahrhundertviertels war die Welt, in der sich die Tragödie abspielt, noch lebendig, und die Gedanken, denen Wedekind Ausdruck gibt, waren in der Sphäre von Schnitzler, Weininger, Altenberg, Freud gegenwärtig. Bergs erster künstlerischer Eindruck war entscheidend. Ein Eindruck, der für einen Schönberg-Schüler die selbstverständliche, unlösbare Verbindung von Kunst und Moral vor Augen führte.

Bei der musikalischen Gestaltung bediente sich Berg konsequent der Zwölftontechnik, als Vorbild diente Schönbergs *Von heute auf morgen* (UA 1930). Er hatte hier als erster die Anwendung dieses Prinzips auf die Opernkomposition ausgedehnt. Grundlage für die *Lulu* ist eine Zwölftonreihe, die durch Permutationen einige Veränderungen erfährt. Wie schon bei *Wozzeck* werden die Hauptpersonen mit musikalischen Motiven cha-

rakterisiert, die sich leitmotivartig durch das ganze Stück ziehen. Wie im *Wozzeck* basiert der polyphone, atonal-konstruktive Bau der Musik auf einer Reihe frei behandelter musikalischer Formen: Kanzonetta, Duett, Sonate, Kavatine, Choral-Variationen und Monoritmica – ein von Berg erfundener Formbegriff für ein durchführungsartig gestaltetes Melodram im Fünfvierteltakt. Berg entwickelte eine reiche Skala verschiedener Arten von Sprachvortrag, vom gewöhnlichen Sprechen über rhythmisches Sprechen, verschiedene Stufen des Sprechgesangs bis hin zum Belcanto; es entsteht eine Art Kontinuum zwischen Sprechen und Singen z. B. im Prolog und in der Monoritmica in der zweiten Szene des ersten Aktes.

Die Idee der Symmetrie, die den Aufbau durchdringt, und z. B. in der streng spiegelbildlichen Anlage der Zwischenspiele zwischen der ersten und zweiten Szene des zweiten Aktes zum Ausdruck kommt, erlaubt es, im dritten Akt größere Abschnitte der Musik der früheren Akte erklingen zu lassen. Der Tod Lulus wird durch seine Beziehung zum Anfang, das Hervortreten der »Erdgeist«-Quarten, mit denen der Prolog beginnt, und den Zwölfklang, das »Integral aller Zwölftonmusik« (Ernst Křenek), als schicksalhaftes Naturereignis erkennbar. *Sigrid Wiesmann*

PAUL HINDEMITH

Mathis der Maler
1934 Berlin/1938 Zürich

Als Exponent der Neuen Sachlichkeit in der Musik der zwanziger Jahre geriet Paul Hindemith (1895–1963) seit der Machtübernahme der Nationalsozialisten in Deutschland in die Schußlinie der Kritik. Seine Musik wurde als »entartet« denunziert und bereits im April 1933 größtenteils als »kulturbolschewistisch« verboten. Wohl erlitt Hindemith zahllose Demütigungen, Schikanen und Anfeindungen oder mußte erleben, wie Freunde oder Verwandte ihre Stellen verloren, aber er war fest davon überzeugt, daß alle sogenannten Säuberungen alsbald wegen erwiesener Unfähigkeit der Emporgerückten rückgängig zu machen wären. Er hielt zudem die Naziherrschaft für sehr kurzlebig. Dennoch wollte er seine Situation als Komponist in einem totalitären Staat grundsätzlich klären: Muß ein

Matthias (Gothart) Grünewald (um 1470/80–nach 1529). »Engelskonzert«. Isenheimer Altar.

Komponist (partei-)politisch tätig werden? Welchen Sinn hat die kompositorische Tätigkeit in Zeiten des politischen Umbruchs? Wie läßt sich in der Musik Widerstand leisten? Wie kann sich ein Komponist mit dem Volk, dem er sich angehörig fühlt, solidarisieren? Solche Fragen bedrängten Hindemith 1933 um so mehr, als er grundsätzlich die Auffassung vertrat, Musik müsse sich nützlich machen, brauchbar sein und einen Zweck besitzen, der ihr vorgegeben sei.

Paul Hindemith um 1930. Es ist das Uraufführungsjahr von Hindemiths Kinderoper *Wir bauen eine Stadt*. Gleichzeitig ist es eine Epoche der Neubesinnung für den Komponisten, der sich einer »gemäßigten Moderne« zuzuwenden begann.

Um solche Fragen konzentrierte Hindemith die Handlung seiner Oper *Mathis der Maler*, an der er im Juni 1933 intensiv zu arbeiten begann. In den Mittelpunkt der Handlung stellte er die historische Gestalt des Malers Matthias Grünewald (um 1470/80–nach 1529), der aus Hindemiths eigener Heimat stammte und mit dem *Isenheimer Altar* eines der bedeutendsten Kunstwerke schlechthin schuf; Hindemith nahm sich sogar vor, erstmals das Libretto selbst zu schreiben.

Hindemith stellt Mathis als einen Künstler dar, der in den wirren Zeiten der Bauernkriege am Sinn seiner künstlerischen Arbeit zweifelt. Mathis gibt seine Malerei auf, schlägt sich auf die Seite der um ihre Freiheit kämpfenden Bauern und wird zwangsläufig von ihnen enttäuscht. In qualvollen Traumvisionen der Versuchung, denen er standhält, werden ihm sein Künstlertum und seine schöpferische Kraft als eine göttliche Gnade zurückgeschenkt. »Undankbar warst du, untreu, als du dreist Göttliche Gabe verleugnetest«, heißt es im Libretto, »Dem Volk entzogst Du dich, als du zu ihm gingst, deiner Sendung entsagtest.«

Hindemith verfolgte die Arbeit an der Oper mit brennendem Enthusiasmus, den auch nicht die Bitte Furtwänglers um ein neues Orchesterwerk brechen konnte. Vielmehr verknüpfte Hindemith die Arbeit an der Oper mit derjenigen an diesem Orchesterwerk und plante, instrumentale Vorspiele zu den einzelnen Akten der Oper zu schreiben und diese als eine Art Orchestersuite zusammenzustellen. Zwei solcher Vorspiele, die nach Tafeln des *Isenheimer Altars* benannten Sätze »Grablegung« und »Engelkonzert« hatte Hindemith bis zum November 1933 vollendet, als ihn plötzlich die Inspiration verließ. Vor allem war sich der Komponist zu diesem Zeitpunkt noch nicht über die endgültige Fassung des Librettos im klaren, und erst als er diese Probleme gelöst hatte, fiel ihm im Februar 1934 die Musik zum Satz »Versuchung des Heiligen Antonius« – auch dieser Titel entspricht einer Tafel des Altars – ein. Zudem fanden dann die Musikteile der Sinfonie *Mathis der Maler*, anders als ursprünglich geplant, Eingang in die Oper, die er erst im Juli 1935 beenden konnte.

Die Uraufführung der Sinfonie *Mathis der Maler* am 12. März 1934 durch Furtwängler und die Berliner Philharmoniker brachte für Hindemith einen überwältigenden Erfolg, der zugleich als eine demonstrative Opposition gegen die politischen Machthaber verstanden wurde. Die Nationalsozialisten eröffneten daraufhin gegen Hindemith eine beispiellose Kampagne, in die sogar Goebbels selbst eingriff und der sich Hindemith schließlich durch seine Emigration entzog. Die Oper *Mathis der Maler* wurde 1938 in Zürich uraufgeführt; in Deutschland konnte sie erst nach 1945 gegeben werden.

Das positive Echo auf Sinfonie und Oper war jedoch nicht bloß politisch motiviert, sondern gründete im besonderen Charakter einer Musik, die größtes moralisches Gewicht besitzt und sich sehr erfolgreich um allgemeine musikalische Verständlichkeit bemüht. Hindemith stützte sich auf alte Volkslieder, bildete eine neuartig wirkende Tonalität aus, erstrebte ausgesprochen sinnfällige Formgliederungen und beschwor oder vergegenwärtigte wie absichtslos die große Tradition deutscher Musik. Dabei ist die immanente musikalische Logik des Werkes, wie sie etwa in der unmittelbaren Überschaubarkeit der harmonisch-tonalen Ereignisse hervortritt, ganz dem Gehalt des Werkes und der Vertiefung des musikalischen Ausdrucks zugeordnet. Die Erneuerung der traditionellen kompositorischen Mittel, die Hindemith erstrebte, führte freilich notwendigerweise zu ihrer eingreifenden Umgestaltung. Der Kopfsatz der Sinfonie mit einer ruhig schreitenden, feierlichen Einleitung, der das alte Lied »Es sungen drei Engel« zugrunde liegt, einem Expositionsteil mit drei deutlich voneinander abgehobenen Themengruppen, einer Durchführung, die das Lied mit den beiden ersten Themengruppen direkt verbindet, einer auf die dritte Themengruppe reduzierten Reprise und einer emphatischen Coda erweitert und konzentriert die traditionelle Sonatenhauptsatzform gerade so weit, daß der formale Sinn der Teile erhalten bleibt, so sehr sich auch der thematische »Inhalt« verändert hat. Noch eindrucksvoller tritt die Gleichzeitigkeit von Bewahren und Verändern in der Ausgestaltung der tonalen Verhältnisse hervor; denn Hindemith radikalisiert in der Sinfonie die harmonisch-tonalen Gegensätze im Kopfsatz, dehnt sie auf den zyklischen Satzzusammenhang aus und ordnet sie dem inneren Sinngehalt der Musik zu. Die intensivste tonale Gegensätzlichkeit herrscht im Kopfsatz nicht mehr traditionellerweise zwischen den Themen des Expositionsteiles, sondern zwischen der Grundtonart des Satzes – er steht »in G« – und der Tonart »in Des«, mit der stets das Lied »Es sungen drei Engel« exponiert wird. Zwischen G und Des herrscht der Tritonus-Abstand, also die größtmögliche Distanz in tonaler Musik. Der Schlußsatz hingegen entwickelt sich tonal immer entschiedener nach Des, und in Des-Dur endet die Sinfonie mit dem choralartig zum Ruhme Gottes vorgetragenen »Alleluja« – so die Überschrift in der Partitur über diesem Teil. Ganz im Sinne einer inneren Entwicklung strebt demnach die harmonisch-tonale Entwicklung zwingend und unwiderstehlich demjenigen zu, was ursprünglich am Entferntesten lag. »Es gibt nur eines«, heißt es in Hindemiths Entwürfen zu *Mathis der Maler*, »seinem Gott mit allem dienen, was man ist und was man hat.«

Giselher Schubert

DMITRI SCHOSTAKOWITSCH

Klavierquintett op. 57
1940 Moskau

Das kammermusikalische Schaffen Dmitri Schostakowitschs (1906–1975) ist leicht überschaubar. Seinen Kern bilden 15 Streichquartette, die überwiegend im reifen Lebensalter entstanden. Hinzu kommen je eine Sonate für Violoncello, Violine und Viola, zwei Klaviertrios und ein Klavierquintett. Fast alle diese Werke wurden aus privatem Anlaß komponiert – für befreundete Musiker oder für den Pianisten Schostakowitsch, der mit ihnen hin und wieder gern öffentlich auftrat. So schrieb er auch das *Klavierquintett* im Jahre 1940 auf Anregung des Moskauer Beethoven-Quartetts gleichsam zur Entspannung, nachdem er die langwierige Neuinstrumentation von Mussorgskis Oper *Boris Godunow* abgeschlossen hatte. Die Uraufführung am 23. November 1940 im Kleinen Saal des Moskauer Konservatoriums, bei der er mit vorzüglichen Interpreten spielte, wurde zu einem großen Triumph für den Komponisten. Auch die offizielle Presse, die ansonsten gerade im Fall Schostakowitschs gehalten war, harthörig und mißgünstig nach »formalistisch« vergifteten Haaren in der faden Suppe des Sozialistischen Realismus zu suchen, lobte das Quintett ohne Abstriche und nahm es als Beweis für eine, wie man glaubte, endgültige

Bekehrung des Komponisten zum stalinistischen Geschmack. Seine öffentliche Anerkennung schien gesichert, als er für das Werk im folgenden Jahr den neu gestifteten Stalinpreis erster Klasse erhielt.

Während der unleugbare kompositorische Rang des *Klavierquintetts* bald von Musikern und Musikfreunden in der ganzen Welt bewundert wurde, bemängeln bis heute manche Adepten moderner Musik seine stilistische Versöhnlichkeit mit der romantischen Tradition und seine vermeintliche geistige Kapitulation vor den Anforderungen einer reaktionären, repressiven Kunstdoktrin. Wer aber die prekäre psychologische Situation des Komponisten in dieser mörderischen Zeit und seine spezifischen kunstästhetischen Maximen nicht völlig verkennen will, der muß eigentlich jenseits der Frage nach klanglicher Avantgarde oder Reaktion gerade bei diesem Werk Schostakowitschs raffinierte Kunstfertigkeit bewundern: Denn es gelingt ihm, im Rahmen konventioneller Formen und vertrauter Klangbilder höchst subtile gegenwärtige Gefühle auszudrücken und tief verborgene Gedanken auszusprechen, die zwar in aller großen Kammermusik ihren Platz haben, aber zur Zeit der Entstehung des Werks bei den Kunstzensoren nicht gerade in großer Gunst standen. Als ein Meisterstück der Verstellung mutet es an, wie sich hier wohlgerundete formale Architektur, strenge kompositionstechnische Verfahren und ein durchaus spielerisch-virtuoser, bisweilen klassizistisch luzider Ton miteinander verquikken, um einen weitgespannten Raum der Expressivität zu entfalten, der scharfe, unversöhnliche Kontraste enthält, in dem sich dramatische Konflikte zuspitzen und der im Innersten – so deutlich wie schwer greifbar – einen andauernden Schmerz, ein unsägliches Leid, eine abgründige Einsamkeit individuell und kollektiv leidender Subjektivität enthüllt.

Ich glaube, für mich war das entscheidende Hindernis auf dem Wege zum Dirigenten die Angst vor möglichem Widerstand des Orchesters. Ich kannte ihn von Anfang an, hatte ihn seit meiner Ersten Symphonie immer wieder erlebt. Diesen Widerstand zu überwinden, ist Sache von geborenen Diktatoren. Zu spüren, daß man mir nichts zutraut, ist schrecklich für mich. Da ist diese ekelhafte professionelle Anmaßung.
Aus den Memoiren des Dmitri Schostakowitsch. München und Hamburg 1979.

Die insgesamt fünf Sätze des Werks gruppieren sich paarweise um ein zentrales, auch substantiell besonders prägnantes Scherzo. Der erste Satz, ein dreiteiliges »Prelude«, erinnert entfernt an den Habitus der barocken französischen Ouvertüre. Der schwergewichtige, emphatische Aufschwung des Klaviers, der sich figurativ nach der Tiefe hin auflöst, wird vom Quartett der Streicher in ausdrucksvoller Deklamation fortgesetzt und zu einem ruhig kadenzierenden Abschluß gebracht. Nach einem bewegteren Mittelteil, einem wiederum vom Klavier ausgehenden, inventionsartig lockeren und polyphon angelegten Dialog, kulminiert der Satz in der freien, aber nun pathetisch übersteigerten Reprise des anfänglichen Lentos. Attacca folgt an zweiter Stelle ein Adagio als streng auskonstruierte Fuge über ein kantables Thema aus engschrittigen und kleingliedrigen Motiven, das unverkennbar den Tonfall russischer Liedweisen stilisiert. Die Entwicklung des Materials wird zunächst den gedämpften Streichern überlassen – als ein zarter, ruhiger, fragiler Diskurs, an dem sich schließlich auch das Klavier beteiligt. Doch ehe der Satz nach einer regulären Engführung im Pianissimo verlöscht, bricht sein Gefüge auf: Beinahe gewaltsam pressen die Streicher chromatische Seufzergesten und rezitativische Schmerzenslaute hervor – als würde vergeblich versucht, sich aus der zwanghaften kontrapunktischen Fesselung zu befreien. Warum dies mißlingt, macht der dritte Satz recht drastisch und mit geradezu körperlich wirksamer Aggressivität ohrenfällig. Er ist ein frühes, charakteristisches Beispiel für die Doppelsinnigkeit von Schostakowitschs Scherzi, die zwar vital und opulent, voller Kraft und hinreißender Virtuosität daherkommen, aber aufgrund der gewollten Primitivität ihrer Themen, der massiven, lärmenden Gewalt ihrer roh gefügten Strukturen oder der brutalen Kompaktheit und grellen Exzentrik ihres Kolorits unter einem negativen Vorzeichen stehen und auf Aspekte des gesellschaftlich Bösen, der inhumanen Bevormundung, der sozialen Repression verweisen. Angesichts dieser »scherzosen« Maschinerie zieht sich das Musizieren im vierten Satz, einem langsamen »Intermezzo«, auf wehmütigen, inbrünstigen Gesang zurück. Diese Idylle der Innerlichkeit bereitet den Boden für den finalischen Versuch einer entspannten, versöhnlichen Klangrede. Aber die Themen kommen nur mühsam in Fluß, und glänzende Apotheosen bauen sich nur auf, um abschließend desto gründlicher verabschiedet und in weite Ferne gerückt zu werden. In leiser Nachdenklichkeit, in sanftes Winken sich auflösend, entläßt die Musik ihre Hörer. *Frank Schneider*

OLIVIER MESSIAEN

Quatuor pour la Fin du Temps
1941 Görlitz

Olivier Messiaen (1908–92) ist ein Komponist des komplexen, reichen, farbigen Klanges; sein Schaffen umfaßt daher nur wenig Kammermusik. Unter dieser aber nimmt das heute bereits »klassische«, im Januar 1941 in

Ludwig Meidner (1884–1966): »Apokalyptische Landschaft«. Gemälde 1912/13.

deutscher Kriegsgefangenschaft im Stalag VIII A in Görlitz (Schlesien) unter schwierigsten Bedingungen beendete und uraufgeführte *Quatuor pour la Fin du Temps* einen ganz besonderen Platz ein. In ihm sind alle bis dahin entwickelten Elemente der Tonsprache Messiaens zu einem großartigen, tief beeindruckenden Ganzen gefügt: In acht Sätzen, in denen diverse instrumentale Kombinationen ausgelotet werden, reiht der Komponist »Klangbilder« aneinander, die er als gläubiger Katholik aus der Apokalypse des Johannes (10,6) ableitet. Dort ist die Rede vom Engel, der seine rechte Hand zum Himmel erhebt und ausruft, es werde hinfort keine Zeit mehr sein. Verbunden sind diese Abschnitte, die theologischen wie poetischen Aspekten eines übergeordneten Leitgedankens gleichen, durch thematische Entsprechungen und die in stets neue Zusammenhänge gebrachten »Modi mit begrenzter Transponierbarkeit«, für Messiaens Musik typische Akkordmodelle (künstliche Resonanzbildungen und Gruppen von jeweils wieder auf einen Grundton transponierten Akkordumkehrungen) sowie durch vom Komponisten in seinem Vorwort dargelegte rhythmische Techniken.

Wenn es ohne Zweifel die hohe melodische Inspiration und die raffinierte Harmonik sind, die Messiaens Stil bei aller Vielfalt seines Vokabulars niemals abstrakt erscheinen lassen, so liegt sein musikhistorisch vielleicht folgenreichster Beitrag eben auf rhythmischem Gebiet. Ausgangspunkt ist die Addition beliebiger, unterschiedlicher Tondauern (darin dem Messiaen teuren Gregorianischen Choral, der griechischen Metrik und den 120 Decî-Tâlas des Cârngadeva, eines indischen Theoretikers des 13. Jahrhunderts, wesensverwandt) und nicht, wie in der abendländischen Musik seit der Mensuralnotation bis ins 20. Jahrhundert üblich, die Teilung eines größten Wertes; diese führt zum Akzenttakt, jene zur freien rhythmischen Kadenz.

Diese Techniken stehen bei Messiaen jedoch stets im Dienste des klanglichen Reizes, der Schönheit und der geistigen Aussage. Das »Engagement« der in so bewegter Zeit geschriebenen Musik tritt somit weit aus der Unmittelbarkeit des historischen Bezugs heraus; das Quartett ist Gleichnis, Meditation und Akt der Mission zugleich – denn die Apokalypse hat viele Gesichter.

Bezeichnenderweise ist das *Quatuor pour la Fin du Temps* vor allem ein Werk der Zuversicht und des Trostes. Momente des in Klänge umgesetzten Schreckens finden sich nur in den Eckteilen des zweiten Satzes (»Vokalise, für den Engel, der das Ende der Zeiten verkündet«), im verwandten siebenten Satz (»Wirbel von Regenbögen, für den Engel, der das Ende der Zeiten verkündet«) und im in rhythmischer wie melodischer Hinsicht bemerkenswerten einstimmig geführten Satz »Tanz der Raserei, für die sieben Posaunen«, in dem alle Instrumente unisono spielen. Im dritten Satz, »Abgrund der Vögel«, für Klarinette solo, steht der expressiven Klage der (hier noch stilisierte) heitere Vogelgesang, ein weiteres wesentliches Element der Tonsprache Messiaens, als Sinnbild der unschuldigen Schöpfung gegenüber.

Charakteristisch für Messiaens musiksprachlichen »Eklektizismus« (der eigentlich eher die unvoreingenommene Bereitschaft darstellt, Dissonanz und Konsonanz als Qualitäten zu bewahren) ist der abgeklärte, verinnerlichte Stil des fünften (»Lobgesang auf die Ewigkeit Jesu« für Violoncello und Klavier) und des abschließenden achten Satzes (»Lobgesang auf die

Man brachte ein völlig verstimmtes Pianino ins Lager, dessen Tasten sich von selbst senkten. Auf diesem Klavier spielte ich, zusammen mit meinen drei Musikerkollegen, mein »Quartett für das Ende der Zeiten«. Wir hatten die seltsamsten Gewänder an; ich trug eine völlig zerrissene, flaschengrüne tschechische Uniform und klobige Holzschuhe, die einem das Gehen im Schnee ermöglichten. So führte ich mein Quartett vor einem Publikum von 5000 Zuhörern auf, in dem die verschiedensten Gesellschaftsschichten vertreten waren: Bauern, Arbeiter, Intellektuelle, Berufssoldaten, Ärzte, Priester und andere mehr. Niemals hat man mir sonst mit solcher Aufmerksamkeit und solchem Verständnis zugehört.
Olivier Messiaen
In: Antoine Goléa, Rencontres avec Olivier Messiaen, Paris 1984.

Unsterblichkeit Jesu« für Violine und Klavier). In dieser ekstatischen Musik erhält der Begriff vom »außer der Zeit stehen« einen neuen Sinn: Die Schönheit der modal gefärbten Tonart E-Dur weist auf zeitlos Gültiges hin, auf eine intakte »neue Erde«, der wir in jüngster Vergangenheit etwa wieder in den Werken von Arvo Pärt (* 1935) begegnen ...

Thomas Daniel Schlee

BEBOP

und die Anfänge des Jazz

Was ist Jazz? Wenn der Solist nicht seine völlige Freiheit hat, hört es auf, Jazz zu sein. Der Jazz ist so ziemlich die einzige heute existierende Kunstform, in der es die Freiheit des Individuums gibt, ohne daß dabei das Gemeinschaftsgefühl verlorengeht.
Dave Brubeck
In: Jazz erzählt. München 1959.

Der moderne Jazz wurde nicht von einem Menschen oder einer Menschengruppe ins Leben gerufen. Er kam auf alle möglichen Arten zustande. Dies war eine davon: Ein paar von uns fingen zu Beginn der vierziger Jahre an, in Minton's Playhouse in Harlem zu jammen. Doch immer wieder kreuzten irgendwelche Typen auf, die überhaupt nichts konnten, aber fünf oder sechs Chorusse mitspielten, um zu beweisen, daß sie doch was konnten. So fingen Thelonious Monk und ich am Nachmittag vor einer Session an, uns schwierige und komplizierte Ausweich-Harmonien und lauter so Sachen auszudenken, und die benutzten wir dann am Abend, um die talentlosen Knaben zu verjagen.«

Ganz so einfach, wie es der Trompeter Dizzy Gillespie (1917–93) im Rückblick schildert, dürfte es aber mit der Entstehung des Bebop nicht gewesen sein. Der Bebop, diese erste »Revolution« im Jazz, die ausschließlich von schwarzen Musikern vorangetrieben wurde, entwickelte sich spontan in sog. Jam Sessions, die »after hours« nach den regulären Konzerten zuerst in Harlem, später in den Clubs der 52. Straße in Manhattan über die Bühne gingen. Die Sessions wurden zu Laboratorien, in denen Individualisten wie Charlie Parker (1920–55), Dizzy Gillespie, Thelonious Monk (1920–82) u. a. frei von formalen Zwängen im Orchester improvisieren und eigene Phrasierungstechniken erproben konnten. Zugleich boten die zumeist höllischen Tempi und die komplexen Harmoniegerüste, in denen gejammt wurde, die Gewähr, daß der sich aus individuellen Spielweisen ab 1942 langsam entfaltende Stil nicht so schnell von anderen, vor allem weißen Musikern kopiert werden konnte. Die Vorkämpfer des Bebop reagierten mit dem fiebrigen Sound und dem nervös-treibenden Gestus ihrer Stücke auf die Erosionserscheinungen des Swing, der sich Ende der dreißiger Jahre zu einer stark kommerzialisierten Tanzmusik entwickelt hatte. Diese Form von Jazz befriedigte vor allem ein Unterhaltungsbedürfnis und war längst zum Bestandteil des amerikanischen Show-Business geworden. Zudem boten die 16 oder 32 Takte, die vorhersehbaren Akkordprogressionen, über denen die Solisten in einem Swing-Orchester improvisieren durften, zu wenig Raum, um eine eigene musikalische Sprache zu kultivieren. Faszinierte bisher vor allem der Sound, das massive Klangvolumen der Jazzorchester die Öffentlichkeit, so wuchs mit den Improvisatoren des Bebop das Interesse an Virtuosen. Die neu gewonnene Ausdrucksfreiheit mit ihren rhythmischen Irritationen, den plötzlichen Harmoniewechseln in bekannten Stücken, den weitgreifenden Intervallsprüngen und dem Überspielen der gewohnten Formeinschnitte ließ die neuen Bebop-Nummern nicht länger tanzbar erscheinen. Der Jazz wurde zu einer Musik des Zuhörens und etablierte sich erstmals als autonome Kunstform. Obwohl Jelly Roll Morton (1885–1941) – Pianist kreolischer Abstammung – steif und fest behauptet hat: »Ich erfand den Jazz im Jahr 1902«, muß diese Musikform als ein typisch afro-amerikanisches Akkulturationsprodukt verstanden werden. Verschiedene Wurzeln, die wiederum aus unterschiedlichen Quellen gespeist werden, sind für seine Blüte verantwortlich. Da sind zunächst einmal die »worksongs«, rhythmische Arbeitsgesänge, mit denen die zwischen 1619 und 1864 nach Amerika verschleppten Afrikaner ihren Sklavenalltag auf den Südstaaten-Plantagen und Baumwollfeldern zu versüßen suchten. Schon hier finden sich polyrhythmische Strukturen, perkussive Verwendung von Arbeitswerkzeugen, eine melodisch-rhythmische Off-Beat-Technik und nicht selten schwankende Tonhöhen. Die »Field Hollers«, jene Jodler und Schreie, die auf den Feldern zur Kommunikation dienten, waren in ihrer Rhythmisierung oft gegen den Taktschwerpunkt gerichtet.

Der Cotton Club war ein erstklassiges Haus, und wenn man bedenkt, daß der Duke ja immer noch mit dem Aufbau seiner Band beschäftigt war, war es schon eine ganze Menge, daß wir fünfundsiebzig Dollar die Woche kriegten, und man sah daran, wieviel sie von ihm hielten. Aber, glauben Sie mir, Duke mußte sich jeden Zoll seines Weges erkämpfen, um das zu erreichen, was er wollte.
Louis Metcalf
In: Jazz erzählt.
München 1959.

Auch die sog. Minstrelshows, diese Nachahmungen schwarzer Lebensformen durch Weiße in Entertainment-Form auf der Bühne – mit dem Prototypen des »dummen Niggers« –, haben dem frühen Jazz den Weg geebnet. Auf der einen Seite machten sie ein weißes Publikum mit afro-amerikanischer Musik bekannt – die Cakewalk-Tänze darf man hier nicht vergessen –, andererseits waren es Talentschmieden für schwarze Künstler. Daneben hatten die Märsche der Brass Bands, wenn sie mit jubelnder Re-

VANITY FAIR
NIGGER HEAVEN BL
Words by GEORGE S. OPPENHEIMER
Moderato
PIANO
January - 1928
©The Condé Nast Publications Inc.
35 cts - 3^{50} a year

spektlosigkeit von einem Begräbnis in New Orleans zurückkehrten, erheblichen Einfluß auf die Entstehung des Jazz als einer originären Musikrichtung.

Obwohl dem Ragtime – ab 1890 vor allem ein Klavierstil – noch die Improvisation fehlte, herrschte hier bereits ein Primat des Rhythmus vor der Melodie (ragged time = zerrissene Zeit). Während Scott Joplin (1868–1917), der mit seinem *Maple Leaf Rag* den wohl berühmtesten Ragtime aller Zeiten schuf, noch stark aus der Klaviermusik des 19. Jahrhunderts schöpfte, entwickelte Jelly Roll Morton als einer der ersten Pianisten aus dem kompositorischen Material des Ragtime (Marsch, Polka, Quadrille usw.) immer neue Variationen. Er steht jedenfalls am Anfang der sog. New-Orleans-Tradition.

Zeitschriftentitel »Vanity Fair« Januar 1928.

Als weitere unverlierbare Quelle ist bis heute der Blues im Jazz wirksam. Mit seinem eingängigen Zwölftaktschema (Tonika, Subdominante, Dominante) bieten Country- und Big-City-Blues gleichermaßen ein Medium für vokale und instrumentale Improvisationen. Aus dem afrikanischen Ruf-Antwort-Prinzip hervorgegangen, kann der Blues formalhistorisch als jene volkstümliche Gesangsform charakterisiert werden, die etwa ab Mitte des 19. Jahrhunderts von nordamerikanischen Negern aus musikalischen Formen der Sklavenzeit entwickelt wurde. Wichtiger als die formale Struktur ist jedoch das spezifische Blues-Feeling einer »Klage, die nicht traurig ist« (Alfons Dauer).

Blues und Ragtime fanden um die Jahrhundertwende in New Orleans, diesem multikulturellen Schmelztiegel, massenwirksame Verbreitung. Im Vergnügungsviertel Storyville sorgten zahllose Tanzkapellen für eine beständig brodelnde Mischung. Der hier entstehende New-Orleans-Stil zeichnete sich anfangs vor allem durch das melodische Liniengeflecht von Kornett, Posaune und Klarinette aus. Begleitet wurde diese dialogisierende Mehrstimmigkeit von Bass oder Tuba, Schlagzeug, Banjo oder Gitarre und bisweilen auch einem Klavier. Der Kornettist King Oliver (1885–1938) legte mit seiner Creole Jazzband schon das Fundament der später für den Jazz so charakteristischen Off-Beat-Phrasierung. Die Blasinstrumente wurden hier erstmals »hot« gespielt, mit einer zur Sprachähnlichkeit gesteigerten Ausdrucksintensität.

Als weiße, technisch saubere Variante des New-Orleans-Jazz propagierten etwa ab 1920 Bands wie die Original Dixieland Jazzband oder die New Orleans Rhythm Kings den Dixieland. Vornehmlich von weißen Orchestern gespielt, avancierte er mit seinen kollektiven Improvisationsschüben zur ersten kommerziell erfolgreichen Stilrichtung des »jass« – wie er anfangs noch geschrieben wurde – auch an der Ostküste. Mit dem Eintritt der USA in den Ersten Weltkrieg wurde New Orleans 1917 zum Kriegshafen. Der örtliche Marinechef verfügte die Schließung des Vergnügungsbezirks Storyville, »um einer moralischen Gefährdung der Truppe« vorzubeugen. Die Folge waren ein Exodus vieler berühmter New-Orleans-Musiker nach Chicago und das Paradox, daß die wichtigsten Aufnahmen des New-Orleans-Stils jetzt in der »windy city« am Michigansee entstanden. Hier exponierte sich neben King Oliver und Jelly Morton vor allem der Trompeter Louis Armstrong (1900–71) mit seinen Hot Five oder Hot Seven. Auch der Blues, primär der sog. klassische Blues, wie ihn die majestätische Bessie Smith (1898–1937) mit rauhem, gänzlich unsentimentalen Pathos sang, kam Anfang der zwanziger Jahre in Chicago zu neuen Ehren. Als eigentlicher Vorkämpfer des Chicago-Stils aber entpuppte sich der Kornettist Bix Beiderbecke (1903–31) mit seinem Wolverine Orchestra. Er setzte an die Stelle von Kollektivimprovisationen eine solistische Chorus-Abfolge, an die Stelle linearer Melodik ein mehr und mehr harmonisches Denken. Im Vergleich mit dem Dixieland-Stil und seiner heißen Attacke dominierte jetzt eine Phrasierung, die sich an der europäisch »reinen« Tongebung orientierte. Hat man Beiderbecke als »ersten Cool-Solisten« der Jazzgeschichte bezeichnet, so waren seine eleganten Linien, sein Formempfinden vor allem später im Orchester Paul Whitemans (1890–1967) stark von den ästhetischen Vorleistungen der europäischen Moderne (Ravel, Schönberg, Strawinsky u. a.) beeinflußt.

New Orleans war die Arena für alle Pianisten, die Rang und Namen hatten. Wir hatten Spanier, wir hatten Farbige, wir hatten Weiße, wir hatten Franzosen, wir hatten Amerikaner, wir hatten Leute aus allen Gegenden der Welt, denn es gab bei uns mehr Jobs für Pianisten, als an zehn anderen Orten zusammen. Die feineren Freudenhäuser brauchten Alleinunterhalter, und wir hatten so viel verschiedene Stile in New Orleans, daß es ganz gleich war, ob einer aus Paris, England, vom Kontinent oder von sonstwo zu uns kam: Wir kannten und spielten jedes Stück.
Jelly Roll Morton
In: Jazz erzählt. München 1959.

Mit der verstärkten Gründung von Big Bands – z. B. des Fletcher Henderson Orchesters 1928 in New York – setzte sich eine neue musikalische Rationalität, ein neuer Organisationstypus mit durchgestalteten Arrangements und eingebauten Improvisationsfreiräumen im Jazz durch. Die durchkomponierten Stücke führten dazu, daß das folkloristisch geprägte Stegreifmusizieren mehr und mehr zugunsten notenlesender Professionals verschwand. Eine prägnante Riff-Technik im call-and-response-Schema, der kalkulierte Kontrast von Holz- und Blechbläsersektionen, ein zumeist dreistimmiger Saxophonsatz – das waren typische Merkmale der frühen Big Bands der dreißiger Jahre. Während ihres Engagements im New Yorker »Cotton Club« (1928–31) perfektionierten Duke Ellington (1899–1974) und sein Orchester durch lautmalerische Effekte, wie z. B. die Growl-Technik auf der Trompete, den gängigen Big-Band-Stil zum sog. Jungle Style. Heraus kam ein Ensemblespiel voller Sinnlichkeit und

Klangfarbenreichtum. Herausragende Solisten in seinen Bands – z. B. der Trompeter Bubbe Miley (1903–32), der Baritonsaxophonist Harry Carney (1910–74) oder der Altsaxophon-Swinger Johnny Hodges (1906–70) – ließen Ellington nicht so sehr für das Orchester, als vielmehr für die stilistischen Eigenheiten einzelner Musiker komponieren.

Mehr noch als an dem unverwechselbaren Sound der Ellington-Band läßt sich an den Big Bands von Count Basie (1904–84) und Benny Goodman (1905–86) das Phänomen »Swing« demonstrieren. Charakteristisch sind hier vor allem sog. Head-Riffs, ständig wiederholte Begleitfiguren der Bläsersätze zur Unterstützung und Stimulation der jeweiligen Solisten. Wurde so die melodische Komplexität zugunsten eines treibenden Gruppensounds nivelliert, so erzeugte die ständig wechselnde harmonische Basis der Riffs zugleich ein neues Spannungsmoment.

Das Publikum jedenfalls liebte den Swing mit seinen tanzbaren Stücken. Zum ersten und bisher einzigen Mal konnte sich der Jazz mit dieser Stilrichtung als populäres Massenphänomen entfalten. So mußte ein paar Jahre später der Bebop mit seiner harmonischen Komplexität und der vertrackten Rhythmik wie das Werk von Häretikern wirken.

Kein Wunder, daß diese Verweigerung gegenüber den gewohnten Entertainment-Klischees – der schwarze Jazzkritiker LeRoi Jones spricht hier gar vom bewußt »antiassimilatorischen Sound des Bebop« – Neuerern wie Gillespie oder Monk zunächst eine Menge Feindschaft eintrug. Vor allem die »weiße« Jazzkritik bezeichnete sie als »Verräter am Geist des Jazz«, aber auch Kollegen wie der Posaunist Tommy Dorsey (1905–56) verunglimpften die Bebopper als die »Kommunisten in der Musik«, während sich z. B. Louis Armstrong an die Spitze eines publizistischen Kreuzzugs gegen den Bebop stellte.

Der Impetus der Zerrissenheit, der die Bebop-Melodien durchzog, die plötzlichen Richtungsänderungen, Stopps und Neuanfänge – diese ästhetischen Verstörungen ließen gar das Vorurteil reifen, Musiker wie Dizzy Gillespie könnten gar nicht richtig spielen und nutzten ihre »Fehler« nur geschickt aus. Vor allem das neu erwachte musikalische Selbstbewußtsein der Bebopper (Charlie Parker: »Es ist mir egal, ob man meiner Musik zuhört oder nicht.«) dürfte sich provozierend ausgewirkt haben. Es zerstörte jedenfalls sehr bald die geschützte provinzielle Atmosphäre der Folklore im Jazz. Ein ganzer Stil wurde von Musikern wie Kritikern jetzt attackierbar, weil diese Negermusik – wie LeRoi Jones treffend hervorhebt – den schützenden Schleier der Folklore abgestreift hat.

Wenn man sich von Louis und seinem Talent ein Bild machen wollte, mußte man schon warten, bis Joe Oliver sich mal nicht wohlfühlte. An dem Abend, als er sich nicht wohlfühlte, spielte Oliver im Ensemble mit, überließ aber Louis die Soli, und, glauben Sie mir, Louis spielte wie ein junger Gott. Er zeigte den Anwesenden alles, was er drauf hatte, führte alle seine Tricks vor und nahm nach jedem Stück Beifallsstürme entgegen.

Man kann sagen, von dem Tag an gab es nur noch einen Mann, der in Frage kam, und das war Louis. Die Schulkinder fingen an, sich wie »Satchmo« anzuziehen, sich wie »Satchmo« zu benehmen und überhaupt ganz auf »Satchmo« zu machen. Wenn man Louis nach Oliver hörte, wirkte Louis machtvoller und kräftiger.
Tommy Brookins
In: Jazz erzählt. München 1959.

Piet Mondrian (1872–1944): »Broadway Boogie Woogie«. Öl auf Leinwand. 1942/43.

Dabei bildeten nach wie vor populäre Jazzstandards die Bindeglieder zum Publikumsgeschmack und zur Jazztradition. Nur wurden die bekannten Titel wie *How high the moon*, *These foolish things*, *Cheerokee* oder *What is this thing called love* jetzt durch ungewohnte Akkordprogressionen und thematische Paraphrasen so weit verfremdet, daß unter den furiosen Improvisationslinien allenfalls noch das verblassende Skelett des ursprünglichen

Erfolgstitels erkennbar war. Oft begannen die Stücke nicht mehr mit einer melodischen Leitlinie, sondern gleich mit der Improvisation. Melodien dienten allenfalls noch als Verflüssigungen von rhythmischen Teilen der Musik. Unorthodoxe Phrasierung und Akzentuierung ließen die Notenwerte jetzt in einem gänzlich neuen Licht erscheinen. Kein Wunder, daß die alten Titel im neuen Gewand auch neue Namen erhielten. So wurden z. B. *Cheerokee* in der Version Charlie Parkers zu *Koko* oder *How high the moon* zu *Ornithology* transformiert. Natürlich schuf sich der Bebop auch Originalkompositionen. Hier sind vor allem die Stücke des Pianisten Thelonious Monk, *Epistrophy* oder *Mysterioso*, zu nennen, die in ihrer verschachtelten Struktur, in ihren kalkulierten Brüchen der Melodielinie schon aus dem Geist der Improvisation geschrieben wurden und quasi übergangslos in diese mündeten. Die gesteigerte Bewegungsdichte der Bebop-Stücke erforderte ein neues Verhältnis der Instrumente zueinander. Das Pianospiel Monks beispielsweise beschränkte sich nicht länger auf die durchlaufend harmonische Unterstützung der Melodieinstrumente, sondern setzte durch »fill-ins« oder »fill-outs« eigene rhythmische Akzente. Zudem gelang es Monk, dem »Hohepriester des Bebop«, durch die fast geometrische Abstraktionsfähigkeit seines Spiels, jedem Thema eine Reihe von diskontinuierlichen »Hintergründen« zu geben. Die Schlagzeuger Kenny Clarke (* 1914) und Max Roach (* 1925) erweiterten den durchgeschlagenen Vierertakt des Swing jetzt zu einer indirekten Betonungsweise. Anstatt bloß das Tempo zu garantieren, entwickelten sie polyrhythmische Figuren und Einwürfe. Auch der Baß – man denke z. B. an Oscar Pettiford (1922–60), der nach wie vor für die Einhaltung des Takts zuständig war – fütterte mit eigenen Melodielinien und harmonischen Wendungen die improvisierenden Solisten.

Charlie »Bird« Parker, das Genie des Bebop, hatte endgültig das Altsaxophon, das lange im Schatten des Tenors gestanden hatte, als Melodieinstrument etabliert. In seiner Komposition *Parker's Mood* z. B. versöhnte er den Blues mit dem neu erwachten Kunstanspruch. Die irrwitzige Rasanz von Parkers Melodik verbündete sich in idealer Weise mit den harmonischen Konzepten des Trompeters Dizzy Gillespie. In dessen Händen wurde die Trompete in ihrer Flexibilität dem Saxophon vergleichbar. Gillespie war es auch, der 1944 während eines Engagements mit dem Bassisten Oscar Pettiford im »Onyx« der 52. Straße die offizielle Geburtsstunde des Bebop eingeläutet haben soll. Zumindest tauchte der Name »Bebop« erstmals in einer Komposition Dizzies aus dem Jahr 1945 auf: als lautmale-

TWENTY CENTS
FEBRUARY 21, 1949
TIME
THE WEEKLY NEWSMAGAZINE
Artzybasheff
LOUIS ARMSTRONG
When you got to ask what it is, you never get to know.
(Music)
$6.50 A YEAR
(REG. U. S. PAT. OFF.)
VOL. LIII NO. 8

risches Kürzel einer rhythmischen Figur. Lange Zeit galt Gillespie als Inkarnation des Bebop, nicht nur im Sinne einer Spielweise, sondern auch eines Lebensstils. Mit seinen buntscheckigen Anzügen, den breiten Krawatten, einer dunklen Hornbrille mit Fensterglas und Baskenmütze förderte er das öffentliche Klischee von der »Bebop Madness«.

Damit ging es Ende der vierziger Jahre zu Ende: Als Reaktion auf den hektischen Bebop-Gestus kreierte der Trompeter Miles Davis (1926–91) unter dem Patronat des Arrangeurs Gil Evans (1912–88) den Cool Jazz. Ein vibratoloses Spiel in den mittleren Lagen, eine zurückgenommene Bewegungsdichte der Stücke, der Verzicht auf Fortissimi, eine fast lineare Phrasierung der Solisten, all das zeichnete den müden Zauber des Cool Jazz aus. Doch diese Reaktion auf die Vehemenz des Bebop provozierte alsbald eine Gegenreaktion. Musiker wie Sonny Rollins (* 1929), Cannonball Adderly (* 1931), Horace Silver (* 1928) und Art Blakey (* 1919) mit seinen Jazz Messengers kultivierten eine Melange aus Bebop, Blues und Gospel; heraus kam der Hardbop. In seiner avanciertesten Ausprägung stellte er bereits die überkommene Funktionsharmonik in Frage. Dies begünstigte dann bei Miles Davis und dem Saxophonisten John Coltrane (1926–67) die Entwicklung einer modalen, skalenorientierten Spielweise. Ende der fünfziger Jahre stand so bereits die nächste musikalische Revolution vor der Tür: der Free Jazz.

Louis Armstrong. Der erste Jazzmusiker auf einem Titelblatt von TIME-Magazin. Februar 1949.

Peter Kemper

DMITRI SCHOSTAKOWITSCH

7. Sinfonie op. 60 (Leningrader)
1942 Moskau

Noch heute, ein halbes Jahrhundert nach ihrer Entstehung, fällt es schwer, diese berühmteste Sinfonie Schostakowitschs als rein musikalisches Ereignis zu hören und zu beurteilen. Wann immer das Werk erklingt, lebt die Erinnerung an heroische politische Geschichte auf; und von Legenden überwuchert oder durch eine Fülle von inhaltlichen Deutungen gesteuert (an denen sich der Komponist so intensiv wie widerspruchsvoll beteiligte), scheint das populäre Verständnis der Sinfonie auf diesen politischen Zusammenhang von vornherein programmiert zu sein. Sie gilt der musikalischen Welt als ein Dokument des Widerstandes in Zeiten des Krieges, als kolossales Klanggemälde einer historischen Entscheidungsschlacht und als Fanal des Siegeswillens über einen furchtbaren Gegner. Viele musikalische Zeichen in diesem Werk, vom intonatorischen Charakter der einzelnen Motive und Themen bis zum dramaturgischen Gesamtaufbau, machen eine solche Interpretation durchaus plausibel. Aber auch in diesem Fall hat Musik keine eindeutige Verweiskraft, die ihren Gehalt nur einschränken würde, sondern sie erweist ihre Stärke durch den eigen-artig zwingenden, klangsprachlichen Zusammenhang, der assoziative Freiheit einschließt und die Offenheit für Erklärungen außerhalb tönender Sachverhalte erfordert. Eine solche analytisch genaue Offenheit der Interpretation steht der Sinfonie erst noch bevor.

Worte sind ein gewisser Schutz gegen Stupidität . . . Das Beispiel der Siebten beweist es. Ich hatte sie, tief aufgewühlt von den Psalmen Davids, zu schreiben begonnen . . . Bei David gibt es die wichtige Stelle über das Blut, er vergißt die Schreie der Opfer nicht . . . Wenn man vor jeder Aufführung der Siebten diesen Psalm lesen würde, gäbe es vielleicht weniger törichte Äußerungen über diese Symphonie.
Aus den Memoiren des Dmitri Schostakowitsch. München und Hamburg 1979.

Zunächst ist festzuhalten, daß Dmitri Schostakowitsch (1906–75) das Werk plante, bevor die deutschen Truppen die Sowjetunion am 22. Juni 1941 überfielen. Und bereits vor dem 8. September, als die vollständige, fast dreijährige Blockade Leningrads begann, hatte er dort den ersten Satz abgeschlossen. Da ihm der patriotische Wunsch verwehrt wurde, sich an der militärischen Verteidigung seiner tödlich bedrohten Heimatstadt aktiv zu beteiligen, stürzte er sich fieberhaft in die kompositorische Arbeit und schuf bis Ende September den zweiten und dritten Satz der neuen Sinfonie. Dann wurde er zusammen mit anderen prominenten Künstlern nach Kuibyschew evakuiert, wo fernab der Front bis Jahresende auch das Finale entstand und am 5. März 1942 unter unsäglich schwierigen Bedingungen die legendäre, vom Rundfunk landesweit übertragene Uraufführung der Sinfonie mit dem Orchester des Moskauer Bolschoi-Theaters unter Samuel Sammosud stattfand. Der sensationalle Erfolg dieser »Kriegssinfonie« steigerte sich noch im alliierten und neutralen Ausland, wohin die Partitur auf Mikrofilm per Flugzeug gelangte. Dirigenten wie Toscanini, Kussewitzky, Stokowski oder Ormandy begeisterten Millionen für das Werk und verbreiteten den Ruhm Schostakowitschs als eines ebenso genial begabten wie politisch engagierten Komponisten. Im Kontext der kriegerischen Zeit war die Wirkung unmißverständlich. Anknüpfend an die Traditionen heroisch-kämpferischer Sinfonik von Beethoven über Tschaikowski bis zu Gustav Mahler, hatte Schostakowitsch ein viersätziges Werk von ungeheurer gedanklicher Anspannung und leiden-

Otto Dix (1891–1969): »Der Krieg«. Triptychon, Mitteltafel. 1929/32.

schaftlichem Ausdrucksreichtum geschaffen, das nach dem »Kampf der Gegensätze« und dramatischen Kollisionen, nach scherzosen und lyrischen Zwischenstufen den Durchbruch zu einer großen imaginären Siegesfeier sucht und in der Beschwörung einer erlösenden Friedensvision mündet. Vor allem bemerkenswert am ausgedehnten Kopfsatz in Sonatenform (er sollte ursprünglich »Krieg« heißen) ist die faszinierende und vieldiskutierte Episode der »Invasion« anstelle einer Durchführung: jene gewaltige variative Aufrüstung und aggressive Verwandlung einer zunächst harmlos erscheinenden, banalen Marschmelodie nach dem technischen Modell von Ravels *Bolero*, die angeblich (obwohl aus populärem Schlageridiom ebenso hergeleitet wie aus dem Hauptthema von Tschaikowskis *Fünfter Sinfonie*) den Einmarsch der faschistischen Kriegsmaschinerie symbolisiert. Der Konflikt mit massiven Abwehr-Kräften – Schostakowitsch benutzt dafür thematische Ableitungen eines »Gewalt«-Motivs aus seiner Oper *Lady Macbeth von Mzensk* (UA 1934) in einer zusätzlichen Blechbläser-Gruppe – führt in tragischer Umdeutung der Reprise zu einer erschütternden Totenklage. Während der zweite Satz, er sollte »Erinnerungen« genannt werden, ein »sehr zartes, lyrisches Intermezzo« (Schostakowitsch) mit humoristischen Zügen, jedoch ohne konkrete Programmatik darstellt, entwirft der langsame dritte Satz im Wechsel von choralhaften und rezitativischen Abschnitten ein Panorama »heimatlicher Weiten« (so der geplante Titel) mit religiöser Inbrunst und in melancholischer Meditation. Im Finalsatz entwickelt sich zunächst wieder ein aufgereizt kriegerischer Impetus, dem ein Trauermarsch im wuchtigen Sarabanden-Rhythmus folgt. Dann erst, als würden die Toten auferstehen und Rache schwörend ihre Feinde bezwingen können, gelangt die Musik zu jener feierlichen Pose des triumphalen Sieges, die in der Tat unzählige Menschen in Situationen der Hoffnungslosigkeit und Depressionen ermutigt hat.

Vor allem die Episode der »Invasion« im ersten Satz lieferte nach dem Krieg der sowjetischen Kritik, die auf den dogmatischen Kurs des Sozialistischen Realismus verschärft zurückkehrte, allerlei Vorwände für ideologische Angriffe auf den Komponisten. Da er auf seiner These vom akustischen Feindbild beharrte, war es nicht schwer, aufgrund der ästhetischen Attraktivität dieser Episode ihm entweder Verharmlosung oder Nobilitierung des »Gegners« vorzuwerfen. Erst gegen Ende seines Lebens hat sich Schostakowitsch (unter anderem in den Gesprächen mit Solomon Wolkow) zu einer anderen Lesart der Stelle und der ganzen Sinfonie bekannt. Er betonte jetzt die umfassende Auseinandersetzung mit seiner ganzen Zeit und Umwelt, mit seiner Situation in einem Land, das nach der Revolution mit guten Idealen angetreten, in das aber unter Stalins Gewaltherrschaft das Böse eingedrungen war und menschenfeindlich herrschte. Dagegen erhebt Schostakowitschs Musik Einspruch, indem sie den Prozeß dieser historischen Perversion aufdeckt und die Zuversicht auf seine Korrektur nicht preisgibt. Der Komponist empfiehlt den Hörern, falls sie wissen wollten, was ihn zu dieser Sinfonie entscheidend inspirierte, den 79. Psalm Davids zu lesen: diesen Notschrei zu Gott, er möge ein geschändetes Volk retten, das Martyrium der unschuldigen Opfer rächen und Vergeltung üben »für das Blut deiner Knechte, das vergossen ist«. Ein solches Bittgebet war nur in Tönen möglich, und daß es ohne Worte – überdeckt, aber auch gerettet durch andere, falsche – dennoch im Gefühl richtig verstanden wurde, verleiht dieser Musik moralische Würde und historische Wahrhaftigkeit.

Frank Schneider

BENJAMIN BRITTEN

Peter Grimes
1945 London

Benjamin Britten (1913–76) der mit seiner Oper *Peter Grimes* den ersten durchschlagenden Erfolg und internationales Renommee erzielte, schrieb die Titelpartie für den englischen Tenor Peter Pears, der durch die Rolle Weltruhm erlangte. Obwohl das Werk bei seiner Uraufführung, mit der das Sadler's Wells Theatre in London kurz nach Kriegsende wiedereröffnet wurde, zunächst – insbesondere aufgrund des psychologisch gewagten Sujets – widersprüchliche Resonanz fand, wurde die Oper als geglückter Versuch zur Wiederbelebung der seit Henry Purcell (1659–95) erloschenen englischen Operntradition empfunden und als Nationaloper überschwenglich begrüßt. So gab *Peter Grimes,* wie Brittens musikdramatisches Schaffen überhaupt, für viele englische Komponisten den Anstoß, sich mit dem zeitgenössischen Musiktheater auseinanderzusetzen. Keinem der durch ihn beeinflußten Komponisten wie etwa Ralph Vaughan Williams (1872–1958), William Turner Walton (1902–83), Michael Tippett (* 1905) oder Lennox Berkeley (* 1903) gelang es jedoch, an Brittens Welterfolge anzuknüpfen.

Gegenüber George Crabbes Verserzählung *The Borough* (1810), auf der die Oper beruht, zielten Britten und sein Librettist Montague Slater auf eine psychologische Schärfung und gesellschaftskritische Untermauerung des Sujets. Aus dem historischen Sittengemälde des ausgehenden 18. Jahrhunderts, wie es Crabbe hinterließ, wurde eine »moderne« Charakterstudie, die, wie viele spätere Opern Brittens, den Außenseiter der Gesellschaft im Kampf mit sich und den geltenden Moralvorstellungen zeigt. Crabbe schilderte in seinem Poem das Leben und die Menschen in Aldeburgh, seiner Geburtsstadt an der Küste von Suffolk. Britten, der ebenfalls aus dieser Gegend stammte, fühlte sich durch die realistische Erzählung angesprochen, drängte jedoch auf eine Akzentverschiebung zugunsten der exponierten Stellung des Titelhelden, der in seinem widersprüchlichen, von Schuldgefühlen und sexuellen Komplexen gekennzeichneten Dasein und in seinem gestörten Verhältnis zur Umwelt geschildert wird.

Aus verschiedenen stilistischen Elementen formt Britten eine ganz persönliche Klangwelt, die gelegentlich etwas kühn als »britischer Verismo« bezeichnet wird. Die Verwendung populärer Themen der englischen Volksmusik trägt dazu bei, das Werk von Britten zu der neuen britischen Nationaloper werden zu lassen.
Dieter Zöchling. In: Chronik der Oper. Dortmund 1990

Obwohl das Libretto, die tieferen Zusammenhänge bewußt verschleiernd, auf den ersten Blick keine autobiographischen Züge zu erkennen gibt, dürfte sich Britten nicht nur mit dem Ort des Geschehens, sondern auch mit der Figur des Peter Grimes identifiziert haben. Grimes, der außerhalb der dörflichen Gemeinschaft steht und sich weigert, die Ehe mit einer Frau einzugehen, wird nicht nur verdächtigt, den Tod seiner minderjährigen Lehrbuben verschuldet zu haben; man kann sich aufgrund der mysteriösen Begleitumstände auch denken, daß er sie mißbraucht hat. So steht, wie später in der Oper *Death in Venice* (1973) nach Thomas Manns Erzählung, die Homosexualität im Mittelpunkt der psychologischen Handlungsführung. Freilich kommt das Thema nur unterschwellig zum Tragen, da es lediglich den schwer durchschaubaren Hintergrund für Peter Grimes' merkwürdiges Verhalten, für seine innere und äußere Isolation abgibt, und das Mißtrauen und die vernichtende Verachtung seitens der Dorfbewohner nur bedingt erklärt. So wurde der brutale Bösewicht der Crabbeschen Vorlage in der Oper in eine verhängnisvoll verstrickte und im Grunde bemitleidenswerte Figur verwandelt, deren Schicksal durch die Borniertheit verständnisloser Mitmenschen zur ausweglosen, unerträglichen Situation gesteigert wird. Wie Peter Grimes seine Gefühle und Neigungen zu verdrängen sucht und dadurch nur noch tiefer sinkt, findet auch die kollektive Verdrängung der wahren Hintergründe und Ursachen für Grimes' »Fehlverhalten« durch seine Mitmenschen ihr Ventil: in Massenhysterie, in einer pogromartigen Hetzkampagne, der Grimes schließlich zum Opfer fällt. Der Protagonist, der seine Leidenschaft, sein Anders-Sein nicht ausleben konnte und die Zuneigung zu seinen Lehrlingen durch brutal-aggressive Behandlungsmethoden kompensierte, versinkt zum Schluß im aufgewühlten Meer und entkommt damit seiner Verurteilung durch das dörfliche Gericht.

Britten, der mit *Peter Grimes* an Alban Bergs *Wozzeck* (UA 1925) anknüpfen wollte, und dennoch weit hinter dessen radikale kompositionstechnische Neuerungen zurücktrat, hat mit seiner charakterisierenden, illustrativen Musik auch die bedrückende, düster-trübe Stimmung des nebeligen Fischerortes und die geheimnisvolle, schicksalhafte Verflechtung von Meer und Mensch einzufangen versucht. So spiegeln sich Grimes' ruheloses Sehnen, sein innerer Aufruhr und sein ständiger Kampf mit den schier unbezwingbaren Mächten (Meer und Gesellschaft) auch im musikalischen Lokalkolorit. Insbesondere die orchestralen Zwischenaktmusiken, die sich durch kammermusikalische Transparenz auszeichnen, haben deskriptiven Charakter: Im ersten Zwischenspiel wird die Morgendämmerung an der Küste beschrieben, das Meer als Handlungsträger ausgewiesen. Im zweiten werden ein Unwetter und die brodelnde, alles verschlingende See geschildert, im dritten – einer Art barocken Passacaglia – ein Sonntagmorgen im Dorf, im vierten die vom Mondlicht erleuchtete Dorfstraße und im letzten Grimes' tiefe, sein Ende heraufbeschwörende Verzweiflung. Fraglos hat das gesellschaftskritische Sujet bis heute seine Aktualität nicht verloren.

Julia Liebscher

ARTHUR HONEGGER

Symphonie liturgique
1946 Zürich

Es gab in unserem Jahrhundert Komponisten, an deren Schaffen die Katastrophen und Schrecknisse der Kriege und Diktaturen spurlos vorübergegangen zu sein scheinen. So Strawinsky und – von den späten *Metamorphosen* (1946) abgesehen – Strauss. Es gab andere, deren Lebenswerk diese düsteren Zeiterscheinungen nur allzu deutlich reflektiert, so z. B. Schostakowitsch, so auch Arthur Honegger (1892–1955). Geben seine Werke aus den zwanziger Jahren noch Kunde von des Komponisten Begeisterung für die Welt der Maschinen, des Sports, sind sie noch durchdrungen von einem positivistischen Geist des Aufbruchs, so greifen in den dreißiger und vierziger Jahren mehr und mehr Skepsis, ja Verzweiflung ob der schrecklichen Wirklichkeit in seiner Musik Platz. Der Humanist Honegger sah sich angesichts der Geschehnisse vor die Sinnfrage des Lebens gestellt. In seinen zwischen 1930 und 1950 entstandenen fünf Sinfonien nahm dieser Pessimismus, der Zuflucht in Religiosität suchte, musikalische Aussage an. Das gilt vor allem für die als Auftragswerk der schweizerischen Pro-Helvetia-Stiftung 1945/46 entstandene dritte Sinfonie, die am 17. August 1946 unter Leitung des Widmungsträgers Charles Münch in Zürich uraufgeführt wurde. Der Komponist schrieb selber dazu: »Ich wollte in diesem Werk die Auflehnung des modernen Menschen gegen die Flut der Barbarei, der Dummheit, des Leidens, des Maschinismus, der Bürokratie symbolisieren, die uns seit einigen Jahren bestürmt. Ich habe in der Musik den Kampf dargestellt, der im Herzen des Menschen zwischen dem Verzicht auf die blinden, ihn einzwängenden Mächte und dem Drang nach Glück, Friedensliebe und der göttlichen Zuflucht ausgetragen wird. Meine Sinfonie ist ein Drama, das drei Personen spielen: das Unglück, das Glück und der Mensch. Es ist ein ewiges Problem. Ich versuchte es zu erneuern.«

Die drei Sätze tragen aus der katholischen Liturgie entnommene Überschriften: »Dies irae« (aus dem Requiem), »De profundis clamavi« (aus dem 129. Psalm) und »Dona nobis pacem« (aus dem Meßordinarium). Aber Honegger verwendet für seine Musik keine gregorianischen Zitate, wie dies nahegelegen hätte; er setzt jedes dieser drei Mottos quasi rhythmisch-skandierend ein, so als werde es vom Orchester gesprochen. Dieses Orchester ist mit dreifachen Holzbläsern, vier Hörnern, Klavier und Schlagzeug neben dem üblichen Instrumentarium groß besetzt. Der erste Satz »Dies irae« (Tag des Zornes) trägt formal toccatenartigen Charakter. Das heftige Allegro marcato suggeriert die Schreckensvision des Jüngsten Gerichts, die Kriegsfurie, ein apokalyptisches Klangfresko von wilder Größe, das nach ernsten, düsteren Posaunenklängen ins Nichts zurücksinkt. An zweiter Stelle steht ein ergreifendes Adagio: »De profundis clamavi ad te, Domine« (Aus der Tiefe rufe ich, Herr, zu dir), ein weitgesponnener Klagegesang, dessen schreitendes Thema das rhythmische Skandieren des Mottos am deutlichsten ausprägt, ja durch eine Fortsetzung erweitert: »Domine exaudi vocem meam« (Herr, erhöre meine Stimme). Der Satz gehört zu Honeggers persönlichsten Aussagen, er steigert sich zu einem verzweifelten dynamischen Höhepunkt, der die Schlußphrase der sich weit aussingenden Melodie mehrfach beschwörend zitiert, ehe eine beruhigende Flötenpassage, die, kaum erkennbar, mit dem Posaunenchoral am Ende des ersten Satzes identisch ist, den großartigen Satz beschließt.

Felix Nussbaum (1904–44): »Die Gerippe spielen zum Tanz (3)«. Öl auf Leinwand. 1944.

Der dritte Satz »Dona nobis pacem« (Gib uns Frieden) hebt mit einem schwer dahinstapfenden Marsch an, das Bild der gequälten Menschheit, die ziellos weitergetrieben erscheint. Eine gewaltige Steigerung führt zu einem schrillen, dissonanten Verzweiflungsausbruch, aber dann setzt mit dem zweiten Satzteil wiederum ein Adagio ein, eine beseligende Trostvision, in der Streichersoli und Flötenarabesken die Utopie des himmlischen Friedens aufscheinen lassen. Die Kritik hat diesen Sinfonieschluß seiner eingängigen Sprache wegen getadelt. Aber ist die Kunst unserer Zeit überhaupt in der Lage, Seligkeit und Frieden auszudrücken, ohne ins Klischee zu fallen? Mit der triolischen Schlußphrase des »De-profundis«-Themas endet das Werk pianissimo.

Honeggers Tonsprache nützt alle Mittel einer emanzipierten Harmonik, die über das Dur-Moll-System hinaus zu polytonalen Bildungen vorstößt.

Vor allem in verschiedenen Tonarten gegeneinander geführte Dreiklangfolgen geben seiner Musik eine ganz spezifische Klangdichte. Dennoch bleiben seine geschärften Mixturklänge, seine polyphonen Schichtungen, immer »verständlich«, sie wirken nie konstruiert und erklügelt. Honegger strebte auch in diesem ernsten Bekenntniswerk eine Musik an, die, wie er selbst sagte, »für die große Masse der Hörer verständlich und doch vom Banalen so weit frei wäre, daß sie auch noch die wirklichen Musikfreunde zu fesseln vermöchte«. Die *Symphonie liturgique* ist in der Unmittelbarkeit ihrer faßlichen Aussage ein Kunstwerk in diesem Sinne. Keine zweite Musik hat sofort nach dem Zweiten Weltkrieg das soeben zu Ende Gegangene derart sinnfällig und künstlerisch überzeugend reflektiert wie diese Sinfonie. Und so ist sie über ihre musikalische Qualität hinaus ein aufwühlendes Zeitdokument, dessen Wirkung sich kein für große Ausdruckskunst Empfänglicher zu entziehen vermag. Auch heute, Jahrzehnte später, haben Honeggers verbal und durch seine Musik ausgedrückte Ängste und Warnungen von ihrer Aktualität nichts eingebüßt. Er selbst blieb Pessimist: Der Schluß seiner fünften und letzten Sinfonie ist Ausweglosigkeit.

Alfred Beaujean

RICHARD STRAUSS

Metamorphosen
1946 Zürich

Die Spätwerke großer Komponisten unserer abendländischen Musikgeschichte sind ebenso faszinierend wie vielschichtig und komplex. Bei aller geschichtlichen und individuellen Unterschiedlichkeit der jeweiligen Œuvres läßt sich jedoch auch Gemeinsames feststellen: Immer werden Summen gezogen, Ergebnisse kompositorischen Denkens vorgelegt, die, wie etwa Johann Sebastian Bachs *Kunst der Fuge*, jahrhundertealtes Satzdenken reflektierend – historisch »rückwärts« gewandt – zusammenfassen und neu beleuchten, oder welche die erreichte Souveränität des Komponierens und die von allen vordergründigen Einflüssen befreite Phantasie zu nach vorwärts gewandter kühner Prophetie steigern, wie uns dies im zukunftsweisenden Spätwerk Beethovens begegnet.

Signifikant für spätes Schaffen scheinen – als verbindende Merkmale – auch Beobachtungen wie »Persönliches und Intimes«, »Vermächtnishaftes« sowie »Allgemeingültiges« zu sein, so daß Bach bei der *Kunst der Fuge* (1744) scheinbar die Besetzungsangabe »vergißt«, Beethoven die Verständnislosigkeit des Publikums gegenüber seinem Spätwerk ignoriert und schließlich Strauss noch im November 1945 – kurz vor der Uraufführung seiner *Metamorphosen* durch Paul Sacher und das Collegium Musicum in Zürich am 25. Januar 1946 – gegenüber seinem Biographen Willi Schuh äußert, an einer öffentlichen Aufführung seines Werkes gar nicht interessiert zu sein. Die Gründe für diese vorläufige Verweigerung sind vielfältig.

Die Entstehungsgeschichte der *Metamorphosen* reicht wahrscheinlich nahe an jenen 2. Oktober 1943 heran, an dem das Münchner Nationaltheater in Schutt und Asche versank und wenig später dann auch die Opernhäuser in Dresden und Wien – Hauptstätten Strauss'schen Wirkens – im Bombenhagel untergingen. Richard Strauss (1864–1949) hat damals in vielen Briefen seiner inneren Verzweiflung Ausdruck verliehen: »Mein Lebenswerk ist zerstört, die deutsche Oper kaputtgeschlagen ... meine Werke werde ich auf dieser Welt nicht mehr sehen und hören – ich wollte, Mozart und Schubert hätten mich nach dem 80. zu sich ins Elysium genommen ...« (24. Oktober 1944).

In seinem folgenden Schaffen wandte er sich endgültig von der Oper ab, um zu jener »überflüssigen absoluten Musik« zurückzufinden, die er u. a. zehn Jahre vorher in einem Brief an seinen Librettisten Stefan Zweig totgesagt hatte: »... denn die sogenannte absolute Musik ist seit der IX. Sinfonie [von Beethoven] so gut wie erledigt ...«

Indes, gerade die geniale Verschmelzung von Formideen unserer Musiktradition mit außermusikalischen Vorstellungen (»Programm«) ist eine der Ursachen der weltweiten Erfolge von Strauss' Sinfonischen Dichtungen um die Jahrhundertwende. »Schelmenweise in Rondoform« untertitelte der Komponist bewußt sein Werk *Till Eulenspiegels lustige Streiche* (UA 1895).

In einem der drei Skizzenbücher zu den *Metamorphosen* findet sich Strauss' Randnotiz »Trauer um München«; verrät sie uns das Programm seiner letzten Sinfonischen Dichtung? Kehrte Strauss zu seinen kompositorischen Anschauungen aus der Zeit um die Jahrhundertwende zurück? Strauss' »Trauer um München« ist zweifellos Ausdruck seiner damaligen existentiellen Not; entscheidend für sein Spätwerk ist jedoch der Gedanke der Metamorphose, des Wandels, der Umwandlungen, der Verwandlun-

Erste und letzte Zeile einer Fassung der »Metamorphosen« für ursprünglich 7 Streichinstrumente. Autograph: Bayerische Staatsbibliothek München.

gen von sieben Themen. Ob Strauss' Metamorphosenbegriff mehr demjenigen von Ovid oder dem Goethes verpflichtet ist (der Komponist notierte den Text zweier *Xenien* in eines der Skizzenbücher), erscheint dabei nicht so wichtig wie die Einsicht, daß das musikalische Verwandlungsgeschehen, das hier mehr bedeutet als lediglich »Variation«, auf dem Hintergrund und unter Zugrundelegung der dreiteiligen Sonatenhauptsatzform mit ihren Teilen Exposition, Durchführung und Reprise verläuft.

Strauss gelingt mit diesem kompositorischen Ansatz in seinem einsätzigen Werk eine überzeugend individuelle, vielleicht letztmalig genuine Aktualisierung einer traditionellen Gestaltungsidee, welche von den Klaviersonaten Philipp Emanuel Bachs über die Wiener Klassik bis ins 20.

Jahrhundert hinein schier unüberschaubarer musikalischer Inspiration eine Hülle bot.

Themenwandel, Um- und Verwandlung führen in einem offensichtlich mehr dem Unterbewußten verpflichteten Schaffensprozeß am Schluß der *Metamorphosen* schließlich zwingend zum Zitat des Anfangs des »Marcia funebre«, des Trauermarsches aus Beethovens *Dritter Sinfonie »Eroica«* (UA 1805), das Strauss – sicherlich mehrdeutig – mit »In memoriam« kennzeichnete.

Die Diskussion um die *Metamorphosen* ist heute noch nicht abgeschlossen. Im Jahre 1990 fand sich in Privatbesitz eine Kammerfassung für sieben Streichinstrumente, die der Komponist ohne Zweifel als Vorlage (Particell) für das von Paul Sacher in Auftrag gegebene Werk (23 Solostreicher) benutzte. Diese Kammerfassung hat Strauss zwei Wochen früher beendet (31. März 1945) als die bekannten *Metamorphosen* (12. April 1945). Nähere Aufschlüsse über die zu vermutende Eigenständigkeit dieser Frühfassung dürften jedoch erst künftige musikologische Untersuchungen ergeben.

Günther Weiß

Richard Strauss im Alter von 80 Jahren.

Benjamin Britten in seinem Arbeitszimmer in Aldeburgh, seinem Wohnort seit 1942. Hier gründete er 1948 das bald hochangesehene Aldeburgh-Festival.

BENJAMIN BRITTEN

Albert Herring
1947 Glyndebourne

Benjamin Britten (1913–76), der erklärtermaßen durch Henry Purcells (1659–95) Musik erfahren hat, »wie wundervoll dramatisch Gesang in englischer Sprache sein kann«, erzielte mit *Peter Grimes,* der ersten seiner zahlreichen Opern, unmittelbar nach dem Zweiten Weltkrieg den internationalen Druchbruch. Im deutschsprachigen Raum wurde er insbesondere durch die komische Kammeroper *Albert Herring* bekannt, die sehr bald nach der Uraufführung ins Repertoire vieler kleinerer Bühnen gelangte und bis heute das hierzulande meistgespielte Werk des englischen Komponisten geblieben ist.

Britten, dessen Position in der breitgefächerten und schwer kategorisierbaren Komponistenlandschaft des 20. Jahrhunderts wohl am ehesten mit dem Etikett des Neoklassizisten zu versehen ist, gehört zu einer maßgeblich an Paul Hindemith orientierten Nachkriegsgeneration, die Busonis Verdikt der »jungen Klassizität« rühmte. Wie Milhaud, Honegger, Poulenc, Casella, Sutermeister und Martinu, um nur einige Vertreter dieser konservativ-gemäßigten Richtung anzuführen, versuchte auch Britten, mit den Mitteln einer hochentwickelten polyphonen Orchestersprache zu einem distanzierten Kompositionsstil und zu abstrakten musikalischen Ausdrucksformen zu gelangen. Während seine Oper *Peter Grimes* (UA 1945) noch einem großen Orchesterapparat romantischer Prägung verpflichtet war, vollzog der Komponist mit der auf Purcells *Dido und Aeneas* (UA 1689) Bezug nehmenden Oper *Der Raub der Lucretia* (UA 1946) den Umschwung zur kammermusikalischen Besetzung, auf deren Basis Britten einen unverwechselbaren Tonfall entwickelte.

Das Textbuch zu *Albert Herring,* das auf einer Novelle Maupassants beruht, wurde von Eric John Crozier gegenüber der Vorlage ironisch verfremdet und der ursprünglichen, tragischen Komponente beraubt. Geplant war *Albert Herring* als komisches Pendant zur *Lucretia,* aber auch als Gegenstück zu *Peter Grimes.* Während Grimes als Opfer der Gesellschaft geschildert wird, avanciert Herring zum gefeierten Helden, und dies ohne sein eigenes Zutun. Denn auf der vergeblichen Suche nach einem unbescholtenen Mädchen, das nach altem Brauch zur Maikönigin gekrönt werden soll, fällt die Wahl der Honoratioren von Loxford auf Albert, den einfältigen, doch schüchternen und braven Sohn der Gemüsehändlerin. Statt eines Mädchens wird das Muttersöhnchen zum Maikönig gewählt; und in dieser Funktion darf er endlich auf jene gesellschaftliche Anerkennung hoffen, die ihm als Dorftrottel verwehrt blieb. Als ihm während der Krönungszeremonie heimlich auch noch Rum in die Limonade gemixt wird, mausert sich der schwächliche Jüngling und wird nach unfreiwillig durchzechter Nacht doch noch zum richtigen Mann. Daß Albert dem Ideal des Maikönigs nun nicht mehr entspricht, gehört zu jenen komisch-ironischen Paradoxien, denen die Oper ihren hintergründigen Witz verdankt.

In »Albert Herring« geht es um das gleiche Thema wie im »Grimes«, nur daß es jetzt komisch und nicht tragisch behandelt wird. Wieder ist Herring der natürlich Einfältige und eine pathetische, wenn nicht gar heroische Gestalt, und daß sich seine Flucht aus der Welt und die Zerstörung durch sie hinterher als bloß Scharade herausstellt, kann die beinahe tragische Kraft des Klageliedes doch nicht beeinträchtigen.
Wilfrid Mellers. In: Musik und Gesellschaft. Frankfurt/Main 1965.

Insgesamt scheint es Britten bei der kompositorischen Realisierung des Librettos aber weniger um die Schilderung der gesellschaftlich erhobenen Außenseiterfigur gegangen zu sein, als vielmehr um die pointierte Akzentuierung der latenten gesellschaftskritischen Momente, die durch die musikalische Komik überhaupt erst richtig zum Tragen kommen. Genügend Angriffspunkte für eine exzentrisch-satirische Personencharakterisierung fand der Komponist in den örtlichen Standespersonen, die sich selbst zur moralischen Richtinstanz erhoben haben. Insbesondere die altjüngferliche Lady Billows, in deren Haus sich die »Moralapostel« des Dorfes versammeln, um über Sitte und Anstand der jungen Mädchen zu befinden, hat den Komponisten zu witzigen Eingebungen inspiriert, durch die hohle Moralbegriffe und kleinbürgerliche Wertmaßstäbe bloßgelegt werden. Aber auch die Ensembles, in denen sich die Sittenwärter spitzfindig ereifern, geraten zu parodistisch verzerrten Haßtiraden, die eher dazu geeignet sind, ihre kleinbürgerlichen Repräsentanten der Lächerlichkeit preiszugeben, als deren jugendliche Adressaten zu entlarven.

So entfaltet Britten gerade in den bewußt artifiziell übersteigerten, kontrapunktisch verdichteten Ensembles einen typischen rezitativischen Sprachvortrag, der, wenn überhaupt, am ehesten noch mit der Parlando-Technik der Opera buffa, also dem frei rhythmisierten Sprechgesang zu vergleichen ist. Das mit Zitaten gespickte Werk – am markantesten wohl das Liebestrankmotiv aus Wagners *Tristan und Isolde,* das bedeutungsschwer erklingt, als die Mädchen Alkohol in Alberts Getränk mischen – verdankt seine Verbreitung sicher nicht nur dem typisch englischen Lokalkolorit, sondern auch der theatralen Wirkung, die gerade durch die Verfremdungstechniken der Ensembles erreicht wird. *Julia Liebscher*

OLIVIER MESSIAEN

Quatre Études de Rythme
1949/50

Nur ein Jahr liegt zwischen der Beendigung der gewaltigen, zehnsätzigen *Turangalîlâ-Sinfonie* Messiaens für Klavier und großes Orchester (1948) und dem Beginn der Komposition an den zu einem Zyklus mit bindender Reihenfolge zusammengestellten vier Etüden; nur ein Jahr, doch scheint hier ein außerordentlich großer Schritt getan: Obwohl sich Olivier Messiaen (1908–92) stets als »Rhythmiker« verstand (auf seiner Visitenkarte war dieser Begriff noch vor der Bezeichnung »Komponist« gedruckt), kann doch davon ausgegangen werden, daß das (allerdings nur vorübergehende) Zurückdrängen einer leuchtenden, klangsinnlichen Harmonik im Schaffen des Komponisten und zugleich die starke Weiterentwicklung anderer Parameter durch den für beide Seiten stimulierenden Dialog zwischen Lehrer und Schüler, nämlich zwischen Messiaen und Pierre Boulez, ausgelöst worden war. Messiaen war – gegen seinen Willen freilich – nach Uraufführungsskandalen wie dem seiner *Trois Petites Liturgies de la Présence Divine* (1943) zur Leitfigur der nachholbedürftigen, jungen französischen Generation avanciert; sein 1947 von einer Harmonielehre- in eine Analyseklasse umgewandelter Lehrstuhl am Pariser Konservatorium sollte sich zum wohl einflußreichsten Zentrum musikalischen Denkens nach Schönberg entwickeln.

Die beiden der Kultur Neuguineas gewidmeten, 1950 in Paris geschriebenen Stücke mit dem gleichlautenden Titel *Ile de Feu* bilden den klingenden Rahmen des Zyklus. *Ile de Feu 1* ist relativ einfach strukturiert; es handelt sich um ein Thema mit vier Variationen, gefolgt von einer kurzen, reminiszenzartig verdichteten Coda. Bemerkenswert ist vor allem, daß die Metamorphose weniger am Thema selbst sich vollzieht, sondern sich aus neuen musikalischen Schichten ergibt, die ihm beigesellt werden. In *Ile de Feu 2* bedient sich Messiaen wieder einer Variationsreihe, die nun aber zusätzlich mit Abschnitten, die auf einem quasi seriellen Permutationsverfahren beruhen, verschränkt wird. Somit verbindet der Komponist zwei gegensätzliche Formprinzipien: ein dynamisches (Variationen) und ein statisches (Rondeau mit Refrain und Couplets). Nicht zuletzt auch durch die Einbeziehung indischer jâti-Melodiekurven im Schlußteil äußert sich hier einmal mehr Messiaens beispielhafte Offenheit, ihm interessant erscheinende Elemente fremder Kulturen sich für die eigene Kunst zunutze zu machen. Im bereits angesprochenen Permutationsverfahren zeigt sich außerdem der Wille des Komponisten, aus das menschliche Fassungsvermögen überschreitenden möglichen Kombinationen von Elementen eines gegebenen Materials (wie etwa zwölf chromatische Tondauern) durch einen systematischen Auswahlmodus größtmögliche Charakteristik zu erreichen. Mit einem Wort: Die künstlerische Entscheidung bleibt möglich und erwünscht. Die Hinwendung zu ursprünglichen kulturellen Ausdrucksformen erscheint im Sinne einer impulsgebenden Vitalisierung als kennzeichnend für die Epoche, in der diese Werke entstanden sind.

Vergessen wir nicht, daß das ursprüngliche und wesentliche Element der Musik der Rhythmus ist und daß Rhythmus gleichbedeutend ist mit dem Wechsel von Zahl und Dauer. Stellen wir uns einen einzigen Schlag vor, der das Universum durchdringt. Ein Schlag: Eine Ewigkeit liegt vor ihm, eine Ewigkeit folgt ihm nach. Mit dem »davor« und dem »danach« ist die Zeit geboren. Stellen wir uns, fast gleich darauf, einen zweiten Schlag vor. Da die Dauer jedes Schlags von der Länge der anschließenden Stille abhängt, wird der zweite Schlag länger sein als der erste. Und die Unterschiedlichkeit in Zahl und Dauer ist die Geburt des Rhythmus.
Olivier Messiaen
In: Conférence de Bruxelles, 1958
Karlheinz Stockhausen
In: Melos, 25. Jg./12, 1958.

Das bekannteste Stück aus den *Quatre Études de Rythme* ist der *Mode de valeurs et d'intensités*, der 1949 in Darmstadt entstanden ist, wo Messiaen Kurse gab. Die musikhistorische Wirkung dieser kurzen Etüde (die im Ganzen des Zyklus nur einen, wenngleich herausragenden Aspekt ausmacht) auf die damals junge Generation (allen voran auf Karlheinz Stockhausen und wiederum Pierre Boulez) war enorm: Messiaen versuchte hier (nach Vorstudien in seinem Klavierwerk *Cantéyodjâya*) erstmals konsequent, seinen Begriff des Modus, also festgelegter Qualitäten eines musikalischen Materials, nicht nur auf Tonhöhen, sondern auch auf die Dauer von Tönen, Anschlagsarten und Dynamik auszuweiten. Doch entzieht sich Messiaen sogleich wieder dem selbstgewählten Korsett, indem er den eigentlichen Ablauf des Stückes frei auskomponiert, wodurch ein besonders reizvolles Gleichgewicht zwischen Strenge und Offenheit, zwischen Vorherbestimmtem und Freiheit entsteht. Das Spätwerk des Komponisten sollte schließlich die poetische Natur solcher Versuche deutlich machen: Messiaen greift auf serielle Modi (etwa in seiner Oper *Saint François d'Assise*, entstanden 1975–83, UA 1983, oder in seinem Orgelzyklus *Livre du Saint Sacrement*, 1984/85) immer dann zurück, wenn er nach einem klanggewordenen Gleichnis für das tiefste Mysterium sucht; so wird höchste Gesetzmäßigkeit in den Dienst des Unfaßbaren gestellt.

Das weitaus expressivste, dritte Stück des Zyklus, *Neumes rythmiques*, geschrieben 1949 in Tanglewood, basiert vornehmlich auf melodischen Zellen, die mit bestimmten rhythmischen wie harmonischen Eigenschaften verbunden werden. Die unerhörte Beweglichkeit des Gregorianischen Chorals hat Messiaen als Inspirationsquelle für Gebilde gedient, in denen Auftakt(gruppen), Akzent(gruppen) und Nachklang(gruppen) von zentraler Bedeutung sind. Die Vielzahl der Elemente wird durch einen klaren

Olivier Messiaen

formalen Plan harmonisiert: Zwei Refrains mit charakteristischer rhythmischer Substanz stehen den eigentlichen Neumen-Strophen gegenüber, deren Zellen steter Umwandlung und Umstellung unterworfen werden – eine Technik, wie sie die Musique concrète (Pierre Schaeffer), also die Verarbeitung von »konkretem« Klangmaterial wie Straßenlärm auf Tonband, etwa zur gleichen Zeit entwickelt.

Es soll jedoch nicht übersehen werden (zumal es kaum zu überhören ist ...), daß Messiaens *Quatre Études de Rythme* neben ihrer musikgeschichtlich-theoretischen Wirkung Werke von überzeugender Intensität, also nicht nur Bild, sondern Ausdruck ihrer Zeit sind. *Thomas Daniel Schlee*

CARL ORFF

Die Griechendramen
1949–68

Nüchtern betrachtet, stellen sich Orffs Griechendramen als Extremfälle der »Literaturoper« dar, die ein Drama der Sprechbühne Wort für Wort kaum verändert in Musik setzt, sich der Dichtung unterordnet und daraus einen höheren Anspruch ableitet. Modellfälle waren Strauss' Einakter *Salome* (UA 1905) und *Elektra* (UA 1909) sowie Bergs *Wozzeck* (UA 1925). Der Strauss-Verehrer Carl Orff (1895–1982) ging einige Schritte weiter: Nicht das Psychologische, wie es Strauss und Berg wichtig gewesen war, sollte im Zuge des zeitbedingten Interesses an komplizierten Seelenzuständen hervorgeholt werden, sondern das Allgemeingültige menschlicher Ursituationen und Konflikte. Das ganzheitliche kultische Theater der alten Griechen verwirklichte diese Sicht. Es muß also auf die attische Tragödie zurückgegriffen werden, auch wenn ihr musikalischer Teil im Dunkel der Geschichte liegt. Das überlieferte Wort steht obenan; es wird in einem monodischen, streng rhythmisierten Stil vorgetragen, bald schlicht rezitativisch und bald mit leidenschaftlichem vokalem Ausdruck, während das mit Streichbässen, Bläsern, Klavieren, Harfen und einem stattlichen Perkussionsapparat ausgestattete Orchester einen sehr rhythmischen, schillernden Klangteppich unter die psalmodierenden Gesangslinien breitet.

Carl Orff. Antigonae. Autograph der Schluß-szene.

Die Musik bildet nur latent und andeutungsweise eigene Formen; sie intensiviert die Magie der Sprache, die Ausdrucksgewalt des Wortes und den magisch-kultischen Sinn der Tragödie. Immer ging es Orff um die Überhöhung ins Kultische; als geschichtsbewußter Künstler feierte er, was er als Grundlagen der abendländischen Kutur erkannt hatte: die Antike und das Christentum.

Noch während des Zweiten Weltkriegs hatte Orff die 1949 in Salzburg uraufgeführte *Antigonae* konzipiert, das Drama der sich keiner Macht beugenden Humanität.

Er war auf Hölderlins Sophokles-Nachdichtungen von 1804 gestoßen: poetische Übertragungen mit dem Vorsatz, Klang und Form des Griechischen mit dem Deutsch der Klassik zu vereinen. Anhand dieser Poesie außerhalb jeder Spielbarkeit auf der Sprechbühne ließ sich die letzte Steigerung der »Literaturoper« erreichen. Zweieinhalb pausenlose Stunden beansprucht die musikalische Interpretation des »Trauerspiels des Sophokles von Friedrich Hölderlin«, so der originale Untertitel.

Es fand sich außerdem eine Nachdichtung der sophokleischen Tragödie *Oedipus der Tyrann* im hochliterarischen Graecisten-Deutsch Hölderlins. Orff versah sie auf ähnliche Weise mit Musik wie die *Antigonae;* 1959 brachte Stuttgart die Uraufführung. Orff verfuhr noch radikaler, straffender und asketischer. Auf rein musikalische Partien verzichtete er. Das Deklamatorisch-Rezitativische überwog. Der Klang wurde vereinheitlicht; fast durchwegs beherrscht C mit wenigen seiner Nebenharmonien die Partitur. Orff schien an die Grenze zur Manier gelangt.

Carl Orff im Alter von 64 Jahren. 1959, im vorletzten Jahr seiner 10jährigen Lehrtätigkeit an der Münchner Musikhochschule.

Als seinen *Tristan* empfand Orff die Tragödie *Prometheus* (UA 1968, Stuttgart), nach *Der gefesselte Prometheus* des Aischylos. Konsequent wagte Orff den Schritt, das altgriechische Original zugrunde zu legen, ungeachtet aller Schwierigkeiten für die Aufführungspraxis. Die Musik erstarkt zu kräftigerem Leben als in den Tragödien nach Sophokles; schließlich bleibt es eine ihrer Aufgaben, die mythologische Handlung einem Publikum »auszudeutschen«, das des Griechischen nicht mächtig ist. Ekstase und Statik sind die Spannungspole. Archaisches bricht auf, so wenn zu Beginn Prometheus unter Hammerschlägen an den Felsen geschmiedet wird. Die Deklamation des Textes aus einer toten Sprache zielt auf äußersten Affekt. Der Schlagzeugapparat hat sich weiter angereichert, u. a. durch japanische Faßtrommeln. Die Gültigkeit eines mythologischen Geschehens wird mit Wucht eingehämmert.

Unmittelbar hat Carl Orff eingewirkt auf den ihm nahestehenden Landsmann Wilhelm Killmayer (* 1927), zumindest auf dessen frühe Arbeiten für Ballett und Theater, und auf den ihm eng verbundenen Wilfried Hiller (* 1941). Orffs Tragödienstil hat keiner von ihnen offenkundig fortgesetzt, doch die Wertschätzung des Deklamatorischen, des Rhythmus und der Schlagzeugfarben wurde übernommen. Da Orffs Musik nie die noch so gelockerte Tonalität verläßt, blieb sie manchem Jüngeren suspekt als reizlos im Harmonischen und stereotyp in der Orchestrierung. Subkutane Einwirkungen finden sich häufig, zumal in der Behandlung des Perkussionsinstrumentariums. Aufgerüttelt hat Orffs Anspruch, das Musiktheater habe eine ethisch-kultische Funktion und verdichte Tragödien von allgemein-menschlicher Gültigkeit durch die Suggestivkraft des Klangs, seitab von »schönen Melodien« wie von tönenden Studien zur Psychopathologie. Orff erstrebte ein Welttheater: Die Bühne tut dar, was die Menschen durch die Jahrtausende im Innersten bewegt hat. *Karl Schumann*

JOHN CAGE

Water Music
1952 New York

Einige Jahre vor der Jahrhundertmitte begann John Cage (1912–92), einer der großen Künstler unseres Jahrhunderts, indische Philosophie bei Gita Sarabhai und Zen-Buddhismus bei Daisetz T. Suzuki an der Columbia-Universität in New York zu studieren. Damit leitete er eine radikale Wende in seinem avantgardistischen Schaffen ein. Waren seine bisherigen Arbeiten experimentelle Kompositionen in einem herkömmlichen Sinn, so zielte er nun, der Zen-Philosophie gemäß, darauf, eine Musik von völliger Absichtslosigkeit zu erreichen. Jeglicher subjektiv gestiftete Ausdrucks- und Sinnzusammenhang sollte vermieden werden, um die Klänge innerhalb völlig verschiedener, im Maß der Freiheit strikt festgelegter Rahmenbedingungen nichts als Klänge sein zu lassen und dem zu einer konzentrierten Passivität angehaltenen Hörer eine von Konventionen unverdorbene, überraschungsreiche Sinneswahrnehmung zu ermöglichen.

Bei *Water Music*, einem von Cage im Frühling 1952 komponierten Stück, werden die zen-buddhistischen Grundlagen erstmals in jenem Sinne angewandt, den Mauricio Kagel später mit dem Begriff des »instrumentalen Theaters« bezeichnet hat. Bei diesem Stück gibt es keine Handlung herkömmlichen Sinns, es ist auch keine Instrumentalmusik üblicher Art. Das Ziel stellt die Synthese von Klang und schauspielerischer Aktion dar. Es sind einzelne, isolierte musikalisch-theatralische Aktionen, die der Pianist so realisiert, daß »das Spiel des Instrumentalisten mit einer schauspielerischen Handlung eins wird« (Kagel).

In der Partitur sind die vom Pianisten auszuführenden Aktionen mit einer illusorischen, aber für Cage charakteristischen Hyper-Genauigkeit der Zeitnahme vorgeschrieben (nämlich bis zu Zehntausendstel-Sekunden). Die zehn Blätter der Partitur müssen vom Pianisten so auf einen großen Karton geheftet werden, daß sowohl er selbst wie auch das Publikum dem Verlauf des Stücks folgen kann. Der Pianist benötigt außerdem ein Rundfunkgerät, Pfeifen, Wasserbehälter, ein Kartenspiel, einen hölzernen Stock sowie Materialien zur Präparation des Klaviers. (Sie ist eine von Henry Cowell und vor allem von Cage selbst inaugurierte Möglichkeit der Klangverfremdung und Individualisierung des Klaviers, indem verschiedene Materialien zwischen die Saiten eingefügt werden, Schrauben, Holzstücke etc.)

Water Music beginnt damit, daß der Spieler das Rundfunkgerät auf einer Frequenz von 102,5 MHz einstellt (wobei die Lautstärke beliebig geregelt werden kann). Die zweite Aktion besteht darin, daß er einen siebentönigen Akkord anschlägt, die dritte darin, daß er mit einer Plastikentenpfeife in einer Wasserschale so lange pfeift, wie sein Atem reicht. Es folgen noch weitere Aktionen, bis das Stück nach 6 Minuten 40 Sekunden, wenn das Rundfunkgerät ausgeschaltet werden muß, zu Ende ist.

Water Music ist insofern ein Meilenstein in der Musikgeschichte, als hier die Idee eines avantgardistischen Aktionstheaters erstmals Gestalt annahm. Zwar ist noch immer, auch wenn die einzelnen Aktionen und die Zeitpunkte ihrer Realisation von Zufallsoperationen bestimmt worden sind, die Partitur bis ins Einzelne ausnotiert. Aber die Abkehr von der überlieferten Kategorie des Kunstwerks ist doch so klar und unwiderruflich, daß ein Zuschauer/Zuhörer nicht versucht sein wird, die einzelnen Aktionen nach Maßgabe einer organischen Zusammengehörigkeit aufeinander zu beziehen. Er wird von vornherein darauf abheben, die besonderen Ergebnisse der Einzelaktionenfolge als ein »Ereignis« zu beobachten, als Exemplum einer experimentellen Kunst, welche die Kategorie der Werktotalität durch die des Ereignisses, das sich im Hier und Jetzt abspielt, ersetzt hat. Die Klangwelt ist dabei erweitert, einerseits durch naturalistische Wassergeräusche und ungewohnte Instrumente wie verschiedenartige Pfeifen, aber auch durch die ungewöhnliche, verfremdete Behandlung des Klaviers selbst sowie durch die Einbeziehung des Rundfunkgeräts als eines Mediums moderner Technologie. Diese Affinität der Kunst zur Technik gehört wesentlich mit zu den Charakteristika der Avantgardekunst.

Cages Wirkung in Europa war im Blick auf Komponisten wie Kagel, Schnebel, Bussotti und andere, gerade durch solche Stücke, wie sie erstmals in *Water Music* entworfen wurden, außerordentlich intensiv. Man kann sogar sagen, daß die historisch tiefgreifendste Wirkung dieses amerikanischen Avantgardisten nicht in den USA, sondern in Europa – und zumal in Deutschland nach 1960 – erfolgte, indem sich die avantgardistischen Komponisten nicht zuletzt unter dem Einfluß Cages von einer rigoros seriellen Musikkonstruktion abwandten. *Hermann Danuser*

1974 studierte die Münchner Arbeitsgemeinschaft für Neue Musik ebenfalls Cages Song Book ein. Jeder von uns suchte sich Soli aus, die ihm gefielen, zur jeweiligen Person paßten. ... Dann probten wir zusammen, legten vorweg die Zeichen der Einsätze fest, veränderten sie von Aufführung zu Aufführung. Die ganze Einstudierung aber ging mit jener Strenge, mit jenem Bei-der-Sache-Sein vor sich, das Cage wünscht. Er sagte einmal über seinen Lehrer Schönberg: »Er war der Disziplin ergeben und er hatte die Gabe, anderen diese Ergebenheit zu vermitteln. Mein Verständnis von Disziplin geht dahin, daß sie uns von der Tyrannei der in uns heraufkommenden Neigungen und Abneigungen frei macht.«
Dieter Schnebel
In: Musik-Konzepte Sonderband John Cage, Hg. Heinz-Klaus Metzger und Rainer Riehn, München 1978.

CARL ORFF

Trionfi
1953 Mailand

Mit den *Carmina Burana* beginnen meine gesammelten Werke«, schrieb nach der Frankfurter Uraufführung 1937 Carl Orff (1895–1982) an seinen Verleger. Die Musikgeschichte ist eine Geschichte der Frühreifen; Spätentwickler sind selten, und unter diesen Spätentwicklern war Orff der allerspäteste. Komponiert hatte er seit den Gymnasialjahren, seit den Tagen als Korrepetitor und musikalischer Betreuer einer Tanzschule, seit dem Studium der Opern Monteverdis; diese Arbeiten liegen heute wohlgeordnet vor, und die Gelehrten können sich nicht genug tun, Stellen zu finden, die auf den reifen Orff verweisen, auf den Rhythmiker, auf den Szeniker, der die urtümliche Einheit von Wort, Ton, Spiel, Tanz und Bild beschwört, durchaus im Sinne aller Reformatoren des »unmöglichen Kunstwerks« Oper, nämlich in der Berufung auf die Tragödie der griechischen Antike, von deren musikalischer Gestalt man so gut wie nichts weiß.

Unmißverständlich von Strawinskys *Les noces* (UA 1923) beeindruckt, ging Orff daran, der seit *Wozzeck* (UA 1925) offenkundigen Krise der Oper ein gewaltsames Ende zu bereiten. *Carmina Burana*, nach einer im Kloster Benediktbeuren aufgefundenen, anonymen Liederhandschrift vom Ende des 13. Jahrhunderts, sollten Urlemente des Theaters zurückgewinnen: »Weltliche Gesänge für Soli und Chöre, begleitet von Instrumenten und magischen Bildern«. Unter dem Glücksrad der Fortuna begibt sich in ungefähr eine szenische Kantate von heftiger Vitalität, mit Chören, Tänzen, Sauf- und Liebesszenen, einfach im Melodischen, zupackend im Rhythmus. In lateinischer, französischer und mittelhochdeutscher Sprache wird das Diesseits bejaht und gepriesen. Zweierlei war für die Zukunft ertrotzt worden: Ohne den Handlungsbedarf der überkommenen Dramaturgie ließ sich musikalisches Theater schlichtweg aus den Elementen Ton, Wort und Tanz gewinnen; die Vormachtstellung der Streicher, besonders der Violinen, wich im Orchester einer fortschreitenden Emanzipation und Erweiterung des den allgewaltigen Rhythmus verkündenden Schlagwerks. Der lastende Schatten des Musikdramas schien gebannt, das Psychologisieren in Tönen überwunden, der Weg frei zu den Elementarkräften des Theaters.

HAP Grieshaber (1909–81): »Carmina Burana«. 13 Farbholzschnitte 1965.

Als »Ludi scaenici« entstanden 1942 *Catulli Carmina* und 1950/51 das »Concerto scenico« vom *Trionfo di Afrodite*. Als Triptychon *Trionfi* wurden *Carmina Burana, Catulli Carmina* und *Trionfo di Afrodite* 1953 unter Karajan an der Mailänder Scala erstmals im Zusammenhang aufgeführt. Trionfi hießen in der Renaissance jene Masken- und Festzüge, in denen Liebe, Tod, Tugend, Laster usw. personifiziert dargestellt wurden; es handelt sich also um eine ferne Vorform der Oper. Das Mittelstück *Catulli Carmina* interpretiert Liebesgedichte des lateinischen Dichters Catull aus der Spätantike in den Ausdrucksformen der Renaissance: Rahmenchöre in motorischer Tonsprache, begleitet von Ostinati des Orchesters, daneben als Träger des eigentlichen Spiels ein a-cappella-Chor, ein die angebetete Lesbia verdeutlichender Solosopran und ein für die leidenschaftlichen Ausbrüche des Catull stehender Solotenor. Handeln *Carmina Burana* von den Launen des

Glücks, so berichten *Catulli Carmina* von der Liebesleidenschaft. Distanz und stilisierenden Rahmen schaffen die frei verstandenen Anleihen bei historischen Formen, etwa beim szenischen Madrigal.

Trionfo di Afrodite hat keine eigentliche Handlung. Eine Hochzeitszeremonie nach antiker Sitte weitet sich zur Verherrlichung der Liebesgöttin Aphrodite aus. Zugrunde liegen Lieder des Catull, ferner Liebesgedichte der Sappho im griechischen Original. Eine orgiastische Musik verkündet den Triumph des Eros. Das erstarkende Lebensgefühl der fünfziger Jahre trumpft auf.

Orffs Wirkung äußerte sich in einer neuen Wertschätzung des Rhythmischen, ähnlich wie zuvor bei Prokofjew und Strawinsky. In einer Musikentwicklung, für die Harmonik und »ewige Melodie« obenan standen, mußte der Rhythmus erschlaffen. Orff suchte dessen elementare Suggestivkraft zu erneuern; zugleich erweiterte er das Perkussionsinstrumentarium um vielerlei exotische Trommeln, Platten, Steine usw., wie er sie nicht zuletzt auf seinen Reisen vorgefunden hatte. In einem mehrteiligen *Schulwerk* legte Orff das Rhythmische einer gewandelten, nicht mehr vom einseitigen Instrumentalunterricht ausgehenden Musikerziehung zugrunde. Orff wurde von der orthodox dodekaphonischen und seriellen Richtung mit Verachtung gestraft und als Primitivist mißbilligt; doch Orffs Renaissance des rhythmischen Elements und seiner Erweiterung des Schlagzeug-Instrumentariums vermochte sich kaum einer zu entziehen. *Karl Schumann*

IGOR STRAWINSKY

Septett
1954 Dumbarton Oaks

Noch im Januar 1952 erklärte Igor Strawinsky (1882–1971) in einem Interview, die Zwölfton-Komponisten seien Gefangene ihrer zwölf Töne, er aber habe größere Freiheit mit nur sieben. Im selben Jahr wurde seine *Cantata* uraufgeführt, an der er seit 1951 gearbeitet hatte. In ihrem zweiten Satz wird eine melodische Reihe (wenn auch keine Zwölftonreihe) Manipulationen unterworfen, wie sie typisch sind für die geschmähten Dodeka-

phonisten: Sie erscheint in Umkehrung, krebsgängig und in krebsgängiger Umkehrung. Das nächste Werk, das stärker noch von solchen Reihen und solcherart kontrapunktischer Verarbeitung Gebrauch macht, ist das *Septett* für Klarinette, Horn, Fagott, Klavier, Violine, Viola und Violoncello von 1953, der Dumbarton Oaks Research Library and Collection gewidmet und dort am 23. Januar 1954 uraufgeführt. Es ist dreisätzig: Der erste schnelle sonatenähnliche Satz ist unbezeichnet: Ein heiteres Thema aus sechs Tonhöhen, das auch im Schluß wiederkehrt, wird von einem dunkleren, fugierenden Mittelteil von typisch Strawinskyscher Rhythmik abgelöst. Sehr eindrucksvoll die Schlußwirkung des Satzes mit dem Thema in Vergrößerung. Der zweite Satz ist eine Passacaglia mit einem 16tönigen Thema aus neun Tonhöhen, um das sich Variationen schlingen. Und der Schlußsatz, eine springlebendige, ausgelassene Gigue, arbeitet mit einem Fugenthema aus acht Tonhöhen, zu dem kontrapunktisch das Passacaglia-Thema gesetzt wird. Strawinskys Themen sind prägnant, das Ganze ist knapp, kurzweilig und klar gegliedert, die Passacaglia gehörig gravitä-

»Strawinsky am Dirigentenpult«. Zeichnung von Milein Cosman. Daneben: Porträtfoto des Komponisten aus dem Jahr 1951, dem Jahr der Uraufführung von *The Rake's Progress* in Venedig.

tisch, die Gigue munter – ein Werk, das nicht nur Kenner begeistert, klanglich ohne jede Spur zerebraler Tüftelei.

Die Resonanz war alles andere als freundlich. Der Gegensatz zwischen den »Modernen« – an ihrer Spitze Strawinsky – und den »Spätromantikern« – an deren Spitze, unwidersprochen, Schönberg – schwelte seit Beginn der zwanziger Jahre. 1949 hatte Adorno in seiner *Philosophie der Neuen Musik* die Divergenz der beiden Musikauffassungen: »Neoklassik« hier und »Zwölftontechnik« dort, vereinfachend ins Soziologisch-Politische verschärft und dabei letztere nun umgekehrt als »fortschrittlich« und erstere als »rückschrittlich« deklariert, eine Meinung, die bald darauf in Europa, besonders in der Bundesrepublik Folgen zeitigen sollte. Daß Strawinsky Anfang der fünfziger Jahre plötzlich eine Art Reihentechnik verwendete, löste Bestürzung, ja Verachtung aus auf der einen Seite und triumphierende Schadenfreude auf der anderen. Die Sache der Tonalen hatte sich scheinbar als Irrweg erwiesen, die atonale Reihentechnik als einzig gangbarer Weg moderner Komposition bewährt. Strawinskys enger Freund und Weggefährte, der große Dirigent Ernest Ansermet, fühlte sich verraten und schrieb ein dickleibiges Buch, in dem er philosophisch, mathematisch und musikhistorisch nachzuweisen suchte, daß serielle Musik »Un-Sinn« sei, »falsche Musik«.

Robert Craft war es gewesen, seit 1948 Strawinskys junger Adlatus, der seinen Meister nachdrücklich auf Schönberg hingewiesen hatte. Man übersieht aber bei Strawinskys Hinwendung zu seriellen Techniken in seiner letzten Schaffensperiode, daß bei ihm die Arbeit mit begrenztem Tonmaterial, ja mit melodischen Reihen, schon im *Oktett* 1923, im *Konzert für zwei Klaviere* 1935 und im *Orpheus*-Ballett 1947 vorkommt.

Jubel und Entrüstung der Musikwelt über die angebliche Bekehrung Strawinskys waren unangebracht. Seine Reihentechnik war nicht grundsätzlich zwölftönig, und auch in späteren Werken läuft Serialität nicht nach Wiener Rezeptur, sondern nach Strawinskys Art, der auf eigene, andere Weise als Schönberg zu dieser Technik gekommen war. Das *Septett,* die Weiche in eine neue Konzeption, macht das besonders deutlich. Im letzten Satz, der Gigue, legt der Komponist (auch das ein Gegensatz zur Wiener Geheimniskrämerei) seine Technik vor aller Augen offen: Die achttönigen Reihen werden jeweils skalenartig in der Partitur über oder unter den Stimmen angegeben, so daß der Interessierte erkennen kann, welches Tonmaterial welchem Instrument für die melodische Ausarbeitung in den folgenden Takten zur Verfügung steht. Die auferlegte Beschränkung hält sich also nicht, wie in der Wiener Dodekaphonie üblich, an feste Konstellationen aller zwölf Töne, sondern – wie bei modaler und tonaler Musik – an eine Materialleiter, aus deren Tönen die einzelnen Instrumente ihre Linien, Themen und Imitationen in freier Abfolge bauen können, in melodischer Auswahl nach Gutdünken des Komponisten. Diese Materialreihen können im Verlauf eines Satzes von verschiedenen Tonstufen ausgehen oder sich abwandeln; man kann sie in anderen, nicht derart ausgezeichneten Sätzen ebenfalls entdecken – man muß sie aber nicht wiedererkennen, um das Werk zu »verstehen«, so wie man eine C-Dur-Skala nicht kennen und hören muß, um eine Sonate in C-Dur zu »verstehen«.

Die bei Strawinsky angewandte Methode, Auswahl und Reihenfolge der Töne aus einer gesetzten Reihe jeweils allein dem Wollen des Komponisten anheimzustellen, erweist sich als dem schöpferischen und dem perzipierenden Prozeß höchst angemessen. Seine Sprache bleibt, wie sie vorher war: grundsätzlich diatonisch, lebendig, klar, kühl, durchsichtig, rhythmisch pointiert. Eric W. White bemerkt treffend, Strawinsky habe nicht vor der Wiener Schule kapituliert, sondern sich im Gegenteil der Logistik seiner »Feinde« bemächtigt. Der Musikhistoriker Leo Schrade sieht es nicht anders, wenn er Strawinskys Musik als die Synthese einer ganzen Epoche bezeichnet.

Horst Leuchtmann

FREDERICK LOEWE

My Fair Lady
1956 New York

Noch heute gilt *My Fair Lady* als das weltweit bekannteste Musical. Seinen Siegeszug startete das von Alan Jay Lerner nach George Bernhard Shaws Komödie *Pygmalion* (1912) verfaßte Stück wie jedes Musical, das den internationalen Durchbruch erzielt hat, am Broadway, wo es seit seiner Uraufführung am 15. März 1956 2717 Vorstellungen erlebte und damit alle bestehenden Aufführungsrekorde schlug. Mitverantwortlich für den ungeheuren Erfolg der Produktion war nicht zuletzt die ideale Besetzung mit Julie Andrews als naiv-verführerischer Eliza, Rex Harrison als akribischem Phonetikprofessor Higgins und Stanley Holloways als derbfröhlichem Doolittle. Auch die Choreographie von Hanya Holm, die insbesondere in den Ensemble-und Chorszenen zu optisch einprägsamen Arrangements und originellen Einfällen gelangte, trug zur großen Publikumsresonanz bei. So verwundert es kaum, daß die New Yorker Inszenierung 1958, zwei Jahre nach der Uraufführung, für das Londoner Drury Lane Theatre unter Beibehaltung der Starbesetzung nachproduziert wurde. Es verzeichnete dort mit nochmals 2281 Vorstellungen in über sechsjähriger Laufzeit einen nicht minder fulminanten Erfolg. Auch die Inszenierung am Berliner Theater des Westens (1961) – abermals eine detailgetreue Kopie der New Yorker Uraufführung – in der das Spiel mit Dialekt und Hochsprache wirkungsvoll in den Gegensatz von Berliner Mundart und Hochdeutsch übersetzt wurde, wirkte, mit Karin Hübner, Paul Hubschmid und Alfred Schieske in den Hauptpartien, als Publikumsmagnet. Als das größte Hollywood-Geschäft der sechziger Jahre erwies sich die Verfilmung (1964) von George Cukor mit Audrey Hepburn und Rex Harrison in den Hauptrollen, durch die das Musical populär wurde. So war *My Fair Lady* in wenigen Jahren um die ganze Welt gegangen (1964 wurde das Musical sogar in einer amerikanischen Produktion in Moskau gespielt), nicht zuletzt auch dank einiger Songs, damals Hits, heute Evergreens: So etwa »With a Little Bit of Luck«, »I Could Have Danced All Night«, »Wouldn't It Be Loverly?«, »The Rain In Spain«.

Wir alle haben heimliche Träume dieser Art. Aber in Wirklichkeit, im wachen Leben, zum Unterschied vom Leben ihrer Träume und Phantasien, hat Eliza Freddy und den Oberst gern, nicht aber Professor Higgins und Vater Doolittle. Galatea hat Pygmalion niemals wirklich lieb. Sein Verhältnis zu ihr ist zu gottähnlich, um zugleich angenehm zu sein.
Bernard Shaw. In: Nachwort zu »Pygmalion«. Deutsche Übersetzung von Siegfried Trebitsch. Zürich und Frankfurt/Main 1947.

Obwohl sich Alan Lerner (* 1918) und Frederick Loewe (1904–88) mit ihrer Adaption an den Dauer-Erfolg von Shaws Komödie und an einen dankbaren Stoff, das auf Ovids *Metamorphosen* zurückgehende Pygmalion-Motiv, anlehnten, war der Siegeszug des Musicals keineswegs vorprogrammiert. Im Gegenteil: Shaws Drama mit der (bewußt) eindimensional-linearen, auf Eliza und Higgins konzentrierten Handlungsführung konnte den besonderen Anforderungen eines kontrast- und abwechslungsreich zwischen Revue, Tanz, Musik und Gesang variierenden Genres nicht gerecht werden. Auch der offene Schluß bei Shaw entsprach nicht den »Bauregeln« eines auf ein Happy-End und damit auf eine intakte Love-Story zielenden Musicals. Lerner gelang es durch ein paar geschickte dramaturgische Kunstgriffe, den Schluß publikumswirksam abzuändern, indem Higgins und Eliza doch noch zusammenfinden. Auch wurde das hinterszenische Geschehen derart in die sichtbare Bühnenhandlung integriert, daß sich die für das Unterhaltungstheater stets gewünschte kurzatmige Bilderfolge wie von selbst einstellte.

Mit erstaunlichem Geschick und dem Fingerspitzengefühl erfahrener Musicalproduzenten gelang es Lerner und Loewe auch, den explosiven Witz und die verhaltene Ironie des Originals zu erhalten, ja vielfach zu steigern. So wird die englische Snobiety, die schon von Shaw aufs Korn genommen wurde, sarkastisch-beißendem Spott ausgesetzt, gipfelnd in der »Ascot Gavotte«, deren artifiziell-stilisierte Musik die borniert-langweilige Vornehmheit der High Society parodiert. In Hanya Holms Choreographie geriet die Szene zu traumatisch gesteigerter Sterilität: Wie zu leblosen Marionetten erstarrt, bewegen sich die aristokratisch angehauchten Besucher des Pferderennens in Ascot auf die Zuschauertribüne zu.

My Fair Lady bleibt das »klassische« Musical der fünfziger Jahre mit Vorbildwirkung auf das gesamte Genre, das sich allerdings – losgelöst von literarischen Vorbildern à la Shaw – verselbständigt und verbreitert hat.

Julia Liebscher

LUIGI NONO

Il canto sospeso
1956 Köln

Mit dem *Canto sospeso,* zu deutsch etwa »schwebender Gesang« oder »unterbrochener Gesang«, komponiert in den Jahren 1955/56, korrigierte Luigi Nono (1924–90) ein Bild, dessen Entstehen die seriellen Komponisten selbst verschuldeten: das des allein konstruktiven Musikschaffens der fünfziger Jahre. In der Tat herrschte in dieser Etappe der Neuen Musik eine kaum gezügelte Technik- und Wissenschafts-Verliebtheit unter den Musikern, man glaubte durch Zahl und Ordnung das Reich der Töne voll in den Griff zu bekommen, es umfassend zu beherrschen. Wohl noch schwerer wog die Überzeugung, daß die seriellen Konstrukte, in denen Tonhöhen, Lautstärken, Zeitwerte und vieles mehr durch Skalen erfaßt waren, einige Ebenen vormaligen Musizierens weitgehend tilgten: die des Espressivo oder auch des ethisch-moralischen Appells. Das wurde als veraltet, als überkommener Romantizismus abgetan. Der *Canto sospeso* läßt solches Auseinanderdividieren von Klang und transportiertem Ausdruck nicht zu. Vertont werden Abschiedsbriefe von zum Tode verurteilten Widerstandskämpfern im Zweiten Weltkrieg. Die Ermordeten – Griechen, Russen, Polen, ein Bulgare, ein Italiener, eine Deutsche – waren zwischen 14 und 40 Jahre alt. Das Werk will der ganzen Menschheit Mahnung sein.

Gleichwohl bedient sich Nono uneingeschränkt der avanciertesten Techniken dieser Zeit, jener Techniken also, die nach geläufigem Verständnis keinesfalls für eine bekennende Musik entwickelt wurden. So stellte auch Karlheinz Stockhausen in seinem Aufsatz *Sprache und Musik* zum *Canto sospeso* folgende Frage: »Er [Nono] läßt die Texte nicht vortragen, sondern birgt sie in einer so rücksichtslos strengen Form, daß man beim Anhören nahezu nichts mehr versteht. Wozu dann überhaupt Text, und gerade diesen? – Man kann dies so erklären: Besonders bei der Vertonung derjenigen Briefstellen, bei denen man sich am meisten darüber schämt, daß sie geschrieben werden mußten, nimmt der Musiker nur noch als Komponist Stellung zu sich selbst, der doch vorher die Texte ausgewählt hatte: er interpretiert nicht, er kommentiert nicht: er reduziert die Sprache auf ihre Laute und macht mit diesen Musik.«

Stockhausens Kommentar ist Ausdruck des schlechten Gewissens gegenüber Nonos Anliegen. Denn für diesen sind Techniken der Wortzerschlagung, der verschiedenen Ebenen von Verständlichkeit, der Artikulationsdifferenzierung vom Singen mit geschlossenem Mund bis hin zur Kantilene oder zum homophon skandierten Chorpart nicht innermusikalischer Selbstzweck, wie Stockhausen meinte, sondern extreme Ausweitung der Ausdrucksebene. Das Extrem aber ist Notwendigkeit angesichts des Ungeheuerlichen der Texte. Nono denkt in dieser Partitur über die serielle Technik nach, ja er zieht Parallelen, weist darauf hin, wie eng das Kompositionsdenken verknüpft ist mit den zurückliegenden Erfahrungen. Es ermöglicht auszudrücken, was bisher nicht auszudrücken war oder was in die Gefahr geraten wäre, das Entsetzliche zu ästhetisieren. Zu vermerken ist das Zwanghafte der musikalischen Struktur, die Unumstößlichkeit des konstruktiven Fortgangs – und gerade dies korrespondiert mit der bitteren, in seiner unmenschlichen Gesetzmäßigkeit unfaßbaren Situation der Gefangenen. Sprache wird zerstückelt, Textpartikel werden von anderen scheinbar unzusammenhängend fortgesetzt, doch die Worte sind verstreut wie die einzelnen Schicksale der Verurteilten, die so rigide verbunden wurden. Allein die dazu korrespondierende Unnahbarkeit der seriellen Techniken, ihre sich jedem subjektiven Eingriff scheinbar entziehende Starrheit ließ den Versuch des Ausdrucks wagen.

Der junge Luigi Nono in seinem Arbeitszimmer.

Der *Canto sospeso* hat neun Teile, drei davon (Nummer 1, 4 und 8) sind rein orchestral, die übrigen Teile kombinieren Chor- und Solopartien (Sopran, Alt, Tenor) mit dem Orchester in verschiedenen Anordnungen (Nummer 2 ist ein Chor a capella). Nono entwirft ein breites Spektrum der Sprachbehandlung, in das im Grunde auch die rein orchestralen Partien einbezogen sind. Die Sprache wird unter wechselnden Gesichtspunkten betrachtet, sie fungiert als Übermittler von Semantik, von Textbruchstükken, als Träger von Geräusch oder auch, in der Reduzierung auf gesungene Vokale und auf mit geschlossenem Mund gesummte Töne, als musikalische Struktur. Von hier gelingt der Brückenschlag zum orchestralen Klang. Die verschiedenen Ausdrucksebenen der menschlichen Stimme werden gleichsam aufgefaltet in die Zwischenwerte aus Bedeutung und emotionaler Äußerung. Im sechsten Abschnitt, der mit den Worten »Die Tore öffnen sich, sehet ihr dort unsere Mörder« beginnt, wandelt sich der emphatisch skandierte Text im zweiten Teil zum Gesang mit geschlossenem Mund – es ist ein Verstummen, ja Absterben der Artikulation, die Musik selbst erleidet das Schicksal der Verurteilten.

Die Drastik des *Canto sospeso* ist seit der Kölner Uraufführung 1956 unter dem Dirigenten Hermann Scherchen ungebrochen. Nono hatte ganz besonders mit diesem Stück deutlich gemacht, daß sich Musik – bei allem Bemühen um technisch-klangliche Neuerungen – nie ihrer gesellschaftlichen Verantwortung entziehen dürfe. Die seriellen Techniken erfuhren eine Ausweitung in eine Richtung, die für viele Komponisten zu dieser Zeit nicht einschlagbar schien. Nono rettete der Musik die Fähigkeit zur Trauer und Anklage.

Reinhard Schulz

KARLHEINZ STOCKHAUSEN

Gesang der Jünglinge
1956 Köln

Der *Gesang der Jünglinge* markiert eine besondere Station innerhalb der in die fünfziger Jahre datierenden Frühzeit der Elektronischen Musik, zu deren Entwicklung Karlheinz Stockhausen (* 1928) wie kaum ein zweiter

Karlheinz Stockhausen im Studio für Elektronische Musik des WDR Köln zur Zeit der Realisation seines Werks *Gesang der Jünglinge*.

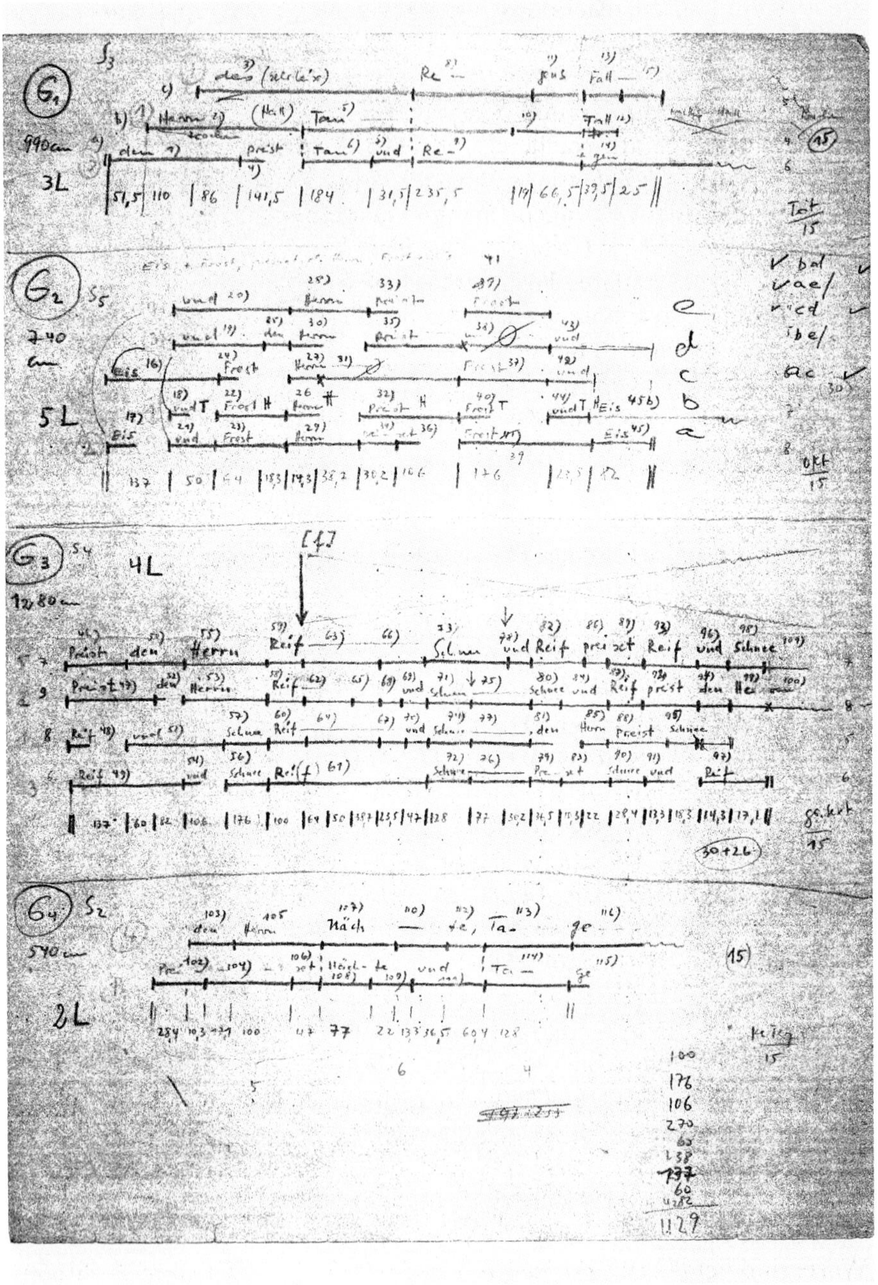

Karlheinz Stockhausen. *Gesang der Jünglinge*. Partiturblatt.

seiner Komponistengeneration richtungweisend beigetragen hat. Er realisierte das dreizehnminütige Werk 1955/56 im Studio für Elektronische Musik des Westdeutschen Rundfunks Köln, dessen ständiger Mitarbeiter er seit 1953 war; die Uraufführung fand am 30. Mai 1956 im Westdeutschen Rundfunk statt. Nachdem Stockhausen seine ersten elektronischen Kompositionen *Studie I* (1953) und *Studie II* (1954) allein aus reinen, obertonfreien Sinusschwingungen in mühseliger Pionierarbeit zusammengesetzt hatte, wollte er im *Gesang der Jünglinge* eine Verbindung von elektronischen mit vokal erzeugten Klängen herbeiführen. Zu diesem Zweck ließ er einen zwölfjährigen Knaben kleine Melodiestückchen singen, die er auf Tonband aufzeichnete, um sie anschließend während der Realisation des Werkes in unterschiedlichen Graden zu verfremden und im Playback-Verfahren zu imaginären Knabenchören zu vervielfachen. Zum einen gelang es Stockhausen dadurch, der abstrakten Klangwelt seiner früheren, rein elektronischen Stücke ein neuartiges qualitatives Moment einzuschmelzen, das dem Hörer Orientierungsmöglichkeiten in einer sonst von Grund auf fremdartigen musikalischen Umgebung bietet; Stockhausen selbst zog in diesem Zusammenhang einmal den Vergleich mit Verkehrszeichen oder anderen bekannten Objekten in einer unbekannten Landschaft (etwa einem Apfel auf dem Mond). Zum anderen kann der *Gesang der Jünglinge* als eine ganz ausdrückliche Antwort Stockhausens auf die damals besonders im Blick auf die elektronischen Kompositionen immer wiederkehrende Frage zahlreicher Kritiker aufgefaßt werden, was seine Musik – falls sie überhaupt (noch) Musik sei – denn eigentlich aussagen solle. So erblickte ein namhafter Musikwissenschaftler in der Elektronischen Musik, die »den Naturklang durch Denaturierung abzutöten« suche, sogar blasphemische Kräfte am Werk, die »die Axt an die Wurzeln einer der vollkommensten Schöpfungen Gottes legen, um dann aus den Trümmern eine Fratzenwelt aufzubauen, die den Schöpfer äfft«.

Dabei ging es Stockhausen in seiner kompositorischen Arbeit von allem Anfang an geradewegs um das Gegenteil, wie der *Gesang der Jünglinge* unüberhörbar beweist. Über die in diesem Sinne ausschlaggebende Funktion der Singstimme schrieb Stockhausen in einem Einführungstext zur Uraufführung des Werkes: »Die gesungenen Klänge sind an bestimmten Stellen der Komposition zum verständlichen Wort geworden, zu anderen Zeitpunkten bleiben sie reine Klangwerte, und zwischen diesen Extremen gibt es verschiedene Grade der Wortverständlichkeit. Einzelne Silben und Worte sind dem *Gesang der Jünglinge im Feuerofen* (3. Buch Daniel) entnommen. Wo immer also aus den Klangzeichen der Musik für einen Augenblick Sprache wird, lobt sie Gott.« Folgendermaßen lauten die Textpassagen, die Stockhausen als Ausgangsmaterial wählte und die den durch und durch religiösen Gehalt der Musik fundieren: »Preiset (Jubelt) den(m) Herrn, ihr Werke alle des Herrn – lobt ihn und über alles erhebt ihn in Ewigkeit. / Preiset den Herrn, ihr Engel des Herrn – preiset den Herrn ihr Himmel droben. / Preiset den Herrn, ihr Wasser alle, die über den Himmeln sind – preiset den Herrn, ihr Scharen alle des Herrn. / Preiset den Herrn, Sonne und Mond – preiset den Herrn, des Himmels Sterne. / Preiset den Herrn, aller Regen und Tau – preiset den Herrn, alle Winde. / Preiset den Herrn, Feuer und Sommersglut – preiset den Herrn, Kälte und starrer Winter. / Preiset den Herrn, Tau und des Regens Fall – preiset den Herrn, Eis und Frost.«

Zudem komponierte Stockhausen mit dem *Gesang der Jünglinge* das erste Beispiel mehrkanaliger elektronischer »Raummusik«, bei der die Richtung, Entfernung und räumliche Bewegung der Klänge für den Zuhörer genauso wichtig sind wie die übrigen Klangeigenschaften (Höhe, Dauer, Stärke und Farbe der Töne); bei der Uraufführung waren fünf Lautsprechergruppen rings um das Publikum verteilt, das gleichsam im Zentrum des Geschehens saß und die Klänge und Sprachlaute von allen Seiten wahrnahm, starre und bewegliche Klänge, mit Links- oder Rechtsdrehung, scheinbar ganz nah oder ganz weit entfernt.

Freilich würde wohl niemand, der den *Gesang der Jünglinge* unbefangen hört, auf den Gedanken kommen, daß dieses Werk ein kompositorisches Fragment geblieben ist. Denn angesichts der seinerzeit ebenso begrenzten wie zeitaufwendigen Herstellungsbedingungen war Stockhausen außerstande, sämtliche vorgeplanten Strukturen fristgerecht zum festgesetzten Uraufführungstermin auszuarbeiten, so daß er kurz zuvor die Realisation abbrechen mußte (und dann später nicht wieder aufnahm). Doch auch diese Notlösung ist signifikant für das musikalische Wesen und den Gehalt der so entstandenden offenen Form: eine Musik ohne expliziten Anfang und definitives Ende, die vielmehr einen Ausschnitt einer virtuell unendlichen, ewigen Musik des Gotteslobes zu Gehör bringt.

Christoph von Blumröder

LEONARD BERNSTEIN

West Side Story
1957 New York

Als eine der originellsten und vielseitigsten Komponisten- und Dirigentenpersönlichkeiten der Gegenwart hat Leonard Bernstein (1918–90) das Musikleben des 20. Jahrhunderts entscheidend mitbestimmt. Die Geringschätzung, die dem Amerikaner aus europäischer Sicht als einem Repräsentanten von Broadway-Kommerz und Show-Business-Kultur entgegengebracht wurde, wird durch den hohen künstlerischen Anspruch zumindest eines seiner Musicals klar widerlegt: Denn in den immer stärker verwischenden Grenzbereichen von U- und E-Musik erreichte Bernsteins *West Side Story* schon früh eine Synthese der dramatischen Künste, wie sie vorher kaum erreicht worden war. Seinem Konzept des »totalen Theaters«, das den Rock- und Pop-Opern der achtziger Jahre vorgriff, entspricht die Gleichberechtigung von Schauspiel, Gesang, Musik und Tanz, wobei jedes Element für sich handlungstragende Funktion gewinnen kann. Durch die sinfonische Aufwertung des Orchesterparts zur Basis der Bühnenaktion (also nicht nur deren Begleitung) rückt die Partitur der *West Side Story* in die Nähe der Oper. Auch gesangstechnisch weist sie über das typische Musical hinaus. Es verwundert deshalb nicht, daß das Stück trotz des wenig opernhaften Sujets auch ins Repertoire namhafter Opernhäuser Eingang gefunden hat. Auf Schallplatte erzielte das Werk sogar die größte Resonanz mit genuinen Opernsängern (Kiri Te Kanawa, José Carreras, Tatjana Troyanos, Marilyn Horne), die unter der Leitung des Komponisten ein breites Spektrum ungewohnter stimmlicher Ausdrucksqualitäten erschließen konnten.

Trotz der latenten Beziehung zur Oper ist die *West Side Story* ein typisches Musical und damit auch eine Anti-Oper. Zugleich wandte sich das Stück gegen das Phantasie- und Märchenmusical der Kriegs- und Nachkriegszeit, indem es sozial- und zeitkritische Themen aufgriff. So wurde die *West Side Story* bei der New Yorker Uraufführung am 26. September 1957 als absolute Novität empfunden. Denn die gesellschaftliche Brisanz und soziale Aktualität des Sujets, das nur vordergründig Shakespeares *Romeo und Julia* entlehnt war, verwies in die Slums der New Yorker West Side, wo das Stück auch spielt. Obwohl typisch genug für die fünfziger Jahre, hat die

Ich habe eine echte Affinität zur Bühnenmusik. Die meisten meiner Kompositionen waren in irgendeiner Art fürs Theater bestimmt, und die meisten der übrigen ruhen auf einem unverkennbar dramatischen Fundament. Diese Erkenntnis belastet mich keineswegs, sie erfüllt mich vielmehr mit Stolz, da ich doch weiß, daß es den Giganten Mozart, Weber und Strauss ebenso ergangen ist. Wohin mich das führen wird, weiß ich noch nicht. Wenn ich aber je imstande sein sollte, eine wirklich berührende amerikanische Oper zu komponieren, die jeder Amerikaner zu verstehen vermag und die dennoch ein ernstzunehmendes Musikwerk ist – dann werde ich ein glücklicher Mensch sein.
Leonard Bernstein am 14. Januar 1948
In: Erkenntnisse. Hamburg 1983.

BERNSTEIN West Side Story

West Side Story mit der Thematisierung von Gewalt und rassistischen Vorurteilen bis heute ihre Aktualität nicht verloren. Die ethnische Heterogenität der amerikanischen Großstädte, wie sie sich in neuerer Zeit der starken Zuwanderung von Puertoricanern abzeichnete, führte zur Entstehung organisierter Gangs, die sich Bandenkriege lieferten, und jugendlichen Slumbewohnern, Outlaws, Gelegenheit boten, sich gegen feindliche Gruppen solidarisch zu erheben. Bildete in Shakespeares *Romeo und Julia* ein nicht ausgetragener Familienzwist der Capulets und Montagues den Hintergrund für den tragischen Untergang des jungen Liebespaares, so liefern sich in Bernsteins Musical die Jets (Amerikaner) und Sharks (Puertoricaner) blutige Straßenschlachten, die in der Ermordung Tonys eskalieren.

Leonard Bernstein in seinen späten Jahren.

Leonard Bernstein am Klavier.

Einen effektvollen Kontrast zum gewalttätigen Milieu und zu den immer wieder aufbrechenden Bandenkriegen bildet die sentimental angehauchte Liebesgeschichte zwischen dem Amerikaner Tony und der Puertoricanerin Maria. Beide Sphären, die der Gewalt und die der Zärtlichkeit werden durch musikalische Mittel emotional gesteigert. »Tonight«, »Maria«, »Somewhere«, Songs, die um die Welt gegangen sind, stehen für die aufblühende Liebe des jungen Paares, deren zärtlich-sentimentale Gesten den lyrischen Gegensatz zu den rhythmisch aggressiv geschärften Instrumentalparts der Kampfszenen bilden. Beinahe leitmotivische Bedeutung gewinnen die »Finger-Snaps« der Gangmitglieder, spannungsgeladene Vorboten der sich explosiv entladenden Straßenschlachten. Jazz- und Blues-Elemente, die mit sinfonischen Satztechniken und konventionellen Formtypen eine Verbindung eingehen, verleihen der Partitur ein abwechslungsreiches, stilpluralistisches Klangbild. *Julia Liebscher*

PIERRE BOULEZ

Le Marteau sans Maître
1957 Köln

Weit verbreitet ist das Vorurteil, daß sich nur leicht verständliche Texte zur Vertonung eignen, doch haben schon Claude Debussy und Maurice Ravel schwierige Gedichte von Stéphane Mallarmé vertont, während Pierre Boulez (* 1925) neben Mallarmé auch Edward Estlin Cummings und René Char als Ausgangspunkt für weit ausgreifende Kompositionen gewählt hat. Boulez rechnet damit, daß der Hörer zuerst die Gedichte studiere, was eine gar nicht so unbescheidene Forderung ist, wie es zunächst scheint; denn früher war es in kultivierten bürgerlichen Kreisen durchaus üblich, daß man vor dem Besuch eines Schumann-Liederabends die Verse von Heine und Eichendorff las, um sich auf den Genuß der Musik einzustimmen.

Boulez' *Le Marteau sans Maître* aus der Mitte der fünfziger Jahre des 20. Jahrhunderts ist insofern bedeutungsvoll, als es dem Komponisten dank der kurzen Gedichte von Char gelang, aus dem Ghetto von ganz abstrakten Tonordnungen, aus der »musique pure«, wie er sie in seiner rigoros seriellen Musik kultivierte, auszubrechen und die Emotionen, die im Text enthalten sind, auszudrücken. Der Musiker sieht in Chars Werken eine feurige Heftigkeit und zugleich eine Härte, die ihn an einen schwarzen, blanken Kieselstein erinnert.

Drei kurze Gedichte hat Boulez in Musik gesetzt und sie zugleich noch mit rein instrumentalen Sätzen umgeben, die das im Text Gesagte kommentieren und steigern. Die Verse bilden das Zentrum, sind aber auf weite Strecken scheinbar abwesend; sie werden von der Musik vereinnahmt, um gerade dadurch ihre Aussage zu verdeutlichen. Diese Aussage freilich bleibt dunkel und läßt sich nur mit der Hilfe von André Bretons *Surrealistischen Manifesten* entschlüsseln, deren Bildersprache Char übernahm. Seine 1934 veröffentlichten Gedichte *Le Marteau sans Maître* (Der Hammer ohne Meister) sind Surrealismus aus zweiter Hand; ihnen fehlen das Absurde und die freie Assoziation von Worten und Gedanken, wie man sie von andern Surrealisten kennt. Char zeichnet voll verantwortlich für das, was er schreibt, und dasselbe tut auch Boulez, der den Dichter persönlich kannte und sich in dessen Welt einlebte.

Es würde hier zu weit führen, die drei Gedichte vollständig zu analysieren (ich habe das in meinem 1985 erschienenen Buch *Pierre Boulez und sein Werk,* getan), nur einige wichtige Punkte seien hervorgehoben:

Im Gedicht *Bourreaux de Solitude* (Scharfrichter der Einsamkeit) schlägt das Pendel einer Uhr in unregelmäßigen Schlägen gegen das Zifferblatt; die mechanische Zeit ist außer Kraft gesetzt und macht einer rebellischen Erlebniszeit Platz. Das Pendel vollzieht einen revolutionären Akt, indem es eine Ladung von Granit emporschleudert und so die Monotonie der Sekunden und Minuten durchbricht, die nach Breton nichts anderes wären als ein ungebührlicher Zwang des verhaßten Rationalismus. Ein poetisches Subjekt fehlt in Chars Gedicht, deshalb strahlt Boulez' Musik auch eine halluzinatorische Ruhe aus, die nur durch das unregelmäßige Ticken des Schlagzeugs unterbrochen wird. Drei instrumentale »Commentaires« zu diesem vokalen Stück steigern nun die surrealistische Revolte gegen das die Phantasie lähmende Gleichmaß der Zeit und bringen das Schlagzeug des kleinen Ensembles, bestehend aus Vibraphon, Marimbaphon, Tomtoms und Kleiner Trommel, voll zur Geltung.

Das Gedicht *L'Artisanat furieux* (Das furiose Handwerk) erwähnt nun im letzten Vers ein poetisches Subjekt: »Je rêve . . .« (ich träume). Im Träumen besteht die Arbeit des Künstlers und nicht im kühlen Rechnen. Bekannt ist, wie Mitglieder des Surrealisten-Kreises um Breton gelegentlich in hypnotischen Schlaf verfielen und zu reden begannen, indem sie einzelne Silben der Worte überdehnten, um dafür andere rasch zu übergehen. Der improvisatorische Gestus von Boulez' Musik folgt diesen Vorbildern. Der Traum zeigt aber Spuren von Organisation, die Sigmund Freud ent-

Das Kulinarische ist nicht sehr interessant – das ist Massen-Produktion für die Futterkrippe. Lukullisch: Das ist etwas anderes. Ich habe mich immer bemüht, der Neuen Musik einen guten Klang zu geben und so eine Art Genuß zu erzeugen. Ich glaube, daß die zeitgenössische Musik oft häßlich erschien, weil sie so schlecht vorbereitet war. Viele Interpreten hatten keine Ahnung, weder vom Stil noch von der instrumentalen Technik. Alles wurde zu schnell und zu kurz geplant. Deswegen war es so ungenießbar. Wenn man sich aber genug um die Tonerzeugung und um den Zusammenklang kümmert, mögen die Stücke manchmal hart sein, herb klingen – aber es ist trotzdem ein Genuß.
Pierre Boulez im Gespräch mit Heinz Josef Herbort
In: Die Zeit Nr. 49 vom 30. 11. 1990.

Pierre Boulez 1967. Der Komponist und Dirigent trat in diesem Jahr 1967 mit seinen Reformvorschlägen für die Pariser Opéra hervor.

deckt hat. Das war schon Breton vollkommen klar. Deshalb evoziert auch Chars Gedicht eine Reihe von Bildern, die sich als die Traumwelt des Künstlers verstehen lassen.

In *Bel Édifice et les Pressentiments* (Schönes Gebäude und Vorahnungen) erscheint das poetische Subjekt schon im ersten Vers: »j'écoute . . .« (ich höre), und das darauf Folgende ist nichts anderes als eine explizite Reflexion über die Bedingungen der menschlichen Exitenz: Der Spaziergang auf der Mole beschwört die Freiheit des Meeres. Kolumbus sei mit Verrückten über das Meer gefahren, doch diese Verrückheit habe Gestalt angenommen in der Entdeckung des Neuen Kontinents, sagte schon Breton. Nur Kinder, die noch nicht durch die Erziehung der Eltern zu einer alltäglichen Mimikry gezwungen worden seien, verfügen über Augen, die den unbewohnbaren Kopf, den Sitz des Intellekts, durch Weinen vermenschlichen können. Boulez läßt hier die Singstimme bis zum aggressiven Sprechen und zum Schrei kommen, um diese extreme Situation zwischen Zwang und Freiheit auszudrücken. In einem »Double«, einer zweiten Vertonung des Textes, geht er noch weiter und läßt die Sängerin zum Schluß nur noch Vokalisen singen. Er nimmt die Solistin endgültig ins Instrumentalensemble hinein, wo sich ihre Stimme mit der Altflöte, der Bratsche und dem Vibraphon mischt. Doch gerade in diesem Augenblick wird die »Vorahnung« des Glücks, von dem das Gedicht handelt, erst glaubwürdig.

Boulez begann während der sechziger Jahre seine früheren Werke unablassig umzuarbeiten, doch an *Le Marteau sans Maître* hat er nie gerührt, und er wird es auch in Zukunft ganz bestimmt nicht tun. Diese Komposition zeugt von einem Gleichgewicht zwischen Phantasie und Kalkül, wie er es später nie mehr erreicht hat. Die Bedeutung, die *Pierrot lunaire* für Schönbergs Atonalität zukommt, hat *Le Marteau sans Maître* für Boulez' flexibleren Serialismus. Beide Werke sind Erfüllungen des gewagten Anspruchs, am Rande eines noch fast unerforschten musikalischen Bereiches etwas zu formulieren, das Bestand haben wird. *Theo Hirsbrunner*

Es wird beträchtliche Zeit dauern, bevor man die Bedeutung des »Marteau sans Maître« erkennt. Einstweilen werde ich meine Bewunderung dafür nicht erläutern, sondern Gertrude Steins Antwort auf die Frage, warum sie Picassos Bilder liebe – »Es macht mir Freude, sie anzuschauen« – so variieren: »Es macht mir Freude, Boulez anzuhören.«
Igor Strawinsky
In: Gespräch.
Zürich 1961.
Zitiert nach:
Wolfgang Burde.
Strawinsky.
Mainz 1982.

PAUL HINDEMITH

Die Harmonie der Welt
1957 München

Paul Hindemith (1895–1963) konzipierte eine Oper, deren Sujet die historische Gestalt des Astronomen Johannes Kepler (1571–1630) bilden sollte, bereits 1939. Er hatte in jener Zeit ein eigenes mehrbändiges musiktheoretisches Werk verfaßt, dem er den Titel *Unterweisung im Tonsatz* gab und in dem er mit Vorstellungen der »harmonikalen Symbolik« sympathisierte, wie sie etwa auch bei Kepler zu finden sind. »Die Intervalle«, heißt es bei Hindemith, »waren Zeugnisse aus den Urtagen der Weltschöpfung; geheimnisvoll wie die Zahl, gleichen Wesens mit den Grundbegriffen der Fläche und des Raumes, Richtmaß gleicherweise für die hörbare wie die sichtbare Welt: Teil des Universums, das in gleichen Verhältnissen sich ausbreitet wie die Abstände der Obertonreihe, so daß Maß, Musik und Weltall in eins verschmelzen.« Allerdings gab Hindemith seinen Opernplan, mit dem er zweifellos in der Gestalt des Kepler seine eigene Lebens- und Musikauffassung thematisiert hätte, durch die Zeitumstände auf: Im September 1939 brach der Zweite Weltkrieg aus; Hindemith emigrierte im Februar 1940 in die USA, und in diesem Land hat er Opernpläne in nüchterner Einschätzung der mangelnden Aufführungsmöglichkeiten nicht einmal erwogen. Freilich komponierte er 1941 eine (unveröffentlicht gebliebene) *Motette für Sopran und Klavier* über den Text der biblischen Schöpfungsgeschichte. Dem Stück liegt ein Thema zugrunde, das er dann 1951 auch als Thema der Passacaglia aus dem Schlußsatz der Sinfonie *Die Harmonie der Welt* bzw. im Schlußbild der gleichnamigen Oper verwendete. Wir wissen nicht, ob er mit diesen thematischen Beziehungen einen programmatischen, außermusikalischen Sinngehalt verknüpfen wollte, nach dem etwa das irdische Scheitern der menschlichen Existenz von Anfang an eingegeben ist.

Erst nach dem Zweiten Weltkrieg hat der Musikverlag B. Schott's Söhne Hindemith an seinen alten Opernplan erinnert und das Bedauern ausgedrückt, daß die Zeitumstände eine Kepler-Oper verhindert hätten: ». . . solch ein Werk hätte nie an den Ufern des Mississippi oder in Massachusetts, Texas etc. entstehen können.« Diese Bemerkung provozierte Hindemith, der im Januar 1947 antwortete: »Zum Ausarbeiten tieffundierter

Hieronymus Bosch (um 1450–1516): »Die Erschaffung der Welt«.
Rückseiten der Flügel des Triptychons »Der Garten der Lüste«.

Pläne scheint für etwas gesetztere Gemüter der Rhein nicht wichtiger zu sein als der Mississippi, das Connecticut Valley oder die Wüste Gobi. Der immer wieder hinausgeschobene Kepler wird also doch eines Tages das Licht der Welt erblicken. Daß ers nicht schon längst getan hat, ist . . . einmal durch die ständige Hoffnung auf größere Reife, Kenntnis und Gestaltungskraft des Autors zu erklären, andererseits durch den einen Fluch des Erdenlebens bildenden ständigen Zeitmangel.«

Hindemith hat sich wohl erst 1951 entschlossen, das Kepler-Sujet wieder aufzugreifen; denn er komponierte in diesem Jahr für Paul Sacher und das Basler Kammerorchester die dreisätzige Sinfonie *Die Harmonie der Welt* mit den Satztiteln »Musica Instrumentalis«, »Musica Humana« und »Musica Mundana«, die der Klassifikation der Musik bei Boethius entstammen. Hindemith selbst hat 1952 eine Einführung in die Musik dieser Sinfonie verfaßt, in der es heißt: »Die drei Sätze der Sinfonie sind konzertmäßig verarbeitete Musikstücke aus einer Oper. Diese handelt vom Leben und Wirken Johannes Keplers, den ihn fördernden oder hindernden Zeitereignissen und dem Suchen nach der Harmonie, die unzweifelhaft das Universum regiert. Die Titel der Sätze beziehen sich auf die bei den Alten anzutreffende Einteilung der Musik in drei Klassen und wollen damit auf all die früheren Versuche hinweisen, die Weltenharmonie zu erkennen und die Musik als ihr tönendes Gleichnis zu verstehen. Die ›Musica Instrumentalis‹ enthält Musik aus den Opernszenen, in denen widrige äußere Umstände das Handeln des Helden erschweren. Drei konstruktive Hauptelemente werden gegeneinander ausgespielt: ein kurzes ostinates Thema, ein gewichtig voranschreitender Marsch und ein Teil von wilder Ungezügeltheit. Im zweiten Satz, der ›Musica Humana‹ (den Szenen entnommen, in denen die seelischen Beziehungen der Handelnden das Thema sind), werden zwei langgezogene Melodien erst einzeln, dann zusammen gespielt und schließlich mit einem zarten Abgesang beschlossen. Der dritte Satz versucht, die postulierte Harmonie der Welt in einer musikalischen Form zu symbolisieren, in der erst ein breites Fugato entwickelt wird, dann 21 Teile einer Passacaglia über dasselbe thematische Material folgen und schließlich eine breite Coda das Stück zu einem feierlichen Ende bringt.«

Auffälligerweise erweckt Hindemith in dieser Einführung den Eindruck, als fasse die Sinfonie eine bereits fertiggestellte Oper zusammen. Davon konnte jedoch keine Rede sein; Hindemith hatte 1952 noch nicht einmal mit der Niederschrift eines Opernszenariums begonnen. Es scheint, als wollte sich Hindemith mit den Angaben in der zitierten Einführung selbst unter Druck setzen, um endlich die von ihm erwartete Oper in Angriff zu nehmen und zu vollenden. Freilich zog sich diese Arbeit noch bis 1956 hin. Doch dann legte er mit der Oper *Die Harmonie der Welt,* die 1957 in München uraufgeführt wurde, ein Werk vor, das insgeheim als sein Hauptwerk zu gelten hat. *Harmonie der Welt,* das ist die Regel, die herrscht, die wir aber nicht erkennen. Hindemith läßt Kepler danach trachten, durch all sein Tun das Bewußtsein von dieser Regel, die eine Hoffnung ausdrückt, in die Welt hineinzutragen. Doch erfährt Kepler in seinem äußeren Leben nur hoffnungslose Disharmonie; »Disharmonie der Welt« wäre als Titel der Oper adäquater. Resignierend bekennt Kepler: »Die große Harmonie, das ist der Tod. / Absterben ist, sie zu bewirken, not – / Im Leben hat sie keine Stätte.« Und seine letzten Worten lauten: »Vergeblich – das wichtigste Wort am End, / Das man als Wahrheit tiefinnerst erkennt.« Disharmonie herrscht noch im Schlußbild der Oper: In einer Simultanszene rühmen, dem irdischen Raum entrückt, die personifizierten Gestirne Keplers menschliches Trachten, während Wallenstein gleichzeitig ermordet wird. Hindemiths Musik möchte sich der postulierten Harmonie anverwandeln, indem sie sich von den Tonbeziehungen beherrschen läßt, die in seiner Auffassung an den allgemeinen Naturgesetzen teilhaben. Sie gipfelt also nicht so sehr in der Harmonie der Welt als Ausdruck einer Idee, vielmehr soll in all ihren Momenten innermusikalisch diese Idee bereits gegenwärtig sein. Damit bündelt die Oper Tendenzen, die in Hindemith-Musik erstmals seit *Mathis der Maler* hervortreten. Mit *Die Harmonie der Welt* schloß Hindemith sein mittleres Schaffen ab. In den folgenden fünf Jahren bis zu seinem Tod fand er dann zu einem Spätwerk von singulärem Rang, das freilich noch zu entdecken bleibt.

Giselher Schubert

JOHN CAGE

Concerto for Piano and Orchestra
1958 New York

Kein Künstler hat in unserem Jahrhundert mehr zur Erweiterung, Wandlung und Umwälzung von dem Begriff dessen, was »Musik« überhaupt sei und sein könne, beigetragen als der in Kalifornien geborene

Der 75jährige John Cage während der Generalprobe seines Werkes *Europeras*, 1968 dessen Uraufführung wegen des Brands des Frankfurter Opernhauses verschoben werden mußte.

John Cage (1912–1992). Nach einem abgebrochenen Studium beim exilierten Arnold Schönberg (1874–1951) wandte sich Cage Mitte der dreißiger Jahre einer experimentellen Kunst zu – teilweise im Anschluß an die europäischen Avantgardebewegungen eines Marcel Duchamp (1887–1968) oder Erik Satie (1866–1925) im wesentlichen jedoch eigenständig. So entstand im Verlauf eines halben Jahrhunderts ein Œuvre, das in seiner konzeptionellen Mannigfaltigkeit seinesgleichen sucht.

Seit etwa 1950 zielte Cage mehr und mehr darauf, eine Musik der Nicht-Intentionalität, der Nicht-Subjektgebundenheit zu entwickeln, indem er die Klangwelt aus der beherrschenden Sphäre des auktorial-kompositorischen Zugriffs entließ. Die Klänge sollen nichts als Klänge sein, die keinerlei vorgestanzte Bedeutungen oder geschichtliche Erinnerungen enthalten.

Auch die Beziehung im musikkommunikativen Prozeß zwischen Komponist, Spieler und Hörer wandelte Cage grundlegend, indem er sie je und je experimentell neu definierte. Nicht länger sollte der Spieler vom Komponisten, der Hörer vom Spieler abhängig sein. Der Komponist verzichtet auf Autorschaft im üblichen Sinn und legt statt dessen Rahmenbedingungen für musikalische Aktionen fest, deren Leerstellen vom Spieler, der von einem Reproduzierenden zum Mitautor wird, eigenverantwortlich ausgefüllt werden müssen. Dem Hörer aber bleibt es anheimgestellt, was er von der ihn erreichenden Klangwelt auffassen und wie er sie erfahren möchte.

Widerspräche der Begriff des Hauptwerkes nicht der Musikphilosophie des Komponisten, müßte man im Blick auf das 1957/58 komponierte *Concerto for Piano and Orchestra* von einem solchen sprechen. Mit der herkömmlichen Gattung des Klavierkonzertes hat es nichts mehr gemeinsam, es sei denn die Tatsache, daß der Klavierpart die Stimmen der 13 weiteren Instrumente an Umfang des notierten Materials übertrifft. Da es freilich den Ausführenden anheimgestellt ist, ob und in welchem Umfang sie von den verfügbaren Materialien Gebrauch machen, ist die Relation zwischen »Solist« und »Orchester« ins Beliebige gestellt. Der Klavierpart kann ganz oder teilweise allein gespielt werden oder mit einer Auswahl der übrigen Stimmen zusammen erklingen. Im Extremfall wäre selbst eine Aufführung ohne Klavier eine Realisation des Werkkonzeptes, ja der deutsche Musiktheoretiker Heinz-Klaus Metzger, der seit den späten fünfziger Jahren zu den Anhängern des amerikanischen Komponisten zählt, ging sogar so weit, eine klanglose Null-Interpretation zu den möglichen Realisationen des Konzepts zu rechnen.

Keine Partitur regelt die zeitliche Koordination der Einzelstimmen, und falls ein Dirigent hinzutritt, zeigt er lediglich – und zwar nach einer besonderen Dirigentenstimme – mit unregelmäßigen Kreisbewegungen der Arme den Zeitverlauf an. Einzelne Realisationen des Klavierkonzertes unterscheiden sich voneinander daher nicht wie Interpretationen eines Werkes, die trotz ihrer Unterschiede die Identität des Stückes nicht antasten, sondern präsentieren dem Hörer jedesmal etwas gänzlich Neues. Die Radikalität dieses Konzepts erhellt sich aus den Worten, mit denen Cage seinen Begriff einer »experimentellen Musik« im Programmheft der Uraufführung des Klavierkonzertes am 15. Mai 1958 in der New Yorker Town Hall formulierte: »Any sounds may occur in any combination and in any continuity.« Und obendrein verfügte er, daß auch weitere Kompositionen, von *Aria* (1958) bis *Song Book* (1970), simultan mit dem Klavierkonzert aufgeführt werden können. Das Prinzip gänzlicher Unvorhersehbarkeit ist damit auf die Spitze getrieben. Eine Simultanaufführung mehrerer Cagescher Werke bei den Darmstädter Ferienkursen 1990 hat freilich bewiesen, daß dieses Konzept, wenngleich Cage sich mittlerweile von ihm abgewandt hat, noch immer ereignisreiche, stimulierende Aufführungen ergeben kann.

In der Klavierstimme des Konzerts entfaltet Cage eine beispiellose Fülle von insgesamt 84 verschiedenen Notationssystemen. Über ihre graphische Eleganz hinaus müssen sie als musikalische Zeichensysteme nach einem beigefügten Kommentar dechiffriert werden, damit ihr jeweils spezifischer Notationssinn vom Pianisten in klangliche Wirklichkeit umgesetzt werden kann. Jeder dieser Notationstypen bringt ein spezielles Verhältnis zwischen kompositorischer Bestimmtheit und Unbestimmtheit zum Ausdruck, so daß die Beziehung zwischen der Autorschaft des Komponisten und der Mit-Autorschaft des Pianisten in jedem Fall neu definiert erscheint. So spiegelt sich auch in der Notation der Traditionszerfall der avantgardistischen Neuen Musik seit 1950, indem jeder Komponist seine eigene, den musikalischen Intentionen angemessene Notenschrift entwickelt hat. Einerseits wurden viele neue Klangweisen entwickelt, die mit den herkömmlichen Mitteln der Notation nicht fixierbar waren, andererseits aber waren die Komponisten – und Cage voran – auch darauf aus, eine Art musikalischer Graphik zu entwerfen, die den Spieler zu Improvisationen anregen sollte. Die Mehrdeutigkeit der Notenschrift wurde damals von einem Mangel, den man beheben wollte, zu einem Vorzug umgedeutet, weil sie dem Interpreten Raum für verschiedene Darstellungen von Werkkonzepten bot, die im Zusammenhang der Neuen Musik nach Maßgabe der Kategorien Offene Form, Zufallsmusik, Indetermination geschichtswirksam wurden. Heute indessen ist diese Mannigfaltigkeit vor allem historisch von Interesse, nachdem der Avantgardeprozeß nicht mehr ungebrochen herrscht, sondern seit rund einem Dutzend Jahren in Zweifel gezogen und – freilich verfrüht – von einem »Ende der Avantgarde« gesprochen wird.

Hermann Danuser

KARLHEINZ STOCKHAUSEN

Gruppen für 3 Orchester
1958 Köln

Karlheinz Stockhausen (* 1928) hat mit den *Gruppen für 3 Orchester*, deren erste Skizzen im Sommer 1955 entstanden, deren vollständige Ausarbeitung aber erst nach mehreren Unterbrechungen – unter anderem durch die Realisation des *Gesangs der Jünglinge* – im Jahre 1957 abgeschlossen wurde, ein in mehrerlei Hinsicht überaus spektakuläres Werk komponiert. Dies betrifft allein schon die Ausführung durch drei selbständige, zusätzlich zur herkömmlichen Besetzung mit einem umfangreichen, neuartigen Schlagzeuginstrumentarium ausgestattete Orchester, die jeweils von einem eigenen Dirigenten geleitet werden. Die drei Orchester sind hufeisenförmig um das Publikum herum aufgestellt, um erstmals auch in der Instrumentalmusik das anzustreben, was Stockhausen zur gleichen Zeit bereits mit den technischen Mitteln der Elektronischen Musik verwirklicht hatte, nämlich eine »Raummusik«, die den Zuhörer unmittelbar und buchstäblich in das Klanggeschehen einschließt: Verschiedene Ton-Gruppen (auf sie bezieht sich der Titel des Werkes), die durch eine bestimmte Dauer, durch die Anzahl ihrer Töne, durch je eigentümliche melodische Bewegungsrichtungen, rhythmische und dynamische Verhältnisse sowie durch ein eigenständiges Tempo im Sinne spezifischer musikalischer Erlebnisqualitäten charakterisiert sind, erklingen zeitweise nur im linken, im vorderen oder im rechten Orchester; sie wandern durch die Orchester, es entstehen Wechselspiele gleichsam von Frage und Antwort, Ruf und Echo; und in zwischendurch eintretenden Steigerungspassagen treffen die drei Orchester in synchronen Klangwellen zusammen, deren mitreißender Wirkung sich schwerlich ein Hörer entziehen kann.

Daß Stockhausens *Gruppen* gleich bei der Uraufführung am 24. März 1958 im Rheinsaal des Messegeländes Köln-Deutz ihren Eindruck auf die anwesenden Zeitgenossen nicht verfehlten, dokumentiert eine Zeitungskritik, die am 26. März 1958 in den *Düsseldorfer Nachrichten* erschien und dabei beredt Zeugnis vom damals sich auch international verbreitenden Ruhm des noch relativ jungen Komponisten ablegt: »Knapp dreißig Jahre alt ist der Kölner Komponist Karlheinz Stockhausen, und doch hat er in der

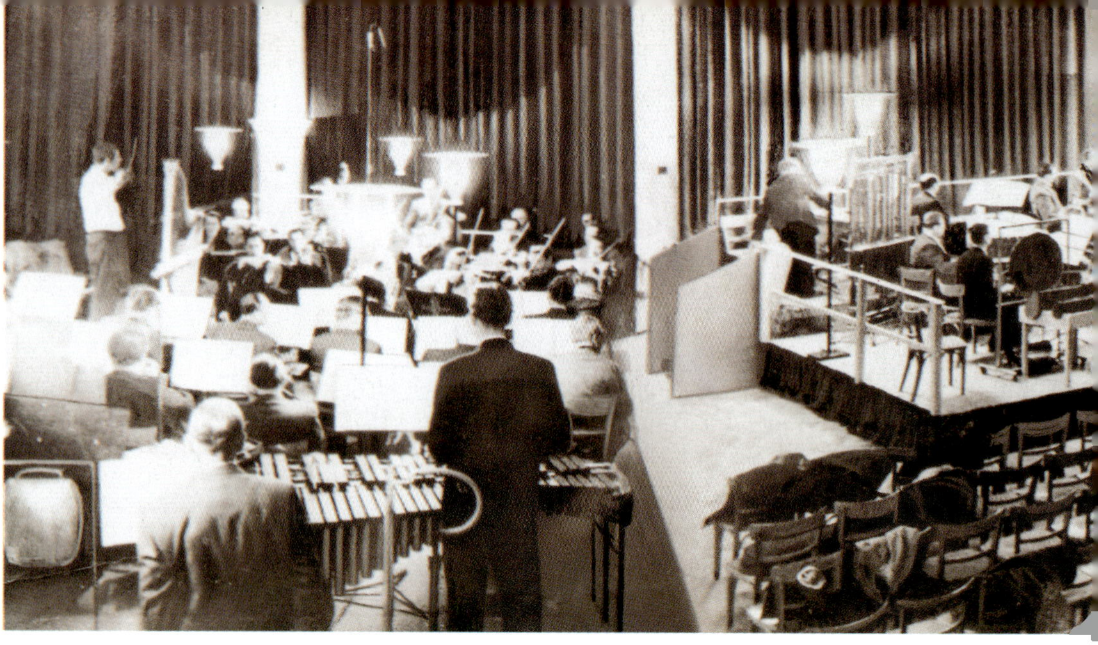

Karlheinz Stockhausen *Gruppen für 3 Orchester*. Generalprobe zur Uraufführung mit dem Kölner Rundfunk-Sinfonie-Orchester unter Leitung der drei Dirigenten Stockhausen, Maderna und Boulez am 24. März 1958 im Rheinsaal des Messegeländes Köln-Deutz.

Musikwelt schon einen so hohen Kurswert, daß die Uraufführung seines neuesten Werkes *Gruppen für drei Orchester* in der Reihe ›Musik der Zeit‹ des Westdeutschen Rundfunks alle Merkmale einer Sensation trug. Was vorher schon über die Struktur des Werkes bekanntgeworden war, hatte Fachleute aus ganz Europa nach Köln getrieben, die denn auch beim Betreten des Rheinsaals der Messehallen das ungewöhnlichste Bild wahrnahmen, das je ein Konzertsaal dargeboten hat. Drei Podien waren aufgebaut, je eines an den Schmalseiten, eines an der etwa 40 Meter langen Stirnwand des Raumes. Das Publikum war von Musikern umzingelt. Die Podien waren je zwölf Meter lang und fünf Meter tief, 109 Musiker waren darauf verteilt. Neben den Instrumenten des klassischen Sinfonieorchesters bemerkte man besonders reiches Schlagwerk, darunter Negertrommeln (dem Ostasiatischen Museum entliehen) und ein Satz Almglocken, die eine bayerische Spezialfirma geliefert hatte. Drei Dirigenten, der Komponist, der Italiener Bruno Maderna (* 1920) und der Franzose Pierre Boulez (* 1925), leiteten je eine Orchestergruppe, und zwar so, daß sie, hinter ihren Musikern stehend, einander sehen und in enger Kommunikation bleiben konnten. Der Dirigent, dessen ›Gruppe‹ gerade ein Solo spielte, gab dem Partner im Frack, der als nächster daran war, rechtzeitig ein Signal zum Einsatz. An wenigen Stellen des 25 Minuten dauernden Werkes hörte das Flukturieren des Klanges auf, trafen sich die drei Orchester bei gewaltigen Steigerungen zum ›Tutti‹.«

Die überwiegend positive Resonanz, die Stockhausens *Gruppen* beim Publikum fanden – »man hat kaum jemals ein avantgardistisches Musikstück von ausgeprägt experimentellem Charakter gehört, das man so ›unmittelbar‹ verstand. Der Beifall nach der Uraufführung war außerordentlich stark«, hieß es weiter in besagter Zeitungskritik –, spiegelt eindrücklich den kompositionsgeschichtlichen Rang des Werkes: ein Schlüsselwerk der Musik der fünfziger Jahre, dem nicht zuletzt aufgrund seiner damals singulären, kontinuierlichen Gesamtdauer von 25 Minuten (es gibt keine Unterteilungen in »Sätze« wie in der vorhergegangenen sinfonischen Tradition) und seiner spektakulären Erscheinung ein geradezu legendärer Ruf anhaftet. Darüber hinaus verdeutlicht der Umstand, daß die *Gruppen* in einer Messehalle und somit also in einem nicht speziell für die Darbietung von Musik gebauten Raum aufgeführt werden mußten, daß dieses Werk völlig neuartige, von der gängigen Struktur der Guckkastenbühne abweichende Konzertsäle erfordert: kreisförmige oder quadratische, ebenbödige Räume, die eine Orchesteraufstellung rings um die Zuhörer – oder auch inmitten des Publikums – ermöglichen, ohne feste Bühne, sondern mit variablen Podien, beweglichem Gestühl sowie Nischen oder in verschiedenen Höhen angebrachten Balkonen für kleine Instrumentalgruppen. Indes ist diese Botschaft bis heute noch nicht zu den maßgeblichen Kulturpolitikern und Architekten vorgedrungen. *Christoph von Blumröder*

PAUL HINDEMITH

Pittsburgh Symphony
1959 Pittsburgh

Im März 1938, auf seiner zweiten Reise durch die USA, fuhr Paul Hindemith erstmals durch Pittsburgh; darüber schrieb er seiner Frau: »Morgens fuhr man durch eine Gegend, für deren Bewohner wohl Bochum als einer der lieblichsten und reinsten Sommerluftkurorte gelten wird. Ringsum alles schwarz von Kohlen und Staub. Es ist die Gegend um Pittsburgh, in der eine Fabrik an der anderen steht, Hochöfen, Schornsteine und Kohlenhalden einander ablösen. Dazwischen alles vollgestopft mit verrauchten und verrußten Wohnhäusern, und durch alles ziehen sich unzählige drei-, vier- und mehrgleisige Eisenbahnstränge. Schön ist das alles nicht, aber so häßlich wie es ist, brauchte es auch wieder nicht zu sein. Der folgende Teil von Pennsylvanien ist wirklich schön, man fährt durch die Alleghanies, ein Mittelgebirge mit viel Wasser und mäßig dichtem Wald . . . Ich dachte, daß doch auch hier Menschen ihre Heimat haben und daß sie, selbst wenn sie oder ihre Vorfahren erst wenige Jahrzehnte hier wohnten, ihre Wurzeln in diesem Boden haben – und dann erschien es mir seltsam, daß aus diesem Gefühl der Bodenständigkeit bis jetzt so gar nichts für die Kunst erwachsen sei. Ich fühlte plötzlich, was für große Möglichkeiten ein eingeborener amerikanischer Komponist haben müßte und begann mich mit ihm zu identifizieren. Und da hatte ich Einfälle über Einfälle . . .«

Allerdings hat Hindemith keinen seiner Einfälle in den folgenden Jahren verwirklicht. Offensichtlich wollte er als ein deutscher Komponist, der seit 1938 im schweizer, seit 1940 im amerikanischen Exil lebte, sich nicht in die Probleme einer genuin amerikanischen Musik einmischen; spezifisch amerikanische Sujets überließ er in jener Zeit ganz den einheimischen Komponisten. Erst 20 Jahre später, 1958, ergab sich die Gelegenheit, seine ursprünglichen Eindrücke von Pittsburgh in einer Komposition zu konkretisieren. Er erhielt einen Kompositionsauftrag des Pittsburgh Symphony Orchestra, für das er im selben Jahr die *Pittsburgh Symphony* schrieb und selbst am 30. Januar 1959 mit dem Orchester uraufführte.

Die *Pittsburgh Symphony* hat als das instrumentale Hauptwerk des späten Hindemith zu gelten. Es scheint sogar, als habe der Komponist die Konzeption und den Gehalt dieses Werkes, das unverkennbar seine frühen Ein-

Karl Hofer (1878–1955): »Industriewerk« 1947.

drücke von dieser Stadt im Tonfall der Musik festhält und verarbeitet, erst im Kontext der stilistischen Besonderheiten seines Spätwerkes angemessen ausarbeiten können.

Spätwerke von Rang besitzen regelmäßig etwas Unzeitgemäßes, Widerständiges, das auch dort kaum mit dem jeweiligen Hauptstrom der musikalischen Entwicklung in eine innere Übereinstimmung gebracht werden kann, wo analoge Verfahrensweisen vorzuliegen scheinen. Den Hauptstrom der musikalischen Entwicklung bildete in den fünfziger Jahren dieses Jahrhunderts die serielle Musik mit ihrer emphatischen Modernität, ihrem Antitraditionalismus oder ihrer absoluten Fortschrittlichkeit. Der späte Hindemith hingegen empfand eine Modernität um ihrer selbst willen als wenig erstrebenswert, unterstrich immer wieder die Macht und den Anspruch der Tradition und argwöhnte, daß die blinde musikalische Fortschrittseuphorie ebenso wie die wissenschaftliche unausweichlich in die Katastrophe führe. 1955 äußerte Hindemith in einem Vortrag in beeindruckender Klarsichtigkeit: »Ist man die Despotie vom Beherrschenden in den feudalistischen Systemen losgeworden, so fordert die Industrialisierung der Welt noch grausigere Opfer, und bekämpft man erfolgreich die

Cholera, so nimmt man fast mit Stolz die sich anbahnende atomare Zerstörung irdischer Lebensbdingungen in Kauf.«

In der *Pittsburgh Symphony* bildet die Kontrastierung des biederen, traditionsgebundenen »Alten«, das leidvoll verfällt, und des ungestümen, fortschrittlichen »Neuen«, das die Lebenswelt immer unwirklicher erscheinen läßt, geradezu das Programm des Werkes, das vor allem in den beiden letzten Sätzen des dreisätzigen Werkes hervortritt. Der zweite Satz hebt im Charakter eines Trauermarsches mit einer langgezogenen Melodie voller Melancholie an, die von einem turbulenten, grotesk-übermütigen Musizieren über ein Volkslied aus der Gegend um Pittsburg abgelöst wird. Im dritten Abschnitt dieses Satzes läßt Hindemith dann Trauermarsch und Volkslied simultan ablaufen. Dabei scheint das Lied wie aus der Ferne wehmütig und voller Erinnerung in die Musik hineinzuklingen. Auch der Schlußsatz zitiert ein Volkslied; aber hier beschließt es einen außerordentlich episodenreichen Verlauf. Dessen satztechnische Grundlage ist eine Reihe von acht Tönen, aus der, wie in der Reihentechnik, die damals als Inbegriff des Fortschritts in der Musik galt, alle musikalischen Ereignisse im Bereich der Tonhöhen abgeleitet werden. Hindemith zitiert sogar innerhalb dieses Satzes umfänglich den Anfang der *Sinfonie op. 21* (1928) von Anton Webern. Der Kopfsatz hingegen kennt keine Zitate fremder Musik. Er ist vollständig über eine lang gesponnene Melodie gearbeitet, die Hindemith ständig wiederholt, die jedoch nie als solche demonstrativ hervortritt, sondern nur ein ungebundenes, lebhaftes, konzertant-sinfonisches Geschehen grundiert.

Das auffälligste Merkmal des Hindemithschen Spätwerkes, wie es die *Pittsburgh Symphony* ausprägt, ist die außerordentliche Heterogenität der Techniken, Stile und Zitate, die der Komponist in seine Musik einfließen läßt, ohne daß sie im mindesten eklektisch oder willkürlich wirkt. Hindemith stützt sich hier mit größter Souveränität auf das Ganze der Musik vom Volkslied bis zur Kunstmusik, von der Reihentechnik bis zur Liedbearbeitung. Seine Spätwerke sind in diesem Sinne stets aufs Neue Modelle eines sinnvollen Weiterkomponierens unter intensivster Präsenz von Tradition. Ja mehr noch: Hindemith möchte in einer Zeit des vorherrschenden Antitraditionalismus die Musikgeschichte als Inbegriff des Ganzen der Musik in selbstverständliche, stets präsente Tradition verwandeln.

Giselher Schubert

GYÖRGY LIGETI

Apparitions/Atmosphères
1960/1961 Köln/Donaueschingen

Ein erster entscheidender Umschwung in der Geschichte der europäischen Avantgarde nach dem Zweiten Weltkrieg zeichnete sich um 1960 im Übergang vom streng seriellen Strukturdenken zu offeneren Formen der Klangkomposition ab. Seinen Kristallisationspunkt hat dieser »Paradigmenwechsel« in zwei Orchesterwerken von György Ligeti (* 1923): *Apparitions,* auf einem älteren Entwurf mit dem Titel *Viziók* (Visionen) basierend, wurde 1958/59 ausgearbeitet und am 19. Juni 1960 beim Kölner Weltmusikfest der Internationalen Gesellschaft für Neue Musik erstmals vorgestellt – *Atmosphères,* im Frühsommer 1961 komponiert, erlebte seine stürmisch gefeierte, da capo gespielte Uraufführung am 22. Oktober 1961 in Donaueschingen.

Beide Premieren trugen alle Anzeichen des Ungewöhnlichen, die aus der Verschränkung von subjektiven und objektiven Momenten erwuchs. Ungewöhnlich nicht nur, daß hier ein knapp 40jähriger plötzlich in den Brennpunkt der Rezeptionsgeschichte rückte – ein Komponist von souveräner Metierbeherrschung und langjähriger pädagogischer Erfahrung, zudem ein brillanter Theoretiker. Ungewöhnlich auch, daß hier ein Emigrant, ein Außenseiter im Kreis der Darmstadt-Köln-Donaueschinger Avantgarde mit soviel Selbstbewußtsein wie Entdeckerfreude und Risikobereitschaft einen neuen Anfang zu setzen wagte. Der historische Zeitpunkt war freilich überaus günstig. Als Ligeti 1956 aus Ungarn nach Westeuropa kam, hatten Theorie und Praxis der seriellen Musik ihren Höhepunkt rigider Dogmatik bereits überschritten. Seine so revolutionierenden wie einleuchtenden Werkideen resultierten aus der Erkenntnis, daß die Logik eines jeden Materialaspekt vorweg normierenden Kompositionsverfahrens in eine Sackgasse geführt hatte, was sich vor allem an einer Nivellierung der harmonischen Dimension und einem Verlust an plastischer Formgestaltung zeigte.

Zwei Möglichkeiten, so Ligeti, boten sich als Ausweg aus der Krise an: die Restauration distinkter Tonhöhen- und Rhythmusprofile (wenn nicht gar der traditionellen motivisch-thematischen Arbeit) oder aber – Sprung ins Ungewisse – die totale Einebnung aller gestalthaften Phänomene.

Bezeichnend ist, daß Ligeti sich für die radikalere Alternative entschied und zugleich, inspiriert durch seine Arbeit im Kölner elektronischen Studio 1957/58, die faszinierenden Perspektiven erkannte, die ein solcher Ansatz für die Orchestermusik eröffnete.

György Ligeti. Der 66jährige Komponist, aufgenommen Ende Februar 1990 in Helsinki.

Durch den Verzicht auf traditionelle Charaktere wie Intervallprägnanz, rhythmische Kontur, durchhörbare Zeichnung wurde der Weg frei zur Komposition des Klangs selbst, seiner Farbigkeit und seiner Dichte, seines äußeren Volumens und seiner internen Textur. Satztechnische Basis für die plastische Formung solcher klingenden Massen und Körper – wenn man so will: das Strukturgerüst für die Außenhaut – ist die minuziöse Verflechtung einer Vielzahl von selbstständig geführten Orchesterstimmen (80 in *Apparitions*, 89 in *Atmosphères*), die so eng verknäuelt sind, daß sie ihre Individualität völlig einbüßen. Sie verschmelzen in einem übersättigten polyphonen Gewebe zum irisierenden Globalklang – Ligeti hat für dieses Verfahren den Terminus »Mikropolyphonie« geprägt.

Die Differenz der beiden Orchesterstücke erwächst aus einer unterschiedlichen Dramaturgie der globalen Formprozesse, wobei Ligeti sich auch von optischen Visionen, naturhaften oder surrealen Bildern, leiten ließ. »Primär waren Vorstellungen von weit verzweigten, mit Klängen und zarten Geräuschen ausgefüllten musikalischen Labyrinthen«, schrieb er etwa im Kommentar zur Uraufführung von *Apparitions*.

Apparitions – gegliedert in zwei Sätze, von denen der zweite *(Agitato)* sich komplementär zum ersten *(Lento)* verhält – ist gewissermaßen noch von einer rudimentären Entwicklungslogik bestimmt. Vor dem dichtgefügten Klanggrund (sehr deutlich zumal im *Lento*) zeichnen sich, worauf der Titel verweist, »Erscheinungen« ab, die jäh aufzucken, leuchten, verlöschen: Impulse, die den stagnierenden Klang unmerklich modifizieren. *Atmosphères* tilgt selbst den Schein solcher Wechselwirkung. Ligeti hat hier sein Vokabular noch strenger gesichtet und alle verkappt traditionellen Formrelikte ausgemerzt. Das ganze, knapp neunminütige Stück besteht quasi nur noch aus »Hintergrund«, einem gleichmäßig den ganzen Klangraum füllenden, überaus feinfaserigen Gewebe.

Gleichwohl spielen sich auch hier, in einem nach geläufiger Vorstellung extrem homogenen Feld, subtile Metamorphosen ab, die den amorphen Klangfluß modellieren. Ruhende Cluster werden in oszillierende Bewegung versetzt, die an organische Wachstumsprozesse erinnern, Klangflächen gleiten graduell von satten Streicher- in metallische Bläserfarben über, Tonräume gewinnen durch abgestufte Helligkeitsgrade plastisches

LIGETI Apparitions/Atmosphères

Relief, illusionistische Präsenz. Die deutlichste Zäsur markiert, etwa in der Mitte des Stücks, der plötzliche Absturz aus höchsten Registern der Piccoloflöten und Violinen in extreme Kontrabaßtiefen – eine Stelle von zerstörender Wirkung, die apokalyptische Assoziationen weckt. Dazu wäre anzumerken, daß Ligeti sich während der Ausarbeitung von *Atmosphères* mit Gedanken an eine Totenmesse trug und die Komposition dem Andenken seines 1960 verstorbenen Freundes Mátyás Seiber gewidmet hat.

Monika Lichtenfeld

HANNS EISLER

Ernste Gesänge
1962 Berlin

Als sich Hanns Eisler (1898–1962) nach dem Zweiten Weltkrieg, aus den USA durch eine antikommunistische Kampagne vertrieben, in der sowjetischen Zone des besetzten Deutschland, die 1949 zur Deutschen Demokratischen Republik wurde, niederließ, hatte er ein bewegtes Leben hinter sich. Als Schüler Arnold Schönbergs in die Grundlagen einer radikalen musikalischen Moderne eingewiesen, hatte er sich in der Weimarer Republik von seinem Lehrer abgewandt und sich zu einer kommunistischen Parteilichkeit auch in seiner Musik (mit Agitationsliedern, Balladen u. a. m.) entschlossen. 1933 mußte er, als Kommunist, Jude und Modernist gleich dreifach verfemt, ins Exil fliehen, wo er sich Schönberg wieder annäherte. In der DDR wurde eine erneute Wandlung dieser Position unausweichlich, denn die maßgeblichen Leute dort verfochten eine strikt antimodernistische Richtung unter Rekurs auf den von der Sowjetunion übernommen sozialistischen Realismus.

Nunmehr hielt es Eisler für notwendig, die aus feudalen und bürgerlichen Zeiten stammende Spaltung der Musikkultur in eine hohe und eine niedere Sphäre zu überwinden. Durch die Komposition einfacher, doch gehaltvoller Musik in Genres der Vokal-, Bühnen- und Filmmusik suchte er den Zustand zu beseitigen, den er als musikalischen Analphabetismus anprangerte. Dieses Konzept einer »angewandten Musik« formulierte er im *Brief nach Westdeutschland* 1951:

»Wir brauchen dringend für unerfahrene Hörer leichtverständliche Musik. Es ist schwer genug, sie zu schreiben, ohne in abgenutzte Klischees zu verfallen . . . Verbindet sich Musik mit anderen Künsten: Poesie, Theater, Tanz, wird sie zur angewandten Musik, dann bekommt selbst Abgenütztes einen neuen Sinn und damit eine neue Nützlichkeit.«

Über die künstlerische Selbstbescheidung, die ihm dieses populistische Erziehungsprogramm abverlangte, scheint sich Eisler keiner Täuschung hingegeben zu haben. Zu kommunistischer Loyalität verpflichtet, blieb sein Anspruch auf ein »produktives Erbe« unerfüllt. Und gegen Ende seines Lebens wuchs seine Verbitterung, als er erkennen mußte, daß sein Kampf gegen die »Dummheit in der Musik« auch in der DDR ohne nachhaltigen Erfolg geblieben war.

Mangel an präziser Artikulation, zu lange Dauer, Ausladendes und Dunstiges stoßen ihn ab. Die schwelgerisch-luxurierenden Klänge einer morbiden Tristan-Nachfolge, ätherische Jugendstil-Exentrizitäten durchtränkt mit Ideologie des Entsagens – langweilen ihn. Statt nuanciertem Ausspinnen und Zerfasern von Themen neigt Eisler von Beginn an zu knapper, epigrammatischer Verkürzung und Konzentration. Hingezogen fühlt er sich eher zur akademischen Strenge Brahms': »Hier fand ich Formvollendung, plastische Themen.«
Albrecht Betz
In: Hanns Eisler. Musik einer Zeit, die sich eben bildet.
München 1976.

Eisler vollendete seine *Ernsten Gesänge,* einen Gesangszyklus für Bariton und Streichorchester nach Texten verschiedener Dichter, kurz vor seinem Tode 1962. In der Vielfalt der herangezogenen Vokaltypen stellt dieses Werk eine Art Summe seines pluralistischen Traditionskonzeptes dar. Anfangs- und Schlußgesang (»Asyl« nach Friedrich Hölderlin und »Epilog« nach Stefan Hermlin) schließen so eng an die Überlieferung der Kunstmusik Bachs bzw. Brahms' an, daß die Gefahr einer neubarocken bzw. neuromantischen Epigonalität nicht fern liegt. Der fünfte Gesang (»XX. Parteitag«, nach einem Gedicht von Helmut Richter) – sein Text gibt den mit der Entstalinisierung Mitte der fünfziger Jahre verbundenen Hoffnungen Ausdruck – ist faßbar als schlichte, lyrische Transformation eines Massenliedes, wobei der aggressive Marschtypus von Eislers früherer Kampfmusikperiode in einem Dreiviertel-Takt aufgehoben erscheint. Gegen die hier verwendete Diatonik kontrastiert scharf die dichte Chromatik der übrigen Gesänge, die von der Erfahrung der Dodekaphonie zehren – etwa im Vorspiel, dem ein Hölderlin-Epigramm zum Motto dient: »Viele versuchten umsonst, das Freudigste freudig zu sagen, / Hier spricht endlich es mir, hier in der Trauer sich aus.« In der Vertonung dieses Textes erkennt man die melancholische Antwort eines um Loyalität bemühten Komponisten auf die (im Zeichen des sozialistischen Realismus verordnete) Pflicht zu einer affirmativen, optimistischen Ästhetik.

Entsprechend seiner stets pragmatischen, keinem Autonomiedenken verpflichteten Arbeitsweise griff Eisler bei der Komposition der *Ernsten Gesänge* auf frühere Lieder zurück, die teilweise sogar aus der Exilzeit stammten. Wie in seiner Vokalmusik überhaupt montierte er, statt Dichtungen integral zu vertonen, Texte oft eigenständig – rücksichtslos gegenüber dem

»Brecht mit Eisler«. Aus der Folge »Mein Brecht-Skizzenbuch« von Herbert Sandberg (* 1908) von 1967. Der Zeichner war 1945–50 Mitherausgeber der satirischen Zeitschrift »Ulenspiegel«.

ursprünglichen Wortsinn – zu einer neuen Textgrundlage. So komponierte Eisler auch beim dritten Gesang des Zyklus (»Verzweiflung«) nur einen Ausschnitt aus Giacomo Leopardis Gedicht »A se stesso« (aus *Canti,* 1835). Zwischen der Streicherbegleitung und dem Gesang besteht, für Eislers Vokalkomposition charakteristisch, ein Spannungsverhältnis. Cluster-Bewegungen der Streicher erfassen den Textinhalt – Verzweiflung – mittels traditioneller Prinzipien musikalischen Ausdrucks. Die Singstimme aber beteiligt sich nicht an dieser Dimension, sondern trägt den Text referierend, aus Distanz vor. Dadurch macht sie die Situation der Verzweiflung als veränderbar, nicht als unvermeidlich-schicksalhaft erfahrbar. Der Vortragsstil, den Eisler für seine konzertmäßige Vokalmusik fordert, ist ein anderer als die aggressive Rauheit der Chöre und Balladen der Kampfmusikperiode. »Der Sänger möge sich bemühen, durchweg freundlich, höflich und leicht zu singen«, heißt es im Vorwort der Partitur der *Ernsten Gesänge.*

Eislers Wirkung in der Musikgeschichte der DDR, die inzwischen, nach deren Beitritt zur Bundesrepublik Deutschland, als Periode von rund vierzigjähriger Dauer abgeschlossen vorliegt, war begrenzt. Denn einige Jahre nach seinem Tod fand auch in der DDR ein Durchbruch zur Neuen Musik statt, deren Quellen – in der westlichen Neuen Musik der Nachkriegszeit – allzu weit von Eisler selbst entfernt waren, als daß dieser als Klassiker der DDR verehrte Komponist noch eine wirklich nachhaltige Rolle hätte spielen können.

Hermann Danuser

DIE BEATLES

1962–1970

Als man Ringo Starr, den Schlagzeuger der Beatles, einmal fragte, wie die musikalische Zusammenarbeit innerhalb der Gruppe funktioniere, meinte er: »Ich gehe rüber in Johns Haus, um mit seinen Spielsachen zu spielen, und manchmal kommt er hierher, um mit meinen zu spielen.« Es ist die perfekte Zusammenfassung aus Wahrheit, Understatement und Ironie, mit der die Beatles auf ihren Weltruhm, auf die »Beatlemania«, reagierten und die auf der anderen Seite eine der Grundlagen ihrer Faszination darstellte. Der Erfolg der Beatles war und ist mit musikalischen Begriffen kaum zu erklären. Zwischen 1962 und 1970 gelang es ihnen, nicht nur das Image der Rock- und Popmusik grundlegend zu verändern, sie wurden auch, zusammen mit den Rolling Stones und Bob Dylan, zum Kristallisationspunkt für eine Generation, die nach neuen Identifikationsfiguren suchte. Im Gegensatz zu den Rolling Stones, deren Gruppenimage immer eindeutig festgelegt war – böse, dreckig, obszön und nervös – präsentierten sich die Beatles als ein Gleichgewicht verschiedener Charaktere, das selbst bei unterschiedlicher Entwicklung der einzelnen Gruppenmitglieder immer ausbalanciert blieb. John Lennon (1940–80), der Harte, der dem rebellischen Gestus des Rock 'n' Roll treu blieb; Paul McCartney (* 1942), der Hübsche, mit dem Hang zum Sentimentalen und den schönen Melodien; George Harrison (* 1943), der Ausgleichende, der die späteren, östlich beeinflußten Klangerweiterungen initiierte; Ringo Starr (* 1940), der Liebenswerte, der die pure Naivität verkörperte. Gemeinsam war ihnen sicher der unbedingte Wille, nur das zu tun und zu spielen, was Spaß machte, ohne Rücksicht auf Konventionen und die Erwartungen der Plattenindustrie. Diese Unkompliziertheit, dieser Witz, diese spielerische Frische, die rebellisch und zugleich entwaffnend sympathisch war, machte sie zum Symbol eines Aufbruchs, der im politischen Bereich mit der Ära John F. Kennedys parallel lief.

Nichts schien darauf hinzudeuten, als sich John und Paul 1955 zu der Skiffle-Gruppe The Quarrymen zusammenfanden. Auch 1961, nachdem George (1958), Stu Sutcliffe sowie Pete Best (1960) dazugekommen waren, und sie als Silver Beatles bzw. Beatles zwischen London und Hamburg pendelten, waren sie nichts anderes als eine der zahllosen Liverpooler Beat-

The Beatles. 1970. v. l.: Paul McCartney, Ringo Starr, John Lennon, George Harrison.

Bands, die als Tanzclub-Alternative zu dem seicht dahinplätschernden Industrie-Pop eine gewisse lokale Berühmtheit verzeichnen konnten. In ihren Harmoniegesängen über dem harten Twist-Rhythmus war aber schon damals eine melodische Verbindlichkeit angelegt, die mehr Entwicklungsmöglichkeiten bot, als die sexuell anspielungsreichen und aggressiven Rhythm 'n' Blues Wurzeln, auf die sich die Rolling Stones bezogen. Der weiße Rock 'n' Roll eines Eddie Cochran und Buddy Holly auf der einen Seite und das schwarze, gospelnahe Gesangsideal von Gruppen wie The Shirelles, The Four Seasons oder Ben E. Kings verbanden sich zu einer Mischung, in der Protest und Rebellion immer von einem Hauch Harmonie umweht und die Liebeslieder durch Ironie und Leichtigkeit ihrer Sentimentalität beraubt wurden. Dazu kamen melodische und harmonische Anklänge, die weniger auf das amerikanische Blueserbe zurückgriffen, als sich vielmehr durch den volksliedhaften Ton der englischen, irischen und schottischen Musik inspirieren ließen.

Nachdem Brian Epstein im Dezember 1961 ihr Manager geworden war, Ringo Starr am Schlagzeug Pete Best ersetzte und sie im August 1962 einen Vertrag bei EMI unterzeichnet hatten, begann im Oktober 1962 mit »Love me do« eine Karriere, die von den Kritikern als »Popexplosion« bezeichnet wurde – die zweite Revolution der Rockmusik nach 1956. Ein Umsturz, der alle Bereiche umfaßte: Kleidung, Sprache, Sex; ein Lebensgefühl, das in Filmen wie *A Hard Day's Night* (1964) oder *Help* (1965) ihren Ausdruck fand. Phänomene wie massenhysterische Reaktionen, Konzerte in Fußballstadien, eine britische »Invasion« im Rock-'n'-Roll-Mutterland USA traten auf, und die Singles und Langspielplatten der Beatles belegten jahrelang die ersten Plätze der einschlägigen Hitparaden. Die Revolution der Beatles wäre, wie die des Rock 'n' Roll, eine Sache der Jugendlichen, eine Rebellion geblieben, hätte mit der Veröffentlichung von *Rubber Soul* (1965) nicht eine zweite Phase begonnen, durch die die Popmusik zur Popkultur erhoben wurde. Beeinflußt durch die surrealen Texte Bob Dylans, die klassischen Neigungen ihres Produzenten George Martin und nicht zuletzt durch die intensiven Erfahrungen mit Drogen erweiterten die Beatles ihr inhaltliches und musikalisches Spektrum und verhalfen damit der Rockmusik zur Akzeptanz als Kunstform. *Revolver* (1966) und vor allem ihr Konzeptalbum *Sgt. Pepper* (1967) betraten kein musikalisches Neuland, popularisierten aber Kompositions- und Klangtechniken, die der Rockmusik bisher unbekannt waren. Elektronische Verfremdungen, Zitate aus der klassischen Musik, exotische Instrumente, Vaudeville-Musik – die

Die Beatles

Beatles kombinierten, was ihnen gefiel und verbanden es, bei aller Differenziertheit, Komplexität und Raffiniertheit, zu einer eingängigen, singbaren Musik, bei der Energie und Leichtigkeit nie Gegensätze darstellten.

Mit *Sgt. Pepper* war der intellektuelle und musikalische Höhepunkt der Beatles erreicht, ein Höhepunkt, der von manchen als Verlust der künstlerischen Unschuld und als Ende der reinen Popmusik betrauert, von anderen als der Beginn einer Kunstform für Erwachsene bejubelt wurde. Die Beatles hatten eine Entwicklung angestoßen, die nicht mehr umkehrbar erschien und die erst durch die dritte Rockrevolution – den Punk – kurzfristig aufgehoben wurde. Immer mehr Gruppen verzichteten auf Live-Auftritte und konzentrierten sich auf hochkomplizierte Studioproduktionen, die auf der Bühne nicht mehr reproduzierbar waren. Das Hör-, Klang- und Kunstideal der Popmusik orientiert sich seit den Beatles an der Schallplatte, an der Vorstellung vom Popmusiker als Künstler, eine Tendenz, durch die – unter positivem Aspekt gesehen – viele Rockgruppen erst in die Lage versetzt wurden, ihre eigenen Platten zu machen und ihre eigene Musik zu komponieren.

Psychedelische Experimente, »Love und Peace«, diverse Soloprojekte und persönliche Differenzen – das Gleichgewicht der Beatles war nach *Sgt. Pepper* zum ersten Mal außer Balance geraten und konnte nur in einer Rückkehr zu den alten musikalischen »Charakteren« der einzelnen Akteure enden. Das *White Album* (1968), *Abbey Road* (1969) und *Let It Be* (1970) wurden zu Songsammlungen alten Stils, die immer noch die genialen kompositorischen Merkmale der Beatles enthielten, denen aber die inhaltliche Geschlossenheit und die erfrischende Selbstironie fehlten. John wurde tragisch, Paul sentimental, George mystisch und Ringo blieb sympathisch. Sie hatten die Freude an den Spielsachen des anderen verloren. Ihre »Yeah, Yeahs« und »Oooos« hatten tiefschürfenden Inhalten und ausgeklügelter Musik Platz gemacht, aber die Rockmusik hat die Beatles – im guten wie im schlechten Sinne – auch 20 Jahre danach noch nicht überwunden.

Konrad Heidkamp

BERND ALOIS ZIMMERMANN

Die Soldaten
1965 Köln

»Wie bei kaum einer anderen Partitur stand fest: Diese gehört zu den wenigen Opern, die aus unserem Jahrhundert bleiben werden: *Wozzeck, Moses und Aron, Lulu, Die Soldaten.* Mehr sind es kaum.« Mit diesem Satz umriß Michael Gielen, der Dirigent der Uraufführung von Zimmermanns *Die Soldaten* Wert und Bedeutung des Werkes. Sehr rasch hat sich diese Einschätzung auch im Bewußtsein der musikalischen Öffentlichkeit durchgesetzt: Aufführungen in Kassel, Nürnberg, Düsseldorf, München, Hamburg, Frankfurt, Berlin, Boston, Lyon oder Stuttgart zeigen, daß die *Soldaten* ungeachtet des ungeheuren technischen Realisierungsaufwandes und der enormen Anforderungen an die Interpreten zu den wenigen zeitgenössischen Opern gehören, die sich einen festen Platz im Repertoire erobern konnten. Man sah dies nicht von Anfang an so, wurde doch das Werk, immerhin eine Auftragskomposition für die Städtischen Bühnen Köln, zunächst mit dem Argument abgelehnt, es sei unspielbar. Erst nach einer Überarbeitung durch den Komponisten, die die szenische Realisierung erleichterte, den Kern des Werkes jedoch unangetastet ließ (und nach einem Intendantenwechsel) konnten die *Soldaten* am 15. Februar 1965 in Köln aus der Taufe gehoben werden.

Was Bernd Alois Zimmermann (1918–70) reizte an dem Stück des Sturm-und-Drang-Dichters Jakob Michael Reinhold Lenz (1751–92), in dem es um das erbärmliche Treiben des Soldatenstandes und den daraus resultierenden gesellschaftlichen Abstieg der Bürgerstocher Mariane (bei Zimmermann Marie) Wesener zur Straßendirne geht, waren weniger das Zeitstück und die »soziale Kritik, die unüberhörbar und auf ihre Weise großartig in dem Werk enthalten« ist, als der Umstand, wie sämtliche Personen des Stücks »unentrinnbar in eine Zwangssituation geraten, unschuldig mehr als schuldig, die zu Vergewaltigung des Bestehenden führt« (Zimmermann). Daneben war es vor allem die dramatische Konzeption von Lenz, die den Komponisten faszinierte. In seinen 1771–74 verfaßten *Anmerkungen übers Theater* hatte Lenz vehement gegen »die so erschröcklich jämmerlichberühmte Bulle von den drei Einheiten« des Aristoteles (Ein-

Bernd Alois Zimmermann. *Die Soldaten*. Szenenfoto mit Edith Kertész-Gabry, der Sängerin der Marie bei der Kölner Uraufführung am 15. 2. 1965.

heit der Handlung, des Ortes und der Zeit) polemisiert und dagegen eine Einheit der inneren Handlung, eines übergreifenden Wirkungszusammenhanges postuliert.

In den 35, zum Teil geradezu filmschnittartig aneinandergefügten Szenen der 1776 anonym erschienenen *Soldaten*, erblickte Zimmermann die ideale Vorlage für ein Werk, das seine Vorstellung von der »Oper als Theater der Zukunft« erfüllte. So ist Zimmermanns einziges vollendetes Bühnenwerk sicher eine der überzeugendsten Realisierungen jener theoretischen Überlegungen, in denen der Komponist – in Anlehnung an Philosophen wie Augustinus, Bergson und Husserl, aber auch an Schriftsteller wie Proust, Joyce und Pound – seine Vorstellung von der »Kugelgestalt der Zeit« entwickelt hatte, in der »Zukunft, Gegenwart und Vergangenheit vertauschbar« werden. Diese Simultaneität subjektiven Zeiterlebens – im Gegensatz zur chronometrisch meßbaren, objektiven Zeit – suchte Zimmermann mit Hilfe seines sogenannten »pluralistischen« Kompositionsstils zu verwirklichen. Sah er schon bei Lenz »mehrere Handlungen übereinander geschichtet«, so radikalisierte er die Vorlage, indem er deren 35 Szenen auf 15 reduzierte, durch Streichungen, vor allem jedoch, indem er eine ganze Reihe von Einzelszenen des Originals zu großen Simultanszenen zusammenfaßte, ohne dabei freilich den Text von Lenz anzutasten. Diese Simultantechnik gipfelt in der ersten Szene des vierten Aktes, die den Zuhörer geradezu in einen Strudel der »Zeitspirale« hineinreißt. Zimmermann vermerkt in der Partitur: »Diese Szene hat den Charakter eines Traumes: das Geschehen mehrerer Szenen spielt sich, losgelöst von Zeit und Raum, der Handlung vorgreifend, auf sie zurückgreifend, gleichzeitig auf der Bühne, in drei Filmen und in den Lautsprechern ab . . . Die Szene stellt insgesamt die Vergewaltigung Maries als Gleichnis der Vergewaltigung aller in die Handlung Verflochtenen dar: brutale physische . . . und seelische Vergewaltigung.«

Kompositorisch realisiert Zimmermann seine Zeitphilosophie u. a., indem er bis zu 13 völlig verschiedene Temposchichten gleichzeitig ablaufen läßt oder auch vollkommen divergentes historisches Material – Bachchoräle, Jazzelemente, Strukturen von spätmittelalterlicher Motettenkunst u. a. m. – in die musikalischen Verläufe hereinholt. Dergleichen ist weniger als zitathafte Collage zu verstehen, sondern eher als der Versuch, Materialien der »verschiedensten Zeiten« zu einer »für den Bruchteil einer Sekunde« erlebbaren, einheitlichen künstlerischen Ausdruckswelt zu verschmelzen.

Obwohl Zimmermann einerseits »das Serielle zu überwinden« suchte, stellt die Partitur der *Soldaten* einen Höhepunkt seriellen Komponierens dar: Das gesamte musikalische Material gewinnt Zimmermann durch Ableitungen aus einer einzigen symmetrischen Allintervall-Zwölftonreihe, auch die Metronomangaben für die voneinander unabhängigen Temposchichten sind durch die Intervallbeziehungen dieser Reihe determiniert.

Formbegriffe aus der absoluten Musik – Strofe, Ciacona, Ricercari, Toccata, Nocturno u. ä. – dienen als Überschriften der einzelnen Szenen. Anders als in Bergs *Wozzeck* verweisen sie jedoch nicht auf formale Modelle, sondern eher auf inhaltlich Ideelles: Mit Toccata etwa – die ursprüngliche Bedeutung ist toccare = schlagen – sind die Soldatenszenen charakterisiert.

Zimmermanns *Soldaten* bleiben eines der bewegendsten Dokumente des verzweifelten künstlerischen Protestes gegen Gewalt, Ungerechtigkeit und menschliches Leid. »Sed libera nos a malo«, schreit der Komponist in der letzten Szene heraus, wenn sich über die vergewaltigte Marie, die vom eigenen Vater nicht mehr erkannt wird, zu den Tritten marschierender Kolonnen, den Filmeinblendungen rollender Panzer und sterbender Soldaten die Wolke eines riesenhaften Atompilzes auf die Bühne herabsenkt.

Oswald Beaujean

Free Jazz und die Folgen

1960–1970

»Mein Saxophon ist Maschinengewehr, Megaphon, Mutter und Geliebte.« Dieses Bekenntnis von Archie Shepp aus dem Jahr 1966 enthält, sieht man einmal von der zärtlichen Hommage an die Materialerotik des Instruments ab, eine Symbolik, die aus der Freudschen Traumlehre stammen könnte: Das Saxophon als Sprachrohr des Unbewußten, als Ausdrucksmittel des Begehrens und verbotener Wünsche. Im Free Jazz der sechziger Jahre mit seiner lärmenden Expressivität hat die Rede von der »Botschaft des Klangs«, vom »Instrument als Verlängerung der Stimme« Konjunktur. Die Musik wird als Medium nichtrepressiver Botschaften neuentdeckt, in einer »Ästhetik des Schreis« manifestiert sich die Gebärde des Schmerzes, des Leids, des Widerstands.

Archie Shepp und Ornette Coleman. Beide gehören zu den Initiatoren des Free Jazz. Archie Shepp lehrt seit 1975 an der Universität von Massachusetts Geschichte der Schwarzen Musik. Ornette Coleman ist auch als Komponist moderner Konzertmusik hervorgetreten.

In stilgeschichtlicher Perspektive konnte sich der Free Jazz – zunächst sprach man noch vom »New Thing« – in den USA im Spannungsfeld des ausklingenden Hard Bop und der von Miles Davis geförderten modalen Spielweise entfalten. New York avancierte einmal mehr zum Schmelztiegel, in dem sich die Personalstile von Ornette Coleman (* 1930), des späten John Coltrane (1926–67), Cecil Taylors (* 1933), Don Cherrys (* 1936) und Albert Aylers (* 1936) amalgamierten. Eine ganze Reihe von bis dato gültigen Kriterien der Jazzimprovisation wurde von den genannten Vorkämpfern über den Haufen geworfen: Die Gesetzmäßigkeiten der funktionalen Harmonik waren passé, Klangfarbenforschungen traten an die Stelle melodischer Gradlinigkeit, bisher durchlaufende Metren wurden durch einen freien rhythmischen Puls ersetzt und die Atonalität machte ihr Recht geltend. (Viele dieser Charakteristika lassen sich beispielhaft an der auf Schallplatten dokumentierten Entwicklung des Saxophonisten John Coltrane nachvollziehen.) Zweifellos hing die Entstehung des Free Jazz auch von sozialen Indikatoren ab: Die in den sechziger Jahren erstarkende Black-Power-Bewegung, das neue Selbstbewußtsein »black is beautiful« vornehmlich schwarzer Intellektueller, der antiautoritäre Gestus vieler Jugendlicher, all das war ein idealer kultureller Horizont, vor dem der Free Jazz mit seiner Rebellion gegen überkommenen

Der Trompeter Don Cherry, der sich in den Anfängen des Free-Jazz – wie Ornette Coleman – der Kritik ausgesetzt sah, »Anti-Jazz« zu betreiben.

Formenballast und verkrustete Traditionen erstarken konnte. Die aggressive Saxophonstimme Archie Shepps (* 1937) oder auch die weltversunkene hymnische Kraft seines Musikerkollegen Pharoah Sanders (* 1940) kündeten von hoffnungsfroher Aufbruchsstimmung und dem Beginn besserer Zeiten nicht nur für die Kunst.

Doch zunächst traf der visionäre Geist des freien Jazz auf Unverständnis und Widerstände. Als der Altsaxophonist Ornette Coleman im Dezember 1960 eine Schallplatte mit dem Titel *Free Jazz* herausbrachte, wurde das Werk zunächst von vielen Kritikern als »Anti-Kunst«, als »Anti-Jazz« beschimpft. Die Kollektivimprovisationen des Doppelquartetts – neben Coleman hatte der Trompeter Don Cherry sein Horn im Spiel zeigten nur, wo »Neurosen und Psychosen ihren Ursprung« hätten, schrieb der *Down Beat*-Kritiker John Tynan. Provozierend wirkten nicht nur die kalkulierten Intonationsunschärfen und motivischen Kettenassoziationen in Colemans Spiel, vor allem das »harmonische Unisonospiel« im Kollektiv – wie er es nannte – trieb die Zuhörer auf die Barrikaden. Das neue Ideal musikalischen Ausdrucks umschrieb Coleman damals mit den Worten: »Das Ensemblespiel verdichtet sich so sehr, daß die improvisatorische Freiheit selbständig zu werden scheint. Sie löst sich von den einzelnen Spielern ab und beginnt quasi ein Eigenleben zu führen.«

Garry Peacock (l.) und Sunny Murray. Beide Musiker haben für ihre Instrumente die Möglichkeiten des Free Jazz erprobt und entwickelt.

Als Zuspitzung des kollektiven Konzepts von Ornette Coleman entstand 1965 die Aufnahme *Ascension:* Ein elfköpfiges Ensemble um John Coltrane inszenierte einen »Aufstieg«, eine »Himmelfahrt« der Klänge. Im ständigen Wechsel zwischen furioser Gruppenimprovisation über einem einfachen Leitmotiv und freischweifenden Soli werden energetische Potenzen der Musik aktiviert, die neben dem formalen Kontrastprinzip von Spannung und Auflösung auch aus einer tendenziellen Verselbständigung der Klangfarbe schöpfen. »Vermutlich sind dies die kraftvollsten Klänge, die jemals auf Schallplatte aufgenommen wurden«, bemerkte damals der Jazzkritiker Bill Mathieu zu *Ascension.*

Der Schrei als befreiender Riß im Gewebe der Harmonie – kaum ein Musiker der Free Jazz-Bewegung hat dieses Gestaltungsmittel mit einer solchen spirituellen Intensität aufgeladen wie der Tenorsaxophonist Albert Ayler. Seine schier berstende Überblastechnik, seine Doppel- und Quetschtöne, sein weitgezogenes Vibrato, das weinerlich-gebrochene Pathos, die abrupten Sprünge von hohen in tiefe Register, all diese Charakteristika zeigen an, daß möglichst viele physische Impulse durch das Instrument auf die Musik übertragen werden. Musik wird dadurch zu einer Art klingender Körpersprache. »Die Klänge sind wichtiger geworden als die Noten«, versicherte Albert Ayler immer wieder. Zudem verwirklichte er

Albert Mangelsdorff und Manfred Schoof. Zwei herausragende Protagonisten der deutschen Szene des internationalen Jazz.

Die Jazzpuristen waren über meine Überschreitung der ihrer Ansicht nach unüberschreitbaren Grenzen genauso empört wie 20 Jahre früher die Klassiker. Die haben damals auch gesagt, »Jetzt verdirbt er sich den Anschlag«, »Jessas, jetzt macht der Jazzmusik«. Und wie ich das mit der Jazzmusik gemacht habe, haben die aus anderen Gründen, aber genauso schwachsinnig Feuer geschrien und gesagt, daß man nicht klassische Formen in die Jazzmusik einführen darf . . . Wenn sie dir das zum zehnten Mal sagen, dann denkst du dir, leck mich am Arsch, ich hör' gar nicht mehr hin, schad' um die Zeit!
Friedrich Gulda
In: Friedrich Gulda. Aus Gesprächen mit Kurt Hofmann. München 1990.

vor allem in seinem Trio mit dem Bassisten Gary Peacock und dem Schlagzeuger Sunny Murray ein neues Ideal sozialer Interaktion: Alle Instrumente waren nun gleichberechtigt, Baß und Schlagzeug konnten ebenso melodische Funktionen übernehmen, wie konventionelle Melodieinstrumente polyrhythmische Aufgaben.

Rückblickend scheint es fast so, als hätte der Free Jazz in Europa größeren Anklang gefunden als in den USA. Zumindest bot sich ab Mitte der sechziger Jahre mit dieser tendenziell offenen Stilrichtung für viele europäische Jazzmusiker, z. B. Albert Mangelsdorff (* 1928), Manfred Schoof (* 1936), Peter Brötzmann (* 1941), Wolfgang Dauner (* 1935), Gunter Hampel (* 1937), Alexander von Schlippenbach (* 1938), die Möglichkeit, im entstehenden Konglomerat sich durchkreuzender Personal- und Gruppenstile eine genuin eigene Identität auszubilden. Ging der emotionale Gehalt dieses neuen musikalischen Abenteuers noch auf die Besonderheit afro-amerikanischer Formulierkunst zurück, so zeigten die formalen Gestaltungsmittel des Free Jazz eine deutliche Nähe zu Konstruktionsprinzipien der europäischen E-Avantgarde. Im Zuge der Entwicklung abendländischer Neuer Musik – man denke nur an Komponisten wie Boulez, Nono, Stockhausen oder Ligeti – hatten sich bereits Qualitäten wie Atonalität, Aleatorik und serielle Verfahren durchgesetzt.

Wolfgang Dauner und Gunter Hampel. Beide Musiker gehören zur europäischen Jazz-Avantgarde, deren Gestaltungsmittel denen des Free Jazz entgegenkamen.

Schon früh ließ sich der Pianist und Free-Jazz-Pionier Cecil Taylor von den kompositorischen Errungenschaften und Stilmitteln bei Neutönern wie Schönberg, Webern und Strawinsky anregen. Nicht im Sinne einer Nachahmung oder Übertragung ihrer Techniken auf die Jazztradition; Taylor strebte vielmehr im Bewußtsein der handwerklichen Genauigkeit, der Abstraktionsleistungen dieser Komponisten so etwas wie einen neuen Energietypus in der schwarzen Musik an. Dabei bedeutet Energie nicht nur Kraft, sondern vor allem eine besondere Funktion der Zeit, einen unverwechselbaren Bewegungsimpuls. Energiestrukturen, häufig die Kontrastwirkungen von Verdichtung und Auflösung tonaler Akzente, strukturieren Cecil Taylors Spiel. Dabei führen Ereignisdichte und Akzenthäufigkeit dazu, daß sich seine Musik einem unmittelbar kulinarischen Genuß verweigert. Wie er schon Anfang der Sechziger Jahre immer wieder seine Jobs in Jazz-Clubs wie z. B. dem New Yorker »Five Spot« verlor, weil er die Gäste angeblich beim Essen störte und für einen Rückgang des Getränkeumsatzes sorgte, so haftete ihm auch in der Folge das Stigma an, seine Musik lebe zuallererst aus intellektueller Ekstase und vernachlässige die seelenvolle Seite des Jazz. Dieses Vorurteil hängt vor allem mit Taylors perkussiver Auffassung vom Piano zusammen: »Ich spiele die Tasten des Klaviers wie 88 gestimmte Trommeln.« Taylor bricht mit dem »Swing«,

Gary Burton Quartett. Vertreter eines neuen Individualstils mit gemäßigten Rhythmen.

jenem Gefühl einer fließenden rhythmischen Bewegung, und erzeugt statt dessen Spannung durch antithetische Blockbildungen. Als typisches Stilmittel nutzt er dazu seine Cluster: Tontrauben, die er mit der Faust, dem Ellenbogen oder Unterarm in die Tasten hämmert, so daß er alle Halbtöne in einem bestimmten Bereich zum Klingen bringt. Ob diese Cluster nun atonal klingen oder nicht, ist für Taylor sekundär. Ihm geht es vor allem um die Farbwirkung dieser Klanghaufen, nicht zuletzt als Kontrastmittel zu Skalen und melodischen Patterns.

Ähnlich wie in der Literatur läßt sich auch im Jazz etwa ab Mitte der siebziger Jahre die Hinwendung zu einer Art Neuer Innerlichkeit nicht verleugnen. Als Gegenbewegung im Pendelschlag der Jazzgeschichte setzte sich eine kammermusikalisch orientierte Spielart mit »leisen Tönen« im Unterschied zur lärmenden Aggressivität des Free Jazz durch. Aus der einstigen Aufbruchsemphase mit ihrem Drang zur öffentlichen Auseinandersetzung wurde eine Rückzugstendenz in den privaten Seelenfrieden. Das introvertierte Skalenspiel aus der modalen Phase des entstehenden Free Jazz wurde ebenso wiederbelebt wie pendelharmonische Raster über zwei, drei Akkorden. Gemäßigte Rhythmen drängten Baß und Schlagzeug nach einer kurzen Phase melodischer und rhythmischer Selbstbehauptung wieder in ihre Begleitfunktion. Die »Kunst des Solos« (z. B. von

Art Ensemble of Chicago. »Prototyp einer Back-to-the-Future-Bewegung«.

Keith Jarrett (* 1945), Chick Corea (* 1941), Gary Burton (* 1943) oder Ralph Towner (* 1940), die Erprobung des eigenen Egos und individueller Ausdrucksmöglichkeiten waren wieder gefragt. Parallel zu dieser Entwicklung feierte der durch Miles Davis (1926–91) und dem Gitarristen John McLaughlin (* 1942) initiierte Jazzrock in den USA wie in Europa Triumphe.

Da der radikale Free Jazz in seinem konsequenten Befreiungsprozeß aus den Zwängen eines überkommenen Normensystems in bezug auf die kontinuierliche Fortsetzung der Jazzgeschichte zu einem revolutionären Bruch, zu einer einschneidenden Zäsur geführt hatte, war eine Art historisches Vakuum entstanden. Geschichtsbewußtsein, ein Gespür für die Errungenschaften und ästhetischen Vorleistungen im reichen Fundus der Jazztradition, war vielen, vor allem jüngeren Musikern abhanden gekommen. Die neue Freiheit lag jetzt nicht mehr allein in der Befreiung vom Formenkanon der Jazzhistorie, sondern im beliebigen Verfügenkönnen über alles nur erdenkliche musikalische Material, über Stile und Strukturen verschiedenster kultureller Bereiche und Traditionszusammenhänge.

Diese Musikentwicklung der siebziger Jahre läßt sich beispielhaft am Konzept einer einzigen Gruppe, des Art Ensembles of Chicago, illustrieren. In ihrem Multi-mixed-media-Programm versöhnt sich der klassische Blues

David Murray und Arthur Blythe. Protagonisten der sogenannten vierten Free-Jazz-Generation. Vergangenheit und Gegenwart verschmolzen zu einem neuen Ton der Offenheit.

mit afrikanischer Polyrhythmik, die Spontaneität der Improvisation wird mit fernöstlicher Formstrenge kombiniert, europäische Melodien und Tanzrhythmen verbünden sich mit dem kontemplativen Gestus von Spirituals. Szenische Klangbilder von optischer und akustischer Eindringlichkeit lassen aus der Improvisation ein bedeutsames Ritual werden. Das Art Ensemble kann als Prototyp einer Back-to-the-Future-Bewegung gelten, die Innovation mit Tradition verbindet und die sich in ihrem Anspruch als »Great Black Music« dennoch nicht gegen europäische Hörgewohnheiten sperrt.

Ende der siebziger Jahre konnte es nicht überraschen, daß nach der Sturm- und Drangphase, nach der Katharsis im Fegefeuer des Free Jazz die Rebellen von einst, z. B. Saxophonisten wie Archie Shepp oder Marion Brown (* 1935), ihre Liebe zur Jazztradition entdeckten. Daneben waren es vor allem junge Instrumentalisten der sog. vierten Free-Jazz-Generation wie David Murray, (* 1955), Chico Freeman (* 1949) oder der Altsaxophonist Arthur Blythe (* 1940), die sich mit Werken von Klassikern wie Lester Young, Charlie Parker und Duke Ellington beschäftigten. Ihre Interpretationen z. B. von Parker-Stücken verschmolzen die harmonische Leidenschaft und rhythmische Finesse des Bebop mit der Klangemphase und den atonalen Irritationsmomenten des Free Jazz.

John Zorn (l.) und Bradford Marsalis. Zwei Musiker, mit denen die neue Koexistenz der Stile dokumentiert werden kann.

Heute herrscht im Jazz eine friedliche Koexistenz der Stile. Neben der vor allem in Europa kultivierten Strömung des orthodoxen Free Jazz behaupten sich die Neo-Traditionalisten; genannt seien hier auch die Brüder Wynton (* 1960/1962) und Branford Marsalis (* 1960). Neben der noch immer starken Linie des Jazzrock hat sich in den letzten Jahren eine postmoderne Zitatkultur breitgemacht. In einem Patchwork-Verfahren, z. B. in den Werken John Zorns (* 1953), werden stilistische Brüche und thematische Kollisionen offensiv betont. Der fragmentarische Charakter der Stücke, das lustvolle Spiel mit Gegensätzen und scheinbar unvereinbaren Versatzstücken ist Programm und spiegelt nur die fortschreitende Auflösung musikalischer Kriterien, nach denen sich Formen, Materialien und Stile noch voneinander unterscheiden lassen.

Peter Kemper

HANS WERNER HENZE

Die Bassariden
1966 Salzburg

Alles in allem, auch Funkopern und Umarbeitungen eingerechnet, ist dieses Werk (neben Ballett und Schauspielmusiken) Henzes zehntes Musiktheater; als Auftragskomposition der Salzburger Festspiele wurde es am 6. August 1966 im Großen Festspielhaus uraufgeführt. Fünf der vorangehenden sind die bekannteren: das »lyrische Drama« *Boulevard Solitude* (UA 1951, Libretto von Grete Weil); *König Hirsch* (UA 1956, von Heinz von Cramer); *Der Prinz von Homburg* (UA 1960, nach Kleist von Ingeborg Bachmann); *Elegy for Young Lovers* (UA 1961, von Auden/Kallman) und *Der junge Lord* (UA 1965, nach Hauff von I. Bachmann). *Die Bassariden,* scheinbar ein historisierender Rückgriff auf die Opera seria mit einem buffonesken Intermezzo, haben wiederum Wystan H. Auden und Chester Kallman als Textdichter. Mit diesem Werk, das zum ersten und bisher letzten Mal in seinem Schaffen einen antiken Stoff zur Vorlage nimmt, geht für Hans Werner Henze (* 1926) ein Entwicklungsabschnitt zu Ende.

Das Textbuch folgt dem Drama des Euripides, den *Bakchen.* Aber der antike Vorwurf vom schicksalhaften Eingreifen der allmächtigen Götter in das ohnmächtig ausgelieferte Leben der Sterblichen ist in Henzes Oper psychologisiert und seiner kosmischen Rechtfertigung, seines Mythos entkleidet. Dem Werk ist eine Zeile von Gottfried Benn als Motto vorangesetzt: »Die Mythe log« – ein unübersehbarer Hinweis darauf, wie es verstanden werden will.

Bei Euripides entzündet sich das Drama am Dionysos-Kult; Götter und Menschen stehen einander gegenüber. Im Opernlibretto ist dieser Kult nur mehr Vorwand für die eigentliche Auseinandersetzung um die Rolle der Sexualität. Menschen kämpfen miteinander, selbst der Gott tritt als Mensch auf (»der Fremde«), und die wahre Herrscherin über alles ist die unansprechbare Natur:

Pentheus (»der Klagende«) steht fremd inmitten seiner götterfrommen, ekstatischer Lebensbejahung und triebsicherer Sexualität hingegebenen Umwelt, deren postulierter Gültigkeit er sich widersetzt. Vergeblich sucht er durch Askese seine Andersartigkeit zu erhalten und zu rechtfertigen: »Ich werde verzichten auf Wein, auf Fleisch und der Frauen Bett, leben züchtig und rein.« Aber die Welt ist stärker, und die fatale Mutterbindung läßt Pentheus als verzagenden Voyeur mütterlicher Ausschweifungen bezeichnenderweise durch die Hand der Mutter den – allein erlösenden – Tod finden und akzeptieren. Der brennende Königspalast erstrahlt als finale Katastrophe wie die lodernde Götterburg am Ende der *Götterdämmerung*. Eine alte Zeit ist vorbei. Ob eine neue beginnt?

Das als Intermezzo eingeschobene, wie ein »Schäferspiel« des ancien régime grotesk aufgeputzte »Urteil der Kalliope« ist keineswegs wie in Strauss/Hofmannsthals *Ariadne* eine ironisierende Buffo-Einlage, sondern eine lächerliche, ernstgemeinte Scharade, Parallele und Pendant zum Hauptgeschehen: Die wetteifernde Liebesbrunst der Aphrodite und der Persephone tötet den schönen Adonis, der willenlos und willfährig ungerührt ihrer Sexualität zugeteilt und vorgeworfen wird.

In den als solchen bezeichneten vier »Sätzen« der einaktigen Opera seria nach Vorbild von Bergs *Wozzeck* musikalische Formengerüste zu entdecken, ist eine Frage der Analysebereitschaft. Prima vista ist weder ein Sonatensatz (1. Satz), ein Scherzo mit Trio (2. Satz), eine Fuge (3. Satz) noch eine Passacaglia (4. Satz) auszumachen, noch wären sie, verschlüsselt und verborgen, von mehr als formalistisch-konstruktiver Bedeutung, da sie nicht durch Hören erfahrbar sind und dieses folglich nicht unterstützen. Bei klanglichem Raffinement ergibt sich das Erlebnis von Vokalstimmen mit den Klanghintergrund schaffenden Instrumentalstimmen.

Die Musik greift nur im Intermezzo parodierend auf altere Formen zurück. Ansonsten – abgesehen von kurzen »recitativi« – ist das Ganze durchkomponiert und besteht aus Ariosi und Sprechgesang für Solo und Ensembles und Chören homophoner wie polyphoner Struktur. Eine Fanfare geht dem 1. Chor voraus, keine Ouverture, nichts erinnert an die Opera seria der Vergangenheit. Das eigentliche Geschehen findet im Orchester statt. Dreiklangsketten und Terz-, Quart-, Quintparallelen reihen sich aneinander, Ostinatobässe gliedern zuweilen. Henzes Orchesterbehandlung ist auch in ihrer Strukturvielfalt überraschend. Tonales mischt sich ganz natürlich mit Poly- und Atonalem; grundsätzlich ist seine Klangsprache chromatisch. Daraus ergeben sich weiche Geschmeidigkeit und Wärme, auch Rauschhaftes, wenn es der Situation entspricht. Noch entspricht es auch dem Komponisten. Kurz darauf jedoch wird seine Klangwelt umschlagen in härtere Ausdrucksformen. Die *Bassariden* sind der Höhepunkt seines mittleren Schaffens, ein Meilenstein und zugleich ein Abschluß.

Nicht ohne Bestürzung habe ich feststellen müssen, daß auch meine Technik, die möchte, daß der Hörer gelegentlich durch ein Zitat – besonders in Augenblicken dramatisch-intimen Gewichts – ihm bekannter Vokabeln unmißverständlich auf die von mir gewollte Hör-Richtung und Ausdrucksweise hingelenkt wird, von einigen Ästheten für ein »ironisches« Verfahren genommen worden ist. Da es sich um einen elementaren Irrtum handelt, möchte ich ihm gern entgegentreten. In den Bassariden kommen vier jeweils aus wenigen Noten oder Akkorden bestehende Zitate aus Werken von Johann Sebastian Bach vor.

An den Stellen, wo sie auftreten, will die Musik Landmarken setzen: Assoziationen zu den Parallelen Dionysos-Christus, Pentheus-Adonis und zum mythischen Märthyrertod, den alle vier gemein haben . . .

Hans Werner Henze 1966 in einem Gespräch mit Horst Goerges In: Schriften und Gespräche 1955–79. Berlin 1981.

»Sachlichkeit ohne alles Sentiment, fast brutal, aber mit Gefühl, Empfindsamkeit, und eine verzweifelte Auflehnung gegen die Tragik des Lebens und ungeheure Gefühllosigkeit der Natur«, so charakterisierte Ernst Stadler Benns Poesie. Ähnliches ließe sich von Henzes Musik zu diesem aktualisierten Drama sagen. Keines seiner vorausgegangenen dramatischen Werke erscheint für Henze persönlicher als dieses, kein Text ihm je wieder so auf den Leib geschrieben. »Verlorenes Ich« betitelte Benn sein Gedicht von 1943, dem das Motto zu dieser Oper entnommen ist. Zwanzig Jahre später wird Henze vom »outlaw« sprechen, wenn er den schöpferischen Künstler in seiner Zeit meint. »Musikschreiben ist kein somnambuler Vorgang, sondern ein Denkprozeß«, bemerkt er einmal, und er fährt fort: »Der Denkprozeß aber ist Analyse, nicht allein Selbstanalyse.« Aber doch auch.

Jörg Widmann

DMITRI SCHOSTAKOWITSCH

2. Violoncellokonzert
1966 Moskau

Für die drei bevorzugten Konzertinstrumente Klavier, Violine und Violoncello hat Dmitri Schostakowitsch (1906–75) je zwei Solokonzerte komponiert. An Zufälligkeit mag man dabei kaum glauben, weil auffällt, daß diese Paarigkeit mit alternativen Konzepten des konzertanten Musizierens verknüpft wird. Das gilt inbesondere für die beiden Cellokonzerte, die im Abstand von sieben Jahren, 1959 und 1966, für Mstislaw Rostropowitsch entstanden und ihm gewidmet sind. Obwohl im Hinblick auf Umfang, formale Dreisätzigkeit, solistische Beanspruchung und reduzierten Orchesterpart (ohne Trompeten und Posaunen) durchaus ähnlich, unterscheiden sie sich doch in wesentlichen Zügen grundsätzlich voneinander: Während das erste Konzert stark an spielerisch-virtuosem, klassizistischem Divertimentogeist orientiert ist, dominiert im zweiten – unter einer ironisch gezeichneten und satirisch verzerrten Maske – die Tendenz zu schmerzlicher Lyrik, zu sinfonisch vertiefter Meditation, ja zu einem merkwürdig fahlen, obsessiv quälerischen Monologisieren. Stoische Trauer grundiert dieses in sich zerrissene, tragikomische Stück, und in ihrem Bann stehen auch die scherzosen Kontraste, jene gewaltsam hochgetriebene Lustigkeit, die uns, indem sie geradezu hemmungslos ihre triebhafte, tierische Banalität eingesteht, in Distanz erschaudern lassen soll.

Angesichts einer solch freimütig narrativen, bekenntnishaft »redenden« Musik mag die Frage nach Motiven und Anlässen naheliegen, ließen sich exegetische Vermutungen zur subjektiven und objektiven Programmatik verführerisch leicht anstellen. Und vielleicht hat einer von Schostakowitschs jüngsten Biographen, Bernd Feuchtner, sogar Recht mit seiner Behauptung, das Werk sei eine Art Selbstgeschenk zum 60. Geburtstag und zeichne im Kontrast zu den öffentlich veranstalteten Lobhudeleien ein ungeschminktes inneres Porträt des Komponisten: eine bittere Parodie auf das eigene maskierte Leben, auf das Schicksal des Künstlers, der seine kompromißlosen, tragischen Wahrheiten jahrzehntelang unter der angepaßten Grimasse des Lächelns verbergen mußte. Aber Schostakowitsch mißtraute (mit besserem Recht) allen verbalen Auflösungen seiner Klangrätsel – nicht, weil er Geheimnisse um jeden Preis hüten wollte, sondern weil er auf die gestische Evidenz seiner musikalischen Bilder und die Fähigkeit seiner Hörer baute, diese, mit dem Vorzug vieldeutiger Konkretheit aus dem romantischen Zeichenfundus, kommentarlos zu verstehen. Im übrigen wissen wir heute immer noch zu wenig über konkrete Motivierungen und persönliche Intentionen seines Schaffens, wie wir andererseits inzwischen schon zu vieles wissen, um den verbreiteten heroischen Klischees, wie sie namentlich noch in seiner Heimat grassieren, allein Glauben schenken zu können. Und wenn etwa dem *Zweiten Cellokonzert* nachgesagt wird, es gäbe »den tragenden Gedanken und Gefühlen unserer Zeit Ausdruck«, ist damit gar nichts gesagt und also auch nichts zu widerlegen. Nur: Wäre dies wirklich die wichtigste Einsicht, dann brauchte es das Werk wahrhaftig gar nicht zu geben.

Indessen ist es doch in der Welt, lebendig, als ein sehr spezifisches, eigenartiges musikalisches Gebilde, das Benjamin Britten, der englische Freund des Komponisten, eines der bedeutendsten Konzerte dieses Jahrhunderts nannte. Da begegnet etwa eine Dreisätzigkeit, die traditionellen Ablaufmustern nicht gehorcht, weil die Dramaturgie des konzertanten Actus tragicus auf anderes hinaus will. Formuliert wird ein verbissenes Ringen zwischen Solo- und Orchesterpart, ein Erobern von Spiel-Raum, ein Träumen von Harmonie, von seligen Augenblicken, schließlich als Ganzes: eine

Dmitri Schostakowitsch im Oktober 1958. Es war das letzte Jahr seiner Lehrtätigkeit am Leningrader Konservatorium, wo er einst (1919 bis 1925) studiert hatte.

Ballade vom Unterliegen. Der erste Satz, ein breit aufgefächertes, bedrükkend expressives Largo, nimmt fast die Hälfte der gesamten Spieldauer in Anspruch. Nach den grüblerischen Streicherdiskursen des Beginns gibt es heftige Aufbrüche, einen klanglichen Umbruch gar in der Mitte: Konfrontation mit starker, monotoner Militanz. Harte Trommelschläge treiben das Cello zur Kadenz; dann sinkt der Klang in dunkle Melancholie zurück. Diesem Largo stehen die beiden Allegretto-Sätze gegenüber. Der erste, ein scherzoses Intermezzo, hat eine eher überleitende Funktion. Mit den musikalischen Versatzstücken »schäbiger Lebensfreude« (Eisler), voran den ironisch überformten Walzer- und Polka-Rhythmen, Signal-

Motiven und Gassenhauer-Melodien – sie entstammen unverkennbar dem flotten Jazz-Milieu der zwanziger Jahre – entsteht ein ebenso »anziehendes« wie »abstoßendes« Charakterstück des kopflosen Leichtsinns. Hörnerfanfaren (spätestens seit der *Zehnten Sinfonie* ein Zeichen des ernsten, subjektiven Einspruchs), sekundiert vom Wirbel der Kleinen Trommel, blasen das Narrentreiben hinweg und bereiten dem Solisten den Weg ins Finale. Man könnte einen beschwingten Rondo-Ausklang erwarten, aber stattdessen komponiert Schostakowitsch das Gegenteil: einen gestörten Reigen von geradezu störrischer Disparität und Aufgelöstheit der Form wie der musikalischen Charaktere. Elegische und tänzerische Episoden brechen ab, fahren sich in schwelgerisch schönen Kadenzharmonien fest. Der musikalische Fluß gerät in dem Maße aus den Fugen, wie sich Elemente der vorangegangenen Sätze einmischen und sich ein Ausbruch roher Gewalt ereignet. Dadurch kommt alle »finalische« Aktivität zum Erliegen – die Themen zerfallen, und am Ende irren sie wie tote Schatten durch eine zerstörte, ausgebrannte Landschaft . . . Wenig später, in seiner fünfzehnten und letzten Sinfonie, hat Schostakowitsch solch eine beklemmende Vision vom zerbrochenen Leben noch einmal auskomponiert: Memento mori!

Frank Schneider

DMITRI SCHOSTAKOWITSCH

14. Sinfonie
1969 Leningrad

Meisterwerke sind nicht die Normalfälle der Kunst, und gewöhnlich brauchen sie Zeit, um in ihrer Besonderheit erkannt und anerkannt zu werden. Eine solche Verzögerung hat es bei Schostakowitschs *Vierzehnter Sinfonie* kaum gegeben, obwohl das Werk – eine sinfonische Kantate in elf Sätzen – genug eigenwillige Züge aufweist. Sein außerordentlicher Rang in geistiger wie klanglicher Hinsicht trat sofort zutage, und sein öffentliches Leben begann sogleich ohne nennenswerten Widerstand. Spätestens seit 1962, als er Mussorgskis berühmte *Lieder und Tänze des Todes* (1874–77) instrumentierte, beschäftigte sich Dmitri Schostakowitsch (1906–75) mit dem Gedanken an eine Sinfonie über den Tod. Das Thema war damals voller politischer Brisanz, bezog es sich doch auch auf die Enthüllung der ungeheuren stalinistischen Verbrechen an Millionen sowjetischer Menschen in den Gefängnissen und Lagern des »Archipel Gulag«. Aber ein solches Thema galt nach den Maßstäben der sozialistischen Kunstdoktrin noch immer als unerwünscht. Welcher Zugang war da zu wählen? Welche Darstellungsmittel konnten geeignet sein? Wie die Wahrheit sagen und sie wirken lassen? Auf derartige Fragen gab es lange keine Antwort. Dann plötzlich jedoch, im Frühjahr 1969, angesichts ernster Krankheit, diktierte ein spontaner schöpferischer Impuls die rasche Niederschrift der Partitur. Kurz darauf kam es in Moskau zu einer Voraufführung des neuen Werks. Schostakowitsch, nervös und erschöpft, sprach einführende Worte, erklärte Beweggründe und Beschaffenheit seiner Musik, verwies auf eine »materialistische« Konzeption seines Todesverständnisses (im Unterschied zu den Traditionen idealistischer Verklärung oder religiöser Tröstung) und wünschte sich als kathartischen Effekt ein aktiveres, bewußteres Verhältnis zum Leben. Die Musik selbst hinterließ tiefste Betroffenheit und jene sprachlose Erschütterung, wie sie nur ein echtes Kunstwerk, ein so unmittelbar ergreifendes Sujet und seine ungewöhnlich fesselnde Gestaltung auszulösen vermögen. Ähnlich waren die Reaktionen nach der eigentlichen Uraufführung am 29. September 1969 in Leningrad (mit Galina Wischnewskaja, Jewgeni Wladimirow und dem Moskauer Kammerorchester unter Rudolf Barschai), und sie wiederholen sich, wo immer diese Sinfonie – mittlerweile in der ganzen Welt – erklingt.

Sie hören aus meiner Vierzehnten den Gedanken heraus: Der Tod ist allmächtig. Und sie hätten gern ein tröstliches Finale. Sozusagen: Tod – das ist bloß der Anfang. Aber der Tod ist kein Anfang, er ist das absolute Ende. Es wird nichts weiter geben. Nichts.
In: Solomon Volkow. Die Memoiren des Dimitrij Schostakowitsch. München und Hamburg 1979.

Zur besonderen Wirkung des Werks trägt bei, daß eben vieles an ihm nicht selbstverständlich ist. Das Thema des Todes tritt uns hier keineswegs als höhere Schicksalsmacht, als Naturgewalt oder Erlösungsmotiv entgegen, sondern als mörderischer Endzweck der menschlich motivierten Vernichtung, der Gewaltanwendung und des Machtmißbrauchs unter konkret unmenschlichen Verhältnissen. Da müssen Liebende zugrunde gehen, weil sie sich nicht lieben dürfen; da erscheint der Selbstmord als einziger Ausweg aus der sozialen Deklassierung und Diffamierung; da wird der Soldat bedenkenlos dem Kriegswahn geopfert; da sterben Herzen aus verletztem Gefühl, stöhnen Revolutionäre in den Gefängnissen der Geheimpolizei, leiden mundtot gemachte Künstler, weil sie die Wahrheit sagten. Für diese elf katastrophischen Einsichten, in denen gleichwohl Kräfte des Widerstands und der Hoffnung sich regen, wählte Schostakowitsch Texte von vier Dichtern – dem Spanier Federico García Lorca (1898–1936), dem Franzosen Guillaume Apollinaire (1880–1918), dem Russen Wilhelm Küchelbecker (1797–1846) und dem Deutschen Rainer Maria Rilke (1875–1926), um ebenso die nötige Mannigfaltigkeit der Gesichtspunkte wie ihre gedankliche Stringenz in historisch übergreifender wie aktuell eingreifender Hinsicht zur Geltung zu bringen.

Schostakowitsch ordnete die Gedichte zu einem Zyklus, der das inhaltliche Problem von der privaten zur gesellschaftlichen, von der anekdotisch-konkreten zur philosophisch-verallgemeinerten Denksphäre hin auffächert und zugleich die Gruppierung zu vier größeren musikalischen Komplexen erlaubt, wie es für den Anspruch einer Sinfonie geboten scheint. Denn obgleich das Werk auch in den Traditionen des Requiems und des Liederzyklus' steht, und obwohl jeder Satz ein ganz eigenes emotionales und kompositionstechnisches Profil aufweist, enthält es eine Fülle von dramaturgischen Vorkehrungen und klanglichen Elementen, die den organischen Zusammenhang des Ganzen als sinfonischen Prozeß erfahrbar werden lassen. Um wenigstens das auffälligste Beispiel zu erwähnen, sei an das einleitende, bohrend langsame Pendelmotiv der Violinen erinnert, das – dem archaischen »Dies-irae«-Motiv nachgebildet – nicht nur im zehnten Satz identisch wiederkehrt, sondern in vielen Varianten auch andere Sätze durchzieht und überhaupt als Keimzelle für verschiedenste thematische Gebilde dient. Diese konzentrierte Entfaltung des Materials, zwölftönige Prozeduren, die außergewöhnliche Reduktion der Strukturen auf kargen Gerüstklang und die Beschränkung des Instrumentariums auf Streicher und reich differenziertes Schlagzeug sowie nicht zuletzt die Arbeit mit schroffen, »abgründigen« Kontrasten zwischen dramatischer Emphase und fragilem Lyrismus im Geist einer vielfältig gebrochenen, desillusionierten Romantik gehören zum charakteristischen Klangbild des »späten« Schostakowitsch. Es kündigt sich in dieser vokalen Sinfonie so bestimmend an, daß die ersten Hörer auch davon entgeistert sein mußten. Selbst für die vertrauten Kenner seiner Musik wurde etwas Unerwartetes zum ungewöhnlichen Ereignis. Wirkliche Künstler fallen eben nur selten in die Normalität ihrer vorangegangenen Meisterwerke zurück. *Frank Schneider*

HANS WERNER HENZE

Stimmen
1974 London

Nach der politischen Wende in Henzes Leben, nach den *Bassariden* (UA 1966) folgen bis heute Werke, die – ähnlich wie in Luigi Nonos Schaffen – sozialkritische, revolutionäre Texte und Themen zum Inhalt haben. Unter ihnen nehmen die *Stimmen* eine Sonderstellung ein. Es sind nicht Herders *Stimmen der Völker in Liedern,* an die der Titel zunächst denken läßt, im Sinne einer für die Völker repräsentativen Auswahl. Sondern es sind literarische Äußerungen einzelner, die die Anschauung der politischen Linken zu Wort bringen. So hat diese Auswahl stark persönliche Züge, die durch die Widmung der einzelnen Vertonungen an einzelne Gleichgesinnte noch unterstrichen werden. Heine, Brecht, Erich Fried, H. M. Enzensberger, Ho Chi Minh und Giuseppe Ungaretti ausgenommen, hat Hans Werner Henze (* 1926) unbekannte revolutionäre Dichter aus aller Welt gewählt: H. Pidalla, V. H. Cruz, C. C. Hernton, G. de Sanctis, M. Tobino, M. Barnet, W. S. Smith, R. W. Thomas, D. Randall, F. C. Delius, M. Katsaros. Die Texte sind polyglott, nur Katsaros' Poem ist aus dem Neugriechischen ins Deutsche übertragen worden.

Die Uraufführung der *Stimmen* fand unter Leitung des Komponisten am 4. Januar 1974 in London statt und dauerte nahezu zwei Stunden. Die Besetzungsangabe im Titel (»Zwei Singstimmen und Instrumentalgruppen«) ist ein Understatement comme il faut. Fünfzehn Musiker müssen sich über achtzig, z. T. ausgefallene Instrumente teilen: neben Herkömmlichem, Bengal- und Inkaflöte, shell chimes, hängende Glasstäbe, boo-bams, Marimbula, Matraca, Cacavella, Ketten, Okarina, Zinn- und Rugbypfeifchen, Handglocke, Kuhglocken, Gongs unter Wasser und auf dem Paukenfell liegend. Einmal müssen die Instrumentalisten mitsingen, ja einen a-cappella-Chor markieren. Auch vier Transistorradios und Tonband werden eingeblendet, »möglichst langsame Streichermusik von Sibelius« oder Baseball-Lärm.

Es ist eine Sammlung und kein Zyklus. »die lieder«, heißt es allerdings im Vorspann, »sind auch für einzelaufführung gedacht . . . bei zyklischer aufführung stellt sich der autor eine pause nach Nr. 11 vor.« Und tatsächlich steht nach Nr. 11 der Hinweis: Ende des ersten Teils.

Die Musik ist echter Henze insofern, als von Dixieland bis Marschrhythmus, von angedeutetem Sprechgesang über lyrisches Verströmen bis zu harschem Experimentalsound (für Ho Chi Minh), von Weill (für Brecht) und Tennisbällen bis zu angestochenen Luftballons alles herangezogen wird, was heute aufführungspraktisch am Tage ist. So versucht der Komponist jedem seiner Texte gerecht zu werden, dem Stimmungsgehalt in Tönen nachzugehen, lyrisch bis trotzig, aufrüttelnd bis melancholisch – so wie das Gemenge der Texte die verschiedensten Aspekte revolutionären Aufbegehrens oder Resignierens, Feststellens oder Anklagens zum Inhalt hat.

Die musikalische Bedeutung dieser Liedersammlung liegt darin, daß hier, exemplarischer als in anderen Werken, das Eklektische zum Prinzip erhoben wird. Der Text legt es nahe, alle kompositorischen Möglichkeiten heranzuziehen. Darüber hinaus aber zeigt sich Individuelles. Mit dem erwachten politischen Interesse ist Henzes Vorliebe für den verfeinerten, sinnlich schönen Klang geschwunden, der Härte der Aussage entspricht die Härte der Klänge. Die z. T. rauschhaften Harmonien der *Bassariden* haben einem bis zum Brutalen reichenden Einsatz musikalischer und außermusikalischer Effekte Platz gemacht. Wenn jetzt – im Schlußlied – alte Weichheit lyrisch aufschimmert, ist es verfremdende Absicht, die ebenso aufhorchen lassen soll wie der Verzicht darauf.

Die Aufführungsdauer der einzelnen Lieder liegt im Durchschnitt bei drei bis vier Minuten. Die kürzesten nehmen nur eine bis anderthalb Minuten in Anspruch. Drei allerdings sind mit acht Minuten Spielzeit bedeutend umfangreicher: Brechts Laotse-Text; Randalls Gedicht von Rosen und Revolution; und Enzensbergers Finale *Das Blumenfest*.

Dieses Schlußstück gibt Rätsel auf. Der Text ist ein ambitiöser, durch ständige Wiederholungen gestreckter Katalog eigenartiger Möglichkeiten, was man mit Blumen alles anstellen kann, in Hinblick auf einen nicht näher bezeichneten »Ihn«, der damit bezaubert und gepeitscht werden soll. Dieses kryptische Geschehen bildet den Abschluß der Hymnen an die Weltrevolution, und man weiß nicht recht, ob es bloß versöhnen soll. Zum mindesten nimmt der harmlose Text in der beschwingten Vertonung dem Akkusativen der dräuenden Vorwürfe alle Schärfe und jeden Stachel und bildet einen unerwartet freudigen Ausklang.

Es geht Henze offensichtlich nicht um ein realistisches Tongemälde von Blut und Eisen, sondern um eine Überhöhung ins Ästhetische (die ihm oft genug zum Vorwurf gemacht wird). »Der Menschheit größtes Kunstwerk ist die Weltrevolution«, hat er es einmal überspitzt formuliert. Wie proble-

Leute aus meiner Generation dürften sich eigentlich sehr genau an den Faschismus erinnern. Die Beobachtung, daß nach dem Sturz Hitlers der Hitlerismus weiterlebte, der Faschismus eine andere Maske angenommen hatte, hat bei vielen Leuten, so auch bei mir, ein Faschismustrauma hinterlassen. Die Beobachtung, daß der Faschismus in der Mentalität der Menschen weiterlebte, war ein enormer Schock, zumal man nach 1945 so gut wie nichts dagegen tun konnte. Wenn man darauf reagiert hat, so wurde man meist nicht verstanden; das galt als passé. So blieb den meisten Deutschen meiner Generation, daß heißt Künstlern wie Enzensberger und anderen, nichts anderes übrig als auszuwandern. Unsere Ohnmacht blieb lange erhalten.

Hans Werner Henze. 1969. In einem Gespräch mit J. A. Makowsky. In *Schriften und Gespräche 1955–79*. Berlin 1981.

Hans Werner Henze. Der Komponist widmet sich neben den eigenen Kompositionen auf engagierte Weise der Entwicklung des modernen Musiktheaters durch Komponisten der jungen Generation.

matisch solche Bekenntnisse sein können, ist dem Komponisten bewußt. Nicht umsonst steht der Partitur ein langes Zitat voran aus Brechts *arbeitsjournal*, das sich mit der Frage der »Bürgerlichen« befaßt, die die Sache des Proletariats zu der ihrigen machen. »wir wiederum mögen uns sagen«, verteidigt Brecht die Bürgerlichen, zu denen auch er sich zählte, »daß der kampf darum geht, aus dem antlitz der menschheit alle proletarischen züge auszutilgen . . . träume fliegen den taten voran . . .« Das ist der Schlüssel zu diesem – sagen wir ruhig – preziösen Werk, das es ernst meint mit seiner Aussage, die es hinter Träumen fast verbirgt. *Jörg Widmann*

MARVIN HAMLISCH

A Chorus Line
1975 New York

Das mehrfach preisgekrönte und zum Kassenmagneten avancierte Musical, das am Broadway nicht weniger als 15 Jahre en suite gespielt wurde, beschreibt die durch Illusion und Frustration gekennzeichnete Problematik des Tänzerberufs und die unerbittliche Härte und menschliche Brutalität des amerikanischen Showgeschäfts. Im Mittelpunkt der Handlung steht das tanzende und singende Corps de ballet, die sogenannte chorus line, deren weibliche und männliche Mitglieder sich hüpfend, beine- und hutschwingend stets gut gelaunt dem Publikum präsentieren. Exakt in einer Linie quer über die Bühne aufgestellt, bilden sie den effektvollen Background für das im Rampenlicht stehende Glamour-Girl, für den umjubelten, hochdotierten Star, neben dem sie gewöhnlich ein ernüchterndes, alles andere als rosiges Dasein fristen. Nach intensiver Ausbildung, hartem, disziplinierten Training und jahrelangen Engagements in der Provinz haben sie zwar den Sprung in die chorus line einer Broadway-Musical-Produktion geschafft, der Traum von der großen Karriere bleibt für das Heer der namenlosen Tänzer aber Illusion. Im perfekten Einklang der Bewegungen ihrer Körper, im täglichen gnadenlosen Probendrill, in einem der kommerziellen Vermarktung erbarmungslos unterworfenen Dressurakt verlieren sie mit ihrem zum stereotypen strahlenden Lächeln eingefrorenen Gesicht auch ihre Individualität, die dem oberflächlichen Reiz des schnelllebigen Showeffekts geopfert wird. So ist *A Chorus Line* jenen namenlosen Tänzern gewidmet, ohne die zwar keine Broadway-Show, keine Revue und auch kaum ein Musical über die Bühne gehen könnte, die aber selbst aus dem Dunstkreis der Anonymität nie heraustreten.

Michael Bennett, einer der stilbildenden Choreographen des amerikanischen Musiktheaters der siebziger und achtziger Jahre, selbst einmal Tänzer und mit den Sorgen und Nöten dieses Berufsstandes bestens vertraut, faßte die Idee zu diesem Musical aufgrund der desolaten Situation dieser Gruppentänzer, der sogenannten Gypsies, die immer mehr ins Abseits gerieten und zunehmend schlechteren Beschäftigungs- und Arbeitsbedingungen ausgesetzt waren. Sein erklärtes Ziel war es, Mitglieder der chorus line ins Zentrum der Aufmerksamkeit zu rücken, sie dem Publikum mit all

Marvin Hamlisch. A Chorus Line. Szenenfoto aus dem Film. Regie: Richard Attenborough

ihren Sorgen und Hoffnungen, gleichsam als Menschen, nicht als Bühnenroboter vorzustellen.

Seinen authentischen, realistischen Charakter bezieht *A Chorus Line* aus der »Verarbeitung« (wenn man so will: Vermarktung) von Einzelschicksalen: Um echtes, lebensnahes Material für sein Thema zu sammeln, lud Bennett, wie dies dann auch im Stück demonstriert wird, junge Tänzer und Tänzerinnen ein, die über ihre Erfahrungen, Zukunftsängste, ihre existentielle Situation und ihr künstlerisches Selbstwertgefühl berichten sollten. Die umfangreichen Tonbandaufzeichnungen, die sich aus den Interviews ergaben, bildeten die Grundlage des Textbuchs, das Bennett unter Mitarbeit von James Kirkwood und Nicholas Dante verfaßte.

Die Handlung spielt auf der lediglich mit einem weißen Strich, der für die Bildung der chorus line notwendigen Linie, einer Übungsstange und einem Spiegel ausgestatteten Probebühne eines Broadway-Theaters, auf der sich zahlreiche Bewerber zum Vortanzen eingefunden haben. Nur wenige haben dem unorthodoxen Auswahlverfahren des Regisseurs standgehalten, denn Zach beurteilt nicht nur die künstlerische Leistung, sondern auch die Motivation und die inneren Beweggründe, die zur Entscheidung für eine tänzerische Bühnenlaufbahn geführt haben.

Daß das Musical, die eigene Gattung und das eigene Metier untersucht und so den Blick hinter die Kulissen und auf eine zum Perfektionismus verkommene Kunst freigibt, dürfte wie die lebensnahe Probenatmosphäre einen zusätzlichen Publikumsanreiz geboten haben. Die Zuschauer dürfen einer voyeuristischen Darbietung beiwohnen und nicht nur das Faszinosum der Entstehung einer Musical-Aufführung miterleben, sondern auch ins Privatleben von Künstlern blicken. Der Werkstattcharakter, durch den *Chorus Line* wesentlich gekennzeichnet ist, spiegelt sich auf musikalischer Ebene. Hamlisch, der durch Songs, die er für Liza Minelli und Barbara Streisand schrieb, und durch zahlreiche Filmmusiken u. a. für Woody Allen bekannt wurde, komponierte seine Musik, vielseitig zwischen Rock, Klassik und Folk angesiedelt, erst nach Feststehen der Besetzung, so daß die persönliche Note einzelner Sänger-Darsteller und ihre individuellen Schicksale in die Komposition als »work in progress«, Eingang fanden. Songs wie »I Hope I Get It«, »Sing!«, »What I Did for Love«, »The Music and the Mirror« sind bestimmten Interpreten buchstäblich auf den Leib geschrieben und wurden so zu Hits.

Genau 15 Jahre nach der Premiere, im April 1990, wurde das Musical am Broadway aufgrund der nachlassenden Besucherzahlen abgesetzt, nachdem es mehr als 146 Millionen Dollar eingespielt hatte. Mit über 6000 Aufführungen waren damit alle Broadway-Rekorde geschlagen. Die deutsche Erstaufführung des Stücks am Theater des Westens in Berlin im Oktober 1980 konnte bezeichnenderweise jedoch ebenso wie andere Folgeproduktionen den ungeheuren Publikumserfolg der New Yorker Aufführungen auch nicht annähernd halten. Sujet und Thematik sind untrennbar verknüpft mit dem amerikanischen Theatersystem, dessen kommerzielle Bedingungen mit den staatlich subventionierten Institutionen europäischer Prägung nicht vergleichbar sind. *Julia Liebscher*

ARIBERT REIMANN

Lear
1978 München

Im Jahre 1968: Erster Gedanke an *Lear:* Dietrich Fischer-Dieskau fragt mich, ob ich nicht Shakespeares *Lear* vertonen wolle. Ich zögere sehr, schiebe den Gedanken daran von mir. Lese aber im Laufe der Jahre das

Lear: Sein Satz zu Beginn »Wir haben euch hierher befohlen, um unser Reich vor euren Augen unter unseren Töchtern aufzuteilen« (auf einem Ton gesungen) gleichsam auch sein Schuldspruch: Die Musik setzt ein – Lear ist im Netz, seine Reaktion auf diesen 1. Akkord (in den Streichern) »Schon wieder das Verlangen nach Schlaf« läßt erkennen, daß er diesen ersten Satz in einer Art Absence gesagt hat. Nun beginnt der Weg, den seine Psyche antritt.

Streicherflächen: Zu Clusterschichten verdichtete, in Halb- oder Vierteltönen auf – oder absteigende oder umeinander kreisende Linien in rhythmischen Verschiebungen; Zeitabstände und Tonlängen müssen immer variieren. Beginn einer Metamorphose, die das ganze Stück umschließt. Einzelteile, die sich gelegentlich wiederholen, müssen immer verändert wiederkehren.
Aribert Reimann
In: Aribert Reimanns Lear. Weg einer neuen Oper. Hg. Klaus Schultz. München 1984.

Stück immer wieder; neben anderen Arbeiten bildet sich irgendwo in meinem Kopf eine Art Ablage für *Lear*-Gedanken. Auch gemeinsame Gespräche mit Fischer-Dieskau kreisen des öfteren um das *Lear*-Thema.« Aribert Reimann (* 1936) hat sich auf Anraten von Fischer-Dieskau und in enger Zusammenarbeit mit dem Dramaturgen Claus H. Henneberg an das so schwer komponierbare Stück, das von Verdi nach jahrelangen Mühen beiseite gelegt worden war, herangewagt. (Shakespeares Schauspiel verlangt, um zum Libretto zu werden, Reduktion, Straffung und musiktheatralische Intensivierung. Was musikalisch ausdrückbar ist, wurde im Text weggelassen: Eine Regung, die durch Worte ausführlich eingeleitet und beschrieben werden müßte, kann durch Musik in nuce dargestellt werden.) Shakespeares 25 Szenen haben Henneberg und Reimann in der gegenüber der Schlegel-Tieckschen viel härteren und theatralischeren Übersetzung von Johann Joachim Eschenburg (1777) zu elf Szenen zusammengefaßt, nicht allein durch Streichung, sondern auch durch Umstellung und Zusammenziehung (z. B. hat Henneberg alle Heidebilder in einer Szene vereinigt, die Zahl der Personen reduziert und im zweiten Teil Handlungsstränge, die im Original zu verschiedenen Szenen gehören, zu Simultanszenen kombiniert und dadurch die dramatischen Konstellationen zugleich verknappt und verschärft). Die dramatische Struktur blieb relativ unversehrt: Sie ist dualistisch angelegt. Es spiegelt sich das Drama des verblendeten Lear und seiner Töchter in dem Drama des geblendeten Gloster und seiner Söhne. Reimann verwendet konventionelle Stimmtypen und verdoppelt sie als Ausdruck einer Verdoppelung der Schicksale: Lear/Gloster – Bariton, Regan/Goneril – Sopran, Edgar/Edmund – Tenor, Narr/Tom (Edgar in Verkleidung) – Sprechgesang, so daß die eine Rolle der anderen ähnlich ist und auf diese Weise die Relation der Personen zueinander evident wird. Jeder Rolle verleiht er eine bestimmte musikalische Sprache. Es zeigt sich dabei, daß heute Figuren einen eigenen Stil fordern und nicht wie früher der Komponist ihren Stil prägt. Reimann setzt beim Hörer das Gefühl für eine Art musikalischer Natur voraus, von der sich die »Unnatur«, das Übertriebene, Falsche, abhebt.

Zu den Strukturideen der Literaturoper gehört die Forderung des Orchesterkommentars: einer die Handlung begleitenden, psychologisierend das Bühnengeschehen verdoppelnden Funktion des Orchestersatzes. Die Kompositionstechnik der Gegenwart bietet keine autonom-musikalischen Strukturmodelle, an denen sich das musikalische Geschehen orientieren könnte. Mit der stilistischen Vielfältigkeit – dem Verzicht auf stilistischen liches Umfeld und auf ihre Rezeptionsgeschichte seit dem frühen 19. Jahrhundert.

Die Kritik, die Kagel durch eine solche doppelte Ästhetik am romantischen Lied übt, ist eine an seiner Klassizität. Sie erscheint als Resultat einer Kanonisierung, als Verharmlosung und Einebnung ursprünglicher Spannungen, unaufhebbarer Einsamkeit und Todessehnsucht, auch als Mißachtung des Protestgehaltes während der Restaurationsepoche. Kagels schlagkräftiges Mittel der Entmythologisierung dieser Welt der Romantik ist sein Gedanke, die Lyrik zu visualisieren und inszenieren. In der planmäßigen Destruktion konstitutiver Gattungsgrenzen erweist sich Kagel auch hier als der Anti-Klassizist, der er stets gewesen ist. So tritt z. B. in der ersten Szene Schuberts »Leiermann« auf, in der zweiten Szene die »Dichterin« als lyrisches Subjekt aus Schumanns *Dichterliebe* – die Geschlechtsverwandlung zur »Dichterin« soll dabei wohl das »geschlechtlich Mehrdeutige« der romantischen Dichtung offenbar machen. Es treten ferner »Edward«, die »beiden Grenadiere« und viele andere Figuren auf, in Kontexten, die von Kagels unerschöpflicher Reflexions- und Verwandlungslust zeugen.

Die musikalische Grundkonzeption des Werkes entspringt genuin dem Zusammenhang von Lied und Oper: Es ist die Idee der »Klavier-Hauptprobe«, von der Kagel ausgeht. Das Klavier, Begleitinstrument der romantischen Liedlyrik und ebenso der Opernkorrepetition, wird zum musikalischen Fundament der »Lieder-Oper« in jener Künstlichkeit, die, für Kagel insgesamt typisch, das Vorläufige, Provisorische niemals völlig in Definitives umformen will. In dem ausgeräumten Orchestergraben sind demnach nichts als Tasteninstrumente (Flügel, verstimmtes Klavier, elektrische Orgel, verstimmtes Harmonium und Celesta) aufgestellt, die von einem Solopianisten gespielt werden. Hinzu kommt ein weiterer Pianist mit Tasteninstrumenten hinter der Bühne, so daß der Grundklang des Werkes sich aus mannigfachen Farben des »Klaviers« ergibt. Strukturell herrschen in der Begleitung ostinate Floskeln, zum Teil auch geballte Akkordik und pianistische Virtuosität vor, von Kagel als »musica povera« komponiert, um der Entfaltung des Gesangs und einer mühelosen Textverständlichkeit Raum zu geben. Für die Ästhetik des Werks ausschlaggebend ist schließlich eine zauberhafte Bühnenbild-Dekoration, welche der von Kagel immer berücksichtigten visuellen Dimension ein Gewicht verleiht, das für die ästhetische Vergegenwärtigung der deutschen Romantik zentral erscheint.

Hermann Danuser

OLIVIER MESSIAEN

Saint François d'Assise
1983 Paris

Was haben die Meister der mittelalterlichen Glasfenster getan? Was geht in den Fensterrosen von Notre-Dame de Paris und in den wunderbaren unvergleichlichen gläsernen Kunstwerken der Sainte Chapelle vor sich?... Es handelt sich um eine Art Bilderkatechismus. Dieser Katechismus ist umgeben von Zirkeln, Wappenformen und Kleeblattkreuzen, er gehorcht der Farbensymbolik, stellt gegenüber, überlagert, schmückt und belehrt in tausend Absichten und Details. Von weitem aber und ohne Fernglas oder Leiter, also ohne Hilfsmittel für unser schwaches Auge, sehen wir nichts; nichts als ein blaues, grünes oder violettes Kirchenfenster. Wir verstehen nicht, sondern wir sind geblendet, überwältigt!...
Olivier Messiaen
In: Conférence de Notre-Dame, 1977

Saint François d'Assise – Messiaens Opus magnum, von Rolf Liebermann für die Pariser Oper bestellt und dort am 28. November 1983 mit großem Erfolg uraufgeführt – krönt die Serie der zu enzyklopädischen Ausmaßen neigenden Werke der späten Schaffensperiode des Komponisten. Wie bereits im abendfüllenden Oratorium *La Transfiguration de Notre-Seigneur Jésus-Christ* (1965/69) oder im Orgelzyklus *Méditations sur le Mystère de la Sainte Trinité* (1969) scheint hier die Empfehlung von Messiaens einstigem Lehrer Paul Dukas, dem Komplexen den Vorzug gegenüber dem Komplizierten zu geben, in schönster Weise befolgt: Das gesamte, von der Monodie bis zur Serialität reichende Vokabular einer dabei stets das Siegel der Unverwechselbarkeit tragenden musikalischen Sprache findet sich hier nochmals zusammengefaßt und mit größter Liebe zum Detail erhöht.

Olivier Messiaen (1908–92) verweist darauf, daß bei aller materiellen Armut des heiligen Franz von Assisi, dessen Weg wachsender Gnadenfülle in dieser Oper nachgezeichnet wird, die Musik Gleichnis für dessen Reichtum an der Schöpfung ist. Das Wunderbare kleidet Messiaen solcherart in ein unvergleichlich reiches orchestrales Gewand, das unter anderem aus sieben Flöten, sieben Klarinetten, sechs Hörnern, drei über den Aufführungsraum verteilten Ondes Martenot, einem riesigen Schlagwerkapparat, einer großen Streicherbesetzung und einem (streckenweise instrumental geführten) Chor von vorgeschriebenen 150 Sängern besteht. Die Partitur des *Saint François d'Assise* kann geradezu als Kompendium raffiniertester Instrumentationskunst gelten – sie enthält eine unerschöpfliche Vielfalt an Klangkombinationen, die von orgelähnlichen Unisono-Passagen bis zu Feldern äußerst komplexer Abläufe reicht. Im sechsten Bild (»Die Vogelpredigt«) findet sich eine der diesbezüglich bemerkenswertesten Passagen des Werkes, ja des Schaffens des Komponisten überhaupt: ein großes Konzert von Vogelstimmen, die verschiedenen Instrumentengruppen anvertraut sind. Gleichzeitig laufen somit verschiedene »Musiken« in unterschiedlichen Tempi, differenzierter Melodik, Rhythmik und Klangfarbenmischung ab und erzeugen eine berückende, flirrende, »organisierte Unordnung« (Messiaen), die sich mit dem vom Komponisten oft

Giotto di Bondone (1266–1337 »Die Stigmatisation des Hl. Franziskus auf dem Berg La Verna«. Fresko um 1295/1300: in San Francesco, Assisi, Oberkirche, Langhaus.

zitierten optischen Gesamteindruck eines gotischen Kirchenfensters vergleichen läßt.

Solcher instrumentaler Virtuosität konsequent entgegengesetzt ist Messiaens Behandlung der Singstimmen (unter den Hauptrollen – dem heiligen Franz und seinen Gefährten – ragt eine einzige weibliche Stimme, die des Engels, hervor): Der vom Komponisten nach authentischen Quellen, Psalmen, Schriftworten und theologisch fundierten Zitaten (etwa von Thomas von Aquin) selbst verfaßte Text (er bezeichnet ihn mit Nachdruck als »Poème«, nicht als Libretto) wird fast ausnahmslos syllabisch, oft gar ohne Begleitung, vorgetragen. Gleichsam als Erinnerung an seine Experimente mit einer im Dienste der Verschmelzung von Wort und Musik nach Klangqualitäten erfundenen Kunstsprache in seinem Chorwerk *Cinq Rechants* (1949) verwendet Messiaen im siebenten Bild seiner Oper (»Die Stigmata«) in den Stimmen lautmalende Silbenkombinationen. Auch der der Musikgeschichte durch Messiaen wiedergeschenkte Choral (großartig harmonisierte, weite melodische Phrasen, von Chor und Orchester gleichermaßen intoniert) hat im *Saint François d'Assise* seinen festen Platz.

Meine ganze Oper ist ein großes Glaubensbekenntnis. (. . .) Das Werk findet seine Zusammenfassung in den folgenden Worten des sterbenden heiligen Franziskus:
»Herr! Musik und Poesie haben mich in deine Nähe geführt; durch das Abbild, durch das Symbol und durch das Fehlen von Wahrheit. Herr! Erleuchte mich durch deine Gegenwart! Erlöse mich, mache mich trunken, blende mich für immerdar durch deine Überfülle an Wahrheit . . .«
Olivier Messiaen
In: Conference de Notre-Dame, 1977

Die hier nur angedeutete Vielfalt der kompositorischen »Bausteine« wird durch deren unvermittelte Aneinanderreihung akzentuiert. Trotz des Fehlens eines kontinuierlichen, sozusagen thematisch durchgeführten Klangbandes wirkt die Musik nie inkohärent. Wieder sind es (wie etwa in den *Vingt Regards sur l'Enfant-Jésus* für Klavier aus dem Jahre 1944 oder in der *Turangalîlâ-Sinfonie* »zyklische Themen« – klingende Zeichen eher statischen Charakters, (nicht, wie bei Wagner, den Messiaen sehr verehrt, psychologisierenden Abwandlungen unterworfen) – sowie eine klare, auch beim ersten Hören erkennbare, formale Architektur, die die Fülle des Materials faßlich erscheinen lassen.

Gott blendet uns durch seine Überfülle an Wahrheit.
Thomas von Aquin

Die Kostbarkeit dieser Musik wird Messiaens *Saint François d'Assise* einen hervorragenden Platz in der bewegten Geschichte der Tonkunst des 20. Jahrhunderts sichern; wenn es einem Komponisten, wie hier, gelingt, selbst einem reinen Durdreiklang völlig unerwartete Reize abzugewinnen, so hat er das Wunder vollbracht, sein Publikum zu einem »neuen Hören« zu führen.

Thomas Daniel Schlee

CARL PHILIPP EMANUEL BACH, * 8. März 1714 Weimar, † 14. Dezember 1788 Hamburg. Zu seiner Zeit berühmter als Johann Sebastian Bach, sein Vater, war Carl Philipp Emanuel Bach ein Komponist, der von seinen Zeitgenossen sogleich verstanden wurde und von dem Haydn wie Mozart als von einem sprachen, von dem sie gelernt haben. Tatsächlich war er mit seinen Konzerten auf dem Weg zum sinfonischen Stil, so wie es Johann Wenzel Stamitz aus Böhmen auf seine Weise in Mannheim war. Beide waren Wegbereiter einer Musik, die Sinne und Gemüt der Menschen zu erreichen suchte. Derjenige, der den Weg beschritt und die Route festlegte, war in ihrer Nachfolge Joseph Haydn.

Ein Gedanke, den der Bach-Sohn Carl Philipp Emanuel für sich und seine Zeit entdeckte, galt dem Vergnügen an der Musik, ein Aspekt, der ihm die Annäherung an italienische Vorbilder nahebrachte.

Stationen seines Lebens: Die Musik studierte er von Grund auf bei seinem Vater. Ein Jurastudium, von 1731 an in Leipzig und ab 1734 in Frankfurt an der Oder, bereicherte er um ein Studium in den geisteswissenschaftlichen Fächern. 1738 trat er als Kammercembalist in die Dienste des preußischen Kronprinzen, des späteren Friedrich II. von Preußen. Hier entstanden seine *Sechs Preußischen Sonaten.* 1753 erschien der erste Teil seiner Schrift *Versuch über die wahre Art das Clavier zu spielen* (Teil 2 1762). 1768 ging er als Nachfolger seines Paten Georg Philipp Telemann nach Hamburg, wurde Musikdirektor der fünf Hauptkirchen, Kantor am Johanneum und so zu einem der führenden Männer im Kulturleben der Hansestadt.

In diesem Werk behandelt: Sinfonie F-Dur 90

JOHANN SEBASTIAN BACH, * 21. März 1685 Eisenach, † 28. Juli 1750 Leipzig. Mit dem vielzitierten Bonmot des Dirigenten Hans von Bülow, Bachs *Wohltemperiertes Klavier* sei das Alte Testament des Klavierspiels, Beethovens 32 Klaviersonaten das Neue Testament, ist verkürzt auf das Klavier ausgedrückt, was für Bachs Gesamtwerk, jedes einzelne ein »Meer von Tönen« (Brahms), gilt. Hier ist die Weltmusik, in der die Ströme des musikalischen Ursprungs und der musikalischen Entwicklung zusammenflossen, in einem Œuvre versammelt, zur höchsten Vollendung geführt, abgeschlossen. Auch wenn dieses Werk nach Bachs Tod für die Öffentlichkeit versunken schien und erst zur Zeit der musikalischen Romantik, von deren Vergangenheitssinn gehoben, glänzend wiederauferstand, war es unter den Musikern nie wirklich verschollen und wirkte fort; es bildete die Grundlage aller Entwicklung.

Stationen seines Lebens: Bach stammte aus einer thüringischen Musikerfamilie. Kurz nacheinander verlor er Mutter (1694) und Vater (1695). Nach musikalischer Ausbildung während der Gymnasialzeit in Ohrdruf und Lüneburg frühe Anstellungen als Organist in Arnstadt, Mühlhausen, seit 1717 Hofkapellmeister und Direktor der fürstlichen Kammermusiken in Köthen. Orchestersuiten, die *Brandenburgischen Konzerte* entstehen. Bachs Ehefrau Maria Barbara stirbt. 1721 Ehe mit Anna Magdalena Wilcken. 1723 bis 1750 Kantor an der Thomaskirche und -schule in Leipzig. »Director musices« der Stadt Leipzig. Hier entstanden die Passionen, Oratorien, die geistlichen und weltlichen Kantaten – vermutlich am Karfreitag 1727 Uraufführung der Matthäuspassion –, hier wuchsen die Söhne heran. Im Jahr 1747 Reise nach Berlin und Besuch bei König Friedrich II. von Preußen. Bach starb an einem Schlaganfall.

In diesem Werk behandelt: Die Brandenburgischen Konzerte 33; Das wohltemperierte Klavier 37; Kantate »O Ewigkeit, du Donnerwort« 39; Matthäus-Passion 47; Goldberg-Variationen 63; Messe h-Moll 66; Die Kunst der Fuge 73

BÉLA BARTÓK, * 25. März 1881 Nagyszentmiklós, † 26. September 1945 New York. Die außerordentliche Stellung von Bartóks Musik liegt in der Verbindung folkloristischer Grundlagen, die der Komponist zusammen mit dem Freund und Komponistenkollegen Zoltán Kodály über zehn Jahre hin erforschte, mit den Mitteln der modernen Musik. Bartók lernte von den Liedern und Tänzen seiner näheren (ungarischen) und weiteren Heimat und ließ sich zugleich von der Kunst eines Debussy beeinflussen, nachdem zuvor schon ein Werk wie *Also sprach Zarathustra* »wie ein Blitzschlag« bei ihm gezündet hatte. Die starke Rhythmisierung seiner Musik, die auf die frühe archaische Musik zurückverweist, läßt die Parallele mit Strawinsky zu, nur daß Bartók konsequenter die Assimilierung des Alten mit dem Neuen betrieb.

Stationen seines Lebens: Bartók studierte Klavier an der Budapester Akademie von 1899 bis 1903. 1904 wurde das als sinfonische Dichtung komponierte ungarische Nationalepos *Kossuth* in Manchester aufgeführt. 1909 Heirat mit

Martha Ziegler. 1906 bis 1916 Aufzeichnungen von Volksmusik mit dem Edison-Phonographen, daneben Sprachstudien. 1918 Uraufführung von Bartóks einziger Oper *Herzog Blaubarts Burg*. 1922 Tournee des Pianisten Bartók durch Europa. 1923 – eine Lebenskrise führte zur Trennung von Martha Bartók. – Heirat mit seiner Schülerin Ditta Pástorzy, mit ihr zusammen weitere Tourneetätigkeit. Die Jahre 1927/28 in den USA waren Vorstufe für sein späteres Exil dort, wohin der Antifaschist Bartók 1940 endgültig emigrierte. Doch weder seine pianistische noch die wissenschaftliche Arbeit konnten ihn vor Not bewahren. Bartók starb an Leukämie.
In diesem Werk behandelt: Mikrokosmos 626; Musik für Saiteninstrumente, Schlagzeug und Celesta 629

LUDWIG VAN BEETHOVEN, * 17. Dezember 1770 Bonn, † 26. März 1827 Wien. Beethoven geht es in seiner historischen Stellung zwischen Klassik und Romantik bis zu einem gewissen Grade wie Goethe, der jedenfalls von den Vertretern der frühen Romantik als der ideale Schöpfer des romantischen Kunstwerks empfunden wurde. Die musikalische Romantik verdankte Beethoven nahezu alles. Anders als in der Literatur vor Goethe hatte es in der Musik die höchste Blüte der klassischen Form, der humanen Kunst mit Haydn und Mozart bereits gegeben, als Beethoven auftrat und im Nachhall der Französischen Revolution die Menschheit vor das Tribunal seiner Kunst forderte. »Aus seiner Überzeugung, daß der einzelne Mensch wie der Staat einer Konstitution bedürfe, war Beethoven unablässig bemüht, in der Koordination der antithetischen Einzelerfindungen deren Synthese im Formalen zu erreichen« (Gabriele E. Meyer).
Stationen seines Lebens: Zehnjährig erhielt Beethoven Klavierunterricht, mit 14 Jahren war er Mitglied der Bonner Hofkapelle. Sein Schulbesuch wurde früh beendet. Ab 1781 erhielt er Unterricht bei Christian G. Neefe. 1792 in Wien wurde er für kurze Zeit Schüler Haydns, emanzipierte sich bald. Der Wiener Adel zog ihn an sich. Die Namen Rasumowsky, Widmungsträger der Streichquartette op. 59, und Waldstein stehen für viele. Von 1795 an konzertierte Beethoven vor großem Publikum in Wien und unternahm 1796 seine einzige große Konzertreise, die in Prag begann und in Berlin endete. Erste Anzeichen des Gehörleidens stellten sich ein. 1802 Lebenskrise und Niederschrift des »Heiligenstädter Testaments«. Um 1812 entstanden wahrscheinlich die »Briefe an die unsterbliche Geliebte«. 1818: Übernahme der Vormundschaft über seinen Neffen Karl. Von 1819 an verständigte sich Beethoven fast nur noch schriftlich mit seiner Umwelt (die »Konversationshefte«). Beethoven, der an einer Leberzirrhose litt, starb an einer Lungenentzündung und darauffolgender Wassersucht. Unter denen, die seinem Sarg folgten, ging auch Franz Schubert.
In diesem Werk behandelt: Die Klaviersonaten 147; Sinfonie Nr. 3 »Eroica« 161; Fidelio 164; Streichquartette op. 59 168; Violinkonzert D-Dur 171; 5. Sinfonie c-Moll 173; 6. Sinfonie F-Dur 176; 5. Klavierkonzert Es-Dur 179; Die Hammerklavier-Sonate 191; 9. Sinfonie d-Moll 204; Streichquartette op. 130 und Große Fuge op. 133 208

VINCENZO BELLINI, * 3. November 1801 Catania, † 24. September 1835 Puteaux bei Paris. Als Nachfolger des nur neun Jahre älteren Rossini und Vorgänger Verdis von der Musikgeschichte in den Schatten gestellt und vom neuen Musikdrama Verdis und Wagners von der zweiten Hälfte des 19. Jahrhunderts an aus dem Rampenlicht gedängt, mußte eine geniale Sängerin wie Maria Callas kommen, um dieses Genie des Belcanto wiederzuentdecken. Noch Oscar Bie, der 1913 eine Ehrenrettung versuchte, nannte ihn und Donizetti als die besten Namen unter denen, die der »Nachtigall Rossini« nachgesungen haben. Bellinis ureigener Lyrismus jedoch war es, der über seine nie vergehende Schönheit hinaus sowohl Verdi wie Wagner beeindruckt hat. Bellinis Musik läßt sich eher auf die »ausdrucksreiche Intimität des klassischen Belcanto, wie er von Mozart und Gluck entwickelt worden war« (Wilfried Mellers), zurückführen als auf die robuste Geläufigkeit eines Rossini.
Stationen seines Lebens: Der Sizilianer Bellini stammte aus einer Musikerfamilie. Er studierte von 1819 an am Real Conversatorio di musica in Neapel. 1825 wurde seine erste Oper *Adelson e Salvini* aufgeführt. Zehn Jahre blieben ihm danach, um sein epochemachendes Œuvre zu schaffen. Dabei war er leidend, ein nervöser, anfälliger Mensch. 1831 erschienen die beiden Erfolgsopern *La sonnambula (Die Schlafwandlerin)* am Teatro Carcano in Mailand und *Norma* an der Mailänder Scala. 1833 ging Bellini nach Paris, wo er für das Théâtre Italien seine letzte Oper *I puritani* komponierte. Eine enge Freundschaft verband ihn mit Frédéric Chopin, einem anderen Lyriker der Musik. Vincenzo Bellini starb an der Schwindsucht.
In diesem Werk behandelt: Norma 242

ALBAN BERG, * 9. Februar 1885 Wien, † 24. Dezember 1935 Wien. Lieder »in einem zwischen Hugo Wolf und Brahms schwankenden Stil« sah Arnold Schönberg, mit denen sich Alban Berg im Herbst 1904 bei ihm vorstellte. Er wurde neben Anton von Webern dessen engster Schüler, »bis an mein Lebensende« (Berg 1924). Die Ausnahmestellung, die sich der »Romantiker« unter

Schönbergs Weggefährten schuf, lag in seinem musikdramatischen Talent begründet. Mit *Wozzeck* schuf er eine Oper, mit der die neue Musik, die »hohe Künste der Variation und Polyphonie auf neue Weise verband« (H. H. Stuckenschmidt), ins Repertoire des Musiktheaters Eingang fand. Weder Schönberg noch Webern erlebten einen ähnlichen Publikumserfolg und damit solche Breitenwirkung.
Stationen seines Lebens: Berg wuchs in Wien in einer Atmosphäre von Wohlhabenheit und bürgerlicher Kultur auf. Unschlüssig, ob er sich der Literatur oder der Musik widmen sollte, gab Schönberg, der ihn 1904 als Schüler akzeptierte, den Ausschlag für die Musik. 1911 Heirat mit Helene Nahowski, einer schönen, kultivierten Frau, die Gesang und Klavier studiert hatte. 1914 sah Berg Büchners *Woyzeck* auf der Bühne. Im August 1915 wurde er zur Armee eingezogen. Sein Gesundheitszustand wurde bedrohlich geschwächt, die wirtschaftlichen Verhältnisse der Familie gerieten durch den Krieg auf einen Tiefstand. Erst mit dem Erfolg des *Wozzeck* (1925) brachte Berg es zu einem eigenen kleinen Vermögen. Danach Reisen nach Rußland, England und vor allem nach Berlin zu Schönberg. Die Nazi-Herrschaft verschloß ihm Deutschland mehr und mehr. Seine Musik war unerwünscht. Von *Lulu* führte Erich Kleiber drei Sätze der sinfonischen Fassung noch 1934 auf. Das »dem Andenken eines Engels« gewidmete Violinkonzert von 1935 wurde nicht nur zum Requiem für die 18jährige Tochter Alma Mahlers, Manon Gropius, sondern auch zu seinem eigenen Totenlied.
In diesem Werk behandelt: Wozzeck 584; Lyrische Suite 589; Lulu 632

HECTOR BERLIOZ, * 11. Dezember 1803 Côte-Saint-André (Isàre), † 8. März 1869 Paris. »Ich fuhr dort fort, wo Beethoven endete.« Diese Berliozsche Formulierung mag manchem überheblich klingen, und doch bestätigt sie sich im musikalischen Anspruch, den der Franzose Berlioz an sich stellte. Denn mit dem moralisch-gesellschaftlichen Gesetz Beethovens verband er einen romantisch-individuellen Bewußtseinsstand, der ihm das Leben in Musik zu verwandeln gebot. Dabei verlor er sich nicht in Selbstbetrachtung, disziplinierte seine ungeheure Phantasie, seinen Einfallsreichtum in immer neuen Formen. Sein »Idée fixe« (eine Vorgängerin von Baudelaires »Spleen«) genanntes Kernthema der *Symphonie fantastique* ist etwas ganz anderes als ein Leitmotiv, dessen Gebrauch seinem inspirierten Geist zu aufdringlich erschien.
Stationen seines Lebens: Berlioz begann als Autodidakt zu komponieren. 1821 Beginn eines Medizinstudiums. 1826 Studium am Pariser Conservatoire. Von 1828 an Tätigkeit als Musikschriftsteller (Musikfeuilletons). 1830 lernte Berlioz Franz Liszt kennen, 1831 in Rom Felix Mendelssohn Bartholdy. 1833 Heirat mit der englischen Shakespeare-Darstellerin Harriet Smithson. 1842–1843: Auf einer Reise nach Deutschland schloß Berlioz Bekanntschaft mit Schumann und Wagner. Beginn der Arbeit an den Memoiren. 1854 heiratete Berlioz nach dem Tod seiner ersten Frau seine Geliebte Marie Recio. Seit 1852 wurde Weimar dank Liszt Aufführungsstätte vieler Berlioz-Werke, bis zehn Jahre später eine Entfremdung zwischen den Freunden entstand, und zwar wegen Berlioz' Abneigung gegen Wagner. Das letzte Lebensjahrzehnt stand unter dem Zeichen einer neuralgischen Krankheit, an der Berlioz nach einer letzten Konzertreise nach St. Petersburg in Paris starb.
In diesem Werk behandelt: Symphonie fantastique 235; Harold en Italie 245; Die Trojaner 313

LEONARD BERNSTEIN, * 25. August 1918 Lawrence (Massachusetts), † 14. Oktober 1990 New York. Der Komponist Leonard Bernstein nimmt im Bewußtsein der meisten Musikfreunde den zweiten Platz ein hinter dem Dirigenten. »Bei Bernstein erfährt die Welt, was Reinheit, was eine reine Flamme vermag« (Joachim Kaiser), und so spürte er in seinen großen Momenten als Dirigent die Wahrheit von Musik auf, ihren Geist, wenn er es mit dem Buchstaben auch manchmal nicht so ganz genau nahm. Als Komponist war er durch den Reichtum seiner Phantasie und jener »reinen Flamme« der Empfindung mehr als ein komponierender Kapellmeister. In einem Werk, der *West Side Story*, aber gelang ihm ein musikalisches Epos aus dem Geist seines Landes.
Stationen seines Lebens: Mit zehn Jahren erhielt Bernstein ersten Klavierunterricht. 1939 dirigierte er die erste eigene Komposition an der Harvard University und bestand die Harvard-Abschlußprüfung cum laude. 1943 dirigierte Bernstein in Vertretung für Bruno Walter ein Konzert in der Carnegie Hall. 1945 Chefdirigent des New York Symphony Orchestra. 1951 Heirat mit der chilenischen Schauspielerin Felicia Montealegre Cohn. 1958 erschien Bernsteins erstes Buch *The Joy of Music*. 1971 begann er mit den Wiener Philharmonikern einen Zyklus mit allen Sinfonien Gustav Mahlers und trug damit entscheidend zur Mahler-Renaissance in Europa bei. Neben seiner Dirigentenlaufbahn komponierte Bernstein zahlreiche Chorwerke, Messen und Sinfonien mit religiös-programmatischer Bindung. 1981 wurde Bernsteins *Mass* (UA 1981 in New York) an der Wiener Staatsoper aufgeführt. Mit den New Yorker Philharmonikern dirigierte er mehr als 1000 Konzerte. Bernstein starb an einem Lungenleiden.
In diesem Werk behandelt: West Side Story 695

GEORGES BIZET, * 25. Oktober 1838 Paris, † 3. Juni 1875 Bourgival (Hauts-de-Seine). Wer von Georges Bizet redet, redet von *Carmen*, und das mit Recht, denn trotz der ingeniösen frühen Sinfonie in C-Dur und der Schauspielmusik zu Daudets Schauspiel *L'Arlesienne* (die daraus entwickelten *Arlesienne-Suiten* sind häufig zu hören) bleibt *Carmen* der einsame Gipfel von Bizets Kunst und ein ebensolcher in der Geschichte des Musiktheaters überhaupt. Zwei große Ingredienzien besitzt dieses Stück, mit denen es in die Tradition der französischen Oper, eigentlich in das Genre Oper überhaupt, einbricht: Realismus und Ironie. Es kam nicht von ungefähr, daß Nietzsche in seiner Enttäuschung über Wagner Bizets *Carmen* in den Himmel hob. Bizets Verismus ist tatsächlich »das Leben selbst« und der blanke Gegensatz zu Wagners subjektivistisch-mythischen Weltmärchen.
Stationen seines Lebens: 1848, zehnjährig, und das heißt vorzeitig, wurde Bizet als Schüler des Pariser Conservatoire aufgenommen. Er studierte Klavier (mit glänzendem Erfolg), Orgel und Komposition. 1855 entstand die *C-Dur-Sinfonie*. 1856 Gewinn eines Operettenwettbewerbs mit *Le docteur Miracle*. 1858 brachte der ein Jahr zuvor gewonnene »Rom-Preis« Bizet einen dreijährigen Romaufenthalt ein; bei seiner Rückkehr nach Paris erhielt er den Auftrag des »Théatre Lyrique« für *Les pêcheurs de perles*, 1863 uraufgeführt. Berlioz wurde Bizets wichtigster Förderer. 1864 bis 1872 Opernpläne und Opernrealisierungen. Bizet war unermüdlich. 1872 entstand der Plan zu *Carmen*. Drei Monate nach der Premiere starb Bizet an einer Angina. Gounod war unter denen, die dem Sarg auf dem Weg zum Pariser Friedhof Père-Lachaise folgten.
In diesem Werk behandelt: Carmen 369

PIERRE BOULEZ, * 26. März 1925 Montbrison (Loire). Der Komponist, Dirigent und Musikpädagoge Pierre Boulez steht mitten in der Auseinandersetzung mit der zeitgenössischen Musik. Wie bei Karlheinz Stockhausen gehen bei ihm starke Einflüsse von Olivier Messiaen aus, dem Vater einer neuen Farbigkeit des Komponierens. Boulez war, insbesondere beeindruckt von Anton von Weberns Anwendung der Zwölftonreihe, von der Dodekaphonie ausgegangen und fand von seinen daraus entwickelten seriellen Techniken, indem er sie aufbrach, zu jener aleatorischen Praxis, in der sich der Interpret vor der Aufgabe sieht, das Musikstück stets von neuem zu erschaffen. Elektronische Musik gehört zu den selbstverständlichen und ausgiebig genutzten Mitteln. Boulez, der von sich gesagt hat, er habe »einen angeborenen Sinn für das, was ich Wucherung der Materialien nennen möchte« und der sich dabei durchaus in einer Linie mit Bach sieht, beschäftigt sich nun – und das ist konsequent – mit den kleinsten musikalischen Zellen: Mikrotonalität. Pierre Boulez genießt auch und gerade als Musikpädagoge und Musiktheoretiker hohes Ansehen.
Stationen seines Lebens: Mit sieben Jahren erhielt Boulez Klavierunterricht und sang im Chor. Von 1941 an intensive Beschäftigung mit Mathematik. 1943 bis 1945 Kompositionsstudium am Pariser Conservatoire u. a. bei dem Schönberg-Schüler René Leibowitz. 1946 wurde Boulez musikalischer Direktor der Theatergruppe Renaud-Barrault. 1953 Gründung der Konzerte für zeitgenössische Musik, »Concertes du Petit Marigny« (ab 1954 »Domaine musical«), deren Leiter er bis 1967 blieb. 1959 Übersiedlung nach Baden-Baden, Nachfolger von Hans Rosbaud bei den Donaueschinger Musiktagen. 1967 Vorschläge für eine Reorganisation der Pariser Opéra. 1969 bis 1977 starkes Engagement als Dirigent, u. a. als Leiter des Cleveland Orchestra, des BBC Symphony Orchestra und des New York Philharmonic Orchestra. 1976 gründete Boulez das »Ensemble Intercontemporain« und das Institut de Recherche et de Coordination Acoustique (Musique IRCAM), heute mit Sitz im Centre Pompidou. Im selben Jahr dirigierte er in der Inszenierung von Patrice Chérau Wagners *Ring* in Bayreuth. 1985 wurde zum 60. Geburtstag des Komponisten in Baden-Baden eine viertägige musikalische »Hommage à Boulez« veranstaltet. Boulez ist Professor am Collège de France.
In diesem Werk behandelt: Le marteau sans maître 698

JOHANNES BRAHMS, * 7. Mai 1833 Hamburg, † 3. April 1897 Wien. Die außerordentliche Stellung, die Johannes Brahms in der Musikgeschichte innehat, erklärt sich daraus, daß er nach Johann Sebastian Bach der erste und einzige war, in dessen Werk die gesamte abendländische Musik in allen ihren Formen versammelt wurde. Durch Aneignung könnte man sagen, besser: durch Assimilation. Brahms, »the progressive« (Schönberg), war kein Neuerer im gewöhnlichen Sinne, schon gar kein revolutionär gesonnener Komponist, zuviel Respekt hatte er vor dem, was vor ihm geschaffen war, aber er öffnete das Alte für das Neue.
Stationen seines Lebens: Der Sohn eines Kontrabassisten lernte das praktische Musizieren als Halbwüchsiger in den Vergnügungslokalen am »Hamburger Berg«. Seine musikalische Ausbildung erfuhr er von soliden Lehrern des Klaviers und der Komposition, die geistige schuf er sich als Autodidakt. Lebensentscheidend wurde die Begegnung mit Clara und Robert Schumann 1852 in Düsseldorf. 1858 Verlobung mit Agathe von Siebold, Trennung. 1859 erste Erfahrungen mit einem Orchester

in Detmold. 1863 wurde Brahms Leiter der Wiener Singakademie und 1872 Leiter des Wiener Singvereins. Danach folgten keine festen Anstellungen mehr. Brahms blieb in Wien, unternahm Konzertreisen zunächst als Pianist, später als Dirigent eigener Werke. Seit 1878 mehrere Italienreisen. Die meisten seiner Werke entstanden seit 1873 während der ländlichen Sommeraufenthalte. Brahms schrieb keine Oper und heiratete nicht. Ein Jahr nach Clara Schumann starb Brahms an einem Pankreaskopfkarzinom.
In diesem Werk behandelt: Trio in H-Dur op. 8 303; 1. Klavierkonzert d-Moll 328; Die schöne Magelone 331; Ein deutsches Requiem 340; Ungarische Tänze 347; Variationen über ein Thema von Joseph Haydn 353; 1. Sinfonie c-Moll 379; 4. Sinfonie e-Moll 402; Vier ernste Gesänge 465

BENJAMIN BRITTEN, * 22. November 1913 Lowestoft (Suffolk), † 4. Dezember 1976 Aldeburgh. In erster Linie als Opernkomponist ist Britten zu Weltruhm gekommen. Er hat stets zu den Vertretern einer gemäßigten Moderne gehört und bekannte sich unvoreingenommen dazu, auch »Gebrauchsmusik« zu schreiben. Neben Opern und instrumentaler Konzertmusik sowie Liedern für den Konzertsaal komponierte er Filmmusiken und eine große Zahl unterhaltender Stücke. Das Lied, die Liedzyklen – Britten pflegte die Beziehung zum englischen Volkslied – spielen eine große Rolle in seinem Gesamtœuvre. Es ist von einer sorgfältigen literarischen Textauswahl bestimmt, in der meist englische Dichter, von Blake bis Auden, zu Wort kommen. Für die Liedzyklen und Opern gilt, daß in der Musik dieses Vielseitigen das Dunkel vorherrscht: »Sie spricht von der verschatteten Seite des Lebens« (Fischer-Dieskau). Britten, ein Musiker von großer Intuition, war musikalisch das Gegenteil eines Puristen, dagegen scheint seinem Werk eine ethische, moralische Basis immanent, ohne daß es stets eine konkrete Botschaft zu sagen hätte wie sein *War Requiem* von 1962.
Stationen seines Lebens: Der Zahnarztsohn wuchs in einem musischen Elternhaus auf. Erste Kompositionen als Zehnjähriger. 1930 Stipendium am Royal College of Music in London, während dessen die als op. gezählte Sinfonietta entstand. Die lebenslange Freundschaft mit dem Sänger Peter Pears entstand 1933. 1935 erste Filmmusiken. 1935 bis 1939 Zusammenarbeit mit dem Dichter W. H. Auden. 1939 bis 1942 Aufenthalt in den USA. 1945 bis 1951 wurde u. a. die Zeit der großen Bühnenwerke *(Peter Grimes,* 1945; *Der Raub der Lukretia,* 1946; *Albert Herring,* 1947; *Billy Bud,* 1951*)*. 1948 gründete Britten die von der Musikwelt rasch akzeptierten Aldeburgh-Festspiele. 1973 wurde Brittens letzte Oper, *Der Tod in Venedig* nach Thomas Manns Erzählung, uraufgeführt. In seinem letzten Lebensjahr folgte den vielen Auszeichnungen des Musikers die Verleihung des Adelstitels.
In diesem Werk behandelt: Peter Grimes 659; Albert Herring 669

ANTON BRUCKNER, * 4. September 1824 Ansfelden, † 11. Oktober 1896 Wien. Bruckners »sinfonische Riesenschlangen« (Brahms) wie seine Kirchenmusik stehen in der musikalischen Epoche der Romantik wie ein unabhängiger Block. Musik vor dem Sündenfall der Raffinesse würde man in Anspielung auf Bruckners uneingeschränkte Frömmigkeit gern sagen, wäre da nicht das genaue Studium Bachs und des späten Beethovens. Bruckners vielbesprochene Naivität war musikalisch gesehen eine vielfach gebrochene, vielleicht willentlich bewahrte Haltung, die den Zugang zum Ursprünglichen, in Bruckners Sinne: zu Gott, offenhalten sollte. Wagners hörbarer Einfluß blieb gegenüber der eigenen Schwerkraft des Genies Bruckner peripher.
Stationen seines Lebens: Der Sohn eines Schulmeisters lernte früh Orgelspiel und Grundlagen der Komposition. 1837 bis 1840 als Sängerknabe in St. Florian. Nach Jahren als Schulgehilfe und Hilfslehrer erhielt Bruckner 1851 endgültig die Stelle des Stiftsorganisten in St. Florian. 1855 Kompositionsunterricht bei Simon Sechter in Wien. Im gleichen Jahr wurde Bruckner Domorganist in Linz (bis 1868). 1865 lernte er in München Richard Wagner kennen. Seit 1870 in Wien schrieb Bruckner Werk um Werk, nie gewiß, dessen endgültige Gestalt gefunden zu haben. Das »kalte« Wien akzeptierte weder Bruckners Person noch seine Musik. 1873 und 1876 glückliche Tage bei Wagner in Bayreuth. 1882 noch einmal beim Parsifal. Der Kampf um Anerkennung dauerte bis zum Jahr 1891 an. Der Ruhm kam spät. Bruckner wurde in der Krypta der Stiftskirche von St. Florian unter der Orgel beigesetzt.
In diesem Werk behandelt: Te Deum 399; Sinfonie B-Dur 451; 9. Sinfonie d-Moll 458

JOHN CAGE, * 5. September 1912 Los Angeles, † 12. August 1992 New York. »Was der Neuen Musik aber von Anbeginn wesentlich zu Unrecht an Anarchie vorgeworfen ward, hat in der Tat erst John Cage eingelöst« (Heinz-Klaus Metzger). Was John Cage mit seiner Musik, von der er selbst sagte, man müsse sie nicht Musik nennen, wenn einem das wehtue, vollzieht, ist die Aufhebung der musikalischen Hierarchie. Nicht der Komponist bestimmt mehr Ablauf und Dauer, sondern der Musiker hat die Wahl. Der sowieso fragwürdige Begriff der Werktreue wird außer Kraft gesetzt. Es liegt auf der Hand, daß ein gesellschaftliches Denken dieser Musik, die außerdem manches mit konkreter Poesie zu tun hat, zugrundeliegt. Doch »weder Cage noch sonstwer wird in diesem musikalischen Freiheitsmodell mehr sehen denn eben ein Modell für freie Kommunikation im engen Rahmen einer Gruppe intelligenter Musiker« (Hans G. Helens).

Stationen seines Lebens: Cage, glänzender Absolvent der Los Angeles High School, gehört, wie zum Beispiel Alban Berg, zu den Komponisten, die anfangs zwischen Literatur und Musik schwankten. 1930 in Paris Studien der Architektur und Musik (Klavier), malerische Versuche. 1931 Rückkehr in die USA. Arbeit als Gärtner und in anderen Berufen. Fortsetzung des Klavierstudiums. 1934 wurde Cage Schüler von Arnold Schönberg. 1941 Professur für experimentelle Musik in Chicago. 1954 zog Cage von New York, wo er mit Unterbrechungen wohnte, aufs Land in eine Kooperative. 1958 Dozent bei den Internationalen Ferienkursen in Darmstadt. Seither hat Cage an der Realisation seiner Vorstellung von einer befreiten Musik in Europa, in den USA, in Japan weitergearbeitet. Viele seiner Werke wurden erst in den 80er Jahren uraufgeführt. John Cage erlag 1992 den Folgen eines Schlaganfalls.

In diesem Werk behandelt: Water Music 678; Concerto for Piano and Orchestra 705

FRÉDÉRIC CHOPIN, * 1. März 1810 Zelazowa-Wola bei Warschau, † 17. Oktober 1849 Paris. Als Pianist, wie es die Zeitgenossen beschrieben, als Komponist, wie es nach wie vor erfahrbar ist, hat Chopin wie kaum ein anderer vor ihm und niemand nach ihm Virtuosität mit Empfindung und Innigkeit verbunden. Was beim ersten Hinhören leicht klingen mag, erweist sich dem Pianisten als hohe Aufgabe. Nicht umsonst war Robert Schumann, der einmal der »Paganini des Klaviers« hatte werden wollen, ein enthusiastischer Bewunderer Chopins. Mit ihm und mit dem ihm fast gleichaltrigen Franz Liszt erreichte die Klaviermusik ihren virtuos-romantischen Höhepunkt. Chopin kam nur 20jährig von Warschau nach Paris, und doch blieb eine fast exotisch zu nennende Fremdheit, Ingredienz und unverkennbares Merkmal seiner Kompositionen. Vielleicht war es Ausdruck der Fremdheit des Künstlers in der Gesellschaft überhaupt.

Stationen seines Lebens: Der Sohn eines Franzosen und einer Polin begann mit acht Jahren eine Karriere als pianistisches Wunderkind. Erste Kompositionen zwischen dem 15. und 18. Lebensjahr. 1830 erschien Chopin in Paris. Schnell geschlossene Freundschaften mit Balzac, Berlioz, Heine, Liszt und Meyerbeer. Tätigkeit als Klavierlehrer. 1838, begleitet von der Schriftstellerin George Sand, ging Chopin nach Mallorca, um sein Lungenleiden auszukurieren. 1848 Konzertreise nach London und nach Schottland, von der er todkrank nach Paris zurückkehrte. Chopin starb an Lungentuberkulose. Sein Grab liegt auf dem Pariser Friedhof Père-Lachaise.

In diesem Werk behandelt: Polonaisen 219; Walzer h-Moll 230; Klavierkonzert e-Moll op. 11 240; Klaviersonate Nr. 2 h-Moll 253

CLAUDE DEBUSSY, * 22. August 1862 Saint-Germain-en-Laye, † 25. März 1918 Paris. Den »einzig universellen Musiker Frankreichs« nannte ihn Pierre Boulez. Debussy betrat die Musikszene nicht als Neuerer. Er setzte sich mit der traditionellen französischen Schule und der deutschen Romantik auseinander, geriet stark unter den Einfluß des am Pariser Conservatoire unerwünschten Wagners – und begann »an der Lösung Wagners zu zweifeln«. Aus diesen Zweifeln entstand Debussys unabhängiges Werk »jenseits von Wagner«, das in einer Zurücknahme der Mittel (z. B. Orchesterbesetzung) und Vermehrung der Klangfarben seine Basis hat. Das Tonmalerische seiner Werke seit dem *Prélude à l'àpres-midi-d'un faune* (1892 bis 1894) vermeidet das Illustrative, ist ganz Musik. Die handliche Formel des musikalischen Impressionismus trifft, soweit das Andeutende dieser Musik angesprochen ist. Debussy, selbst Literat, Verfasser zahlreicher Musik-Feuilletons (Monsieur Croche), stand der Literatur seiner Zeit, vor allem dem Symbolismus, nahe. Ohne eine Schule zu begründen, öffnete er der neuen Musik einen Weg über die deutsche (und französische) Romantik hinaus.

Stationen seines Lebens: Das Studium am Pariser Conservatoire schloß Debussy 1884 mit dem Gewinn des »Rom-Preises« ab. 1887 Rückkehr nach Paris. Außer in einem kleinen Kreis von Literaten und Malern blieb Debussy ein Einzelgänger. 1889 Bekanntschaft mit dem Werk des Symbolisten Maurice Maeterlinck; der erste Schritt auf dem Weg zu *Pelléas et Mélisande* (1902). 1888 und 1889 ließ er sich in Bayreuth von *Parsifal*, *Die Meistersinger von Nürnberg* und *Tristan und Isolde* beeindrucken. Die Uraufführung von *Prélude à l'après-midi-d'un faune* bedeutete seinen endgültigen Durchbruch als Komponist. 1899, nach jahrelanger Liaison mit Gabrielle Dupont, heiratet der Bohemien Debussy in erster Ehe Rosalie Texier und in zweiter Ehe Emma Bordac. 1910 Konzertreisen. Mit dem wachsenden Ruhm kam auch ein bescheidener Wohlstand. 1914 – der Ausbruch des Ersten Weltkrieges erregte Debussy außerordentlich. 1916/17 – seine Kräfte nahmen ab. 1918, während der letzten deutschen Offensive, unter der Beschießung von Paris, starb Debussy an einem Darmkarzinom.

In diesem Werk behandelt: Prélude à l'aprés-midi d'un faune 454; Pellèas et Mélisande 489; Images pour piano 500

GAETANO DONIZETTI, * 29. November 1797, † 8. April 1848 Bergamo. »Vielleicht hat er sich überarbeitet, seine Produktion war maßlos. Er verlor den Verstand und kehrte nach einer weltbewegten Karriere nach Bergamo, wo er geboren, zurück, um dort zu sterben« (Oskar Bie). Das rastlose Komponieren war keine Eigentümlichkeit Donizettis, denn die italienische Oper, das Nationalkunstwerk schlechthin, forderte Serienproduktionen von ihren Komponisten, noch Verdi sprach von seinen »Galeerenjahren«. Dennoch fällt bei Donizetti das Tempo der Kreativität besonders auf, weil bei ihm der Ortswechsel von Neapel nach Paris hinzukam, der zugleich als stilistische Behendigkeit gedeutet wurde. In seinen komischen Opern war er der würdige Nachfolger Rossinis; mit der tragischen Oper *Lucia di Lammermoor*, UA 1835, reicht er an den kommenden Verdi heran.

Stationen seines Lebens: Donizetti studierte in seiner Geburtsstadt Gesang, Klavier und Bratsche und von 1815 bis 1817 Kontrapunkt in Bologna. 1818 Uraufführung einer frühen Oper *(Enrico conte di Bologna)* in Venedig. Die Opernproduktion stieg, daneben komponierte Donizetti vor allem Kirchenmusik, jedoch auch 16 Sinfonien, Kammermusik und Lieder. Insgesamt schrieb er 74 Opern. 1834 bis 1839 als Kompositionslehrer am Real Conservatorio von Neapel. 1840 Übersiedlung nach Paris wegen Schwierigkeiten mit der Zensur. 1844 erstes Auftreten seiner paralytischen Erkrankung. Bis 1847 Aufenthalt in einer Nervenheilanstalt in Ivry bei Paris. 1847 Tod in Bergamo.

In diesem Werk behandelt: Lucia di Lammermoor 248; Don Pasquale 276

ANTONÍN DVOŘÁK, * 8. September 1841 Nelahozeves bei Prag, † 1. Mai 1904 Prag. Mit und nach Smetana einer der Erneuerer und Begründer tschechischer Nationalmusik, war Dvořák auch Sohn westlicher Musiktradition. Es ist ja bemerkenswert, daß neben Smetana auch Brahms als Schutzheiliger seiner Musik gelten kann. Der eigene, unverwechselbare Ton jedoch entstammt dem musikalischen Idiom seiner Heimat. Sein bedeutendes kammermusikalisches und sinfonisches Werk kann als ein Beispiel dafür gelten, wie gerade eine ganz aus ihrer Zeit und ihrer Landschaft geborene Musik dazu prädestiniert ist, Ort und Zeit zu überwinden. Von Dvořáks elf Opern ist kaum einer dieser Sprung geglückt. Nur *Rusalka* (UA 1901) ist gelegentlich zu hören. Lieder, ganz nah der volkstümlichen Quelle und Kirchenmusik (das *Stabat mater,* uraufgeführt 1888) gehören zu den bewegendsten Werken Dvoráks, eines ebenso musikantisch wie religiös gestimmten Komponisten.

Stationen seines Lebens: Dvořák stammte vom Land, er lernte das väterliche Handwerk eines Gastwirts und Metzgers, besuchte deutsche Fortbildungsschulen und schließlich von 1857 bis 1859 die Orgelschule in Prag, erste Kompositionen. 1862 Mitglied eines Theaterorchesters. 1873 Heirat mit Anna Cermákowá. Seit 1884 Auslandsreisen als Dirigent eigener Werke. 1891 als Lehrer am Prager Konservatorium. 1892 bis 1895 Direktor des National Conservatory in New York. Hier entstand 1893 seine Sinfonie e-Moll *(Aus der neuen Welt).* 1897 Besuch beim todkranken Brahms in Wien. 1901 wurde *Rusalka* im Prager Nationaltheater uraufgeführt. Am 5. Mai 1904 wurde Dvořák, der vier Tage zuvor an einem Gehirnschlag gestorben war, zu Grabe getragen. Ihm gaben Tausende die letzte Ehre.

In diesem Werk behandelt: 9. Sinfonie e-Moll op. 95 Aus der neuen Welt 442; Violoncellokonzert h-Moll op. 104 462

HANNS EISLER, * 6. Juli 1898 Leipzig, † 6. September 1962 Berlin. Nicht Leipzig, wie der Geburtsort suggerieren könnte, sondern Wien nach der Jahrhundertwende war Eislers geistige Schule. Er kam als Dreijähriger in die Stadt, erlebte hier als 20jähriger den Zusammenbruch der Monarchie. Politisch war der Ansatz seines musikalischen Tuns vom ersten Kompositionsversuch an. Aber Eisler war nicht einfach ein Polit-Sänger, was auch mit weniger musikalischen Mitteln zu erreichen wäre, er nahm sein musikalisches Talent ernst, wurde Schönberg- und Webern-Schüler, ehe er sich als »proletarischer Komponist« politischer Songs und Bühnenmusiken etablierte.

Vertonungen nach Brecht, die den Löwenanteil des Œuvres ausmachen, werden immer wieder zu hören sein.

Stationen seines Lebens: Nach dem Besuch des K. K. Staatsgymnasiums in Wien 1916 war Eisler 1919 bis 1923 Schönberg-Schüler. 1920 Heirat mit Lotte Demant. Übersiedlung nach Berlin. 1927 Mitarbeit an der »Roten Fahne«, Zusammenarbeit ab 1929 mit Ernst Busch und Bert Brecht. 1930 und 1932 Reisen in die Sowjetunion. 1933 beginnen die Stationen seines Exils: Österreich, Dänemark (bei Brecht), USA. 1927 heiratete Eisler in Prag seine zweite Frau Louise Jolesch von Gosztoni. 1938 weitere Exilstationen, schließlich, 1942, Kalifornien. 1948 Rückkehr nach Europa. 1949 übersiedelte Eisler nach Berlin (Ost), komponierte *Auferstanden aus Ruinen,* die Nationalhymne der ehemaligen DDR. 1958 Heirat mit Stephanie Zucker-Schilling. Nach einem Herzinfarkt im Jahr 1960 starb Eisler am 6. September 1962. Die *Ernsten Gesänge* sind sein letztes Werk.

In diesem Werk behandelt: Ernste Gesänge 718

CHRISTOPH WILLIBALD RITTER VON GLUCK, * 2. Juli 1714 Erasbach (Oberpfalz), † 15. November 1787 Wien. Vor Mozart, dem geborenen Musikdramatiker, war es Gluck, der den musikdramatischen Geist der Oper erweckte. Die Opera seria, der er bis in die 60er Jahre des 18. Jahrhunderts, u. a. mit dem für die Epoche maßgebenden Textdichter Pietro Metastasio gedient hatte, löste er, inspiriert und begleitet von einem anderen Librettisten, Raniere Calzabigi, ab. Ihm gelang, was Händel nicht zuteil wurde. Glucks auch theoretisch formuliertes Reformprogramm läßt sich verkürzt als der Anstoß zur durchkomponierten Oper definieren. Denn tatsächlich fühlte sich Wagner fast ein Jahrhundert später davon inspiriert. Zur Opernreform Glucks gehörte die Forderung nach »echtem Gefühlsausdruck«, nach dem Natürlichen im Sinne Rousseaus, dazu die Ablösung des festgefügten Opernschemas, die Einführung des Orchesterrezitativs, weite Melodieführung und eine Annäherung von Text und Musik, die einer gemeinsamen Dramaturgie entsprechen sollte. Die hervorragende Stellung des Chors bei Gluck (im antikisierenden Sinne gemeint) weist weit in die Operngeschichte voraus.
Stationen seines Lebens: Der Sohn eines Forstaufsehers brannte von zu Hause durch, um Musiker zu werden. 1731 Studium an der Karlsuniversität und Praxis als Musiker in Prag. 1741 erste Oper. 1746 Ruf nach London ans Haymarket Theatre und gemeinsames Konzert mit Händel. 1747 Kapellmeister einer reisenden Operntruppe. Engagement in fürstlichem Hause und am K. K. Hoftheater in Wien. 1750 Heirat mit der Kaufmannstochter Marianne Pergin. Viel Ehre und große Erfolge und auch Geld, doch schließlich zu wenig Verständnis für die umstürzlerischen Reformgedanken in Paris. Gluck, der Opernreformer, komponierte in seinen späten Jahren u. a. Lieder nach Klopstocks Oden von großer Einfachheit und Schönheit. Ein Komponist, der den Lohn seines Genies ernten konnte.
In diesem Werk behandelt: Orpheus und Eurydike 77

GEORGE GERSHWIN, * 26. September 1898 Brooklyn/New York, † 11. Juli 1937 Beverly Hills (Kalifornien). Ein Schlagerkomponist, der Hunderte leicht eingängiger Melodien schrieb, ein Mann der Musical-Comedies mit so bemerkenswerten Titeln wie *Sweet Little Devil* (1924) oder *Let' Em Eat Cake* (1933), steckt seinen Kopf zwischen die Musiker des ernsten großen Anspruchs, und er tut es zu Recht. Voraussetzung für seine Vorstöße zu einer Musik, in die der Komponist mehr Erwartungen setzt, als unterhaltend zu sein, war sein außerordentlicher melodischer Einfallsreichtum und ein entwickeltes rhythmisches Gefühl. Es war seine Sache nicht, neue Formen zu erfinden, aus vorhandenem Material jedoch formte er Eigenes. *Porgy and Bess* (UA 1935) war sein ehrgeizigstes Projekt, »eine Verbindung des Dramas von *Carmen* mit der Schönheit der *Meistersinger* zu erreichen«, sein Ziel. Was ihm gelang, war Ausdruck einer Kultur.
Stationen seines Lebens: Gershwin machte die Musik früh zu seinem Beruf. 16jährig wurde er Song Plugger bei einem Musikverlag, sein erster Song wurde verlegt. 1921 besuchte Gershwin Sommervorlesungen und Kurse an der Columbia University. 1924 kam als Demonstration amerikanischer Eigenständigkeit in der Musik die *Rhapsody in Blue* zur Uraufführung. 1926 reiste Gershwin zum drittenmal (nach 1923 und 1924) nach London und Paris. 1928 wurde in New York Gershwins Erfolgsmusical *An American in Paris* uraufgeführt. 1937, in seinem Sterbejahr, lernte er noch Arnold Schönberg kennen: die Begegnung zweier großer Musiker.
In diesem Werk behandelt: Rhapsody in Blue 580; Porgy and Bess 622

CHARLES GOUNOD, * 17. Juni 1818 Paris, † 18. Oktober 1893 Saint-Cloud (Hauts-de-Seine). Gounods Name wird für immer mit seiner Vertonung des Fauststoffes nach Goethes Drama verbunden sein und als der des Begründers eines historisch gesehen spezifisch französischen Stils der Opéra lyrique genannt werden. Dieser Stil führte die Brillanz der Grande opéra auf menschliche Dimensionen zurück, und solche Reduzierung entsprach dem sentimentalen Gefühl der Epoche (und war doch an der frühen deutschen Romantik geschult). Sie führte – nicht ganz ohne Einflüsse Wagners und doch sein eigentlicher Gegenpol – bis zu Debussys impressionistischer Gefühlswelt. Gounods ganz eigenes Mittel war das seiner melodischen Erfindung. Zu eng erweist sich der Blick auf Gounod nur als Opernkomponist. In seiner Frühzeit stark religiös gesinnt, hat er nie aufgehört, geistliche Musik zu schreiben.
Stationen seines Lebens: Gounods Mutter war ausgebildete Pianistin. Das Studium am Conservatoire schloß Gounod 1839 mit dem Gewinn des »Rom-Preises« ab. In Rom nährte er den Wunsch, Priester zu werden, komponierte Messen und ein Requiem. 1843 Rückkehr nach Paris. Anstellung als Organist. 1852 wurde Gounod Direktor des Orphéon der Stadt Paris, nach 1860 lebte er als freier Komponist. In das Jahr 1867 fiel sein zweiter großer Opernerfolg *Romeo et Juliette* nach Shakespeare. Der Ausbruch des Krieges 1870/71 ließ Gounod nach London emigrieren. 1875 Rückkehr nach Paris.
In diesem Werk behandelt: Faust 320

EDVARD GRIEG, * 15. Juni 1843 Bergen, † 4. September 1907 Bergen. Die Besinnung auf die Quellen eigenständiger Musik in den Ländern Europas war weit fortgeschritten, als Edvard Grieg der norwegischen Folklore Raum in seinem Werk und damit Gehör in der Welt gab. Seine musikalische Persönlichkeit war durch sein Studium am Leipziger Konservatorium im Geist der deutschen klassisch-romantischen Tradition gebildet, die ursprüngliche norwegische Musik zu entdecken war ein Ereignis, das den 20jährigen ausgebildeten Musiker auf seine eigene Bahn stellte. Sind seine heute selten zu hörenden Lieder der Volksweise ausgesprochen nahe, so ist das übrige Werk, einschließlich der *Peer-Gynt-Musik,* Ausdruck eines Prozesses, der den Tonfall des Regionalen einer sich bis ins Moderne entwickelten Tradition amalgamiert.
Stationen seines Lebens: Nach dem Studium in Leipzig (1858–1863), u. a. bei dem berühmten Pianisten und Komponisten Moscheles, ging Grieg nach Kopenhagen. 1866 erste Begegnung mit Ibsen in Rom. 1876 Uraufführung von *Peer Gynt* mit Griegs Musik in Abwesenheit des Komponisten. 1879 spielte Grieg im Leipziger Gewandhaus sein a-Moll-Klavierkonzert. 1880 Rückkehr in seine Geburtsstadt Bergen. Bald darauf Heirat mit Nina Herup. 1884 entstand die heute vielgespielte volkstümliche Suite *Aus Holbergs Zeit.* Lang ist die Reihe von Griegs Liedkompositionen, und sie führt bezeichnenderweise von op. 2: *Vier deutsche Lieder* (1862) bis zum Zyklus *Haugtussa* – Das Kind der Berge (1900). Der »Chopin des Nordens« (Bülow) starb, wo er geboren worden war.
In diesem Werk behandelt: Klavierkonzert a-Moll 344, Die Peer-Gynt-Suiten 413

MARVIN HAMLISCH, * 2. Juni 1944 New York. Wie viele Musical-Komponisten kommt Marvin Hamlisch vom Songschreiben, mit dem er früh zählbaren Erfolg erreichte. Der Song braucht Bühnenwirksamkeit, und der musikalisch seit Kindertagen ausgebildete Hamlisch hatte bereits im Alter von 16 Jahren mit *Travelin' Man* einen Song geschrieben, den Weltstars wie Liza Minnelli und Judy Garland kreierten. Mit *Sunshine, Lollipops and Rainbows* gelang ihm 1965 der Sprung in die Hitlisten. Das Theater lernte Marvin Hamlisch als Korrepetitor und Arrangeur am Broadway während seiner Studienzeit kennen. Filmmusik wurde sein Metier. Sein erstes eigenes Musical *A Chorus Line* (UA 1975, verfilmt 1985) setzte sich auf Anhieb durch. Die Musik steht beispielhaft für das Genre, ist routiniert, schlagkräftig, schwungvoll und mit einem Schluck Sentimentalität versehen, nicht anders als die Werke eines Andrew Lloyd Webber, der vom Anspruch der Rockoper (*Jesus Christ Superstar,* 1971) zu den geräuschvollen oder säuselnden Musicals (*The Phantom of the Opera,* 1986) gefunden hat. Die Werke beider sind Zeichen einer Entwicklung der unterhaltenden Musik unserer Tage, eher Meilensteine des Showgeschäfts als der Musik.
Stationen seines Lebens: Sechsjährig trat Hamlisch in die Juilliard School of Music in New York ein. 1965 wechselte er an das Queen's College (1967 BA). 1968 holte ihn der Filmproduzent Sam Spiegel nach Hollywood. Hamlisch schrieb Filmmusiken u. a. zu Woody-Allen-Filmen wie *Take the Money and Run* (1969) und *Bananas* (1971). Für *The Sting* (1973) und *The Way we Were* (1975) gab es Academy Awards. Nach *A Chorus Line* erschien 1979 ein weiteres Musical *They're Playing our Song.* Als Pianist trat Hamlisch im amerikanischen Fernsehen auf.
In diesem Werk behandelt: A Chorus Line 749

GEORG FRIEDRICH HÄNDEL, * 23. Februar 1685 Halle/Saale, † 14. April 1759 London. Anders als der im selben Jahr geborene Johann Sebastian Bach machte Händel zu Lebzeiten eine glänzende internationale Karriere. Noch Beethoven erklärte ihn 1824 zum »größten Komponisten, der je gelebt hat«, während die Musikwelt seit der Wiederentdeckung Bachs durch die Romantik diesen den Weltmann Händel überragen sieht. So kann der zu seiner Zeit hochgefeierte und von der eigenen Zeit bereits gestürzte Opernkomponist Händel trotz mancher Wiederbelebungsversuche nicht mehr erweckt werden. Seine musikalische Erfindungskraft jedoch überwand alle Zeiten in seinen Konzertkompositionen, in denen er die abendländische Musiktradition assimilierend zusammenfaßte, und in den glanzvollen Oratorien, die ein neues Genre begründen, in denen er sein dramatisches Talent nach dem Ruin der alten Opera seria ausleben konnte. »Das ist der einzige, den ich sehen möchte, ehe ich sterbe, und der ich sein möchte, wenn ich nicht der Bach wäre«, soll der Thomaskantor gesagt haben.
Stationen seines Lebens: Der Sohn eines Wundarztes mußte heimlich zur Musik finden. 1695 erste Kompositionen des Zehnjährigen. 1698–1703 Lateinschule und Jurastudium in Halle. 1703 – vom zweiten Geiger stieg Händel an der Hamburger Oper zum Dirigenten und Opernkomponisten auf. 1704 Reise zu Dietrich Buxtehude nach Lübeck. 1705 nach Händels Johannespassion wurde seine Oper *Almira* in Hamburg ein Kassenschlager. 1706–1710 Italienreise mit wesentlichen musikalischen Erfahrungen. Neben geistlichen Werken komponierte Händel auch die Opern *Rodrigo* und *Agrippina.* 1710: Der spätere König von England holte Händel nach Hannover. Der Weg nach London war vorgezeichnet. Nach der Krönung Georg I. von England verlegte Händel auch seinen Wohnsitz nach London.

1719–1741 Opernkompositionen und Opernunternehmungen. 1732 wurde das Oratorium *Esther* uraufgeführt. 1741 war das Jahr seiner letzten Oper und zugleich das Jahr des *Messias*. 1751 begann Händel zu erblinden. 1759 starb Händel, letzte Ruhe fand er in Westminster Abbey.
In diesem Werk behandelt: Zwölf Concerti grossi 57; Der Messias 60; Feuerwerksmusik 70

JOSEPH HAYDN, * 31. März oder 1. April 1732 Rohrau (Niederösterreich), † 31. Mai 1809 Wien. Der experimentierfreudigste Komponist der musikalischen Klassik lebte unter Bedingungen, die eine permanente Umsetzung seiner Gedanken und Einfälle möglich machten. Als Kapellmeister des Hauses Esterházy hatte er die Möglichkeit, ja die Pflicht, neue Formen der Musik zu erfinden und diese Erfindungen sofort mit dem ständig zur Verfügung stehenden Orchester auszuprobieren. Sowohl für die kammermusikalischen Formen der Klassik und Romantik, insbesondere was die Kunst des Streichquartetts betrifft, als auch für die klassische und romantische Sinfonie legte er die Fundamente und führte sie zu früher Vollkommenheit. Haydns Musik bleibt, was ihre scheinbar leicht zu durchschauende, in Wahrheit stets überraschende Wirkung manchmal überhören läßt, aufregend wie am ersten Tag. Auch wenn er selbst seine Abgeschiedenheit in Esterház als Grund für seine Originalität anführte, kannte er die vorausgegangene Musikentwicklung genau; und eigentlich war er es, der Süden und Norden dieser Entwicklung in seiner neuen Musik versöhnte.
Stationen seines Lebens: Der Handwerkssohn (Haydns Vater war Wagner) wurde mit acht Jahren Sängerknabe an St. Stephan in Wien. Musikalische Studien schlossen sich an. 1759 Kapellmeister beim Grafen Morzin in Lakavec bei Pilsen. Erste Sinfonie. 1760 heiratete Haydn Anna Maria Keller, Beginn eines fast lebenslangen Leidens. 1767 trat Haydn in den Dienst des Hauses Esterházy, und dieser Entschluß bestimmte sein Leben. Er begann das Riesenwerk seiner 104 Sinfonien, seiner 73 Streichquartette, 21 Streichtrios, seiner 52 Klaviersonaten usw. usw. 1790–1792: Erste Reise nach England. Bekanntschaft mit Händels Oratorien. 1798: *Die Schöpfung* wird in Wien uraufgeführt. 1800: Haydns Frau stirbt. 1803: Das letzte Streichquartett. Die musikalische Welt hatte den einsamen Komponisten aus Esterház, der seit 1790 in Wien lebte, längst als einen ihrer Großen anerkannt, als Haydn siebenundsiebzigjährig starb.
In diesem Werk behandelt: Streichquartette op. 20 82; Violoncellokonzert D-Dur 100; Die Pariser Sinfonien 113; Die Londoner Sinfonien 141; Streichquartett op. 76 155; Die Schöpfung 158

HANS WERNER HENZE, * 1. Juli 1926 Gütersloh. Am Werk Henzes, der seit Jahrzehnten als Komponist im Mittelpunkt des internationalen Interesses steht, lassen sich exemplarisch Entwicklungsphasen der zeitgenössischen Musik ablesen. Nach den ersten Studienjahren erkannte er die Bedeutung der Schönbergschen Theorien für die Moderne, arbeitete mit Zwölftonreihung, und ohne ihre wichtige Rolle danach herunterzuspielen, löste er sich von ihrem Dogma, sah in ihr eine technische Möglichkeit, die »dem Ausdruck«, Ziel seiner Musik, diente. Henze, ein politisch denkender Komponist und zugleich ein Mann von bühnensicherem Talent, fand im Musiktheater starke Ausdrucksmöglichkeiten. Henzes starkes pädagogisches Interesse gilt dem Sichtbarmachen neuer Musik und der Förderung junger Komponisten.
Stationen seines Lebens: Als Achtzehnjähriger noch zu Arbeitsdienst und Wehrmacht eingezogen, begann Henze 1946 sein Musikstudium. 1949 hatte er schon eine Reihe von Kompositionen vorgelegt, als er seine Studien bei dem Zwölfton-Theoretiker René Leibowitz aufnahm. 1950 übernahm Henze die Leitung des Balletts am Staatstheater in Wiesbaden. Das lyrische Drama *Boulevard Solitude* begründete 1951 den Ruf des Musikdramatikers Henze. 1953 verlegte er seinen Wohnsitz nach Italien. Eine Zeit starker Produktivität folgte: Opern, Kammermusik, die Vierte Sinfonie, Ballette). 1960–1968 war der Komponist ständiger Gastdirigent der Berliner Philharmoniker. 1973 Zusammenarbeit mit Hans Magnus Enzensberger (*La Cubana*, UA 1975). 1976 gründete Henze die Kunstwerkstatt *Cantiere Internationale d'Arte* im toskanischen Montepulciano, 1988 folgte die erste Münchner Biennale, ein »Internationales Festival für neues Musiktheater«, das inzwischen fortgesetzt wurde.
In diesem Werk behandelt: Die Bassariden 738; Stimmen 746

PAUL HINDEMITH, * 16. November 1895 Hanau am Main, † 28. Dezember 1963 Frankfurt am Main. Die Nähe zum Instrument ist wesentlicher Bezugspunkt des Komponisten Hindemith. Acht Jahre, von 1915–1923, war er Konzertmeister und Dirigent an der Frankfurter Oper und 1922–1929 Bratschist des Amar-Quartetts. Die Zeiten eines unbändigen Neuerungswillens, deren Schauplatz die mehr und mehr von ihm inspirierten Donaueschinger (später Baden-Badener) Musikfeste wurden, gingen über in ein Stadium gemäßigter Moderne. Hindemith wollte den Zusammenhang mit der großen Musik der Vergangenheit um keinen Preis verlieren. Herausfordernd unsentimental, ja zynisch wirkten seine frühen Einakter nach expressionistischen Texten von Kokoschka,

Franz Blei und A. Stramm. Demgegenüber begann mit *Mathis der Maler* jene Phase gemäßigter Moderne, die ihn für viele zum Traditionalisten stempelte. Es scheint, als müsse für eine neue Musikergeneration die Stunde seiner Musik, die nicht das Vergangene, sondern das Ganze der Musikentwicklung meint, noch schlagen.

Stationen seines Lebens: Nach Studium am Hochschen Konservatorium in Frankfurt Konzertmeister und Dirigent. 1915 Gründung des Amar-Quartetts. 1917–18 Soldat. 1921–1929 Beteiligung an den Musikfesten von Donaueschingen und Baden-Baden, zuletzt, dem Zeitgeist entsprechend mit der Kabarett-Oper *Neues vom Tage* (1929). 1924 Heirat mit Gertrud Rottenberg. 1927 Lehrer für Komposition an der Staatlichen Hochschule für Musik in Berlin. 1934 Emigration wegen des Boykotts seiner Musik durch die Nazis (Furtwänglers Demission), zunächst nach Ankara, 1940 in die USA. Lehrtätigkeit an der Yale-University New Haven. 1951 Lehrtätigkeit an der Universität Zürich. Domizil in Blonay am Genfer See. Berühmt und einsam starb Hindemith während eines Besuches in seiner Geburtsstadt Frankfurt.

In diesem Werk behandelt: Sieben Kammermusiken 573; Mathis der Maler 636; Die Harmonie der Welt 704; Pittsburgh Symphony 712

ARTHUR HONEGGER, * 10. März 1892 Le Havre, † 27. November 1955 Paris. »Dieser Komponist ist eine eigenartige Mischung von deutschem Naturell und französischer Kultur« (Ernest Ansermet). Mit einiger Sicherheit hat die aus solcher Herkunft herrührende Spannung etwas mit dem kreativen Impuls Arthur Honeggers zu tun, der deutschschweizerische Eltern besaß, seine Erziehung in diesem, übrigens musischen und musikalischen Elternhaus und in französischen Schulen erhielt. Seine Beteiligung an den antiromantischen Bestrebungen der Gruppe »Six« blieb marginal, dennoch wehrte er sich gegen den übermächtigen Einfluß der Spätromantik. Die musikalische Architektur, konnte man von ihm hören, wolle er nie aus Gründen literarischer oder malerischer Natur geopfert sehen, und: »Mein großes Vorbild ist Bach.« Entschieden wandte er sich gegen die Unverständlichkeit von Musik, gegen eine Musik für Experten. Eine neue Musik, die nachvollziehbar bleiben sollte, verlangte und schuf er. Den Opern, Oratorien, den Sinfonien stehen Bühnen- und Ballettkompositionen, Film- und Hörspielmusik gleichberechtigt an der Seite.

Stationen seines Lebens: Nach privaten Musikstudien besuchte Honegger 1909/10 das Konservatorium der Stadt Zürich, woher seine Eltern stammten. 1911–1913 Studium (Geige, Komposition, Dirigieren) in Paris, Honeggers künftiger Wahlheimat. 1921 Erfolg mit *Le Roi David*. 1926 Heirat mit der Pianistin Andrée Vaurabourg. Zuvor und danach viele Auftritte als Dirigent vor allem eigener Werke. Nächst der *Antigone* von 1931 wurde *Jeanne d'Arc au bucher* von 1938 ein Repertoirestück. 1947 erlitt Honegger auf der Reise zum Musikfest in Tanglewood einen Herzanfall, den er überstand. 1955 starb der Komponist, geehrt, und wie es scheint, sogar geliebt von der musikalischen Welt, dreiundsechzigjährig in Paris.

In diesem Werk behandelt: König David 567; Symponie liturgique 661

ENGELBERT HUMPERDINCK, * 1. September 1854 Siegburg, † 27. September 1921 Neustrelitz. Im Nationalarchiv der Richard-Wagner-Stiftung müßte sich ein Stückchen *Parsifal*-Musik finden lassen, die von Engelbert Humperdinck stammt. Bei der sogenannten Wandeldekoration stimmten Musik und Dekoration bei den Proben zur Uraufführung nicht überein. Der siebenundzwanzigjährige Humperdinck, Assistent Wagners in Bayreuth, schrieb eine Überleitung. Die Zusammenarbeit mit Wagner bestimmte die musikalischen Anschauungen des vielseitig begabten und ausgebildeten Komponisten. Wie fast bei allen Wagner-Adepten lag seine Chance darin, sich vom Vorbild zu lösen. Für Humperdinck hieß das: »Mich selbst wiederfinden.« Es waren besonders glückliche Umstände, die Humperdinck zu seinem Märchenstoff führten. Vom Mythos zum Märchen: Die gebotene Einfachheit war trotz aller Wagneranklänge der eigene Weg.

Stationen seines Lebens: Der Assistenz in Bayreuth 1880–1882 war das Musikstudium in Köln und in München vorausgegangen. 1884 versuchte der Komponist vergeblich, sich als Kapellmeister zu etablieren. 1885 war er musikalischer Gesellschafter von Alfred Krupp. Im Herbst ging Humperdinck als Lehrer für Komposition nach Barcelona. Im Sommer 1886 Rückkehr nach Deutschland. 1887 Aufführung seiner Chorballade *Die Wallfahrt nach Kevelaar* im Kölner Gürzenich. 1888 Lehrtätigkeit am Kölner Konservatorium und Anstellung als Lektor im Musikverlag B. Schott's Söhne in Mainz. Hier »entdeckte« Humperdinck Hugo Wolf. 1889 wurde Siegfried Wagner sein Schüler. 1890 bat Humperdincks Schwester Adelheid ihn um die Vertonung einiger Liedtexte zu dem von ihr verfaßten Spiel *Hänsel und Gretel*. 1892 Heirat mit Hedwig Taxer. Humperdinck schrieb außer seinen Märchenopern eine Reihe von Chorwerken, Liedern und Klavierstücken, betätigte sich als Musikkritiker, entwarf eine eigene Notenschrift, lebte als freier Komponist 1897–1900 in Boppard, von 1900–1921 in Berlin.

In diesem Werk behandelt: Hänsel und Gretel 698

CHARLES IVES, * 20. Oktober 1874 Danbury (Connecticut), † 19. Mai 1954 New York. Oft als »Vater der amerikanischen Musik« bezeichnet, war Charles Ives eher ein großer Außenseiter, ein Individualist, der sich nicht kategorisieren läßt, ein Vater sozusagen ohne Kinder. Auf der anderen Seite läßt sich sein musikalischer Pioniergeist, sein unbeugsamer Unabhängigkeitswille als Erbteil amerikanischen Freiheitsverständnisses sehen. Weder von der abendländischen Musiktradition, die er durch sein Studium bei einem Joseph-Rheinberger-Schüler genau kannte, noch durch die Schulen Neuer Musik ließ er sich vereinnahmen. Er experimentierte mit seriellen Techniken, mit Kunst- und Popularmusik unter der Vorstellung »von der absoluten Gleichberechtigung allen klanglichen Materials« (Oswald Beaujean).

Stationen seines Lebens: Nach dem Studium in Yale (Komposition und Orgel) Anstellung als Organist, später Rückzug in eine bürgerliche Berufslaufbahn als Versicherungsmanager. Sein umfangreiches Werk, darunter vier Sinfonien, Chorwerke, Kammermusik und viele Orgel- und Klavierstücke, entstand in der berufsfreien Zeit. 1947 Pulitzer-Preis für seine 3. Sinfonie. Ives starb achtzigjährig in New York. Zehn Jahre zuvor hatte er aufgehört zu komponieren. Der Ruhm kam spät, galt fast nur noch dem Toten.

In diesem Werk behandelt: 4. Sinfonie 595

LEOŠ JANÁČEK, * 3. Juli 1854 Hochwald (Hukvaldy), † 12. August 1928, Ostrau. Der Rückgriff auf die originale Musik einer Region charakterisiert das Schaffen einer ganzen Reihe von Musikern der sich aus dem Staatenverband der österreichischen Monarchie lösenden Länder. War diese Loslösung von Unterdrückung und Schmerzen begleitet, so ging die Geburt einer neuen Musik aus der ursprünglichen Musikalität des Landes ebenfalls nicht schmerzlos einher. Zwar hatte Janáček die Volksmusik Mährens früh kennengelernt (»Flammende Trachten, leidenschaftliche Lieder«), die Verwandlung jedoch in Kunstmusik war ein langwieriger Prozeß, der ihn zeitweise sogar zum Verstummen brachte. Der Krise entwuchs jedoch eine stark individuelle Form, die in den Bühnenwerken sichtbar wurde. Anders als Bartók, der die gewonnene ursprüngliche Rhythmik und Klangfarbe modernen Techniken sozusagen injizierte, fand Janáček zu einer Einfachheit der Formen, die der Volksmusik entsprach. »Nur aus dem lebendigen Lied kann sich eine ›Kunst-Musik‹ verwandten Stils entwickeln« (Janáček). Nicht die Entdeckung des Mythos wie bei Wagner, die Wiederbelebung der Volkslegende machte Janáček zum großen Musikdramatiker.

Stationen seines Lebens: Als neuntes von dreizehn Kindern eines Dorfschullehrers besuchte Janáček die Chorschule des Brünner Klosters, von 1874 an die Orgelschule in Prag. 1878 Anstellung als Chordirigent und Musiklehrer. 1879–1880 unbefriedigende Studien in Leipzig und Wien. 1881 Heirat mit Zdenka Schulzova. 1882 Gründung der Orgelschule in Brünn. 1888 Reise durch Mähren mit dem Volksliedersammler František Bartos. 1894–1903 Arbeit an *Jenufa.* 1917 Begegnung mit seiner späteren Geliebten Kamilla Stössl. 1919 Professur an der Meisterschule des Prager Konservatoriums. Im selben Jahr entstand das *Tagebuch eines Verschollenen.* Janáčeks Erfolg festigte sich von dieser Zeit an ständig. Unermüdliche Arbeit (z. B. tägliche phonetische Beobachtungen, Lehrtätigkeit, Komposition) begleitete ihn bis ins hohe Alter. Vierundsiebzigjährig starb er in seiner mährischen Heimat.

In diesem Werk behandelt: Jenufa 493; Tagebuch eines Verschollenen 565

MAURICIO KAGEL, * 24. Dezember 1931 Buenos Aires. Mauricio Kagel ist ein multimedialer Künstler, der nicht aufhört, seine Kunst zu befragen. Er stört bewußt und massiv die Hörgewohnheiten unserer Zeit, betreibt listig, was er »Sabotage des Verstehens« nennt.

Berühmt als Komponist experimenteller Musik, in der er aus einem anscheinend unerschöpflichen Arsenal von Schallträgern stets verwandelte Klangformen und -strukturen ausprobiert, steht sein Werk im Kontext zur Musiktradition. Und wenn er sagt: »Mein Metier ist das Erbe des 19. Jahrhunderts«, so meint er dieses Erbe ganz unsentimental, er beißt sozusagen in das Erbe, um seine Echtheit zu prüfen. Seine Musikkonzeption ist eine des überraschenden Blickwinkels, wie sein Film *Ludwig von* (UA 1970) exemplarisch gezeigt hat, ebenso wie seine Liederoper *Aus Deutschland* (UA 1981) nach Tagebuchtexten von Robert Schumann. Konzert, Film, Fernsehen, Theater – alles ist ihm recht, um Musik aus falscher Feiertagsferne herunterzuholen, zur Lebensmusik zu machen. Wie ein Fußballspiel müsse sie den Hörer/Zuschauer fesseln.

Stationen seines Lebens: Das Studium von Philosophie und Literatur an der Universidad de Buenos Aires begleitete privater Unterricht in Musiktheorie und praktischer Musikausübung (Klavier, Cello, Dirigieren). 1950 übernahm Kagel die Leitung des Chors an der Kammeroper in Buenos Aires. 1955 wurde er Studienleiter an der Kammeroper und Dirigent am Teatro Colon. Seit Kagel 1957 nach Köln übersiedelte und dort in den Studios für elektronische Musik mitarbeitete, gehört er zum Establishment der modernen Musik, mit Gastprofessuren in Europa und Amerika, Beteiligung an den Internationalen

Ferienwochen für Neue Musik in Darmstadt usw. Wie fast aller zeitgenössischen Musik fehlt für eine breite Rezeption des Werks die Öffnung der Repertoires. Die Gefahr, daß es darin in Gewohnheit verkommen könnte, scheint gering.
In diesem Werk behandelt: Aus Deutschland 761

ZOLTÁN KODÁLY, * 16. Dezember 1882 Kecskemét, † 6. März 1967 Budapest. Seit 1905 hatte Kodály gemeinsam mit seinem Freund Bartók in den Dörfern Ungarns originale Volksweisen mit dem Phonographen aufgenommen und notiert. Dieses kostbare, von der Landbevölkerung über die Jahrhunderte gerettete Material, das er zu vermehren suchte, wo er nur konnte (von mehr als 3000 Stücken ist die Rede), bildet die Grundlage seines musikalischen Werks. Dieses Œuvre hat einen deutlich pädagogischen Impuls, der zunächst in die Richtung einer eigenständigen, von westlichem Einfluß unabhängigen Musik ausschlug. Als Grundelement ging dies nie verloren, obwohl Kodálys Individualstil Spuren vor allem des Einflusses der französischen (impressionistischen) Musik nicht verleugnen kann. Stärker als bei Bartók bleibt das volkstümliche Material sichtbar. So blieb Kodály deutlich ein Nationalkomponist, dessen Werk gerade durch seine regionale Eigenart Weltgeltung besitzt.
Stationen seines Lebens: Bereits während des Kompositionsstudiums in Budapest Forschungsreisen durch die ungarischen Provinzen. 1906 Promotion. 1906–1907 Studienaufenthalt in Paris. 1907 Lehrauftrag für Theorie und Komposition in Budapest. 1910 Heirat mit seiner Schülerin Emma Schlesinger-Sándor. 1915–1916 Forschungsreisen in die Bukowina. 1919 Prozeß gegen Kodály nach dem Ende des »revolutionären Intermezzos« in Ungarn, Verlust der Professur. 1921 neuerliche Anstellung. 1923 Rehabilitation. Der *Psalmus Hungaricus* brachte alle Gegner zum Schweigen. 1926 Uraufführung der *Háry-Janos-Suite*. 1929 Lehrauftrag für Volksmusik. 1940 beendete Kodály seine Lehrtätigkeit und konzentrierte sich auf die Erforschung und Herausgabe von Volksliedern. 1944 flüchtete Kodály mit seiner Frau in ein Kloster. 1946 Ernennung zum Präsidenten der Ungarischen Akademie der Wissenschaften. 1959 heiratete Kodály nach dem Tode seiner Frau ein zweitesmal: die junge Savolty Péczely. Fünfundachtzigjährig starb Kodály – ein ungarisches Nationalmonument.
In diesem Werk behandelt: Psalmus Hungaricus 577

ERNST KŘENEK, * 23. August 1900 Wien, † 22. Dezember 1991 Palm Springs. Unter den Komponisten des 20. Jahrhunderts vielleicht der universellste Kopf, scheint Ernst Křenek heute im Schatten der schulebildenden Musiker zu stehen, da er selbst auf eine Schule nicht festzulegen ist. Zwar steht das Werk der zweiten Lebenshälfte deutlich auf der Grundlage von Zwölftonreihe und serieller Technik, jedoch paart der Komponist nach wie vor Formen alter und neuer Musik, blieb er ein Experimentator erster Ordnung und ruft so Irritation hervor, die sehr fruchtbar sein kann, ihrem Erzeuger jedoch den festen Platz in der Musikhierarchie vorerst verweigert. Křeneks populärstes Werk, das in Richtung eines neuen Hörverständnisses starke Wirkung bei einem großen Publikum erreichte, seine jazzgetränkte Oper *Jonny spielt auf* (UA 1927), stellt einen kleinen bunten Stein im Gebäude des Křenekschen Œuvres dar. Křenek, ein Schriftsteller von hohen Graden, hat dem Musiktheater seit *Karl V* (UA 1938) bis zu den Auftragsarbeiten der Hamburgischen Staatsoper in den siebziger Jahren hohe Aufgaben gestellt. Genauso ist sein Instrumentalwerk eine Herausforderung für Musiker und Hörer.
Stationen seines Lebens: Seit 1916 Kompositionsstudium bei Franz Schreker in Wien, dem Křenek 1920 nach Berlin folgte. 1922 erregte er mit seiner *Sinfonischen Musik für neun Soloinstrumente* Aufsehen beim Kammermusikfest in Donaueschingen. 1923 heiratete er die Tochter Gustav Mahlers. 1924–1925 Aufenthalt in der Schweiz. 1925–1927 Tätigkeit am Staatstheater in Kassel und Wiesbaden. 1928 in Wien Leben als unabhängiger Künstler und Annäherung an den Schönberg-Kreis. 1938 blieb Křenek anläßlich einer Reise in den USA, weil seine Kunst im Dritten Reich als »entartet« galt. Lehrtätigkeit an verschiedenen Universitäten. Seit 1950 zahlreiche Reisen nach Europa zu Konzerten, Vorträgen und Kongressen über moderne Musik. Ernst Křenek starb 1991 im Alter von 91 Jahren.
In diesem Werk behandelt: Jonny spielt auf 591

ORLANDO DI LASSO, * um 1532 Mons, † 14. Juni 1594 München. Am Ende einer Entwicklung, die vom franko-flämischen Musikpotential geprägt war, steht der vielseitigste aller Komponisten des 16. Jahrhunderts, Orlando di Lasso. Der Weg bereits, den er zurücklegte, kann als paradigmatisch für den der Musik seiner Zeit gelten. Sein Geburtsort Mons liegt im flandrischen Hennegau, dem auch Guillaume Dufay († 1474) und Gilles Binchois († 1460) entstammten, die Erzväter der franko-flämischen Musik, wie auch Johannes Okkeghem (um 1420–1495), dessen flandrischer Geburtsort nicht endgültig bestimmt werden konnte. Von Mons kam der Chorknabe durch fürstliche Protektion nach Sizilien und Mailand. Aus Roland de Lassus wurde Orlando di Lasso. Italien prägte ihn genauso, wie die franko-flämische Musik nach Italien gewandert war und sich hier erneuerte. Lassos Werk ist der Sammelpunkt aller Formen und Strömungen der Zeit, italienische, niederländische, französische und schließlich deutsche.

Stationen seines Lebens: Orlando di Lasso war den Gegebenheiten seiner Zeit entsprechend lebenslang ein Fürstendiener. Sein riesiges Werk bestand aus Gelegenheits- und Auftragskompositionen. Bis etwa 1589 diente er Ferdinand Gonzaga, Vizekönig von Sizilien, bis 1553 dem Marchese Terza in Neapel. 1553 Anstellung als Kapellmeister im Lateran. 1556 folgte Lasso einem Ruf des Wittelsbacher Albrecht V., Herzog von Bayern, nach München. Hier blieb er ein gerühmter Komponist, dessen Briefe an seinen Herzog zeigen, daß er sich seines Ehrennamens »Fürst der Musik« durchaus bewußt war, auch wenn er vorsichtshalber gern den Narren spielte.
In diesem Werk behandelt: Magnum Opus Musicum 16

RUGGIERO LEONCAVALLO, * 8. März 1858 Neapel, † 9. August 1919 Bagni di Montecatini. Eine einzige Oper, *I Pagliacci (Der Bajazzo)*, machte den Komponisten weltberühmt, und sie ist zusammen mit Masgacnis *Cavalleria Rusticana* zugleich auch das zentrale Werk des Verismo, eine Stilrichtung nahezu uneingeschränkt italienischer Ausprägung, wie sie die Giovane scuola italiana postulierte, zu der auch Umberto Giordano (*Andrea Chénier*, UA 1896) gezählt wurde. Gescheiterte Opernversuche gingen dem genialen Werk voraus, mehr oder weniger erfolglose folgten ihm. Vielleicht kann gerade dies als symptomatisch für den Komponisten Leoncavallo wie für den Verismo als musikalischen Stil angesehen werden. Der programmierte Ausbruch, der dem Verismo wesensimmanent ist, impliziert die Unwiederholbarkeit. Puccini war der Erbe, denn ihm gelang es, die Gesetze des Verismus umzusetzen, ohne ihnen zu unterliegen. Leoncavallo lief dem Ruhm seiner *Pagliacci* hinterher.
Stationen seines Lebens: Nach dem Studium an den Konservatorien in Neapel und Mailand verdiente sich Leoncavallo seinen Lebensunterhalt als Privatlehrer, spielte in Kaffeehäusern und zog mit reisenden Operngesellschaften durch Italien, gelangte auch ins Ausland – nennbare Erfolge scheint es nicht gegeben zu haben. 1891 beteiligte sich Leoncavallo an den seit 1883 veranstalteten Opernwettbewerben der Casa Musicale Sonzogno mit *I Pagliacci*. Zwar gewann er den Wettbewerb nicht, da dieser für Einakter ausgeschrieben war. Seine zweiaktige Oper aber kam auf diese Weise ans Licht der Welt, am 21. Mai 1892 im Teatro Verme zu Mailand. Mindestens sechs Opern, acht Operetten, zwei sinfonische Dichtungen, ein Requiem und Lieder entstanden in den 27 Jahren, die auf den Tag des Triumphes folgten, ohne daß die Welt von ihnen Kenntnis nahm. Muß man noch sagen, daß der Komponist des *Bajazzo* in Verbitterung starb?
In diesem Werk behandelt: Der Bajazzo 433

GYÖRGY LIGETI, * 28. Mai 1923 Dicsöszentmárton (heute: Tîrnăveni). »Die ganze Tradition der tonalen Musik ist anwesend, doch immer versteckt.« Das sagte György Ligeti, ein Komponist, der bereits die Grenzen der seriellen Musik erkannt und überschritten hatte, in einem Interview mit Josef Häusler über sein Orchesterstück *Lontano*, uraufgeführt 1967 in Donaueschingen. Tatsächlich behält Ligeti die Musik der Vergangenheit im Sinn, wenn auch kaum anders als etwa durch Assoziationen zu Wörtern, Farben, Begebenheiten, wenn er seine stets experimentelle Musik schreibt. Klangflächentechnik und mikropolyphone Kompositionsweise sind die Hauptwörter einer kompositorischen Arbeit, die Ligeti – seit er 1961 die Musikwelt mit dem »Klangfarbenstück« *Atmosphère* in Staunen versetzt hat – behutsam fortentwickelt und damit ein für die spröde Rezeption zeitgenössischer Musik außerordentlich starkes Echo erhält.
Stationen seines Lebens: Ligeti besuchte die Schulen und das Konservatorium in Cluj (Klausenburg), Siebenbürgen, studierte und lehrte an der Musikhochschule in Budapest. 1949–1950, zwischen Studium und Lehrtätigkeit, unternahm er eine Reise durch Transsylvanien, die der Volksliedforschung galt. Nach dem Ungarn-Aufstand von 1956 verließ Ligeti seine Heimat und arbeitete im Studio für elektronische Musik des WDR in Köln. 1957 Heirat mit Vera Spitz. 1959 Übersiedlung nach Wien. Im selben Jahr begann seine Mitarbeit an den Darmstädter Ferienkursen. Vorträge, Vorlesungen und musikschriftstellerische Arbeit begleiten seitdem die künstlerische Tätigkeit. 1969–1970 war er Stipendiat des »Berliner Programms« des Deutschen Akademischen Austauschdienstes (DAAD). Seit 1973 lebt und lehrt Ligeti in Hamburg als Professor an der Musikhochschule.
In diesem Werk behandelt: Apparitions/Atmosphères 715

FRANZ LISZT, * 22. Oktober 1811 Raiding (Burgenland), † 31. Juli 1886 Bayreuth. Seine Zeit kannte und bewunderte ihn zuallererst als Pianisten, und zwar nach dem Motto: »Wer Liszt nicht gehört hat, kann eigentlich gar nicht mitreden« (Brahms). Seine fulminante, ihn schließlich erschöpfende Virtuosenlaufbahn bleibt für uns Heutige jedoch Historie, während der Komponist und Musiktheoretiker nach mehr als hundert Jahren stets nur aktueller wird. Die energische Förderung Wagners kann als Zeichen für seine Fähigkeit gelten, das Geniale in der Kunst zu entdecken. Er selbst aber war in seinem musikalischen Denken bereits über Wagner hinausgekommen.
Mit der Erfindung der sinfonischen Dichtung öffnete er den Weg für neue Formen des Sinfonischen überhaupt. Aus seinen Erfahrungen des Variierens und Improvisie-

rens als Pianist kam der zweite entscheidende Schritt, der zur »modalen Freiheit« (Ansermet), das heißt zur Aufhebung der Tongeschlechter. Es war Liszt, der die abendländische Musik in die Freiheit entließ – mit allen Folgen.
Stationen seines Lebens: Czernys größter Schüler begann als pianistisches Wunderkind. 1824 das erste öffentliche Konzert in Paris. Die Julirevolution von 1830 und ihre Folgen beeindruckten Liszt stark. 1831–1833 erste Klavierfassungen nach Werken von Berliòz und Paganini. 1832 Freundschaft mit Chopin und Berlioz. 1835 Gräfin Marie d'Agoult und Liszt nehmen ihre erste gemeinsame Wohnung in Genf. 1837 wurde Cosima Liszt, die zweite Tochter des Paares, in Bellagio geboren. 1839–1847 Höhepunkte der Virtuosenlaufbahn. 1847 erste Bekanntschaft mit der Fürstin von Sayn-Wittgenstein. 1850 Uraufführung von Wagners *Lohengrin* in Weimar. Liszt zieht zu der Fürstin Sayn-Wittgenstein auf die Altenburg. 1857 Uraufführung der *Faust-Sinfonie*. 1864: Die Fürstin lehnt eine Heirat endgultig ab. 1865 empfing Liszt in Rom die niederen Weihen. 1869–1882: Neben verstärkter Lehrtätigkeit komponierte Liszt unermüdlich. Engagiert setzte er sich für Wagners Bayreuth-Plan ein. Er erlebte 1876 die Eröffnungsspiele und 1882 die Uraufführung des *Parsifal*. Bayreuth wurde sein Sterbeort.
In diesem Werk behandelt: Sonate a-Moll 297; Faust-Sinfonie 305; Les Préludes 307; Années de pèlerinage 310; Dante-Sinfonie 317; Am Grabe Richard Wagners 397

FREDERICK LOEWE, * 10. Juni 1904 Wien, † 14. Februar 1988 Palm Springs. Eine amerikanische Karriere, wie sie im Buche steht, machte der in Wien geborene Sohn des zu seiner Zeit bekannten Operettentenors Edmund Loewe. Nur der Beruf des Tellerwäschers fehlt in der Liste von Tätigkeiten (vom Kellner bis zum Preisboxer), die er nach der Auswanderung mit dem Vater 1924 ausübte. Zuvor hatte der pianistisch begabte Loewe am Berliner Konservatorium studiert und war dreizehnjährig als Konzertpianist aufgetreten. Als er 1956 mit dem Librettisten Alan Jasy Lerner das Musical *My Fair Lady* schrieb, hatte er schon eine Reihe anderer Musical-Comedies hinter sich. In der Stoffwahl, in der dramaturgischen Konzeption lagen auch die Chancen für den Komponisten. Nicht umsonst wurde nach *My Fair Lady* das Film-Musical *Gigi* (1958) ein Welterfolg. Mit Frederick Loewe nahm das alte Europa Einfluß auf das neue Genre des amerikanischen Musiktheaters.
Stationen seines Lebens: Seine Lehrer am Berliner Konservatorium waren d'Albert, Busoni und Rezniček. 1924 ging er mit seinem Vater in die Vereinigten Staaten, arbeitete in verschiedenen Berufen und begann eine neue Laufbahn als Pianist in Nightclubs. Seit 1935 Song-Kompositionen. 1937 kam seine erste Musical-Comedy *Salut to Spring* in St. Louis heraus. 1942 begann die Zusammenarbeit mit Alan Jasy Lerner und damit der Weg zum Erfolg. 1958 Übersiedlung von New York nach Palm Springs. 1975 schrieb Loewe noch die Musik zu *Le petit prince (Der kleine Prinz)* für den Film nach St. Exupérys Geschichte. Hochbetagt starb der mit Pulitzer-Preis und Oscar ausgezeichnete Komponist in Palm Springs.
In diesem Werk behandelt: My Fair Lady 685

ALBERT LORTZING, * 23. Oktober 1801 Berlin, † 21. Januar 1851 Berlin. Unter den deutschen Komponisten einer der raren Vertreter des heiteren Genres ließe sich Lortzing durchaus mit den Meistern der italienischen Opera buffa und der französischen Opèra buffon vergleichen, wäre da nicht eine spezifische deutsche Tradition, die des Singspiels mit ausgeprägt lyrischen Zügen, der Lortzing folgte und aus der er die Spieloper gewann. Sein szenischer Sinn und sein Humor halfen ihm, Situationen von dramatischem Effekt zu erfinden und Charaktere zu zeichnen in leichter, parodistischer Übertreibung, wie sie die Komödie verlangt. Carl Maria von Webers Romantizismus spielt eine Rolle, vor allem in der ernsten Märchenoper *Undine* von 1845. Die gewitzte Dramaturgie, die melodiösen Erfindungen und die geistreiche Orchestrierung machen Lortzings Spielopern, deren inhaltlich-textlicher Biedersinn sie uns eher fernhält, zu Kunstwerken sui generis.
Stationen seines Lebens: Den Elfjährigen nehmen die Eltern mit auf die Tourneen einer Wanderbühne, nachdem er vorher schon einigen Musikunterricht erhalten hatte. 1819 erste selbständige Engagements als Schauspieler und Sänger. 1824 Heirat mit der ersten Liebhaberin des Ensembles, Regina Ahles. 1826 wurden beide an das feste Hoftheater in Detmold engagiert. Von nun an begann Lortzing eigene Singspiele zu Komponieren. Ein erstes, *Ali Pascha*, wurde 1828 uraufgeführt. 1833 Engagement in Leipzig. In den folgenden zehn Jahren komponierte Lortzing sechs komische Opern, von *Zar und Zimmermann* (UA 1837) bis *Der Wildschütz* (UA 1842). 1844 erhielt er die Kapellmeisterstelle am Leipziger neuen Stadttheater. 1845 Entlassung als Kapellmeister. 1846 holte sich das Theater an der Wien Lortzing als Kapellmeister. Nach langer Engagementslosigkeit eine letzte Stellung in Berlin. Dort starb er so arm, »daß Deutschland darob erröten könnte, wenn es anders Scham im Leibe hätte« (aus einem Lortzing-Brief im Jahr vor seinem Tod).
In diesem Werk behandelt: Der Wildschütz 273

GUSTAV MAHLER, * 7. Juli 1860 Kalischt (Mähren), † 18. Mai 1911 Wien. »Da war ein Mann, der kannte keinen trivialen Augenblick, der dachte keinen Gedanken und sprach kein Wort, die Verrat an seiner Seele bedeutet hätten . . .« (Bruno Walter). Der hohe Ernst und der hohe Anspruch an die eigene Musik sprechen aus jedem Werk Gustav Mahlers. Und das ist ein Werk, das trotz oder wegen der innigen Vertrautheit seines Schöpfers mit der gesamten europäischen Musikliteratur trotz seiner übergroßen Verehrung für Wagner so unerhört eigenständig dasteht wie kaum ein anderes dieser Zeit. Natürlich ist die Verbindung zu Schubert gegeben, und Liszts Gedanke von einer Idee, die eine freie Entwicklung musikalischer Formen ermöglicht, ist nicht fern. Die Verbindung jedoch von volkstümlicher Melodik, einer romantischen Naturauffassung (Novalis) mit einer »hochentwickelten thematischen und motivischen Arbeit« (Sigrid Wiesmann), gehören zu den Elementen, die das Außerordentliche des Mahlerschen Werkes mitbestimmen. Der »letzte Sinfoniker« war der Schöpfer einer neuen Musik.
Stationen seines Lebens: Früher Musikunterricht, frühzeitige eigene Kompositionen kennzeichnen die Jugend. 1880 *Das klagende Lied.* 1881–1886 Anstellungen als Kapellmeister in Laibach, Olmütz, Kassel und Leipzig. 1884 die *1. Sinfonie.* 1888 Operndirektor in Budapest. 1891 Erster Kapellmeister in Hamburg. 1897 konvertierte Mahler zum Katholizismus. Er wird Direktor der Wiener Hofoper. 1902 Heirat mit Alma Schindler. 1907 Tod von Mahlers Tochter Maria Anna. Ende der Tätigkeit an der Hofoper. Abreise in die USA. 1911 Rückkehr von seinem USA-Aufenthalt. Mahlers Tod in Wien am 18. Mai; am 20. November führte Bruno Walter in München Mahlers *Lied von der Erde* zum ersten Mal auf.
In diesem Werk behandelt: 1. Sinfonie 426; Lieder eines fahrenden Gesellen 468; Das Lied von der Erde 516; 9. Sinfonie 532

PIETRO MASCAGNI, * 7. Dezember 1863 Livorno, † 2. August 1945 Rom. Als junger Mensch im Alter von sechsundzwanzig Jahren erlebte Mascagni den Erfolg seines Lebens. Seine einaktige Oper *Cavalleria rusticana* wurde am 17. Mai 1890 im römischen Teatro Costanzi uraufgeführt und sogleich bejubelt. Sie ist das Herzstück des musikalischen Verismo. Ähnlich vollkommen präsentierte sich das kurzlebige Genre nur noch in Leoncavallos *I Pagliacci (Der Bajazzo)*. Es ist eine bemerkenswerte »List« der Musikgeschichte: Eine ganze Stilrichtung in zwei kurzen Stücken sichtbar zu machen, die meist auch noch an einem Abend nacheinander zu hören sind.
Stationen seines Lebens: Die Protektion eines Aristokraten ermöglichte dem jungen Mascagni das Studium am Mailänder Konservatorium (u. a. bei Ponchielli, der auch Lehrer von Leoncavallo und Puccini war). 1884 verließ er das Institut ohne Abschluß, schloß sich einer reisenden Theatertruppe an. 1888 beteiligte er sich am Wettbewerb der Casa Musicale Sonzogna mit *Cavalleria rusticana* und gewann den Wettbewerb mit den bekannten Folgen. Es war sein zweiter Opernversuch. Von 1891 mit *Freund Fritz* bis 1935 mit *Nerone* folgten insgesamt vierzehn Opern. Es ging ihm fast so schlecht damit wie Leoncavallo mit seinen weiteren Werken: Über Achtungserfolge kam keines hinaus. 1895 übernahm der Komponist die Leitung des Liceo musicale in Pesaro und wurde 1903 Direktor der Scuola Nazionale di Musica in Rom. Sein langes Leben, gegen dessen Ende er sich in den Maschen des italienischen Faschismus verfangen hatte, endete fünfundfünfzig Jahre nach dem Geniestreich seiner Jugend.
In diesem Werk behandelt: Cavalleria rusticana 430

JULES MASSENET, * 12. Mai 1842 Montaud (Hérault), † 13. August 1912 Paris. Die Kunst Massenets verdankt der nationalen musikalischen Entwicklung in Frankreich ihr spezifisches Gewicht. So folgt er alten Mustern wie denen Gounods, ohne dessen Epigone zu sein. Der Ton seiner Opern ist einer neuen Empfindsamkeit zugewandt. Die Leichtigkeit seines Stils und die lyrische Qualität weisen in eine Zukunft, in der französische Musik das Schweben lernte. In Massenets Opern fließen Grande opéra und Opéra comique zu einer Apotheose des Sentimentalen zusammen, sentimental im klassischen, positiven Wertsinn. Nur die populärsten Opern, *Manon* und *Werther,* hat sich das deutsche Repertoire zu eigen gemacht. In Frankreich waren die meisten seiner gut zwei Dutzend Opern Erfolge, jedenfalls bei der Uraufführung. Massenet war zugleich tätiger Pädagoge.
Stationen seines Lebens: Das Studium am Pariser Conservatoire schloß Massenet mit dem »Rom-Preis« ab. 1863 Bekanntschaft mit Franz Liszt. 1878 wurde Massenet Professor an der Stätte seiner Studien. 1884 erschien seine *Manon,* der auch Puccinis spätere Vertonung den Rang nicht streitig machen konnte. *Werther* war das erste Werk, das nicht in Paris, sondern 1892 in Wien uraufgeführt wurde. Die deutsche Erstaufführung fand sinnigerweise (im selben Jahr) in Weimar statt. Von 1902 an wurden viele seiner Opern in Monte Carlo uraufgeführt. Massenet, dem es an Ehren und Ämtern lebenslang nicht fehlte, wurde 1910, zwei Jahre vor seinem Tod, Präsident der Académie. Ein bürgerlicher Komponist.
In diesem Werk behandelt: Werther 437

FELIX MENDELSSOHN BARTHOLDY, * 3. Februar 1809 Hamburg, † 4. November 1847 Leipzig. Robert Schumann nannte ihn den »Mozart des 19. Jahrhunderts«, und seitdem in neuerer Zeit der Blick auf Mozart weniger verstellt ist durch ein süßliches Scheinbild, läßt sich auch Schumanns Urteil besser bewerten. Der fuhr nämlich fort: ». . . der hellste Musiker, der die Widersprüche der Zeit am klarsten durchschaut und zuerst versöhnt.« Die Widersprüche der Zeit hatte Felix Mendelssohn wohl erlebt als Mitglied der jüdischen Familie, die in der Assimilation Vernunft und Rettung zu sehen gewillt war. Mendelssohns Musik, die in der Tat die Widersprüche der Zeit, der Gesellschaft und des Individuums kennt, läßt sich vielleicht als Form einer idealistischen Romantik verstehen. Dieser Komponist litt an seiner Zeit und verlangte sich die »hellen« Töne ab. Die Verbannung der Mendelssohnschen Kunst durch die Nazis, die Verunglimpfung durch die Antisemiten hat bleibenden Schaden angerichtet. Mendelssohn spielen, Mendelssohn hören ist die einzige Gegenmedizin.
Stationen seines Lebens: Das kultivierte Elternhaus, die hochtalentierte, vier Jahre ältere Schwester Fanny waren die frühen prägenden Einflüsse. 1819 wurde der Zehnjährige Schüler des Goethe-Freundes Carl Friedrich Zelter. 1826 schrieb Mendelssohn die unsterblich zu nennende Ouvertüre zu Shakespeares *Sommernachtstraum*. 1829 initiierte und dirigierte Mendelssohn die Wiederaufführung von Bachs *Matthäuspassion* in der Berliner Singakademie. 1830–1832 große Bildungsreise nach Weimar und von dort nach Süddeutschland, Italien, die Schweiz, nach London und Paris. 1835 wurde Mendelssohn zum Leiter der Gewandhauskonzerte in Leipzig berufen. 1837 Heirat mit Cécile Jeanrenaud. 1842 vollendete er die *Schottische Sinfonie a-Moll op 56*. 1841–1845 in Berlin und Leipzig. Rasch verzehrt hatte sich sein Leben. Mendelssohn starb achtunddreißigjährig, kaum ein halbes Jahr nach seiner genialen Schwester Fanny Mendelssohn.
In diesem Werk behandelt: Ouvertüre zu Shakespeares »Sommernachtstraum« 221; Lieder ohne Worte 232; Sinfonie a-Moll »Die Schottische« 269; Violinkonzert e-Moll op. 64 287

OLIVIER MESSIAEN, * 10. Dezember 1908 Avignon, † 28. April 1992 Paris. Die Wirkung von Olivier Messiaens musikalischem Denken auf die mittlere Komponistengeneration auch über den Kreis seiner unmittelbaren Schüler wie Boulez, Stockhausen und Xenakis hinaus ist sehr groß. Noch weit entfernt von der Aleatorik, der dem Zufall Raum lassenden Kompositionsweise eines Boulez, eher einer determinierenden Schreibweise zugewandt (»organisierte Unordnung« – Thomas Daniel Schlee), der er eigene Tonleitern, Modi genannt, zugrunde legt, vollzog Messiaen eine unerhörte Öffnung zu den musikalischen Impulsen. Seinem hingebungsvollen Sammeln von Vogelstimmen entspricht seine Hinwendung zur indischen Musik. Herausragendes Beispiel für seine umsetzende Kraft ist die zehnsätzige *Turangalîla Sinfonie* von 1946/48. Grundsätzlich läßt sich bei Messiaen von einem »musikalischen Universum« sprechen, auch in den Mitteln. Er ist ein religiöser, mit der »Welt des Unsichtbaren« korrespondierender Komponist, dessen Werke alle eine Beziehung zu Gott haben.
Stationen seines Lebens: Von seinem elften Lebensjahr an wurde Messiaen am Pariser Conservatoire unterrichtet. Seine wichtigsten Lehrer waren Paul Dukas (Komposition), Marcel Dupré (Orgel) und Maurice Emmanuel (Musikgeschichte). In dieser Studienzeit von 1919 bis 1930 wurde er mehrfach ausgezeichnet, erhielt erste Preise, zum Beispiel in Kontrapunkt und Fuge, Orgel und Improvisation, Komposition. 1931 Ernennung zum »organiste titulaire« der Kirche Saint Trinité in Paris. Während des Zweiten Weltkriegs war Messiaen Soldat und ab 1940 Kriegsgefangener im Stalag VIII A in Görlitz (Schlesien). Von 1941 bis 1978 lehrte Messiaen am Pariser Conservatoire. Insbesondere seine Analysekurse waren Anziehungspunkt für die junge Komponistengeneration, darunter vor allem Pierre Boulez. 1961, zwei Jahre nach dem Tod seiner ersten Frau Claire Delbos, Heirat mit der Pianistin Yvonne Loriod. 1967 wurde Messiaen Mitglied des Institut de France. 1983 Uraufführung seiner großen Franziskus-Oper *Saint François d'Assise* an der Pariser Opéra. 1985 kehrte der Organist von Saint Trinité mit dem *Livre du Saint Sacrement* wie so oft in seinem Leben an die Orgel zurück. Messiaen starb 1992 im Alter von 83 Jahren in Paris.
In diesem Werk behandelt: Quatuor pour la fin du temps 643; Quatre etudes de rhythme 671; Saint François d'Assise 764

GIACOMO MEYERBEER, * 5. September 1791 Berlin, † 2. Mai 1864 Paris. Ihn ein musikdramatisches Genie zu nennen, ist nicht übertrieben. Dennoch ging er einen langen Weg, ehe er die ihm kongeniale Form fand, und das war die französische Grande opéra (bereichert von ihm durch deutsche und neuere italienische Einflüsse). Oft geleugnet, jedoch unbestreitbar war sein Einfluß auf Wagner mit – negativen und positiven Vorzeichen übrigens – und auch auf Verdi. Meyerbeer überwand das Kleinteilige der musikalischen Bühnenform. Den melodischen Einfall setzte er in weittragende Gesangspartien um; die dramatischen und koloristischen Effekte der nuancenreichen Partituren auszuschöpfen, ist bis heute eine Herausforderung an die Dirigenten.

Stationen seines Lebens: Das vermögende Elternhaus verschaffte Meyerbeer eine erstklassige musikalische Ausbildung. 1803 Eintritt in die Berliner Akademie. Der Goethe-Freund Carl Friedrich Zeller wurde sein Lehrer. 1810 Kompositionsunterricht (zusammen mit Carl Maria von Weber) beim berühmten Abbé Vogler in Darmstadt. 1811 bis 1813 erste Opern. 1814 bis 1816 Bildungsreisen nach Paris, London und Italien (1816). 1826 Heirat mit seiner Kusine Minna Mosson. 1831 gelang ihm in Paris der erste große Erfolg mit der Uraufführung von *Robert le Diable* nach dem Libretto von Eugène Scribe. 1833 wurde Meyerbeer Mitglied der Preußischen Akademie der Künste. 1839 empfahl er dem Pariser Renaissancetheater Wagners *Liebesverbot* und bemühte sich vergeblich, die Opèra für *Rienzi* zu interessieren. 1842, nach der deutschen Erstaufführung der *Hugenotten* in Berlin, erhielt Meyerbeer von Friedrich Wilhelm IV. den Orden Pour le Mérite. In den Jahren 1842 bis 1855 wechselte Meyerbeer ständig zwischen Paris und Berlin, zwischen Frankreich und Deutschland. Nach seinem Tod in Paris wurde seine sterbliche Hülle nach Berlin überführt und auf dem Jüdischen Friedhof an der Schönhauser Allee in Berlin beigesetzt – letzte Ruhestätte für einen deutsch-französischen Komponisten und gütigen Menschen.
In diesem Werk behandelt: Die Hugenotten 254

CLAUDIO MONTEVERDI, * 15. Mai 1567 Cremona, † 29. November 1643 Venedig. Der musikgeschichtliche Rang Claudio Monteverdis ist gesichert. Was seiner Zeit als »Unregelmäßigkeit« erschien, war der Beginn einer musikalischen Revolution, mit der die niederländische bzw. franko-flämische Vokalpolyphonie endgültig überholt wurde, die sich zuvor mit der Musikentwicklung in Italien verschmolzen hatte. Waren Orlando di Lasso und Palestrina schon aus dieser Symbiose hervorgegangen, so betrat Monteverdi mit dem weltlichen Madrigal und erst recht in seiner Opernkunst Neuland. Das Zeitalter des musikalischen Barock war eingeleitet. Nikolaus Harnoncourt machte Ende der 70er Jahre in Zürich einen aktuellen und vielbeachteten Versuch der Wiederbelebung des musikdramatischen Werks. Er war nicht der erste, den die starke Substanz dieser Musik reizte, sie zu bearbeiten. Hindemith, Orff, Křenek und andere gingen ihm voraus.
Stationen seines Lebens: Der Arztsohn erhielt in Cremona ersten Musikunterricht, Domkapellmeister Marc Antonio Ingegneri war sein Lehrer. 1582 erste Kompositionen. 1590 ging Monteverdi als Sänger und Violaspieler an den Hof der Herzöge von Gonzaga nach Mantua. Seit 1587 Komposition fünfstimmiger Madrigale. Fünf »libri de madrigali a cinque voci« entstanden bis 1605. Etwa 1595 Heirat mit der Sängerin Claudia Cattaneo. 1607, zu Beginn des Karnevals, erschien *Orfeo* in der Accademia degl'Invaghiti. 1613, nach Monteverdis Rücktritt aus dem Dienst der Gonzaga, folgte er dem Ruf, als Maestro di Capella von San Marco nach Venedig zu gehen. Er blieb der Aristokratie und der weltlichen Musik verbunden, obwohl sein Amt ihn der geistlichen Musik verschrieb. Für die fortschrittliche Oper Venedigs schrieb er mehrere Werke. Zuletzt, 1642, *L'Incoronatione di Popea (Die Krönung der Popäa)*, mit ihr begann die Tradition der italienischen Oper. Monteverdis Grab liegt in Santa Maria Gloriosa dei Frari, dem »Pantheon« Venedigs.
In diesem Werk behandelt: Die Krönung der Poppäe 29

WOLFGANG AMADEUS MOZART, * 27. Januar 1756 Salzburg, † 5. Dezember 1791 Wien. Das Rätsel Mozart bleibt. Beschreiben läßt sich Mozarts Musik nach ihren Mitteln, nach ihrer Wirkung, und auch über die Absichten des Komponisten läßt sich nachdenken, spekulieren, sprechen, über die hohe Kunst seiner Konzerte, seiner späten Sinfonien, über sein außerordentliches, niemals übertroffenes musikdramatisches Talent. Es führt näher an ihn heran; erreichen wird ihn niemand, es sei denn, er wüßte die Essenz der Musik auszuschöpfen.
Stationen seines Lebens: Mozarts Weg als pianistisches Wunderkind, als bis zur Unheimlichkeit rasch begreifenden und Formen sich assimilierenden frühen Komponisten kennt die Welt. 1763 bis 1768 erste Reisejahre. 1768 *Bastien und Bastienne* in Salzburg. 1770 Mozart in Italien. 1773 Audienz bei Maria Theresia. 1777 wesentliche musikalische Erfahrung in Mannheim. 1777/78 die Reisen nach Paris. 3. Juli 1778 Tod der Mutter. 1779 wieder in Salzburg. Am 8. Juni 1781 wurde die Dienstzeit Mozarts beim Erzbischof mit dem Fußtritt des Grafen Arco beendet. Mozart übersiedelte nach Wien. 1782 *Die Entführung aus dem Serail*. Heirat mit Constanze Weber. 1784 das *Klavierkonzert in Es-Dur* (K. 449) als erstes in sein Werkverzeichnis eingetragen. 1785 Begegnung mit Haydn. Die *Streichquartette*. 1786 *Figaros Hochzeit* als erste der großen Opern. *Don Giovanni* (1788), *Cosi fan tutte* (1790), *Die Zauberflöte* (1791) in gedrängter Folge danach. 1789 Mozart in Dresden, Leipzig, Potsdam und Berlin. 1791 dirigierte Mozart in Prag die Uraufführung von *La clemenza di Tito*, in Wien die der *Zauberflöte*. Während der Arbeit am *Requiem* starb er. Die Legendenbildung begann auf der Stelle.
In diesem Werk behandelt: Lucio Silla 87; Die Entführung aus dem Serail 93; Die sechs Haydn gewidmeten Streichquartette 97; Klavierkonzert B-Dur 103; So-

nate für Klavier und Violine 107; Phantasie in c-Moll 110; Die Hochzeit des Figaro 117; Klavierkonzert c-Moll 121; Don Giovanni 124; Serenade G-Dur 127; Die drei letzten Sinfonien 129; Die Zauberflöte 133; Requiem 139

MODEST MUSSORGSKI, * 21. März 1839 Karewo, † 28. März 1881 St. Petersburg. Ein Mann der musikalischen Vision und ihres unmittelbaren Ausdrucks war Mussorgski. Er steht an der Spitze der Komponisten, die eine eigenständige russische Musik anstrebten, in Wert und Wirkung. Allzuoft wird darauf hingewiesen, daß mangelnde Ausbildung ihn gehindert habe, die Instrumentation seiner Werke sicher zu beherrschen. In der Tat wäre er wohl nicht fertig geworden ohne die Hilfe von Rimski-Korsakow, dem Freund. Das Werk Mussorgskis, insbesondere *Boris Godunow* (UA 1857), die *Bilder einer Ausstellung* von 1874 und *Chowanschtschina* (posthum uraufgeführt 1886), stets von neuem bearbeitet (neben Rimski-Korsakow und den anderen Mitgliedern des »Mächtigen Häufleins« der russischen Reformkomponisten legten Ravel, Strawinsky und schließlich Schostakowitsch [Boris] Hand an), lebt jedoch vom genialen Geist ihres Schöpfers. Seine Intuition überstand alle Übermalungen.
Stationen seines Lebens: 1856, am Anfang seiner später wegen wirtschaftlicher Schwierigkeiten der gutsherrlichen Familie abgebrochenen Offizierslaufbahn, lernte der gute Klavierspieler Mussorgski die Freunde Borodin, Balakirew, Cui und Rimski-Korsakow kennen, mit denen er das Manifest des »Mächtigen Häufleins« herausgab, in dem die wahre russische Musik proklamiert wurde. 1863 mußte der angehende Komponist schlechtbezahlte Tätigkeit im Ministerium ausüben, um seinen Lebensunterhalt zu verdienen. Aufschwünge als Komponist, die er sich auch durch Alkoholkonsum erleichterte, und starke Depressionen wechselten einander ab. Er erlebte die Uraufführung seines *Boris Godunow* 1874, in der dritten Fassung Mussorgskis, ein Publikumserfolg, jedoch bekämpft von den Kritikern. Der Komponist arbeitete weiter, in Schüben. Er zog sich von den anderen zurück. An seinem 42. Geburtstag brach er auf der Straße zusammen. In dem Armenhospital, in das ihn Unbekannte brachten, erlosch sein Leben.
In diesem Werk behandelt: Boris Godunow 356; Bilder einer Ausstellung 359

LUIGI NONO, * 19. Januar 1924 Venedig, † 8. Mai 1990 Venedig. Als einer der herausragenden zeitgenössischen Komponisten neben dem Franzosen Pierre Boulez und dem Deutschen Karlheinz Stockhausen hat der Italiener Luigi Nono die neuen Möglichkeiten der Musik, einschließlich der Anwendung elektronisch erzeugter Klänge, am weitesten vorangetrieben und erprobt, da er bei keiner Lösung stehenblieb und schließlich im Streichquartett *Fragmente – Stille, An Diotima* von 1980 vorstieß bis an den Rand des Schweigens. Früh von der Technik der Schönberg-Schule beeinflußt, hat es Nono in einer sozusagen lebenslangen Experimentierphase zu einer sich stets erneuernden Musiksprache gebracht, die in allen Phasen unauflöslich mit seinem politischen Denken verbunden war und dezidiert Meinung transportieren sollte. Eines der Hauptthemen Nonos war die Intoleranz in der heutigen Welt; explizit ausgedrückt u. a. in dem laut anklagenden *Canto sospeso* aus Abschiedsbriefen zum Tode verurteilter europäischer Widerstandskämpfer für Sopran-, Alt- und Tenor-Solo, gemischten Chor und Orchester (UA 1956).
Stationen seines Lebens: Siebzehnjährig wurde Nono Schüler des Neo Klassizisten Gian Francesco Malipiero, der ihm unter dem Faschismus heimlich die Musik Schönbergs und Weberns nahebrachte. Seit 1942 enge Verbindung mit dem Maler Emilio Vedova. Abschluß des Jurastudiums mit der Promotion. Ab 1948 wurde der Dirigent Hermann Scherchen der Pate von Nonos musikalischer Entwicklung. 1952 Eintritt in die KPI. 1955 Heirat mit Schönbergs Tochter Nuria. 1958 bis 1959 lehrte Nono bei den Darmstädter Ferienkursen. Von 1962 an veranstaltete er Diskussions-Konzerte in italienischen Fabriken. 1963 erste Reise nach Moskau, der Reisen in die USA und immer wieder nach Lateinamerika folgten. Seit 1979 fortgesetzte Arbeit in Experimentalstudios. Nono starb in seinem Haus in Venedig an einem Leberleiden.
In diesem Werk behandelt: Il canto sospeso 687; Streichquartett, Fragmente – Stille – An Diotima 758

JACQUES OFFENBACH, * 20. Juni 1819 Köln, † 5. Oktober 1880 Paris. Er war ein Mann von Witz und Humor, er durchschaute den Geist seiner Zeit, ein Parodist und Satiriker, der seine natürliche und reiche musikalische Begabung allerdings nicht zum Richtschwert schärfte, sondern zur Narrenpfeife modelierte, eingedenk der Tatsache, daß die Narren Redefreiheit haben. Seine musikalischen Parodien und Satiren, die besser nicht den Namen Operette trügen, weil sie der Sentimentalität (Wien) und der forschen Marschrhythmen (Berlin) ganz entbehren, sind Kunstwerke des kühlen Witzes und der melodischen Erfindung. Die Opéra buffon *Orphée en Enfers (Orpheus in der Unterwelt)* von 1858 mit dem berühmten Cancan ist das typische Beispiel seiner Kunst, *Les contes d'Hoffmann (Hoffmanns Erzählungen)*, 1881 posthum aufge-

führt, sind das Ausnahmeereignis. Die Herausforderung der literarischen Vorlage, eine Seelenverwandtschaft mit dem Autor E. T. A. Hoffmann, sind es vielleicht gewesen, die alle künstlerischen Kräfte des Musikanten Offenbach weckten.
Stationen seines Lebens: Zuhause in Köln hatte der Vater, Musiklehrer und Vorsänger der jüdischen Gemeinde, ihn unterrichtet. 1833 wurde Offenbach in die Celloklasse des Pariser Conservatoire aufgenommen. 1842 erschienen parodistische Duette auf Lafontainsche Fabeln. Die ersten dramatischen Versuche folgten. 1850 Anstellung als Kapellmeister am Théatre Français. 1855 das erste eigene Theater, die Bouffes Parisiens. 1858 *Orphée en Enfers*. 1864 *La belle Hélène (Die schöne Helena)*. 1871 mit dem Ende des Zweiten Kaiserreichs stand Offenbach plötzlich zwischen Franzosen und Deutschen. Nach einer Theaterpleite und darauffolgender erfolgreicher Amerikatournee (1875) begann er die Oper zu schreiben, die seinen Nachruhm ausmacht. Er starb vier Monate vor ihrer Uraufführung in der Opéra comique.
In diesem Werk behandelt: Hoffmanns Erzählungen 387

CARL ORFF, * 20. Juli 1895 München, † 29. März 1982 München. »Welttheater« könnte über allen seinen Werken stehen, einschließlich der oratorienhaften. Orff hat diesen Begriff selbst benutzt, als er seine Märchenoper *Der Mond* (UA 1939) »Ein kleines Welttheater« nannte und seine *Bernauerin* (UA 1947) als »Bayerisches Welttheater« bezeichnete. Er stellte damit die Verbindung zur hochausgebildeten, üppigen Theaterform des Barock her, der Orff eine extrem schlichte, archaisch oder primitiv zu nennende Musikform konfrontiert, die ganz dem Dramatischen dient. Die auch durch die starke Inanspruchnahme des Perkussionsapparats heftig rhythmisierte Musik schafft eine sinnlich greifbare Auseinandersetzung, die wiederum zum Wesen von Welttheater gehört, die nämlich zwischen Leben und Tod, zwischen Zeugen und Vergehen. *Carmina burana* (UA 1937) oder *Antigonae* (UA 1949) alle seine Werke sind als Stoffe geschöpft aus den Urgründen der Kultur. Orff gab ihnen mit seiner dramaturgisch initiierten Musik neue Wirkung. Niemand hatte es ihm vorgemacht (einige Einflüsse Strawinskys abgerechnet), niemand machte es ihm nach.
Stationen seines Lebens: Orff stammte aus Bayern, einer Landschaft, der er sich zugehörig fühlte. 1913 bis 1915 Studium an der Münchner Musikakademie. Schon 1915 bis 1917 übernahm er die Stellung eines Kapellmeisters und Komponisten an den Münchner Kammerspielen. 1921 Studium der Barockmusik (mit Folgen für sein ganzes Werk). 1924 gründete Orff zusammen mit D. Günther eine Schule für Gymnastik, Tanz und Musik. 1930 entstand im Zusammenhang mit der Stilepoche des Ausdruckstanzes Orffs *Schulwerk,* in dem er ein eigenes Instrumentarium entwickelte. 1937 eröffneten die *Carmina burana* die Reihe seiner ihm eigentümlichen Werke bis hin zu den Griechendramen der späten 40er und 50er Jahre und zum *Prometheus* von 1968. 1950 bis 1960 lehrte Orff Komposition an der Münchner Musikhochschule. Der ebenso gelehrte wie lebensvolle Komponist, der seit vielen Jahren in St. Georgen über Dießen am Ammersee wohnte, erreichte ein Alter von 86 Jahren. Sein Grab liegt in Kloster Andechs, auf Bayerns »heiligem Berg«.
In diesem Werk behandelt: Die Griechendramen 674; Trionfi 680

GIOVANNI PIERLUIGI DA PALESTRINA, * um 1525 Palestrina, † 2. Februar 1594 Rom. Musik und Kirche gingen in der sogenannten Römischen Schule und im Werk des Giovanni Pierluigi, den man nach seiner Geburtsstadt Palestrina nannte, eine innige Verbindung ein: Noch einmal, ließe sich sagen, denn schon erwuchs der geistlichen Musik die gleichberechtigte Partnerin der weltlichen. Palestrina führte den polyphonen Stil auf einen letzten Höhepunkt. Man spricht ausdrücklich von einem »Palestrina-Stil«, der in der Vielstimmigkeit eine ruhig fließende Bewegung bewahrte und die gesungenen Worte absolut verständlich erhielt. Palestrina machte damit aus der Not eine Tugend. Denn auf dem gegenreformatorischen Tridentiner Konzil (1545–1563) gab es eine starke Stimmung gegen Mehrstimmigkeit und Figuralmusik. Größere Strenge des Satzes war geboten. Was dabei herauskam, war die Wiederbelebung der Gregorianik und Palestrinas über die Jahrhunderte wirkender Kirchenmusikstil.
Stationen seines Lebens: Palestrinas Biographie ist geprägt von seiner Beziehung zur römisch-katholischen Kirche, und wenn er für weltliche Herrschaft schrieb, wie für den Herzog Guglielmo Gonzaga von Mantua, so waren es Messen. 1547 Heirat mit Lucrezia di Francesco Gari. 1544 bis 1551 Organistentätigkeit in Palestrina. 1551 folgte er einem Ruf nach Rom. Nacheinander wurde er als Musikmeister und Sänger an verschiedenen Kirchen Roms beschäftigt, worin sich bereits die Auseinandersetzung um die Form der Kirchenmusik ausdrückte, an der er später tätig teilnahm. 1571 Rückkehr nach St. Peter, dem Ort seiner ersten Tätigkeit in Rom. Doch den Mann, der mit Papst und Kardinälen umging, zog es am Ende seines Lebens in seine Heimat. Er starb, ehe sein Wunsch in Erfüllung gehen konnte.
In diesem Werk behandelt: Missa Papae Marcelli 19

HANS PFITZNER, * 5. Mai 1869 Moskau, † 22. Mai 1949 Salzburg. »Einer Musikgeschichte in fünfzig Jahren wird es klar sein, daß ich der einzige war, der sich gegen die ›Versumpfung‹ im Lisztschen ungesunden Fahrwasser entgegenstemmte. Ich war derjenige, der als bewußter Fortschrittler ›sans phrase‹ den Strom wieder in das Bett: Bach-Beethoven-Brahms geleitet hat.« Der Strom hat einen anderen Verlauf genommen, aber Pfitzner, ein streitbarer Erbe der klassisch-romantischen Musiktradition, setzte durchaus eigenständige wie eigenwillige Zeichen. Die Auseinandersetzung mit den Zeitgenossen ließ auch in seiner Musik Spuren zurück, eine Haltung des »Trotzdem«, in seinem Instrumentalwerk wie in den musikdramatischen Stücken bis hinauf zu *Palestrina* (UA 1917). Nur sein Liedwerk, früh begonnen und zu großer Meisterschaft geführt, zeigt unverstellt, was Pfitzners fortschrittliche Traditionsliebe zu leisten imstande war, wenn er die Waffen des Kampfes niederlegte, das Gefühl des Verkanntseins abzustreifen wußte.
Stationen seines Lebens: Im Alter von drei Jahren kam Pfitzner mit seinen Eltern nach Frankfurt am Main. Sein Vater war Berufsmusiker. 1884 erste Liedkompositionen. 1886 begann Pfitzner ein Studium am Hochschen Konservatorium. 1893 dirigierte er zum erstenmal die Berliner Philharmoniker. 1895 wurde seine Oper *Der arme Heinrich* uraufgeführt. 1899 Heirat mit Mimi Kwast. 1903 wurde er Erster Kapellmeister am Theater des Westens in Berlin. 1908 übernahm er die Leitung der Straßburger Oper. 1918, nach dem Ende des Ersten Weltkriegs, übersiedelte Pfitzner nach Bayern. 1929 Lehrauftrag an der Akademie der Tonkunst in München. 1934, nach Pfitzners Pensionierung, begann der Streit um seine Ansprüche. 1936 wurde Pfitzner zum Reichskultursenator berufen und nahm an. 1939 Heirat mit Mali Stoll. 1943 wurde Pfitzners Haus in München zerbombt. Die letzten Stationen waren Wien-Rodaun, ein Altersheim in München, wiederum Wien und Salzburg, wo ihn am 22. Mai 1949 nach dem zweiten Schlaganfall der Tod erreichte. Sein Grab liegt in Wien.
In diesem Werk behandelt: Palestrina 546

SERGEJ PROKOFJEW, * 23. April 1891 Sonzowka, † 5. März 1953 Moskau. Die große Popularität der Werke Prokofjews ist ihrer unangestrengten Musikalität zuzuschreiben. Mit dem Kategorien bildenden Begriff des Neoklassizismus ist ihnen nicht beizukommen, der übrigens auch Strawinskys Werke schlecht beschreibt. Mit einer Abkehr vom spätromantischen Zungenschlag allerdings hat beider grandioser Beginn zu tun. Strawinskys *Sacre* von 1913 und Prokofjews *Skythische Suite* von 1916 sind Geschwister in ihrer radikalen Absage an Romantizismen. Das waren unerhört neue Klänge. Prokofjew verzichtete früh auf die musikalische Provokation. Das heißt jedoch nicht, daß er eine Umkehr vollzog. Seine *Symphonie classique* von 1921 steht unter dem Anspruch, aus alten Formen etwas integral Neues zu machen. Ein Vorgang, der sich zum Beispiel schon bei Brahms erleben ließ. Mit dem befohlenen »sozialistischen Realismus« hat Prokofjews Musik nur so viel zu tun, daß sie absolut nachvollziehbar ist, was ihm ein gelegentliches »Reuebekenntnis« gegenüber der Partei jedoch nicht ersparte.
Stationen seines Lebens: Seine Mutter erteilte ihm ersten Musikunterricht, das Studium an den Konservatorien in Moskau und Petersburg schloß sich an. Rimski-Korsakow war einer seiner Lehrer. 1917 verließ er seine Heimat, konzertierte als Pianist und Dirigent in Europa und Amerika. In Chicago wurde 1921 *Die Liebe zu den drei Orangen* uraufgeführt, Beginn von Prokofjews Opernarbeit. 1933 Rückkehr in die Sowjetunion und außerordentliche Produktivität in beinahe allen musikalischen Genres, ausgenommen Kirchenmusik. Immerwährende Popularität erreichten seine Ballette wie *Romeo und Julia* (1940), *Aschenbrödel* (1945) sowie die Kinderoper *Peter und der Wolf* von 1936.
In diesem Werk behandelt: Skythische Suite op. 20 543; Symphonie classique D-Dur op. 25 551

GIACOMO PUCCINI, * 22. Dezember 1858 Lucca, † 29. November 1924 Brüssel. Puccinis erste Oper *Le Villi* ging durch den Sozogno-Wettbewerb, dem schon Leoncavallo und Mascagni ihre Ausnahmeerfolge verdankten, erhielt zwar keinen Preis, wurde jedoch auf der Stelle (1884) aufgeführt. Acht Jahre später mit *Manon Lescaut*, also 1892, und erst recht seit 1895 mit *La Bohème* war Puccini der beliebteste italienische Opernkomponist nach Verdi. Puccini stellte noch einmal große Opernkunst auf die Bühne in einer musikalischen Sprache feinster Nuancierung. Seine Musik, spätromantisch und modern zugleich, ist bestimmt vom Kolorit. Seine Bühnenwerke beschreiben in ihrer Mehrzahl Frauenschicksale; es sind Frauen, die ihrer Liebe – oder soll man sagen, ihrer sexuellen Abhängigkeit? – wegen in den Tod gehen: Mimi, Tosca, Cho-cho-san; und in *Turandot* gibt es wieder das Liebesopfer: Liu tötet sich selbst, um den Geliebten nicht zu verraten. Puccini, der mit seinen Stoffen seiner Zeit gelegentlich naherückte, hat ein Werk geschrieben, dem für immer etwas von einer verspäteten Blüte anhaftet.
Stationen seines Lebens: Puccini stammt aus einer Musikerfamilie. 1880 bis 1883 Studium am Mailänder Konservatorium. Von 1884 an lebte Puccini mit Elvira Geminiani,

einer verheirateten Frau, zusammen, die er erst 1904 heiraten konnte. Ihre Eifersucht belastete die Ehe schwer. 1889 hörte Puccini in Bayreuth Wagners *Meistersinger*. 1891 lernte er Luigi Illica, seinen wichtigsten Librettisten, kennen. 1900 erschien *Tosca*, noch im Jahr der Uraufführung in Rom erreichte sie London, im Jahr darauf New York. Seine Opern hatten bereits die Welt erobert, und weitere standen noch aus. Puccini, der das gute Leben, die Jagd, Autos und natürlich Frauen liebte, allem voran aber seine Arbeit, sein Werk, starb an Kehlkopfkrebs, kurz bevor er seine *Turandot* (UA 1926) vollenden konnte. Seine sterblichen Reste wurden in seinem prächtigen Haus in Torre de Lago begraben.
In diesem Werk behandelt: La Bohème 470; Tosca 480; Madame Butterfly 496; Triptychon 554

SERGEJ RACHMANINOW, * 1. April 1873 Gut Onega bei Nowgorod, † 28. März 1943 Beverly Hills. Der virtuose Aspekt in Rachmaninows Werk hat in der Rezeptionsgeschichte unverhältnismäßig starke Betonung erhalten. Es ging dem Komponisten darin nicht anders als einem seiner musikalischen Vorfahren, der ebenfalls vom Pianistischen herkam, nämlich Franz Liszt. Unmittelbarer war die Beziehung zu Tschaikowski, und so steht die Musik Rachmaninows sowohl in der noch gar nicht so alten Tradition eigenständisch-russischer Kunstmusik (Mussorgski, Rimski-Korsakow), durchsetzt mit westlichen Einflüssen. Sehr oft in der Musikgeschichte förderte die Verschmelzung unterschiedlicher Traditionen das Neue und Zukunftweisende. Im Falle Rachmaninows brachte sie eher ein einzelnes originäres Werk hervor. Wichtige Impulse brachte die Freundschaft mit Alexander Skrjabin, mit dessen Musik sich Rachmaninow auch als Pianist auseinandersetzte. Gelänge es einmal, das seit dem Streit Schumann-Liszt schwelende Mißtrauen gegen das Virtuose zu überwinden, wäre der Blick auf die Kunst Rachmaninows nicht mehr verstellt.
Stationen seines Lebens: Sein Studium begann Rachmaninow in St. Petersburg und setzte es in Moskau fort, gleichzeitig mit Alexander Skrjabin. 1893 begann seine Karriere als Pädagoge, Dirigent und Konzertpianist. 1893 wurde seine erste Oper aufgeführt. 1906 bis 1910 Aufenthalt im westlichen Ausland und in den USA. 1910 Rückkehr nach Rußland, das er bei Revolutionsbeginn 1917 wieder verließ. Skandinavien, Paris, die Schweiz und schließlich Amerika waren die Stationen seines weiteren Lebens und Wirkens. In erster Linie als Pianist eroberte Rachmaninow die USA. Enge Zusammenarbeit verband ihn mit dem New York Philharmonic Orchestra und dem Philadelphia Orchestra, mit den Dirigenten Eugene Ormandy und Leopold Stokowski, enge Freundschaft mit dem Bassisten Feodor Schaljapin. 1931 baute er für sich und seine Familie ein Haus am Vierwaldstätter See. Seit 1918 gab er jährlich etwa 70 Konzerte. Etwa fünf Wochen vor seinem Tod spielte er zum letzten Mal vor Publikum.
In diesem Werk behandelt: 2. Klavierkonzert c-Moll 486; Rhapsodie über ein Thema von Paganini 616

MAURICE RAVEL, * 7. März 1875 Ciboure (Pyrénées-Atlantiques), † 28. Dezember 1937 Paris. Ravels Werke sind architektonische Höhepunkte der Musikgeschichte. Sie stehen zeitlich gesehen in unmittelbarer Nachbarschaft zu der Musik Strawinskys, Debussys und Saties und wurzeln in strenger Klassizität. Von hier aus unternahm Ravel seine Vorstöße in die Felder neuer Klangvorstellungen. »Was würden Sie davon halten«, schrieb er an Colette, »wenn die Teetasse und die Teekanne aus altem schwarzen Wedgewood-Porzellan einen Rag-Time singen würden? Ich gestehe, daß mich die Idee, einen Rag-Time in der großen Oper von zwei Negern singen zu lassen, fasziniert.« So meldet sich der Parodist zu Wort, der Halbbruder Saties sozusagen, und seine Musik erhellt, was für ein ernstes Geschäft das Parodistische in der Musik sein kann. Ravel war hingerissen von den für Westeuropa völlig neuen Tönen der russischen Musik eines Mussorgski (dessen *Bilder einer Ausstellung* von 1874 er 1922 instrumentierte) und assimilierte auch sie seiner strengen, in die Zukunft weisenden Kunst, deren unterirdische Quellen bis zum Werk eines Scarlatti zurückführen.
Stationen seines Lebens: Noch im Jahr seiner Geburt kam Ravel mit seinen Eltern nach Paris. 1889, 14jährig, wurde er ins Pariser Conservatoire aufgenommen. 1895 Freundschaft mit Erik Satie, Massenet förderte den angehenden Komponisten. 1905 Streit mit den rückständigen Kräften des Conservatoire. 1907 erregte Ravel mit den *Histoires naturelles* öffentlichen Skandal. 1911 Uraufführung von *L'Heure espagnol (Die spanische Stunde)* an der Opéra comique. 1912 wurde das von Diaghilew in Auftrag gegebene Ballett *Daphnis und Chloé* mit Nijinski uraufgeführt. 1913 Orchestrierung von Mussorgskis Oper *Chowanschtschina* gemeinsam mit Strawinsky. 1920 erschien *La Valse* auf dem Konzertpodium. In den folgenden Jahren entstand Werk um Werk. Ravel, der Junggeselle blieb, lebte ganz seinem Beruf. Er wurde der zu Lebzeiten berühmteste Komponist Frankreichs. 1933 erste Lähmungserscheinungen. 1937 starb Ravel nach neuntägiger Bewußtlosigkeit im Anschluß an eine Kopfoperation.
In diesem Werk behandelt: Boléro 600

MAX REGER, * 19. März 1873 Brand bei Markredwitz, † 11. Mai 1916 Leipzig. Max Regers Musik erschließt sich kaum beim ersten Hören, ihr Formenreichtum ist aus der bewußten, ständig erneuerten geistigen Auseinandersetzung mit der Tradition und einer zwischen dem Akzeptieren und der Abwehr des Neuen schwankenden Einstellung zu verstehen. »Bachs mehrstimmiges Denken verschmilzt mit der ›Tristan‹-Harmonik« (H. H. Stuckenschmidt), aber es bleibt offenbar, wo Regers Vorliebe zu suchen ist. Das Epitheton eines akademischen Musikers, das einst Brahms angeheftet wurde, steht Reger besser zu Gesicht, der sich gern auf diesen berief, denn Brahms bewegte sich ebenfalls vortrefflich in den alten Formen. Ohne Musik werten zu wollen, läßt sich sagen, daß eines die beiden unterschied, und das war der Zugang zur Einfachheit des Ausdrucks. Reger war er verwehrt. Dafür lieferte sein Formenkosmos, in dem das Alte verändert seine Bahnen zog, Anknüpfungspunkte für die neue klassische Moderne.
Stationen seines Lebens: Der Lehrersohn erhielt ersten Musikunterricht im Elternhaus. Adalbert Lindner, Organist in Weiden, leitete Regers Studien weit in die beginnende Meisterschaft hinein. 1890 bis 1893 Unterricht bei Hugo Riemann in Wiesbaden, noch während eigener Lehrtätigkeit. 1897: Der Dienst als »Einjähriger« erwies sich als unzuträglich für Leib und Seele. 1901 Übersiedlung von Weiden nach München. 1902 Heirat mit Elsa von Bercken im württembergischen Boll, da in Bayern die konfessionelle Mischehe nicht sanktioniert werden sollte. 1905 Berufung an die Akademie der Tonkunst in München durch Vermittlung seines treuesten Freundes und Wegbereiters, den Thomaskantor Karl Straube. 1911 Hofkapellmeister in Meiningen. Konzertreisen mit der Meininger Hofkapelle, die einst unter Hans von Bülow die Sache Brahms' vertreten hatte. 1914, nach einem leichten Schlaganfall, bat der bis dahin rastlos arbeitende Reger, ein Koloß übrigens an Gestalt, den Herzog um seine Entlassung und erhielt sie. Es war das Jahr der *Mozart-Variationen*. Übersiedlung nach Jena. Am 10. Mai 1916 hatte Reger noch am Leipziger Konservatorium seinen Lehrauftrag wahrgenommen, in der Nacht zum 11. Mai starb er an Herzversagen.
In diesem Werk behandelt: Fantasie und Fuge über den Namen B-A-C-H 483; Variationen und Fuge über ein Thema von Mozart 541

ARIBERT REIMANN, * 4. März 1936 Berlin. Seit *Lear* (UA 1978), *Gespenstersonate* (UA 1984) nach Strindberg, *Troades* (UA 1986) nach Euripides und der Oper *Das Schloß* (UA 1992) nach dem Roman von Franz Kafka wird Aribert Reimann zu den erfolgreichen Erneuerern des Musiktheaters gerechnet. Als Opernkomponist gelang ihm – vor allem mit *Lear* – der außergewöhnlich schwierige Schritt ins Repertoire. Wie für viele Komponisten der Gegenwart waren für Reimann die Werke Anton Weberns von grundlegendem Einfluß, und die Darmstädter Ferienkurse gaben den Anstoß zur Auseinandersetzung mit Dodekaphonie, mit Webern und mit seriellen Techniken. Wie die meisten seiner Kollegen fand Reimann in der Folge zu einer eigenen Tonsprache, die sich bei ihm von Werk zu Werk unterscheidet. »Das ist etwas sehr Abenteuerliches, denn ich habe beim Beginn jeden neuen Stücks das Gefühl, ich hätte in meinem Leben noch nie eine Note komponiert« (Aribert Reimann). Eine lange Reihe von Liedkompositionen ging dem ersten Opernversuch *Traumspiel* (UA 1965) seit 1946 (!) voraus. Reimann ist dem Lied wie der Kammermusik treu geblieben. Als Pianist hat er viele Male Dietrich Fischer-Dieskau begleitet, wie auch Elisabeth Grümmer, Ernst Häfliger und Joan Caroll. Er schrieb Orchester- und Kammermusik; der Schwerpunkt seiner schöpferischen Tätigkeit liegt auf dem Gebiet des Musiktheaters.
Stationen seines Lebens: Reimanns Eltern waren Musiker. 1955 bis 1959 absolvierte er ein Studium als Pianist bei Otto Rausch und als Komponist bei Boris Blacher. Ab 1956 nahm er an den Internationalen Ferienkursen für Neue Musik in Darmstadt teil. Seit 1957 ist er pianistischer Begleiter großer Liedsänger. 1958 Studium der Musikwissenschaft in Wien. 1963 »Rom-Preis«. 1974–1983 Professur für das zeitgenössische Lied in Hamburg. Seit 1983 Professur für dasselbe Thema an der Hochschule der Künste Berlin.
In diesem Werk behandelt: Lear 751

GIOACCHINO ROSSINI, * 29. Februar 1792 Pesaro, † 13. November 1868 Paris. Der melodiöse, instrumentale, kurz musikalische Einfallsreichtum Rossinis war phänomenal. Schon eine Jugendoper wie *Tankredi* von 1813 »schwimmt in Gesang, in Koloratur« (Oskar Bie), und bereits hier ist das typische Rossinische Crescendo ausgebildet. Wie blühend die Melodie, wie geistreich der Orchestersatz sich entwickelt, zeigt sein über die Zeiten fürs Repertoire gerettetes Werk *Il Barbiere di Siviglia (Der Barbier von Sevilla)*, uraufgeführt 1816 in Rom. Die Rezeptionskurve der Werke Rossinis vom *Barbier* bis zum *Guillaume Tell* von 1829, zu ihrer Zeit bejubelte Erfolge, weist nach unten. Es ist, als habe das romantische Sentiment, der Gefühlsausdruck der späteren Zeit den Sinn für die hohe (und heitere) Klassizität Rossinis stumpf gemacht; die Verteufelung von Virtuosität kam hinzu. Dabei läßt sich herausfinden, daß Gioacchino Rossini nicht nur ein Genie musikalischer Erfindung war, sondern ein moderner Musikdramatiker, bei dem Text und Musik gleichberechtigt und völlig aufeinander angewiesen sind. Außerhalb Italiens erschwert dies die gerechte Würdigung. Die Zeit der Rache dafür, daß Rossinis Musik einst die Opernbühnen Europas beherrschte, scheint jedoch langsam zu Ende zu gehen.

Stationen seines Lebens: In Bologna erhielt Rossini, ein Musikersohn, reichen musikalischen Unterricht in Theorie und Praxis. 1806, also 14jährig, schrieb er die erste Oper; zehn Jahre später stand er mit dem *Barbier* auf dem Höhepunkt seines Komponierens. In etwas mehr als 20 Jahren schrieb er 40 Opern – und verstummte. Es war im Jahr 1829 nach dem großen Erfolg des *Guillaume Tell.* 1822 hatte er zum erstenmal geheiratet, die Sängerin Isabella Colbrán, von der er sich 1837 scheiden ließ. Nach ihrem Tod heiratete er 1846 ein zweites Mal. Seine späten Kompositionen geistlicher Musik, seine Kammermusik sprechen eine eigene, opernferne Sprache. In Passy bei Paris führte Rossini ein gastliches Haus.

In diesem Werk behandelt: Der Barbier von Sevilla 187; Wilhelm Tell 227

CAMILLE SAINT-SAËNS, * 9. Oktober 1835 Paris, † 16. Dezember 1921 Algier. Läßt sich von einem Komponisten sagen, »seine Kunst ist die unzerreißbare Kette, die das achtzehnte Jahrhundert mit dem neunzehnten verbindet« (Alfred Mortier), so scheint das Urteil über seine innovative Kraft schon beinahe negativ ausgefallen. Saint-Saëns war solch ein fortschrittlicher Traditionalist, absolut auf der Höhe seiner Zeit, virtuos wie kaum ein anderer und zugleich den Formen der Vergangenheit verpflichtet; ein moderner, romantisch-antiromantischer Klassizist, dem sich der alles andere als traditionalistisch gesinnte Liszt mit Bewunderung zuwandte. Die Oper *Samson et Dalila* von Saint-Saëns führte Liszt 1877 in Weimar auf, lange vor der Pariser Premiere. Saint-Saëns schrieb für alle musikalischen Genres: Oper, Kirchenmusik (er war Organist), Lieder, Instrumentalwerke, Kammermusik und betätigte sich außerdem als Astronom, Archäologe und Philosoph.

Stationen seines Lebens: Ein Wunderkind, ein Hochtalentierter, schrieb Saint-Saëns mit dreieinhalb Jahren seine erste Komposition und trat zehnjährig als Konzertpianist auf. 1848 begann sein Studium am Pariser Conservatoire, 1853 bis 1877 nahm er das Organistenamt an der Église de la Madeleine ein. 1873 Heirat mit Marie-Laure Truffot. Beide Söhne aus dieser Ehe starben im Kindesalter, 1881 trennten sich die Ehepartner. Seit 1877 lebte Saint-Saëns als freier Komponist. Konzertreisen begleiteten seine kompositorischen und wissenschaftlichen Arbeiten. Der alternde Komponist sah sich nach vielen Triumphen ebenso ausgiebiger Kritik der Jungen gegenüber und geriet auch noch in die Auseinandersetzung zwischen deutschem und französischem Nationalismus. Seinen Anti-Wagnerisme verübelten ihm beide Seiten.

In diesem Werk behandelt: 3. Sinfonie c-Moll 405

ERIK SATIE, * 17. Mai 1866 Honfleur bei Lisieux, † 1. Juli 1925 Paris. Es gibt einen Musiker, mit dem die Musikgeschichtsschreibung nie ganz fertig geworden ist, weil er sich der Kategorisierung noch mehr entzieht als die übrigen. Das ist Erik Satie, »Humorist, aber zugleich Mystiker, mit einem Hang zur Esoterik« (Ornella Volta). Sein Interesse galt stets den formalen Ansätzen, der Struktur von Musik. Er befragte die Musik. So spielte die Beschäftigung mit der Gregorianik, der sozusagen unverkleideten musikalischen Form, eine wesentliche Rolle in seinen Anschauungen, die ganz und gar antiromantisch waren und die gefährliche, zweischneidige Waffe des Witzes einschlossen; zweischneidig deshalb, weil die Humorlosigkeit der anderen den Ernst hinter dem Witz selten erkennt. Satie arbeitete mit Cocteau, Diaghilew und Picasso zusammen und wurde der »Patron« der Gruppe »Six«, der u. a. Milhaud und Honegger angehörten. Zugang zu seinem Werk schaffen auch seine Schriften, die 1988 in einer deutschsprachigen Ausgabe erschienen sind.

Stationen seines Lebens: Das Studium am Pariser Conservatoire, 1879 bis 1886, befriedigte Satie wenig, er spielte lieber in den Cafés am Montmartre. Er befreundete sich mit Debussy, was auf ernstzunehmende kompositorische Arbeit hinweist. Die Begegnung mit dem esoterischen Gedankengut eines in Frankreich 1888 begründeten Zweigs der Rosenkreuzerbewegung brachte Satie zur mittelalterlichen Mystik. 1898 übersiedelte der Komponist nach Arcueil bei Paris. Der Einzelgänger mit den vielen Freunden, der große Anreger für die Avantgarde am Beginn des 20. Jahrhunderts, dessen Entdeckung durch Komponisten unserer Tage längst evident ist, hat heute die Chance zu einer öffentlichen Renaissance. Aber, mit Satie zu sprechen: »Obwohl unsere Auskünfte falsch sind, garantieren wir nicht für sie.«

In diesem Werk behandelt: Kleine Stücke 420

DOMENICO SCARLATTI, * 26. Oktober 1685 Neapel, † 23. Juli 1757 Madrid. »Das Extravagante überhaupt« (Horst Leuchtmann) gehört zur Substanz der Klaviersonaten, rund 500 an der Zahl, des Vaters allen virtuosen Klavierspiels. Sein Einfluß auf die folgenden Jahrhunderte des Komponierens überhaupt ist nahezu unermeßlich. Joachim Kaiser hat auf den Zusammenhang einer C-Dur-Sonate Scarlattis mit Puccinis *Bohème* hingewiesen: »Scarlatti-Liebhaber dürften heraushören, woher die Quinten-Partien der *Bohème* kommen, und Puccini würde gewiß nichts dagegen haben, so buchstäblich mit der italienischen Tradition in Zusammenhang gebracht zu werden.« Scarlattis Werk blieb doppelt lebendig: Einmal in den Editionen späterer Zeit von Czerny bis Kirkpatrick, der auch ein grundlegendes Buch (1953, deutsch 1972) über den Komponisten schrieb, und im Konzertsaal; zum anderen durch den fortwirkenden Geist seiner klavieristischen Erfindung, die sich, so Kirkpatrick, »ebenso aus der Liebe zum Instrument, der intensiven Freude am Spiel, als auch aus der Lust, sich zur Schau zu stellen«, erklärt.

Stationen seines Lebens: Der Sohn eines berühmten Komponisten, Allessandro Scarlatti (1660–1725), setzte nach Jahren des väterlichen Unterrichts sein Studium in Venedig fort. 1709 Übersiedlung nach Rom, wo er unter anderen auch Händel begegnete und Corellis Schüler wurde. Rom wurde auch der Ort seines Opernschaffens von 1710 bis 1718. Eine Anstellung beim portugiesischen Botschafter in Rom brachte die Verbindung zum Hof in Lissabon. Scarlatti, der zweimal heiratete, zuerst eine Italienerin, danach eine Spanierin, fand in seiner Schülerin, der Prinzessin Maria Barbara von Portugal und späteren Frau des spanischen Thronfolgers Fernando, eine lebenslange Gönnerin seiner Musik, auch als Königin. 1749 machte Scarlatti sein Testament. 1753 ließ er sich vom Papst einen vollkommenen Ablaß geben. Einundsiebzigjährig starb Scarlatti. Seine letzte Komposition war ein *Salve Regina* gewesen. Die irdische Königin, seine Schülerin, der er »mit großer Sorgfalt und Verehrung anhing« (so Maria Barbara) folgte ihm ein Jahr später.

In diesem Werk behandelt: Das Sonatenwerk 50

ARNOLD SCHÖNBERG, * 13. September 1874 Wien, † 13. Juli 1951 Los Angeles. Als seine Vorbilder hat Schönberg »in erster Linie Bach und Mozart, in zweiter Beethoven, Brahms und Wagner« genannt. Alles, was er im Laufe der Zeit entwickelte, wurzelte im Bewußtsein dieser Tradition und selbstverständlich auch zu dem Zeitpunkt, an dem er sich selbst und den anderen klarmachte, »alle Schranken einer vergangenen Ästhetik durchbrochen« zu haben. Schönbergs Weg als Komponist ging von der Ausschöpfung der Tonalität über deren Grenzen hinaus zur »Emanzipation der Dissonanz«, wie er es nannte, weil ihm der Ausdruck »atonal« als zu negativ besetzt vorkam, bis hin zur Reihentechnik der Zwölftonmusik. Wie kein anderer hat Schönberg auf die Komponisten und die Musik des 20. Jahrhunderts eingewirkt. Seine engsten und frühesten Schüler waren u. a. Alban Berg und Anton von Webern, die Zahl der von seiner Theorie geformten Komponisten aber ist kaum zu ermessen. An der Auseinandersetzung mit ihr kam keiner vorbei.

Stationen seines Lebens: Ersten Klavierunterricht erhielt Schönberg von seiner Mutter, und sein späterer Schwager Alexander von Zemlinsky lehrte ihn die elementaren Voraussetzungen des Komponierens. 1898 erste Lieder u. a. nach Richard Dehmel und Joh. Schlaf. 1901, nach seiner Heirat mit Mathilde von Zemlinsky, ging Schönberg als Hauskomponist zu Ernst von Wolzogens »Überbrettl« nach Berlin. 1903 Rückkehr nach Wien. 1904 Beginn der musiktheoretischen Kurse. Berg und von Webern als Schönbergschüler. 1908 bis 1910 entstanden die meisten von Schönbergs Bildern; Zusammenarbeit mit Kandinsky in der Künstlergruppe »Der blaue Reiter«. 1915 bis 1917 sporadischer Militärdienst. 1918 schuf sich Schönberg mit dem »Verein für musikalische Privataufführungen« ein eigenes Musikwerkstattforum. 1924 heiratete Schönberg nach dem Tod seiner ersten Frau ein zweites Mal: Gertrud Kolisch. 1925 wurde Schönberg Leiter der Meisterklasse für Komposition in der Nachfolge Busonis an der Preußischen Akademie der Künste. 1933 Emigration über Frankreich in die USA. Im Alter von 60 Jahren baute sich der weltberühmte Komponist eine neue Existenz durch Lehrtätigkeit auf. *Moses und Aron*, das Hauptwerk seiner Berliner Jahre, blieb mit zwei Akten unvollendet. Erst 1954, drei Jahre nach Schönbergs Tod, kam es konzertant zur Aufführung.

In diesem Werk behandelt: Verklärte Nacht op. 1 171; Sommermorgen an einem See (Farben) op. 16 509; Gurrelieder 534; Moses und Aron 613

DMITRI SCHOSTAKOWITSCH, * 25. September 1906 St. Petersburg, † 9. August 1975 Moskau. Am Werk Schostakowitschs läßt sich äußerlich die Situation eines Komponisten unter einer totalitären Staatsmacht ablesen. Und man wird guttun, seine Widmungen (zum Beispiel an Lenin) sowie seine öffentliche Polemik gegen Schönberg und die westliche Moderne unter diesen Vorzeichen zu sehen. Seine Musik spricht eine andere Sprache, und die Machthaber verstanden sie wohl. Schostakowitsch wurde kritisiert, mußte sich rechtfertigen, und seine Musik wurde boykottiert (zum Beispiel *Lady Macbeth von Mzensk*, UA 1934). Von seiner 4. Sinfonie an, die 1936 beendet war, aber erst 1961 uraufgeführt wurde, waren nach den Worten des Komponisten alle seine Werke den Opfern des Totalitarismus gewidmet. Mit seiner 14. Sinfonie für Sopran, Baß und Orchester wird diese Aussage überzeugend und beklemmend bestätigt. Musikalisch ist

Schostakowitsch wie selbstverständlich zu den Mitteln der Moderne vorgestoßen. Seine Musik, von der im Sinfonischen am ehesten eine Linie zu Mahler zurückzuverfolgen ist, wird durch die immer freier gehandhabte Form als stark gegenwärtig empfunden.
Stationen seines Lebens: Das Studium am Leningrader Konservatorium schloß der Sohn eines Ingenieurs und einer Pianistin 1930 ab. 1926, während des Studiums, erschien seine 1. Sinfonie. 1930 wurde seine Oper *Die Nase* (nach Gogol) aufgeführt; 1934 folgte die umstrittene Oper *Lady Macbeth von Mzensk.* Wesentlich für sein Selbstverständnis als Komponist wurde die 7. Sinfonie von 1942, die er im belagerten Leningrad schrieb. 1948 Kritik des Zentralkomitees an dem so oft staatsdekorierten Komponisten. Im selben Jahr endete die Lehrtätigkeit am Leningrader Konservatorium. 1959 Konzertreise in die USA. 1960, in der Ära Chruschtschow, wurde Schostakowitsch 1. Sekretär des Sowjetischen Komponistenverbandes. Er blieb es bis 1968. Der auch im Westen vielfach ausgezeichnete Komponist starb 1975 an Herzversagen.
In diesem Werk behandelt: Lady Macbeth von Mzensk 619; Klavierquintett op. 57 641; 7. Sinfonie op. 60 655; 2. Violoncellokonzert 740; 14. Sinfonie 743

FRANZ SCHREKER, * 23. März 1878 Monaco, † 21. März 1934 Berlin. »Den Stimmungszauber, das Visionäre des ›reinen Klanges‹ machte Schreker zum musikdramatischen Ausdrucksmittel erster Ordnung« (Jens Malte Fischer), und nicht umsonst berief er sich selbst auf das malerische Moment in der Musik, was seine Hinneigung zum Impressionismus eines Debussy unterstreicht. Seine Bühnenwerke können überwiegend auch als Klanggemälde aufgefaßt werden, Gemälde mit reichen Farben, was übrigens auch für sein Instrumentalwerk gilt. Schreker schuf über Wagner hinaus, dessen Musik er freilich nicht vergessen macht, dicht gewebte musikdramatische Gebilde, strebte »restlose Verschmelzung« von Sprache und Musik an. Als Dirigent und Lehrer nahm sich Schreker der Neuen Musik an. Seine Opern *Der ferne Klang* (UA 1912), *Die Gezeichneten* (UA 1918) und *Der Schatzgräber* (UA 1920) waren außerordentliche Publikumserfolge, danach verebbte seine Wirkung. Die Nazis taten ein übriges. Vor ihrer Machtübernahme hetzten sie in brutaler Weise gegen Schrekers Musik. 1933 folgte die Entlassung aus dem Lehramt. Der Komponist überlebte es nicht, und sein Werk hat bis heute den Weg zurück ins Bühnenleben nicht gefunden.
Stationen seines Lebens: Der Sohn eines Porträtfotografen studierte am Wiener Konservatorium. 1908 dirigierte er die Uraufführung seines Balletts *Der Geburtstag der Infantin* nach Wilde. 1910 Heirat mit der Sängerin Maria Binder. 1912 begann seine Laufbahn als Kompositionslehrer, zunächst in Wien, ab 1920 in Berlin. Ernst Křenek gehörte zu seinen Schülern und u. a. auch Hans Schmidt-Isserstedt, der Dirigent. 1913 brachte Schreker mit seinem Philharmonischen Chor Schönbergs *Gurrelieder* zur Uraufführung. 1917 Uraufführung der *Kammersinfonie für 23 Soloinstrumente.* Ab 1924 vertiefte Freundschaft mit Schönberg. Seit Mitte der 20er Jahre trat die Lehrtätigkeit ganz in den Vordergrund. 1932 trat Schreker unter dem politischen Druck als Hochschuldirektor zurück. 1933, nach seiner Entlassung als allen Ämtern, erlitt er einen Schlaganfall, an dessen Folgen er nach Monaten des Leidens zwei Tage vor seinem 56. Geburtstag starb.
In diesem Werk behandelt: Die Gezeichneten 557

FRANZ SCHUBERT, * 31. Januar 1797 Lichtental bei Wien, † 19. November 1828 Wien. Der Name Schubert ist ein Synonym für Musik. Freude und Leiden – und in diesem Leben offenbar sehr viel mehr Leiden als Freude – wurden zu Musik, einer Musik, deren Größe jeder empfinden kann, die jedoch schwerer als bei vielen anderen Komponisten theoretisch nachzuformulieren ist. »Franz Schubert«, schrieb Dietrich Fischer-Dieskau, »hat eine Welt von Poesie in Musik verwandelt.« Das gilt ganz wörtlich für sein Liedwerk, dessen zentrale Stellung in Schuberts Œuvre unbestritten ist, so beherrschend, daß der Kammermusiker und Sinfoniker zu Unrecht in den Hintergrund rückt. Das ist verständlich, denn seit Schubert »in die Welt getreten ist, weiß sie erst richtig, was ein Lied ist« (Egon Friedell). Überall in seinem Werk sind Melodik und Rhythmik kunstvoll und natürlich zugleich, noch die herzzerreißende Trauer hat etwas von der Natürlichkeit, aus der Leben und Sterben gemacht sind. Auf ganz eigener Höhe steht er in Klassik und Romantik.
Stationen seines Lebens: Der Lehrersohn, der später als Hilfslehrer in die Schule seines Vaters eintrat, erhielt seine musikalische Ausbildung im Elternhaus, als k. k. Hofsängerknabe, als Schüler Salieris. Von 1811 an schrieb Schubert unablässig Werk um Werk. 1814 Lehrerexamen. Sein Lied *Gretchen am Spinnrad* wird später als der wahre Beginn seines Liedschaffens angesehen. 1815 Beginn der Freundschaft mit Franz von Schober und Anselm Hüttenbrenner, die fortan sein Leben begleiteten. In diesem Jahr allein schrieb Schubert 144 Lieder. So geht es weiter. Außerdem Sinfonien, Kammermusik, Klavierwerke, Chorwerke und – Schuberts vergebliche Hoffnungen – Bühnenwerke. Ab 1816 wohnte Schubert abwechselnd bei seinen Freunden, später auch in mehrfach wechseln-

den Wohnungen. 1821 sang Johann Michael Vogl zum erstenmal öffentlich Schuberts *Erlkönig*. Die Schubertiaden wurden Tradition. 1822 schrieb Schubert die oft psychoanalytisch ausgedeutete Erzählung *Mein Traum*. 1823 Anzeichen der venerischen Erkrankung. 1827 begleitete Schubert als Fackelträger den Sarg Beethovens. 1828, in seinem Todesjahr, war sein Wille zu komponieren keineswegs erloschen, bis in den letzten Lebensmonat blieb er auf sein Werk fixiert.
In diesem Werk behandelt: Sinfonie h-Moll »Die Unvollendete« 198; Fantasie C-Dur 201; Sinfonie C-Dur 212; Streichquartett d-Moll »Der Tod und das Mädchen« 216; Winterreise 224

HEINRICH SCHÜTZ, * 14. Oktober 1585 Köstritz, † 6. November 1672 Dresden. Hundert Jahre vor Bach und Händel legte Heinrich Schütz die Fundamente für die künftige Bedeutung der deutschen Musik, und zwar gerade dadurch, daß er der niederländischen bzw. frankoflämischen Tradition, in der sie stand, die Elemente der neuen italienischen Entwicklung beimischte. Zu bemerken ist, daß auch diese italienische Musik bereits einer spätniederländisch-venezianischen Schule angehörte, so daß Schütz auf verwandte Ursprünge stieß, als er 1609 Schüler von Giovanni Gabrieli in Venedig wurde. Das unmittelbare Ereignis war das Zusammentreffen des Norddeutsch-Lutherischen mit dem Venezianisch-Italienischen (Katholischen). Hier liegen die Grundsteine jener Musik, die, geboren aus Renaissance und Reformation, verschwistert mit der Kreativität Italiens, später die Klassik und Romantik dominierte.
Stationen seines Lebens: 1609 schickte ihn sein Entdecker, Landgraf Moritz von Hessen-Kassel, zum Studium nach Venedig. 1611 Rückkehr nach Weißenfels und erste Werke: Italienische Madrigale. 1617 wurde Schütz fürstlich-sächsischer Hofkapellmeister in Dresden. Nun kam die Ernte des Studiums und der Doppelerfahrung von norddeutscher Tradition und »neuer« italienischer Musik zum Vorschein: *Psalmen Davids Sampt Etlichen Moteten und Concerten*. Im selben Jahr Heirat mit Magdalena Wildeck, Tochter eines »Kammerschreibers«. Sie starb nach sechs Ehejahren. Schütz blieb allein. Sein Werk war trotz höfischer Anstellung hauptsächlich kirchlich bestimmt. 1623 erschien sein erstes Oratorium, 1627 der einzige Opernversuch *Daphne*. In den folgenden nahezu 50 Jahren folgten geistliche Gesänge, neue Psalmvertonungen, Oratorien wie die *Weihnachtshistorie* (1664), Passionen nach Matthäus, Lukas und Johannes (1664–1666). Das Schütz-Werkeverzeichnis zählt 501 Nummern ohne die verschollenen Werke. Schütz, der intensive Beziehungen zum Hof von Kopenhagen unterhielt, blieb lebenslang ein angestellter Kapellmeister der sächsischen Kurfürsten. Schon seit 1656 Ruhestand in Weißenfels und Anstieg der kompositorischen Aktivität. 1672, noch einmal in Dresden, starb Schütz fast blind und taub 87jährig.
In diesem Werk behandelt: Psalmen Davids 23; Musikalische Exequien 26

ROBERT SCHUMANN, * 8. Juni 1810 Zwickau, † 29. Juli 1856 Endenich. Unter den Komponisten der musikalischen Romantik stand Robert Schumann der deutschen literarischen Romantik am nächsten, vor allem ihrem späten Zweig (Eichendorff, Jean Paul, Heine). Schumann besaß eine starke Doppelbegabung als Musiker und als Kritiker. Sein unglücklicher Streit mit Franz Liszt und den Neudeutschen stempelte ihn zum Traditionalisten, obwohl er – und darin wurde Brahms sein Vollender – aus dem Zusammenhang der Musikgeschichte das Neue entwickeln wollte: Evolution statt Revolution. Sein Klavierwerk, beginnend mit den *Davidsbündlertänzen* von 1837, zeigt am deutlichsten die Veränderungen des musikalischen Satzes bei Schumann, mit deutlichen Auswirkungen auf seine Liedkompositionen, bei denen das Klavier eine völlig selbständige Rolle übernimmt. Seine Sinfonien, die zur durchkomponierten Form drängen, sein Klavierkonzert, seine Kammermusik zeigen einen Komponisten von – außer der dramatischen – universeller Begabung.
Stationen seines Lebens: Ein Jurastudium, das er früh abbrach, hinderte den musikbesessenen jungen Schumann nicht, seine musikalischen Studien zu betreiben, zunächst mit dem Ziel einer Virtuosenlaufbahn. Seit 1831 ernsthafte Vorbereitung auf den Beruf eines Komponisten. 1834 Gründung der *Neuen Zeitschrift für Musik*. Seine eigenen Beiträge gehören zu den aufschlußreichsten literarischen Zeugnissen der musikalischen Romantik. 1838 entdeckte Schumann in Wien Schuberts Große C-Dur-Sinfonie. 1840 Ehrendoktor der Universität Jena. Im selben Jahr Heirat mit der Pianistin Clara Wieck. Eine schwierige Künstlerehe begann. Leipzig und ab 1844 Dresden waren die Wirkungsstätten Schumanns, bevor er 1850 als städtischer Musikdirektor nach Düsseldorf ging. 1853 schrieb Schumann seinen berühmten Artikel über Brahms: »Neue Bahnen«. 1854 sprang er, von Depressionen gequält, von einer Rheinbrücke. Es folgte die Aufnahme in der Heilanstalt von Endenich. Clara Schumann überlebte ihn um 40 Jahre.
In diesem Werk behandelt: Davidsbündlertänze 260; Dichterliebe 263; Klavierkonzert a-Moll op. 54; 4. Sinfonie d-Moll op. 120 293

JEAN SIBELIUS, * 8. Dezember 1865 Hämeenlinna, † 20. September 1957 Järvenpää. Das Kalevala-Epos, in dem der Arzt und spätere Literaturprofessor Elias Lönnrot etwa 75 000 Verse altfinnischer Volkslieddichtungen aus mündlicher Überlieferung verwertete, die er von 1827 an auf Forschungsreisen durch Karelien und Estland sammelte, gehört zu den wesentlichen Anstößen für die Musik des »Vaters eines finnischen Nationalstils«. Und tatsächlich sprechen die sinfonische Dichtung *Kullervo* von 1892, die *Vier Legenden aus dem Kalevala* von 1893 und *Finlandia* von 1899 eine eigentümliche, von der Aura des finnischen Epos inspirierte Sprache. Als Sinfoniker war Sibelius ein Nachfahre der klassisch-romantischen Tradition, ein Erbe allerdings, der sich mit dem Ererbten selbständig machen wollte. Sibelius »untersuchte das Verhältnis von überkommenem Formenkodex und der durch ihn vermittelbaren musikalischen Ausdrucksvielfalt« (Hanspeter Krellmann); er ging nicht den Weg der Wiener Schule Schönbergs und Weberns, sondern suchte einen eigenen, individuellen.

Stationen seines Lebens: Sein Musikstudium in Helsinki setzte Sibelius 1889 in Berlin und 1890 in Wien fort. 1892 führte er *Kullervo* auf. Im selben Jahr Heirat mit Aino Järnefelt und Anstellung als Lehrer für Musiktheorie am Musikinstitut in Helsingfors. Seit 1897 mit einem Staatsstipendium versehen, lebte Sibelius von 1904 an in einem einfachen Haus in Järvenpää. Ausgedehnte Auslandsreisen ließen den Kontakt zur musikalischen Welt nicht abbrechen. 1914 Reise in die Vereinigten Staaten. 1924 letzter Auftritt als Dirigent in Kopenhagen und Vollendung der 7. Sinfonie *Phantasia Symphonica*. Nach 1929 schwieg Sibelius als Komponist.

In diesem Werk behandelt: Finlandia 477; 4. Sinfonie a-Moll 520

BEDŘICH (FRIEDRICH) SMETANA, * 2. März 1824 Litomyšl, † 12. Mai 1884 Prag. Seine Stellung als Begründer einer tschechischen Nationalmusik ist unbestritten. Die Jüngeren, Dvorák und Janáček, trugen das Ihre zur Erweiterung und Vertiefung des Aspekts bei. Das musikalische Nationalepos der Tschechen *Má Vlast* (*Mein Vaterland*; erste Gesamtaufführung 1882) ist allerdings ohne den Einfluß der von Franz Liszt geprägten Form der sinfonischen Dichtung nicht denkbar. Zeitlebens war Smetana ein Anhänger Liszts, dessen inspirierender Geist auch in Smetanas Klaviermusik eine impuls- und formgebende Rolle spielt. Wagners Wirkung auf Smetanas Opernproduktion zeigt sich in der freien Deklamation, die bei Smetana allerdings dem tschechischen Sprachduktus angelehnt war. Das Erkennen solcher Einflüsse soll nicht von der Eigenständigkeit und Originalität eines Werkes ablenken, das zur Zeit seiner Entstehung weit in die Zukunft deutete.

Stationen seines Lebens: Nach kurzem Studium an der privaten Musikschule des Joseph Proksch in Prag trat Smetana schon 1844 in musikalischen Fürstendienst. 1845 bis 1847 Auftritte als Pianist. 1849 Heirat mit Kateřína Kolářová. 1856 gründete er eine eigene Musikschule. Im selben Jahr traf Smetana mit Franz Liszt zusammen. 1860 Reisen nach Deutschland und Schweden. 1866 *Die verkaufte Braut*. Es folgten *Dalibor* (UA 1868), *Libussa* (UA 1881 zur Eröffnung des Prager Nationaltheaters und 1883 zur Wiedereröffnung nach dem Brand). 1874 traten Hörstörungen auf; noch im selben Jahr ertaubte der Komponist; aber er komponierte u. a. *Má Vlast/Mein Vaterland*. Und Smetana arbeitete weiter unter ärmlichsten Verhältnissen auf dem Lande. Die Triumphe seiner späten Werke änderten nichts. Das Gehalt, mit dem ihn das Nationaltheater abspeiste, entsprach kaum dem Existenzminimum. Von 1883 an begann sich sein Geist zu verwirren. Der Tod erreichte ihn in der Prager Anstalt für Geisteskranke.

In diesem Werk behandelt: Die verkaufte Braut 338; Mein Vaterland 391

KARLHEINZ STOCKHAUSEN, * 22. August 1928 Mödrath (Kerpen). Sein Name ist für eine breitere Öffentlichkeit ganz mit der Entwicklung der elektronischen Musik verbunden, was seiner jahrzehntelangen Arbeit an diesem Medium entspricht, dem Gesamtwerk jedoch keineswegs gerecht wird. Stockhausens Musik ist grundsätzlich experimentell und universell, auch in den Mitteln. Wo der Komponist als Studierender 1951 entscheidende Impulse über die Zwölftonmusik Schönbergs hinaus erhalten hat, nämlich bei den Darmstädter Ferienkursen, gab er von 1953 an als Dozent seine Erfahrungen weiter, und die waren höchst aufregend. Seine innovative Begabung von der seriellen bis zur multiformalen Musik scheint unvergleichlich. Wenn manche Betrachter heute seine »universale Musik« mit ihrem mystischen Anspruch skeptisch, in jedem Sinne »ungläubig« betrachten, ist davon ihr musikalischer Rang, der innovative Charakter des Gesamtwerks (202 Werke bis 1989) nicht berührt.

Stationen seines Lebens: Sein Studium (1947–1951) teilte Stockhausen zwischen Musik, Literatur und Philosophie. 1951 Heirat mit Doris Andreae. 1952 wurde er Schüler bei Olivier Messiaen in Paris und beteiligte sich an den Experimenten der Gruppe »musique concrète«. Seit 1953 ist Stockhausen ständiger Mitarbeiter des Studios für elektronische Musik des WDR Köln. 1953 bis 1974 Dozent der Internationalen Ferienkurse für Neue Musik in

Darmstadt. 1963 gründete er die Kölner Kurse für Neue Musik. 1965 bis 1967 Gastprofessuren in den USA. 1967 Heirat mit Mary Bauermeister. 1971 bis 1977 hatte Stockhausen eine Professur für Komposition an der Kölner Hochschule für Komposition inne. Seitdem arbeitet er an einem Zyklus mit dem Titel *Licht (Die Sieben Tage der Woche)*, der den Anspruch eines Gesamtkunstwerks erfüllen soll. 1981 wurde *Donnerstag* aus *Licht* in der Mailänder Scala uraufgeführt; 1984 folgte *Samstag*, 1988 *Montag* aus *Licht*.
In diesem Werk behandelt: Gesang der Jünglinge 690; Gruppen für 3 Orchester 709

JOHANN STRAUSS, * 25. Oktober 1825 Wien, † 3. Juni 1899 Wien. Wo die sogenannte »leichte« Musik der anspruchsvollen »ernsten« die Hand reicht, da ist der Platz des »Walzerkönigs« Johann Strauß (Sohn). Seine Musik ist die einer Stadt; und die Mitglieder dieser Musiker-Dynastie »waren Wiener im wahrsten Sinn, denn sowohl ihre ungarischen wie ihre jüdischen Vorfahren hatten sich mit einfachen Leuten aus der Hauptstadt oder vom Lande vermischt« (Hilde Spiel). Ganz aus der Tradition einer Stadt und einer Zeit gewachsen, erreichte die Straußsche Musik die Welt und jene endliche Unsterblichkeit, die sie mit den anderen Meisterwerken der Kunst teilt. Die *Fledermaus* (UA 1874) ist eine der witzigsten, musikalischsten, einfallsreichsten komischen Opern, die es gibt. Was sie vom Operettengenre trennt, ist außer der Höhe der musikalischen Erfindung die fehlende Sentimentalität.
Stationen seines Lebens: Die Kindheit – in einer Mietskaserne in der Wiener Leopoldstadt, vom 13. Lebensjahr an das Leben mit der vom Vater verlassenen Mutter und fünf Geschwistern – deutete keineswegs auf die nachfolgende Karriere. 1844 gründete der 19jährige seine erste eigene Kapelle. 1849 übernahm Strauß die Kapelle seines Vaters. 1854 zur Kaiserhochzeit: *Myrthen-Klänge-Walzer*. Im Februar 1867 fiel der Walzer *An der schönen blauen Donau* beim Publikum durch, sein dreist zur Fröhlichkeit auffordernder Text war sieben Monate nach Königgrätz nicht willkommen. Doch der Erfolg lief der Musik nach. Strauß wurde zunehmend berühmt. 1872 Reise nach Amerika (Boston). 1874 *Die Fledermaus*. 1878 starb Henriette (Jetty) Strauß, seine zweite Ehefrau, die Antriebsfeder seiner Karriere. Er heiratete noch zweimal: Angelika (Lilly) Dittrich und nach langer freier Verbindung Adele Strauß. 1886 Reise nach Rußland. 1894 50jähriges Kapellmeisterjubiläum. Strauß starb an einer Lungenentzündung.
In diesem Werk behandelt: Die Fledermaus 363

RICHARD STRAUSS, * 11. Juni 1864 München, † 8. September 1949 Garmisch-Partenkirchen. Aus der sogenannten Neudeutschen Schule Liszts und Wagners kommend, nahm Richard Strauss als Komponist einen ganz eigenen und in jedem Sinne eigenartigen Weg. Das Genre der Sinfonischen Dichtung von *Don Juan* (1889) über *Till Eulenspiegels lustige Streiche* (1894) bis *Ein Heldenleben* (1898) klingt geradezu wie ein Bekenntnis zu Liszt und ist doch ganz Ausdruck der Zeit und des Lebensgefühls in Deutschland, für das auch ein Autor wie Thomas Mann stand: Aufstieg und Fall. Mit dem neuen Jahrhundert kam die musikalische Wende, eine befreiende Tat. Mit *Salome* (UA 1905) und *Elektra* (UA 1909) hatte sich Strauss »fast gleichzeitig mit Schönberg und seiner Schule von den Fesseln der Tonart freigemacht« (H. H. Stuckenschmidt). Dem Musikdramatiker Strauss gelang es, dies dem Publikum – bis heute – als notwendig und begeisternd zu suggerieren. Mit dem *Rosenkavalier* (UA 1911) nahm Strauss die unerhörten Kühnheiten seines Musiktheaters zurück und schuf zugleich das Wunderwerk einer unvergleichlichen Komödie für Musik. Der Strauss-Ton seiner nuancen- und farbenreichen Orchestersprache wurde unverwechselbar.
Stationen seines Lebens: Der Musikersohn wurde früh und schnell mit der Musik- und Komponierpraxis vertraut. 1884 dirigierte Strauss sein erstes öffentliches Konzert. Eine Dirigentenlaufbahn begann: 1885 Meiningen; 1886 München; 1889 Weimar; 1894 München; im selben Jahr Heirat mit Pauline de Ahna. 1894 Berufung nach Berlin. 1900 begegnete Strauss seinem kongenialen Librettisten Hugo von Hofmannsthal. 1904, nach vielen Reisen als Dirigent in Europa, folgt die erste Amerikatournee. Nach *Salome, Elektra* und *Rosenkavalier* ist Strauss der berühmteste Opernkomponist seiner Zeit. Ehrungen aller Art, u. a. Strauss-Wochen, folgen. 1919 Direktion der Wiener Staatsoper zusammen mit Franz Schalk. 1933 wurde Strauss Präsident der Reichsmusikkammer, 1935 trat er zurück. 1936 Olympische Hymne. 1944 war die Generalprobe zu der Strauss-Oper *Die Liebe der Danae* (UA 1952), die letzte Theaterarbeit vor dem »totalen Krieg«. 1948: Die *Metamorphosen* in Salzburg. 1949 führte ein Blasenleiden zum Tod des 85jährigen.
In diesem Werk behandelt: Tondichtungen 409; Salome und Elektra 504; Der Rosenkavalier 528; Lieder 561; Metamorphosen 664

IGOR STRAWINSKY, * 17. Juni 1882 Oranienbaum, † 6. April 1971 New York. In allen Phasen der Entwicklung, die Strawinskys Musik durchlaufen hat, erhielt sich eine Konstante: Seine Musik ist antiromantisch.

Hinzu kommt eine Vorherrschaft des Rhythmischen, wie sie in der Nachfolge Strawinskys nur noch ähnlich ausgeprägt bei Carl Orff anzutreffen ist. Die Betonung von Rhythmus deutet meist auf die Herkunft aus ursprünglicher Volksmusik hin, die dem Tanz – und Tanz ist a priori etwas Rituelles – diente. Der Rhythmus kann als Strawinskys russisches Erbe gelten. Ein musikantischer Geist, kombiniert mit außerordentlicher Experimentierfreude und einer genialen Handwerklichkeit, machte Strawinsky zu einer der Hauptfiguren der zeitgenössischen Musikszene der ersten Hälfte des 20. Jahrhunderts. Er gehörte nicht zu den Anhängern der Schönbergschen Technik, war jedoch einer, der die Tonalität bis an den Rand ausschöpfte und, wenn er wollte, deren Grenze souverän überschritt.

Stationen seines Lebens: Der Sohn eines Bassisten der kaiserlichen Oper in St. Petersburg und einer klavierspielenden Mutter erhielt von seinem neunten Lebensjahr an Klavierunterricht, schrieb 15jährig seine ersten Kompositionen und studierte von 1901 bis 1905 Jura (Staatsexamen), erhielt Unterricht bei Rimski-Korsakow und heiratete 1906 seine Kusine Catherine Nossenko. 1909 erste Begegnung mit Diaghilew. 1910 bereits folgte die Uraufführung des *Feuervogel*. Es folgten *Petruschka* (UA 1911) und, Höhepunkt sowie Theaterskandal, *Le sacre du printemps* (UA 1913). Strawinsky gehörte nun zur Pariser Szene. Zusammenarbeit mit Picasso, mit Cocteau. 1934 nahm er die französische Staatsbürgerschaft an, 1945 wurde er amerikanischer Staatsbürger. Nach dem Tod seiner ersten Frau hatte er 1940 Vera de Bousset geheiratet. 1947 Zusammenarbeit mit W. H. Auden. 1953 vollendete Strawinsky sein *Septett*, in dem er zum erstenmal die Zwölftontechnik anwendete. 1962 ließ sich Strawinsky zu seinem 80. Geburtstag mit einer Aufführung des *Apollon musagèt* (UA 1928) in der Hamburgischen Staatsoper feiern, die er selbst dirigierte. Strawinsky, der in New York starb, wurde an der Seite seines Freundes Diaghilew auf der venezianischen Insel San Michele beigesetzt.

In diesem Werk behandelt: Der Feuervogel 512; Le sacre du printemps 537; Psalmensinfonie 610; Septett 682

GEORG PHILIPP TELEMANN, * 14. März 1681 Magdeburg, † 25. Juni 1767 Hamburg. Barockmusik ohne Grenzen könnte das Riesenwerk des Georg Philipp Telemann genannt werden. Beeindruckend ist die Fülle, viel mehr jedoch die Vielfalt. Es war diesem Zeitgenossen Bachs gegeben, sich die unterschiedlichen Stile der Zeit anzueignen, sie sich durch eine geniale Musikalität zu assimilieren. Ein deutscher Komponist, dessen Musik sozusagen auch italienisch und französisch, sogar polnisch zu sprechen gelernt hatte. Fülle wie Vielfalt haben einen gemeinsamen negativen Aspekt: sie schaffen Unübersichtlichkeit. Telemanns hohe Kunst zeigt sich am ehesten in seiner Kammermusik. In allen Genren von Instrumentalmusik finden sich originelle Stücke; seine Passionen, Kantaten usw. stehen im Schatten der Werke Bachs; seine Opern fielen unter das Verdikt der Zeit.

Stationen seines Lebens: Ein ungeliebtes Jurastudium brach Telemann 1704 ab und übernahm eine Organistenstelle in Leipzig, nachdem er sich bereits kompositorisch mit Kantaten und (1693) mit ersten Opernversuchen hervorgetan hatte. In Diensten des Grafen Promnitz lernte er polnische Musik kennen. 1706 Heirat mit Louise Eberlin. 1712 Musikdirektor in Frankfurt am Main. Heirat mit Maria Katharina Textor. 1714 wurde Telemann Pate von Carl Philipp Emanuel Bach. 1721 fand er den Ort für seine noch verbleibenden 45 Jahre: Hamburg. Hier arbeitete er zunächst als Musikdirektor für die fünf Hauptkirchen, von 1722 an auch als Leiter der Oper am Gänsemarkt. Als früher Entertainer bereitete er der Stadt ein reiches Musikleben. 1728 gründete er die Zeitschrift *Der getreue Musik-Meister*, in der musikalische Werke nicht rezensiert, sondern veröffentlicht wurden, »das mehreste, was nur in der Music vorkommen mag, nach Italiänischer, Französischer, Englischer, Polnischer, so ernsthaft – als lebhaft – und lustiger Art«. Telemann, der ein begeisterter Gärtner war, starb 86jährig. Sein Nachfolger in Hamburg wurde Carl Philipp Emanuel Bach.

In diesem Werk behandelt: Musique de table 54

PETER TSCHAIKOWSKI, * 7. Mai 1840 Wotkinsk † 6. November 1893 St. Petersburg. Tschaikowskis Musik ist russisch (durch die Quellen des Volkslieds) und »westlich« (durch den Einfluß vor allen Dingen italienischer und französischer Musik) zugleich. Dem Kreis der Neurussischen Schule, dem »mächtigen Häuflein« um Balakirew, Rimski-Korsakow und Mussorgski, entzog sich Tschaikowski ausdrücklich. Dieser Komponist »der subjektiven Neurose« (Wilfrid Mellers) gab darüber hinaus einer stilistischen Vielfalt, um nicht zu sagen Unentschiedenheit den Vorzug gegenüber jeder Festlegung. Also mischte er die Techniken, verweigerte sich den strengen Gesetzen der Kontrapunktik und des musikalischen Zusammenhangs und war deshalb der eigentliche Antipode des wenig älteren Brahms. Tschaikowskis Genie lag in seinem melodischen Ausdrucksvermögen. Einige seiner Sinfonien, insbesondere die sechste *(Pathétique)*, finden nach wie vor ein breites Publikum, das 1. Klavierkonzert ist ein virtuoser Schlager, von seinen Opern sind *Eugen Onegin*

(UA 1879) und *Pique Dame* (UA 1890) ständig im Repertoire, und seine Ballette, vielleicht schönster Ausdruck von Tschaikowskis ureigener Musikalität, liebt die Welt.
Stationen seines Lebens: Tschaikowski, der mit 14 Jahren nach dem Tod seiner Mutter zu komponieren begann, kam erst auf Umwegen zum erwünschten Beruf des Musikers. 1863, nach vier Jahren einer Beamtenlaufbahn im Justizministerium in St. Petersburg, war das Studium am Konservatorium, von Anton Rubinstein gegründet, der endgültige Beginn seiner Laufbahn. 1866 übernahm er bei Nikolai Rubinstein (dem Bruder) am Moskauer Konservatorium eine Stelle als Theorielehrer. Er behielt sie elf Jahre lang. 1876 Begegnung mit Tolstoi und Besuch der Bayreuther Festspiele. (Wagner machte ihm jedoch wenig Eindruck.) 1877 Heirat und nach wenigen Wochen Trennung von Antonina Miljukowa, einer Studentin. Im selben Jahr erster brieflicher Kontakt mit seiner späteren Mäzenin Nadeschda von Meck. Von 1878 an lebte Tschaikowski als freier Komponist an verschiedenen Orten, auf Gütern und in Städten, 1890 in Florenz. Er reiste als Dirigent seiner Werke durch die Welt. Er starb an der Cholera wie seine Mutter 39 Jahre zuvor.
In diesem Werk behandelt: 1. Klavierkonzert b-Moll 371; Eugen Onegin und Pique Dame 383; 6. Sinfonie 446

GIUSEPPE VERDI, * 10. Oktober 1813 Le Roncole (Busseto), † 27. Januar 1901 Mailand. Von der Oper des Belcanto zum modernen Musikdrama führte der Weg des Komponisten Verdi, der, anders als der gleichaltrige Wagner, keine Revolution des Musiktheaters plante, sondern sie auf einem langen evolutionären Weg vollzog. Die Voraussetzungen waren vollständig andere. Verdi wurde in die blühende italienische Operntradition hineingeboren; nicht Umsturz konnte die Devise sein, sondern Entwicklung. Von *Nabucco* (UA 1842) angefangen, verstärkte sich von Mal zu Mal Verdis dramatischer Zugriff, verfeinerte sich seine musikalische Charakterisierungskunst, und, getragen von der patriotischen Bewegung des Risorgimento, wurde er der Komponist Italiens par excellence. Verdi erfüllte präzise, was das Genre Oper verlangt: die Stellvertretung der großen Gefühle, der leidenschaftlichen Erregung, die der Mensch im Alltag nie ausleben kann.
Stationen seines Lebens: Der Beginn war mühsam. Vergebliche Bewerbungen um Organistenstellen und um Aufnahme ins Mailänder Konservatorium. Private Studien. 1836 Anstellung als Musikdirektor in Busseto; im selben Jahr heiratete er Margherita Barezzi, die Tochter seines Förderers. 1839 Übersiedlung nach Mailand. *Oberto*, die erste Oper. 1840 starb Margherita Verdi; die heitere Oper *Un giorno di Regno* wurde ein Mißerfolg. 1842 mit der geglückten *Nabucco*-Premiere begann der unumkehrbare Erfolgsweg des Opernkomponisten. 1859 Heirat mit Giuseppina Strepponi. 1861 Verdi als Abgeordneter des ersten italienischen Parlaments. 1879 begann die Zusammenarbeit mit Arrigo Boito, aus der *Otello* und *Falstaff* hervorgingen. 1897 starb Peppina Verdi in St. Agata. 1901 Tod Verdis, der in der von ihm gestifteten Casa di Riposo für alternde Künstler beigesetzt wurde.
In diesem Werk behandelt: Nabucco 266; Rigoletto 290; La Traviata 299; Ein Maskenball 325; Aida 350; Messa da Requiem 366; Otello und Falstaff 416

ANTONIO VIVALDI, * 4. März 1678 Venedig, † 28. Juli 1741 Wien. Die musikgeschichtliche Bedeutung des Violinvirtuosen, Komponisten, Konzertmeisters, Impresarios und geweihten Priesters Antonio Vivaldi geht schon aus Bachs Verhalten hervor, der seine Violinkonzerte »so häufig als vortreffliche Musikstücke rühmen« hörte, »daß er dadurch auf den glücklichen Einfall kam, sie sämtlich für sein Clavier einzurichten« (J. N. Forkel, 1802); es waren neun. Vorbild für die Konzertform des Barocks sind diese Konzerte allemal gewesen, und sie haben durch ihren fast dramaturgisch zu nennenden Spielwitz, ihren virtuosen Satz an Lebendigkeit in der Aufführungspraxis nichts verloren. Diese Musik des 18. Jahrhunderts klingt stets wie eben erfunden. Und dabei schrieb Vivaldi an die 450 Violinkonzerte. Opern, Ouvertüren, Oratorien kamen hinzu. Vivaldis Riesenwerk geriet bald nach seinem Tod in Vergessenheit. Erst 1926 wurden 97 Bände mit Kompositionen Vivaldis in einem Salesianerkloster in Piemont entdeckt. Die Vivaldi-Renaissance dauert an.
Stationen seines Lebens: Schon der Vater war Violinist; der Sohn wurde auf das Priesteramt vorbereitet, das im Venedig des 17./18. Jahrhunderts gelegentlich nicht mehr als formalen Charakter annahm. Vivaldi wurde vor allem Musiker. 1703 erfolgte die Priesterweihe und zugleich die Ernennung zum »Maestro di violino«. 1713: die erste Oper. Mit dem Jahr 1715 begann Vivaldis abwechslungsreiche Laufbahn als Violinist, Konzertmeister, Chormeister, Impresario in kirchlichen sowie in weltlichen Diensten. Er spielte 1724 vor dem Papst. Reisen führten ihn nach Wien (wohl auf Einladung des Kaisers), Prag, Amsterdam. 1735 Begegnung mit Goldoni. Als sein Stern in Venedig zu sinken begann, schon kaum mehr leuchtete, hatte der 62jährige vor, in Wien eine neue Karriere zu beginnen. Es wurde eine Reise zu seinem Sterbebett.
In diesem Werk behandelt: Die vier Jahreszeiten 42

RICHARD WAGNER, * 22. Mai 1813 Leipzig, † 13. Februar 1883 Venedig. Von »einem der großartig fragwürdigsten, vieldeutigsten und faszinierenden Phänomene der schöpferischen Welt« (Thomas Mann) ist die Rede, wenn es um das Werk Richard Wagners geht. Trotz nachweisbarer Einflüsse von Vorgängern und Zeitgenossen schuf er mit dem von ihm postulierten Gesamtkunstwerk des Musikdramas etwas radikal Neues. Dabei machen nicht einmal die musikalischen Kühnheiten die entscheidende Veränderung aus. Es ist die Verbindung des Musikdramas mit dem Mythos, Wagners grandioser Einfall zuerst bei der Konzeption des *Fliegenden Holländers* im Jahr 1841, der dem Gesamtœuvre bis hinauf zum *Ring des Nibelungen* eine Ausnahmestellung verleiht. Daß nur ein musikalisches Genie wie das seine imstande war, diesen Anspruch zu erfüllen, steht auf einem anderen Blatt. Dieser Herausforderung machte er alles dienstbar, von Schopenhauers Philosophie bis zu den nötigen Gönnern, den Freunden, den Frauen.

Stationen seines Lebens: Noch im Jahr seiner Geburt starb Wagners Vater. Sporadischer Schulbesuch und autodidaktische Musikausbildung folgten. 1831 Kompositionsunterricht. 1832 bis 1842 erhielt und verließ Wagner Chor- und Kapellmeisterstellen in Würzburg, in Magdeburg und Riga. Die frühen Opern entstanden und erste Schulden. 1836 Heirat mit Minna Planer. 1839 auf dem Seeweg über Norwegen nach London, von dort nach Paris. 1842 bis 1849 lebte Wagner in Dresden. Die Teilnahme am Dresdner Aufstand vertrieb ihn aus der Stadt. 1850 bis 1858 in Zürich entwickelte sich die verstrickende Beziehung zu Mathilde und Otto Wesendonck. Von 1859 an folgte ein unstetes Wanderleben, dem 1864 der bayerische König Ludwig II. ein huldvolles Ende bereitete, im selben Jahr die endgültige Bindung an Cosima von Bülow, die Tochter Liszts. 1866 bis 1870 war die herrliche Villa Tribschen bei Luzern Wohnsitz Wagners, Cosimas und ihrer Kinder. Verbindung mit Nietzsche. 1871 entschloß sich Wagner für Bayreuth. 1876 brachten die ersten Festspiele auch die erste Gesamtaufführung des *Ring*. 1882 *Parsifal* in Bayreuth. 1883 starb Wagner an einem Herzanfall in Venedig. Sein Grab liegt im Garten seiner Villa Wahnfried in Bayreuth.

In diesem Werk behandelt: Der fliegende Holländer 280; Tristan und Isolde 334; Der Ring des Nibelungen 374; Parsifal 394

CARL MARIA VON WEBER, * 18. oder 19. November 1786 Eutin, † 5. Juni 1826 London. Als Komponist des *Freischütz* wird Carl Maria von Weber weiterhin in der Musikgeschichte und auf den Opernbühnen gegenwärtig sein. Natürlich schrieb er die »romantische« Oper aus dem Geist seiner eigenen Zeit, die nicht von ungefähr auch die der Brüder Grimm gewesen ist. Es ist bei ihm wie bei jenen eine »übersetzte« Volkstümlichkeit, die präsentiert wird. Weber war ein Praktiker der Musik; seine Musik, was sich im *Klarinettenkonzert* von 1811 ebenso ausdrückt wie in den Opern mit und nach *Freischütz*, ist Instrumentenmusik. »Er erforscht die Seele der einzelnen Instrumente und legt sie mit behutsamer Hand bloß. Sie offenbaren sich ihm und geben ihm mehr, als er gefordert hat« (Debussy). Tatsächlich steht Weber mit seinem Orchester an der Pforte der Romantik.

Stationen seines Lebens: Unterwegs mit der Schauspieltruppe seines Vaters, begann Webers Lebensreise. 1797 bis 1799 erhielt er Kompositionsunterricht, zuerst bei Michael Haydn, danach bei Nepomuk Kalcher, 1803 bei Abbé Vogler in Wien. 1804 bis 1812 führte Weber ein unstetes Leben in verschiedenen Diensten, war als Opernkomponist aktiv und unternahm Konzertreisen. 1813 brachte die Berufung zum Prager Operndirektor eine Stabilisierung und 1816 die Verlobung mit der Sängerin Caroline Brandt. Im selben Jahr kam der Ruf nach Dresden. Versuche einer Opern- und Orchesterreform. 1817 Heirat mit Caroline Brandt. Am 18. Juni 1821 die bejubelte Premiere des *Freischütz* in Berlin. 1823 Besuch bei Beethoven in Baden bei Wien und Uraufführung der *Euryanthe*. 1824/25 Kuraufenthalt in Marienbad und Bad Ems. Der für London komponierte *Oberon* wurde Webers letztes Werk. Er starb 1826 an Lungentuberkulose. 1844 wurden Webers sterbliche Reste nach Dresden überführt, auf Betreiben Richard Wagners, der auch die Grabrede hielt.

In diesem Werk behandelt: Klarinettenkonzert 182; Leyer und Schwerdt 185; Der Freischütz 195

ANTON VON WEBERN, * 3. Dezember 1883 Wien † 15. September 1945 Mittersill. Der treueste Schüler und engste Mitarbeiter Arnold Schönbergs gilt als der Vorläufer der Komponisten, die sich serieller Techniken bedienen. Sein Einfluß auf die Musik des 20. Jahrhunderts ist so groß, weil er Schönbergs strenger Reihentechnik zusätzliche Möglichkeiten motivischer Arbeit abgewann und weil die Kleinteiligkeit der Struktur neue Möglichkeiten sichtbar werden ließ, die zu einer Erweiterung des Reihengedankens aufzufordern scheinen. Stockhausens berühmter Webern-Vortrag machte 1953 bei den Ferienkursen in Darmstadt Furore, denn der sah viel mehr in der Musik Weberns. Anhand einer Analyse des *Konzerts für 9 Instrumente* op. 24 von 1934 stellte er »die Strukturproportionen als Vorstufe des Komponierens mit Klangfarben der elektronischen Musik dar« (Michael Kurtz)

Viele Komponisten der Gegenwart sehen sich ausdrücklich in der Webern-Nachfolge.

Stationen seines Lebens: Webern stammte aus österreichischem Beamtenadel, wuchs in einer musischen Familie auf und absolvierte von 1902 bis 1906 ein Musikstudium in Wien. Sein wichtigster Universitätslehrer war Guido Adler, der Webern mit Mahler und Schönberg bekanntmachte. 1904 begann der Privatunterricht bei Schönberg, den Webern mit Alban Berg, Egon Wellesz, Heinrich Jalowetz und Erwin Stein teilte. Heirat mit Wilhelmine Mörtl. Seit 1908 wiederholten sich die von Webern ungeliebten Anstellungen als Kapellmeister, selbst die Arbeit am Prager Neuen Deutschen Theater unter Alexander von Zemlinsky befriedigte ihn nicht. Von 1918 an wurde Webern »Vortragsmeister« in Schönbergs »Verein für musikalische Privataufführungen«, leitete von 1922 bis 1934 den Wiener Arbeiter-Singverein und wurde 1927 Dirigent des Orchesters des Österreichischen Rundfunks. Mit dem Jahr 1938 waren alle diese Anstellungen aufgelöst, Weberns Musik war schon vorher mundtot gemacht worden. Es kamen kaum noch Schüler. Von Mödling bei Wien, wo er seit 1922 gewohnt hatte, floh er zu Ostern 1945 nach Mittersill im Oberpinzgau. Als er am Abend des 15. September, das verhängte Ausgehverbot nicht im Sinn, ins Freie ging, wurde er von einem GI erschossen.

In diesem Werk behandelt: Sinfonie op. 21 607

HUGO WOLF, * 13. März 1860 Windischgrätz, † 22. Februar 1903 Wien. Es sind die drei großen Lieder-Zyklen nach Mörike, Eichendorff und Goethe, die den Kern des Wolfschen Œuvres ausmachen. Zwei musikalische Vorbilder nahm er ganz in sein Schaffen auf: Schumann und Wagner. »Zu seinem kompositorischen Glück hatte Wolf unter Schumanns Einfluß angefangen und verlagerte wie dieser die wesentlichen musikalischen Funktionen in den Klavierpart« (Dietrich Fischer-Dieskau). Die Singstimme folgt, und hierin wird Wagners Einfluß wirksam, absolut der Melodik der Sprache. Wort und Musikakzent treffen auf eine bis dahin fast ungehörte Weise aufeinander; dazu kommt eine Vielfalt der musikalischen Farben, der melodischen Modifikationen, ganz auf der Höhe des spätromantischen Kunstverständnisses im Übergang zu einer impressionistischen Musiksprache.

Stationen seines Lebens: Praktische Musikerfahrung brachte Hugo Wolf aus dem Elternhaus mit. 1875, als 15jähriger, sah er in Wien die Wagner-Opern *Tannhäuser* und *Lohengrin* und durfte sich dem Komponisten vorstellen, dem er künftig mit Feuereifer anhing. Nur zwei Jahre dauerte sein Studium am Wiener Konservatorium. Man warf ihn wegen Ungebärdigkeit hinaus. Seitdem lebte Wolf als freier Komponist. 1884 bis 1887 schrieb er Kritiken im *Wiener Salonblatt*, verherrlichte Wagner, unterstützte Bruckner und schimpfte auf Brahms. Die Mörike-Lieder von 1888 bezeichnen den ersten Höhepunkt seiner Kunst. In den beiden folgenden Jahren erschienen die 20 Eichendorff-Lieder (1889) und die 51 Lieder nach Goethe (1890). 1891 kam das *Spanische Liederbuch*, 1892 die ersten 22 Lieder des *Italienischen Liederbuches* hinzu, weitere folgten bis in das Jahr 1897, in dem Hugo Wolf einer paralytischen Erkrankung wegen in eine Heilanstalt gebracht werden mußte. Fortschreitend apathisch lebte Wolf die Jahre bis zu seinem Tod dahin.

In diesem Werk behandelt: Lieder 423

BERND ALOIS ZIMMERMANN, * 20. März 1918 Bliesheim, † 10. August 1970 Königsdorf (Köln). Wenn Bernd Alois Zimmermann von sich selbst gesagt hat, er sei »der Älteste der sogenannten dritten Generation der neuen Musik«, so bezieht sich dies darauf, daß er, durch die Zeit der NS-Herrschaft und des Kriegs aufgehalten, relativ spät beginnen konnte, seinen Weg als Komponist anzutreten. Doch er fand den Anschluß rasch. Anhaltspunkte während der Kriegsjahre waren Hindemith und Strawinsky. Die Darmstädter Ferienkurse, die Zimmermann bereits 1948 besuchte (Fortner, Leibowitz), brachten wesentliche Eindrücke. Vom Studium Schönbergscher Zwölftontechnik war es nur ein Schritt zu seriellen Techniken im Gefolge Weberns. Aber Zimmermann blieb nicht stehen. Musik- und Lebenserfahrung wiesen ihm den Weg zu einer von ihm so genannten »pluralistischen Kompositionstechnik«. Sein Œuvre umfaßt neben der berühmten Oper *Die Soldaten* (UA 1965) über 50 Kompositionen: Kammermusik, Instrumentalwerke, Sinfonien, Oratorien, Ballette u. a.

Stationen seines Lebens: An der Barockorgel der Basilika von Kloster Steinfeld in der Eifel lernte der Eisenbahnersohn das Orgelspiel. 1938 Beginn des Musikstudiums. 1939 bis 1942 Kriegsteilnahme. 1945 Wiederaufnahme des Musikstudiums. 1948 Besuch der Darmstädter Ferienkurse. Den Lebensunterhalt verdiente sich Zimmermann mit Arrangements für Rundfunkorchester. 1950 Heirat mit der Medizinerin Sabine von Schablonsky. Im selben Jahr wurde Zimmermann Lektor für Musiktheorie an der Universität Köln. Übernahme des Lehrstuhls von Frank Martin an der Kölner Musikhochschule. 1970, im Jahr seines Freitods, wurde sein letztes Werk fertig: *Ich wandte mich und sah an alles Unrecht, das geschah unter der Sonne.* »Ekklesiastische Aktion für zwei Sprecher, Baß-Solo und Orchester«.

In diesem Werk behandelt: Die Soldaten 723

DIE AUTOREN DES BUCHES

OSWALD GEORG BAUER, geb. 1941 in Würzburg, studierte Theaterwissenschaft in München und Wien. Von 1974 bis 1985 wissenschaftlich-künstlerischer Mitarbeiter der Festspielleitung und Leiter des Pressebüros der Bayreuther Festspiele. Seit 1986 Generalsekretär der Bayerischen Akademie der Schönen Künste.

ALFRED BEAUJEAN, geb. 1920, Studium der katholischen Kirchenmusik sowie Klavier. Musikkritiker der *Aachener Volkszeitung.* Mitglied der Jury des deutschen Schallplattenpreises seit 1962. Mitarbeiter der Zeitschriften *Hifi Stereophonie, stereoplay, Opernwelt* sowie der *Frankfurter Allgemeinen Zeitung,* des WDR und des Bayerischen Rundfunks.

OSWALD BEAUJEAN, geb. 1961 in Aachen, Studium der Germanistik, Philosophie und Musikwissenschaft in Bonn. Seit 1988 Musikredakteur beim Bayerischen Rundfunk.

CHRISTOPH VON BLUMRÖDER, geb. 1951 in Northeim, promovierte 1979 *(Der Begriff »neue Musik« im 20. Jahrhundert)* und habilitierte sich 1990 *(Die Grundlegung der Musik Karlheinz Stockhausens)* an der Universität Freiburg im Breisgau, wo er derzeit als Privatdozent und Schriftleiter des *Handwörterbuchs der musikalischen Terminologie* tätig ist.

NORBERT CHRISTEN, geb. 1944 in Hohenstein bei Eckernförde, studierte an der Staatlichen Musikakademie in Detmold an den Universitäten in München und Berlin. Seit 1981 Redakteur für Oper in der Musikabteilung des Bayerischen Rundfunks.

ATTILA CSAMPAI, geb. 1949 in Budapest. Studium der Musikwissenschaft, Theatergeschichte, Philosophie, Soziologie und Mathematik in München. Seit 1983 Redakteur für sinfonische Musik beim Bayerischen Rundfunk.

HERMANN DANUSER, geb. 1946, studierte Oboe, Klavier, Musikwissenschaft, Philosophie und Germanistik. 1973 Promotion an der Universität Zürich mit einer Dissertation über *Musikalische Prosa,* 1975. 1982 habilitierte er sich an der Technischen Universität Berlin mit »Die Musik des 20. Jahrhunderts«. Bis 1988 Professor an der Hochschule für Musik und Theater Hannover; seither Ordinarius für Musikwissenschaft an der Albert-Ludwig-Universität Freiburg im Breisgau.

BERND EDELMANN, geb. 1947. Studium der Rechts- und Musikwissenschaft in München und Wien. Seit 1982 Assistent am Musikwissenschaftlichen Institut der Münchner Universität. Promotion 1985. Veröffentlichungen über Händel, die Wiener Klassiker, Richard Strauss.

BRIGITTE FASSBAENDER, geb. in Berlin. Ab 1958 Gesangsstudium am Nürnberger Konservatorium. Von 1961 an Mitglied der Bayerischen Staatsoper, seit 1965 auch der Deutschen Oper am Rhein, Düsseldorf. Gastspiele an den großen Opernhäusern der Welt und bei Festspielen, insbesondere in Salzburg und Bayreuth. Ein wichtiger Teil ihrer Arbeit ist dem Lied gewidmet, ein anderer Teil der Gesangspädagogik.

JENS MALTE FISCHER, geb. 1943 in Salzburg. Studium der Germanistik, Geschichte und Musikwissenschaft in Saarbrücken und München. Seit 1988 Professor für Theaterwissenschaft an der Universität München.

DIETRICH FISCHER-DIESKAU, geb. 1925 in Berlin. Studierte Gesang bei Georg A. Walter, danach bei Hermann Weisenborn an der Musikhochschule Berlin. 1947 Wiederaufnahme des Studiums und erste Liederabende. 1948 Opern-Debüt als Posa in Verdis *Don Carlos.* Darauf folgten Gastspiele an den großen Opernhäusern der Welt und bei Festspielen (z. B. Salzburg, Bayreuth, Edinburgh, Glyndebourne, München). Seit seinen Anfängen steht das Lied (von Schubert bis in die Moderne) im Mittelpunkt seiner Arbeit. Seit 1983 Professur an der Hochschule der Künste in Berlin.

HEINZ FRIEDRICH, geb. 1922 in Rossdorf bei Darmstadt. Von 1961 bis 1990 geschäftsführender Gesellschafter des Deutschen Taschenbuch Verlages (dtv). Seit 1983 ist er Präsident der Bayerischen Akademie der Schönen Künste.

INGO HARDEN, geb. 1928 in Hamburg. Studierte Musik und Musikwissenschaft. 1964 bis 1976 Chefredakteur der Schallplattenzeitschrift *Fono Forum,* danach Schallplattenkritiker für die *Frankfurter Allgemeine Zeitung* und *HiFi Sterophonie.* Seit 1974 Sekretär des Preises der deutschen Schallplattenkritik.

KONRAD HEIDKAMP, geb. 1947 in München. Freier Journalist für Musik- und Kulturkritik. Veröffentlichungen in *DIE ZEIT, Tageszeitung, Süddeutsche Zeitung.* Früher Lehrer in München und Berlin für Deutsch, Geschichte und Politik.

THEO HIRSBRUNNER, geb. 1931 in Thun. Schüler von Pierre Boulez; freischaffender Musikschriftsteller; Autor von Büchern über Debussy, Ravel, Strawinsky, Messiaen und Boulez.

PETER KEMPER, geb. 1950 in Ramsbeck/Westfalen. Studierte Philosophie, Germanistik, Sozial- und Musikwissenschaften an der Universität Marburg. Seit 1986 Leiter des Abendstudios im Hessischen Rundfunk.

KLAUS KIRCHBERG, geb. 1925. Nach Abitur und Kriegsdienst Studium an der Folkwangschule Essen. Seit 1953 musikkritische Tätigkeit. Bis 1990 Musikredakteur der *Westdeutschen Allgemeinen Zeitung.*

UWE KRAEMER, geb. 1937. Studierte Schulmusik und Musikwissenschaft, ist seit 1961 im Hamburger gymnasialen Schuldienst tätig und arbeitet vor allem im musikschriftstellerischen und musikjournalistischen Bereich.

GOTTFRIED KRAUS, geb. 1936 in Wien. 1972 bis 1986 Leiter der Musikabteilung des Österreichischen Rundfunks; seit 1986 freier Publizist, Lehrbeauftragter an der Wiener Musikhochschule; Produzent von Schallplatten, Rundfunk- und Fernsehsendungen.

HANSPETER KRELLMANN, geb. 1935 in Würzburg, studierte Musik und Musikwissenschaft. Seit 1982 zunächst Pressesprecher, dann Chefdramaturg an der Bayerischen Staatsoper in München.

HORST LEUCHTMANN, geb. 1927 in Braunschweig. Nach praktischer Musikausbildung Studium der Musikwissenschaft in München. Als geschäftsführendes Mitglied der Musikhistorischen Kommission der Bayerischen Akademie der Wissenschaften Herausgeber der Orlando-di-Lasso-Gesamtausgabe.

MONIKA LICHTENFELD, geb. 1938 in Düsseldorf. Studium der Musikwissenschaft, Philosophie und Kunstgeschichte in Köln, Florenz und Wien. Seit 1959 tätig als freiberufliche Musikpublizistin.

JULIA LIEBSCHER, geb. 1956 in Weiden. Studium der Musikwissenschaft, Kunstgeschichte, Philosophie. Seit 1989 Akademische Rätin und Lehrbeauftragte am Theaterwissenschaftlichen Institut der Universität München.

SIR YEHUDIN MENUHIN, geb. 1916 in New York City. Im Alter von acht Jahren (1924) erstes Konzert mit dem Symphony Orchestra San Francisco. Dem entscheidenden Erfolg mit Beethovens Violinkonzert 1927 in der Carnegie Hall in New York folgte 1929 der europäische mit den Berliner Philharmonikern unter Bruno Walter. Fortan trat Menuhin in den Konzertsälen der Welt auf. 1947 kam er wieder nach Deutschland. Seine musikalischen, humanistischen und musikpädagogischen Bestrebungen gehen Hand in Hand.

GABRIELE E. MEYER, geb. in Bad Liebenwerda, studierte zunächst Schulmusik, später Musikwissenschaft, Kunstgeschichte, Archäologie und Philosophie. 1983 Promotion mit einer Arbeit über das Thema *Untersuchungen zur Sonatensatzform bei Ludwig van Beethoven.* Seitdem freiberuflich tätig als Musikschriftstellerin.

HANS A. NEUNZIG, geb. 1932 in Meißen, Lektor, Übersetzer, Herausgeber und Schriftsteller, leitete von 1974 bis 1982 die Nymphenburger Verlagshandlung in München. Autor musik- und literarhistorischer Bücher.

ULRICH PRINZ, geb. 1937 in Esslingen. Schulmusikstudium an der Musikhochschule Stuttgart. Studium der Musikwissenschaft an der Universität Tübingen 1979 Ernennung zum Professor. Seit 1986 wissenschaftlicher Leiter der Internationalen Bachakademie Stuttgart.

JOCHEN RENTSCH, geb. 1926 in Meerane/Sachsen. Studium an der Hochschule für Musik Leipzig und Doktoranden-Seminar an der Universität Tübingen. Seit 1953 freiberufliche Tätigkeit als Musikjournalist und seit 1970 Musikkritiker für verschiedene Tageszeitungen.

KLAUS PETER RICHTER, geb. 1943 Studium der Musikwissenschaft, Philosophie und Psychologie in München; Promotion über J. S. Bach. Lehrbeauftragter für Aufführungsgeschichte an der Universität München, Dozent an amerikanischen Universitäten.

HERBERT ROSENDORFER, geb. 1934 in Gries/Bozen. Seit 1967 ist er Richter in München, seit 1990 Honorarprofessor an der Universität München.

WOLFGANG SANDNER, geb. 1942 in Osek in der Tschechoslowakei, lebt seit 1947 in Frankfurt am Main studierte Romanistik, Neuere Geschichte, Kunstgeschichte und Musikwissenschaft. Seit 1981 Musikredakteur der Frankfurter Allgemeinen Zeitung

VOLKER SCHERLIESS, geb. 1945, studierte Musikwissenschaft, Kunstgeschichte und Philosophie in Hamburg und Florenz. Seit 1979 Professor für Musikwissenschaft an der Staatlichen Hochschule für Musik Trossingen.

HELMUT SCHINAGL, Dr. phil., geb. 1931 in Innsbruck, Fachlehrer in Imst/Tirol. Musikstudien von früher Jugend an (Klavier, Orgel, Theorie). Schriftsteller.

JÜRGEN SCHLÄDER, geb. 1948. Studium der Germanistik und Musikwissenschaft an der Ruhr-Universität Bochum. Seit Mai 1987 Professor für Theaterwissenschaft an der Universität München.

THOMAS DANIEL SCHLEE, geb. 1957 in Wien. Kompositionsstudium bei Olivier Messiaen und Francis Burt, Musikwissenschaft und Kunstgeschichte an der Universität Wien. Seit 1990 Musikdirektor am Linzer Brucknerhaus.

FRANK SCHNEIDER, geb. 1942 in Großerkmannsdorf (Kreis Dresden). Studium in den Fächern Dirigieren an der Musikhochschule Dresden 1961 bis 1964 und Musikwissenschaft an der Humboldt-Universität Berlin 1964 bis 1968. Seit 1989 Professor für Musikwissenschaft und seit 1990 stellvertretender Direktor an der Akademie der Wissenschaften der ehemaligen DDR.

GISELHER SCHUBERT, geb. 1944 in Königsberg/Ostpreußen, studierte Musikwissenschaft, Philosophie und Soziologie an den Universitäten in Bonn, Berlin (Freie Universität) und Zürich. Seit 1974 Editionsleiter der Hindemith-Gesamtausgabe.

REINHARD SCHULZ, geb. 1950. Studium der Musikwissenschaften in München. Redakteur und Koordinator bei der *Neuen Musikzeitung*. Lehrauftrag für das 20. Jahrhundert am Musikwissenschaftlichen Institut, München.

KARL SCHUMANN, geb. 1925 in München. Musikunterricht, Studium der Philosophie in München (Promotion 1951). Seit 1948 Musik- und Theaterkritiker. Lehrauftrag für Operngeschichte (Honorarprofessor 1980). Von 1975 bis 1986 Generalsekretär der Bayerischen Akademie der Schönen Künste, dann ordentliches Mitglied und Direktor der Abteilung Musik.

MICHAEL STEGEMANN, geb. 1956 in Osnabrück; Komponist (Studium u. a. bei Olivier Messiaen am Pariser Conservatoire), Musikwissenschaftler und Autor, gemeinsam mit Michel Béroff Herausgeber der Klavierwerke von Claude Debussy für die Wiener UE.

HORST WEBER, geb. 1944 in Koblenz, studierte 1962 bis 1968 in Wien Theaterwissenschaft und Musikwissenschaft. Seit 1978 Professor für Musikwissenschaft an der Folkwang-Hochschule Essen.

GÜNTHER WEISS, geb. 1933 in Coburg; Studium des Künstlerischen Lehramts am Chicago Musical College, der Musikwissenschaft, Philosophie und Pädagogik in München und Erlangen. Seit 1974 Professor an der Musikhochschule München.

JÖRG WIDMANN, geb. 1973 in München; seit 1983 zahlreich Auftritte als Klarinettist. 1984 Kompositionsunterricht bei Kay Westermann an der Hochschule für Musik, München. 1985 und 1987 Bundespreis beim Wettbewerb »Jugend musiziert« im Fach Klarinette.

SIGRID WIESMANN, geb. in Prag, Studium der Musik- und Theaterwissenschaft, Kunstgeschichte und Philosophie an der Universität Wien, gleichzeitig Studium an der Musikhochschule (Theorie, Gesang, Lied und Oratorium, Operndarstellung). Wissenschaftliche Mitarbeiterin der Internationalen Schönberg-Gesellschaft (Wien); Lehrtätigkeit an der Universität Wien.

HANS CHRISTOPH WORBS, geb. 1927 in Euben, studierte Musikwissenschaft, Germanistik und Kunstgeschichte und promovierte 1952 an der Berliner Humboldt-Universität. Lebt seit Jahren in Hamburg als Musikschriftsteller und Kritiker.

DIETER ZÖCHLING, geb. 1937 in Linz an der Donau; lebt seit 1940 in Wien. 1955 bis 1960 Studium der Rechtswissenschaften an der Universität Wien. Seit 1967 Staatsanwalt in Wien. Musikschriftsteller mit dem Hauptarbeitsgebiet Oper.

PERSONENREGISTER

M

N

O

P

Q

R

U

V

W

Y

Z

QUELLENVERZEICHNIS

Bildquellen

Ist. Geografico de Agostini, Novara (4)
APN/Sowjetunion heute, Köln (1)
Archiv für Kunst und Geschichte, Berlin (164)
Beethoven-Haus, Bonn (1)
Bettman Archive, New York (5)
Civica Raccolta Stampe »Achille Bertarelli«, Castello Sforzsesco, Mailand (1)
Bibliothèque Nationale, Paris (4)
Burda Syndication, München (1)
Civico Museo Bibl. Musicale, Bologna (1)
Deutsche Presse Agentur, Frankfurt (3)
Galerie Hans Mayer, Düsseldorf (1)
Gall. Nazionale d'Arte Moderna, Rom (1)
Gesellschaft der Musikfreunde, Wien (1)
Harenberg Verl., Dortmund (51)
Hindemith-Stiftung, Blonay (1)
Historia-Photo, Hamburg (1)
Histor. Museum der Stadt Wien, Wien (1)
Hochschule für Angew. Kunst, Wien (1)
Jazz Archiv, Hamburg (15)
Ost- und Europaphoto Jürgens, Köln (1)
Keystone Pressedienst, Hamburg (3)
Hannelore Kirchbach, Starnberg (1)
Archivio Mondadori, Mailand (1)
Musée National de Versailles (1)
Musée d'Orsay, Paris (2)
Stefan Odry, Köln (1)
Österr. Nationalbibliothek, Wien (1)
Peter Peitsch, Hamburg (2)
Paul Popper Ltd., London (3)
R.-Wagner-Gedenkstätte, Bayreuth (3)
Arti Grafiche Ricordi, Mailand (1)
Dr. Alfred Roller, Wien (1)
Sipa-Press, Paris (1)
Süddeutscher Verlag, München (2)
Staatl. Gemäldegalerie, Berlin (1)
Staatl. Kunsthalle Karlsruhe (1)
Staatl. Kunstsammlungen, Weimar (1)
Staatl. Kunstsammlungen, Dresden (2)
Staatl. Galerie im Lenbachhaus, München (1)
Stockhausen Verlag, Kürten (3)
Teatro alla Scala, Mailand (6)
Theatermuseum, München (2)
Universal Edition A.G., Wien (2)

Copyright Abbildungen:
Léon Bakst (Lew S. Rosenberg): »Zwei Kostümentwürfe für das Ballett Feuervogel«, 1910; VG Bild-Kunst, Bonn 1991
Léon Bakst: »Nachmittag eines Fauns«; 1912; VG Bild-Kunst, Bonn 1991
Jacques Emile Blanche: »Igor Stravinsky«, 1915; VG Bild-Kunst, Bonn 1991
Georges Braque: »Hommage à Bach«, 1912; VG Bild-Kunst, Bonn 1991
Alexandre Cingria: Szenenentwurf zu Arthur Honeggers »König David«, 1921
Salvador Dali: »Bildnis des Cellisten Ricardo Pichot«, 1920; VG Bild-Kunst, Bonn 1991
Otto Dix: »Der Krieg«, Triptychon 1929/1932; Otto-Dix-Stiftung, Vaduz 1991
Axel Gallen-Kallela: »Jean Sibelius«, 1894; Prikko Gallen Hallela, Helsinki 1991
HAP Grieshaber: »Carmina Burana«, 1965; VG Bild-Kunst, Bonn 1991
Wassisly Kandinsky: »Unbenannte Improvisation«, 1914; VG Bild-Kunst, Bonn 1991
Oskar Kokoschka: »Anton Webern«, 1914; VG Bild-Kunst, Bonn 1991
Jannis Kounellis: »Ohne Titel« (Bachsche Fuge), 1972
László Lakner: »Händel«, 1975
Max Liebermann: »Richard Strauss«, 1918; Dr. M. Feilchenfeldt, Zürich 1991
Henri Matisse: »Intérieur mit Geige«, 1917/18; VG Bild-Kunst Bonn 1991 Les HERITIERS MATISSE
Henri Matisse: »Der Tanz«, 1909/10; VG Bild-Kunst, Bonn 1991/Les HERITIERS MATISSE
Piet Mondrian: »Broadway Boogie Woogie«, 1942/43; VG Bild-Kunst, Bonn 1991
Caspar Neher: »Plakat zur Dreigroschenoper«; Erben Caspar Neher
Morgan Russell: »Vierteilige Synchromie«, 1914/15
Arnold Schönberg: »Alban Berg«, 1910
Arnold Schönberg: »Der rote Blick«, 1910
Max Oppenheimer: »Konzert«, 1912
W. und G. Steinberg: »Kostümentwurf zur Dreigroschenoper«, 1929
Ivan Wischnegradsky: »Projekt eines Lichttempels«, 1943/44

Marginalien

20: © Musikverlag Edition Schwann, Frankfurt/Main
32: © Anna Amalia Abert, Kiel
124, 529: © Atlantis Musikbuch-Verlag, Zürich 1956/1978
131: © Aula-Verlag GmbH, Wiesbaden
153, 211, 252, 526, 527: © R. Piper & Co. Verlag, München
167, 540, 585: © Chr. Belser AG für Verlagsgeschäfte & Co. KG, Stuttgart
178: © Breitkopf & Härtel Buch- und Musikverlag, Wiesbaden
208, 695, 744: © Albrecht Knaus Verlag GmbH, München
238, 266, 386, 409, 441, 601, 623: © Rowohlt Verlag GmbH, Reinbek
250: © Edition Kunzelmann, Adlisvil
267: © Dr. H. C. Robbins Landon, Wien
286: © Süddt. Verlag GmbH, München
292, 301, 325, 352: © G. Ricordi & Co., München
346: © Dr. G.-W. Baruch, Stuttgart
359, 489, 627, 679, 719: © edition text + kritik, München
360: © Hatje Verlag, Stuttgart
367, 598, 670: © Prins & Prins Literary Agents, Amsterdam
205, 378, 412, 414, 438, 517: © Philipp Reclam jun., Stuttgart
387, 646, 647, 650, 651: © Nymphenburger Verlag in der F. A. Herbig Verlagsbuchhandlung, München
391: © Artia Verlag, Prag
396, 417, 446, 599, 670: © S. Fischer Verlag GmbH, Frankfurt/Main
404, 476, 501, 574, 576, 608, 701: © Neue Zeitschrift für Musik, Schott Musikverlag, Mainz
421, 454, 455, 514: © Wolke Verlag, Hofheim 1988; Fondation Erik Satie, Paris 1988
444: © Verlag Waldemar Kramer, Frankfurt/Main
452: © Prestel Verlag, München
547: © Erben Prof. Dr. Dr. Rudolf Hartmann, München
545, 546, 556: © Deutscher Verlag für Musik, Leipzig
561, 752, 754: © Deutscher Taschenbuchverlag, München
568: © Manfred Gräter, München
572: © Hochschule für Musik und Darstellende Kunst, Graz
606, 686: © Suhrkamp Verlag, Frankfurt/Main
620: © TASS Büro, Bonn
630: © Corvina Verlag, Budapest
633: © Musikverlag Katzbichler, München/Salzburg
645: © Colette Herzog-Golea, Paris
672, 764, 766: © Alphonse Leduc & Cie Musikverlag, Paris 1983
699: © Zeitverlag Gerd Bucerius GmbH & Co., Hamburg
437, 739, 747: © Henschelverlag GmbH, Berlin
715: © Siedler Verlag, Berlin
536, 732: © Langen Müller Verlag in der F. A. Herbig Verlagsbuchhandlung, München
755, 757: © Frankfurter Allgemeine Zeitung GmbH, Frankfurt/Main

VERZEICHNIS DER AUFGENOMMENEN KOMPONISTEN UND WERKE

Es fehlen:

Bruch

Elgar

Busoni

Anhang